„Es gibt im Leben alles Lebendigen Augenblicke
oder vielleicht nur einen Augenblick, wo es die Wahrheit spricht.
Man braucht also vielleicht überhaupt nichts über das Lebendige zu sagen,
sondern man muß nur den Augenblick abpassen,
wo es selber sich selber ausspricht.
Den Dialog aus diesen Monologen halte ich für die ganze Wahrheit.“

FRANZ ROSENZWEIG
an den Verfasser 1916; Briefe (1935), S. 712

Container
2/87
D1918975

Eugen Rosenstock-Huessy

Die europäischen Revolutionen und der Charakter der Nationen

BRENDOW VERLAG

CIP-Kurztitelaufnahme der Deutschen Bibliothek

Rosenstock-Huessy, Eugen:
Die europäischen Revolutionen und der Charakter der Nationen / Eugen Rosenstock-Huessy. -
Moers: Brendow, 1987.
(Edition C:C; 220)
ISBN 3-87067-301-X
NE: Edition C/C

ISBN 3-87067-301-X
Edition C:C; 220, Best.-Nr. 56620
© 1987 Copyright by Brendow Verlag, D-4130 Moers 1
Umschlaggestaltung: Gerd Pels, brendow design
Printed in Germany

VORREDE

von Karl W. Deutsch [1])

Eugen Rosenstock-Huessy war nicht nur ein Theoretiker der Revolution, er war auch ein Augenzeuge und ein Überlebender. Wenn er vom 1. Weltkrieg als Teil der Revolution sprach, war er selbst ein Überlebender, der nur knapp davongekommen war. Niemand, der vor Verdun lag, hatte dort eine große Lebenschance. Aber er dachte über das Erlebte nach und wurde so zu einem der großen Geister seiner Zeit.

Rosenstock-Huessy war ein Meister der „Mustererkenntnis". Er konnte Strukturen in der Geschichte sehen. Es gibt, wie Sie vielleicht wissen, einen Farbentest, den die Augenärzte benutzten. Sie zeigen Ihnen eine Menge kleiner Punkte. Wenn Sie ein sehr gutes Rot-/Grün-Unterscheidungsvermögen haben, können Sie in Rot die Zahl 7 oder eine grüne Zahl aus dem vielfarbigen Hintergrund herauskommen sehen. Wenn Ihr Farbsehvermögen weniger gut ist, sehen Sie nur ein Chaos von Punkten. Dieses Wahrnehmungsvermögen für Grundfiguren, diese Fähigkeit, ein Signal von einem Geräusch zu unterscheiden, diese Fähigkeit, Strukturen zu erkennen, zeichnet jeden großen Sozialforscher aus. Arnold Toynbee hatte sie, Max Weber hatte sie, Eugen Rosenstock-Huessy hatte sie — und ich denke, er hatte sie in ebenso großem Maße wie die beiden anderen. In bestimmten Augenblicken hatte sie Kant — neben anderen Fähigkeiten; Karl Marx hatte sie. Das bedeutet nun nicht zwangsläufig, daß die Interpretation dieser Strukturen immer Zustimmung finden kann. Alle, die ich genannt habe, können nicht zur gleichen Zeit auf allen Gebieten recht gehabt haben. Aber die Fähigkeit, etwas zu sehen, was andere nicht sehen, und etwas zu sehen, das einer Erhärtung und Verifikation standhalten würde, vereint diese wirklich großen Geister. In diesem Sinne halte ich Eugen Rosenstock-Huessy für einen der großen Sozialwissenschaftler unserer Zeit.

Er zeigte auf, daß wir uns philosophisch von Anselms „credo ut intellegam" [2]) (ich glaube, damit ich erkenne) oder auch von Descartes „cogito ergo sum" (ich

---

[1]) Auszüge aus einer in englischer Sprache gehaltenen Rede auf der internationalen Konferenz „Wort, Dienst und Wirklichkeit — Eugen Rosenstock-Huessy und der Friede auf dem Planeten" am 24. Juli 1985 in Berlin. Ausgewählt und übersetzt von Rudolf Hermeier.

[2]) Frederick Lopleston, S. J., *A History of Philosophy, Vol. II, Augustine to Scotus,* London, Burns + Oates, 1986, p. 156.

denke, also bin ich) zu, wie er es nannte, „respondeo etsi mutabor“ (ich antworte, so werde ich verändert, und ich verantworte es auch, wenn ich verändert werde) bewegen müßten. ... Das ist ein Gedanke, den später der Mathematiker Norbert Wiener und andere in den Begriff der Rückkopplung ... faßten. Es brauchte eine Weile, bis ich diesen Begriff aus der Sprache der Technik und der Naturwissenschaft in die der politischen Wissenschaft übertragen hatte; was ich im Detail zuerst um 1970 ausführte. Aber im Kern wurde diese Relation — „respondeo etsi mutabor“ — von Rosenstock-Huessy schon 1938 formuliert...[1])
Er gab uns Einsichten in die kulturellen Aspekte revolutionärer Politik, in ihre Redeweisen, Institutionen, Hauptpraktiken und psychologischen Aspekte und in die Menschentypen, die sie in den Vordergrund rückte.
Probleme von Revolutionen werden uns noch für den Rest dieses Jahrhunderts beschäftigen und noch lange ins nächste Jahrhundert hinein. Wer diese Probleme verstehen will, wird in Rosenstock-Huessys Werk eine Schatzkammer von Einsichten und Hinweisen finden.

---

1) S. „Out of Revolution“. Die amerikanische Ausgabe des Revolutionsbuches ist eine Umschrift der deutschen und enthält neue Kapitel. Deutsch nimmt hier Bezug auf eine Kapitel, das in deutscher Sprache unter dem Titel „Ich bin ein unreiner Denker“ vorliegt — s. „Geheimnis der Universität“, Stuttgart 1958, S. 97 ff.

EINLEITUNG

zur erneuerten Ausgabe

„Einen Ausbau des Inhalts durch die eigenen Beobachtungen und Kenntnisse der Leser möchte ich mir wünschen", hieß es in meiner Vorrede von 1931. 1951 kann der Leser dem Verfasser diesen Satz zurückgeben: „Hast du in zwanzig wilden Jahren durch frische Beobachtungen den Inhalt neu erkannt und neu ausgebaut?" So muß wohl diese Einleitung wider den Willen des Verfassers erst etwas zu seiner Person sagen. Indem ich das tue, werde ich aber durch das Buch in einen neuen Weltraum hinübergetragen. Denn ich schreibe diese Einleitung in Amerika.

Mit der Abfassung der Europäischen Revolutionen wich eine Spannung. Seit 1917 hatte dies Buch vor der Totenwache an der Bahre der beiden deutschen Kaiserreiche zurücktreten müssen. Siebzehn Jahre — von 1914 bis 1931, vom Mannschaftshaus der 103. Division im Felde bis zu den Arbeitslagern für Arbeiter, Bauern und Studenten — hatte diese Pflicht immer neue Formen angenommen. 1931 fühlte ich mich losgesprochen. Das Menschenmögliche war versucht; es hatte zwar nicht zugereicht, aber es war alles, was sich tun ließ. Denn den Beruf, das Vermögen, das Amt, die Bibliothek, die Kirche, alle sichtbaren Güter hatte ich dabei eingesetzt. Gott nahm die Opfer nicht an. Der Weltkrieg mußte noch einmal durchexerziert werden durch den „Überflüssigen" Krieg, den von 1939 bis 1945. Der alte Hegel hat eben Recht, und ihm war es ja schließlich selber auch schon von Jesus und den Aposteln überliefert: „Aller Anfang muß zweimal angefangen werden", hatte er gesagt.

So fing auch ich von vorne an und wanderte in einen der kleinsten Staaten der Union, in Vermont, ein. Amerika ist die Reserve und zugleich das Verarbeitungs- und Verwertungsland der westlichen Welt. Tatsächlich haben Vermonts Wälder und Weiden, Nachbarschaft und Gemeindeleben der Seele ihren Schutz bei diesem Neuanfang nicht versagt, und für die echte Verarbeitungs- und Verwertungsfunktion Amerikas zeuge diese Ausgabe. Sie verdankt den Freunden in Amerika den Reichtum an Bildern und Karten, der heute in Europa nicht verfügbar gewesen wäre. Aber dieser Reichtum an Material ist nicht — wie sich Europäer das leicht vorstellen — ein materieller. Im Gegenteil, wir sind arm geblieben, und unsere Freunde hier sind nicht reich. Aber großherzig haben sie beigesteuert. Allein die von den Herren Thomas und Henry Copley Greene geschenkten Originalkarten, die noch kein Europäer entworfen hatte, zeugen von der Liebe der Amerikaner für die Geheimnisse der Alten Welt.

Um diese Liebe bereichert, tritt die neue Ausgabe hervor. Ich selber habe natürlich das, was ich dazu gelernt habe, hinzugefügt. Dazu gehört vor allem das erste Profil des Nachrevolutionären mit dem Koreanischen Ereignis anhebenden Jahrhunderts nach den Weltkriegen. Den Fachleuten aber lege ich die fünfzehn oder zwanzig kurzen Monographien („Deutung der Bilder") ans Herz, die den Bildern beigeschrieben sind. Ich hoffe, daß sie das Ohr der Fachleute erreichen. Denn bei der ersten Auflage haben die deutlichsten neuen Forschungen und die einwandfreisten Entdeckungen auf die Fachleute nicht eingewirkt, weil sie nicht als Einzeluntersuchungen vor sie hingetreten sind. Der heutige Stil zerlegt den Gang der Forschung in den Zweischritt von Monographien und Lehrbuch. Diesen Zweitakt habe ich durchbrochen. Die Revolutionen enthalten durchweg sowohl neue Forschung im Detail als neue Gesamtgliederung. Das gilt als verboten. Zum Beispiel Toynbee hat neue Gesamtgliederung, aber keine eigene Forschung. Deshalb wirkt er.

Aber Not kennt kein Gebot. Seit 1889 hat das europäische Denken die Initiative verloren. Die Gebildeten rennen seitdem hinter der Zeit hilflos einher. Die Wiedergewinnung der Zeit war das Anliegen meiner Einsicht seit 1917. Daher bringt das Buch beides in einem, neue Forschung und neue Lehre.

Nun, nach zwanzig Jahren, wird das vielleicht entschuldbar geworden sein. Einzelentdeckungen wie die Ursachen der Papstrevolution, der weltliche Staat als kurzfristiger alljährlicher Staat, die echte Linie: Machiavell—Luther, statt Machiavell—Bodin, die parallele Dialektik zwischen Hegel—Marx und Luther—Calvin, die Detektivgeschichte des Wortes „Restauration", die Rolle der deutschen Universität, der Judenemanzipation, der Romantiker, die zeitbedingten Rollen Österreichs und Preußens, der Schwindel einer russischen statt der Weltkriegsrevolution usw. usw. werden nun in kurzen Monographien auch fachmännisch greifbar. Das Aufkommen der Päpste mit dem Namen „der Zweite" oder die beiden Karten zur Reformation sollten doch in keinem Lehrbuch fehlen dürfen. Und die von allen Historikerkongressen „stürmisch geforderte" Einheitsgeschichte aller nationalen Schulbücher ist hier geleistet. Man nehme das nicht als Anmaßung. Es ist nämlich ein zweischneidiger Anspruch. Auf der einen Seite ist er *wahr*. Denn hier herrscht nicht die tote Abstraktion der neutralen Gleichgültigkeit, sondern die feurige Arie jeder Nation ist hier stimmhaft. Aber nun kommt die den Komitees unbekannte Einschränkung: dies theoretisch so oft geforderte Einheitsbuch tritt nicht als mechanisches Resultat einer Abstimmung in einem Komitee auf. Deshalb vollzieht sich seine Wirkung unterirdisch. Die Verwirklichung eines „allseitig gefühlten" Bedürfnisses sieht leider immer anders aus als die Welt es sich vorstellt. Dies Buch ist ein Samenkorn und kein mechanischer Filter. Es appelliert indessen an alle redlichen Geschichtslehrer Europas, aus ihm in ihren eigenen nationalen Garten Ableger zu senken und aufzuziehen. Jeder, ob Schwede oder Schweizer, ob

Italiener oder Schotte, wird finden, daß ihm hier sein Eigenstes vielfältig wiedergegeben wird, wenn er es nur einmal beherzt dem Atem des Geistes aussetzt, der wirklich weht *wo* er will; ach, wie oft wird dies Wort zitiert. Aber es ist sogar wahr! Daher mußte erst der Geist die Namen Schweden, Schweiz, Italien, Schottland revolutionär, nämlich da, *wo* er wehte, einsegnen, bevor sie heute die Schulen dieser vier Gebiete beherrschen und tyrannisieren dürfen. Als Emanzipation der Geschichtslehrer von den verbrieften Lehrstühlen ihrer eigenen nationalisierten Landesgeschichte diene dies Buch. Es schreibt ihnen nichts vor (wie das Resultat einer Abstimmung in UNESCO tun würde), aber es stimmt sie um zu neuen Resultaten dessen, was sie selber fortan schreiben und dozieren möchten!

In Georg Müllers Buch „Last und Trost der deutschen Geschichte", Bielefeld 1950, liegen die neuen Resultate einer einzigen solchen Umstimmung vor. Sein Buch kann dem Kritiker als Beispiel dienen, wie viele verschiedene Schulen und Parteien mit Hilfe dieses Werkes geistig umbauen können.

Es ist der Ehrgeiz der neuen Ausgabe, diesen Umbau allen europäischen Gliedern beschleunigt zu erleichtern. Wir sind wie die Zisterzienser. Sie bauten in Ziegeln eine neue Ordnung auf, nachdem die Steinquader der romanischen Feudalität sich als zu lastend erwiesen hatten.

Das 19. Jahrhundert hat seine Schwindelbauten im Geist errichtet. Im Geist müssen sie darum von uns Geschöpfen eines organischeren Kosmos umgebaut werden. Der Geist des 19. Jahrhunderts wollte nur fortschreiten, und daher hatten am Ende die Väter ihre Söhne, die Mütter sogar ihre Töchter nichts mehr zu lehren. Das 20. Jahrhundert muß in verschiedenen Generationen die Einbettung in den Nährboden, in die gemeinsame Zeit eröffnen. Deshalb muß der Primat der Lehre zwischen den Generationen über die Forschung nach Fragen der einzelnen Generation neu errichtet werden. Die Lehre vom Fortschritt hat daher in Amerika noch mehr als in Europa das Fortschreiten der Lehre verhindert. Eine Freundin von uns beklagte sich beim Superintendant of Schools, dem amerikanischen Schulkollegium, über die geringen Kenntnisse ihrer Kinder. “Madam, forgive us”, schrieb er zurück, “during the last thirty years, we have noch believed in teaching.” Wir haben ein Menschenalter lang nicht ans Lehren geglaubt. Siehe Jugendbewegung und Klassenkampf. Den Glauben an die mehrere Geschlechter vereinigende Lehre sucht dies Werk zu stärken. Die erste Ausgabe betonte die Einheit in der zeitlichen Folge der Geschlechter. Diese bringt hinzu die Einheit trotz der räumlichen Trennung der Generationen, sogar über Rußland und Amerika hinüber. Es ist meine Hoffnung, daß dies Werk auch in Rußland gelesen werden wird. Dann wirklich wäre die Revolution der Weltkriege durchgedrungen. Diesen Punkt, wo sich Ost und West heut nach der Krise in derselben Not sehen, der *Sprachnot* nämlich, statt der 1917 allein interessierenden Nöte der Arbeiter, habe ich ausführlich und aus dem Geiste des Bolschewismus selber neu herausgearbeitet. Ich verweise auf die letzten Kapitel sowohl der Theorie wie der Geschichte.

Nun aber komme ich zu den Schranken der neuen Ausgabe. Sie durfte nicht verschlimmbessern. Das alte Werk war, was immer seine Schranken, aus einem Guß. Es ist unmöglich — es ist sogar einem Goethe unmöglich gewesen — nach zwanzig Jahren den alten Ton zu treffen. Jakob Burckhardt hat die spätere Ausgabe seiner „Kultur der Renaissance" so herzlos behandelt wie Jean Jacques Rousseau seine Kinder. So hilflos fühlte ich mich nicht. Ich habe beherzt weiter geschrieben. Über Existentialismus und den Apostel Paulus, über Pferdegeschirre und Stalins Verhältnis zu Joh. 1, V. 1 konnte ich einfach Neues sagen, ohne den Rahmen des Alten zu sprengen. Aber z. B. die Gründung Israelis, die Entwicklung Indiens und Afrikas, die Zukunft dessen, was bisher China heißt, habe ich nicht in dies Buch hineinzerren dürfen. Diese Ereignisse gehören in einen anderen Rahmen. In der Tat, sie gehören in den Rahmen, der sich lange vor 1917 dafür in mir abzeichnete, nämlich seit 1904. Während diese Revolutionslehre absichtlich und genau nur eines der Spenglerschen „Kilojahre", die tausend Jahre von Allerseelen bis zu den Funksprüchen an alle, behandelt, ist auch die Universalgeschichte schon entstanden; in ihr verkörpern aber die Revolutionäre nur eine Schicht der Stimmlagen des menschlichen Geschlechts. Sie soll in absehbarer Zeit erscheinen. Die Kritik wolle freundlich diese absichtliche Unterscheidung im Auge behalten. Ich fühle, daß ich so mehr habe leisten können, als wenn ich dem Irrlicht der Tagessensationen nachgejagt wäre, die aus aller Welt und aus allen Schichten der Zeit uns verwirren.

In der Universalgeschichte wird auch die Stellung Amerikas erst ganz sichtbar werden. Denn Amerikas Rolle besteht darin, das zweite, hier behandelte, und das dritte Jahrtausend ineinander zu überführen.

Aber doch erweitert sich um Amerikas willen dieses Vorwort zu einer wahren Einleitung. Denn weil der Autor selber in Amerika lebt, ist ja sein Wort verändert. Wie weit ist es nun verändert? Wie weit bin ich Amerikaner, wie weit bin ich Deutscher?

Der Nationalist in Europa kennt da nur ein Entweder-Oder. Man kann in Europa nicht aus einem Lande in das andere „ein"wandern, ohne seelisch Harakiri zu begehen. Es gibt nur Emigranten, aber keine Einwanderer. In Amerika ist das anders.

Der türkische Gesandte in den Vereinigten Staaten wurde in das berühmteste Restaurant von Los Angeles mitgenommen. Der Gastgeber glaubte, es gehöre einem Griechen. Er stellte den Inhaber dem Gesandten vor. Dieser erbleichte. Der Besitzer trug keinen griechischen, er trug einen armenischen Namen. Der Armenier lächelte heiter: Eure Exzellenz mögen sich beruhigen; dies Land tut jedem von uns etwas an.

Was ist denn dies Etwas? Der Mensch entspringt, jeder Mensch entspringt aus zwei Rassen. Der Mensch, jeder Mensch durchlebt zwei Generationen. Der Mensch, jeder Mensch wandert und baut. Der Mensch, jeder Mensch glaubt und verzweifelt.

In Europa werden die Menschen aber trotzdem eingeteilt nach Rassen, Zeitgenossen, Landstrichen und Konfessionen. Der wirkliche Mensch wird vergewaltigt. In Europa bilden sich die Katholiken ein, daß sie immer glauben, und die Nihilisten, daß sie immer verzweifelt sind. Manche amerikanischen Akademiker und vor allen Dingen viele Europäer würden diese spanischen Stiefel auch gern den Amerikanern anziehen. Aber es geht nicht. Diese aus der Verblödung der Naturwissenschaften herrührende Gleichsetzung der Menschen mit Dingen schlägt den Lebensprozessen Amerikas zu sehr ins Gesicht. Es ist zu augenscheinlich, daß es „den" Amerikaner höchstens als Prinzip der Zerrissenheit gibt. Die glänzendste Verkörperung der amerikanischen Seele, William James, hat dafür eigens das halb unmögliche Wort "Torn-to-pieceshood" gebildet. „Wir alle sind auch unser Gegenteil", kann man das übersetzen. Das Menschliche fängt erst da an, wo diese Zerrissenheit bejaht und erfaßt wird. In Amerika liegt diese Wahrheit zugrunde. Deutschland ist zugrunde gegangen, sobald es „der" Russe, „der" Jude, „der" Pole, „der" Deutsche, „der" Amerikaner zu sagen sich unterfing. Damit wurden aus Menschen Marken, aus Leben Stein. Ein Narr fragt mehr als hundert Weise beantworten können. Zu fragen, ob ich Deutscher oder Amerikaner sei, ist eine Narrenfrage. Nur Wortrealisten können glauben, daß je in den Namen Deutscher oder Amerikaner irgendein Mensch voll enthalten gewesen sei. Es ist also Amerikas Beitrag, diese Fragestellung zu entlarven. Der Mensch ist in seiner Nation nicht enthalten, weil die Nation nur der Mensch im Rückblick, aber nicht im Hinblick ist. Nach meinem Tode werdet Ihr die Verhältniszahlen an mir bestimmen können; vorher nicht. Ich werde sie nie wissen und — was noch komischer ist — sie sind mir gleichgültig. In Amerika muß jeder Bewohner des Landes zwischen den Örtlichkeiten, zwischen den Klimaten, zwischen den Klassen, zwischen den Rassen, zwischen den Kirchen, zwischen mehreren Zeitaltern zu leben wagen. Dieser Zwang verbindet uns alle drüben. Dabei wechseln auch die Amerikaner wie alle Menschen zwischen gläubigem und ungläubigem Leben ab. Das heißt, in allen schwachen Augenblicken lavieren wir bloß zwischen allen unseren Kulturaufgaben, unseren Heubündeln geschickt und unverbindlich hin und her. Nur in den hohen Zeiten des Lebens wird für das klügelnde Lavieren mit dem Wind der beherzte Einsatz des eigenen Lebensatems gewählt.

Aber der Aberglaube, diese Ordnungen von Staat, Kirche, Nation, Klasse, Literatur, Kultur, Kunst, Wissenschaft hätten „an sich" den Atem des Lebens, den Gott nur uns selber ins Herz gab, dieser Aberglaube fehlt in Amerika. Amerika ist daher gegen die Folgen dieses Aberglaubens gefeit. Die Folgen in Europa sind Krieg und Revolution. Ein Buch über „Die Europäischen Revolutionen" wird also Amerika nicht gerecht. Denn Amerika ist weder von Krieg noch von Revolution bedroht.

Nur in den Staat, in die Kirche, in den Kapitalismus, in den Kommunismus Verliebte müssen aus ihren Götzenbauten herausgeklopft werden. Der Amerikaner ist auf dem Wege von und zu und zwischen diesen Ordnungen. Ihm droht nicht das Erstarren der Gehäuse, sondern die Unterwegs-Erkrankungen des Gestaltlosbleibens, die Anarchie und die Dekadenz.

Die Staats- und Kirchenlehren Europas sind für Amerika bedeutungslos. Es kann sie für ein paar Schuljahre den Kindern eintrichtern lassen durch die komische Zunft der College-Professoren, die alle Platos Republik lesen und von denen ich einer bin. Es handelt sich da um Museumsstücke. Im Leben der Amerikaner aber ist damit nichts anzufangen. Dekadenz hingegen und Anarchie sind die beiden tiefen Drohungen, die der reinen Weggenossenschaft der Neuen Welt drohn. Denn in einem militärisch und wirtschaftlich überlegenen Lande wird der Einzelne verführt, zu ziellos oder zu schwächlich zu leben. Die Moskauer Büropolitiker mit dem Zollstock der Revolution verstehen daher Amerika nicht. Alles, was der Kommunismus anstrebt, hat Amerika in Hülle und Fülle. Jeder Mann und jede Frau haben in USA ihr Auto; als ein Bolschewist dies Wagenmeer in New York erblickte, rief er aus: „Aber das ist ja der Kommunismus". Amerika hat infolgedessen ganz andere Sorgen, von denen Karl Marx nichts geahnt hat. Diese Sorgen stehen im Vordergrunde des Glaubens und der Verzweiflung der Amerikaner und vor allem der Amerikanerinnen!

Es gibt eine Dialektik zwischen der Neuen Welt und der Alten Welt einschließlich Rußlands. Sie besteht eben darin, daß Amerika von Dekadenz und Unordnung bedroht wird, während die Alte Welt an Kriegen und Revolutionen siecht. Es ist z. B. schwer, in den Vereinigten Staaten ernst zu bleiben oder sich selber ernst zu nehmen. Der sense of humour verhindert den Amerikaner sich wichtig zu nehmen. „So wichtig schaut er drein", sagte einer vor einem Hitlerbild. Damit war Hitler erledigt. Der sense of humour birgt besonders für junge Menschen die Gefahr, daß sie am Ende nichts ernst nehmen. Und diese Gefahr nenne ich eben Dekadenz. Nietzsches letzter Mensch lispelt allerdings: „Was ist Liebe? Was ist Glück? Was ist Stern?" Indessen wird diese Gefahr unausgesetzt überwunden, wo originelle amerikanische Formen entstehen. Die ursprüngliche Form eines Festes in Amerika gliedert sich umgekehrt wie die entsprechende in Europa. In einem College trat nach fünfundzwanzig Jahren Amtszeit der Präsident zurück. Die Fakultät versammelte sich in einem nach dem Muster des englischen Unterhauses gebauten Sitzungssaale. Am Tisch des Hauses, da wo der "Speaker" sich in London befindet, standen der alte und der zukünftige Präsident, der Dean der Fakultät (auch ein beamteter, nicht erwählter), und der Collegeprediger.

Der alte Präsident trat zuerst hinter die Mitte des Tisches und begann: Nach dem schrecklichen Erdbeben in Japan 1922 sandte der Präsident der Vereinigten Staaten eine Hilfsmission nach Japan. Ihr Oberhaupt brachte dem Kaiser die Grüße Amerikas in gesetzter Rede. Sie wurde durch seinen Dolmetscher dem Kaiser ins Japanische übersetzt. Darauf habe sich der Kaiser mit einem kurzen energischen Satz an den Dolmetscher gewandt und nun habe dieser aus dem Japanischen ins Englische diese Worte des Kaisers übersetzt. Das nahm eine halbe Stunde in Anspruch. Darum habe der Gesandte hinterher den Dolmetscher beiseite genommen: „Was hat der Kaiser denn wirklich selber gesagt?" „Oh", sagte der Dolmetscher, „er hat mir nur befohlen: ceremonious hokum, feierliches Gequassel."

Das also war die Abschiedsrede des scheidenden Präsidenten. Nach diesem Scherz kam der neue Präsident zum Zuge. Er verlieh auf Antrag des Dean, der ihm den Kandidaten präsentierte und die Pergamentrolle überreichte, dem abtretenden Vorgänger kraft seiner neuen Amtswürde den Ehrendoktor des College. Indem er dieses höchste Ehrenrecht einer hohen Schule ausübte, ergriff er sozusagen auch von allen niedereren Funktionen seines neuen Amtes erst recht Besitz.

Nach dieser Verleihung trat der Prediger vor und sprach ein feierliches Gebet. Dann löste sich die Versammlung auf.

Jeder amerikanische Redner muß mit einer funny story beginnen, um die in dem neuen Lande ja einst bunt genug zusammengewürfelte Gesellschaft davon zu überzeugen that he is one of them, daß er dazu gehört. Die Lockerkeit der Lebensbeziehungen hat ihre unausgesetzte Neubegründung notwendig gemacht. Wenn die Marxisten von der Revolution in Permanenz reden, so hat sich in Amerika seit über hundert Jahren die *Neugründung der Gesellschaft in Permanenz* durchgesetzt. Dies ist die Dialektik zu Europa, wo die Festigkeit nicht täglich neu hervorgerufen, sondern vorausgesetzt wird.

Dies erklärt unter anderem die Umkehr der europäischen Reihenfolge bei der Inauguration des Präsidenten. Die Dialektik besteht nicht in der Verwerfung irgendeines europäischen Lebenselementes, aber in ihrer Verweisung an andere Plätze. Das Gebet, mit dem in Europa die Feier begonnen hätte, kam deshalb am Ende. Und glaube niemand, daß der scheidende Präsident deshalb, weil er scherzte, gefühllos war. Er erwähnte später, es sei die schwerste Stunde seines Lebens gewesen.

Die alltägliche Neugründung der menschlichen Beziehungen erlaubt keine Titel, keine Lebenslänglichkeit, keine Pensionsberechtigung, und sie erfordert die jeden Augenblick bewährte Kraft "to cut your losses", von einer verlorenen Schlacht ohne Trauer zur nächsten weiterzugehen. Präsident F. D. Roosevelt war der amerikanischste Amerikaner, weil seine Mitarbeiterin und Biographin von ihm rühmen konnte, *er sei nie enttäuscht* gewesen. Das kann kein Europäer von sich gesagt kriegen. Denn dieser setzt immer schon eine gegebene Welt voraus, er hat gewisse Ansprüche, Erwartungen, Vorstellungen, und es schmerzt ihn, sie enttäuscht zu sehen.

Der Amerikaner aber beginnt damit, sogar sich selber von außen zu sehen, bevor er sich auch von innen her erhören lernt. Wir haben hier weder die Europäer noch die Amerikaner zu kritisieren, sondern nur die vollendete Dialektik zwischen der Anordnung der Sinne in Europa und in Amerika wahrzunehmen. In Europa schmeckt, riecht, hört und tastet sich der Mensch zurecht, und im klaren Augenblick erleuchtet sich dann die Fülle seiner Sinneseindrücke. In den Prärien und Wäldern, wo mit ungesichertem Revolver der Pionier sich vorwagt, geht alles zuerst durch das Auge. Der Amerikaner traut keinem Sinne so wie dem Blick. Das Brot muß weiß aussehen, so der Zucker und der Reis, ja sogar der Schweizer Käse; auch wenn die Qualität darunter leidet. Die Längenmaße und das Gewicht eines Menschen gehen als erstes in die Daten ein, die der Amerikaner von einem neuen Bekannten sich bewußt macht. Ein Redner wird angekündigt nach der Zahl der Bücher, die er schon auf dem Gewissen hat.

Alles dies wird hier angeführt, um anzuregen, aus der rein theoretischen Dialektik der Marxisten aufzuwachen zu der wirklichen Dialektik der Völker und Erdteile. Der Orient steht ja zur ganzen alten Welt in der allerseltsamsten; aber von ihr kann hier nicht gehandelt werden. Mag es genügen, auf die amerikanische nachdrücklich aufmerksam zu machen. Die Unabhängigkeitserklärung Amerikas von 1776 hat jedem Bewohner der Vereinigten Staaten eine Umstülpung des europäischen Lebensgefühls auferlegt. Eine Ökonomie der Seele, eine Ökonomie der Sprache, eine Ökonomie der Lebensweisen zeigt sich hier, ein Haushalt der menschlichen Energien, ohne deren demütige Anerkennung unsere Rasse sich in sinnlosen Nebeln über sich selber verhüllt.

„Der Mensch“ also, wie ihn die europäischen Revolutionen enthüllen, neigt immer wieder dazu, sich seine dialektischen Gegner bloß kritisch von außen anzusehen und sie abstoßend zu finden. Er beschwert sich über sie, statt sich durch ihre Verschiedenheit erleichtert zu fühlen.

Die Umpflanzung aller Nationen in das Erdreich des Gesamtplaneten erfordert eine Verschiebung des Schwerpunktes so, wie sie die alte Sitte bei den Beerdigungen anzudeuten pflegte.

In Europa darf die Musik bei der Heimkehr vom Begräbnis heitere Weisen spielen. In Amerika scherzt der Sterbende. Als der große Richter Justice Oliver Wendell Holmes mit 94 Jahren erkrankte, brachte die Krankenschwester das Sauerstoffzelt. Sie sah, daß der Sterbende wußte, was das zu bedeuten habe, aber sie versicherte ihm, es habe nichts zu bedeuten. Da machte er ihr eine lange Nase; das wurde sein letztes Lebenszeichen. Serenissimus wäre feierlicher gestorben.

Der Holmes-Park aber, in dem sich die Richter Washingtons erquicken, hält die Andacht an diesen großen Mann würdig aufrecht. Und seine Rede „Der Glaube des Soldaten“ hat den Zusammenhang der amerikanischen Geschichte in den Herzen der Jungen feierlich 1917 und 1941 erneuert.

Ich will an dieser Stelle die Beispiele der tiefen Dialektik Amerikas gegen Europa nicht häufen. Sie bezieht sich auf alles: Geld, Erziehung, Ehe, Politik. Ihr Verständnis ist die grundlegende Bedingung des neuen Zeitalters, das nach den zwei Weltkriegen beginnt. Eines ihrer Gesetze ist, daß in Europa der tierische Ernst dem Scherz, in Amerika der spielerische Scherz dem Ernst vorangehen muß, soll der Sprechende Glauben finden.

Im Jahre 1938 druckte ich die Autobiographie des westlichen Menschen für Amerikaner unter dem Titel "Out of Revolution". Es war meine Lehrprobe auf „amerikanisch". Das Buch beginnt mit der Gegenwart, mit der russischen Revolution und bewegt sich rückwärts über Frankreich, England, die Reformation zurück zu Päpsten und Kaisern. Andere Bücher und vor allem der Film haben ja heut den Rückblick aus dem Vordergrund in die Hintergründe der Zeit gewählt. Er ist sicher in Amerika natürlich.
Der Gedanke lag nahe, auch die neue deutsche Ausgabe auf ihn umzuschreiben. Besondere Prinzipien dafür oder dagegen hatte ich nicht. Aber der praktische Versuch erwies sich als undurchführbar. Dies Buch ist offenbar deutsch gedacht und mußte deutsch bleiben. In der Dialektik, entweder rückwärts zu wandern oder vorwärts zu erzählen, wiederholt sich meines Erachtens die von mir hervorgehobene Dialektik Amerikas gegen Europa nur aufs neue. Die Amerikanisierung Europas würde dahin führen, das aus der Gegenwart in die Vergangenheit Zurückgehen auch für dies Buch vorzuschreiben. Solche Vorspanndienste hat aber das vorliegende Buch nicht zu leisten. Die Amerikanisierung Europas möge Gott verhüten. So erscheint das Buch in der alten Form, in der Sprache der Reformation, in der Sprache der Universität, in der Sprache Preußens, also in meinen drei Muttersprachen. Die notwendige Lebensumwandlung verfälscht nie ein Lebewesen in ein anderes. Aber erweitern muß sich jedes Lebewesen; denn im Ablauf der Zeit und von selber verengern wir uns „ohne weiteres". So habe ich dies Buch zwar in seiner Muttersprache belassen, aber doch um meine beiden amerikanischen Jahrzehnte erweitert. An einer Stelle habe ich das nicht ganz so weit geführt, wie es vielleicht recht wäre. Ich will die Unterlassung dazu benutzen, gerade diesen Punkt der Befreiung statt der Vermischung zu klären.
Der erste Teil heißt nach wie vor Theorie der Revolutionen. Das ist vielleicht eine Irreführung. Denn wirklich heißt Theorie Schau, Hinblick; indessen alles, was ich von den Revolutionen weiß, hat mich das Noch-Einmal-Hinhören auf ihr Geschehen gelehrt. Ich habe den Gehorsam gegen sie noch einmal durchlebt. Wäre „Rückhören auf die Revolutionen" eine befreiende Überschrift? Wer zurückhorcht und wer zurückzulauschen wagt, dem fällt vermutlich dadurch eine Theorie der Revolution in den Schoß. Aber in erster Linie wird ihn diese Rückfrage selber befreien. Die alten Gehorsame werden erprobt, und der Zufall des Augenblicks wird damit sich lösen dank der Aufrichtung des Maßstabs. Du höre, worauf das Herz noch zu hören vermag und was endgültig tot ist. Nicht die romantische Sehnsucht, die Vergangenheit wiederzusehen, darf uns leiten. Leben ist Gehorsam und Widerspruch. Und bei Gefahr des Lebens müssen wir hören, wo wir Gehorsam schulden, wo nicht.
So empfehle ich dem Leser, bei sich zu erwägen, wie viel Theorie und wie viel Rückwärtslauschen in sein besonderes Amt und Leben gehören. Die Gesetze der menschlichen Rasse, die Wege ihrer Erneuerung, Erweiterung, Verengung, ihre Schaffung und Umschaffung sprechen sich in diesem Buch in Akten des

Gehorsams und Ungehorsams aus. Jede Revolution, indem sie den Gehorsam aufkündigt, fordert selbst unbedingten Gehorsam.
Aus diesem Widerspruche scheiden und gliedern sich die Rassen, die Nationen und die Volkscharaktere. Das lebendige Wort darf, ja muß eben deshalb wagen, in dem Schnittpunkt der Völker den Widerspruch selber hörbar zu machen. Dann erst, wenn Ihr ihn nicht überhört, könnt Ihr Euch entscheiden.

Four Wells, Norwich, Vermont
15. August 1951 **ERH**

ZUR DRITTEN AUSGABE

Die zweite Ausgabe baute des Verfassers eigene Erfahrungen seit 1931 ein. Die dritte versucht ein gleiches mit den Erfahrungen der Leser (Beispiele S. 263 und 530ff.).
Außerdem ist der Standort dieses Buches verändert: Es steht nicht länger nur auf sich allein. Die S. VIII angesagte Geschichte der menschlichen Verbände — seit meinem sechzehnten Lebensjahre ersehnt — habe ich im siebzigsten — 1958 — vorlegen dürfen: „Die Vollzahl der Zeiten" (Soziologie II). Dort wird das Jahrtausend der Revolutionen zurückgebettet in das Wolkenmeer des Geistes, wie es von Stämmen und Reichen über das alte und das neue Israel zu Welt und Gesellschaft weht und wogt. Weil der Geist sich aus der Weltgeschichte heut ähnlich zurückzieht wie dereinst unter Kaiser Otto III. aus der Kirchengeschichte, deshalb hängt der Fortgang aller Geschichte wie immer so auch heut an dem Satze: Der Geist wehe, wo er will. Im Glauben an ihn könnte die Gesellschaft dem uns mit Vernichtung bedrohenden „Weltgeschichts"äon entrinnen und die Schwelle eines dritten Jahrtausends erreichen. Jeder Zusatz an geschichtlicher Zeit wird ein Geschenk unseres Glaubens an diese absolute Freiheit des Geistes sein, heute die „Welt"geschichte zu verlassen.
Aber gegen dies Ernstnehmen des dritten Glaubensartikels dichten eherne Mauern die akademischen Fächer ab. Ihre Lehrstühle für chinesische Geistesgeschichte, deutsche politische Geschichte, mittelalterliche Kunstgeschichte trennen, genau wie der Kapitalismus, was zusammengehört. Sie ziehen kraftlose Linien, die ein Überspringen des Geistes von Thema zu Thema verschleiern. Das sich Herumschlagen des liebenswerten Historikers Karl Griewank in Jena mit den „Europäischen Revolutionen" war ein typisches Beispiel. Er wurde mit ihnen nicht fertig. Dann schied er verzweifelt aus dem Leben.
Gläubiger schrieb 1952 sein Kollege Hugo Preller (Wiss. Ztg. der Universität Jena, Heft 2, S. 11): „Einer der klügsten Männer unseres Jahrhunderts,

Masaryk, prägte schon 1925 im Rückblick auf den sogenannten ‚ersten' Weltkrieg das Wort ‚Weltrevolution'. Seinen Grundgedanken dürfen wir weiter ausbauen, indem wir die beiden Weltkriege der ersten Hälfte unseres Jahrhunderts zusammenfassen als eine besonders krasse Erscheinungsform einer die ganze Welt erfassenden und sie durchdringenden Revolution."

Mögen sich nunmehr die beiden Werke „Revolutionen" und „Vollzahl der Zeiten" gegenseitig erläutern und so die Überwindung des Historismus beschleunigen.

De Hoogte, bij Putten (Gelderland), 30. Mai 1960 *E. R.-H.*

VORWORT

zur ersten Ausgabe

Dies Buch entstammt dem Kriege. Damals revoltierte der Kriegsteilnehmer in mir gegen das eigene Geschichtsbild und gegen die Geschichtsbilder der verschiedenen Kriegsparteien.

Und das ist nicht verwunderlich. Im Frieden schlafen die politischen Gedanken der Völker. Sich selbst überlassen, treiben alte vererbte Vorstellungen fort, ohne auf ihre Tragkraft, ihre Lebensfrische geprüft zu werden. Der Krieg schüttelt den Baum der Träume, und alles Welke fällt ab. Europa erwirbt durch diesen Krieg Ein Schicksal und Einen Glauben. Die ersten Kriegsjahre haben die alten Gedankengänge, die erblichen Kriegsvorstellungen erschöpft. Seitdem tritt eine Entwicklungsreihe die Führung an, die hinter den Völkerriß von 1648, hinter den Souveränitätsrausch des einzelnen „Staats", ja hinter die Glaubensspaltung zurückgreift. Diese Spaltung Europas ist heute sinnlos geworden. Die Reiche, Staaten und Völker Europas lassen sich nicht mehr durch den Glauben spalten. Um vorwärts zu leben, müssen wir hinter die Spaltung zurückgreifen. Wir haben uns freilich diesen Rückgriff im Kriege noch nicht durch unser eigenes deutsches Geschichtsbild verdient. Sondern jede geistige Schicht bei uns behalf sich mit einer anderen Deutung dieses Krieges. Aus dem Schrecken über diese geistige Zerrissenheit erwuchs der erste Entwurf, der Anfang 1917 beendet war und dann durch eine neue Kriegsbeorderung liegenblieb.

Seitdem mußte die Ausführung noch mehrmals vertagt werden. Ebenso oft aber führten mich Lehraufgaben auf sie zurück, weil sie mich zwangen, an das Geschichtserlebnis des Kriegsteilnehmers anzuknüpfen.

Die Arbeit erwies sich damit als eine Verpflichtung, von deren Einlösung ich mich nicht freisprechen konnte. *Ehe nicht der Weltkrieg die Lehre der Völker erneuert hat, eher dürfen die Gelehrten nicht demobil machen.*

Wenn man sich aber mehr als fünfzehn Jahre mit einem Gegenstande beschäftigt, wächst der Abstand zwischen Wollen und Vollbringen in den eigenen Augen ins Riesengroße. Ich bitte daher den Leser, über der Lösung, zu der ich imstande war, nicht die Wichtigkeit der Stellung dieser Aufgabe zu vergessen.
Ich habe mir zu helfen gesucht, indem ich, je länger die Arbeit fortging, desto mehr den Nationen und Zeiten selbst das Wort gab und die Vokabulare der großen Geisteswelten Europas selbst gegeneinander anrücken und kämpfen ließ, so wie sie im Dasein jedes Einzelnen von uns, er mag nun wollen oder nicht, sich widerspruchsvoll genug zur Geltung bringen.
Der Umfang eines solchen Werkes ist schwer bestimmbar. Ich schulde Rechenschaft, nach welchen Merkmalen ich das Maß zu treffen versucht habe. Den einen Gedanken, den das Buch ausspricht, kann es nur vermitteln als lesbares, übersichtliches Ganzes. Dies Merkmal mußte das Oberste bleiben. Ganze Kapitel mußten diesem Streben geopfert werden (vgl. S. 265). Die Belege konnten nur sparsam und im Text gegeben werden. Ein gesonderter Dokumentenband verbot sich einstweilen aus wirtschaftlichen Gründen.
Eine Reihe eigener neuer Forschungen mußten deshalb ohne weiteres in die Darstellung verwoben werden. Die Auslese aus dem in unabsehbarer Fülle quellenden Stoff schließt sich nach Kräften an die großartige Forschungsarbeit des letzten Jahrhunderts an. Aber noch vor dieser verlangten die großen Nationalüberlieferungen selbst Gehör. Der Historiker darf ja nicht vergessen, daß *sich die Völker ihre Geschichte zuerst und vor allem selber schreiben.* In ihren Gedenktagen, ihren Vorurteilen, ihren Ausdrücken und Ämtern wird den wichtigen Ereignissen Dauer verliehen, und die ursprüngliche Quelle sprudelt so ewig fort als wahrste geschichtliche Quelle.
Daher wird der Leser die Erzählung — an die er auch unter Zurückstellung des begrifflichen Teiles sofort herantreten kann — an vielen Stellen selbst zu ergänzen vermögen, weil er merken wird, wie viele Dinge, die er weiß, den Rang historischer Daten haben.
Einen solchen Ausbau des Inhalts durch die eigenen Beobachtungen und Kenntnisse der Leser möchte ich mir wünschen.
Denn nicht zum wenigsten in der Hoffnung auf solche tätige Weiterführung habe ich den Reichtum von neunhundert Jahren zwischen diese zwei Buchdeckel zu pressen gewagt.

Breslau, Pfingsten 1931

INHALT

A. THEORIE DER REVOLUTIONEN

B. DER GANG DER REVOLUTION DURCH EUROPA

Der Eintritt in die Weltgeschichte

Die Papstrevolution

Die Deutsche Reformation

Die Englische Parlamentsrevolution

Die Französische Revolution von 1789

VERZEICHNIS DER KARTEN UND BILDER

A. THEORIE DER REVOLUTIONEN

I. TOTALREVOLUTION

Die Weltkriege haben die Welt revolutioniert. Bolschewismus, Faschismus, Nationalsozialismus oder auch Zusammenbrüche, Enttäuschungen und Wirtschaftskrisen sind diesen beiden Totalmobilmachungen gefolgt. Aus Nationen sind Bevölkerungen geworden. Der Nationalismus wird durch die äußerste Bedrohung der Nationalsprachen abgelöst.

Kriege wirken also wie Revolutionen. Und Revolutionen äußern sich in Kriegen. Früher hieß die Revolution Bürgerkrieg. Und der „Bürgerkrieg" schien früher ein widersinniger Unterfall des Krieges. Aber wir ziehen es heut vor, auch im Krieg das Revolutionäre zu erkennen. Denn die Revolution ist mehr als ein Bürgerkrieg. Sie ist ein Gärungszustand der ganzen Welt, der unter anderem auch Kriege gebiert. Wir sind zu dieser Umwertung gezwungen, sobald wir Weltgeschichte oder auch nur europäische Geschichte treiben wollen. Denn Kriege werden von den zwanzig oder fünfzig verschiedenen Staaten in unabsehbarer Zahl erklärt und geführt. „Revolution" aber ist sparsamer; viele Kriege können aus einer einzigen Revolution wie der französischen entspringen. Revolution deutet also auf eine Art Geschichtsökonomie und auf einen Sinn in allem Blutvergießen. Die Revolution führt die ermüdende Zahl der Feldzüge auf ein geordnetes Weltgeschehen im ganzen zurück.

Kein Wunder daher, *daß sich das Wort* bei den Vätern des modernen Weltbildes, bei Kopernikus und Galilei findet. Ihnen, d. h. der Herrschaft der Astronomie über unsere Weltanschauung, verdanken wir es, daß wir zunehmend unsere politischen Schicksale als Revolutionen erleben. In des Kopernikus Hauptwerk von 1543, aber auch schon bei Dante heißt Revolution die Umdrehung der Himmelskörper und Himmelswelten. Sie geschieht nach ehernem Sphärengesetz.

Dies Gesetz der Sternenwelt da droben wurde bis zu den großen Entdeckungen der Astronomie außer Zusammenhang gesehen mit den Gesetzen des sozialen Kosmos. Kaiser und Reich, Papst und Kirche hatten ihre Jahre scheinbar außerhalb des großen Weltenjahres. Und doch kündet sich der Gedanke einer den politischen Kosmos mit umschlingenden Weltbewegung bereits in den letzten Versen des Danteschen Weltgedichts an: „Die Liebe bewegt die Sonne und die anderen Sterne." Die Liebe? Die Liebe als ordnendes Prinzip hat aber gerade nach Dantes Glauben Christus auch der Menschheit neu eingepflanzt. So muß das politisch-soziale Leben offenbar seitdem auf Einbeziehung in jenes feste Wandelgesetz der Sterne hindrängen. Himmel und Erde sind ja eines.

Der Gedanke der „Revolution" wird dadurch die Einbruchsstelle für die Anerkennung einer übermenschlichen Weltordnung in der Politik der Völker.

Schon das erste Geschlecht nach Dante hat die Vorstellung vom Gestirnumlauf

auf die Glückswechsel der kleinen italischen Stadtstaaten angewendet. Die ewigen Verfassungsänderungen dieser Kleinstaaten konnte man wie ein Weltschauspiel ansehen. Als dann Galilei und seine Zeitgenossen, als Rohan und Hobbes den Erdbewohner Mensch als Staubkorn auf dem Planeten aus dem Zentrum rückten, da wagte man die verhängten Umwälzungen der großen Reiche mit dem Stichworte Revolution zu belegen. Seit 1600 sieht man auch die großen Länder Europas als bloße Teile des Globus an und redet infolgedessen von Revolutionen in England oder in Frankreich. Unter dem Einfluß der „Konjunkturen" am gestirnten Himmel passieren die politischen Umwälzungen auf Erden.

Heut ist dies Wort Konjunktur, ein Bild aus der Astrologie, das Allerweltswort der Wirtschaft. Neben ihm steht „Weltrevolution".

Das moderne Weltbild hat alle Kaiserreiche und alle Kirchen so gemein gemacht, daß sie alle wie bloße Weltteile wirken, die der Weltrevolution und der Weltkonjunktur im ganzen ausgesetzt sind. Kein politischer Körper steht mehr im Mittelpunkt!

Erst nachdem die Weltgeschichte so alles nivelliert und einbezogen hat, was nur immer auf Erden geschieht, beginnt man die Kriegsgeschichte zu vernachlässigen und bevorzugt die der Revolutionen.

Eine Vorbedingung dafür mag auch das Seltnerwerden der Kriege sein.

Denn lange Friedensepochen durch ganz Europa kennt man erst seit kurzen hundert Jahren. Von den 115 Jahren vor dem Jahre 1815, also von 1700 bis 1815, sind nicht mehr als die Hälfte Friedensjahre gewesen. England und Frankreich lagen von 1688 bis 1815 etwa die Hälfte der Zeit im Krieg miteinander. Von 919 bis 1180 gab es hundertfünfundsiebzig deutsche Ostfeldzüge. Demgegenüber sind sowohl der Krimkrieg 1853—1856 wie der Deutsch-Französische Krieg von 1870/71 oder der Balkankrieg von 1876 bis 1878, erst recht aber die kurzen Feldzüge 1864 und 1866 keine den ganzen Erdteil ergreifenden Verwicklungen geworden. Aller Eifer hat sich — anders als früher — von vornherein darauf gerichtet, den Kriegsschauplatz zu begrenzen und die Brandstelle abzusperren. Sobald die Kriege seltener werden, tritt der Gedanke an Revolution (und Gegenrevolution) mächtig hervor. Die meisten Völker haben daher erst seit 1815 und die Regierungen gar erst seit 1848, seit dem Ende der Restaurationszeit gewagt, dem Gorgonenhaupt der Revolution bewußt ins Antlitz zu sehen. Erst seit 1900 nehmen bewußte Revolutionäre (die Sozialisten!) an der Regierung der Staaten teil, Männer, die zwar jetzt als Minister auf der anderen Seite der Barrikade stehen, die aber nicht verleugnen können oder wollen, daß Recht und Heiligkeit der Staatsordnung reichlich relative Dinge sind. Denn sie haben das Eigenrecht der Revolution zu lange gepredigt. Sie haben die Revolution nicht als ein Unglück angesehen, sondern als eine Naturtatsache. Und so leitet am Ende der nicht mehr lokalisierte Weltkrieg mit seinen Erdausmaßen folgerichtig die von den Regierungen stets zitternd erwartete Revolution der Welt ein.

Bis dahin „passierte" die Revolution, aber indem sie einem Volke widerfuhr, war es auch schon bemüht, sie mit einem anderen Worte zu verhüllen und zu heiligen. Bis dahin galten Revolutionen als entsetzliche Katastrophe und als unmoralisch.

Die Völker Europas haben ein jedes seine Revolution hinter sich. Aber der freimütige Gebrauch des Wortes Revolution drückt einen bestimmten Reifegrad in der Geschichte des Geistes aus, den Reifegrad, in dem die Europäer wagen, das was sie tun und was ihnen widerfährt, bewußt zu benennen. *Vorher passieren Revolutionen, ja, werden Revolutionen bewußt unternommen, ohne Revolutionen zu heißen.*

Daher kommt es, daß es noch keine Geschichte der europäischen Revolutionen gibt. Denn die Historie hat sich oft nur an die Namen der Revolutionen gehalten. Sie hat um deswillen nur das als Revolution behandelt, was sich selbst so genannt hat. Umgekehrt hat sie vieles willig als Revolution bezeichnet, nur weil es sich selbst als Revolution ausgegeben hat.

Wenn wir aber hier in diesem Buche von *Revolution reden*, so meinen wir nur eine solche, die ein für allemal ein neues Lebensprinzip in die Weltgeschichte hat einführen wollen, also eine Totalumwälzung. Danach scheiden Revolten und Putsche aus, auch wenn sie Revolutionen heißen. Die Gewalttat ist uninteressant, wenn sie nur isoliert und willkürlich auftritt; die hundert Revolutionen in Mexiko bis zu Porfirio Diaz scheiden aus und Thronkämpfe in Afghanistan gleichfalls. Denn diese Länder wollen bestenfalls — wenn nicht sogar jedes überpersönliche Ziel fehlt und ein General oder Häuptling nur an die Macht will — zu sich selbst kommen. Die Revolution aber, die diesen Namen verdient, will zur Welt kommen und der ganzen Welt einen neuen Anstoß und eine neue Ordnung mitteilen. Die Revolutionen, von denen die Weltgeschichte allein handeln kann, sind die Umwälzungen, die sich der Welt mitteilen wollen. Alle echten Revolutionen sind Weltrevolutionen. „Die Herrschaft der Kategorie der Totalität ist der Träger des revolutionären Prinzips in der Wissenschaft" (Lukacs). Schon 1817 konnte ein Stockkonservativer von der französischen Revolution sagen: „Sie war keineswegs eine bloß französische Revolution. Sie war eine notwendige Krise, durch welche alle Völker Europas mehr oder weniger sich durcharbeiten mußten" (Henrik Steffens).

Freilich gelingt es keiner einzigen Totalrevolution, sich überall durchzusetzen. Die Funksprüche der Bolschewiki „an Alle", die Bannflüche der Päpste an die Völker haben nicht zur Weltrevolution geführt. Die französische Revolution hat zwar — gemäß einer berühmten Prophezeiung — ihre Reise fast um die ganze Welt gemacht, aber sie hat immerhin 130 Jahre dazu gebraucht. Jedoch der *Wille* muß da sein, sich allenthalben mitzuteilen, aus dem Gefühl des Rechts und des Auftrags heraus, der an das Volk ergangen ist, diese Revolution ins Werk zu setzen.

Danach scheiden auch alle Ableger und Nachahmungen echter Revolutionen für uns aus. In die Schule der französischen und indirekt der englischen Revolution sind fast alle anderen Staaten Europas und der übrigen Welt gegangen, z. B. kam die französische Revolution von 1789 im März 1848 nach Berlin und Wien zu Besuch. 1861 führte sie in Rußland und den Vereinigten Staaten von Nordamerika zur Aufhebung der Leibeigenschaft.

Wir finden „Revolution" seither in Polen, Spanien, Schweden, Griechenland, in Mexiko und allen südamerikanischen Staaten, in Belgien, in der Schweiz, in der Türkei, in Rußland und China, in Portugal und in den einzelnen Staaten Italiens am Werke. Im Laufe eines Jahrhunderts ist so die Revolution von allen Nationen importiert worden. Die meisten eben angeführten Länder haben sogar mehr als eine Revolution hinter sich, so wie ja Frankreich selbst noch zwei nationale (1830 und 1848) und eine örtliche (die Pariser Kommune 1871) erlebt hat.

Die Julirevolution in Frankreich hat z. B. die Funktion gehabt, die Ideen von 1789 wieder flottzumachen. Der Revolutionsbazillus wurde sozusagen 1830 wieder virulent, und nun erst erlagen ihm manche vorher immune Gebiete Europas. Für uns Heutige ist es sogar fast rätselhaft, weshalb die kurze Julirevolution von 1830 Europa so tief erschüttert hat, daß Hegel und Niebuhr an der Aufregung gestorben sind. Die Julirevolution hatte aber im Ablauf der französischen Revolution die gleiche Funktion wie in England die glorreiche von 1688. Beide beenden die Epoche der Restauration und bringen dadurch den Ertrag der Hauptrevolution endgültig in die Scheuern. So ist die Revolution von 1830 nicht selbständig. Und erst recht bleiben alle jene anderen Revolutionen im Schatten der einen großen europäischen, deren Namen sie teilen. Nur die große ist selbständig und ursprünglich. Trotz des gewöhnlichen Sprachgebrauchs ist es also berechtigt, streng zu scheiden zwischen einer für Europa und die Welt gemachten und den von ihr angeregten abhängigen in einer Nation oder in einem einzelnen Staat geschehenden Umwälzungen. Soweit diese Einzelkatastrophen geistige Ziele verfolgen, handelt es sich um ausgeborgten, entliehenen Geist! Von diesen Lehnrevolutionen handeln wir nicht. Das ist von außerordentlicher Tragweite. Denn erst dann wird der Aufstieg der „Revolution" zu ihrem eigentümlichen Selbstbewußtsein übersehbar.

Nur dann gelingt es, der „großen" Revolution von 1789 statt bloßer Trabanten und Satelliten die selbständigen und echten Revolutionen als ebenbürtige Schwestern zuzuordnen, die älter sind als sie, aber ebenso unabhängig und ursprünglich.

Freilich, die Menschen nennen diese Geschwister der französischen Revolution meistens nicht Revolutionen.

Aber diese Tatsache ist selbst — so sagten wir schon — ein wichtiger Umstand in der Geschichte der Revolutionen! Das Selbstbewußtsein der Revolution entwickelt sich allmählich. Sie weiß nicht gleich, was sie ist. Diese Tatsache ist nicht überraschend. Sie führt aber zur Erkenntnis eines wichtigen Gesetzes: Damit ein Vorgang zu verschiedenen Zeiten dasselbe bedeute in der Geschichte der Menschheit, *darf* er nicht in allen Zeiten denselben Namen tragen! Die Auchrevolutionen des 19. Jahrhunderts können ruhig Revolutionen heißen wie

die große von 1789. Es ist keine Gefahr, daß sie mit ihr verwechselt werden könnten. Sie bedeuten eben wegen des geborgten Namens nicht entfernt dasselbe urmenschliche Ereignis. Sie sind Nachbilder eines Vorbildes.
Hingegen gab es Prozesse, die dasselbe bedeuten, und die es deshalb bedeuten können, weil sie sich nicht denselben Namen gaben! Sie bedeuten dieselbe ursprüngliche, originelle Leistung, weil sie den gleichen Gesetzen unterliegen, die gleiche Wirkungsweise durch die Welt entfalten und weil sie in einem festen eindeutigen Richtungsablauf auf die französische — und heute die russische — Revolution zuströmen, weil sie deren Vorstufen sind. Der französischen Revolution blieb sozusagen nichts anderes übrig, als sich die große Revolution zu nennen. Sie steht im Zenith der europäischen Revolutionen, weil sie sich selbst erkennt und um den eigenen Charakter weiß. Daraus ergibt sich schon, daß die russische Revolution bereits jenseits der Scheitelhöhe des Revolutionsnamens abläuft! Der Mittag ist 1789. An ihm sind Vorgang und Name eins, deckt der Name innere und äußere Vorgänge beide, das was geschieht und das, was sich die Menschen dabei denken.
1788 erschien in Paris und Warschau ein Buch: Les révolutions de la Pologne. In ihm werden noch die Teilungen Polens — also äußere Katastrophen — als Revolution bezeichnet. Dieser Sprachgebrauch ist auch heute nicht vernichtet worden. Baucel schrieb 1878 eine „Histoire des Revolutions de l'esprit Français au moyen âge“. Ludwig XVI. hat dann am Tage des Bastillesturmes das bewußte Handeln der Aufrührer als eine „Révolte“ abzutun versucht. „Nein, Sire,“ erwiderte ihm da Graf Liancourt, „das ist die Revolution“. In diesem Augenblick zuerst wird das *willentliche* Handeln von Personen im Staatsinnern in Eins gesetzt mit dem *Naturereignis* einer politischen Totalkatastrophe. Die Männer von 1789 sind dadurch zu Revolutionären geworden, daß die Revolution über sie hereinbrach und sie bereit fand. „Wir haben nicht die Revolution gemacht. Die Revolution hat uns gemacht“, sagt Danton bei Büchner. Und Condorcet hat das Aufkommen des paradoxen Wortes „revolutionär“ ausführlich begründen müssen. Diese Mißbildung „revolutionär“ gab es im Abendlande nicht, daher heißt noch der Krieg Amerikas gegen England, der vor 1789 fiel, ohne Adjektivendung „The Revolution War“, also der für die Revolution ausgefochtene Krieg. Mirabeau hat erst nach dem Bastillesturm vom 14. Juli die Regeneration seines Vaterlandes als Revolution bezeichnen mögen. Es ist eine späte Legende, z. B. bei dem Deutschen Dahlmann, der Ballhausschwur Ende Juni habe sich schon als die absichtliche Revolution dargestellt. Als Severing mit diesem Wort des Ballhausschwurs „Wir weichen nur der Gewalt der Bajonette“ 1932 seinen Posten räumte, da hat er eben damit das ständige deutsche Mißverständnis der Ereignisse von 1789 bestätigt. In der französischen Revolution — und nur in ihr — sind die äußere Natur des Ereignisses und der innere Ideenzug der Menschen, die beide auf eine Gesamtumwälzung gerichtet sind, zusammen „die große Revolution“. Deshalb nennen sich die Jakobiner richtig von ihren Gedanken her mit dem Namen Revolutionäre, der

auch ihrer Tat von außen gesehen zukommt. Das also ist das Neue an der französischen Revolution, daß es Revolutionäre gibt.

Bis dahin ist Revolution ein der äußeren Naturgeschichte entlehntes Wort. Weit über Denken und Wollen der handelnden Menschen hinaus von oben her und von außen her war die „Revolution" eine objektive Naturtatsache der Himmelsastronomie. So ist es noch heute in England. Hier bezeichnet das Wort bis heute überwiegend ein menschlichem Planen entrücktes Geschehen. Die Industrialisierung heißt daher „Industrial Revolution". Umgekehrt heißt Cromwells Revolution schon 1647 ein „Gottesgericht", also so objektiv wie 1688 „Glorious Revolution".

Deshalb heißt gerade der Abschluß des englischen Revolutionszeitalters in England glorious revolution. Die geschichtliche Legende gibt nämlich den Vorgängen des Jahres 1688, Jakobs II. Flucht und Wilhelms III. Thronbesteigung — den Namen der glorious revolution. Ganz im Gegensatz zur grande révolution der Franzosen legen die Engländer auf das Wunder Gewicht, daß 1688 eine Revolution ohne Revolutionäre, nämlich eine Umwälzung, aber kein Unrecht geschehen sei. Dieses Wunder der Moralität wird durch Zusätze wie glorious, happy und legal angedeutet[1]). Man preist, wie *ohne* persönliche Tätigkeit „Personen und Dinge schnell und ohne Blutvergießen sich geändert haben in dieser glücklichen Revolution".

Hier soll also das menschliche Bewußtsein der Handelnden gerade aus der Revolution, aus dem objektiven Umschwung ausgeschaltet werden. Es ist der astronomisch-astrologische Begriff der Naturumwälzung, der hier fruchtbar gemacht wird, um ein *objektives* Faktum scharf von moralischen Bedenklichkeiten abzuheben. Die Träger des Umschwungs treten daher alle in ihren Äußerungen 1688 und 1689 auf als Restaurierer[2]). Daß es mehr war, was sie erreicht, lehrt einzig und allein ihr Gebrauch des Wortes Revolution. 1702 spricht man von dem eigenen Zeitalter, als einem, „in dem eine *Revolution* notwendig geworden sei, bei der die Grundlagen der Erde aus ihrem Lauf gewichen seien, um eine *Reformation* durchzusetzen"[3]). Diese Stelle wahrt den

---

[1]) Sehr lehrreich ist gleich der Buchtitel: „State Tracts from the year of 1689. Now published in a Body to show the Necessity and clear the Legality of the Late Revolution . . . In this Volume you have a full account of our late *happy revolution*". London by Richard Boldwine 1692.

Das Wort Revolution wird bereits 1688 selbst im rein objektiven Sinne zur Widerlegung des Rebellionscharakters gebraucht: In a word, if the Hand of God is to be seen in Human affairs and his voice to be heard upon Earth; we cannot anywhere find a clearer and more remarkable Instance, than is to be observed *in the present Revolution . . . If one considers how happily and wonderfully both Persons and things are changed* in a little Time and without Blood, it looks like so many marks of Gods Favour, by which he thinks fit, to point him out to us in this extraordinary *Coniuncture*. ebd. S. 457 aus Proposals humbly offered to the Convention for settling the Government 1688/89.

[2]) Belege in „Revolution als politischer Begriff in der Neuzeit". Breslau 1931.

[3]) Anonyme Vorrede zur Erstausgabe von Clarendons History of the Rebellion. Oxford 1702 I, p. X sq.

gedanklichen Fortgang von der deutschen „Reformation“ zur englischen Revolution und zeigt, daß der Fortgang eben in dem Hinblick auf das kosmische *Erdbeben* zu suchen ist. Was äußerlich unstreitig eine Staatsumwälzung war, das konnte auf diese Weise für das innere Bewußtsein der Handelnden als ein Dürsten nach Gesetzlichkeit gelten. Man sieht, für 1688 ist noch mit keinem vollen Selbstbewußtsein der Revolutionäre zu rechnen. Dies wird aber noch deutlicher, wenn man die Akte der englischen Umwälzung hinzunimmt, die für den „glorreichen“ Ausgang von 1688 die Vorbedingung dargestellt haben: die Zeiten der Parlamentskriege und Cromwells. Die absichtlichen und selbstbewußten Streiter für das Kommen des „Kingdom of God“ der Jahre 1640 bis 1660 müssen ihr Tun in der englischen Überlieferung bezeichnen lassen als: *great rebellion*[1]) oder klassischer: *The Civil War.* Das subjektive Moment überwiegt hier in beiden Ausdrücken sichtlich. Den eigentlich revolutionären Ereignissen haben also gerade noch unobjektive Namen: Auflehnung und Bürgerkrieg, Pate gestanden an Stelle der objektiven Umwälzung.

Civil War 1642—1649,
Restoration of Freedom 1649—1659,
Restoration of King 1660—1688,
Glorious Revolution 1688—1689

bilden, wie sich noch zeigen wird, in Wahrheit eine gesetzmäßige Einheit. Daß sie sprachlich auseinandergehalten werden, ist für die Stufe des europäischen Selbstbewußtseins bedeutsam, auf der sie sich ereignet haben. Das Wesen des Geschehnisses ist erst, indem es geschah, allmählich klar geworden. *Ein Bruch im Bewußtsein* geschieht während des Ablaufes. Die noch heute zwiespältige Haltung der Engländer zu 1649 und 1688 beruht hierauf. Sie sehen ihre beiden Revolutionshälften nach Kräften auseinander, dort wo die Franzosen etwa den Bastillesturm und Napoleon nach Kräften zusammensehen müssen. Cromwell, der Rebell heißt, ist eben deshalb unpopulär, Wilhelm III. aber heißt nicht etwa der ausländische Eindringling, sondern der Restaurator der Gesetze Englands! So nennt er sein Tun bei seiner Landung in England. Er restauriert die Errungenschaften der englischen Revolutionäre zwischen 1640 und 1660, ähnlich wie die Julirevolution von 1830 die Errungenschaften der Bourgeoisie „restauriert“ hat. Restauration ist also ein englischer Name, der zwischen dem theologischen Wort „Reformation“ und dem naturwissenschaftlichen Begriff „Revolution“ sich auf dem Boden des Rechts bewegt; denn „restauratio“ ist ein Wort der römischen Juristen. Da bei den Totalumwälzungen aber gerade die Zwirnsfäden des Rechts reißen, so ist dem Briten dies gewaltlose Wort „Restauration“ aus der Hand geschlagen worden. Es stand weder am Anfang noch am Ende. Milton begrüßte den Aufruhr noch als „Reformation der Reformation“. Das war im ersten Augenblick. 1688, also im letzten Augen-

---

[1]) Schon bei Clarendon 1658.

blick, verfiel man dank Newtons Weltbild auf den Vergleich mit den Revolutionen am Himmel. So verdanken wir den Engländern den Durchbruch des neuen Hauptworts, den Franzosen die Entdeckung des dazugehörigen Adjektivs. Damit ist die Entfaltung aber nicht zu Ende gewesen. Ausgehend von 1789 haben wir rückwärts geblickt und so die Engländer begreifen gelernt. Der Blick von 1789 nach vorwärts eröffnet uns der Russen Umspringen mit der Revolution. Sie sind vom ersten Tag an — also bevor eine Revolution auch nur denkbar war, bevor es große Städte, Kapitalisten oder Industriearbeiter gab — Revolutionäre gewesen. Die Engländer hinkten hinter dem Ereignis der Revolution her, die Russen rennen ihm voraus. Dies Vorauseilen hat das Zeitwort „revolutionieren“ ergeben. Sie klopfen der Revolution herablassend auf die Schulter: „Bald wirst du flügge sein.“ — „Wir werden ein bißchen nachhelfen.“ Das amtliche Sowjetschulbuch erzählt: „Arbeiter in Tiflis ums Jahr 1900 hörten einen Kurs in Astronomie. Stalin redete einen von ihnen an: ‚Hab keine Sorge, die Sonne wird sich auf ihrer Bahn nicht verlaufen. Lerne lieber die Bahn, auf der sich die Sache der Revolution bewegen soll und mach mir eine kleine Untergrunddruckerei zurecht‘.“ So hatte schon 1790 der revolutionäre Denker Radischew, als man seine „Reise von St. Petersburg nach Moskau“ nicht zu drucken wagte, sich eine eigene Druckerpresse auf Kredit gekauft und in seinem Haus aufgestellt und das Buch privatim verteilt. Von Radischew bis zu Stalin also reicht die Untergrundbewegung in Rußland, die vor der Revolution für sie tätig ist. Erst auf russischem Boden ist also aus dem Wunder in der Erscheinungswelt, aus dem Umschwung der Dinge und den Umdrehungen der Astronomie das Ergebnis unermüdlicher Revolutionierung von unten geworden.

Heute ist der Ausdruck „revolutionieren“ (und der Ausdruck Untergrund) Gemeinplatz. Jeder Zweig des Lebens wird täglich revolutioniert. Fast jede Seite einer russischen Zeitschrift enthält das Wort. Aber von beherrschender Gewalt zu manipuliertem Gemeinplatz geht jede Erfahrung. Dieser grammatische Wandel ist ein Gesetz jedes politischen Prozesses, nicht nur der Revolution. Es gehört in einen weiteren Rahmen[1]). Der Leser präge sich ein:

1688:	man untersteht der Revolution:	Revolution.
1789:	man steht ihr gegenüber:	Revolutionär.
1917:	man versteht sich auf sie:	Revolutionieren.
1950:	„revolutionieren“ ist verallgemeinert.	

Die große Rebellion Cromwells ist zweifellos Revolution wie die französische. Aber ihre Ideologie ist noch in die theologische Sprache der Bibel eingebaut. Zwar trägt ein Zukunftsglaube wie in der französischen Revolution die englischen Revolutionäre — aber er gründet sich auf die Zukunftsverheißungen der Heiligen Schrift. Das Kingdom of God ist es, das zwischen 1640 und 1660

[1] Deshalb gesondert dargestellt in „Der Atem des Geistes“. Frankfurt 1951.

umfochten wird. Und diese theologische Ideologie der englischen Revolution kleidet ihr Selbstbewußtsein in die Sprache des Alten Testaments. Aber diese Sprache ist deshalb nicht minder revolutionär als die eines Marxisten von heute. Als Karl I. durch London fuhr, trat einer aus dem Volk an die Karosse und rief: „Zu deinen Gezelten, Israel!", d. h. die Worte, welche den Aufruhr der Israeliten gegen Rehabeam eingeleitet haben. Und die Wirkung des Zitats war die gleiche wie in der Ursprache! Denn die Revolution brach aus. „Cromwell hat durch das ganze Alte Testament seine Trommel gerührt." Seine „Heiligen" legten ihre einheimischen Namen ab und man kann daher „das Geschlechtsregister unseres Erlösers aus den Namen der Regimentskameraden Cromwells lernen". So stellt die englische Revolution ein Kompromiß dar: Die Revolutionäre sprechen alttestamentlich. Nur der letzte Augenblick von 1688 heißt Revolution, während umgekehrt in Frankreich gerade der erste Augenblick, der 14. Juli 1789, so hieß!

Gehen wir einen Schritt weiter in die Vergangenheit zurück, so tritt an die Stelle dieses Kompromisses zwischen Zukunftsglauben an das Kingdom of God und alttestamentlichem Vokabular ein reiner Wiedergeburtsglaube. Die Silbe re — die in Revolution und Rebellion nur das „Auf" des Aufruhrs und das „Empor" der Empörung und die kopernikanische Umkehrung bezeichnet — wird auf diesen älteren Stufen ernster genommen. Sie bedeutet nämlich, daß der Aufruhr und die Empörung dadurch geheiligt werden, daß sie ein geheiligtes „Zurück" bedeuten wollen. Vor Cromwell steht Luther, der Held der Reformation, der Schicksalsträger Deutschlands. Die Lutheraner haben freilich mit besonderer Verachtung die englischen Rebellen betrachtet: zwischen der Sehnsucht nach dem alten Bunde und der Sehnsucht nach dem Reiche Gottes liegt eine gewaltige Stufe. *Aber woher die einzelnen Revolutionsträger sich ihr gutes Gewissen für ihre Revolution holen, ob aus der Vorwelt oder aus der Nachwelt — das macht zwar viel aus dafür, ob sie sich untereinander verständigen können, aber wenig für das, was sie wirklich vollbracht haben.* Der Bruch Luthers mit dem kanonischen Recht und mit der Autorität von Papst und Konzilien ist eine jener prinzipiellen Umwälzungen, ganz wie der Bruch mit dem Herkommen des christlichen Königsrechts im Jahre 1649 oder mit allem adligen Herkommen des ancien régime 1789.

Die Reformation ist die von der deutschen Nation vollbrachte europäische Revolution. Sie spricht aber die Sprache des Neuen Testaments, daß der Christenmensch gerecht werde allein durch den Glauben.

Aber wir gelangen noch eine Stufe weiter zurück, wenn wir nur die *Selbstrechtfertigung* der Revolutionäre, ihren Gewissenstrost, nicht für wichtiger nehmen als ihre Tat. Der älteste Revolutionär in Europa ist der Papst. Genau wie Deutsche, Engländer und Franzosen haben die Italiener eine europäische Umwälzung vollbracht. Genau wie Luther, Cromwell und Mirabeau ist der Papst zum Exponenten eines Weltprinzips und zugleich der Idee Italiens geworden. Auch der Papst führt ein Wort — das die Silbe re einschließt — im

Munde: Um „Recuperationen" handelt es sich für die Papstrevolution, der wir die Herrlichkeit der italienischen Freistaaten verdanken. Nicht innere Wiederbekehrung der Kirche, sondern äußere Wiedererlangungen vom Kaiser und den Nordländern soll das Wort Recuperation ausdrücken. Aber deshalb ist es kein weniger revolutionäres Wort. Wenn Luther die innere „Wieder"gestaltung der Kirche den weltlichen Fürsten aufträgt statt dem Papst und den Konzilien, so steckt die Revolution dieser „Reformation" in der Berufung der weltlichen Obrigkeit für die reinsten Seelenfragen. Bei der Papstrevolution steckt umgekehrt das Revolutionäre der Recuperationen in dem Eingreifen des geistlichen Seelenhirten in die rein territorialen Fragen der Apenninischen Halbinsel. Das geistige Vorwort aber für die materielle Recuperation ist schon in der Geburtsstunde des Abendlandes aufgeklungen. Es steht an der Spitze aller Revolutionen und lautet *„re"novatio.* Wiedererneuerung — das ist das Stichwort der ersten großen Geistesgestalt Europas, des Kaisertums. Aber es ertönt auch in dem Munde des geistlichen Revolutionärs, der sich gegen dies scheinbar wiedererneuernde Kaisertum erfolgreich empört hat — des Papstes. Die Päpste haben die geistige Erneuerung, die Renovatio der Welt durch ein Jahrhundert verfochten. An der Schwelle unseres Jahrtausends ist das Ziel eines: Erneuerung. Revolutionär und Konterrevolutionär, Papst und Kaiser müssen daher ihren Streit um dies Ziel anders nennen. Streit heißt nicht Krieg, auch nicht Bürgerkrieg, noch nicht Revolution, sondern Discordia, Zwietracht. Die Zwietracht in einer gegebenen Einheit der Welt — das ist die Revolution gleich auf ihrer ersten Stufe. Teilung und Spaltung einer Ganzheit, einer „Welt" ist die Revolution seit der Zwietracht zwischen Papst und Kaiser bis zur Weltrevolution geblieben. Damit sehen wir, wie gefährlich wir leben. „Keine Partei oder Richtung, was immer ihre Sphäre sei, kann Umsturz und Revolution im engeren und weitesten Sinne des Wortes bedingungslos ablehnen. Sie kann höchstens ihre Umsturzarbeit hinter sich haben und dann die damals errungene Position gegen einen neuen Umschwung zu verteidigen suchen. Unserer modernen Kunst und Wissenschaft, unsern Verfassungen, ja unserer Religion ging der Umsturz voran." (C. Techet.)

Die Revolutionäre und der Papst haben sich allzulange als absolute Widersacher angesehen, um ihrer Ideologie willen. Aber beide sind aus dem Geiste geboren und beider Schicksal ist ein revolutionäres. Auch lebt noch in der russischen Revolution ein Rest von jener Silbe „Re", die uns in allen echten Revolutionen begegnet ist. Und das kann nicht anders sein. Empörungen sind sie alle zur Wiedergewinnung eines *Urrechtes*, eines natürlichen Weltzustandes. Der Urzustand der Natur kehrt wieder: das ist das Losungswort der echten Schöpfungsakte. Die jüngsten Namen für diesen Vorgang unterstreichen das Recht auf Umwälzung. Aber sie wollen deshalb den Inhalt eines Urrechts und eines naturgesetzlichen Endzustandes keineswegs verleugnen. „Es wird sich endlich zeigen, daß die Menschheit keine neue Arbeit beginnt, sondern mit Bewußtsein ihre alte Arbeit zustande bringt" (Marx); das ist bolschewistisches

Gesetz, Urrecht und Dogma, obwohl sich die Bolschewiki ungern zu Dogma und Gesetz bekennen. Umgekehrt war es am Anfang des Jahrtausends. Die ältesten Namen für den Schöpfungsakt wollen gern den Inhalt selber angeben, weil sie sich gern zu Dogma und Gesetz, aber ungern zu dem gewaltsamen Verfahren der Revolution bekennen. „Recuperation“ und „Reformation“ ist Revolution. Die Revolutionen aber heißen Recuperationen und Reformationen! Es wechselt nur die Betonung. Der Papst macht eine Revolution, bei der im Vordergrund seines Bewußtseins die inhaltliche Bestimmtheit steht. Die Bolschewiki machen eine Revolution, bei der im Vordergrund ihres Bewußtseins die *Umwälzung* steht. In der Reihe der

Umwälzungen	Renovatio und Revolution
Kaisertum und Papsttum	Discordia
Italien	Recuperation
Deutschland	Reformation
England	Great rebellion and glorious revolution
Frankreich	Grande Révolution
Rußland	Weltrevolution

verschiebt sich also die Namengebung fortschreitend vom Inhalt fort auf das Verfahren. Zuerst scheint das einzig objektiv Feststehende der erstrebte Inhalt. Später sucht man gerade durch den naturwissenschaftlichen Begriff der Revolution das soziale Ereignis zu einem objektiven Naturschauspiel und Naturgesetz aufzusteigern. Diese verschiedenen Namen verhüllen aber jedesmal einen Teil des Gesamtvorganges, und zwar tun sie das am Ende gerade so gut wie am Anfang. Die Namen werden — wie stets die Namen — a potiori verliehen, auf deutsch: von der wichtigsten Seite der Sache her, von dem, was den Zeitgenossen die Hauptsache daran ist. Die Namen bezeichnen immer nur 51 v. H. des ganzen Ereignisses, die 51. v. H., die man *hervor*kehren will. Die Kehrseite der Medaille bleibt ohne Schrift und Namen. Aber in der Recuperation ist die Revolution, in der Revolution ist die Reformation mit enthalten. Von hier aus gesehen, empfiehlt es sich nochmals, zu jenem Stammbaum der Revolutionen zurückzublicken. Denn der Hauptstamm hat nicht etwa nur viele Ableger der französischen Revolution unter dem Namen „Revolution“ entsendet, sondern ebensosehr gibt es Abarten der „Reformation“ in allen Ländern, Abarten der Adelsrebellion durch ganz Europa, und Bischofssouveränität ist nicht nur in Italien, Kommunismus nicht nur in Rußland erkämpft worden. Auch der Papst hat eine Europa durcheilende Weltrevolution gemacht. Statt einer bloßen Liste der Revolutionen werden wir daher besser einen Hauptstrang der weltgeschichtlichen Revolutionen und viele Abzweigungen unterscheiden.

Papstrevolution in Italien	Kämpfe der Bischöfe um ihre Fürstenmacht in England, Deutschland, Spanien usw.

Reformation in Deutschland	Reformationen in England, Schweden, Ungarn, Polen, Frankreich
Great Rebellion und Glorious Revolution in England	Adelsaufstände in Schweden, Ungarn, Dänemark, Toskana usw.
Französische Revolution	Revolutionen von 1830, 1848, 1863, 1887 usw.
Russische Revolution	Revolutionäre Gärungen in China, Indien usw.

Von der Papstrevolution in Italien bis zur bolschewistischen Recuperation der russischen Erde durch die Bauern fließt ein einheitlicher Geistesstrom. Er muß auf jeder Gefällstufe einen anderen Namen tragen, um dasselbe bedeuten zu können. Deshalb ist die Geschichte nicht eine Folge von Klassenkämpfen, aber allerdings eine vernünftige Folge von Umbenennungen.
Der Weg bis zur selbstbewußten Scheitelhöhe der Revolution in der französischen ist nun angedeutet.

Renovatio
Recuperation
Reformation
Restoration of Freedom
Glorious Revolution
Grande Révolution

Wir müssen nun dieser Liste die russische Revolution zufügen. Auch ihr Name hat einen etwas anderen Sinn als der Name der früheren Umwälzungen. Das muß so sein, denn die russische Revolution ist bereits in einer anderen Lage als alle vorhergehenden. Ihre Träger haben ja die französische Revolution bewußt und eingehend studiert. Dies ging bis ins Kopieren. So wie die Jakobiner von Ludwig Capet sprechen, so hat Bakunin 1861 den Zaren stets „Romanow" genannt. Sie nannten sich auch selbst, längst bevor die Revolution hereinbrach, Revolutionäre. 1789 schirmt der Revolutionär die Revolution. 1917 macht er sie. Die sozialen Revolutionäre Rußlands und Europas sind längst vor dem Ereignis durch ihren eigenen Willen und ihr Bewußtsein Träger einer — zukünftigen — Revolution. Sie sind Revolutionäre auch für den Fall, daß keine Revolution passiert wäre oder sich ereignen konnte. Das Ereignis und das Bewußtsein fallen also hier nicht zusammen. 1789 scheinen nach einem Wort Hegels Himmel und Erde ausgesöhnt, weil das Ereignis der objektiven Katastrophe im Gestirnlauf und die subjektiven Ideen der Menschen einen Augenblick zeitlich und räumlich zusammenfallen. Aber 1917 muß die Revolution *aus dem Kopfe* gemacht werden, weil man schon vorher weiß, was eine Revolution ist und wie sie abzulaufen pflegt.
Die russische Revolution, weil sie sozusagen jenseits der Scheitelhöhe des

Sternbildes 'Revolution' ausbricht, ist die erste Revolution, die von ihrer Vorgängerin gedanklich abhängt. Die russische Revolution erkennt als erste einen Zusammenhang zwischen den Revolutionen an! Sie will nämlich die *Antithese* zu der Revolution von 1789 sein. Auf die Revolution des dritten Standes folge die Revolution des vierten Standes. Alle vorhergehenden Revolutionen brechen naiv, nämlich nach ihrem Selbstbewußtsein unabhängig voneinander auf. Sie müssen sich deshalb auf irrationale Grundsätze stützen, auf kirchliche (Papst), dogmatische (Luther), biblische (Cromwell) oder metaphysische (Robespierre). Die Russen können eine *logische* Revolution versuchen. Sie verwerfen Dogma und Metaphysik. Sie wollen rein logisch der Revolution der Bourgeoisie die Antithese, die Revolution des Proletariats folgen lassen.

Deshalb ist die russische Revolution eine Revolution des Nachmittags. Wenn es einen europäischen Geschichtstag gibt, für den tausend Jahre sind wie ein Tag, so ist es am Nachmittag dieses Tages leichter, Zusammenhänge zu sehen, aber auch schwerer, naiv und ursprünglich zu handeln, als vorher. Die russische Weltrevolution ist daher nicht die „grande" révolution von 1789; sie ist nur eine weitere, die logisch konsequent aus der großen Revolution entspringende Revolution mit entgegengesetztem Vorzeichen. Aus einem einmaligen *Namen* „Revolution" ist durch die Revolutionäre des 19. Jahrhunderts also ein *Gattungsbegriff* geworden. Dem Oberbegriff der Revolution untersteht die russische als eine unter vielen. Ihre Träger konnten sich, wie erwähnt, schon Revolutionäre nennen, ehe sie ausbrach. Das aber bedroht ihre Echtheit und Einzigkeit. Will sie daher ihre Ursprünglichkeit und Eigenständigkeit bewahren, so bleibt der russischen Revolution nur der Ausweg, den sie auch beschritten hat: sie muß sich zur *letzten* Revolution ausrufen. Ihre Gültigkeit muß auf ihrer Endgültigkeit beruhen. Die russische Revolution nimmt daher nicht Abschied von sich selbst, sondern richtet sich als Revolution für die Dauer ein. *Die Revolution in Permanenz*, das ist das einzige Mittel für den Bolschewiken, seinen Anspruch auf mehr „als-bloß-eine"-Revolution festzuhalten. Auch in dem gern von ihm gebrauchten Namen „Weltrevolution" ist das Zeitmoment mitgemeint, sie solle eben die letzte, wahre und wirkliche Revolution der Welt sein und bleiben. Die russische Revolution muß also ihre revolutionäre Phraseologie und Ideologie selbst verewigen, weil sie ja in ihrer. bloß logisch-antithetischen Herleitung sonst keinen Ewigkeitswert besäße. Sie weist nirgends und auf keine Weise über sich hinaus, auf keine Kirche, keine Bibel, kein Reich Gottes und keine Pilosophie. So hat sie ihre Ewigkeit nur in sich selbst, in dem Revolutionären selbst. Sie ist die ewige bewußte Antithese gegen den gesamten vorhergehenden Weltzustand. *Deshalb* spielt das Bewußtsein im Marxismus die geradezu entscheidende Rolle. Das Selbstbewußtsein der Klasse ist das Dogma, Bibel, Kirche und Metaphysik der sozialistischen Revolution. Und dieses kritische Selbstbewußtsein der Klasse verhindert, daß sie je sich zufrieden geben könnte.

Wir mußten diese eigenartige Schwierigkeit andeuten, in die jene Revolution geraten ist, die zum ersten Male den Namen Revolution gleichsam fix und fertig vorfand. Sie hat die größte Schwierigkeit, ihre weltgeschichtliche *Einzigkeit* trotzdem zu bewahren. Sie kann es nur, indem sie sich als ewige Antithese aufpflanzt. Die Revolution in Permanenz zieht nun alle künftige Geschichte in sich und unter sich; es gibt nach dieser Doktrin nur Erdteile vor und Erdteile in der Revolution.

Die Ausnahme, der Bürgerkrieg, war unser Ausgangspunkt. Diese Ausnahme ist mittels des Namens „Revolution" zur Regel geworden. Freilich verrät sich damit gerade die Schwäche der sogenannten „Weltrevolution" der Bolschewiki. Ihre Gegner, am lautesten Hitler, haben ihnen das Wort Revolution entwendet und nennen ihre Konterrevolutionen gleichfalls mit dem Sammelbegriff „Revolution". Das hat die Sowjets gezwungen, sich ihrerseits als „Demokratie" zu maskieren. Damit haben die Begriffe aneinander vorbeigetauscht. Mehr noch ist geschehen. Die eigentliche Revolution von 1917 und 1941 ist der Weltkrieg geworden. Die beiden Weltkriege sind das Ausnahmeereignis, welches unter dem Namen „Weltkrieg" die gegenwärtige Totalumwälzung verköpert. Die logische Revolution aus dem Kopfe Lenins ist eine bloße Antithese zu 1789. Das Ereignis aber, dem Karl Marx heute gewiß den Namen des „großen Kladderadatsch" beimäße, sind die Weltkriege. Sie beenden die Ausstrahlungen von 1789. Vor ihnen verblaßt der Bolschewismus.

Aber nach rückwärts wird eben dadurch der Weg hell. Die Nationen Europas haben von Anbeginn die Kühnheit besessen, ihre Lebenswelten durch Totalumwälzungen unablässig von Grund auf zu erneuern.

Religiöse Renovation des Imperiums, wirkt als Urbild auf: (lies abwärts)

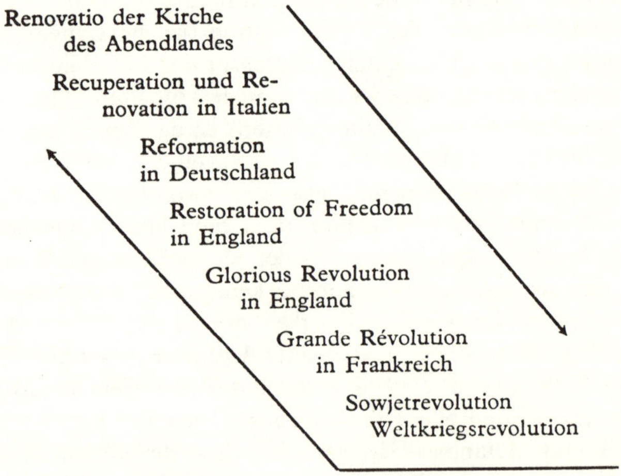

Kosmische Revolution der Sternenwelt, wirkt als Urbild auf: (lies aufwärts)

II. DER RHYTHMUS DER REVOLUTION

Wir sehen nun einen Ablauf von revolutionären Ereignissen vor uns, die über Europa dahinbrausen in der Art, daß jedes in einem anderen Lande aufbricht. Sie stehen — bis auf das letzte Ereignis der russischen Revolution — in keinem bewußten Zusammenhang zueinander. Gemeinsam ist ihnen aber dies: Sie prägen dauernd das Schicksal eines einzelnen europäischen Landes und sie teilen sich doch auch dem ganzen Erdteile mit. Der zeitliche Ablauf zeigt nun eine innere Folgerichtigkeit nach mehreren Richtungen.

Indem die Revolutionen sich selbst von Mal zu Mal deutlicher erkennen, beschleunigt sich ihr Gang. Der zeitliche Ablauf der Revolutionen ist in der zweiten Hälfte des Jahrtausends schneller als in der ersten. Nicht nur das; die erste Revolution hat einen doppelten Anlauf nehmen müssen.

Der Geistesschwung eines Gregor VII. ist nicht sofort in die irdische Gestaltung eingedrungen. Das Abendland ist vor der Entscheidung, die er für das ganze Abendland forderte, zurückgebebt. Erst Innozenz III. hat der Papstrevolution jenen eigentümlichen Charakter gegeben, der auch für alle späteren die Vorbedingung des Erfolges geworden ist: die Verwurzelung in einem einzigen Lande. Erst der Kampf der Guelfen und Ghibellinen verlief auf der Erde Italiens. Gerade diese Erkenntnis aber war für die erste Revolution besonders schwer zu fassen. Denn sie mußte natürlich umgekehrt das Heil der Welt gerade in der Gesamtumwälzung sehen und daher die Welt erst umzuwälzen versuchen, bevor sie sich mit Italien begnügte.

Auch die deutsche Reformation trägt noch den unbewußten Charakter. Sie ist ganz in die Gestalt (Re-form) verloren und kennt darüber zunächst weder das eigene Verfahren bei dieser Umgestaltung bei der Re-formation, noch versteht sie sich selbst; Luther wird von den Ereignissen überfallen. Denn er blickt ja auf die Seele und ihre Anliegen allein. Die Folge ist, daß auch die Reformation zweimal durchgeführt worden ist, einmal von Luther, als Theologen, mit Folgen für die weltliche Obrigkeit, und einmal von dieser weltlichen Obrigkeit selber, ohne theologische Verbrämung. Dieser zweite Akt der deutschen Revolution war aber natürlich erst möglich, als die *Methode der Umwälzung* hinter der Umgestaltung als Ziel brutal zutage getreten war. Nach der glorious revolution haben Österreich unter Maria Theresia und Friedrich II. von Preußen beide „Revolution" gemacht, zur Realisierung des Ergebnisses der Reformation. Die Engländer nennen den Umschwung, der zum Siebenjährigen Krieg geführt hat, daher mit Recht *the diplomatic Revolution.* Das heißt, sie teilen diesem nur rein praktischen, ohne „Ideologie" geführten Kampf der katholischen und protestantischen Vormacht im Lande der Reformation mit Recht den Namen „Revolution" zu.

Die englische Revolution zerfällt also nicht zufällig in die zwei von uns schon bezeichneten Abschnitte Cromwell (Civil War) und Wilhelm III (Glorious Revolution). Sondern darin ist gerade ihre Verwandtschaft mit den Taten der Päpste und Luthers ausgedrückt. In der ganzen Reihe bleibt es aber gerade die Leistung der englischen Revolution, ihre beiden Unterabschnitte bereits zeitlich so zusammenzudrängen, daß die Zwischenzeit fast vernachlässigt werden kann und man von 1649 bis 1689 eine Epoche bilden darf.
Die französische Revolution hingegen vollendet sich in einem großen Atemzuge. So entspricht es ihrem Bewußtseinsgrad. Und die russische muß sie darin übertrumpfen, indem sie den revolutionären Zustand einfach festhält, so daß grundsätzlich die Revolution selbst von 1917 an beständig währen muß. Trotzdem ist selbst in Frankreich und Rußland das Gesetz des doppelten Anfangs oder Anlaufs noch erkennbar geblieben. Die Bourgeoisie Frankreichs hat erst 1830 durch den Bürgerkönig mit dem Regenschirm und dem berüchtigten Ausruf „Enrichissez-vous", Bereichert Euch, die Alleinherrschaft erlangt. Ein kurzes Nachspiel war also erforderlich, um die Reaktion der Restauration wegzublasen. Die Russen haben oft gedacht, auch sie würden durch eine solche Reaktion des Weißen Schreckens hindurchmüssen. Und die meisten Europäer haben auch mit einer solchen russischen „Restauration" noch nicht aufgehört, in Gedanken zu spielen. Die Zeitungen deuten dergleichen oft genug an. Offensichtlich ganz ohne Grund, rein aus der französischen Perspektive, spukt dieser Restaurationsgedanke. Aber das Gesetz des doppelten Anfangs hat in Rußland sich in Form eines *Vorspiels* entladen, nicht eines Nachspiels. Das entspricht dem vorausbewußten logischen Charakter der russischen Revolution, ihrem *Nachmittags*datum. Denn Bewußtheit dreht die Zeitfolge um! Das Vorspiel ist die sogenannte erste russische Revolution von 1905. Ihr folgt wirksam die zweite. Wie sehr aber die erste russische Revolution, an die heute nur wenige denken, in den Rhythmus hineingehört, wird an den Kriegen deutlich, die in dem Rhythmus Epoche machen. Für Frankreich ist der Krieg auf die Revolution gefolgt. Das ist für Rußland umgekehrt; hier setzt der Krieg den Revolutionsbazillus frei, sowohl 1904 wie 1914. Aber mehr noch. Die revolutionäre Epoche beginnt am Yalu, in Inchon (damals Tschemulpo), in Port Arthur im Februar 1904, und dorthin, nach Korea, kehrt sie 1950/51 zum Abschluß zurück. Diese geographische Rückkehr ist gewiß eine der größten Seltsamkeiten. Aber die Welt wird den Koreafeldzug von 1950/51 nicht als den Beginn des dritten Weltkriegs, sondern als Ende der Weltkriegsrevolution bezeichnen. Gerade die koreanischen Ereignisse von 1904 und 1950 umklammern die Epoche der Weltrevolution zur Einheit. Ähnlich ist Paris 1789 und 1815 derselbe entscheidende Schauplatz der Ereignisse, die das nationale Europa gestaltet haben, und 1075 und 1122 ist in Worms das „Reich" ausgegrenzt worden, 1517 und 1552 der neue „Staat" in Gestalt von Sachsen.

Also die Klarheit wächst in Form folgender Reihe von *Doppelakten:*

1075—1122	Investiturstreit
1200—1268	Ausrottung der Staufer
1517—1555	Lutherische Reformation
1756—1763	Preußens Siebenjähriger Krieg
1649—1660	Great Rebellion (Restoration of Freedom)
1688—1689	Glorious Revolution
1789—1815	Große Revolution
1830	Julirevolution
1904/05	Japanisch-Russischer Krieg "Erster Koreanischer Krieg" Erste russische Revolution
1917	Amerikas Eintritt in den Krieg Russische Revolution
1941	Hitler überfällt Rußland Japan überfällt Amerika
1950/51	"Zweiter Koreanischer Krieg"

Der Kalender der Revolution

Schon die französische Revolution wollte kraft ihres Selbstbewußtseins aus der bisherigen Zeitrechnung herausspringen und eine eigene beginnen. Ein solches Heraustreten aus der Zeitrechnung hätte natürlich die europäische Geschichte vernichtet, wenn es geglückt wäre. Und in Wahrheit ist der Durchschnittsfranzose bekanntlich überzeugt, daß es vor 1789 keine Geschichte, die diesen Namen verdient, in Europa gegeben habe. Das gilt aber für jeden Durchschnittsprotestanten ebenso. Auch er beginnt die Weltgeschichte, die ihn wieder anfängt zu interessieren, mit der Neuzeit, d. h. mit Luther. Vorher vermutet er finstere Nacht, die Nacht des Mittelalters. Also auch er beginnt eine neue Zeit 1517. Die Geschichte nach rückwärts ändert eben ihren Inhalt mit jedem neuen revolutionären Ursprung des Völkerlebens nach vorwärts. Noch in den Wehen der Reformation, seit 1552, bezahlen die Fürsten der Augsburgischen Religion das große Geschichtswerk der Magdeburger Zenturiatoren, das die gesamte Kirchengeschichte bis zu Hus hin als Vorgeschichte des Antichrists umschreibt. Von 600—1500 herrschte „dichteste Finsternis". Damit wird zuerst der Raum geschaffen für die Begriffe Mittelalter und Neuzeit, die ein Protestant, Georg Horn, nach der Leidensschule des Dreißigjährigen Krieges dann ausdrücklich geprägt hat. *Neuzeit* ist also ein protestantischer Kampfruf, der die babylonische Zeit der Päpste abtrennt vom Zeitalter des befreiten Christenmenschen. Ähnlich hat schon Cola di Rienzi als Volkstribun dem italienischen

Stadtstaat Rom vom 1. Juli 1347 an ein Jahr Eins „liberate Rei publicae“ aufoktroyieren wollen. Dieser Versuch Rienzis der eigenen Ära ist übrigens fast gleichzeitig dem ersten Gebrauch des Wortes „Revolution“ für politische Umwälzungen. Astronomie und Kalender stehen eben im Bunde und sind wie Theorie und Praxis für die Weltanschauung jeder Revolution. Rienzi selbst wählt für sein Tun den stärksten Psalmvers: „Erneuern wirst du das Antlitz der Erde“ und sagt: „Rom bleibt auch, nachdem die Erde ihr Antlitz erneuert hat!“

Jede Revolution bringt also die einheitliche Zeitrechnung der europäischen Völker in Gefahr und damit ihre geistige Verwandtschaft und Gemeinschaft.

Und diese Gefahr steigert sich von Mal zu Mal. Denn auch die stolze geistige Selbstgenügsamkeit der Engländer, ihr Rückzug aus Europa, geht auf das Selbstgefühl zurück, das sie ihrer glorious revolution entnommen haben. Auch die splendid isolation hat zu einer Art eigener englischer Zeitrechnung geführt, die sich vor allem in der ihnen eigentümlichen Periodisierung der Geschichte ausdrückt. Jene erwähnte Epoche der „Industrial Revolution“ nämlich teilen sie mit keinem Geschichtsbilde der Festlandsschulbücher! Die Siegelumschrift des Parlaments der „Rebellen“ zählt in der uns nun schon vertrauten Weise die Jahre ab 1649 als neue Ära „of freedom restored“. „Ägyptische Finsternis“ hießen den Engländern dieselben Zeiten 1400—1600, in denen nach protestantisch-deutscher Lesart gerade die „densissimae tenebrae“ aufgehört hatten. So vernichten die Engländer die Ära der deutschen Reformation.

Ebenso also wäre ein Sieg des Bolschewistischen Kalenders die endgültige Vernichtung Europas, und er war auch so gemeint und gewollt. Die Einführung des Sechs-Wochen-Monats zu fünf Tagen war den Russen ein heiliges revolutionäres Anliegen, das Juden und Christen ihren Kultus unmöglich machen sollte. Aber noch mehr ändert die russische Revolution den Kalender: Sie betrachtet alle bisherige Geschichte nach dem berühmten Wort nur „als Vorgeschichte der menschlichen Gesellschaft“. „Das Reich der Freiheit“ bricht erst an mit der proletarischen Weltrevolution. Dann hört die Vorgeschichte, d. h. alles, was heute Geschichte heißt, auf. Infolgedessen rechnen die Russen *vom jüngsten Tag nach rückwärts.* Alle Geschichte ist provisorisch; sie unterliegt einem Urteil, das aus der Endgültigkeit des Reiches der Freiheit stammt. Die neue russische Zeitrechnung feiert deshalb den 1. Mai als den Tag der endgültigen Freiheit und die Oktoberrevolution als den Tag, von dem an diese Endgültigkeit sichtbar geworden ist. Davor ist Nacht schlechthin. Daraus ergibt sich nun: Die Zeitrechnung, die von vielen nur für ein Instrument der Handelskammern und Kalenderfabrikanten angesehen wird, ist unendlich viel mehr.

Ob die Völker wirklich 1929, 1930, 1931 von Christi Geburt an rechnen, oder ob sie von sich selbst und auf sich selbst allein rechnen, das ist und bleibt der ganze Unterschied zwischen der Natur der Tiervölker und der Geschichte des Menschengeschlechts. Denn in dem einen Fall „macht“ ein Volk seine Revolution und legt sie bestenfalls den anderen Völkern als seinen Sklaven auf.

Das Licht geht mit der Revolution auf und in die Welt.
In dem anderen Fall der durchlaufenden Ära aber erschafft die Revolution zwar ihr Volk, aber sie beruft es an seine besondere Aufgabe im Haushalt des Menschengeschlechtes. Dann also flutet die einzelne Revolution als Welle in einem Strom!
Von diesem Strom im ganzen sagt ein politischer Seher schon zu Zeiten der ersten Umwälzung, er ändere den Charakter der Zeit. Denn nunmehr müsse auf die Geschichte der Kirche eine neue veränderte Geschichte der menschlichen Gemeinschaft als etwas *qualitativ Neues* folgen! Damit ist die Wahrheit bereits klar ausgesprochen: Schon 1200 ist unser Jahrtausend auf seine politischen Revolutionen getauft worden!
Heute nimmt man derlei nur „historisch". Als Kuriosität registriert man diese Kühnheit des Joachim de Fiore, vom Jahre 1260 sein neues Weltalter, das nachkirchliche beginnen zu lassen. Und doch ist hier der großartigste Versuch gemacht worden, *für das Zeitalter der Revolutionen* eine Selbständigkeit gegenüber der altchristlichen Kirchenzeit zu erringen. Joachim de Fiore hat damit als erster den neuen Charakter dieser Vorgänge erfaßt. Seine neue Zeitrechnung und Periodisierung verdient es, in ihrem Zusammenhang mit allen großen Revolutionen bis zur russischen erkannt zu werden. Joachim de Fiore hat mit seiner Lehre vom Weltalter nachkirchlicher Erfüllung einfach recht. Er hat das neue Gesetz, dessen letzter Vollstrecker Lenin hat werden müssen, erkannt. Er hat dabei die erste Revolution notwendig mit dem ganzen Jahrtausend revolutionärer Dialektik identifiziert. Aber er hat an der ersten richtig die neue auf *geistige* Stichworte aufgebaute Dialektik der Verwirklichung erfaßt. Neben seiner großen Geistestat verblaßt der moderne Streit über den Beginn der Renaissance. Dennoch ist auch dieser nicht unfruchtbar. Er ist natürlich unlösbar. Gemeint ist aber in diesem Streit die Frage nach der Periodisierung der ersten nationalen Revolution des Abendlandes. Wo beginnt die italienische Wiedergeburt hinter der „Barbarci"? Das ist in der Tat bereits im Ducento mit dem Kampfruf Hie Welf hie Waiblingen der Fall. Deshalb gehört Franz von Assisi, der jüngere Zeitgenosse Joachims de Fiore, für die Italiener in ihre „Neuzeit", weil er ihre Renaissance oder Revolution einleitet. Für die Protestanten des Nordens aber gehört derselbe Franz ins Mittelalter. Denn erst 1517 „nahet es hier gen den Tag" dank der wittenbergischen Nachtigall! Für die Deutschen beginnt 1517 die „Neuzeit".
Neuerdings unter englischem und französischem Einfluß tauchen auch in unseren Schulbüchern Versuche auf, die Neuzeit doch erst 1648 beginnen zu lassen und Luther als mittelalterlichen Menschen vor die Tore der Neuzeit zu verweisen. Eine *deutsche* Periodisierung wird das niemals sein, sondern eine englische.
Für England ist sie richtig. Sie ist in das deutsche Denken zusammen mit den wissenschaftlichen Studien über den Einfluß des Calvinismus (Troeltsch, Max Weber) eingedrungen.

Man hat damit eine Überwindung der deutschen Ära der „Neuzeit" angebahnt, wollte aber andererseits doch auch nicht vor der Anmaßung der „französischen" Ideen von 1789 kapitulieren. Daraus hat sich dann das englische 1648 als Kompromiß ergeben. Dies Jahr ist natürlich an sich selbst in keiner Weise epochemachend. Denn für die Engländer kommt nur das Jahr 1688 (oder 1649, was ihnen selbst aber unangenehm ist) in Frage. Seine Wahl durch unsere geschichtlichen Schulbücher zeigt nur, wie unsicher und unordentlich die Periodisierung in ihnen zur Zeit ist. Mit gutem Grund. Denn alle die hier aufgezeigten Zeitrechnungen jeder europäischen Großmacht für sich gehören in ein großes, von der Revolution einer Großmacht zur Revolution der nächsten fortrollendes Filmband als Teilrechnung hinein. Und um die ganze Zeitrechnung über den Teilen geht es uns hier.
Noch nach einer zweiten Seite ist aber der Gedanke der eigenen Zeitrechnung jeder Revolution ernst zu nehmen. Er drückt einen Notstand aller Revolutionäre aus. Sie müssen, weil sie *Europa in ein Zeitalter der Revolution* stürzen, diesen Absturz in jahrzehntelange Unruhe begründen. Sie müssen „Zeit" *gewinnen.* Die Revolutionen dauern nämlich lange. 1792 glauben die Franzosen schon zählen zu können: Jahr I der Republik. Das machte Mut. In Wahrheit gab es damals noch nichts dergleichen, und eben deshalb haben die Franzosen diese Zeitrechnung wieder aufgeben müssen, so wie Cola di Rienzi 1347 die seinige. Victor Cousin hat nämlich von diesem angeblich republikanischen Zustand der Jahre 1792—1804 treffend gesagt: *Die erste Republik war keine Staatsform, sondern eine Krisis.* Und dieser Satz gilt nicht nur von der französischen Revolution.
Die Revolutionen unterscheiden sich vom Staatsstreich dadurch, daß sie nicht Tage oder Wochen, sondern viele Jahre dauern. Sie sind eine Krise, ein Einschmelzungsvorgang, der alle Anschauungen, Einzelzüge und Sitten des Volkes in Weißglut versetzt. Einen Volkscharakter prägt nicht ein Staatsstreich um, sondern nur eine Leidenszeit, durch die *alle* Zeitgenossen in die Hohe Schule genommen werden. Es ist die totale, das Volk mit Wahnsinn bedrohende vaterländische Umkehr, von der Hölderlin spricht. Deshalb ist z. B. eine kurze Revolution wie die von 1848 in Deutschland weder mit der französischen Revolution noch mit der deutschen Reformation zu vergleichen. Die Menschen eines Volkes bestehen ja aus vielen Jahrgängen. Ein Volk im ganzen kann daher in seiner Substanz nur umgebildet werden, wenn mindestens dreißig Jahrgänge, eine ganze Generation in eine solche Umwälzung verstrickt werden. Keine solche Revolution ist vollendet, ehe nicht die Jahrgänge, die sie angehoben haben, und die Jahrgänge, die nichts mehr von dem wissen, was vor ihr gewesen ist, sich begegnet sind und diese von jenen den Sinn des Unternehmens überliefert erhalten haben. Mehr als dreißig Jahrgänge der europäischen Völker — mindestens die 1869—1899 geborenen Männer — standen unter Waffen und lagen in den Schützengräben Europas, als die Weltrevolution des Bolschewismus ausbrach. Erst diesem Umstand verdankt die russische Re-

volution ihren umwälzenden Charakter. 1848 ist eben deshalb keine wirksame Revolution.

Die Zeiträume der älteren Revolutionen sind ähnlich eingreifend. Wir können nun die Zahlen einsetzen:

Welt	Weltkrieg I 1917—1918 bis Weltkrieg II 1941 bis 1945	
Frankreich	1789—1792; 1792—1815	
England	1649—1660. 1688/89	
Deutschland	1517—1555	1756—1763 Preußen 1740—1745 Österreich
Italien	1200—1268	
Papsttum	1075—1122	

Diese Epochen sind die Zeiten der Krise. Es ist in ihnen noch nichts endgültig ausgemacht. Sie sind die Zeiten des Emporschnellens der neuen Volksart, der Empörung. Aber die Ausgewogenheit, die Bekleidung des alten Volkes mit der neuen Tracht ist noch nicht eingetreten.

Diese Epochen der Empörung sind aber ungeachtet ihrer langen Dauer, trotzdem scharf begrenzt am Anfang wie am Ende. Die Revolution bricht aus, und die Revolution ist zu Ende. Der 21. Januar 1649, der 14. Juli 1789, der 31. Oktober 1517, an dem Luther seine Thesen anschlug, sind wirkliche Einschnitte. Das berühmte Wort Goethes von der Kanonade von Valmy hat seine Richtigkeit. Die Weltgeschichte ist an jenem Tage in eine neue Epoche eingetreten. Denn mit Valmy ging die französische Revolution über in die europäischen Revolutionskriege. 1792 ist der Einschnitt für die französische Revolution, weil sie heraustritt aus Paris und Frankreich in den Erdteil, der sich ihr entgegenstemmt und dem sie sich nun mitteilen muß, soll sie nicht auch in Frankreich vernichtet werden. 1792 ist daher ein Einschnitt wie 1917, nur mit umgekehrtem Vorzeichen! 1917 bei der russischen Revolution gehen drei Jahre europäischen Krieges der Revolution des Landes voraus. Bei der französischen gingen drei Jahre Revolution in Frankreich den dreiundzwanzig Jahren Krieg in Europa vorher. Die russische Revolution erweist sich auch hierin als die Revolution der Antithese, des logischen Gegensatzes. In Frankreich erst Revolution, dann Krieg, Rußland hingegen steuert aus dem Krieg dreier Jahre mit der Welt in seine innere Revolution hinein. Die französische Revolution ist seit 1792 mehr und mehr ein europäisches Ereignis geworden. Die russische hingegen seit 1917 von Jahr zu Jahr ausschließlicher eine russische Angelegenheit. Man denke nur an 1918, 1919, 1920 in Europa und man sieht sofort, daß der Pfeil der russischen Revolution aus der Welt nach Rußland weist; der französische Pfeil zeigte aus Paris in die Welt. Deshalb gehen die von den Weltkriegen ausgelösten Schwingungen nach Rußland hinein, sowohl 1917 wie 1945, nämlich zur Revolution Lenins wie auch zur Gegenrevolution Stalins.

Die Revolutionen brechen in sehr verschiedener Form aus, aber: sie brechen

aus. Die englische mit dem Bürgerkrieg, die deutsche mit dem Bauernkrieg; der Papst, einzelner Kirchenfürst, vollzieht die entscheidende Revolution in der Zwiesprache mit sich selbst. Und doch ist sie eine ebenso unwiderrufliche. Papst Gregors VII. Dictatus Papae von 1075 und die Deliberatio de statu imperii von 1200 waren Willensdokumente, hinter die es ein Zurück nicht gab.
Als die Bolschewisten sich aus der Entente, die sich für Rußland in den Krieg gestürzt hatte, durch ihr selbständiges Friedensangebot an die Mittelmächte herausgerissen, als das Volk von Paris die Bastille dem Erdboden gleichmachte, schufen sie Tatsachen, die jedes Anknüpfen an das Vorher unmöglich machten.
Der Bruch mit einem Rechtszustand, die Leugnung der Grundlagen dieses Rechtszustandes ist das Kennzeichen der Revolution. Denn das Recht ist ja nichts Äußerliches. Das Recht ist der vernünftige Ausdruck des Gemeinschaftslebens und seiner Funktionen oder Machtverhältnisse. Es legt aber damit zugleich den Weg zur künftigen Änderung dieser Machtverhältnisse in die Hände bestimmter Machthaber und Gruppen. Recht ist also Ausdruck der Ordnung und Weg zur Änderung. Deshalb ist Revolution durchaus nicht etwa bloß Änderung. Auch nicht nur gewaltsame Änderung. Das ist jeder Staatsstreich auch. Der einfache Rechtsbruch leugnet die Ordnung. Der Staatsstreich verschmäht das in der Ordnung bereit gehaltene Stichwort zur Änderung der Ordnung. Revolutionen sind beide nicht, sie verändern nicht das Antlitz der Erde.
Sondern Revolution ist noch etwas Drittes dazu! Sprechen einer neuen Sprache haben wir es genannt. Sprechen einer bis dahin unerhörten Sprache, mit anderen Worten Auftauchen einer anderen Logik, Operieren mit anderen Beweisen. Deshalb lassen auch wir in jeder Revolution den Stil zu Wort kommen, den sie selbst erwählt hat; in Thesen, Stammbäumen, Schauspielen, Zahlen — die Erzählung erzählt in jedem Kapitel verschieden. Die Revolution spricht eben nicht nur deutsch oder italienisch, oder russisch, sondern da spricht die eine nationalökonomisch, die andere philosophisch, die dritte juristisch; diese redet konfessionell, jene diplomatisch, und die liturgische Sprache geht allen voraus. Auf der Orgel der Weltgeschichte stellt jede Revolution sozusagen eine Oktave dar, eine in sich vollständige, gegen alle anderen Denkarten abgesetzte Tastatur. *Und der Beginn jeder Revolution besteht* im Lautwerden, *im Überlautwerden* dieser neuen Stimmlage. Jede Revolution hat eben einen anderen Ton der Beweisführung angewendet, sie hat in einer Denkweise gedacht, die der vorrevolutionäre Mensch einfach nicht begriff noch vernahm. Er hörte sie wohl mit dem Ohr, aber vernehmen mit der Vernunft kann weder Poincaré einen Lenin, noch Burke einen Robespierre, noch Karl V. einen Luther. Wenn die neue Syntax jeder Revolution einmal gesprochen wird, so liegt ein *Sinnbruch* vor; und der alte und der neue Mensch erscheinen einander wahnsinnig. Eine dritte Möglichkeit besteht nicht.
Deshalb ist die Zeit in jenen Epochen wahrhaft aus den Fugen. Brüder, Freunde,

Kollegen, miteinander erzogen, stehen plötzlich gegeneinander auf und verstehen sich nicht. Sie sind sich gegenseitig nicht Mensch und Mensch, sondern der alte ist dem neuen ein Leichnam, verwesungsreif; der neue ist dem alten ein Wahnsinniger. Beide sind empört. Der alte Adam ist *im Geiste* außer sich über den Wahnsinn. Der Revolutionär hebt das Schwert, weil er außer der alten toten Welt lebt, und es um sie also nicht schade ist.
Diese *Doppelseitigkeit* des Zeitalters der Empörung ist wichtig zu erkennen. Römische und Protestanten sind in der Reformation gleich erbittert und der Gegner ist dem einen und dem anderen gleicherweise unverständlich. Luther verbrennt des Papstes Bannbulle ebenso leichtherzig wie der Leipziger Herzog Georg bei der Entlarvung Luthers als Hussit abbricht: „Das walt die Sucht." Die letzte Instanz des römischen Katholiken: der absolute Wert der Konkordanz und Einheit in der Christenheit hat aufgehört, der letzte Wert und Bezugspunkt zu sein seit Luthers Verkündigung. Und nun purzelt die gesamte Syntax der katholischen Vorstellungswelt durcheinander. Um der Einheit willen hatte man geduldet, geschwiegen, gesteuert, gebetet. Plötzlich wird diese letzte Beziehung allen Glaubenslebens auf die sichtbare Einheit durch die entgegengesetzte auf die eigene Seele ganz allein abgelöst. Eine Umwertung aller Werte ist die Folge. Die Nichtumgewälzten und die Revolutionierten leben in entgegengesetzten Wertwelten und sind einander eben deshalb nicht Mensch. Die Russen nennen die Emigranten „Gewesene Menschen". Die Guelfen und Ghibellinen, Legitimisten und Jakobiner hassen einander mit gleicher Glut; Heinrich IV. setzt Gregor VII. ab, und Gregor VII. setzt Heinrich IV. ab.
Die Pamphlete der Kaiserlichen gegen die Heiligsprechung von „Silberich" und „Goldlich" durch die Päpste sind das Urbild aller Gottseibeiunspamphlete, etwa der Liga gegen den Bolschewismus, der Päpstlichen gegen Luther, der Legitimität gegen die Jakobiner.
Die deutschen Zusammenbrüche vom 9. November 1918 und 8. Mai 1945 mögen als ein markantes Gegenbeispiel dienen. Hier war nämlich keine Parteiung. *Vielmehr war der Glaube in allen Herzen erloschen.* Es hat am 9. November so wenig Parteien wie am 4. August 1914 gegeben. Selbst die dümmsten Köpfe und härtesten Herzen wußten, daß es zu Ende war. Eine Empörung gab es nicht. Was an sie gemahnte, war höchstens eine Nachahmung der russischen Revolution und wurde daher heftig und schnell abgeschüttelt wie eine ekle Entstellung der wirklichen Lage, eben des Zusammenbrechens. Sogar der deutsche Kommunismus bleibt 1918 und 1945 hinter dem wirklichen Ereignis dieses deutschen Zusammenbruches zurück. Er ist daher ungeschichtlich für unsere deutsche, über ihn im Zusammenbruch schon hinweggeschrittene Geschichte. Alle ohne Unterschied mußten sich in die neue Welt finden und eine neue Sprache stammeln. Es gab keine Guelfen und Ghibellinen. Erst später, je weiter wir uns von dem Tiefgang des Ereignisses entfernt haben, sind Versuche aufgetaucht, politische Gegensätze aus älteren Revolutionen zu beleben. Aber ob man die sozialen Gegensätze der russischen oder die nationalen der

französischen oder die staatlichen der englischen oder die konfessionellen der deutschen Revolution betrachtet, sie alle vermögen die Deutschen, die den Zusammenbruch gemeinsam erlebt haben, eigentlich nicht mehr in der Tiefe zu spalten, die zu einer echten Revolution gehört.

Dieser Unterschied ist wichtig für die Feststellung, wann denn die echte Revolution zu Ende ist und zu Ende sein kann. Jede Revolution bedroht ihr Volk mit Verwilderung, Selbstzerfleischung, Blutvergießen. Wie soll das enden?

Die Unterwelt des Wahnsinns und des Hasses wird aufgerissen. Aber diese Unterwelt darf ihre Tore schließen, sobald Alte und Neue das erste gemeinsame Wort sprechen. Wenn also die Alten ein Tröpfchen des neuen Geistes in sich — so oder so — hineingelassen haben, die Revolutionäre aber die leibliche Fortdauer der Reste des Alten genehmigen. *Beide gewähren sich also durchaus nicht dasselbe.* Sie vergelten nicht Gleiches mit Gleichem. Sondern der Revolutionär geduldet sich, der alte Adam aber öffnet sich. Jener, der Himmelsstürmer, nimmt also auf die Erde Rücksicht, so wie sie nun mal ist; dieser aber, der Verwurzelte, horcht auf Geister, die er bisher in die unterste Hölle verbannt hatte und die er nun als Kinder des Lichts und der Oberwelt respektieren, mit denen er teilen lernt.

Das Zeitalter der Revolution schließt niemals mit einer vollständigen Rasur des alten Menschen, sondern mit einem neuen Bund. Die erste Revolution hat mit einem „Konkordat" (1122 in Worms) geendet, einer Wiederherstellung des „Ein Herz und eine Seele sein". Aber jede Revolution nennt ihren Friedensschluß anders. Konkordat des Papstes, Religionsfriede der Deutschen, Revolution der Engländer, Restauration der Franzosen. Das Remis besteht aber auch nicht etwa in einem Kompromiß zweier Prinzipien. Das ist unmöglich. Sondern in einem Zusammenleben des alten, natürlichen Volkstums mit den vergeistigten Trägern der Revolution. An die Stelle des gegenseitigen Vernichtungskampfes tritt mit dem Ende der Revolution die Erziehungsarbeit. Man kann sogar sagen: Erst mit diesem Augenblick beginnt der wirkliche Ernst für die revolutionären Prinzipien. Der Alltag allein kann sie ja erhärten.

Als 1815 trotz der völligen Niederlage Frankreichs die Bourbonen die „Charte", d. h. eine geschriebene Verfassung gewähren mußten und den Verkauf der Adelsgüter nicht rückgängig machten, da votierten sie für 10 v. H. der Revolution. Denn die Infektion durch das „Stück Papier" war erfolgt. Die französische Revolution war damit zu Ende, daß auch der Vorrevolutionär ihre Wirklichkeit zugeben mußte.

Als die Reichsregierung 1552 und 1555 dem Passauer und Augsburger Religionsfrieden zustimmte, da stimmte sie Luthers Lehre von der weltlichen Obrigkeit zu. Das war genug, um zum Frieden zu kommen. Nicht um den Wahrheitsgehalt der neuen Lehre geht es am Ende der Revolution, sondern darum, sie in die *Wirklichkeit hineinzulassen* und ihr das ständige Hineinwirken in die Wirklichkeit zu erlauben! Um ihre Bewährung geht es fortan. Als die

Deutschen Konradins Hinrichtung in Neapel 1268 ungerächt ließen, da sanktionierten sie mit dieser Ausrottung der Staufer die Abtrennung der Königsherrschaft in Deutschland von der über Rom und Italien, sie sanktionierten also den Übergang des „wahren" Kaisertums auf den Papst, wenn auch nur für Rom und Italien.

1660 mußte Karl II. die Käufer der Revolutionsländereien in ihrem Besitze lassen, so wie Rudolf von Habsburg die sämtlichen Gerechtsame des Papstes und der Kirchenfürsten anerkennen mußte, ehe er das deutsche Kaisertum erneuern durfte. Die Besitzfrage sehen wir als die entscheidende für das Ende der Revolutionen hervortreten. Während der Revolution gilt der Satz: La possession vaut titre, der Besitz ersetzt den Rechtstitel. Das Ende der Revolution ist die Schaffung eines Rechtstitels für die neuen Besitzer. Unbeschadet aller Differenzen in Dogma, Weltanschauung und Prinzipien gewinnt man einen gemeinsamen Rechtsboden.

Und als 1688 Jakob II. das Große Siegel von England bei seiner Flucht außer Landes in die Themse warf und damit eingestandenermaßen alles Regiment im Lande stillegen wollte, da trat er genau in den gleichen Streik, mit dem die englischen Steuerverweigerer den Bürgerkrieg begonnen hatten, und erkannte dadurch selbst an, daß der alte Rechtszustand vergangen war und die Selbsthilfe eines „Convents" des Volkes nun zu Recht geschah.

Ebenso 1122: Das Wormser Konkordat erkannte die neue Stellung des Papstes neben dem Kaiser an, indem es ihm in Italien bei der Besetzung der Bistümer den Vortritt ließ.

Worin bestehen nun diese ersten gemeinschaftlichen Worte?

Jedesmal ist das erste menschliche Wort, das der alte Adam und der jugendliche Revolutionär miteinander sprechen, wirklich und in der Tat ein — menschliches! Denn niemals einigt man sich über die Dogmen der Revolution, über ihre materiellen Inhalte oder ihre geistigen Programme und Theorien. Sondern über *Den* einigt man sich, der künftig diese geistigen Gebilde auslegen und deuten soll. Man nimmt einen neuen Menschen in den alten Lebenskreis hinein, man rechnet mit einem Träger, den man bisher aus dem Kreis des Rechts ausgeschlossen hatte. Hingegen macht man kein Zugeständnis in ideeller Hinsicht. Im Himmel einigt man sich nicht, aber man einigt sich auf Personen als Träger der irdischen Rechtsordnung! Man vertraut neuen Personen die Entscheidung an für die Zukunft. Hingegen wie und was sie entscheiden, ist nicht Gegenstand des Kompromisses.

Die Revolutionen enden *durch Zulassung einer neuen Personengruppe zur Entscheidung*. Es ist ein Vertrauen auf neue Personen und kein Kaufvertrag, wenn dem Papst oder den Fürsten oder dem Parlament oder den Volksvertretern oder den Räten die Entscheidung über Steuern, Bischofsernennung, Kirchenreform eingeräumt wird. Besonders deutlich ist ja der Unterschied 1555. Nicht etwa, daß in Deutschland reformiert werden soll, wird beschlossen, sondern daß die Fürsten es sind neben dem Papst und dem Konzil, die reformieren dürfen. Ähnlich liegt es in allen anderen Fällen. Nicht die Simonie bei der Bischofswahl ist im Wormser Konkordat abgeschafft, sondern die Päpste sind eingeschaltet und können fortan so simonistisch oder so wenig simonistisch schalten wie bisher der Kaiser. Nicht was das englische Parlament beschließt, ist von Jakob II. zugestanden worden. Aber daß es aus eigener Machtvollkommenheit beschließen müsse, lag in Jakobs Preisgabe des großen Siegels. Denn unter dem großen Siegel von England mußte der König von England das Parlament berufen! Die Glorious Revolution bestand daher in dem Zusammentritt eines Parlaments ohne königliches Ausschreiben!

Bei Nachahmungen der großen Revolutionen durch andere Länder wird das Unnachahmliche dieser Gewaltübergänge meist übersehen. Man schafft neue Rechtssätze und kann doch die originale Personengruppe nicht schaffen, auf die es ankäme.

Wie will man auch die Huldigung der französischen Verfassung vor Paris und doch auch die Angst vor ihm — der Präsident der Republik wird in Versailles gewählt! — in Prag oder Belgrad nachahmen? Oder wie kann der deutsche Staatsgerichtshof, der Parlamente auflösen kann, den englischen Staatsgerichtshof darstellen? Die deutsche Einrichtung besteht aus Beamten des Staats. Der englische Staatsgerichtshof hingegen ist das Parlament selbst, vor allem aber das Oberhaus, also reiche unabhängige Vermögens- und Grundbesitzer. Die revolutionären Träger der Gewalt — dort Paris, hier das Parlament — sind sowohl in der Kraft ihres Rechts wie in seiner Beschränkung durch eine vorrevolutionäre Macht, durch Versailles dort, durch das Oberhaus hier unnachahmlich. Das Ende der Revolution muß eben ein Stück des Alten weiterleben lassen und dafür muß durch das Ende die Personengruppe, die das Neue emporgetragen hat, legitimiert werden. Personen und Rechte tauschen sich also aus und durchdringen einander, nicht Rechte und Rechte.

Die Empörung ist gerade deshalb in geistiger Hinsicht nicht zu Ende mit dem Ende der Revolution. *Aber sie ist es in personeller und menschlicher Hinsicht.* Und mit dem Menschen in Europa haben wir es ja zu tun.

Aber die Revolutionäre selbst sehen in dieses Ende der Revolution mehr hinein als wir Nachgeborenen. Und daraus entwickelt sich eine zweite Periode jeder Revolution. Diese zweite Periode, die wir hier aufdecken, hat nicht etwa mit der sogenannten „Restauration“ oder „Reaktion“ etwas zu tun. Von dieser haben wir schon kurz anläßlich der Vor- und Nachspiele von 1830 und 1905 gesprochen. Wir meinen etwas anderes. Dieses zweite Gesetz ergänzt erst die Lehre von den Revolutionen zu einer vollständigen Einsicht in den seelischen Gehalt der Völkerkatastrophen. Denn es zeigt, daß nichts verloren geht, was die Revolution in die Seele eingräbt. Die überpersönliche Gewalt zur Umbildung aller kommenden Geschlechter dürfen wir den Revolutionen nur beimessen, wenn ihre Runen eingeritzt bleiben und Macht behalten über die Taten der Söhne und Enkel der Revolution. Dies ist nun in der seltsamsten Weise der Fall.

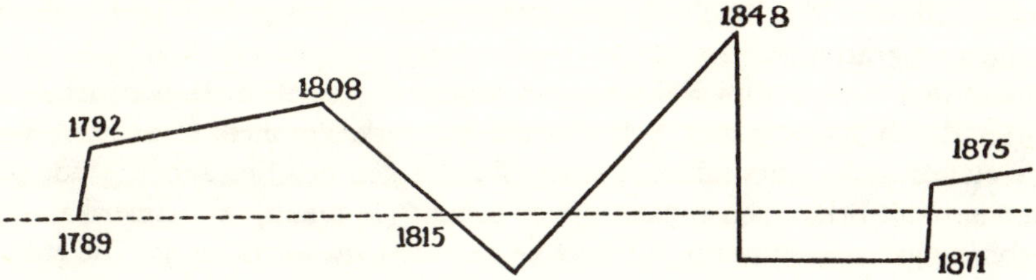

Beispiel einer Totalrevolutionskurve

Die Revolutionäre täuschen sich alle über den Umfang des Erreichten. Und so folgt jeder Revolution zunächst *ein Zeitalter der Verblendung* und darnach *ein Zeitalter der Demütigung*. Jeder Deutsche verbindet mit der Reformation den Dreißigjährigen Krieg. Und er tut recht daran. Sie gehören zusammen wie Empörung und Demütigung. Es ist, wie wenn die über das Normalmaß des Menschlichen emporgeschnellte Gewalt der Revolution wieder eingeebnet werden müßte durch eine zweite ebenso lange Epoche der Dämpfung und des Hinabsinkens. Der Dreißigjährige Krieg ist nämlich durchaus kein Unikum.

Immer treten Epochen der Demütigung hervor, die eine erhebliche Ausdehnung haben, ganz wie die Epoche der Revolution selbst. Sie werden heraufbeschworen durch eine Zeit des Übermuts. Die einzelnen Erscheinungen dieses Übermuts sind in dem Geschichtsbild der einzelnen Revolutionen darzustellen. Hier sei nur an die gröbsten Tatsachen erinnert: die deutschen Religionsparteien haben am Ausgang des 16. Jahrhunderts den Reichstag zeitweise einfach lahmgelegt. Dem Übermut der protestantischen Päpstlein und ihrem inneren Hader ist die Schlacht am Weißen Berge und der Dreißigjährige Krieg gefolgt. Dem Übermut Bonifaz' VIII., der in seiner Bulle Unam Sanctam die Theorie von der päpstlichen Weltherrschaft verkündet, folgt seine Gefangennahme und das babylonische Exil der Päpste in Avignon bekanntlich auf dem Fuß. Dem Übermut der Bourgeoisie von 1830, der in die Februarrevolution von 1848 ausläuft, folgt die tiefe Demütigung der Franzosen durch den Staatsstreich des 2. Dezember mit allen seinen Folgen bis zu Sedan und der Kommune. Diese Erfahrungen des sinnlosen Cäsarismus und des sinnlosen Barrikadenkampfes erst haben die dritte Republik ermöglicht.

Jena und Auerstedt und der Tilsiter Friede und eine Leidenszeit von sieben Jahren haben dazu gehört, die preußische Überheblichkeit, die auf der großartigen Erhebung des Siebenjährigen Krieges beruhte, zu kurieren.

Ein weniger bekanntes Beispiel ist das Englands. Und doch ist es so umfassend wie irgendeines der anderen. Und der Briten Verachtung Frankreichs, die herausfordernde Haltung, mit der sie Wilhelms III. Trotz gegen Ludwig XIV. nachahmen wollten, hat England seine großartigsten Kolonien gekostet und damit die erste Herrschaft über eine Welt. Von ihrem Übermut muß Burke seinen Landsleuten 1780 sagen: „Wir haben so viel Macht und so viel Glück gehabt, daß selbst der Bescheidenste unter uns in die Laster und Torheiten von Königen ausgeartet ist." In diesem Jahre waren aber auch Frankreich, Spanien, Holland und Amerika im Kriege gegen England. Angriff in Indien. Irland in vollster Erhebung. Rußland, Schweden, Dänemark, Preußen, Österreich, Portugal stehen in der „bewaffneten Neutralität" gegen den Seeräuber. „Jede Nation wünschte Britannien gedemütigt zu sehen" (Franklin). Der amerikanische Unabhängigkeitskrieg war in Wirklichkeit ein *europäisches* Ereignis! Die großen Mächte Europas waren es, die darauf aus sein mußten, die Kolonien von England loszureißen. "This is the essence of the whole struggle extending over eight years and fought in all the seas of the four continents" (Reich). Zu allem Überfluß haben wir ein Schreiben John Wesleys, das ausdrücklich 1776 mit 1640 vergleicht.

Nicht Washington und Gates haben bekanntlich die Engländer in Amerika überwältigt, sondern ihre ständige Herausforderung der Franzosen und deren Seesiege bei Cap Henry. Die Amerikaner haben ein Gefühl für ihre Dankesschuld gegen Frankreich, die sich in ihrer Verehrung für Lafayettes Person zusammenfaßt. Als General Pershing 1918 die ersten Truppen in Frankreich landete, da sprach er nur die drei Worte: Lafayette, nous voilà. Nicht um Englands, sondern um Frankreichs willen ist daher schließlich Amerika 1917 in den Weltkrieg gezogen. Aber gerade diese Verknotung des amerikanischen Ursprungs mit der Demütigung Englands durch Frankreich war den Deutschen nicht gegenwärtig genug.

Die Zeittafel der Revolutionen bedarf daher der Ergänzung durch eine solche der Demütigungszeiten des Empörers. In diesen Zeiten scheinen die Errungenschaften der Revolution sinnlos geworden zu sein. Beginnen wir die Übersicht gerade mit dem eben erwähnten Zustande Englands in seiner Demütigung. Denn gerade deren Umfang ist uns Deutschen zu wenig geläufig.

Das England von 1776 bis 1815 schien umsonst die Freiheit der Meere, umsonst den Frieden daheim auf seinen Inseln in seiner Revolution eingeheimst zu haben.

Gerade so schienen im 12. Jahrhundert des Papsttums Erfolge sinnlos geworden, als Mailand von Barbarossa zerstört wurde, ein Gegenpapst durch den Kaiser eingesetzt wurde, der die Bischöfe von Kaisers Gnaden weihte, als 1166 der Kaiser Karl den Großen in Aachen heilig sprechen ließ und seinen Sohn zum Herrn Süditaliens machte und damit den Papst auch in Italien umzingelte, und als 1187 Jerusalem verloren ging, das 100jährige Ziel des Papsttums und des Abendlandes.

Über das Sinnloswerden der Errungenschaften der Reformation in den Greueln des Dreißigjährigen Krieges braucht man kaum etwas zu sagen. Immer richtet sich die Demütigung auf den Kern der Revolution. Gerade das Kleinod der Reformation, Luthers Deutsche Sprache, hat der Dreißigjährige Krieg in Gefahr gebracht durch die Auslieferung des Landes an Spanier, Schweden und Franzosen und den Einbruch der welschen Sprache an allen deutschen Höfen.

Wenn die Päpste 1200—1268 Italien gesäubert hatten von den Fremden, so saßen sie 1309 selbst auf fremdem Boden, fern von Rom, und alle unermeßlichen Opfer schienen umsonst gebracht.
Aber es scheint nur so. Jene Demütigung geht nicht bis ans Leben bei diesen Großmächten. Wir werden aber noch sehen, daß eben gerade an dieser Zeit der Dämpfung zwei Länder, nämlich Spanien und Schweden, gescheitert sind! Das Leben ihrer Revolutionen ist an der Demütigung erloschen. Allerdings eben doch wohl deshalb, weil es kein echtes Leben gewesen ist. Die Zeit der Demütigung aber gewinnt durch das Gegenbeispiel Schwedens und Spaniens ein neues Gesicht. Sie erscheint als *Prüfungszeit.*

Die Rhythmen der Revolutionen

a)	1075—1099—1122	Anfang: Dictatus Papae. Ende Wormser Konkordat. Dazwischen Erster Kreuzzug.
	1125—1137	Überhebung. Der Kaiser als Lehnsmann des Papstes.
	1152—1177—1198	Prüfungszeit; Friedrich I. und Heinrich VI. Friede von Venedig.
b)	1200—1239—1268	Ausbruch: Deliberatio de statu imperii. Ende: Hinrichtung Konradins. Dazwischen: Kreuzzug gegen den Kaiser.
	1271—1302	Überhebung. Bann und Interdikt als rein weltliche Mittel.
	1305—1347—1377	Prüfungszeit; Exil in Avignon. Rienzi.
c)	1517—1535—1555	Anfang: Luthers Thesen. Ende: Augsburger Religionsfrieden. Dazwischen Thomas Morus hingerichtet.
	1564—1618	Überhebung: Die Kirchen als Beute der Fürsten.
	1618—1648—1654	Prüfungszeit: Dreißigjähriger Krieg. Jüngster Reichstagsabschied.
d)	1641—1649—1689	Anfang: Grand Remonstrance; die Gemeinen gehen vor das Volk. Ende: Declaration of Rights. Dazwischen König Karl I. hingerichtet.
	1714—1763	Überhebung der „Dukes".
	1775—1783—1815	Verlust des ersten „Empires". Schlacht bei New Orleans.
e)	1789—1792—1814/5	Anfang: Bastillesturm. Ende: Die Charte. Dazwischen Valmy (1792) und Erfurt (1808).
	1830—1848	Überhebung. „Enrichissez-Vous!"
	1848—1851—1870—1875	Prüfungszeit: Zwei Arbeiteraufstände und Napoleon III. Die Republik dank einer Stimme Mehrheit.

f) 1. 1904/05—1914—1917—1942—1950 Anfang: 1. Potemkinmeuterei, 2. Meuterei im Weltkrieg. Ende: Die „Kirche“ zugelassen. Die Sprache als Dritte Kraft 1942 und 1950.

f) 2. 1904—1917—1941—1951 Die Welt wird rund in Korea 1904/05 und 1950/51; einmal als russisch-japanischer, das andere Mal als chinesisch-amerikanischer Konflikt.

1917—1920	Amerikas erster Weltkrieg.
1941	Amerikas zweiter Weltkrieg.

Der Historiker wird niemals zum Astrologen werden wollen und scheut daher alle Zahlenspielerei. Und doch dürfen wir nicht aus Feigheit unterlassen, die Längen der Revolutionszeit und der Prüfungszeit ausdrücklich in Vergleich zu setzen. Ein Blick auf die vorstehende Tabelle zeigt nämlich, daß die Entsprechungen in der Dauer auffallend genau sind. Diese Entsprechungen ließen sich noch viel genauer stimmen machen, wenn wir aus diesen Zahlen etwas beweisen müßten. Das wollen wir aber nicht. Denn die Pedanterie von Zahlenmystikern, der nur die Zahlen etwas sagen, ist so verkehrt wie die Flüchtigkeit dessen, der die Zahlen nicht auch reden läßt. In die beiden entgegengesetzten Fehler möchten wir nicht verfallen. Die *Zeitlängen* haben bestimmt auch etwas zu sagen. Gewiß, sie machen nicht die Geschichte. Aber die Zeitlängen gehören offenbar zur Gestaltwerdung der Revolution gesetzmäßig hinzu. Die siebzig Jahre in Avignon entsprechen zu deutlich dem Kampf zweier Menschenalter gegen die Staufer und sie heben sich zu deutlich ab von dem einen Menschenalter, das Reformation und Dreißigjähriger Krieg beanspruchen, als daß sich nicht hier eine wirkliche Regel uns entgegentrüge, die wir zu beachten haben. Die Gezeiten der Revolutionsabläufe sind nicht belanglos, sondern rhythmisch. Ereignisse, die den Charakter der Menschen umformen, lassen sich nicht in Momenten zusammendrängen. Sie wollen lange durchlitten werden. Sie rufen aber über weite, durch Jahrhunderte getrennte Entfernungen nach einer rhythmischen Entsprechung. In der Geschichte der Revolutionen entsprechen sich Strophe (Empörung) und Antistrophe (Demütigung) durch ihre Fristen. Sie vollziehen sich also, soviel ist aus dieser Entsprechung zu folgern, innerhalb eines Ganzen, innerhalb eines Kräftehaushalts, der die scheinbar getrennten Jahrhunderte gebietend übergreift. Nur wenn es eine solche Totalität gibt, ein solches Kraftfeld, in das hinein alle Kräfte wirken, ist diese Feststellung sinnvoll. Die künftige Forschung wird darauf zu achten haben, den Rhythmus der Totalumwälzungen zu prüfen. Wahrscheinlich nur weil und nur soweit sie Totalumwälzungen sind, rücken sie an das Gesetzliche der Welttotalität nahe heran. Der Durchbruch von qualitativ Neuem, der Schöpfungsakt, ist uns durch die Planck- und Bohrschen Forschungen faßlich als gesetzmäßig und revolutionär zugleich. Atom und Weltall verwandeln und erhalten sich von Katastrophe zu Katastrophe, aber keineswegs gesetzlos. So hat sich Europas

Weltzustand offenbart als der eines Jahrtausends der Revolutionen, die in fortlaufender Steigerung sich ablösen. Jede Stromstufe dieses Ablaufes weist in sich eine rhythmische Gliederung auf. Vor einem Jahrhundert hat die meisten dieser Rhythmen bereits Giuseppe Ferrari (1811—1876) in seiner „Theorie der Revolutionen" entdeckt. Er ist von der liberalen Ära geächtet worden; Benedetto Croce hat von Ferrari gesagt: Es hätte ihn eigentlich gar nicht geben dürfen. Wer in die Urgewalten der Geschichte Einblick tut, möchte von der Seichtheit der Croces behaupten, es habe sie nicht zu geben brauchen. Diese Geister stellen sich die Geschichte gerne als Spirale vor; eine der törichtsten und totesten Figuren rein mechanischer Art. In einer anderen Schrift habe ich diesen Spiralenirrtum behandelt. (The Christian Future or the Modern Mind Outrun, New York 1946, London 1947.) Nein, die Revolutionen verlaufen in Empörung und Fall, und in erkennbarem Rhythmus. Freilich wenn ich erkenne, daß sich

1517 1525 1555
und 1618 1648 1654 entsprechen,

so kann ich daraus noch nicht vorhersagen, daß sich

1640—1689
und 1776—1815 entsprechen werden.

Aber weshalb es keinen dritten „Weltkrieg" geben wird, das läßt sich erkennen, auch wenn es mal einen russisch-amerikanischen Krieg geben sollte. Die Weltkriegsrevolution hat ihre Struktur erlangt, so vielen sie auch noch in den Knochen liegt. Weder die Liberalen noch die Mechanisten haben recht. Zeit ist lebendiger Rhythmus, aus originalen Rhythmen. Sie ist daher zwar nie vorausberechenbar, aber voller Responsionen wie ein unerschöpflicher Psalm. Betrachten wir nun den Erdraum, den dieser Zeitenstrom heimsucht und kultiviert. Fragen wir nach Europa.

III. DER POLITISCHE HORIZONT
DAS ABENDLAND ODER EUROPA

1. Das Abendland oder Europa

Europa ist grammatisch ein Widerwort. Denn es ist „zugleich Mehrzahl und Einzahl". Zum Beispiel schreibt Nelson 1796: „England wird bei Kriegsende fast ganz Europa zu *seinen Feinden* haben." Oder Peel sagt, daß 1648 zuerst die Staaten Europas eine wirkliche Republik großer Mächte zu bilden schienen. Die Mehrzahl ist jedem, der von Europa hört, sofort gegenwärtig. Aber eine Einzahl, eben Europa, wird dabei stillschweigend vorausgesetzt.

Genau umgekehrt ist es mit dem durch Spengler neu betonten Worte Abendland. Hier scheint alles Einheit. Das Abendland hat ein Schicksal, einen Lenz und einen „Untergang". Aber diese Einheit ist genau solch ein Kunstgriff wie die Vielheit bei Europa. Auch im Abendland werden stillschweigend Kaiser und Papst, Nationen und Königreiche mit vorausgesetzt.

Das Wort Abendland weist also auf die ausdrückliche, der Name Europa auf die stillschweigende Einheit unserer Geschichte. Diese These haben wir in ihrer Tragweite zu erfassen und zu begründen, ehe die Dialektik der europäischen Revolutionen und der abendländischen Reformationen durchsichtig werden kann.

Novalis hat um 1800 in seiner berühmten — erst 1826 gedruckten — Schrift „Die Christenheit oder Europa" die Gleichsetzung dieser beiden Menschheitskreise „Christenheit" und „Europa" ausdrücken wollen. Sein geistvollster Gesinnungsgenosse aus der Romantik, Friedrich Schlegel, begründete im Jahre 1803 die Zeitschrift „Europa". Auch sie versuchten den christlichen Charakter Europas festzuhalten. Dieser Versuch entspricht etwa dem der heiligen Allianz, der ja unmittelbar aus diesen Gedankengängen erwachsen ist. Ein bestimmtes Erdgebiet, der Erdteil Europa, sollte die christliche Welt sein und bleiben. Mochte auch schon die neue Welt Amerikas damals hereinblicken in die alte, so schien es doch noch möglich, eine geschichtliche Macht, „die Christenheit", und eine geographische Ländermasse „Europa" zur Deckung zu bringen: Die heilige Allianz sollte offen stehen den *christlichen* Souveränen Europas. Der Sultan war daher ausgenommen. Aber schon dieser Deckungsversuch der Christenheit mit Europa wies eine bezeichnende Lücke auf: Der Papst wurde schon damals nicht zum Beitritt aufgefordert. Die Könige und Kaiser haben also damals genau so gehandelt wie die Staatsmänner und Präsidenten bei der Gründung des Völkerbundes 1919 und 1945.

In dieser Weglassung des Papstes zeigt sich der wahre Charakter dieses Deckungsversuches der Romantik. Die beiden Begriffe der Christenheit und Europas sind von ganz verschiedener Gewalt.

Der leibhaftige von beiden ist damals, um 1800, aber schon mitnichten mehr die Christenheit, sondern Europa. Das beweisen viele Vorgänge.

Schon Friedrich Wilhelm III. hatte in seiner Verkündigung vom 18. März 1813, die der Staatsrat v. Hippel verfaßt hatte, sich nicht nur an sein Volk gewendet, sondern auch hinzugefügt: „Meine Sache ist die aller Gutgesinnten in Europa." Dann hatten die Verbündeten in Chaumont 1814 das *Europäische Konzert* aufgerichtet als die Rechtsgemeinschaft der europäischen Völker. Das Europäische Konzert hat im Pariser Frieden 1856 auch den Schützling Frankreichs, Englands und Österreichs im Krimkriege gegen Rußland, eben die aus der heiligen Allianz ausgeschlossene Türkei, in seinen Kreis aufgenommen. Das Europäische Konzert trägt also keinerlei namentlich-christliche Züge mehr. Dasselbe gilt von der demokratischen Gegenbewegung in Europa seit den dreißiger Jahren, die meist nur als „das Junge Deutschland", „das Junge Italien" usw. bekannt geworden ist. Als Vorgängerin der späteren sozialistischen Internationale wollte aber diese Bewegung schon die „jungen" Völker zusammenfassen in einem Bunde, genannt *„das Junge Europa"*.

Auch hier dient also Europa, der rein geographische Begriff, zur Bezeichnung eines bestimmten Geistes, der trotz seiner Bestimmtheit keine ausgesprochen christlichen Züge trägt. Im Gegenteil: dieser europäische Geist ist mindestens gleichgültig gegen die Kirche und das Christentum. Heine drückte witzelnd die Taufe zum Entreebillett in die europäische Kultur herab, und das ist sie dann auch für die Judenemanzipation des 19. Jahrhunderts überwiegend nur noch gewesen. Man sieht, das Wort Europa führt und hat das Übergewicht erlangt über die christlich-germanische Welt schon seit 1800, auch wenn die Restauration sich des Wortes Europa noch so zu bedienen versuchte, als sei es auch ihr, der christlichen Restaurationsbewegung, zu eigen.

Bei Nietzsche hat dann der „gute Europäer" die letzte Verbindung mit christlicher Überlieferung abgeschüttelt. Die europäische Kultur steht selbständig, als etwas Freies, Gottloses, Außerchristliches in den Jahrzehnten von 1871 bis 1914 aufrecht, um dann im Weltkrieg umkämpft, verhöhnt, verteidigt, bewiesen und zugrundegerichtet zu werden.

Zwischen Nietzsche und uns ist daher das Wort mehrere Rangstufen hinabgesunken.

Heute ist Europa schon fast nur noch ein rein geographischer Begriff; z. B. in Coudenhove-Kalergis Begriff Paneuropa wird damit ausdrücklich ein Erdteil unter den anderen bezeichnet. Die größere Einheit der anderen Erdteile, Amerika, Asien usw., wird sogar dem kleinen Europa drohend vorgehalten, eben damit Pan Europa sich desto schneller bilde. Nach Disraelis Vorhersage im Lothair: The change of name from Christendom to Europe had proved a failure and a disastrous one. And what wonder? Europe is not even a quarter of the globe! Mit anderen Worten: Europa wird hier bereits von außen und oben auf der Landkarte als ein Erdteil wie alle anderen angesehen. Dagegen kämpfen andere Gruppen noch um den Rang der europäischen Kultur. Zeitschriften wie der Mailänder „L'Europeo" appellieren an die Pflege des europäischen Geschmacks des 19. Jahrhunderts. Die europäische Union des Prinzen Rohan versucht eine Wiederbelebung der aristokratischen Aufklärung aus dem Europa des 18. Jahrhunderts. Aber mehr noch helfen uns die Bewohner der fremden Erdteile, einen besonderen europäischen Geist und nicht bloß eine geographische Einheit „Europa" trotz der Erschütterung des Weltkrieges wahrzunehmen. Amerikaner und Japaner sprechen und schreiben fast durchweg von Europa als einer Einheit. Der „trip to Europe" des Amerikaners mahnt an die Europareise, die der junge Adlige mit seinem Hofmeister im 16., 17. und 18. Jahrhundert zu absolvieren hatte. Ravages, eines Amerikaners Buch „The Malady of Europe"[1]) ist nur einer von den vielen Versuchen Amerikas, die geliebte und bewunderte Quelle aller ihrer eigenen Lebenswerte, die europäische Kultur, zu verstehen und zu retten.

Wenn der Amerikaner von Europa spricht, so schreibt er allen Europäern besonders eine Eigenschaft zu, die er daheim in diesem Ausmaße nicht kennt und nicht erkennt, ja vor der er erschrickt. Diese Eigenschaft ist zwar etwas rein Negatives, aber auf ihr beruht sicher ein groß Teil der europäischen Großtaten. Es ist das die Schärfe der Kritik —! „You are most critical." Andere Erdteile, der Orient, Amerika, ertragen die rücksichtslose Kritik nicht, weder an sich noch gegen andere geübt, auf der Europas Fortschritte begründet worden sind: Kritik am Bestehenden, am Staat, an der leiblichen Natur, Kritik an Vorurteilen, Kritik am Menschen, Kritik an Gott, als ernstgemeinte, bohrende, zweifelnde, forschende Kritik — das ist ein Element europäischen Lebens, ohne das es undenkbar ist.

Wie ist nun in das Wort Europa jene eigentümliche Mischbedeutung von Geographie und Geist hineingefahren? Sehen wir heute ein Entblättern der einheitlichen Blüte der europäischen Kultur, eine Abschüttlung zuerst des christlichen, dann des kulturellen Beisatzes überhaupt, so daß nur die europäische Landkarteneinheit übrigbleibt, so ist dies doch eine letzte Verfallserscheinung am Ende der Neuzeit.

Das Eigentümliche an dem Namen Europa ist nicht diese Auslaugung des Begriffs, sondern umgekehrt die einstige Zusammenpressung eines geistigen Gehaltes in einen rein geographischen Namen. Darin offenbart sich ein eigenartiger Glaube. In das Vorgebirge von Asien, das die Phönizier des Altertums deshalb das Westland (Ereb) nannten und das für sie in Kreta anfing, Europa, wird ein geistiges Privileg hineingesehen. Kraft dieses geistigen Privilegs gebührt Europa die kulturelle Vorherrschaft über alle Erdteile und Völker. Dieser Raumglaube muß bemerkt und begriffen werden, damit die Tragweite des Wortes Europa sich erschließt. Es ist ein Glaube, der sich auf das Sichtbare, im Raume sich Darstellende richtet. Dieser Glaube ist der Glaube der Neuzeit. Er konnte erst entstehen im Zeitalter der großen Entdeckungen im Himmel und

---

[1]) Vgl. auch den englischen Buchtitel „The European anarchy" von G. Lowes Dickinson.

auf der Erde. Europa ist ein Begriff, der erst nach der Entdeckung Amerikas und mit der humanistischen Renaissance sich durchsetzen kann.
Der Name Europa in dem pathetischen Sinn der europäischen Kultur hat nichts zu tun mit der antiken Mythologie von Europa. Denn er füllt die Länder Europas mit dem Hochgefühl selbstverständlicher Vorherrschaft. Ein solches Bild der Königsjungfrau Europa hatte der Geograph Wechel Karl V. überreicht. Da war Europa nach Art einer Frau dargestellt, und zwar von Spanien her, nämlich mit Spanien als Haupt, Frankreich als der linken Schulter, Deutschland als der Brust, Italien als dem rechten Arm, die türkischen und russischen Länder als untere Glieder, usw. Und die Gestalt trug die Kaiserkrone. Der Geograph Postel kritisiert 1561 Wechels persönliche Schmeichelei vor dem Kaiser, fügt aber seinerseits die bezeichnende Wendung hinzu: „Abgesehen davon ist die Erfindung Wechels sinnreich. Denn man kann dies Bild Europas füglich auch auf die Eintracht der Christenheit und auf die wahr und wahrhaftige Vorherrschaft Japhets beziehen.“ So ist also der Mythus Europa neu entdeckt und neu gegeben worden in einer Zeit, in der Europa und die Welt nicht von Kreta und Athen her (wie im Altertum) angesehen wurden, sondern von Paris und Mainz und Bologna her. In den Kreuzzügen kommt es auf für den fränkischen Westen, der den Osten erobert. Die Italiener des 14. Jahrhunderts, die Väter der weltlichen politischen Vorstellungen, verwenden es zuerst. „Frankreich liegt im Zentrum von Europa“, konnte ein Minister 1777 an Ludwig XVI. schreiben. Die erste Großmacht, die das Wort in diesem neuen Sinne gebraucht hat, ist das Papsttum. Der Papst, in dessen Leben sich die Wende von der konziliaren und christlichen zur humanen und heidnischen Renaissance vollzogen hat: Äneas Sylvius Piccolomini, aus Siena, als Papst Pius II. (1458—1460), hatte eine Schrift, „Europa“, verfaßt. Und er ist selbst — Besteiger des Hochgebirges! — der erste „gute Europäer“ in Nietzsches Sinn geworden. Bei ihm schon bedeutet Europa, mit der Christenheit gleichgesetzt, keinen bloß geographischen Begriff, sondern einen Gegenstand religiös-patriotischer Verehrung mit hohen Gefühlswerten[1]). Sein nicht minder geistvoller Art- und Zeitgenosse Lorenzo Valla hat es ausgesprochen, daß er das für ihn selber unbestimmte und verschwommene Wort Abendland verwerfe und dafür „Europa“ wähle.
Das Theatrum Europeum ist eine große Zeitschrift des 17. Jahrhunderts, die politische Nachrichten bringt von dem Schauplatz (Theatrum) der damaligen großen Welt. Es ist die *weltlich* gewordene große Politik, die sich in Europa in der europäischen Staatenwelt zu Hause weiß. Europa ist das Becken, in dem sich die weltlichen großen Mächte vorfinden. Nur was zu Europa gehört, hat mitzureden. Nur für Europa ist sozusagen der Komment und Ehrenkodex dieser weltlichen Staaten gefunden worden und gültig. Der klarste Ausdruck dieser Vorstellung ist die Lehre vom *europäischen Gleichgewicht*. Diese englische Lehre

[1]) R. Wallach, Das abendländische Gemeinschaftsbewußtsein im Mittelalter. 1928, S. 57.

des 17. Jahrhunderts setzt ja voraus, daß es nur auf Europa ankomme[1]). Innerhalb dieses Europa soll dann die eigenartige stillschweigende *Einheit in der ausgesprochenen Vielheit* durch den mechanischen Begriff des Gleichgewichts ausgedrückt werden[2]). Ein Gesamtzustand ist zwar da, aber er kann sich nur in dem Gegeneinander der großen Mächte darstellen. Die Einheit ist bloßer Hintergrund für die Gegensätze. Dasselbe hat schon der erste Abschnitt von den großen europäischen Revolutionen bis auf die russische hin gezeigt: Sie hingen miteinander zusammen und bildeten nacheinander das Wesen der Revolution aus, ohne doch voneinander wissen oder abhängen zu wollen. — Dieser Unabhängigkeit voneinander trotz Zusammengehörigkeit entspricht die Vorstellung vom europäischen Gleichgewicht und später des Europäischen Konzerts: Die Einheit wird stillschweigend vorausgesetzt, die Vielheit wird betont. Alle Aussprüche über die europäische Kultur pflegen daher eine seltsam unsystematische Aufzählung darzubieten. Als das einzige Gemeinsame aber der verschiedenen europäischen Kulturäußerungen läßt sich nur ihre *Unabhängigkeit* und ihre *Freiheit* angeben. Wir werden diesen beiden Worten Unabhängigkeit und Freiheit immer wieder als den Schlachtrufen aller Kulturkämpfe und Revolutionen in Europa begegnen.

Gerade das bestürzt die Nichteuropäer, daß sie deutlich eine europäische Gemeinsamkeit wahrnehmen, schmecken, fühlen und ertasten, daß sie aber von den Europäern nur Gegensätze genannt und gezeigt bekommen, wenn sie einzelnes sehen und hören möchten, und daß die Europäer einander unerbittlich kritisieren. Die Bewohner der Neuen Welt staunen über diese Eigenschaft „to be critical", mit der sie die alte Welt erschreckt.

Was aber die Vielfältigkeit dessen betrifft, was die „europäische Kultur" ausmacht, so sei hier am Eingang unsrer Darstellung nur ein glänzendes Wort von Maurice Barrès aus der Vorkriegszeit angeführt: Vier Einrichtungen seien es, die Europa vor dem Einbruch der Barbarei beschützten: die Sorbonne in Paris, das englische Parlament, die römische Kurie und der preußische Generalstab. Aussichtslos wäre es, zwischen diesen vier Gebilden eine Abhängigkeit oder ein System aufzufinden. Und doch konnte Barrès in so zusammenhanglosen Gewalten die Bollwerke einer einheitlichen Kultur erblicken. Und jedermann versteht gefühlsmäßig ganz gut, was er damit hat sagen wollen.

[1]) Beispiel: 1690 heißt es: The Monarchy of Spain is just upon the brink of falling to the ground ... Whorefore all the rest of the Forces of Europe stand at gaye, expecking the result of what England doth determine herein, considering us the *counterbalance* which *time out of mind hath held the scales even between those* two great Monarchies, *for the Safety of all the rest.* State Tracts 1692,8.

[2]) Bericht über eine englische Debatte von 1690: „Our Predecessors ever held this to be a fundamental Maxime of their Conduct, to hold *the Balance equal* between these two great Monarchies . . . in Europe . . . By which means in some sort they made them selves the *arbitrators of Christendom* . . . By remaining neutral we . . . cannot eschew being exposed friendles . . . to the . . . Reproaches of all the rest of Christendom, . . . whereby the name of Englishmen will remain so much in the Oblivion of *Europe* that nobody will scarce remember there is such a Nation in the World." 1692 State Tracts. S. 11.

Der geistige Sinn Europas beruht also auf der ausgesprochenen Mehrzahl im Rahmen einer stillschweigenden Einheit.

Dies Verhältnis von Ausdrücklichkeit und Stillschweigen wurde am besten durch das Wort Europa angedeutet. Denn Europa weist auf eine stumme, sprachlose, rein erdräumliche Einheit hin. Europa ist daher ein übertreibender Grenzbegriff, der *etwas verschweigt. „Europa" sagt weniger, als es meint.* Das liegt daran, daß Europa eine Antithese und ein Protest ist gegen ein Wort, in dem Ausdrücklichkeit und Stillschweigen andersherum gelagert gewesen sind.

Dies Wort, das von Europa überwunden worden ist, heißt *„Abendland"*.

Nur das Ausdrückliche kann sich wehren. Der Mangel einer ausdrücklichen Einheit macht also das Dasein der Einheit zweifelhaft. Deshalb hat z. B. Spengler dem Begriff Europa den Krieg erklärt. Europa gebe es nicht. Es gebe nur die Einheit des Abendlandes. Das Abendland — das habe Ein Schicksal, Eine Seele, Eine mütterliche Landschaft als Boden, aus dem es erwachsen sei. Europa sei eine Fiktion. Spengler will daher den lange verschollenen Namen des Abendlandes neu beleben und herübererstrecken über die europäischen Jahrhunderte bis heran an die Gegenwart und hinein in die Zukunft.

Das was Novalis mit der *Christenheit* ausdrücken wollte, das nennt Spengler „Abendland" und beschreibt seinen Aufgang und Untergang.

Spenglers Abneigung gegen den leichtfertigen Gebrauch des Wortes Europa ist sehr angebracht. Gerade wie wir im ersten Kapitel die ersten Revolutionen Europas dadurch einbeziehen konnten in die Revolutionsgeschichte, daß wir uns frei machten von der Vokabel Revolution, gerade so gelangt man zu den Quellen aller europäischen Freiheit und Kultur, wenn man vor die Vokabel Europa zurückgeht. Alles ist angelegt, ausgesät und verheißen, bevor das 16. und 17. Jahrhundert der also gestalteten Welt den Namen Europas beizulegen beginnen.

Die Taufe der Kultur der Neuzeit als der europäischen folgt der Geburt dieser Kultur naturgemäß in weitem Abstand.

Der ältere Name dieses Kulturbereiches ist allerdings der des Okzidentes, des *Abendlandes.* Aber auch ein zweiter Akt, nämlich der des Namenwechsels von Abendland zu Europa ist dieser Kultur wesentlich. Und deshalb können wir uns weder auf den einen noch auf den anderen Namen einseitig festlegen.

Zunächst sind die Unterschiede zwischen Europa und Abendland beachtlich: Von 1453 bis 1856 ist es fraglich gewesen, ob die „europäische" Türkei und der Balkan zur europäischen Kultur gehören. Aber in Europa standen die Türken eben seit 1453, und mit ihrem Dasein in Europa mußte man seit 1529 mindestens, wo sie das erste Mal vor Wien rückten, man mochte wollen oder nicht, rechnen. Die Reichsgesetze tun das denn auch seit 1495. Und ebenso näherte sich seit dem 16. Jahrhundert Rußland mehr und mehr der abendländischen Welt. Schon um 1500 haben Bologneser und Mailänder Künstler Kirchen im Kreml von Moskau erbaut. Und zum späteren europäischen Gleichgewichtssystem wie zum Europäischen Konzert hat Rußland immer gehört. De Maistre hat geradezu Rußland als die Leiche empfunden, die Europa unfähig mache, das lebendige Abendland wieder zu werden. Damit haben wir eine erste Erkenntnis gewonnen: „Europa“ bildet den Umfang des Abendlandes um. Denn es erweitert ihn um Rußland und den Balkan, um die gesamten slawisch-orthodoxen Völker, d. h. um einen Teil des Orients und der morgenländischen Kirche. Europa belastet die abendländische Menschheit mit einer räumlichen Verantwortung, die dem Abendland bis dahin ferngelegen hatte, nämlich für die geschichtslosen Lande jenseits der Weichsel, dort wo östlich der Linie Danzig—Triest die reiche Gliederung der Halbinsel Europa aufhört und die zunächst unorganisierbar dünkende Landfläche des reinen Kontinentalklimas beginnt.

„Europa“ schließt also kulturell und politisch ein eigentümliches Missionsgebiet ein. Es zielt „Europa“ freilich nur auf eine Mission des Kulturgeistes, also der natürlichen Geistesgüter. Denn Christen brauchen die Russen und die Balkanslawen nicht erst zu werden. Aber politisch und kulturell wartet und vertraut das übrige Europa auf ihre Europäisierung! Sie gehören zunächst erst geographisch zu Europa. Aber indem sie in diesem Sinne zu Europa gerechnet werden, ist darin zugleich der Glaube enthalten, daß sie unwiderstehlich der Europäisierung erliegen werden! In Rußlands Fenster nach Europa, in Petersburg, erschien noch im Ausgang des 19. Jahrhunderts eine Zeitung mit Namen „Der Europäische Bote“ als Ausdruck dieser selbstverständlichen Missionsaufgabe.

Wir finden hier Osteuropa gegenüber jene eigenartige Verselbständigung des kulturellen und politischen Geistes des „Westens“ von allen christlich-religiösen Formen bestätigt, die für den neuzeitlichen Begriff Europa so charakteristisch ist.

Was hat es nun demgegenüber mit dem „Abendland“ auf sich? Der Okzident oder das Abendland hat einen Gegensatz, der dem Namen Europa unbekannt ist, aber in dessen Beziehung zu Osteuropa ein Gegenstück hat: den Gegensatz des Morgenlandes. Europa schließt seinen geistigen Gegensatz, das „unkultivierte“ Osteuropa, in seinen Namen, aber nicht in den Sinn dieses Namens als einer Kulturmacht ein. Das „Abendland“ stellt sich umgekehrt seinem östlichen Gegensatz gegenüber und schließt ihn von vornherein aus seinem Namen aus. Aber nicht etwa aus Gleichgültigkeit! Europa sieht in Osteuropa eine kulturelle Zukunftsaufgabe. Das Abendland aber hat im Morgenland weitgehend seine kulturelle Pflicht gegenüber der Vergangenheit zu erfüllen gesucht. Immer wieder hat das Abendland seine Richtung gen Südosten genommen: die Zeit des Abendlandes, von der z. B. Spengler ausgeht und in der die Quellen Europas aufrauschen, ist ja die Zeit der Kreuzzüge. Vom ersten Kreuzzug des Jahres 1099 bis zu den Zügen Karls V. gegen die Mauren und Türken, ja bis zur Schlacht bei Lepanto, in der Juan d'Austria die Türken unter dem Segen der römischen Kirche 1572 schlägt — der Schlachttag steht als Marientag seitdem im Kirchenkalender —, reicht auch die Zeit des abendländischen Rittertums; die Zeit der Kreuzzüge ist die Zeit des Abendlandes.

Das Abendland richtet sich in diesen Kreuzzügen auf das Gelobte Land. Es glaubt, ohne den Besitz des Heiligen Grabes nicht Frieden zu finden. Es drängt in den Raum der Antike hinein, der ihm verlorengegangen ist, in den Raum, der die Antike gestaltet hat: an die Küsten des Mittelländischen Meeres. Aber gerade hier liegt die Schwierigkeit. „Europa" hat sein Schwergewicht um so viele Breitengrade nördlicher als Paris und London und Berlin nördlicher liegen als Rom und Athen. Der Begriff Europa ist also zu allen schon genannten Unterschieden hinzu auch eine Verlagerung des Abendlandes hinüber über die Alpen und Karpaten gen Norden.

2. Die zwei Okzidente und die Übertragung der Einheit von dem antiken auf den fränkischen Okzident

Aber auch das „Abendland", aus dem Europa hervorgegangen ist, ist nur eine Sehnsucht nach dem Südraum des Mittelmeers gewesen; es liegt nicht selbst in diesem Südraum darinnen! Das ist das Entscheidende. So wenig wie das antike Europa, das in Kreta und Attika seinen Schwerpunkt hatte, mit dem neuzeitlichen Europa verwechselt werden darf, das von Westeuropa aus aufgefaßt worden ist — gerade so wenig ist das Abendland der Kreuzzüge der Okzident der antiken Welt;

Das Abendland der Kreuzzüge ist das Reich Karls des Großen. Und das Reich Karls des Großen ist ein *Binnenreich.* Paris, Aachen, Frankfurt sind die Säulen des Karolingischen Reiches. Es dringt nur ängstlich und fast widerwillig an die Küsten. Sarazenen und Normannen können vom Meer her eindringen. Denn die Franken haben keine Flotte. Das römische Reich war die Ordnung des Mittelmeers. Das Frankenreich ist die Ordnung der ins europäische Festland vorgeschobenen römischen Grenzprovinzen. Nordafrika und Ägypten — für Rom geistig und finanziell Hauptquellen des Lebens —, sie existieren nicht für den Horizont *desjenigen* „Okzidents", dessen Herrscher Karl der Große ist. Daraus erklärt sich, daß man bereits an Karls Hof zeitweilig als Namen seines Reiches „Europa" aufzubringen versucht hatte. Denn als Reich entsprach es nicht dem Okzident der Antike. Die Herrschaft Roms hatte aus den drei damals bekannten Erdteilen fast gleichmäßig bestanden: Europa, Afrika, Asien bauten das Imperium aus ihren Küstengebieten um das Mittelmeer auf. Karls Reich aber lag nur in Europa. Und so hat man sich unter den Karolingern korrekt ausgedrückt, wenn man einige Jahrzehnte lang schon damals (zuerst belegt um 780) vom Regnum Europae sprach. Aber als Regnum Europae wäre die Festlandsmasse in jenen verkehrslosen Zeiten nicht regierbar gewesen. Solche Reiche ließen sich wohl erobern, aber nicht halten. Ein regierendes Prinzip, ein organisierender Gedanke muß hinzutreten. Karl kann den ungeheuren Plan fassen, ein Festland zu organisieren, so wie die Antike nur Küsten organisiert hat. Karls

Reich überträgt den Gedanken der Antike auf die riesigen ungegliederten Räume des Binnenlandes. Alle Leistungen und Schwierigkeiten der abendländischen und europäischen Geschichte seit Karl dem Großen beruhen auf dieser *Übertragung*. Was in der Antike für den Stadtstaat rechtens war, das sollte nun für den Flächenstaat billig werden! Die Geschichte des letzten Jahrtausends ist die Wiedergeburt der antiken Polis als moderner Flächenstaat. Politik, Demokratie, Republik sind in der Antike Begriffe des städtischen Lebens, im zweiten Jahrtausend unserer Zeitrechnung aber bezeichnen sie Lebensformen großer Stadtgebiete von Hunderttausenden von Quadratkilometern. Auf diese Weise bezeichnen alle diese „politischen" Worte heute ganz andere Größenverhältnisse als in der Antike. Denn in der Antike war das Mittelmeer die Verkehrsader, und die Küsten der Halbinsel waren die Bürgersteige des politischen Verkehrs:

Den Mut zu dieser Übertragung des Reichsgedankens vom Mittelmeerraum auf den Festlandsraum hat Karl aus seiner Stellung in der antiken Kirche geschöpft. Die fränkischen Eroberer hatten an der Spitze ihrer Heere die Länder vom Ebro bis zur Oder und Save erobert. Aber Ähnliches war anderen Häuptlingen der Germanen und ist auch einem Attila gelungen. Diese Reiche alle haben keine Dauer gehabt. Auch das Reich Karls hätte als dynastische Herrschaft keinen Bestand gehabt. (Schon in der Reichsteilung von 806 drohte es so zu zerfallen, wie es dann 843 und 870 geteilt worden ist.) Aber dennoch ist es zusammengeblieben als Abendland und als Europa. Das letzte auf den Trümmern der Antike zusammeneroberte Weltreich faßte den Gedanken der translatio, der Übertragung des Reichs und hielt ihn fest als organisierendes Prinzip. Die protestantische Geschichtsschreibung hat sich weidlich über diese Legende von der translatio imperii an Karl im Jahre 800 zu Rom in der Peterskirche als über eine Fabel des Mittelalters lustig gemacht. Und doch liegt die Tatsache heute offen vor Augen. Allerdings muß man sich klar machen, was übertragen worden ist! Und das ist etwas überraschend. Wir müssen es kurz charakterisieren. Karls Frankenheer beherrschte ein riesiges europäisches Reich von Spanien bis Mecklenburg. Dies Reich brauchte ihm also nicht „übertragen" zu werden. Auf Karl sind daher keine kaiserlichen Gebietsansprüche übergegangen, nicht Cäsars noch Trajans oder Konstantins. Aber auf seine nach Norden verlagerte Länderherrschaft ging über die Verantwortung für den Geist der Antike, für ihre Kirche. Die römische Kirche ist ja der Extrakt der Antike, ihre im Absterben des gewaltigen Baumes übriggebliebene Quintessenz oder wie Fallmerayer es schön genannt hat: ihre zum Überwintern bestimmte Frucht. Der Papst ist z. B. der letzte Europäer, der noch gegenwärtig die antike Tracht trägt, Latein ist auch in unseren Tagen die Sprache der Kirche; Schrift, Literatur, Kalender und Ackerbau der Antike hat die Kirche gerettet. Als das letzte weltliche Bankhaus Italiens in den Stürmen der Völkerwanderung verging, machte der Papst Gregor I. in Rom notgedrungen auch den Bankier.

Das organisierende Prinzip dieser Kirche war seit Konstantins Vorsitz auf dem berühm-

ten Konzil von Nicaea 325 der Kaiser gewesen. Er, der Kosmokrator, war „apostelgleich“, weil er die Saaten, die überall in seinem Reich die Sendboten des Glaubens ausgesät hatten, im Raum seines Imperiums „organisierte“. Die Kirche war zwar gestiftet worden, Grab um Grab, Gemeinde um Gemeinde, Kirche um Kirche, durch einen langen Heilsweg durch die Zeit. Aber den so gewonnenen *Raum* der Kirche band erst die Gewalt des Kaisers über die bewohnte Erde zusammen zu einer übersehbaren Ordnung aller Kirchen, aller Bischöfe. Damit erst konnten diese nun ihrer Gleichzeitigkeit in ein und demselben Weltraum, in der Ökumene, froh werden. Auf Goldgrund glänzte deshalb des jeweils regierenden byzantinischen Kaisers Bildnis in den Kirchen neben den Bildern der Heiligen. Die Heiligen hatten die Zeit durch die Ewigkeit besiegt. Der jeweilige Herrscher aber war der Besieger der Raumgefahren durch das Reich. Chronos wird überwältigt durch die Heiligen, Ökumene durch den Kaiser. Nur der Kaiser von Rom konnte die machtlose geistliche Kirche zusammenhalten, konnte der Zerspaltung durch Ketzer und Schismatiker wehren, konnte den Patriarchen und Konzilien durch seine Beamten Autorität verleihen. Diese Rolle des *Zusammenhalters der Kirche* mußte in den zweiten, den germanischen Abschnitt unserer Zeitrechnung hinübergeschafft werden. Und deshalb hat der vornehmste unter den Bischöfen der Kirche, hat der apostolische Vater in Rom Weihnachten 800 auf den nordischen König Karl das Amt des Konzilkaisers übertragen. Das Herrscheramt der Könige vom Norden der Alpen ist seitdem ein *Kirchenamt!* Das Amt des Zusammenhalters der ökumenischen, katholischen, römischen Kirche wanderte damit gen Norden und brachte nun dem Festlandsreich den revolutionären Gedanken einer festen Organisation.

Die Mittel dieser Organisation konnten nur kirchliche sein. Karl und sein erster Nachfolger haben sich eben deshalb ausdrücklich nicht römische Kaiser genannt — dieser Titel blieb den Byzantinern —, sondern „allerchristlichste“ Kaiser. Bald war dieser rein kirchliche Name nicht mehr nötig; denn die bis dahin von dem kirchlichen Rechtstitel nur unterstützte militärisch-dynastische Einheit des Frankenreiches war schon 887 endgültig und eigentlich schon 843 zu Ende. Nunmehr blieb ohnehin einzig und allein die christlich-kirchliche Einheit als der Sinn auch des Wortes „römische“ übrig. Auf einen romanisch-kirchlichen oder anders ausgedrückt, auf einen Ausbau des antik-kirchlichen Zusammenhalts der Festländer, die durch das fränkische Reich erobert worden waren, mußte sich nun alle einheitliche Organisation des Abendlandes gründen. Eine andere Einheit gab es nicht. Alles Nichtrömische und Nichtkirchliche, z. B. eine Ketzerei wie die später der Hussiten, ließ also jedesmal Auseinanderfallen ins Ungemessene fürchten. Nur Kaiser und Kirche von Rom verhießen der Welt die Bewahrung vor dem Chaos. Sie spielten die Rolle der Flugzeuge, die heut regieren helfen.

Das, was wir seit dem 10. Jahrhundert Abendland nennen, ist der Versuch und die Aufgabe, eine solche kirchlich-römische Organisation der vom Kaiser beherrschten Gebiete zu verwirklichen.

Alle gemeinsamen Unternehmungen dieser Gebiete konnten mithin seitdem nur unter dem kirchlichen und christlichen Zeichen gelingen. Deshalb mußten sogar alle Heere des Abendlandes Kreuzritter, alle Kriege des Abendlandes Kreuzzüge werden! Selbst die weltlichen Ordnungen waren also nur dann haltbar, wenn sie sich herleiteten aus der kirchlichen Ordnung. Denn nur dann konnten sie größer werden als Häuptlingsherrschaften über Clane und Landschaften.

Das Abendland dürstete nach Einheit, so wie später Europa nach Vielheit. Denn die Einheit fehlte dem Abendland. Deshalb mußte seine Einheit erst heraufbeschworen werden und deshalb mußte sie eine ausdrückliche sein. Die Vielheit und die Verschiedenheit hingegen verstand sich von selbst und blieb deshalb unausgesprochen wie alles Selbstverständliche.

Wir haben für Europa die entgegengesetzte Formel in Ansatz gebracht. Die europäische Kultur rühmt sich ja, daß sich „das Moralische bei ihr von selbst verstehe“. Sie ist daher ausdrückliche Vielheit, stillschweigende Einheit. Das Abendland hingegen ist: stillschweigende Vielheit, ausdrückliche Einheit! Und diesen Klang der Einheit hat es noch heut gegenüber Europa. Und deshalb hat Spengler begreiflicherweise den Namen Europa verächtlich beiseite geworfen, um die ausdrückliche Einheit seiner Kulturseele „Abendland“ hervorzuheben.

Diese sauberen Formeln könnten genügen, wenn Abendland und Europa säuberlich auseinandergetrennt auf verschiedenen Planeten oder in unverbundenen Weltaltern lägen.

3. Der Wettkampf Europas mit dem Abendland

Aber es ist ja dieselbe eine Völkerwelt, um die sich — wie wir gesehen haben, schon zur Zeit Karls des Großen! — die Namen Abendland und Europa streiten. Wo man die Glaubenseinheit der Europäer herauskehren will, nennt man sie sogar heute noch Abendländer. Erst recht natürlich muß man also diesen Namen für die Zeit bis 1500 bevorzugen, wo die ausdrückliche Einheit durch die Kirche noch unbestritten vor aller Augen als Ziel stand. Geographisch ausgehöhlt wurde diese Vorstellung vom „Abendland“ langsam schon seit der Entdeckung einer neuen Welt in den neuen „okzidentalen“ Ländern Amerikas. Dort war ja nun der Westen! Aber von 1492 hat es noch dreihundertzwanzig Jahre gedauert, bis der große Geograph Ritter als rückwärts gewandter Prophet ausrufen konnte: „Als Amerika entdeckt war, da wurde der europäische Okzident ein Morgenland.“ Und als er das 1817 aussprach, da war es praktisch immer noch ein „*Seherwort*“, der Zukunft zugewendet. Ja, Ritter selbst hat diese Umwandlung des Abendlandes in ein Morgenland als Prophetie empfunden und noch 1850 erst für spätere Jahrhunderte Amerika, mit Mexiko als Zentrum, zum Schauplatze der höchsten Reife unseres Geschlechtes vorherbestimmt. Erst hundert Jahre nach Ritter hat der Weltkrieg die Amerikaner in die Rolle der neuen Römer und Okzidentalen gegenüber den europäischen Eifersüchteleien einrücken lassen. „Europa“ ist mithin von 1492 bis 1918 ein mittlerer Begriff zwischen dem Abendland des Mittelalters und dem der „Alten Welt“, der künftig auf Europa lasten wird.

1. Abendland bis 1500;
2. Europa bis 1918;
3. Europa als Morgenland = Alte Welt.

Vierhundert Jahre also hat diese neue Vorstellung von unserer Alten Welt als dem neuen Orient gebraucht, um praktisch zu werden. Und wir heut Lebenden fassen ihn noch kaum. Daher dürfen wir uns nicht wundern, daß auch „Europa“ nicht an einem Tage den Christen des Abendlandes faßlich wurde, sondern daß Europa langsam entdeckt worden ist. Europa wurde entdeckt als weltlicher Rivale zu Abendland in langen Jahrhunderten des Abendlandes selbst.

Um seine Unabhängigkeit von dem theokratischen Kaisertum der Byzantiner zu benennen, hieß sogar schon Karls Reich regnum Europae. Erst recht seit dem 15. Jahrhundert drückt der Name Europa Freiheit von jeder Theokratie, von jeder despotischen Uniformierung aus. Der „gute Europäer“ ist bestimmt weder ein bewußter Kirchenchrist noch ein uniformer Massenmensch.

Die Worte Abendland und Europa stehen also in einer inneren Wechselwirkung. Sie beziehen sich aufeinander. Und diese Beziehung muß nun noch erläutert werden.

Das Wort Abendland ist ein Wort der Wiedergeburt. Die antike Kirche soll wiedergeboren werden in neuen Grenzen. Von den Mitteln, nach denen diese Wiedergeburt der antiken Kirche greift, haben wir schon die Kreuzzüge genannt. Andere werden wir noch kennenlernen. Zweierlei aber wird schon durch das Beispiel der Kreuzzüge deutlich: Es sind neue und der Antike unbekannte Wege, auf denen man die Antike zurückzugewinnen und zu erneuern hofft. Die christliche Antike sollte von 1000 bis gegen 1500 wiederbelebt werden mit neuen, originalen Mitteln. Nur die christliche Antike sollte ursprünglich wiederbelebt werden. Von der Antike schien nämlich nur ihre christliche Epoche wiedergeburtswürdig. Denn nur diese verbürgte ja die ersehnte *Einheit* des Festlandes. Man wollte also den Schlußakt der Antike noch einmal spielen, die Zeit von Konstantin bis Justinian und Gregor, die Zeit der vollzogenen Einheit des Erdkreises. Dies ist das eine: Okzident, Abendland ist auch ein Renaissancebegriff, der die letzte, an die eigene Zeit relativ nah heranstehende Antike, die christlich-kirchliche und die vereinheitlichte Antike, erneuert.

Das zweite ist: Diese Renaissance ist geographisch zu einer Art Verrenkung genötigt. Das Abendland, das die Wiedergeburt betreibt, und die abendländische Antike, die wiedergeboren werden soll, haben ganz verschiedene Daseinsbedingungen. Der antike Okzident hatte meistens aus Poleis, aus Stadtstaaten, Rom, Hippo, Karthago, aus dem gleichfalls streng zentralistisch verwalteten Niltal usw. bestanden. Der mittelalterliche Okzident hingegen baut seine neuen Städte ja nur nachträglich hinein in das von vornherein als Einheit aufgefaßte große, meerentrückte Binnenland. Man denke an die Städte, die dem großen Festlandszug des Abendlandes ihre Blüte verdanken, Bologna und Florenz etwa, ohne die das Abendland des Mittelalters undenkbar ist. Sie liegen an der Straße der deutsch-fränkischen Kaiser nach Rom. Nürnberg, Augsburg, Prag, Magdeburg sind Fernhandelsstädte des Landweges. Außerdem aber drängte man noch nach Jerusalem zurück. Denn hier waren die Wurzeln für den Glauben des Abendlandes an seine gottgewollte Einheit. Und die Raumhindernisse auf dem Kontinent sind ja so ungeheure gewesen, daß die Einheit immer wieder zu scheitern drohte und es der verwegensten Hilfsmittel bedurfte, um sie zu retten. Daher dürfen wir sagen: Die Züge der Zeit von 1100 bis 1500 nach dem Morgenland verkörpern jene erdkundliche Verrenkung, die durch die Gleichsetzung zweier „Okzidente", des antiken und des mittelalterlichen, hervorgerufen worden ist.

Diese Haltung kann wörtlich und buchstäblich eine *unirdische* heißen. Denn sie vergewaltigt die Erdverhältnisse. Das Unirdische an ihr hat ihr denn auch ein Ende bereitet. Als Kaiser Karl V. am Ausgang des Mittelalters, schon mitten in der Reformation, nach Nordafrika seinen Kreuzzug unternahm, da verbündete sich Franz I. von Frankreich mit den Türken gegen den Kaiser — dies Bündnis mit den Ungläubigen wurde als das Ende der christlichen Solidarität des Abendlandes damals allgemein empfunden. Die Gewalt der Erde und die wirkliche Lage des Erdteils hatten damit die jahrhundertlange Aufgabe überwältigt, die gelautet hatte: Wiedergeburt der kirchlich-christlichen Antike. Der Glaube an diese Aufgabe hatte dem Wort *Abendland* Kraft gegeben bis dahin.

Auch Europa ist ein Wort der Wiedergeburt. Ja die meisten Menschen, die nichts von der Wiedergeburt der christlichen Antike von 1000 bis 1500 in Form des „Abendlandes" wissen, kennen genau die Renaissance der heidnischen und vorchristlichen Antike, der das Wort „Europa" entstammt. Europa ist ja ein Humanistenwort; dem Rückgriff auf die antiken Schriftsteller und auf die „klassische" Überlieferung verdankt auch der Name Europa seinen Siegeszug seit 1450. Wie alle Humanistenworte hat es eine Spitze gegen die christliche Renaissance des Mittelalters. *Europa ist ein Konkurrenzbegriff gegen Abendland*! Man lehnt es als Humanist ab, noch länger kirchlich-christlich zu bezeichnen, was sich so viel *humaner* mit Europa ausdrücken läßt. Human umschließt eben beides: die heidnische und weltliche Art. Und der humane Ausdruck kann daher die *heidnische Antike im weltlichen Staate der Neuzeit* wiedergebären helfen.

Europa und Abendland sind also verstrickt in den Wettkampf der beiden großen Renaissancen: die Wiedergeburt der christlichen Vorwelt einerseits, der heidnischen Antike andererseits. Jene Renovation des „Okzidents" herrscht bis 1500 und tritt seitdem in den zweiten Rang als nur geduldet. Diese Wiedergeburt des klassischen Altertums, bis 1500 nur geduldet, selbst in Florenz durch Savonarola noch einmal vor 1500 (nämlich 1494—1498) besiegt, triumphiert seitdem als Humanismus und Klassik bis zum Weltkrieg. Hier erlischt es unter dem Einbruch der außereuropäischen Welt 1917.

Bei „Abendland“ war durch den unwirklichen aber unvermeidlichen Drang nach Jerusalem eine geographische Verrenkung zustande gekommen. Diese geographische Verrenkung fällt bei Europa mit einem Schlage fort. Europäer werden, heißt für Kreuzzüge nichts mehr übrig haben! Das Morgenland gehört nicht mehr als Aufgabe vor das Gewissen des Abendlandes, wenn doch die irdischen Erdteile Europa, Asien, Afrika natürlich auseinanderfallen. Der Name Europa war identisch mit den wirklichen Wohnsitzen der „Europäer“, er paßte besser als Abendland. Daher erleichterte der neue Name die Lage. Das Wort „Abendland“ war seit dem gänzlichen Scheitern der Kreuzzüge und der Eroberung von Konstantinopel durch die Türken ein lästiges und mahnendes Gespenst. „Europa“ hatte den Vorteil, unbelastet zu sein von diesen deprimierenden Erinnerungen. Aber zwei Nachteile mußten dafür in Kauf genommen werden: Das Abendland hatte die unzweideutigen Grenzen der römisch-katholischen Kirche. Davon war in „Europa“ nichts mehr enthalten. Rußland und die Türkei gehörten also wohl oder übel hinein nach Europa. Immer empfand man bei diesen groben Bissen Beschwerden. Selbst die heilige Allianz ließ daher die Türkei noch draußen. Und Rußlands barbarischer Zustand hat wie nichts anderes auf den übrigen Völkern Europas gelastet und besonders die Geschicke Deutschlands und Österreichs gelähmt und verwirrt. Aber derselbe de Maistre, der vor Rußland als der gefrorenen Leiche gewarnt hat, die fürchterlich stinken werde, wenn sie einmal auftaue, hat doch die Freundschaft aller Reaktionäre mit ihm gepflegt. Besonders aber die protestantischen Staaten und Geister hatten keine innere Handhabe, den Zaren anders zu behandeln wie die übrigen europäischen Potentaten. Bismarck und die Preußen z. B. sind sich da keines Unterschiedes bewußt geworden. Weshalb nicht? Dazu hätte es in ihrem Interesse liegen müssen zu betonen, daß Europa nur die Umkehrung des Abendlandes darstellen könne und solle, also die stillschweigende Einheit derselben Gebiete, die vorher *ausdrücklich* als Abendland zusammengehalten hatten! Dieses Eingeständnis aber war einem Protestanten unmöglich. Denn das hätte einen unlöslichen und sinnvollen Zusammenhang zwischen Mittelalter und Neuzeit aufgedeckt, der in dem Weltbild der reinen „Neuzeitler“, der Europäer, Protestanten und Humanisten verpönt war. Daher hat dieselbe heilige Allianz, die das osteuropäische Rußland in sich begriff, den Papst, den Träger der abendländischen Einheitsidee, draußen gelassen! So sehr war man in Europa befangen.

Und damit kommen wir zu dem zweiten Nachteil, der sich bei der Wahl von Europa einstellen mußte.

Jedes rein irdische Prinzip führt stets zur Teilung in immer kleinere Bestandteile. Denn reine Geopolitik kann keinen Anspruch aus irgendeinem Wetterwinkel abweisen. Istrien und Elsaß, Fiume und Danzig haben in der reinen

Erdkunde geradeso viel oder so wenig Eigenrecht wie die iberische oder die Balkanhalbinsel. Einmal das Ziel der Einheit fallen gelassen, konnte das Ziel nicht die bloße Vielheit bleiben, sondern mußte vielmehr den Charakter einer Bewegung auf eine stets wachsende Vervielfältigung hin annehmen. Alle reinen Weltdinge führen zu einer Atomistik, in der jede Partikel gleichberechtigt neben hundert anderen steht. Je mehr daher die rein „natürlichen" Grenzen in und um Europa anfingen, gesucht zu werden, desto mehr geriet die Gleichrangigkeit des Kulturbegriffes „Europa" zu dem Kulturbegriff „Abendland" ins Wanken. Denn der Maßstab für groß und klein, hoch und niedrig, wertvoll und gleichgültig, den alle Kultur braucht, wird in der rein geographischen Betrachtungsweise unaufhaltsam zersetzt.

So kam, was kommen mußte: Der seelisch-kulturelle Inhalt Europas, bei Nietzsche noch einmal heraufbeschworen, ist im Weltkrieg verdampft.

In „Paneuropa" ist weder ein christliches noch ein heidnisches Renaissancepathos mehr zu spüren. Weder Jerusalem und Nicäa, noch Hellas und Rom leben da auf, wo man geographisch aus vierzig europäischen Staaten ein Paneuropa zusammenzählt. Das Pathos des Humanistennamens Europa ist heute verbraucht so wie das Pathos des „Abendlandes". Bauern und Arbeiter der Welt werden von diesen Namen nicht mehr beschworen oder begeistert. Konservative Geister des 19. Jahrhunderts haben dies Verblassen des Kulturleitsterns wohl bemerkt, aber dann in ihrer Not nur rückwärts zum Abendland hin gedacht.

Das haben beide, Abendländer und Europäer, Katholiken und Protestanten, Mittelaltler und Neuzeitler oft übersehen, daß ihre beiden Schlachtrufe sich ergänzen und daß sie daher nur so lange die Leidenschaften erregen konnten, als beides gemeinsam und wetteifernd wirksam war: die Macht des abendländischen und die Macht des europäischen Übertragungs- und Nachfolgegedankens. Zwei Antiken wetteifernd wieder zu beleben, ist die abendländisch-europäische Aufgabe gewesen, die Einheit der Kaiserkirche und die Fülle der Poleis.

Ob wir daher vom Abendland oder von Europa sprechen — das ist zwar eine Veränderung in der Rangordnung, aber keine Veränderung im Kulturbestand. Es kann nur Europa geben, solange es auch zugleich Reste des Abendlandes gibt, denn Europa verkörpert einen Kulturanspruch, der nicht in der Landkarte steckt, sondern in der einheitlichen Herkunft Europas aus dem Abendland! Und umgekehrt ist es ebenso; sobald die Wiedergeburtsaufgabe für das Abendland gestellt war, begann auch die irdische Ordnung eines Europas sich anzubahnen, weil Europa als Binnenlandwelt sich notwendig gegen den antiken Okzident der Küstenwelt in der irdischen Wirklichkeit absetzen mußte. Wir werden daher fortan die Worte Europa und Abendland unterschiedslos, durcheinander gebrauchen. Denn es gilt, noch in der russischen Revolution einen Abglanz des abendländischen Pathos zu würdigen (man denke an die öffentliche Verehrung von Lenins Leiche und an den versuchten „Proletkult") und in der

abendländischen Revolution des Papsttums bereits nüchterne geopolitische Kräfte wie heut am Werke zu sehen.
Und wäre es nur Napoleons Kaisertum im Westen und sein rätselhafter und mystischer Kriegszug in den Osten nach Moskau, so würde schon er die seltsame Verwebung der rein weltlichen europäischen Revolutionen mit dem christlich-abendländischen Kaiser- und Reichsgedanken erweisen.
Bezeichnenderweise nennen die Schulbücher diesen französisch-russischen Krieg von 1812 fast nie so, sondern dort heißt er durchweg „Napoleons Zug gegen Rußland". Darin steckt ein guter Sinn. Denn dieser Feldzug hat offenbar etwas von dem Zug, der auch den Kreuzzügen innewohnt.

4. Das pluralistische Weltbild

Die Worte „Abendland" und „Europa" mußten in erster Linie nach dem Stand des heutigen gebildeten Sprachgebrauchs geklärt werden. An sich aber steht es bei diesen Erdteilvokabeln ähnlich wie bei der Zeitrechnung. So wie jede Revolution von sich aus am liebsten eine neue Zeitrechnung anheben möchte, so sieht jedes revolutionierte Volk sich von seiner Kirche, seinem Staat, seiner Nation und seinem Lande her die Länder der Welt überhaupt an. Wir haben die Versuche eigener Zeitrechnungen im vorigen Kapitel kennengelernt. Wir müssen jetzt ähnlich die Erdansichten der großen Mächte uns vergegenwärtigen. Sogleich bereichert sich das Vokabular.
Der Kaiser hat vom Abendland gesprochen, die Engländer und Franzosen sprechen von Europa. Der Protestantismus hat aber weder den einen noch den anderen Sprachgebrauch geteilt. Er hat vielmehr den ganzen Erdteil noch bis in die Zeit unmittelbar vor dem Weltkrieg gern als die christlich-germanische Staatenwelt ansehen mögen. Man rückte sich dann die Geschichte so zurecht, daß nur Pfaffentrug in Italien die Fürsten aus langobardischem und fränkischem Geschlecht zurückgedrängt habe (Woltmann), daß die Lilien der germanischen Bourbons durch einen bloßen Pöbelhaufen vertilgt worden seien (Gobineau!), daß Rurik der Waräger immerhin — ebenso wie die Zaren aus dem Hause Holstein-Gottorp — auch in Rußland das christliche Germanentum repräsentierte. Bei Stahl und Gerlach hat der Begriff der christlich-germanischen Staatenwelt auch politische Entscheidungen hervorgerufen. Dasselbe hat der blinde König von Hannover ausgesprochen, als er Bismarcks Revolution von 1866 mitzumachen dreifach: „als Christ, als König und als Welfe" ablehnte. Auch die heilige Allianz schwankte zwischen dem Begriff der christlich-germanischen und der europäischen Staatenwelt mit einem Beischuß („heilig") von abendländischer Weihe. Der Ausdruck „Christlich-germanische Staatenwelt" läßt das organisierende Prinzip in der Kirche, sei's Kaiser, sei's Papst, beiseite, hält aber — ganz wie Luther — an dem Geistesgehalt in diesen Gefäßen des Lebens, an der Christlichkeit fest. Diese protestantische Redeweise ist aber viel älter. Sie beherrscht das 16. und 17. Jahrhundert. Luther und die Landesfürsten

reden immer von den Interessen der Christenheit, der christlichen Völker, der deutschen Nation und gemeiner Christenheit. Im England des 17. Jahrhunderts geht der Sprachgebrauch Christenheit und Europa fortgesetzt ineinander über. In der Thronrede von 1660 zur Restauration Karls II. von England kommt nebeneinander vor: „Kein anderer Fürst in der Christenheit“ und „kein anderer Fürst in Europa“. Die Aufrechterhaltung des Gleichgewichts in „Europa“, heißt es 1690, mache England zum Schiedsrichter der „Christenheit“. Aufgekommen ist diese Benennung des Kulturkreises als Christenheit im Zeitalter der Konzilien.

Ein Übergangswort — wie ja die ganze englische Revolution im Übergang steht zwischen Reformationstheologie und Revolutionsphilosophie — ist der englische Begriff der „Westlichen Welt“. Ein Buch wie Spenglers Untergang des *Abendlandes* muß englisch heißen: The Decline of the West. (Weitere Belege auf S. 63 f.)

Auch dieser Begriff des „Westens“ ist in Deutschland zu großem politischem Einfluß gekommen. Die „westliche“ Staatslehre, die „westliche“ Demokratie, der „Westen“, das war für die Englandfreunde das Ideal, umgekehrt ist Westler für die preußischen Konservativen der Popanz der Überfremdung im ganzen 19. Jahrhundert gewesen. Man hat sogar nach Weltkrieg “I” noch eine „östliche“ Staatslehre dagegen aufbauen wollen, ohne doch wohlgemerkt damit die Bolschewiki zu meinen, sondern eher Altpreußen! Aber die Liste

Abendland	für den römischen Kaiser
christlich-germanische Staatenwelt	für die deutschen Protestanten
Western World	für England
Europe	für Paris
	für Rußland

erweist sich als eine Reihenfolge *verschiedener* Horizonte, zugeordnet den verschiedenen „Gesichts“punkten des Zeitgeistes.

Diese Tabelle enthält noch zwei Lücken. Die Raumansicht Roms und Rußlands fehlen.

Auch die Papstrevolution ist von der Vorstellung des „Abendlandes“ abgewichen. Sie hat sie durch den Begriff der Römischen Kirche ersetzt. Im Jahre 1000 war die Kirche des apostolischen Bischofs von Rom die erste Kirche im ganzen Römischen Reich und besonders im Abendland.

Seit der Papstrevolution verdrängt die Römische Kirche überall wo sie kann diese lokale Vorstellung von einer stadtrömischen Gewalt durch die der Weltkirche. Die Römische Kirche von 1250, die Ecclesia Romana der Papstrevolution, will nicht mehr die Kirche der Stadt Rom sein, sondern ist die kirchlich geordnete *Welt*, die das Abendland in den Kreuzzügen erobert hat. Sie umfaßt also den Westen und den Osten. Der Papst will urbi et orbi das Gesetz geben. Seine große Rundfunkansprache 1950 ist nur ein letzter Ausdruck dessen, was seit neunhundert Jahren sein Verlangen ist: den Orbis als seine Urbs anreden zu können, die Kirche als die eine einzige Weltstadt. Von Gregor VII. bis zur Reformation lebt das Abendland als römische Kirche. Römisch sein heißt eben deshalb noch heute: nicht kaiserlich sein, sondern päpstlich sein. Die „Römische Kirche" als Organisation der Welt war schon damals — wie noch im einzelnen zu zeigen sein wird — an die Stelle der vom Kaiser zusammengehaltenen abendländischen Welt getreten. Auch im Mittelalter ist also der Begriff des Abendlandes bereits zersetzt worden. Zwischen diesen verschiedenen politischen Horizonten wechselt das Weltbild unserer Geschichte.

Der Horizont der Ecclesia Romana ist durch die Hinzunahme der Kreuzzugsgebiete erheblich größer als der des Abendlandes. Er ist zeitweise durch den Besitz Jerusalems und Konstantinopels um das Doppelte — bis tief nach Asien hinein — erweitert. Demgegenüber springt 'Christenheit' und gemeine Christenheit (Chrétienté, Christianity) dialektisch nach Westen zurück. An die Stelle der Kreuzzugsexpansion tritt im Rückstoß seit 1400 die Türkengefahr. Von ihr her sammelt sich die Staatenwelt. Denn der Türke ist „gemeiner Christenheit Erbfeind". „Innerhalb dieser Christenheit gibt es zwei Mächte (Frankreich und Habsburg), die gleichsam die beiden Pole sind, von welchen die Kriegs- und Friedenseinflüsse auf die anderen Staaten hinabsteigen." Man sieht, die Christenheit ist die Kirche ohne Papst und Kleriker in diesem berühmten Bild, das der Hugenotte Herzog Rohan 1630 entworfen hat.

Die englische Revolution rückt die britische Insel aus dieser gemeinen Christenheit in die Welt der Ozeane hinaus. Für England tritt die Welt der Meere jetzt zu „gemeiner Christenheit" hinzu. Frankreich setzt diesem Weltbegriff für sein politisches System den Begriff Europas entgegen. Europa sind die Staaten der Christenheit, vermehrt um ihre Kolonialreiche, aber ohne das britische Commonwealth in Übersee. Europa ist also ein imperialistisch angereichertes Bild gegenüber Abendland oder Christenheit. Hingegen ist es gegenüber dem englischen Weltbegriff wieder stärker auf dem Kontinent selbst verankert.

Aber durch den Einbezug der kolonialen Besitzungen ist das Europa der Franzosen bereits ein klar imperialistisch-kapitalistischer Begriff. Während Englands World anfangs noch den prädestinierten Charakter einer Vervielfältigung des Mutterlandes annehmen kann, ist die Kolonie für die „Europäer" im französischen Sinne minderen Rechts und zur Ausbeutung durch den Stammerdteil bestimmt.

Also Abendland und Europa sind zu primitiv gewählte Gegensätze[1]). Sie haben zwar im geistigen Bereich durch das ganze Jahrtausend dank der antiken

[1]) Damit der Leser sich der groben Schablonen selber erwehren könne, stehe hier eine Wendung des Papstes Calixtus II. von 1122: „Wieviel Schaden hat die lange zwischen Kirche und Reich währende Zwietracht Europas den Gläubigen zugefügt." Migne, Patrologia Latina 163, 1260.

Literaturvorbilder existiert, aber in der Politik werden sie eingeschaltet in einen bestimmten Prozeß von Gewalten, die walten wollen über

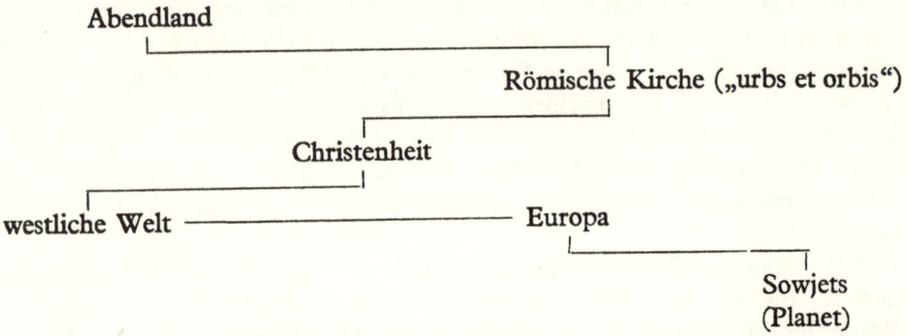

An dem Ende dieses Prozesses steht das russische Weltbild. Für Rußland ist Europa draußen, ist das bedrängende, in Petersburg und den Randstaaten auf Rußland einwirkende Element, ist weitgehend mit „Westen“ gleichbedeutend. Über die Fragwürdigkeit des Begriffs Europa, gegen seine geographische und für seine kulturhistorische Deutung hat sich deshalb der Russe Danilewsky schon 1865—1867 eingehend erklärt. Sein Buch „Rußland in Europa“ wurde wegen der Schärfe und Klarheit, mit der es den Begriff „Europa“ zersetzte, „die Bibel der Panslawisten“.
Rußland findet sich selbst heute von der Turksib, vom Kaukasus und dem Ural her; von dort, wo es seine Getreidefabriken errichtet, rollt es auch seine europäischen Besitzungen organisatorisch auf. Ob der Ausdruck „Eurasien“ sich einbürgern wird, steht dahin. Jedenfalls ist der politische Horizont des neuen Rußlands etwa von der europäisch-asiatischen Grenze her zu bestimmen. Die „Welt“ der Russen empfängt von dorther ihre Grenzen. So ist es nicht gekommen, wie es im Russisch-Japanischen Krieg schien, daß Rußland sich mit dem Gesicht nach dem Stillen Ozean umwendete und nun der Stille Ozean seine ausgesprochene Weltansicht würde. Die Binnenwelt Rußlands ist doch stärker. Gegenüber der europäischen und pazifischen Möglichkeit wählt Rußland anscheinend als politischen Horizont Eurasien und *von Eurasien her* die Welt im ganzen. Die „Welt“ ist für diese Weltrevolution unentbehrlich. Deshalb hat man das Wort „Russija“ im Staatstitel der Sowjetunion gestrichen. Das Neue dieses Horizontes liegt in dem Aufstieg der Rohstoffgebiete für Petroleum, Weizen, Baumwolle, Platin usw. zum Range der Gleichberechtigung. Von dem alten Begriff Europa gesehen sind das bloß „Roh“stoffgebiete. In Eurasien bestimmen diese Rohstoffgebiete die radikale Umorganisation des „Mutterlandes“. „Mütterchen Rußland“ wird von diesen asiatischen Gebieten her wie von einem Hebelpunkt aus planmäßig revolutioniert und rekonstruiert. Die Sowjetmacht erzielt von dort her nach Moskau hinein ihre Wirkungen. Und sie erzwingt als Gegenwirkung auf ihre eurasische Binnenwelt die Abwehr einer

ozeanischen Welt, die nur unvollkommen „atlantisch" heißt: sie gibt den Meeresverbindungen den Vorrang vor den Binnenländischen. Und sie hält Kalkutta, Tokio, Kapstadt und Buenos Aires ebenso gut wie Antwerpen oder Athen auf der Seite des Walfischs gegen den Bären.

Aber da die Geschichte so genau arbeitet wie die preußische Oberrechnungskammer, so ist eine nur russische Weltkarte nicht die echte und fruchtbare Geburt der Weltkriegsrevolution, in der die russische eingebettet ruht. Im Saal der United Nations hängt die echte Karte, die auch mein englisches Werk "Out of Revolution" 1938 auf beiden inneren Buchdeckeln brachte und die zuerst Sir C. F. Close 1927 gezeichnet hat. Diese „bipolare, elliptische, gleichflächige" Karte setzt Nordpol und Südpol als Brennpunkte einer Ellipse: um diese leeren Brennpunkte schwingen sich die Landmassen. Hier ist die Welt wortwörtlich revolutioniert zur Planetenform. Die Weltkriegsrevolution enthüllt sich; sie erst erfaßt uns als Bewohner eines Planeten, der sich um die Sonne dreht. Ein revolvierender Planet, kein einzelnes Land, ist unsere Revolutionsheimat.

Im einzelnen werden diese Horizonte bei jeder Revolution noch einmal auftauchen. Hier halten wir ihren dialektischen Prozeß fest.

Alle diese Horizonte drücken Werturteile aus. Wenn der Westen Deutschlands sich über den Osten erhebt als der kultiviertere Teil, wenn das Heilige Reich der Deutschen erdichtet und erphilosophiert wird, wenn für Europa und für die Welt Interesse erweckt werden soll, so kann jedes dieser Worte immer nur in einer ganz bestimmten Oktave der europäischen Klaviatur anklingen und Schwingungen erregen! Man appelliert also an mich in einer anderen Sprache, wenn man mich auf „Reich", auf „Europa", auf „Welt", auf „Westliche Zivilisation", auf „Staat" hin in Anspruch nimmt. Und es reagiert jedesmal ein anderer Mensch in mir, wenn ich auf eine dieser Losungen anspreche. Alle Sprachen der europäischen Revolutionen lassen sich so in einen Sprachleib, den deutschen, hinein übersetzen, ohne damit ihre verschiedenen geistigen Wellenlängen zu verlieren. „Reich" spricht der wurzelechte Abendländer in mir, „Staat" der Ordnung und Macht des Einzelstaats in der christlich-germanischen Staatenwelt verantwortende Staatsmann, „Welt" der in der Zukunft lebende Revolutionär, „Europa" der „Kulturträger" und Zivilisierte, „Westen" sagt der Geopolitiker, „Kirche" glaubt der an seine Seele denkende Christ.

Das Unerhörte, was die Geschichtsbücher der europäischen Völker nur ungern eingestehen, ist nun das Ineinanderklingen dieser Töne. Denn durch jede europäische Revolution ist für den ganzen Kulturkreis die neue Tonart angeschlagen worden. Nicht nur für das Land, in dem die Revolution zu Hause ist, sondern *für alle* wird die neue Dimension des Lebenswillens geschaffen, der die eigene Sprache entspricht. Die Völker haben also zwar ihre eigene Lieblingstonart, aber daneben müssen auch die anderen Sprechweisen in ihren Reihen gesprochen werden, gerade wenn sie nicht sich selbst untreu werden wollen. Diese Sprache der fremden Revolutionen in sich hineinzunehmen ver-

Planeten-
menschheit

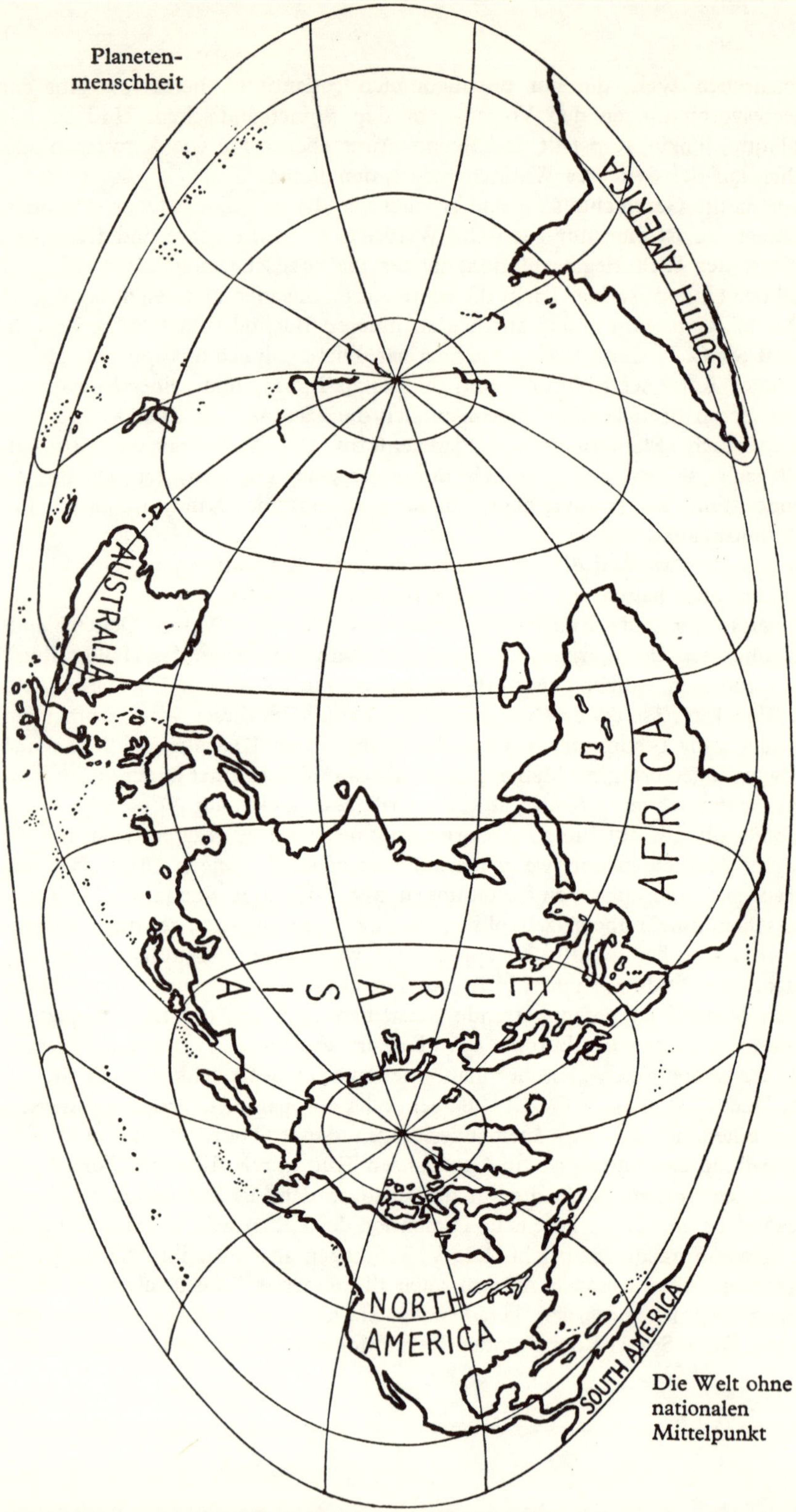

Die Welt ohne
nationalen
Mittelpunkt

ursacht der Nation in ihrer Weise ebensoviel Schmerzen wie die Ausbildung des eigenen Weltbildes. Denn das Neue hineinnehmen in sein geschlossenes Bild kann nur, wer Platz schafft in seinem Inneren. Dazu bedarf es also einer *geistigen Gebietsabtretung*. Jede neue Revolution erzwingt eine Revision der vorhergehenden Geschichtsbilder. Sie vernichtet einen Teil der alten Überlieferungen, weil diese ihre Geschlossenheit einbüßen und aus „der" Geschichte zu einem Teil der Geschichte werden. Man hat von der Rechtswissenschaft gesagt: Ein Federstrich des Gesetzgebers und ganze Bibliotheken werden zu Makulatur. Auch von den Geschichtsbilderbüchern der Völker werden ganze Stöße zu Makulatur, einzig und allein durch den Hinzutritt einer neuen Menschenart, durch das Ereignis einer Revolution. Diese geistige Gebietsabtretung durch jede Revolution ist wohl keinem Volke heute so stark widerfahren wie dem deutschen durch die russische Revolution in der Form der Weltkriege und Zusammenbrüche. Deutschland hat sich nicht nur entleibt, sondern auch entgeistigt. Die Kriegsschuldthese von 1919 und die Entleibung des Lügenkaisers von 1945 hatten gerade die Funktion, zu den räumlichen Gebietsabtretungen hinzu diese geistig-geschichtliche Abtretung der deutschen Geschichtsvorzeit aufzuerlegen. Geschichte ist die Fortsetzung der Revolution mit andern Mitteln.

Deutschland erlebt besonders handgreiflich, was allen Völkern bei jeder Revolution widerfahren ist: einen Gebietsverlust an eigener Geschichte. Sieht man auf die Bedrängnis etwa der Engländer durch den Geist der französischen Revolution, so sieht man dort keine brutal-rückhaltlose Entkleidung von der eigenen Geschichte wie bei uns, ja sogar eine fast vollkommene Immunität gegen die Sansculotten bis zur französischen Julirevolution von 1830. Aber dann dringt der Strom auch in das englische Land: Seitdem werden unaufhaltsam Liberale und Konservative, also französische Parteinamen, importiert und verdrängen Whigs und Tories. Was als Great Rebellion von 1640 bis 1660 im offiziellen Staatsgebetbuch steht, das wird durch französische Historiker zur englischen Revolution. Aus dem Ersten Lord des Schatzamtes wird der Premierminister erst nach 1900. Unter dem Ansturm der Ideen von 1789 muß schon Burke die Revolution von 1688 verteidigen, und eben dadurch ist er gezwungen gewesen, die eigene englische Geschichte dialektisch zur französischen umzuschreiben! Burke schreibt unter dem Druck der französischen Revolution. Das Geschichtsbild dieses Stockengländers ist daher viel bewußter abgesetzt gegen das Nichtenglische als etwa in der älteren englischen Geschichte bei David Hume.

Daraus ergibt sich, daß durch jede neue Revolution die Sprache der vollblütigen Altrevolutionäre bewußter, schärfer, härter gesprochen werden muß, aber von einer zusammenschrumpfenden Zahl. Denn nur so wird die Besetzung aller Töne der Tabulatur gesichert.

Diese Tabulatur ist auch in der russischen Revolution ergänzt und eben dadurch rückwirkend erneuert worden. Die sogenannten „unhistorischen" Bevölkerungsschichten der anderen europäischen Länder sind dazu übergegangen, russisch zu sprechen, indem sie von Weltrevolution reden.

Mit diesem Begriff der Weltrevolution scheint die Tabulatur nun endgültig zu enden, denn damit scheint sie vollständig zu sein. Vielleicht ist das nur Schein und es bleiben noch Oktaven ungespielt und unangetastet, und das Völkerleben wendet sich voraussichtlich künftig dieser noch freien Tastatur zu.

Aber die abendländisch-*europäische* Tastatur ist allerdings beendet. 1918 schrieb ich in meiner Gegenschrift gegen Novalis „Europa und die Christenheit": „Heute hält der Träger der Geschichte tränenschweren Auszug aus Europa." Möge man 1960 darauf zu hören beginnen. Denn entweder atlantisch oder planetarisch ist die wirkliche Politik. Europa = Abendland sind also eine Bipolarität, deren beide Pole nicht mehr wirken. Zwei einander jagende Gespenster sind schwerer zu bannen als eines allein. Aber gerade dies muß Katholik und Freigeist vollbringen! Wie gliedert sich nun jede dieser „Welten" und „Oktaven" im Inneren? Welche Teile haben Anspruch auf selbständiges Leben? Denn Europa ist ja eben nie ein Ganzes, sondern immer ein verwirrendes Vielerlei unerhörter Gegensätze gewesen. Die Lehre von der *Nation* gibt darüber Bescheid. Sie ist das Gegenstück zu der Lehre von Europa und vom Abendland.

Das Abendland ist untergegangen und nicht erst, wie Spengler gemeint hat, im Untergehen. Und seine weltliche Gegenspielerin, Europa, ist nur noch ein geographischer Begriff. Vorhomerische Menschentümer aus den Zeiten, bevor die Säulen des Herkules benannt waren, tauchen aus der Tiefe der Atlantis auf. Eine atlantische Welt entsteigt dem Strudel der Weltkriege, und diese atlantische Welt setzt sich gegen eine vorisraelitische Welt, gegen die Landmassen Asiens täglich deutlicher ab. Die neue Spannung beschwört die Urzeiten herauf, aus denen alle unsere Sprachen und Sippen herkommen.

IV. DER SPIELRAUM DER NATIONEN UND DER BEGRIFF NATION

Der geographische Horizont, der einer Revolution ihre Weltansicht oder Weltanschauung vorschreibt, ist auch wirksam bei der Aufteilung dieser Welt nach innen. Aus der Wahl des Gesichtspunktes ergeben sich zugleich die Abschnitte, in die der Erdkreis zerfällt oder zerfallen soll. Diese einzelnen Sektoren stellen ja gerade den Teil der Kulturwelt dar, auf den die Revolution ihre Weltanschauung projizieren kann. Der verschiedene Horizont gehört zu Italien oder Rußland oder England, weil er in Italien und Rußland und England durch das Weiterdenken der Lage dieses bestimmten Landes entsteht. Er ist nur die zu Ende gedachte geopolitische Lage des einzelnen Landes.

Das von der Revolution erwählte Sondergebiet liefert Grundsätze für die Regelung aller anderen Gebiete. Es gibt für jeden Gesichtspunkt daher ein Normalgebiet, nach dem sich die übrigen Gebiete richten sollen. Und gerade das versucht jede Revolution, diese Normung überall durchzusetzen. Jede Revolution hat ein Normalgebiet, nämlich ihr eigenes, von dem aus gesehen die übrigen Gebiete fehlerhaft eingerichtet und abgegrenzt zu sein scheinen. Gerade das aber ist das Revolutionäre. Denn keine der geographischen Einheiten, die jeweils unter dem Druck einer der Revolutionen ausgesondert wurden, hatte vorher bestanden! Die territoriale Grundlage einer Revolution steht nämlich keineswegs fest; vielmehr ist gerade die Revolution die Macht, nach der sich fortan die Größe des Landes bemißt, in dem diese Revolution zu Hause bleibt und sich einrichtet. *Die Revolution ergreift eine Reihe von Landschaften und macht sie zum Schemel ihrer Füße.* Sie trennt und verbindet! Kein Land hat vor der Revolution den gleichen Umfang wie nachher. Und nur Landes- und Volksteile, die von der Revolution ergriffen und umgewälzt worden sind, gehören zum eisernen Bestande des betreffenden europäischen Gliedes! Auch noch für Rußland gilt dies Gesetz.

Das Rußland, das 1917 in die Revolution gegangen ist, gleicht wenig dem Rußland der Zaren. Denn die Randstaaten sind alle vorher aus dem Länderverbande ausgeschieden! Die deutschen Siege im Ostkrieg haben also weit über ihre militärische Grenzsetzung Bedeutung erlangt. Deutschland hat vielmehr die eroberten Länder der Zarenkrone aus den Fängen der russischen Revolution herausgerissen und damit für alle Zukunft von Rußlands Schicksal abgetrennt. Selbst Finnland hat nicht mehr bolschewistisch werden können. Die russische Revolution verläuft östlich von Brest-Litowsk. Petersburg, das dem Vordringen der Russen an die Ostsee sein Dasein verdankt, sinkt auch trotz des neuen Namens Leningrad von seiner Bedeutung herab. Hingegen werden Länder wie die Mandschurei und China von den Stürmen der Umwälzung mit ergriffen.

Der christliche General Feng, der fleißige Bauer, holt, gerade weil er europäisiert ist, in Moskau mit Recht Waffen. Und hier im Osten ist das geistige Reich des Bolschewismus größer, als das des Zaren gewesen war, und nach den Erfahrungen der älteren Revolutionen wird es hier auch politisch größer bleiben! „Sturm über Asien" bedeutet der Bolschewismus. Aber er bedeutet nicht minder Entrussung der Randstaaten! Erst die drei Jahre Krieg haben mithin die „rein" russische Revolution ermöglicht[1]).
Cromwell hat an der Stelle der Reiche England und Wales, Schottland und Irland und des kleinen Pufferstaates zwischen England und Schottland, der bis 1829 im Titel des Königs genannt wurde: Durham, das neue Reich geschaffen, das in der Rule Britannia verherrlicht wird. Großbritannien und Irland hieß bis zum Weltkrieg und seinen Folgen das Reich trotz aller irischen Aufstände und trotz des Wachstums der Dominions. Die neuerliche Änderung dieses Titels ist bereits eines der vielen Auflösungszeichen Europas.
Die deutschen Reformationsparteien haben weder die Niederlande noch die Schweiz beim Reiche halten können, weil beide schon vor der Reformation eigene Wege gingen. Die Eidgenossen haben schon seit 1499 den Reichstag nicht mehr besucht. Belgien und Holland umgekehrt lieferte die Nation der spanisch-österreichischen Hausmacht aus und so brachen diese selbständig auf. Umgekehrt ist das Elsaß durch die Reformation der deutschen Nation verbunden gewesen, und zwar beiden Religionsparteien, Protestanten wie Katholiken. Es hätte daher seit 1871 dem Reiche innerlich wiedergewonnen werden können, wenn die Deutschen es nicht künstlich 1871 mit Metz und Lothringen verkoppelt hätten. Nun erst kam das Übergewicht auf Frankreich. Denn Metz und Lothringen haben ihre Prägung ausschließlich durch die französische Revolution empfangen.
Man kann allerdings geltend machen, daß auch das Elsaß durch die französische Revolution hindurchgegangen sei. Darin liegt zweifellos eine wichtige Überschichtung des Reformationserlebnisses. Aber sie wäre nicht unabtragbar gewesen. Unabtragbar aber war die Prägung „französische Revolution" für Lothringen. Kein Gebiet kann nämlich seine Revolutionierung im Rahmen einer Hauptumwälzung vergessen. Es war Bismarcks Irrtum, die Annexion von Hannover, Frankfurt oder Gersfeld für dasselbe zu halten wie die Lothringens. Er hat die Erlebnisgemeinschaft der hohen Zeiten der Geschichte unterschätzt. Nur auf die Zugehörigkeit während der Revolution kommt es an.
Die Sprache macht nicht die Nation! Deshalb hat auch das stets italienisch sprechende Trient bis 1914 mit Recht zum „Reich" und nicht zu Italien gehört. Denn die Papstrevolution hatte es nicht ergriffen. Vor der Papstrevolution aber hatte es den Begriff Italiens als Macht nicht gegeben. Die Papstrevolution hat

[1]) Diese 1930 geschriebenen Sätze sind trotz des Eisernen Vorhangs noch immer wahr. 1950 wurden in Warschau täglich ebensoviele Russen ermordet wie 1943 Deutsche. Der chinesische General heißt heute nicht Feng, sendern Mao. Aber dieselbe Spaltung Chinas in ein Land- und ein See-China ereignet sich auch heute.

ihn geschaffen. Als die weltlichen und geistlichen Truppen des Papstes, nämlich das Militär und die Bettelmönche nach Konrads IV. Tod in das Königreich Sizilien einrückten, war es entschieden, daß der Süden der Halbinsel fortan — was so noch nie geschehen war — sich dem Norden zuwenden werde. Als Papstland ist Italien *ein* Land geworden. Und deshalb brauchte Mussolini für die Lösung der seit 60 Jahren brennenden sizilisch-süditalienischen Frage den Frieden mit dem Papste. Denn nur durch die römische Kirche hatte durch sechs Jahrhunderte der Süden mit dem Norden Italiens bluthaft zusammengehangen! Die Losreißung Südtirols hingegen war für Italien überflüssig und ist in der Geschichte der Kulturwelt sinnlos. Denn das Schloß Tirol, das dem Land Tirol den Namen gegeben hat, liegt in diesem südlichen Gebiet. Und Tirol ist der Inbegriff des österreichischen und katholischen Reichslebens innerhalb der deutschen Nation seit Otto dem Großen und erst recht seit der habsburgischen Herrschaft.

Die Schwierigkeit für das Verständnis dieser Lebensfragen Europas — Lebensfragen weil sie Erlebnisfragen des Menschen und des Volkes in Europa sind — liegt in der Namensgleichheit für den Sektor, den die Revolution ausschneidet. Merkwürdig genug: Die Revolution selbst heißt immer anders, der Ausschnitt aus der Völkerwelt trägt immer denselben Namen, ob ihn Abendländer, Protestanten, Westler, Europäer und Russen im Munde führen. Der Name lautet: Nation. So merkt man meist nicht, wie mehrdeutig er ist. Schon das müßte zu denken geben, daß die Angehörigen der Großmächte, wie Engländer, Franzosen und Deutsche sich von innen her genau so bezeichnen wie Holländer oder Dänen; das Wort Nation ist der gemeinsame Ausdruck des Selbstgefühls der Großmacht und des Kleinstaats. Offenbar wird das durch eine große Bedeutungsbreite dieses Wortes erreicht. Die gewissenhaften Denker aber, die es merken, wie knetbar dies Wort Nation ist, haben versucht, durch theoretische Unterteilung die Staatsnation, die Sprachnation, die Kulturnation zu unterscheiden. Danach gehören etwa die Banater Schwaben zur Kulturnation, die Deutschen in Nordamerika zur Sprachnation und dergleichen mehr. Gegenüber der Welle des Nationalismus kommen aber solche Ein- und Abteilungen, so richtig sie sind, niemals zu Gehör. Denn der nationale Schwung nimmt stets alles in die eigene Nation hinein, was nur irgend zur Nation gezählt werden kann, und wird also stets nur den weitesten Umkreis wählen. Keine theoretische Unterscheidung wird ihm dabei Schranken setzen.

Anders steht es mit den *historischen Kategorien der Nation.* Sie enthalten deutliche Lehren der Geschichte. Sie zeigen die Grenzen des Begriffs vom Nationalen, das jeweils gerade in Kraft ist. Jedem Revolutionshorizont ist nämlich ein anderer Begriff der Nation zugeordnet! Und deshalb hat jeder dieser Begriffe seinen Höhepunkt, seine Blütezeit und seinen Herbst!

Die Klarstellung beginnt am besten bei unserer eigenen Nation, der deutschen. Die deutsche Nation glaubt jeder Schüler begriffen zu haben, wenn er die unausrottbare Legende des 19. Jahrhunderts vom „Heiligen Römischen Reich

Deutscher Nation" in sich aufgenommen hat. Es hat nie ein solches Reich gegeben. Es hat bis 1806 ein Heiliges Römisches Reich gegeben und seit dem 15. Jahrhundert dem Reich zum Trotz eine Deutsche Nation. *Aber der Inhalt der Deutschen Geschichte ist gerade die Ablösung des Heiligen Römischen Reiches durch die Deutsche Nation in der Seele des Deutschen.* Und es wurde die Tat der Reformation, diese Werte so auszuwechseln, daß die Deutsche Nation erst gleichberechtigt neben das Römische Reich trat und dann die Nation über das Reich rückte.

Die Nation ist jünger als das Reich und ein Konkurrent des Reichs. Der Ausdruck Heiliges Römisches Reich Deutscher Nation, der amtlich und rechtlich zwischen 1486 und 1555 existiert, steht immer neben dem anderen Doppelgespann: Römisches Reich *und* Deutsche Nation. Wird er von Schriftstellern des 15. Jahrhunderts gebraucht, dann wollen sie damit nur *den Teil* des Reichs angeben, den die deutsche Nation einnimmt. Denn außerdem gab es auch ein Römisches Reich italischer oder burgundischer Nation, nämlich das Römische Reich, *insofern* es von dieser oder jener Nation bewohnt wird. Heiliges Römisches Reich Deutscher Nation ist aufzufassen als geographischer Genetivus partitivus. Es ist aber gerade an der Unmöglichkeit: das alte heilige römische Kaiserreich ernsthaft mit der jungen deutschen Nation, wie sie sich neu bildete, zu verkoppeln oder zu identifizieren, die Reformation ausgebrochen. Und noch unsere Aufopferung für Österreich im Weltkrieg beruht auf einem Dualismus zwischen Reich und Nation.

Die Deutsche Nation gibt es ernsthaft erst, seitdem es in Prag, Wien, Heidelberg und Leipzig deutsche Universitäten gibt! Die Deutsche Nation ist ein Teil der katholischen Christenheit, der nicht nur durch Bischöfe und Äbte, sondern auch durch Professoren, nämlich Juristen und Theologen, eine eigene Lehre von Kirchensachen aufstellen und verteidigen kann. Die *Sprecher* dieser Nation innerhalb der Kirche unterscheiden die Nation von den Kirchenprovinzen der alten Kirche. Die Sprecher einer Kirchenprovinz sind in der alten Kirche der Antike die Bischöfe. Die Sprecher der Natio Gallica, der französischen Nation auf den Reformkonzilien, waren hingegen neben den Bischöfen Frankreichs der König von Frankreich und die berühmten Doktoren der ersten und größten scholastischen Hochschule der Welt, der zu Paris. Die deutsche Nation in der Kirche hatte bis 1350 keine solchen Sprecher. Ihr Kaiser stand nämlich an sich *über* den Sprechern einer einzelnen Nation; denn er war, und so auch noch zuletzt Karl V., der Schirmherr der gesamten Kirche und der Schützer des gesamten Konzils. Erst mußten auch in Deutschland Universitäten entstehen, damit eine geistige Vertretung möglich wurde. Um die Konzile mit theologischen Doktoren beschicken zu können, gründet man um 1400 wetteifernd Universitäten in Mittel- und Osteuropa, während bis dahin Paris eine Art Monopol besessen hatte. Die älteste deutsche Universität, in Prag 1346 gegründet, hoffte eine Weile sogar Paris den Rang abzulaufen (nämlich nach 1381). Sie enthielt die vier Landsmannschaften der Tschechen, Polen, Oberdeutschen (Bavari) und Niederdeutschen (Saxones). Die großen Landsmannschaften der Konzilien waren nicht national. Denn auf dem Konzil von Konstanz rechnete sich *der Bischof von Prag zur Natio Germanica!* Die Natio Germanica auf diesem Konzil umfaßte alle Festländer östlich des Rheins. Sie rühmte sich, acht Königreiche (Polen, Ungarn, Schweden, Dalmatien, Böhmen usw.) zu umfassen. Daneben standen nur die vier Nationen der Franzosen, Italiener, Engländer und Spanier. Diese fünf Nationen bildeten mit dem Papst und den Kardinälen zusammen das Konzil.

Seit der Konzilzeit kann auch der Kaiser in die Natio Germanica hineingerechnet werden, wenn und soweit er Landesfürst ist, also Siegismund in Konstanz für Böhmen und Ungarn, Friedrich III. bei Abschluß des Konkordats 1448 für seine österreichische Hausmacht. Neben dem Kaiser als Landesfürsten stehen naturgemäß auch die anderen Landesfürsten innerhalb der deutschen Nation. Der Pfalzgraf bei Rhein mit seinen Ratgebern, den Doktoren von Heidelberg, steht also neben dem König von Böhmen und seinen Prager Doktoren, neben dem Erzherzog von Österreich und seinen Wiener Hochschullehrern, und als Wittenberg 1502 gegründet ist, kann auch das Kurfürstentum Sachsen in Angelegenheiten der Nation seinen Kurfürsten mitsamt Luther und Melanchthon und Hieronymus Schürff präsentieren.

Durch die Hussitenkriege und das Aussterben des Luxemburgischen Hauses in Böhmen und Ungarn tritt zum ersten Male an der Ostflanke der Natio Germanica an die Stelle eines grenzenlosen Glacis eine scharfe Grenze. Zuerst 1409 verwandelt der böhmische König, der Kaiserkrone beraubt, die drei nichttschechischen Landsmannschaften der Prager Universität durch Ukas gegen ihren Protest in die einzige „Deutsche Nation". Diese „Deutsche Nation" in ihrer Begrenzung des 15. Jahrhunderts wird also den Deutschen von Osten her aufgezwungen! Deutsche Nation hat seitdem von Westeuropa her gesehen einen anderen Umfang als von Osten aus! Am Rhein hält man die Österreicher für „Deutsche". Im Osten die Flamen und die Deutschschweizer. Die Zerreißung durch die zwei Urteilsformen belastet alle deutsche Nationalpolitik.

Den Anspruch der Doktoren der Landesuniversität, seit dem Konzil von Konstanz als die geistlichen Räte ihrer Landesfürsten in Kirchensachen zu wirken, muß man ermessen, um den Charakter der deutschen Nation zu verstehen, wie sie in die Reformation eintrat.

Während nur der eine König von Frankreich für die Natio Gallica ins Gewicht fiel, war die Natio Germanica von vornherein durch eine gleichberechtigte Mehrzahl von Landesherren und ihren Universitätslehrern — neben der Geistlichkeit — verkörpert. Schon im 15. Jahrhundert hat man versucht angesichts der kirchlichen Mißstände und Beschwerden den Reichstag dadurch auch zur Erledigung von Kirchensachen geschickt zu machen, daß man die Vertreter der Universitäten auf den Reichstag lud. Der Führer im Kampf gegen Rom, Diether von Mainz, ließ schon 1460 eine solche Einladung ergehen. Aber der Reichstag in seiner rein lehnsrechtlichen Ordnung der Heerschilde ließ sich

nicht umbilden zu einem für geistliche Fragen geschickten konzilähnlichen Körper. Also mußte man auf die Verkörperung der deutschen Nation durch andere Träger neben und abgesehen von dem Römischen Reichstage sinnen.
Als nun Luther und sein Kurfürst weder den Bann des Papstes noch das Wormser Edikt anerkannten, da haben die katholischen Stände 1524 auf eine Versammlung Teutscher Nation angetragen. Sie zielten auf eine Vertretung und Verkörperung Deutschlands durch Fürsten und Professoren.
Die Obrigkeiten und vor allem die, so hohe Schulen hätten, sollten ein „Professorenparlament" nach Speyer entsenden. Seitdem haben die Fürsten stets darauf bestanden, in Kirchenfragen mit dem Kaiser auf gleicher Ebene als „Partner" zu verhandeln und so als Parteien die Religionssachen deutscher Nation zu erledigen.
Und das haben sie erreicht. *Das Kirchenamt* des römischen Kaisers und der Papst waren beide aus dieser Konzeption der Teutschen Nation draußen gelassen. Aber auch Kaiser und Reich auf dem Reichstag in ihrer hierarchischen Ordnung Kaiser, Kurfürsten, Fürsten, Grafen, Prälaten und Städte waren nicht die Nation. Die kirchliche "Natio" ist demokratischer, denn sie ist ja auch in der Kirche unterhalb von Papst und Kardinälen der dritte demokratische Teil.

Wo der Reichstag besteht aus	da besteht die Nation aus
Kaiser	den weltlichen Obrigkeiten
Kurfürsten	mitsamt ihren gelehrten Doktoren
Fürsten	
Grafen und Freien Herren	
Städten	

Die Deutsche Nation ist also von ihrer Geburtsstunde her ohne monarchische Spitze. Das nationale Deutsche Reich Bismarcks war eben deshalb keine Monarchie, sondern eine Republik von Fürsten. Die Deutsche Nation hat man deshalb wohl als Kulturnation untergebracht. Entscheidend ist aber, daß niemals ein einziger Staat bei der Vorstellung: Deutsche Nation gesehen worden ist. Die Nation ist die Gesamtheit deutscher Fürsten und Professoren, immer als Mehrzahl gleichstehender Einzelstaaten und gelehrter Geister innerhalb der Nation!
Auf der anderen Seite zeigt gleich dies erste Beispiel, daß Nation ein Strukturverhältnis geistiger Art enthält. Nation ist ein mit einem inneren Gerüst — Fürsten und Universitäten — ausgerüsteter Verband, kein formloses oder bloß natürliches Etwas. Die europäische Nation ist eine aus der Kirche entsprungene und eine in sich rechtlich durchgebildete Größe, ein Körper des Konzils. Fürsten und Universitäten konstituieren die Nation, und zwar als Mehrzahl von Fürsten und als Mehrzahl von Universitäten! *Das ist die deutsche Ansicht, wie sie z. B. 1869 und 1874 in Festsitzungen der Berliner Akademie der Wissenschaften beschrieben wurde.*

Genau umgekehrt faßt der Engländer die Nation. Sie ist für ihn immer die staatliche Einheit. Man kann deshalb auf Englisch wie jüngst der amerikanische Staatssekretär Kellogg von dem „people of this nation" reden als von der „Bevölkerung dieser Nation", wo wir vom „Volk dieses Staates" reden müssen. Verstaatlichung heißt englisch „Nationalisation". Aber England ist anders wie die „deutsche Nation" seinen Gliedern selbst nicht in erster Linie eine „Nation". Alle pathetischen Worte mit „Nation" sind in England Importartikel vom Festlande, auch z. B. der Zeitschriftentitel: „The Nation". England ist dem Engländer vielmehr die country. Das wird besonders durch den Gegensatz klar. Nicht andere Nationen stehen der Country gegenüber, sondern eine andere Einheit: Kontinent. Alle außerenglischen Teile Europas aber sind für den Engländer der Kontinent. Er redet nicht vom Franzosen und Deutschen und Polen, sondern von continental people, von dem Festland und dem Festlandmenschen im Gegensatz zu England. Er kann nur indirekt the nations of the continent alle zusammen dem englischen Gemeinwesen gegenüberstellen. Die Folge ist, daß er die politisch organisierten Teile seines Weltreichs den Nationen Europas gleichstellt und auf diese Weise in der Société des Nations in Genf jedes Dominion die Vereinsmitgliedschaft als Nation besitzt! Vom englischen Standpunkt aus mit Recht.

Eine 1927 in Oxford erschienene History of Europe and the modern World von Mowat zeigt, wie weit man diese Zäsur zwischen England und dem europäischen Festland treiben kann, selbst wenn man betont ein guter Europäer sein will. Dieses Buch reicht von der italienischen Renaissance und der deutschen Reformation über das Jahrhundert Ludwigs XIV. zu der Gründung der Vereinigten Staaten und zum „Europäischen Kriege" von 1914 bis 1918. Der Beitrag Englands zu dieser „Geschichte Europas und der modernen Welt" kommt nicht darin vor. Vom englischen Parlament, von Elisabeth, Cromwell und Pitt ist nicht die Rede. Und Mowat empfindet vom englischen Standpunkt aus diese bloße *Gegenüberstellung* einer europäischen Geschichte als einer zweiten von der englischen Geschichte säuberlich abgeschnittenen Hälfte, die den englischen Beitrag ohne Schaden weglassen kann, nicht etwa als seltsam. Denn nirgends rechtfertigt er die Exzentrizität des Buches. Im Gegenteil, er schreibt es, um „das Verständnis für die *Einheit* der europäischen Zivilisation" zu steigern! Die Bewohner der englischen Insel haben sich schon im Mittelalter als Bewohner eines „zweiten Erdkreises" gegenüber dem Festland bezeichnet. Von einer „englischen Welt" ist die Rede. Schon ein Sachsenkönig hatte mit dieser Vorstellung als „alterius orbis imperator" gespielt. England rechnet daher niemals sich selbst in das sogenannte europäische Gleichgewicht hinein, sondern steht außerhalb der Waagschalen. Es ist nur das Zünglein an der Waage der Geschichte eines ausbalancierten Festlandes. Soviel über Englands „Nation".

Frankreich als Festlandsmacht versucht alle Nationen Europas als Planeten oder Satelliten um das Gestirn Frankreich kreisen zu lassen, aber dieser Hegemonialgedanke, ähnlich dem deutschen und italienischen, entspringt durchaus der

Rolle der Natio Gallica im Rahmen der Kirche! Denn das Kennzeichen der Natio Gallica war, daß in ihrem Gebiet die eine Hochschule der Christenheit lag, die theologisch den Ausschlag gab: Paris. Die Gleichsetzung der Natio Gallica mit dem Königreich Frankreich begründet jenen Nationalismus des Franzosen, der zwar alle vierzig Nationen paritätisch, Frankreich aber an ihrer geistigen Spitze sieht.

Die Deutschen haben, um ihr Reich zur Natio zurückzubilden, dezentralistisch und demokratisch verfahren müssen. Dabei mußten sie sich sehr in acht nehmen, den neuen Germanismus nicht auf das klassische Altertum zu stützen. Denn bei Cäsar läuft die Grenze Germaniens am Rhein. Arndt schrieb zur Abwehr dieser Gefahr des humanistischen Weltbildes: „Der Rhein Deutschlands Strom, nicht Deutschlands Grenze." Er wußte gar nicht, wie recht er hatte. „Deutsch" hat dereinst gerade die linksrheinischen Franken bezeichnet, die nicht verwelschten. „Deutsch" spricht ursprünglich der Franke in Aachen, nicht der Sachse oder Bayer[1]). Aber zum Reich dieser deutschen Franken gehören viele „Nationes". Die Franzosen hatten den umgekehrten Start. Der Staat ihres Königs war kleiner als die Nation. Der König der Isle de France besaß Elsaß, Orange, die Bretagne, wie Rousset noch 1735 schrieb, nur aus „Konvenienz", aus Machtgründen. Die Franzosen mußten, um ihre natio zu verselbständigen, ein zufälliges, gerade damals dem König von Frankreich gehörendes Reich erst der Nation zuordnen. Ihre Nation ist also anfangs größer als der politische Körper, genau umgekehrt als bei den Deutschen. Deshalb haben die Franzosen die rein diesseitige, rein geographische Auffassung des Abendlandes als „Europa" besonders gepflegt. Denn so konnten sie aus der Kirchenprovinz Gallien den geographischen Begriff Gallien entwickeln. Das antike Gallien tritt an die Stelle des christlichen. Denn erst damit entsprechen sich Nationsgebiet (Gallia) und Hegemonialgebiet (Europa). Freilich die Dreiteilung Galliens bei Cäsar — bei Cäsar bewohnen es drei verschiedene Nationen! — wird wohlweislich nicht übernommen. Sondern diese bleibt stillschweigend durch das nationale Zentrum Paris ersetzt. Aber dafür fordert man ganz logisch die Rheingrenze als natürliche Grenze.

Die deutsche Nation mit ihren Fürsten und Universitäten hat keine natürliche Grenze. Denn sie ist keine geographische Vorstellung. Die Franzosen denken an Gallien und an Paris, wenn sie den Umfang und Inhalt ihres nationalen Lebens bezeichnen wollen.

Deshalb glauben sie, daß jedes ein Klein-Paris besitzende Volkstum auch „natürliche" politische Grenzen habe und haben deshalb die Formel: jeder Nation ihr Staat, streng durchgesetzt. Die Kroaten, die Letten, die Finnen sind eine Nation, weil es Agram, Riga und Helsingfors gibt, so wie es Paris gibt.

Die Natio Gallica mit der abendländischen Rolle der Pariser Universität wird

---

[1]) Näheres enthält die Schrift „Frankreich-Deutschland", „Mythos oder Anrede", Berlin Käte Vogt 1957 und der Aufsatz „Furor Teutonicus-Furor Classicus" in „Geschichte" 1959.

also multipliziert! Eine Nation, die eine Hauptstadt hat, hat auch natürliche Grenzen. Deshalb sind vom französischen Standpunkt aus gesehen auch Österreich, Bayern, Böhmen, Württemberg einfach schon deshalb je eine Nation, weil es Wien, München, Prag und Stuttgart gibt. So legt man sich das eigene Recht gegen den Anschluß Österreichs in Paris zurecht. Herriot schrieb noch am 26. März 1931, der „Anschluß" sei unmöglich. Denn dann würde Deutschland statt eines Kreises mit einem Mittelpunkt zu einer Ellipse mit zwei Brennpunkten! Uns kommt es komisch vor, eine Ellipse für unzulässig zu erklären. Aber die Franzosen erblicken darin ein schlüssiges Argument. So haben sie 1866—1870 argumentiert, als man Rache für Sadowa wollte. Die flamischen Bauern in Nordfrankreich hingegen sprächen nach einem klassischen Wort keine nationale Sprache, sondern nur ein „patois"; der städtische Mittelpunkt fehle, das geistige Zentrum, das die notwendige „Nationalliteratur" liefern könnte. Die „Nation" war seit 1789 eben Synthese aus Natur und Literatur.
Was da das Stichwort „Europa" ausmacht, zeigt ein Vergleich mit dem englischen Wort „Western". Sobald ein Engländer „französisch" spräche, d. h. als Europäer, dann könnte er nur mit den Franzosen *Irland* und *Britannien* als nationale Staaten nebeneinandersetzen. Weder die Dreiteilung: Schottland, England, Irland, noch die Vereinigung aller drei zu dem United Kingdom kann vor der französischen Logik bestehen. Es fehlen die natürlichen Grenzen! Der englische Begriff Western hingegen umhüllt die Insel der Atlantik durchaus als Einheit gegenüber dem Kontinent. Wenn doch das Festland die eine Hälfte bildet, dann ist das Meer und alles, was darinnen ist, die englische Hälfte. Nach diesem Anspruch hat England immer gehandelt. Deshalb hat es alles nicht dem europäischen Festland zugewendete Land als seine gute Prise betrachtet, Helgoland, die französisch sprechenden Kanalinseln, Irland, Malta, die Ionischen Inseln und Zypern und den Felsen von Gibraltar.
Der Verlust Irlands wäre ohne die moralische Minierarbeit des Europagedankens von 1789 undenkbar gewesen. Nur in dem irischen Ulster hat England dem Sieg der französischen Revolution ein Stück seines irischen Gebietes vorzuenthalten vermocht!
Deshalb sind die Franzosen von Anfang an voll Mitleid für die polnische Teilung. Für das Land der Reformation, für die Deutschen hingegen, hat eine Nation ohne wirksame „weltliche Obrigkeit" keinen Anspruch auf ihren Staat. Die Italiener schließlich stehen zuerst in reiner Abwehrstellung gegen den Zerfall der Kirche in Nationen. Sie protestieren 1415 unter Berufung auf die Einheit der Christenheit gegen die Abstimmung nach Nationen. Natürlich! denn ihre Nation stellt den Papst und die Mehrzahl der Kardinäle, also die beiden anderen Faktoren des Konzils! So *gehört für den Italiener der Papst zur Nation.* „Il Papa re" heißt es jubelnd noch 1848. Und den Papst als Zierde der italienischen Nation mußte Mussolini bestehen lassen.
Welche Verschiedenheit des Nationalgedankens! Aber gerade die Verschiedenheit wird erklärlich aus der gemeinsamen kirchlich-geistigen Herkunft des

Nationalbegriffs: Natio ist gleich Fürst plus Professoren sowohl in Frankreich wie in Deutschland. Aber in Frankreich gab es nur einen König und ein Paris!
In Italien hält der Papst allein die Nation im Mittelalter gegen das Kaisertum zusammen. Alles andere ist zentrifugal. Er ist es, dessen „zweites Rom“ durch die Hereinnahme auch des außerhalb des Reiches liegenden Süditaliens und Siziliens den Begriff Italien geschaffen hat. Hier hat daher die Nation anders wie in Frankreich ohne die Durchblutung mit einer vom Staat her durchgeistigten Einheit bis 1914 und bis zu Mussolini verharren können, obwohl sie — wieder anders als die deutsche Nation — einen sichtbaren Mittelpunkt auch des nationalen Interesses in der römischen Kurie besaß. Die Italiener stellen ja das Personal dieser Kurie. Die italienische Nation war also die bevorzugte Rohstoffquelle für den päpstlichen Kurialen und besaß darin ein gemeinsames, auch materielles Interesse.
Das Abendland vor der Papstrevolution aber kennt nicht die Großnation, sondern nur die Stämme. Es ist ja gerade deshalb die Einheit des Abendlandes notwendig gewesen, weil die Stämme sonst die größten Einheiten gebildet hätten und auf ihrer Grundlage das Festland nicht zu organisieren war.
Jede Nation umfaßt viele Stämme und mischt sie.
Das Schillernde des Begriffes der Nation beruht mithin gerade auf seiner gemeinsamen Wurzel in der Kirche. Jede Nation stand anders innerhalb der Welt. Sie hat aber auf ihre kirchliche Mitgliedsrolle ihre unabhängige Stellung in der Welt aufgebaut. Bei dieser Verwandlung mußte jede Nation etwas ganz anderes werden. Nur die gemeinsame geistige Überlieferung aus dem Kirchenganzen und die weltliche Unabhängigkeitsidee ist das gemeinsame Kennzeichen aller Nationen geworden.
Eine Übersicht halte wieder unser Ergebnis fest.

Nation in Italien	die durch den Papst geschaffene unstaatliche Einheit der Apenninischen Halbinsel gegenüber dem Kaisertum.
Nation in Deutschland	die demokratische Gleichstellung aller Obrigkeiten der deutschen Nation in Kirchen- (Kultur)sachen gegenüber dem Papsttum und seinem kaiserlichen Schirmherrn.
Nation in England	Einzelstaat des Festlandes gegenüber der Insel.
Nation in Frankreich	jede europäische Sprachgruppe mit hauptstädtischem Schulungs- und Bildungszentrum zusammengefaßt in einem selbständigen, einzigen Staate.
Nationalitäten in der Sowjetunion	jede durch rückständiges Brauchtum des besonderen Namenszaubers bedürftige Wirtschaftsprovinz.

„Die Nationen sind auserwählt.“ Aber jede dieser Auserwählten hat eine andere Färbung. Die Italiener sind bei Dante ein „santo popolo“, die Deutschen sind den Deutschen die Reichsnation, den Engländern ist ihr Inselvolk auserwählt wie Israel aus tausenden, die Nation ist den Franzosen so natürlich die erste, wie Paris die Hochburg der Zivilisation ist oder wie geographisch Frankreich in der Mitte liegt. In Rußland aber wird ein neuer, dritter Begriff der Nation vorbereitet: Nicht als Kirchenteil, nicht als Träger des Staats erscheint diese dritte Nation, sondern als Erziehungskörper innerhalb der Weltgesellschaft und Weltwirtschaft. Für das entstaatlichte Gebiet, das bis 1945 Deutsches Reich hieß, liegt in diesem Rollenwandel die planetarische Wendung.

V. SOZIALE VORGESCHICHTE DER REVOLUTION: DIE KLASSENZIELE

1. Der Klassenkampf

Italien, Deutschland, England und alle anderen Nationen empören sich in Revolutionen. Aber in allen Nationen trägt die Empörung auch ein soziales Gesicht. Der Papst revoltiert gegen den Kaiser, die Fürsten gegen den Papst, der Adel gegen die Fürsten, gegen den Adel die Bürger, gegen die Bürger das Proletariat. Alle Nationen schlagen ihr Leben in die Schanze in diesem Kampf.
Aber in welche Schanze wird denn dies „gefährliche Leben" geschlagen? Nach welchem neuen Bilde stürmen die Bilderstürmer, was treibt den Klassenkämpfer?
Der Soldat greift an, weil es befohlen wird. Der Revolutionär aber ist stets ein Freiwilliger. Das heißt aber, daß in solchen Sturmzeiten „in das Schiff der Zeit als Bussole nur das Herz" gelegt werden kann. Kein Befehl wird befolgt. Die Revolution besteht ja in der Aufkündigung des Gehorsams. Der Verstand steht still. Das Herz überlebt den Bruch. Das Herz als Kompaß zeigt aber immer auf ein einziges Ziel: auf die Gestalt eines Menschen. Unser freies Herz, wenn es sich im tiefsten treu ist, wenn es opfert für etwas Lebendiges, dann meint es weder Ideen noch Prinzipien, Institutionen, Kunstwerke. Dann meint es einen Menschen, meint Den Menschen, der neu geschaffen werden soll. Die Freiwilligen einer Revolution können nur siegen, wenn sie mit dem Herzen kämpfen. Und dann muß aus ihren Kämpfen ein neuer Mensch hervorgehen. Das hat Nietzsche auch mit seinem Übermenschen sagen wollen.
Deshalb aber, weil der Wille auf diesen Menschen hin niemals befohlen werden kann, weil echte, revolutionäre Ideen und Volkserhebungen dem Herzen ganz und gar eigentümlich bleiben, deshalb wird der Kurs auf „den neuen Menschen" nie „willentlich" angesteuert. Die Italiener wollen nicht den Italiener erzeugen, die Deutschen nicht zielbewußt den Deutschen hervorbringen. Menschheit ist im Entstehen, aber sie wird nicht fabriziert dadurch, daß die Revolutionäre ihre Nation vergöttern, sondern dadurch, daß sie eine neue Ordnung des Lebens mit anderen Menschen und für andere Menschen, ja für die Menschheit, schaffen wollen. Selbstvergessen stürzen sie in den Tod aus Liebe zu dem noch ungeborenen Menschen.
Die Erschaffung des Menschen in der Revolution geht also einen Umweg über eine neue Ordnung der Dinge. Würde das Ziel: Mensch direkt anvisiert, so würde dieser neue Mensch ja auf Kommando entstehen; er wäre ein Homunculus aus der Retorte, aber nicht der von den Freiwilligen der Revolution

geliebte und ersehnte *Sohn* der Revolution. Mit anderen Worten: Mittel und Ziel der Revolution bedingen einander.

Weil die Revolution von Freiwilligen gemacht wird, deshalb muß ihr Geschöpf ein freier Mensch werden! Dem entspricht es, daß man umgekehrt durch den Krieg Untertanen, Länder, Staatsbürger gewinnen kann. Denn der Krieg befiehlt; *die Revolution ruft*. Die Revolutionäre vernehmen eine göttliche Berufung. Darum müssen sie ihre Nachkommen entspringen und wachsen lassen. Sie müssen an ihren Nachwuchs glauben! Und so drillen sie nicht Puppen, sondern errichten eine neue Ordnung, aus der die zukünftige Menschheit „von selbst" erwachsen muß.

Eine materielle Dingwelt wird dazu geschaffen, damit sie den Daseinskampf des Menschen grundlegend verändere. Der neue Mensch jeder Revolution ist also „der Mensch in der Gesellschaft", ein Mensch, der immer wieder hervorgebracht werden soll. Es winkt ein Doppelziel: Eine neue Ordnung soll entstehen und aus ihr soll nicht nur ein einzelnes Individuum, etwa ein Herrscher, sondern ein neuer Typ Mensch soll entstehen. Nicht leibliche, sondern geistige Söhne will der Revolutionär. Und deshalb soll sich keine bloße Familie, sondern eine geistige Menschenpflanzstätte soll sich neu bilden. Diese Ziele sind überschwenglich. Der gemeine Mensch des Friedens will ein oder mehrere Individuen *zeugen*. Er will leibliche Kinder als sein Ebenbild. Und er will sie legitim im Hause als Ehemann mit seiner Ehefrau gewinnen. Kraft der Revolution überschwingt er sein Gleichmaß und gerät außer sich, über sich. Er will eine neue Art und er will sie in geistiger Freiheit erschaffen.

Nicht ein Geschöpf, das „sich" fortpflanzt, nein, ein Schöpfer, der „Neues" schafft, ist die Revolution. Sie *ruft neue Menschen ins Leben*. Sie ruft sie aber in der Weise, daß sie einen neuen Garten absteckt, in dem der Mensch veredelt werden und besser fortkommen soll als bisher. Sie schlägt also einen Umweg ein, damit ihr Geschöpf frei sei, ein Sohn, kein Knecht.

Die Gesetze für diesen Gartenbau sollen natürlich die letzte Erkenntnis, die Quinta essentia der Vernunft darstellen. Alle Revolutionen wollen alte Vernunft durch neue Vernunft ersetzen. Kann es nun so viele verschiedene Vernunft in der Welt geben wie Revolutionen? Der Schöpfermut der Revolution wird ernstlich gefährdet durch das niederschlagende: Es ist alles schon dagewesen. Die Revolution muß die Vernunft neu zu entdecken glauben; alte Vernunft verhindert sie also.

Diese ganze Erörterung hat also keinen akademischen Charakter, wenn sie zeigt, daß „Revolution" eine neue Vernunft bedingt. Denn nur solange in Europa Platz für eine solche war, konnte es neue Revolutionen geben, und hat es sie gegeben. Diese Plätze für die einzelne Revolutionsvernunft stehen selbst wieder in einem vernünftigen Zusammenhang. Sobald er aufgedeckt wird, zeigt sich, daß heute alle revolutionären Plätze vergeben sind!

Die Reihenfolge der Revolutionen auf ihren Vernunftgehalt zu prüfen, ist der Inhalt dieses Abschnittes. Auf die menschlichen Pflanzstätten hin angesehen heißt das: Eine Gesellschaftsordnung ist auf die andere gefolgt. Was ist nun das für ein Ordnungsgefüge, aus dem sich eine Revolution nach der anderen in sinnvoller Reihenfolge abgerollt hat?

Wie entsteht das Gefälle zum Ablauf einer Geschichte, die bald hier bald dort geschieht und trotzdem immer nur die Fortzeugung des Menschen geschehen läßt?

Das erklärt sich aus einer schärferen Beobachtung der inhaltlichen Reihenfolge der Revolutionen. Die Inhalte aller europäischen Revolutionen stehen in streng gesetzmäßigem Zusammenhang.

Sie folgen sich derart, daß der Papst beginnt, die weltliche Obrigkeit folgt; nun erhebt sich die englische Gentry; es folgt die Bourgeoisie in Frankreich und zuletzt der Proletarier in Rußland. Es sind also die Stände in genauer Reihenfolge, die sich empören: Die geistlichen Fürsten, der weltliche Fürstenstand (der hohe Adel), der niedere Adel, die Freien und die Knechte empören sich nacheinander. Die Namen Papst, weltliche Obrigkeit, Gentry, Bourgeoisie (oder tiers état) in Frankreich und Proletariat sind die Worte der Revolution selbst; es ist der zeitgemäße und eigene Name für jede dieser Gruppen im Augenblick ihrer Revolution, und daher ist dieser Name eben jeweils italienisch, deutsch, englisch, französisch und russisch gefärbt.

Aber die Umsetzung dieser Eigennamen in eine dritte allgemeine begriffliche und dadurch betont *un*-revolutionäre Namenreihe ist nicht müßig.

national	revolutionär	In unserer Sprache
Papst	Stellvertreter Christi	Die Kirchenfürsten
Weltliche Obrigkeit	„Souveräne“	Der hohe Adel
Gentry	Commons	Der niedere Adel
Bourgeoisie	Citoyens	Die Freien (Bürger und Freibauern)
Proletariat	„Soldaten, Arbeiter, Bauern“	Die Knechte (Arbeiter in Stadt und Land)

Die Zuordnung zu den einzelnen Völkern wird uns noch später eingehend beschäftigen. *Die Slawen machen die Knechtsrevolution*, sie, deren Name bei dem deutschen „Sklaven“ Pate gestanden hat; das wird ebensowenig Zufall sein, wie daß Frankreich, diese in Paris sich ganz aufgipfelnde Nation, für die städtische Freiheit Revolution macht. Nirgends gab es eine so zahlreiche und mächtige „weltliche Obrigkeit“ als in dem Fürstenlande Deutschland. Und kein Bischof oder Abt des Abendlandes konnte es aufnehmen mit dem Bischof von Rom.

Aber die andere Seite der Liste, die unnationale, die ständischsoziale ist hier von größerer Wichtigkeit. Denn sie erschöpft vollständig alle Stufen der abendländischen Gesellschaft! Es ist kein Stand, der nicht Revolution gemacht hat! Kirche und Schloß, Ritterschaft und Bürgerhaus in Europa und die bolschewistische Arbeitsstätte der Weltkriegssoldaten — sie sind alle auf der Lava eines Vulkans erbaut!

Wer den Sachsenspiegel kennt, der weiß, daß Eike von Repgow gleich im Eingang seines Werkes die Ordnung des Römerheeres der Deutschen darstellt. Das ist die Heerschildordnung des Heiligen Römischen Reichs, wobei Heerschild die Kommandogewalt bedeutet. Noch Justus Möser hat 1770 dieser Heerschildordnung verständnisvoll gedacht. Seitdem freilich gilt sie als ein historisches Fossil.

	Sachsenspiegel (etwa 1222)	Nationale Terminologie	Unsere Bezeichnung
1. Schild	Kaiser	Kaiser	Kaiser
2. Schild	geistliche Fürsten	Papst	Kirchenfürsten
3. Schild	weltliche Fürsten	weltliche Obrigkeit	Der hohe Adel Europas
4. Schild	freie Herren und Grafen		
5. Schild	Dienstmann und Schöffenbarfreie	Gentry	Der niedere Adel des Landes
6. Schild	Der Mann, der eine eigene Wirtschaft hat	Tiers Etat Bourgeoisie	Bürger und Freibauer Der Eigentümer
7. Schild (fraglich)	Der sog. gemeine Bannalist Alle Heerbannfähigen (bei Möser)	Proletariat Arbeiter und Bauern	Der gemeine Mann Die Arbeitskraft der Arbeiterschaft und des hörigen Bauerntums, die aber Soldat wird: die Mannschaft
8. „Klasse“	außerhalb der Heerschilde Die unehrlichen Leute, „Hurenkinder“ usw.	Lumpenproletariat	Revolutionsunfähige

Nun, diese Heerschildordnung ist nichts anderes als die Stufenreihe der Revolutionäre! Eike von Repgow zählt auf den Kaiser, die geistlichen Fürsten, die weltlichen Fürsten, die Grafen und Freien Herren, die Dienstmannen und Ritter und Schöffenbarfreien, Mannen und Knechte. Justus Möser (Patriotische Phantasien Nr. 49) zählt über den siebenten Heerschild hinaus noch eine achte Klasse: die unehrlichen Leute, unehelichen Kinder usw.

Es ist also seit Otto I. bereits alles da, was später auf der Bühne der Geschichte selbständiges Leben gewinnt!

Dabei muß man hervorheben, daß Eike selber bereits die weltlichen Fürsten

mit dem gesamten übrigen hohen Adel, den Grafen und Freien Herren, wegen der gleichen Stellung zu den Pfaffenfürsten zusammenstellt; ebenso sind die Reichsrechte der Schöffenbarfreien bei Eike die gleichen, auf denen die Lage des französischen tiers état in seinen Parlamenten beruht hat. Der „dritte" Stand, der „sechste" Heerschild ist die letzte Standesstufe in dem echten Sinne, daß er sowohl passiv gehorcht wie aktiv unter sich noch Leute hat. Der sogenannte „vierte" Stand, der siebente Heerschild, ist hingegen nur passiv. Er ist ohne politische Befehlsgewalt, mindestens in einem Haushalt.
Deshalb ist die Zählung Dritter und Vierter Stand eine bloß äußerliche Übersetzung ins Deutsche geblieben. Und um der nächsten revolutionären Bewegung, die auf die der Bourgeoisie gefolgt ist, ihr eigenes Gesicht zu geben, mußte man diese Zählung aufgeben und von Arbeiterklasse, von Proletariat, reden und sogar den Begriff des Standes fallen lassen.
Die *Klasse* aber, die in Rußland Revolution macht, ist nun wieder etwas anderes als was der deutsche Kleinbürger und Sozialdemokrat bis 1914 als die revolutionäre Klasse in Europa anzusehen sich gewöhnt hatte. Während der industrielle Teil Europas den Industriearbeiter und ihn allein für den Träger der nächsten großen Weltbewegung hielt, ist es sehr anders gekommen. Seit dem Weltkrieg durchzucken Bauernunruhen Europa. Die Träger der russischen Revolution sind eben durchaus nicht dieselben sozialen Gruppen, die den revolutionären Gedanken vor dem Kriege in Deutschland oder Frankreich in Erbpacht hatten! Der Landbewohner, der Dorfarbeiter wird die wichtigste Schicht in der Umwälzung. 1899 konnte Lenin drucken: „Die Bauern können, bevor sie noch Arbeiter werden, revolutioniert werden." Er meinte damit genau die „Mannschaft" des letzten Schildes, und als Mannschaft haben diese Dörfler gemeutert und 1917 Revolution gemacht.
Daß man am Anfang des Jahrtausends und am Ende die gleichen Stufen vor sich sieht, zeigt, daß die Tafel der Revolutionen feststeht und erschöpft ist. Gerade die Ausnahme des achten Schildes bestätigt die Regel. Die sozialistische Theorie hat bekanntlich mit Recht viel Mühe darauf verwendet, diesen Schild des Lumpenproletariats als revolutionsunfähig auszusondern. Der Ring ist also geschlossen. Um so denkwürdiger ist die Erkenntnis! Die europäische Menschheit hat ein soziales Schicksal. Jede soziale Schicht hat einen Anwalt in Europa gefunden, der sich nur ihren Interessen weiht.

2. Die soziale Vorgeschichte der Revolution

Aber bevor dieser Anwalt auftritt, gibt es immer Mißverständnisse, so wie sie der westeuropäische Sozialismus vor 1917 begangen hat.
Die soziale Vorgeschichte einer Revolution verläuft unter anderen Vorzeichen und Überschriften als das Ereignis selbst. Und *wer* die Revolution macht, das weiß man nicht aus der Literatur des Vorabends der Revolution, sondern nur aus ihr selbst. Denn die Literaten des Vorabends sind meist noch in einer

anderen nationalen Umwelt beheimatet als die Revolution. Der revolutionäre Keim wird nämlich durchweg in einem anderen Lande erzeugt als dort, wo er aufgeht. Wer Wind sät, wird Sturm ernten, gilt wörtlich von der Geschichte der Revolutionen: die Europäer haben den Wind nach Rußland gesät und ernten den „Sturm über Asien"!

Weil wir diesen Zusammenhang fühlen, deshalb überschätzen wir sogar meist zu sehr die Gleichheit des Marxismus in Rußland und die „marxistischen" Vorkriegsbestrebungen bei uns. Indessen eine solche Gleichheit besteht nicht. In Wahrheit hat Lenin mit Bebel oder Scheidemann nicht mehr gemein als Luther mit Savonarola oder Robespierre mit Washington. Aber trotzdem läuft von den Ultrarevolutionären von 1789 ein gerader Strang nach Rußland. Marat hat die Diktatur der Armen gefordert als Regierungsform. Er hat 270 000 Köpfe im Oktober 1792 verlangt, um die Revolution durchzuführen. Er hat die Revolution in Permanenz verlangt, wie er es nannte: l'émeute populaire se renouvelant sans cesse. Marat hat also die Theorie der Gewalt vorgebildet.

Jede Revolution nämlich hat im Geist eine ausländische Vorgeschichte, von der sie sich um so gründlicher in Fleisch und Blut scheidet.

Das Verhältnis der Linksopposition von 1789 zu den Russen entspricht dem Verhältnis der Reformation zu den franziskanischen Spiritualen, zu Wiclif und Hus oder zu den Humanisten. Wie wenig hat Luther mit den Humanisten zu schaffen. Aber die Päpstlichen meinten noch in Worms 1521, die „Grammatiker" (d. h. die Humanisten) seien an dem deutschen Unheil schuld. Wie anders ist Luthers Bund mit seinem Landesherrn als die „göttliche Gerechtigkeit" eines Wiclif. Aber auf der anderen Seite hat Luther 1545 ein Blatt herausgegeben, das ein Anhänger der Spiritualen und Joachiten hätte 1270 verfaßt haben können: Das Bild zeigt nämlich den Papst, die Guttaten der Kaiser dadurch lohnend, daß er (eigenhändig) Konradin das Haupt abschlägt!

Ebenso ist Cromwell scheinbar der Mann des Calvinismus. Aber wenn auch heute sein Denkmal in Genf steht unter den Helden dieses Glaubens, so hat er gerade nicht dem Calvinismus zum Siege verholfen trotz seiner Beschützerrolle. Die englische Revolution hat sich eben auf eine andere Gesellschaftsschicht gestützt als die, an die der Calvinismus appelliert hatte. Trotzdem hat der Calvinismus den Puritanern das geistige Rüstzeug geliefert. Aber Geist und Gruppe sind zweierlei. Auch die Waffen zum Kampf gegen das abendländische Kaisertum hatten nicht die römischen Päpste sich selbst geschmiedet. Cluny ist es gewesen und die deutschen Reformpäpste, die den Lehren der römischen Revolution südlich der Alpen vorarbeiten mußten.

Wie Cromwell zu Spinozas Freunden, zu den Brüdern de Witt in Holland, wie Lenin zu Jaurès, so verhält sich Hildebrand-Gregor zu den Äbten von Cluny. Welche enge Abhängigkeit und doch welcher Abgrund! Benjamin Franklin und Robespierre, Washington und Napoleon sind ohne einander nicht zu denken. Aber welche Welten trennen die Erklärung der Menschenrechte im amerikanischen Kongreß von ihrem Sinn und Wert in der Pariser Konstituante!

Der Unterschied ist etwa dem zu vergleichen, der zwischen der Proklamierung des Achtstundentages in Europa und der Agrarrevolution in Rußland besteht. Das eine ist der europäische Sozialismus, das andere ist die russische Revolution. Trotzdem stammt die Bibel der Russen aus dem Westen, nämlich: Marxens Kapital. Geradeso stammt das Zauberwort der deutschen Fürsten aus Italien, die Italiener haben ihnen den uns Deutschen so teuer gewordenen Namen des Staats geschenkt. In diesem italienischen Namen, den Italienern selbst gleichgültig, bringen wir noch heute auch alle gesellschaftlichen Fragen unter.

Die Verherrlichung der „Gemeinde“ (Communitas Sancta [Communité]) im Calvinismus hat den englischen Commons das Pathos zu ihrem Commonwealth gegeben. Der Grundgedanke der deutschen Reformierten hat hier seine höchste politische Verwirklichung gefunden. Dank dieser ausländischen Lehre haben z. B. die Engländer heute noch keine geschriebene Verfassung. Die „Gemeinde“ wird nicht papieren konzipiert.

Die Franzosen wiederum verdanken einen Eckstein ihres politischen Lebens den Angelsachsen. Gerade zum Protest gegen die ungeschriebene Verfassung haben die Amerikaner ihren Bürgern die Grundrechte verbriefen wollen. Auf die angeborenen Menschenrechte Brief und Siegel zu geben, ist eine amerikanische Idee, und der Gedanke, das nationale Leben auf ein Stück Papier als Verfassung aufzuzeichnen, gleichfalls. Die „Konstitution“, das Palladium Frankreichs und aller Französlinge, ist also ausländischen, angelsächsischen Ursprungs.

Die Russen schließlich verdanken ihre Vorstellung einer Gesellschaftsordnung und der Planwirtschaft den französischen „Sozial“-Lehren von den Klassen und der Gesellschaft und dem Begriff des ordre social seit Saint Simon und Comte.

Wegbereiter	Verkörperung
Burgundische Cluniacenser ecclesia	Rom, ecclesia Romana
Italienische Spiritualisten und Humanisten, stato Marsilius v. Padua	Wittenberg und Potsdam sächsischer, preuß. Staat
Deutsche Calvinisten Communité	Westminster, Commonwealth
Amerikanische Independents Constitution	Paris, Constitution
Französische Communistes ordre social	Moskau ökonomische Politik

Jedesmal wird ein ungeheurer Weg zurückgelegt, das Kleine ins Riesengroße gesteigert und durch das Gruppeninteresse ihrer Verwirklicher umgewandelt. Aber die geistige Herkunft aus der Fremde ist unleugbar.

Wenn man diese Tafel mustert, so findet man, daß die Sturmvögel der Revolution immer aus dem Gebiet stammen, das der vorhergehenden Revolution unterworfen war. Man kann sie daher auch umgekehrt lesen:

Lothringer → Rom
↓
italienische Spiritualisten → Wittenberg
↓
deutsche Calvinisten → Westminster
↓
englische Sektierer → Paris
↓
französische Kommunisten → Moskau

Der geistig-revolutionäre Überschuß einer Revolution wird also aus ihrem Mutterland ausgestoßen und dringt nun in die übrige Welt hinüber.

Dieser Überschuß wird aber im Mutterland besonders leidenschaftlich verfolgt. Es sind die *Geächteten* des Mutterlandes, die den Samen der nächsten Revolution weitergetragen haben. Gegen niemanden ist die europäische Großmacht so harthörig, wie gegen den Gegensatz, den sie selbst hervorruft. Die Calvinisten waren vom Augsburger Religionsfrieden 1555 ausgenommen. Schon 1530 heißt es amtlich im Reichstagsabschied von den vier oberdeutschen reformierten Städten, sie hätten sich von der deutschen Nation abgesondert — während den Augsburger Konfessionsverwandten diese Zugehörigkeit gerade verbrieft wurde. 1600 wurde der sächsische Hofprediger in Dresden wegen „Hinneigung zum Calvinismus“ enthauptet!

Die Kommune in Paris ist von den Franzosen mit entsetzlicher Grausamkeit niedergeschlagen worden. 20 000 Erschießungen und 50 000 Deportationen haben den Kern des Proletariats ein für allemal ausgerottet. Und es sind die anglikanischen Verfolgungen, denen alle amerikanischen Sekten, z. B. die Quäker, ihre heutige Kraft verdanken. Savonarola schließlich, der Spirituale, wird in Florenz 20 Jahre vor Luther verbrannt.

Das Mutterland einer Revolution wird eben durch diese Grausamkeit zum Bollwerk gegen die nächste. Es ist, als gewänne eine Nation durch ihre eigene Revolution eine Immunität gegen alle späteren, vor allem aber gegen die nächstfolgende. Sie gewinnt durch die eigene Revolution die Kraft, auch in großen Versuchungen sich selber treu zu bleiben.

England ist der Rufer im Streit gegen Napoleon gewesen. Noch 1914 sind die Briten gegen den New Napoleon alarmiert worden. Alle Legitimisten des europäischen Festlandes verdanken ihr geistiges Rüstzeug gegen die Ideen der französischen Revolution den Engländern.

Nicht nur Poincaré, auch Léon Blum und Sartre verteidigen Frankreichs Bürger gegen den Bolschewismus. An ihnen und den, wie wir nun sehen, gerade den Ideen von 1789 verwandten Amerikanern prallen alle russischen Gedankengänge hoffnungslos ab. Andere Länder, z. B. Spanien und Italien haben viel stärker die russische Welle zu spüren bekommen als Frankreich.
Diese Immunität findet sich aber auch bei Italien gegenüber der Reformation. Keine Großnation hat so wenig von ihr zu leiden gehabt als Italien. Minimal — im Verhältnis zu Frankreich und England — ist Luthers Einfluß in Italien geworden.
Der englische „Königsmord" von 1649 hat im deutschen Obrigkeitslande nur Entsetzen erregt. Keine einzige ähnliche Adelsbewegung ist in Deutschland zu verzeichnen, während in Ungarn, Polen, Frankreich (Fronde!), Spanien der niedere Adel angesteckt wurde.
Die Immunität der früheren Revolution gegen die nächste beruht auf der Kraft jeder Revolution, die Forderungen der nächsten in erheblichem Umfange schon auf friedlichem Wege mit zu verwirklichen. Darüber wird noch bei jeder Revolution gesondert zu handeln sein. Von allen bisherigen Revolutionen scheint sich die russische zu unterscheiden. Bisher fehlen ihr die Sturmvögel einer nächsten Revolution. Die sogenannte Linksopposition in Rußland ist — man möchte sagen — im Programm vorgesehen. Wie alles nach chemischer Formel verläuft, so auch diese Opposition. Einen Gegensatz im Ziel so tief wie zwischen Calvin und Luther oder Marat und Robespierre vermag ich zwischen Stalin und Trotzki nicht wahrzunehmen. Auch darin unterschied sich Trotzki, daß er einmal mächtiger als Stalin gewesen war. Ältere „Linke" waren machtlos. Gerade diese Abstinenz stärkte sie im Kampf gegen die neuen Machthaber, die ihre Ideale verrieten. Mithin scheinen die Bewußtheit dieser Revolution und ihr Wille, die letzte zu sein, den Ausfall eines Wiedertäufer- und Schwarmgeisterflügels zu bewirken. Von einer anarchistischen Opposition hört man nichts.
Vielleicht liegt in diesem Vorgang eines der bedeutendsten Zeichen für den Charakter der russischen Revolution. Sie hat nämlich bereits im Jahre 1905 das Problem der „Freiheitsrechte" praktisch erledigt und ist bereits damals (im Organisationsstreit zwischen Mehrheit und Minderheit) auf die Herrschaftsform losgegangen. Sie hat also umgekehrt wie alle bisherigen Umwälzungen vorher von sich die bloßen Wunschziele und Utopien abgeschüttelt. Das „Reich der Freiheit" und die „Freiheitsrechte" sind für Lenin bereits 1905 erledigt. Er denkt schon von jenseits der Freiheit aus dem neuen proletarischen Weltzustande heraus. Und er ist also nicht mehr genötigt gewesen, zweideutig aufzutreten. In der russischen Revolution ist vielleicht die „Linksopposition" (im tieferen Sinne des Wortes) sofort an die Macht gelangt. Der Grund liegt wohl darin, daß die gesamte russische Revolution nur der linke Flügel der Weltkriegsrevolution ist. Wie kann das noch Linksopposition haben, was als ganzes die Linksopposition bildet? Die russische Revolution ist ein Teilvorgang. Wir

dürfen nicht zugunsten des Selbstbewußtseins der Bolschewiki von der wahren Revolution absehen. Sie sind eben nur die Antithese innerhalb der planetarischen Revolution der Weltkriege.

3. Standortslehre der Revolution

Jedenfalls kann eine Revolution im vollen Ausmaß durch jedes Volk *nur einmal* gestaltet werden. *Jedes Volk macht nur seine Revolution.* Weil z. B. die Deutschen die Reformation gemacht haben, deshalb ist der westliche Einfluß der französischen Revolution auf uns zwar oft erheblich aber nie siegreich gewesen. Jede neue Revolution wird aber angesteckt aus dem Lande der alten Revolution. Gerade weil hier die „noch neueren" Ideen ausgestoßen werden, fliegt der Samen in die Welt.

Der Zusammenhang der einen mit der anderen Revolution wird aber nicht nur durch jenen Flug der Sturmvögel der Revolution sichergestellt. Der Zusammenhang ragt über diese ideologisch-geistige Verbindung hinaus, genauer hinunter tief ins Geographisch-Materielle.

Die Antithese zur vorhergehenden Revolution wird in der russischen Revolution bewußt, d. h. logisch proklamiert. Aber sie steckt in allen anderen auch. Und die Tafel der *sozialen* Reihenfolge lehrt ja schon, daß eine Gesellschaftsschicht jedesmal die vorhergehende gestürzt hat.

Aber diese Dialektik würde doch noch nicht erklären, weshalb die Revolution von Land zu Land wandert. Weshalb folgt sich die Revolution nicht so, daß die italienischen Fürsten sich gegen den Papst auflehnen, der niedere Adel in Italien gegen die Herzöge von Mailand und Neapel, die Bürger von Florenz gegen den Adel und die Landarbeiter in Toskana gegen die cittadini in Florenz? Weshalb kommt jedes Land im wesentlichen mit einer Revolution aus? Und wie kommt jedes Land zu seiner Revolution?

Nun, die Papstrevolution hat das Papsttum und hat Italien geschaffen, die deutsche Reformation den deutschen Einzelstaat und die deutsche Nation: Jede Revolution ist nur zu 50 vom Hundert Sozialumwälzung, zur anderen Hälfte prägt sie die Völker. Eine jede stimmt also zu 100 vom Hundert nur in diesem einen einzigen Lande, in dem der revolutionäre „Faktor" als der „Träger" des Ganzen, als Verkörperung der Nation gelten kann.

Der Papst ist die Stimme Italiens. Trotzdem er ein einziger ist, hat daher seine Revolution durchaus demokratisch empfunden werden können. Es fällt dem Republikaner von heute vielleicht noch schwerer, den demokratischen Zug der deutschen Fürstenrevolution zu begreifen. Und doch sind sie die Exponenten der deutschen Nation, auch da wo sie ihre eigenen Interessen vertreten. Es ist jedesmal die ganze Nation, die von einer sozialen Schicht verkörpert wird. Und die Kommunisten in Rußland oder die Jakobiner in Frankreich sind nicht „populärer" als Papst und Fürsten zu ihrer Zeit und in ihrem Lande gewesen sind.

Diese vollkommene Selbstdarstellung einer Nation in einem Stand muß von Land zu Land geschildert werden, um in ihrer ganzen Tragweite auch für die Zukunft ausgewertet werden zu können. Aber schon hier ist diese Tatsache wichtig, weil sie die Wanderung der Revolution erklärt.

Jede europäische Revolution tut all den Ländern am meisten unrecht, die noch zu keiner Selbstdarstellung gekommen sind. Sie nimmt keine Rücksicht auf ihre ganz andere Erdenlage. Das Land der entgegengesetzten Situation wird dadurch seinerseits zur Revolution genötigt. Wir wählen zunächst als Beleg für diesen Satz das zeitlich naheliegendste Beispiel: Rußland in seinem Verhältnis zur französischen Revolution.

Niemand hatte wohl unter der französischen Revolution so zu leiden wie Rußland, das noch ohne Revolution nun den Ideen von 1789 und den kapitalistischen Herrschafts- und Wirtschaftsmethoden des 19. Jahrhunderts ausgelieferte Gebiet.

Die Übertragung des französischen Nationalismus und des Glaubens von 1789 an eine geschriebene Verfassung hat in Deutschland zwar auch zerstörend gewirkt. Die Nationalstaatsidee der Kleindeutschen ist weitgehend eine Kapitulation vor dem französischen Nationalismus, die das deutsche Bürgertum vollzog. Immerhin traf dieser in Deutschland auf das Felsgestein Preußens und seines Heeres, auf die Beamten Preußens und der anderen Einzelstaaten, auf die Religionsparteien der Reformation und auf die deutschen Universitäten, und so konnte der deutsche Bürger sich nicht hemmungslos ausleben. Auch Spanien ist förmlich zugedeckt worden durch eine französische Überschwemmung mit Verfassungen und Ideologien. Aber die Mehrzahl der Spanier hat ihre persönliche Kraft und Leidenschaft nicht durch diese abstrakten Theoreme zerstören lassen.

Anders in Rußland. Wenn Preußen durch den Nationalliberalismus und seinen Kulturkampf nur die Polen verloren hat, so hat Rußland alle seine Randstaaten notwendig durch ihn einbüßen müssen. Die Russifizierung der Fremdvölker seit den achtziger Jahren des vorigen Jahrhunderts, der Verfassungsbruch in Lettland gegenüber dem Landtag genau wie in Finnland, ist nicht russischen, sondern westeuropäischen Ursprungs. Der Panslawismus der „echt russischen Leute“ ist eine „*Kontrastimitation*“, eine Nachahmung des westlichen Nationalismus durch das slawische Spiegelbild. Er wurde daher eine Sache der Literatur und des Bürgertums, vom Schlage eines Purischkewitsch, d. h. der von Paris her geprägten Gesellschaftsschicht.

Das Bündnis des Zaren mit der Republik Frankreich, das Spiel der Marseillaise auf der Zarenjacht 1889 untergrub die Existenzberechtigung des Zarentums. Die Wittesche Ausfuhrpolitik raubte das russische Bauerntum aus, dort wo Frankreichs Ausfuhr der Luxusindustrie den Kleinbürger bereicherte. Die Rolle Petersburgs in Rußland war nicht nur eine Nachahmung von Paris, sondern zog auch all die in Rußland vorhandenen Kräfte des Bojarentums, des Adels, hinunter auf die Stufe der Großstadtbourgeoisie und ersetzte die Herrschaft des Leibherrn durch den Rentenbezug des größenwahnsinnigen an der Riviera, in Paris und in Florenz sich amüsierenden russischen Fürsten. Petersburg war für den echten Russen der Schandfleck und die Eiterbeule Rußlands, dort wo Paris der Stolz Frankreichs war. Wohl kein Volk hat so an einer Stadt gelitten, wie Rußland an Petersburg. Und alle neuen Ideen der bürgerlichen russischen Gesellschaft zielten doch in der einzigen Richtung, diesem Zentrum Petersburg zu steigender Ehre und steigendem Einfluß zu verhelfen. Paris ist das Herz Frankreichs, Petersburg aber, das die Vorrechte von Paris beanspruchte, war höchstens Rußlands „Fenster nach Europa".

So wirkte jeder aus Paris einfallende Gedanke schlechthin zerstörend auf die Ordnung in Rußland und zwar genau so auf Zar, Kirche und Adel oben, wie auf das Landvolk unten. Die einzige Schicht, die auf ihre Kosten kam, das Bürgertum, war zugleich die, auf die es in Rußland eben gar nicht ankam.

Jede andere Revolutionsart hatte den Russen mehr zu bieten als die der Franzosen.

Aber diese Vergewaltigung hat einen gewaltigen Niederschlag gefunden in einer Maßnahme, die der Westen hochgepriesen hat, die aber in Wirklichkeit die russische Revolution unvermeidlich gemacht hat, die Bauernbefreiung von 1861! So seltsam es klingt, so hat gerade diese Nachahmung französischer Ideen nicht etwa den Sturz des Zaren, sondern den Sturz der bürgerlichen Gesellschaftsordnung in Rußland notwendig gemacht!

Das Scheitern der Miljukow und Kerenski im Jahre 1917 bei ihrem Versuch einer bürgerlich demokratischen Revolution ist eben kein Zufall, sondern so selbstverständlich, wie das Wegbrechen der beiden ersten Stände in Frankreich bei der Berufung der Generalstände.

1861 hatten die Ideen der französischen Revolution der Freiheit und Gleichheit das russische Land unter einen empörenden Druck gesetzt. Seitdem ist Rußland revolutioniert.

Das, was uns Recht erscheint, ist für den Muschik nur ein Unrecht gewesen. Denn er erhielt Freiheit ohne Eigentum. Der Schlachtruf der Jakobiner, von denen zwei Drittel der Bourgeoisie angehörten: Freiheit und Gleichheit, muß ja mit den beiden Klammern gelesen werden, Freiheit (des *Privateigentums*) und Gleichheit (d. h. Auswechselbarkeit des *Standes*). Aber die Jakobiner hatten weder gewußt noch ausgesprochen, daß sie eine solche ganz bestimmte Freiheit verwirklichen wollten. Exportiert in das unglückliche Europa haben die Franzosen nur die Freiheit und die Gleichheit schlechthin. Mit dieser Freiheit kann der Bauer nicht das geringste anfangen. Er braucht Bindung. Mit der Bauernbefreiung hob man die Bindung auf, ohne ihm Eigentum und ohne ihm die Entschädigung für den Wegfall der Bindung zu gewähren in Form der Gleichheit. Gleichheit des Standes heißt ja nur, daß aus Bauern, Arbeitern und Adligen nunmehr lauter Menschen, d. h. Bürger werden können. Aber in Rußland blieb Adel Adel, Tschin Tschin, Bauer Bauer, jeder nach seinem Standesrecht. Gerade Bürger konnten sie mithin nicht werden. Bloß „frei" machte man den

Bauern. Deshalb bestimmt „die Front gegen das Dorf" die russische Revolution.

Der abstrakte Export der Ideen von 1789 ohne die Bindung an Frankreich hat also die russische Ordnung des Lebens vergiftet und unheilbar krank gemacht. Die Bauernbefreiung hat zur Empörung geführt, weil sie — empörend war. Und deshalb konnte die russische Revolution nicht die französische Idee des Privateigentums oder der Freiheit aufgreifen, sondern die Freiheit für ein bürgerliches Vorurteil erklären.

4. Der wunde Punkt

Einen solchen Druckpunkt finden wir im zeitlichen Vorfeld jeder Revolution. Jede Revolution hat natürlich eine lange Vorgeschichte, und viele Vorbereitungen gehen vorauf. Aber damit alle diese Vorbereitungen überhaupt in ein und derselben Richtung zusammenwirken und schließlich das Ergebnis: Revolution haben, muß einmal ein erregendes Moment aufgetreten sein, das als dauernder Druckpunkt die Herzen und Köpfe empört.

Revolutionen sind ja keine Verschwörungen. Sie brechen nicht aus, weil ein paar Vermummte sie im Keller verabreden, nicht weil irregeleitete Leute die Front aufwiegeln oder Hetzer Flugblätter auf den Straßen verteilen. So stellt sich der Spießbürger die Revolution vor. Die Revolution unterscheidet sich vom Komplott und der Revolte eben durch ihre Absichtslosigkeit. Jeder trägt zu ihr bei, ohne es zu wollen. Man kann sich nicht zu ihr verabreden. Und man braucht es nicht.

Gerade deshalb muß ein weithin sichtbares Fanal brennen, das unausgesetzt alle in seinen Lichtkegel reißt und dadurch revolutioniert, sie mögen wollen oder nicht. Gerade die bewußt alle Gewalttat verwerfenden Geister einer Vorbereitungszeit wirken daher am revolutionärsten. Luther schreibt noch 1519: „Ob nun leider es zu Rom also zugeht, daß es wohl besser taugte, so ist doch die und keine Ursache so groß, noch mag sie so groß werden, daß man sich von derselben Kirche reißen und scheiden soll. Ja, je übler es da zugeht, je mehr man zulaufen und anhangen soll: denn durch Abreißen und Verachten wird nichts besser." Solch ein Mann ist tausendmal geschickter zur Revolution als ein hemmungsloser Hysteriker: Der Revolutionär wider Willen erweist die Notwendigkeit des Bruches. Er steht nur unter dem objektiven Druck jenes erregenden Augenblicks, ohne allen Eigenwillen, und setzt diesen Druck daher rein und ohne willkürliche Empörung in die Tat um. Mit Hilfe des Druckpunktes kann sich also das Vorfeld und Kraftfeld der Revolution in der Nation auch in den konservativen Volksschichten bilden.

Für die deutsche Reformation liegt der Druckpunkt sehr klar. Als Kaiser Siegismund dem Ketzer Hus auf Zureden des Konzils sein kaiserliches Geleit brach, nur weil die Kirche jenen verurteilt hatte, da bezahlte das die deutsche Nation durch das Wüten der Hussitenkriege. „Nur kein Krieg für Papst und Kirche" stand seit diesem Unglück als Losung eingeschrieben in die Herzen der deutschen Nation. Keine Ordnung der Dinge, die irgendeine Möglichkeit des Krieges im Dienste des Papstes ermöglichte, war seitdem erträglich. Jede Reform mußte zuerst dies Elend beseitigen. Und die Reformation hat es beseitigt. Deshalb wurde der Kampf gegen das Ketzeredikt von Worms der Inhalt der deutschen Revolution.

Auch Preußen hat seinen Rachegrund. Preußen hat im Siebenjährigen Krieg die Revolution der weltlichen Obrigkeit noch einmal, nun ohne religionsparteiliche Ideologie, wiederholt. Der Druckpunkt, von dem an sich Preußens Energie systematisch aufgefüllt hat, ist der Friedensschluß, zu dem Ludwig XIV. den Kurfürsten von Brandenburg 1679 in St. Germain en Laye zwang. Daher das seltne Pathos seiner Denkmünze mit der Umschrift: „Erstehen soll aus meinen Gebeinen irgendeiner als Rächer!" Die Reichsstände ließen den an den Rhein vorgepreschten Kurfürsten im Stich. Der Staat dieses Fürsten, der nichts als Grenze war, hatte die Last der Staatlichkeit verzehnfacht zu tragen. Das Reich hätte ihm die Last dieser Eigenstaatlichkeit erleichtern müssen, da es selbst sie ja von den eigenen Schultern abgewälzt hatte. Preußens Grenzen vertraten hier zum ersten Male Grenzen des Reichs. Aber das Reich sah das nicht. Sondern das Reich zeigte kein Interesse. Seitdem ist Preußen revolutioniert. Und zwar sieht sich dieser eine Reichsstand von den anderen Ständen des Reichs im Stich gelassen und zerschlägt deshalb die aristokratisch-ständische Verfassung des alten Reiches, Kaiser und Reichstag, und Preußens Gesandter von Plotho wirft eigenhändig den Reichsnotar in Regensburg, der ihm einen Beschluß der Reichsstände mitteilen will, die Treppe hinunter. Seit 1679 war Preußens Lage hoffnungslos für sich allein; weder geschützt durch andere Vorlande wie die anderen deutschen Binnenlande, noch privilegiert wie die riesige kaiserliche Hausmacht, in der alle Grenzlande von den Niederlanden über den Breisgau und Tirol nach Krain, Kroatien, Siebenbürgen und Schlesien zusammenflossen. Preußen litt von außen wie die kaiserlichen Erblande und stand innen da wie irgendein Reichsstand. Das war das Unrecht, das ihm angetan wurde und das seine Reichsstandschaft gesprengt hat.

Der wunde Punkt Italiens war die Zerstörung Mailands 1162, die sich der Verletzung des Papsttums durch die Synode von Sutri 1046 zur Seite stellte.

Englands „Trauma" entsteht durch das Fehlen einer „Religionspartei" auf der Insel und durch die Hinrichtung des Thomas Morus.

Die Rechte des deutschen Landesfürsten ließen sich nicht auf den König von England übertragen, sobald es nur einen einzigen Herrscher auf der ganzen britischen Insel gab. Denn dadurch war in England die Lage genau entgegengesetzt als in dem fürstenreichen Deutschland. Man hatte dann im „König" gerade einen Papst und nur scheinbar einen Landesfürsten. Denn jeder Fürst in Deutschland war Mitglied einer Religionspartei und daher weitgehend abhängig von dem Inhalt der Bekenntnisschriften seiner Partei auch für die Verfassung der Landeskirche. Der König von England mußte durch den Oath of

Supremacy als Haupt der Landeskirche anerkannt werden, ohne doch der Zügelung durch eine solche Religionspartei von Fürsten zu unterstehen!
Ein Königs-Papsttum hatte bereits Heinrich VIII. England angedroht, als er dem berühmten Thomas Morus als treuem Katholiken das große Siegel von England abforderte, das er als Kanzler, als Keeper of the King's conscience, führte, und ihn im Tower 1535 enthaupten ließ. Damit schuf er bereits das Gefälle des Rechtsbruches, der das Recht des normannischen Königtums begrub. Was die weltliche Obrigkeit auf dem Festland tun durfte, das war auf der Insel empörend. Und so hat des Morus Hinrichtung in England gewirkt!
Für Frankreich kommt die Aufhebung des Ediktes von Nantes dem englischen Fall gleich. Am 22. Oktober 1685 verbot Ludwig XIV. jedes andere als das katholische Bekenntnis und vernichtete damit die bürgerliche Schicht der Provinzen. Dieses Edikt von Versailles hat als erregendes Moment gewirkt, obwohl es scheinbar nur den Grundsatz der deutschen Reformation: cuius regio eius religio durchgeführt hätte. Aber Ludwig XIV. begrub damit seine kühnen Ansätze zu einem rein humanistisch-klassizistischen Staatsbau. Die Franzosen konnten seitdem nicht mehr hoffen, er werde das weltlich-natürliche Gallien erzeugen. Er verleugnete seine eigene Hugenottenabstammung von Heinrich IV. Die Nation wurde um hundert Jahre zurückgeworfen. Seit 1685 hat Paris, das bis dahin fanatisch katholische, an Versailles das „Unmoderne" bekämpft, also nicht Ludwig XIV., sondern die Einflüsterer des Edikts von Versailles, die Aristokraten und Privilegierten. Was in England Rechtens war, wurde hier unbillig. Die Adelsherrschaft der englischen Gentry war über das ganze Land verteilt. Ihre Versammlung im Parlament in Westminster tat York und Bristol und der City von London keinen Abbruch. Dabei hatte keine englische Stadt die Bedeutung von Paris. Hingegen der französische Adel, in Versailles konzentriert, drückte den Rang der geistigen Hauptstadt der Nation, Paris. Eben deshalb aber ist aller Adel dieser Empörung der Sansculotten von Paris zum Opfer gefallen und das Königtum nur, weil und soweit es adlig war!
Die Übertragung der Adelsfreiheiten auf Frankreich hat also so wenig gepaßt, wie die der bürgerlichen Freiheit auf Rußland.
So hat also jede Revolution durch die Ausführung ihrer Schlagworte einem bestimmten Lande immer ganz besonders unrecht getan. Und dieses Land, das am schwersten verletzt wird, macht die nächste Revolution.
Deshalb wechseln die Revolutionen ihren Schauplatz. Die Bedrängnis durch die eine Revolution ist an dem Ausbruchsherd der nächsten die größte. Die Reihenfolge der Nationen ist also kein Zufall. Daß eine so alte, berühmte und hochstehende Nation wie die französische erst hinter den Italienern, Deutschen und Engländern Revolution gemacht hat, ist doch etwas sehr Auffälliges.
Nunmehr ist der Grund dafür deutlich. Die Adelsprivilegien haben nur in Frankreich den Lebenskeim der Nation versehrt. *Erst seit Versailles wurde Frankreich das rückständigste Land Europas!*
Immer das rückständigste Land macht Revolution. Aber es wird erst rück-

ständig durch die Wirkungen der vorhergehenden Revolution. Erst das Papsttum und die klerikalen Ansprüche haben Deutschland „rückständig" werden lassen im 15. Jahrhundert. Und die Sultanslaunen Heinrichs VIII. haben England revolutioniert. Die Erzählung wird ergeben, daß die Dialektik der Revolutionen auch ein wirklicher Dialog ist, ein Wortgefecht mit blendenden Antithesen.

Zwischen dem Druckpunkt, dem Trauma, und dem Ausbruch liegen Jahrzehnte, ja ein Jahrhundert. Trotzdem ist auch das zeitliche Verhältnis der Daten zwischen dem erregenden Moment, dem Einfall des Schicksals durch das „Trauma" bis zu dem offenen Ausbruch der Empörung ein gesetzmäßiges. „Der Rächer aus den Gebeinen" ist dem Großen Kurfürsten erst bei Roßbach erstanden. Weshalb erst dann? Wenn die Konstellation des Druckpunktes sich in ihr Gegenteil verkehrt hat, dann bricht die Revolution aus. Frankreich war 1685 der Gegenspieler Habsburgs. Seit 1756 ist es mit Habsburg verbündet. Da wird das ancien régime unhaltbar.

Denn was der Große Kurfürst beim Friedensschluß in St. Germain en Laye 1679 ahnend gewünscht hatte, daß einst Preußen imstande sein möge, gegen eine Welt von Feinden die Früchte seiner Siege zu behaupten, mußte bewährt werden, sobald es nicht um den Rhein oder Schlesien, sondern zugleich um Preußens Dasein schlechthin ging. Das Reich hatte 1679 den Großen Kurfürsten nur im Stich gelassen, als er für das Reichsinteresse focht. 1756 aber hatten gegen den Reichsfeind Preußen Kaiser und Reich, sogar Frankreich sich verbunden! Da half nur der revolutionäre Krieg.

Der Krimkrieg sah die Westmächte im Bunde mit der Türkei gegen Rußland. Als diese Hüter der europäischen Zivilisation sich 1914 mit dem Zarismus gegen die europäische Mitte verbanden, war der Zarismus untragbar geworden. An der Entente ist Nikolaus II. gestürzt. Das hat der einfache Muschik auch genau gefühlt. Denn im Krimkrieg hatte das heilige Rußland gegen den ungläubigen Westen gefochten. 1914 konnte das niemand mehr sagen. Der Zar war selbst unheilig geworden durch seine Verbündeten. Gab es doch Krieg für eine so weltliche Sache, dann konnte man offen unheilig werden, statt nur verkappt. Rasputin hat immer behauptet, er hätte 1914 den Krieg verhindert. Ein Attentat beseitigte damals seinen Einfluß.

Als die ständige Rivalität zwischen Kaiser und Papst so weit vergangen war, daß der Kaiser, der 1414 das Konzil gegen den Papst geführt hatte, selbst 1512 Papst zu werden gedachte — war die Revolution Luthers gegen das Papsttum reif.

Seit 1046 hatte der Gegensatz zu den Normannen die Kaiserpolitik in Italien beherrscht. Als die Kaiser die Unio regni et imperii, die Einigung des normannischen Unteritaliens mit dem Reich anbahnten, brach Innozenz III. los.

Und auch 1649 war die letzte Sicherung Englands, die Teilung der Insel in die beiden Königreiche, die Heinrichs VIII. Regierung und Landmacht geadelt hatte — hatte er doch sogar noch einen englisch-schottischen Pufferstaat

eingerichtet — in ihr Gegenteil umgeschlagen: aus der Vereinigung Englands mit Schottland seit 1603 floß der Anspruch des Königs, nun auf der ganzen Insel eine Einheitsreligion durchzusetzen. Der Versuch, die Schotten zu anglikanisieren, brachte die Entscheidung. Denn in diesem Versuch offenbarte sich endgültig die abweichende Lage des Königtums von den Religionsparteien auf dem Festland.
Die Revolution kommt also immer im letzten Augenblick, wenn es höchste Zeit ist. Das Unrecht, das 1535 an Thomas Morus geschehen war und die Belegung des Towers mit den Gefangenen des Königs wegen Religionssachen entbehrte der letzten Entschuldigungen des starken Königtums, als die letzte Aufgabe dieses selben Königtums an der Grenze durch die Vereinigung mit Schottland dahingefallen war.
Das Unrecht der Vertreibung der Hugenotten und die Dragonaden waren durch Ludwigs XIV. und der Madame de Maintenon Ziel geadelt, die Vormacht der katholischen Religion in Europa zu bilden statt des Kaisers. Davon war, seitdem Maria Theresia der Pompadour das Bündnis abgerungen hatte und seit Marie Antoinette nicht mehr die Rede. Das absurde Bündnis des Königs von Frankreich und des Kaisers von Österreich gegen die französische Nation, das in der Proklamation des Herzogs von Braunschweig und der Kanonade von Valmy zutage trat, war seit dem Siebenjährigen Krieg und der Königshochzeit in Straßburg zwischen dem Bourbon und der Habsburgerin in der Zeiten Schoß eingesenkt.

5. Die moralische Entrüstung

Aber eben daraus ist auch die seltsame Fügung bei allen Revolutionen zu erklären, daß es die guten und nicht die schlechten Regenten sind, denen die Revolution widerfährt. Fast kein Geschichtsbuch, das nicht bei der französischen Revolution Reflexionen vorausschickt, wie merkwürdig der Ausbruch der Revolution unter Ludwig XVI. statt unter Ludwig XV. sei. Unter Ludwig XV., ja, da wäre sie zu verstehen gewesen, sagt sogar Carlyle. Aber unter dem redlichen Ludwig XVI. mit seinen Reformministern Turgot und Necker? — Unbegreiflich!
Und Karl V., der fleißige, neu erkorene, nicht der träge Friedrich III., wird das Opfer der Reformation. Nikolaus II., der wirklich an das heilige Rußland glaubte, muß den Sturz der Romanows vollenden. Auch gibt es keine liebenswertere Gestalt unserer Kaiserzeit als Philipp von Schwaben. Man möchte sagen: Ausgerechnet diesen trifft der Blitz der italienischen Revolution!
Es sind aber notwendig immer „anständige Menschen“, die von der Empörung überwältigt werden. Denn die Revolution bricht ja erst aus, wenn es höchste Zeit ist. Und es ist solange nicht höchste Zeit, als man irgend etwas auf die persönlichen Schwächen eines Menschen abschieben kann! Friedrichs III. Trägheit — das war schließlich ein vorübergehendes Unheil. Heinrichs VI.

Grausamkeit und Ludwigs XV. Pompadourwirtschaft desgleichen. Die Pedanterie des Schriftstellerkönigs Jakobs I. und der Verfolgungswahnsinn Alexanders III. — das alles kommt mit dem Menschen und geht mit dem Menschen. *Die private Moral ist etwas Unhistorisches und Antihistorisches.* Die Weltgeschichte ist keine Sittenpolizei. Es ist schon schlimm genug, wenn sich der tägliche Zeitungsleser das Maul zerreißt, weil andere Leute sündigen. Aber daß Völker den Frieden zerreißen, Krieg führen, Städte in Asche legen, Ordnungen vernichten — bloß weil einer lasterhaft ist und sündigt, das bewirken selbst die bösesten Klatschmäuler und Tugendrichter nicht.

Woher also konnte die Große Revolution unter Ludwig XV. eben gerade nicht ausbrechen? Nun, es war ja noch nicht ausgemacht, was nur auf sein persönliches Schuldkonto ging und was auf die Sackgasse, in der sich die französische Verfassung befand. Wenn Alexander III. die Marseillaise spielen ließ, so konnte das eine Laune sein. Bei Rasputins Schutzherrn Nikolaus war das Bündnis mit den Herren Poincaré, Viviani und Barthou, diesen reinsten Vertretern der freigeistigen Bourgeoisie — Viviani hatte die „Sterne am Himmel ausgelöscht!" —, rein sachliches Verhängnis ohne menschliche Laune und Willkür.

Jakob I. von England war ebenso unbeliebt, wie seinem Sohne die natürliche Neigung der Engländer gehört hat. Deshalb ist unter dem untadeligen und liebenswerten Karl I. die englische Revolution ausgebrochen. Am Tage seiner Hinrichtung 1649 weinte das Volk, und seine herrliche „Ikon Basilike", das „Königsmal", erlebte 1650 fünfzig Auflagen, und diese würdige Schrift liest auch der heutige Leser mit ehrlicher Erschütterung. Die Reinheit dieses Opfers, sein Liebreiz und sein Mut erinnern an die Gestalt Philipps von Schwaben, übertreffen aber diese noch an schicksalhafter Vertiefung. Die Henker dieses Opfers haben das britische Weltreich und den englischen Parlamentarismus gegründet: Eine eindringliche Lehre, wie sich das Notwendige durchsetzt. Wenn durch die reine Seele nicht mehr das Alte erhalten, durch die schwärzeste Larve das Neue nicht mehr abscheulich gemacht werden kann, dann ist die Probe auf die Notwendigkeit gemacht. Es ist bitter für die sentimentalen Gemüter, aber es ist wahr, daß die Seelengröße auf geistig verlorenem Posten, die anrüchigen Charaktere aber auf der Seite des siegreichen Durchbruches gerade richtig angeordnet sind. So muß es sein, damit die äußerste Sicherheit besteht, daß nicht Männer oder Massen die Geschichte machen, sondern daß die Spezies Mensch sich durch alle bloßen Spielarten hindurch ihren Weg sucht. Von allen Revolutionen gilt das Wort des älteren Pitt über die englische: „Es gab persönlichen Ehrgeiz, es gab Aufruhr, es gab Gewalttat. Aber niemand soll mich überreden, daß es nicht die Sache der Freiheit auf der einen Seite war und der Tyrannis auf der anderen!"

Als Friedrich III. das Reich und das Konzil 1447 im Stich ließ, konnte man das seiner Interesselosigkeit an Reich und Kirche zuschreiben. Bei einem feurigen Katholiken wie Karl V. war das undenkbar. Es war gerade das Unglück

Karls V., daß seine Frömmigkeit der Sache der Kirche einen Ernst verlieh, der ihr durch den Papst Leo X. nicht zugeflossen wäre. Der Mediceer auf dem Papstthron, der war ein genußsüchtiger italienischer Potentat, und Luther tat also 1517 recht daran, ihn zu zausen, ja, ganz Deutschland einschließlich des Reichsregiments freute sich. Aber dafür das Reich in Deutschland in Verwirrung zu stürzen, das wollte weder Kaiser noch Reich einleuchten. Als Karl V. es seit 1519 wieder ernst nahm mit der Kirche, da schürzte sich der Knoten. Und als er gar einen frommen Papst 1522 in der Person seines eigenen Erziehers aus den Niederlanden den Römern aufzwang, da erst war der Bruch unheilbar. Das Jahr 1522 hat daher für die Reformation dieselbe Bedeutung wie 1792 (Valmy) für die französische Revolution. Der fromme Papst macht den Bruch mit Rom zu einem rein sachlichen.

Das Jahr 1917 bedeutet das gleiche für die russische Revolution. Denn die Westmächte verhalfen damals mit der Kerenskirevolution der Bourgeoisie sogar in Petersburg selbst zum Übergewicht über den Zaren. An diese Herren ist aber das russische Volk überhaupt nicht gebunden. Daß Hadrian VII., daß Miljukow und Kerenski und daß der Herzog von Braunschweig Gehorsam verlangen, das erst stößt dem Faß den Boden aus. Den päpstlichen Kaiser, den Einfluß des fremden Kapitals und das Bündnis mit Habsburg hatte jede dieser Nationen, Deutschland, Rußland, Frankreich jeweils in schmerzlicher Scham, aber doch mit einem gewissen Stoizismus ertragen. Als aber diese Mächte aus dem Hintergrunde hervortreten und sogar öffentlich herrschen wollen — da bricht die Wut besinnungslos hervor und schwemmt jede Erinnerung an die alte Zeit, an das ancien régime fort, weil diesem jetzt erst ein unauslöschliches Brandmal aufgedrückt zu sein scheint. Jetzt nämlich erst ist der Kaiser Karl V. ganz der Büttel des Papstes, der Zar endgültig vom Kapitalismus zugedeckt, der Hof von Versailles offenbar statt der Sonne Europas ein Fürstenhof wie irgendein anderer!

Goethe hat eine Ausführung geplant, die in diesen Zusammenhang gehört. Er weist darauf hin, daß die Regierenden selber bereits innerlich sich aufgegeben haben, wenn die Revolution ausbricht. Er schildert das für 1789. Der Vorgang der Großen selbst habe den Dritten Stand heraufgeführt. „Friedrich (der Große) sondert sich vom Hofe. In seinem Schlafzimmer steht ein Prachtbette. Er schläft in einem Feldbett daneben . . . Die Königin von Frankreich entzieht sich der Etikette. Diese Sinnesart geht immer weiter, *bis der König von Frankreich sich selbst für einen Mißbrauch hält.*“ Diese Unsicherheit ist kein Wunder, denn im Land der Katastrophen leiden alle längst. Hier ist auch die bisherige Herrenschicht bereit zur Kritik längst vor dem Ausbruch.

Diese Kritik der vorigen Revolution entspringt in deren eigenstem Lande am radikalsten. Aber dieser oppositionelle „Auswurf“ wird im Neuland bewillkommnet wie Benjamin Franklin in Paris. Die Kritik der Linksopposition vom vorigen Mal muß sich freilich verbinden mit den Bedürfnissen und Nöten des neuen Landes, das von jener vorigen Revolution innerlich am weitesten ent-

fernt ist. Jene ausländische Kritik löst zwar auf, aber erst die einheimische Not führt auf die neuen Notwendigkeiten. Erst die Verschmelzung beider führt zur Entdeckung der neuen Menschheitsaufgabe.
Zwischen dem Lande der einen und dem Lande der vorigen Revolution besteht der weiteste Abstand. Dazwischen befinden sich alle die anderen Nationen. Diese anderen Länder haben die Revolution also weniger notwendig als das Land, das sie unternimmt. Darin steckt nun ein seltsamer Widerspruch zu dem Missionsbewußtsein jeder Umwälzung!
Soundso vieles ist bereits in den anderen Ländern stillschweigend ohne Rechtsbruch eingeführt und aufgebaut, wenn der große Sturm es als Neues und Neuestes über die Grenzen wirft und als Errungenschaft der Revolution anpreist!
Einem katholischen Italiener imponierte die „weltliche Obrigkeit“ Luthers wenig, denn er hatte längst in der Kultur seines „principe“ die nächste Heerschildstufe unterhalb des geistlichen Heerschildes. In Italien waren die Fürstenhäuser der Este, Medici und Sforza mit dem Papsttum zusammen befriedigt worden.
Und einem Engländer machte die klassische Beredsamkeit der Pariser Nationalversammlung wenig Eindruck, wo doch wenige Jahre zuvor bei einer Rede Pitts, als dieser in einem lateinischen Zitat steckenblieb, das ganze Unterhaus wie ein Mann sich erhoben hatte, um den Horazvers zu Ende zu sagen! Die englischen Shopkeepers sind daher von der englischen Gentry allmählich mit emanzipiert worden.
Was soll ein Franzose mit der Aufhebung des Eigentums durch die Russen anfangen, er, der Proudhons La Propriété est le vol (Eigentum ist Diebstahl) seit 1840 zu bewältigen reichlich Anlaß hatte?
Und der preußische Dienstadel brauchte die Privilegien des englischen Parlaments nicht, weil ihm das Offizierkorps des Militärstaats Preußen und der Getreidebau Privilegien boten, die für die englische Gentry nicht so viel bedeuten konnten. Denn weder das Landheer noch der Körnerbau spielen für diese Insel eine große Rolle.
Die unteren Stände in den auf den Bahnen des Rechts fortschreitenden Ländern begreifen zunächst gar nicht die Schimpfworte der neuen Revolution. Die deutschen Marxisten z. B. haben über das Entstehen einer Moskaupartei in Deutschland anfangs gelächelt. Aber die neue Sprache bricht ein.
Der deutsche „Landesvater“ erscheint den Engländern als „blutiger Tyrann“. Der Gentleman in England, der bescheiden einer der Gemeinen heißt, der abgöttisch geehrten Commons, verdient in Paris, weil sein Adel an sich selbst ein Beweis des Ungemeinen, der Ungleichheit ist, als Aristokrat den Tod, so daß ein Philipp von Orléans sich als Philippe Egalité zu retten sucht. Der „Aristokrat“ steht also in Paris an Wert dem „Tyrannen“ der Puritaner gleich. Der Citoyen aber, der Fackelträger der französischen Revolution, wird in Rußland zum verachteten „Bourgeois“, der mit dem Kapitalismus zum Teufel

gehen soll. Und geradeso wird aus dem Statthalter Christi und Nachfolger Petri in Rom der Antichrist bei Luther und den Reformatoren.

Haben sich dann die Ordnungsländer von ihrem Schrecken erholt, dann beginnen sie die gleiche Schimpfkanonade. Was wird über die Bolschewiki gelogen. Aber die Päpste sind von den Kaiserlichen mitten in der Kreuzzugszeit so mit Dreck beworfen worden wie etwa Luther von den Päpstlichen — oder wie die Sansculotten. Habgierige Goldesknechte, Ketzer, Königsmörder, Sansculotten, Gottlose — so heißt die Liste der Revolutionäre vom sicheren Port der bestehenden Gesellschaft aus.

Die Revolutionäre ihrerseits hassen nicht alle alten Ordnungen gleich grimmig. Tödlich haßt die Revolution nur ihren letzten Gegner. Denn nur von ihm trennt sie die Umwertung aller Werte. Sie stürzt also zwar in und mit ihm alle früheren Stände mit um, aber sie bekämpft sie doch nur, um den letzten Vorgänger vernichtend zu treffen. Die Pariser haben die Adelsvorrechte abgeschafft, lange bevor sie in dem Bürger Louis Capet ihren König hingerichtet haben. Die Bolschewiki haben zwar die Zarenfamilie umkommen lassen. Aber im Kampf gegen die Kriegsbegeisterung des Bürgertums waren sie viel fanatischer. Die bürgerliche Demokratie ist für sie viel abscheulicher und unverständlicher als der Zarismus. Der Film „Iwan der Schreckliche" leiht diesem Zaren Stalins Züge. Hingegen ist der Kampf gegen den Kaiser der erste und letzte Atemzug der Papstrevolution. Denn diese Revolution und nur diese ging ja gegen das Kaisertum.

Die Revolution kann also eher mit den ältesten Ständen paktieren als mit dem unmittelbaren Vorgänger!

Deshalb hat die Reformation das römische Kaisertum unangefochten stehenlassen. Es blieb daher volle dreihundert Jahre noch als Form des Reichs erhalten trotz der Reformation. Diese hatte eben nur den zweiten (päpstlichen), nicht aber den ersten Heerschild vernichten müssen. Eben deshalb verstehen wir Deutsche die Engländer so schlecht in ihrer Kirchlichkeit. Die englische Hochkirche hat nicht wie die deutsche eine sonderliche Spitze gegen Rom. Sie ist wirkliche Kirche, liest die Messe und kann den Frieden mit Rom suchen, ohne sich aufzugeben. Aber daß der König mehr ist als ein Gentleman, das ist nicht zu ertragen.

Die Franzosen haben sowohl Napoleon I. wie Napoleon III. ihre kaiserliche Rolle als Schirmherren und Fronvögte des Papstes erlaubt. Sie können die große katholische Tradition Frankreichs nicht aus ihrem Herzen reißen, so wenig wie den Stil Louis' XIV. und Louis' XV. Das Théâtre Française spielt weiter die Stücke der Hofdichtung des Königreiches.

Die Republik betreut die katholische Mission im Orient.

Nur der Adel etwa des Faubourg oder der Bretagne gefährdet die Republik. Als der Bruder Ludwigs XVIII. 1814 nach Paris eilte, blies ihm Talleyrand das Wort ein, das die Revolution rettete. Er ließ ihn sagen: „Nichts hat sich geändert; es ist nur ein Franzose mehr in Frankreich." Damit war die Gleich-

heit aller Franzosen anerkannt; die Privilegien, gegen die es 1789 gegangen war, blieben beseitigt. So setzt der letzte Augenblick einer Revolution die Sprache ihres Trägers dauernd in Kraft.
Noch nach vielen Generationen kann in keiner revolutionsgetauften Nation der eine ausgestoßene Name wiedergebraucht werden. Das bewährt sich am deutlichsten dann, wenn die Sache geradezu nach dem verpönten Namen zu schreien beginnt. Als Mussolini das kaiserliche Rom beschwor, da hätte es doch so nah gelegen, vom Kaisertum zu reden. Aber die Zeitschrift „Impero" wurde von Mussolini abgeschüttelt. Seine Leute schrieben im „Gherarchia"; Hierarchie war ein gut kirchlicher Ausdruck, und in dem Lande, wo Päpste und Städte den Kaisern gemeinsam widerstanden, konnte man nur unter diesem Namen der *Hierarchie* Kaiserträumen nachhängen. Hitlers Formel „Heil Hitler" verriet seine Lust, einen geistlichen Herrschaftsanspruch zu haben; aber der Religionskrieg mußte in einem Blatt mit dem weltlichen Namen der „Schwarzen Fahne" geführt werden; der Kalif mußte bloß „Führer" heißen. In Frankreich hat Voltaire dank des „Esprit" gesiegt; heut muß die den Voltairismus überwindende Zeitschrift sich keusch „Esprit" nennen, um nicht nach „Ancien Régime" zu riechen. Und in der staatlichen und bürokratischen Orgie des heutigen Englands ist das eine Wort „Staat" verpönt. Die Industrie wird „nationalisiert", nicht verstaatlicht. Denn den Leviathan Staat der lutherischen Epoche Englands darf man nicht heraufbeschwören.
Es ist die Lust der Logiker, zu definieren. Aber die Namen der Geschichte sind viel definitivere Definitionen. Sie ziehen Grenzen, die kein Mutwille ändert. Denn die Erschaffung eines begrenzten Zeit-Raum-Systems ist die Leistung jeder Revolution. Und dies „Zeitenfloß", wie eine jede Revolutionsepoche genannt werden kann, wird eben durch gewisse Namen, die nicht genannt werden dürfen, nach rückwärts wie nach vorwärts bestimmt oder definiert.

6. Macchiavelli

Viel Unheil kommt in die Studentenköpfe, weil heut die Horizonte verfälscht werden. Zum Beispiel stellt man Macchiavelli und Bodin zusammen. Aber sie gehören trotz des kurzen Zeitabstandes geistig um drei Jahrhunderte auseinander. Bodin rang um die Politik des erblichen Königtums. Macchiavelli aber sann vom Boden der einjährigen oder halbjährigen Obrigkeiten der Kommunen aus: „Wenn eine Gewalt, die keine gesetzlichen Schranken kennt, auf lange Zeit gewährt wird — *und ich nenne lange jede Frist von einem Jahre oder mehr* —, so wird sie immer gefährlicher sein" (Discorsi I, 34). Hiermit datiert sich Macchiavelli in den Horizont Dantes, nicht Luthers.

VI. DIE HERRSCHAFTSFORM UND DIE OPPOSITION

1. Der „eigentliche" Herrscher

Damit sind wir bei dem schwierigsten Teil der Revolution. Weil sie freiwillig geschieht, braucht sie zuerst freien Gehorsam. Aber Gehorsam muß es sein. Die Liebe und die Begeisterung der Revolution brauchen keine Paragraphen. Dauernde Herrschaftsformen sind daher immer erst später der Niederschlag der freien Seelenkräfte. Aber wenn der Jubel der Straße verhallt, die Glut der Kämpfer verdampft ist, dann muß die Staatsmaschine regelmäßig arbeiten. Papst und Kaiser, König und Adel und Kapital sollen vernichtet werden. Aber die Funktionen in der Gesellschaft sollen alle in Tätigkeit bleiben. Keine echte Errungenschaft der Vorzeit will man missen, nur ihren Plunder. Die Revolution will Mißbräuche beseitigen. Aber um keinen Preis will sie zurück in die Urzeit, sondern immer über das Alte hinaus. Daher darf sie möglichst wenig von den echten Werten des Alten verloren gehen lassen. Alle europäischen Revolutionen sind in diesem Sinne positiv. Es wird das Alte hineingehoben in das Neue.

Der Kunstgriff, dessen man sich dazu bedient, ist die Verwendung der alten Namen im echten und eigentlichen Sinne. Das Wort „eigentlich" stellt sich ja immer ein, wenn man „eigentlich" das Gegenteil sagen will, ohne das doch zuzugeben.

Eigentlich also schafft die weltliche Obrigkeit der Reformation alle geistliche Gewalt ab. Aber das drückt man so aus, daß die Fürsten die eigentlichen episcopi, der eigentliche Papst in ihrem Lande seien. Und so entsteht die Landeskirche nach dem Satz: Dux Cliviae est papa in territorio suo[1]). Der Herzog von Cleve sei Papst in seinem Lande, hieß es daher in der Reformation. Der später sogenannte Summepiscopat der Landesfürsten ist das Kernstück ihrer neuen Obergewalt. Richtiger als die nachträglich von uns den Franzosen nachgeschriebene Lehre des Bodinus von der Souveränität, drückt diese Lehre vom Summus Episcopus aus, welche oberste Gewalt man im 16. Jahrhundert errungen hat: die kirchliche Souveränität ist die erste Souveränität des modernen Staats gewesen. Dadurch, daß jeder deutsche Fürst „Papst" wurde, hat er die Grundlage der Souveränität erlangt.

Ebenso war es vorher in Italien zugegangen. Der verus imperator, der wahre Kaiser, hatte den Weihekaiser ersetzt; Gregor VII. plante, selber den Kreuzzug zu leiten, Heinrich IV. aber in Rom als Stellvertreter zurückzulassen. Darin steckte bereits, was die Kanonisten später lehrten, es sei der Papst der wahre

[1]) Der Satz soll auf den Ausspruch eines Erzherzogs von Österreich zurückgehen, daß er Papst, Bischof und Konzil in seinem Lande sein wolle.

Kaiser. Aus dieser Eigentlichkeitslehre heraus waren Kirchenstaat und Weltherrschaft des Papstes beide sofort und leicht zu entwickeln.

Die Engländer verlegten die königliche Gewalt ins Parlament. The King in Parliament ist noch heute die juristische Fiktion, d. h. die gedankliche Brücke, um die Regierung des Parlaments zu rechtfertigen. Die Minister Seiner Majestät regieren, die Gesetze zählen nach den Regierungsjahren des Königs. Aber mit den Regierungsjahren des Königs sind die Sitzungsperioden des Parlaments gemeint. Und so regieren die großen Familien von England als der „eigentliche" König im Parlament, ohne daß die Namen sich zu ändern brauchen. Die Commons sind der eigentliche König.

Auch die Franzosen standen vor der Aufgabe, die Eigentlichkeitsfrage zu lösen. Der wahre und eigentliche Adel mußte gefunden werden. Praktisch ist dies Führungsprivileg in den Händen der Pariser. Aber theoretisch hat man das Erbe des alten Adels durch eine Reihe von Eigentlichkeiten anzutreten sich bemüht.

Wie der noblesse de sang schon die noblesse de robe im Dritten Stand gegenüberstand, so redet man wohl im 19. Jahrhundert von der noblesse du cœur und der Aristokratie des Talents. Man beruft sich besonders auf eine *Elite* der Nation, so wie sie die vierzig Unsterblichen in der Académie française z. B. darstellen sollen[1]). Man schafft die Ehrenlegion für das Verdienst. Und man hilft sich politisch durch die Einrichtung des Senats. Diese antike Vokabel gewinnt in Amerika und in Frankreich eine Bedeutung, die z. B. mit der ursprünglichen Idee des Oberhauses in England oder der des Herrenhauses in Preußen nichts zu tun hatte, denn dieser neue Senat beruhte auf dem Verdienst und dem Verdienen vor allem, nämlich auf dem *Besitz*. Die Franzosen sind es, die in ihrer Verlegenheit, den Begriff des Adels zu ersetzen, auf den Ausweg verfallen mußten, als den eigentlichen Adelsbrief den Steuerzettel anzusehen. Die Franzosen haben die Einteilung der Bürger in „Klassen" — wieder mit antikem Wortschatz — erfunden, um für ihren Staat eine Oberschicht zu konstruieren. Das Klassenwahlrecht und der Begriff der Klasse ist weder englisch noch deutsch, sondern als politisches Gebilde rein französisch. Die französische Eigentlichkeitslehre drückt sich also in der Schaffung einer privilegierten Klasse aus, deren Privilegien auf keiner anderen Ungleichheit beruhen dürfen als auf der des Geldes. Denn alle Privilegien des Adels waren und blieben abgeschafft. Die Käufer der Revolution behielten ihren Besitz. Die Geldaristokratie wurde in dieser bürgerlichen Gesellschaft die „eigentliche" und einzige Aristokratie und sie ist es von Frankreich ausgehend mit dem Siege der Ideen von 1789 natürlich mehr und mehr auch in der übrigen europäischen Welt geworden.

Der Begriff der „herrschenden Klasse" ist also das Mittel gewesen, innerhalb der Nation noch Unterschiede einzulassen, obgleich man alle Stände und Standesvorrechte zerstört hatte.

Die „herrschende Klasse" wird deshalb das Götzenbild, das die Russen stürzen

[1]) Vgl. Madariaga, Englishmen, Frenchmen, Spaniards (1928), 142—148.

müssen. Das wahre Eigentum hat die Gesellschaft. Sie wird nun der eigentliche Eigentümer an Stelle des Privateigentums. Eine neue „herrschende" Klasse darf es nicht geben. Aber die Funktion der Bourgeoisie, wo bleibt sie in Rußland? Diese notwendige Funktion wird auf die *Gesinnungsträger* übertragen. Denn die neue Gesellschaft Lenins wird eben von denen dargestellt, die sie bewußt wollen und gewollt haben. Die „eigentliche" Gesellschaft anstatt der bürgerlichen ist die klassenbewußte Gesellschaft. Schon vor siebzig Jahren schrieb Peter Lavrov, ein russischer marxistischer Gelehrter, sein Werk L'Elément gouvernemental dans la société future. Die Herrschaftsfrage hat also sehr früh die Geister beschäftigt und traf die Partei weder 1905 noch 1917 unvorbereitet. Daher der Abschluß der Kommunisten in so streng gesinnungsmäßiger Weise. Immer neu gesiebte Stoßtrupps von Kommunisten regieren Rußland. Es herrschen die Revolutionäre. Sie sind die neue „Elite", der Adel, die Obrigkeit und Päpste. Die Rolle der „Eigentlichkeitslehre" im Ablauf der Heerschildordnung stellen sich im Schema so dar:

Heerschild (Historischer Ausgangspunkt)			Sachliche Grundlage (Prinzip):
Kaiser			Schwertgewalt
der eigentliche Kaiser: verus imperator	=	die neue Macht Papst	Weihe
der eigentliche Papst: summus episcopus	=	weltliche Obrigkeit	Amt
der eigentliche König: King in Parliament	=	Commons in England	Familie
der eigentliche Adel: élite, sénat, les propriétaires	=	herrschende Klasse	Besitz
der eigentliche Kapitalist: die klassenbewußte Gesellschaft	=	die Kommunisten	Gesinnung

2. Die Freiheit

So muß jede Revolution, wenn sie die alte Schale wegwirft, den echten Kern auch des Alten zu retten suchen. Denn jede Gesellschaftsordnung unternimmt den Versuch, vollständig zu bleiben. Sie will gewährleisten, was der Mensch irgend braucht. Sie versucht sich absolut, losgelöst von allen anderen Kulturordnungen zu setzen. Jede Revolution hat einen Totalitätsanspruch erhoben. Und dieser Universalanspruch verschmilzt mit der Empörung über den unerträglichen Druck, unter dem das revolutionäre Kraftfeld entsteht, zu dem Ruf: Freiheit.

Er *verschmilzt!* Daher kommt es, daß diese Freiheit immer eine inhaltlich gefüllte Vorstellung ist; sie ist in einem Atemzug Freiheit „von" Druck und Freiheit „zur" rechten Ordnung der Dinge.

Die Völker Europas sind für die Freiheit auf die Barrikaden gestiegen. Jedes Volk freilich für eine besondere Freiheit.

Freiheit, Gleichheit und Brüderlichkeit kennt jedermann als den Schlachtruf von 1789. Freiheit der Arbeitskraft von Ausbeutung ruft der Sozialrevolutionär. „Das Reich der Freiheit“ ist sogar ausdrücklich der Name der neuen Gesellschaft im Marxismus. Gott liebt auf Erden nichts so sehr wie die Freiheit seiner Kirche, ist der Wahlspruch des großen Freiheitskampfes der Päpste gewesen. Auch Luthers *Gewissensfreiheit* ist eine politische Größe geworden. Die Fürsten der Reformation haben seit Moritz von Sachsen ihre „Teutsche Libertät“ in berühmten Streitschriften verfechten lassen und im Dreißigjährigen Kriege endgültig durchgesetzt. Luthers *Gewissensfreiheit* verkörpert sich eben am stärksten in der Obrigkeit, die über den rechten Glauben ja für alle ihre Untertanen mit entscheidet. Der deutsche Staatsmann und Fürst wurde nur im Gewissen gebunden. Dies „Forum des Gewissens“ war im kanonischen Recht für die Juristen ein beliebter und fester Begriff für den Wirkungskreis des billigen Ermessens. Dieser Gewissensraum fiel nun dem weltlichen Fürsten zu. Er wurde eben dadurch in einem für den altkirchlichen Menschen unfaßbaren Sinne „frei“.

Die Freiheit der Meere war Hollands Schlachtruf, so wie für Polens Adel das liberum Veto, die Freiheit des Einspruchsrechtes auf dem Reichstag. Die „Magna Charta libertatum“ jedes Engländers, die Declaration of Rights von 1689 und die Habeas-Corpus-Akte sichern die Freiheit des Hauses (My house is my castle) des Gentleman von England. „Freiheit des Parlaments“, rief der Pöbel von London Karl I. zu, als das Lange Parlament den Kampf gegen den König begann.

Die Freiheit hat also allen Europäern vorangeleuchtet und ihr Werk emporgehoben aus bloßem Aufruhr zur menschlichen Befreiungstat. „Freiheit“ ist der Ausruf bei dem Durchbruch einer neuen Menschenart. „Freiheit“ ist der Ausdruck für den Vulkanismus in der Geschichte des Menschen, dafür nämlich, daß seine Naturgeschichte in Rissen und Sprüngen verläuft. Riß, nämlich Losriß vom Alten, und Sprung, nämlich Ursprung von etwas Neuem, verkündet der Freiheitsruf allen europäischen Völkern. *Damit ist aber die Norm festgelegt, nach der sich der Mensch in Europa umgebildet und weitergeschaffen hat.*

„Freiheit“ ist keine Ideologie; wenn ein Mensch so ruft, so wagt er damit den Menschen und die Menschenarten, die es bisher gibt, an etwas Neues. Diese Freiheit ist also immer beides gewesen, Loßriß und Ursprung. Der Freiheit von etwas entsprach die Freiheit zu etwas. Der leere, keinem neuen Inhalt zugewandte Freiheitsruf hat nie zu einer europäischen Revolution geführt. Als Lenin sagte: „Freiheit ist ein bürgerliches Vorurteil“, da erschraken die Individuen. Aber die Freiheit von der Natur der Dinge, vom Verhängnis, wollte auch Lenin. Dorthin, wohin noch nie jemand Ordnung gebracht hatte, wollte Trotzki Ordnung bringen, um die Gesellschaft von den Folgen dieser Zufälle zu befreien. Auch diese Umwälzung verhieß also Befreiung, wenngleich nicht

Freiheit des Individuums. Aber es hat auch keine Revolution ohne Freiheit siegen können.

Es ist nicht müßig, das zu bemerken. Denn großartige Anläufe in Europa sind eben hieran gescheitert! Es gibt eine Reihe von Halbrevolutionen, Spanien (1567—1580; 1700—1713/14), Schweden (1630—1648; 1700—1721), Polen (1683), Holland (1579). Diese Anläufe erfüllen eben nicht sämtliche Voraussetzungen, die einer Totalumwälzung zugrunde liegen müssen. Der eine (Spanien) versuchte eine Revolution, aber ohne Losriß vom Alten, preßte also den Ursprung in das Alte künstlich hinein. Der zweite (Schweden) unternahm ein Neues, ohne aus dem Alten hervorzugehen. Wie wenn eine Sprengladung nicht eingebaut wird, so verstob diese Revolution in die Luft. Der dritte Anlauf (Holland) riß los, aber ging dann in einer neuen Ordnung vor Anker, die er nicht selbst zu verbürgen vermochte. Denn das Mare liberum, die Freiheit der Meere, nach der Holland im 17. Jahrhundert Ausschau gehalten hat nach seinem unvergeßlichen Freiheitskampf, das Meer, dessen über die Deiche hereingelassene Fluten die Bürger von Alkmar und Leiden gerettet hatten gegen die Spanier, dies Meer war doch keine irdische Macht, die sich von Holland aus bestimmen und ordnen ließ. „Bewußt und groß“, so haben sich die Niederländer „vom Lande losgerissen“. Dies Bewußtsein erhebt ihren Freiheitskampf in den Rang der Revolutionen. — Aber dem Bewußtsein entsprach kein angeborenes, kein nationales oder natürliches Erdreich von ausreichendem Umfang. So blieb die Freiheit der Meere eine negative Forderung, die Hollands Unfähigkeit, auf dem Lande unabhängig zu herrschen, nicht wettgemacht hat. Das Mare liberum des Hugo Grotius von 1609 blieb Programm. Daher haben die „Generalstaaten“ von Holland unter den Angriffen Ludwigs XIV. Wilhelm III. nach England senden und dadurch ihren Revolutionsauftrag an die Generalstaaten von England übergehen lassen müssen, denn die Insel vermochte Meer *und* Land, beides zu gestalten.

Jener an zweiter Stelle genannte Sprengversuch in die leere Luft hinein ist von Schweden unternommen worden. Schweden gehörte nicht zum Römischen Reich und litt nicht unter dem Römischen Reich. Es unternahm unter Gustav Adolf und Karl XII. trotzdem eine kriegerische Revolution des Festlandes, ohne irgendeinen neuen Gedanken diesem zusammeneroberten Besitz zu bringen. Denn die Staaten, die es eroberte, hatten ja gerade ihrerseits Schweden den Weg zur Reformation gezeigt. Das geistige und soziale Problem des Kampfes von König und Adel wurde daher in Schweden bald Herr über den Reichstraum dieser Könige. Sie kamen als „Befreier“, ohne Revolutionäre zu sein. Denn sie standen unter keinem Druck, der ihr „Empor“ gerechtfertigt hätte. (Deshalb mußte auch später Preußen an Schwedens Stelle treten.) Als Großmacht unserer Kultur ist auch Polen aufgetreten. Sein Friedensreich im 16. Jahrhundert und seine Befreiung Wiens und der Christenheit von den Türken 1683 versuchen eine Totalordnung der Christlichen Staatenwelt, aber das Festland spottet ihrer Versuche, weil die Mittel noch keine neuen, sondern nur die schon bekannten der Religion und des Krieges sind. Die seltsamste Revolution ist wohl die spanische; denn hier ist die volle Kraft einer Nation an ein *reaktionäres* Unternehmen gesetzt worden! Philipp II. ist insofern das vollkommene Gegenstück zu Gustav Adolf. Dieser ist im Freiheitsraum, so daß er nichts zu sprengen vorfindet. Spanien hingegen bahnt sich in das Innerste des von der Reformation angegriffenen Papsttums einen Weg, um nicht etwa wie einst das Papsttum die Kirche zu revolutionieren, sondern nur das Papsttum! Und so hat Spanien in und an der „Religion" seine eigene europäische Revolution vollbracht. Es sind besondere Ursachen, die den Spaniern diesen Weg eröffneten. Der Jesuitenorden schafft die Römische Kirche noch einmal. Es liegt hier ähnlich wie bei der deutschen Reformation. Diese ist erst durch eine zweite Revolution, nämlich die Preußens, vollendet worden. So entspringt die spanische Umwälzung und Nochmalsschöpfung dem Mangel des revolutionären Selbstbewußtseins, den die Papstrevolution aufweist. Weil sie die älteste gewesen war, mußte sie sich ihren Charakter verhehlen und daher ist ihr von den Jesuiten die *Bewußtheit* nachgebracht worden. Die Spanier wiederholen die Papstrevolution mit neuzeitlichen Mitteln.

Jedenfalls drückt das Wort des Großinquisitors bei Schiller: „Der Verwesung lieber als der Freiheit" das aus, was alle anderen Völker angesichts der spanischen Revolution in Europa empfinden. Trotz dieser Verkehrung der Natur ist aber Spaniens Stunde in der europäischen Geschichte von 1567 bis 1580 eine wirkliche Revolution zu nennen, eine Revolution, an deren grandiosem, donquichottehaftem Einsatz sich die Sehnsucht der Völker ermessen läßt, an der Weiterschöpfung des Menschen teilzuhaben!

Eine Halbrevolution ist auch die nordamerikanische Revolution. Sie hat ihre zwei Perioden wie Spanien oder Schweden, nämlich die sieben Jahre1776—1783 der Stiftung der Union im Krieg gegen England und die Jahre 1861—1868 ihrer demütigenden Neubegründung im Bürgerkriege innen.

Daß die amerikanische Revolution schon „halbwegs" die Idee von 1789 ausgerufen hat, ist natürlich niemandem verborgen geblieben. Aber man wußte auch, daß die Amerikaner sich halbwegs doch auf 1688, also auf englische Vorstellungen beriefen. Es ist mir erst in den Vereinigten Staaten gelungen, dieses „halbwegs" genau zu bestimmen.

Englischer und französischer Jargon, das common law Englands und das law of nature Rousseaus, haben in Nordamerika eine Zwischenlösung hervorgerufen, deren volle Ausdeutung auf S. 107 f. erfolgt.

Der Geburtstag jeder Menschenart in Europa beruht auf dem Tagesruf einer Wittenbergischen Nachtigall. Und dieser Tagruf des Wächters, der das Ende der Nacht verkündet, heißt an jedem solchen Geburtstag — ob nun Libertas, Libertät, liberty, liberté—, immer heißt er Freiheit. Jenseits liegt jedesmal das gelobte Land der Verheißung, das die Revolutionäre selbst nicht betreten dürfen. Wer im Kraftfeld der Revolution gewirkt hat, verwirkt sein Leben. Denn er gehört selbst nicht zu den neuen Menschen. Er durfte mit den *Schöpfer* spielen. Die neuen *Geschöpfe* aber müssen in einer anderen Ordnung der Dinge leben. Sie leben in einer Verfassung; der Verfasser des Stückes kann es nicht mitspielen. Charaktere wie Mirabeau oder Cromwell, wie Moritz von Sachsen oder Lenin erträgt der Alltag nicht. Das Ungeheure und das Ungeheuerliche dieser Charaktere verbreitet ein Grauen um sie, das keinen Volksfrieden aufkommen läßt. Sie sind die Heroen des Zwischenreiches.

Gregor VII. stirbt im Exil. Luther stirbt vor dem Schmalkaldischen Krieg, sein Kurfürst verliert den Kurhut. Beides gehört zusammen. Cromwell und Napoleon müssen abtreten, ebenso Innozenz III. und Lenin. Kein einziger großer Revolutionär hat das jenseitige Ufer erreicht. Und das muß so sein. Er ist Feuer und Flamme; seine Kreaturen aber am jenseitigen Ufer des höllischen Abgrundes der Revolution sind Erde und irdisch. Lernen wir die Menschen daraufhin ernsthafter unterscheiden!

Der Revolutionär selbst ist in einem anderen Aggregatzustand als der Zustand, kraft dessen eine Gesellschaftsordnung besteht. Kein geborener Revolutionär, sogar der greise Lafayette nicht 1830, kann von diesem anderen Aggregatzustand ertragen werden.

Freiheit und *Gesellschaftsordnung* schaffen also den gleichen Gegensatz für das geistige Leben eines Volkes wie *Krieg* und *Frieden* für das leibliche!

Denn die volle Freiheit der Revolution und die volle Gebundenheit eines verfassungsmäßigen Zustandes sind elementare Gegensätze wie Feuer und Luft einerseits, Wasser und Erde andererseits. Die Revolution ist Himmel und Hölle, die Verfassung ist Alltag und Schwarzbrot, ein Mittleres.

Die feurigen und die luftigen Geister zieht es zur Revolution, die strömenden und pflichtbewußten Erdensöhne zur Verfassung.

Die Revolution verwertet jene, die im Alltag unverwendbar sind.

Nur alle vier Elemente zusammen können ein Leben in Freiheit und Verfassung den Völkern Europas gewährleisten.

Die vier Temperamente sind auch die Elemente des sozialen Körpers! Alle Elemente gehören zum Sozialleben. Und die Revolutionsbauten Europas sind dadurch denkwürdig, daß sie Feuer und Luft zur geistigen Grundlage nehmen, um Verfassungen auf der wohlgegründeten, dauernden Erde zu errichten.

Mag darum der Vollrevolutionär bei Eintritt der Verfa ung verschwinden müssen: Ein Hauch seines Geistes muß lebendig bleiben in jedem seiner Geschöpfe. Die „Totalmobilmachung" muß nachwirken. Heut in der Gefahrenstunde des Menschlichen, in dem ermordeten Europa zeigt sich leicht, wie nah der Rückfall in die Tierwelt wieder für das einzelne Volk geworden ist, weil sein revolutionäres Prinzip zu erlöschen droht.

Die beiden Pole jeder geistigen Großmacht, den einen im Reich der Freiheit, den andern im Reich der Ordnung, muß man kennen, um die Reichweite des von ihr geformten Menschen zu ermessen. Die nachstehende Tafel gibt einige Hinweise, was aus den Kampfzielen im Alltag wird.

	Die Spannungen zwischen Freiheit	und Ordnung
Italien	libertas ecclesiae vom Kaiser	Auctoritas Papae
Deutschland	Religionsfreiheit vom Papste	Staatsnotwendigkeit, Staatsräson, Gesetz, Polizei.
England	Altenglische Freiheit vom König	Parlamentsherrschaft
Frankreich	Freiheit des Privateigentums von Privilegien	Konstitution, Geschriebene Verfassung
Rußland	Freiheit der Arbeitskraft vom Kapital	Wirtschaftsdiktatur

3. Die Führer

Wer aber herrscht am Werktag? Alle Ordnung besteht darin, daß die wenigen befehlen und die vielen gehorchen.

Die Rangordnung ist erst innerhalb der neuen Gesellschaftsordnung ein besonderes Problem. Denn zunächst ist die *ganze* Nation befriedigt durch die neue Ordnung. Und wie wäre das möglich, wenn sie sich nicht an ihr beteiligt fühlte!

Die Zahl der Gläubigen, die in der Freiheit der Kirche zu ihrem eigenen Rechte gekommen sind, umfaßt sämtliche Italiener, nicht etwa nur den Papst, die Bischöfe und die Priester. Jeder Deutsche, der Luthers Katechismus lernte und seine Bibel las, wurde mit ergriffen von der Sorge um die deutsche Libertät. Der ärmste Engländer frohlockte über den Sieg der Gentlemen. Trotzdem ist die besondere Rangordnung natürlich an bestimmte Gruppen gebunden. Und die zahlenmäßige Größe dieser Gruppen hat sich mit der Vollendung der Revolutionspyramide immer mehr verbreitert. Der Papst ist einer. Er spricht für alle, aber er spricht allein. Bei den deutschen Fürsten handelt es sich anfangs um etwa einhundert[1]), am Ende um einige hundert Familien. Die Engländer sprechen von der Herrschaft der 10 000 unabhängigen Vermögen.

---

[1]) Es gab am Anfang des 16. Jahrhunderts an Obrigkeiten

7 Kurfürsten,
50 Erzbischöfe und Bischöfe,
70 Reichsäbte und Äbtissinnen,
31 weltliche Fürsten,
128 Reichsgrafen,
81 Reichsstädte.

Im Jahre 1700 gab es nur noch 46 Bischöfe und Äbte (statt 120), dafür aber 9 Kurfürsten und in 29 fürstlichen Häusern nicht weniger als 83 regierende Fürsten der verschiedenen Linien. Das sind also fast hundert weltliche Serenissimi nur aus dem Reichsfürstenstand, es gab aber etwa 350 Hofhaltungen.

Dies ist eine Zahl, die für 1688 zu hoch gegriffen sein dürfte. Immerhin umfaßte die gentry schon damals wohl etwa 5000 Familien[1]).

In Frankreich darf man die große Bourgeoisie nach ziemlich genauen Berechnungen auf 80000 bis 100000 Familien schätzen[2]).

Von den Kommunisten in Rußland weiß man die amtlichen Zahlen. Am 1. November 1925 gab es 1025403 Personen, die mit den Privilegien der Partei ausgezeichnet waren.

Die Zahlenbasis der führenden Schicht verbreitert sich demnach. Aber sie kann nie mit der Kopfzahl der Nation oder auch nur der mündigen Männer der Nation zusammenfallen. Sondern ewig muß die Schranke bleiben zwischen Führer und Geführten.

Da liegt die Schwierigkeit für jede neue Revolution. Der Ruf der Freiheit will von jedermann auf sich bezogen werden können. Nun entlarvt jede Umwälzung den Freiheitsruf der vorhergehenden Revolution. Folglich wird es um so schwieriger, die Anhänger und die ganze Nation zu einer neuen Freiheit aufzureizen und trotzdem eine Rangordnung aufrechtzuerhalten. Jede spätere Revolution wird leichter durchschaut! Die russische Revolution hat auch hierin als die bewußte Revolution den Jargon bewußt umkehren müssen. Um die Herrschaftsform zu retten, hat Lenin klipp und klar das Wort Freiheit geopfert. „Freiheit ist ein bürgerliches Vorurteil", das ist Lenins zynisches Wort, unter dem „das Reich der Freiheit", die marxistische Vision, eingescharrt wird.

Dennoch ist die Rangordnung bei jeder bestehen geblieben. Nur hat die wechselnde Begründung das Zugeständnis wachsender Zahlen machen müssen.

Papst	1
Fürsten	100
Gentry	3000—5000
Bourgeoisie	90 000
Proletariat	1 000 000—[3])

Die Zahlen sind labil. Im Verlauf jeder Nationalentwicklung läßt sich die Mitgliederzahl der Führerschicht steigern. Auch der Papst hat das durch die Kar-

[1]) Unter Karl II. (1660—1685) gab es rund 400 Lords und 888 Baronets (das ist die oberste Stufe der Gentry). Noch beweisender ist vielleicht in dieser Hinsicht die Zahl der einen selbständigen Namen tragenden und mindestens von Knights (Rittern) besessenen und bewohnten Landsitze in Großbritannien und Irland. Jeder Gentleman sucht einen solchen Sitz sein eigen zu nennen. Es waren rund 4850 solcher Landsitze bekannt. Dazu mag man nehmen, daß 1831 vor der Wahlreform von 16,5 Millionen Briten 300 000 das Wahlrecht hatten.

[2]) Leroy Beaulieu, Traité de la Science des Finances. 7. éd. Paris 1906, Bd. II, 225 ff. Avenel, Histoire de la Fortune française 1927, sagt, 1913 hatten 91 100 Personen mehr als 12 000 M. Jahreseinkommen in Frankreich. Henry und Lavergne sagen, daß von 11 Millionen französischer Zensiten 187 000 mehr als 8000 Goldmark verdienen.

[3]) Diese Zahl ist die offizielle kommunistische. Andere Quellen geben sie mit nur 300 000.

dinäle gerade für Italien ermöglicht, indem seit 1440 die Mehrzahl der Kardinäle aus Italienern bestand und die Zahl ständig anwuchs. Sie beträgt heut ein vielfaches gegenüber dem Trecento. Diese Zahlen sind aber nur Zahlen für das Verhältnis der verschiedenen Revolutionen zueinander. Sie besagen nichts über das Zahlenverhältnis der Revolutionssieger zu den Revolutionsopfern. Hier ist das Verhältnis durchaus nicht eindeutig so, daß die Schicht, die zur Herrschaft gelangt, breiter ist als die von ihr vernichtete.

Von den 100 000 Bourgeois i. e. S. — der Jakobinerklub bestand zum weitaus größten Teil aus solchen — sind mehrere Hunderttausend Adlige und 150 000 privilegierte Geistliche (diese aber ohne Familie!) aus ihren Privilegien gesetzt worden. Auch in Rußland gab es vor dem Kriege etwa 300 000 Adlige und im ganzen etwa eine Million Wohlhabende und Beamte. Aber so ist der Vergleich schief gewählt. Richtiger geht man wohl von Land zu Land weiter. Die Herrschaft des englischen Adels wird mit der französischen Bourgeoisie verglichen werden müssen. Man muß die französische Kapitalistenklasse und die von ihr aufgerichtete Gesellschaftsordnung würdigen, um die Diktatur des Proletariats in Rußland auf ihre Verbreiterung der Herrenschicht zu prüfen.

Man muß aber zu diesen Zahlen hinzu noch (wie die russischen Kommunisten das auch tun) den jeweiligen „Anhang" veranschlagen. Denn ein französischer Bourgeois ist Familienhaupt, ein russischer Kommunist ist Individuum. 100 000 Bourgeois sind also 400 000 Interessenten. Eine Million Kommunisten sind nur — da die Frau und die geschlechtsreifen Kinder getrennt rechnen — anderthalb Millionen Individuen. Bei den Fürsten muß man den ganzen „Staat", den sie machen, hinzurechnen, bei dem Adel die Klientel und bei dem Papst alle Priester und Mönche. Man kommt dann sofort zu dem Ergebnis, daß die Zahlenbreite der führenden Schicht fast immer gleich bleibt.

Die zweite Tabelle sieht also etwa so aus:

italienische Geistlichkeit	bedeutet dann Papst + Klerus und Mönche
deutscher Staatsapparat	bedeutet dann Fürstengeschlechter + Beamte und Soldaten
englische Adelsklientel	bedeutet dann Gentry + Local government
französische Bürgerfamilien	bedeutet dann Bourgeois + Angehörige
russische Kommunisten	bedeutet dann Kommunisten + unmündige Kinder

Die Zahlen für diese Tabelle werden alle nicht sehr erheblich voneinander abweichen. Doch kann man sie noch nicht mit Genauigkeit angeben. Es bedarf dazu noch weiterer Forschung.

Bei den Zahlen der Revolutionsopfer wollen wir hier ebensowenig verweilen wie bei den Greueln der Revolution. Das Buch von Pitirim Sorokin gibt „die Soziologie der Revolution". Der Leser findet dort alle Opfer des Friedensbruches und der Rechtsunterbrechung geschildert. Die Völker sind „außer sich" in diesen Zeiten. Da sie nur als Urheber anderer Verhältnisse walten,

können sie selbst kein Verhaltensgesetz haben und stehen so außerhalb der Moral und des Rechts. Es hat für uns keinen Sinn, bei diesen die bisherige Art der Menschen jedesmal verzehrenden Feuersbrünsten die einzelnen Greuel besonders aufzuzählen, Anarchie, Mordlust, Ausschweifungen aller Art, Bestechung, Schamlosigkeit usw. Sie sind ja nur die Mittel, die Art, die der Umartung im Wege steht, zu vertilgen. Und es ist viel wichtiger, zuerst einmal die Wut dieser Zerstörungskraft in ihrem Sinne zu begreifen, ehe man die Bilder des Schreckens im einzelnen betrachtet.
Diese Kaltblütigkeit ist aber nur so lange erlaubt, als wir außerhalb des Bannkreises einer solchen Revolution weilen. Wem seine Liebsten bei einer Katastrophe ermordet werden, wer selber nur unter Lebensgefahr inmitten der Rasenden die Fackel des Lichts aufrecht erhalten hat, der darf und muß in jedem Augenblick den ungeheuren Preis jeder Revolution vergegenwärtigen. Nur die Verzweiflung treibt die Menschen zum Äußersten. Deshalb scheitert jede Revolutionsideologie, die sich über diese Greuel des Preises hinwegschwindelt. Es gibt keine moralische oder vernünftige Rechtfertigung der Revolution. Aber es gibt die Verzweiflung, und *Not kennt kein Gebot*. Zum Entsetzen aller Moralisten und Philanthropen ist dieser Satz Bethmann-Hollwegs beim Einmarsch in Belgien wahr. Die Gebote des Lebens, mühsam erkämpft in Jahrtausenden, gehen zum Teufel, wenn der Geist aus den Ordnungen weicht, der sie belebte. Kein positives Recht kann eine Festung des Lebens sichern, die alle guten Geister verlassen haben. Dann gilt Goethes Wort aus der Natürlichen Tochter[1]):

„... Diesem Reiche droht
Ein jäher Umsturz. Die zum großen Leben
Gefugten Elemente wollen sich
Nicht wechselseitig mehr mit Liebeskraft
Zu stets erneuter Einigkeit umfangen.
Sie fliehen sich und einzeln tritt nun jedes
Kalt in sich selbst zurück. Wo blieb der Ahnherrn
Gewaltger Geist, der sie zu einem Zweck
Vereinigte, die feindlich kämpfenden?
Der diesem großen Volk als Führer sich,
Als König und als Vater dargestellt?
Er ist entschwunden! Was uns übrig bleibt,
Ist ein Gespenst, das mit vergebnem Streben
Verlorenen Besitz zu greifen wähnt." ...

Was Goethe hier von 1789 sagt, beschreibt Ranke von der Reformation mit folgenden Worten: „Nachdem die Gewalten (des Reichs) *aneinander und unter*

---

[1]) „Die natürliche Tochter". 5. Aufzug, 8. Auftritt.

sich selber irre geworden, erhoben sich die elementaren Kräfte, auf denen es beruhte. Aus dem Boden zuckten die Blitze auf: die Strömungen des öffentlichen Lebens wichen aus ihrem gewohnten Laufe: das Ungewitter der Tiefe, das man so lange brausen gehört, entlud sich gegen die oberen Regionen; es schien sich alles zu einer vollkommenen Umkehr anzulassen." Und Friedrich II. bezeugt den gleichen Eindruck, als er 1227 — der dritte Kaiser, den seit 1200 die Päpste bannen — den Gedanken Goethes vom Versagen der Liebeskraft ebenso großartig den Fürsten und Völkern nahezubringen sucht: „Wir also sind's, auf die das Ende der Zeiten gekommen ist. Denn nicht nur im Geäst, sondern im Wurzelwerk auch friert die Liebeskraft ein. Nicht allein Volk gegen Volk erhebt sich, oder Reich droht Reich, oder Pest und Hunger allein setzen die Herzen der Lebenden durch den Schrecken, den sie verbreiten, in Erregung, *sondern die Macht der Liebe selber, durch die Himmel und Erde regiert wird, wird anscheinend* weniger in ihren Abflüssen als *an der Quelle selbst getrübt*, und das Römische Kaisertum, das die göttliche Vorsehung zur Wehrmacht des christlichen Glaubens bestellt hat, wird nicht von dem oder jenem unbedeutenden einzelnen, sondern gerade von denen schwer bedroht, die es geehrt und sich zu Vätern gesetzt hatte."

4. Die Linksopposition

Es ist unter dem Gesichtspunkt der Rangordnung, daß auch die Extremen jeder Revolution betrachtet werden müssen. Ich habe schon oben (S. 73 ff.) von der Harthörigkeit jeder Revolution gegen ihren eigenen geistigen revolutionären Überschuß gesprochen. Ich habe oben ihre Namenliste gegeben. Dort ist nur die Tatsache äußerster Grausamkeit gegen die Linksopposition festgestellt worden. Jetzt blicken wir tiefer.

Unter den Freiheitskämpfern bildet sich eine Gruppe, die nicht bereit ist, das Gesetz der Rangordnung, der Führung gerade dieser Revolution auf sich zu nehmen. Sie will nicht in die Gestalt der gegenwärtigen Revolution eingehen. Sie leugnet damit den Weg aus der Freiheit zum Gesetz. Denn Gesetze fordern Träger und Über- und Unterordnung. Es ist ein Gesetz jeder Revolution, daß diese Sonderung innerhalb der Freiheitskämpfer durchgekämpft wird. Nur an der Kraft, innerhalb der Freiheitskämpfer die Mauer aufzurichten, in deren Schutz die neue Rangordnung sich aufbauen kann, nur an dieser Kraft, wie gesagt, bewährt sich die Revolution als eine echte geschichtliche Gestaltswerdung. Eine Revolution ohne eine solche Sonderung hätte eben ein bloß negatives Vorzeichen. Eine Freiheit „von", aber nicht die Freiheit „zu" wäre dann der Kampfesinhalt.

Die franziskanischen Observanten des 13. Jahrhunderts haben geglaubt, ohne die päpstliche Hierarchie das neue Zeitalter des Geistes aufrichten zu können. Sie haben ein vollkommenes Gefühl für die Revolution. Das dritte Zeitalter soll mit dem Jahr 1200 oder 1260 einbrechen. Das neue Leben des Abendlandes wird daher von ihnen vollkommener empfunden als von den Trägern der Revolution selbst, dem Papsttum und den Guelfen. Aber dieser vollkommenere Spiritualismus ist um so unfähiger, die begrenzten Formen der wirklichen Welt zu ertragen. Und daran scheitert dieser Spiritualismus. Ganz derselbe Zustand kehrt nun bei den anderen Freiheitskämpfen wieder. Es ist die Rangordnung der deutschen Reformation, gegen die sich die Wiedertäuferbewegung empört. An die Stelle der Fürsten und ihrer Universitäten soll der gemeine Mann treten. Tatsächlich ist in Luthers Evangelium irgendeine Rechtfertigung für den Rang der weltlichen Obrigkeit und der Landesuniversität nicht zu finden. Nicht die Theorie der Lutherschen Lehre enthält die gestaltliche Abgrenzung der neuen Lebensform. Sie liegt genau wie um 1200 auch zu Luthers Zeit im Schicksal. Der Kurfürst von Sachsen *ist* Kurfürst des Heiligen Römischen Reiches. Luther *ist* der Schrift verordneter Doktor an der Universität Wittenberg. Die Bauern im Bauernkrieg aber „gedenken kein Haus im ganzen Land zu dulden, das besser sei denn ein Bauernhaus". So spricht die erregte Masse in jeder Revolution. Die Woge der Empörung will nivellieren, die geschichtliche Umwälzung will eine neue Arbeitsteilung errichten. Der Neid wird stets mit Unfruchtbarkeit geschlagen. Aber er muß immer erst von der neuen Gewalt besiegt werden.

Sehnsucht nach dem Geist und Gehorsam gegen die geschichtlich berufenen Träger liefern erst *zusammen* die Erkenntnismittel für die Revolution. *Was* gesagt wird, ist wichtig. Aber ebenso wichtig ist, *wer* etwas sagt. Aus Was und Wer *zusammen* wird jede Revolution. Die englische Revolution ist scheinbar zu Zeiten ganz in den Händen der Frommen, d. h. in den Händen derer, die die Struktur des Königreichs England mit König, Oberhaus und Unterhaus für das kingdom of God und seine neue Rangordnung gar nicht benötigen. Und doch muß Oliver Cromwell gegen Lilbourne und die Lleweller in der schärfsten Weise vorgehen. Durch die geschlossene Tür des Staatsratszimmers konnte man hören, wie Cromwell seinen Kollegen im Staatsrat mit mächtiger Stimme zurief: „Ich sage euch, ihr müßt diese Leute niederschmettern, oder sie werfen euch nieder." Diesen Ausruf hätte wörtlich Luther 1525 im Bauernkrieg tun können oder die Bourgeoisie 1795 gegen Babœuf. Es ist in diesem Satz sehr gut die reine Personenfrage der sachlichen gegenübergestellt. Es handelt sich um die Gruppe, die herrschen soll. Diese Leute auf der einen Seite stehen uns und euch gegenüber. Mögen beide Gruppen weitgehend dasselbe predigen und meinen, so bleiben sie doch getrennte Personengruppen. Es ist der Sinn jeder Revolution, daß eine bestimmte Gruppe herankommt an die Trägerschaft für die neue Lebensordnung. Cromwell war Landedelmann, und seine Tat blieb diesen Landedelleuten zugeeignet. Wie Stalin gegen Links- und Rechtsopposition, hat Robespierre gegen „Infra-" und „Ultrarevolutionäre" gekämpft, und zwar *gleichzeitig*. So sehen wir in Rußland die sogenannte Linksopposition Trotzkis durch Stalin und die Bauernsprößlinge ausgerottet. Denn auf die Bauern kommt es an. Trotzki ist der Observant und Spiritualist des 13. Jahr-

hunderts, so wie sie Babœuf und Hébert, die Levellers und Thomas Münzer zu ihrer Zeit und an ihrem Ort repräsentierten.
Keine Revolution kann dieser *reinen* Freiheitskämpfer entbehren. Jede Revolution muß sie mit entfesseln. Das ist ihr Fluch. Aber es läßt sich nicht mit ihnen in die Neuordnung der Dinge eintreten. Keine Weisheit kann daher das Auftreten dieser Elemente verhindern. Keine Güte könnte die Ausrottung dieser Elemente überflüssig machen. Der wirkliche Ernst der Revolution äußert sich vielleicht weniger noch in der Zerstörung des Bestehenden, als in der Scheidung der Geister innerhalb der Revolutionäre selbst. Denn es ist viel schwerer, in der Gemeinschaft des revolutionären Erlebnisses den festen Grund eines solchen Aburteilens zu legen. Es war für Luther schwerer, die Bauern zu verdammen, als den Papst. Aber gerade durch diese Entscheidung bekommt erst der Freiheitskampf sein Schwergewicht. Jede Revolution muß ihr Endziel zu retten wissen vor den Revolutionären, die Revolution um ihrer selbst willen machen. Daran erst bewährt sie sich! Ranke hat daher Luthers Entscheidung gegen die Bauern „heldenmütig" genannt! Den Bauernkrieg von 1525 haben die Nazis 1945 unbedingt zum zweitenmal verlieren müssen.
Wird die Revolution so zwischen dem Alten und den „Reinen" Revolutionären in die Zange genommen, dann wird es Zeit, an die Einbettung dieser Revolution in die gesamte Zeitrechnung zu gehen. Denn dann ist die scheinbar weltumwälzende Revolution an ihre Grenzen gestoßen und hat sich als Teil der Welt zufrieden zu geben.
In diesem Augenblick beginnt eine dritte Gruppe sich unbemerkt zu bilden, die weder dem Alten noch dem Neuen, sondern ihrer Aussöhnung dient. Da heute, im Jahre 1951, offenbar diese dritte Gruppe in der Bildung begriffen ist, so wird der Leser an den entsprechenden Gruppen anderer Epochen Anteil nehmen. Das Kennzeichen ist, daß der neuen Gruppe ihre Aufgabe aus der Entzweiung erst zuwächst und daß sie sich daher erst um dieser willen bildet.
Jeder kennt die Gruppe nach der französischen Revolution, welche Ancien Régime und Nationalstaat in der ganzen Christenheit ausgesöhnt hat. Es war die romantische Schule, von Chateaubriand und Friedrich Schlegel bis zu Huizinga und zu Henry Adams' „St. Michel and Chartres". Die Jesuiten kamen in ihrem soldatenhaften, humanistischen Orden den neuen Fürstenstaaten entgegen, soweit es irgend ging. Die Pietisten und Herrnhuter, die Methodisten und Stündler, milderten die Brutalität und Scheußlichkeit der Adelsherrschaft zwischen 1680 und 1789. Im 14. Jahrhundert waren es die Humanisten, Boccaccio und Petrarca voran, die den Guelfen und Ghibellinen eine dritte Kraft beizugesellen versuchten. Und gleich am Ende der Zwietracht von Papst und Kaiser finden wir eine solche Gruppe, die Zisterzienser. Man versteht die Zisterzienser weder, wenn man sie mit Cluny zusammenrückt, noch wenn man sie zur gregorianischen Partei rechnet. Der Zisterzienser Bernhard von Clairvaux war eine dritte Kraft, die weder den ultraneuen Abailardus noch die alte Linie von Kaiser und Kloster verkörperte.

Dritte Kraft:

Nach dem Investiturstreit:	Die Zisterzienser
Nach dem Guelfenkampf:	Die Humanisten
Nach der Reformation:	Die Jesuiten
Nach der Glorious Revolution:	Der Pietismus
Nach den Jakobinern:	Die Romantische Schule
Nach den Bolschewiki:	„Kreatur"; Existentialisten, Arbeitsdienstler usw., noch inkognito.

Alle diese Gruppen stellen den Zusammenhang neu her. Und in ihnen wird der Ablauf des Jahrtausends zu einem einzigen und gemeinsamen Geschichtstag. Tausend Jahre sind nur wie ein Tag. Wäre das nicht, wir könnten nicht gemeinsam atmen.

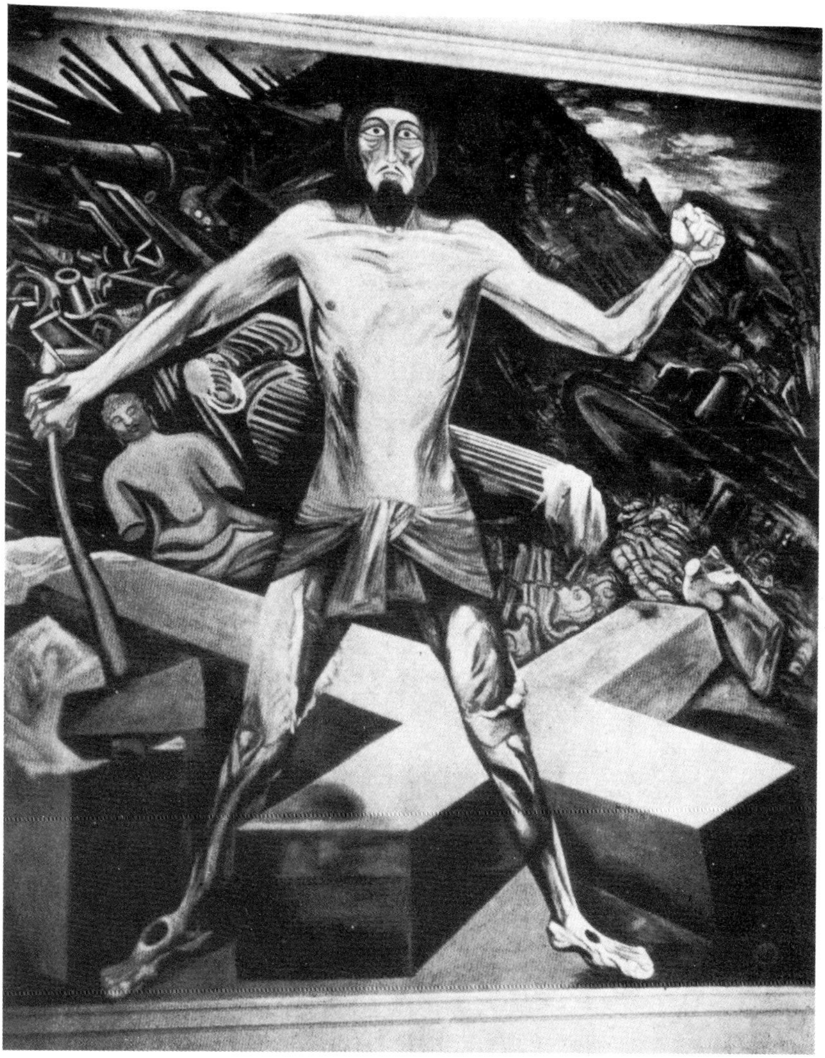

1. Die Christusfigur am Ende der weltlichen Revolutionen, 1517—1917
„Das Kreuz selber muß gekreuzigt werden", Augustinus Brief 241. Fresko des mexikanischen Malers Orozco in der Bibliothek von Dartmouth College, Hanover, N. H. Halte dagegen den Franziskanischen Christus (Tafel 9!).

VII. DIE DOPPELZÜNGIGKEIT JEDER REVOLUTION

1918/19 verteilten die Sowjets zwei Millionen Abdrücke des Gedichtes „Die Zwölfe“ von Alexander Block. Wenn der Leser die nachstehenden paar Zitate daraus liest, so findet er ein gutes Beispiel für das, was die Doppelzüngigkeit jeder Revolution heißen mag und was allen geschichtlich lebenden Menschen ein Schwert durch die Seele stößt. Das Unbequeme unseres Daseins, das wir Konservativen so gern ausmerzen würden, unsere Zerrissenheit, steht wieder einmal unwegdeutbar vor uns.

Aus: „Die Zwölfe“:

Der Sturm fegt; der Schnee fliegt.
Zwölf Mann marschieren.
Ihr Gewehrriemen ist schwarz.
Rings überall Feuer, Feuer, Feuer.
„Freiheit, Freiheit
Ha, ha, ohne das Christenkreuz.“
Tra-ta-ta
„Wir zum Kummer aller Bourgeois
Zünden Feuer durch die Welt an,
Feuer durch die ganze Welt in Blut.
Sei Gottes Segen auf uns gelegen.“
Doch der Schneesturm wütet unheimlich.
„Was für ein Wetter — Jesus Heiland!“
Und des heiligen Namens spottend
Rücken alle Zwölfe weiter.
Sie marschieren mit Herrentritt
Und an ihrer Spitze mit der blutbefleckten Fahne
Unsichtbar in der Wut des Schneesturms,
Unverwundet von den Kugeln
Weiß umschienen wie von Rosen —
An ihrer Spitze geht Jesus Christ.

Hier wird das Kreuz verworfen, „Haha ohne Kreuz“, und Jesus Christus angerufen. Was bedeutet das? Nun damals schrieb H. G. Wells, man solle Christus malen, wie er sein Kreuz zerhacke. Zehn Jahre später hat der mexikanische Maler Orozko in der Tat einen riesigen Christus gemalt, der mit der Axt auf sein eigenes vor ihm liegendes splitterndes Kreuz einhaut. Die atheistische Revolution unserer Tage treibt also einen Keil in das Herkommen und trennt Christus von seinem Kreuz, ja stellt das Untrennbare gegeneinander, um die christlichen Massen über alle Skrupel mit sich fortzureißen, fort von dem schon offenbarten Christus zurück in eine neue Schöpfung der Welt. Die Gesellschaft geht als ganzes noch einmal „aus dem Schweigen hervor“[1]), als sei die Welt noch nie erschaffen. Das Sowjetsystem will Ziel und Plan hineintragen in das Fundament der Gesellschaft, wo bis jetzt nur angehäufte Folgen herrschten[2]).

In der englischen Revolution sangen die Puritaner Davids Psalmen, gleichzeitig aber stürzten sie den gesalbten Nachfolger Davids als Rehabeam vom Thron. Kaiser Otto III. erschien der Apostel Paulus im Traum und forderte ihn auf, einen neuen Papst Sylvester auf den Papststuhl zu erheben. Ein Papst Sylvester hatte den Kaiser Konstantin bekehrt; Otto aber bekehrte umgekehrt das Papsttum zu einem Sylvester II., indem er seinem Lehrer Gerbert von Reims den Römern aufzwang, um die alternde Erde im Zorn des Weltgerichts zu leiten. Noch des modernen Solowieffs Vision des Antichrists am Ende der Welt ahmt das nach, indem ein Papst Peter II. den jüngsten Tag und das Weltgericht erlebt. Bei Otto III. und Sylvester II. sind wir am Ende der Welt. Anders wird es fünfzig Jahre später. Da wird es statt der Ausnahme des Sylvester die Regel, daß der Papst bei seiner Wahl einen neuen Namen annimmt[3]). Bis dahin trugen die Päpste auch als Papst ihren Taufnamen weiter. Nun ändert sich das. Von 1046 bis 1145 haben dreizehn Päpste bei ihrer Wahl neu den Namen eines altkirchlichen Papstes aus dem ersten Jahrhundert unserer Ära angenommen und „der zweite“ diesem Namen hinzugefügt. Damit ändert sich der Glaube. In der neuen Epoche wird die alte Kirche neu hervorgerufen. Der neue Name jenseits des Taufnamens appelliert an die Aufnahme eines altkirchlichen Vorbildes, damit die entartete Kirche erneuert werde. Es ist eine Wiedergeburt.

Die Jakobiner haben 1789 die Ideen „Freiheit, Gott, Unsterblichkeit“ des Deismus ausgerufen und sich dabei auf „Adam“ berufen, den Adam vor dem Fall. Die Stimme der Kirche wurde durch die natürlichen Stimmen der Völker ersetzt. Der Nationalismus glaubt an Adams Natursprache. Luther hat sich als den wiedergekehrten Apostel Paulus gefühlt. Er konnte sich freilich nicht wie die revolutionierenden Päpste „Paulus II.“ nennen, aber auf Paulus beruft er sich in der Schrift, die mit dem Papst, den Bischöfen und den Menschen brach. Er wolle nun der weltlichen Stände Hofnarr werden, wie Paulus sagt: „Wer da will weise sein, der muß ein Narr werden.“ So kam es, daß Paulus redivivus in den Römerbrief getrost das Wort „allein durch den Glauben“ einrücken konnte, obschon doch „durch den Glauben“ im Urtext steht. Denn „diese Epistel ist das rechte Hauptstück des Neuen Testaments und das allerlauteste Evangelium, welche wohl würdig und wert ist, daß sie ein Christen-

---

[1]) Ignatius ad Magnesios, Kapitel 18.

[2]) Trotzki, G. d. R. II, 651.

[3]) Näheres in „Out of Revolution“ S. 522; auch wegen der Renaissancespielerei bei Pius II., wegen „Noah“ in Amerika und für Hugo von St. Viktor ist dort das Material gegeben.

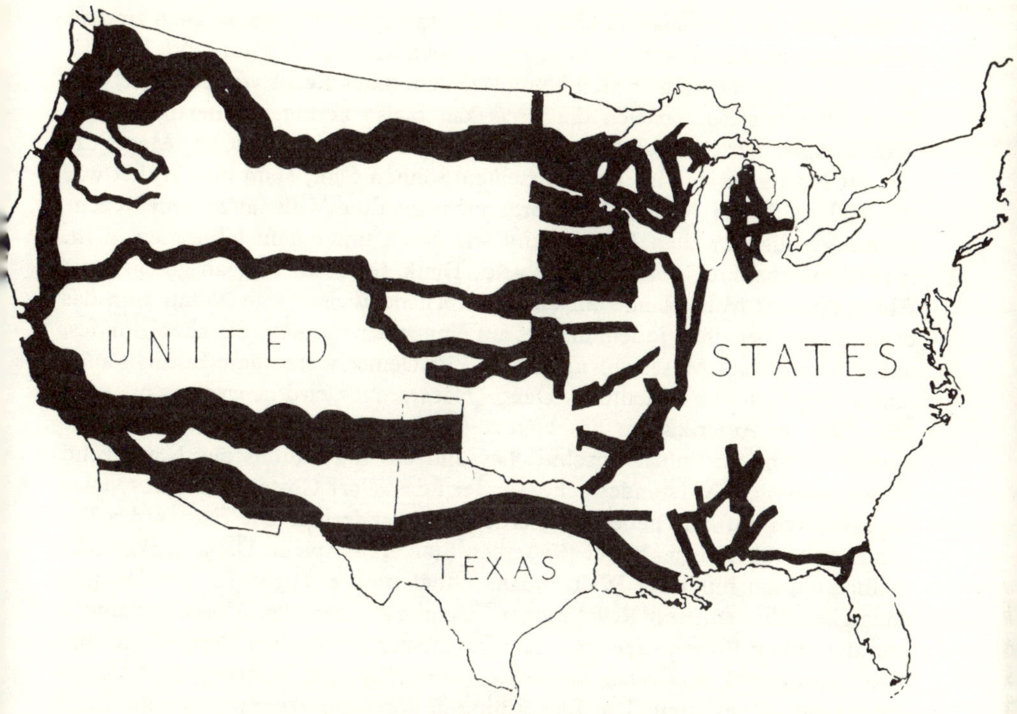

Die Naturgemeinschaft der Nordamerikaner.
(Mehr als 800 000 qkm Bodenfläche erhielten die Unternehmer der Straßenbauten, Kanäle und Eisenbahnen als Aussteuer durch die Regierungen des Bundes und des (unabhängigen) Staates Texas zwischen 1823 und 1870)

mensch von Wort zu Wort auswendig wisse ... Denn sie nimmer kann zu viel und zu wohl gelesen oder betrachtet werden und je mehr sie behandelt wird, je köstlicher sie wird und schmecket[1])." „Wie Paulus wider seine tollen Heiligen sich rühmt, so will ich mich auch wieder diese meine Esel rühmen[2])." Einmal hat er sich aufgetan; 1530 schrieb er: als Euer Apostel habe ich euch ermahnet. Dann aber hat er „Apostel" gestrichen. Die Streichung ist beredt[3]).
Am auffallendsten aber ist die Anspannung der Sprache in der amerikanischen Revolution, und hier kann vielleicht mit dem geringsten Anstoß eingesehen werden, daß der Zwiespalt aller revolutionären Sprache notwendig ist. Auch Christen brauchen sich hier nicht zu entsetzen, wie sie bei Otto III. oder Luther möchten. Die Amerikaner sprachen mit den Engländern die Sprache des Alten Testaments. Die puritanische Überlieferung der Vornamen Moses, Abigail, Sara, Josua, Benjamin, Joseph, Ruben, Amos lebt in Amerika weiter.

---

[1]) Vorrede zum Römerbrief 1522.
[2]) Sendbrief vom Dolmetschen 1530.
[3]) Warnung 1531. Entwurf Werke 30, 392 und 393.

Und diese biblischen Namen kitteten Amerikaner und Engländer auch zu dem Volk des Common Law zusammen, das ja noch heute in England und Amerika rechtens ist. Gemeinsamer Glaube und gemeinsames Recht verboten also eine Revolution; wie sollten sich die Amerikaner also geistig rechtfertigen? Die Kanzelredner der Revolution wußten Rat. Sie beschworen statt des Moses die Gestalt Noahs herauf. In ihm und seinen Söhnen Sem, Ham und Japhet war die Völkertafel der Neuen Welt vorgezeichnet: Eine Welt unter dem Regenbogen, gefüllt von allen Rassen, und wie Noah unter dem biblischen, d. h. göttlich geschenkten Naturrecht lebend. Dank des Namen Noah geschah die Ablösung vom Mutterlande auf eine glimpfliche Weise. Man konnte nun das common law behalten, indem man es auf eine andere Schicht des alten Bundes, auf Noah statt auf Moses aufruhen ließ. Für Deutsche hat diese Einsicht auch eine ganz praktische Bedeutung. Denn „Naturrecht" wird neuerdings oft erörtert. Aber in Amerika, wo das Naturrecht am wirksamsten war, war es nie stoisches, sondern immer noachitisches und das heißt biblisches Naturrecht. Es war also nicht Verstandessache, sondern das Wort Gottes an die aus vielen Volksrechten auf eine neue Gotteserde Eingewanderten. Die Farben des Regenbogens wählte Eisenhower für seinen Stab als Emblem. Die amerikanische Halbrevolution mit ihrer Wahl Noahs öffnet unsere Augen für die Doppelzüngigkeit aller anderen Revolutionen. Denn zwischen den Moses Cromwells und den Adam Robespierres tritt hier in genauer Abfolge der Bund Gottes mit Noah, um eine *Verschiebung in der Rechtsgrundlage* bei Wahrung aller Eigentumsrechte zu gestatten. Die Eigentümer in der Union konnten nun ihr Land und Eigentum trotz des Bruches mit England behalten. Aber an einer Stelle brach auch in der Union das Recht jäh ab. Wie die Anhänger Gregors VII., Luthers, Cromwells, Robespierres, Lenins sind auch Washington und seine Offiziere von ihrem Soldateneid gegen König Georg III. losgerissen worden. Sehen wir uns nun die Reihe der Verschiebungen, dank der in Europa übersehenen Figur Noahs genauer an, so finden wir folgende Reihe, auf die sich die Revolutionäre Zug um Zug berufen haben:

Am jüngsten Tag kommen Kaiser und Papst wieder.
In der Wiedervergeistlichung kommt die vorgermanische Kirche zurück.
Bei Luther ist der Apostel Paulus wieder da.
Die Puritaner marschieren unter Moses und Josua in das gelobte Land.
Die Amerikaner siedeln neu unter Noahs Regenbogen.
Die Franzosen gründen das Recht der Nationen auf die Natur des ersten Adam.
Die Russen treten vor die bisherigen Geschöpfe zurück in den Augenblick, wo der Sohn noch beim Vater und die Materie neu zu erschaffen ist.

Diese Reise der Geister der Revolution geht vom Weltgericht am jüngsten Tag rückwärts zu der ersten Schöpfung in Stufen, die wir durchzählen können, so genau ist ihre Zeitrechnung.

I.	Weltgericht	998
II.	Alte Kirche	1075
III.	Paulus, Neues Testament	1517
IV.	Moses, Richter des Alten Bundes	1641
V.	Noah, Regenbogen	1776
VI.	Adam, Stimmen der Nationen	1789
VII.	Schöpfung der Materie	1917

So unglaublich die Präzision dem Leser erscheinen mag, so ist doch noch mehr zu berichten: Gerade dieser Marschtritt einer der Kirchengeschichte sich gegenüberstellenden Weltgeschichte ist prophezeit worden. Der Kirche aller Heiligen ist eine Welt von Revolutionen gefolgt, nicht ohne daß Denker diese Ordnung geahnt hätten. Im 12. Jahrhundert hat Hugo von Sankt Viktor das geistliche Gebäude der Gottheit aus eben diesen Stufen sich wölben sehen. Damals wußte man nämlich noch nichts davon, daß nur die sogenannten sieben Sakramente (Taufe, Firmung, Buße, Ehe, Priesterweihe usw.) Sakramente heißen sollten. Vielmehr galt die Kreuzigung Christi als das Hauptsakrament. So stellte Hugo statt der sieben Sakramente für das Individuum, wie die Kirche heute sie verwaltet, sieben Geschichtssakramente als Gottes Sakramente am ganzen Menschengeschlecht auf. Hugo von Sankt Viktor geht aber noch weiter. Er weiß, daß alle Sakramente jederzeit gereicht und gelebt werden müssen. Wenn die Stockwerke der Bögen einer Kathedrale aus Stein sich auftürmten, so könne das doch nur die Nachbildung des lebendigen Tempels aus Menschen als Bausteinen sein. Die Zeitfolge der Menschen sei die wahre Architektur. In der Architektur der Räume wird sie ausgefroren und kann so *gleichzeitig* werden.

Die Revolutionen sind also die Schritte, in denen die menschliche Gesellschaft sich all ihrer eigenen Geschichtsstufen neu bemächtigt, um sie in jeder Generation nach Bedarf den einzelnen Ämtern und Klassen und Berufen reichen zu können. Die in der Geschichte nacheinander geschaffenen Sakramente muß es auch gleichzeitig geben.

In sieben Stufen hat also der vorwärtsbrausende Zug der Revolutionen sich nach rückwärts abgesichert, und zwar auf jeder Stufe mit einem Rückgriff in weitere Urzeiten des Glaubens. Die Menschheit hat also vorwärtslebend rückwärtsgesprochen. Daraus entsteht jene Doppelzüngigkeit, unter der wir leiden. Ist sie nicht etwas Abscheuliches? Weshalb stürzt Luther das Papsttum nicht, ohne den Apostel Paulus im Munde zu führen? Weshalb muß der Papst Clemens II. so tun, als sei er noch einmal jener erste Nachfolger des Apostels Petrus? Wäre es nicht nobler, nur das zu sagen, was man tut, ohne die religiösen Bekleidungsstücke? Alle leiden unter diesem Zwiespalt. Aber glaube keiner, daß dieses Dilemma zufällig sei. Vielmehr stoßen wir hier auf eine Bedingung der Totalrevolutionen. Die weltlichen Revolutionen des zweiten Jahrtausends unterscheiden sich von den Handstreichen von Diktatoren, den

Staatsstreichen, Aufständen, Rebellionen, Utopien, Bürgerkriegen nur durch diesen einen einzigen Zug, daß sie die Doppelsprachigkeit des Menschen anerkennen und zur Grundlage ihrer Bewegung machen.

Wir könnten uns nämlich nie aus einer Gruppe lösen und in eine andere binden, wenn wir nicht immer und durchweg außer der Sprache unserer Gruppe noch eine zweite Sprache sprächen. Freiheit zur Umgruppierung gäbe es nicht, hätten wir nicht zwei Sprachen auf unseren Lippen und in unseren Herzen. Wer nämlich nur eine einzige Sprache spräche, der wäre einer einzigen Gruppe zeitlebens und damit in seinen Wirkungen auf ewig verfallen. Denn wir gehören dorthin, wo das, was wir sagen, gehört wird, und wo dem, was dort gesagt wird, von uns gehorcht wird. Wer also nur einer Sprache angehörte, der hätte keinen Zutritt zum Wandel durch mehrere Gruppen. Er müßte einem bestimmten Geist hörig bleiben und könnte nicht selber geistesmächtig Gruppen enden oder Gruppen stiften.

Der Mensch des Revolutionszeitalters ist aber nicht ein politisches Wesen im Sinn der Antike, so als gehörte er zu einer Polis. Er ist vielmehr ein Polis enthaltendes Wesen: wie der Eichel zwei ganze Eichbäume innewohnen, der, von dem sie stammt, und der, der aus ihr herauswächst, so ist der Mensch polisentstammt und polisgebärend. Mithin muß er einer Sprache abschwören und eine andere Sprache anheben können. Der politische Mensch, d. h. wir alle sind also mit der Kraft ausgestattet, *aus einer Sprache in eine andere hinüber zu setzen.*

Die Revolutionen sind die Riesenvorgänge dieser Sprachbrüche; da werden sie an den Tag gelegt, so daß sie nicht überhört werden können.

Die biblische Sprache, d. h. die Sprache einer schon einmal von A bis Z durchgelebten antiken Geschichtswelt geht nun in jede einzige Revolutionsfrucht, in jede politische Form und Staatenwelt als Begleiterin mit hinein, um die Verbindung dieser neuen Stufe nach rückwärts wie vorwärts offen zu halten. Wenn Luther nicht den Apostel Paulus im Munde geführt hätte, so hätten die Untertanen des Königs von Sachsen ja am Ende nur noch sächsisch gesprochen. Sie wären also aus dem Geschichtszusammenhang herausgerissen und — der Islam hat es so gemacht — weder nach rückwärts vor die Wettiner noch nach vorwärts über die Wettiner hinausgelangt. Wir Europäer sind so verwöhnt durch unseren Weltzusammenhang, daß diese Funktion der zweiten Sprache in den letzten fünfzig Jahren nichts galt. Eine Raserei der Einsprachigkeit ergriff die weltlichen Machthaber. Aber während wir in unserer Zeit dem Zeitgeist und seiner Sprache verfallen, muß in uns eine zweite Sprache leben, aus der der nächste und der nächste und der nächste Gruppengeist entspringen kann. Es genügt offenbar nicht, daß nach dem 30. Oktober 1517 der Papst der Antichrist heißt und vorher „Seine Heiligkeit". Sondern *beide Sprachweisen* müssen jedesmal auf einen Sinnzusammenhang bezogen bleiben. Sonst hätte ja jede Gruppe ihre Orientierung verloren. Die Geschichte verlöre ihre Richtung. Der Ort jeder Revolution würde unbestimmbar. Das Leben müßte sich in kleinere und kleinere Gewohnheitsgruppen mit bloßen Dialekten zersetzen. Die *durchgehende biblische Orientierung* hat das geleistet, daß es eine Weltgeschichte gibt.

Die fortschreitende politische Einigung des Menschengeschlechts steht außer Zweifel. Die Größe der Gruppen ist von Revolution zu Revolution gestiegen. Jeder Rückfall vor das schon Erreichte ist letzten Endes immer wieder wett gemacht worden. Und das alles, wunderbar wie es ist, wäre ohne die Ausweiche auf eine durch die ganze Geschichte hindurch gehende Sprache nie möglich gewesen.

Wir sprechen von den geflügelten Worten im Büchmann und von Zitaten, ohne uns viel zu denken. Aber wenn wir zitieren, zitieren wir die toten Geister. Die antike Menschheit zitierte die Toten mit Furcht und Zittern. Wir zitieren sie in Freiheit und Freude. Aber auch die Bolschewiki haben zitieren müssen. Denn ohne Geister zu beschwören, die unserm eigenen Zeitalter *nicht* angehören, können wir den Ketten unseres Zeitalters nicht entrinnen. Die Freiheit erringen wir nur im Bunde mit allen Menschen aller Zeiten.

Daß Alexander Block den aus dem Schweigen neu hervortretenden Christus mit den Zwölf marschieren sah, das erhebt die russische Revolution über Zufall und Willkür, Vereinzelung und Unbestimmtheit. Es bestimmt auch den Lauf der Revolution zu denen, für die Jesus Christus bisher geschwiegen hatte, zu den Völkern Asiens.

Die Liste zeigt auch, daß die Geschichte derartiger Revolutionen, wie sie dieser Band darstellt, zu Ende ist. Die Geschichte des Menschengeschlechts von der Schöpfung bis zum jüngsten Tag ist seit Papst Sylvester II. in die Revolutionen der Welt übersetzt worden, bis die ganze Welt dieser Bewegung sich in zwei Weltkriegen geöffnet hat und zu einer Welt geworden ist. Sie ist es dank der Tatsache, daß alle Träger der Revolution, von Stalin auf seinem Priesterseminar und Block selber bis zu Otto III. und Gerbert von Reims, doppelsprachig waren. Zur Revolution taugt nur, wer mindestens zwei Sprachen, die kirchliche und die weltliche, sprechen gelernt hat. Denn nur dann kann das, was ihr vorausging, weiter leben, und nur dann haben ihre Glieder das volle Leben von Menschen, die in die Zukunft und Vergangenheit aus dem Schlendrian des bloßen Zeitgeistes den Weg finden.

2. Ikonostasen

Zwei Altarwände der Ostkirche. Die obere schematisch, die untere ein Beispiel. Die Ikone aller Heiligen verstellen der Gemeinde den Einblick in alles, was im Chor vorgeht. Die Namen für die Einzelheiten dieser Wand stammen aus dem griechischen Theaterbau für die Tragödien. Die Ikonostase ist also ein antikisierendes Element aus griechischer Überlieferung.

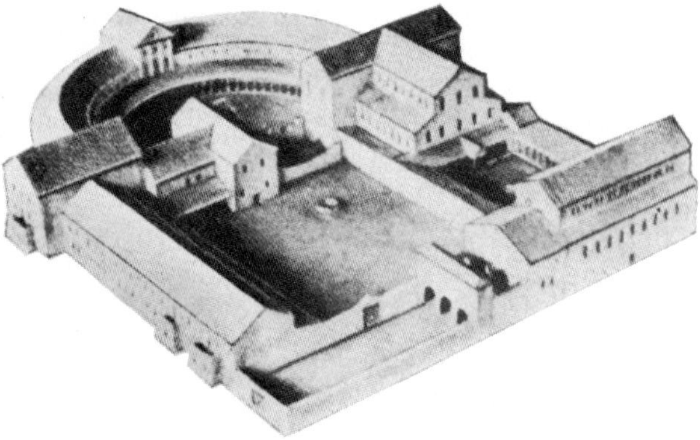

3. Fronhof und Sternenkaiser im zehnten Jahrhundert

Umgekehrt wie heute ist die Wirtschaft damals chaotisch, rein lokal, der Herrschaftsanspruch universal-religiös. Heute hingegen ist die Wirtschaft planetarisch bedingt. Das Bild ist eine Rekonstruktion von Pfalz und Fronhof Ingelheim, auch kurzab „Reich Ingelheim".

4. „Hat denn der Kaiser den Heiligen Geist?"

Kaiser von etwa 980 hält die Taube des Heiligen Geistes und die Ampulle mit Chrisam. Umschrift: Vision des Friedens. Hierusalem.

B. DER GANG DER REVOLUTION DURCH EUROPA

DER EINTRITT IN DIE WELTGESCHICHTE

VIII. DAS WELTGERICHT, DER KAISER UND DIE KIRCHE

1. Abschied von Allerheiligen

Im 10. Jahrhundert ist die europäische Völkerfamilie noch nicht vorhanden. Das geistliche Leben des Ostens gibt sich gerade damals vollendete Gestalt in den Klöstern des Athos; so wie sie noch heute existieren, Stätten reiner, jubelnder Anbetung Gottes, als letzte Ausformung der Kirche der Erlösten, der zeitlosen Ostkirche, sind sie damals entstanden. Das große Fest Allerheiligen am 1. November ist das letzte große Kirchenfest, dessen Seelenhaltung der Westen mit dem Osten gemein hat. Es stammt von etwa 800, wie man heut annimmt. Wenn auch hierbei schon der Stolz den fränkischen Kaiser oder den Papst veranlaßt haben soll, einen anderen Tag als die Griechen für das Fest zu bestimmen[1]) — es war doch noch ein gemeinsames Leben in Ost- und Westkirche damit bezeugt. Ballt sich doch in diesem Fest die Freude der Kirche zusammen, die Kirche der Erlösten zu sein; der Himmel steht offen, wie ihn der Zeuge Stephanus offen gesehen hat. Die Menschen haben ihre Gottnatur wiedererlangt. Die unabsehbaren Scharen der Heiligen, geheilt von der irdischen Mangelhaftigkeit, sind eingedrungen in den Himmel. Am Sterbetage ihrer Leiber feiert die Kirche ihren Geburtstag für den Himmel. Der Tod hat seine Schrecken an Allerheiligen verloren, so wie die Zeit stillsteht in den Klöstern des Athos und man den Himmel in jubelnder Anbetung vorweg lebt. Kraft der Heiligen, die den Tod überwunden haben, ist die Kirche die einzige unsterbliche Größe jener Zeit. Nichts Weltliches erlangt damals juristische Unsterblichkeit, sondern Karls Reich sogar zersplittert, wenn mehrere Söhne da sind. So angstvoll wie sich heute der schwanke Großstädter in seine zahllosen Verbände flüchtet, um etwas Bleibendes zu haben, das ihn kräftige, so jubelten damals die Sterblichen den Heiligen zu, die eine ewige unverrückbare Ordnung durch ihr Sterben offen gelegt haben.

Das ist der Jubel der alten Kirche des ersten Jahrtausends. Er verstummt in dem Unglück des „eisernen" Jahrhunderts, des Zehnten. Wer soll die Feste auch nur richtig feiern, wenn Ritter und Grafen Bistümer und Abteien verwalten, wenn die wenigen Geistlichen, die in diese Ämter kommen, jahraus, jahrein Geschäfte des Königs in Krieg und Frieden wahrnehmen müssen? Der Königsschild, der ihnen vom Herrscher verliehen wird, belastet sie zu all den

---

[1]) Miesges, Trierer Festkalender 1914, 68.

Diensten in der gesamten Zivilverwaltung noch mit der Kommandogewalt im Heere.

Und von außen ist dies Gebiet nicht minder trostlos gestellt. Ein Landkoloß ohne jede Herrschaft oder Beweglichkeit auf der See ist die Erbmasse des karolingischen Reiches von Norden und Nordosten eine Beute der Nordmänner, Dänen und Normannen, von Osten her der Hunnen und vom Süden und Südwesten der Sarazenen.

Da veröden nicht nur die Kirchen, sondern wenn die alten Feste gefeiert werden, sind sie fast sinnlos. Das Gericht bricht herein über die Welt. Die kaum bekehrte Christenheit hat auch noch zu wenig Anteil gewonnen an den Heiligen der alten Kirche, um der eigenen Erlösung gewiß zu sein. Wie wenige Sachsen stehen erst unter den Heiligen, wie wenige aus den nicht romanisierten Gebieten des Frankenreiches, von Polen, Böhmen und Ungarn zu schweigen. Als ihre Heereskirche durch Militärgeistliche des großen Karl haben all diese Stämme die Kirche empfangen und sie haben das Christentum als des Kriegsherrn, des Königs und des Kaisers Glauben angenommen. Nun ist Karl tot. Und die Stämme fangen wieder an, für sich eine notdürftige Ordnung unter Herzögen aufzubauen. Das Band der fränkischen Heeres- und Königskirche lockert sich. Das künftige Europa aber ist noch nicht zu erkennen. Es gibt kein Großbritannien, kein Frankreich; Österreich, Spanien, Preußen, Italien als Einheiten existieren nicht. Die Großgebiete, aus denen wir Europa zusammenzusetzen gewohnt sind, werden durch Grenzen mittendurch zerschnitten. Und diese Grenzen lassen das italische Land südlich Rom bei Byzanz oder den Mauren, ebenso drei Viertel von Spanien.

Meer und Land stehen in einem anderen Verhältnis als wir es gewohnt sind. Bis tief in die Flußmündungen hinein herrscht die Seemacht. Das Binnenland ohne Straßen, ohne Beweglichkeit kann die Küsten nicht mit beherrschen.

Das apostolische Bistum Rom scheint dem Teufel verfallen. Die „Schweinewirtschaft“, Pornokratie herrscht dort. Treffend haben spätere Jahrhunderte die damaligen Zustände in Rom in der derben Legende von der Päpstin Johanna verkörpert, die auf dem marmornen Papststuhl eines Knäbleins genesen sei. „Es war, als schliefe Christus in dem Fahrzeug, das die Menschheit trug“ (Baronius).

2. Der heilige Kaiser

Nicht aus Rom kam damals das Heil. Sondern nach Rom mußte es gebracht werden. Die römischen Kaiser aus sächsischem Hause versuchten es zu bringen. Sie mußten es versuchen, wollten sie anders die großen Gebiete nördlich der Alpen zusammenhalten. Denn nur die römische Kirche und das fränkische Heer hielten zwischen diesen Stämmen notdürftig die Einheit aufrecht. Das fränkische Heer suchten daher die Herzöge der Sachsen ebenso wiederherzustellen wie die römische Kirche. Der Römerzug über die Alpen war das

Mittel dazu. Denn alle Kirchen der fränkischen Gebiete konnten angehalten werden, das Heer auszurüsten, mit dem der sächsische Herzog gen Rom ritt. Vorher hatte er in Aachen von dem Stuhl der Franken, dem Thron Karls, Besitz ergriffen, damit dem Sachsen der Hochsitz in Karls Marienkapelle in die fränkische Herrschaft hineinhülfe. Diese Herrschaft bestand aber ebensosehr aus einem Anspruch über die Kirche, wie über das Heer. Das wird meist übersehen. Aber es gab eine Aachener Lehre und Überlieferung in der Kirche und Liturgie, die z. B. der Metzer Dom bis heute bewahrt hat. Und diese Lehre beanspruchte Autorität im fränkischen Reich. *Autorität in der Kirche* also wurde von den sächsischen Herrschern übernommen und kraft ihrer Herrschaft über die Reichskirche auch nach Rom verpflanzt. Kaiser Heinrich II. hat 1014 die Aachener Liturgie dem römischen Meßbuch aufgezwungen. Das Bekenntnis der Christenheit zu dem dreieinigen Gott, das Credo, wurde in Aachen in einer eigentümlichen Fassung gesprochen, die das Morgenland bis heute verwirft, nämlich so, daß der Ausgang des Geistes ebenso vom Sohn wie vom Vater her geschehe. Dieser berühmte Zusatz des „filioque", der Okzident und Orient trennt, stammt aus dem Aachen Karls des Großen. Rom hatte sich einst kraftvoll seiner erwehrt. 1014 wird der fränkische Kaiserwille endgültig Herr auch im Kultus Roms. Das Credo kommt in der Aachener Form mit dem filioque in die Sonntagsmesse.

Des Kaisers Wille regiert die Kirche wie das Reich. Die Kirche ist die Zivilverwaltung seiner Lande, das Reich die militärische. Seine Bischöfe sind die Träger der inneren Verwaltung, die Bistümer die Garnisonen des Kaiserheeres. Die Bischöfe regieren. Um z. B. dem Mißbrauch der Meineide zu steuern, führt ein Bischof, Heinrichs II. Kanzler, Burchard von Worms 1023 in seinem Bistum das Gottesurteil des Zweikampfes ein, und versucht, gegen die Blutrache mit den ersten Anfängen öffentlicher Strafe einzuschreiten. Das militärisch-weltliche Recht des Stammes reicht dazu nicht aus. Das geistliche Amt allein kommt in Betracht, um dem Land Frieden zu geben, so wie er uns sich von selbst versteht.

Heinrich II. hat die Kirche reformiert. Sein Kaiseramt galt ihm als kirchliches Amt. Er fühlte sich nicht als Reformator von außen, sondern von innen. Heinrich II. ist der heilige Kaiser geworden, der einzige unbestritten heilige Kaiser aus Nordland, den das römische Brevier anerkennt. Selbst Gregor VII. hat ihn — noch vor der offiziellen Heiligsprechung — wenn auch widerwillig als solchen gelten lassen[1]).

Mit dem Maße des Kirchlich-Heiligen wollten die Kaiser gemessen werden. Mit den Worten des Apostels Paulus benennt Otto III. seine eigene Sendung. Als Apostelkaiser, darin Paulus gleich, bringt er dem Petrusgleichen Papst die Riesen-Missionsneulande Polen und Ungarn. Das ist der Sinn seiner Wallfahrt nach Gnesen: Apostolischer Kaiser zu sein. Die Unfruchtbarkeit der Ehe, für den weltlichen Mann Unglück und Schmach, wurde für den Kaiser Hein-

[1]) Jaffé II, 453 ff.

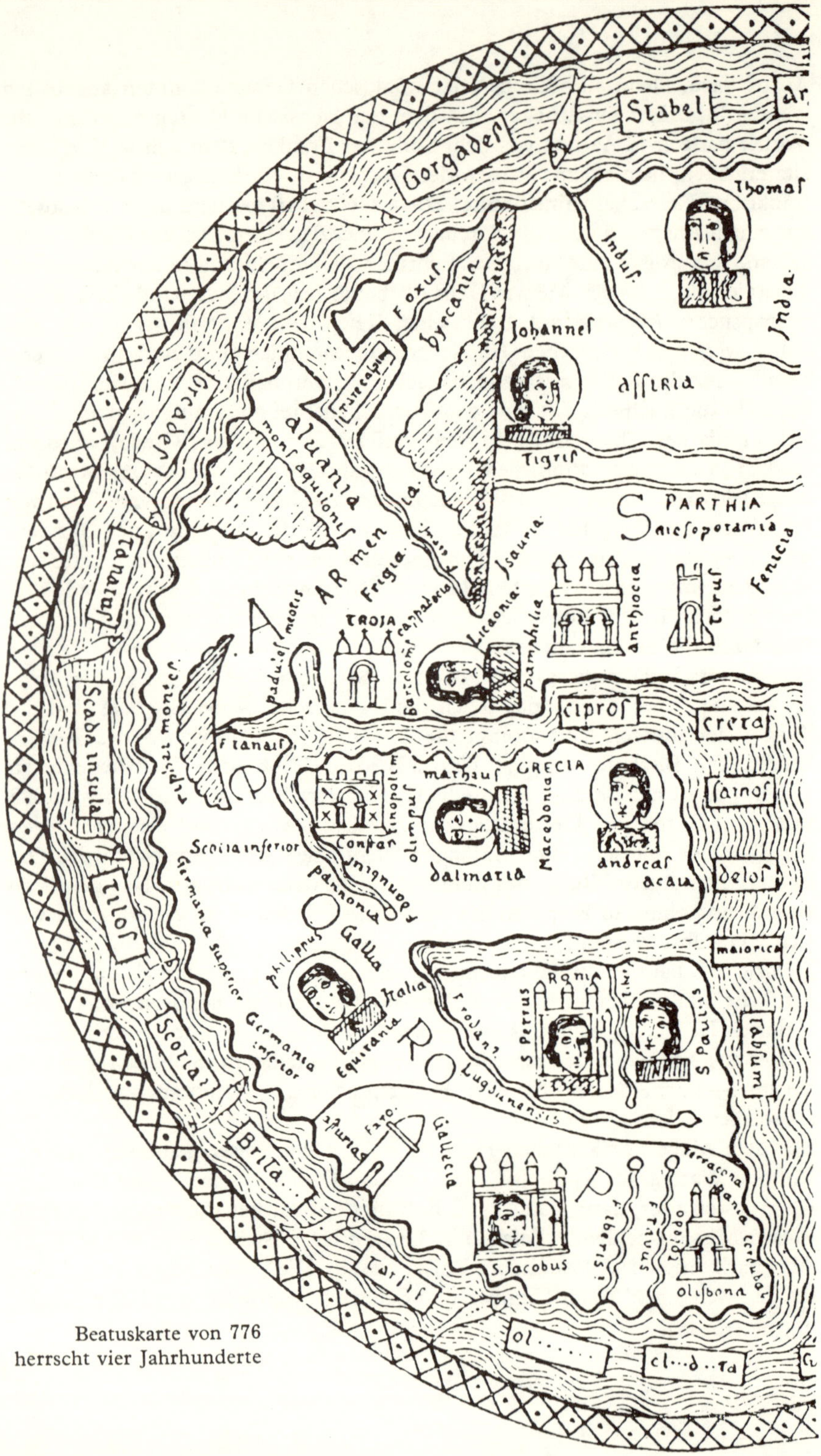

Beatuskarte von 776
herrscht vier Jahrhunderte

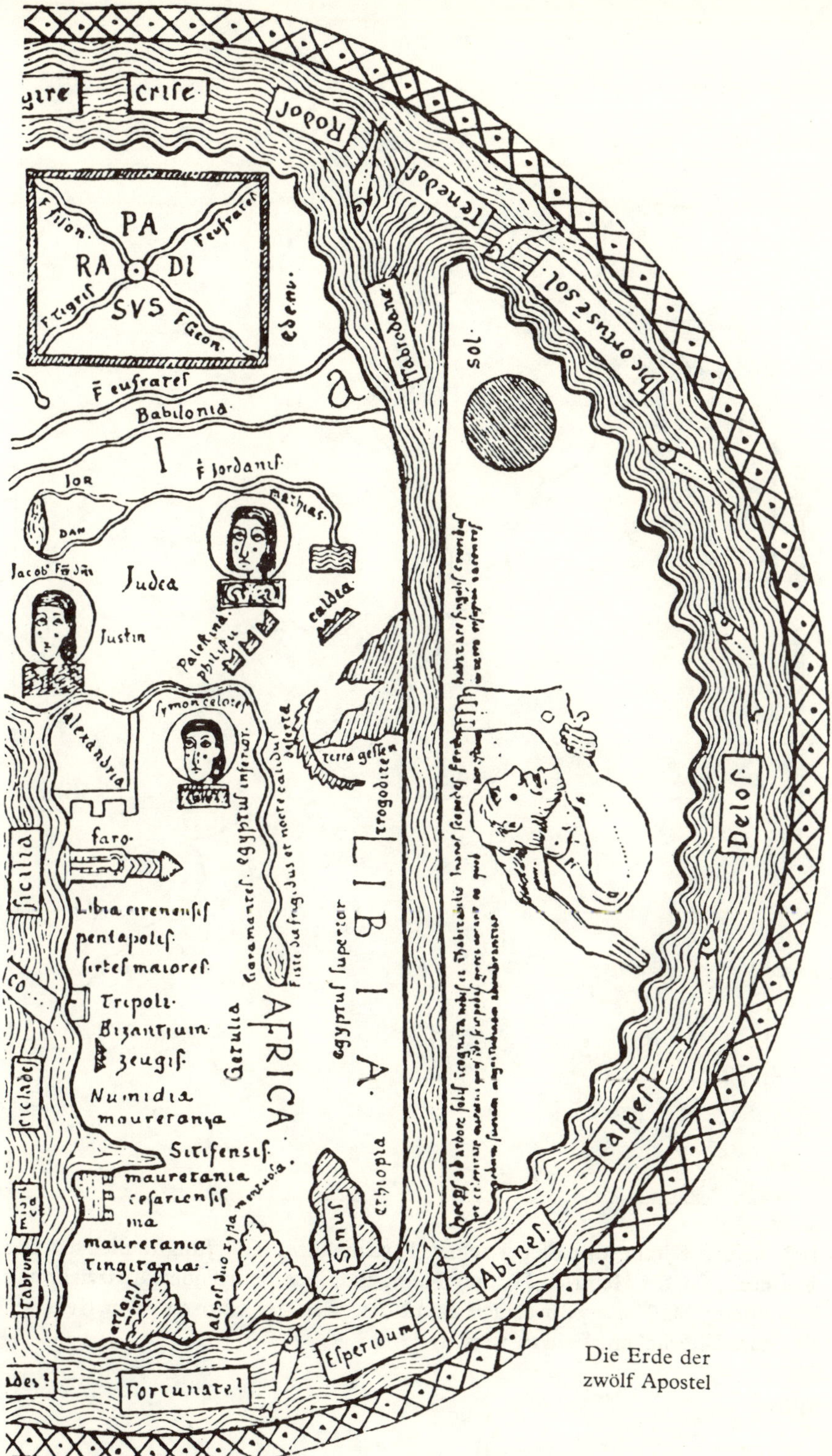

Die Erde der
zwölf Apostel

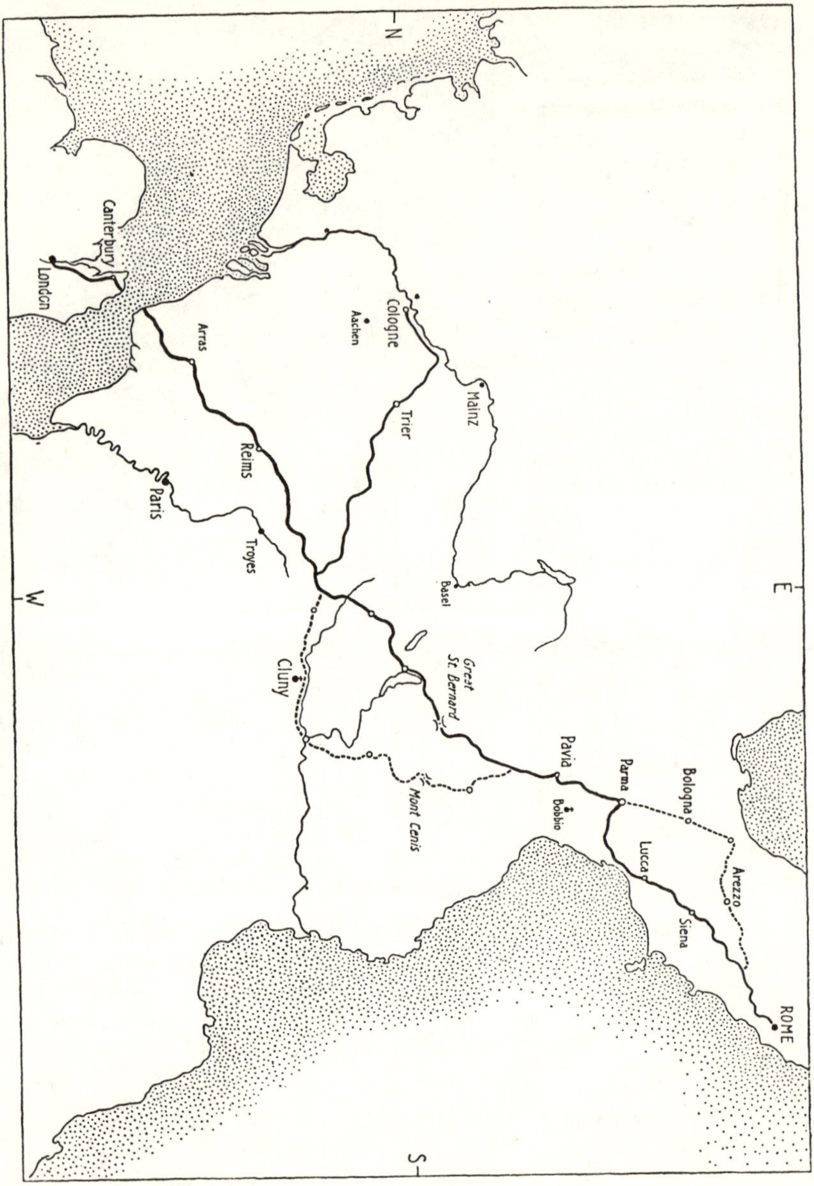

Hauptpilgerstraße des zehnten Jahrhunderts

rich in der Kirche das Siegel seiner Kirchlichkeit. Die Jungfräulichkeit der Kaiserehe ist für Heinrich II. und Kunigunde zur heiligenden Auszeichnung geworden. Das Kaiserpaar schien damit den Weg des Christen, den Heilsweg der mittelalterlichen Welt zu weisen.

3. Der Fluch der Vererbung

Denn die Zeit rang um Lösung aus den Banden des Geschlechts und der Versippung. Eine Clanmenschheit stand hilflos vor den Forderungen Christi an die einzelne Seele. Deshalb ist im Gedicht vom Weltgericht (um 850) das stärkste Wort, das der Dichter weiß über den Jüngsten Tag:

> dar ni mac mâc andremo
> helfan vora dema muspille.
>
> Da kann nicht ein Verwandter dem anderen
> helfen vor dem Weltbrand.

Die Kraft zum Alleinsein und Alleinstehen fehlt. Denn der Fluch des Geschlechts, in der Blutrache wird er damals fortgetragen vom Ahn auf den Enkel. Schlecht verhüllt der christliche Faltenwurf die Leiden der Zeit. Die Orestie und das Verhängnis der Atriden werden damals täglich Wirklichkeit. Immer wieder flüchten die Sippen, um der Rache zu entgehen, in ein anderes Land. Aber keine Seele kommt ganz zur Ruhe und zum Frieden. Nur die Enthaltsamkeit, die Flucht aus der Welt verheißt also dem einzelnen Erlösung aus der Verstrickung. Die Metzeleien des Nibelungenliedes sind die Wirklichkeit jenes Zeitalters; aus ihr tritt zuerst der Kaiser heraus und aus ihr will er seine Völker herausreißen. Neue Wege müssen dazu eingeschlagen werden.
Denn schwach ist die einzelne Seele, wenn doch die Ahnenreihe ihr Schicksal vorherbestimmt. Auch der Geistliche sogar versinkt in die Sippe, da das Zölibat nicht beachtet wird. Die Taufgnade löst den einzelnen nicht. Sind doch sogar die Priester und Bischöfe Rachverfallene, selbst die Priesterweihe, die zweite Taufe, der Eintritt in ein neues Volk, reicht also nicht zur Heiligung. Zu den Notzeichen der Zeit wird man es rechnen dürfen, wenn die Päpste jetzt (zwischen 960 und 1030 setzt sich die auffallende neue Sitte durch) bei der Stuhlbesteigung einen neuen Namen annehmen. Ihr christlicher Taufname genügt eben nicht mehr, um sie zu heiligen. Die alten Mönchsorden und die Bischöfe haben Jahrhunderte gezögert, ehe sie diesem Beispiele der Päpste gefolgt sind. Kein Wunder, denn damit scheidet sich endgültig die Heiligkeit der alten Kirche und ihrer Gläubigen von dem neuen Weltzustand. Aber es gibt kein Zurück, schon nennt man den „Bekehrten“ (conversus) nur noch den Mönch (um 1000). Auch die Geschichte des Worts Religion zeigt den weiten Abstand jener Zeit von dem Zeitalter Christi ebensosehr wie von unserem heutigen. Religiosus, religiös ist im damaligen Sprachgebrauch nicht einmal der Weltpriester, geschweige denn der Laie, sondern nur der Klosterbruder. Der heutige Sinn von Religion aber geht auf diese Zeit zurück, wo man nur dem Mönch persönliche Religiosität zutraute.
In diesem Weltzustand ist die gemeine Christenheit in Angst und Verzweiflung,

unerlöst trotz der Taufe, geknechtet von Stammes- und Sippenfluch. Die fröhliche Heiterkeit der alten Kirche ist vergangen[1]).

4. *Allerseelen*

Den Schrecken der unerlösten Zwischenzeit und ihre Sehnsucht verkörpert nun auch ein Kalendertag. Es ist der Festtag Allerseelen. Allerseelen folgt unmittelbar am 2. November auf Allerheiligen im Kirchenkalender. Aber welch ein Unterschied! An Allerheiligen freut sich die alte Kirche ihrer Kraft und ihrer Zeugen. An Allerseelen beugt sich eine heillose Christenheit nieder unter der Last der armen Seelen, die im Fegfeuer schmachten.

Die älteste Vision vom Fegfeuer, die wir kennen, stammt aus dem neubekehrten Gebiet nördlich der Alpen, wo die Ahnenrätsel am meisten die Neubekehrten peinigen mußten. Jene Vision ist anfangs des 9. Jahrhunderts entstanden. Nun am Ende des zehnten verdichten sich diese Träume und Wünsche in dem neuen Fest. Die griechische Kirche hat dieses Fest nicht angenommen. Ist sie doch recht eigens die Kirche der Erlösten geblieben bis zur Gegenwart. Aber auch aus äußeren Gründen konnte dies Fest nicht in den Osten dringen. Denn es entspringt dem Geiste eines burgundischen Klosters, in das sich die Selbständigkeit des Geisteslebens in der fränkischen Reichskirche, nach dem Verfall Aachens und vor der Stiftung der Universität Paris, geflüchtet hatte, des Klosters Cluny. Im innersten Festland, an der Grosne bei Mâcon, nördlich Lyon, liegt dies Asyl.

Abt Odilo von Cluny schenkt zwischen 998 und 1030 den armen Seelen den Trost des Allerseelenfestes und senkt damit die Samenkörner neuer Religio in den Acker eines Jahrtausends. Er ersetzt damit die Sitte der antiken Rosarienfeste im Oktober, nach denen die Totenäcker Rosengärten hießen. Im Wormser Rosengarten und in dem des Königs Laurin, wie in vielen „Rosengärten" Süddeutschlands lebt mithin noch heute die Erinnerung an eine Zeit vor dem Allerseelenfeste fort.

Kein Papstgebot aber hat Allerseelen durchgesetzt, sondern das Beispiel Clunys. Odilos Biograph erzählt, wie Odilo den Gedanken der Totalität gefaßt habe „ad omnes omnimodo fideles"; *hierin steckt im Keim der weltgeschichtliche Glaube an die Ganzheit auch des unerlösten Diesseits.* Bis dahin habe jedes Kloster nur für die Seelen gebetet, die ihm angehörten oder die durch Gaben, Verwandtschaft und Konnexion irgendwelcher Art das erwarten konnten. Odilos Liebe aber erfaßt das sündige Menschengeschlecht im ganzen!

Das politische Weltall wird von Odilo beschworen, *das zwischen Himmel und Hölle*, zwischen Heiligen und Heiden auf Fürbitte wartende All aller, „die von Beginn der Welt gewesen sind bis an ihr Ende"[2]). Damit schafft er den Raum einer erlösbaren *Weltgeschichte*. Noch heute sind im römischen Brevier und

---

[1]) Siehe den Nachweis der Sündenapologien zu Tafel 5, in Deutung der Bilder.

[2]) Migne, 142, 1038

Ritus die Spuren davon erhalten, daß Allerseelen ein der Mutterkirche in Rom aufgedrungenes Fest ist, so wie das Aachener Credo! Rom hat immer den höheren Rang des Allerheiligenfestes erhalten, wollte z. B. durch achthundert Jahre nicht die — heute zugelassene — Dreizahl der Seelenmessen an dem volkstümlichen 2. November gestatten, um die Nachmesse von Allerheiligen nicht durch dies Übermaß zu gefährden. Und wie viel wärmer nennt der Tag im Volk die „Seelen": All souls, Allerseelen als in der offiziellen Sprache: Omnium Fidelium defunctorum. Die Klosterkirche hat mit diesem Fest an Rom vorbei das Herz des Volkes gewonnen. Kein Wunder. Denn nur das Kloster wirkt damals „religiös"! Die gesamte übrige Kirche einschließlich des Papstes in Rom rechnet damals zur Welt. „Mundus" heißt der Weltklerus kurzab, die bischöfliche Hierarchie ist in dem Bereich dieser Welt. Religio leben einzig die Mönche! So hat das Kloster den abendländischen Christen die erste eigentümliche Stimme verliehen. Und welches sind die ersten Töne dieser Stimme? Es ist die gewaltige Klage des

„Dies irae, dies illa" . . .

Das Geschichts- und Weltbild jener Zeiten steigt aus diesen Kurzzeilen auf. So lauten einige Strophen aus dem berühmten Hymnus von Allerseelen:

Tag des Grimms! An diesem Tage
Wird zerstäubt der Zeiten Lage,
Norne uns und David sagen.
— — — — — —
Tod und Dinge werden beben.
Das Geschöpf muß sich erheben,
Seinem Richter Antwort geben.
Aufroll'n Schriften, die gemalten,
Darin alles ist enthalten,
Richteramts der Welt zu walten.
Nach des Richters Stuhlbesteigen
Wird sich das Geheimste zeigen,
Nichts wird ungerochen bleiben.
Dann was werd' ich Sünder sagen?
Wessen Fürbitt dann erfragen,
Wenn dem Rechten ziemt zu zagen?
Richter, recht in deinem Rächen,
Vor dem Tag des Stabzerbrechen
Laß schon Deine Gnade sprechen.
Tränen viel an diesem Tage,
Wo der Mensch dem Staub entraget
Unter des Gerichts Anklage . . .

Durch den ganzen Hymnus immer wieder das eine Wort: Gericht, Gericht, Gericht! Das Jüngste Gericht droht. Ihm zuvorzukommen ist das Anliegen der Zeit.
Gewiß sind die Strophen dieses Hymnus erst im 13. Jahrhundert von Thomas von Celano gedichtet. Aber wie die Vollendung der Peterskirche trotzdem der Ausdruck von Papstträumen vieler Jahrhunderte ist, so erläutern auch diese Verse nur die Seufzer und Tränen des Zeitalters der Stiftung von Allerseelen. Das wird schön belegt durch die Totenklage auf Odilo von Cluny selbst, die sein Biograph verfaßt hat. Dieser Planctus enthält alle Züge des Dies irae bis in die Einzelheiten bereits, um Odilos Sieg über diese Schrecken des Jüngsten Gerichts zu unterstreichen (Migne 142, 967). So begann auch die Matutine des 2. Novembers früher in Cluny gleich: „Umringt war ich von den Seufzern des Todes, die Schmerzen der Hölle umringten mich". Rom hat bezeichnenderweise diese Antiphon gestrichen und durch die altkirchlich freundliche ersetzt: Den König, dem alle Dinge leben, kommt, ihn anzubeten!
Wo der Gedanke an das Weltgericht herrscht, da tritt auch das gesamte vorhergehende Leben unter seinen Schein und Schatten. Sub specie aeternitatis das Leben zu sehen, das heißt damals: zittern und beben. Schon vor dem Jüngsten Gericht will die Seele alles ins Reine bringen.

„Vor dem Tag des Stabzerbrechen
Laß schon Deine Gnade sprechen!"

Denn es ist eine Zwischenzeit da — die Zeit auf dem Läuterungsberg. Ihn müssen die christlichen Völker nutzen. Auf dem Läuterungsberg kann die Sünde ausgefegt, der alte Adam erneuert werden.
Wenn die Kirche des ersten Jahrtausends den Himmel eröffnet hat, so sehen die Völker des zweiten Jahrtausends als ihre Zeit das Purgatorio an. Der Aufenthalt im Fegfeuer ist so die Zeit der Völker Europas geworden.
Die kirchlichen Lesungen des 2. November kreisen daher alle um den Dulder Hiob:
„Den Menschen vom Weib geboren, kurze Zeit am Leben, füllen viele Leiden. Wie ein Gras sproßt er auf und wird zertreten, und flieht wie ein Schatten und bleibt niemals in einerlei Stand. Und ihn hältst du wert, deine Augen über ihm aufzuschlagen und mit ihm ins Gericht zu gehen?"
Und doch hält man den Glauben der alten Kirche glühend fest. Er gab ja erst den Mut, diese Unwirklichkeit zu schauen und selbst dies Geschick zum Heile zu wenden. Unmittelbar auf das „Schone meiner, o Herr, denn ein Nichts sind meine Tage. Blick her, jetzt gehe ich im Staube schlafen. Und wenn du in der Früh mich suchest, ist nichts mehr da", folgt mit ungeheurer Wucht das Credo: „Ich glaube, daß mein Erlöser lebt und ich am Jüngsten Tage von der Erde erstehen werde und in meinem Fleisch werde ich Gott meinen Heiland sehen."
Und noch ein zweiter Zug aus dem Brevier des Allerseelentages verdient Be-

achtung. Der Erzengel Michael ist der Streiter Gottes, der nach der Apokalypse den Drachen besiegt hat und fortan den Seelen der Gerechten zu Hilfe kommt. So wurde er von jeher am 29. September als der Erzengel, der die Seelen in den Himmel geleite, verehrt.
Im Offertorium der Allerseelenmesse ist gegenüber den Texten des 29. Septembers eine Änderung eingetreten, um den Fürsten der Engel Michael und sein Tun zu benennen. Da heißt es von Michael nicht mehr, daß er den Drachen besiegt *hat*, und nicht mehr ist nur die Rede von den Gerechten, sondern von allen in der sichtbaren Kirche Gestorbenen:
„Freie die Seelen aller gläubig Abgeschiedenen von den Strafen der Hölle, aus dem tiefen Abgrund, freie sie aus dem Rachen des Löwen, damit sie der Schlund nicht verschlinge, damit sie nicht in die Finsternis stürzen. Sondern der Fahnenträger, der heilige Michael sichere ihre Gestellung in dem heiligen Licht, das du einst Abraham verheißen hast und seinem Samen."
Die Kämpfe der Apokalypse sind also aus Vergangenheit zukünftige Aufgabe geworden. Die Heilsgeschichte muß neu in Angriff genommen werden. Die Kirche frohlockt nicht, sondern bebt vor dem Weltzustand wie er wirklich ist. Sie betet um *Freiheit!*
Und sie wendet sich dabei an Michael als an den Fahnenträger. Woher kommt das seltsame Bild? Denn der Engelfürst des 29. September ist ursprünglich eher als ein Psychopomp der Antike denn als Fähnrich aufzufassen. Nun, es ist etwas Neues eingetreten seit Allerheiligen — Michael ist ja der Schutzpatron des heiligen Kaiserreichs! Das Neckwort vom „deutschen Michel" stammt auch von da. Michaels Bild ist auf der Reichsfahne. Aus dem Geleiter der Seelen und Bekämpfer des Drachen ist der Fahnenträger des Jenseits geworden, deshalb, weil er des Reiches Sturmfahne trägt.
Im „Heiligen Reich", im Sacrum Imperium berühren sich Jenseits und Diesseits. Eine Jenseitshoffnung und eine Jenseitsmacht ist im Schwert des Kaisers auf Erden sichtbar geblieben. Fegefeuer hüben und drüben. „Als Otto III. zu Gericht saß, da stöhnte der Himmel, da dröhnte die Erde." Ihn, Otto soll die Gottesmutter Maria behüten, singt ein Lied zu Mariä Himmelfahrt, dann wird er, ein zweiter Paulus, das verhurte Rom reinigen[1]). Der apostelgleiche Kaiser ist die Hoffnung der gesamten Menschheit. So waren der Kaiser und das Kloster die Hüter des Weltgerichts, und damit die Hüter der einzigen Gewißheit, die es auf Erden noch gab, als zum erstenmal Odilo in Cluny sein Fest feierte, *der unerschrockenste der Helfer der Seelen, die auf dem Läuterungsberg für die Mächte der Hölle gefährlich sind*" (Petrus Damiani Jotsald II, XIII). Durch den Kaiser und sein Reich hängen also Jenseits und Diesseits zusammen. Denn jedes Jenseits braucht sein Gleichnis hier unten auf Erden. Noch heute teilt das Wörtlein „Reich" den völlig Kirchenfreien etwas von der Kraft mit, die es bei Dante ausstrahlt, etwa in Leopold Zieglers rein weltgeistigem Buche „Vom heiligen Reich der Deutschen".

[1]) Novati, L'influsso usw. (1899), 173 ff.

Das Reich des Kaisers ist im Jahre 1000 nicht von dieser Welt. Geistliches Ornat umgibt den Kaiser. Er kann nicht zur Welt gehören. Denn diese Welt ist vom Teufel. So wird in jenem Zeitalter die Reichskirche den Stämmen verkündet, daß der Kaiser sie für das künftige Leben zubereite.
Die Totalität durch die Zeiten, diese Grundkraft sämtlicher Revolutionen, ertönt unter den Stämmen zuerst in der Missionspredigt vom Kaiserschwert:
„Höret mich alle, höret mich, lauschet, merket auf, wisset, daß der Schöpfer Himmels und der Erde, des Meeres und alles was darinnen ist, ist allein der einzige und wahre Gott. Er hat uns gemacht und nicht wir uns. Die Bilder, die ihr für Götter haltet und vom Teufel verführt anbetet, sind Gold und Silber, Kupfer, Stein oder Holz. Sie leben nicht, bewegen sich nicht, fühlen nicht. Menschenwerk sind sie, weder sich noch andern können sie helfen. In ihm aber lebt ihr und leben wir alle, in ihm weben und sind wir. Wenn ihr ihn gläubig anerkennt, Buße tut, euch taufen laßt im Namen des Vaters, Sohnes und des Heiligen Geistes, wird er euch vor allen Schäden bewahren und Frieden geben und hier und im künftigen Leben euch alles gewähren.
Wenn ihr aber hart bleibt, nun — vorausverordnet hat der König der Himmel *und aller Zeiten* einen starken vorausschauenden, eifervollen König, nicht weither, sondern nahebei, wie ein reißender Wildbach eilend, eures harten Herzens Wildheit zu erweichen, eures starren Nackens Trotz zu beugen. In heftigem Stoß wird er euer Land angreifen, mit dem Schwert, Wüstung, Brand und Heerung zerstören und als ein Rächer des Zorns Gottes, den ihr immer erbittert habt, euch mit der Schärfe des Schwerts hinraffen, in Not verkommen lassen, oder in der Verbannung hinraffen. Eure Weiber und Kinder wird er in Knechtschaft zerstreuen, den Heimkehrer unter schimpfliche Herrschaft beugen, damit auch von euch die Vorhersage gelten könne:
Wenige sind sie geworden und geplagt durch die Pein der Leiden und den Schmerz." So predigt Lebuin den Sachsen (M. G. II, 363).
Also „Dem König der Himmel *und aller Zeiten*" richtet der Kaiser die Völker für das künftige Leben zu.
Deshalb ist das Christentum von den Völkern des Abendlandes vernommen worden, wie es Allerseelen abbildet. Rom hat sich immer gewundert, weshalb Allerseelen so viel volkstümlicher sei als Allerheiligen. Aber wie hätten die Völker Allerheiligen ein großes Interesse schenken sollen? Die Jubelkirche der Erlösten war vergangen. Die kindliche Freude und den Jubel der Russen und Griechen am Ostersonntag bringt kein römischer Katholik, geschweige denn ein Protestant auf. „Ich habe in Jerusalem auch das Osterfest der Katholiken gesehen, das eine Woche früher gefeiert wird als das unserige. Aber dieses Fest war mit dem der rechtgläubigen Kirche nicht zu vergleichen: Die Katholiken sahen gar nicht froh aus, während sich bei uns doch an diesem Tage alle Welt freut, sogar die Tiere! Die Gesichter der Katholiken sind auch während des Ostertages traurig, und so denke ich, daß auch ihre Seelen sich nicht wahrhaft freuen."

„Ich will nicht die beiden Bekenntnisse miteinander vergleichen und die Katholiken verurteilen, aber ich fühle, wie bei uns alle Welt glücklich ist, wenn die Kirchenglocken läuten und wie dann für alle der heilige Frühling blüht" (Rasputin bei Fülöp-Miller, S. 206). So der Osten.

Das abendländische Leben hingegen ist ein Geschenk der Tränen: „Dergestalt sehen wir auch in der Geschichte, wie der Reueakt zu einem machtvollen Strome werden kann, wie er ganze Völker, ja Kulturkreise generationenlang durchrauscht, wie er die verstockten und verhärteten Herzen öffnet und lebensweich macht; wie er die angesammelte Schuld der Zeiten aus dem Gesamtleben der Gemeinschaften hinauszustoßen sich anschickt, wie er die immer mehr sich einengende Zukunft zu einem weiten hellen Plane von Möglichkeiten erweitert."

„Eine gewaltige Reuewelle durchläuft die Völker Europas nach der immer wilder und lebensfeindlicher um sich greifenden Roheit des 10. Jahrhunderts ... *Dona Lacrimarum*, so nannte man damals das neue Gnadengeschenk eines Reue- und Bußwillens, in welchem Europa sich zu seiner großen Unternehmung der Kreuzzüge zusammenschloß" (Max Scheler „Vom Ewigen im Menschen", I [1921] 46 ff.).

Das Athoskloster auf der äußersten Landspitze der Chalkidike in die antike Ägäis hineinragend, verharrt und erstarrt in schweigender Anschauung und in nie endender Anbetung Gottes. Das burgundische Kloster aber, im Innersten des Festlandes nahe der Wasserscheide von Rhone, Rhein und Loire, Cluny, harrt des Weltgerichts und des Weltenkaisers, damit eine Stimme laut werde über der sündigen Menschheit und damit der Mensch sein zeitliches Leben vollende in Recht und Gerechtigkeit. — Schweigen und Anbetung dort; Posaunenruf und Schwerterklang hier. Kloster trennt sich von Kloster. Innerhalb der klösterlichen Welt selbst offenbart sich die Trennungslinie von Morgenland und Abendland. Den Westen kostet der Einstieg in die Welt einen Preis: Cluny unterdrückt das stolzeste Gebet der Altkirche am Karsamstag: „O glückbringende Schuld (Adams), die uns die Gestalt des Erlösers eingetragen hat." Cluny jubelt nicht mit den Erlösten, sondern weint mit den armen Seelen[1]).

Kaiser und Abt reinigen vereint das entweihte Rom. Zusammen versuchen sie ferner dem einzelnen durch den Friedenseid die Verantwortung auf die Seele zu binden für ein persönliches und individuelles Friedensleben. Die große Bewegung der Gottes- und Landfrieden nimmt die Karwoche zum Muster des Alltags. So wie in der Karwoche, soll allwöchentlich, wenigstens drei Tage, Blutrache und Selbsthilfe ruhen. Der erste Schritt zur Sprengung der Stämme und Blutsgruppen, zur Individualisierung der europäischen Gesellschaft beruft sich auf die Liturgie. *Aus der liturgischen Ordnung des Kirchenjahres wird ein politisches Programm!*

Alle schöpferischen Leistungen in der Kirche und in der Welt des 10. und

[1]) Kardinal Schuster, Liber Sacramentorum IV, 1930, Seiten 18 und 49. Man muß sie zusammenhalten, um Clunys Auslassung zu würdigen.

11. Jahrhunderts werden dem Gerechtigkeitswillen der Kaiser aus dem Norden und ihrem kirchlichen Reformeifer verdankt. Polen und Böhmen und Burgund, sind dem Friedensverbande des Kirchenreiches eingefügt. Ungarn wird römisch-katholisch dank der deutschen Kaiser. Leo IX. hat um 1050 das Ansehen des Papsttums auf seiner Rundreise durch das Reich glanzvoll wiederhergestellt. Aber er auch war einer von vier deutschen Päpsten — aus Brixen, Toul, Eichstätt und Bamberg! —, die Kaiser Heinrich III. in Rom einsetzte. Dieser Kaiser, sagt ein Zeitgenosse, hat „besseres getan als die Cäsaren. Die ganze katholische Kirche, durch die Gebiete des Römischen allenthalben ergestreckt, wird aus den Banden uralten Fluches wie aus entsetzlichem und tiefstem Kerker befreit und so vom Kaiser mit göttlicher Kraft gerettet, kann sie mit freier Stimme zu Gott singen: „Du hast meine Bande zerrissen, Herr. Dir will ich Dankopfer bringen."

5. Dante

Das herrlichste Dankopfer ist dem Reiche der frommen Kaiser Heinrich von Dante dargebracht worden. Dante Alighieris (1265—1321) Gedicht vom Weltgericht und seine Schrift de Monarchia sind die grandiose Verklärung dieses aus der wirklichen Welt durch die Päpste damals schon verstoßenen „Reiches". Bei Dante findet der heutige Mensch den Zugang zu diesem vorpäpstlichen Weltreich. Denn Dante ist der letzte Mensch, der noch ebenso denkt und fühlt. Er ist noch ein Abendländer des Weihekaisertums aus der Zeit vor der Papstrevolution, obwohl er das 14. Jahrhundert erlebt hat.
Bevor deshalb die revolutionäre Sprache des römischen Katholizismus aufrauscht, stellen wir noch einmal den Menschen des Reiches, den Ghibellinen, als Erstgeborenen den römischen Katholiken vorauf und entgegen. Ein Verbannter hat die Divina Commedia gedichtet, selbst fremd in der Welt seiner Zeit. „Die scholastischen Gelehrten haben ihn ohne Zweifel als etwas Fremdes und Verdächtiges empfunden" (Auerbach). Noch das Jenseits beschwörend, während der naturliebende Petrarca und der übermütige Boccaccio schon vor der Tür der Zeit stehen, lebt Dante jene Welt des Reiches und des Weltgerichts, die voneinander nicht getrennt werden dürfen, in seiner Seele zu Ende und verklärt sie in seinem Geist. Gerade der, der nicht Katholik ist, braucht deshalb Dante, um sich nicht von unserer Seele und unserer eigenen Vergangenheit auszuschließen.
Der erste Satz unseres Glaubens lautet: *Das Weltgericht ist die Weltgeschichte.* Nur aus dem Weltgericht besteht die wirkliche Weltgeschichte. Alle übrige Welt ist Blendwerk, Lug und Trug und vergeht wie Rauch. Aber aus aller Unwirklichkeit von Welt und Mensch bleibt, was der Mensch verwirkt hat. Seinen Werken folgt ein gerechtes Gericht. Das ist das Schauspiel Gottes, „la divina Commedia", das einzige wirkliche, endgültig gewirkte Werk in der sonst nichtigen Schattenwelt.

5. Die Apostolischen Majestäten (um 1000)
Petrus und Paulus bringen Kaiser und Kaiserin vor Christus.

6. Das revolutionäre Pferdegeschirr von 1100: der Brustriemen
Vordem höchstens 500 Pfund Zuggewicht, jetzt zwölf geharnischte Ritter und ein Vorderreiter.

Die höchste Steigerung dieser Vorstellung, die Ineinssetzung des Weltgerichts und der Weltgeschichte bei Dante ist doch nur die endgültige Fassung all der quälenden Blutschuldlasten, der Orestie und der Nibelungias und der Visionen des Jenseits, die auch die Wurzeln von Allerseelen sind. „Vision" nennt daher auch Dante selbst öfters sein ganzes Gedicht kurzab.
Der Visionär, der außerhalb der Welt seinen Standort hat, ist damit der Urtyp des religiösen Menschen im Abendland geworden. Außerhalb der Welt, wie heut der „Utopist", müssen wir alle stehen, um sie durchschauen zu können. Der geweihte Kaiser aber ist in dieser Nacht der einzige weihe-nachtliche Bürge, daß Gott dennoch und dennoch wirklich Mensch geworden ist. Denn im Kaiser ist der einzige Bürge der Heilsgeschichte noch auf Erden am Werke. Das Sacrum Imperium ist in einer Welt ohne Sancti der Anker des Daseins. Sacro Poema nennt auch Dante selbst sein Gedicht. Im Geweihten, nicht im Heiligen, lebt seine Seele. Sein sacro poema gibt also die „Vision" von der Einheit der Geschichte der Christenheit und des Geschicks der christlichen Seele im Reiche der Kaiser.
„Es ist das Endschicksal seiner Gestalten, das Dante in der Komödie uns darstellt. Die irdische Spanne ist für sie abgelaufen ... Von hier aus muß nun höchst wunderbar werden, was der Leser des Gedichts als selbstverständlich empfindet und was dann letzten Endes auch selbstverständlich ist: daß ihr Platz und ihre Haltung im Jenseits durchaus individuell ist im Sinne ihrer früheren irdischen Taten und Leiden, daß sie gleichsam nur deren Fortsetzung, Steigerung und endgültige Fixierung darstellen, eine vollkommene Erhaltung ihres besondersten und persönlichsten Wesens und Geschicks. Das christliche Drama der einmaligen irdischen Zeitspanne, in der die Entscheidung fallen muß, läßt den tragischen Tod der Antike hinter sich, denn im Jenseitsreich bieten die Menschen in ihrer Lage und Haltung die Summe ihrer selbst. Sie zeigen als Erscheinung der jeder Seele genau konkordanten Gerechtigkeit Gottes in einem einzigen Akte, was die Spanne ihres Lebens an Wesens- und Schicksalsgehalt umfaßt hatte." (Nach Erich Auerbach.)
Denn Dante wurzelt in der Kaiserkirche. So wie ein Stuartanhänger auch noch 1740 „älter" war als die Orangemänner Wilhelms III. von 1689, wie ein heutiger Mönch von Maria Laach „älter" ist als ein Melanchthon, so darf man nicht einerlei Menschheit in das Mittelalter hineinsehen. Die letzten Ghibellinen sind die Altkatholiken, die im Jahre 1870 sich von dem römischen Katholizismus getrennt haben, als dieser die Papstrevolution auf die Spitze trieb. Sie haben es noch in ihren Namen Altkatholiken hineingenagelt, daß die Alte Kirche dem Papst nur örtliche, wenn auch hauptstädtische Gewalt verliehen hatte, in einem Erdkreis unter kaiserlicher Spitze.
Die Protestanten haben in ihren katholischen Volksgenossen zwei Völker und Menschenarten vor sich, nicht eines! Die abendländische Reichschristenheit und die römischen Katholiken.
Natürlich hat der späte Ghibelline Dante alle Geisteskräfte eingesetzt, um mit

den eigenen Zeitgenossen zu ringen und sie zu überwinden. Und dabei bedient er sich aller ihrer modernen Waffen mit. Aber die Liebeskirche der „Rose“, die mystische, arme, geeinigte Kirche der zeitgenössischen Spiritualenpartei, vermählt er dem Adler der Weihekaiser. „Rosa“ und „Aquila“ stehen bei Dante im Bunde gegen das verderbte Papsttum. Das ist seine originale Tat. Eben dadurch hebt er das ganze kaiserliche Weltalter in seinem Gedicht auf. Nur als Konservativer kann er das Erbgut umschmelzen. Von Art und Blut ist Dante ein Spätling des kaiserlichen Friedensreiches im Abendlande. Den Ghibellinen Dante überwältigt die Erfahrung des Weltgerichts in diesem und drüben in jenem Leben; deshalb huldigt er dem heiligen Imperium der Kaiser und dem letzten Herrscher in der stolzen Reihe der Heinriche, die der von uns besprochene heilige Kaiser Heinrich II. 1002—1024 eröffnet hat. Mit Dantes Helden, dem Luxemburger Heinrich VII. (VI.) (1308—1313) schließt die Reihe: Im Empyreum sieht Dante ihn, also noch jenseits des neunten Himmels, jenseits der meisten Heiligen der Kirche:

> „Auf jenem Thron, den jetzt dein Auge mißt,
> Weil schon die Krone drauf liegt — eh' die Zeit ist,
> Wo du als Gast bei dieser Hochzeit bist,
> Sitzt dort die Seele, deren Haupt geweiht ist,
> Des *hehren Heinrich*, der dein Vaterland
> Zu retten kommen wird, eh' es bereit ist.“ (Paradiso XXX, 133)

Der neunte Himmel ist für den Kaiser offengehalten! „Der Geist ist unten Rauch, hier ist er Licht.“

Auch der andere große Florentiner, Michelangelo, hat zwei Jahrhunderte nach Dante das Weltgericht dargestellt, die ungeheure Macht des Weltenrichters. Der Christus Michelangelos in der Sixtinischen Kapelle, seine römische Imperatorengeste vergißt sich nicht. Der Gedanke des Weltgerichts hat so über die Epoche des heiligen Kaisers hinüber auch auf die andere Epoche der Päpste eingewirkt. Von Allerseelen bis Michelangelo, von 1000—1500 reicht daher immerhin die eine Weltgerichtszeit, als die Zeit des jenseitigen Mittelalters.

Die Neuzeit sieht meist nur diese Einheit von Dante und Michelangelo. Stärker ist ihr Gegensatz. Denn Dante verklärt das Weihekaisertum der Heinriche aus deutschem Stamm. Michelangelo, als Maler des Papstes, verklärt in Wirklichkeit eine neue Gewalt, der sich zur Trauer des Ghibellinen Dante auch das welfisch werdende Florenz geöffnet hat: er verklärt die Autorität der Päpste.

DIE PAPSTREVOLUTION

IX. DAS ERREGENDE MOMENT: ZEIT ODER RAUM?

1. Simonie

Unter dem frommen Reformkaiser Heinrich schwärt bereits die Revolution. Canossa zieht herauf. *Freiheit* soll errungen werden, Freiheit von der alten Kaiserlichen Kirche. Die Simonie ist die verkehrte Gesellschaftsordnung, Simonist das Schimpfwort dieser Revolution, wie Kapitalist oder Aristokrat später. Gefordert wird die Ungültigkeit aller simonistischen, im Grunde aller von weltlichen Gewalten, Kaisern und Königen, verliehenen Kirchenämter. „In dem Fall sind alle unsere Vorgänger ohne Ausnahme mit unausweichlicher Folgerichtigkeit beim Teufel", sagt ein Geistlicher zu diesem Programm. (Libelli I, 72). Aber das Programm schlägt durch.

Das eigene Geschöpf Heinrichs III., der deutsche Papst Leo IX,. hält nach seiner Ernennung durch den Kaiser mit dem Mönch Hildebrand (Gregor VII.) und dem Abt von Cluny geheimen Rat, und Leo geht darauf inkognito nach Rom und läßt sich dort erst zum Papst wählen.

Auch er fürchtet den Heiligen Geist sonst einzukerkern, den heiligen Geist der Freiheit, den das großartige Revolutionsmanifest beschreibt:

„Verteidige, du *Freiester* aller, Gott, Geist und Herr, du gleichzeitig durch alles und gleichewig dem Vater und dem Sohn, deine einzigartige Freiheit vor den heilsschänderischen Händlern, den geldgierigen Erben des Simon.

Wohin wird unsere Freiheit entweichen, auf die wir uns dank deiner doch verlassen, in Hoffnung, auf die wir stolz sind, in der Freiheit der Gottessöhne, dank dem Ruf des Apostels: Wo der Geist des Herrn, da ist Freiheit.

Wirst du durch Furcht unter Zwang gesetzt, sind deine Allmacht und Freiheit verloren; denn dann wehst du nicht, wo und wann du willst." (Libelli I, 102.)

Nur die Gefahr gibt solche Kühnheit. Welche Gefahr hat also die Empörung erzeugt und ermöglicht? Wo lag das Unrecht der Verfassung Heinrichs III.? Wo hinderte die bestehende Ordnung den Fortgang des Lebens?

Welche Klasse, welcher Stand trug soziologisch die Revolution? Der Papst muß doch ein Interesse verkörpert haben, dem unrecht geschah und das gekränkt wurde, solange die alte Ordnung bestand?

So ist es in der Tat. Der wunde Punkt in der Theokratie Ottos III. und Heinrichs II. ist die Verschiebung innerhalb der Grundlagen ihrer eigenen Macht, die gegenüber der Zeit Karls des Großen eingetreten war. Überblicken wir zunächst diese Macht im ganzen.

Theokratie ist das Regiment des Kaisers, weil er beliebig bald ein Bistum gründet, bald die römische Liturgie ändert, bald Gottes Frieden gebietet und bald Reiche erobert. Jeder seiner Kriege im Osten gegen die Slawen erscheint noch wie Ottos Zug nach Gnesen, 1000, als Glaubenskrieg, für den die Kirche als solche mit ihrem Kaisergebet einsteht. In diesem Gebet (das noch heut am Karfreitag erklingt) betet die Kirche seit Konstantin für den Sieg des Einen, des ihr zugeordneten Weltkaisers über die Heiden. Der Heerkönig, der als Erbe des fränkischen Oberbefehls bestimmte Stämme nördlich der Alpen kommandiert, nämlich die Stämme, die mit den unverwelscht gebliebenen Teilen der Franken zusammengeblieben sind, ist also zugleich universaler Kirchenkaiser. Nur dieses kirchliche Amt gibt ihm ja bei Schwaben, Bayern, Thüringern und Sachsen, Burgunden und Langobarden die reale Machtbefugnis. Die Geistlichen sind seine Beamten. Innerhalb der Stammesfürsten und des Stammesadels kann der Kaiser sich nur auf die von ihm abhängigen, weil eher noch sippelosen, Königsgeistlichen und auf die Königskirchen in den verschiedenen Stammlanden und Marken wirklich fest verlassen. Sie sind das zentralistische Element der Reichsverfassung.
Dies ist der klare Nutzen, den das kirchliche Kaiseramt für den König der vielen Stämme hat. An sich gehören diese Stämme zueinander nicht enger als zu den Provenzalen oder Langobarden oder zu den Bewohnern der Isle de France. Noch das französische Rolandslied (von 1120) gruppiert nicht etwa Italiener, Franzosen und Deutsche in Karls Heer, sondern ein Dutzend Stämme, die alle das Kaisertum überwölbt. Es kennt noch keine „Deutschen".

2. Der Druck auf Italien

Aber das Amt des Kaisers hatte diesen Nutzen für den Norden nur, weil es kirchlich aufgefaßt wurde. Nur dank dem heiligen Charakter der Kirche konnte es auch den Kaiser nur einmal geben. Das Kaiseramt gilt in den Quellen der Zeit ausdrücklich als kirchliches Amt.
Die Länder Italiens kamen dadurch in eine demütigende Lage. Denn südlich der Alpen verknüpfte den Kaiser sein Amt mit dem kirchlichen Rom. Den Rest des Landes besaß er nur aus dem Recht der Eroberung.
Der Besitz des Landes zwischen den Alpen und Rom wird für Otto I. und seine Nachfolger ein um des Kaisertums willen erworbenes und auf das Kaisertum aufgestocktes sekundäres Recht. Mailand, Bologna, Florenz sind Poststationen zwischen dem Nordland und Rom.
Die logische Reihenfolge der Ämter in Deutschland und im italienischen Zwischenland war also eine umgekehrte. Schon Karl der Große hatte die Eiserne Krone der Langobarden gewonnen. Aber schon er hatte dazu, um das kaiserliche Gericht in Rom über die Feinde des Papstes zu üben, also *infolge* seines Kirchenamtes, in der Romagna gewisse landesherrliche Rechte angetreten. Auch seine sächsischen und salischen Nachfolger trugen die Eiserne

Krone von Monza. Aber sie amtierten für die Lombardei sofort kraft ihres Amtsantritts im Norden, ohne etwa eine besondere Autorisation durch die Lombarden abzuwarten!

Das hatte in karolingischer Zeit nichts Auffälliges. Denn da waren die Sachsen und Bayern genau so unter der Botmäßigkeit der Franken wie die Langobarden auch.

Jetzt, im 11. Jahrhundert, wurde das anders. *Denn die nördlichen Stämme waren nicht mehr unter der Herrschaft eines einzelnen Stammes.* Jeder von ihnen stand gleichberechtigt neben den anderen. Gleichberechtigt nahmen alle Stämme an der Wahl eines neuen Königtums teil. Die Deutschen also konnten das Römische Reich vergeben. Dies Römische Reich aber herrscht weithin über die italienischen Länder als über Unterworfene. Die Italiener als solche waren also minderen Rechts und unter fremder Herrschaft. Je mehr alle deutschen Stämme auf gleichen Fuß kamen, um so mehr drohten die Lombarden unter sie zu sinken. Als auch die Schwaben in Barbarossa an die Kaiserwürde kamen, ist jeder deutsche Stamm „kaiserlich" geworden. Damals (1152) ist die Rechtsgleichheit zwischen Deutschen und Italienern endgültig vernichtet worden.

Dies war der erste Beschwerdegrund. Er betraf alles von den „Goten", von den „Ultramontanen" auf der Halbinsel beherrschte Gebiet. Er war nicht sehr triftig, solange es niemandem in Italien besser ging, sondern im Süden ebenfalls Fremde, Griechen und Sarazenen herrschten. Er brauchte es um so weniger zu sein, solange die Römerzüge des Kaisers das innere Leben der Halbinsel erschlossen und befriedeten. Die Zersplitterung der Landschaften war groß. Unverhältnismäßig viele kleine Gebiete ohne einheitliche Überlieferung, ohne große Stammes- oder Provinzordnungen konnten sich zunächst mit der gegenwärtigen Gesamtherrschaft zufriedengeben, weil sie selbst zur Aufrichtung einer solchen auch nicht fähig gewesen wären und, wie sich später gezeigt hat, nicht fähig geworden sind.

3. Die römische Kurie

Der zweite Punkt war zunächst noch weniger spürbar. Er betraf den verschiedenen Horizont von Papst und Kaiser. Italien war für die nordischen Kaiser zunächst nur Nord- und Mittelitalien. Ganz Süditalien fiel nach den vergeblichen Anstrengungen Kaiser Ludwigs II. vor Bari 868 fast ständig aus dem Gebiet wirksamer Kaiserpolitik. Dies Land gehörte mit seinen Buchten, Landzungen und Inseln ganz und gar in den Bereich der antiken Abendlandskultur. Für die Kaiser aus Nordland war es ein Fremdkörper, byzantinisches Gebiet.

Aber anders war hier die Lage für den Bischof von Rom. Er hatte immer nachdrücklich Verbindungen mit Sizilien aufrechterhalten. Für ihn war der süditalienische „Stiefel" der Fuß hinaus aus der fränkischen Reichsordnung und hinein in die antike Kirchenordnung. Der Bischof von Altrom war naturgemäß für ganz Italien der Patriarch gewesen, der oberste Bischof. Auch nachdem der

Papst 800 den Kaiser in Byzanz aus der Erhalterrolle der Gesamtkirche entlassen hatte, residierte der Papst doch nicht einfach im Frankenreich, sondern noch hart an der Grenze zwischen Franken und Byzantinern. Hatte er auch 800 das Zünglein an der Waage zugunsten des fränkischen Königs niedersinken lassen, so blieben doch nach wie vor erhebliche Gewichte auf der byzantinischen Waagschale liegen. Der Bischof von Rom war daher keineswegs ein fränkischer Reichsbischof nur, wie der von Mainz. Er war auch noch immer verbunden mit dem Leben der griechischen Kirchenprovinzen. Die deutschen Kaiser haben theoretisch dem Papst in dieser Richtung sekundiert. Aber der Papst mußte praktisch mit den wirklichen Beherrschern dieser Gegenden rechnen. Deshalb begünstigte er angesichts der unversöhnlichen Haltung der griechischen Kirche in den theologischen Streitfragen die Festsetzung der Normannen in Kalabrien, Apulien und Sizilien. Zwar blieb dieses Land griechisch in der Kultur, aber als 1054 das Schisma zwischen Morgen- und Abendland endgültig ausbrach, da gelang es, dieses Gebiet bei der Papstkirche zu erhalten durch das Einschieben der normannischen Herrschaft.

Heinrich III. hat gegen dieses Einschieben eines Zwischenreiches nichts einzuwenden gehabt. Die römische Kirche erhielt sich eine ihrer ältesten aus der Antike heraufragenden Provinzen mit nicht weniger als 150 Bistümern. Sie konnte diesen illegitimen Normannenhäuptlingen eine Kirchenverfassung auferlegen, die dem Papst als dem Oberlehnsherrn wichtige Befugnisse gab. Die Normannen tauschten dafür ein die Eingliederung in eine Rechtsordnung, die Legitimität, die dem Seeräubergeschlecht sonst zu erringen unmöglich gewesen wäre.

Aber einen Augenblick muß man bei diesem Staatsgebilde stehenbleiben. Wie der Kaiser sonst Befugnisse in der Kirche beansprucht, so wird hier der Papst als Lehnsherr weltlich tätig. Und zwar ist es in aller Interesse, daß er es wird. Denn dadurch kann er eine kirchliche Provinz in den abendländischen Bereich hineinreißen, und er kann eine außerhalb des Kaiserreiches verharrende Gewalt, wie die der Normannen, zivilisieren und legitimieren. An dem Hof des Kaisers hätten diese stolzen Raubfürsten nicht als Hausgenossen gedient, wie es das Wesen des Lehnsbandes mit sich brachte. Dem Apostolischen Vater in Rom konnten sie eine rein zivile Obergewalt in denselben Lehnshofformen einräumen. Damit erwies sich, daß die zivil-geistliche Verwaltung des Abendlandes *exportfähig* war dort, wo die rein militärische versagte! Während auf dem Festland den Slawen gegenüber das deutsche Schwert weitgehend dem römischen Kreuz den Weg bahnen mußte, war es hier im Süden gerade umgekehrt; hier war die vom Papst vertretene Kirche im Vorzug gegenüber der vom Kaiser verkörperten Kirche. Der Papst als Lehnsherr, der Papst als Inhaber einer *Kurie*, eines Hofes, das wird die neue Organisationsform der nicht kaiserlichen Welt. Die Vokabeln des Lehnsrechts dringen daher nun auch in den Sprachschatz der Päpste ein. 1063 verwenden sie z. B. zum ersten Male die Strafe des Lehnsrechts, den „Huld"verlust in ihrer Kanzlei. Robert Guis-

kards Lehnseid von 1059 macht Schule. Leistungen ziehen Rechte nach sich. Wenn das Abendland gewisse Gebiete dadurch besser organisieren konnte, daß der Papst, nicht der Kaiser, die Kirche nach außen vorantrug — dann durfte der Papst hierfür Ellenbogenfreiheit verlangen. *Dann erwies er sich als der bessere Zusammenhalter der Kirche des Abendlandes.*
Und so war es in der Tat. England, Spanien und Frankreich waren dem Kaiser so unerreichbar wie Sizilien: Dem Papste aber nicht. 1050 zum ersten Male sind auf einer päpstlichen Lateransynode sechs unteritalische, zwei englische und fünf französische Bischöfe anwesend! Die Rettung des Papsttums, die Wiederherstellung der Kirche wurde freilich den Kaisern verdankt — aber die Zukunft dieser Kirche griff über das Kaisertum allenthalben hinaus. Um dieser größeren Zukunft willen gehörte der Macht die Vorhand, die leichter die universale Kirche verkörpern konnte. Der Kaiser hatte zwar ein ungeheures Reich inne. Aber nie konnte er es dorthin ausdehnen, wo der Papst noch willig Gehör fand. Die Herrschaft der Byzantiner in Süditalien, der Dänen in England und der Mauren in Spanien, auch die Fortdauer der alten karolingischen Dynastie bis 987 in Frankreich hatte die Inkongruenz zwischen rom-christlichem Abendland und Kaiserreich nicht allzusehr hervortreten lassen. Der Zuwachs im Osten (Böhmen, Polen, Ungarn) war ohnehin den Kaisern ausschließlich zu verdanken. Und das Bündnis mit Cluny wirkte nach Frankreich. Nicht umsonst war deshalb Heinrich III. mit einer Französin, Agnes von Poitou, vermählt, um dadurch auch die Westfront der kaiserlichen Universalmonarchie zu verstärken. Aber die Kaiserin Agnes von Poitou ging in Rom ins Kloster. Die Cluniazenser entsandten bald ihre Zöglinge auf die italienischen Bischofssitze selbst, so daß der Bund mit dem Kaiser für das Kloster an Bedeutung verlor. 1053 huldigten die Söhne Tankreds von Hauteville dem Papst. 1066 zog Wilhelm mit dem Segen des Papstes nach England und rottete dort das einheimische Königsgeschlecht aus. Zwar weigerte Wilhelm dem Papst dafür den Lehnseid, aber gefordert hatte ihn der Papst, und er hat ihn 150 Jahre später auch durchgesetzt. Und den alten Königstein in Kingston läßt schon Wilhelm verfallen, denn nicht dem Volke, sondern dem vom Papste gesegneten Gottesurteil will er sein Thronrecht verdanken. Damit hing die Legitimität auch dieser Fremdherrscher in England — wie in Sizilien — an der Verbindung mit der römischen Kirche.
Die Mauren werden in den achtziger Jahren in Spanien zurückgedrängt. Es sind die Zeiten des Cid, der mit dem Schlachtruf Toledo vorwärtsstürmt. Toledo fällt 1085. Hier überall auf den Inseln und Halbinseln des Abendlandes versagt das kaiserliche Machtgebot. Die Kirche dringt hierhin als die Hüterin der Legitimität, die Kennerin des Rechts und der Zusammenhänge. Durchaus nicht etwa ohne weltliche Aufgaben und Sorgen. Sie ist Staat, auch wenn der Papst die Huldigung der Normannen empfängt, so wie wenigstens die europäische Staatslehre heut den Staat auffaßt.
Aber seine Herrschaft in der Kirche stützt sich nicht auf das Schwert des Krie-

gers, sondern auf das Schwert des Geistes. Sie wirkt als ziviler Staat statt des Heerstaates der Kaiser.

Wir haben die materiellen Untergründe des Streites zwischen dem alten siegreichen Kaiser und dem neuen werdenden Zusammenhalter der abendländischen Kirche vorweg erzählt. Sie beruhen auf dem Unterschied von Festlands- und Meeresabendland. Wie sehr dieser Unterschied herrscht, zeigt sich z. B. darin, daß dieselbe Kirche, die Spanien, Frankreich, Süditalien und England allein und unmittelbar ohne Kaiser organisierte, sogar noch im 15. Jahrhundert der deutschen Nation auf dem Konzil willig das Festland zuteilte: Nacio Germanie in qua sunt regna imperii Romani, Hungarie, Dalmacie et Croacie, Dacie, Norwegie, Suessiae, Bohemiae, Poloniae (Acta Concilii Constantiensis II, 72). Im Erdteilsinnern gen Osten hin und Norden war also alles Kirchenland kaiserlich!

In einem großartigen Gedicht von 1060 steht die Waage zwischen den Gebieten des Kaisers und Papstes noch gerade im Gleichgewicht, aber man spürt die ungeheure Spannung des werdenden Erdraums in dem Bild: „Die Welt unter des Petrus Schlüsseln und des Kaisers Gesetzen soll sich weiten: Italer, Nordmänner, Sarazenen, Hunnen werden besiegt, Spanien, Libyen, Arabien und Persien erobert werden, Tyrus, Memphis, Äthiopien, Franzosen, Briten und Deutsche dienen beiden." Das ist ein neuer Weltwille, weit jenseits alles Bisherigen.

Aber wir haben den Kern zu nüchtern herausgeschält. Wir haben das freilich absichtlich getan. Denn je ferner die Zeit, desto wichtiger ist es, auch ihre Alltagssorgen zu begreifen. Trotzdem reicht diese Nüchternheit nicht zu, damit man beiden Seiten gerecht wird.

Denn solche Entwicklungen treten ja vor die Menschen, die sich entscheiden müssen, nicht mit solchen Nuancen wie Festlands-Abendland und Meeres-Abendland. Sondern sie fordern einen Totalentscheid von den Zeitgenossen, ob in Spanien oder Polen. Und es lag nun in der Tat keine bloße Unzweckmäßigkeit, kein geographisches Unrecht vor, sondern das Recht war verletzt, aus dem Kaiser und Kirche bislang miteinander lebten und auf Grund dessen allein der *Kaiser* in der *Kirche* etwas zu suchen gehabt hatte.

4. Urbi et orbi

Der Papst verkündet urbi et orbi, der Stadt und dem Erdkreis seine Weisungen. Ist denn sein Reich von dieser Welt? Die antike Kirche hatte sich in der „Bewohnten Erde", in der Ökumene, vorgefunden, in dem Erdkreis um das Mittelmeer. Und die Kirche Christi ist in diesen Erdkreis hinein gestiftet, um die Zeitlichkeit zu überwinden. Der römische Erdkreis hatte schon vor ihr und ohne sie den Raum überwunden. Augustus war Weltkaiser, bevor Jesus Weltheiland wurde. Daher herrschte eine klare Arbeitsteilung zwischen Kaiser und Kirche. Die alte Kirche hat nur die Aufgabe, die Zeit zu überwinden. Sie ist eine Ewigkeitskirche im Zeitsinn, die von Christus und den Aposteln her durch

alle Zeiten zählt, gleichviel ob sie erst nur in Jerusalem, ob sie schon in Ephesus oder ob sie bereits in Rom besteht.
Die christliche Kirche ist hingegen *gleichgültig* gegen den Raum, und sie darf es sein, weil die Ökumene bereits von dem Kaiser beherrscht wird. Aus der ganzen zeitlichen Welt darf der Kaiser in die Kirche eintreten als der Bischof des Raumes (τῶν ἐκτός), als der Schirmherr gegen die Heiden und Ketzer, weil er der eine ist, durch den Chronos und Ökumene verknüpft werden. Der Kaiser ist die Angel, in der die ewige Ordnung der Zeit, die Kirche, mit der universalen Ordnung des Raumes zusammenhängt. Noch der Papst Gregor der Große wollte weder universalis noch ökumenisch heißen, sondern durch das ganze erste Jahrtausend nennt sich der Papst apostolisch, d. h. von Christus her, nach seiner *zeitlichen*, nicht nach seiner räumlichen Ehre! Apostolicus ist mehr als universal für den, der die Vergänglichkeit der sterblichen Menschen bedenkt. Apostolisch bedeutet „unvergänglich".
Die Kirche der Antike verzichtet deshalb auf räumliche Organisation überlokaler Art. Sie ist *Lokal*kirche. Jedes Kloster des Benediktinerordens steht selbständig unter seinem Abt da, jeder Bischof sitzt in der Kirche seiner Stadt wie jeder Bischof irgendwo. Hat die Stadt als römische Hauptstadt größere Ehre, so teilt diese größere Ehre der Bischof. Mailand, Alexandria, Lyon haben höher geehrte Bischöfe, weil sie auch in der Raumordnung des Erdkreises höhere Ehre genießen. Und der geehrteste Bischof ist *eben deshalb* der Bischof von Rom geworden, weil Petrus und Paulus die Stadt des Romulus und Remus neu erwählt und neu geweiht haben. Er hat den Primat. Das heißt er ist der erste Bischof. Aber gerade in dem Wort „Primat" liegt die Zählung einer Mehrzahl ausgesprochen! Das wird oft übersehen. Der römische Bischof ist der erste Bischof deshalb, weil es die Kirche in unendlicher Multiplikation in jeder Polis des römischen Erdkreises wieder gibt.
Ganz anders das Kaiseramt. Der Kaiser ist nur einer, er ist nicht der Erste, sondern der Einzige. Nie hätte die Kirche sich mit ihm einlassen können, wenn er nicht das zugebracht hätte, was sie seit der Kreuzigung ihres Königs ja nicht besitzen durfte bis zur Wiederkunft: die sichtbare Einzigkeit und Einheit der Herrschaft.
Die antike Kirche war so gleichgültig gegen den Raum, daß sie auch im Credo bei dem Glaubensartikel von der Kirche nur die „Heilige Kirche" als Glauben forderte, aber nicht die „Una" Sancta! Zur Una wird die Heilige Kirche im ersten Jahrtausend nur durch den Kaiser. Er ist der einzige „Einzige" in der Kirche! Der Papst war nur der Erste! Deshalb, wenn man dem Kaiser gibt, was des Kaisers ist und Gott, was Gottes ist, so gibt man damit im ersten Jahrtausend auf der kaiserlichen Seite einer einzigen körperlichen, leibhaftigen Person etwas, auf der Seite Gottes hingegen stehen die Kirchen in ihrer unabsehbaren Fülle ihrer Sitze und ihrer Gestalten vom Ersten bis zum Letzten.
Die Kirche hat zahllose Sedes, auf denen sich der Heilige Geist im Bischofsamt niederläßt, innerhalb der Ökumene. Sie berührt und erreicht den Erd-

boden nur in der Form solcher Sedes; wo das Grab eines Märtyrers liegt, da wird eine Kirche, weil das Heilige Volk an dieser Stelle die Erde erreicht und mitgeheiligt hat durch die irdischen Überreste des Heiligen, durch seine Gebeine. Es war dort überall, als hätte der Himmel die Erde still geküßt und dadurch erlöst.

Nur Punkte also, Sedes, besaß die Kirche im Raum. An diese Sitze war sie deshalb gebannt. Der Mönch eines Benediktinerklosters leistet noch heut sein Gelübde seinem Ortskloster und kann nicht versetzt werden. Noch auf dem Tridentinum (1545—1563) trat daher als eine der quälendsten Fragen die nach der Residenzpflicht der Bischöfe auf. Man stritt sich, ob sie göttlich-altkirchlichen oder menschlich-neukatholischen Ursprungs sei. Ganz mit Recht. Denn „Besitz ergriffen" hatte die alte Kirche von der Welt nur Sitz um Sitz, also Residenz um Residenz, Ort um Ort — mithin anders wie die militärischen Eroberer. Die Eroberer ergreifen Provinzen, Siegland um Siegland. Weil aber der Himmel überall dort die Erde berührt, wo eine Seele ihr irdisches Kleid auszieht, darf der Ortsboden nicht geräumt werden, von dem einer in der Schar der Gottessöhne durch seinen Tod Besitz ergriffen hat. Der Kirchenraum besteht aus lauter loci sancti, aus heiligen, unverrückbaren Örtlichkeiten.

Der Kaiser hingegen hatte interlokale Gewalt. Es gibt deshalb in der antiken Kirche keine „internationalen" Probleme, und die Kirche, ja der Papst selbst ist in dem antiken Sinne auch noch heut keine „internationale" Macht. Die Kirche ist ökumenisch, katholisch, interlokal, aber nicht international. Und sie ist nur deshalb überräumlich, weil Gott, wie Lebuin (oben S. 126) es schön ausdrückt, „der Gott aller Zeiten" und seine Kirche daher apostolisch ist. Die Nationen kommen erst nachträglich in und durch diese ökumenische Kirche zur Entstehung. Die Kirche kann also nicht „international" sein. Auch der Papst Gregor VII. ist also in diesem Rahmen als *interlokale* Macht der Ökumene aufzufassen. Hier ist Gregor VII. allerdings dem interlokalen Kaiser entgegengetreten. Und er gewann ein Recht zu dieser Opposition in dem Augenblick, als die Kaiser auf die lokale Gerechtsame der Kirche übergriffen und als ihnen auf der anderen Seite die Einzigkeit verlorenging, die allein es gewesen war, was den Cäsar in der Kirche legitimiert und notwendig gemacht hatte!

Kraft dieser Einzigkeit mochte der Kaiser Konzile leiten und Bischöfe ernennen. Denn wer „alles" im Raume zu verantworten hat, wird eben so vieles berücksichtigen müssen wie der, der für die Ewigkeit zu sorgen hat. Das Semper (immer) und das Ubique (überall) des Seelenlebens werden sich inhaltlich weitgehend decken, wenn man sie ganz ernst nimmt, weil irgendwo im Raume auch örtlich die Lebenskeime für ein Irgendwann sich befinden müssen.

Aber das Kaisertum diente nunmehr im 11. Jahrhundert ja nur noch als Ersatzmittel für die fränkische Herrschaft. Die herzoglichen Nachfolger Karls des Großen verbrämten den Mangel ihres Frankentums mit dem römischen Kaisernamen! Sie waren nicht einzig in der Ökumene, sondern wollten einen Teil der Ökumene *vereinheitlichen. Viele Könige standen neben ihnen. Sie borgten*

sich also die räumliche Einheit von der Kirche! Denn nun war die Kirche als die einzige ökumenische Größe in der Welt aus der Antike übrig.
Das meinten wir mit der Verschiebung der Grundlagen für die Theokratie zwischen Karl dem Großen und Heinrich III. Karl der Große hat die Länder inne, und daraufhin wird er Kaiser. Otto I. und Heinrich III. nehmen sich das Kaiseramt in der Kirche, und nun wollen sie wegen ihrer kirchlichen Würde die Länder gewinnen und die anderen Könige des Erdkreises unterwerfen!
Und sie haben die Kirche gereinigt und das Papsttum in Rom wieder aufgerichtet als Mittel für ihren Zweck. In ihnen steht also nicht die Ökumene den zahllosen Sitzen der Kirche gegenüber. Sondern umgekehrt ist es im 11. Jahrhundert: gestützt auf den ersten Sitz der Christenheit, auf das apostolische Rom, versuchen die Kaiser erst die Ökumene, das Universum zu erobern!

5. Die Schande von Sutri

Das ist ein Mißbrauch der geistlichen Gewalt, die damit einem vorchristlichen Zweck, eben der Eroberung des Römerreiches statt seiner Behauptung, dienstbar gemacht wird. Riß nun diese kaiserliche Gewalt auch noch die örtlichen Schranken nieder, in deren Schrein die Kirche ihre Überweltlichkeit geborgen hatte, so war die Zeit umsonst vergangen und Christus hing wieder am Kreuz. Der Kaiser kreuzigte die Kirche!
Dies aber geschah, seit die Kaiser ihre deutsche Sippe auf den Papstthron setzten und so die antike Lokalordnung aller Kirchenämter sogar in Rom selbst verletzten. Keine Weihe zu Ämtern ohne titulus, das heißt, ohne Hervorgehen aus einer bestimmten Kirche, hatte die alte Kirche gelehrt. Anderwärts hatten sich die Fürsten längst darüber hinweggesetzt und überall ihre Hofleute auf die Bischofssitze entsandt. Aber Petrus Damiani, der große Publizist des 11. Jahrhunderts, hebt hervor, daß eben wenigstens Rom übrig sei als der einzige letzte Hort echt kirchlicher Stiftung, rein überweltlicher Heiligkeit in einer Welt von bloßen Königskirchen. Die Majestät Christi schien verletzt, wenn er nur noch als der Jupiter Capitolinus eines Stammeskönigs unter vielen mißbraucht wurde. Schon Karl der Große hatte daran gedacht, einen fränkischen Papst zu ernennen. Aber es ist erst unter den Sachsen zu diesem Übergriff gekommen. Der Druckpunkt wurde gegeben, als 995 der erste deutsche Papst dem Bistum in Rom aufgezwungen wurde. Als dann 1046, nicht einmal in Rom, sondern auf einer Pfalz bei Viterbo, in Sutri Heinrich III. zu Gericht sitzt über seine Stadtpäpste, zwei absetzt und einen dritten bestimmt, da ist der Tiefpunkt erreicht. Hat denn der Kaiser den Heiligen Geist? Nirgends war das überliefert. Deshalb gibt es von hier aus nur noch die Vernichtung der gesamten altkirchlichen Freiheit oder den Sturz des Kaisers. Denn er hat aus der Kaiserrolle in *Nicäa*, wo über dreihundert Bischöfe an-

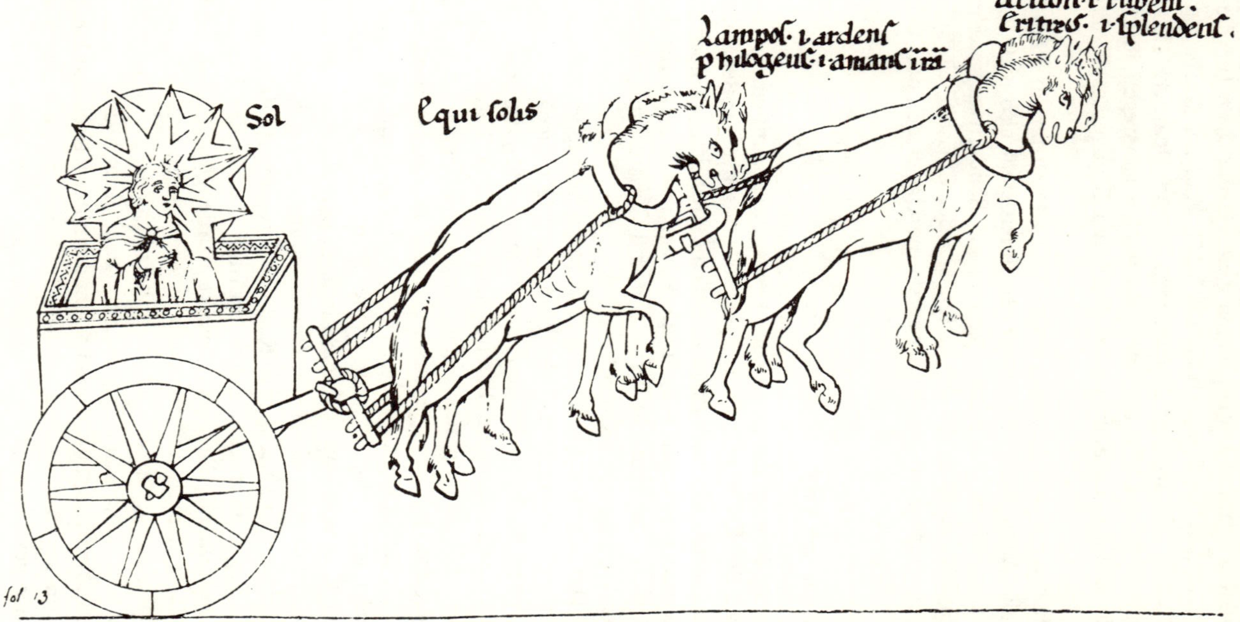

Etwa 1200: Die zweite Seite der Erfindung des Kummets: Vorspann bis zu 16 Pferden nun zuerst tunlich.
Das älteste mir bekannte Bild

wesend waren, nun die Rolle des städtischen Zwingherrn einer einzigen Stadt gemacht; auf ihr aber lastet diese Fronvogtrolle doch wieder mit der ganzen Übermacht kaiserlicher Majestät. Der Überdruck steckt in dem Mißbrauch der „*Ubiquität*". An der Stelle voller Raumbeherrschung der gesamten Ökumene steht nun nur ein willkürliches Teilgebiet unter dem Kaiser. Das entheiligt die Gräber der Apostel in Rom. Das Kaisertum als lokal begrenzte Gewalt ist ein Widerspruch in sich. Denn dann darf es nicht mehr heißen: Gebet dem Einen Kaiser, was des Kaisers ist, und Gott, dem Herrn und seinem Reich (= der Kirche), was Gottes ist, sondern nun kehrt sich der Spruch um, und es muß heißen: Gebet den *vielen zeitlichen Gewalten*, was sie wert sind. Dann muß also in entsprechender Umkehr nun in einer rein kirchlichen vom Kaiser nicht mehr repräsentierten Ökumene das Bedürfnis aufspringen, die Einheit auf die Seite der heiligen Kirche Gottes zu verlegen! Und damit vollzieht sich eine kopernikanische Drehung vom Zeitüberwinden der Kirche fort hin zur Raumüberwindung nun durch die Kirche selbst.

Gebet den Königen, was der Könige ist, und der *Einen* heiligen Kirche, was ihrer ist, das muß die neue Lesart des Christusworts über die Münze des Kaisers werden. Die Kirche muß einheitliche Raumordnung werden, weil das Reich uneinheitlich geworden ist. Die Kirche übernimmt das, was sie bis dahin als Geschenk des Römerreiches stillschweigend besaß: Universalität und Katholizität in eigene Regie. Dies ist die Geburtsstunde des römischen Katholizismus. Nun wird der Einheitsname der Stadt Rom der Kirche wesentlich! Sie wird Römische Kirche.

Das Kloster Cluny war den Weg aus der antiken lokalen Kirche in die neue „katholische" Kirche vorausgegangen. Natürlich mußte es sich dabei auf die Welt der Klöster beschränken. Aber hier hat es das neue revolutionäre Prinzip bereits aufgestellt. Odilo v. Cluny hat die bis dahin gegeneinander abgeschlossenen lokalen Verkörperungen des Benediktinerklosters überlokal organisiert. Die Kongregation, die er schuf, schnitt aus all den Benediktinerklöstern in der gesamten abendländischen Welt all die heraus, die sich seinem Äbtekonvent unterstellten, und daraus erwuchs der erste Versuch eines überörtlichen Mönchsordens der Cluniazenser. Die Zisterzienser „Carta caritatis" ist das zweite große überlokale Statut der Klöster, eine wahre Magna Charta geistiger Organisation, den Scheidewänden der Erde zum Trotz.

Die letzte „Entortung" des Mönchtums, seine endgültige Abreißung vom Kloster als dem Sitz der Heiligkeit, haben bekanntlich am Ausgang des Mittelalters die Jesuiten vollzogen. Das Athoskloster, von dem kein Mönch einen Fuß in die Welt hinaus setzt, das selbst so weltlos ist, daß kein weibliches Getier dort geduldet wird — — und der weltumspannende, heimatlose Jesuit — das Gegensatzpaar zeigt die Kluft zwischen antiker *Orts*kirche, die in der Ewigkeit lebt, und römisch-katholischer Kirche, die sich katholisch für das Ganze der Erde organisiert. Aber diese Kirche tut das, weil die Erde als Ökumene nur von der Kirche gerettet werden kann. *Der Katholizismus empört sich gegen* *den Kaiser, der nicht mehr universal ist.* Schon 1048, zwei Jahre nach Sutri, hat ein Franzose den Hauptgedanken klar formuliert: „Einen einzigen Sprengel soll es im Raume der Kirche des ganzen Erdkreises für die Papstwahl geben, so daß alle Bischöfe persönlich oder schriftlich teilnehmen können". Bis heut ist dies Programm nicht Wahrheit. Aber seitdem wissen die Päpste, daß ihr Wahlkreis die Erde ist!

Das Kraftfeld der Papstrevolution ist seit 995, und seit 1046 endgültig, aufgestaut. Ehe Christus zum Jupiter Capitolinus einer lokalen Gewalt herabsinkt und Michael zum Mars Thingsus des Reichsheeres der Salier, ehe der Kaiser als Kalif beide Schwerter schwingt, eher wird der Papst das Unus des Kaisertums selbst auf sich nehmen; gestützt auf das ganze Ansehen Roms, das schon im antiken Rom dem „Imperator" das Betreten des Stadtinneren verbot, wird er statt des Kaisers im Orbis „des heiligen Forums Amt versehen" (Dante Parad. XXX, 142), und so die Freiheit der Seelen retten: Der Raum soll der Zeitengewalt des Papstes folgen. Die „Zeit" wird zum Raum der menschlichen Entwicklung, zur Weltgeschichte. 13 Päpste seit Sutri, d. h. seit Clemens II., beschworen das christliche Altertum herauf, indem sie sich mit Namenswechsel die Zweiten nach einem fernen Papste des ersten Jahrtausends nannten, wie in „Out of Revolution" S. 522 ausführlich dargestellt wird.

6. Maschine und Seele

Neue Erfindungen stellten neue Energien für die Organisation gerade damals zur Verfügung. Dem Papsttum ist der technische Fortschritt zugute gekommen, der schon vor 1100 die Antike in jeder Hinsicht überflügelt hatte[1]). Man hat damals von diesen Erfindungen kein Aufhebens gemacht; man sprach von der Seele. Aber wir können die Umordnung der Arbeit nicht verkennen, die damals dem Papsttum zu Hilfe kam. Bauten aus Stein, die nur Sklaverei früher ermöglichte, wurden zu Tausenden errichtet, Steinbrücken, Steinburgen, Steinkirchen, Stadtmauern, weil sich statt Sklaven Pferde ins Geschirr legten: Der Hamen oder Kummet war eine der neuen Erfindungen; sie steigerte die ziehbare Last um das zwanzigfache, machte Vorspann beim Bauen möglich und führte zu einer ungeheuren Abschichtung der Dienstknechte auf die neuen Burgen als „Ritter". Die Geistlichen haben offenbar die damit verknüpfte Entleerung der großen Hofhalte begünstigt; denn nicht dem Kaisertum, wohl aber der Kirche wird der Wagen mit der neuen Bespannung als Symbol in der Kunst verliehen.

---

[1]) Lynn White, Technology and Invention in the Middle Ages, Speculum 15 (1940), 142 ff.

X. DAS HEILIGE GRAB UND DAS GEISTLICHE SCHWERT

1. Autorität

Autorität, das ist noch heut das Zauberwort der päpstlichen Gewalt. Autorität in Lehr- und Kirchenfragen heißt Herrschaft und Regierung in der Kirche der Welt. Salva auctoritate sedis apostolicae fügt die neue Kanonessammlung der Kirche 1142 ihren altkirchlichen Vorschriften hinzu; „vorbehaltlich der Auctoritas des apostolischen Stuhls“. Für den gläubigen Katholiken ist das Wort Autorität ein Wort voll innerster Ehrerbietung. Wie kommt das fremde lateinische Wort zu diesem Klang?

Es ist das wiedergeborene Amt des heiligen Forums, wie Dante es genannt hat. Neben dem Imperium vor den Mauern Roms, hatte in der Antike die Senatus auctoritas für das innere Leben der Stadt gestanden. Die römischen Päpste sind nun nicht die Nachfolger der römischen Imperatoren geworden; als sie das Kaiserjoch abwerfen, erben sie die Autorität der Stadt Rom. Aber allerdings einer urbs Roma, die zum orbis erweitert ist, einer Stadt mit einem neuen Weltrecht und Weltgesetz, der „urbs“ als „orbis“.

Den Gedanken kann nur fassen, wer die Vollmacht erringt, Kloster und Kaiser im ganzen Umfang ihrer bisherigen Leistung zu beerben. Denn Kloster und Kaiser sind die einzigen — so haben wir es im vorigen Abschnitt gesehen —, denen die Gerechtigkeit für die Welt auf der Seele brennt. Die Päpste hatten sich mit Mühe und Not in Rom selbst zu fristen. Aber ein Cluniazenser und ein Germane, der Mönch Hildebrand, aus langjährigem Aufenthalt den Kaiserhof kennend, besteigt die Cathedra Petri, da erdröhnt die Posaune des Weltgerichts gleich am ersten Tage; so als ob der Kaiserthron nun in der Klosterzelle stände, so neu ist der Ton und so gewaltig bricht sich die Stimme eines Weltherrschers, gewaltig wie die eines Berserkers an den engen vier Wänden des Mönches, des Religiosus. So befiehlt diese Stimme, so kommandiert der „Dictatus Papae“, vom Jahre 1075:

1. Die römische Kirche ist nur von Gott gegründet.
2. Nur der römische Oberpriester heißt mit Recht ökumenisch.
3. Nur er allein kann Bischöfe absetzen oder begnadigen.
4. Sein Botschafter geht allen Bischöfen auf dem Konzil voran, auch wenn er einen niedrigeren Weihegrad hat als sie.
5. Der Papst kann Abwesende absetzen.
7. Nur er allein kann nach Lage der Umstände neue Gesetze geben, neue Gemeinden gründen, Stifter zu Klöstern machen, ein reiches Bistum teilen und notleidende verschmelzen.
8. Er allein darf die kaiserlichen Abzeichen tragen.

9. Nur des Papstes Füße sollen alle Fürsten küssen.
10. Nur sein Name muß in den Kirchen in der Fürbitte verlesen werden.
11. *Papst ist ein einzigartiger Name in der Welt.*
12. Er darf Kaiser absetzen.
13. Er darf von Sitz zu Sitz falls nötig Bischöfe versetzen.
14. Von jeder Kirche, wohin er will, darf er Geistliche weihen.
16. Kein Konzil darf ohne sein Geheiß allgemein heißen.
18. Seine Urteile darf niemand aufheben. Er allein darf die aller anfechten.
17. *Kein Paragraph und kein Gesetzbuch gilt als kanonisch ohne seine Autorität.*
19. Niemand darf ihn richten.
22. Die römische Kirche hat nie geirrt und wird nach dem Zeugnis der Bibel nie irren.
23. Dem römischen Pontifex wirken die Verdienste des seligen Petrus zweifellos die Heiligkeit.
25. Der Papst braucht keine Synode, um Bischöfe zu richten.
26. Katholisch ist nicht, wer nicht einig geht mit der römischen Kirche.
27. Von Gehorsam gegen den Ungerechten kann er die Untertanen lossprechen.

Die Formulierung dieses Schriftstückes ist damals nicht nach außen gedrungen. Aber das Regiment des Papstes vollzieht sich noch heut in scrinio pectoris. Im Schrein seiner Brust. In petto sagt man daher heut noch allgemein von etwas, das man ins Innere seiner Brust verschließt. Beim Papst aber hat das in petto rechtliche Wirkung. Er kreiert z. B. die Kardinäle zuerst in petto. Und doch ist damit schon etwas Wirkliches geschehen. So ist auch dieser Dictatus Papae selbst die Revolution. Denn es gibt für den Unfehlbaren keine bloßen Gedanken über sein Amt. Wo er denkt, denkt er richtig. Und der richtige Gedanke ist eine Tat. Der Dictatus Papae ist Entschluß und Entscheidung der Autorität, allerdings in petto. Die erste Revolution des Abendlandes ist im Innern eines Menschen ausgebrochen.

Der Dictatus Papae enthält denn auch nichts, was nicht seitdem von den Päpsten ins Werk gesetzt worden ist. Die Kaiser halten seine Steigbügel, die Fürsten küssen seine Füße, die Konzilien warten auf seine Autorität. Und fast jeder Satz aus dem Diktat ist schon in den nächsten Jahren von Gregor öffentlich verfochten worden. Noch heut steht im Römischen Brevier am 12. März, daß er die Völker von ihrer Treue gegen die Fürsten losgesprochen habe. Und noch Kaiser Joseph II. hat deshalb befohlen, am Ende des 18. Jahrhunderts, beim Beten dieses Breviers in den österreichischen Klöstern müsse diese Stelle überklebt sein!

In diesem Anspruch, den Gehorsam aufzuheben, steckt ja nur das Urrecht jeder Revolution, von sich aus einen neuen Rechtsgrund zu schaffen und mit allen vorhergehenden Rechtsgrundlagen zu brechen. Eben dieser Satz ist also Voraussetzung für alles Vorhergehende, für das materielle Programm des Dictatus. Man sieht; es ist von Anfang bis zu Ende: Organisation. Die Organisation der gesamten Kirche des Erdkreises durch den Papst der Stadt Rom ist das Ziel. Der Dictatus Papae macht den römischen Papst zum einzigen Zusammenhalter der Ökumene. Er ist es, durch den die lokale Gebundenheit der Kirche mit einem Schlage verschwinden soll.

Alle Probleme, die der Druck des Kaisers auf Rom aufwarf, hier sind sie gelöst. Der Autorität des Papstes entspringt das Weltrecht, nicht dem Schwerte des Kaisers.

Deshalb lautet der erste Satz: „Die römische Kirche ist nur von Gott gegründet." Eine Banalität, wie es zunächst scheint. Alle Kirchen können dasselbe sagen, daß sie von Gott gegründet seien. Andererseits galten doch im besonderen die Apostel Petrus und Paulus als die Gründer der Gemeinde in äußerlicher Beziehung. Aber das meint Gregor nicht. Sondern er meint: Auch der Primat Roms soll mit keiner weltlichen Ordnung der Dinge zu tun haben! Rom soll also nicht die Kirche der ersten Stadt des römischen Reichs sein. Denn dann verdankte sie dem weltlichen Schwert ihre eigene Rolle, so wie alle Kirchen im 11. Jahrhundert als Eigentum und Eigenkirche ihrer weltlichen Stifter galten! „Gott" heißt also in dem Satz: ohne jede Abhängigkeit oder Rücksicht auf irgendeine weltliche Ordnung der Dinge, von Geistlichen für Geistliche allein ist die Kirche Roms in der Kraft ihrer übergeordneten Autorität, nicht weil die Kaiser in Rom herrschen. Eine ungeheure Verschiebung des Namens Gottes vollzieht sich, die wir bald noch besser verstehen werden. Das Kaiseramt des Cäsar Augustus darf nichts für das Recht der Römischen Kirche bedeuten. Sonst wäre sie ja nichts als ein Abglanz der irdischen Weltherrschaft Roms, denn Augustus ist älter als Petrus! Solange Rom die Hauptstadt des Imperiums ist, setzt Roms Imperator Roms Autorität durch. Jetzt, 1075, soll der Papst selbst ohne den Kaiser die Ökumene verantworten. Otto III. war der Nachfolger des Missionsapostels Paulus; bei Gregor VII. muß überall neben Petrus auch Paulus ihn, den Papst, autorisieren. Wenige Monate nach seiner Stuhlbesteigung hat Gregor VII. die Kirche Porticus Gallae in Rom geweiht. Von der Skulptur darin sagt der Kardinal Schuster: „Auch die beiden Köpfe des Petrus und Paulus zur Seite der Madonna charakterisieren den Geist Gregors VII., der in seinem energischen Rückstoß für die Freiheit der Kirche sich sozusagen mit den beiden Apostelfürsten identifizierte und immer in ihren Namen und Autorität handelte und sprach". Gregors Forderung lautet: Das geistliche Rom ist auch mit der Autorität der Welthauptstadt Rom gleich mit versehen, ohne jede Anlehnung an eine weltliche Ordnung. Deshalb werden seit Gregor auf dem Papstsiegel die beiden Köpfe des Paulus und des Petrus abgebildet. So unscheinbar es aussieht, so ist doch diese Neuerung revolutionär, daß der Papst auch in des Völkerapostels Namen urkundet. Noch im 16. Jahrhundert hat Gregors These ein großartiges Symbol erhalten, als das Standbild Kaiser Marc Aurels auf der berühmten Marc Aurelsäule in Rom durch ein Standbild des Apostels Paulus ersetzt wurde. Statt der Heidenkaiser autorisiert der Völkerapostel Paulus die Weltraumorganisation des Bischofs von Rom.

Die Organisation, die der Papst braucht, um des Kaisers sich zu erwehren, ist nirgends da. Gregor VII. muß sie aus dem Boden stampfen. Auctoritate Sancti Petri verbietet er also jedem verheirateten Priester, Diakon und Subdiakon irgendwo in der Welt — auf die Bischöfe ist kein Verlaß — das Betreten der Kirchen. Sie sind ihm nicht verheiratet; des geweihten Priesters Ehe ist Hurerei (fornicatio).

Der Zölibat allein kann Sippen- und Stammesinteressen zerschneiden. In einer städtischen und befriedeten Welt, in der antiken Polis ist der verheiratete Priester keine Gefahr. Aus einer Welt der Blutrache und der Kinderverlöbnisse gilt es erst einen Klerus herauszuschlagen und herauszuläutern.

Die immer geforderte, nun aber auch durchgeführte Ehelosigkeit der Geistlichen ist daher die Grundlage für das Entstehen eines geistlichen Priesterstandes in der abendländischen Welt.

2. Das geistliche Schwert

Aus dem Priester der alten Kirche wird durch die Papstrevolution der Geistliche. Dazu verbündet sich der Papst mit den Herzögen und Grafen von Schwaben, Flandern, Zähringen, Mömpelgard, Österreich und Tuscien und erlaubt ihnen, die ungehorsamen Priester und Prälaten zu verjagen. Eine Erlaubnis, welche die Fürsten erst zu Luthers Zeit voll ausgenutzt haben! Das ungeheure Vorhaben Gregors war eben, aus dem papierenen Programm Tatsachen zu machen. Jeder Revolutionär muß sich dazu mit Bundesgenossen einlassen, vor denen ihm später graut. In Gregors Bund mit den Vasallen des Kaisers liegt der wunde Punkt seiner Revolution. Aber ihm verdankt er die Schöpfung einer „Geistlichkeit". Erst als Geistliche, d. h. als Zölibatäre, treten sie in Reih und Glied des Kirchenheeres, das nun die Weltkirche organisieren soll und das mit einem neuen Wort fortan gladius spiritualis, das geistliche Schwert, heißt. Nur der geweihte ehelose Priester gehört zu diesem geistlichen Heer. Kein Laie bildet mit die Kirche. „Ecclesia" heißt nur der „Klerus", wird nunmehr neu gelehrt. Wer nicht Klerus ist, der gehört zum populus christianus, zu der von der Kirche geleiteten Christenheit. Der populus christianus seinerseits mag unter Königen oder Kaisern stehen, so gehört er doch mitsamt seinen Führern zum temporalis gladius, dem vergänglichen Schwert der Geistlichkeit.

Dies ist die große Lehre von den zwei Schwertern, die nicht älter ist als die Papstrevolution, sondern ihr eigentliches populäres Schlagwort geworden ist. „Zwei Schwerter ließ Gott im Erdenreich, das eine dem Papst, das andere dem Kaiser, zu beschirmen die Christenheit." In dieser Fassung zitieren ihn auch die Kaiserlichen schon hundert Jahre später ohne Widerrede. Aber auch in dieser Fassung ist der Satz schlechthin revolutionär und wäre vor 1075 gar nicht verstanden worden. Damit wird Gott im Papsttum gefangen. Denn Gregor VII. setzt in dem alten Wort: Gebet dem Kaiser, was des Kaisers, und Gott, was Gottes ist, den *Papst* jetzt an die Stelle Gottes.

Die antike Vorstellung von den Apostelfürsten. Drittes Jahrhundert

Das Jesuswort bedeutete in der alten Ökumene: Ein Kaiser, viele Träger des Geistes, viele Priester Gottes. In der neuen Weltzeit bedeutet die Zweischwerterlehre: Ein Papst, viele Könige. Das *Unus* (canon 11 des Diktats), das Amt des Zusammenhalters, ist auf den Papst übergegangen (vgl. dagegen S. 43 des vorigen Abschnitts). Gregor VII. umgeht immer wieder in seinen Briefen jede Auseinandersetzung zwischen Kaiser und Papst. Sondern die Könige werden dem Papst gegenübergestellt. Da ist dann der Vorrang des Papstes nicht zweifelhaft: Vom Weltbeginn finden sich in den verschiedenen Erdenreichen Regenten, die heilig wären, nur ganz wenige trotz ihrer unzähligen Vielzahl. Aber an dem einen einzigen Sitz regelmäßiger Pontificesfolge, in Rom zählt man von Petrus dem seligen Apostel fast einhundert unter die „vorzüglichsten Heiligen". Das Sacrale ist abgestreift von Kaiser und Imperium. Das „Unicum nomen" hat der Papst!

Als 800 Karl in die Kirche als Kaiser eintrat, da hieß der Papst, der ihn krönte, apostolisch, der Kaiser aber universalis. Durch die Zeiten waltete der Papst, durch die Räume der Kaiser. Im Jahre 1000 nannte sich Otto apostolisch, 1075 im Gegenstoß nennt sich der Papst nicht nur apostolisch, sondern obendrein universalis. Des Papstes Herrschaft durch die Zeiten brauchte keine neue Symbolik, die durch die Räume schrie nach ihr. Gregor VII. rief: „Wir müssen ein Schwert in die Linke so gut, wie in die Rechte nehmen". Und seitdem werden dem Apostel Paulus statt der Schriftrolle *zwei Schwerter* in die Hände gegeben[1]).

Jahrhunderte haben über die nähere Auslegung der Zweischwerterlehre gestritten. Ob die beiden, Kaiser und Papst, sich verhielten wie Sonne und Mond, oder wie Tag und Nacht, oder wie Seele und Leib. So hat es später Innozenz III. (1198—1216) ausgedrückt. Oder ob sie ganz gleichberechtigt nebeneinander ständen — so hat es die kaiserliche Rechtswissenschaft aufgefaßt wissen wollen. Innozenz IV. 1246 und Bonifaz VIII. 1302 haben schließlich beide Schwerter ganz und gar dem Papst in die Hand gegeben, so daß alle Könige das weltliche Schwert von ihm nur zur Leihe trügen. Bonifaz glaubt die „Unam sanctam", also die sichtbare Einheit ganz ohne Kaiser hinstellen zu können, und bricht sofort — unter den Streichen der Franzosen — zusammen!

Aber Kaiserliche und Päpstliche dieser Spätzeiten stehen in dieser Debatte bereits auf dem Rechtsboden der von Gregor VII. 1075 begonnenen Revolution. Indem an die Stelle Gottes und der Kirche das Papsttum tritt, tritt jene revolutionäre Verfinsterung ein, die alles Kirchenlicht im Papst vereinigt.

Ist bis dahin Jenseits und Diesseits im Abendland durch den weltenrichtenden Kaiser verknüpft, der furchtbar richtet mit Heereszug, Wüstung, Gefangenschaft, Eroberung, Gericht und Strafe hiernieden als den Gleichnissen des ewigen Todes, der Martern in Hölle und Fegfeuer drüben, so tritt nun eine ganz veränderte Mittlerschaft hervor: Ein ziviler Richter, mit vernünftiger, unkriegerischer Gewalt ausgerüstet, bringt die Welt nicht unter das grobe Gericht von Feuer und Schwert, sondern von Zehnten und Oblaten, Ablässen und Kreuzzugspfennigen, von Bußen und Wallfahrten. Es ist im antiken Gleichnis sozusagen ein *urbanes* Gericht des römischen Forums und des praetor urbanus, das an die Stelle der Strafexpeditionen des Imperators tritt. Der Papst verfügt nun über das Weltgericht und über das Fegfeuer. Papst Paschalis versprach 1105 dem deutschen Königssohn ausdrücklich die Vergebung für den Bruch seines dem Vater geleisteten Treueeides auch *„im Jüngsten Gericht"!*

Die Welt wird zivilisiert. Dies ist zweifellos die erste große Leistung der neuen Weltkirche. Nur beschränkte, am Wort „Zivilisation" haftende Geister können die Größe solch zivilisatorischer Tat verkennen. Die Welt wird eine Stadt! Der erste große Versuch, das Festland des zweiten Jahrtausends auf friedlichem Wege zu organisieren, überträgt ganz folgerichtig den Gedanken der antiken Stadtkultur auf das Abendland im ganzen.

Die neuen geistlichen Schwertträger sollen die Soldaten des Kaisers ersetzen. So bekommen sie eine zivile Gerichtsbarkeit aufgebaut und eine Sittenpolizei.

---

[1]) Siehe mein „The Driving Power of Western Civilisation". 1950 Boston, S. 110.

Unser ganzer Zivilprozeß, unser Eherecht, unsere Besitzlehre, stammen aus dem kanonischen Recht der Kirche.
Das Himmelsgewölbe der Kirche („ius poli“ heißt daher damals ihr Recht) verkleinert sich zum Zivilisationsgewölbe der römischen Organisation des Abendlandes. Noch heut kann die katholische Kultur „Civiltà cattolica“ heißen in dem bekannten Zeitschriftentitel. Civilitas ist älter als das französische Wort Civilisation!
Bei jeder Revolution sind die Menschen wie aus allen Himmeln gerissen. Denn bei jeder Revolution ist ein Stück Himmel eingefallen und auf die Erde geholt worden, auch bei der des Papstes.
Aber ein Stück Himmel muß mit auf die Erde, wenn er denn schon einstürzt. Die himmlische Mitgift des Papsttums an die abendländische Menschheit bei ihrer Diesseitsorganisation des Abendlandes als Stadt — diese Mitgift ist der Griff nach dem heiligen Grabe.

3. Die Kirche

Jede Stadt in der alten Kirche baut ihr Herrenhaus auf dem Grab ihres Heiligen auf. Ambrosius von Mailand, Bonifaz in Fulda, Petrus und Paulus in Rom sind die Heiligen dieser Orte, weil ihr Grab hier steht. Und welche Macht das Grab für die Weltordnung darstellte, sagt eine berühmte Stelle aus Chrysostomus über das Grab des Paulus in Rom (Epist. ad Rom. Hom. XXXII): „Oh, daß man mir gestatte, mich an dem Grabe des Paulus niederzuwerfen, den Staub dieses Leibes zu schauen, der, indem er für uns litt, das ersetzte, was an den Leiden Christi mangelte, den Staub dieses Mundes, der ohne Scheu vor den Königen gesprochen, und indem er uns zeigte, was Paulus war, uns seinen Herrn offenbarte.“
„Auch den Staub dieses Herzens möchte ich schauen, *eines wirklichen Weltherzens, das erhabener wie der Himmel, umfassender als das Weltall, ebensogut das Herz Christi wie das des Paulus ist . . . Sicherer als alle Wälle schützt dieser verehrungswürdige Leib, zusammen mit dem Sankt Peters, die Stadt Rom.*“ Wenn jetzt, 600 Jahre nach Chrysostomus, die Christenheit zu Einer Stadt, Ecclesia Romana genannt, zusammenwachsen soll unter der Autorität des Papstes, des Nachfolgers Petri, dann kann der Mittelpunkt dieser neuen Weltstadt *Ecclesia* nur ein noch ehrwürdigeres Grab, und das heißt das Grab des *Erlösers selbst werden.*
Bis dahin hatte der Besitz des Heiligen Grabes in Jerusalem als Bedingung der Seligkeit für die alten Christen nicht zu gelten brauchen. Jetzt wird das anders.
Denn der Besitz des Heiligen Grabes ist nunmehr erst die Besiegelung der Ansprüche des Papstes. Die Revolution Gregors VII. hat zwar auch schon den Ruf der späteren italienischen Revolution erhoben: „Befreiung der Kirche“. Aber um 1100 bedeutet dieser Ruf Befreiung der Kirche noch konkret die

Gewinnung der echten Urkirche für „das neue Jerusalem"; für die neue Welt, Civitas, der Ecclesia verspricht daher Urban II. zu Clermont 1095: „Wer aus reiner Frömmigkeit ohne Gier nach Ehre und Geld zur *Befreiung der Kirche Gottes* nach Jerusalem zieht, dem wird dieser Zug als volle Buße angerechnet."
Deine eigentliche Kirche, Christ, die Kirche deiner Heimatgemeinde ist das Grab in Jerusalem. Geh aus deinem Lande in die Fremde — Peregrinus, unser Wort *Pilger* —, so kommst du erst in deinen Frieden. Befreiung der Kirche Gottes heißt damals Befreiung ihres Mittelpunktes, des heiligen Grabes.
Nicht von Rom aus, sondern auf zwei Synoden draußen im Abendland hat der Papst die Kreuzfahrt verkündet. Als er, selbst Franzose, in Clermont am 25. November 1095 in riesiger Versammlung die fränkische Ritterschaft aufrief, da senkte sich der neue Schwerpunkt in die Herzen der Menschen, die neue, beherrschende Mitte, die nun alles an sich zog. Dieu le volt! Gott will es! ist der berühmte Ruf, der die Wiedergeburt der antiken Kirche zur Ordnung der mittelalterlichen Ökumene einläutet.

4. Die Kreuzzüge

Dieser Ruf hat die Ritterschaft am 15. Juli 1099 nach Jerusalem geführt. Ihr Führer, Gottfried von Bouillon, revolutioniert von der neuen Weltordnung, verweigerte, den Königstitel anzunehmen. Schräg nur zur Herrschaft des Grabesherrschers, nicht selbst im Mittelpunkt sollten die Fürsten dieser Welt stehen; wenn wir es mit der heutigen Lage vergleichen wollen, so wie das Militär heut der Zivilgewalt untersteht und diese vorangeht, so sollte das Verhältnis von Klerus und Fürsten sein. In diesem Sinne nannte sich Gottfried nur Beschützer des Heiligen Grabes, weil der König vom Grab aus herrsche.
Damit wird dem Abendland der große Gegenstand einer zweiten Welt des Morgenlandes vor Augen gestellt, in deren Zurückgewinnung, recuperatio, sie auch ihre eigene Ordnung vollenden könne. Am Morgenland hing nun des Abendlandes eigene Hoffnung wirklich überlokaler Gesittung.
Sieben Kreuzzüge zählt man, die immer wieder diesem Ziele galten. Kaiser und Könige des Abendlandes mußten sich diesem Programm anpassen. So wie heut für jeden Staat Sozialpolitik der Schwerpunkt der Tätigkeit ist, so lag der Schwerpunkt aller Staatstätigkeit damals in der Kreuzzugspolitik. Um den Kreuzzug gruppierte sich alles andere. Am Kreuzzug sind drei deutsche Kaiser zugrunde gegangen: Friedrich I., Heinrich VI. und Friedrich II. Aus dem Kreuzzug ist Frankreichs Zug nach Tunis und Algier geworden und der Zug des Deutschen Ordens in das Baltikum. Kreuzzugsbegeisterung hat die Mauren aus Spanien vertrieben. Und im Gleichnis haben die Kreuzzüge bekanntlich noch den Amerikanern zum Eintritt in den Weltkrieg gegen Deutschland und Österreich eine wirksame und für uns verhängnisvolle Begeisterung eingeflößt.
„Zeitalter der Kreuzzüge" oder „der erste Kreuzzug" ist daher mit Recht der

häufigste Name für die erste europäische Revolution geworden, für die des Papstes. Aber trotzdem ist der erste Kreuzzug selbst nur Ausdrucksform der Papstrevolution. Denn es ist der Papst, der von allen den Kreuzzug fordert. Zur Zeit und zur Unzeit hat seit Gregor VII. jeder Papst, selbst noch der Renaissancepapst Pius II., von allen Fürsten seiner Zeit gefordert, daß sie das Kreuz nähmen!

Der Kreuzzug bietet dem Papst die erste Möglichkeit, sich zu einem gewaltsamen Umsturz der Weltordnung offen zu bekennen!

Die Revolutionsideologie der ersten europäischen Jahrhunderte konnte Kreuzzugsideologie sein, weil die Kreuzzüge selbst eine Revolution darstellen.

Sie sind dies in doppelter Hinsicht: sozial und politisch. Sozial haben die Kreuzzüge den christlichen Adel des Abendlandes erschaffen.

Aus den Knechten und Mannen der Könige und Fürsten, aus unfreiem Gesinde und Dienstmannen vieler Stammesbarone und Clans strömte ein einheitliches Aufgebot zusammen unter der Fahne des Kreuzes. Der Kreuzzug wirft eine neue Fahne auf, vor der auch des Reiches Sturmfahne verblassen muß. Michaels eigener Name bedeutet ja: „Quis ut deus?" Wer ist wie Gott? In der Tat: Selbst der Allerseelengeleiter Michael ist schwächer als der Ostersieger selber. Jesus ist der Patron der ersten Revolution des Abendlandes. Und so kann er der Heiland, der Herzog all des Gesindes werden, das durch ihn geadelt wird. Der gesamte Dienstadel in Europa, also die gewöhnlichen Herrn von Bismarck und von Bülow, von Greifenstein und Rabenklau, stammen aus der Unfreiheit. Sie sind ein militärisches Proletariat, dem Herrn im Hause als Schenk von Limburg, Truchseß von Waldburg, Marschall von Pappenheim ausgeliefert. Die Kreuzzüge umspinnen das Tun dieser Ritter mit dem Strahlennetze des Glaubens. Längst vor dem Proletariat der friedlichen Arbeit hat das Proletariat der Kriegsarbeit den Weg eingeschlagen, den das kommunistische Manifest empfiehlt: Die Vereinigung auf dem Kreuzzug hat die Knechte emanzipiert. Aus Knechten irdischer Herren wurden die Ritter des Herrn! Der Mariendienst der abendländischen Ritterschaft ist keine Pose, sondern die selbstverständliche Huldigung vor der neuen Herrin im Hause Gottes, in das man nun eintrat. Übrigens auch die Wappen auf dem Schild, Leu und Leopard und Drachen kommen nun erst im 12. Jahrhundert als Wirkung orientalischer Einflüsse auf und geben mit der Devise den neuen ahnenlosen Rittern ein mächtiges Selbstbewußtsein.

Eine Umwandlung des Krieges ist die Folge. Ritterlicher Brauch verbindet die Ausziehenden und die Heimgekehrten. Daheim gewährt man sich den Frieden Gottes. Die Pilger genießen Sicherheit. Der gemeinsame Dienst im Morgenland reformiert die Kriegssitten des Abendlandes. Fortan gibt es eine solita honestas principum laudabiliter observata, eine löblicherweise von den Fürsten eingehaltene „Ehrensitte" (Kriegserklärung von 1417 Deutsche Reichstagsakten VII Nr. 227). Es gibt ein Versippen und Verschwägern, Bürgen füreinander und Turnieren miteinander durch die ganze neue Stadt Ecclesia hin.

Wenn daher Luther über vierhundert Jahre nach dem ersten Kreuzzug an den christlichen Adel deutscher Nation sein berühmtes Schreiben richtet, so bedenke man, daß er nur deshalb an ein Ritter„quartier", an einen Quadranten im Kreise der abendländischen Christenheit schreiben kann, weil die römische Kirche diesen christlichen Adel in den Kreuzzügen zusammengeschmolzen hat aus den germanischen Schwertmagen der Stämme zu einer neuen, unverlierbar christlichen Legierung.

Wo Kriege sich hinziehen, dahin zieht sich der Handel. Daher begegnet uns „etwas Ähnliches, wenn auch weder so rasch noch so entschieden, im Bereich der städtischen Entwicklung. Zum Dank für ihren Anteil an der Eroberung wurden den Städten überall Handelsniederlassungen bewilligt ... Venedig hatte sich in dieser Hinsicht den Genuesern und Pisanern in Palästina an die Seite gestellt. Der Handel warf sich mit Macht auf die neu erschlossenen orientalischen Gegenden; als Welthandel, der er nun wieder war, zog er auch das außeritalienische Abendland rückwärts in seinen Kreis. Nach und nach bildete sich eine die Städte des Abendlandes umfassende gemeinsame Sphäre der materiellen Interessen, und auch die Bürgerschaften Europas lernten sich als eine zusammengehörige Korporation betrachten." (L. v. Ranke.)

So sind es drei Stände: Geistliche, Ritter und Städte, die in der neuen abendländischen Polis der Papstkirche eine Einheit gewinnen. Daß die Kirche eine einzige Stadt sei, dies alte augustinische Bild, ist mit neuem irdischem Inhalt erfüllt[1]).

Die Revolution des Papstes ist durch das „Vereinigt euch!", das sie diesen Ständen zuruft, die Überwinderin des Festlandraumes geworden, so, wie es das „Reich" nicht hatte träumen können. — Die Unwirklichkeit des Weltreichs im täglichen Leben war nur auf kriegerischer Heerfahrt wirklichen Taten des Gesamtlebens gewichen. Götzenähnliche, rein lokale Ortskulte, Versinken des Klerus in Sippschaften und Welthändel, Fortdauer des Animismus und Ahnenkults bei den Stämmen — die Blutrache ist ja nur Ausfluß des Ahnenkults — wären ausgewuchert, weil dem Schwert des Kaisers das Arbeits- und Wirtschaftsleben unerreichbar blieb.

Keine Gemeinschaft kann ohne einen greifbaren gemeinsamen Gegenstand aufleben. Das Schiff des Mittelmeeres, das die Kreuzfahrer gegen Osten trug, ist zum Sinnbild der Gotik geworden. Die gotischen Dome sind wie eine steinerne gen Osten strebende Flotte, die sehnsüchtig das Abendland des Festlandes zu den Gestaden der antiken Meereswelt ausrüstet. Sie stehen nicht wie die romanischen Bauten fest an ihrem Ort, sondern streben hinauf und hinweg. Sie bezeugen eben das neue Himmelsgewölbe der christlichen Polis, in die sie hineingebaut werden. Mehr als der Spitzbogen scheint mir der Widerwille gegen die rein lokale Bedeutung des Kirchenbaues das Kennzeichen jener Baukunst.

[1]) Vgl. die klassische Stelle bei Durandus de Mende, Rationale I, I: „Die Kirche heißt eine Stadt wegen der Gemeinschaft ihrer Bürger."

Als Christus einst in die alte Welt gekommen war, da einigte er seine Gläubigen zur göttlichen Freiheit in alle und aus allen Richtungen der Windrose; der Kuppelbau drückte dies neue Universum aus. Die romanische Kunst hatte es aber aufgegeben, diese Freiheit auszudrücken. Die Kreuzfahrerkirche gewann mit dem Heiligen Lande auch diese Freiheit der Windrose zurück, aber doch verändert. Im Kuppelbau waren alle Richtungen der Windrose in den Bau selber hineingefallen. Im gotischen Dom kommt der Osten des Universums jenseits ins gelobte Land zu liegen; dorthin wurde nun jeder in den Längsschiffen der Dome Anbetende fortgerissen.
Und damit kehrt allerdings das Papsttum den Spieß um, den die Kaiser auf das Herz der Kirche gerichtet hielten. Die Kaiser aus deutschem Stamm hatten die Priester der Altkirche erniedrigt zu ihren Gutsinspektoren und Kanzleibeamten. So tief waren ja diese Priester gesunken, daß man jetzt erst seit Gregor mit Gewalt aus ihnen wieder durch Ernstnehmen des Zölibats den neuen Stand der Geistlichen machen muß. Aber nun erreicht man gleich mehr: zu dem Klerus hinzu gewinnt man außerdem aus dem Gesinde der königlichen und adligen Fronhöfe in den Stammlanden geistliche Krieger. Wie vorher die Geistlichen dem Könige mehr gedient hatten als dem Altar, so steht nun dank der Kreuzzugsrevolution umgekehrt zu erwarten, daß die Kreuzritter den Mariendienst über den Hofdienst stellen werden.

5. Der neue Mensch

Vor dieser Umwertung aller Werte erschrecken die Fürsten und Könige. Ihr innerstes Hausgefüge wird ja nun revolutioniert. Am eigenen Tisch sitzt der Geist des Aufruhrs. Heinrich IV. selbst erlebt an zwei Söhnen, daß der Sohn aufsteht gegen den Vater. Heinrich V. z. B. hat seinen Vater aufgefordert, sich dem Apostolischen Vater zu unterwerfen. Dann wolle er ihm, dem leiblichen Vater, als leiblicher Sohn gehorchen. Nicht aber, wenn er das verweigere, denn er, Heinrich V., habe einen Vater im Himmel, an den er sich mehr halten müsse als an den irdischen! Man sieht, wie die beiden geistlichen Väter in Rom und im Himmel zusammenfallen gegen den leiblichen. Die Zweischwerterlehre bedeutet also für die Schwertträger jener Tage etwas höchst Akutes; den Befehl, den jede Revolution stellt: Du sollst Gott mehr gehorchen als den Menschen, vernimmt jeder Knecht und jeder Herr, weil in die lokale Hofhörigkeit die Strahlen vom Hof des Himmelskönigs einbrechen. Die örtliche unumschränkte Herrengewalt, die der Kaiser unangetastet gelassen hatte, zerbricht der neue interlokale Gebieter Papst. Niemand kann zwei Herren dienen, und so zerbricht an dem neuen Gehorsam gegen Christus die alte Hörigkeit. Deshalb also war es in den Ohren der Zeitgenossen keine Blasphemie, daß Papst und Gott plötzlich zur Deckung gebracht wurden. Denn durch die plötzlich erhöhte Gewalt des Papstes wurde ein bloß irdischer leibeigener Gehorsam aufgekündigt zugunsten eines höheren geistigen Gebotes. Deshalb kann ohne Ärgernis für die

Menge eine uns heute bedenklich anmutende Änderung einsetzen: im Nachfolger Petri wird nämlich mehr und mehr der Statthalter Christi betont. Begreiflich. Denn wessen Regentschaft über dem Grab des Erlösers die Kreuzfahrer leitet, der ist selbst Christus an Macht gleich. Immer mehr glauben die Päpste, nicht für Petrus, sondern unmittelbar für Christus selbst sprechen zu dürfen. Immer mehr gewinnen sie aber damit die Herrschaft über beide Schwerter, sowohl das des Weltenkaisers, als das des Hohenpriesters Christus.

Damit tritt freilich der Papst selbst aus aller Rechtsordnung heraus. Und er ist in der Tat ein Souverän, jenseits von Gut und Böse. Gleich Gregor ist voller dämonischer Widersprüche.

Gregor selbst hat einem simonistischen Papst angehangen, hatte selbst vielleicht einen anderen Papst zu Unrecht beseitigt, selbst mit dem Pöbel in Oberitalien die Bischöfe gedemütigt, er mußte die Normannen ungestraft Rom plündern lassen, kurz, alle seine Forderungen hat er auch preisgeben müssen im Drang des Schicksals.

Den *„heiligen Satan“* hat ihn Petrus Damiani genannt und hat damit das völlige „Außersichsein“ Hildebrands geschildert. Derselbe Berserker steckt in ihm, der sich in unserer Zeit in die Maske des „Revolutionärs“ kaum noch kleiden kann, so entwertet ist auch diese schon.

Ohne diese heilige Raserei ist Gregor nicht zu verstehen. Die Heiligkeit des Teufels ist das Geheimnis jeder Revolution. Eben deshalb stirbt Gregor im Exil und kann erst lange nach ihm Frieden werden. Aufgeschreckt aus aller Sicherheit haben die Zeitgenossen sehr bald das Papsttum mit der tötenden Satire verhöhnt, seine Heiligen seien „Silberling“ und „Goldling“. In Rom bete man diese an. Aber bis auf den heutigen Tag Gültigkeit besitzt das Bild des Revolutionärs, das ein kaiserlicher Jurist, Petrus Crassus, damals zeichnet: „Unsere Zeit hat zu allem anderen Unglück eine neue Menschenart erzeugt. Sie ist von Haltung und Zucht der bisherigen Zeit ganz verschieden, so daß man nicht mehr weiß, ist die Natur hier bei der Erschaffung abgeirrt oder hat diese Menschenart ihren Ursprung gar nicht vom Stammbaum der vorhergehenden Epoche genommen?“

Diese Revolution hat das große Maß für den Revolutionär aufgerichtet, das seitdem bei den Kundgebungen der Kirche auffällt und das die Kirche zum erstenmal seit Gregor VII. 1929 aufgeopfert hat bei der Errichtung der Città del Vaticano: das Maß des Absoluten.

Keine einzige irdische Maßnahme, kein Geschenk, kein Nachgeben irgendeiner anderen Macht ist vor dem Programm Gregors VII. mehr als eine *Abschlagszahlung*. Alles Wirkliche des Weltzustandes war zu wenig im Verhältnis zum Dictatus Papae. Ein unersättliches, faustisches Ungenügen selbst an den größten Erfolgen muß eintreten, wenn das Absolute von einer irdischen Gewalt gefordert wird. Alle Papstpolitik hat seitdem etwas betont Vorläufiges, unter Vorbehalt aller Rechte und Ansprüche des absoluten Programms.

Die „verdammte Bedürfnislosigkeit“ des Hergebrachten der Altkirche ist dem neuen, abendländischen, römisch-katholischen Revolutionär unbekannt. Und so trägt er eine unendliche Unsicherheit unter die im festen Herkommen lebende Völkerwelt. Keine Revolution stammt mehr seitdem von der vorhergehenden ab! Jede „ur-springt Gott unmittelbar".

6. Das erste Konkordat

Unter dem Eindruck der Unheimlichkeit haben die deutschen Fürsten den ersten Frieden zwischen Kaiser und Papst vermittelt. Viele dieser Fürsten an der Spitze ihrer Stämme hatten zuerst ihre Beschwerden gegen den Kaiser im Bunde mit dem Papste durchzukämpfen gedacht.

Die Sachsen hatten mit Hilfe des entfernten Papstes den nahen, auf der Harzburg allzu nahen Kaiser absetzen lassen und unter Beistand des päpstlichen Botschafters (Legaten) den Schwiegersohn des Kaisers erhoben. Sie waren also bereit gewesen, das römische Reich an die römische Kirche zurückfallen zu lassen, von der es ja in gewissem Sinne stammte. Aber sie erschraken, als an die Stelle des Papstes die Weltorganisation der Kirche an sie selbst heranrückte. Und sie rückte heran: In der Empörung gegen den Einen Kaiser griff der Papst ja über auf alle Königreiche und Fürstentümer überhaupt. Schrieb doch Gregor: „Der kleinste Exorzist in der Kirche (ein ganz niederer Weihegrad) heißt ‚Geistlicher Gebieter (Imperator!) der Dämonen'. Damit ist er also mehr als alle weltlichen Gebieter, ob Könige, Fürsten oder Kaiser!" Das war also die Gefahr jener neuen Lehre: Vom Einen Papst und vielen Fürsten!, daß Klerus und Dienstmannen beide den Fürsten entwachsen möchten.

Da widerstand der hohe Fürstenadel. Umsonst hat Heinrich V. den eigenen Vater abscheulich verraten und abgesetzt, um zum Frieden mit dem Papst zu kommen. Heinrich V. selbst und die Fürsten konnten auch keine andere Politik treiben als vor ihnen Heinrich IV., und so forderten auch sie nur noch für den Altardienst der deutschen Geistlichen die Anerkennung des Papstes, hingegen für die Einordnung dieses Königsklerus ins Reich und in die Fürstentümer Fernhaltung eines Papstkaisertums.

So hatte es ja auch Heinrich IV. gleich anfangs gemeint, als er 1077 nach Canossa ging und dort drei Tage im Schnee vor den Mauern des Schlosses auf die Lossprechung durch Gregor VII. wartete. Gregor VII. hat sich bei den deutschen Fürsten ausdrücklich entschuldigt, daß er trotz seines Bündnisses mit ihnen den Kaiser vom Bann habe lösen müssen. Der Kaiser hatte den Priester der Seele im Papst von dem Organisator der Weltkirche einen Augenblick erfolgreich getrennt. „Der Besiegte von Canossa war nicht der Büßer, sondern der Richter." „Aber in diesem Augenblick hat der Papst Seelengröße gezeigt. Um rechtschaffen zu handeln, setzte er alle seine Pläne aufs Spiel. Er ließ den zähen, verschlagenen Diplomaten zurücktreten hinter dem Papst und dem Christen. Deshalb ist Canossa seine Apotheose." (Fliche.) Jede Revolution hat einen solchen Moment der Größe, des Verzichts auf die sofortige Macht,

weil sie dem Geist opfern muß, der sie treibt. Aber eben dieses Opfer zwingt sie zum Maß und zum Frieden.
Auch der Papst mußte 1122 zum Frieden kommen, trotz Kreuzzug und trotz der Erfolge über Heinrich IV.
Denn auf wie schwanken Füßen stand die Revolution! Als Gregor aufbrach, da war nur eben der erste Grund gelegt für eine solche: Die Papstwahl in Rom war gerade den Händen des Kaisers entwunden. 1059 schon hatte das Decretum Nicolai in Ausnutzung der Unmündigkeit des römischen Kaisers die Wahl der Bischöfe von Rom in die Hände des Kardinalskollegiums verlegt, übrigens noch unter Wahrung des kaiserlichen Rechtes (§4). Aber noch 1074, bei Gregors VII. eigener Wahl, war es trotzdem tumultuarisch genug zugegangen.
Den Klerus, den Gregor VII. brauchte, bibelkundige, schreib- und lesefertige Männer, Streiter mit Wort und Feder — gab es noch kaum. Und wo gab es denn jenes nur vom Papste abhängige Heer der „geistlichen Imperatoren", unberührt von der Welt? Am wenigsten doch in Deutschland: Die deutschen Bischöfe verweigerten dem Papst 1111 den Gehorsam; damals sagte Heinrich V. dem Papst zu, keinen Einfluß auf die Ämter in der Kirche zu fordern. Nur müßten dann alle Kirchen herausgeben, was sie seit Karl dem Großen an weltlichen Ämtern und Ehren erhalten hätten! Das schien den Bischöfen unmöglich. Und damit war der Kampf des Papstes gegen die Laieninvestitur als unehrlich erwiesen.
Vor allem aber: „Organisation der Welt als Kirche" hätte Frieden bedeuten sollen und müssen. Im politischen und sozialen Leben ist der Friede der letzte Prüfstein für den Wert der Tat.
Aber nun eroberte nicht nur Heinrich IV. 1084 die Engelsburg. Gregor VII. mußte vielmehr auch mit ansehen, wie sein von ihm zu Hilfe gerufener Lehnsmann, der Normannenfürst Robert Guiskard, die Ewige Stadt barbarisch plünderte und verwüstete.
Und sein Nachfolger, Papst Paschalis, wurde Heinrichs V. Gefangener in der Engelsburg, und nur Unruhen in Deutschland erleichterten den kaiserlichen Druck, der auf ihm lag. Klar grenzte sich ab, was der Papst konnte und was er nicht konnte. Er hatte sich, wie jeder Revolutionär, übernommen. Seine „Kurie" hatte der Papst zum höchsten Lehnshof der Christenheit an die Stelle der curia des Kaisers setzen wollen. Dem deutschen Gegenkönig Hermann von Salm hatte der Papst z. B. den Vasalleneid ganz wie Robert Guiskard abgefordert. Er hatte die große Markgräfin von Toskana veranlaßt, gegen das Reichslehnsrecht ihre Güter dem Papste und seinem Lehnshof heimfallen zu lassen. Aber die römische Kurie hat zwar dem abendländischen Lehnsrecht mächtige Impulse gegeben. Jedoch mußte sie dies Rechtsprinzip den Königen dieser Welt zur Auswertung überlassen. Die römische Kurie ist daher aus einem mit dem Kaiser konkurrierenden militärischen Lehnshof in erster Linie eine zivile Verwaltungszentrale geworden. Hier lag die wirklich originale Leistung des päpstlichen Zentralismus. Hingegen zerfiel ihr Programm des weltlichen

Lehnsreiches rasch, als die Ohnmacht des Papstes vor der kleinsten Heeresmacht sich offenbarte.

Wie hatten die Kaiser doch Reich und Kirche gewaltig regiert, bevor Gregor VII., Hildebrand, die Christenheit zerrüttelte. Die Verdienste der Kaiser für die Welt traten wieder in den Vordergrund bei den Menschen vor den ungemessenen Ansprüchen des Papstes. So kam der Ausgleich. Das Konkordat von Worms, das die „Discordia" zwischen Kaisertum und Kirche, wie die Quellen den Investiturstreit nennen, beendet hat, ließ dem Papst das, was er allein fordern konnte nach all den Verdiensten der Kaiser um die Kirche, — es ließ ihm fair play für die Zukunft. Man erlaubte ihm, zu zeigen, was eine kaiserlose Kirche vermöge. Innerhalb des Imperiums sollte nämlich die Wahl des Bischofs nur durch Geistliche erfolgen. Über die Rechte des Papstes wurde nicht gesprochen. Ein „königsfreies" Geschlecht von Geistlichen konnte also aufwachsen. Ausgenommen von dieser Regelung wurde das Königreich der Teutonen. Hier blieb praktisch der Einfluß des Königs maßgebend.

Während der Papst den Abfall der deutschen Bischöfe und Fürsten von seiner Sache so sanktionieren mußte, zeichnete sich um so schärfer ein Vorzugsland der Papstorganisation ab. Das Gebiet, für das der Papst den Kaiser 1122 zurückdrängt, war im wesentlichen das künftige Italien. Es ist aber außerordentlich charakteristisch, daß dies Land in Worms noch negativ als „das außerdeutsche Reich" bestimmt worden ist. Und es ist ebenso bezeichnend, daß die moderne Geschichtsforschung diesen Ausdruck fast immer übersehen hat, als stände im Wormser Konkordat mit dürren Worten Deutschland und „Italien". Aber man bringt sich um das Verständnis der Papstrevolution, wenn man so späte Vorstellungen unterschiebt. Denn obwohl Italien fortan jener Teil des Reiches wird, auf den der Papst seine Hoffnungen setzen muß — so ist der Investiturstreit doch noch ein Kampf um die römisch-geistliche Kirche und keine nationale italienische Erhebung. In Verwechselung mit späteren Zeiten hat man das zwar oft behauptet. Und eine Hetze gegen die Nordländer ist tatsächlich versucht worden. Aber selbst was man dafür meist zitiert, die berühmten Strophen des Bischofs Alphaus von Salerno: „Nimm des ersten Apostels Schwert, Petri glühendes Schwert zur Hand! / Brich die Macht und das Ungestüm der Barbaren; das alte Joch / Laß sie tragen für immerdar! ... Rom von neuem durch dich erhöht, / Bringt dir schuldigen Dank!" usw., selbst diese Verse erhoffen doch, genau besehen, von Gregor nur die Unterjochung der Barbaren unter des antiken Roms Weltherrschaft.

Von einem italienischen Nationalgefühl oder von einer *Trennung* des Reichs nach Nationen ist hingegen auch in diesen angeblich nationalistischen Versen keine Rede. Im Gegenteil! Und so ist festzustellen, daß Italien nur durch Subtraktion aus dem Mantel des Kaisertums zuerst herausgelöst worden ist. Es ist der Teil des Reichsgebiets, in dem die Kaiser den Päpsten nachgeben konnten, ohne selbst zugrunde zu gehen! Es ist das der Kirchenhoheit der Päpste freigegebene Land, in dem der Papst aus einem Ersten unter Vielen zum Unicum Nomen des Dictatus Papae erhöht ist an Stelle der alten Raumeinzigkeit des Caesar. Die Lande nördlich der Alpen hingegen behielten ihre Königskirche, denn sie allein hielt die Stämme dieses Nordreichs zusammen. In Italien konnte nun die Kirche zeigen, was sie vermochte.

7. *Evolution und Revolution*

Was die zivile Autorität vermag, um Menschen zu kitten und zu binden als Mauersteine einer neuen Ordnung, das hat sie seitdem hier getan. Aber das schnelle Entgleiten der Kreuzritter, das innere Versagen des Klerus ließ dafür nur den einen Ausweg: die Schulung.

Das Wormser Konkordat fällt deshalb zusammen mit dem Anbruch des Jahrhunderts der neuen Wissenschaft der „Scholastik". Dem ersten Ansturm der Revolution folgt die Evolution. Papst und Kaiser erziehen sich um die Wette ihre Truppen für den 1122 ja nicht entschiedenen Kampf. Als Schulungsstätten für diesen Kampf erstehen Bologna und Paris. Zu den Doktoren, den ersten Hochschullehrern des werdenden Europas, schwören Tausende und Zehntausende, um einexerziert zu werden in das ius poli et fori, d. h. das Recht des Himmels und des Kaisers. All das, was Gregor VII. gebraucht hätte, um sein Programm zu verwirklichen, wird also jetzt erst geschaffen. Wir erkennen ein Grundgesetz der europäischen Revolutionen in dieser seltsamen Reihenfolge. Man ist nie vorbereitet. Das Fortissimo der absoluten Forderung verkörpert der erste Tag der Revolution. *Der erste Tag zeigt ihre Allmacht.* Das sehen wir in England bei Karls I. Aburteilung durch das Unterhaus; beim Bastillesturm herrscht Paris so unumschränkt wie der Bolschewismus am 7. November 1917 und wie Gregor VII. am Tage des Dictatus Papae; in keinem Augenblick waren alle deutschen Fürsten einschließlich des Kaisers mehr für Luther und gegen den Papst, als im April 1521 in Worms. Aber alles andere muß erst kommen, um diese Revolutionen zu vollstrecken. Alle Revolutionen klagen über den Mangel an Schulen, Lehrern und Hilfsmitteln. Gregor VII. und Cromwell, Luther und Lenin sind alle hilflos, weil und solange es an der „einschlägigen" Literatur und Schulung fehlt.

Man gestatte uns hier eine grundsätzliche Bemerkung: *Revolution* und *Evolution* sind keine sich ausschließenden Größen so wie man oft Revolutionäre und Evolutionisten einander gegenüberstellt. Diese besondere Bedeutung von Evolution ist ganz jungen Datums; sie stammt erst aus der antirevolutionären Philosophie des 19. Jahrhunderts! Vielmehr ist das merkwürdige, bis heute fast unbekannte Gesetz der Revolutionen darin zu sehen, daß die Revolution zuerst ausbricht und geschieht und daß dann die zähe und entsagungsvolle Arbeit der Evolution nachfolgt. Es ist das eine seltsame Tatsache, die auch für die Naturwissenschaft eine wichtige Analogie enthält: auch in der Natur ist die Entwicklung nicht dasselbe wie der Ursprung, sondern sie folgt dem Ursprung nach. Dem *Ursprung* der Arten entspricht die Revolution. Beides gehört zusammen! Revolution und Evolution sind beide gleich unentbehrlich im Haushalt des letzten Jahrtausends gewesen.

Am Ende des Investiturstreites ist also erst für die wirksame Revolution das Gebiet abgesteckt, wo die absoluten Ideen werden feste Gestalt annehmen müssen. Der außerdeutsche Teil des „Reichs“ wird es sein müssen, so viel steht seit 1122 fest.

Aber zuerst folgt nun von 1122 bis 1154 die Zeit der leeren Überhebung und des grundlosen Übermutes der Revolution. Das ist eine Periode, die immer, wie wir schon wissen, nach dem ersten Friedensschluß eintritt. Und sie schlägt um in die Zeit der Demütigung. Diese dritte Periode tritt ein durch Friedrich I. und Heinrich VI., diesen „Verfolger und Bedrücker der heiligen Kirche“.

Der Übermut der Periode von 1122 bis 1157 muß durch einige Bilder gekennzeichnet werden, weil Wichtiges daraus später gefolgt ist. Um 1140 hatten die Päpste in Rom ein Bild anbringen lassen: „Der König wird Vasall, der Papst leiht ihm die Krone“ stand darunter.

In Wahrheit war folgendes geschehen: In dem Kampf mit dem Kaiser hatte Gregor im Süden sich durch die Normannen zu sichern gesucht, im Norden aber durch sein Freundschaftsbündnis mit der Markgräfin Mathilde. Diese herrschte nicht nur in Toskana, sondern auch in Brescia, Ferrara, Mantua und Modena. Canossa war ihre Burg. Florenz und Bologna, die großartigsten Städte, lagen in ihrem Bereich. Irnerius, der Begründer der Rechtswissenschaft, soll von ihr bei der Bereitung seines neuen Weges gefördert worden sein. Sie nun hatte Verbindung mit den deutschen Welfen angeknüpft und andererseits ihre Lande Gregor VII. vermacht. Diese Schenkung war selbst ein Akt der Revolution, und die Kaiser bestritten wohl mit Fug ihre Rechtskraft. Seit Mathilde 1115 gestorben, waren die Güter verwaist, und Kaiser Lothar, Schwiegervater des regierenden Welfenherzogs und Kaiser zugleich, traf den Ausweg, sich das unentbehrliche Gebiet vom Papst als Lehen verleihen zu lassen, um die faktische Macht dem Reich zu erhalten. Das Kompromiß ließ die Rechtsfrage ungelöst. Es war also ein außerordentliches Entgegenkommen. Und dies Kompromiß wurde durch das Bild arg verhöhnt. Denn das Reich des Kaisers selbst schien ja so zum Lehen geworden zu sein. Und das unterstrich man, während sich zwei Päpste in Rom um die Herrschaft gestritten hatten, wie denn das Übel zwiespältiger Papstwahl seit Gregors Auftreten fast chronisch geworden war.

Man sieht aber aus dem Streit schon, worauf der Kampf zwischen Kaiser und Papst sich nun bereits konzentriert: um die Kleinode der Lande, gelegen zwischen Rom und Reich, um das lombardisch-toskanische Gebiet. Aber es war noch ein vergifteter Kampf, weil er zu weit griff in die Wurzeln von Reich und Kaisertum. Leibliche Schwäche zwingt zu geistiger Überanstrengung. Das Papsttum überkompensiert sein militärisches und administratives Versagen durch solchen ideologischen Heroismus.

Jedoch wir gewinnen daraus eine Ahnung von dem Selbstgefühl, das diese umstrittenen Landschaften bald erfüllen mußte. Je heftiger der Kampf zwischen Papst und Kaiser, desto mehr kam es auf sie an! Der Stolz der italienischen Kleinstaaten hat hier seine Wurzeln. In der Zukunft hing die Geschichte der Welt von ihrer Haltung ab (unten XI, 9).

Ein zweites Bild dieser Überkompensierung der Schwäche durch Stolz: Papst Eugen III. wird von den selbstbewußten Römern aus ihrer Stadt vertrieben. Arnold von Brescia beansprucht die Herrschaft der Stadt. Das Bündnis Gregors VII. mit den norditalienischen städtischen Sekten wird so den Päpsten heimgezahlt. Denn Arnold vertrat den radikalsten Programmpunkt der Zeit Heinrichs III., das war die Kassierung aller simonistischen Weihen — „die Verstoßung aller unserer Vorgänger in die Hölle“ (oben S. 131) — gewesen. Diesen Punkt hatten die Päpste fallen lassen müssen. Ihn verfechten die Radikalen weiter. Sie verlangen Zusammenfall von Amt und Würdigkeit. Ein Sünder könne trotz des Amts nicht das Heilige wirken. Weil Amt und Leben dasselbe sein sollen, nennen sie sich die Armen und die Vollkommenen; gerade im „Reich“, das den Päpsten seit 1122 eingeräumt ist, in Lyon und in der Lombardei, treten sie auf. Arnold rief die Bürger auf, die Gewalt wieder zurückzunehmen, die Gott der heiligen Stadt verliehen habe und die ihr von den Priestern entwendet sei. Es sind die Linksradikalen der Papstrevolution, die auftreten.

Daraufhin mußte der Papst acht Jahre (1145—1153) draußen, fern von Rom, vor allem in Frankreich, das Brot der Verbannung essen. (Ein Vorgeschmack seines Avignoneser Exils zweihundert Jahre später!) Trotzdem kommandierte dieser selbe Papst für einen zweiten Kreuzzug die Könige von Frankreich und von Deutschland so übermütig, daß die devotesten Herrscher ergrimmten. Dieser zweite Kreuzzug, von Bernhard von Clairvaux und Suger von St. Denis gefördert, hat durch seinen Mißerfolg das Abendland merklich erkältet und die Königreiche Europas ein- für allemal vor einer ernsthaften Aufopferung für die Kreuzzugsidee des Papsttums bewahrt.

Und das dritte Bild: Dem Papste Hadrian IV. liefert Kaiser Friedrich I. 1155 den von ihm gefangenen Arnold von Brescia aus.

Der Papst stand hier zusammen mit dem Kaiser etwa wie die lutherischen mit den altkirchlichen Fürsten im Bauernkrieg, nämlich für die bestehende Ordnung gegen die Schwarmgeister. Er hatte also Ursache, des Kaisers Gewalt recht zu werten. Der hochmütige Mann ließ Arnold von Brescia hängen, aber er quittierte für diese kaiserliche Hilfe mit dem berühmten Schreiben von 1157, in dem er den Kaiser als Diener, die Kaiserkrone als Lehen (beneficium) des Papstes behandelte. Von wem denn der Kaiser das Reich habe, wenn nicht vom Papst? fragten seine Legaten in naiver Überraschung, als sich auf dem Reichstag ungeheure Empörung erhob.

a b c d e

7. Umwandlung des Paulusbildes 1000—1150

a Kaiser Ottos III. Bild von Paul, „von Gottes Gnaden Apostel“, b c Pilgerdenkmünzen vor 1200, mit beiden, Peter und Paul, als Schlüsselträgern, d e Peter mit Schlüssel, Paul mit Schwert.

8. Papst Gregors VII. Ansicht von Paul, dem Apostel
Die Skulptur ist wahrscheinlich zur Zeit des Wormser Konkordats (1122) entstanden.

Hochmut kommt vor dem Fall, hier wie unter Bonifaz VIII. 1158 setzt der Rückschlag ein. Friedrich I. schickt die Legaten nach Rom zurück; er verbietet die Appellationen nach Rom an den Päpstlichen Stuhl ohne seine Erlaubnis. Er organisiert durch seine berühmte Authentica „Habita" den freien Verkehr der Studenten aus aller Welt von, in und nach der großen Hochschule in Bologna. Er kontrolliert durch straffe Organisation des wiedergewonnenen Burgund den direkten Verkehr der Kurie mit Frankreich und England. Er zerstört das mächtige Mailand als Zeichen seiner unbedingten Herrschaft auch in Italien. Die Bischöfe werden nun seinen weltlichen Vasallen gleich. Er zieht z. B. wie der Herr vom Vasallen bei ihrem Tode das Vermögen ein, da sie ja ohne eheliche Nachkommen sind (Spolienrecht). Dem Reiche sollte wieder der Erdkreis untertan werden, hatte der Kaiser schon gleich nach der Krönung nach Rom sagen lassen. Und als Antwort auf das unverschämte Wort vom „*Lehen*", 1157, nahm Barbarossa in den Reichstitel offiziell den Zusatz Sacrum (Weihekaisertum) auf, der gewöhnlich mit „Heiliges" Reich übersetzt wird.
Er unterwarf wieder jene östlichen Gebiete, die ohne das Kaiseramt unzugänglich bleiben mußten. Der deutsche Charakter Schlesiens geht letzten Endes auf Kaiser Friedrich I. zurück. Die Mark Brandenburg konnte genommen werden und ist seitdem ebenso wie Pommern deutsch geblieben. Die Welt, singt der Dichter Ligurinus, fühlte wieder einen Richter über sich. Und diese Welt sollte auch die Kirche umspannen. 1160 berief der Kaiser in Pavia ein Konzil aller Bischöfe, aus dem eigenen Reich, aus England, Frankreich, Dänemark und Ungarn, um zu entscheiden, welches der richtige Papst nach Hadrians Tod werden solle! Seitdem gibt es wieder zwei Päpste. Der kaiserliche Papst muß 1166 Karl den Großen in Aachen heilig sprechen. Seitdem steht Karl am 28. Januar in den Kalendern des deutschen Gebietes. Rom hat diesen Heiligen nicht anerkannt, trotzdem ihn sogar Gregor VII. als heilig angesehen hatte. Aber es hat bis heute nicht erreicht, daß Karl aus den deutschen und französischen Kalendern verschwunden wäre. Er steht darin bei den Katholiken wie Protestanten Deutschlands bis auf den heutigen Tag. Auf ihn berufen sich also noch heut die beiden deutschen Religionsparteien gegenüber Rom, auf ihn als den wahren Zusammenhalter der Kirche. Karl ist der Heilige der Ghibellinen. Jedes Kind könnte das wissen, wenn wir richtig lehrten. Die deutschen Rolande von Ragusa und Verona bis nach Bremen stehen vor den Rathäusern, um den rechten Arm des Heiligen Karl, Roland und sein Schwert Durendart, gegen den rechten Arm Christi, gegen Paul und seine beiden Schwerter zu stellen. Die Rolande sind antiwelfisch gemeint.
Die Bedrückung durch den Kaiser war umfassend, aber sie ließ sich bis ans Ende nur durchhalten in territorialer Hinsicht, nicht in kirchlich-organisatorischer. Schon 1179 konnte Papst Alexander III. im Lateran eine Generalsynode der gesamten lateinischen Welt abhalten: All die Nationen, die der

Kaiser 1160 vergebens auf sein Konzil berufen, kamen erst, als der Papst sie rief: Spanier, Engländer, Iren, Schotten, Orientalen, Deutsche, Italiener, Sizilianer. Die Weltkirchenmonarchie des Papstes war, und zwar diesmal mit kaiserlicher Zustimmung, da. Auch dies ist ein wiederkehrendes Gesetz: denn die Epoche der Prüfung entreißt keiner europäischen Revolution ihren Sieg ganz. Sondern sie behält das sine qua non, das was ihr Wesen ausmacht, unverlierbar.

An dieser Stelle läßt sich daher schon der Ertrag des ersten Abschnittes der Papstrevolution überblicken. Erst am Ende des 12. Jahrhunderts ist die Evolution dem Maximalprogramm der Revolution nachgekommen.

Erst am Ende des 12. Jahrhunderts kennt z. B. das Papsttum seine Ökumene, sein Gebiet! Wir glauben es heut kaum, es ist aber doch so, daß man in Rom vorher nicht einmal genaue und zuverlässige Kenntnis der Diözesen besaß, die zu Rom sich zählten. Erst jetzt legt man Listen an über die Kirchenprovinzen und ihre Zusammensetzung. In der alten Kirche hatte jeder Bischof von Fall zu Fall auf den Konzilien sich durch sein selbst verfaßtes Glaubensbekenntnis ausgewiesen. Jetzt findet diese Legitimation durch Rom statt. Man hält den Bestand an Kirchen und Kirchengerechtsamen in der ganzen Welt evident. Man verzeichnet die Namen, Orte und Abgaben; die erste Statistik im Abendlande ist die der Hierarchie. Die den Päpsten untertane Ökumene muß eben erst in dem Augenblick bewußt und souverän überschaut und statistisch erfaßt werden, sobald man sich anschickt, sie bewußt und souverän zu regieren.

9. Die Hierarchie

Die neue unverlierbare Ordnung der Kirche ist die *Hierarchie.* Sie beruht auf der Heiligkeit des Rangs, nicht mehr auf dem Weihewunder der Kraft wie das Weihekaisertum. Hierarch der Hierarchen ist der Heilige Vater. Der kleinste Exorzist ist grundsätzlich vornehmer in ihr als „imperator spiritualis", denn der mächtigste Fürst der Zeitlichkeit. Kann man auch das Wort Mundus von dem Weltklerus nicht mehr abwaschen, so ist doch jetzt die Welt geteilt in die beiden Gefolgschaften des Heiligen Geistes und die des Zeitgeistes.

Das ist also nun der praktische Erfolg der Lehre vom Gladius Temporalis und Gladius Spiritualis, daß der Heilige Geist sich nur noch in der einen Hälfte der Welt, in der Hierarchie, Gestalt geben kann, die andere ist bar der Weihegewalt, sie ist Zeitgeistwelt. Temporalia sind die gesetzlichen Gewalten über alle irdischen Besitztümer, Güter, Herrschaften; Spiritualia sind die gesetzlichen Gewalten über das ewige Leben.

Man vergegenwärtigt sich die Tragweite dieser neuen Rangordnung am leichtesten an einigen Anwendungsfällen von umfassender Wirkung bis heute.

Eindrucksvoll ist die Trennung der Schwerter in Sachen der Ehe. Denn die geschilderte Trennung der beiden Gewalten muß folgerichtig das, was wir Eherecht nennen, in der Mitte auseinanderschneiden. Sind doch die Ehen zugleich wirtschaftliche und seelische Ereignisse. Und die Kirche hat das getan. Das irdische Vermögen der Ehegatten, das von dem sogenannten ehelichen Güterrecht betreut wird, blieb dem Landrecht der Stämme überlassen. Und das ist so geblieben, solange und soweit das kirchliche Eherecht gilt. Denn das sind Temporalia.

Hingegen ist das Recht der Personen, die zur Ehe schreiten, durch die Bedingungen geregelt, die der Gladius Spiritualis dafür aufstellt: Ehehindernisse und Ehescheidung gehören ins kanonische Recht. Denn hier geht es um das Seelenheil der Menschen. Das eheliche Personenrecht wird also aus den Sippen heraus in ein zentrales Zivilrecht verlegt. Das kirchliche Eherecht ist die erste Verstaatlichung, die der Ehe widerfährt. Die Ehe war vorher niemals bei den Stämmen Sache des Königs oder der staatlichen Gesetzgebung, sondern erst die Kirche, als sie Stadt des Abendlandes wird, Ecclesia Romana im neuen Sinne, kann die einzelne Seele ergreifen und ihr eheliches Leben zivilisieren — natürlich unter ungeheuren Kämpfen. Die Kirche hat aber auf diesem Gebiete die Verstaatlichung der Christenheit durchgesetzt. Noch heut führt der Katholik und darf selbst der Protestant (Fürst Pleß!) seinen Scheidungsprozeß in Rom führen, wo immer er lebt. Freilich hat die Kirche Abstriche an ihrem Anfangsprogramm vornehmen müssen. Schon 1215 mußte sie die Verwandtschaftsehe weniger streng zu behandeln sich entschließen, das heißt: sie mußte ihren Kampf gegen die Sippen mildern. Aber das eheliche Personenrecht ist bis zum Ende des 19. Jahrhunderts Kirchensache geblieben, das eheliche Güterrecht aber Stammessache und Ortsgebrauch. Mitten durch die Ehe schnitt also die Einteilung der beiden Schwerter hindurch.

Bewundern wir hier die Leistung, so sehen wir den Preis, der dafür gezahlt worden ist, in der neuen Sakramentenlehre der Kirche.

Das einzige gewirkte Werk des Kaiserchristen, so hatten wir gesehen, ist das Weltgericht. Von der ganzen Weltgeschichte hat nur dies *objektive* Bedeutung. Alles andere vergeht. Die Sacramenta bereiten den Menschen auf diese objektive Welt des Gerichts vor. Sie geben ihm dazu die *Kraft*. Auch die Weihe der Kaiser, ihre sakrale Stellung beruht auf ihrer Kraft. Kraft ihrer zeitlichen, weltgeschichtlichen Macht als Weltenrichter wirken sie den sichtbaren Zusammenhalt der Kirche. Deshalb, weil Karl das Weltreich erobert hatte, deshalb hatte ihm 800 die alte Kirche das Kaiseramt anvertrauen müssen. Weil diese Kraft Gottes in jedem Menschen aufbrechen kann, deshalb kräftigt z. B. nach altkirchlicher Überlieferung auch die Nottaufe durch einen Laien die Kindesseele, so daß sie den Himmel offen finden kann. Das Sakrament ist mithin der Beweis des Geistes durch die Kraft. Wo immer in äußerster Not solche Kraft aufspringt, da wird nach altkirchlicher Auffassung ein Zeugnis für Gott abgelegt und die Zeit damit überwunden, die Welt erlöst. Die Summe der Sakramente waren also die *zunehmende* Weltüberwindung gewesen, die Wunder, in denen das Wachsen der Kraft des Sohnes über die Welt geschieht. Es gab so viel Sakramente als es Gotteskräfte gab.

Nun geschieht die Papstrevolution.

Die Weihegewalt des Weltenkaisers und alle ähnliche Weltkraft muß vor der neuen Hierarchie verblassen. Die Hierarchie richtet sich nicht nach der wirkenden Kraft, sondern nach dem verordneten Amt. Die Exekutive ist daher immer die schwache Seite der Ecclesia Romana. Ihre Ämter sind immer weiter als ihre Kraft. Sie hat eben keine weltoffene zunehmende Kraft, sondern immer dieselbe: *Des Gladius Spiritualis Heiliger Geist ist eine Konstante.* Dieser Heilige Geist wird damit eben der erste Anwendungsfall dessen, was mit einer gründlichen Veränderung gegenüber der alten Kirche — seitdem im Abendlande *Geist* heißt. Der Heilige Geist der Kirche erwächst nicht aus Not und Kraft, sondern er besteht als logische Rangordnung und vernünftige Rechtsordnung. Ein schönes Beispiel für diese Entnötigung des Geistes ist der Satz 25 des Dictatus Papae. Die Kirche der alten Zeit braucht die begeisternde Kraft der körperlichen Begegnung auf der *Synode* der Brüder, um Beschlüsse zu fassen. In wichtigen Fragen geht auch der Papst wie jeder Erzbischof auf der „Synode" seiner Diözese vor, denn das Konzil ist die Stätte der Begegnung, auf der sich die Geisteskraft in der Kirche kundtut. Diese Berufung der Kräfte des Geistes durch echte Begegnung paßt nicht zu der neuen Weltzusammenhalterschaft, die Gregor VII. und die Gregorianer wollen. Nicht auf einer Synode, sondern als Herr seiner Kurie soll der Papst geistige Gewalt haben über die Kirche der Welt. Deswegen streicht Satz 25 die Mitwirkung des Konzils aus und läßt den Geist dem einsamen Papst auch für die Handlungen der lebendigen Geistesgewalt, wie es die Absetzung eines Bischofs ist. Das unscheinbare Wort „ohne Synode" hat eine Revolution zum Inhalt hinsichtlich dessen, was *Geist* sei. Der Geist hat damit seinen Zusammenhang mit „Begeisterung", mit Enthusiasmus, aufgegeben. Die revolutionäre Begeisterung des Papstmönchs wogte wohl stärker als die Begeisterung der altkirchlichen Väterversammlung. Und Gregor VII. brauchte so die Schwächung des Geistes nicht zu fürchten. Aber das Institut des Papsttums konnte natürlich das Feuer des Revolutionärs nicht gleich stark bewahren. Je feuriger der Revolutionär, desto pedantischer pflegen seine Erben zu werden. Die alte Kirche hatte deshalb wohlweislich die Begeisterung sich immer neu entzünden lassen wollen. Die Papstrevolution nimmt davon Abstand. Die einmalige Begeisterung des Revolutionsprogramms ist kodifiziert worden. Für das absolute Regierungsrecht des Papstes — der heut jeden Bischof und Pfarrer auf der Welt amovieren kann — wird so der Boden geschaffen. So ist es allen Revolutionsprogrammen in Europa ergangen. Man denke an Luther und die Lutheraner, an Marx und die Marxisten. Der „Geist" der Revolutionen des zweiten Jahrtausends ist ein grundlegend anderer als der Heilige Geist der alten Kirche. Er ist politisch-programmatisch! Er ist Geist des Diesseits und schafft im Diesseits Ordnung. Aber die schafft er in einer unordentlichen Welt auch gründlich. Jede Revolution hat — anders als der Heilige Geist der alten Kirche — weltliche Ordnung schaffen müssen. Im 12. Jahrhundert wird daher die Zahl der Sakramente festgelegt. Denn man braucht nun nicht mehr unbegrenzte Weihekraft. Sieben Sakramente gibt es fortan, die immer wiederkehren: Taufe, Firmung, Abendmahl, Buße und letzte Ölung, Ehe oder Priesterweihe ordnen das Christenleben und legitimieren den Bürger der neuen Weltstadt der Ecclesia Romana als geordneten „korrekten" Menschen. 1215 wird jedem Christen die Osterbeichte zur Pflicht gemacht. Auf diese Weise hat später der Staat auf die Christen als Abendmahlsbesucher alljährlich mit Sicherheit greifen können, wenn er sie besteuern wollte. So kann man ohne Übertreibung sagen, daß aus den sieben Sakramenten das gesamte bürgerliche Wesen des modernen Staatsbürgers entstanden ist. Die Tauf- und Beerdigungsregister wurden die ersten Geburts- und Sterbestatistiken. Die Vollziehung der Ehe vor einem Priester (statt durch das Brautpaar und seine Blutsfreunde noch im Nibelungenliede von 1180!) schafft den ersten Standesbeamten, die Priesterweihe den ersten Beruf im modernen Sinne, die Firmung bereitet die Schulentlassung vor. Der Osterbeichte entstammt die jährliche Steuererklärung unserer Schulden an den Staat.

Jedes dieser Sakramente hat selbstverständlich eine altkirchliche Seite bewahren müssen: die Nottaufe durch den Laien, die passive Rolle des katholischen Geistlichen bei der Eheschließung — wie sie Manzonis berühmter Roman Promessi Sposi verwertet — der character indelebilis des Priesterberufs, die Beschränkung der Firmgewalt auf den Bischof — das sind alles altkirchliche Elemente. Sie verkörpern die *Himmelskraft*, die der Welt ein neues Antlitz zu geben vermag.

Aber jene Elemente in Ehren — die objektive geistige Ordnung des Diesseits soll geleistet werden. Auch wenn die Kraft fehlt, ist wenigstens die Ordnung da. Deshalb kreist die Theologie des 12. und 13. Jahrhunderts um die Fragen des opus operatum, d. h. der *objektiven Wirklichkeit* des Mundus, soweit er Kirche ist. Nicht nur das Welt*gericht* ist nun die Heilsgeschichte. Nein, auch die Weltkirche lebt zwar bloß Weltgeschichte, aber diese gerade ist auch Heilsgeschichte. Das erste Kapitel dessen, was wir heut wie selbstverständlich „Weltgeschichte" nennen, wird damit der bösen Frau „Werlde" abgewonnen. *Sie ist also nicht unter dem Gericht!* Ihr Heiliger Geist wirkt auch im Diesseits Bleibendes. Diese neue geistwirkliche Welt kreist daher um das „Objektive" in den Sakramenten und in der Kirche. Die Hostie, die wirklich Vergebung wirkt, ist das Kern- und Hauptstück dieser Ecclesia Romana. Hier ist der Punkt, an dem sie nicht rütteln lassen kann. Die radikale Armutsströmung verlangte subjektive Ergänzung des objektiven Amtes. Es ist in geistlichem Gewande der große Streit um die Wirkung des „fehlerhaften Staatsakts", der damals zuerst entbrannt ist. Die Kirche blieb hier gegen die „Armut" von Links unerbittlich. Ihre Kontinuität hing ja an dem Dogma ihrer Identität mit der vorkaiserlichen, vorfränkischen Papstkirche! Diese Gefahr zwang die Kirche zu einer brutalen Grausamkeit gegen die Parteigänger der „Armut". Christus ist nicht nur gegenwärtig, um Kraft für das Jenseits zu geben. Nicht nur der Himmel ist durch ihn geöffnet. Christ ist gegenwärtig in einem objektiv geordneten Diesseits. So verbürgt es sein Statthalter auf Erden, der Papst. Christus ist immer auf Seiten der Papstkirche. Denn nur sie ist innerhalb der „Welt" objektiv, und objektiv heißt auf abendländisch: „nicht von dieser Welt". „Nicht von dieser Welt" heißt aber weiter auf lateinisch-kirchlich: „heilig". Objektiv ist nur das Heilige. Die Kirche ist also *heilig*, auch wenn sie Völker und Länder regiert, deshalb, weil sie objektive Ordnungen hat, kennt und verwertet. Man bewundert in dieser rohen, willkürlichen Feudalwelt die Zivilverwaltung und das geschriebene Recht. Und weil die Kirche diesen neuen Geist des Objektiven verkörperte, so setzte man heilig und objektiv gleich und nannte auch die päpstliche Bürokratie Hierarchie.

Dieser neue Geist der Hierarchie kann also „Werke", d. h. ins Weltgericht wirkende Akte, nur auf der einen Seite der Welt, auf der kirchlichen, aufstellen. Denn auf der zeitlichen Seite herrscht ja Willkür und Unwirklichkeit. Die geistliche Gewalt ist das Licht, die zeitliche die Farben, sagt um 1300 Jakob von Vitry. Alle „Werke" des Mittelalters sind daher notgedrungen kirchliche Werke. Die sogenannte Werkheiligkeit des Katholiken entspringt dem Umstand, daß überhaupt nur durch heilige Werke, nämlich kirchliche Werke, „Werke", d. h. sinnvolle und bleibende Wirkungen, erzielt werden können.

Alles ist in Ordnung in der Kirche. Alles ist in Unordnung in der Welt. Das ist die Voraussetzung. Auf dieser Grundlage kann alles bewiesen werden. Die Technik dieses neuen Geistes ist die Scholastische Methode. Auf der Seite der Kirche müssen sich also alle scheinbaren Widersprüche aufklären lassen. Das erste Gesetzbuch der Kirche von 1142 heißt daher Concordia discordantium, auf deutsch *Eintracht aller zwieträchtigen* Bestimmungen des kirchlichen Lebens. In ihm wird ein Jahrtausend des Wachstums der Weihegewalten nun nachträglich harmonisiert und systematisiert. Dasselbe wird für die Kirchenväter usw. in anderen Werken geleistet. Die übrige Welt hängt auch weiterhin nur an einem einzigen Punkte mit dieser vernünftigen Welt zusammen, an Christus. Sie ist also nur wegen ihrer Beziehung auf ihn interessant, als *Wunderwelt*. Die Mirabilia Mundi sind unter den Schriften des Mittelalters das Gegenstück zur Summa Theologiae. Die Welt ist, soweit sie unerlöst ist, ein Hexenkessel, soweit ein Strahl Gottes sie berührt, ein Wunderknäuel. Die mittelalterliche Chronik (chronicon heißt wörtlich: Zeitbuch) ist Wunderzeitung, Erzählung aller merkwürdigen, wunderbaren und höchst erschrecklichen Moritaten im Verlaufe der Zeiten, der Hungersnöte, Frostperioden, Feuersbrünste und Erdbeben, in denen Gottes Zorn fühlbar wird. Diese Welt ist eben auch weiter unter dem Gericht, nur die harmonisch geordnete Ecclesia Romana ist zivilisierte und objektive Kulturwelt.

Daher hat auch der offenbare Unsinn einen geheimen Sinn, wenn er zur kirchlichen Überlieferung gehört. Und hier liegen ja die Entartungen, die man der Scholastik so leicht nachweisen kann. Denn weil man auch zur Aufdeckung eines solchen geheimen Sinnes nur im kirchlichen Bereich nach Ursachen sucht, so findet man eben niemals für etwas Theologisches eine Erklärung, die aus der natürlichen Welt stammt. Und so kann der Unsinn nie natürlich erklärt werden.

Aber darüber soll man nicht vergessen, daß damals der Sinngehalt der alten Kirche — und er überwiegt ja bei weitem — in seiner Erhabenheit erfaßt und neu entdeckt worden ist. Die Scholastik ist eine wahre Erinnerung, ein Innewerden des fertigen Baumes Kirche nachträglich in der Schulstube durch ordnende Geistesarbeit[1]). Die Scholastik ist die geistige Wiedergeburt des christlichen Altertums zur Verwertung als Handwerkszeug für die objektive Ordnung der neuen Ecclesia Romana. Sie ist damit der Mörtel und das Verständigungsmittel für die Denker und Gelehrten des ganzen Abendlandes geworden. Unsere gesamten nationalen Gelehrtensprachen stammen aus der einen Schule des Abendlandes. Und diese Schule stand in Paris und Bologna. Doktor und Kolleg, Generelles und Spezielles, Objekt und Subjekt, relativ und absolut, Fakultäten und Universitäten, Argumente und Repliken, das ganze Rüstzeug des Denkens, Mitteilens und Streitens, des wissenschaftlich begründeten Inquirierens, Deliberierens, Disputierens und Dezidierens stammt aus der Scholastik.

Die letzte Vereinigung all dieser Leistungen konzentriert sich naturgemäß in dem, der sie hervorgerufen hat: im Papste. Nichts in dieser Scholastik, in der Verwaltung der Sakramente, im Eherecht, so wenig wie im Zurückdrängen des Kaisers, das nicht der Papst letztlich entschiede. Urbi et orbi gebietet er. Es ist sein Traum, den orbis zur urbs zu machen[2]).

Alle Prozesse gehen an ihn, aus dieser und aus jener Welt. Um die Zeit der Generalsynode Papst Alexanders III. ist auch der kanonische Prozeß bereits ausgebildet für die Lebenden und für die Toten. Richter werden ernannt. Ein advocatus diaboli muß auftreten, der den Bewerber um die Heiligkeit dem Himmel streitig zu machen hat. Eins der beliebtesten Schulbücher des Prozeßrechts lehrte bis 1500 den kanonischen Prozeß in der Form des Rechtsstreites, den der Teufel Belial gegen Gott wegen des Gottsohnes angestrengt und natürlich in allen Instanzen verloren hat.

Einer der ersten Heiligen, die in dieser Form durch päpstliches Gebot heiliggesprochen worden sind, ist Thomas a Becket, der von des Königs Rittern in der Kathedrale zu Canterbury erschlagene Nationalheilige des englischen Volkes. Mit seiner Kanonisation können wir diesen Überblick über die unvergänglichen Leistungen der Ecclesia Romana schließen. Denn er, der seit 1172 am 29. Dezember im Kalender steht, hat den Glaubenssatz dieser Papstkirche aufs kürzeste formuliert: „Gott liebt auf Erden nichts so sehr als die Freiheit seiner Kirche."

Solche Katholiken und diesen Glauben gibt es noch heute in ganz Europa. Sie sind interlokal überall anzutreffen, wo es Gelehrte, Adlige und Bücher gibt. Sie beten wie der große Rufer der Papstrevolution: „Komm, *allerfreiester* heiliger Geist und schütze die Freiheit des geistlichen Schwertes."

[1]) Deshalb haben Joseph Wittig und ich in unserem Alter der Kirche (1927/28) den dritten Teil „Innerung" betitelt. [2]) Über die Erfüllung siehe das nächste Kapitel S. 169.

10. Fronleichnam

Das, was die Weltkirche erarbeitet hat an objektiven Dingen und Begriffen, die Gewalt, mit der sie den Christus in eine zersplitterte Feudalwelt von abergläubischen, dämonensüchtigen Stämmen als den Einen und Einzigen durch die gesamte Welt trägt, der Stolz, der Patriotismus, die Erinnerung an die gewonnenen Schlachten, an die errungene Freiheit — alles dies triumphiert an Fronleichnam. 1254 eingesetzt, vom Papst Urban allgemein am 11. August 1264 eingeführt, ist es der Höhepunkt kirchlichen Triumphes. Thomas von Aquin hat das Officium des Tages gedichtet. Fronleichnam ist recht eigentlich das Kirchenfest der Papstrevolution und trägt selbst heut noch einen triumphierenden aggressiven Charakter. Dem Morgenland unbekannt, den Protestanten ein Stein des Anstoßes, hat die Hostienverehrung noch im 19. Jahrhundert z. B. in Bayern fast Aufruhr hervorgerufen. In Wien ging „man" vor dem Weltkrieg in der Fronleichnamsprozession (die Prozession ist 1311 allgemein befohlen) mit, wenn man altkaiserlich gesinnt war. In diesem Fest beglückwünscht sich die Kirche selbst. Indem die Verehrung des Corpus Domini vom Gründonnerstag auf Donnerstag nach Trinitatis verlegt wurde, zeigte sich, welche Bedeutung das *Objektive*, die Hostie, nun eben im Geiste der Zeit erlangt hatte. Seit 1200 war die Elevation der Hostie üblich geworden. Dadurch hatte sich das Volk an die Isolierung des Corpus Christi gewöhnt. Darum wird nicht die Einsetzung des Abendmahles, also die geschichtliche Offenbarung hier begangen. Dafür ist ja der Gründonnerstag da. Sondern über das objektive Geschenk der täglichen Transsubstantiation von Brot und Wein in Fleisch und Blut, also diese „gewirkte Wirklichkeit", das opus operatum des Altarsakraments und des sichtbaren Kirchenbaus, wird triumphiert. 1215 hatte Innozenz III. diese Transsubstantiationslehre dogmatisiert. Der Festeshymnus des heiligen Thomas, „Lauda Sion Salvatorem", wird nicht müde einer scholastischen Ausführung dieses „thema specialis", wie er es selber nennt. Aber die Kirche des Fronleichnamfestes ist keine Kirche des Klerus und der Theologen, alles Volk zieht mit und freut sich mit. Und deshalb ist der öffentliche Fronleichnamsumzug die Vollendung der päpstlichen Revolution. Von allen weltlichen Gewalten ist die Kirche gereinigt, die einzig auf dem Altarsakrament aufbaut. Gegen die Verfolger der Kirche betet die Kirche und für den Papst mit einer Wendung, die vor der Revolution undenkbar war: Der Papst heißt kurzab: Dein Diener, Gott, dem Du als Hirten Deiner Kirche vorzustehen bestimmt hast. Das hätte noch im Jahre 1000 nur von dem einzelnen Bischof und seiner Kirche verstanden werden können. Jetzt ist es so unmißverständlich der Papst, der „die Kirche" leitet, daß weder das Wort Papst gesetzt werden muß, noch die Einzahl erläutert zu werden braucht. Und das Ergebnis der Revolution wird zusammengefaßt, wenn es heißt: „Nimm Deiner Kirche, bitten wir Dich, Herr, Flehen gnädig auf, damit vernichtet Widerstände und Irrtümer insgesamt sie Dir *in gesicherter Freiheit* diene."

XI. DER VATIKAN UND DIE WELTLICHEN STAATEN

1. Der Bund mit der Armut

Ein Papst Urban hatte den ersten Kreuzzug organisiert, auf dem 1099 Jerusalem erobert wurde. Der nächste Urban auf dem römischen Stuhl erlebt 1187 den Verlust Jerusalems an Sultan Saladin.

Zu all den anderen gleichzeitigen Demütigungen des Papsttums trat diese als die schlimmste. Mit anderen Mitteln mußte es fortan die Völker des Abendlands befrieden als mit dem äußeren Ventil der Kreuzzüge. Der Fall Jerusalems bedeutete, daß die häuslichen Zwiste der Europäer nicht mehr würden überhöht werden können durch den Zug nach dem Heiligen Grabe.

Der Kreuzzug muß ersetzt werden durch ein innerpolitisches Mittel. Das Papsttum ist sonst schlimmer daran als vor seiner Revolution. Sein Schauplatz ist ihm geraubt. Denn die päpstliche Macht ist zwar moralisch anerkannt, aber ohne gesichertes Erdreich.

Seit 1186 gehörten Sizilien und das Reich zusammen: der deutsche König Heinrich VI. ehelichte die Erbprinzessin von Sizilien. In Byzanz wurde für ihn eine Deutschensteuer — Allemanikon — gesammelt. Der Papst sah die Tür in die griechische und eigentliche Mittelmeerlandschaft verschlossen, durch die sich seit den Tagen der ersten Normannenbekehrung und des griechischen Schismas der Weg vorbei am Kaisertum hatte einschlagen lassen!

Eigenartig genug: das neue Festlandsabendland war dem Papst zwar nun in Konzilsform untertan. Aber mit jener Verlegung hinunter in die antike Schwergewichtslage hin zum Heiligen Grabe war es seit 1186/87 vorbei.

Auf ihr beruhte jedoch die Autorität des Papstes über die Ökumene. Ging sie verloren, so mußte er von vorn anfangen. Und so ächzt das Papsttum in den Tagen Heinrichs VI. unter einer unerträglichen Last. Da stirbt der Kaiser 1198. Sein Sohn, das Kind in Apulien, fällt unter des Papstes Vormundschaft. Die italienische Gestalt der Revolution beginnt. Auch die Ziele sind neue.

Diese Revolution zerfällt in zwei Abschnitte, durch einen neunjährigen Waffenstillstand (1230—1239) zwischen Papst und Kaiser — nicht aber zwischen dem Kaiser und Italien — getrennt. Im ersten Teil steht Innozenz III., Segni, im zweiten Innozenz IV., Fieschi, im Vordergrund. Beide halten ein großes Konzil. Damit ernten sie zuvörderst die Aussaat der gregorianischen Revolution. Das steht nun fest, daß der Papst die Universalkirche ordnet, als des Paulus und Konstantins Nachfolger, als wahrer Kaiser. 1215 sind in der Konstantinskirche des Laterans mehr Bischöfe anwesend, als Kaiser Konstantin in Nicäa versammelt hatte, nämlich 412, davon 71 Erzbischöfe. Das größte Konzil aller Zeiten — und trotzdem ohne Kaiser! „In der Urbs ist der Orbis aufgegangen", sagt ein

Chronist. Der Papst meistert ohne kaiserliche Hilfe den Raum. Er eröffnet das Konzil als zweiter Christus: „Herzlich hat mich verlangt, dies Osterlamm mit euch zu essen, bevor ich sterbe (Lukas 22, 15)!" Innozenz IV. sieht schon die Grenzen dieser Konzilmacht. Nicht im Lateran, sondern in Lyon muß er 1245 die Kirche versammeln. Von 1244 bis 1253 ist er fern von Rom, ein Vorschmack des Exils. Aber er tritt auf mit Christi Worten: Seine fünf großen Sorgen, sagt er dem Konzil, gleichen den fünf Wundmalen Christi! So objektiv verfügt das Papsttum über den Christus in seiner Weltkirche.
Aber das schießt über das Ziel. Hier ist nicht mehr die Freiheit des Geistes, der da weht, wo und wann er will. Auf ihn hatte sich die Papstrevolution berufen. Die Christusworte im Munde der beiden Innozenz sind bereits Rhetorik, ein bloßer Vorrat.
Und sie selber wissen das. Schon hat der Papst 1228 dem Mann gehuldigt, in dem die Christuswunden nicht Tradition geblieben waren, sondern hier waren sie als wahrhaftiges Leben neu aufgebrochen und hatten als fünf leibhaftige Wundmale die Liebe dieses Armen, des „poverello", zu Christus, bewährt. In Franz von Assisi war das wirkliche Leben der Zeit am Werke.
Nur im Bunde mit ihm haben daher die Päpste den neuen Geisteskampf bestanden. Diese zweite Revolution macht also der römische Papst nicht mehr allein. Andere Erdenbürger tragen sie. Und diese sind in dem Diesseits zu Hause, in dem das Rom der Päpste irdisch liegt. Sie bauen die revolutionäre Armutsbewegung des 12. Jahrhunderts, die Linksopposition der Gregorianischen Kämpfe, in die neue Zeit ein. Die „Armen aus der Lombardei" bekommen ihre Genugtuung, als die bettelnden Minderbrüder Italien überschwemmen.
Aus dem sakralen und erhabenen Geisterraum Roms treten wir damit auf den gesegneten Boden der italienischen Halbinsel. Die Seele Italiens spricht mit, wie es denn schon stolz zu Franzens Lebzeiten heißt: „Gott tut dergleichen nicht jeder Nation!" In der italienischen Nation, wie sie seit dem ersten Sieg der Päpste den Kaisern entrissen worden ist, nicht im römischen Weltorbis, liegen die Kräfte, die das Papsttum mobilisieren muß. Es ist, äußerlich betrachtet, derselbe Raum, und dennoch seelisch ein anderer.
Die neuen Ziele erklingen noch auf lateinisch, sind aber italienische.
Aus der Freiheit der Kirche wird die Freiheit Italiens. Unmittelbar springt jene in diese über, wie in dem Schriftstück, in dem die Städte Verona, Venedig, Vicenza, Treviso, Ferrara, Brescia, Bergamo, Cremona, Mailand, Lodi, Piacenza, Parma, Modena und Bologna schreiben: „Wir zuerst haben des Kaisers Angriff ausgehalten, damit er nicht Italien zerstöre und die *Freiheit der Kirche* unterdrücke. Wir haben für die Ehre und *Freiheit Italiens* und für die Würde der römischen Kirche den Kaiser weder aufnehmen noch anhören wollen." So hatten sie dem Papst 1180 geschrieben (MG. XIX, 445). Der neugewählte Innozenz III. beruft schon am 16. April 1198 sich den toskanischen Städten gegenüber auf den „Nutzen Italiens". Sein Nachfolger legt der Sozietät der

Lombarden „die gemeinsame Sache gegen den gemeinsamen Feind“ als Einer unter Gleichen ans Herz (P. 8425)!
Und dies Italien wird nicht mit kühler Berechnung geschaffen. Die Gluten, die bisher dem Heiligen Grabe entgegengeflammt waren, wenden sich nach innen. „Über den weltbewegenden Fragen der Weltkirche waren die Sorgen des Einzelnen vergessen worden. Die aufgeregte Zeit der Kreuzzüge hatte über die innere Leere hinweggetäuscht.“ Nun kam der Rückschlag.
Auch Franz von Assisi hatte sich als Kreuzfahrer in Apulien einschiffen wollen. Aber er kehrt um. Von dieser Umwendung der Energien datiert die eigene selbständige Entwicklung der neuen Revolution, die zwischen Guelfen und Ghibellinen tobt.
Die Frucht aber, die wir ihr verdanken, ist die italienische Renaissance.

2. *Diplomatie*

Ein *diplomatisches* Schriftstück eröffnet den italienischen Befreiungskampf der Päpste. Kein germanischer Recke, kein cluniazensischer Mönch hat es verfaßt, keiner der wie Gregor VII. in der deutschen Verbannung sein Brot gegessen und in Straßenkämpfen sein Leben gewagt hatte. Ein Diplomat, in Paris ausgebildet, aus italienischem Adel, mit 37 Jahren, d. h. in Mussolinis Alter zum Papst erwählt, hat die „Deliberatio des Herrn Papstes Innozenz III. in Sachen des Imperiums über die drei Gewählten, nämlich den unmündigen Friedrich, Philipp und Otto“ für den Gebrauch im Konsistorium Ende des Jahres 1200 aufgezeichnet.
Die besten Diplomaten sind die römischen Kurialen bis heut. Der Nuntius Paccelli war wohl das angesehenste Mitglied der diplomatischen Korps in Berlin nach Kriegsende. Der Diplomat spricht leise. Man muß mehr erraten, was er will, aus dem, was er sagt, als daß er es ausspricht. Wenn ein Diplomat nein sagt, so ist er kein Diplomat. Denn er ist höflich und läßt dem anderen gern das Wort.
Der Diplomat legt lieber seinem Unterredner das entscheidende Wort in den Mund. Eine Miene, ein Ausdruck, mit dem er seinerseits dies Wort begleitet, sagt dann genug. So wie der Italiener mit der Gebärde alles sagt, vom Redner aber nur das bello parlare verlangt, das wir nicht übersetzen können, weil der Deutsche dies „Schönreden“ haßt. Die großen Entscheidungen in der Diplomatie fallen durch einen Satz, einen Zusatz. Oder auch es macht die bloße Weglassung eines Satzes, wie sie Bismarck in der bekannten Emser Depesche anordnete, „aus einer Chamade eine Fanfare“.
Auch die „Deliberatio“ von 1200 ist höflich und läßt dem anderen den Vortritt. Sie untersucht bei jedem der drei Anwärter auf den Kaiserthron quid liceat, quid deceat, quid expediat. Das heißt auf deutsch: Was darf der Papst, was ziemt sich für ihn, was nützt ihm? Achtzehnmal wird nun angesetzt. Warum darf er Friedrich zur Krone verhelfen? Es folgen die Gründe. Warum

darf er es nicht? Warum ziemt es sich, ihm zur Krone zu verhelfen? Warum ziemt es sich nicht? usw. usw. Und doch geht ein revolutionäres Feuer durch dieses geheime Schriftstück. Es hält auch den heutigen Leser in Spannung. Petrus Damiani hatte von Gregor VII. gesagt: Du streichelst mich mit Adlerkrallen. 1200 ist es umgekehrt. Innozenz kratzt mit Sammetpfoten. Aber die Wunde, die er reißt, ist ebenso unheilbar. Es ist eine möglichst lange *geräuschlos* verfahrende Revolution.

3. Guelfen und Ghibellinen

Der staufischen Herrschaft in Italien wird bedingungsloser Kampf angesagt; der Welfe oder irgendein anderer nicht-staufischer Kandidat an seiner Stelle wird allein zugelassen. Der Papst tritt auf die Seite der Welfen gegen die Ghibellinen, die schwäbischen Waiblinger. Der Ausschluß der Staufer von der Nachfolge im Imperium wird eine Revolution. Immer bewußter hat die Kirche um diesen Ausschluß gekämpft. Als Konradins Haupt auf dem Blutgerüst in Neapel 1268 fiel, da erst war die verhaßte Brut des Adlers aus dem Norden vertilgt. Es hat zahlreiche Kompromißversuche und Waffenstillstände in diesen zwei Menschenaltern gegeben. Dennoch ist es eine echte und wahre Revolution, um die es sich handelt, die in einem großen Zuge abläuft. Konradin steht in der vierten Generation von Heinrich VI. ab. Aber schon Innozenz III. sagt drohend, der Herr strafe die Sünden der Väter an den Kindern bis ins dritte und vierte Glied bei denen, die ihn hassen, und Philipp setze die Sünden seiner Väter in der Verfolgung der Kirche fort.

Die Sünde? Die Sünde ist die Verfolgung der irdischen Kirche. Der Revolutionär belegt Gott für seine irdische Politik (und um irdische Politik handelt es sich hier ausschließlich) mit Beschlag.

Die politische Revolution aber besteht in folgendem: Nach fränkischem Reichsrecht ist der von den Stämmen Erhobene ein König, d. h. ein Mann von Ahnen (kunni = Geschlecht). Die Leitung des Königshauses, das eingesetzt ist, geht also vom Vater auf den Sohn weiter. Nur Seitenverwandte müssen vom Heer neu auf den Schild erhoben werden. Der Königssohn hingegen besteigt den Hochsitz im Inneren des Hauses unter dem Zuruf der Hausgemeinschaft meist schon zu Lebzeiten des Vaters. Also erhöht auf den Thron ist er durch diese Kür der Hausgenossen auch selbstverständlich der Herr des über die Stämme waltenden Reiches.

Anders beurteilt die kirchliche Ideologie die Rechtsstellung des Königs, den sie salbt und krönt.

Die Kirche kennt nur Individuen und individuelle Amtspersonen in der Kirche. Ist der Kaiser ein in die Kirche einzubauendes Amt, dann gibt es kein Erbrecht. Dann ist Deutschland ein Wahlreich, aber eben nur dann, wenn das Kaiseramt nach dem Muster der Papstwahl oder einer Bischofseinsetzung vergeben werden soll.

Die Revolution des Papstes hat das germanische Stammesrecht des Königshauses zerstört und die kanonistische Auffassung des Kaisertums als eines individuellen Amtes an die Stelle gesetzt.
Die diplomatische Feinheit der deliberatio de facto imperii von 1200 liegt nun darin, daß sie rein formaljuristisch die drei Kandidaten nebeneinanderstellt und dadurch erreicht, was die formale Logik mit so einziger Kunst vermag, den ganz verschiedenen Sinn, die verschiedene *Qualität* der drei Kandidaturen wegzuwischen. Sie ignorierte des Herrscherhauses Qualität als Organ der Verfassung![1])
Auf den Qualitätsunterschied aber kam es an. Des Kindes Friedrich Anspruch auf die Krone war von seinem Vater Heinrich VI. begründet worden. Er hatte seine und des Reiches Fürsten den Sohn küren lassen, sie hatten dem Erbprinzen als König gehuldigt und geschworen. Philipp, sein Oheim, hatte sich daher bemüht, ihm die Krone zu erhalten. Aber dazu hätte das alte Königshaus erhalten bleiben müssen. Friedrichs Mutter aber, deutschfeindlich, hatte die Salbung zur deutschen Königin ignoriert und das Kind in Sizilien festgehalten. Als sie starb, hatte sie für Sizilien den Papst selbst zum Vormund berufen. In Deutschland aber konnte eine „Regentschaft" im modernen Sinne bei dem Fehlen der Mutter nicht eingerichtet werden. Bei Otto II., Otto III. und Heinrich IV. hatte die Königin-Witwe das Haus gehalten zusammen mit des Königs Geistlichen.
1198 waren die alten Königsgeistlichen dem Königshaus entfremdet und zu bloßen Lehnsfürsten geworden, und keine Witwe hatte den Beisitz im Hause. Philipp aber als Bruder des verstorbenen Kaisers stand außerhalb des Hauses. Er konnte daher als nächster Agnat diese Waise nur in sein eigenes, Philipps, Haus hinübernehmen, aber nicht das alte Königshaus fortsetzen. Dies erlosch gerade, sobald Philipp das Mündel in sein Haus nahm.
Aber Philipp war auch für Deutschland das Abweichen von Heinrichs VI. Willen so zuwider, daß er doch zuerst die Salbung und Krönung zurückwies und wohl anfangs ein zeitliches, nur vorübergehendes Kaisertum für sich — nämlich bis zu Friedrichs Mündigkeit — geplant hat. Er ging zwar „unter Krone", aber ohne kirchliche Weihe, weil ja diese unwiderruflich gewesen wäre.
Diese seine Rücksicht auf Friedrich haben die Welfen ausgenutzt und brachten eine Art Wahl zustande, durch die Otto IV. in die Lage kam, sich krönen zu lassen. Um diesem Mißbrauch seines aus Ehrenhaftigkeit geschehenen Formverstoßes zu begegnen, ließ sich nun auch schleunigst Philipp nachträglich wählen und krönen.
Die Kandidaturen sind also eine aus der anderen erwachsen. Philipps ist keine „Gegenkandidatur" gegen die Friedrichs, sondern die legitime wenn auch

[1]) Ebenso wird die gesamte Entfaltung des Reichs in Hof, Haus, Kammer, Kabinett von unserer Staatslehre bis heut hinter ihren Gymnasialbegriffen ignoriert. Ausführlicher dargestellt „Königshaus und Stämme". Leipzig 1914.

schmerzliche Anwendung des Volksrechts auf den vorliegenden Fall. Friedrich und Philipp gehören also zusammen auf eine Seite, Otto aber steht für sich als Minorität, die die Not des Reichs ausbeutet. Nach deutschem Reichsrecht ringen im Jahre 1198 nicht drei Individuen um die Krone, sondern ein schwieriges Regentschaftsproblem in dem staufischen Herrscherhaus einerseits, eine Intrige eines nahen Seitenverwandten andererseits stehen sich gegenüber. Man mag sich diese Einheit von Philipp und Friedrich daran klar machen, daß Philipp als Vormund für Friedrich II. 1204 eine Gemahlin ausgesucht hat.

Ganz anders ist die Ideologie der Kurie. Hier wird eine andere Sprache gesprochen.

Der Kaiser hat ein — dem Papst gefährliches — Amt in der Kirche. Mithin schafft man in der Deliberatio des Papstes die Grundlagen, eine „Wahl" des Kaisers durch die Nachprüfung des Papstes mitbestimmen zu lassen. Dem Kaiser aus Nordland, der zum Römerzug in Roncaglia die Fürsten des Reiches versammelt, wird Rom verschlossen, wenn und weil er den Papst von Norden und Süden einzuschließen droht.

In die Eingeweide des Reichskörpers und seiner rechtlichen Verfassung drang so die diplomatische Feder. Damit drehte sich die Taktik der Gregorianischen Revolution um! Gregor hatte den Kaiser zu einem unter den vielen Königen erniedrigt (s. oben S. 147). Innozenz hingegen beruft sich gerade auf die Herrschaft des Kaisers in Italien! Er sieht den Zusammenbruch der Kirche (ne confundetur ecclesia) voraus, wenn Unteritalien und Oberitalien in eines Herrschers Hand ruhen. Er sucht daher das Königshaus der deutschen Stämme durch den kirchlichen Amtsbegriff des Kaisers als einer vom Papst in Rom zu weihenden Amtsperson zu zerstören! Die feine wissenschaftlich fundierte Gerichtsbarkeit des kanonischen Rechts liefert die Methode, um gerade den, in dem Gregor nur „einen" König hatte erblicken wollen, jetzt umgekehrt als „den" Kaiser zu vernichten.

Eine Stelle wenigstens sei ausführlich hingesetzt, um die Spitzigkeit des Stiletts zu zeigen, das, was seitdem römische Hinterlist heißt. Die Deliberatio hatte zunächst festgestellt: das Kind von Apulien habe zwar den Treueid der Fürsten empfangen. Aber dieser Eid sei wegen des Todes seines Vaters nun überholt. Darauf heißt es von Philipp: „Außerdem da Philipp offenkundig persönlich den Eid der Treue dem Kind geleistet und jetzt von dem deutschen Königreich und soweit es auf ihn ankam, vom Imperium Besitz ergriffen hat, so ist damit festgestellt, daß er des Meineides schuldig ist. Man kann einwenden: wenn wir wie oben ausgesprochen jenen Eid für unzulässig halten, in welchem Sinne wir ihn dann als meineidig des Bruchs eines Treueids zeihen können, dessen Unhaltbarkeit zugegeben wird. Darauf ist zu erwidern: Auch wenn der Eid unzulässig war, durfte er doch nicht auf eigene Faust von ihm abgehen, *sondern hätte erst* unseren Willen zu Rate ziehen müssen, nach dem Beispiel des Eides, den die Kinder Israel den Gibeonitern geleistet hatten. Denn obschon dieser durch Täuschung erschlichen war, sind sie doch nicht auf eigene Faust von ihm abgegangen, sondern haben den Herrn zu Rate zu ziehen beschlossen. Weiter da alles, was gegen das Gewissen geht, das höllische Feuer herbeizieht (denn nach dem Apostel ist alles, was nicht aus dem Glauben ist, Sünde), und dieser Philipp sich über sein Verhalten so rechtfertigt, *er hätte die Königswürde sonst unter keinen Umständen angenommen, nur habe er erfahren, daß andere sich anschickten, sich ihrer zu bemächtigen,* so ist es klar, daß er subjektiv den Eid für verbindlich gehalten hat und daß durch sein Handeln gegen diesen Eid sein Gewissen verwundet ist. Somit ergibt sich, daß wir berechtigt sind, ihm als einem Meineidigen entgegen zu sein und seinen Versuchen entgegenzutreten."

Ein Bubenstück, ersonnen, um einen ehrlichen Mann zu verderben. Aber die Lüge von „dem Gewissen, das verwundet ist", hat nicht Ruhe gegeben durch die Jahrhunderte. Das deutsche Gewissen hat diesen Mißbrauch des römischen Richteramts nicht vergessen (unten S. 205 f. und 227).

So wie nach dem Stich der Florettfechter sich hoch aufrichten kann, fährt das diplomatische Aktenstück fort: „Daß ihm entgegenzutreten uns *auch wohl ansteht,* geht offen daraus hervor, daß wenn wie einst dem Vater der Sohn so jetzt unmittelbar nachfolgte Bruder auf Bruder, es aussähe, als ob das Imperium nicht aus der Wahl ihm übertragen werde, sondern aus der Nachfolge ihm zufalle und die Wirkung wäre, das erblich zu machen, was freies Geschenk sein muß, zumal da nicht nur Friedrich I. sich den Sohn nachgesetzt hat, sondern Heinrich VI. desgleichen seines Sohnes Nachfolge sicherstellen wollte und dadurch vielleicht künftighin *ein Mißbrauch* sich verwandeln könnte in *einen Rechtsbrauch.*"

Die Nachfolge des Königssohnes bei Lebzeiten des Vaters ein Mißbrauch! Allen Herrschern, die Söhne hatten, sind seit Otto I. zu ihren Lebzeiten die Söhne als Mitkönige gefolgt, den einzigen Konrad III. ausgenommen, der aber wegen des Fehlens einer Königin sogar die Autorität besaß, statt des eigenen kleinen Sohnes den nächsten Schwertmag Friedrich Barbarossa als König durchzusetzen. Von 1590 bis 1740 ist die Sohnesfolge wieder so gehalten worden im Römischen Reich unter eifrigem Betreiben des Papstes.

Aber von 1269 bis 1519 hat der Papst erfolgreich den Rechtsbrauch als Mißbrauch hingestellt und die Krone des Reiches, wie eine Bischofsmitra durch das Domkapitel, durch ein Reichskapitel von sieben Vorwählern vergeben lassen. Er hat ferner den abusus in usum umgewandelt, d. h. den Mißbrauch seiner Einmischung in den Rechtsbrauch, daß niemals Einer Herr sein dürfe in Italien. Denn, so fährt er fort: „Nützlich ist (expedit) unser Widerstand gegen Philipp; das liegt für jedermann klar zutage. Denn da er ein Verfolger ist und aus dem Stamm der Verfolger erwachsen würde, wenn wir ihm nicht entgegenträten, *so würden wir sichtlich gegen uns einem Rasenden Waffen verleihen und ein Schwert gegen unsere Häupter in die Hand drücken.*"

Nach diesem Schlusse läßt sich des Papstes Vorgehen charakterisieren als Präventivrevolution, ähnlich etwa Friedrichs des Großen Vorgehen beim Eintritt in den siebenjährigen Präventivkrieg.

Der Papst will ein Netz zerreißen, das sich um Italien zuzuziehen droht, und er kommt ihm zuvor mit dem Einbruch seines Rechtes in das Recht der nordländischen Heeres- und Stammesverfassung, in *Haus-* und *Geschlechts*verfassung der zeitlichen Herrschaften.

Diese diplomatische Präventivrevolution ist die Revolution des Schwachen. Nicht die Posaune des Jüngsten Gerichts steht zu Gebote, nicht Heerhaufen und Gewappnete — man muß leise reden, man muß ein kleines unbedeutendes Recht ausweiten, daß man doch seine Hände nicht auf einen Unwürdigen legen könne. Dies ist die moralische Rechtfertigung dieser Revolution — wie sie hernach so oft in der Renaissance nachgeahmt worden ist von gelehrigen Schülern der päpstlichen Diplomatie.

Und diese Revolution der weltlichen Schwäche geht andere Wege als der siegreiche Krieg. Nur schweren Herzens haben die Päpste auf jeden friedlichen Ausweg verzichtet. 1200 verfällt Philipp, aber erst 1211 Otto, erst 1227 und 1239 Friedrich dem Verwerfungsurteil. Das Prinzip kommt nach außen nur zögernd zum letzten Ausdruck. Denn der Diplomat muß andere in Bewegung setzen, die für ihn kämpfen. Der Italiener hat noch von 1859 bis 1918 sein politisches Risorgimento Bundesgenossen von auswärts zu verdanken. Er verdankt sie auch im 19. Jahrhundert der Konjunktur vieler Mächte zueinander. Eben dies ist nun das Ergebnis der Papstrevolution.

Die Diplomatie bleibt hinter den Kulissen des Kriegstheaters fast während des ganzen Kampfes. Noch in der vierten Generation beim letzten Akt der Tragödie finden wir diese Eigenart der Papstrevolution wieder. Heinrichs VI. Urenkel zog 1267 nach Italien, um von seinem Erbreich Sizilien Besitz zu ergreifen. Die Ghibellinen bereiten ihm den Weg. Papst Clemens begrüßt ihn als „den Sproß der alten Schlange, aus ihrem giftigen Samen entsprungen". Verstopft habe er sein Ohr wie eine taube Natter gegen die Ermahnungen des Papstes. Er bannt ihn, legt das Interdikt auf alle Städte, die Konradin aufnehmen würden: „Werde zunichte, wie herabrinnendes Wasser, wie aufsteigender Rauch!" Ein großartiges Bild: Jene arme Seele des Allerseelentages steht vor uns; herabrinnendes Wasser, aufsteigender Rauch, unwirklich ist der Mensch, den der Papst aus der inzwischen dem Weltgericht entrissenen, der nunmehr irdisch verwirklichten Ecclesia Romana ausstößt. Der Papst sagt denn auch von dem Prinzen, wie ein Lamm schleppten ihn die Ghibellinen zur Schlachtbank.

Konradin von Schwaben wird nach der Schlacht bei Tagliacozzo gefangengenommen. Und nun vollendet sich der Prozeß, den die Kurie den Staufern seit 1200 macht. Nicht als Kriegsgefangener wird der Herzog behandelt. Sein Erbrecht als König, das sogar Ludwig IX. von Frankreich respektierte und alle Fürsten des Zeitalters — wird mit Stillschweigen übergangen. Als *Rebell der Kirche* wird er zum Tode verurteilt. Karl von Anjou, der Sieger, fällt selbst das Urteil. Am 29. Oktober 1268 besteigt der letzte Staufer das Gerüst in Neapel. „Wie können Deutsche nur leben, wenn sie die Erinnerung an diesen Verlust im Herzen tragen? Denn sie haben ihr Bestes verloren und an Schmach ge-

9. Franziskanischer Christus
Barmherzigkeit, Weisheit, Demut schlagen die Nägel ein!
Halte dies Bild gegen Nr. 1 von 1930!

10. Die Tortur der Spannung 1500:
Hus und eine Kirchweih.

wonnen. Wenn sie nicht sogleich Rache nehmen, bleiben sie stets mit Schande bedeckt: so hart verfuhr Karl“ sang ein italienischer Sänger, Bartholomäus Zorgi. Die Habsburger aber nehmen tatsächlich keine Rache, zum Schmerz der Ghibellinen (Dante Purg. 6, 99).
Der Papst aber fand, nun habe der Allmächtige der Heimsuchung der Kirche ein Ziel gesetzt. Er ordnete Lobgesänge an. Da berichtet nun die Legende — und hier tritt rein die Schwäche und die Kraft des vatikanischen Staatslenkers ans Licht: Er, der hinter den Kriegsherren, die für ihn fochten, im geistigen Raum verbleiben mußte, *habe so körperlich an den Ereignissen gelitten, daß er zu Viterbo den Sieg bei Tagliacozzo unmittelbar in einer Art von Vision empfunden habe!*
In diesem Bilde des die Vollendung des diplomatischen Werkes visionär mitlebenden Papstes vollendet sich die Papstrevolution. Sie ist zu Ende. Die Vision des Weltgerichts ist einem vollendeten Mitschwingen und Miterleben der klug regierten Gegenwart gewichen, einer Vision des vollkommenen Diesseits!
Dreißig Tage später stirbt der Papst. Und zweieinhalb Jahr steht auch der Päpstliche Stuhl leer, wie wenn die Leidenschaft, die ihn bisher erhielt, in sich nach diesen siebzig Jahren zusammensänke.
Dem entspricht auch die Veränderung des revolutionären Zieles. 1268 handelte es sich schon nicht mehr um das Imperium, sondern bereits war die Frage zurückgerollt auf ihren Ausgang, auf den Alpdruck einer Einheit zwischen Ober- und Unteritalien und von da weiter auf die revolutionäre These, daß nur der vom Papst eingesetzte Fürst Karl von Anjou und nicht der rechtmäßige Erbe Sizilien und Neapel besitzen dürfe.
Dadurch ist diese Revolution keine theologische mehr, sondern eine geopolitische. Es geht um Italien, nicht um die Weltkirche. Und alle großen Ereignisse der siebzig Jahre haben eben deshalb auch nur die äußeren Schicksale Italiens und Europas entschieden. Das zeigt sich gleich bei den Kreuzzügen dieser zweiten Papstrevolution.

4. Das Absterben der Kreuzzugsidee

Der vierte („lateinische“) Kreuzzug wird ein Raubzug Venedigs gegen Byzanz. Der Papst setzt in Konstantinopel ein lateinisches Kaisertum ein, das aber nur während dieser außerordentlichen Sturmzeit (bis 1261), ähnlich wie die Eroberungen Napoleons — sich halten läßt. Damals hat der Papst zu den Tartaren seine Boten geschickt und gehofft, Asien dem Päpstlichen Stuhl zu unterwerfen. Marco Polos Chinareise fand in solchem Rahmen statt. In den Zeiten einer Revolution scheint immer alles möglich und nur die Welt dem Streben zu genügen. Auch die Papstrevolution ist durchaus Weltrevolution.
Zwei andere Kreuzzüge führen nach Ägypten und nach Tunis. Sie gewähren der Kirche die Genugtuung, mit Ludwig, dem französischen König, als Heiligen, zweimal die verhaßten Waiblinger übertrumpfen zu können. Ludwig IX. wird, als er 1270 in Tunis stirbt, in der Tat der letzte Kreuzzugsfürst.

Aber das Schicksal des Papsttums kündigt sich eben gerade in Ludwigs IX. Heiligsprechung an: es wird Frankreich anheimfallen im 14. Jahrhundert zur Sühne für seinen Übermut gegen die Staufer.
Der Kreuzzug des Kindes von Apulien, den der spätere Kaiser Friedrich II. vorher hatte ausführen müssen, wurde für die Päpste eine schwere Enttäuschung. Unablässig hatten sie nämlich ihren Bann ihm angedroht, wenn er nicht fortzöge. 1227 wurde er wirklich gebannt, und nun zog Friedrich II. als exkommunizierter Katholik nach Jerusalem und setzte sich in der Kirche des Heiligen Grabes als exkommunizierter Katholik die goldene Krone, die auf dem Altar lag, aufs Haupt. Wider die römische Kirche hatte er laut vor den Völkern die großartige Anklage erhoben, die den Papst zum Revolutionär stempelt; aber mit dem Sultan war er im Bunde! — so stand dieser Kaiser in Jerusalem.
Und die Erde stürzte nicht ein. Aber mit diesem Tage war die Kreuzfahrt als tragende Idee der Papstrevolution vernichtet. Sie war verweltlicht, säkularisiert. Deshalb muß der *Mißbrauch* des Kreuzes wettgemacht werden durch ein unzweideutig päpstliches Symbol. Innozenz III. setzt (Potthast 2141) die beiden Schlüssel auf Fahnen und Bilder! Gegen die Kreuzfahrer des Kaisers treten Schlüsselsoldaten der Päpste an.
Der Kinderkreuzzug von 1212 hatte auch schon von der seelischen Seite her durch seinen scheußlichen Ausgang — die Kinder kamen fast alle um — der Idee Abbruch getan. — Diese vier Kreuzzüge enthüllen so, daß die neue Revolution andere Wege gehen muß als die Gregorianische.
Aber die Päpste haben zwar die alten Mittel eifrig zu galvanisieren versucht. Jedoch sie haben ein eigenes neues Ziel aufgestellt: Den *Kirchenstaat;* und sie haben rechtzeitig neue Streiter in den Kampf geführt: die *Bettelmönche* und die *Freistädte.* Aus diesen drei Elementen besteht die italienische Revolution, deren letzte Frucht 1929 in der „Città del Vaticano" gereift ist, von deren Ergebnissen aber ganz Europa bis auf den heutigen Tag zehrt.

5. Der Kirchenstaat und die sizilische Frage

Den Kirchenstaat, die greifbare Nahaufgabe des Papsttums hatte Gregor VII. wegen seiner Weltherrschaftspläne nie recht angegriffen. Bis zu Innozenz III. gibt es keinen Kirchenstaat. Er hingegen ist sofort in den Kampf um ihn eingetreten. Gleich 1201 mußte der Welfe der Kurie versprechen: Das Patrimonium Sankt Peters bis nach Toskana hinein, Rimini, Pesaro, Fano, Sinigaglia, die Mark Ankona, das Herzogtum Spoleto, die Grafschaft Bertinoro und das Mathildische Hausgut.
Diese „Rekuperationen" des Kirchenstaates waren also das unmittelbare Begehren des Papstes. Um ihretwillen stellte er bald dem Welfen Otto seinen sizilischen Kandidaten Friedrich II. entgegen. Es war nur gerecht, daß Otto dem erlag, der ihn erhoben hatte, in dem Augenblick, wo er in Italien trotz seines Welfentums als Kaiser auftreten wollte.

„Der Papst kann sein Erstaunen nicht stark genug ausdrücken, daß Otto von ihm abfalle, welchen die Kirche allein erhöht habe, der ihr alles verdanke; es gebe keine Treue noch Glauben mehr in der Welt, das sei wider die Natur. Es reut mich, den Menschen gemacht zu haben, sagt er in einem Briefe. An dem Papst hatte nun Otto einen Feind, der noch andere Waffen besaß als den Kampf im offenen Felde. Innozenz tat im November 1210 den Kaiser in Bann und wendete sich an die deutschen Fürsten." (Ranke.)
Die Enttäuschung über den Welfen brachte den dritten Kandidaten aus der Deliberatio auf den Kaiserthron: Friedrich. Er muß dafür aber dem Papst die Mathildischen Güter und den Kirchenstaat zusichern, Sardinien, Korsika und die Romagna mit Bologna. Die Lehnshoheit des Papstes über Sizilien muß er anerkennen durch eine jährliche Barzahlung. Aus Sizilien ist die päpstliche Kurie ein für allemal finanziell sichergestellt worden, so erheblich war sie bemessen.
Friedrich II. ist der Napoleon der Papstrevolution geworden. Als Kreatur der Päpste zur Macht gekommen, hat er versucht, zwischen den Reichsfürsten und dem Papsttum sich auf ein drittes Reichsrecht, auf das antike Mittelmeerimperium zu stützen. Daher der Schwulst seiner Erlasse und Briefe, der Pomp seines Auftretens. Die Zeit aber trug ihn nicht; sie kannte nur den Kampf des altfränkischen Weihekaisers mit dem neurömischen Papst, nur Ghibellinen und Guelfen. Und Friedrichs Ideologie versank wie die Napoleons.
Was darüber hinaus die Zugehörigkeit des sizilischen Königreichs zur Obedienz des Papstes bedeutete, illustriert der Anteil der Unteritaliener an dem berühmten Laterankonzil Innozenz' III. von 1215. Über ein Viertel der 400 Bischöfe stammte aus dem sizilischen Königreich! Noch heute haben diese süditalienischen Provinzen mehr Bischöfe als Deutschland, Frankreich und Österreich zusammen genommen, nämlich fast 150.
Dafür haben diese Bischöfe natürlich einen viel kleineren Gesichtskreis als die großen Kirchenfürsten des Nordens und bilden so eine ergebene Leibgarde des Papstes und der Kurie. Solange er dieser Truppe sicher sein konnte, und falls er über diese 150 Bistümer frei verfügte, war das Volk von Italien unter niemandem zu einigen gegen den Willen des Papstes.
Die Einigung Italiens ist daher nur äußerlich 1870 herbeigeführt worden, als man dem Papst den Kirchenstaat abnahm. Die Questione meridionale war bekanntlich trotzdem unlösbar. Piemont konnte den Süden nicht erschließen. Alle Regierungen scheiterten an der „sizilischen" Frage. Seit 1870 hatte der Papst die kirchentreuen Katholiken von der aktiven Teilnahme am Staatsleben des neuen regno d'Italia ferngehalten durch sein „Non expedit". Dasselbe Wort, das in der Deliberatio den Ausschlag gegen den Staufer gab, hat hier den modernen Einheitsstaat lahmgelegt, weil er eben dem Papst „nicht nützlich" sei!
Das Regiment des Papstes in diesen 150 Diözesen des Südens war mit der äußeren Einigung eben nicht beseitigt. Dieses Land hat den Staat nie ernst

genommen; der kam aus Byzanz, aus der Normandie, von Spanien, aus Frankreich oder aus Österreich. Aber zu eigen hatte man die Kirche. Die besten Söhne dieses Landes haben ihr gedient. Thomas von Aquino stammt aus diesem Lande, aus Roccasecca bei Neapel.

Der Fascismus, der die schärfste Opposition in dem piemontesisch-liberalen Turin besitzt, hat sich in den Gebieten erhoben, die in der Papstrevolution an den Römischen Stuhl gekommen sind, in den Marken und Bologna. In Bologna, wo die Papsthymne zum erstenmal gespielt worden ist, befand sich das Hauptquartier des Fascio. Die geistige Zeitschrift der Schwarzhemden, die Mussolini selbst herausgab, heißt mit dem Stichwort der Papstrevolution Gherarchia, Hierarchie. Und diese Bewegung hat nun die Frage des Südens auch nicht ohne den Papst lösen können. Deshalb hat Italien zwar eine einheitliche Staatsverfassung seit 1870. Eine einheitliche Volksverfassung aber hat es erst seit den Lateranverträgen von 1929. Denn erst seit dem Friedensschluß des Fascio mit dem Papsttum können sich der Süden und der Norden austauschen. Durch das Konkordat wird auch in Mittel- und Oberitalien die Kirche wieder zur öffentlichen Trägerin des geistlichen Lebens des Volkes. Durch die Abtretung der Città del Vaticano wird in Unteritalien und Sizilien der Staat zu einer kirchlich approbierten Anstalt und damit interessant und beachtlich auch für die Phantasie und die Seele statt nur für den Geldbeutel.

Als der Weltkrieg von den Süditalienern das Opfer des Soldatentodes durch drei Jahre gefordert hatte, da konnte die Frage des Südens nicht länger auf dem Papier parlamentarischer Debatten stehenbleiben. Denn ein Volkskrieg kann ohne seelischen Einsatz nicht geführt werden. Wo das Leben eingesetzt wird, ist immer die Weihe der Kraft notwendig. Der Weltkrieg machte die Leere des konstitutionellen Verfassungsstaates aus Norditalien für den Süden so fühlbar, daß etwas geschehen mußte. Die Besetzung von Tripolis 1912 war der erste, rein geopolitische Versuch, Italiens Gesicht dem Süden zuzukehren und dadurch den Süden zum Mitschwingen und Mitleben zu bringen. Die Lateranverträge aber gestatten, den Hohlraum Staat nun mit den Affekten und den Träumen des persönlichen Ehrgeizes auszufüllen, die bis dahin doch nur dem Sprößling in Süditalien sich zuwandten, der Geistlicher wurde; denn er konnte Bischof, Kardinal und Papst werden! Nach den Lateranverträgen zog die Geistlichkeit mit dem Bischof an der Spitze in diesen Kathedralsstädten zur Urne, um für Mussolini zu stimmen! Und im Konkordat ist die Aufhebung der unbedeutenden Bistümer des Südens endlich vorgesehen (Artikel 16 und 17).

Wenn es aber wahr sein soll, daß Sizilien wirklich in der Papstrevolution und nur durch sie „italienisch" geworden ist, so genügt nicht der Name Thomas von Aquins oder die Gründung der Universität Neapel 1226, durch die der abendländischen Wissenschaft in das arabisch-griechische Land der erste Einbruch erlaubt wurde. Wichtiger ist noch die Tatsache, daß erst in der Papstrevolution das abendländische Kloster nach Unteritalien gedrungen ist!

Das Land war bis dahin von griechischen Klöstern besetzt, die nach der Regel

des heiligen Basilius lebten. Weder die sorgfältige Erziehung noch die stürmische Erweckung des Volkes durch die Klöster des Abendlandes hatte es hier daher gegeben, erst 1190 waren die Zisterzienser nach Floris gekommen.
Nun erst dringen die abendländischen Mönche nach Sizilien. Als der Papst 1254 persönlich an der Spitze des Heeres in das Königreich einmarschiert, da wird ein Bettelmönch sein Statthalter.
Diese Mönchsscharen aber, die Unteritalien dem Papsttum und damit Europa ein für allemal gewonnen haben, sind die Franziskaner und Dominikaner.

6. Franz von Assisi

Dem Heiligen von Assisi verdankt die Papstrevolution ihre seelische Verwurzelung im Volke. Aus der diplomatischen Aktion der Kurie, dem Ehrgeiz der Stadtrepubliken wurde noch einmal eine großartige Seelenbewegung durch das Bündnis des Papstes mit Franziskus, nach anderer Richtung auch durch das mit Dominikus.
Franziskus ist der geistig wiedergeborene Christ, der erste, der die Nachfolge Christi selber ganz und gar wagt, ohne apostolische Mittlerschaft oder sonstige Umwege über Benedikt oder irgendeinen anderen Patron. Und dieser Liebesglut ist zuteil geworden das höchste Liebeszeichen. „Zwei Gnaden", betet Franz, „erweise mir, bevor ich sterbe. Die erste ist, daß ich zu Lebzeiten in meiner Seele und an meinem Körper den Schmerz durchleide, den du in der Stunde deines Leidens erduldet hast. Die zweite ist, daß ich in meinem Herzen die unermeßliche Liebe empfinde, von der du entbrannt warst, um dein Leiden für uns auf dich zu nehmen." Die Wundmale Jesu erscheinen an Franziskus Leib. Der Nachfolger war nun da. „Christus spricht, du sollst mir im Tode gleich sein wie du mir im Leben gleich bist." Auch in die neue Welt der germanischen Völker kam mit dem Heiligen von Assisi die selige Gewißheit der Ebenbürtigkeit.
Die Päpste haben sich dieser neuen Ursprünglichkeit gebeugt. In jener Aschermittwochzeit, wo der gebannte Kaiser, als Freund des Sultans, in Jerusalem die Krone ergreift, wo ein Weltalter annulliert wird, da weilt der Papst wie zum Trost in Assisi und spricht Franz heilig. Die zerstörte Gottesstadt der Kreuzzüge: hier aus dieser zarten Wurzel des italienischen Bodens wird sie noch einmal erstehen. Von den irdischen Schlacken des Kampfes um das Heilige Grab läutert sich hier die Kirche am Grabe des „Poverello".
Die geistige Liebe und der Wunderglaube verstärken sich in den Schwärmereien des 13. Jahrhunderts. Die Menschen werden für unsere Begriffe viel „abergläubischer" als die des 11. Jahrhunderts. Der Kinderkreuzzug ist ja ein Beispiel für die Verstiegenheit der Hoffnungen. Aber auch unerhörte Ketzerbewegungen durchrasen die Länder. Der fürchterliche Kreuzzug gegen die Albigenser hat ein ähnliches Blutwort gezeitigt wie das Luthers im Bauernkrieg.

Wenn Luther ausrief: „Steche, schlage, würge hier wer da kann! Bleibst du darunter tot, wohl dir, seligeren Tod kannst du nimmermehr überkommen. Denn du stirbst im Gehorsam göttlichen Worts und im Dienste der Liebe, den Nächsten zu retten", und später sagte: „Ich, Martin Luther, habe im Aufruhr alle Bauern erschlagen, ihr Blut ist auf meinem Hals", — so sagte der päpstliche Legat bei der Erstürmung des albigensischen Béziers, als man Ketzer und Rechtgläubige nicht auseinanderkannte: „Schlagt sie nieder, der Herr kennet die Seinen" und an Innozenz III. schreibt er: „Gottes Zorn habe in wunderbarer Weise gegen die Stadt gewütet."

Bei solchen Leidenschaften im Abendland — die Ketzerverbrennungen in Deutschland führen 1232 zum Aufruhr — hat die Papstkirche das Eintreten des Franziskus gerettet. Er hatte das Volk entzündet zu einem völligen Ernst für das geistliche Leben. Das *Spirituale* oder der Beigeschmack des Gladius, des geistlichen Schwertes, brach bei diesem Begründer des Spiritualismus in der Kirche mächtig hervor und ist nie wieder seitdem im Franziskanerorden versiegt. Die Spiritualenpartei hat dem Papsttum als „linker Flügel" der Revolution tüchtig zu schaffen gemacht. Schon seit 1200 waren Weissagungen durchs Land geflogen. Der Abt Joachim de Fiore in Kalabrien († 1202) verkündete den Adler, der die Kirche wieder herstellen werde und den Anbruch des Dritten Reichs im Jahre 1260. Noch Luthers Zeit hat diesen Prophetien geglaubt, wieviel mehr die vor 1260! 1254 erschienen die drei Bücher des sizilischen Joachim von Fiore als „Ewiges Evangelium" mit einer Einleitung aus der Feder eines solchen franziskanischen Spiritualen. Darin wurden selbst die Apostel als recht unvollkommene Diener Christi gekennzeichnet! Naturgemäß; denn diese Nachfolger Christi wollten dem Baum des apostolischen Papsttums an die Wurzeln; so sehr litten sie unter dem Abfall ins Weltliche und suchten nun mit Stumpf und Stiel die Autorität des geistlichen Petrusschwertes auszurotten und durch ein reines geistliches Leben zu ersetzen.

Da ist es nun von providentieller Fügung gewesen, daß der Geschichtstag des Papsttums durch Franz noch drei Jahrhunderte geöffnet geblieben ist, so daß es die Auflösung Europas verhindern konnte bis zu dem Zeitpunkt, da diese Einheit anderweit gesichert werden konnte. Das Fünklein ist nie wieder erloschen. Aber noch 1415 in Konstanz hat sich das „Fünklein" der Spiritualen austreten lassen. In einem Satz des Hus wurde verdammt, was schon — über Wiclef — aus Italien von den Spiritualen stammt: „Nicht ein *Fünkchen* Wahrscheinlichkeit spricht dafür, daß im Spirituellen ein einziges Haupt als Leitung der Kirche notwendig sei. Christus würde ohne solche Mißgeburten von Häuptern besser durch seine wahrhaften Jünger über den Erdkreis hin seine Kirche ordnen!"

Dies klare evangelische Programm der Linksopposition ist in Italien dem Bündnis zwischen Kurie und Stadtstaat erlegen. Es blieb aufgespart als Saatgut für Luther. Schon Franziskus hatte nur blutenden Herzens 1221 die rationale Stiftung des Ordens durch den Papst geschehen lassen. Schon zu seinen Lebzeiten war der Orden nicht mehr viel von dem, was er sich geträumt. Der Name Bettelmönch — ihm ein Liebeswort der Armut — bekam einen soziologischen Sinn. Franziskus selbst war ja ein Bürgerssohn. Er hatte noch von ritterlichem Kreuzzug geträumt. Dann erst kehrte er um in sein Eigentum. Die neuen Klöster an der Stadtmauer bauen nun in der Tat auf einer veränderten Sozialordnung auf: Sie treiben keinen Ackerbau mehr und brauchen keine Landgüter. Sie vertrauen sich der Geldwirtschaft der Städte und Stadtstaaten, also einer mittelbaren Versorgung, an. Das „Betteln“ bedeutet praktisch, daß sie sich grundsätzlich von einer städtischen Bevölkerung nicht in Naturalien sondern durch Geld ernähren lassen.

Aus der neuen Wirtschaftsform heraus ist auch der Bettelmönch — gegenüber Benediktinern oder Cluniazensern — etwas Neues. Und deshalb lenken diese Bettelmönche erfolgreich die städtischen Massen.

Dank dem heiligen Franz kam sein Orden trotz seines sachlichen Abfalls von Franz dem Ansehen des Papsttums bei den erregten Volksmassen zugute. Das Papsttum wurde durch ihn als „franziskanisch“ legitimiert. Und so entging es der vielfältigen Empörung über seine Weltlichkeit. Die Bettelmönche wurden von vornherein in die Weltkirche hineinorganisiert, nicht neben sie. In allen Diözesen durften sie predigen und Beichte hören. Sie durften also die Diözesen- und Pfarrsprengeleinteilung durchbrechen, zur Wut des Weltklerus. In vielen Städten ließ man sie zuerst nur an der Stadtmauer sich einbauen. Aber überall waren sie im Wettstreit mit dem Weltklerus erfolgreich. Sie predigten in den Landessprachen vor Tausenden. Sie rissen die Kluft zwischen Klerus und Laien wenigstens in der Kirche nieder.

Dafür sind die weltlichen Cittadini, die Bürger der Freistädte, der Kirche bis heut dankbar, ist Italien naturhaft kirchlich geblieben. Und die Bettelmönche haben das Kirchenvolk in der Kirche heimisch gemacht. So freudig wie Franziskus sein Leben mit dem Herrn verbringt, so freudig empfindet dank ihm das katholische Mütterchen die große Kirche als sein eigenes Haus, als seinen Palast. Die Art, wie der Italiener sich in der Kirche bewegt, hat etwas für feierliche Gemüter Erstaunliches. In der unterirdischen Kryptakirche des romanischen Stils konnte der Laie nur Angst und Scheu empfinden. An die Stelle dieser Reichskirchen trat nun die Volkskirche, wo man fröhlich und gedankenlos-zutraulich sich der Gemeinschaft mit dem Göttlichen erfreute. Die Ausweitung des Kirchenlettners, die im Norden Klerus und Volk so oft scharf trennt, haben die Italiener einfach nicht übernommen.

7. *Die Vermönchung der Laien*

So kann die „Religion“ der Mönche nun auch die Laien ergreifen. Das Wort Religion tritt seinen Siegeszug an. Die Laien werden zu religiösen Mitgliedern der Kirche gemacht.

Das alte Kloster hatte außerhalb der Welt geruht. Die neuen Mönche wandern ruhelos. Und selbst als sie Klöster gründen müssen, bleiben sie in täglicher Berührung mit dem Volk durch ihre Seelsorge. Ein alter Traum des adelsstolzen Norberts von Magdeburg, der schon 1122 Schwestern und Brüder aus dem Laienstande hatte zu Hilfe (ad succurrendum) holen wollen, geht nun in Erfüllung in bürgerlicher Weise. Zuerst 1201 die Humiliaten, dann die Franziskaner gliedern sich Scharen von Tertiariern, Brüdern des dritten Ordens, an. Sie treten nicht ins Kloster ein, wohl aber in die Anschauungen des Ordens. Die Laien vermönchen! Fast die Hälfte des Volkes einzelner italienischer Landschaften ist auf dem Höhepunkt der Erregung von dieser Möncherei ergriffen worden. Harnack hat die Monarchisierung der Laien als das Kennzeichen der Bettelmönchbewegung bezeichnet. Sie ist das tragende Element der italienischen Revolution. Aber noch einmal sei es gesagt: das Ausströmen des Klostergeistes in die Nation bringt nicht etwa düstere Strenge nur, sondern auch selige Freude — und politische Tat! Die Aufgabe der Bettelmönche wird es, die neuen politischen Einheiten Italiens, die Freistädte, zu einander zu führen, die „discordantes" der neuen Zwietracht zu konkordieren.
Von Anfang an — zuerst 1168 — haben die Städte Italiens versucht, unter sich Schiedsgerichte einzurichten. Friedrich II. verbot sie vergebens. Je mehr es die Kaisergewalt zu ersetzen galt, desto zahlreicher wurden sie. Aber sie funktionierten nicht. Da griffen die Mönche ein. „Mit Kreuz und Fahne und allem kirchlichen Pomp zogen die Brüder auf, wenn die Streitenden ihren Versöhnungsversuchen sich spröde zeigten, bis endlich die Parteien von Rührung übermannt sich in den Armen lagen und die Friedensküsse tauschten." — „Wo zwei Städte oder zwei städtische Parteien im Hader lagen, mischten sich Minoriten oder Dominikaner darein, und in den meisten Fällen hörte man auf die Friedensbringer" (Hefele). So überziehen die Bettelmönche das papsttreue Italien mit einem Friedensvermittlernetz für die unaufhörlichen Kriege und Fehden, die den Archipelagus der Freistaaten heimsuchen. Philipp Benizzi (1233—1285) steht am 23. August im Kirchenbrevier, weil er „die meisten Städte Italiens friedensstiftend durcheilte".
1233, in der Mitte des eigentlichen Revolutionszeitalters will der Papst einen von ihnen, Johann von Vicenza, nach Toskana senden, um dort Siena und Florenz zu versöhnen.
Johann aber trotzt dem Papst und führt, statt nach Toskana zu gehen, in der Mark Treviso die Leistung der Revolutionstruppe auf ihren Höhepunkt in der großen „*Hingabe*" (devotio). Auf einem Friedenstag vor Verona versöhnte er Hunderttausende. Alle Städte der Lombardei, Venetiens und der Romagna waren vertreten. „Meinen Frieden gebe ich euch", war das Christuswort, unter dem Johannes sie pazifizierte. Gleichzeitig erklang in Parma *das große Alleluja*. Ein Bruder Benediktus beginnt den Gesang des umgedichteten *Ave Maria* clemens et pia gratia plena, virgo serena, dann ein Lob auf die Dreieinigkeit und schließlich ein dreifaches Halleluja:

Von Straßenecke zu Straßenecke geht der Zug. Und eine allgemeine Verbrüderung ist die Folge der allgemeinen Begeisterung in Parma, in Bologna, Modena und anderwärts.
„Hingabe" und „Alleluja" von 1233 sind Taten der Bettelmönche mitten in der italienischen Revolution. Als sie sich gegen ihr Ende zuneigt, 1260, kommt es zu dem Ausbruch der Flagellanten, der Geißlerbewegung in Italien.
Diese Flagellanten sind noch heut ein beliebtes Erinnerungsstück aus dem „dunklen" Mittelalter. Aber in Deutschland meint man fast stets die Flagellanten des 14. Jahrhunderts, deren Züge im Gefolge der Pest vor 1350 nach Deutschland ausstrahlten. Diese zweiten Geißlerscharen wirken mit Recht unverständlich. Sie gehören ja der Demütigungsphase der italienischen Revolution (1309—1377) an und wiederholen mithin nur mechanisch ein Requisit der ersten, der Aufschwungsepoche der Revolution.
Der Sinn des Flagellantentums im Jahre 1260 ist konkret einsehbar. Sechzig Jahre sind verstrichen, seit der Papst die Kaiserkrone kontrolliert, und noch ist nicht Friede. Ein Menschenalter ist seit dem großen Alleluja verstrichen. Das Jahr ist da, das der Abt Joachim von Fiore geweissagt hat als das Ende des Unheils, als Hereinbruch des Dritten Reichs des Heiligen Geistes. Das Volk, sagt ein Zeitgenosse, schien ein Strafgericht Gottes zu fürchten, da ganz Italien von Elend, Fehden und Verbrechen aller Art heimgesucht war.
Da erhebt zuerst in Perugia ein Einsiedler seine Stimme: Die Einwohner ziehen, Bischof und Klerus voran, in langem Zuge hinüber zur Nachbarstadt. Trotz der Winterkälte waren alle nackt bis zum Gürtel und geißelten sich bis aufs Blut. Von Kirche zu Kirche bewegte sich der Zug unter Absingen von Liedern oder Stoßgebeten „Friede", „Barmherzigkeit" und ähnlichen.
Zuerst verspottet oder belächelt, steckt der Haufen alsbald die Stadt an, die er besucht. Alles wirft die Oberkleider ab und geißelt sich. Alles eilt zur Beichte und schließt Frieden. Von Perugia bis Rom, in Toskana und Ligurien, in den Marken und der gesamten Lombardei zieht so eine Stadt zur andern, und für einige kurze Wochen erfreut sich Italien des Friedens. Die Verbannten kehren zurück, die Gefängnisse leeren sich.
Man sieht das politische Problem: Das Inselmeer der Podestàstaaten sucht als Ergänzung zur Stadtfreiheit der einzelnen Kommunen den Frieden der Halbinsel. Das Halleluja der Bettelmönche und die Flagellanten wollen bieten, was die Städterepubliken in der Zerstörung der großen Reichsgewalten hatten verloren geben müssen: den Landfrieden ganz Italiens. Italien als Ganzes gewinnt Frieden nur im Schatten der Kirche.

8. Die italienische Stadtstaatsidee

Aber dies weite italische Land der tausend Städte hat nicht nur in geistlicher Form die Vatikanrevolution mit durchgekämpft. Die Päpste und Franziskus haben auch weltlichen Lebensformen in Italien den Weg geebnet, Lebensformen, aus denen der Italiener sich und seine Kultur, seine Civiltà, empfangen hat.

Der Papst braucht Verbündete, nicht nur Gläubige, sondern Truppen. Innozenz III. ruft die italienischen Städte zum Freiheitskampfe gegen die „Ultramontanen“ aus dem Norden auf. Ranke hat entsprechend bemerkt, daß Friedrichs II., des Sohnes dieserRevolution, Regierungszeit deutlich in zwei Epochen zerfällt: „Über der ersten schwebt gleichsam verhängnisvoll die Kreuzzugsidee; in der zweiten bildet der Kampf mit den lombardischen Städten die Hauptsache, von der alles andere abhängt.“

Es ist das Wesen jeder großen Revolution in Europa, daß sie erst im Verlaufe des Empörungszustandes, den sie darstellt, zu ihren eigentlichen Zielen und Mitteln sich hintastet. Jede Revolution beginnt daher mit der Ideologie, mit der die vorhergehende geendet hat. Luther hofft auf die katholische Kirche, die Engländer hoffen auf die christliche Gemeinde. Die Päpste haben mit dem Kampf um das Imperium und dem Kreuzzug auch 1200 begonnen. Das Ende aber sah sie als Guelfen Italiens und im Kampf gegen das königliche Erbrecht in Sizilien.

Diesen Übertritt in eine andere Ebene der politischen Aufgaben kündigt schon die Deliberatio an, weil sie kein Manifest, sondern ein diplomatisches Schriftstück ist. Der Umwelt, so wie sie wirklich ist, nicht wie sie sein soll, gilt die Diplomatie. 1226 erneuern die Städte Norditaliens den Bund aus der Zeit nach der Zerstörung Mailands durch Barbarossa. Der Kernpunkt ist klar darin ausgesprochen: *Die Deutschen sollen nicht stärker als 1200 Mann in Italien einrücken dürfen.*

Die Forderung Italiens ist damit die gleiche wie die der Päpste geworden: Italia farà da se, Italien den Italienern.

Vor dem Geiste des Europäers, der nach Italien reist, um die Renaissanceherrlichkeiten des Landes zu sehen, steigen auch heute wohl zuerst die Namen Venedig, Florenz, Rom und Neapel auf. Aber Urbino und Ferrara, Pisa und Mailand, Siena Assis, drängen sofort nach, so daß der Eindruck der Vielzahl einer beängstigenden Fülle großartiger Einzelgebilde entsteht. *Italien ist das Land der Freistaaten der Renaissance.* Die guelfische Freiheitsidee Italiens ist eine politische Idee. Man muß sich freilich von den formalen Staatstheorien freimachen, die sich die politische Idee eines Volkes nur in einer bestimmten Einheit der Staatsverfassung denken können. Diese Vorstellung ziemt dem modernen Juristen, der in einem abgesonderten Staate Politiker oder Staatsbeamter zu sein pflegt. Damals ist der Bologneser Weltjurist nicht Beamter. Er ist ein freier Künstler, der von Ort zu Ort, von Hof zu Hof seine Kunst anbietet. Alljährlich wechselt der fremde studierte Podestà sein Amt als Stadtoberhaupt und zieht zu irgendeiner anderen Republik, die einen solchen politischen Direktor anstellen will. Dem entspricht die Staatslehre dieser Männer und ihrer Zeit. Das guelfische Programm ist die Vielzahl der politischen Gebilde auf der einen Halbinsel. Um des Papstes willen, der frei sein muß, wird

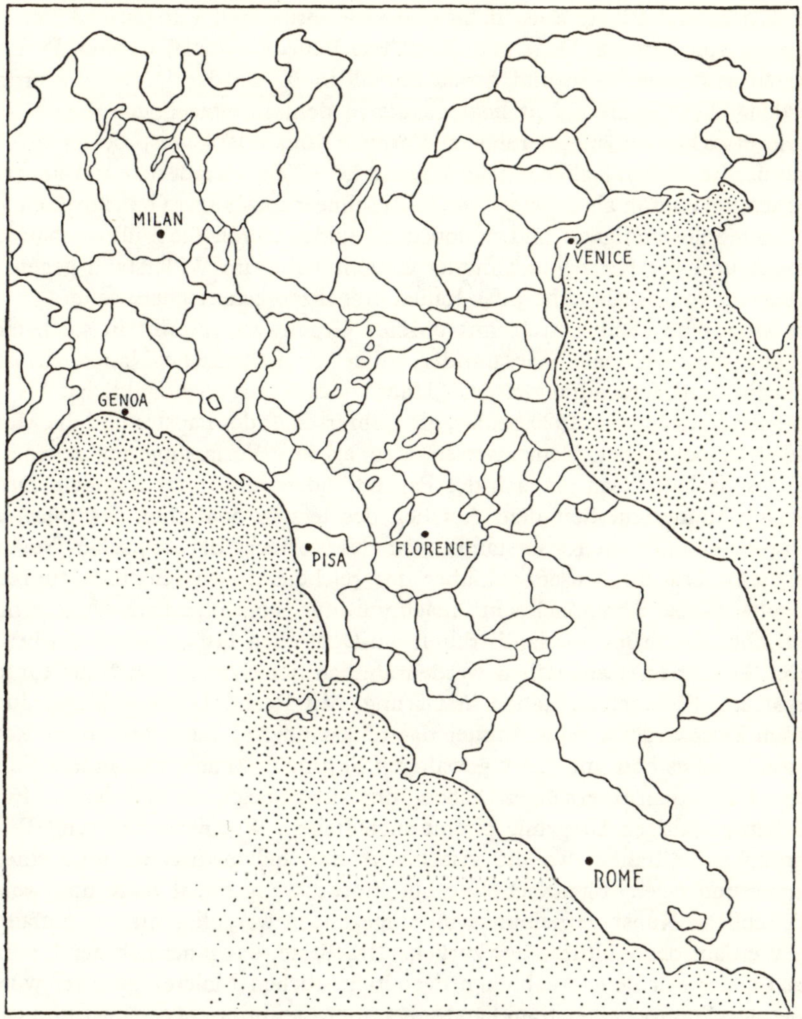

„Der Garten des Reichs" um 1300.
Jede Linie auf dieser Karte bezeichnet eine politische Grenze

die Freiheit vom Imperium zuerst gefordert. Aber der Sinn dieser Forderung dehnt sich nun aus auf das gesamte gesellschaftliche Leben Italiens: keine weltliche Einheitsgewalt, sondern Freiheit aller, mit dem geistlichen Stellvertreter des Himmelskaisers Christus, mit dem Papst als dem Ersten unter Gleichen.

Die zeitlichen Gewalten Italiens als Genossen des Papsttums erringen sich durch diese Genossenschaft Eingang in das geistige Weltbild, das bis dahin ja nur Kaiser und Päpste ernst nahm. So viele ihrer sind, Fürsten von Ferrara, Signoria von Florenz, Doge und Senat von Venedig, Imola, Urbino, Perugia, Arezzo usw. usw. — so und gerade so soll in Italien das Diesseits geordnet werden. Die Vernünftigkeit liegt gerade in dem Inselmeer von Republiken. Dieser erste Festlandsteil, der sich im Wormser Konkordat losgesprochen sah vom Joch der deutschen Kaiser um der Weltkirche willen, verfaßt sich nun in seiner eigenen Revolution als *Archipelagus*, als Inselmeer unzähliger Gemeinwesen von strenger Selbständigkeit und dennoch gebunden durch die Führerschaft des Papstes und der Kirche und immer einig mit ihm im Widerstand gegen ein Imperium vom Ausland her, das Italien im ganzen beherrschen wollte.

Der fanatische Denkzentralismus unserer Gegenwart vermißt in solch einer Lösung die „nationale" Gesamtidee. Aber die italienische Nation, die ihre Freiheit dem Herausdrängen des „Unus", des Kaisers verdankt, hat bis zur Città del Vaticano von 1929 beides, die Führerschaft des Papstes und die Mehrzahl ihrer politischen Gemeinwesen, stets als ihre Verfassung angesehen.

Die Landschaften, an die sich der Papst wendet, sind unter fremdem Druck seit Jahrhunderten. Seit dem Aufstieg des letzten deutschen Stammes, der Schwaben 1152 zum Kaiserstamm, war das Vorrecht der deutschen Stämme insgesamt bei der Kaiserwahl über das reiche und wirtschaftlich führende langobardische Königreich ein Anachronismus, eine offenbare Ungerechtigkeit. Die Zerstörung Mailands durch die Deutschen 1162 muß als ein besonderer Druckpunkt angesehen werden ähnlich der Synode von Sutri für das Papsttum. Seitdem ist Italien in Gärung. Mit Recht. Denn es bleibt durch diesen Druck rückständig. Immer das rückständigste Land macht die Revolution. Und es holt mit einem gewaltigen Sprung das nach, was andere Völker Schritt für Schritt errungen haben, um sie zugleich zu überholen. Einen solchen gewaltigen Ursprung nimmt auch Italien. Worin bestand seine Rückständigkeit? „Italien, wo die griechische und hellenistische Kunst eine so schöne und eigenartige Nachblüte und Entwicklung erlebt hatte und wo die altkirchliche Kunst verheißungsvoll aufgegangen war, blieb hierauf auffallend im Wettlauf der Kulturländer zurück. Das Beste, das innerhalb der Grenzen des Landes seit dem Aufblühen der altchristlichen Malerei geleistet wurde, trägt den Stempel einer fremdländischen, der byzantinischen Kunst und rührt zum großen Teile auch von auswärtigen griechischen Meistern her. Eilen wir aber der Zeit um einige Jahrhunderte voraus, so finden wir in demselben Lande die herrlichste Entfaltung der Kunst, der Malerei im besonderen und einen eigentlichen Überschuß an großen Talenten, — auch hier die glänzendste Erfüllung des Spruches, die Letzten werden die Ersten sein." (Kuhn). Die moderne Schöpfungslehre nennt dieses Vorspringen „Hypogenese". „Das Gesetz der Hypogenese besagt, daß *Neues* weiter rückwärts ausholend von primitiveren, d. h. kindlich gebliebenen Formen ausgeht." Vorbei also an der führenden nordischen Goldschmiedetechnik und Baukunst stürmt der neue „Stil" des neuen Lebens in Italien.

Nur wo der Kunst eine religiöse und eine politische, kurz eine menschenumschaffende Wirkung innewohnt, ist die Begeisterung und Teilnahme der gesamten Nation begreiflich. Nur als Teil einer Revolution erklärt sich das plötzliche Vorschnellen der italienischen Kunst.
Die neue Sprache dieser Malerei drückt aber auch in dem von dem gotischen Geisterlebnis des Nordens fast ausgeschlossenen Italien eben die politische Idee und damit die Errungenschaft der italienischen Revolution aus! Die Malerei bleibt in Italien kein Luxus, sie wird ein Element des Volkslebens.

9. Assisi und Florenz

Zunächst fällt das Aufkommen des Altarbildes mit dem Anbruch der Vatikanrevolution zusammen. Erst um diese Zeit, seit 1200, tritt der Priester vor den Altar mit dem Rücken zur Gemeinde. Erst in diesem Augenblick wird der Platz frei für das Altarbild als den Abschluß, auf den die Gemeinde hinblickt. Die Malerei erhält eine neue Aufgabe.
Aber dies ist gleichsam nur die Vorbedingung der Bewegung. Wie wir den Papst als weltlichen Politiker aufsuchen mußten, um die Politik der Freistaaten zu würdigen, so müssen wir jetzt zu dem heiligen Franz uns zurückwenden, dort wo er nicht der Mann der Kirche, sondern der Sohn seines Volkes geblieben ist, um zu ermessen, wie dieser Sohn seines Volkes sein Volk umgeschaffen hat.
Die Armut des Franziskus ist eine radikale. Und hier springt das revolutionäre und eben damit das biologische, vitale Moment eines solchen Armwerdens im Geiste hervor. Erst das Abwerfen alles geistigen Reichtums, aller persönlichen Geistreichigkeit befähigt den Menschen zum Stifter einer Volksart, einer Gemeinschaftszelle. Der einzelne, humanistische oder humane Mensch hängt die Hüllen seines Reichtums um sich, Franz verarmt und kann eben dadurch zum Ahnherrn „des“ Italieners werden.
Franz wollte den Menschen nicht das Joch eines Geistes, auch eines Heiligen Geistes nicht auflegen. Daran litt die sichtbare Kirche mit ihrem täglich zitierten Heiligen Geist ja gerade im Übermaß. Er wollte sie entgeistigen und dafür beseelen. Deshalb hatte er die Bücher und Studien seinen Brüdern verbieten wollen. Deshalb war er selber kein „Spiritual“, sondern eine programmlose, arme, liebende Seele. So hat er die Weltkirche entlastet und Tausende erleichtert vom Joch des Gesetzes. Und deshalb war es nicht etwa „ein bedauerlicher Irrtum“, sondern es entsprach der Wahrheit seines Lebens, daß er den bestehenden Päpstlichen Stuhl ehrte, statt neue geistige Autoritäten aufzurichten.
Aber so eingespannt zwischen seinen Himmel im Herzen und die so irdische Verkörperung dieses Himmels in der Papstkirche wäre er ohne Raum um sein Gefühl gewesen, wenn er nicht die Landschaft hätte an sein Herz nehmen dürfen, mit seinem Berg, seinem Bruder Sonne und Bruder Wind, mit den

Tieren, den Blumen. „Fioretti“, Blümlein des heiligen Franz, heißen noch heut die kleinen Dichtwerke um seine Gestalt. Denn er hat auf der Wiese die Blumen pflücken müssen; irgendein Eigentum als Unterpfand des himmlischen Vaterlandes braucht jeder Mensch; selbst ein Hölderlin singt von seinem „Eigentum“. Dies Eigentum war für Franz nicht die Klosterzelle und nicht die Kirche, sondern die *Landschaft.*

Man hat längst bemerkt, daß ein großer Abstand nötig ist, um die Landschaft wahrzunehmen. Ein Bauer gehört zur Landschaft. Er steht ihr durchaus nicht gegenüber. Man hat z. B. die Art untersucht, wie der Älpler das doch so großartige Hochgebirge, in dem er lebt, anschaut. Da ergab sich: „Er scheint mächtige Wände und Gipfel, ausgedehnte Talgehänge oftmals zu übersehen, und er benennt statt dessen eine Vielzahl von Kleinigkeiten. Als echter Naturmensch hat er nicht den Abstand von der Natur, um die Großformen der Landschaft zu überblicken; diese lösen sich ihm — wie jeder Eindruck dem Primitiven — in eine Menge von Einzelheiten auf“ (R. Finsterwalder). Das gilt von allem ungeistigen Volkstum. Dies ändert sich nunmehr. Es ist ein großer Schritt in der Geschichte der Menschheit, als jemand so fern von der Welt, aus mönchischer Distanz, es wagte, mit den Augen einer geistigen Liebe wieder auf sie zu blicken. Jede Revolution hat den Menschen verselbständigt. Die guelfische Revolution stellt den Menschen der Landschaft gegenüber.

Wenn Franz den Spiritualen und Ketzern und allem geistigen Radikalismus fernblieb und an der Herrschaft der Madonna und ihrer irdischen Verkörperung, der Kirche, festhielt, so hat er doch die Himmelskönigin hinausgelockt in das italienische Land. Damit ist er der gute Geist des italienischen Volkes geworden. Als Franz starb, mußten die Mönche nach Assisi noch einen deutschen Baumeister holen, offenbar doch, weil die Deutschen mehr in der Gotik galten als die „rückständigen“ Italiener.

Aber in dies deutsche Bauwerk zog zuerst Cimabue aus Florenz. Und ihm ist Giotto gefolgt. In Portiuncula von Assisi sind die Begründer der italienischen Malerei wahrlich vom Geist des Heiligen inspiriert worden. Er hat sie hineingezwungen in seine Landschaft, in das Leben außerhalb der steinernen und statuarischen Welt. *Das Grab von Assisi hat für die italienische Kunst die Bedeutung erlangt wie das Heilige Grab für die Bewegung der Kreuzzüge.*

In der Revolution Gregors VII. wurden die ideellen, seelisch umwälzenden Ziele durch den Papst, die militärisch-politischen durch das Heilige Grab versinnbildlicht. In der italienischen Revolution hat sich das Verhältnis umgekehrt. Die politisch-militärischen Interessen und Ziele nimmt die päpstliche Diplomatie wahr. Dahingegen geht die seelische Umwälzung von dem Grab dessen aus, der in wahrer Demut die erste wirkliche Nachfolge Jesu bis hinein in die Kreuzigung zu leben gewagt hatte.

Die Vatikanrevolution ist das dialektische Widerspiel der gregorianischen. Deshalb führt die seelische Umwälzung nur hinein in das unpolitische und machtlose Reich der Kunst. Aber über dieses Reich der Kunst darf seit dem heiligen Franz kein europäischer Politiker mehr gering denken. Durch ihn hat die Kunst eine Großmacht werden können im Leben der Völker. Die Erschaffung eines neuen Menschen wird auch durch die Macht der Kunst hervorgerufen. Der Bambino auf dem ersten revolutionären Bild Cimabues ist ein neuer Mensch, — der Italiener des Abendlandes. Jedes Grab ist imstande, den Untergang eines Volkes, einer Rasse aufzuhalten und sie zu erneuern, wenn es die Überreste eines reinen Herzens birgt.

Als Cimabue in Florenz sein erstes Bild vollendete, das den byzantinischen Stil durchbrach, wurde es vom Volk in feierlicher Prozession aus seiner Werkstatt in die Kirche getragen.

Es ist zu beachten, daß sich dies im ersten Augenblick ereignete, wo eine italienische Malerei hervorbrach. 1290 bricht der „dolce stil nuovo" in Cavallinis Mosaiken in Trastevere durch. Fast ebenso früh liegt die Aufnahme des großen Altarbildes von Duccio in Siena. Die Geistlichkeit mit dem Bischof an der Spitze, die Stadtbehörden und das Volk führten es unter dem Geläute der Glocken in den Dom. Der Maler und die Stadtrepublik von Siena stehen gleichberechtigt nebeneinander in dem Verse Duccios:

Mater Sancta Dei, Sis Senis causa requiei,
Sis Ducio vita, te quia pinxit ita.
Unsere liebe Fraue, laß Siena auf dich bauen,
Den Duccio erhalte, weil er dich also malte.

Für jedes Gemeinwesen, vor allem aber für die in Toskana und Umbrien, bleibt jedes neue Madonnenbild ein neuer Anlaß zum Jubel. Die Huldigung der Freistaathäupter vor den Künstlern, das Verhältnis von Raffael und Michelangelo zu den Päpsten geht weit über das hinaus, was in anderen Völkern üblich ist. Selbst in dem adelsstolzen Venedig trägt der Dom von San Marco die nur in Italien denkbare lateinische Inschrift: „Erst sieh sorgfältig zu und erkenne Kunst und Arbeit der Brüder Francesco und Valerio Zucati aus Venedig an. Dann erst urteile!" Gewiß haben Höfe dem Genie Achtung erwiesen. Aber immer ohne jene Unschuld und Intimität, die Volk und Künstler in Italien so verbindet, als sei der Künstler das Organ einer großen Familie. Und so ist es in der Tat. Diese Familie ist das kleinere oder größere Gemeinwesen, das sich in dem Bilde verklärt und verherrlicht glaubt, das einen nationalen Stolz auf seinen Sohn schon zu Lebzeiten empfindet, der in Deutschland einem Künstler vielleicht lange nach seinem Tode gezollt wird. Der *Neid* fehlt; der Künstler wird vielmehr unter die Repräsentanten der Nation gerechnet, man stellt die Bilder geradezu eifrig nach außen, um das Gemeinwesen zu verkörpern.

Die Madonna in der Landschaft — das ist die höchste Vollendung des italienischen „Stiles"; das Wort Stil ist bis heut das internationalste Wort der italienischen Revolution geblieben. In diesem Stil ist die Madonna in der Landschaft das erste und das letzte von Cimabue bis zu Raffael, bis zu dem hin an dieser Stelle nur der Überblick zu reichen braucht. Raffaels Madonnenbilder vollenden die italienische Renaissance gerade als *Volks*ereignis. Seine anderen Bilder sind für Herren und Kirchen, diese für Italiens Volks- und Nationalgefühl gemalt.

Raffaels Aufstieg über Urbino und Perugia nach Florenz, der geheiligten Wiege der Kunst — Cimabue und Giotto sind in Florenz daheim —, und von da in den Vatikan zu den großen Werken der Päpste durcheilt die bezeichnenden Stätten der italienischen Freiheit.

Die gemalte Madonna mit dem Jesuskind in der Landschaft bedeutet diesen Freistaaten dasselbe, was in der Antike das plastische Marmorwerk der Stadtgottheit bedeutet hat. Die Madonna, das ist die Führung der Mutter Kirche über Italien.

Die eigene Freiheit der Städte aber liegt in der Eroberung des Hintergrundes, von dem sich die Madonna abhebt, in jener blauen Horizontlinie der umbrischen Hügel, der an die Stelle des byzantinischen Goldgrundes getreten ist. Um das zu erklären, ist ein Blick auf das italienische Leben nötig. Der Italiener sieht die Häuser als Teile der Stadt; der Platz, auf dem die Bürger sich ergehen, ist der Mittelpunkt eines Lebens im Freien; um diese Piazza werden die Werkstätten und Schlafräume nur herumgestellt, weshalb ja die Tür oft das einzige Fenster ist. Denn tagsüber steht diese Tür eben ununterbrochen offen, damit auf den Platz hinausgelebt werden kann. Ein solches Leben stieß nun zusammen mit der Tatsache des Kirchenbaues, wie ihn die Nordländer entwickelt hatten und der in seiner gotischen Form dem Leben im Freien vollends widersprach. Diese Dome ließen niemanden hinaus. Sie schifften, „die wallfahrende Kirche der Franken", mit dem, der in sie eintrat, fort ins Geheimnisvolle des Himmels und des Ostens. Dagegen bäumt sich das italienische Empfinden auf, das scharfe Umrisse fordert, eher grelle als verschwommene Farben. Denn sichtig sind Luft und Land der Halbinsel.

Auch die italienische Architektur hat dem Rechnung getragen. Der Kuppelbau tritt von Anfang an gegen die Gotik auf den Plan. Aber die Malerei wurde zur Herzenskunst des Volkes. Denn sie nahm die schöne Außenwelt nach innen hinein in die Kirche. Sie trug das Leben in der Landschaft in den Kirchenraum hinein. Der Innenraum der Kirche wird ein Bestandteil der Landschaft aus einem Fremdraum, einem erdfeindlichen Himmelsdom des Nordens. Der Italiener ist nicht daheim in seiner Kirche, sondern umgekehrt, er ist ebenso „draußen" wie sonst nella campagna. „Daheim" ist er eben auch sonst nicht und will er nicht sein.

Und dieses schöne Land im Lichte der Madonna und des Kindes ist nun frei, so weit das Auge von der Kirche aus den Hintergrund der Wand durchdringt, gerade so weit reicht vielleicht die städtische, die republikanische Freiheit. Die neue Freiheit der Kommunen, die keinen Herrn über sich wissen, anders als in irgendeinem anderen Lande, hat die Landschaft um die Stadt herum entzaubert. Sie gehört zu dem einen Gemeinwesen dazu. Dies ist der Unterschied zu dem griechischen Tempel der Antike. Er steht in einem Mauerring, mit dem alle Hoheit des Stadtgottes begrenzt ist. Das Götterbild aus Stein beherrscht nur die Steine der Stadt. Die mittelalterlichen Kommunen Italiens sind keine steinernen urbes der Antike. Wohl ist der Archipelagus ihre Verfassungsform. Aber das Gesetz des Festlandsinnern tritt auch hier auf der italienischen Halbinsel hervor. Aufgabe ist im Abendland immer Ausstrahlung, Sendung. Das Italien der Florentiner und Sienesen ist ein anderes als das der antiken Städte. Die einzelne kommunale Insel umfaßt mehr als die Stadt innerhalb ihrer Umwallung. Die Landschaft, nicht die Stadt allein, umgibt die Madonna in der Kathedrale.

Kein anderer als der Maler konnte dies Wunder anschaulich machen zu täglicher Erhebung.

So klein also diese italienischen Kommunen im Verhältnis zur modernen Großmacht sich ausnehmen mögen: Immer ist doch von ihnen die große Schwierigkeit der *Flächenherrschaft*, einer Raumüberwindung und einer Synthese von Stadt und Land bereits angegriffen und überwunden.

Schon 1192 nehmen alle Einwohner der Grafschaft Genua Bürgerrecht in der Stadt Genua. Was den deutschen Städten jahraus, jahrein verboten wird, die Aufnahme von Landbewohnern in die Stadt, das wird das politische Grundgesetz der italienischen Freistaaten! „Cittadino" wird jeder Bewohner der Dörfer auch. Die Dorfbewohner um Florenz sind alle „Florentiner"! Civiltà, Kultur der Città, umspannt nicht nur den Mauerring, sondern wird das Ideal dieser neuen Gemeinden. Ihr Podestà leitet seine Amtsgewalt unmittelbar wie jede Obrigkeit von Gott ab, heißt es schon im ersten Traktat über sein Amt. Nur der Geist des Studiums und der Künste ist über diesen Hunderten souveräner Stadtobrigkeiten! Diese Herrschaft von der Stadt aus über 3000 bis 10000 qkm ist das politische Ideal der guelfischen Revolution. Civiltà ist unübersetzbar, denn es ist Rechtswort und Kulturwort. Es heißt Bürgerrecht und Stadtkultiviertheit.

Die Eroberung einer Landschaft, der kein Kaiser und kein König gebieten darf, ist wohl am eindrucksvollsten in Florenz geglückt. Venedig auf seinen Lagunen hatte diese Frage seiner terra ferma nie so zu lösen notwendig. Wie bei der Hansa des Nordens erlaubte hier das Meer ein eigenes Reich aufzurichten; deshalb vermählte sich der Doge von Venedig alljährlich feierlich durch Ringabwurf der Adria. Rom war durch Kaiser und Papst in einer besonderen Lage, Bologna lebte von seinem abendländischen Ruhm als Hochschule. Mailand kam zu sehr als Sitz eines großen Staates in der Lombardei in Betracht, um lange genug die reine Stadtfreiheit ausbilden zu können. Florenz ist der Edelstein der italienischen Freistaatskultur. An diesem Ort mit all den als Künstlergeburtsorten berühmten Dörfern, wie Vetignano (Giotto!), Settignano (Michelangelo), Vinci (Lionardo), ist die Leistung, auf die es in der Revolution der Guelfen und Ghibellinen ankam, am reinsten gestaltet worden. Schon der Kommentar des Benvenuto de Imola zu Dantes Purgatorio gibt

unter allen Zimmern des prächtigsten Palastes der Welt, Italien, Florenz den Preis.
Hier war auch die Aufgabe am schwierigsten zu lösen. Deshalb hat sie hier das größte Lebensopfer gekostet. Dantes Verbannung zwang ihn, den Weg durch Himmel und Hölle anzutreten. Sie gab Florenz den Weg frei, als guelfischer Festlandsfreistaat das Attika Europas zu werden, *die Stadt in der Landschaft*, la città nella campagna. Darum hat Florenz, die eine Stadt, einmal für ganz Italien handeln dürfen. Florenz hat die Rückkehr des Papsttums aus Avignon 1377 erzwungen. Die Bundesgenossen von 1200 riefen das Oberhaupt 1377 zur Ordnung.

10. Der weltliche Staat

Der Stadtstaat Italiens ist der erste rein weltliche politische Körper im modernen Sinne, der erste Staat. Dieser Staat in Europa beansprucht nur einen Teil der Seele. Denn er ist weltlich. In Italien entsteht eben deshalb das Wort „Staat", weil hier die Zustandseinheit eines Gebiets abzüglich der Kirchengewalt neu benannt werden muß. Die Sache ist aber in Italien noch älter als der Name Staat: Die Sache ist die rein weltliche Gewalt dieser Kommunen. Der Stadtstaat Italiens kann seinen Einwohnern nicht den Glauben oder Kultus, er kann ihnen nur den Frieden und das Recht bringen. Die von der Kirche geforderte geistige Trennung von Kirche und Staat, geistlichem und weltlichem Recht erzeugt hier in der italienischen Kommune den weltlichen Staat.
Uns ist der Staat unvergänglich. Damals aber wurde er kurz gehalten, weil er temporalis hieß, „zeitweilig". Das war ja gerade die neue Entdeckung. Von 1200 bis 1500 sollte alles Regiment kurze Zeit dauern. Deshalb wechselt der Lordmayor von London oder der Universitätsrektor jährlich. Die Podestàs durften sich ein Jahr oft nur sechs Monate in der Stadt, die sie regierten, aufhalten. „Prioren" wurden von Weib und Kind getrennt und auf zwei Monate als ein Kollektiv zusammengesperrt; dann traten sie wieder ab. In Andorra — das wie die Schweizer Urkantone ein Überbleibsel der Welfenzeit ist — werden die drei Schlüssel zum Ratsschrank in den drei Tälern verwahrt; nur auf der Tagsatzung bildet sich der Souverän aus den drei Schlüsselträgern. Sogar ein Tyrann wie Heinrich VIII. von England gestand, daß er nur auf der Tagsatzung des Parlaments seine volle Macht genieße. Machiavelli schreibt seinen „Principe" 1513, gerade am Ende dieser kurzfristigen Welt der Guelfen. Die Kürze der Amtsdauer war ihr Grundsatz[1]). Dieser Kurzatmigkeit vergleicht sich in der Neuzeit die Wirtschaftskonjunktur. Etwa so wie die Nationen vor 1900 den Börsenkursen hilflos folgten, so galt die unaufhörliche Umdrehung des Rades der politischen Fortuna noch Machiavellis Zeitgenossen für das Kennzeichen ihrer Obrigkeiten. Das Wort „Revolution" wurde von ihnen auf das Glücksrad der Fortuna, nicht auf die ewigen Gestirne bezogen.

[1]) Guiccardini, Dialogo del Reggimento di Firenze. Bari 1930, 103 f.

Wohl regt sich im mittelalterlichen Stadtstaat der Trieb nach dem Stadtgott, so wie es den Trieb zum „deutschen Gott“ im Kriege geben kann. So gut wie die absoluten Fürsten oder die absolute Nation hat die Stadt nach Gottähnlichkeit gestrebt. Von Bern rühmte man im 14. Jahrhundert: „Gott selbst ist Bürger worden zu Bern und ficht für sie; wer mag wider sie sein?“ Das ist ein Wort, das den Stolz des Stadtstaates der Guelfen gut bezeichnet. Aber ein derartiger Überschwang ändert nichts an dem grundsätzlich weltlichen Charakter des Freistaats.

Die guelfische Revolution hat eine neue Arbeitsteilung erfolgreich verwirklicht; und zwar ist es die Arbeitsteilung der päpstlichen und der städtischen Gewalt, der Autorität und der Potestas in dem neuen Sinne, daß der Papst von Autorität, die Stadt von Potestà spricht. An die Stelle der antiken Bedeutung der Begriffe auctoritas und potestas, so wie sie Augustus in dem berühmten Ankyranum gebraucht hat, ist damit die christlich-europäische Einteilung getreten, der *Autorität* der Kirche und *weltlicher Staatsgewalt*. So teilen sich die Ämter des geistlichen und des weltlichen Rechts. Dies weltliche Recht heißt das ius civile neben dem kanonischen Recht. Das Wort Civiltà für die Stadtkultur wird deshalb auch von daher begründet als der Ausdruck für diese neue weltliche Geistigkeit. Als das rein weltliche Recht wird dies antike ius civile angesehen und gegeneinandergestellt. Autorität ist geistliches, „potestas“ weltliches Recht.

Schon das erste „Geschöpf“ der Päpste dieser Revolutionsepoche, der sizilische König Friedrich II., das Kind von Apulien, pflegt deshalb als das erste „moderne“ Staatsoberhaupt bezeichnet zu werden. Das Königreich beider Sizilien gilt als der erste moderne Staat. Das, was in der Tat auffällt, ist die Anstrengung Friedrichs, zur Organisation eines Gebietes von beträchtlichem Umfang zu schreiten, ohne dabei die Qualität der Regierungsgewalt an die unteren Organe und Diener seines Regiments zu verschleudern. Dies unterscheidet den Staat vom Lehnwesen.

In allen vorstaatlichen Imperien und Königreichen regieren die Vasallen ihren Unterbezirk aus der gleichen Vollmacht wie der Herzog oder König über ihnen. Wo also noch nicht „Staat“ im modernen Sinne ist, da sind die Dorfherrschaft, die Landesherrschaft und die Reichsherrschaft von der gleichen Totalqualität. Sie sind alle Herrschaft. Sie haben alle die vollständige „Kompetenz-Kompetenz“, das Vollrecht des Regiments. Die größere Einheit der „Reiche“ und Länder wird nur hergestellt durch die Treue, die der Unterherr dem Oberherrn schuldet. Diese persönliche Pflicht der Unterherren, nach dem Willen des Oberherrn ihn aufzusuchen und vor ihm sich zu verantworten, ist das einzige Gegengewicht gegen die ungebrochene Herrlichkeit in den kleineren Herrschaftsbereichen. Jeder Landesteil für sich ist beherrschbar. Die Länder sind deshalb ohne Schwierigkeit teilbar.

Die Päpste hatten diesen Totalherrschaften des Feudalismus ihre kirchliche Ämterordnung gegenübergestellt. Daraufhin wird das italienische Staatsgebiet das erste, das nun mit einer Zusammenfassung aller Staatstätigkeit kraft einer kunstreichen Arbeitsteilung antwortet. Seitdem ist der Staat nur die Gebietskörperschaft, in der in keinem einzigen Teilgebiete die volle Herrschaftsfunktion eines Vasallen auftritt, sondern in der sich Beamte die Funktionen teilen müssen, sowohl räumlich wie sachlich. Ein solches „Gebiet“ wird also im ganzen von einem einheitlichen Willen geordnet, ohne daß die Qualität, die Eigenart dieses Willens in Teilen des Gebietes sich wiederfände. Diese Qualität der Einzigkeit für den Herrscherwillen der Signorie ist z. B. dem vorstaatlichen Gebilde des Weihekaisertums unbekannt.

Das Mündel des Papstes, Friedrich II., hat wohl als der erste Fürst des Abendlandes bereits den Anlauf zu dieser Organisation eines „Staates“ genommen. Als eine Art Vorversuch organisiert er sein Land als Teil der Apenninischen Halbinsel. Das neue weltliche Bild des italienischen Staates wird deshalb bei ihm vorweggenommen auf dem sizilischen Siegel, dessen Führung er dem Papst im November 1220 versprechen mußte. Der Papst verlangte, daß er die Rechte in Sizilien ein für allemal von den Kaiserrechten trenne. Mit dreiteiligem Titel amtiert er seitdem wieder, nämlich als Fürst auf Sizilien, in Capua und in Apulien. Sein Siegel hatte bisher die Weltherrschaftsansprüche des Kaisertums durch das Bildnis der Stadt Rom abgebildet. Auf dem neuen Siegel Siziliens aber wird die Landkarte seines Staatsgebietes wiedergegeben!

So klein dies Siegel, so reichhaltig und merkwürdig ist seine Prägung. Die Meerenge von Messina, Sizilien und Calabrien, Apulien und Kampanien, der Hafen von Messina und Trapani, Salerno und Neapel und Bari sind zu sehen. Dazu aber Bäume und Flußbrücken zur Wiedergabe der Landschaft.

Die Darstellung ist primitiv und doch vereinigt sie auf kleinstem Raum alle Elemente eines neuen, revolutionären Weltbildes. Häuser und Bäume, Stadt und Land erscheinen hier zum ersten Male als Inbegriff eines gleichmäßig überschauten, als Staat zusammengefaßten Gebietes. Noch gibt es nicht einmal den einheitlichen Namen für die drei Fürstentümer, die das Siegel zusammenfaßt. Aber der hieratisch-sakrale Charakter der Herrschaft ist verschwunden und trotzdem wird die *Einheit* des Ganzen gesehen und festgehalten. Dies Stück Welt wird als Welt organisiert. Der Staat auf der Landkarte — uns heute eine Selbstverständlichkeit, jenen Zeiten aber der Lehensherrschaft und des Feudalismus etwas areligiös Erschreckendes — dieser rein weltliche Staat erscheint hier, auf dem Siegel Friedrichs, als die neue weltliche Form des Lebens, die gerade die Papstrevolution den italienischen Gewalten abringt, zum ersten Male.

11. Übermut und Fall

Wir blicken tief in die Gesetze der Revolution hinein, wenn wir jetzt dem Schicksal Italiens nach 1268 uns zuwenden. Der Führer der Revolution, der Papst, wurde selbst zunächst ihr Opfer. Mit 1268 ist das Glück des Papsttums

Römischer Cäsar

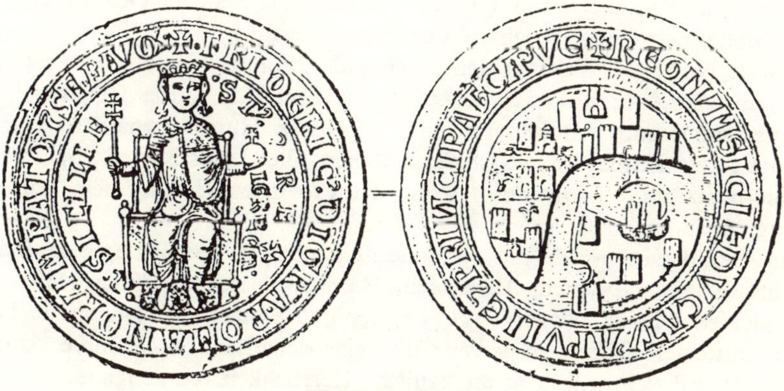

Weltlicher König

Gleichzeitige, aber widersprechende Staatslehren.
Das älteste weltliche Siegel Kaiser Friedrichs II. als König der päpstlichen Lehen Sizilien, Apulien, Calabrien und Capua

zu Ende. In Rom und auf den Konzilien mehren sich die Sturmzeichen. Aber der Wahn des Triumphes hält noch eine Zeit den Sieger auf der stolzen Höhe seiner Empörung. Von 1268—1309 kann man diese Frist des Übermuts rechnen. Die Selbstvergötterung des Papsttums ging damals ebensoweit wie die Aushöhlung seiner Machtgrundlagen.

„Auf der Rückkehr von dem Konzil von Lyon wurde Papst Gregor X. durch die Überschwemmung des Arno gezwungen, die Stadt Florenz zu betreten, die er auf dem Hinweg mit dem Interdikt belegt hatte und die er deshalb nicht betreten durfte. Aber andere Brücken und Wege waren nicht frei als die mit dem Fluche belegten Brücken und Straßen der aus Gottes Gemeinschaft ausgeschlossenen Stadt. Da hob der Papst das Interdikt auf, zog segnend durch die Stadt und erneuerte den Fluch, als er das Tor hinter sich hatte." (G. Kaufmann.)

Zu dem einen Goldreif, den die päpstliche Krone bis dahin umgab, wurde von Bonifaz VIII. 1305 ein zweiter und bald darauf ein dritter Reif gefügt. Die dreifache Krone, die Tiara, trägt seitdem der Papst.

1302 verkündet Bonifaz VIII. die Bulle Unam sanctam, die den Weg des Dictatus Papae in die abendländische Welt abschließt. Alle weltliche Gewalt hängt vom Papst ab. Der „Unitas" der Kirche wird die Unitas des Papstes gleichgesetzt. Und 1296 schon hatte er den Königen jede Besteuerung des Kirchengutes durch die weltlichen Gewalten streng verboten. Dies Verbot hing so sehr in der Luft und widersprach der Besitzverteilung so sehr, daß er es 1297 bereits zurücknehmen mußte. 1303 überfiel Philipp de Nogaret auf Befehl Philipps des Schönen Bonifaz VIII. in Anagni. Der Schmerz über diese Schmach tötete den Papst. 1305 wurde ein Franzose gewählt, ernannte neun Franzosen zu Kardinälen, so daß die Franzosen die Mehrzahl im Kollegium bildeten, und residierte seit 1309 in Avignon. Die Zeit der Demütigung, der „babylonischen Gefangenschaft" der Päpste begann.

Entsetzt blickt die Welt auf den tiefen Fall. „Sur le pont d'Avignon tout le monde danse." In Rom versucht Cola di Rienzo die ganze Papstrevolution durch eine Stadtrevolution mit einer weltlichen Humanistenära zu stürzen. Dante verzweifelt an Italien: „Sklavin Italien, alles Leids Kastell / Schiff ohne Steuermann im Wirbelwinde / nicht der Provinzen Herrin, nein Bordell!" (Purg. 6, 75.)

Und doch lassen gerade die avignonesischen Päpste missionieren in Indien, China, Nubien, Ägypten, Abessinien, Marokko, errichten Wilna, Halicz und Kamieniez in Polen und sorgen für Serbien und Bosnien. Die lateinische Theologie entfesselt damals in Byzanz die leidenschaftlichsten Kämpfe. Und in Prag spiegelt sich noch heut die bauliche Herrlichkeit von Avignon.

Das Exil war eine Zeit der Erniedrigung, aber zugleich eine Verfassungsumwälzung. Das Kardinalskollegium trat nunmehr die schon lange vorbereitete Herrschaft an. Die Monarchie blieb, aber eine Aristokratie höhlte diese Monarchie aus. Die Polis der Ecclesia Romana des Mittelalters ist damit das Vorbild für die Schicksale des neuzeitlichen Staates geworden. Nur wenn man diese Prüfungszeit der Revolution als Zeit der Kardinäle würdigt, enthüllt sich das nächste Zeitalter, das der Konzilien, als ein drittes, nämlich als das der *Demokratie in der Kirche*. Die Staaten sind in der Neuzeit genau so den Weg Monarchie, Aristokratie, Demokratie einhergezogen. Nichts anderes besagt die Reihenfolge des deutschen Fürstenstaats, der englischen Adelsherrschaft, der französischen Demokratie! Aber diese Parallele der Kirche zeigt auf, was sonst übersehen werden könnte, daß keine dieser Formen je absolut bestanden hat.

Papst Bonifatius VIII. Ansicht von Kirche und Papst
Petrus krönt die Kirche

Die europäische Kultur steht immer vor der Aufgabe, Monarchie, Aristokratie und Demokratie in der richtigen Weise zu mischen. Die Versuche, eine reine Demokratie oder Monarchie oder Aristokratie auszudenken, sind ein törichter, ideologischer Aberglauben und rufen nur Rückschläge hervor. Die klassische Bildung hat da eine große Verwirrung angerichtet. Bei Polybius liest man etwas von dem Kreislauf der Verfassungen aus Monarchie über ihre Entartung zur Aristokratie und von deren Entartung weiter zur Demokratie und so fort.
Die Kirche und ihr nach die Staaten des Abendlandes sind von vornherein mit der Fülle beladen: Die Vorzüge aller drei Lebensformen müssen richtig

gemischt und verschmolzen werden, ohne eines der Kernstücke jeder Form preiszugeben. Die Diktatur ist durch die Befehlsgewalt über das Heer immer gegenwärtig.
Als die äußere Demütigung der Kirche 1377 zu Ende ging, weil die Zustände im Kirchenstaat den Papst nach Rom riefen, da war seine Autorität so erschüttert, daß ein und dasselbe Kardinalskollegium im April 1378 einen Italiener, im Herbst einen Franzosen zum Papst wählte. Die Ordnung von 1059 zerbrach, und zwar in den gespaltnen Herzen der Kardinäle selber. So blieb nur das Konzil. Dreimal, 1409 in Pisa, 1414—1418 in Konstanz, 1431—1446 in Basel haben also demokratische Kirchenversammlungen den Übeln der Monarchie und Aristokratie zu steuern versucht. Mit dem Dekretum „Frequens“ hat sich 1417 das Konzil in Permanenz erklärt. Das bewährte sich auch nicht.
Ein einheitliches und ein in Rom beheimatetes Papsttum entstieg diesen Wirren. 1443 zog der Papst Eugen IV. endgültig nach Rom zurück. Aber erst 1449 starb sein Gegenpapst Felix V. 1460 verbietet Pius II. in der Bulle „Execrabilis“ den Appell vom Papst an ein Konzil. Diese Bulle endet den Kreislauf oder genauer, leitet die letzte Stufe, die Diktatur, ein. Denn sie ruft das Standrecht als Dauerverfassung aus. Da kündigt die außeritalienische Welt das Vertrauen: Der deutsche Primas Diether von Mainz droht schon 1460 mit einem Nationalkonzil von Fürsten und Professoren. In seinem Vorschlag zeichnet sich der deutsche Weg über Luther bis zur Paulskirche bereits ab. Der Polybiussche Kreislauf der Papstkirche von Monarchie zu Diktatur hat also am Ende in einem Bodenverlust geendet; durch diesen Verlust ist ein zweiter Kreislauf Monarchie-Aristokratie-Demokratie-Diktatur der Revolutionen von 1517 bis heut freigesetzt worden.

12. Die goldne Zeit der Civiltà humana

Aber vorher begann die Ernte der ganzen Zeit für Italien. Von 1452 bis 1494 währt die goldene Zeit Italiens. Die weltlichen Freistaaten und der Kirchenstaat unter dem Papst, unangefochten von Imperium und Fremden lebten unter dem blauen Himmel der Halbinsel wie unter einem schützenden Dache. Es war die hohe Zeit der Kunst in Italien, die Zeit Lorenzo di Medicis.
Die Zahl der bedeutendsten Künstler aus Florenz und Mittelitalien in diesem halben Jahrhundert ist unübersehbar groß. Venedig und seine Diplomatie stehen auf der Höhe ihrer Macht. Die Königin von Cypern setzt die Lagunenrepublik zur Erbin ein. Mailand ist ein reiches und nach allen Seiten unabhängiges Herzogtum.
In Rom aber faßt Nikolaus V. 1450 den Entschluß, den Vatikan zum größten Palast der Welt zu erheben. Mutter und Haupt aller Kirchen und Ausgang des geistlichen Amts der Päpste war der Lateran und seine Johannesbasilika gewesen. Der Lateran hatte schutzlos draußen außerhalb des heidnisch-kaiser-

lichen Rom an der Appischen Straße gelegen. Auch der Vatikan liegt außerhalb des heidnischen Rom, an der Stätte der neronischen Christenverfolgung. Aber er liegt auf dem rechten Tiberufer im militärischen Schutze der Engelsburg.
Er wächst nun; der Lateran nimmt ab. „Die Cappella Sancta Sanctorum wird zu einer verstaubten und verschlossenen Reliquienkammer" (Wittig). Aber bis zu 11 000 Räumen ist dafür der Vatikan angewachsen. Auf die goldene Zeit geht auch die päpstliche Hauskapelle zurück. Von Florentiner Malern ausgeschmückt ist die Sistina der größte Ruhmestitel der italienischen Stadtstaatskunst und des Papsttums zugleich geworden. Die Sängerschule der Sistina hat auf Jahrhunderte als die hohe Schule der Gesangskunst gegolten.
Es ist seit dieser Zeit der Künstler und der Diplomat, den die Welt aus Italien zu holen sich gewöhnt hat. Dresden, Würzburg und Moskau, der Louvre, Berlin und London haben sich schon seit 1500 und dann immer wieder Italiener herbeigeholt zu künstlerischen Ausführungen.
Der Diplomat und der Künstler der Töne und der Farben sind — roh gesprochen — seitdem die Ausfuhrmenschenart der italienischen Kultur, sie, deren natürliche Überlegenheit gleichsam selbstverständlich vorausgesetzt wird; auch dann, wenn eine andere Nation deutsche Tiefe oder sonst irgendeine Tugend bei ihnen vermißt, so gesteht man ihnen dennoch irgendein undefinierbares je ne sais quoi an Geschick und Fertigkeit zu. Sie sind die geborenen Künstler und Diplomaten, dort, wo die anderen darum ringen, es zu werden.
Diese Ausdrucksweise: die „geborenen" Künstler und Diplomaten trifft den Nagel auf den Kopf. Eine Menschenart ist in der Umwelt des Stadtstaats und der Madonna, des Papsttums und der italienischen Landschaft hervorgebracht worden. Die einmal revolutionär erworbenen Eigenschaften vererben sich, als seien sie angeboren. Daraus darf man aber keine Unveränderlichkeit der Art folgern. Die revolutionär gesetzten, evolutionistisch entwickelten Eigenschaften vererben sich nur, solange die Bedingungen bestehen, die das Gelingen der Zucht sichergestellt haben. Diese Bedingungen bleiben natürlich nicht konstant. Sie haben sich verschlechtert unter dem spanisch-französisch-österreichischen Regiment.

XII. DIE ITALIENISCHE RENAISSANCE
ANTLITZ ODER MASKE

Eine reiche Literatur treibt heut vergleichende Völkerpsychologie und nimmt die europäischen Volkscharaktere als gegebene Größen, die es zu verstehen, darzustellen, nachzufühlen und zu bewundern gelte. Das Buch eines Spaniers, des Direktors der Abrüstungssektion des Völkerbundes in Genf über dies Thema schließt mit der Feststellung, wie langweilig die Welt wäre, wenn die Welt aus lauter uniformen Charakteren bestände, und stellt die Arten gegeneinander in ihrer gründlichen Verschiedenheit. In seinem Optimismus rechnet er auf das dauernde Dasein dieser Charaktere. Wir teilen diesen Optimismus nicht. Die Charaktere sind erschaffen worden durch eine Reihe von Bedingungen. Nur wenn die Bedingungen erhalten bleiben, geht aus der Pflanzstätte der Kultur immer wieder die Art Mensch hervor, der dieser Charakter wohl ansteht. Sobald sich die Bedingungen verschlechtern, entartet der Charakter und droht zur Karikatur seiner selbst zu werden. Die Italiener haben schwer unter dieser Entartung gelitten.

Als Theodor Mommsen, der als der Geschichtsschreiber Roms königliche Ehren in Italien bei Hoch und Niedrig genoß, mit dem Dichter Giuseppe Carducci im offenen Wagen über Land fuhr, rannten ein paar zerlumpte Jungen herbei mit der göttlichen Naivität der Bettler in Italien, die alle von der Sorglosigkeit des Poverello in Assisi einen Schimmer bewahrt haben. Mommsen brach in ein fröhliches Gelächter aus. Carducci aber sprang entrüstet aus dem Wagen und war nicht zu bewegen, wieder einzusteigen. Er könne es nicht ertragen, seine Landsleute von dem noch so verehrten Ausländer so von oben herab behandelt zu sehen. Der Italiener des 19. Jahrhunderts hat von Jahrzehnt zu Jahrzehnt schmerzlicher unter der Prägung seines Charakters zu einer angeblich unveränderlichen Maske gelitten. Eine schmerzliche Scham ist der Mensch, dessen Art ein für allemal geprägt sein soll. Der Aufbruch des italienischen Risorgimento hat immer heftiger gegen die Fertigkeit sich aufgelehnt, die über Italien mit der Renaissance gekommen war. Fertigkeiten kann der Mensch im guten und im schlechten Sinne haben. Die Kunstfertigkeit und die diplomatische Verwendbarkeit des Italieners machen, weil sie eben auch Fertigkeit und Verwendbarkeit sind, auch die Seele fertig und den Geist unwandelbar.

Keine Nation in Europa ist so alt wie die italienische. Ihre Angst vor ihrer eigenen Maske war daher im 19. Jahrhundert größer als bei irgendeinem anderen Volk des Erdteils. Noch das Risorgimento mußte 1810, 1859, 1866 und 1870 sich durch fremder Staaten Politik vollenden lassen ganz wie der Vatikan im Trecento und Quattrocento. So folgte dem Risorgimento, der Auferstehung, 1913 der Futurismus, der gerade die geheiligten Kulturstätten Italiens beschimpfte als die Kerker und Grüfte des italienischen Menschen. Der Name Futurismus ist bezeichnend: Der geprägte Charakter wollte hinaus aus seinem Kerker in irgendeine Zukunft. Der Faschismus hat dem Futurismus Gestalt gegeben. Die Bedingungen für die Züchtung des „Italieners" hatten sich so verschlechtert, daß die Maske zur Totenmaske zu werden drohte. Die innere Unsicherheit des italienischen Selbstgefühls gegenüber den anderen Völkern Europas ist oft bemerkt worden. Sie geht auf diese Angst der italienischen Seele zurück, zur Karikatur ihrer selbst geworden zu sein. Heut ist der Kerker gesprengt. Die europäischen Volkscharaktere werden nicht nur, sie vergehen auch wieder — glücklicherweise.

Kein Volk ist in Europa, dem der alte Durchbruch aus der Maske seiner Nation erspart bleiben darf, wenn die Bedingungen wegfallen, die ihm das menschliche Antlitz geprägt haben. Antlitz und Maske sind zweierlei. Das Antlitz macht den Menschen zum Ebenbild Gottes. Das Antlitz *ist* göttlich. Die Maske ist eine schmerzliche Scham für ihren Träger, auf die anderen Völker wirkt sie als Karikatur, auf deutsch als Maske und Fratze. Als z. B. Marokkaner, die „beschnittenen Ungläubigen" der spanischen Geschichte, die von Cid und von Isabella und der Inquisition ausgerotteten Mohammedaner, für Franco Spanien eroberten, die Männer ermordeten, die Frauen vergewaltigten, da war „der Spanier" zu Ende trotz Madriagas Buch über den spanischen Charakter. Der Todeskampf war eingetreten[1]). George Bernanos konnte seine „Friedhöfe unterm Mond" schreiben. Kein lebendiger Mensch in Spanien darf heut nur Spanier sein wollen. Das gilt von allen europäischen Masken, Fratzen, Karikaturen. Gerade die großartige Lebendigkeit von einst verursacht heut die Versteinerungsgefahr. In zweieinhalb Jahrhunderten oder acht Generationen ist der Charakter des Italieners geprägt worden. Durch fünfzehn Generationen hat er sich behauptet —. Die Pflanzstätte des menschlichen Antlitzes „Italiener" stand im Gleichgewicht bis zum Tode Lorenzos di Medicis und wenig darüber. Zwei Jahre nach der Entdeckung Amerikas, 1494, brachen die Franzosen ins Land. Seitdem trat an die Stelle der Freiheit der Kommunen die Fremdherrschaft auch in Mittel- und Norditalien. Schließlich verkehrte sich die Verfassung Italiens geradezu in das Gegenteil der Zeit von 1450. Denn bis 1450 hatte der Archipelagus der Freistaaten bestanden, nur der Papst war nicht oder nur unsicher in Rom. Seit 1494 erloschen die Freistaaten einer nach dem andern. Nur der Papst herrschte nun im Vatikan. Am Ende des 19. Jahrhunderts war der Kirchenstaat als das letzte Gebilde der ursprünglichen Artung übrig.

Deshalb bildet die Zeit von 1450 bis 1494 eine so außerordentliche Gnadenzeit für Italien, weil noch die Freistaaten blühen und schon wieder der Papst im Vatikan residiert.

Seit dieser Zeit ist der Vatikan aber auch eine italienische Einrichtung. Die Talente des italienischen Volkes haben hier eine bevorzugte Laufbahn vor sich.

[1]) Unamunos L Agonie du Christianisme spricht das aus.

Die Mehrzahl der Kardinäle sind seit 1450 bis 1918 Italiener. Das höchste Gericht der römischen Kurie, die Rota, bestand früher aus 12 Auditoren. Davon waren 3 Römer, 2 Spanier, 1 Deutscher, 1 Franzose, 1 Venetianer, 1 Mailänder, 1 Florentiner, 1 Ferrarese, 1 Bolognese. Der Bund des Papstes mit dem italienischen Archipelagus spiegelt sich in diesen Herkunftsorten.
Venedig, Mailand, Florenz und Rom, schreibt Guicciardini, seien in diesen Jahrzehnten wie die Saiten einer goldenen Harfe gewesen. Kostbar und harmonisch, ein Geschenk Gottes. 1494 sei die Harfe zersprungen.
Die Zeit war mit diesen vierzig Wunderjahren erfüllt. Von Gott wenden sich die Italiener den Göttern zu. Der Humanismus der italienischen Renaissance läßt die geheime Verkettung von Papsttum und Freistaat in der Abwehr der Fremden, das Geheimnis der italienischen Revolution aus den Seelen weichen, weil er die Werte umwertet, die diese Ordnung geschaffen hatten.
Das Weltgericht, das Heilige Grab und la Città del Vaticano, das sind die Themen der drei Epochen des Abendlandes von 1000 bis 1500. Es hat einen guten Sinn, sie als die Renaissance der christlichen Antike zusammenzufassen. Denn alles Leben der Völker des Abendlandes empfängt von dieser Aufgabe her Anruf, Berufung und Erziehung.
Deshalb ist der Zeit ein gemeinsamer Ausgang beschieden gewesen in jenen außerordentlichen Jahren 1450 bis 1494. Der letzte große Kreuzzugsprediger — Capistrano — hat damals noch einmal das Abendland durchpredigt. Die letzte große „Konkordanz“ aller Gedanken in Art des 12. Jahrhunderts ist damals noch einmal gewagt worden von Nikolaus aus Cues an der Mosel, dem Kardinal und Philosophen der Coincidentia Oppositorum, des Zusammenfalls der Gegensätze. Die Zeit gleicht auffallend der Ruhe, dem Frieden und dem fin du siècle-Zustand, den Europa von 1870 bis 1914 genossen hat.
Auch von 1870 bis 1914 sammeln drei große Epochen ihre Ernten in die Scheuern, die Epochen der deutschen, der englischen und der französischen Revolution. Auch sie sind 1871 an ein Ende gelangt und dürfen „sich ausleben“. Seltsamerweise ist dieses Wort „sich ausleben“ auch eben in diesem Zeitalter geprägt worden. Es entspricht der Vergötterung der Virtù im Italien dieser Jahrzehnte 1450 bis 1495. Die angeborene Kraft darf sich auswirken: die Zucht scheint geraten, der Menschenschlag abgeschlossen und vollendet. Civiltà und Humanismus durchdringen sich, unbekümmert um Weltgericht und Heiliges Grab.
So ist sowohl Italien wie die abendländische Kirche eine Vorgestalt für das übrige Europa. Italien und Papstkirche haben Empörung, Prüfung und Vollendung bereits durchmessen. Und sie haben in den Menschen, die sie hervorgebracht, Mitteiler ihres Lebensganges an die übrigen Völker erzeugt. Ist die Kirche die Lehrmeisterin der Seelen, so ist Italien die Lehrerin der europäischen Völker geworden.
Seit der Renaissance, seit Martin Schongauer und Dürer, pilgert ganz Europa nach Italien. Goethe und Lord Byron, die Königin von Schweden und Ungarns

Genius Franz von Liszt, Winkelmann und Stendhal, die Idealistin Malwida von Meysenbug und der Antichrist Friedrich Nietzsche „müssen“ nach Italien. Es wurde eben bis 1918 dort eine Lektion erteilt! Und diese Lektion war nicht die eines ästhetischen Kunstgenusses. Sondern eine *Lebensart* prägte sich den Völkern „Europas“ auf in diesem Volk des Abendlandes! Viktor Hehn schildert das in seinem Buche „Italien“.

Als der Schwede Steffen 1913 ein staatspolitisches Buch schrieb, „Die Demokratie in Europa“, da verbreitete er sich über die englische Verfassung und ähnliche Dinge über 250 Seiten. Dem ganzen Buch aber hängte er ein Kapitel an höchst seltsamer Unordnung und Anordnung. Der nüchterne Theoretiker war des trockenen Tones satt geworden, flüchtete sich aus dem Nebel Londons und eilt geradeswegs nach — Siena. Und mit der Begeisterung des vom Abendland unwiderstehlich angezogenen Europäers beschreibt er nun die Gestalt des italienischen Freistaats in der Berglandschaft von Siena! Es ist wie ein Durchbruch zur Vollnatur des Europäers, den wir erleben, wenn dies Kapitel plötzlich über uns hereinbricht.

Aber nur Italien kann die Jahre 1450 bis 1494 als Vollendung erleben. Alle anderen Völker sind in einer Tortur der Spannung. — So wie Rußlands Gärung zwischen 1870 und 1914, so etwa müssen wir uns vor allem Deutschlands Seelenspannung unter der Geduldsprobe des nicht endenwollenden Regiments Friedrichs III. (1439—1493!) vorstellen.

Die italienische Renaissance löst sich in Heidentum, in Humanismus auf. Die in sich vollendete Nation drohte an viele Götter sich zu verlieren. Sie hatte nichts mehr zu gewinnen. Eine Nation aber, die sich erst finden muß, muß durch den Engpaß des *Eins ist not*. Der italienische Humanismus war also ungenießbar für die Völker, die vor ihrer Revolution noch standen! Oft hat man sich über das jähe Abbrechen des italienischen Schwelgens im Heidentum gewundert. Aber die Götter des Heidentums bleiben tot.

Der Humanismus ist geschichtslos. Geschehen kann den Völkern nur dann etwas Welterschütterndes, wenn ihre Seele erschüttert wird. Die Seele erschüttert nur einer, der da sein wird, der er sein wird, der lebendige, liebende, schaffende Deus Unus; der eine einzige kann eines Volkes Seele ins Leben rufen. Die Göttlichkeit des Heidentums ist das „in Schönheit sterben“. Gott aber, der das Abendland mit der Drommete des Jüngsten Gerichts erschreckt, aber auch aufgerufen hatte, Gott, dessen Heiliges Grab dann ein friedliches Zusammenleben des Abendlandes erweckt hatte, Gott, dessen Heiliger Geist dann die Liebe der Menschen zu Luft und Wasser, Erde und Licht wieder entzündet hatte, dieser dreieinige Gott des Gerichts, der Wallfahrt und der Fleischwerdung, wandte sich nun mit dem nächsten Blick seiner Augen dem Volke zu, das von der letzten Revolution verletzt und gekränkt worden war.

Der römische Diplomat fand 1200 an dem deutschen Herzog Philipp von Schwaben eine „vulnerata conscientia“. Und an dieses Wort vom „verwundeten Gewissen“ knüpft sich die Ausrottung der Staufer.

Seltsamerweise hat der Papst mit diesem Wort vom „verwundeten Gewissen" den Deutschen das Stichwort zu ihrer Revolution gereicht. Der dreieinige Gott, der sich dem Abendland bereits dreifaltig offenbart hatte, wird laut und Stimme in dem verwundeten Gewissen eines Deutschen!

Aus dem Raum dieses Gewissens steigt eine neue Welt empor. Denn dieser Raum des Gewissens belebt und teilt und gliedert und bevölkert sich. So wird der Freiheitsraum des fürstlichen Gewissens der Schauplatz, auf dem die gelehrten Berater dieses Gewissens, die fürstlichen Räte, ihren Einzug halten und den Staat der deutschen Reformation einrichten können.

DIE DEUTSCHE REFORMATION

XIII. DIE RELIGIONSPARTEIEN UND DER BEAMTENSTAAT

1. Sachsen, Thüringen, Hessen

Eisleben, Erfurt, Wittenberg, Wartburg, Leipzig, Koburg und Marburg, das sind die berühmtesten Namen aus der Reformationsgeographie. Sie liegen alle in Mitteldeutschland. Das Gebiet ist zum Großteil thüringische Erde. Der kleine Thüringerstamm hat das böseste Schicksal von allen deutschen Stämmen gehabt. Ohne eigne Stammesherzöge schon seit den fränkischen Merovingern wurde das Land immer weiter eingeschränkt. Schließlich wurde es mitten durchgeteilt. Der Osten wurde mit der Markgrafschaft Meißen vereinigt als Sachsen-Thüringen, und der Westen erhielt einen besonderen Landgrafen von Hessen. So war die Lage um 1500.

Noch auffallender ist die gleichzeitige Verkürzung dieses Stammes in kirchlicher Hinsicht.

Der Bischofssitz in Erfurt war längst aufgehoben. Denn die fränkischen Eroberer hatten Thüringen dem mächtigsten Frankenbischof, dem von Mainz, direkt unterstellt. Deshalb ist Erzbischof Albrecht von Mainz Martin Luthers Bischof. Deshalb war es auch gar nicht so sinnlos, wie es zuerst aussieht, daß dieser bekannte Reichsfürst der Reformation gleichzeitig den Magdeburger Kathedralstuhl als Erzbischof innehatte. Die Diözesen Magdeburg und Mainz grenzten eben unmittelbar aneinander, und in der Person Albrechts gewann das mitteldeutsche Gebiet immerhin eine Personalunion, durch die eine sinnlos das Land zerreißende Grenze zwischen zwei Kirchenprovinzen unschädlich gemacht wurde. Aber diese Personalunion mußte teuer erkauft werden durch die ungeheuren finanziellen Lasten, die sie Albrecht auferlegte und die ihn zwang, das Ablaßgeschäft Tetzels als eine Einnahmequelle seinen Bankiers, den Fuggern von Augsburg, auszuliefern. So ist an dem schimpflichen Ablaßgeschäft, jenem ersten Ärgernis für den Lutherzorn, indirekt auch die sinnlose Bistumseinteilung seines Heimatgebietes schuld. Sie stellte sich dar als eine Karikatur des Bistums, die als solche an der früheren Ostgrenze des karolingischen Reiches stehen geblieben war. Dies ostfränkische Fossil war um so sinnloser, als die deutsche Nation inzwischen längst weiter nach Osten ausgegriffen hatte, nach der Lausitz, Schlesien usw. und als in allen diesen Ostlanden die Bistümer anders angeordnet waren. In je einem Fürstenlande lagen hier mehrere Bistümer, oder doch ein besonderes für jedes Fürstenland. Dadurch unterstanden die Bischöfe bereits dem Einfluß des Landesherrn und ihr Interesse lief dem des Landes parallel.

Im schroffen Gegensatz dazu zwang die kirchliche Verfassung Thüringens Luthers Landesherrn, den Kurfürsten Friedrich den Weisen, mit einhundert verschiedenen Klöstern und mit den Bischöfen von Mainz, Würzburg, Bamberg, Naumburg, Merseburg, Meißen, Magdeburg, Brandenburg zu verhandeln. Man vergleiche dieses Hineinregieren in das eine Fürstentum mit der Bischofsverfassung der alten Kirche: Jeder Stadt ihr Bischof! Hier in Thüringen hat nicht einmal das ganze Land einen besonderen Bischof. In Italien war die Befreiung der geistlichen Fürsten vom Kaiser durch die große Zahl dieser Bischöfe erträglich. Denn so waren sie politisch bedeutungslos. Sinnlos aber mußten die Folgen der Papstrevolution wirken in dem Herzen des europäischen Festlandes. Thüringen mußte jeder Möglichkeit innerer Verwaltungseinheit darben. Nach Thüringen wurde von Rom und 108 andern Kirchen hineinregiert.

Wir erinnern uns des Satzes, daß immer das rückständigste Land gezwungen ist, Revolution zu machen und daß jenes Land am rückständigsten ist, dessen Zustand sich am weitesten von der Lage des Trägerlandes der vorhergehenden Revolution unterscheidet.

Die Lage Thüringens wurde nun verschärft in einem Zeitpunkt, wo alle Fürsten und Obrigkeiten ihre eigene Beamtung aufzubauen und dadurch ihre Länder auch weltlich nach außen zu schließen versuchten. Eigene Juristen und Amtmänner wurden von den Landesfürsten gemietet, um das, was die italienischen Städte seit Jahrhunderten in ihren Podestâs und deren Beamtenstäben besaßen, nun für das Land im ganzen einzurichten: eine einheitliche Organisation. Der Città Italiens mit ihrer Campagna möchte jetzt allenthalben der kontinentale „Flächenstaat", das Fürstenland nachstreben, in Burgund, in Österreich, in Toskana, in Frankreich, in England. Aber nirgends stieß die Landesregierung auf solch eine Schwierigkeit als in den mitteldeutschen Landen. Denn was nutzte alle weltliche Staatsverwaltung angesichts des Offenstehens aller Kirchentüren?

Für die deutschen Landesherren, besonders aber für den Kurfürsten von Sachsen-Thüringen gab es eine Gegenwehr gegen das bischöfliche Hineinregieren: Die Errichtung einer Landesuniversität. 1502 war denn auch Wittenberg gegründet worden, dem Fürsten Juristen und Theologen zu liefern. In einem kleinen Landstädtchen (382 Bürger im Jahre 1512!) erhob sich diese Alma mater. So ländlich, so gar nicht civitasmäßig war diese deutsche Landstadt. Man vergleiche Städte wie Bologna, Paris, Siena mit diesem Wittenberg. Und man kann sofort den Schluß ziehen, daß diese Universität nie als Stadt-, sondern nur als Landesuniversität Zukunft wird haben können.

Die Rückständigkeit seiner Landesherrschaft in kirchlicher Hinsicht gibt dem Kurfürsten keinen anderen Weg frei. Die sämtlichen Geistlichen seines Gebietes muß er an ihrem Bischof vorbei in seine Gewalt zu bekommen suchen.

Und das kann er nur, wenn er aus diesen Geistlichen lauter studierte Theologen zu machen vermag. Denn dann müssen sie über seine Landesuniversität laufen. Der Klerus war bis dahin grundsätzlich unakademisch. Pfarrer und Mönche brauchten nur die nötigen Lateinkenntnisse und hatten mit der Fakultät nichts zu schaffen. Denn die Theologie war Sache der *Kathedralen*, d. h. der Bischofskirchen. Das Wort Kathedra, Katheder ist ja genommen von dem Stuhl des Bischofs, der „ex cathedra" regiert. Der Kurfürst braucht also einerseits *Katheder* in seinem Lande, die ihm allein unterstehen, eben die Katheder der Landesuniversität. Andererseits muß er einen Weg finden, den gesamten Klerus vor diese Katheder zu zitieren, statt vor die des alten Kirchenbischofs.

Dann konnte er hoffen, die Pfarrer wie die Amtmänner zur Organisation seines Territorismus mieten zu können als studierte Magister der Theologie, so wie er die studierten Magister der Jurisprudenz mieten konnte. Die Katheder der Theologen und Juristen sind deshalb die Ausgangspunkte der Landesuniversität um 1500. Neben dem Mönch Martin Luther darf man keinen Augenblick den Juristen Hieronymus Schürff vergessen. „Professor" Schürff ist der Beistand des „Professors" Luther auf dem Reichstag zu Worms gewesen. „In Schürff stand die Universität hinter Luther." Als drittes Katheder tritt das des Philologen Philipp Melanchthon hinzu; mit ihm läßt sich nämlich die Autorität der Universitätskatheder gegen die der bischöflichen Kathedra unterbauen und verstärken. Denn die Philologie, die Kenntnis der alten Sprachen, geht den Bischöfen ab, und so gewinnen diese Sprachkenntnisse der Professoren eine politische Bedeutung im Kampf gegen die Bischöfe. Bis auf den heutigen Tag ist die Tracht der Juristen und Theologen im Deutschland der Reformation die von Doktoren der Universität geblieben. Die Professoren haben den Pfarrern den Priesterrock ausgezogen und den Doktortalar aufgezwungen. Und nirgends zeigt sich der Stolz der Reformation deutlicher als in dem prunkvollen holzgeschnitzten Katheder, das man in der Lutherhalle in Wittenberg sehen kann.

2. Wissen und Gewissen

Jede bloß lokal bestimmte Lebensordnung verdummt und wird geistlos. Der Geist weht, wo er will und ist zunächst nicht raumgebunden, sondern er unterwirft sich die Örtlichkeiten hinterher, nachdem er aus dem Schoß der Zeiten losgebrochen ist. Jede bloß lokal bestimmte Lebensordnung bedeutet den Verfall des Geistes. *Daher braucht jedes europäische Kulturvolk über dem örtlichen Funktionär ein zweites Amt.*

Das „zweite Amt" Italiens neben der Hierarchie der Papstkirche haben wir schon ermittelt; nachdem es eine Zeitlang die Podestà, die Wanderregentschaft gewesen war, wurde es dann die Kunst. Sie ist es, die in Italien das religiöse Leben geistig erneuert, fortgebildet und vorwärts getrieben, ja die es am Ende

b) Die Notwendigkeit der Universität Wittenberg. a und b decken das gleiche Gebiet, die eine als fürstliche Lande (a), die andere als bischöfliche Sprengel (b)

Das Kurfürstentum Sachsen-Wittenberg im Jahre 1517

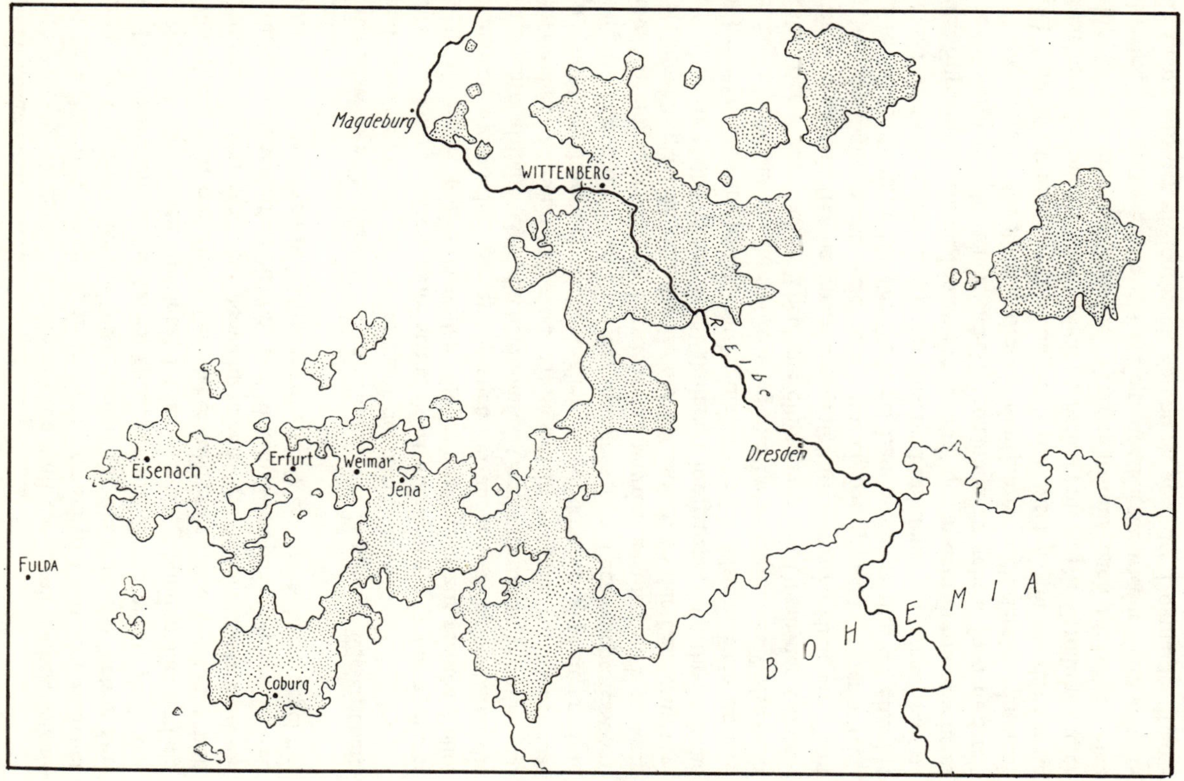

a)

allein noch glaubhaft dargestellt hat. Das zweite Amt der englischen Welt liegt in der Politik, wie wir noch sehen werden, und schweißt die Gaue des Landes zur Country zusammen.
Das zweite Amt der deutschen Landeskirchen sind die theologischen Fakultäten und im weiteren Sinne die Universitäten. Zwischen Kunst der Italiener und Politik der Engländer ist die Wissenschaft für die deutsche Nation einzureihen. Das wissenschaftliche Leben spielt für uns Deutsche die Rolle des Mörtels, der die Deutschen überlokal immer wieder gebunden hat und an dessen Bindekraft sich die Deutschen daher allerorten wieder erkannt und zum Zusammenwirken geschickt gemacht haben. Die Wissenschaft wird die Sprache dieser gewissenhaften Nation. Das ist kein Wortspiel. Sondern Wissen und Gewissen verschmelzen in höchst ernsthafter Weise im Schmelztiegel der Reformation.
Luther, der Erwecker des Gewissens, und Luther, der Mann der Wissenschaft, ist ein und dieselbe Person, der Reformator der Deutschen.
Die Lehre der Universitäten sollte schon 1524 auf dem geplanten Speyerer Nationaltag die rechte Lehre darstellen. Sie ist tatsächlich zur rechten Lehre in der Augustana geworden. Sie zwang auch der anderen Religionspartei die gleiche wissenschaftliche Gründlichkeit auf. „Germania docet", mußte ein Papst zugestehen. Schulmeister sind wir gewiß in besonderem Maße. Das eigentümliche Verhältnis der evangelischen Landeskirchen gegenüber Rom wurde möglich durch die Fakultäten der evangelischen Theologieprofessoren. Und diese Theologieprofessoren hinwiederum wurden gestützt und getragen von ihrer Zugehörigkeit zu dem Kreise der Fakultäten an der Landesuniversität überhaupt und aller deutschen Fakultäten im ganzen. Die theologische Fakultät ist selbst Lehrspruchfakultät im deutschen Einzelstaat. Kein Bischof setzt ihr das Imprimatur vor ihre Forschung und Lehre. Auf diese Weise stellt die Fakultät der evangelischen Theologie ein souveränes Organ der Landeskirche dar. Diese Fakultäten haben zwar kein unmittelbares Kirchenamt. Denn die Kirche wird vom Staat weitgehend unsichtbar gemacht, verstaatlicht. Sichtbar ist im Luthertum nur der Fürst als Landesbischof und die einzelne Gemeinde. Dazwischen stehen rein technische Funktionäre, Dekane, Konsistorialräte, Superintendenten. Ein zweites „Amt" neben dem Pfarramt scheint es seit der Reformation in den Landeskirchen nicht zu geben. In dem Streit um die Weiterführung des Bischofstitels in den Jahren nach dem Zusammenbruch der landesfürstlichen Kirche hat man das Bischofsamt als das zweite Amt bezeichnet, das man neu und wieder schaffen müsse. Die Erfüllung dieser Forderung brächte eine Revision des Protestantismus nach rückwärts, eine Romanisierung. Denn so würde das Gefüge der Kirche wieder sichtbar werden. Die Lehre von der unsichtbaren Kirche ist aber das Dogma der Reformation. Und diese Unsichtbarkeit der Kirche wurde gesichert, oder genauer sogar erst ermöglicht, durch das anderen Völkern rätselhafte Verhältnis der Deutschen zum „Geist". Geist und Theorie üben in Deutschland von der

Augustana über Kant und Fichte bis zum „Kapital“ jene Macht aus, die das Dogma von der unsichtbaren Kirche brauchte, um sich als das Dogma einer Weltrevolution zu erweisen. Es ist der Geist der *Lehre*, der dem Studenten in jungen Jahren mitgegeben wird, der ihn fürs ganze Leben versorgt mit der Herrlichkeit einer Weltanschauung, eines geistigen Standpunktes, ein Geist, von dem er zehrt bis ins Alter. Dieser Geist der Lehre ersetzt die Seelsorge an den Gebildeten, die der Protestantismus durch die Preisgabe der Beichte hat verfallen lassen. Er ersetzt das zweite, das bischöfliche Amt, das ja aus der Kontrolle der lehrenden und predigenden Pfarrer besteht. Das Studium in der theologischen Fakultät gibt dem Pfarrer die Verbindung mit dem Geistesleben, die ihn durchs Leben trägt. Die Inhalte der Lehre dieses Studiums haben seit Luther ein halbes dutzendmal gewechselt. Geblieben ist jene Erhöhung des Lebensgefühls des Geistlichen dadurch, daß er Akademiker gewesen ist. Kein Theologieseminar auf evangelischer oder katholischer Seite hat vermocht, den Besuch der Hochschule zu ersetzen. Die fine fleur, die Quintessenz einer Kultur zeigt sich in dem, was sich nicht restlos definieren läßt. So ist es mit der Bedeutung des akademischen Studiums in Deutschland beschaffen. Wir sind hier im Herzen der „unsichtbaren“ Kirche. Sie ist unsichtbar nur *im späteren Leben* der Gebildeten. Da sind kein Bischof, keine Beichte, kaum ein Kultus und nur noch Reste einer Liturgie zu sehen, die sie binden. Aber trotzdem sind sie *gebunden*, religiös. Gebunden sind sie nämlich so lange, wie auf dem Stand der Akademiker der Glanz der deutschen Revolution von 1517 lag, also etwa bis 1900 oder bis zum Weltkrieg an die Religion der Lehre ihrer Studienzeit. Ein Lutheraner, Wolffianer, Kantianer, Fichteaner, Hegelianer, ein Hengstenbergianer und Ritschlianer, — alle „-aner“ der deutschen akademischen Welt sind Glieder dieser unsichtbaren Kirche, die zu der bloßen Gemeindebildung des Luthertums hinzutritt als Oberkirche überörtlicher Art. Dieses zweite Organ der vom Obersten Landesbischof, dem Fürsten unterhaltenen Landesuniversität verkörpert gegenüber der räumlichen, lokalen und statisch-orthodoxen Gemeinde das Leben des kirchlichen Geistes durch die Zeiten. Diese Tatsache und nur sie unterscheidet z. B. den deutschen Protestantismus von der englischen oder Schweizer Frömmigkeit der Calvinisten und Nonkonformisten. Dort hat die Gemeinde als zweites Amt nicht den Geist einer Hochschule über sich, sondern dort ist die *politische* Ordnung das zweite Kraftfeld, kraft dessen dem Geist der Ortsgemeinde der Geist der Zeiten gegenübertritt.

3. Gott und die Seele

„Gott und die Seele“ lautet die Parole des gewissensgebundenen Einzelchristen. Und diese scheinbar nur religiöse Parole ist die Parole des deutschen Volkscharakters geworden.

Der Einzige und sein Eigentum, der Einzelne ganz allein im Protest gegen die Welt, das ist die Grundhaltung des Menschen in Deutschland seit der Reformation. „Mit allen gegen eine Stimme" ist das typisch deutsche Stimmverhältnis in Kollegien und Versammlungen. Und weil es auf den einzelnen und seinen Protest ankommt, deshalb ist es eine abwertende Redensart in unserer Sprache, wenn man sagt, irgendeine Sache kümmere „Gott und die Welt". Denn dann kümmert sie nicht die Seele! „*Gott und die Seele*" stehen gegen „Gott und die Welt" und haben den Vorrang gegen alle sichtbaren, vernünftigen Ordnungen und Einrichtungen. „Wie immer zu protestieren", gegen Gott und die Welt, wie Goethe 1817 zum Jubiläum der Reformation sagt: in Kunst und Wissenschaft, überall aus der Kandare zu gehen einer uniformen Zucht, und auszubrechen aus jeder wie immer gearteten Katholizität, das ist zum sittlichen Bedürfnis der deutschen Volksnatur geworden. Der Deutsche löckt wider den Stachel, er nimmt alles persönlich, er ist in allem subjektiv — wie man dies Element immer ausdrücken mag, so erscheint es immer als ein Grundzug der Natur des Deutschen. Der radikalste deutsche Kommunist und der ernsthafte deutsche Katholik ähneln kraft dieses ernsthaften Protestwillens viel mehr einem evangelischen deutschen Pastor als ihren eigenen russischen oder italienischen Gesinnungsgenossen. „Ohne mich" ist unnachahmlich deutsch.

Das ist kein Wunder. Denn diese Volksnatur ist *gewordene* Natur. Nicht von Haus aus, sondern unter schwerstem seelischen Druck ist diese Natur zustande gekommen. Und hervorgebrochen ist sie erst in dem Augenblick, als der lange ertragene seelische Druck sinnlos geworden war und das Volkstum zu morden drohte.

Worin hatte der seelische Druck bestanden und weswegen war er ertragen worden? Das Christentum ist über den Rhein gedrungen viele Jahrhunderte später als zu den Franken in Gallien. Und es kam deshalb zu den Völkern der Reformation zuerst in einer Gestalt, die in Gallien oder Italien nur abgeschwächt und nachträglich auf ältere geistliche Schichten aufgestockt wurde. Die Träger der Reformation sind die Nord- und Ostländer des fränkischen Reichs geworden, Italien, Frankreich und England und Spanien haben sich der Reformation erwehren können. Nur in die Nord- und Ostländer ist eben das Christentum schlechthin als karolingische Heereskirche gekommen, als *Trägerin der Reichseinheit*. Der Sinn der Kirche war für die Stämme, die in das fränkische Heer eingereiht wurden, daß eine einheitliche Zivilverwaltung und eine gemeinsame Friedensordnung die zertrennten Stammescharaktere durchsetzen und überwinden könne. Gottes Bündnis mit dem weltlichen Regiment sind das erste in der germanischen Bekehrung. Gottes Bund mit der einzelnen Seele tritt hinter jenem ersten Bündnis von Karl dem Großen bis zur Reformation immer in den Hintergrund. Der sächsische Grafensohn Gottschalk wird im 9. Jahrhundert gezwungen, gegen seinen Willen Mönch zu bleiben, wozu man ihn als Kind bestimmt hatte. Er rebelliert. Der deutsche Erzbischof aber, der ihn bezwingt und durchs Leben verfolgt und im Gefängnis verwahren läßt, ist derselbe Mann, der die Pfingsthymne Veni creator spiritus „Komm, Schöpfer Geist" gedichtet hat. So eingesperrt in den Kultus war damals dieser schöpferische Geist.

Dafür verdanken aber diese selben Sachsen derselben Kirche die Vorherrschaft im Abendlande als Erben des Kaisertums! Die Kirche ist eben als Weltzusammenhalt zu den Deutschen gekommen. In der hinreißenden Predigt, die der Missionar Lebuin den Sachsen hält und die unser Abschnitt vom Weltgericht des Kaisers wörtlich enthält, stehen nebeneinander die erhebenden Worte von der Freiheit der Kinder Gottes aus dem Paulusbrief und die brutal niederschmetternden Gebote der Welt.

Diese Mischung der Missionspredigt ergibt den Charakter der deutschen Kirche, sehr zum Unterschied von den älteren gallischen und italienischen Kirchenprovinzen.

Sie ist Militär-, Erobererkirche. *Das muß einmal gesühnt werden.*

Immerhin: solange diese Kirche das Reich zusammenhielt und den Stämmen den Zusammenhalt unter sich wie auch mit der Welt verbürgte, haben sie dies Joch der Heerkirche ertragen. Sinnlos wurde es aber in dem Augenblick, wo diese Kirche gerade umgekehrt nicht mehr zusammenhielt, sondern sprengte, was an Stämmen im Reich zusammenlebte und wo andere Wege des Zusammenhalts mit der Welt sich anboten als der über die Kirche. Da wurde das Joch abgeworfen.

Immer hat man das Wetterleuchten der Bauernkriege mit dem Gewitter der Reformation zusammengesehen. An den Bauernaufständen nun kann man gut erkennen, was sie zu bloß mittelalterlichen Vorgängen stempelt gegenüber Luthers Tat.

Für den Bauernaufstand, der seit 1493 am Oberrhein wetterleuchtete, hatte Joß Fritz, sein außerordentlicher Rädelsführer, unter Lebensgefahr die Fahne malen lassen auf blauer und weißer Seide. Sie trug einseitig den Bundschuh und ein weißes Kreuz, auf der anderen Seite die Kreuzigung des Herrn mit Maria und Johannes im Vordergrund; Embleme des Kaisertums und des Papsttums daneben. Die Ziele des Bundschuhs waren: die „göttliche Gerechtigkeit" (das heißt: ein evangelischer Endzustand), das Gotteslästern abtun und unter dem Bundschuh das Heilige Grab gewinnen: Darin ist nichts Neues: Papsttum und Kaisertum und Kreuzzug weisen nach rückwärts, der Gekreuzigte und die göttliche Gerechtigkeit aber stammen von den Spiritualen, der uns schon bekannten Linksopposition der Franziskaner. So waren auch die materiellen Forderungen der Bauern. Sie wollten die örtliche Selbstregierung in Dorf und Mark festhalten gegenüber den neuen Beamten der Zentralgewalten im Fürstenstaat. Sie wollten die alten Sippen zur Selbstverteidigung, Blutrache, Eideshilfe, Bürgschaft, Eheschluß und Vormundschaft weiter erhalten sehen, obwohl diese durch die kirchliche Verwaltung längst morsch und brüchig geworden waren. Das Volk litt unter der Auflösung seiner alten Geschlechterordnung durch die Kirche und den Klerus. Aber es wollte nicht über die

Klerikerkultur hinaus, sondern noch hinter sie zurück. Dieser Hilflosigkeit gibt die Bundschuhfahne Ausdruck.

In diesem Unruhengebiet ist damals Grünewalds Kolmarer Altar entstanden, der stärkste Beweis für die Dostojewskistimmung deutscher Nation am Vorabend der Revolution.

Grünewalds Kreuzigung weist auf einen neuen Sinn des Kreuzes hin, einen Sinn, der sich nicht mehr mit dem der Kreuzzüge nach dem Grabe des Erlösers deckt. Alles mittelalterliche Leben spricht ja in kirchlichen Symbolen und in klerikal-liturgischen Vorstellungen seine eigenen Nöte aus. Grünewalds glühende und drohende Darstellung schreit in der Stille und bringt zum Zittern mitten in der Ruhe des sichtbaren Lebens. Eine zweite rätselhafte Welt taucht auf, unsichtbar im Sichtbaren, innerlich im Äußerlichen.

Sehnsucht nach dieser Welt der Nachfolge Christi ist weit verbreitet. Die Brüder vom gemeinsamen Leben versuchen seit 1385 es den Mönchen an Heiligkeit gleichzutun. Aber noch kommt man nirgends von den klerikalen Formen des religiösen Lebens los, wenn man als Laie sich hingeben will. Indessen immer schwieriger ist es, die Laienmassen in klerikalen Formen zu befriedigen. Dies Volk hat nur aus der ersten Hälfte des 14. Jahrhunderts in den Schriften Eckeharts, Taulers und Seuses eine großartige Literatur tiefer Klänge und Töne seiner Art. Jetzt im 15. Jahrhundert ist Teutsche Nation rückständig in Poesie und Sprache. Possen und Meisterlieder, Satiren und politische Denkschriften, nichts Großes, Fortreißendes.

Und sich selbst hatte man in diese verzweifelte Lage hineingebracht, in diese Sackgasse, weil man der Kirche zuliebe und aus nationaler Aufwallung die trostlose Hussitenzeit heraufbeschworen. Die besten Kräfte waren zum Kampf gegen die Hussiten aufgewendet worden, deren Haß gegen alles Deutsche seit der Verbrennung des Johannes Hus in Konstanz begreiflicherweise unauslöschlich war, deren Lehre aber nur aus Chauvinismus in Deutschland nicht beachtet werden durfte.

In Konstanz (1414—1418) hatte Kaiser Sigismund, zugleich König von Ungarn, das Heft in der Hand gehabt. Er war der Schirmherr des Konzils. Er hatte den Herzog von Österreich gedemütigt, als dieser den Papst dem Konzil zu entziehen versuchte. Sigismund und dem Konzil verdankte die Christenheit die neue Einheit der Kirche nach vierzig schismatischen Jahren. Noch einmal war ein Kaiser Zusammenhalter der Kirche geworden. Und bezeichnenderweise war dieser Kaiser der Träger der Stephanskrone, d. h. des östlichen Landes aus dem Länderkranz des Kontinents, den die Kaisertheokratie der Salier um Rom gewunden hatte. Der heilige Stefan und seine Nachfolger haben erfolgreich bis heut in ihrem Lande die Kirchenhoheit für sich behauptet, ganz nach der Weise eines Otto III. Innozenz III. hatte deshalb 1201, im ersten Jahre seiner Revolution, die Lektüre dieses Absatzes in der Stefanslegende verboten! Aber die Kirchenmacht der Könige von Ungarn blieb unangefochten, sehr zum Unterschied von der des Kaisers, und wurde zur Grundsäule des ungarischen Staatsrechts bis Mindszenti. Noch rechneten in Konstanz wie im 11. Jahrhunder zur Natio Germanica des Konzils Deutsche, Ungarn, Dalmatiner, Kroaten Daker, Norweger, Schweden, Böhmen und Polen. Alle diese Festlandsvölker sammelten sich in einer Nation, um der italienischen Nation des Papstes und um der Macht der Pariser Universität und damit der französischen Nation das eigentliche Innereuropa entgegenzustellen.

Aber, ach, gerade die Willfährigkeit Sigismunds, die Gesamtkirche zu befriedigen, hatte seit 1415 den Frieden dieser deutschen Nation ruiniert. Sigismund brach Hus das Geleit, als Schirmherr des Konzils ließ er sich von den Konziliaren beschwatzen, einem Ketzer brauche man auch ein Kaiserwort nicht zu halten —. Der Kaiser lieh dem Konzil den weltlichen Arm des Blutgerichts. Auf dem Holzstoß am 6. Juli 1415 ging der Friede des Reiches, der Friede zwischen Tschechen und Deutschen in Flammen auf.

Ein allgemeines Konzil hatte seitdem für die Deutschen keinen großen Reiz mehr, eine Ketzerverbrennung gar, wegen der sich Reichsstände untereinander zerfleischten, noch viel weniger.

Das Kapital an Glaube an ein allgemeines Konzil und an Geduld für eine Ketzerverbrennung waren dank Hus' und der Hussitenkriege bereits im wesentlichen vorweg verbraucht, als Luther auftrat.

Auch sonst war alles, was 1415 der Nation das feste Auftreten gegen die Ketzerei empfahl, inzwischen weggefallen.

Konzil und Kaiser standen nicht gegen den Papst. Im Gegenteil: Kaiser Maximilian hatte auf seinen politischen Streifzügen durch alles Mögliche und Unmögliche 1512 den Plan gefaßt, selbst *Papst zu werden*. Aller Einfluß auf die Besetzung der Bistümer und Abteien, auf die kanonischen Prozesse wäre dem Kaiser damit zugefallen. Als Ersatz für die dahingeschmolzene Autorität in Militär- und Klerussachen hätte ihm mit einem Schlage die gesamte Zivilverwaltung zur Verfügung gestanden!

Das vom Papsttum seit dem Sturz der Staufer entmannte Kaisertum hätte die Kirche selbst benutzt, um aus Deutschland doch noch ein regierbares Reich zu machen. Dieser Plan Maximilians ist nicht so phantastisch, nachdem seine eigenen Bemühungen um ein starkes Reichsregiment damals zwanzig Jahre lang dauerten.

Aber der Plan bedeutete, daß der Kaiser sich nicht mehr als den Gegenpol des Papstes ansah! Solch Ausstreichen der Geschichte kündet die Revolution an: „Der alte Hegel pflegte zu sagen: ‚Unmittelbar ehe ein qualitativ Neues auftreten soll, faßt sich der alte qualitative Zustand, *alle seine markierten Differenzen und Besonderheiten*, *die er*, *solange er lebensfähig war*, *gesetzt hat*, *wieder aufhebend und in sich zurücknehmend*, in sein rein allgemeines ursprüngliches Wesen, in seine einfache Totalität zusammen.'" (Lassalle 12. XII. 1851.)

Die Gegnerschaft Papst—Kaiser hatte sich erledigt. Es ging aus Maximilians Plan hervor, was jeder, ohne diesen Plan zu kennen, fühlte und was Luther klassisch ausgedrückt hat: „Wir sind des Papstes Knechte geworden. Der deutsche Kaiser soll römischer Kaiser sein und dennoch Rom nicht innehaben, dazu alle Zeit in des Papstes und der Seinen Mutwillen hangen und weben, daß wir den Namen haben und sie das Land und die Städte . . . Wir haben des Reiches Namen, aber der Papst hat unser Gut, Ehre, Leib und Leben, Seele und alles was wir haben. *Das haben die Päpste gesucht, daß sie gern Kaiser wären;* und da sie das nicht haben beschicken können, haben sie sich doch über den Kaiser gesetzt . . . Also sind wir Deutsche hübsch deutsch gelehrt: . . . *Wir haben den Namen, Titel und Wappen des Kaisertums, aber den Schatz, Gewalt und Recht desselben hat der Papst.*"

Noch etwas anderes hatte sich verändert: Sigismund als König von Ungarn wußte es nicht anders, als daß der Kaiser und die deutsche Nation die Brücke in Kirche und Christenheit zu seinem Ostreiche seien. Karl V. aber, der 1519 den Thron bestieg, besaß schon das Königtum Spanien — das immer unmittelbar zum Papsttum sich gehalten und die Ecclesia Romana seit der Vertreibung der Mauren nur unter dem alleinigen Oberhaupt des Papstes gekannt hatte. Dieser neue Kaiser war ein Mittelmeerkaiser, da wo Sigismund ein Festlandsherrscher gewesen war! Damit war die Konstellation von 1415 in ihr Gegenteil verkehrt.

Aber wenn eine neue seelische Welt hervorwollte aus deutscher Art — eine Reformation der Kirche an Haupt und Gliedern —, so konnte sich diese Revolution nicht gegen den Kaiser richten! Das Seltsame an der deutschen Reformation ist ja das Stehenbleiben von Kaiser und Reich. Mit derselben konservativen Gesinnung wie die Engländer die Riten ihrer Krönung, ihres Oberhauses und ihres Council über ihre Revolution hinweggerettet haben, haben die Deutschen die Weltkirche aus ihrer Verfassung hinausreformiert und den Kaiser darin gelassen. Bis 1806 ist die Reichsverfassung unversehrt stehengeblieben!

Der dritte Heerschild der Laienfürsten hat den zweiten Heerschild der Pfaffenfürsten gestürzt, aber tunlichst ohne den ersten anzugreifen. Das Wort Kaiser hat deshalb bis 1918 allen Deutschen gut in den Ohren geklungen!

Gegen das Papsttum als Organ der deutschen Reichsverfassung, gegen das Nebeneinander von Kaiser und Reichstag einerseits, Papst und Konzil andererseits ging die deutsche Revolution.

Sie war daher von 1517 bis 1521 eine Angelegenheit des ganzen Reichs, den Kaiser inbegriffen, gegen den Papst. Kaiser und Reich und Luther hofften sogar noch, ein künftiges Konzil auf ihre Seite zu bringen und mit dem Konzil zusammen das Papsttum zu majorisieren.

4. Die Rechtsfrage

Der Anschlag der 95 Thesen durch den Professor der Theologie in Wittenberg, desselben Mannes Verhör in Worms vor Kaiser und Reich, der Protest der evangelischen Reichsstände gegen das Wormser Edikt und die Überreichung

ihrer von Luther gebilligten Bekenntnisschrift in Augsburg 1530 — das sind die ersten großen Bilder der Reformationsgeschichte. Der Protest gegen die Folgen des Wormser Edikts gibt dem Protestantismus den Namen.
Zu Luthers Lebzeiten bis 1546 geht aller Kampf, wie seit Worms, um seine Lehre. Kaum ist er tot, so bricht die Gegenrevolution aus. Karl V. läßt sich von Tizian als Reiterheld des Mittelalters hoch zu Roß in der Schlacht bei Mühlberg malen. Aber Bild und Schlacht sind ein Atavismus. Der geistig-zivilistische Karl V. des Porträts paßt nicht zu der hieratischen Rüstung, und der Maler hat den Kontrast unausgesöhnt stehenlassen. Genau so unwirklich ist der Sieg des Kaisers über die aufsässigen Fürsten im Stil eines Otto I. oder Barbarossa. Die Fürsten vereinigen sich bald, um „die viehische spanische Servitut" abzuschütteln und die deutsche Libertät und die Gerechtsame der deutschen Nation zu verteidigen. Dem Lehrer Luther folgt der Kriegsmann Moritz von Sachsen, vor dessen Griff der Kaiser flüchten muß. 1552 ist die Macht des Kaisers in Kirchensachen endgültig entlarvt als das was sie ist — als Null. 1555 ist das Zeitalter der Reformation abgeschlossen durch den Frieden in Sachen der Religion.
Verfassungsrechtlich ist die Reformation der Streit um die Ausführung des Wormser Edikts. Das Wormser Edikt selbst aber stellt rechtlich gegenüber dem gesamten Mittelalter etwas Neues dar. Im Wormser Edikt prüft eine weltliche Macht eine kirchliche lehramtliche Entscheidung materiell nach.
Im Mittelalter folgt die Vollstreckung durch den weltlichen Arm der Fällung des Urteils des geistlichen Gerichts im Ketzerprozeß unmittelbar. Die Könige dieser Welt waren die Vollstreckungsbehörden für den geistlichen Spruch. So ist es noch in Konstanz auf dem Konzil gehalten worden. In Konstanz galt noch der altkirchliche Satz: „Imperator est pars concilii." (Der Kaiser ist ein Teil des Konzils.) Trotz dieser hohen Stellung des Kaiseramts innerhalb der kirchlichen Organisation war doch in Konstanz keine Rede davon, daß Sigismund und ein weltliches Gericht in eine Nachprüfung des Urteils über Hus hätten eintreten können. Obwohl Sigismund bekanntlich als Thronanwärter von Böhmen an der hussitischen Streitigkeit so nahe wie der Landesherr Wenzel selbst interessiert war, darf doch eine Nachprüfung der Entscheidung des Konzils durch den Kaiser nicht stattfinden.
Gerade das war Sigismund mißlungen! Das Konzil hatte noch einmal gegen das heftige Sträuben Sigismunds die ganze Machtfülle der Kirche für die eigenen vom Heiligen Geist getragenen Entscheidungen mit Erfolg in Anspruch genommen. Alle Bemühungen des Kaisers, Hus zu retten, waren niedergeschlagen worden mit der Berufung auf die Souveränität des Konzils. Die demokratisierte Ecclesia Romana der Reformkonzilien hatte nichts von der Machtfülle preisgegeben, die Papst und Kardinäle den Kaisern in den Jahrhunderten seit Gregor VII. abgerungen hatten.
Von daher ist dies die Rechtsfrage der deutschen Reformation: *Wie schlichtet man in Deutschland Religionssachen unter Vermeidung der Fehler vom Konzil von*

Konstanz? Luther stand als deutscher Mann vor der deutschen Nation. Die Unbill, die ein Weltkonzil dem Böhmen angetan, hielt sein Landesherr, der Träger der päpstlichen Tugendrose, von ihm fern.
Da wird das Neue an dem lutherischen Ketzerprozeß zunächst rein technisch das Auftreten einer materiellen Nachprüfung in dem an sich nur formellen Vollstreckungsverfahren. Kaiser und Reich nehmen Kenntnis von der Bannbulle des Papstes gegen Luther; Kaiser und Reich laden daraufhin unter freiem Geleit den Mönch Martin gen Worms; Kaiser und Reich veranlassen den Erzbischof von Trier und den badischen Kanzler, sich noch einmal mit Luther theologisch auseinanderzusetzen.
Und nur weil Luther den Theologen des Kaisers und des Reiches nicht folgt, ergeht die Reichsacht gegen ihn. *Dieses Auftreten nichtpäpstlicher Theologen zur Nachprüfung macht Epoche.*
Oftmals in der Geschichte hat die Ausdeutung eines rein formalen Prüfungsverfahrens ins Materielle hinein den Inhalt einer großen Revolution ausgemacht. Nicht anders hatten die Päpste ihr formelles Prüfungsrecht über den, den sie krönen sollten, auszubauen versucht zu einem Inhalt, gefüllt mit dem Bestimmungsrecht über die deutsche Kaiserkrone. Wir haben diese Kämpfe kennengelernt. Ähnlich ruht der englische Parlamentarismus noch heute auf einer solchen Umdeutung der Entscheidungen von Oberhaus und König. Sie werden vorverlegt, hinüber in die Instanz des Hauses der Gemeinen. Im englischen Zeremoniell wird darum noch heute daran festgehalten, daß es des Königs freier Wille ist, der das Gesetz erläßt. Der Sprecher des Unterhauses teilt nur dem Oberhaus und dem König mit, was die Gemeinen beschlossen haben. Und faktisch kann nun der freie Wille des Königs nichts anderes mehr wollen. Die Nachprüfung der Kaiserwahl von 1198 durch Papst Innozenz III. ändert das Wesen der Kaiserherrschaft. Ein formaler Akt wird plötzlich die Hauptsache (oben Seite 173).
So eignet sich gerade die Vorverlegung oder die Rückverlegung in ein bisher nur als Form gewertetes Teilstück des gesamten Verfahrens zur Herbeiführung einer wirklichen Revolution. Anders als die Revolutionstheoretiker meinen, gehen Revolutionen vor sich. Sie bestehen in Akzentverschiebungen. In einem notwendigen Ablauf, einem Prozeß oder einer Prozedur, wie sie jeder Akt der Gesetzgebung oder des Gerichts darstellt, rückt der Ton auf einen bisher gleichgültigen Zeitabschnitt. Aus einem indifferenten Taktteil wird plötzlich der Träger des Haupttones. Die heutigen Revolutionslehren und die Staatslehren erschweren sich selber das Verständnis, weil sie nicht wahrnehmen, daß der ewige, bleibende Staatsakt das Gesetz ist. Aller Wandel vollzieht sich innerhalb eines Bleibenden, des „Setzens".
So ist es auch in Worms 1521. Das Wormser Edikt läßt sich daher als Versuch Karls V. auffassen, ähnlich wie anderer Könige. Seine Großeltern, Ferdinand und Isabella, hatten dazu als Landesherren die Inquisition eingerichtet. Und dahin strebte das ganze Zeitalter. Das Wormser Edikt versucht ein kaiserliches

Reichskirchenregiment ähnlicher Art. Es hat es nur versuchen können. Denn den Kaiser ließen die Reichsstände im Stich. Luthers Kurfürst verließ Worms vor der Verkündung, und Albrecht von Mainz verweigerte das Reichssiegel. Die Wormser Lösung erwies sich als unhaltbar. Das mußte so sein. Aber zunächst ergibt sich etwas Wichtiges: Das Wormser Edikt, obwohl *gegen* Luther gerichtet, verlegt dennoch die materielle letzte Prüfung seiner Lehre bereits nach Deutschland und zieht nichtpäpstliche Theologen heran zu dieser Prüfung. Damit ist es selber bereits ein revolutionäres Schriftstück: In Konstanz war kein Reichstag gewesen. Um des Konzils willen war Sigismund geleitbrüchig geworden. In Worms ist der deutsche Reichstag, und Karl will nicht erröten wie weiland Sigismund.

Luther erwartete in Worms Urteil und Recht, ein mündliches Weistum des Reichstages, einen Spruch in der Weise der Heeresversammlung, wie noch heute das englische Oberhaus richtet.

Dazu ist es nicht gekommen. Man ist in Worms mit der Rückverlegung der letzten Entscheidung im Ketzerprozeß hinter die päpstliche Entscheidung auf halbem Wege stehengeblieben. Das Wormser Edikt beansprucht dies Recht für den Kaiser und spricht weitläufig über des Kaisers Pflichten, als Vogt der römischen Kirche über ihre Ehre zu wachen. Aber das war ein Widerspruch in sich. Denn als Kaiser konnte er kein materielles Prüfungsrecht ableiten. Da hätte er also einfach vollstrecken müssen. Luthers Ladung schloß schon einen zweiten, nicht mehr kaiserlichen Anspruch ein. Und ihn hat die Reformation klar entwickelt und durchgekämpft: *den Anspruch des durch nichtpäpstliche Theologen unterrichteten Landesherrn auf Regierung der Kirche.*

Daß die Verlegung der materiellen Entscheidung in einem Ketzerprozeß an die Landesherren, nicht an den Kaiser fallen konnte, der sie 1521 für sich in Anspruch nahm, das ergibt ein Blick auf die mittelalterliche Geschichte. Dem Kaiser hatten ja in 400jährigem Kampfe die Päpste dieses Aufsichtsrecht über die Kirche und über die Würdigkeit der Hirten dieser Kirche entrissen. Dem römischen Kaiser konnte kein Papst das Nachprüfungsrecht über die Ketzer wirklich zugestehen. Jedermann in Deutschland wußte, daß der Kaiser als Kaiser nie anders werde urteilen können als das päpstliche Gericht in Rom. Mochte Karl V. noch so sehr die Selbständigkeit seines Entschlusses im Wormser Edikt betonen, er war der Gefangene seines Amtes. Für eine selbständige Nachprüfung kam es ausschließlich auf die Reichsstände an. Für die Reichsstände konnte es eine neue Lehre von ihrer Freiheit in Glaubensfragen geben, weil es noch keine gab. Und diese neue Lehre vom Recht der *weltlichen Obrigkeit* hat die Reformation gebracht. Diese revolutionäre Lehre konnte aber nicht rückwärts auf das uralte Kaiseramt in der Kirche zurück erstreckt werden. Sein Ort war durch sein Schicksal im Mittelalter ein für allemal festgelegt. Die kaiserliche Gewalt als Inhaberin des zweiten Schwertes Gottes auf Erden kam daher für eine solche revolutionäre Erneuerung, wie sie das Wormser Edikt darstellt, dauernd nicht in Betracht. Denn weil der Kaiser in der Kirche mehr

hatte sagen wollen als die andern Könige, deshalb waren die Päpste eifersüchtiger auf ihn gewesen und hatten sie die Staufer vernichtet.
Das Wormser Edikt von 1521 schien deshalb nur einen Augenblick lang die Kaisermacht zu stärken. In Wahrheit führte es zum entgegengesetzten Ausgang. Seine Offensive gegen die Entscheidungen Roms — denn diese lag in der Nachprüfung des Banns — hat sich durchgesetzt. Seine Trägerschaft aber, soweit sie den Kaiser betraf, blieb zum Scheitern verurteilt wie das Papsttum Maximilians.
Deutschland konnte keine kaiserliche Reichskirche mehr erhalten, wollte man nicht das Rad der Geschichte zurückdrehen. Eine Machtfülle wie die des alten Weihekaisertums vor der Papstrevolution Gregors VII. und Innozenz' III. hätte dazu gehört. Denn das Reich umfaßt auch 1521 noch z. B. Italien, Burgund und Böhmen, d. h. die Hälfte der katholischen Welt!
Nicht Kaiser und Reich haben daher die materielle Ausgestaltung des Machtverfahrens beim Ketzerbann an sich nehmen können. An ihre Stelle ist ein anderer Körper getreten, die deutsche Nation.

5. Die deutsche Nation im Reich

Nur die Lässigkeit unserer Geschichtsschreibung im 19. Jahrhundert hat den Gegensatz von Reich und Nation vergessen gemacht. Unsere Schulbücher sprechen gern vom Heiligen Römischen Reich Deutscher Nation. Dadurch wird der Anschein erweckt, als seien Reich und Nation gleich alte und als seien sie zueinander passende Begriffe. Das Gegenteil ist der Fall. Der Körper des Reichs und der Körper der Nation sind entgegengesetzt organisiert. Die beiden Prinzipien ihrer Organisation widerstreiten sich. Der Versuch, sie zu vereinigen, ist der Sinn der Reichsreform um 1500. Der Sieg der Organisationsform „Nation" über die Organisationsform „Reich" ist der Inhalt der Reformation. Somit beruht auf dem Gegensatz von Reich und Nation das Verfassungsrecht der Deutschen seit der Reformation.
Seit dem Ausgang des 15. Jahrhunderts spricht man vom Römischen Reich *und* deutscher Nation. Man zählt diese beiden Begriffe zusammen, weil man das neue Problem der selbständigen kirchlichen und zivilen Ordnung der Deutschen neben dem Aufbau des alten Lehnsstaates des Reichs zu lösen versucht. Aber man spricht *nicht* vom Heiligen Römischen Reich Deutscher Nation in einem rechtlich bedeutsamen Sinne.
Das Reich und die Nation sind verschieden organisiert. Das Reich besteht aus dem Kaiser, dem Kurfürstenkollegium, den Reichsfürsten, den Reichsstädten und der Reichsritterschaft. Es ist nach der Heerschildordnung geordnet, d. h. nach den Bedürfnissen des Krieges und der Römerzüge. Das Reich ist die Heeresverfassung der deutschen Stämme und alles dessen, was im Mittelalter mit dem Heere zusammengehört, also Gericht und Landfrieden und Privilegienordnung.

Die Nation ist etwas anderes. Zum Unterschied von den altkirchlichen Konzilien des ersten Jahrtausends haben wir die Reformkonzilien des 15. Jahrhunderts sich in Papst, Kardinäle und Nationen gliedern sehen. Die „Nation“ ist bei dieser Gliederung nun nicht nur der deutsche Episkopat, sondern sie ist sehr bald die Summe der weltlichen Obrigkeiten, die für das Kirchenregiment Verantwortung tragen. Die Nation ist daher mitnichten hierarchisch von oben nach unten gegliedert, sondern jede weltliche Obrigkeit steht hier neben jeder anderen, so wie es schon in der Punktation der germanischen Nation 1418 auf dem Konzil von Konstanz gewesen war.

Und diese Nation besteht nicht einmal nur aus der weltlichen Obrigkeit, sondern gleichberechtigt neben der weltlichen Obrigkeit stehen die theologischen Doktoren der landesfürstlichen Universitäten in Deutschland. Schon Ranke hat in der ihm eigenen Weise besonders darauf hingewiesen, wie merkwürdig im Wormser Edikt ein Hinweis auf die theologischen Fakultäten sei. Nicht den Bischöfen nämlich, sondern den einzelnen theologischen Fakultäten wird die Durchführung der Bücherzensur im Wormser Edikt übertragen! Die Nation ist also der Körper, der sich zu den kirchlichen Fragen zu äußern hat, diesem Körper aber sind die deutschen Professoren eingegliedert, und zwar unmittelbar. Die Reformation wird eben von beiden gemacht, von Luther und Melanchthon einerseits als den theologischen Professoren und von Philipp dem Großmütigen und Friedrich dem Weisen andererseits als den weltlichen Obrigkeiten in der deutschen Nation. Die Fürsten und ihre Professoren, die sind die deutsche Nation geworden durch die Reformation. Diese Repräsentation der deutschen Nation durch Fürsten und Hohe Schulen ist gegenüber der vertikalen Pyramide des Reiches auf dem Reichstag horizontal angeordnet. Fürsten und Hohe Schule ersetzten also in Deutschland die Funktion, die der Bischof des ersten Jahrtausends innehatte. Das ist kein Wunder, wenn man sich erinnert, daß gerade in Deutschland und den von ihm angesteckten Ländern der Reformation die Bischöfe ihrerseits ganz und gar zu kriegerischen Reichsfürsten gemacht worden waren. Diese Verbildung des Bischofsamtes in ein Kriegsfürstentum wird durch die Reformation in der eigentümlichen Form wettgemacht und geheilt, daß nun der Kriegsfürst seinerseits geistlicher Oberhirte und Zivilist wird. Das Zivilkleid wird das Ehrenkleid des weltlichen Fürsten der Reformation. Die Porträtkunst Holbeins, Tizians und Cranachs hält den Fürsten in Zivil fest. Denn darin prägt sich seine neue Geistigkeit aus.

Diese neue geistliche Würde der Fürsten und ihrer Räte gliedert alle weltliche Obrigkeit in Deutschland horizontal als die einheitliche Republik der Deutschen Nation. Die deutsche Nation ist seitdem eine geistlich begründete Fürstenrepublik. Dies hat in den großen entscheidenden Entschlüssen der Reformationsgeschichte ihre ausdrückliche Formulierung gefunden. Deshalb nämlich ist Deutschland als Nation in Religionsparteien zerfallen. Denn ein auf waagrecht-demokratischer Gleichheit beruhender Verband kann sich nur mittels Parteien gliedern. Die *Religionsparteien* sind die ältesten politischen

Parteien. Sie haben daher bis zum Weltkrieg das jüngere Parteiwesen überschattet. Mitglieder dieser Religionsparteien sind die Obrigkeiten. Auch der Kaiser selbst steht als Religionsparteimitglied nur in Reih und Glied der Nation wie jeder andere Landesherr. Das Augsburger Bekenntnis führt dieses Bild nachdrücklich aus: Und gerade darauf beruht die revolutionäre Wucht dieses Bekenntnisses: Fürsten kommen auf einem Reichstage zusammen.

Die horizontale Gliederung in weltliche Obrigkeiten ist also die Rechtsform, mit der die Nation die Ordnung des Reiches in Stände sprengt. Das Dasein von Hohen Schulen der Theologie aber und die Unentbehrlichkeit der Professoren für das nationale Leben sind die Voraussetzung für diese Form.

Um diese Mitwirkung der Fakultäten hat eine lange Vorgeschichte seit dem Konzil von Konstanz gerungen. Der kirchliche konziliare Begriff der Nation hat eben bei der deutschen Nation Pate gestanden. Das wird meist übersehen. Die heutige Ansicht geht etwa dahin, der Begriff Nation stamme zwar aus der kirchlichen Welt auf ihrer konziliardemokratischen Stufe. Aber dann werde er einfach zum „geographischen" Begriff. Das ist ein Irrtum. Aus dem kirchenrechtlichen Begriff der Nation ist ein revolutionärer geworden. Erst in der Zeit der Prüfung und Demütigung dieser Nation nach dem Dreißigjährigen Krieg ist Deutschland zum geographischen Begriff geworden. Und gerade dies schmerzliche Wort selbst zeigt, daß man immer den Zustand, in dem die deutsche Nation nur eine Größe der Erdkunde sein sollte, als unerträglich empfunden hat. Deutschland und die deutsche Nation sind Strukturbegriffe. Ihre geistliche Herkunft hat sie befähigt, die Struktur der christlich-germanischen Staatenwelt in die Vorstellung der Nation einzubegreifen. Und die Vermählung des christlichen und des Lehnrechts-Elements im Fürstenstaat der Reformation wird eben durch das Bündnis von Hochschule und Fürst, Luther und seinem Kurfürsten verkörpert. Über Luthers „Persönlichkeit" wird dieser staatenbildende Bund zu sehr vernachlässigt. Gewiß wollte Luthers Predigt jedermann zur Freiheit eines Christenmenschen mitreißen. Aber in der Geschichte zählt nicht die Predigt eines Revolutionärs, sondern seine Gestalt. Als Gestalt dokumentieren konnte Luther nur, was er darstellte im öffentlichen Leben der Nation. Und das war zuerst und vor allem die Freiheit, die der Doktor der Theologie Martinus an der landesherrlichen Universität Wittenberg genoß. Luther bezeugt die akademische Freiheit des deutschen Professors. Als solcher übersetzt er die Bibel. Als solcher wird er zum Sprecher seines Volkes. Eben deshalb sind seitdem die Sprecher der Nation die Professoren geblieben. Luthers „Volk" ist recht stumm geblieben: Die Nation, die er erweckt hat, wurde zunächst eine Fürsten-, Professoren- und Pfarrernation, bis hin zum Professorenparlament, der Paulskirche von 1848. Diese Rolle der deutschen Universitäten für die Konstituierung der deutschen Nation erwächst im 15. Jahrhundert. Wie schon in Konstanz und Basel 1415 und 1433 die Doktoren zur Nation des Konzils gehören und Stimmrecht für sich in Anspruch nehmen, so haben wir auch aus der Mitte des 15. Jahrhunderts einen Vorgang,

der die Struktur des Reformationszeitalters bereits vorwegnehmen will. Er spielt im Jahre 1460. Damals greift der Erzbischof von Mainz in seinem Kampf mit der römischen Kurie bereits zu dem Ausweg, der aus dem Reichstag die Nation hätte machen können; er will die Vertreter der Universitäten auf den nächsten Reichstag laden. Natürlich kennt die Heerschildordnung des Reichstages für die Doktoren keine satzungsmäßige Stelle. Aber der Plan ist gerade deshalb um so eindrucksvoller und bezeichnend für die Lage von Reich und Nation. In diesen Jahrzehnten beginnen Kaiser und Kurfürsten vom Römischen Reich und Deutscher Nation zu sprechen.
Um die Doktoren und ihre Teilnahme geht es auch in den ersten Jahren der Reformation. 1524 läßt sich Ferdinand, der Bruder Karls V., von den Reichsständen den Beschluß einer Nationalversammlung in Speyer für den Dezember abringen. Hier soll jeder Reichsstand erscheinen, vor allen Dingen aber die, welche Hohe Schulen haben, sollen ihre Professoren mitbringen oder sich mit Gutachten dieser Professoren versehen lassen, damit die Versammlung auf diese Weise zuständig wird für die Entscheidung in nationalen Angelegenheiten, d. h. in denen der deutschen Landeskirchen, oder anders ausgedrückt, der religiösen Verhältnisse der Deutschen. Das war ja Luthers Erwartung in Worms gewesen, es könne der Reichstag die Nationaltribüne in Religionssachen werden, die Kirche sozusagen eine Heereskirche im Thing, mit Spruch und Weistum der Stände des Reiches wie vor Gericht. Das Wormser Edikt war auf diesem — in der Tat naiven — Weg nicht zustande gekommen, sondern als Kabinettsorder, als bloße Vollstreckungsurkunde der Reichskanzlei. Das war eine kraftlose Verlegenheitslösung. Jetzt will man noch einmal das nationale Revolutionstribunal. Aber die Fakultäten sollen mitwirken. Juristen und Theologen sollen sprechen. Und diese Gewalt und Vollmacht haben die Fakultäten nicht etwa nur in den beiden Plänen von 1460 und 1524 ausgeübt; hier könnte man ja beide Male einwenden, daß der Plan eben nicht zur Ausübung gekommen sei, sowenig wie die Bücherzensur der theologischen Fakultäten im Wormser Edikt. In Wahrheit haben die theologischen Fakultäten bald darauf ihr Machtwort gesprochen, denn das Augsburger Bekenntnis ist die Kette, mit der die Universitätswissenschaft der landesherrlichen Universitäten Deutschlands die vielen verschiedenen weltlichen Obrigkeiten zusammengebunden hat zu einer Religionspartei und Konfession. Man bedenke doch, was es heißt, daß dieselben Fürsten, als sie für sich das Recht in Anspruch nehmen, ihre Landeskirche zu reformieren, sich gleichzeitig unter das uniformierte symbolische Buch des Bekenntnisses gestellt haben, das ihnen ihre Professoren auferlegten. Die Fürsten sind nicht abgegangen von dieser Richtschnur ihres Handelns. So ruht also das Reformationsrecht der Landesfürsten auf einer metaterritorialen Grundlage, nämlich auf der einheitlichen wissenschaftlichen Lehre, die die landesherrlichen Reformationstheologen gemeinsam ihren verschiedenen Territorialherren auferlegt haben. Hierin also liegt die materielle Bedeutung der Mitwirkung der Professoren. Auf diese Weise näm-

lich wurde verhindert, daß jeder Territorialherr ohne Richtschnur, ohne „Geist“ reformieren durfte. Er wurde zwar gegenüber dem Papst und dem geistlichen Gericht der römischen Kurie nunmehr souverän in Kirchensachen, aber seine Praxis mußte sich nach der Theologie der Theologen richten.

In dieser Theologie und in diesen Symbolen der Theologen lebt also die Reihenfolge zwischen geistlichem und weltlichem Gebot fort, auf der auch das Wormser Edikt beruht. Erst urteilt die Kirche. Dann vollstreckt die weltliche Obrigkeit. Die weltliche Obrigkeit ist im Gewissen verpflichtet, das zu vollstrecken, was die Kirche ihr als die rechte Lehre mitteilt und überliefert.

Diese rechte Lehre aber verdanken die Obrigkeiten dem Geist der deutschen Hochschulen. An die Stelle der Lehre des Papstes und der Konzilien tritt dieser *Geist*. Hier ist der Ursprung des „deutschen Geistes“ und die Wurzel der seltsamen Reihenfolge zwischen Geist und Staatspraxis, die seitdem den deutschen Einzelstaat beherrscht. Dies Verhältnis von Weltanschauung und Politik hat uns Deutsche in so eigenartiger Weise weltanschaulich fixiert und systematisiert.

In dieser Reihenfolge lebt abgeschwächt der Primat der mittelalterlichen Kirche über die Kriegsfürsten fort. Sie dienen der Kirche, so wie Gregor VII. bereits die Herzöge aufgeboten hatte, unwürdige Priester zu verjagen! (Oben S. 146.) Die neuen Zivilfürsten sind die Gefangenen ihrer von ihnen selbst gehegten und geschützten „Lehre“. So objektiv wird diese Lehre sehr bald, daß selbst der Abfall der Person des Landesherrn von ihr ihre Herrschaft im Lande nicht aufhebt. Als später der Kurfürst von Brandenburg zum Calvinismus übertritt, als der Kurfürst von Sachsen katholisch wird, bleibt die Lehre des Landes dank der Hochschulen die alte lutherische Lehre; ja der katholische König von Sachsen konnte auf diese Weise bis 1806 der Direktor des Corpus Evangelicorum des Reichs bleiben! Man sieht an solcher „Objektivierung“, wie wesentlich das Bündnis von Fürst und Hoher Schule für den Aufbau eines objektiven geistig orientierten Zivilstaates geworden ist.

Das Fehlen einer solchen rechten „Lehre“ macht die Obrigkeit rechtlos. Der Augsburger Reichstagsabschied von 1530 zieht daher den entscheidenden Trennungsstrich nicht etwa zwischen Katholiken und Protestanten. Vielmehr werden diese beiden als Parteien anerkannt. Aus dem Reichsrecht aber werden gesetzt die oberdeutschen Städte, die zu Zwingli halten. Sie werden (in § 8) sorgfältig von dem Kurfürsten von Sachsen und seinen Mitverwandten getrennt behandelt, weil sie sich von „der ganzen deutschen Nation, auch der gemeinen Christenheit, *abgesondert*“ haben.

Jede weltliche Obrigkeit mußte also Mitglied einer der Religionsparteien sein, wollte sie zur Nation gehören und die Vorteile der Libertät *Teutscher Nation* genießen. Zum ersten Male findet sich das Wort Partei 1530 in der Augsburgischen Konfession; und zwar bedeutet es gleich hier ausdrücklich die Erscheinungsform der *nationalen* Struktur gegenüber der des Reichs. Denn die Fürsten „übergeben ihrer Pfarrer, Prediger und ihrer Lehren auch unseres Bekenntnis,

was und welcher Gestalt sie auf Grund heiliger Schrift in unseren Landen, Fürstentümern, Herrschaften, Städten und Gebieten, predigen, lehren und Unterricht geben". Und sie fahren fort: „Wir sind gegen Euere Kaiserliche Majestät erbötig, wenn die andern Kurfürsten usw. auch eine solche Schrift übergeben, uns mit ihren Liebden und ihnen gern von *bequemen gleichmäßigen wegen* unterreden und über sie, soviel an Gleichheit zu erreichen sein kann, vereinigen wollen, damit *unser beiderseitiges, als Parteien* schriftliches Vorbringen zwischen uns selbst in Lieb und Gütigkeit verhandelt werde."
Die reine Rechtsfrage ist damit genügend geklärt. Nun kann und muß die Lehre Luthers selbst geprüft werden. In ihr muß ja die Dialektik dieser Revolution zu finden sein im Verhältnis zur Revolution der Päpste.
Und so ist es in der Tat, und in der überraschendsten Klarheit und Schärfe erweist sich die Weltgeschichte als Dialog.

6. Das verwundete Gewissen

Mühelos scheint über die Jahrhunderte hinweg die Unterhaltung der Geister geführt zu werden. Luthers 95 Thesen muten an wie ein Gespräch mit Odilo von Cluny und mit Gregor VII. Er greift zurück hinter das im 12. Jahrhundert erst dogmatisierte und paragraphierte Bußsakrament auf das Purgatorio Dantes und auf die Verzweiflung des Weltgerichts aus der Allerseelenliturgie. Man höre aus Luthers Thesen: These 8. Alle Bußparagraphen gelten nur für Lebzeiten, nicht den Toten. Der heilige Geist im Papst sorgt daher wohl für uns, dadurch daß er bei allen seinen Gesetzen das letzte Stündlein und die äußerste Not ausnimmt.
These 11. Das Geschwätz, Paragraphenstrafen in Fegfeuerstrafen umzuwandeln, scheint ausgesät zu sein, als die Bischöfe schliefen.
Und die gewaltige These 16: *Anscheinend unterscheiden sich Inferno, Purgatorio und Himmel wie sich Verzweiflung, Fast-Verzweiflung und Sicherheit unterscheiden.*
These 27. Es ist Menschenwort, wenn man predigt, daß wenn das Geld im Kasten klingt, die Seele sich aus dem Fegfeuer schwingt.
These 32. Auf ewig in die Hölle werden die Lehrer und ihre Sippschaft kommen, die durch Ablaßbriefe sich für ihr Seelenheil gesichert glauben.
These 79. *Das Kreuz auf den Waffen dem Kreuz Christi gleichsetzen ist Gotteslästerung* (vgl. oben unsere Worte zu Grünewalds Kreuzigung).
These 82. Denn warum räumt der Papst das Purgatorio nicht aus heiligster Liebe und höchster Seelennot, also aus dem allergerechtesten Grunde, wenn er unbegrenzt Seelen aus trauriger Geldnot für einen Kirchenbau loskauft, also aus dem belanglosesten Grunde?
Die ganze Civitas und Civiltà des Abendlandes stürzt ein. Denn Luther streicht alle Sicherheiten, zerstört die „gesicherte Freiheit" der Fronleichnamskirche und stürzt erneut in die Verzweiflung (These 16!). Papst Paschalis hatte Hein-

richs V. Eidbruch gegen den leiblichen Vater ermöglicht durch Erlaß der Fegfeuerstrafen. Die päpstlichen Kreuzfahrer hatten das Kreuz Christi und das des Papstes nicht groß unterschieden. Dieser neue Weltmann aber, Luther der „Christenmensch", tritt für seine Verantwortung vor Gott als arme Seele aus allen Gemeinschaften der mittelalterlichen Kirche heraus. Diese Kirche hatte Kreuzfahrer, Franziskaner, Zisterzienser, Augustiner wie einst die Cluniazenser als viri religiosi zu geistlichen Sippen verbunden. Das Wort Religio hatte die Glieder einer Klostergemeinschaft bezeichnet. Kraft dieser geistlichen Sippen hatten Gregor VII. und seine geistlichen Erben den Kampf gegen die Stammessippen aufgenommen, hatten den neuen Stand der „Geistlichen" befreit von den Banden des Bluts und der Verwandtschaft. Auch die Spiritualen des Franziskanerordens waren noch Ordensbrüder. Und die Laien finden wir selbst im 15. Jahrhundert bestenfalls als Minderbrüder oder als Brüder vom gemeinsamen Leben organisiert.

Mit anderen Worten: alle mittelalterliche „Religion" ist die Lebensregel einer Gemeinschaft des Diesseits. Mit dem Wort „Fides" wurde der Glaubensstand der einzelnen Seele bezeichnet, hingegen mit dem Wort Religio der *Lebensstand* eines besonders stark geistlich gebundenen Gläubigen. Fides und Religio sind also zwei verschiedene Worte und zwei verschiedene Sachen im Mittelalter.

Das wird durch die 95 Thesen anders. Den „Sonderreligionen" der Mönchsorden, diesen Privatreligionen, wie sie schon bei Wiclef hießen (Satz 23 der 1415 verdammten Sätze), tritt die eine einheitliche Lebensgestaltung aller Christen, die *Religio Christiana* gegenüber. Religio ist auch jetzt nicht die eigene „Weltanschauung", sondern die Verantwortung für die Lebensform *inner*halb der Kirche, die jedem Christen obliegt.

Jeder Christ allein muß sich zu einer religio Christiana nunmehr schleunigst entscheiden. Durch diese Entscheidung, durch das Andringen des Worts, wird die Kirche reformiert werden.

Religion ist also in modernem Jargon ausgedrückt eine „soziologische" Tatsache.

Das Neue seit Luther ist, daß Religio nicht länger eine soziologische Tatsache innerhalb des Klerus ist, sondern innerhalb aller Seelen, die vor Gott im Fegfeuer und Gericht sich behaupten müssen. Die Gleichheit aller Seelen vor Gott schafft eine Gleichheit *aller*, ob Priester oder Laien, im Amt, im allgemeinen Priesteramt.

Für die Papstrevolution waren Träger des Spiritus der Papst und das Konzil gewesen. Man erinnere sich des stürmischen Gebets an den Heiligen Geist, der sie eröffnet. Die Spiritualen aber, Luthers Vorläufer, haben einfach die feineren Wortbedeutungen von Geist hervorgeholt und an die Spitze gestellt. Aus dem Gladius Spiritualis, d. h. der Papstgewalt, hatte schon Marsilius von Padua (II, II, 5) eine entgegengesetzte Wertordnung entwickelt: 1. kommen die Gaben des Heiligen Geistes, dann 2. kommen die freien Äußerungen *des* Geisteslebens, zum Schluß heißt es: „nur unpassend und uneigentlich kann man auch Kirchendienerverrichtungen geistlich nennen"! Die Wortverkündigung tritt also in dieser Reihe als 2. in den Vordergrund. Hingegen die gregorianische, geistliche Gewalt wird geflissentlich aus ihrem Primat geworfen und von 1. zu 3. degradiert, und zwar in echt revolutionärer Denkart durch dialektische Umkehrung der Rangordnung. In dieser Umwertung aller Werte ist Luther abhängig von dem linken Flügel der Franziskaner.

Die gesamte Hierarchie in der Kirche: Papst, Kardinäle, Bischöfe, Priester fällt also dahin. *In Religionssachen ist die Hierarchie beseitigt.* Aber wohlgemerkt, nicht das Amt ist beseitigt. Es umgibt ja vielmehr die Religio Christiana als Mauer, in deren Schutz das Kind erst zur Mündigkeit heranwächst, die Unwissenden erst unterrichtet werden und die Unteren erst von den Oberen erzogen werden können. Trotz der Gleichheit aller in Religionssachen *innerhalb* der Kirche hat Luther trotzdem nie geschwankt, die kirchlichen Mauern festzuhalten, *die Kinder, Unwissende und Untertanen brauchen, um einer eigenen Religio entgegenzureifen.* Für Luther ist die Kindertaufe selbstverständlich, für Luther ist der Schulzwang selbstverständlich, für Luther ist eine obrigkeitliche Regelung des Gottesdienstes für „den Herrn Omnes" selbstverständlich.

Nur wer „Religio" wirklich zu verantworten hat, wird durch Luther befreit, nicht etwa werden die Gedanken über Gott und Kirche einem privaten Meinen und Wähnen überantwortet. *Dein Geist ist nicht „frei"*. Wohl aber muß die Religio, die Ordnung der Welt in deinem Gewissen entschieden werden, nämlich deine Stellung, Christ, zu der Welt einschließlich der Kirche und ihren Verlockungen und Zuständen. Christliche Fides steht fest. Religio Christiana steht nicht fest, sondern muß von dir geordnet werden.

Wie jede Kultur hatte auch die des Mittelalters Gesichertheit gebracht und gebraucht. Diese Sekurität ist gerade das Wort, das Luthers Thesen bekämpfen:

These 44, 45. Und es sollen sich alle Christen beeifern, ihrem Oberhaupt Christus durch Bußen, Tode und Höllen zu folgen und derart lieber durch viele Anfechtungen den Himmel zu betreten, *statt auf die Sekurität ihres Friedens zu vertrauen.*

Die Welt und das Leben sind also wieder gefährlich. Keine herrschende Klasse kann einen Angriff auf die Sekurität ertragen: der Klerus des Abendlandes so wenig wie heut die europäische Bourgeoisie.

Was bedroht aber die Sekurität des Klerus in den 95 Thesen, da ja nur die Sekurität des Seelenheils darin bestritten wird? Nun, daß *kein Papst und keine Kirche* irgend etwas über das Leben nach dem Tode ausmachen können, begründet ein neues Menschenrecht: Alle Menschen sind nach dem Tode allein Gott gegenübergestellt, jeder für sich der ganzen Majestät Gottes ganz und gar. Es gibt kein Wachs in die Ohren gegen die Posaunen des Jüngsten Gerichts. Solange die Seelen im Purgatorio noch bloße Ruhe suchen, solange sündigen sie ohne Unterlaß. *Auch im Fegefeuer ist die Seele ungesichert über ihr Seelenheil.*

(38 und 39 Exsurge Domin.) Daraus ergibt sich für dieses gegenwärtige Leben eine neue Seelenlage. Es wiederholt sich, was wir beim Weltgericht und beim Heiligen Grabe schon fanden: Die Diesseitsordnung spiegelt den Jenseitsglauben des Menschen notgedrungen im Gleichnis wieder. Dem Weltenrichter Christus entspricht die Theokratie der Kaiser, dem Glauben an das Heilige Grab der an die offen sichtbare Gemeinschaft der Heiligen in der Kirche. Jetzt wenn man im Himmel allein gelassen sein wird, ist man also auch auf Erden allein, ohne geistliche Sippe und ohne Gewissensbürgen. Man ist in der unsichtbaren Kirche.

Die Laien, die mündig sind und die Glaubenswahrheiten beherrschen, werden im Gericht nichts von dem verwenden können, was Pfaffe oder Papst vorgeschrieben oder getan — sie sind allein. Also sind sie es auch auf Erden. Die Freiheit des Gewissens in dem Sinne der völligen Einsamkeit der Seele vor Gott ist proklamiert. Der Klerus ist keine Zwischenwand mehr zu Gottes Angesicht. Die Weltmannen stehen gleich den Klerikern im Bußsakrament. In die Verwaltung der 7 Sakramente durch den Klerus ist Bresche gelegt. Der Mönch hat die Religio Christiana allen Gläubigen zugänglich gemacht.

An den 95 Thesen ist nun die Form ebenso bedeutsam wie der Inhalt.

Die Papstrevolution beginnt im Herzen des Unfehlbaren mit dem Dictatus 1075, mit der Deliberatio 1200 vor dem Konsistorium. 1517 wird die Antwort gegeben durch Anschlag an die Tore der Schloßkirche in Wittenberg.

Luthers Revolution wendet sich nicht nur an die Öffentlichkeit, *das haben die Päpste genau so getan. Sondern seine Revolution bricht auch öffentlich aus. Der Ausbruch bedarf zum erstenmal eines Publikums.* Genauer, nur weil die 95 Thesen wie ein Lauffeuer durch Deutschland gingen, wurde aus den 95 Thesen eine Revolution. D. h. der Revolutionär ist diesmal an sich ohne Amt. Das Echo des Publikums erst verleiht es ihm. Luthers Amt bis zu seinem Tode ist daher eine revolutionäre Stellung, undefinierbar.

Die neue durch den Buchdruck geeinte Menschheit ist Luthers Wirkungskreis. Tatsächlich führt die deutsche Sprache dann bald zu einer Bevorzugung des deutschen Publikums.

Aber Luthers Absicht ist das nicht. Er meint die Christenheit, die in *Religionsfragen* aus ihrem Gewissen heraus sich entscheiden soll, *weil* sie Christenheit ist. Luther, um es noch einmal zu sagen, schiebt dieser Christenheit nicht die Entscheidung über den Glauben, sondern über die Religion ins Gewissen, also über Schulen, Bibellesen, Messehalten, Bilderverehrung, Ablaßhändel, Mönchsgelübde, Kirchenfeste, Türkensteuern usw. Jedes dieser Worte gehört nicht ins Gebiet der Fides, sondern der Religio, soll aber von der Fides her im Gewissen der einzelnen Seele entschieden werden.

Die 95 Thesen, ihr Anschlag und ihr Druck haben aber nicht nur die Christenheit als Publikum zur Voraussetzung. Einer öffentlichen Person Gewissen ist besonders „gebunden“ an Luthers Taten. Auf dieser Person Gewissen kommt mehr an als auf Luther selber. Denn sie muß entscheiden, ob Luther in Wittenberg leben und lehren, predigen und Thesen anschlagen darf. Diese Person muß *die ordnende Macht des Erdstücks Wittenberg*, muß ihre Polizei für oder gegen diesen oder jenen Lebensstand (Religio!) des Glaubens, also diesen oder jenen Feiertag, Buchdruck, Schulunterricht, Ablaß, Lehrer usw. einsetzen. Diese Person gibt den Ausschlag dafür, ob Religionsfragen so oder anders entschieden werden in der sichtbaren Welt. Bisher hatte der Papst die Vollgewalt der Entscheidung. Jetzt sind die Gewissen aufgerufen.

Die Demokratie jeder europäischen Revolution appelliert immer an alle, bei Luther durch den Buchdruck, bei Lenin durch die berühmten Radiotelegramme an alle.

Aber wer soll den Appell beantworten und vollstrecken? Darin unterscheiden sich die Revolutionen. Welch ein Unterschied, ob die Stadt Paris oder der Adel von England *Bürge* für die Durchführung eines Appells an die Menschheit wird. Das Buchdruckpublikum hier und dort, das die fliegenden Einblattdrucke und Bücher „gedruckt bei Hans Lufft" in Wittenberg verschlingt — (Die Zahl der deutschen Drucke stieg von 1516 bis 1524 auf das Neunfache! 500 Druckschriften hat Luther verfaßt, wohl soviel wie der Papst Innozenz III. Kanzleischreiben für seine Revolution.) „Der Handwerksgesell", der die neuen Lieder ob seiner Arbeit sang, „die Dienstmagd ob ihrem Schüsselwaschen, der Acker- und Rebmann auf seinem Acker und die Mutter dem weinenden Kind in der Wiege" (Gesangbuch der Klara Zellin 1534) — und diesen Lesern und Sängern gegenüber der eine Mann, der die neue Lehre predigt, sie schwimmen beide auf den Wogen der Zeit ohne Vollstreckungsgewalt. *Prediger und Publikum sind beide* die Schuldner der Gewissensforderung. Aber es fehlt die Mündelsicherheit für die Forderung an sie. Dazu braucht es ein reales Pfand oder einen Bürgen.

Der Bürge aller dieser kleinen Personen, der allein in Betracht kommt, weil er über reale Vollmachten verfügt, ist die große Person der weltlichen Obrigkeit, sie beherrscht das Gebiet, das Drucker, Prediger oder Leser bewohnen, mit dem weltlichen Schwert. Und so gehört zu Luther sein Landesherr, der Kurfürst Friedrich der Weise von Sachsen-Wittenberg; von der Schloßkirche angefangen über das Geleit nach Worms bis zum Aufenthalt auf der Wartburg ist Luther in den Händen des Kurfürsten. Die einsame Christenseele, die vor Gott in Unsicherheit steht, hat in der Welt keine anderen Hände als die der weltlichen Obrigkeit.

Der Mönch und Professor Luther hat im eigenen Leben das erfahren. Er war ja den sogenannten Klostertod gestorben, durch den Eintritt ins Kloster. Er war also vermögensunfähig und testierunfähig. Er war im Kirchenbann. Er war in des Reiches Acht und Aberacht. Trotzdem hat er gefreit, eine Nonne sogar, hat eheliche Kinder gezeugt und hat ein Testament errichtet. Nach Sachsenrecht, nach Kirchenrecht und nach Kaiserrecht war diese Ehe keine Ehe, die Kinder waren nicht ehelich, das Testament ungültig. Einzig Luthers Obrigkeit war die Rechtsquelle, die alle diese Mängel heilte. Das Schweben im ungesicherten Raum (These 44/45) hat Luther fast dreißig Jahre hindurch ertragen. Das ist vielleicht seine außerordentlichste Leistung. Dieser ungeheuerliche Druck einer unerhörten *Rechtsunsicherheit* erklärt vielleicht auch den ungeheuerlichen Ton seiner Schmähschriften noch im hohen Alter. Er hat keinen locus standi, keinen Standort im Recht der Welt. Ein vorher nie gewesener Rechtsraum muß ihm durch den Landesherrn erst eingeräumt werden. Im bestehenden Recht gibt es für Luther keinen Platz. Das Dokument, in dem Luther diese Not ausspricht und das für die Lehre von der Persönlichkeit und vom Beruf des Luthertums ausführlich auszuwerten sich verlohnte, ist sein Testament von 1542[1]): Als Person, die in großen Sachen des Himmels und des Glaubens zur öffentlichen geworden sei, verlangt er Kredit auch in diesen geringen Sachen der Erde. Er habe *Ursache*, so zu sprechen!

„Zuletzt bitt ich auch jedermann, weil ich in dieser Begabung oder Wissgeding nicht brauche der juristischen Form und Wörter (darzu ich Ursachen gehabt), man wolle mich lassen seyn die Person, die ich doch in der Wahrheit bin, nämlich offentlich, und die beyde im Himel, auf Erden auch in der Hellen bekannt, Ansehens oder Autorität genug hat, der man trauen und glauben mag mehr denn einem Notario. Denn so mir verdampten armen unwürdigen elenden Sunder Gott der Vater aller Barmherzigkeit das Evangelium seines lieben Sohnes vertrauet, darzu mich auch treu und wahrhafftig darinnen gemacht, bisher behalten und funden hat, also daß auch viel in der Welt dasselbe durch mich angenummen, und mich für einen Lehrer der Wahrheit halten, ungeacht des Papstes Bann, Kaiser Könige Fürsten Pfaffen ja aller Teufel Zorn: *soll man ja viel mehr mir hier in diesen geringen Sachen glauben*, sonderlich weil hier ist meine Hand, fast wohl bekannt, der Hoffnung es soll genug seyn, wenn man sagen und beweisen kann, diess ist D. M. L. (der Gottes Notarius und Zeuge in seinem Evangelio) ernstliche und wohlbedachte Meinung, mit seiner eigen Hand und Siegel zu beweisen. Geschehen und geben am Tag Epiphania 1542. M. L."

Dies Testament des Reformators hat durch eine ausdrückliche Anerkennung seines Kurfürsten Kraft erlangt. Von den 95 Thesen bis zum Tode lebt also der Reformator von der Gnade seines Landesherrn. Das unterscheidet ihn von dem weltklugen Erasmus, der 1536 ruhig „im Vertrauen auf die kaiserlichen, päpstlichen und basler Satzungen" testieren kann. Den Erasmus schützen die alten Rechtswelten; Luthern verhelfen nur das Gewissen und der Fürst zu einem Standpunkt.

Bis zur Wartburg ist die weltliche Obrigkeit die nachhelfende Hand, und Luthers Stimme geht vor. Von da an aber wird die Reihenfolge auf einmal anders: Die Fürsten handeln, und Luther stimmt ihnen zu. Das war die Lage bekanntlich im Bauernkrieg. Die Bauern wollten aus der eigenen Stimme auch ein eigenes Handeln herleiten. Das war wider Luther und wider den Ernst

---

[1]) Rosenstock-Wittig, Das Alter der Kirche II. 1928, 813.

der Seele gehandelt. Denn nur die Seele *vor Gott* hat Luther im Auge, und ihr will er Mut machen. Deshalb ist der zweite Raum außerhalb des sichtbaren Lebens so wichtig: das Purgatorio. Die Seele und ihr Gott haben nichts zu schaffen mit den sozialen Ämtern und Würden in dieser Welt. Als Christ ist der Mensch eine *Seele* vor Gott. Als Sünder ist der Mensch *eine Person* in der Welt. Seele und Person stehen bei Luther in demselben Gegensatz wie im Mittelalter.

Seele — da sind alle Menschen gleich; Person — da ist jeder verschieden. An jedem Ort und in jedem Rang ist jedermann mit anderen Aufgaben belastet. Diese verschiedenen Rechtspositionen heißen damals „Person", also etwa das, was wir Funktion nennen würden.

Die Papstrevolution hatte auch demokratisch eine Gleichheit aller hervorgerufen durch den Kreuzzug, also durch ein kriegerisches Unternehmen. Luther dreht das Verhältnis um: aus der äußerlich sichtbaren Kreuzfahrt in das gelobte Land Palästina wird der innere Kreuzzug des Gewissens in das gelobte Reich Gottes. Der wird demokratisch jedermann angeboten als das köstlichste Evangelium, die frohe Botschaft und reine Lehre. Das Innenleben wird der Schauplatz des Purgatorio.

Aber die äußere Ordnung muß ganz streng davon getrennt gehalten werden. Sonst kommt der innere Kreuzweg ja nicht zustande. Der Zug nach dem Heiligen Grabe setzte doch auch wirkliche Gefahren zu Lande und zur See, das Dasein fremder und feindlicher Völker und Fürsten voraus. Nur weil die Welt so fremd war, nur deshalb war der Kreuzzug verdienstlich.

Luthers Seele braucht für ihren Kreuzweg auch eine Fremde, unter der sie leiden kann. Wenn alles bloß so geht, wie sie will, dann ist es ja mit dem Kreuzzug nicht ernst. Je fremder die Welt, desto verdienstlicher die Glaubenskraft, desto tapferer muß man leiden. Der leidende Gehorsam gegen die fremden Personen der Obrigkeit gehört zu Luthers Gewissensfreiheit, damit die Seele nicht um ihre Aufgabe geprellt wird, sich gläubig in Schwierigkeiten zu behaupten.

Die Bauern im Bauernkrieg hatten das Vorbild der Schweizer vor Augen, die 1499 dem Führer des habsburgischen Ritterheeres die Auslieferung der Ritterleichen nach der Schlacht mit den Worten verweigert hatten: „Die Ritter muggen bi den Buren liggen." Die Gleichheit vor Gott im Tode sollte also auch eine Gleichheit vor den Menschen bringen. Damit wäre Luthers Predigt vergeblich gewesen. Seelengleichheit und Personenverschiedenheit mußten vielmehr schroff gegeneinander gestellt werden, um Gott in der zweiten Hälfte der Menschenwelt, im weltlichen Schwert, zu entdecken. Luthers Tat ist die Entdeckung Gottes in der unsichtbaren und unsichtbar bleibenden Welt der Zeitlichkeit. Bisher hatte die Kirche allein in der Schöpfung, in einer Welt des Rauches und Nebels, Gottes klaren und hellen heiligen Geist bezeugt. Jetzt bezeugt sich Gott außerdem in den *Gewissen* jedes Christenmenschen, auch ohne daß der Gewissenhafte deshalb den Rock des Spiritualen, Minderbruders, Bruders vom gemeinsamen Leben oder dergleichen anziehen muß.

Tatsächlich hat der Bauernkrieg bei Luthers Feuer eine Kraftanleihe gemacht. Nie wären die Bauern aus Eigenem ohne Luther trotz aller Gärungen zum Losschlagen gekommen. Ihre Forderungen waren vorher rein mittelalterliche gewesen. Deshalb ist der Bauernkrieg für die Gestaltung des europäischen Menschen belanglos. Er war reaktionär. Luther war in einer neuen Zeit und Welt der Erstgeborene, revolutionär und monarchisch. Jede Person soll im Diesseits in ihrem Amt wie ein König alles allein verantworten, jede Seele soll vor Gott wie jeder arme Sünder auch alles allein verantworten.
Luther hat einen neuen Seelenerdteil entdeckt, so umfangreich wie Amerika. Auf der alten Erde aber wird deshalb Platz für eine große Vereinfachung. Die große Hierarchie der sichtbaren Kirche hat ihr Pathos verloren. Die Seele ist nicht mehr da, wo der Klerus sie sucht. Die Erziehungsarbeit der Kirche kann daher getrost den Bischöfen jedes Orts und Landes überlassen werden, und dieser Bischof ist die weltliche Obrigkeit. Luthers Kurfürst ersetzt den obersten Bischof. Im Gewissen braucht er keinen Kleriker für das Bußsakrament. Zum Erziehungswerk der Taufe und der Gemeinschaft hat die weltliche Obrigkeit auch das Zeug. Der dritte Heerschild, der hohe Adel, ist durch keine altkirchliche Überlieferung wie der Kaiser mit der Hierarchie verschwägert. Daher werden diese Landesfürsten die Bürgen der Seelenkirche. Die sichtbare Kirche kann getrost in Landeskirchen zerfallen. Das „Unam sanctam" in Bonifatius VIII. Übertreibung wird belanglos. Die Einheit ist in Gott und in Gott allein.

7. Die Demokratisierung der Reichsstände

Die weltliche Obrigkeit Luthers — das waren die Reichsstände, die bis dahin in sorgfältiger Rangordnung Kaiser und Reich darstellten. Sie alle werden nun in Religionssachen plötzlich einander gleichgestellt! Luther bewirkt, daß all die vielen Obrigkeiten untereinander in Glaubenssachen gleich werden. Da wurde der Rat von Nürnberg und von Donauwörth gleichviel wert wie der König von Böhmen und der Kurfürst von Mainz. Der Reichsgraf von Wertheim galt so viel wie der Kurfürst von Brandenburg. Kurfürstenbank, Fürstenbank, Städtebank, Prälaten und Grafenbank — auf dem Reichstag fein abgestuft — standen mit einem Male nebeneinander in Sachen der Religion.

Reichstag	Nationalreformation
Kaiser	
Kurfürsten	
weltliche Fürsten	
geistliche Fürsten	
Städte	
Ritter	Weltliche Obrigkeiten
Reichsdörfer	

Der Bischof von Halberstadt und der Hochmeister von Preußen wurden aus geistlichen Fürsten nun ebenfalls weltliche Obrigkeit. Tatsächlich hat nur diejenige weltliche Obrigkeit das oberste Bischofsamt erreicht und eine Landeskirche begründet, die das weltliche Schwert selbst zu führen verstand. Die Grafen Stolberg-Wernigerode hatten eine eigene Landeskirche, die Reichsdörfer nicht, weil sie militärisch einen Schirmherrn brauchten. Die „Region" mußte wirklich von einem wirksamen Schwert beschirmt werden, um einen weltlichen Religionsherrn zu tragen.

Dann galt der Satz, mit dem die Revolution schloß: Welches Reichsstandes Region, dessen Religion. Cuius regio eius religio.

Die deutsche Fürstenrevolution dauert von 1524 bis 1555. Vom Nationalreichstagsplan bis zum Augsburger Religionsfrieden. Von 1517 bis 1524 schien eine Veränderung der Reichsverfassung unnötig. 1524 aber ändert sich das. Keine politische Revolution beurteilt der Durchschnittsdeutsche so falsch in ihrem rechtlichen Charakter wie die Reformation. Gerade deshalb müssen wir schärfer hinblicken auf das Fürstenrecht als auf die vielen theologischen Begeisterungswogen über die Reformation. Denn nicht Luther, sondern die Obrigkeiten haben unsere Schulen gegründet und uns unterrichten lassen. Wer auf diese Schulen ging, sollte nicht die Gedanken der Obrigkeiten, sondern die Gedanken Luthers begreifen, die Obrigkeit blieb als Landesbischof *über* dem Ganzen. Das deutsche Publikum des 17., 18. und 19. Jahrhunderts, adlig, bürgerlich, bäuerlich, wie es war, stand unterhalb der „Ober"keit und hatte deren Gesichtskreis nicht. Wohl in keinem anderen Lande der Welt haben daher zwei so verschiedene Gesichtskreise übereinander bestanden wie bei uns. Oben kämpfen Fürst und Staatsmann um ihr Recht und ihre Freiheit als Obrigkeit. Unten leben und lernen Bürger und Bauern die reine Lehre und den Gehorsam gegen die Obrigkeit im Kreise ihres beschränkten Untertanenverstandes. Noch heut ist der Begriff des „Publikums" in Deutschland ein rangtieferer als in England. Es ist in Deutschland das Publikum eine schutzbedürftige (10 A. L. R. II, 17), gestaltlose, untergeordnete Masse. Es ist nicht „ein Parterre von Königen" und Herrin des Volksgeschicks wie in England oder Frankreich.

Dies „Unpolitische" des Durchschnittsdeutschen liegt in der freiwilligen Arbeitsteilung zwischen Luther und seinem Landesherrn bereits angelegt.

In ihrem vollen Umfang wird die deutsche Revolution nur durch den Deutschen Fürstenstand repräsentiert. Dieser hohe Adel vertritt dabei die Leiden und Wünsche der deutschen Nation im ganzen. Die gesamte Nation glaubte dem hohen Adel ohne jeden Zweifel seinen Verkörperungsanspruch. Seine Sache war die der Deutschen, seine Libertät die Teutsche Libertät.

Es ist ein großer Unterschied, ob man auf das Niveau der weltlichen Obrigkeit hinaufsteigt bei der Beurteilung der Umwälzung und dort oben *staatsmännisch* denkt oder ob man unten seiner Gewissensfreiheit und Gottes Wort sich erfreut. Im letzteren Falle des üblichen Lutheraners hat man nämlich nur mit einem Staat, nämlich mit seinem Staat zu rechnen und nur an einen Landesherrn, nämlich an den eigenen Landesherrn zu denken. Auf diese Weise hat die große Masse der deutschen Protestanten auch weiterhin *in der Einzahl* über Staat und Fürst denken können. An die Stelle des Papstes (nicht etwa an die Stelle des Kaisers) trat der Landesherr, und also war die Monarchie, die immer die einfachste Denkform für das Individuum ist, seine, des Lutheraners persönliche Verfassungsform. Daraus nun, daß die deutschen Bürger und Bauern Monarchisten blieben, mit einem Landespapst statt einem Ultramontanen, ist eine ungeheure und ungeheuerliche Geschichtsfälschung entstanden, so, als sei die deutsche Verfassung monarchisch und Deutschland eine Monarchie.

Es ist aber das teuer erkaufte Erbe der Reformation für die Teutsche Nation im ganzen eine ganz und gar andere Regierungsform. Und es wird nicht Friede in Deutschlands Konfessionen und Schulbüchern, ehe nicht diese Regierungsform jedem Deutschen wieder klar und einfach vor Augen steht. Ehedem gibt es noch keine Deutschen, sondern immer erst Lipper und Oldenburger und Badener mit ihrer landesbischöflichen Denkzuspitzung. Eher denkt der Deutsche noch nicht staatsmännisch, sondern untertanenhaft.

Die Beerbung der Träger der deutschen Reformation durch das Volk im ganzen ist heut die Aufgabe der Zeit. In die Rolle der deutschen Fürsten von 1521 rückt heut die ganze Nation ein.

Steigt man die Stufen auf der Heerschildleiter empor, bis man unter den deutschen Fürsten von damals steht, und hält man hier Umschau, so erkennt man das eine: Diese Umwälzung ist die *Revolution eines ganzen Standes*, des Reichsfürstenstandes. Es ist also eine soziale Schicht, die gemeinsam und für alle ihre Mitglieder eine neue ungekannte Freiheit erstreitet. *Die Mehrzahl* der Freiheitskämpfer ist das Grundelement dieser Revolution. Ohne diese Voraussetzung ist sie undenkbar und würde sie in ihr Gegenteil umschlagen. *Die Freiheit der deutschen Fürsten in Religionssachen ist nur deshalb und nur so lange Freiheit* und nicht Tyrannei, als zwischen diesen Fürsten Parteibildung, Konkurrenz, Mitarbeit und Rivalität bestanden hat. Als hingegen der englische König die zivile Gewalt beanspruchte wie einer der deutschen Fürsten, obgleich er der einzige Fürst auf seiner Insel war, da wurde er enthauptet.

Das ius reformandi der deutschen Reichsfürsten ist nur zu verstehen als die Abtretung eines Anspruches des Reiches an seine einzelnen Mitglieder als *Mitglieder. Die deutsche Religionsfreiheit ist daher die Freiheit von Religionsparteien.*

Alle Versuche, nur das „Evangelium“ als das Ergebnis der deutschen Reformation hinzustellen und die neuen Menschen als Evangelische zu bezeichnen, entdeutschen diese Umwälzung. Das Ergebnis der deutschen Reformation sind rechtlich, politisch und geistig die *Religionsparteien* des Reiches. Die deutsche Nation hat sich nicht wie die Italiener als Archipelagus unter dem Primat eines geistlichen Papstes bei Hinausdrängung des Schwertkaisers verfaßt. Sondern sie fand in allem die umgekehrte Lage vor: Der geistliche Primat sollte verschwinden, weil er ein Fremdkörper geworden war; die Schwertgewalt war dem Festland hingegen ganz unentbehrlich, und den Kaiser wollte man nicht missen als Schirmherr eben dieses Festlandes gegen Türken, Franzosen und alle anderen Gefahren.

Die entgegengesetzten Menschen und die entgegengesetzte Verfassung sind die Folgen dieses Gegensatzes geworden: der deutsche Fürst, der deutsche Offizier und der deutsche Professor: Die Einheit des Militärs und die geistige Polarität. Die *beiden Religionsparteien* der Katholiken und Protestanten gehören zum Recht der Nation wie die Whigs und Tories in England! Das Zweiparteiensystem in England würdigt jeder Deutsche als großes politisches Prinzip. Die beiden deutschen Religionsparteien haben keine kleinere politische Leistung vollbracht. Aber wer kennt sie? Sogar der Name ist heut — etwa in Heynes deutschem Wörterbuch — verschollen. Aber es ist ein amtliches Wort. Entscheidung ergeht, es „kann jede part sin religion üben“, im Dreißigjährigen Krieg[1]). Das Ausland freilich nennt nur die Protestanten die Partei der Religion. So heißen die Hugenotten in Frankreich „ceux de la Religion“, oder 1625 verlangt das englische Parlament vom König, to recollect and reunite that scattered party of the religion in Germany. Aber die eine Partei zog die andere nach sich!

In den Quellen der Zeit ringt man mit dem Neuen und redet daher in den Staatskorrespondenzen usw. immer neben einander vom Heiligen Römischen Reich *und* deutscher Nation. Das ist bezeichnend. Denn es ist die Leistung der Revolution von 1521 bis 1555, die deutsche Nation in das heilige römische Reich *eingebaut zu haben!* Den Weg dahin müssen wir kurz noch einmal nachschreiten, weil für uns heute eben auf die Erfassung der Teutschen Libertät nicht wenig ankommt. Denn die Reformation und der Dreißigjährige Krieg haben die deutsche Nationalverfassung nicht zerstört, wie man oft lesen kann, sondern sie haben sie entdeckt und organisiert! Mag uns von der Französischen Revolution und dem Kapitalismus her rein zentralistisch eingestellten Europäern diese Verfassung behagen oder nicht — der Charakter der Deutschen beruht auf dieser Verfassung. Die Deutschen mit ihren Lastern und Tugenden, Katholiken und Protestanten sind nicht älter als die Reformation. Sie werden ein geprägter europäischer Volkscharakter in und mit den Religionsparteien, in die hinein sich die deutsche Nation verfaßt und abschließt. Von 1525—1866 machen Fürsten im Namen dieser Nation Revolution.

8. Die Fürstenrevolution 1525—1555

Als der Nation die Parteibildung klar wird, beginnt der rein politische Teil der Lutherischen Reform, der Protestantismus.

Der Protest wendet sich gegen Karl V. Der Kaiser hatte den Nationalreichstagsplan von 1524 in höchstem Zorn kassiert, obwohl ihn der römische König

[1]) Opet-Cohn 56, 233.

und die Reichsstände beschlossen hatten. Damit ist der Rechtsboden verlassen. Die Religionssachen darben eines anerkannten Rechts.
Dies Scheitern ist nicht ohne Zusammenhang mit dem Ausbruch des Bauernkrieges. Die freiwillige Umformung des ritterlichen Lehnsreiches in die geistliche Nation versagt. Nun drängt es zu Gewalttaten. Aber als „der Herr ommes“ unter Thomas Münzer die Gleichheit aller durchsetzen will, da ist auch unter den großen Personen oben im Reich das Recht zerbrochen! So sah es schon Ranke (oben S. 100).
Noch kommt es zu gemeinsamem Strafgericht, von allen Deutschen und Reichstruppen hohnlachend vollstreckt, an der Hure Rom, dem Sitz des Antichrists. 1527 schwärt im Sacco di Roma die ganze geile Fantasie, die sich gegen das Papsttum seit den Spiritualen erhoben hatte, aus. Die Verwüstung war beispiellos, das Verhalten der Truppen viehisch. Es war eben ein Teil der Weltrevolution gegen das Papsttum.
Die Reformation hat in beiden Akten, Bauernkrieg und Sacco di Roma Greuel, die es mit allen Revolutionsgreueln anderer Völker durchaus aufnehmen. Auch hier war übrigens ein relativ unschuldiger Papst das Opfer! Zwischen Bauernausrottung und Romverwüstung steht Luther. Sein Wort wirft er nun den Bauern entgegen, so grimmig wie bisher dem Papst. Aber damit die Päpstlichen nicht zu früh frohlocken, tut er den entsprechenden äußeren Schritt jetzt gegen die Papstseite: Er heiratet. Vorbei alle Möncherei. Martin Luther tritt zurück in die Welt. Statt Vermönchung der Laien heißt es nun: der Priester hat auch nur ein weltliches Amt. Die Prediger treten an die Stelle der Priester. Studieren in der Schrift sollen die neuen Geistlichen, statt Gelübde abzulegen.
Nur das Zivilrecht kann all dieses sichern. Nur die weltliche Obrigkeit kann von jetzt ab reformieren.
1517—1524 bewegt sich die Nation noch in Vorstellungen der vorhergehenden Revolution. Seit 1525 kann die Freiheit eines Christenmenschen nur noch im Schutz der weltlichen Obrigkeit die Religionssachen zu gestalten hoffen. Bis 1525 trägt der gemeine Mann die Bewegung. Jetzt reformieren die einzelnen Reichsstände ihr Land.
Für diese Reichsstände wurde nun die Nichtausführung des Wormser Edikts eine Lebensfrage. Sie hielten sich also gemeinsam an den Reichsschluß von 1524 und protestierten gemeinsam gegen andere Lösungen. Sie überreichten 1530 eine gemeinsame Bekenntnisschrift ihrer Theologen, die Augsburger Konfession. Und sie wurden so aus gemeinsamen Protestanten eine gemeinsame Konfession. Hierin aber erwies sich das Gesetz aller Gewissenstheologie. Sie muß, anders als die apostolisch-päpstliche, dialektisch gegensätzlich sein. Denn theoretisch gibt es immer zwei Meinungen. Die protestantische Bekenntnisschrift ist eine theoretisch-wissenschaftliche Arbeit. Und deshalb ist sie eine von zwei oder mehr möglichen Meinungen. Sie hatte und konnte nicht haben dogmatisch-universalen Charakter, sondern parteiisch-theoretischen. Ausdrücklich gebrauchen ja die Protestanten in der Augustana 1530 die klare Formel, daß sie

mit dem Kaiser in den Glaubensfragen nur wie gleich zu gleich „wie Parten“ verhandeln wollten.

Mit der Augsburger Konfession von 1530 gab es also die neue Religionspartei in erklärtem Gegensatz gegen die alte. Schon das Nationalkonzil wie jede demokratische Körperschaft hätte nur in Parteien leben können, ohne Einmütigkeit und Einstimmigkeit. Es war die Illusion 1524 gewesen, ein solches Konzil für aussichtsreich zu halten. Es lag das daran, daß 1524 noch die Mehrzahl der Fürsten abwartend zu der neuen Lehre stand und so eine Art neutraler Schlichtung möglich blieb.

Jetzt, wo alle Anteil nahmen und Stellung, war nur noch die Form der Religionsparteien innerhalb der Nation möglich.

Dem Kaiser als Oberhaupt des Reichs und als Schirmherrn der Kirche gleicherweise war diese neue Daseinsform der deutschen Nation unfaßbar. Er hätte schon 1532 zum Schwert gegriffen. Aber die Konfession der neuen Lehre zog nun auch ein politisches Bündnis nach sich. Der Schmalkaldische Bund hielt vierzehn Jahre lang die Gefahr ab. Erst 1546 war das Maß voll. Der Erzbischof von Köln wollte sein Bistum lutherisch machen; die Stifter drohten so Erbfürstentümer zu werden, das war eine direkte Schwächung des Kaisers; das Konzil, auf das der Kaiser so sehr hoffte, begann in Trient. Da schlug Karl los und fing im Schmalkaldischen Krieg drei der Hauptfürsten. Luthers Kurfürst büßte seines Vaters Abreise vom Wormser Reichstag und verlor den Kurhut. Das teuflische „Interim“ demütigte die Protestanten tief, und doch war es revolutionär wie die Charte von 1815. *Denn es ließ ihnen die Kirchengüter!* Es war daher mehr gegen Luthers Ketzerei als gegen die Reformation der Fürsten gerichtet. Aber die Fürsten, auch die altkirchlichen, begannen nun alle den Imperator zu fürchten, der als Weltherrscher des Reichs in Kirchen- und weltlichen Sachen jetzt gebieterisch auftrat. Die Teutsche Nation besann sich nun gemeinsam auf ihre Libertät. Man fürchtete, „daß man uns nichts werde halten, sondern uns und unsere nachkomen umb die religio *und in viehisch Spanisch* servitut wircken und dringen wird, Got sei's geklagt“. (1552, Druffel II, 744.) Damals war es, daß die Sächsische Kur dem Sohne Friedrichs des Weisen genommen wurde. Die Medusa erschien auf Karls V. Schilde.

Durch den Schmalkaldischen Krieg wurde die bisherige Rolle der deutschen Fürsten als unzulänglich erwiesen. Als Träger eines Bekenntnisses und Mitglieder einer Religionspartei waren diese Fürsten zu einem geistlichen Interesse gezwungen worden, das bis dahin nicht zu ihrem Amt gehört hatte. Diese Fürsten brauchten zu Schul- und Kirchenfragen plötzlich Kenntnisse und Rat auf einem neuen Gebiet. Sie mußten Theologie lernen und schwierige Kulturfragen fielen nun unter die völlig selbständige Entscheidung des Landesherren als des summus episcopus. Wenn der Herzog von Cleve „Papst in seinem Lande“ war[1]), so bedeutete das einen großen neuen Pflichtenkreis. Dazu gehörten aber auch die äußeren Machtmittel!

[1]) Nach einem ursprünglich von einem Habsburger im 14. Jahrhundert geprägten Wort.

Mit dem Schmalkaldischen Krieg zeigte sich die Gefahr einer solchen Religionsverwaltung ohne militärische Sicherheit. Das Schwert des eigenen Konfessionsverwandten Moritz von Sachsen hatte die Sache der Protestanten fast auszurotten vermocht. Erst sein Abfall von Rom und vom Kaiser 1552 hat die „Libertät“ wieder hergestellt. Damit war der Fürstenstand auf den Gebrauch des Schwertes auch als Reichsstand zur Verteidigung der Religion ein für allemal hingelenkt. Aber das zahlenmäßige Verhältnis der fünfundzwanzig Jahre friedlicher Reformation und der fünf Jahre kriegerischer Unruhe (bis zum Passauer Vertrag 1552) zeigt doch, wie sehr bei dieser Revolution die Empörung gegen den Papst überwogen hat. Diese Reichsstände gedachten zunächst nicht ein militärisches, sondern ein geistliches Regiment aufzurichten mit eigener „Souveränität“. Dies französische Wort lag ihnen zwar fern. Aber das Wort Obrigkeit war es, das nun ausgedehnt wurde auf die Obergewalt in Religionssachen an Stelle des Papstes. Diese Souveränität hat die Revolution der deutschen Fürsten allen Fürsten Europas erkämpft. Es war das freilich keine Souveränität in Glaubenssachen. Die Fides blieb entweder die der alten oder die der neuen Lehre durch ganz Europa. Europa ist christlich geblieben, als es aufhörte, der päpstlichen Einheitsgewalt zu unterstehen. Nur in *Religionssachen* entschied die einzelne Obrigkeit kraft ihrer Superioritas. Der weltliche Staat entspringt also gerade aus seiner geistlichen Vollmacht. Dies ist das Paradox der „christlichen Staatenwelt“.

Es ist das im Lauf der Jahrhunderte so verschüttet worden, daß man aufs stärkste heut es betonen muß: die christliche *Gedankenwelt* blieb den europäischen Völkern erhalten. Nur der Leib der Christenheit verwandelte sich, nicht aber die Gedankenspeise der Seelen! Luthers Bibelübersetzung verdichtete diese Gedankenspeise zum täglichen Brot von jedermann. Auch als die europäische Staatenwelt in den Weltkrieg eintrat, waren die Völker dieser Staaten in ihrer großen Masse mit christlichem Wort und Bild, mit den Vorstellungen der Bibel erzogen und ernährt. Das Wort „Europa“ verdeckt die Tatsache zu leicht, daß es christliche Völker blieben, die fortan in Staaten sich gliederten. Deshalb muß genau in der Mitte dieser Spannung der „*Christliche Staat*“ stehen, den die Reformation aus ihrem Begriff der christlichen Obrigkeit heraus erschaffen hat. Viele Völker, eine Kirche, hatte das Mittelalter gerufen. Eine Christenheit, viele Obrigkeiten, predigt Luther! Der Humanismus und die Pflege der heidnischen Antike haben auf ein christliches Erbgut sich darauf gelegt, als zweite Schicht. Aber die Religionsfreiheit der Fürsten band sie an das christliche Bekenntnis! Gar nicht genug kann die Wichtigkeit dieser Reihenfolge unterstrichen werden.

In der Antike ist dem Heidentum die Kirche als Abschluß gefolgt. In der Reformation öffnet sich die „zivile“ Obrigkeit zuerst dem Geistesgut der heidnischen Antike neben dem christlichen. Aber aller heidnische Geist der Neuzeit folgt auf das christliche Erbe und muß den Wettstreit mit diesem aufnehmen! Es ist die umgekehrte Reihenfolge, die den neuen Humanismus und Klassizismus

zu etwas ganz anderem gemacht hat als den der Antike. Er ergänzte, überbaute und vervollständigte das Weltbild der Christenheit! Auf eine christliche Seelenkultur und einen christlichen Gottesglauben folgte nun die Ausbildung eines heidnischen Bildes der Welt!
Hellas und Rom hatten am Ende ihrer Geschichte vor der christlichen Kirche kapituliert. Die neue Zeit Europas konnte unbefangen vom Christlichen zum Heidnischen hinstreben, weil sie durch und durch christlich durchtränkt war und blieb.
Die „neue Zeit“ ließ also die Kraftquellen dieser abendländischen Seele, ihres Weltgerichtsglaubens, ihrer revolutionären expansiven Kreuzzugsgesinnung und ihrer kulturellen Solidarität unangefochten stehen.
Nur das sichtbare Gebäude dieser Seelenhaltung, die römisch-katholische Kirche, verlor ihre völkerrichtende Gewalt durch die Reformation. 1609 hat der Papst zum letztenmal ein europäisches Staatsgebiet, das Venedigs, mit dem Interdikt zu belegen wagen können.
Die Reformation verlegt die Brunnenstuben für die christliche Lehre und Erziehung in den weltlichen Personenstand.

9. Der Beitrag der Deutschen zur Staatslehre

Die Reformation hat den Religionsparteien diese Pflicht überbürdet. Das Große, das dadurch in die Welt gekommen ist, läßt sich auf eine kurze Formel bringen. Es ist das um so notwendiger, als wir Deutschen in der Staatslehre die westlichen Schöpfungen in der Verfassung ausführlich zu behandeln pflegen. Bei Bodins Souveränitätslehre (1577) fängt man an und geht dann zum Begriff des Völkerrechts, zu der Lehre von der Trennung der Gewalten und zur Lehre von den Parteien weiter. Zu sehr vergißt man aber dabei die geschichtliche Großtat der eigenen Nation im Staatsrecht. Die rein theologische Ideologie der Reformation ist an dieser Unkenntnis schuld. Es haben aber die im Augsburger Religionsfrieden zu ihrer Religionshoheit gekommenen weltlichen Obrigkeiten etwas entdeckt, was kein Kulturstaat heut missen will und was all den eben erwähnten Leistungen Hollands, Frankreichs, Englands voraufgehen mußte.
Als Religionsparteien mußten sie es entdecken. Denn sie kamen nun mit dem einfachen Begriff des weltlichen Schwertes nicht mehr aus. Diese Entdeckung ist die Trennung von *Zivil* und *Militär*.
Der alte Reichsfürst des Mittelalters war ein Kommandoführer in der Heerschildordnung. Seine Kommandogewalt im Krieg und auf dem Römerzug war der Kern seines Amtes. Um das Heerführeramt des Herzogs ordneten sich alle anderen *weltlichen* Ansprüche des Fürsten. Die Heergenossen nahmen das Recht vor ihm und bildeten sein Gericht. Auch die Gerichte waren daher Heeresgerichte. Die Verbindung im Krieg und zum Krieg hatte den Vorauf und diktierte auch dem Frieden das Gesetz.
Dies wird durch die Reformation gründlich anders. Das ius civile, das die

Fürsten nun heranziehen müssen, um Ehe- und Kirchenrecht, Schulen und Landessteuern zu ordnen, ist nur der Ausdruck dafür, daß nun das weltliche Recht aufhört eine Einheit zu bilden. Bisher hatte man noch immer das Stammesrecht als das weltliche Recht dem kanonischen Recht der Kirche gegenübergestellt. Mit der Religionsfreiheit und dem Sturz des kanonischen Rechts unter die fürstliche Aufsicht werden die Fürsten zu einer Teilung genötigt zwischen ihren *zivilen* Verwaltungsaufgaben und ihren militärischen. Das Heerwesen wird nun zum Militär, d. h. aus dem Ganzen zur Hälfte des Fürstenamtes. Truchseß, Kämmerer, Marschall und Schenk im alten Fürstenhaus waren alles Heeresvasallen. Heeresordnung war die Ordnung bei Hofe und im Lande.

Nun lenkt der Landesherr die Landeskirche. Dadurch wird das Militär nur der eine Zustand seines Regiments, der friedlich zivile tritt *neben* den kriegerischen.

Kaiser Maximilian ist in der Tat „der letzte Ritter". Denn das Wort Ritter bedeutet jene unlösliche Einheit und jene unbedingte Vorrangstellung des kriegerischen Wesens vor dem auf dauernden Frieden eingestellten.

Die große Leistung der deutschen Fürsten seit der Reformation ist der schrittweise Aufbau einer Zivilverwaltung.

So sehr tritt diese Aufgabe in den Vordergrund, daß die Vollendung des auch nach außen souveränen Einzelstaates, die Moritz von Sachsen als Aufgabe schon gestellt sah, erst dem Militärstaat Preußen zwei Jahrhunderte später gelungen ist. Deshalb brauchen wir hier diese militärische Seite der Fürstenstaatsentwicklung nicht zu verfolgen. Sie füllt einen besonderen Abschnitt. Denn eine eigene Verabsolutierung dieser militärischen Aufgabe trennte den Revolutionär Preußen von den übrigen Angehörigen seiner Religionspartei.

Hingegen bedarf der Aufbau der zivilen Staatsverwaltung noch einiger Erläuterung. Die Wurzel ist das besondere Verhältnis von Fürst und Landesuniversität. Nicht nur Friedrich der Weise in seinem Bunde mit Luther und Melanchthon kommen hier in Betracht. Schon das Wormser Edikt weist auf diese Besonderheit hin. Alle neuen Bücher wurden darin der Zensur des Bischofs unterstellt. Aber die Zensur in allen übrigen Fächern wird dem Bischof allein, in dem theologischen Fach aber nur unter Zuziehung „der Facultät in der heiligen Schrift (d. h. der theologischen) der nächst gelegenen Universität" übertragen!

Hiermit war schon 1521 durch Kaiser und Reich selbst ausgesprochen, daß nicht die Kirchenprovinzen des Reichs, sondern die Landesuniversitäten über die reine Lehre zu wachen hätten. Die *Mehrzahl* der Hochschulen tritt für die deutsche Nation in Kirchensachen maßgeblich hervor. Das war ganz anders als in Frankreich, wo der eine Rang von Paris den König und die Nation dem Papst gegenüber und auf den Konzilien mit geistiger Autorität ausgerüstet hatte.

Die deutschen Universitäten sind nicht wie Paris die Hochschule der ganzen Christenheit, sondern Hochschulen der Nation in eines einzelnen Fürsten

Land. Heidelbergs Gründung durch den Pfalzgrafen bei Rhein 1386, wie die vorhergehenden von Prag (1356) und Wien (1383), legt bereits die künftige Verfassung Deutschlands fest. Heidelberg gilt noch heut dem Ausländer als rechte Verkörperung Deutschlands. Mit Fug und Recht. Unvermischt mit anderen Gewalten, wie sie in Prag und Wien bestehen, ist Heidelberg seit der Verlegung der Residenz des Kurfürsten die reine Geistesstätte, älter als die Fürstenrevolution und rein zugleich — das gibt Heidelberg den besonderen Rang unter allen deutschen Hochschulen bis heute.

Nur der Fürst, der es zu einer eigenen Landesuniversität bringt, erhebt sein Land über den Kleinstaat hinaus zum Rang eines Mittelstaats. Als Johann Friedrich 1547 Wittenberg verliert, gründet er sofort 1548 Jena als Ersatz. Ohne Helmstedt wäre Braunschweig kein Mittelstaat geworden, ohne die Gründung Bonns 1817 wäre das neupreußische Rheinland ohne eigenes Gesicht gegenüber der Berliner Zentralregierung geblieben. Kein Oberpräsidium in Koblenz, kein „Wallensteins Lager" (Gneisenaus Hauptquartier in Koblenz) hat die dauernde Prägkraft besessen wie Bonn, seit Niebuhr und August Wilhelm Schlegel dort den Reigen eröffneten. Die letzte solche Prägstätte ist Straßburg 1872.

Die Rolle der Landesuniversität ist in der katholischen Religionspartei nicht unbedeutender als in der protestantischen.

Die katholischen Fürsten haben seit der Reformation dem Papsttum fast das Leben saurer gemacht als die Ketzer. Mit diesen war man definitiv fertig. Jene hackten den Finger stückweise ab. Aber Schritt um Schritt eroberten sie ein Aufsichtsrecht über die Kirche nach dem anderen. Die Konkordate der katholischen Landesherren mit Rom und ihre Bereitschaft, die Jesuiten heranzuziehen als Professoren, hinderte keineswegs starke Ansätze des Staatskirchentums. Febronius ist der deutsche Bischof, der hier besonders zu nennen ist. Die Aufhebung des Jesuitenordens war das Werk katholischer Fürsten. Erst das 19. Jahrhundert hat hier eine rückläufige Bewegung gesehen, aber da ging auch die *Geschichte der Religionsparteien zu Ende;* die alte Nationalverfassung der Religionsparteien schwang nur noch matt aus.

Das besondere Verhältnis von Hochschule und Fürstenstaat findet sich denn auch in den katholischen Einzelländern ebenso sehr wie in Sachsen. Ingolstadt ist durch Canisius zur bayerischen Beamtenpflanzstätte entwickelt worden. Aus dem noch nach der freieren, genossenschaftlichen Art 1409 gegründeten Leipzig wird nun die sächsische Landesuniversität durch ein System von Personalunionen. Der Rektor der Universität hatte bei Hofe in Kursachsen den Rang gleich hinter den Prinzen des königlichen Hauses. Der Landesfürst hörte alljährlich persönlich in der Universität einige Vorlesungen. Aber den vollen Sinn empfängt die Landesuniversität erst aus der teutschen Libertät, aus dem Gegensatz der vielen Einzelstaaten. *Die Universitäten binden diese Staaten an die Nation!* Da die Nation stets mehrere Staaten umfaßte, so bedurfte es solcher dauernden Transformatoren, welche die Staaten im geistigen Leben der

Nation festhielten. Keine einzelne Universität war als solche frei, etwas anderes als die „rechte Lehre“ zu lehren. Aber fast jede Hochschule hatte ihre eigene rechte Lehre und bekämpfte die Lehren der anderen. Das gab ein streitbares Konzertieren von gelehrten Meinungen, hinter denen staatliche Mächte standen. Und daß diese Meinungen Luthers und Canisius', Carpzovs und Thomasius', Hegels und Schellings *Lehr*meinungen für alle Landeskinder waren, das erhob sie selber zu Machtfaktoren. Lutherische, reformierte, katholische, naturrechtliche oder idealistische Lehre ist auf diese Weise die deutsche Großmacht „Weltanschauung“ geworden. Zuerst gipfelt diese Macht in den Lehrformeln der Theologen, darauf lösen die Juristen diese an Rang ab, und zuletzt sind es die Philosophen, deren Schulstreit mehr als Schulstreit, nämlich der Inhalt des öffentlichen Lebens unserer Nation geworden ist. Die Möglichkeit *vieler sich bekämpfender* und mit dem Ernst der Landeslehre ausgerüsteter Schulen hat in Deutschland ein eigenartiges System der Geistesfreiheit geschaffen: Nicht die einzelne Universität ist frei, und weder das reformierte Marburg noch das katholische Ingolstadt kann lehren, was es will. Aber wer katholisch wird oder wer reformiert wird, findet eine Zuflucht hier oder dort, woher er immer stammt. Magnetische Kraftfelder breiten sich um jede Lehre durch ganz Deutschland und ziehen nicht nur das Landeskind, sondern auch „Ausländer“ an. So schuf der Gegensatz der Religionsparteien eine unausgesetzte Gruppierung der Talente und damit eine indirekte Freiheit: Irgendwo in Deutschland konnte fast jede Lehre öffentlich gelehrt werden. Diese vielen Irgendwos und Weißnichtwos zusammen ergaben die deutsche öffentliche Meinung. Die Streitigkeiten der deutschen Landesgelehrten untereinander stellten das öffentliche Gewissen der Nation dar. Die lokale Einschließung jeder einzelnen Schule in einen Einzelstaat war eben nur die eine Hälfte der Reformationsfolgen. Die andere Hälfte besteht in der Polyphonie von Lehrmeinungen, die am Büchermarkte und im Geistesleben andauernd miteinander gemessen werden. Keine Schule bleibt für sich, sondern jede steht im hellen Licht einer kritischen Öffentlichkeit, vor der sie sich behaupten muß! Kraft dieser Kontrastbildung erstarken die bloßen Ansichten einzelner zu echten Gegensätzen der Systeme und Weltanschauungen, die in ein und demselben geistigen Raum, eben in dem der Nation lebendig werden. Deutschland hat keine andere öffentliche Meinung als diese der gelehrten Welt im Gegensatz zu anderen Völkern. Der Kampf von Leipzig und Halle, von Jena und Berlin, von Marburg und Gießen war kein Schulgezänk, sondern die Garantie dafür, daß in vielen Staaten doch einerlei Nation, ein deutscher Geist sich wiedererkennen konnte.

Des Fürsten Räte und der Nation Professoren — das ist die Personalunion, durch die es eine nationale Verfassung in der Vielzahl gab!

War das Urteil in Religionssachen weg vom Konzil und Papst, fort von Kaiser und Reichstag genommen, so lag es nun beim Fürsten und seinen *Räten*, und diese Räte waren zwar Räte des Fürsten, aber Gelehrte deutscher Nation!

Sachsen-Thüringen und Bayern sind die beiden großen Beispiele für die Aufzucht des Zivilstaates. Sie sind die Prototypen, die Urprägungen des deutschen Fürstenstaats der Reformation. Sachsen und Bayern sind noch nach dem Weltkrieg durch ihren einseitigen Konfessionscharakter politisch markant hervorgetreten. Sie waren die schroffsten Exponenten der Krisis. Die Erschütterung ging bei ihnen beiden so tief, weil die andere Religionspartei fehlte — sowohl in dem „roten" Sachsen wie in dem „schwarzen" Bayern.

10. Der Beamtenstaat

Den Zivilbeamten haben diese Staaten geschaffen. Bayern verdankt der deutsche „Offiziant" seinen Rang als unabsetzbarer und pensionsberechtigter Beamter, durch das von Gönner gleich begeistert kommentierte Edikt „über die Verhältnisse der Staatsdiener". Sachsen und Bayern machen bis heute der Reichsverfassung deshalb noch besondere Schwierigkeiten. Denn beide Länder sind radikal in ihre weltanschauliche Überprägung hineingedrängt worden. Und das „rote" Sachsen sowohl wie das klerikale Bayern — sie haben beide als Staat der Reformation und als Staat der Gegenreformation etwas Einseitiges behalten.

Der deutsche Beamtenstaat ist nirgends in der Welt so vorhanden wie bei uns. Bis in die unterste Schicht des Volkes hinein ist der Beamte das höhere Wesen. Der Ratstitel war auch für den Anwalt (Justizrat), Arzt (Sanitätsrat), Philologen (Geh. Regierungsrat) Ziel. Nun gar Geheimer Rat — dies hieß in die innere Werkstatt des Fürsten Einlaß besitzen und erhob daher aus aller bürgerlichen Misere. Geheim ist für den Deutschen mehr als öffentlich. Die Revolution der Engländer hat gerade gegen diesen Standpunkt sich empört.

In Deutschland will man „in der Fürsten geheimstem Rat" sitzen. Der Serenissimus, der in Justus Mösers patriotischen Phantasien noch 1770 angeführt wird, hat die gesamte menschliche Gesellschaft für Kanaille erklärt, ausgenommen sich und seine Räte! Das Wesen des Zivilstaats ist nun weiter seine Anordnung nach Fachgebieten. Das Wesen der Zivilverwaltung beginnt bei der Fachteilung. Sie entsteht im Fürstenstaat zuerst zwischen Theologen und Juristen. Diese beiden haben lange allein regiert. Aber auch sie doch schon fachlich geteilt und nur durch die Person des Fürsten zusammengehalten. Dies macht nun das Verhältnis von Fürst und Universität noch wichtiger. Was die Universität für die angehenden Staatsdiener leistet, das leistet hernach einzig noch der fürstliche Hof: nämlich die Überwindung der Fakultäts- oder Fachschranken. Was die Universität für die jungen Spezialisten, das ist der Hof für die alten. Nur der Hof hält die Zweige der Staatsverwaltung zusammen. Draußen im Lande ist keine Kraft, die sie zusammenschmilzt, es sei denn ein Vizekönig — wie sie aber Sachsen und Bayern nicht kennen. Draußen im Lande sind also nur Untertanen und zivile Fachbeamte, getrennt in Theologen, Verwaltungsräte und Richter. Der Fürst, kraft seiner Prärogative, wie man damals sagte, kraft der Kompetenzkompetenz, wie es heute nicht weniger schön heißt, setzt einen Zweig der Staatsverwaltung nach dem andern in Gang.

Dieser Zivilstaat gehört zur Reformation. Er ist die Mitteilung der Reform ins Volksganze hinein. „Der Beamtenstaat war in seiner Vollkraft nur, solange er selbst eine kühn vordringende Reformpartei darstellte" (Schmoller). Die Deutschen haben durch ihre Leidenschaft für den Beamtenberuf ihre Verbindung mit dem hohen Adel und mit seiner Revolution hergestellt und bekräftigt.

Die furchtbare Anklage gegen den Fürsten, ein verwundetes Gewissen zu haben (oben S. 205f.), führt zu der Empfindlichkeit des Gewissens im neuen Fürstenstaat. Wie Luther im ersten Überschwang, so gebraucht sein prosaisches Gegenstück, am Ende der Kurve, der Jurist Benedikt Carpzov, dasselbe Argument als das entscheidende.

Carpzov ist gewissermaßen der Napoleon III. der Reformation; aus Wittenberg gebürtig und in Leipzig tätig, hat er die gesamte lutherische Staatenwelt im Recht der Zehn Gebote (das war sein System) systematisch begründet. Seine Lebensdaten 1595 bis 1666 fallen in die Zeit der Erniedrigung, wo der unbegeisterte, kahle Staatenbau im Dreißigjährigen Krieg durchgerettet werden mußte. Aber als Erkennungswort bleibt ihm, in der Vorrede zum Kirchenrecht für das landesfürstliche Kirchenregiment, das Wort: „Verwundet Euer Gewissen nicht!"

Das ist aber der Abgrund, der Bethmann-Hollweg und Ludendorff, Hindenburg und Hitler getrennt hat. Bethmanns Wort am 4. August 1914: „Wir tun unrecht, aber Not kennt kein Gebot", hätte die Wiedergeburt Europas ermöglicht. Ludendorff und seine Spießgesellen haben ihm dies Wort nie verziehen.

Heut droht einer ganzen Nation die Gefahr, daß ihre unschuldigen Opfer so in ihr weiterrumoren, wie die Toten des Weltkriegs in Ludendorff rumort haben, bis er über ihnen wahnsinnig wurde. Mord ist nämlich — und Luther sowohl wie Carpzov und Bethmann-Hollweg glaubten das — kein Tatbestand des geschriebenen Rechts, sondern der ewigen Schöpfung. Die ganze Frage in Nürnberg und in Auschwitz ist durch eine unprotestantische Diskussion über die Rückwirkung der Gesetze verwirkt worden. Für Luther, Carpzov und Bethmann-Hollweg gibt es noch ein Recht, welches der Staat verwirklichen *muß*, weil sonst die Gewissen verwundet bleiben. Vor mir liegt ein Buch „Massenmord", in dem die Auschwitzer Morde durch die Austreibung der Sudetendeutschen und den Bethlehemitischen Kindermord und viele absolut andere Vorgänge abgemildert werden sollen. Da rumoren diese bestimmten Toten von 1933 bis 1945 im Gehirn wie bei Ludendorff und führen zu „Projektionen" im Sinne der Psychoanalyse. Der Untergang des Dritten Reichs führt zu zahllosen „Projektionen" heute, wie Alfred Webers „Das Ende der Geschichte". Da endet die Geschichte, weil das deutsche Reich endet! Nur das Gewissen erlaubt, die Wahrheit besonnen ins Auge zu fassen, auch wenn sie sich gegen unser vermeintliches Selbstinteresse richtet. Das wahre Selbstinteresse aber wird immer durch die Wahrheit gefördert.

Wer das große Wort vom Gewissen verdrängt, an dem die deutschen Stämme aus dem Heiligen Römischen Reich heraus in die eigene Nation hinübergereift sind, der begeht als Deutscher Selbstmord. Denn an dem Wort, das eine nationale Gruppe in ihrer großen Stunde offen und vertrauensvoll spricht, wird und bleibt sie ihr wahres Selbst.
Entweder der Selbstmord von 1945 bleibt für die Nation in Kraft, oder das Rasen der vorlutherischen Bauern und Rotten von 1525 ist gerade deshalb 1945 nachexerziert worden, damit sich in dieser Wiederholung die Nation der Reformation noch einmal erhole und erneuere.
Dies Geheimnis des Obrigkeitsstaates ist zugleich das Geheimnis des deutschen Menschen. Wir haben Fürst und Professor als seine Vorbilder bezeichnet und brauchen nur ins Ausland zu gehen, um uns dort die Bestätigung zu holen.
Die Deutschen rechnen in der europäischen Gesellschaft bis 1918 nicht, außer in diesen beiden Chargen. Der Fürst ist der eine deutsche Exportartikel, der Gelehrte der andere.
Auf fast allen europäischen Thronen saßen oder sitzen deutsche Fürsten. Das ist kein Zufall. Sondern die Verbindung von Gewissenhaftigkeit und Mut war nur dieser großen Klasse in Deutschland so in Fleisch und Blut übergegangen, — bis zu ihrer Dekadenz. Kein ausländischer Roman, der nicht einen Hof oder einen Fürsten schildert, um deutsche Menschen zu schildern. Als Gobineau in seinem Siebengestirn je ein hervorragendes Mitglied aus jeder Nation in Freundschaft sich vereinigen läßt, da ist ein Fürst Deutschlands Vertreter. Im „Jean Christoph“ von Romain Rolland muß der Morgen des Helden in „einer kleinen Residenz“ anbrechen. Professor Teufelsdröckh aus Weißnichtwo in Carlyles „Sartor Resartus“ ist das unsterbliche Gegenstück dazu aus professoralem Stande.
Alles andere Deutsche wird in der Welt geschätzt, deutsche Ordnung, deutscher Fleiß usw. Davon reden wir hier nicht. Es handelt sich nicht um die Schätzung der Arbeitskraft und Talente, sondern um die Vertretung der nationalen *Lebensform* im Auslande. Diese Vertretung fiel fast ausschließlich den Prinzen und Prinzessinnen zu. Deutschlands hoher Adel galt als die deutsche Nation. Es ist außerordentlich wichtig, den ganzen Umfang dieser Wahrheit einzusehen, ohne alle falsche Empfindlichkeit.
Nur wenn Deutschland auf dies Niveau des alten Hochadels seine neuen Repräsentanten heben kann, wenn es statt Beamten Vollnaturen hervorbringt, wird es statt lauer „Fachgebietler“ wieder gebietende Persönlichkeiten hervorbringen.
Hier ist noch auf ein zweites Geheimnis hinzuweisen, das in dem Sieg der Religionsparteien über den Papst verborgen liegt. Der neue Zivilstaat deutscher Nation beruht auf der freien Konkurrenz! Jeder Fürst ist durch die Landesuniversität ein geistiger Unternehmer, der besondere Wege zur Beamtenzüchtung einschlägt. Und alle diese neuen Fürstenstaaten wetteifern miteinander um die Gewinnung der Talente.

„Wenige Beamte und Offiziere gab es ja damals, die nicht ihren Herrn schon so oft gewechselt als heute die Dienstboten ihre Herrschaften" (Schmoller).
Bis 1866 waren die Beamten in der gesamten Nation freizügig! Ein Fürst holte sie dem anderen fort. Beust und Hohenlohe sind bekannte Beispiele dafür aus der neuesten Zeit. Aber Goethe und Lessing, Pufendorf und Wolff zeigen dasselbe. Moltke und Richard Wagner, Schelling und Hegel, Savigny und Stahl, sie verdanken der Konkurrenz der Einzelstaaten die Freude eines Aufsteigens zu immer größerer und weiterer Wirkung! Das Geheimnis unserer Beamtung gegenüber den bloßen öden Bürokratien anderer Nationen — beruht auf der Konkurrenz. Wenigstens die Besten errangen sich ihre Stellungen in einem freien Wettbewerb über mehrere Fürstenstaaten hin, von Staat zu Staat. Eine solche Ehrung und Kraftsteigerung auch nur weniger Mitglieder wirkt auf den ganzen Stand zurück. Das deutsche Beamtentum hat das deutsche Volk so sparsam und so gut regiert und dies Volk hat solange sich den Vorwurf des beschränkten Untertanenverstandes von seinem Landesvater eingesteckt, weil die Beamten entschränkt über die Grenzpfähle des Kleinstaates hinaussahen. Weil Goethes Schwager Schlosser in Emmendingen und Goethe selbst in Weimar und die berühmten Richter in Kurhessen alle in Konkurrenz standen, umeinander wußten und voneinander lernten. *Die sogenannten Prinzipien* teilte man, die theoretischen Prinzipien, weil man sie auf der Universität erlernte. Die Deutschen sind das prinzipiellste Volk der Welt, weil sie das beste Beamtenvolk sind. Prinzipien und System sind der Erziehungsmörtel für die Spezialisten eines gemeinsamen Staatsapparates. Wir haben die voraussetzungslose Wissenschaft, unseren deutschen Stolz, noch wenig verstanden, wenn wir nicht fragen, was denn die Tausende von künftigen Staatsdienern von den Hochschulen mitnehmen in ihren Einzelstaat und in ihr Einzelamt. Die Juristen z. B. lernten auf der Universität die Pandekten, mußten aber in ihrem Amt oft alles andere als römisches Recht anwenden.
Trotzdem war das Pandektenstudium das beste Erziehungsmittel. Denn es machte alle Juristen fungibel, versetzbar aus einem Winkel des Staats in jeden anderen. Die Landesuniversität schweißte Ausländer und Inländer zusammen zu einem neuen, eine gemeinsame Sprache sprechenden Beamtenstand. Das ist das Große an der Aufzucht aller Pfarrer, Lehrer, Richter, Beamten und Ärzte, die auf derselben Hohen Schule gewesen, daß sie alle auf dieselben Prinzipien hingerichtet wurden.
Jeder Deutsche hat bekanntlich, sobald er einem andern gegenübertritt, einen Standpunkt. Einen Standpunkt hat aber nur der theoretische Mensch. Der unsystematische, nicht fixierte Mensch geht vorwärts, auch in seinen Gedanken. Er überläßt sich dem Strom der Gedanken. Ihm fällt etwas ein. Er entdeckt zu seiner Überraschung etwas Neues, das ihm einleuchtet. Kurz, er lebt vorwärts auch geistig.
Der Mann, der einen Standpunkt hat, tritt auf der Stelle. Er kann alles Neue von diesem Standpunkt aus irgendwie einbauen. Er reagiert auf das schöpfe-

rische Denken anderer nur noch mechanisch. Bestenfalls kann er sich z. B. mechanisch „umstellen" auf etwas Neues, wie der teuflische Ausdruck lautet. Teuflisch ist er, denn er besagt, daß der Umsteller das selbst willkürlich „bewerkstelligt". Hingegen ist dieselbe Standpunkthaltung, die im Leben lächerlich ist und alle deutschen Diskussionen so unfruchtbar macht, für den Beamten richtig. Denn der Horizont seines Amtes liegt fest. Und alles, was einläuft, hat von einem festen und durch seine Festigkeit erst gerecht wirkenden Standpunkt geprüft und bearbeitet zu werden.

Der theoretische Standpunkt und der deutsche Beamte gehören daher zusammen, so wie der Professor und der sogenannte Praktiker, der bei uns aber immer ein verkappter Theoretiker ist. Kein Praktiker in Deutschland, der nicht versucht, den Theoretiker zu spielen, kaum einer, der seine eigensten Lebenserfahrungen ernst nimmt. Alle brechen aus ins Prinzipielle, der Arbeiter, der Marxist „ist", der Akademiker, der Idealist „ist", usw. Wieder ist diese Haltung — sonst absurd — richtig für den Beamten, dessen persönliche private Erfahrungen eben auch „nichts zu sagen haben". Der nichtbeamtete Mensch in Deutschland richtet sich aber nach dem beamteten und sucht diesen noch zu übertreffen.

Daß jede Person in der Ordnung dieser Welt ihr Amt gewissenhaft verwalten könne, dazu muß sie schriftgelehrt oder doch schriftkundig sein. Nur dadurch durchschaut sie das Blendwerk der sinnlichen Welt. Nur der Schriftkundige ist Amtsperson in dem neuen integren Sinne. Die anderen Nationen kannten noch auf lange hinaus nicht den unbestechlichen Beamten. Luther hat jedes weltliche Amt so ausrüsten wollen mit verantwortlichen Kennern der Schrift. Wenn den Landesfürsten in allem seine Theologen beraten, so den Hausvater die Bibel. Luthers Bibelübersetzung hat alle Stuben des Volkes mit einer neuen Gewissenhaftigkeit erfüllt. Der Fürst des 16. Jahrhunderts und der Bauer trafen sich in dieser gemeinsamen geistigen Beschäftigung. Wem die Bibel nicht selbständig zur Hand kam, den speiste die Schriftlesung der Hausandacht und vor allen Dingen das Kirchenlied. Fürst und Bauer stellten sich unter den Spruch: Ich und mein Haus wollen dem Herrn dienen, in einem ganz praktischen Sinn täglicher Schriftlesung im Hause.

Die deutsche Revolution hat eben deshalb eine Buchmenschheit erschaffen. Das kriegerische, der Hochschulen entbehrende Deutschland hat mit einem Sprung sich an den alten lesenden und schreibenden Völkern vorbei zur Nation des Bücherkultes und der Bücherkultur entwickelt. Das Buch war das Mittel dieser Revolution, wie für die Italiener das Bild. Ein Urteil nach der Schrift will Luther 1521 von Kaiser und Reich.

Dankbar ist der Deutsche seitdem buchgläubig geblieben. Ob Hegels Philosophie ob Marxens Kapital — das „Es steht geschrieben" ist für den Deutschen die letzte Instanz geblieben bis zum Weltkrieg. Nur unter schweren Schmerzen und Erschütterungen wendet er sich heute von der Autorität des Buches ab. Der Beamte, der Pfarrer, der Lehrer verehrt in dem Buch seine Bündnisfähigkeit mit allen Zivilisten deutscher Nation. Diese Zivilisten, die Staatsdiener in irgendeiner Form der Anstellung, nennen sich selbst Akademiker. Oder man mag sie von außen Intellektuelle nennen. Oder sie mögen die Gebildeten heißen. Immer sind sie die Buchgebildeten! Es gibt keine „Gesellschaft" in Deutschland wie in England oder Frankreich, sondern es gibt nur „die gebildeten Kreise". Und das sind die Beamten, Pfarrer und Professoren in Deutschland, oberhalb der gebildeten Kreise gibt es den Hof, der um so viel an Horizont über der westeuropäischen „Gesellschaft" steht, wie die gebildeten Kreise Deutschlands darunter.

Das Erkennungszeichen dieser Bildung ist die *Sprache des Buches*. Kein Deutscher, der nicht von einem Standpunkt aus seine Weltanschauung begründete. Ganz wie ein Buch. Die deutschen Menschen reden wie Bücher. Aber die deutschen Bücher sind nicht geschrieben, wie Menschen sprechen! Die deutschen Bücher gelten im Ausland als ungenießbar. In Deutschland galt ein lesbares Buch bis 1914 eben deshalb als unwissenschaftlich. Es muß eine Schreibe sein. Und nun lese man die großartigen Worte Goethes in Dichtung und Wahrheit am Ende des zweiten Teiles nach, über Sprechen und Schreiben, in denen er das Schicksal unserer Nation ausspricht und die bezeichnenderweise und vielleicht gerade deshalb — nicht zu den Goetheworten gehören, die man kennt: „Schreiben ist ein Mißbrauch der Rede, stille für sich lesen ein trauriges Surrogat der Rede. Der Mensch wirkt alles, was er vermag, auf den Menschen durch seine Persönlichkeit, die Jugend am stärksten auf die Jugend, und hier entspringen auch die reinsten Wirkungen. Diese sind es, welche die Welt beleben und weder moralisch noch physisch aussterben lassen. Mir war von meinem Vater eine gewisse lebhafte Redseligkeit angeerbt; von meiner Mutter die Gabe, alles was die Einbildungskraft hervorbringen, fassen kann, heiter und kräftig darzustellen, bekannte Märchen aufzufrischen, andere zu erfinden und zu erzählen, ja im Erzählen zu erfinden . . . Jene beiden elterlichen Gaben begleiteten mich durchs ganze Leben, mit einer dritten verbunden: mit dem Bedürfnis, mich figürlich und gleichnisweise auszudrücken. In Rücksicht dieser Eigenschaften, welche der so einsichtige als geistreiche Doktor Gall, nach seiner Lehre, an mir erkannte, beteuerte derselbe, ich sei eigentlich zum Volksredner geboren. Über diese Eröffnung erschrak ich nicht wenig: denn hätte sie wirklich Grund, so wäre, *da sich bei meiner Nation nichts zu reden fand*, alles übrige, was ich vornehmen konnte, leider ein verfehlter Beruf gewesen."

Jeder spürt wohl heute diese Worte Goethes als Prophetie auf das Mündlicherwerden, auf die Wiedergewinnung der beredten, volkstümlichen Sprache im öffentlichen Leben der Nation.

Aber die „Unfigürlichkeit" und „Leblosigkeit" war ein Kennzeichen des Buches, an dem sich die Akademiker, die Gebildeten, die Intellektuellen, untereinander erkennen konnten. Ob Augustana oderHegel oder Marx macht dabei, wie gesagt, keinen Unterschied. Auch die deutschen Marxisten sind noch durch die Fürstenrevolution geprägte Menschen. Ein französischer Sozialist sagte

über „Das Kapital“: „Ce n’est qu’un livre“ — „das ist nur ein Buch“. Dieser Ausspruch ist so undeutsch wie möglich. Man sagt von keinem Buch „nur“, sondern man sagt „sogar“!
Die Daseinsbedingungen dieses deutschen Standpunktmenschen sind nun freilich — ähnlich wie die des Italieners — seit geraumer Zeit in Verfall. 1848 treffen sich zum ersten die verschiedenen „Schulen“ der Länder in dem Professorenparlament der Paulskirche. Damit löst sich der Bund zwischen rechter Lehre und Einzelstaat auf. Man hat sich an den Fürsten vorbei unmittelbar gefunden. 1866 hörte die Konkurrenz der Mittelstaaten und die Freizügigkeit des Beamten nach und von Österreich weitgehend auf. Die wachsende Reichsbeamtung beruhte auf dem Einheitsstaat. Noch heute ist die Reichsbürokratie ohne die Ausgewogenheit der Beamtenkörper in den Einzelstaaten. Was so ein württembergischer oder bayrischer Beamter ist, das ist etwas viel Bestimmteres, Geprägteres als ein Mann der Reichspost oder gar der jungen Reichsarbeitsverwaltung.
Die Konkurrenz bestand am Ende 1914 praktisch fast nur noch für das Personal der Hoftheater und der Universitäten. Mit dem Sturz der Höfe sind auch die Hoftheater mehr oder weniger zusammengebrochen. Jetzt ist der Künstler schon nicht mehr unabhängig von Berlin. Die Freizügigkeit der Universitätslehrer ist durch Kartellabreden der Landesministerien eingeschränkt, vor allen Dingen aber durch die heraufziehende Reichskulturverwaltung. Die Notgemeinschaft deutscher Wissenschaft ist der erste Schritt zur Zerstörung der Landesuniversitäten als den Trägerinnen der freien Forschung. Und das Reichsministerium des Innern bemüht sich mehr und mehr, alle Forschung im Reichsgebiet zentral zu betreuen.
Die deutschen Zivilbeamten verlieren mit dieser Zentralisierung die Basis für ihren Rang in der Weltordnung der Nation. Diese Basis war der Wettstreit der Religionsparteien und der Einzelstaaten. Hier lag das Pathos des Zivil; der „Bürger“ des deutschen Staats im Vollsinne ist der Akademiker gewesen. Zwischen Civiltà des Italieners und Civilisation des Franzosen steht der deutsche *Zivilstaat*. Es ist heute Mode, den Humboldtschen Begriff der „Kultur“ als deutsch gegen das Welsche zu stellen. Das Land in Flor und Kultur zu bringen, ist allerdings des Zivilstaats Anliegen. Aber der Verschüttung unserer größten Leistung begegnet man am besten, wenn man die große Reihe der Revolutions-„Civitates“ überblickt: dann ist es gerade das Wesen der deutschen Reformation, die deutschen Staaten *„zivilisiert“*, d. h. den gelehrten Staat der fürstlichen Räte geschaffen zu haben.

11. Übermut, Demütigung, Ausklang

Scharf begrenzt ist die Zeit der Krise von 1525 bis 1555. Die Begrenzung des Rechtskampfes weist aber die Ideologie der Parteien noch nicht in ihre Schranken. Es ist hier wie in den anderen Revolutionen ein verantwortungsloses

Wuchern der Möglichkeiten. Die Probe muß noch kommen auf die neue Ordnung der deutschen Nation.

Der Übermut ergreift seit 1555 die Religionsparteien. Auf protestantischer Seite setzen sich die kleinen Päpste gegeneinander und beschimpfen sich. Die österreichischen Anhänger ein und desselben großen Lichtes, des Begründers der protestantischen Geschichtsauffassung Flacius nannten sich gegenseitig: Leichnamspreiser, Fleischpreiser, Epikureer, Grabsünder, tote Erbsünder, Grabpropheten, Kadaveristen, Knochenschänder, Poltergeister, Rumpelgeister, Leichnamsschänder. Und das im Streit um eine winzige Einzelheit in einem katholischen Lande.

Die katholischen Fürsten aber reformierten kräftig am Papste vorbei, — z. B. gestand der Bayernherzog seinen Ständen 1563 den Kelch zu — bis Kaiser Ferdinand II. sogar am 8. Dezember 1629 aus eigener Machtvollkommenheit das Fest Mariä Empfängnis durch seinen Hofkaplan einsetzte! Beide Parteien hielten sich praktisch für autonom. *Autonomie* oder „Freilassung der Religion“ ist daher das Stichwort, um das damals gekämpft wurde. Es ist das Stichwort aller neuzeitlichen Haltung geworden. Damals enthält das Wort noch einen Tadel. Aber es hat sich durchgesetzt. Deshalb verdient Erstenbergers Traktat de *Autonomia* von 1586 einen Platz gleichberechtigt neben Bodins gleichzeitigem viel zitierten Kapitel von der Souveränität.

Die Protestanten wollten ferner, daß auch die Bistümer frei reformieren dürften. Schon 1542 hatte gerade dieser Versuch in Köln Karl V. erbittert.

Damit wendete die Reform ihre Spitze mindestens so sehr gegen den Kaiser wie gegen den Papst. Und hierin liegt der Übermut der Epoche von 1555 bis 1618. In den Zepterlehen war der Einfluß des Kaisers ein sehr großer, und gegenüber den Zeiten des Kardinalats der Kurfürsten im 14. Jahrhundert waren die Kaiser des 16. Jahrhunderts wieder weit mächtiger geworden in der Besetzung der Bischofsstühle. In dem Ringen um den Einfluß hier war also die kaiserliche Autorität im Vordringen gegen die päpstliche. So wollte sie dem Angriff der weltlichen Fürsten gegen den Papst nicht zum Opfer fallen.

Statt einen Teilungsplan der Zepterlehen zu entwerfen, der beiden Religionsparteien zugute gekommen wäre — das ist 1803 geschehen, als man die letzten Zepterlehen beseitigte — versuchten die Protestanten, die geistlichen Fürstentümer alle zu erobern. Magdeburg, Halberstadt, Merseburg, Naumburg, Meißen, Brandenburg, Havelberg, Lebus werden protestantisch.

Die altfränkischen Bistümer widerstehen. Es sind die nachfränkischen, die Heereskirchen der Ottonen, die ohne Schaden säkularisiert werden konnten. Denn sie waren ja gleich Königsschildkirchen, Königsgarnisonen bei der Gründung gewesen.

Anders in Altfranken. Der Kurfürstenrang Kölns beruhte auf dem Vorrang des fränkischen Stammesgebiets vor den anderen Stämmen und vor den neuen östlichen Marken. Die drei geistlichen Kurfürstentümer hielten die Verbindung des Römischen Reiches mit dem Reiche Karls des Großen aufrecht. Je schwieriger das Reich in anderen Punkten diesen Zusammenhang wahrte, desto zäher mußte es diese letzten Wurzeln seiner Kraft im altfränkischen Erdreich lassen. 1583 scheiterte daher der Versuch, Köln zu verweltlichen, unter blutigen Kämpfen.

Eine zweite wunde Stelle ist das Verhältnis der Deutschen Nation zu den Böhmen. Das hing damit zusammen, daß auch das Verhältnis zwischen der kaiserlichen Gewalt und den landesfürstlichen Gerechtsamen der Kaiser sich nun neu bildete. Denn der Grundsatz cuius regio eius religio bedeutete für die große Habsburgische Ländermasse anderes als für die Mittelstaaten! Der furchtbare Aufstand in den Niederlanden seit 1568 entsprang der Preisgabe dieser Gebiete an den Kaiser als Landesherrn. Die gleiche Frage ist in Böhmen dann aufgetaucht. Und sie ist dann der Anfang des Dreißigjährigen Krieges geworden. Die böhmische Frage ist noch heute wichtiger für Mitteleuropa und die deutsche Nation als die Deutschösterreichs. Bismarck ließ 1866 die Truppen in Böhmen verkünden, er werde das Königreich Böhmen wiederherstellen. Hätte er es nur getan! Wer das Hus-Denkmal in Prag gesehen hat, der weiß, was der Haß im Völkerleben bedeutet.

Das Verfahren gegen Hus hatte in Deutschland keine gerechten Richter gefunden, solange es zugleich ein antitschechisches Verfahren gewesen war. Erst als die religiöse Frage gereinigt von der nationalen an die deutschen Reichsstände herantrat, wurden sie willig, für sie zu kämpfen. Die Böhmen sind also in gewissem Sinne von den übrigen Reichsständen im Stich gelassen worden. Der König von Ungarn und römische Kaiser Sigismund war seit 1419 König von Böhmen und ist von den Deutschen vor allem von den Schlesiern in den Krieg gegen seine böhmischen Stände recht eigentlich gegen seinen Willen hineingeführt worden. Das Reich also und die Deutschen haben Landesfürst und Land, den König von Böhmen und die Universität Prag auseinandergerissen und damit die geistige Lage dieses reichsten Landes im Reich gründlich vergiftet.

Die anderen Lande haben nie längere Zeit hindurch einen Zwiespalt zwischen dem Fürsten und den Professoren als den Sprechern der Nation ertragen. Schon 1582 sagen die Prädikanten in Österreich dem Erzherzog voraus, ein Papsttum der Obrigkeit werde das Predigtamt nie hinnehmen. Als in Göttingen 1837 ein solcher Konflikt ausbrach, da bereitete er auch schon den Untergang des hannoverschen Königreiches vor. Die Göttinger sieben Professoren, die 1837 gegen den Verfassungsbruch protestierten, sind die Vorgänger Rudolf von Benningsens und der hannoveranischen Nationalliberalen, d. h. der Unitarier gewesen. Christian Wolff, der aus Halle vertriebene Professor, wurde von Friedrich II. ehrenvoll zurückberufen.

In Böhmen aber kam dieser Zwiespalt nicht zur Heilung! Und an diesem Zwiespalt zwischen den böhmischen Ständen und ihrem König ließ sich nichts ändern, solange die kaiserliche Hausmacht die vielen einzelnen Fahnlehen: Böhmen, Österreich, Krain, Steier, Kärnten, Tirol, Vorderösterreich, Elsaß,

Burgund und Niederlande alle zusammenschweißte zum großen Grenzwall für die Religionsparteien im Inneren. Von der Maasmündung bis Siebenbürgen war Habsburg Grenzhut! Weil die Kaisermacht ja Schutzwall war gegen die Türken und später gegen die Russen, deshalb war sie der Nation willkommen. Deshalb hat der Habsburgisch-römische Kaiser von 1555 bis 1806, ja bis 1914 eine von der Deutschen Nation gewünschte und sonst ihr obliegende Leistung vollbracht. Hierin lag der Übermut der Reichsstände, daß sie den Kaiser wollten nur als Militär. *Das Kaisertum war auch der Religionspartei unentbehrlich, die keinen Papst wollte!* An diesem Zwiespalt ist der Dreißigjährige Krieg entflammt!

Als daher die böhmischen Stände ihre Religionsfreiheiten von dem Jesuitenzögling Ferdinand II. von Österreich gefährdet glaubten und ihm die Huldigung aus Angst um diese Freiheiten vorenthielten, da sahen auch protestantische Reichsstände darin einen Angriff auf die landesfürstliche Obrigkeit in Religionssachen, und der lutherische Johann Georg von Sachsen verbündete sich mit Ferdinand so wie einst die Wettiner mit Sigismund gegen die böhmischen Stände.

Die Religionsfrage und die Politik des hohen Adels des Reichs traten auseinander. So konnte sich der Religionskrieg des Dreißigjährigen Krieges gerade an der böhmischen Frage entzünden.

Bayern griff ein, der geistig führende katholische Mittelstaat unter dem Beamtenfürsten Maximilian I. und verlangte nun den Kurhut an Stelle des altfränkischen Rheinpfalzgrafen. Das neue Prinzip, die Rolle des Fürsten in der Nation brach damit ein in die alten überlebten Grundsätze der Verteilung der Kurstimmen gemäß der Ehrenämter am Kaiserhofe. Aus den Stammesherzogen und den Markenkommandanten, den Markgrafen, waren diese Hofämter besetzt worden. Jetzt vertritt die Kur die *nationalen* Kräfte.

Seit Bayerns Eroberung der Kurwürde war der Sinn der Kurwürde ein anderer geworden. Hannover und Hessen-Kassel sind noch Bayern gefolgt.

Kursachsen ist schon 1635 aus dem Dreißigjährigen Krieg herausgetreten. Nicht die Mittelstaaten haben diesen Krieg durchgefochten, sondern der Kaiser einerseits und die Schutzmächte der deutschen Protestanten andererseits. Der Dreißigjährige Krieg erweist sich gerade an dem Verhalten Bayerns und Sachsens als die Zeit der Demütigung der deutschen Religionsparteien.

Der Kaiser setzte für die Behauptung der kaiserlichen Haus- und Reichsmacht die Spanier ein, die Schutzmächte der Protestanten wurden Schweden und Frankreich. Eine protestantische Großmacht gab es eben in der Deutschen Nation nicht und hatte es *nach dem Charakter der Reformation* weder geben sollen noch können.

Weil bis zum Ende des Heiligen Römischen Reichs die Deutschen nur um das Religionsrecht der Landesfürsten gekämpft haben, nicht aber um den Sturz des Kaisertums, deshalb ist der Gedanke an ein evangelisches Kaisertum im alten Reich nicht erwacht. Erst der weltliche Revolutionär Preußen hat diesen

Umschwung zu einer rein weltlichen Schutzmacht im Bewußtsein der Nation durchgesetzt.
Die Protestanten mußten sich also den Großstaat, der sie rettete, außerhalb des Reiches suchen. Das ist das Unglück des Dreißigjährigen Krieges. Sein Ausgang erhielt die wahre Errungenschaft der Reformation für das Reichsinnere und erhob die Klein- und Mittelstaaten dieses inneren Gebietes zu den Trägern des Lebens der Nation. Fünfzig bis sechzig Landeskirchen standen nun nebeneinander! Der Dreißigjährige Krieg hat aber das Aufkommen der Condottiere, die Italien im 14. und 15. Jahrhundert ausgeplündert hatten, auch für Deutschland in gefährliche Nähe gebracht. Des Fürsten und Condottiere Wallensteins Ermordung erinnert an die des mächtigen Condottiere und Kardinals Vitelleschi durch Papst Eugen IV. Kaiser und Reich blieben eben aufeinander angewiesen. Seitdem (1648) hat das Reich als solches sich nicht mehr gegen den Kaiser gewendet.
Dafür aber gab der Friede die linksrheinischen Grenzlande preis.
Sogar die Schatzkammer des Reiches unter den Staufern, das Elsaß, ging verloren. Die Schwächung der Kaisermacht zugunsten Frankreichs und Schwedens war das Unglück von Osnabrück und Münster, die Schaffung des Corpus Evangelicorum aber sein Gewinn. Dies Corpus Evangelicorum aber baute die Augsburgischen Konfessionsverwandten korporativ in die Reichsverfassung ein. Die *Durchsetzung* der Heerschildordnung des alten Römischen Reichs durch die Religionsordnung der Deutschen Nation war damit in Form gebracht.
Die spanische und französische Verwelschung der deutschen Nation war die Folge des Eingreifens dieser Fremden. Das Französische kam bei uns auf, wie heut der Faschismus, in der Schwäche des Nationalen Eigenwertes. Die Verwelschung war die Folge des Übermuts der Revolutionäre, die in der Kölner und in der böhmischen Frage aber noch in zahllosen anderen auch die alten Reichsgrundlagen der Nation unterschätzt hatten.

12. Die goldne Zeit des alten Reiches

Aber trotz dieser unheilvollen Wirkungen und Verwüstungen des Dreißigjährigen Krieges ist den Religionsparteien ein voller Ausklang ihrer Umwälzung doch noch geworden. Auch die Italiener haben zunächst in den Kämpfen der Guelfen und Ghibellinen Furchtbares erleiden müssen, ehe ihnen das Geschenk der goldenen Zeit der Frührenaissance zuteil wurde, ihrer Vollendung.
Das alte Reich war am Ende seiner Tage viel gesunder, wertvoller und leistungsfähiger, als wir uns das heut klar machen. Seine Verfassung beruhte auf der Freiheit der Religionsparteien und einem kraftvollen Schutz der Bistümer, der Reichsstädte und der kleinen Herren durch den Kaiser. Gerade dieser Schutz der Schwachen war im 18. Jahrhundert durchaus wirksam und der Einfluß des Kaisers auf die Besetzung der übriggebliebenen Zepterlehen war ebenfalls

groß. Im altfränkischen Gebiet haben der Kaiser und das Reich kein unrühmliches Andenken hinterlassen!

Der hohe Adel der Reichsgrafen und Reichsfreiherrn stellte sich dem Kaiser zu seinem wirklichen Regiment zur Verfügung. Die Schönborn, Öttingen-Wallerstein, Sayn-Wittgenstein, Stolberg, Erbach, Thurn und Taxis haben damals noch Wichtiges geleistet. Das Reichskammergericht in Wetzlar hat die Inflationen der schlimmen Kriegszeiten besser gemeistert als unsere Justiz die unsere. Bei alledem stand aufrecht das Palladium deutscher Libertät! Die Stände blieben bei ihrem Bekenntnisstande.

Der schwedische Schirm hatte die Aufopferung der Protestanten in den Erbländern des Kaisers wenigstens in Schlesien etwas gemildert; ein gewisser, wenn auch noch unvollkommener Ausgleich zwischen Kaiseramt und Landesschicksal waren die Gnadenkirchen im landesfürstlichen Schlesien und die Schonung der Protestanten in den nur mittelbar Habsburgischen Gebieten. Auch Ungarns Protestanten behielten ihr Recht. Nur Böhmen blieb preisgegeben, das Opfer seiner Umfassung durch deutsche, den Tschechen nicht gewogene Reichsstände einerseits, seiner Zugehörigkeit zur Habsburgischen Hausmacht andererseits.

Die goldene Zeit des alten Reiches reicht von 1763—1795 für den Süden, bis 1806 für den Norden Deutschlands.

Diese dreißig bis vierzig Jahre haben die Vollendung der deutschen Nationalkultur im Rahmen der Reformation gesehen. Die Religionsparteien haben in diesen Jahrzehnten ihre feinsten Blüten hervorgebracht. Man könnte versucht sein, noch an ältere Zeiten zu denken. In der Tat setzt im Fränkischen und Schwäbischen die hohe Blüte des Barocks schon früher ein. Sachsens Höhepunkt liegt um 1700 und Breslaus Jesuitenuniversität, Würzburgs Schloß und die neue Residenz Karlsruhes sind gleichfalls in den guten Zeiten 1714—1740 entstanden.

Dennoch wird es für das Verständnis der deutschen Revolution wichtig sein, die Jahrzehnte 1763—1806 (1795) herauszuheben. Denn das Weltantlitz deutschen Wesens ist erst in diesen Jahrzehnten geprägt worden. Sie fallen beinahe genau zusammen mit den Lebensdaten Friedrich Schillers und sie umfassen die entscheidende Lebenshälfte Goethes. Lessings Wirken gehört in sie. Das heißt aber, daß die letzten Reste der Schlacken der Verwelschung, der Folgen also des Dreißigjährigen Krieges, damals erst abgestreift wurden. *Herder* schuf und predigte. Es ist aber Herder, der den Gedanken der Nation deutscher Art allen slawischen Völkern mitgeteilt hat bis heute. Böhmen, Finnen, Serben und Polen sind Herders Erben geworden mehr als die Deutschen! Der deutsche Gedanke in der Welt hängt an diesem Namen. Deutschlands Dichter und Denker sind seine Urkunden in der Welt so wie Italiens Maler. Unter den Denkern ist Kant noch zu nennen, dessen originale Epoche durchaus zwischen 1763 und 1806 liegt.

Welche Stätten treten hervor? Weder Wien noch Berlin, das ist charakteristisch.

Beide gewinnen erst *nach* dem Tode des Reiches Bedeutung. Die Stätten des Lebens Schillers sind Stuttgart, Mannheim und Jena. Für Kant ist es die Hauptstadt des alten Herzogtums Preußen, für die Jacobi das rheinische Düsseldorf, für Schlözer und Reiske und Michaelis Göttingen.

Vollständig zusammengefaßt aber ist das Leben des Volkes der Reformation in Wolfgang Goethe. Er steht in einem Abstande von Luther, wie Raffael von Franz von Assisi. Aber dennoch sind Franz und Raffael, Luther und Goethe je ein Paar; den ganzen Reichtum des Lebens der Nation offenbaren die beiden Genossen des Paares wie Same und Frucht.

Die Stätten des Goetheschen Lebens umschließen Deutschlands wichtigste Gebilde: In Frankfurt, „in einer Stadt wo Parität noch in der alten Ordnung steht", wo die Reformierten hingegen erst 1781 die Kirche von dem Dorf Bockenheim hinein auf den Goetheplatz verlegen durften — ist die ganze Überlieferung des Römischen Reiches noch an Goethe herangetreten. Wenn er die Kaiserkrönung im Römer beschreibt, die alte Ordnung der Dinge — ja, wer fühlt nicht, daß er, Goethe, die einzige noch gangbare Brücke bildet zu dieser Vergangenheit des Reiches durch die Verdichtung dieser Vergangenheit in seiner Erzählung. Denn das unterscheidet Dichtung und Wahrheit von den Erdichtungen der Dichter und den Bewahrheitungen der Geschichtsschreiber, daß Goethe als unser geistiger Stammvater es ist, der hier seine eigene Erbmasse verklärt und uns den Nachfahren zugänglich macht. Er steht nicht *neben* dieser Überlieferung, sondern sie geht durch ihn hindurch. Es ist der Sohn der Reichsstadt Frankfurt, der uns vorangeht auf neuen Wegen.

Sein Weg nach Leipzig, Straßburg und Wetzlar, in die Schweiz und nach Italien ist ebenso providentiell wie seine Abstammung aus des Reiches Wahlstadt. Die Residenz in Weimar und sein Zusammenwirken mit den Professoren in Jena, zuerst mit Schiller, dann mit den Romantikern, mit Fichte, Humboldt und den Schlegel, Tieck und Schelling, kurz mit dem geistigen Nachwuchs der Nation, der nach Preußen und Österreich aufbrach, vollendet die Bedeutung dieses Zeitalters für die Deutschen. Alle haben von Goethe die Weihen des alten Reiches empfangen.

Die alte sächsische Linie Johann Friedrichs ist durch die Glanzzeit Weimars und Jenas für die Unbilden ihrer Führerstellung bei der Reformation herrlich entschädigt worden. Weimar bildet allerdings einen Gegensatz zu Potsdam, nur anders als man meist abwertend annimmt. Es ist die *Reformation deutscher Nation*, ihre Konstituierung in den großen Religionsparteien und den zivilen Fürstenstaaten, die in Weimar ihren Höhepunkt gefunden hat. Ein Sachse, Gotthold Ephraim Lessing, hat Luthers Geist, den Geist von Worms, in dieser goldenen Zeit noch einmal beschworen, als er dem Hauptpastor Goeze sein Huttensches „Absagungsschreiben" sandte: „. . . O sancta simplicitas! — Aber noch bin ich nicht da, Herr Pastor, wo der gute Mann, der dieses ausrief (Hus), *nur noch* dieses ausrufen konnte. — Erst soll uns hören, erst soll über uns urteilen, wer hören und wer urteilen kann und will!

O daß Er es hören könnte, Er, den ich am liebsten zu meinem Richter haben möchte! — Luther, du! — Großer verkannter Mann! Und von niemandem mehr verkannt als von den kurzsichtigen Starrköpfen, die, deine Pantoffel in der Hand, den von dir gebahnten Weg schreiend aber gleichgültig einherschlendern . . .
Und sonach meine ritterliche Absage nur kurz. Schreiben Sie, Herr Pastor, und lassen Sie schreiben, soviel das Zeug halten will: ich schreibe auch. Wenn ich Ihnen in dem geringsten Dinge, was mich oder meinen Ungenannten angeht, Recht lasse, wo Sie nicht Recht haben, dann kann ich die Feder nicht mehr rühren." Da ist der Gegensatz von Weimar zu Potsdam erhellt: Weimar beansprucht den „Vorstreit". Das Schwert der Potsdamer Garde muß Folge leisten.

13. Das Vaterland und sein Kalender

Fürsten und Universitäten repräsentieren die Nation in Religionssachen. Zivilbeamte durchlaufen an Universität und Fürstenhof ihre eigentümlich doppelstufige Laufbahn des gewissenhaften Staatsbeamten.
Der Horizont des Untertanen ist der einzelne Fürstenstaat. Dieser Fürstenstaat ist sein *Vaterland*. Es gehört dem 19. Jahrhundert an, daß der Sang: Was ist des Deutschen Vaterland? gegen diesen Begriff des Vaterlandes protestiert. Aber der Protest wäre bis 1800 nicht begriffen worden. In der Masse des Volkes ist bis 1800 der Fürst der Landesvater, die Fürstin die Landesmutter. Das angestammte Fürstenhaus gibt dem Verhältnis von Untertan und Vaterland die Note.
Auch hier ist es der Kalender, der uns Auskunft gibt — wie bei Allerseelen oder Fronleichnam —, über das, was den Landeskindern wirklich in Fleisch und Blut gedrungen ist. Schließlich formt nur das die Menschen, was alljährlich an jeden Jahrgang des Volkes herantritt und ihm als Feier und Fest ein Innehalten abnötigt, einen Aufblick zu den Sternen, die sein Leben ordnen und bestimmen. Der weltliche Kalender ist das größte Anliegen der weltlichen Obrigkeiten im 17. und 18. Jahrhundert. Selbst die despotischste Regierung war sich klar, daß der Landmann den Kalender haben müsse. Er war neben dem Gesangbuch oft die einzige Literatur.
Diese Kalender bringen wohl in den protestantischen Gebieten den 31. Oktober als den Tag der 95 Thesen Luthers. Aber selbst er ist nicht allgemein. Noch weniger ist das mit dem 18. April 1521, dem Tag in Worms, der Fall.
Volkstümlich ist in den Vaterländern der deutschen Religionsparteien ein ganz anderer Tag: Der *Geburtstag des Landesvaters*.
Die Reformation hat die Feier dieses Tages gestiftet. An Königs- und Kaisergeburtstag erinnern sich auch heut die Älteren noch.
Und zwar ist die Geschichte dieses Tages nicht unbedeutend für die Reformation.

1524 hatte die Kurie die Verminderung der Vollfeiertage auf 35 genehmigt. Der weltliche Kalender ging bald noch weiter. Aber soviel er strich, brauchte er doch auch etwas Neues. Das war zunächst Martin Luthers Geburtstag. Luthers Geburtstag ist der einzige evangelische Feiertag, der in sämtlichen evangelischen Kalendern der ganzen Welt steht. Das ist nicht merkwürdig. Denn alle neuen Kalendertage sonst mußten ja fortan nach Landeskirchen auseinanderfallen!

Martin Luthers Geburtstag, einen Tag vor Martin von Tours liegend, ist der erste Geburtstag eines Menschen nach Jesus im Kalender. Wohl finden wir Karls des Großen Geburtstag einmal in seinem Hauskloster Lorsch ins Kalendarium eingetragen. Aber das ist ein Unikum.

Die Landeskirchen haben dann zwei weitere Feiertage alle eingeführt, aber mit verschiedenem Datum, den Bußtag und des Fürsten Geburtstag. Der Bußtag ist die Wiederholung und Heraufholung des Karfreitages, ähnlich wie Fronleichnam sich zu Gründonnerstag verhält: wird das Altarsakrament der Kirche dort gefeiert, so hier das Kreuz des Christenmenschen. Der Bußtag wird deshalb genau entsprechend als Tag der Obrigkeit gefeiert. Die Obrigkeit erläßt am Bußtag als Religionsstand ihr Mandat, ihre Untertanen. Und Gottfried Keller hat noch solche Bußtagsmandate als Staatsschreiber von Zürich zu redigieren gehabt.

Beim Fürsten aber ist es der Geburtstag, der gefeiert wird, nicht der Namenstag. Diese Wahl zeigt, daß die weltliche Obrigkeit ihren Anspruch als Gestirn des Lebens anmeldet. Der Geburtstag des Landesvaters ist in jedem Land ein anderer. Aber das Symbol ist überall das gleiche. Dieser Tag ist daher das Symbol der deutschen Reformation. Und man lächle darüber nicht als Republikaner. Denn den „Geburtstag" der Verfassung zu feiern, das ist schließlich nur eine bescheidene und abstrakte Nachahmung des alten vaterländischen Brauches.

„Nachdem Ostfriesland 1815 dem König von Preußen verloren gegangen war, hat es bis zum Tode des Königs seinen alten herrlichen Festtag gefeiert; noch am 3. August 1839 sahen die Badegäste auf Norderney mit Erstaunen, wie auf jedem Fischerhause der Insel eine preußische Flagge wehte." (Treitschke I, 671.)

Zu seiner Zeit hat dieser Brauch den Rückgriff und die Anknüpfung *an das leibhaftige Leben* bedeutet, die Freude und das Vertrauen in die weltliche Ordnung der Dinge.

Mit des Fürsten Geburtstag tritt ein großer Stolz auf die *weltliche* Leitung durch Gottes Gnade hervor. Vom rechten Geiste ist die weltliche Obrigkeit nun in dem Sinne wie die Römische Kirche geleitet wird vom heiligen Geiste.

Durch diese Zuspitzung der Blickrichtung des deutschen Untertanen auf den Fürsten und Landesvater wird auch sein Bild der Welt beeinflußt. Die Einbeziehung der Campagna in die Stadt ist nicht der Gehalt der deutschen Staatenbildung. Die deutschen Bauern sind nicht Stadtbürger geworden. Kein Insel-

meer sind die deutschen Staaten, und keine Madonna im Grünen drückt daher das Pathos des deutschen Fürstenstaates aus.
Dem Blick, der alles Licht von dem angestammten Fürsten erwartet und alle Belehrung von der Hohen Schule — ist das Land etwas anderes als dem Freilichtmenschen Italiens.
Deutschland ist ganz und gar Festland. Ungeformt, kontinental ist schon die Erdfläche. Gegenüber der italienischen Revolution sind es viel größere Flächen, die von den deutschen Revolutionären organisiert werden müssen. Ferrara, Mantua, Parma, selbst die Herrschaft von Florenz waren kleiner als die großen Gebiete Sachsens, Böhmens, Lüttichs, Würzburgs, Bayerns, Württembergs und Hannovers. Die Reformationsstaaten sind größer als die guelfischen Kommunen. Sie sind nicht das von der Stadt aus mitgesichtete Land, die Campagna.
Sie werden vielmehr durch eine andere Vorstellung in den Menschen ausgedrückt: durch das Bild des Waldes.
Der deutsche Wald spielt ja im Leben der Nation eine ganz besondere Rolle. Ihm widmet der Deutsche die Neigung, die der Franzose für Paris hegt, der Italiener für das Podere. Der Wald ist das Kennzeichen der noch unerschlossenen Weite, des Gebietes, das noch des Machtspruches des Gebieters harrt.
Der Wald ist es, der vorzüglich das von der einzelnen Gemeinde, der einzelnen Siedlung aus noch nicht Beherrschbare an der Erde umfaßt und ausdrückt. Er ist für die Bewohner der Berge und der Ebenen in Deutschland deshalb der gemeinsame Nenner, auf den die eigentümlich nationale Staatsauffassung sich bringen läßt.
Wald und Grenze — sie vermitteln auf dem deutschen Festland das Erlebnis der Bildung dieser vielen Gemeinwesen innerhalb des Reichs mit eigenem geistlichen und weltlichen Mittelpunkt.
Weder die Residenz der Fürsten, die Hauptstadt, noch die Landesuniversität haben jede für sich das Gemüt des Deutschen mit ihrem Bilde auszufüllen vermocht. Alle fürstliche Pracht hat die Phantasie der Deutschen kalt gelassen. So schön die kleinen Universitäten liegen — die besten Lieder sind doch nicht über die Schönheit der Städte Heidelberg und Jena, sondern über die des Neckartales und seines Frühlings, über Saaleck und Rudelsburg gedichtet worden. Prag und Innsbruck werden im Lassen, im Fortwandern besungen!
Das Auge des Deutschen blickt seit der Reformation an der Stadt vorbei einmal in den inneren Gewissensraum, wo Grünewalds Kreuzigung steht, und zum anderen Male in den freien grünen Wald. Er sieht vorbei an den sozialen Ordnungen, die er selbst aufgebaut hat. Das Gewissen und der Wald sind die Gebiete des Werdens. Die Freiheit des Deutschen ist die Freiheit vom *Geformten*, Wald und Gewissen lassen ihn fühlen, daß noch etwas zu geschehen hat, die Zivilisation der Ecclesia Romana hat noch nicht alles verzehntelt und geregelt. Noch ist Raum für den werdenden Menschen. Die Natur der Deutschen ist Chaos. Der Mensch trägt durch seine Entscheidung die Ordnung in sie hinein.

Die Größenordnung des deutschen Fürstenstaates spiegelt sich in diesem Waldbild; nicht unermeßlich, ohne Meer- und Alpengrenze, aber doch weit und geräumig, mit einem Blick nicht zu umfassen, sondern mühsamer Erschließung bedürftig, viele Aufgaben noch bietend, der Straßen, der Forstpflege, der Landeskultur harrend, das ist das Bild des Flächenstaates, den die Religionsparteien der deutschen Reformation ihren Untertanen eingepflanzt haben.
Die Dichter haben das Waldgebirge verklärt, keiner ernsthafter als Goethe in „Ilmenau", dieser großen politischen Beichte:

„Anmutig Tal! Du immergrüner Hain,
Mein Herz begrüßt euch wieder auf das Beste.
Entfaltet mir die schwer behangnen Äste,
Nehmt freundlich mich in eure Schatten ein!
Wie kehrt' ich oft mit wechselndem Geschicke,
Erhabner Berg, an deinen Fuß zurücke!
Oh laß mich heut an deinen sachten Höhn
Ein jugendlich, ein neues Eden sehn!
Ich hab es wohl auch mit um euch verdienet:
Ich sorge still, indes ihr ruhig grünet."

Und er schließt mit dem großen Worte:

„So mög, o Fürst, der Winkel deines Landes
Ein Vorbild deiner Tage sein!"

Die Kultur des Landes auch ohne Stadt, jedenfalls ohne Bevorzugung der Stadt ist dem Fürsten und seinen Räten anbefohlen. Und die berühmte Vision am Ende des Faust vom freien Landvolk:

„Solch ein Gewimmel möcht ich sehn,
Auf freiem Grund mit freiem Volk zu stehn",

steigt hier aus der konkreten Lage des deutschen Fürstenstaats empor.

14. Der Faust und der Widerstand gegen Hitler

So nimmt es nicht wunder, daß etwa wie Dantes Commedia die vorrevolutionäre weihekaiserliche Ordnung spiegelt, oder auch wie Tassos Gerusalemme liberata die päpstliche Welt im Gesang verklärt, daß so nachhaltig die Welt der Religionsparteien im „Faust" festgehalten wird.
Und so mag Goethes Werk den Schlußpunkt auch unserer Darstellung bilden.
Schon wenn Goethe im Tasso dichtet: „Ferrara ward durch seine Fürsten groß", so will er damit zugleich dem eignen nordisch-trüben thüringischen Waldland huldigen und dem deutschen Fürstenstaat der Reformation. Auch

sonst hat es wohl einen tieferen Sinn, daß Goethe mit drei großen Stücken gerade ins sechzehnte Jahrhundert gegriffen hat; Götz von Berlichingen, Egmont und Torquato Tasso spielen alle in dieser Zeit und erfassen die Ursprünge des Fürstenstaats der Reformation. Ich sage, es habe das wohl einen tieferen Sinn. Denn auch der „Faust" — also das Lebenswerk — greift in diese Mitte zwischen Mittelalter und Neuzeit. Die Sagengestalt des Faust entstammt dem Zeitalter der Reformation. Nur hier fand Goethe alle die Kräfte noch ungeschieden vereinigt, von denen sich die Seele der Welt, der Goethe entstammt, genährt hatte. Der „Faust" zieht „die Summe der Existenz" eines ganzen Seelenraumes. Tassos Befreites Jerusalem besingt den ersten Kreuzzug, den großen Aufmarsch der abendländischen Kultur. Goethes Faust singt den neuzeitlichen Weg der in die Welt geworfenen Seele des Suchenden vom Himmel durch die Welt zur Hölle. Der Gehalt des Christentums und des Humanismus durchdringen sich in der Art des 16. Jahrhunderts. Die „Welt" selber vertritt den Läuterungsberg Dantes. Luthers Teufelsangst und Teufelssucht, sein Hexenglaube und seine Dämonenbesessenheit werden im Mephistopheles und in der Walpurgisnacht zu einem nur dem deutschen Geist verständlichen Element der Seele des Helden selber. Der Held aber ist der Doktor Faust, Bekenner, Versucher, Forscher, Lehrer. Nur seine innerliche Bedrängnis zählt; wir sind im Faust in der unsichtbaren Kirche. Dieser Drang jagt Faust durch alle äußeren Weltdinge leicht hindurch. Der Prüfstein und das Lebensmaß liegt beschlossen wie bei jedem lutherischen Christenmenschen in der Frage, ob ihn die Sorgen der Welt anrühren können. „Hast du die Sorge nie gekannt?" wird Faust in der Todesstunde gefragt, und er kann erwidern: „Ich bin nur durch die Welt gerannt." Gefeit zu sein *gegen* die Welt *in* der Welt — das ist die evangelisch-deutsche Aufgabe. Luthers „Pecca fortiter" klingt in der spielenden Wendung an: „Ein jedes Glück ergriff ich bei den Haaren." Aber Welt bleibt Welt für Faust. Er ist nicht wie die Menschen „ihr ganzes Leben blind".
Dank dieser „Unverblendetheit" von der Welt, und nachdem die Seele in *keinem schönen Augenblicke verweilt*, aus jedem sich wieder gelöst hat, kann der Engelchor singen, wie nach den ermattenden Teufelskämpfen Luthers:

> „Gerettet ist das edle Glied der Geisterwelt vom Bösen,
> Wer immer strebend sich bemüht, den können wir erlösen."

Der weltliche Dichter spricht hier freilich weltlich. Aber zu dieser Ironie ist jede Dichtung genötigt; „die Dichter müssen, auch die geistlichen, weltlich sein". Auch Dante hat seinen Ghibellinenglauben durch das künstlerische Prisma eines diesseitigen Stils brechen müssen.
So erklären sich daher auch der seelische Rang und der weltliche Stil des Goetheschen Faust als zwei Seiten derselben Haltung.
Goethe übersetzt in die heitere abgeklärte Sprachstufe des reifen Deutschland, in die klassische Sprache der goldenen Zeit der deutschen Nation, womit Luther

seine Zeitgenossen befreit und berauscht hatte: das Evangelium von der Freiheit eines Christenmenschen, die Lehre von der unsichtbaren Kirche und die selige Gewißheit von der Rechtfertigung allein durch den Glauben. Im Faust können daher auch die deutschen Katholiken Anteil gewinnen an dem Erlebnis der Reformation. Das aber ist die Rolle der hohen Dichtung, daß sie das im Leben einander Verschlossene in einem zweiten Leben füreinander öffnet und dadurch seine Zusammengehörigkeit enthüllt. Auch die deutschen Katholiken sind mittels des „Faust" weiter gelebt worden. Zwischen einem deutschen Katholiken und einem deutschen Protestanten ist infolgedessen der Unterschied geringer als zwischen einem deutschen und einem spanischen Katholiken.

Poesie kann nur ankündigen; Blut und Tränen müssen verwirklichen. Hitler, die 666 unserer Tage, hat die Laien beider Konfessionen für die Ehre Christi gehenkt. Da ist der Konfessionalismus der Bischöfe und Professoren dank des Martyriums der Laien beider Konfessionen ausgeheilt. Denn die Kirche bildet sich aus den fruchtbaren Toden jedes Zeitalters. Und so dürfen rückblickend die Protestanten und die Katholiken wissen, daß sie nur als die Konzilsparteien, die sich gegenseitig brauchen, zugelassen sind. Protestanten allein gehen zu Grunde und Katholiken allein gehen zu Grunde. Nur auf dem Niveau der Bischöfe und Theologen gibt es die Parteiung, nicht aber in den Herzen, die todesbereit Christus dienen.

Unter dem Herrn der Christenheit stehen die Märtyrer um mehrere Stockwerke höher als die Bischöfe und als die Theologen. Also ist in den Blutzeugen gegen das Hakenkreuz die Kirchentrennung ausgeheilt. Die Laien-Blutzeugen beider Konfessionen sind enger eines Herzens und eines Sinnes geworden, als hier der Katholik mit seinem Klerus und dort der Protestant mit seinen Theologen. So wird im Rückblick der Segen der Reformation teutscher Nation für die gesamte Staatenwelt enthüllt: Gleichen Rang genieße das schon benannte und das noch unbekannte Lebenswerk.

XIV. DIE TRANSATLANTISCHE WELT

Daß auch die See ein Organisationsprinzip sein kann, das hatte die deutsche Hanse schon in der Ostsee einige Jahrhunderte lang erwiesen.

Es war das kein neues Prinzip gegenüber der Antike. Es bedurfte daher keiner Revolution zu seiner Erfüllung. Und es hat sich nur solange bewährt, bis das Neue der abendländisch-europäischen Geschichte — der Flächenstaat, es überwältigte.

Aber nun trat auch das Meer in neuer Weise in die Weltgeschichte ein, nicht als Binnensee, dessen Küsten damit die billigste Straße zueinander gewinnen, sondern als gewaltiger Ozean, der den Erdteil einheitlich umwogt und begrenzt. Der hinausruft über das Meer in eine andere fremde und fremdbleibende Welt.

Der Ozean, den Christoph Kolumbus durchquert, hat aus dem Abendland Europa gemacht. Er hat die Alte Welt gegenübergestellt der Neuen Welt. An die Stelle der Sehnsucht nach dem Morgenlande tritt der Seeweg nach Ostindien, an die Stelle der Kreuzzüge nach dem Heiligen Grabe tritt als organisierendes Prinzip des Erdteils Europa — der Erdteil Amerika.

Sogleich bemächtigt sich die römische Kirche des neuen Weltbegriffs. Der lutherischen, von tausend Obrigkeiten beherrschten „Welt" stellt sich die spanische Welt entgegen, das Reich, in dem die Sonne nicht untergeht!

Die spanische Revolution ist der Versuch einer geopolitischen Revolution der Kirche. An die Stelle des abendländisch-römischen tritt der europäisch-spanische Katholizismus.

Die Macht der Jesuiten und der spanischen Gegenreformation zu schildern und die Gesetze ihres Aufstieges, ihres Übergriffs und ihrer Demütigung — dazu wäre im Rahmen dieses Buches hier die Stelle. Christoph Kolumbus, Ignatius Loyola, Philipp II. und Alba, Teresa di Gesù aus der für Spanien so bezeichnenden Adelsstadt Avila, Cervantes, der Kämpfer bei Lepanto gegen die Türken und zugleich Verfasser des Don Quichotte — sie müßten das nächste Kapitel füllen.

Indessen die Weltgeltung der von ihnen geschaffenen spanischen Lebensform sollen nur einige Beispiele belegen.

Der Preußenkönig Friedrich Wilhelm I. hat sein Offizierskorps auf die Formeln spanischer Ritterorden in Pflicht genommen. Spanisches Zeremoniell regulierte die österreichische kaiserliche Regierung bis 1916. Und der Todfeind der Spanier, der Schutz und Schirm der Protestanten, Oliver Cromwell, ist beigesetzt worden mit dem Zeremoniell, das bei der Beerdigung Philipps II., des Trägers der Gegenreformation, beobachtet worden war. Spanisches Zeremoniell hat „das Kaiserliche Hoflager“ Österreich-Ungarns bis 1916 über den Völkern balanciert. Freilich, als es sich überschlug und der mit ihrem Gatten in Sarajewo am 28. Juni 1914 ermordeten Herzogin von Hohenberg kein ebenbürtiges Begräbnis erlaubte, da war es mit beidem vorbei, der spanischen Etikette und Österreich-Ungarn.

Diese Beispiele müssen genügen. Denn auch die Großtaten der Schweden dürften mit Recht Gehör fordern. Auch Schweden hat ein Gesetz in Aufstieg und Fall wie Spanien vollstreckt. Holland und Polen drängen ebenso herzu. Denn ihre großen Zeiten und ihr Verfall entspringen ebenfalls den Ersatz- oder Vorgriffsleistungen, die sie für ganz Europa aufzuweisen haben. Wir haben im systematischen Teil kurz von diesen vier Nationen gehandelt. Die Erzählung würde in diesen vier Kapiteln so viel Größe, Heldentum, Gestalt und Irrtum zu berichten haben, daß sie an Umfang so lang werden müßten, wie die bisherigen Abschnitte.

Das hieße den Rahmen sprengen, die Leser verwirren und in einer Überfülle von Namen und Daten die Einsichten ertränken, auf die es ankommt. Kürzen aber hieße beleidigen und wäre trotzdem irreführend. Denn das Zwiegespräch der Nationen wollen wir abhören. Und da gilt es, die großen Ursprünge neuer Sprache plastisch hervorzuheben. Deshalb wird es am wenigsten kränkend und am wenigsten irreführend sein, hier diese Halbrevolutionen, diese Halboktaven auf der europäischen Tastatur, auszulassen. Ausdrücklich melden wir also hier die Lücke an. Unser Bild gewinnt durch sie an Schärfe.

Der Fortgang von Luther zu Cromwell, aus der deutschen Binnenwelt in die britische Außenwelt, tritt unverhüllt hervor. Und an diesem Wandel im Weltbegriff hängt der Gegensatz des deutschen und des angelsächsischen Charakters bis heute.

Der letzte Abschnitt ergab:

Der Deutsche spricht ab über „Gott und die Welt“, weil ihn nur Gott und die Seele kümmert; diese Welt zu ordnen und zu kultivieren ist Sache der weltlichen Obrigkeit.

Da sieht der Brite eine Welt den Fluten des Ozeans entsteigen, die von keinem Fürsten, keiner Obrigkeit regiert wird. Er erzittert vor dieser ungeheuren Welt, der unregierten, über die keine hohe Person, kein staatlicher Wille schwebt, die Welt, die ihn, den Briten, draußen erwartet. Längst war von dieser Aufgabe die Rede gewesen, schon in der Sachsenzeit (oben S. 63). Nun wird sie ernstlich in Angriff genommen.

World ist die Aufgabe, der Magnet für die Engländer geworden. Schon unter der Königin Elisabeth, vor dem Jahre 1600, dichtet Essex, ihr Geliebter, zu ihren Ehren (Devereux, Lives and Letters II [1853], 502):

> „Sitzhaltend zwischen alter Welt und neuer
> Trägt dort ein Land — kein ander Land erreicht's —
> Last, die den Atlas nie gleich schwer belud,
> Indem es die bedrängte Welt erhält.“

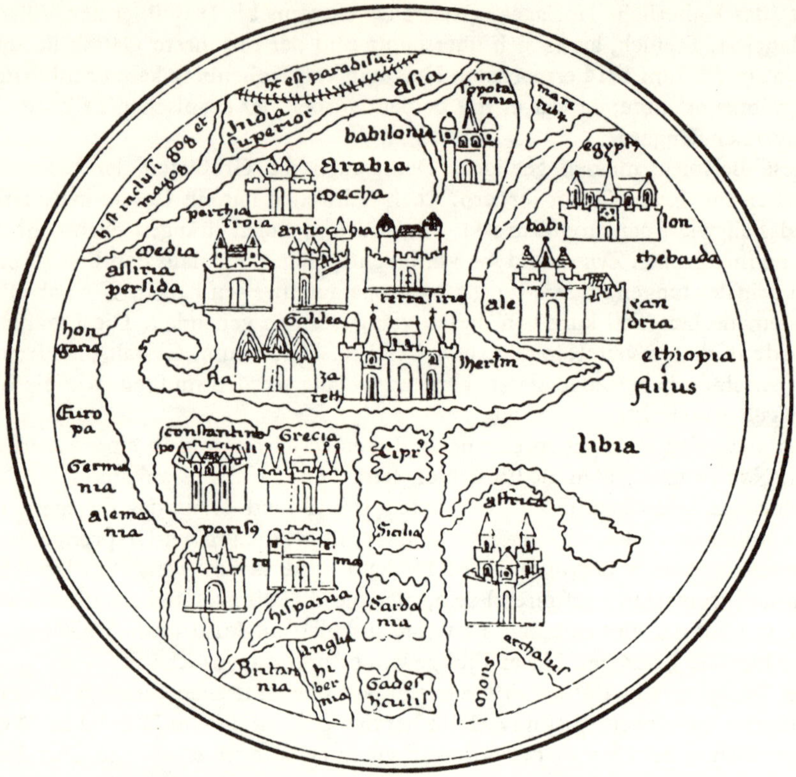

Das Weltbild der Kreuzfahrer. England am unteren Rande. (Oben ist Osten.)
Sogenannte Weltkarte von Saint-Denis, 14. Jahrhundert.
Vergleiche die Abbildungen S. 54, S. 118—120, S. 267

Der griechische Riese Atlas trug in der Tat die „transatlantische“ Welt nicht mit, die Englands Missionsgebiet wird.

World, World, World — die Welt ist Englands Schicksal geworden. Um ihm gewachsen zu werden, bedurfte es einer Empörung gegen die lutherische Weltanschauung, die für Landstaaten paßte.

Die lutherische Weltordnung muß durch eine andere ersetzt werden, oder England wird angesichts der neuen ozeanischen Welt — wie Spanien — versagen. Eine von keiner „Obrigkeit“ betreute Welt wird das Rätsel für die englische Nation. Indem sie es löst, setzt sie der deutschen Sprache eine ganz neue Weltsprache mit neuen Worten und Vorstellungen entgegen.

Statt in der Substanz des einzelnen Christenmenschen und des weltlichen Schwertes der Obrigkeit muß die Seelenkraft in Dauerhafterem verwurzelt werden. Muß sie doch den vereinzelten Seemann, den Kolonisten, den Missionar, die im Segelschiff auf den Ozeanen, im Urwald auf ferner Fährte umher-

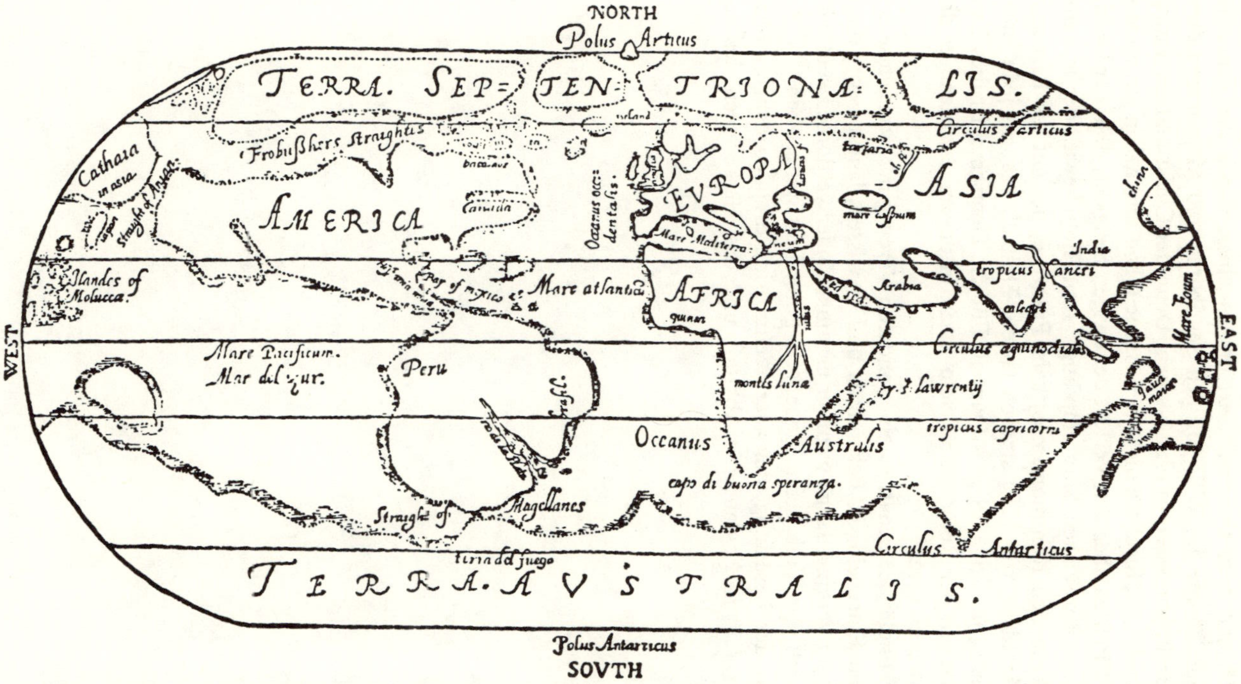

Englands neue Weltlage 1578. „Sitzhaltend zwischen alter Welt und neuer.“ (Die Insel heißt noch „Anglia“.)
Vergleiche Abbildung S. 266

irren, daheim erwarten. Statt des einzelnen Landeskindes muß der vereinzelte Weltenwanderer einer Heimat seiner Seele gewiß werden.
Diese Heimat muß unverrückbar, unwandelbar, durch die Zeiten bestehen, sollen alle Räume der Welt von den Sendboten und Missionaren dieser Seele furchtlos durchmessen werden können. Denn der Christ und der Europäer, auf die es ankommt, fürchten nicht den eigenen Tod und haben ihn nicht gefürchtet. Sie fürchten aber den Verlust der ewigen Seligkeit, d. h. der Ordnung, aus der heraus ihr Wirken Sinn empfängt. Kein Bolschewik, der lächelnd selber stirbt, kann den Kommunismus, kein Franzose, der auf die Barrikade steigt, kann die Ideen von 1789 sterben lassen. Deshalb braucht jede Ewigkeit ihr besonderes, unveränderliches Symbol. Für die Deutschen ist dies Zauberwort der Staat seit der Reformation, sein Staat, in dessen Zivilstand er dient, sein Fürst, den er berät.
Für die Engländer bedarf es einer anderen Verewigung; weit jenseits des persönlichen Entscheids in Bekenntnis und Gewissen, längst bevor der einzelne wurde und verging, lange wenn er ertrunken oder verdorben sein wird in der Welt, muß sein Volk, seine Rasse, sein gutes Blut weiterleben.
Der Akt der Beseelung, der aller Weltmission draußen daheim vorhergehen muß, ergreift in England die Abkunft und das Herkommen des englischen Volkes.

XV. DAS BUDGET DER GEMEINEN UND IHR COMMONWEALTH

1. Cant

Das House of Commons, das englische Unterhaus, ist das Muster aller Parlamente der Welt. Besondere Vertrauensmänner überbrachten das Geheimnis seiner Geschäftsordnung am Ende des 18. Jahrhunderts nach Amerika und nach Frankreich. Alle „parlamentarischen Ausdrücke" sind englisch.
Aber hat England für Europa gehandelt, als es dies Parlamentssystem schuf? Das scheint ausgeschlossen. Denn wenn die englischen Bürgerkriege und Revolutionen erzählt werden, dann ist von der Weltkirche, der Christenheit, von der Menschheit durchaus nicht die Rede, sondern von England.
Nur um England scheint der Kampf zu gehen, den die Puritaner mit Karl I., die Whigs mit Jakob II. führen. Nicht die Kirche, sondern England soll richtig eingerichtet werden. Die übrige Welt liefert auf den ersten Blick keine Argumente für Rebellion und Revolution und empfängt auch keine von dort. Diese Ideologie enteuropäisiert also scheinbar das Revolutionsprogramm, indem sie nicht die Kirche reformieren will, sondern England. Aber nur auf den ersten Blick kann das so scheinen. Wir wissen ja bereits, daß von den kirchlichen zu den weltlichen Revolutionen der Weg weiterführt. Ist es da verwunderlich, wenn die erste zweischlächtige Revolution gerade für diese ihre Ziele einen besonderen Ausdruck sucht?
Dieser erste Ausdruck mußte in England gefunden werden. Es war unendlich schwer, die Sprache für diese neue Lage zu finden. Und deshalb sind es in Wahrheit zwei Sprachen, die zusammengeschweißt werden für diese unerhörte Aufgabe. Das, was man auf dem Festland Europas den englischen Cant oder die *Doppelzüngigkeit* Albions nennt, beruht auf dieser historisch notwendigen *Zweisprachigkeit* seiner Revolution. Aber der Tadel von außen und der englische Stolz auf diese Haltung sind nur zwei Seiten derselben Sache. Das Bedürfnis der Verschmelzung zwischen Bibelsprache und Volkssprache, biblischer Überlieferung und Volksüberlieferung ist der Schlüssel für das Verständnis der englischen Revolution und des englischen Volkscharakters von heut.
Die eine dieser beiden Sprachen ist die Sprache des Alten Testaments. Die Soldaten Cromwells legen ihre „heidnischen" englischen Namen ab, und ganze Regimenter führen nur die ausgefallenen Namen „des Geschlechtsregisters Jesu" aus Matthäus oder andere des alten Bundes. Die Sprache der Flugschriften, Predigten und Reden der Revolution ist die der Psalmen und des Alten Testaments. Die Revolution in den Straßen Londons gegen Karl I.

bricht aus mit dem Rufe der Israeliten gegen ihren schlechten König Rehabeam: „Zu deinen Gezelten, Israel!“ Die Parabel von den Pfunden, mit denen wir wuchern sollen, gab der kapitalistischen Lehre von der freien, je nach den Gewinnchancen zu dirigierenden Berufswahl der Puritaner den Rückhalt. An der Manchester Börse steht: Die Erde ist des Herrn und so sind ihre Früchte. Die Sabbatfeier ist das vornehmste Anliegen der Puritaner, und kein Volk zieht bis heute so viel Kraft aus der Sabbatfeier wie die Briten. Und in Miltons herrlichen Worten, die an Huttens „Es ist eine Lust zu leben“ erinnern, heißt es: „Wir haben starken Grund, zu glauben, daß die Gunst und die Liebe des Himmels uns besonders günstig und geneigt ist. Warum wurde sonst unsere Nation vor allen anderen *auserwählt*, daß von ihr aus *wie aus* Zion die erste Zeitung und Posaune der Reformation dem ganzen Europa verkündet werden und ertönen sollte? . . . Nach dem Zusammentreffen der Zeichen und nach dem allgemeinen Gefühl heiliger und frommer Männer hat Gott jetzt abermals beschlossen, eine neue und große Periode in seiner Kirche zu beginnen; was tut er denn, als sich seinen Knechten offenbaren und zuerst, wie es seine Weise ist, den Engländern?“

Es ist aber nicht zufällig die Sprache des Alten und nicht die des Neuen Testaments, die verwendet wird. Man ist nicht mehr im Abendland, sondern in Europa und England. Und so ist das Neue Testament, das die Menschen aus den Völkern hinauspredigt, viel weniger verwendbar als das Buch des Einen Volkes, das jedem seinen Platz im Volk anweist. Nicht als Evangelium, sondern als die Geschichte des auserwählten Volkes war die Bibel zum Wörterbuch der englischen Revolution geeignet. Das ewige, ursprüngliche, durch alle Zeiten unveränderte Gebot Gottes an Israel gibt dem englischen Volk den Rückhalt in der alten, unveränderlichen urmenschlichen Zeit. Das *Alter* des Alten Testaments wird ihm wichtig. Denn in diesem Alter findet der Engländer den Vergleichspunkt zu seiner eigenen geschichtlichen Lage innerhalb von Kirche und Staat. Das Alter des Alten Testaments, sein vorkirchlicher Ursprung, macht es vergleichbar dem vorstaatlichen Ursprung der Rechte des Engländers! Das Birthright, das Geburtsrecht des Engländers ist der zweite, nämlich der nationale Beitrag zur Ideologie der Revolution. Dies Geburtsrecht soll zurückreichen vor die Reformation, mindestens bis zur Magna Charta, am besten aber vor Wilhelm den Eroberer. In dem Zweistromland einer alttestamentlichen und der altenglischen Berufung und Auserwähltheit sammeln sich die Energien der englischen politischen Überzeugungen. Neben die Bibel tritt Magna Charta als die große fiktive Quelle der Rechte des Engländers. Uralter angelsächsischer Zorn gegen die Normannen mag hier verspätet noch seine Genugtuung gefunden haben, aber wohlgemerkt: erst im 17. Jahrhundert. Neben das Gesetz Gottes tritt also das Recht des Landes, das „gute Herkommen“, wie man Common Law übersetzen darf. Das Gesetz Gottes und das Gesetz des Landes werden durch ein bestimmtes Scharnier zusammengehalten. Einige Zauberworte sind es, auf denen die chemische Verbindung von Bibel und Common Law beruht. Bevor wir sie nennen, verdient noch der weltliche Sprachstrom der englischen Revolution genauere Erläuterung.

Denn neben den Puritanern und ihren calvinistischen Lehren stehen die englischen Lawyer als die großen Ideologen der englischen Revolution. Der Richter Edward Coke ist ihr erster überragender Vertreter. Er ist der Verfasser der Petition of Rights, des ersten parlamentarischen Bollwerkes gegen die königliche „Prärogative“, die entsprechend allen Fürsten des Festlandes auch der Stuartkönig in Anspruch nahm.

Der Charakter dieser Ideologie ist noch heute die Grundlage englischen Denkens. Coke ist 1628 mit einer gnädigen Botschaft Karls I. nicht zufrieden. Er sagt: „Ist es je erhört, daß allgemeine Worte eine hinreichende Genugtuung für bestimmte Beschwerden der Stände sind. Hat je eine wörtliche (=mündliche) Erklärung des Königs ein volles Königswort bedeutet? Die Antwort des Königs ist sehr gnädig. Aber was das Herkommen des Realm (Königreichs) ist, das ist die Frage. Ich setze Vertrauen in Seine Majestät. Aber der König muß in der Sprache der Kanzlei sprechen und Punkt für Punkt und nicht im allgemeinen. Darum laßt uns eine „Bitte um Recht“ aufsetzen. Nicht daß ich dem König mißtraute; aber ich kann *dies Zutrauen nur fassen auf dem Wege parlamentarischer Form.*“ Und Coke setzt die Petition of Rights durch. Als der König sie mit einer zustimmenden ausführlichen Botschaft erwidert, murrt das Haus so lange, bis die Zustimmung des Königs in der normannischen Formel ergeht: Soit droit comme il est désiré, also als das formenstrenge verbum regis. Edward Coke ist der Mann, der unermüdlich die Fiktion ausgebreitet hat, die englische Verfassung des 17. Jahrhunderts beruhe auf der Magna Charta von 1215, die Johann ohne Land seinem Adel bewilligte. Das ist ein Dogma geworden, so stark wie für die Lutheraner das von der unsichtbaren Kirche. Beide Dogmen entsprechen sich ziemlich genau in ihrer umfassenden Wirkung und in ihrer Unlogik[1]). Luthers theoretischer Abbau der sichtbaren Weltkirche zur unsichtbaren Kirche ließ doch die Herrschaft der einzelnen Obrigkeit über die Gemeinden, ließ die Landeskirche des Fürsten praktisch erstehen. Das Dogma von Magna Charta übersieht geflissentlich die Tatsache, daß neben dem König der Magna Charta der Papst steht, während der Stuartkönig mit dem Willen des Parlaments die Oberherrschaft über die Kirche von England hat.

Die Hälfte ist nicht das Ganze. Magna Charta ist aus der Zeit der römischen Papstgewalt. Was steht von der ganzen Verwaltung des Kultus, der zivilen Kultur, in Magna Charta? Tut nichts. „Alle Gesetze, die Magna Charta widersprechen, sind null und nichtig. Magna Charta ist dreißigmal bestätigt worden. Dreißigmal haben Englands Könige ihr zugestimmt.“ (Coke am 25. März 1628.) „Innovation“ ist die dauernde Anklage gegen den König; bis zum Ende geht

---

[1]) Die moderne englische Forschung ist zwar von dieser populären Fiktion längst abgerückt, muß aber immer noch gegen sie polemisieren, z. B. Pollard, Evolution of Parliament S. 10.

die Empörung wider seine arbitrary power. Der Unselige mußte in einer neuen Zeit regieren, mit Zivil, Militär, Flotte, Technik, mit einer Landeskirche. Gleichviel. Selbst die Kirche wird nicht durch den Glauben des Fürsten gerechtfertigt, sie wird gerecht durch ihre alte englische Abstammung. Sie wird buchstäblich anglikanisch. Kein Festländer begreift diesen geheimen Sinn von anglikanisch, bis er in der katholischen Trutzkirche von Westminster den Kampf gegen diesen Mythus liest: Eine Liste in den Pfeiler gemeißelt all der Bischöfe Englands, die mit Rom in Gemeinschaft gestanden haben, von 600 nach Christi angefangen. Die Art der Gegenwehr zeigt, wie man in Westminster denkt: in Präzedenzfällen.

Der Oranier Wilhelm III. verspricht daher am 7. Januar 1689 die Wiederherstellung der Rechte und der Freiheiten; und er hatte schon am 15. November 1688 nach der Landung in Exeter gesagt, er wolle diese Reiche glücklich machen, indem er sie *wiederherstelle* in ihren gesetzlichen Rechten. Freilich mit dem Zusatz, der alles verändert: für die Sicherheit Europas! Das englische Wort ist dabei „*Restore*"; man sieht aus der Redeweise dieses Besiegers der Stuarts, daß auch das Wort Restoration, wie es im Jahre 1660 von Karl II. gebraucht wird, für englische Ohren nicht den fatalen Beigeschmack hat wie die Restauration nach 1815 in Europa. Der Engländer erneuert, wenn er restauriert, und gerade wenn er restauriert.

Am Ende der großen Juristenreihe seit Coke steht Maynard, der 1602 geboren, durch alle Regierungen dieses stürmischen 17. Jahrhunderts hindurchlebt. Trotzdem unbewegt, argumentiert er in der glorious revolution mit den Precedents, den Vorgängen des 13. und 14. Jahrhunderts. Dabei ist er sich der Einzigartigkeit der Lage von 1688 klar bewußt. Aber eine juristische Formel muß herhalten, um diese Einzigartigkeit von 1688 zu den Präzedenzfällen ins richtige Verhältnis zu setzen: Non est heres viventis. Der flüchtige Jakob II. könne deshalb nicht von dem Prinzen von Wales „beerbt" werden, weil ein Lebender keinen „Erben" haben könne. Und nun kommen die Präzedenzfälle.

Coke und Maynard nehmen nur vorweg, was Burke später so oft und so klar formuliert hat, als Englands Verfassung ihre Probe zu bestehen hatte. In der Demütigungszeit des Verlusts der amerikanischen Kolonien und des Kampfes gegen Frankreich hat Burke immer wieder betont: „*Unsere Verfassung beruht auf Verjährung. Ihre einzige Autorität beruht darauf, daß sie seit unvordenklicher Zeit bestanden hat.*" (Works 6, 166). *Das unvordenkliche Herkommen* ist die Grundlage der englischen Revolutionsideologie. Frage nie, weshalb. Stelle keine Prinzipien auf. Das tun die Fürsten. Auf Machiavells Fürsten und auf Tyndalls, des Bibelübersetzers, Verteidigung der fürstlichen Allmacht („Der König ist in dieser Welt ohne Gesetz und kann nach seiner Lust recht oder unrecht tun und soll nur Gott Rechenschaft geben") hatte sich Heinrich VIII. berufen. Jakob I. hat die Rechte des christlichen Königs weitschweifig und mit großer Gelehrsamkeit systematisiert. Systematisch sind die Deutschen und ihre Reformation. Ein Katechismus, eine Glaubensregel, Prinzipien sind das Erb-

11. Echte und falsche Reformation

A. Das rechte Verhältnis von Fürst und Theologie. Zweihundertjahrfeier von Wittenberg. Der Kurfürst auf der einen Seite, die Universität auf der anderen. Jehovas Geist schwebt über Wittenberg.

B. Der König (Heinrich VIII.) von England verfügt über die weltliche Macht und über den in den drei heiligen Sprachen, hebräisch, griechisch, lateinisch, wehenden Geist als Verteidiger des Glaubens.

12. Das Unterhaus im dritten Jahr der wiederhergestellten Freiheit, 1651.
In dieser Ordnung, mit dem Tisch des Hauses, und keinem anderen Tisch für einzelne, ist der Sitzungssaal auch nach dem zweiten Weltkrieg erneuert worden.

teil der Religionsparteien. Die Antwort der englischen Revolution ist: kein System, keine Allgemeinheiten, in denen die fürstliche Allmacht sich so gern bewegt. Wie Coke sagt: particulars sind der Schutz des Rechts und des Landes, *Einzelheiten*. Das ist Englands Weltbeitrag: die Heiligung der Einzelheit. Man vergleiche die langen logischen Inhaltsverzeichnisse eines französischen Buchs mit dem alphabetischen Register jeder englischen Publikation; die Franzosen verachten Register; die Briten verachten die „Table Systématique". Goethe schildert beredt, wie sich kein Mensch in den ersten Bänden der Royal Society, der Londoner Akademie der Wissenschaften, zurecht finde. Von 1665 bis 1739 sind sie für deutsche Begriffe wie Kraut und Rüben notiert. Aber das ist eben nur für deutsche Begriffe so; Hume (1711—1776) hat dies Kraut- und Rübenprinzip der Royal Society nachträglich verherrlicht. Der Engländer hat in seiner Revolution allen Sinn für System und sparsame Ordnung der Gedanken erstickt. Er watet im Meer der Einzelheiten noch heut. Denn sie sichern ihn gegen den Geist des Königtums und seiner Beamten.
In welchem anderen Lande könnte wohl bei einer einfachen Geschäftsordnungsfrage feierlich gesagt werden: „Ich wünsche, unser Haus hielte sich an die Grundsätze, Übung und Verhandlungsformen, die unsere Vorfahren angenommen haben und die sie uns hinunter auf die Gegenwart überhändigten: Und ebenso hoffe ich, daß wir imstande sind, sie weiter auszuhändigen hinunter zu unseren Nachfolgern und daß sie ohne Unterbrechung hinabkommen mögen auf die Nachwelt" (1794, Woodfall II, 422).
Man hört in England noch heut auf Cokes Warnung: „Achtet darauf, wie gefährlich es ist, neue oder ungebräuchliche Ausdrücke in Beschlüsse des Parlaments hineinzubringen." (Third Institute cap. 54.)
Coke spricht daher von den *lebendigen Stimmen* (lively voices) der hergebrachten Gewohnheiten des Landes (Third Inst. Epilog). Und er hat den wichtigsten Grundsatz alles englischen Parlamentsrechts schlagend formuliert: „Wir haben eine Maxime im Hause der Gemeinen *geschrieben an den Wänden unseres Hauses*, die heißt: *Alte Wege sind die sichersten und gewissesten Wege* (8. Mai 1628).
Die Stände von England schützen das Herkommen des Landes gegen die *Neuerungen* der Krone! Alle Landstände überall haben die Aufgabe gehabt. Die Gemeinen von England bremsen ab, was ungewöhnlich, was theoretisch, was prinzipiell ist. Sie stehen auf dem Präzedenzfall, dem Herkommen und der Gewohnheit. Gewisse Worte haben dabei einen hohen Gefühlswert. Wir erwähnten schon das „birthright" (12. Juli 1642 z. B. beschworen); das „true english heart", das *englische Herz* ist ein anderer Ausdruck (John Eliot, 3. Juni 1628). Die Soldaten werden beschworen, an ihr Geburtsland zu denken, „worin ihr den ersten Atemzug getan und eine *freie englische Luft* geatmet habt" (1686, Samuel Johnson State Tracts 428).
Die englische Luft, das englische Herz, die englischen Geburtsrechte — sie verbinden sich nun mit dem biblischen Volkstum.

Schon Coke verschmäht es ja nicht, in seiner großen Rede vom 25. März 1628 den Apostel reden zu lassen: „Schließen will ich mit der höchsten Autorität, nämlich Kapitel 25 der Apostelgeschichte, letzter Vers, mit den Worten, die Paulus dort sagt."

Auch das „wahre englische Herz" ist ja das Herz eines *christlichen* Engländers. Die wahre Religion zu haben, ist auch für die Natio Anglicana auf der Höhe ihrer Revolution 1642 „the glory of our Nation". Auch muß es zu denken geben, daß Edmund Burke, der Apostel der *Verjährungslehre*, doch von ganz Europa als von „in Wirklichkeit einem einzigen Staate" hat sprechen können. Wie kann das derselbe Engländer, der nur auf englisches Herkommen zurückgeht?

2. *Ancien régime*

Wir kommen hier auf den wahren Begriff des ancien régime, den die französische Revolution zertrümmert hat. „England ist stolz darauf, La vieille Angleterre zu heißen. Vieille France ist fast eine Beleidigung", sagt der Franzose Lavisse. Ancien régime ist eben für die Engländer etwas so Positives wie für die Franzosen Freiheit, Gleichheit, Brüderlichkeit. Ancien regime ist aber auch etwas verhältnismäßig *eben so Junges*. Das volle Pathos des ancien régime wurzelt in den Erlebnissen der *englischen* Revolution! Sie hat die Würde der Unvordenklichkeit, der Ahnenfolge, des Herkommens erst kodifiziert und dogmatisiert. Ancien régime bedeutet für die Jakobiner später dasselbe, wie Bourgeoisie für die Bolschewiki. Wie aber das, was der bolschewisierte Europäer Bourgeois schilt, in der Sprache Frankreichs als Liberté des Dritten Standes verkündet worden ist, so haben die Engländer Herz, Luft, angeborene Freiheit und Common Law des Zweiten Standes, der gentry, unter dem verstanden, was den Jakobinern als ancien régime erschienen ist. Es ist die grobe Fiktion des 19. Jahrhunderts, das ancien régime, die unbedingte Herrschaft des Adels und der Erblichkeit in ihrer starren und den Bürger empörenden Form für älter zu halten als die Zeit der englischen Adelsrevolution! Die Revolution der Franzosen brauchte diese Vergröberung der dunkeln Zeit, gegen die sie anrannte. Gerade so sehen die Bolschewiken in sämtliche verflossenen Zeiten den Klassenkampf hinein.

Es liegt eine bewußte Verabsolutierung des gerade vorhergehenden Zeitalters vor. „Feudal" z. B. meint im Munde moderner Hasser des „Feudalismus" die ganze alte Zeit. Aber die bekämpften Feudalzustände herrschten nur seit 1700 und vorher gerade nicht!

Die Freude am Alten und das Stehenlassen des Alten sind noch heut auffällig in England, in jedem niedrigen Torgang, in den Schilfdächern, in dem Kamin usw. Ein Krämer in einer Landschaft, zusammen mit 300 Landsleuten, lernt noch im Jahr 1929 ein paar Monate lang Altenglisch, um ein altes Stück in der Sprache des 13. Jahrhunderts spielen zu können. Die Stadt London erkauft sich jährlich für soundso viele Hufeisen und Nägel ihr Recht auf die Wahl des

Friedensrichters. 1862 wurde die Abschaffung dieses Brauches erwogen, aber ausdrücklich für untunlich erklärt. Die Parlamentswache durchsucht vor jeder Session des Unterhauses die Keller von Westminster, weil man ja 1605 dort die Pulververschwörung entdeckt hat! Biblisch und alt und frei gehört eben für den Engländer — gegen alle geschichtliche Wahrheit — seit der Puritan revolution zusammen. Gewisse Worte spielen in diesem Zusammenhang jene schon erwähnte Rolle der Scharniere. Das ist vor allem das Wort common.

3. Commonwealth oder die Gemeinschaft

Das Haus der Commons von England zieht seine Würde aus der umfassenden Bedeutung von Common in der englischen Welt.

Ich nenne nur zwei Worte von ungeheurer Tragweite: The Book of *Common* Prayer und das Wort Commonwealth. Das Wort Common Law wurde schon erwähnt.

Das Wort „Gemein" hat in der deutschen Sprache zeitweise einen Anlauf zu ähnlicher Kraft und Würde genommen. Aber es ist gerade im 17. Jahrhundert, also in der Zeit der englischen Höchstblüte des Wortes Common, bei uns zerstört worden. Daher hat man von der deutschen Geschichte des Wortes Gemein sagen können, sie begleite in ihrem Auf und Ab die Schicksale des deutschen Volkstums. Die Unvergleichbarkeit der Worte Common und Gemein schließt in der Tat den Unterschied der deutschen Reformation und der englischen Püritanerrevolution in sich. Weder gibt das Wort „die Gemeinen" wieder, was die Commons in England sind, noch deckt sich der Hochklang von Commonwealth mit unserem farblosen Gemeinwesen. Der deutsche Pietismus hat eine Anleihe bei den Puritanern aufgenommen, als er das Wort „Gemeinschaft" in die öffentliche lutherische „Gemeindeverfassung" ergänzend einführte. Die pietistische Gemeinschaft ist eine warme spontane Vorstellung zur Ergänzung des kahlen, nüchternen, allzusehr nur die politische und landeskirchliche Ordnung spiegelnden Begriffs der Kirchengemeinde. So sollte der bei Luther vor lauter Fürstenstaat und Landeskirche nicht recht in Flor gekommene Gemeindebegriff aufgefüllt, durchglüht und gesteigert werden zur Gemeinschaft. Schon damit hat Gemeinschaft auf deutschem Boden die Farbe eines Korrekturbegriffs bekommen. Solch ein Begriff leidet unter seiner Betontheit. Im Englischen sitzt er im Kern der Sprache, bei uns befindet er sich in der Opposition.

Heillos ist dann die Verwirrung auf deutschem Boden geworden, seitdem das Wort Gemeinschaft nicht wie in England gegen seine lutherische Vorzeit, sondern gegen seinen französischen Nachfolger auf den Schild erhoben worden ist. Damit hat das Wort nun überhaupt kein Profil mehr im Deutschen.

Das englische Wort Common aber hat seinen ganz bestimmten Platz in dem Drama Europas. Es ist das Stichwort, das fällt, um die fürstliche Gewalt, die Obrigkeiten, abzulösen. Es umfaßt nicht die Ordnungen der Kirche oder des

Staats, sondern es setzt ihnen zur Seite und zeitweise entgegen eine neue Ordnung des Zusammenlebens der Menschen auf Erden. Dem systematischen Begriff des „Geistes“, den die deutsche Reformation und der zivile Staat der Landesfürsten aus dem Heiligen Geist entwickeln, diesem „deutschen Geist“ setzt der Engländer seinen Begriff des unsystematischen, d. h. nicht von oben her befohlenen Gemeinschaftslebens entgegen. Aber unser deutsches Wort Geist steht an derselben Stelle unseres Volkslebens wie das englische Common. Beide Worte sind *säkularisierte Theologie.*

Das Buch of Common Prayer wird das Buch, das zum Unterschied von der Messe von allen Gliedern der Gemeinde mitgebetet werden kann. Noch heute geschieht die Lesung der Schrift nach der Vorschrift des Book of Common Prayer nicht durch den Priester der Kirche von England, sondern durch ein Glied der Gemeinde. Und bezeichnend, ja fast raffiniert ist die Wendung hin zu diesem Begriff der „gemeinsamen“ Gebete in der Vorrede: „Da ward nie ein Ding durch menschlichen Verstand so gut erdacht noch so sicher bestimmt, das nicht in der Folge der Zeit wäre verdorben worden; das geht unter anderem klar hervor aus den gemeinsamen Gebeten (Common Prayers) in der Kirche, gemeiniglich ‚Gottesdienst‘ genannt.“

Man sieht wie hier aus dem hierarchischen „Gottesdienst“ der alten Kirche die „gemeinsamen Gebete“ gemacht werden, so als sei „gemeinsame Gebete“ der ursprüngliche Ausdruck, und zwar bezeichnenderweise gerade durch eine Umkehrung der Reihenfolge, womit Common Prayer als der eigentliche und richtige und echte Ausdruck erscheint, hingegen das Wort „Gottesdienst“ als eine ungenaue Neuerung der Alltagssprache. Diese scheinbar unbedeutende Verkehrung der geschichtlichen Reihenfolge von Commonprayer und Gottesdienst ist ein weltgeschichtliches Ereignis. Denn ebenso wie Commonprayer für Divine Service eintritt, so steht Commonwealth bei den Puritanern an der Stelle der Kirche. Baxter in seinem Christlichen Leitfaden sagt z. B.: „Jedermann *als Glied von Kirche oder Commonwealth* muß seine Kräfte aufs äußerste brauchen für das Wohl der Kirche oder des Commonwealth.“ (Weber Archiv XXI, 78.) Man sieht daraus, daß unsere Worte Gemeinwesen und Gemeinwohl längst nicht ausreichen, um die Glaubensfarbe von Commonwealth wiederzugeben. Unser Wort *Reich* (vergleiche etwa aus Luthers: „Ein feste Burg“ den Vers „Das Reich muß uns doch bleiben“) gibt eher etwas von dem Klang wieder, der Commonwealth im 17. Jahrhundert umschwang. Oliver Cromwells „Commonwealth“ ist zwar nur so kurz gewesen wie Napoleons Würde eines Kaisers der Franzosen. Trotzdem hat Cromwells Commonwealth schließlich und endlich obgesiegt über die Worte realm, kingdom und empire. Den heutigen Vertretern des britischen Empiregedankens, den Imperialisten, fehlt die seelische Verwurzelung in ihrem Volke, wenn sie von Empire reden. Dann denkt man an Zölle. Wer begeistern, erwärmen und Glauben finden will, muß in England auch heute von dem British Commonwealth sprechen.

In dem Baxterschen Zitat begegnet uns noch ein zweites unübersetzbares Wort: Das Wort Member. Ein „Mitglied des Reichstages" ist durchaus nicht zu vergleichen mit der Funktion des M. P., des Gliedes des Parlaments in England. Unser Wort Mitglied gibt keineswegs den Sinn des Wortes member hinreichend wieder. Das „gemeine Wesen" und die Gliedschaft in ihm ist eben in Deutschland so vernichtet worden, daß sie in Deutschland zuerst auf rein wissenschaftlichem Wege restauriert werden mußten. Gierkes *Organ*begriff gibt, wenn auch übersteigert, eher wieder, was Member bedeutet als das kraftlose Wort Mitglied. Denn ein Mitglied des Reichstages wirkt für unser Empfinden nicht in erster Linie zusammen mit der Reichsregierung. Ein englisches M. P. hingegen bildet zusammen mit König und Lords das Hohe Haus des Parlaments.

Die M. P., die Gemeinen sind zusammen mit der Majestät des Königs und den Adligen aus eigenem Namensrecht, den Lords, die gemeinen Vertreter aller Grafschaften von England. Sie haben im Parlament deshalb keinen eigenen Namen, sondern werden als der Abgeordnete für den und den Wahlkreis bezeichnet. „Name him", nenn' ihn bei Namen, ist daher die Aufforderung an den Sprecher des Unterhauses, den Abgeordneten außer Funktion zu setzen. Weil er namenlos ist, deswegen heißt er member. Als man den berühmten Sprecher Onslow fragte, was denn die Folge sein würde, wenn er sich einmal zu solcher Bloßstellung eines Member versteige, soll er erwidert haben: „Der Himmel mag das wissen". Diese Antwort ist sehr bezeichnend. Ein mit Namen genannter Abgeordneter ist einfach kein Glied mehr der Gemeinen. Er gehört nicht zu den Gemeinen (denn als Gemeiner hatte er gerade keinen Namen). Er steht draußen, des Bundes verlustig.

Aus dieser Eigenart der Gliedstellung innerhalb der Gemeinen erklärt sich die gesamte Geschichte ihrer Rechte, der Privilegien des Unterhauses und seiner Wirkungen auf den Geist der Nation.

Denn die Commons insgemein stehen gegenüber dem Hochadel und den Bischöfen. Von diesen trägt jeder einen eigenen Namen. Das hat z. B. zur Folge, daß im Oberhaus ein einzelner Lord gegen einen Beschluß des Hauses Protest zu Protokoll geben kann, daß hingegen ein Glied der Gemeinen wie Clarendon in den Revolutionstagen 1641 in den Tower geworfen wird für den gleichen Schritt.

Die Gemeinen sind eben der geschlossene „Umstand" im Hohen Gerichtshof des Parlaments, sie sind alle zusammen ein einziger Artikel des Parlaments gegenüber dessen anderen Gliedern, dem König und all den namentlich berufenen Lords. Die Gemeinen sind die zwei ritterlichen Geschworenen aus jeder Grafschaft, die verpflichtet sind, mit zu erscheinen, wenn der König eine „Sprache", d. h. ein Parliament, als Communitas Communitatum, als Jury aller Jurys, als großes Rügegericht Gesamtenglands, hält. Seiner Mitgliedschaft verlustiggehen kann solch Großschöffe einzig durch Annahme eines

Königsamts. Ein Mandatsverzicht ist in England unmöglich! Die Vollmacht zur Sprache in diesem Parlament haben an sich nur der König, die Lords und der Speaker der Commons; dieser Sprecher der Gemeinen ist ihr einziger *namentlicher und öffentlicher* Sprecher. So ist es rechtlich bis heute. In Gegenwart des Königs und der Lords ergreift auch heut einzig und allein der Speaker das Wort. Er teilt mit, was die getreuen Gemeinen von seiner Majestät fordern, bevor sie ihm die Mittel bewilligen, um die er sie ersucht hat. Der Sprecher bringt die Beschwerden der Gemeinen vor. Nach uraltem Recht des Ständestaates geht die Erledigung dieser von dem Sprecher vorgebrachten Beschwerden der Geldbewilligung voraus. Noch heut wird das Budget erst in der Schlußsitzung der Session des Parliaments bewilligt. Denn alle anderen Verhandlungen des Parlaments empfangen ihren Sinn und Wert daraus, daß sie in die Verhandlungen um das *Geld* eingeschaltet sind. Die Art, wie die festländischen Parlamente unter vielen anderen Gesetzen auch das Budget erledigen, widerstreitet mithin der Grundlage, auf der sich das Recht des englischen Unterhauses aufgebaut hat. Das Unterhaus hat nur Rechte, weil und solange es dem König die Einnahmen noch nicht bewilligt hat. Weil dem König diese Gelder von den Gemeinen bewilligt werden müssen, deshalb kann ihr Sprecher vor König und Lords all die anderen Beschwerden vorbringen, an deren Ausräumung die Gemeinen die Geldbewilligung knüpfen.
Staatsrechtlich wiegt also auch heut im letzten und äußersten Sinne nur das Wort des Speakers, das er an der Barre des Oberhauses vor König und Lords als die Meinung des Hauses ausspricht.
Alle Worte im Hause der Gemeinen sind bloße Vorworte, alle Verhandlungen Vorverhandlungen. Die Sprache des Unterhauses ist die von *Vorbesprechungen.*
Auf allen den Reden, die im Unterhaus gewechselt werden, lastet also der Druck, daß dies Haus am Schluß aller Beratungen nach außen als Einheit zur Sprache kommen muß. Dieser Druck ist vergleichbar dem Druck des Wassers auf die Fische darin. Dieselben Fische, die unter dem Druck des Wassers fröhlich sich tummeln und um die Wette schwimmen, sind stumm und ohne Leben in dem anderen Aggregatzustande der Luft. Denn hier fehlt der einigende Druck von soundso viel Atmosphären. Der einzelne Engländer ist wortkarg. Aller Geist aber und Witz erwacht in ihm, wenn er mit seinesgleichen berät und debattiert. Dann ist der Geist in ihm gegenwärtig. Die Freiheit und die Feinheit aber auch die Länge der Debatte, die England der Welt geschenkt hat, entspringt jenem Wechsel im Aggregatzustand zwischen der förmlichen Einheit der Commons vor König und Lords und ihrer formlosen Debatte unter sich, wenn dieselben Commons beraten, was ihr Sprecher mitzuteilen haben soll. Des zum Zeichen legt man die Füße behaglich auf den Tisch des Hauses. Wo dieser Wechsel zwischen den beiden Aggregatzuständen aufhört oder wegfällt, da muß der Parlamentarismus sterben. Denn Förmlichkeit allein und Formlosigkeit allein ist unfruchtbar.

Als Karl I. am 5. Januar 1642 in das Unterhaus eintritt, um fünf Glieder zu verhaften, da bricht er das Grundrecht der Commons. Aber dies Grundrecht besteht nicht etwa wie der Deutsche sich es vorstellt in einer abstrakten Redefreiheit, einer theoretisch festgelegten individuellen Abgeordnetenimmunität für jeden einzelnen. Sondern das Privileg des Hauses der Gemeinen als einer Ganzheit ist die Unauflöslichkeit und Undurchdringlichkeit des Hauses während der freien Vorverhandlung und Vorberatung. Was nun dazu im einzelnen erfordert wird, entscheidet einzig und allein das Unterhaus selbst. Die Omnipotenz des Parlaments, die Blackstone im 18. Jahrhundert ausführlich darlegt, ist aus dem einzigen Satz, den Littleton schon am 21. Februar 1628 formuliert, entwickelt worden! Jedes Vorrecht wird gegeben für das Wohl des Commonwealth. Und das Vorrecht des Parlaments steht über jedem anderen und *nur das Parlament* kann entscheiden, was Vorrecht des Parlaments ist, und kein anderer Richter oder Gerichtshof. *Mithin existiert kein einzelner während dieser Vorberatungen.* Das Haus ist die einzige Person, jeder Commoner ist nur Organ dieser Persönlichkeit des Hauses. Zweihundert Jahre hat dies Privileg des Hauses der Gemeinen der englischen Gentry die Macht über England gesichert, ohne daß auch nur einmal ein gewaltsamer Schluß der Debatte nötig geworden wäre! (Erst die irische Obstruktion hat das geändert!) Jeder Abgeordnete wirkt eben positiv mit zu einem Beschluß des Hauses. Es ist auch nicht etwa so, daß eine Majorität und eine Minorität sich gegenüberstehen und die Majorität nun machen kann, was sie will. Alle Commons sind vielmehr gleich viel und gleich wenig gegenüber der Gesamtheit des Hauses. Eifersüchtig werden die Rechte der Minorität geschützt. Der größte Beweis dafür liegt in der Tatsache, daß Fragen der Geschäftsordnung im englischen Unterhause niemals als Parteifragen behandelt worden sind.
Selbst der Sprecher wurzelt ganz und gar im Hause. Bei jenem Eindringen Karls I. antwortete der Sprecher auf des Königs Geheiß, die fünf verräterischen Abgeordneten auszuliefern: „Sire, ich habe hier keine Augen und keine Ohren, wenn mir das Haus es nicht befiehlt.“ Auch kann kein einzelner Abgeordneter einen Antrag stellen. Ein zweiter muß ihn aufnehmen und dem ersten sekundieren. Auf diese Weise erhält der Antragsteller auch nur ein einziges Mal das Wort. Jeder spricht nur einmal zu jeder Sache.
Diese doppelten Druckverhältnisse, draußen in der freien Luft des Staatsrechts und hier in der geschlossenen Atmosphäre der Vorberatung haben den Gemeinen von England den Charakter aufgeprägt. Alle Opposition im Unterhause ist willkommen. Denn sie hält die Debatte in Fluß und belegt sie. Die Opposition gehört zum politischen Leben Englands. Des zum Ausdruck gilt der Führer der Opposition im Unterhaus als offizielles Organ der englischen Verfassung. Aber weit darüber hinaus reicht die Freude des Engländers an dem Dasein einer Opposition. Er ist seiner Sache erst sicher, wenn er weiß, daß eine Opposition da ist und ihn überwacht und zur höchsten Leistung anstachelt.
Diese Opposition ist willkommen und deshalb wird sie fair behandelt. Sie ist

ja aber auch nur Opposition in jenem Mittelraum zwischen Vereinzelung und gemeinsamer Aktion, in der *Debatte*. Ist die Debatte geschlossen, und haben sich alle an diesem Wettkampf der Meinungen beteiligen können, dann ist das Rennergebnis für alle verbindlich. Das englische Unterhaus schreitet nur dann zur Abstimmung, wenn das Debatteergebnis nicht überwältigend feststeht. Die Teilung (Division) des Hauses heißt eine solche Abstimmung. Sie gilt also als notwendiges Übel und nicht wie auf dem Festlande als ein Eigenwert. Von Robert Walpole wird gerühmt, daß er einmal während einer ganzen Session im Unterhause nur drei Divisions of the House benötigt habe.

Der Zwischencharakter der Opposition ist das Geheimnis des englischen öffentlichen Lebens. Das Festland hat dafür kein Verständnis.

Schon rein äußerlich genommen, sind alle Parlamentssäle des Festlandes zu groß, und falsch, nämlich als Halbkreise, angeordnet. Das englische Unterhaus tagt in einem schmalen länglichen Raum, in dem sich die Parteien gegenübersitzen und in dem man seine Stimme nicht zu erheben braucht, um verstanden zu werden. Die eigentümliche Genauigkeit, Deutlichkeit und Geräuschlosigkeit des englischen Debatters entstammen diesem Raum. Als 1840 der Riesenbau des neuen Parlaments begann, wollte der Architekt naturgemäß den Gemeinen entsprechend viel Raum darin geben. Aber das Unterhaus hat diesen Plan verhindert und in der für den Kontinentalen unverhältnismäßigen Kleinheit des Raumes gerade das Grundgesetz seiner Debatten anerkannt und erhalten.

Auch „der Tisch des Hauses" — von dem in allen Parlamenten der Welt heut die Rede ist, trotzdem sein englischer Sinn meist unbekannt ist — symbolisiert die körperliche Einheit der Gemeinen. Denn dieser Tisch ist der *einzige* Tisch des Hauses. Das ist die Pointe jenes Ausdrucks. Kein Abgeordneter hat also sein Pult, seinen Tisch für sich, in dem er sein Material aufbewahrt. Vielmehr bedeutet der Tisch des Hauses den geistigen Kommunismus, der unter den Gemeinen herrscht. Hier darf niemand etwas für sich wissen oder behalten. Unverbrüchlich waltet die Regel, daß, was ein Abgeordneter beantragen, ein Minister mitteilen, ein Beamter vortragen will, auf den Tisch des Hauses gelegt werden muß. Nur dies auf den Tisch des Hauses Niedergelegte bildet die geistige Nahrung des Hauses, nicht die Debatten! Daher werden nicht etwa die Debatten durch das Unterhaus in Druck gegeben — für deren Druck lehnt es jede Verantwortung ab! —, sondern in Druck gegeben als Parliamentary Papers werden die Anträge, die berühmten Reports, die Berichte und die Accounts, die Abrechnungen. Von den Gegenständen, die zur Diskussion stehen, sagt man wörtlich: sie seien *matters* that are upon the table, also die Materien, die auf dem Tisch liegen! In diesen Materialien materialisiert sich das gesamte politische Leben. Was nicht auf den Tisch gelegt wird, existiert für das politische Leben Englands nicht! Der Tisch des Hauses entspricht also dem Begriff der Aktenkundigkeit in Deutschland!

Diese Tatsache ist der glorious revolution sehr zustatten gekommen. Die Einladung an den Fremden Wilhelm von Oranien, seine Landung in England, seine Übernahme der Regierung wurde als ein objektives Naturwunder — es lag ja *außerhalb der politischen Arena* — unanalysiert gelassen. Fingiert wird, daß Wilhelm auf Bitte der beiden Häuser provisorisch die Staatsgewalt übernommen habe. Denn nur dieser Antrag liegt auf dem Tisch des Hauses. Wie Wilhelm hineingekommen ist ins Land, darüber hüllt sich das Parlament in Schweigen. In den endlosen Debatten, ob Jakob II. abgedankt habe oder nur geflohen sei, wird der Einbruch des Ausländers nicht erwähnt! Auch die Bedingung Wilhelms III. wird nicht erwähnt, auf die doch alles ankam: der Eintritt Englands in den Krieg Hollands gegen Frankreich!

Wir deduzieren unsere Theorien von vollendeten Tatsachen, die wir selbst geschaffen haben, sagt der englische Historiker Traill über 1688.

Das ist Cant. Aber die erfolgreiche Wechselwirkung zwischen Unterhaus und Exekutive beruht auf dieser Materialisierung alles politischen Geschehens im Rahmen der vier Wände des Unterhauses. Diese vier Wände umfassen die englische Welt; „To be out of Parliament is to be out of the world", konnte 1780 Admiral Rodney schreiben.

Eben weil das Unterhaus diesen Wechsel im Druck der Atmosphären braucht, hat es den König und die Lords nie beseitigt. Es lebt gerade von dem *Übergewicht* seiner Vorverhandlungen über die Verhandlungen, also über die Gesamtsitzung von König, Lords und Gemeinen.

Für sein Übergewicht braucht das Unterhaus gerade die beiden anderen Teile des Parlaments. Das Unterhaus ist ja kein Parlament. Es ist ein Drittel des Parlaments. Seine eigene Gewalt beruht daher darauf, daß die Gewichtsverschiebung stets *innerhalb* eines Parlaments vor sich gehen kann.

Sogar als die Puritaner-Revolution 1642 ausbricht, faßt das Parlament die Beschlüsse, gegen den König Krieg zu führen, unter der Fiktion, daß das Amt des Königs im Parlamente zugegen sei und daß nur die Person des Königs draußen gegen das Parlament — verführt durch falsche Ratgeber — kämpfe. Hume schreibt: „Es erfand also einen bisher unerhörten Unterschied zwischen dem Amt und der Person des Königs und brachte die Macht, welche es wider den König brauchen wollte, im Namen des Königs und seiner Genehmigung auf." Dies ist das Rätsel des englischen Rechtssatzes: Der König herrscht, aber er regiert nicht.

Eben deshalb hat die glorious revolution keinen Augenblick daran gedacht, die Monarchie abzuschaffen. Die Autorität der Commons beruht darauf, daß sie zum großen Rat, dem Parlamentum der englischen Könige, dazugehören. Also brauchen sie einen König. Freilich haben sie seine Stellung so unterhöhlt, daß er mehr und mehr zum ersten *Gentleman* geworden ist, das heißt, die Commons haben es verstanden, den Träger der Krone zu einem ihresgleichen zu machen und die Funktion des Königs auszuhöhlen. Aber nur als theoretischer Gegenspieler der Krone bleibt das Haus der Gemeinen in seinem Recht. Nur wenn es einen König gibt, kann die *Ritterschaft* von England, die Gentry aus den

Counties, den Grafschaften, gegenüber dem absoluten König die Country verkörpern. Der Confluxus der Ritter aus den Grafschaften (und der wenig zahlreichen Schöffen aus London und den anderen alten Städten) in die Communitas Communitatum, in die potenzierte Grandjury des Parlaments, hat den Begriff der Country geschaffen. Country ist selbst ein Inbegriff, die alle Grafschaften einbegreifende Gesamtgrafschaft sozusagen, das, was wir Deutschen Land nennen. Die Commons aus den einzelnen Grafschaften werden so zu den Ständen des Landes. Noch im 17. Jahrhundert schwankt der Sprachgebrauch von Country, zwischen Land schlechthin und einzelner Grafschaft. In der großen Remonstranz von 1642 heißt die einzelne Grafschaft country. Aber mit dem Sieg der Commons steigt die Gewalt des Wortes Country. King and Country werden nun zwei nebeneinandertretende Werte. Und die Gemeinen stehn für das Land. In der Vorrede zu der Ephemeris des Parlaments vom Jahre 1654, also in einem und demselben Texte, bedeutet „Country" abwechselnd England, „das es als Insel und eine kleine ganze Welt mit Rom und Griechenland aufnimmt", und die Heimat, „in die der Gentleman nach besonnener Abstimmung zu wohlverdienter Ruhe zurückkehrt". So mischen sich zwei politische Elemente.

In der Revolution der Commons kommt also der Country gentleman zur absoluten Herrschaft. Und es sind die Wesenszüge des Landedelmanns, die seitdem in England trotz aller industriellen und politischen Umwälzungen herrschen und den Ton angeben. In der Oceana des James Harrington wird England mit Altitalien verglichen, denn „Rom nahm die größte Rücksicht auf seine Landbezirke und holte seine Konsuln vom Pfluge. Und im Wege der Parlamente sind Männer ‚of Country Lives' (also Männer, die ein Landleben führen) mit den größten Dingen betraut worden." „Das Ideal der Englischen Kirche war, mit einem ansässigen Gentleman jedes Pfarrspiel des Königreichs zu versorgen", schreibt Stratford in seiner Geschichte des englischen Patriotismus. Der erste förmliche Premierminister von England, Robert Walpole, nannte sich selbst nach seiner Abdankung einen einfachen Country gentleman. Und er war auch der Typ dieses trinkfreudigen, jagdeifrigen, niemandem die Antwort schuldig bleibenden Landjunkers. Walpoles Jagdleidenschaft zuliebe hat das Parlament das Weekend eingeführt. Dies Weekend verkörpert ja nur den Respekt der Stadt vor den Sitten des Landes. Einen Landsitz zu haben und ihn seinen Freunden zu öffnen, ist das Wahrzeichen jedes Engländers, der mitzählen will. Nur wenn er einen Landsitz in die Sphäre seines gesellschaftlichen Verkehrs einzubeziehen vermag, wird der Engländer selbst zum Gentleman. Weil Joseph Chamberlain dieser Lebensstil abging, schreibt sein Biograph 1951, wurde er nicht Prime Minister. Erst Lloyd George brach diesen Zauber, aber Ramsay MacDonald erlag ihm wieder. Und Attlee hat ihn ganz.

Die Gentry wird in Oxford und Cambridge erzogen. Aber auf diesen Universitäten studiert man nicht wie in Deutschland. Die englischen Universitäten dienen satzungsgemäß dem Nachwuchs für den Dienst in Staat und Kirche. Seine Erziehung geschieht in den Colleges. Hier entwickelt sich die „effortless superiority“, die Asquith solch einem Oxfordmann nachrühmte. Hingegen haben die wissenschaftlichen Fakultäten als solche keinen Einfluß auf die Bildung der öffentlichen Meinung. Z. B. haben die juristischen Fakultäten bis heut (wo das viel beklagt wird) keinen Einfluß auf die Rechtsentwicklung genommen. Sie waren nicht Spruchfakultäten, wie Althusius (IX, 39) 1609 von den deutschen Hochschulen schrieb, „von denen aller Zweifel Entscheidung und Auflösung erbeten wird“ und an die deshalb alle Gerichte ihre Akten senden konnten. Eben deshalb gibt es z. B. in England kein Verwaltungsrecht, wie erst kürzlich ausgesprochen wurde (New Statesman 6. 7. 1929). In Philosophie und Theologie steht es ähnlich. An einen englischen Gentleman trat die zünftige Wissenschaft nicht heran.

Sondern wo es auf Wissenschaft ankommt und wo wir an die Hohen Schulen denken, da spricht man höchstens — von den Bischöfen!

So heißt es in der großen Sitzung, in der sich zuerst Parteien gegenüberstanden, statt dessen: „Laßt uns das Bischofsamt aufrechterhalten neben der Kanzel, als *universale Streitmacht der Gottesgelehrsamkeit*, kraft deren wir fähig bleiben, aus eigener Kraft und innerhalb unserer glücklichen heimatlichen Insel den Mund aller Irrtümer und möglichen Ketzereien zu stopfen. Niemals, niemals soll man sagen dürfen, daß die Kirchenlehre in ihrer einen wesentlichen Hälfte in England unversorgt bleibe . . . Wir brauchen Streiter für die wahre Religion“ (Edward Dering). Die kalvinistischen Gebiete liefern die wissenschaftliche Bildung den örtlichen Gewalten aus. Die Landeskirche der deutschen Obrigkeit schickt Lehrer und Pfarrer in jedes Dorf. In der freien Schweiz sind hingegen Lehrer und Pfarrer in der Gewalt der Dorfgemeinde. Zu noch viel tolleren Mißbräuchen hat das in England geführt, wo der Patron, der gentleman allmächtig ist. Der „Vikar of Wakefield“ schildert die Folgen, wenn die Träger des Worts zur Klientel des Grafschaftsadels herabsinken.

Der Grund für diese Verschiedenheit liegt in der Unmöglichkeit, das deutsche System der Religionsparteien nach England zu übertragen. Der Adel ist es, der dem König gegenüberstand, nicht Professoren. Die Landedelleute haben die Fürsten gezwungen, ihren Rat anzunehmen. Den Stuarts tritt der Landedelmann Oliver Cromwell ebenbürtig entgegen.

5. Das Pedigree der Stuarts und der Cromwells

In den Stuarts, aber auch in den Cromwells floß nach dem Glauben des 17. Jahrhunderts englisches, schottisches und wallisisches Blut. Die Cromwellsche Schottenherkunft ist falsch, wurde aber damals geglaubt. Die wallisische Herkunft der Cromwells erschien fast nobler als die der Tudors. Der Stammbaum spielt ja eine unendliche Rolle in England, wie in jedem Adel. Den der Churchill, Salisbury, Russell muß man kennen, um die englische

Verfassung zu begreifen. Die beiden Stammbäume stehen also nur als ein Beispiel für dieses ungeheure Kapitel der europäischen Geschichte, die Genealogie, weil sie hier einen Beitrag zur Revolution liefert.

„Was sein Pedigree angeht, so könnten sich wenige höherer Abkunft rühmen", sagt Prestwich in seinem Kapitel über den „Stammbaum der Herkunft Seiner Hoheit des allergnädigsten und allererlauchtesten Oliver Cromwell" in einem Buch, das gleichzeitig stolz die Befreiung des Commonwealth von Sklaverei und Willkür durch die „glorious revolutions of our monarchy" preist. Adelsblut und Freiheit stehn im Bunde.

Die Stuarts

englisch *wallisisch* *schottisch*

Heinrich V.
Katarina v. Valois — Owen op Mergent aus Wales

Heinrich VI.
Lancaster

Edmund Tudor — Margarete Lancaster

Heinrich VII. 1485—1509

Heinrich VIII. 1509—1547 Margarete Jakob IV. v. Schottland

Eduard Marie Elisabeth

Maria Stuart † 1587

Jakob I. 1603—1625

Karl I. 1625—1649. I. 30.

Jakob II. 1685—1688 · Karl II. 1660—1685

Wilhelm III.
Marie † 1694
1688 November 5.—1702

Anna 1702—1713

Prinz of Wales, geb. 1688

Ausgestorben 1807.

Beachte das Gewicht der Kunkelseite bei Heinrich VII., Jakob I., Wilhelm III. und bei Oliver Cromwells Mutter und der Urgroßmutter, der er den Cromwell-Namen verdankt.

Die Cromwells

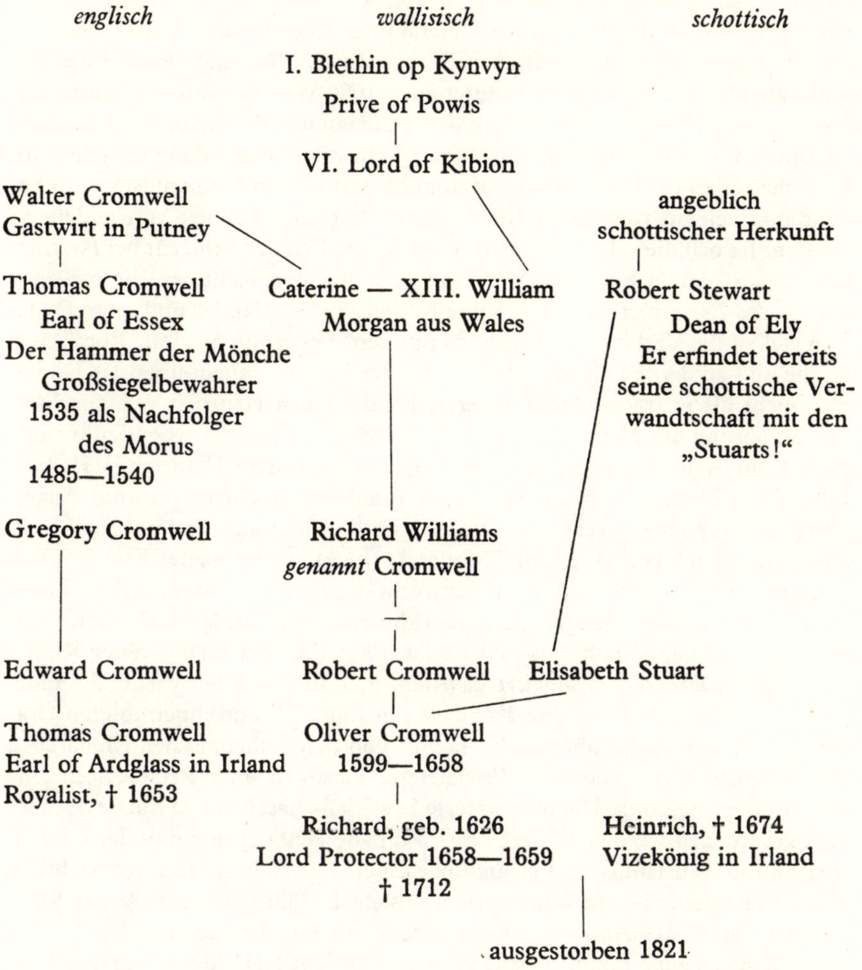

(vgl. Walter Rye, Two Cromwellian Myths 1925; J. Prestwich, Respublica 1787 p. 23)

6. Realm oder der Staat

Die Bewohner Englands sind kein seefahrendes Volk von Haus gewesen. So wenig wie die Deutschen Bücherwürmer vor der Reformation gewesen sind. Die Briten sind zur See gegangen, um sich ihr eigenes Land neu zu gewinnen. Denn erobert worden war ihr Land zuvor mehrmals von außen, weil die Inselbewohner die See nicht beherrscht hatten. Römer, Angeln und Sachsen, dann Dänen haben in England Fuß gefaßt. Wir aber können gleich einsetzen mit dem Ereignis, das England zu einer Nation des Abendlandes und Europas geprägt hat — mit der normannischen Eroberung. Als Sendling des Papstes und durch zweideutige Verträge berechtigt zieht 1066 Wilhelm von der Normandie übers Meer. Mit König Harold fällt der letzte einheimische Königsproß. Und die Blüte des Adels fällt mit ihm. Die Normannen aber vereinheitlichen die Herrschaft über die Insel. Das Königtum hat mit seinem normannischen Lehnrecht und seinem römischen Kirchenrecht Englands Einheit von außen erschaffen. Jedoch diese Einheit greift übers Meer! Seit der Schlacht bei Hastings ist es das Schicksal Englands, daß eine auch auf dem Kontinent herrschende Dynastie es zusammenschweißt. Seine Könige sind Ausländer und seine Dynastien stellen die Verbindung Englands mit dem Festlande dar. Zur Römischen Kirche und zu den Festlandsreichen führt der Weg fast allein über das Königtum, mehr als in irgendeinem anderen Lande. Noch Heinrich VII. fürchtete eine Empörung der Nation, wenn er die Nordküste Frankreichs endgültig aufgäbe! Kein Wunder daher, daß der Augenblick, in dem Heinrich VIII. (seit 1509) den vierhundertjährigen Besitz in Frankreich nicht länger zum Angelpunkt seiner Politik macht, das Wesen dieses Königtums ändert. Noch sein Vater, Heinrich VII., hatte sein Thronrecht (nicht anders als der Eroberer von Hastings) in erster Linie auf das Kriegsrecht des Siegers gestützt. „Dein Besitz der Krone hebt alle Mängel", urteilten die von ihm befragten Richter. Jetzt aber regiert ein angestammter und zugleich auf England beschränkter König. *Einzig das sechzehnte Jahrhundert sieht ihn.* Seit 1603 werden wieder Fremde, die Könige von Schottland, zu Königen von England, und ihnen folgten Oranier und Welfen und Koburger bis heute. Von den einheimischen Monarchen des 16. Jahrhunderts aber war die gefeierte Elisabeth ihrer Person nach eine Ausnahmeerscheinung. Denn sie opferte bewußt — anscheinend durfte darüber nicht gesprochen werden — der Staatsräson alle Heiratspläne, um das Gleichgewicht durch ausländische Verbindungen nicht zu erschüttern. Ein absichtlich erbloser Herrscher ist ein Widerspruch in sich. Er fällt über sein eigenes Regiment das Urteil des Abnormalen. Er schaltet als Glied in der Kette aus. Tatsächlich wurde auch schon seit dem Tode Heinrichs VIII. der Plan einer Vereinigung mit Schottland in beiden Reichen offen erörtert, und so lag über dem ganzen Regiment Elisabeths die Spannung einer Zukunftserwartung, durch die der Glanz ihres Zeitalters ein sehr bedingter wird. Die Gefahr der Fremdheit der Dynastie äußert sich auch gerade im Verhalten der jungfräulichen Königin. Und die Herrlichkeit des Elisabethanischen Zeitalters ist teuer mit dem Aussterben der Dynastie erkauft worden.

Der Normannenkönig hatte eine fremde Sprache mitgebracht. Von Parliament, council und court angefangen, sind alle Worte des englischen Staatsrechts normannisches Französisch. Auch Budget, die Ledertasche, ist altfranzösisch.

Wenn heut der englische König (in Wirklichkeit sein Premier) einen Bischof ernennt, so geschieht das in der Scheinform der Kapitelwahl. Und das heißt bis heut „droit d'elire". Wenn das Budget vom Parlament beschlossen ist, so lautet die Normannenformel bis heut: „Le roi remercie ses bons sujets, accepte leur bene volence et ainsi le veut." — „Oyez" ruft der Herold vor den Schranken des Gerichts. Die Staatssprache und die Volkssprache von England bleiben im Reiche der Plantagenets getrennt; Träger aber der neuen wälschfränkischen, der Staats- und Heeressprache, der französischen Kommandos, ist ein normannischer Adel, der Wilhelm begleitet und der die Lords in Heer und Kirche stellt. In der englischen Heerschildordnung ist der Schild des hohen Adels normannisch.

Mithin ist die erste Rangstufe, die grundsätzlich eingeborene Engländer einnehmen, die des niederen Adels, der die Rittergüter in der Lehnspyramide besitzt, der gentry.

Auch der Klerus, Bischöfe und Königsäbte, sind zunächst keine Engländer, das Kirchenvolk Englands und das Heervolk Englands haben fremde Klerisei und fremde Warlords, fremde „Kriegsherren". Das komische Entsetzen des Engländers über „den obersten Kriegsherrn", diesen Titel des deutschen Kaisers, hat hier schon uralte Wurzeln. Und die normannischen Bischöfe und ihre Nachfolger halten ihren niederen Klerus in strenger Zucht, fern den Gemeinen des Unterhauses, so daß er mit diesen nicht zusammenwachsen kann. Die erste genuin angelsächsische Schicht aber, der Gentryheerschild und die Städte Englands vertreten zugleich ihre Bauernsame, die Yeomanry, das ganze freie Landvolk der Insel mit, wenn es zu Verhandlungen mit „oben", mit König und Bischöfen und Peers of the Realm kommt. Die Gentry sind ja die Offiziere der Yeomanry. Die fremden Fürsten drücken also die gesamten Landeseingeborenen unter ein straffes und rationales Recht. Schon 1086, zwanzig Jahre nach der Eroberung, hat die königliche Gewalt in England die steuerliche Belastung jedes Grundstücks schriftlich fixiert. Das Domesdaybook setzt in die Lücke zwischen normannisches Staatsrecht und englisches Landrecht die Zahl. Seitdem ist es dem Engländer geläufig, eine Querschichtung im Aufbau der Nation sich vor Augen zu halten. Es war deshalb in England, daß Disraeli das Wort von den zwei Völkern prägen konnte, die sich auch im 19. Jahrhundert wieder neu zwischen Kapital und Arbeit herauszubilden drohten. Denn das people of England steht den States of the Realm, den normannisch-französischen Königsständen entgegen. Realm und Church zusammen sind etwa das, was wir bei uns Reich nennen; dies Reich aber ist fremd — halb normannisch, halb römisch. „Populär" kann in England also nur das werden, was wir Deutschen, was etwa der Bayer bei seinem Einzelstaat empfindet, die Gewohnheiten des people of this country. Auch das Wort people ist ein Lehnwort, aus populus. Aber es bezeichnet eine geistige Ehre des gemeinen Mannes: es ist nämlich das christian people innerhalb der Kirche, das dem Klerus zugesellte Kirchenvolk (Congregation). Die erste Schicht dieses angelsächsischen Kirchenvolkes bilden wiederum die Milizoffiziere der Gentry. Sie stehen daher schlechthin

für den gemeinen Mann, für die Commons of England innerhalb des normannischen Parlaments.
Die Commons sind die Klasse, die zwischen Realm und people, Staat und Kirche einerseits, Volk andererseits, vermittelt. Sie gehören dem Realm an dadurch, daß sie im Parlament vertreten sind. Sie gehören aber eben, weil sie dort als Engländer zunächst stumm sind, ausgesprochenermaßen und von vornherein auf die rein englische Seite. Unter den Normannen gibt es „England" nur Kraft der Vereinigung aller Teile des Landes im königlichen Parlament. Aber „es leidet nur passiv, dies England, es handelt nicht" (Pollard).
Den Handel vermitteln im Mittelalter die großen Gilden des Festlandes. Nicht der Engländer selber vertrieb seine Waren, vor allem die berühmte englische Wolle, auf dem Kontinent, sondern der deutsche Kaufmann hatte sein privilegiertes Handelshaus in London, den Stahlhof. Der Gesichtskreis des einzelnen Engländers ist im Mittelalter seine Grafschaft, der shire. Es bedurfte der Revolution, um den Begriff der counties, der Grafschaften, eindeutig umzuprägen in den einen großen der country für die ganze Insel. Bis dahin ist der Festlandsbesitz der englischen Krone das Mittel, ohne eigentliche Seeherrschaft England zu sichern. Das Realm hat auf diese Weise eine Landgrenze innerhalb des französischen Festlandes und keine Seegrenze. Der französisch-englische hundertjährige Krieg hat diesen tiefen Sinn. Auch auf der Insel selbst besteht eine Landgrenze am Tweed gegen Schottland zu. So entspricht sich der Versuch, eine Landmacht darzustellen, im Süden auf französischem und im Norden auf britischem Boden. Immer wieder fallen die Schotten ins Land, so daß noch Heinrich VIII. als einen Pufferstaat die Grenzmark Berwick einrichtet.
Von diesen Voraussetzungen aus ist der Ablauf der englischen Revolutionen zu verstehen. Ihre Aufstauung geht zurück auf das Jahr 1535. Ihr zweistufiger Verlauf 1640—1660 und 1685—1689 schafft die countries der Insel England um zur einen Heimat des christian people of this country, rückt England hinaus in die See mit Meeresgrenzen und setzt in die Herrschaft und Repräsentation über diese neue Welt ein die Commons, das Unterhaus der königlichen Parlamente.
Bis in das 16. Jahrhundert ist der Gehorsam gegen das Aufgebot des Königs, unter dem großen Siegel ein Parliamentum zu besuchen, eine schwere Last; je weniger Parlamente, desto besser. Man seufzt unter den Kosten, die eine solche Tagsatzung verursacht. Die Generalstände des Königreichs sind froh, wenn sie zu Hause bleiben können. 1689 ist der wichtigste Satz in Wilhelms III. Verbriefung der Revolutionserrungenschaften: daß *häufig* Parlamentstagungen sein müssen. Aus der Last ist ein Privileg geworden. Wie ist es dazu gekommen?
König Heinrich VIII. machte sich 1534 unter dem Beifall seiner Stände die Privilegien der protestierenden Reichsfürsten zu eigen und stieß den Papst aus dem Aufbau der Kirche aus. Er ließ den Act of Supremacy durch sein Parlament zum Gesetz erheben und jeder Engländer beschwor fortan, es sei der

13. Normannenengland

Archaisches großes Siegel, das bis zum Ausbruch der Revolution in Gebrauch war. Die Rückseite ist noch herrischer: Karl I. jagt, mit einem herrlichen Jagdhund, über das Londoner Gebiet, hoch zu Roß.

14. „Rule Britannia, Britannia, Rule The Waves“
Die Meere als Teile Englands

A. Das große Siegel von 1651, „Im dritten Jahre der Freiheitsrestauration“.

B. Karls II. Siegel im dritten Jahre der Königsrestauration 1662.

König die alleinige Obrigkeit in Religionssachen. Auf einer Münze nennt er sich in sämtlichen liturgischen Sprachen der alten Kirche, hebräisch, griechisch und lateinisch: „Auf Erden der Kirche von England und Irland unter Christus oberstes Haupt." Er säkularisierte die Klöster und verschaffte sich damit die Mittel zu einer königlichen Zivilverwaltung ganz wie die deutschen Fürsten, und er ermöglichte sich persönlich die Ehescheidung, ja die willkürliche Festsetzung des Thronfolgerechts! Damit wurde aus dem Heerkönig, der auch ein Schatzungsrecht hat, das Oberhaupt zugleich der Landeskirche. Dank der drei Kinder aus drei Ehen dieses Verteidigers des Glaubens sieht man „diese edlen Lords unter vier Regierungen ihren Glauben viermal ändern". Seine Tochter Elisabeth läßt dem Parlament eröffnen, in Religionssachen habe es nur Ja oder Nein zu sagen, nicht zu debattieren.

Darnach kam im Jahr 1603 die schottisch-englische Grenze zum Verschwinden. Zugleich aber wurde ein schottischer Stuart, wieder kein Engländer also, Jakob I., König. Also in demselben Augenblick, wo eine Hauptursache für eine starke Königsmacht entfiel, ergriff ein Nichtengländer von ihr Besitz.

Jakob I. (1603—1625) ist ein Pedant gewesen, der eigentliche Theoretiker der protestantischen Königsrechte. Aus dem Kreise der deutschen Fürsten, in dem er eine Zeit zugebracht, hatte er das Vollrecht, die „Prärogative", die der deutsche Einzelfürst beanspruchte, kennengelernt. Keiner hat so wie er die Ansprüche des europäischen hohen Adels auf seine Libertät verfochten. Die Fürstenwürde Friedrichs des Weisen und Ludwigs XIV. hat in Jakob I. ihren Apologeten gefunden. Noch ertrug man in England seine Schrullen, weil es Schrullen sein konnten. Als aber sein besserer Nachfolger, Karl I., ein schrullenfreier, edler Charakter, nicht anders regieren konnte, stieß England den Fürstenstaat der Reformation ein erstes Mal aus. Die Unterschiede gegen Deutschland in der Lage waren zu groß.

1648 hatten die Religionsparteien Deutscher Nation die Obrigkeiten erneut über die Religion gestellt: Der westfälische Friede bestimmt, daß die Thronfolgefähigkeit nirgends im Reiche durch die Zugehörigkeit zu einer der drei Konfessionen beeinträchtigt werden dürfe. Diesen Satz zerbrechen die Engländer.

Im Jahre 1680 bildete sich zum zweiten Male eine Religionspartei im Lande; sie wollte den katholischen Herzog von York von der Thronfolge ausschließen. Zwar drang sie nicht gleich durch, diese Partei der Whigs. Der Herzog bestieg noch dank der Zustimmung der Tories als Jakob II. den Thron im Jahre 1685. Aber 1688, als ihm ein Sohn geboren war, wurde er vertrieben und sein Sohn des Throns verlustig erklärt. Und ein Gesetz bestimmte, daß die Thronfolge nur einem protestantischen Zweige des Königsgeschlechts zustehe. Man machte aber statt dessen Jakobs Schwiegersohn zum König. Das Land änderte also den Glauben des Königs. Es war Herr geworden über ihn. Er stand nun in der anglikanischen Kirche, nicht über ihr.

Und das alles tat man unter Berufung auf das „alte" Recht.

7. Das Große Siegel. Morus

Was war denn das alte Recht?
Über den nüchternen Steuerzahlen, die zwischen Country und Realm seit Wilhelm dem Eroberer vermitteln, waltete von jeher ein Symbol: das Große Siegel von England. Der Normannenkönig darf nur unter dem Großen Siegel von England seine englischen Lande regieren, belasten, laden und aufbieten. Dadurch ist gewährleistet, daß sein Befehl aus der englischen Kanzlei stammt und daß der englische Landesbrauch in dieser Kanzlei zu seinem Recht kommt. Zwischen Brauch und Recht vermittelt das Große Siegel. Der Fremdheit der Dynastie entspringt die Bedeutung dieses Großen Siegels. In zwei entscheidenden Stunden der englischen Geschichte hat die Frage der Führung dieses Großen Siegels das Schicksal des Landes entschieden, 1535 und 1688. Deshalb muß man die Gefühle der Verehrung und heiligen Scheu kennen, die den gemeinen Mann, Commons und people of the Country, angesichts des Großen Siegels erfüllten. Zwischen Willkür und Recht des König-Eroberers stand nur das Große Siegel. Denn sein Führer, der Kanzler sollte ein Engländer sein und kein Normanne. Er war daher kein erblicher Lord und er ist es bis heut nicht. Er ist ein Beamter, aber ein einheimischer, der Garant des Volksrechts im Rat der Krone. Er leitete die Verhandlungen des Parlaments, auf dem Wollsack im Haus der Lords sitzend. Wegen dieser seiner Stellung zwischen dem König und dem Lande hieß der Kanzler von England nicht nur Großsiegelbewahrer. Er hieß zugleich „Bewahrer des *Königsgewissens!*“ (Keeper of the kings conscience.)
Diese Stellung ermöglichte dem Kanzler, in foro conscientiae, also dort wo die Billigkeit es verlangte, für den König Recht zu sprechen über das Landrecht hinaus. Diese den kirchlichen Kanones entstammende nur im Gewissen gebundene Rechtsprechung des Königs war das Palladium des englischen Volks im späten Mittelalter.
Als Heinrich VIII. das Oberhaupt der Kirche von England durch act of Parliament wurde, versagte sich diesem Vorgang der populärste Kanzler Englands Thomas Morus. *Das Gewissen des Königs ging nicht mit hinein in die neue Zeit der Reformation!* Der Großsiegelbewahrer sandte sein Siegel zurück. Er wurde nicht müde, auszusprechen und seinem Nachfolger einzuschärfen, daß man dem Fürsten nicht sagen solle, was er alles könne, sondern nur das, was er solle. Morus ist wohl eine der großartigsten Erscheinungen aller Zeiten und aller Völker. Aber er hat für die englische Geschichte eine ganz besondere Bedeutung. Mit ihm erlischt die Macht des Kanzlers über das Gewissen des Königs. Morus wird für seine Standhaftigkeit hingerichtet und beendet damit das englische Mittelalter. Der heilige Thomas a Becket von Canterbury, den Heinrich II. hatte erschlagen lassen, hatte als Märtyrer die Freiheit der Kirche von England erstritten und seitdem war bis zu Thomas Morus die katholische Kirche in England ein Bollwerk gegen die Tyrannei der Könige gewesen.

Morus wußte um diese seine Lage. Er ging aus dieser Welt an eben dem Tage, den er sich dafür am meisten gewünscht hatte, nämlich am Thomastage. Der englische Kanzler kann eben das Gewissen des Königs nur als katholischer Kanzler sein. Denn nur solange steht hinter diesem Begriff des königlichen Gewissens eine ganze Welt von unabhängigen Lehren, Einrichtungen, Regeln, Personen, Schulen und kann dieses Gewissen in allen Geschäften des Staatslebens formen und informieren, als die gesamte Kirche. Der Kanzler war mithin das Verbindungsstück, durch das Geist und Norm des milden kanonischen Rechts dem normannischen Fremdherrscher zugeführt wurde.

Mit Morus Hinrichtung verlor diese Funktion ihren Sinn. Das Gewissen des Königs schöpfte nun nicht mehr aus der Kirche seine Kraftströme, sondern aus der physischen Person des Fürsten. An die Stelle der Kirche tritt der einzelne Fürst selber.

In England konnte auch nicht wie in Deutschland die Lehre der Religionspartei und der Universitäten ein Gegengewicht gegen die Selbstüberhebung des Fürsten schaffen.

So ist seit 1535 England in Gärung. Auf der einen Seite besteht die geheimnisvolle Macht des Großen Siegels noch äußerlich fort. Noch im 17. Jahrhundert heißt der englische Kanzler „der Mund, das Ohr, das Auge und das eigentliche Herz des Fürsten, sein Gericht des Königs Hoher Gerichtshof des Gewissens, an kein Herkommen gebunden"[1]) und Coke nennt das Große Siegel den „Schlüssel des Reichs"[2]). Und eine der berühmtesten richterlichen Entscheidungen, die den Ausbruch der Puritanerrevolution mit verschuldet hat, stützt sich auf die Vollmacht des Großen Siegels: „Wir meinen, daß wenn das Wohl und die Sicherheit des Königreichs im ganzen betroffen werden und das Königreich in Gefahr ist, kann Eure Majestät durch Ausschreiben *unter dem Großen Siegel von England* allen Untertanen gebieten, so viel Schiffe usw. auszurüsten als Sie für nötig halten und darf das erzwingen. Wir glauben ferner, daß in solchem Falle *Eure Majestät der einzige Richter ist sowohl über die Gefahr* selbst, wie über den Zeitpunkt und die Mittel zu ihrer Abwehr, und Verhütung". Man ermißt, was der Ausfall der Kirche und des Gewissensbewahrers angesichts dieser Vollmacht bedeutete.

Ohne Großes Siegel schien das Land unregierbar. In dieser Hoffnung hat Jakob II., als er 1688 die Flucht ergriff, das Große Siegel von England in die Themse geworfen![3]) Man hat das Jakob besonders vorgeworfen[4]) und erklärt, ein König, der das Land ohne Großes Siegel zurücklasse, danke damit ab. Auch war man eben deshalb in großer Verlegenheit. Wie wollte man das Schatzamt

[1]) Egerton, Certaines observations, 1651.

[2]) F. J. c. 8.

[3]) Die Anfertigung dieses Siegels hatte 1686 die ungeheure Summe von 212 £ gekostet. State Papers Calendar of Treasury Books 8, 628.

[4]) Without so much as leaving a Guardian or Great Seal behind him. 22. I. 1689. State Tracts I, 234.

anweisen? Wie sollte man Wahlen ausschreiben? Der Prinz von Oranien hat dann die Anweisungen an das Schatzamt eigenhändig „Let this be paid" unterschreiben müssen. Noch am Ende des 18. Jahrhunderts hat das Große Siegel zu einer staatsrechtlichen Fiktion herhalten müssen, um trotz der Geisteskrankheit des Königs die Kontinuität der Staatsgeschäfte vorzutäuschen. Aber die Vollmacht des Siegels und seiner Bewahrer war längst gebrochen[1]).

Jene oben ausführlich mitgeteilte Entscheidung zugunsten der Steuern unter dem Großen Siegel hat gerade die Revolution mit hervorgerufen. Und im 17. Jahrhundert tritt an die Stelle des Lordkanzlers, der bei den Lords den Vorsitz hat, als der wichtigste Mann der Regierung der Erste Lord des Schatzamtes, der im Unterhause das Budget einbringt.

Das „Gewissen" des Königs ist zerstört. Aber nicht klaglos hat das englische Volk die Hinrichtung Thomas Morus' hingenommen. So freudig die Oberschicht mit der Reformation mitging, so bedeutsam ist die Wirkung Morus', des standhaften Katholiken, auf die Folgezeit. Morus' Leben ist nämlich die erste englische Biographie geworden. Und in dieser Biographie quillt zuerst die englische Beredsamkeit des Dialogs. Thomas Morus' Hausgespräche und seine Briefe sind die ersten Belege dessen, was wir unter englischem Witze verstehen. „Und welchen Scherz er immer vorbrachte, so lachte er nie selbst bei irgendeinem, sondern sprach so ernsthaft, daß nur wenige an seinem Blick unterscheiden konnten, ob es ihm Ernst oder Spaß[2])." Er ist der populärste Kanzler gewesen.

Das Volk sang auf den Namen More:

> Als ein Jahr Kanzler war Lord More,
> Rumort' kein Streitfall mehr.
> Solch Mores kommen nie mehr vor
> Bis zu Mores Wiederkehr[3]).

Aus Ropers Morusbiographie hat Shakespeares Dialogkunst geschöpft, wie Chambers erst neuerdings ermittelt hat. Auch andere seiner Worte leben durch Shakespeare fort, wie das über den Undank der Menschen: Der Menschen Gutes schreiben wir in Staub, das kleinste Unrecht aber in Marmor. Das Blut

---

[1]) Immerhin sagte der demissionierende Lordkanzler Haldane noch am 4. November 1924: The great Seal under the Constitution of this country was an extraordinary instrument. Whoever had it in his possession was Lord Chancellor with all the powers of the Lord Chancellor. Constitutionally he could exercise them. It might require a statute to undo things which he could do at that moment if evilly minded. County Library Conference.

[2]) Witty Apophthegmnes. London 1658.

[3]) When *More* one year had Chancellor been,
No cause did *more* remain.
The same will never *more* be seen,
Til *Morus* comes again.

Mores hat der englischen Sprache die Zunge gelöst. Der Bürger, der Hausvater, der Einzelne, der Christ, sie haben zuerst an dem Bewahrer des Gewissens des Königs ein Vorbild christlicher Sprache erhalten. Auf diese Weise drückt sich die Wucht des Ereignisses aus, das wir in Morus' Hinrichtung zu sehen haben. Es ist der Druckpunkt, der Punkt des Ärgernisses, der den Umsturz heraufbeschwört. So steht Morus' Tod neben der Aufhebung des Edikts von Nantes, neben der Verbrennung von Hus oder neben dem Sturz der Päpste in Sutri. Solche Ereignisse machen die dereinstige Revolution bereits unvermeidlich.

Aber es verhält sich freilich mit Morus auch wie mit den anderen Tiefpunkten. Nicht die Hugenotten haben die französische Revolution gemacht. Nicht ihr Gedankengut hat 1789 gesiegt. So hat auch Morus als Katholik nicht dem neuen Gewissen von England seine Sprache übereignen können.

Das Gedankengut des neuen Gewissens entstammt der Linkspartei der vorangehenden Revolution, dem Calvinismus. Es ist ein kräftiger Schritt ins Diesseits, den die Prädestination des Calvinismus bedeutet. Als Wilhelm III. am 5. November 1688 in Torbay landet, nimmt er den Bischof Burnet herzlich an der Hand und fragt ihn, ob er nicht künftig an Prädestination glauben wolle. An ihren Früchten sollt ihr sie erkennen — das ist, untheologisch ausgedrückt, die Lehre der Prädestination. Ihr seid alle endgültig geschaffen. Wie ihr euch tummelt in dieser Welt, sprecht ihr das Urteil aus, das Gott über euch gefällt hat von Anbeginn.

An die Stelle des Jüngsten-Gerichts-Urteils tritt also in dieser Lehre das Ersturteil über den Menschen bei der Erschaffung. Von der Apokalypse zurück bis zur Schöpfung springt das Denken über die Berufung des Christen. An sich läßt sich eschatologisch in der Erwartung des Reiches Gottes dieselbe englische Haltung des Mannes rechtfertigen wie mit der Prädestination.

Daher ist auch im englischen Puritanismus die Prädestinationslehre nur ein Weg unter mehreren geworden, den die späteren Sekten, die Dissenters, die Nonconformisten gegangen sind. Aber es kündigt sich an die Wendung vom Ende zum Anfang, vom Weltende hinüber zur Weltschöpfung. Und die englische Revolution ist recht eigentlich dieser Vorgang der Wendung des Gesichtes der Menschen vom Tode und vom Weltgericht zurück zur Geburt und zum Anfang der Welt. Von Eden her deutet er die Welt. Kein deutscher Trauungschoral dürfte lauten wie der von Keble:

> The voice that breathed over Eden
> That earliest wedding day,
> The primal marriage blessing
> It has not passed away . . .
> As Eve thou gav'st to Adam
> Out of his own pierced side.

Ein großes Symbol: Miltons „Paradise Lost", erschienen 1667, besingt Adams Fall. Das ist ein deutliches Gegenstück zu Dantes Weltgerichtsgedicht. Der Blick der Menschen vollzieht also eine Drehung. Luthers deutsche Reformation hatte Gottes Gericht über die einzelne Seele ergründet und hatte dieses Gericht den Techniken der Römischen Kirche entrissen. Luther hatte die Seele einsam vor Gottes Thron gestellt. Gott und die Seele lautet Luthers Grundvision. Die Gipfel der Welt, die Fürsten und die Staatsmänner hatten in dieser Lehre ihre persönliche Lage und ihr einsames Schicksal wiederfinden können. Und so war die Reformation die Herzenssache der Obrigkeit geworden.

Paradise Lost, das verlorene Paradies, ist Miltons Vision. Den Bund mit Gott wieder zu knüpfen ist das Anliegen der Kinder des Menschen. Diesen Bund knüpft nicht der einzelne. Ihn knüpft das Zusammenwirken vieler; den Bund, den Adams Fall nötig macht, knüpft das auserwählte Volk. Es spricht „die Sprache Kanaans", die gleichfalls die aus der englischen Revolution auf dem Festland angestoßenen Gemeinschaftskreise sprechen.

Hierauf beruht das Geheimnis des christlichen Volkes in England. Den Reichtum vieler selbständiger Tätigkeiten zu einem großen Ziele hin zu vereinigen vermag diese Wendung von der Seele (des Fürsten) zum Bund (des Volkes). Das ist das, worauf es den Puritanern ankommt. Deshalb brauchen selbst die Quäker den Glauben an die Gemeinschaft, an die gemeinsame Andacht, an das erfolgreiche Zusammenwirken. An den Quäkern tritt die radikale Umkehr sehr gut hervor gegenüber dem Glauben Luthers. Luthers Glaube bedarf der Bibel, des Katechismus, des Bekenntnisses, der Predigt, damit sich die einzelne Seele des Reichtums des Worts bemächtigen könne. Dafür ist draußen in der Welt der lutherische Fürst stumm, ohne Sprache, ohne Meinungsaustausch, einsam in seinem Gewissen. Nach außen beschränkt sich die Seele auf die Berufung, auf ihr Gewissen, auf ihren Standpunkt, auf ihre Weltanschauung. Eine weitere Diskussion findet nicht statt. Sie wäre sinnlos. „Hier stehe ich, ich kann nicht anders."

Genau umgekehrt sind die Proportionen zwischen dem geistlichen und dem politischen Sprachschatz des Quäkers. Er kann seinen geistlichen Wortreichtum auf ein Mindestmaß einschränken, er kann durch gemeinsames Schweigen Katechismus, Bekenntnis usw. verdrängen. Dafür braucht er die gemeinsame Rede für die großen Werke der Kolonisation, der Sklavenbefreiung, der Gefangenenspeisung, zu denen er aufruft und in denen er seine „Freunde" auf der ganzen Welt wiedererkennt. William Penn ist der große Prototyp dieser sparsamen Theologie und dieses Reichtums an politischer Sprachkraft der Quäker. Nun sind die Quäker ein Grenzfall. Die Puritanische Bewegung braucht zwar diese Radikalen, um im ganzen zu dem Ergebnis zu kommen, das seit Morus fehlt; zu einem Ersatz für das *Gewissen* des Königs. Aber keine einzelne Sekte hat dieses Gewissen ersetzen können. Denn ein solcher Ersatz wäre nicht erreicht worden, wenn irgendeine, und nun gar eine extreme Lehre

zur festen Richtschnur der Geister geworden wäre. Etwas anderes wurde benötigt als Ersatz des Gewissens des Königs: die Schaffung des public spirit.
Die Könige seit Heinrich VIII. hatten durch Sondergerichte ihre Gerichtsbarkeit in Sitten- und Gewissenssachen aufrechtzuerhalten gesucht. Aber diese Sondergerichte machten eben seit Morus' Sturz den Eindruck nicht der Gewissenhaftigkeit, sondern der Willkür und fielen daher im Ansturm der Puritaner. 1665 in der Restoration begegnete es daher, daß ein Mann trotz schamlosen Benehmens in der Öffentlichkeit nicht bestraft werden konnte. Es fehlte das Gewissensgericht.
Hier tritt nun ergänzend der Gemeingeist ein. Er ist die große Macht des englischen Lebens geworden, die bald diese, bald jene Meinung wie in langsamem vorsichtigem Anschwellen der Flut hineinwirken läßt in die Gesetzgebung. Dieser Gemeingeist ist nicht einfach der Zeitgeist. Er ist die christliche Glaubenssprache des people of England. Deshalb steht statt public opinion im 17. Jahrhundert noch das volle Wort des Glaubens: Man spricht von *public spirit*, von dem Geist, der den populus durchzieht[1]).
Es wurde die Geburtsstunde der neuen englischen Verfassung, als das Parlament bewußt und absichtlich an den public spirit appellierte. Geschehen ist das in der Grand Remonstrance vom November 1641.
Diese erste große Kundgebung des Unterhauses erging in dem Augenblick, in dem Karl I. siegreich aus dem Felde gegen die Schotten zurückkehrte. Die Puritaner in dem Parlament fürchteten von des Königs neuer Macht für ihr Leben und beschlossen, sich durch diese Kundgebung zu schützen.
So ernst empfanden sie die Lage, daß Cromwell nach der Abstimmung erklärt hat, er und seine Freunde würden Hab und Gut verkauft haben und ins Ausland gegangen sein, falls sie nicht durchgegangen wäre!
Dies ist ein seltsamer Zug der englischen Revolution, aber ein weittragender. Die Commons appellieren an die öffentliche Meinung, um sich gegen den König zu schützen. Sie stellen also durchaus nicht etwa selber die öffentliche Meinung dar, sondern sie, die Gemeinen, stehen zwischen dem people und seinen Überzeugungen einerseits, dem Königtum andererseits. Diese Zwischenstellung ist das Geheimnis des Unterhauses. Der Public spirit wird sozusagen als der Gewissensbewahrer des neuen King in Parliament des Unterhauses tätig. Während der Revolution taucht übrigens charakteristischerweise einen Augenblick als Ersatz des „Bewahrers des Königsgewissens" (Keeper of the Kings conscience) der Name und das Amt „Bewahrer der Freiheit von England" — Keeper of the liberty of England — auf!
Mit sicherem Instinkt ist hier die Stelle getroffen, wo Oliver Cromwell sühnen muß, was Thomas Cromwell angerichtet hat. Denn Oliver trifft auf das Gespenst des Thomas Morus. Thomas Cromwell hatte das Große Siegel empfangen, als Thomas Morus nicht mehr Bewahrer des Königsgewissens hatte

[1]) Public spirit zu verbreiten hofft die Vorrede der Ephemeris Parliam. von 1654.

bleiben können. Thomas Cromwell hatte darauf den Act of Supremacy durchgesetzt. Jetzt aber weht der Public spirit machtvoll durch England; Oliver Cromwell hat dem Königtum den Gladius spiritualis entwunden. Entsprechend fehlt der landesherrliche Bußtag der Lutheraner im anglikanischen Kalender! So genau bildet auch hier der Kalender (oben S. 122, S. 168 und S. 259) die neue Ordnung ab.

8. Das schottische Kirchenrecht

Der Einstrom dieser religiösen Sprache in die der Commons ist aber recht eigentlich das Geschenk der Schotten an die Engländer.

Die Doppelherrschaft über beide Reiche hatte, weil die Bedrohung an den Grenzen fortfiel, die Königsmacht seit Jakob unerträglich gesteigert. Jetzt teilt sich ebensoviel Zuwachs an Macht, wie ihn die Stuarts zuerst an sich zogen, den Gemeinen mit aus dem religiösen Kampf der Schotten. Das kleine Volk der Schotten (mit vielleicht dem fünften Teil der Einwohner Englands) hatte in der Staatsverfassung die Engländer nichts zu lehren. Die Schotten selbst haben denn auch diese politische Revolution nicht vollbracht; denn dann würden wir ja von den Schotten und nicht von Cromwell und Wilhelm III. die englische Revolution zu datieren haben. Die Schotten hatten dafür aber ihre Kirk königsfrei organisiert, und zwar radikal. Dies ist ihre wichtige Beisteuer zur großbritannischen Verfassung. Es gab in Schottland streng entsprechend Calvins Theorie zwei „Königreiche", nämlich eines unter dem König, das andere aber war das Königreich Gottes! In diesem kirchlichen Königreich, dem Gleichnis des kingdom of God, sei auch der König wie ein anderer Untertan und sei nicht das Kirchenhaupt. Den Presbytern, die dies geistliche Reich regierten, stand ein Gottesgnadenrecht zu, wie den Königen in ihrem. Dem Adel sei, so lehrte Knox, da Maria Stuart ihre Reformationspflicht versäumt habe, als der nächsten Gewalt *unterhalb* des Königs die Pflicht zugefallen, die Kirche zu reformieren. Dieser Übergang auf den nächsten Heerschild, die nächste soziale Rangstufe, wurde noch nicht so begründet, wie das heut üblich ist, so als ob an die Stelle des Königs „das Volk" träte. Ein so verschwommener Begriff der Beauftragten wäre bei den Clans der Schotten lächerlich erschienen, wo jeder Clan die Gefolgschaft adliger Führer bildete. Die Antithese Fürst-Volk wurde vermieden oder genauer gesagt, sie lag außerhalb des Horizontes. Sondern „aus der Macht, welche die Lords in Schottland besaßen, entnahm Knox, daß ihnen die Pflicht zur Reformation obliege. *Denn nicht für sie selbst seien sie Herren, sondern um ihre Untertanen und Angehörigen in Schutz zu nehmen.* Wenn *das oberste Haupt* die nach göttlichem Gesetz notwendige Reform verzögere, komme das Recht und die Pflicht dazu *an die unteren Gewalten*" (Ranke). Damit hat also die schottische Kirche zunächst als Kirche die „unteren Gewalten" des Landes an Königsstatt erhoben. Und das ist ihre Mitgift an die „unteren Gewalten" Englands geworden. Nach der Vereinigung der Kronen beider Reiche hätten die Könige ihr englisches Kirchenrecht gern nach Schottland gebracht. Jakob I. hat im Hinblick auf die schottische Volkskirche das leidenschaftliche Wort geprägt: No bishops no king. Ohne Bischöfe schien ihm das Königsamt ein leerer Schatten. Einem mit den deutschen Reichsfürsten sich vergleichenden Oberhaupt der englischen Kirche mußte der Zustand in Schottland unerträglich erscheinen.

Der König trug also die Revolution von oben hinein in die Kirche von Schottland. Als Karl I. gar einen Bischof zum Kanzler von Schottland machte, haben die Schotten das vergolten, indem sie den Funken der Revolution von unten in das Parlament von England hineingeworfen haben.

Der Aufruhr des schottischen Convenant hat Karl I. so in die Enge getrieben, daß er 1640 kein Geld mehr hatte für die Niederwerfung der Schotten. Daraufhin berief er notgedrungen nach zwölfjähriger Pause das englische Parlament, in dem seine späteren Richter saßen.

Die Synoden der Schotten haben also nicht etwa zu einer Convenant-Bewegung in England geführt. Sondern seitdem bemächtigt sich das englische Parlament der Verantwortung für die Religion. Schotten und Engländer werfen sich dies Kirchenrecht der „unteren Gewalten" und das Geldbewilligungsrecht der Gemeinen gegenseitig zu!

Die Umwertung aller Werte in England unter dem Druck der neuen Lage illustriert gut die Denkmünze, die das Parlament 1642 nach dem Bruch mit dem Könige schlagen ließ. Das vollständige Parlament ist auf der einen Seite abgebildet, König, Oberhaus und Unterhaus. Der parlamentarische Absolutismus der Gemeinen tritt also nicht unmittelbar hervor. Aber die Münzlegende spricht um so deutlicher durch ihre Umkehrung der Reihenfolge. Sie lautet: „Für *Religion*, *Gemeinde* (grex) *und König*." In dieser Reihenfolge wird die Wertskala der Parlamentsrevolution klar ausgedrückt. Der König steht zuletzt. Wir haben bei Marsilius von Padua (auf S. 228) eine ähnliche Umkehrung der Reihenfolge als Zeichen seiner revolutionären Gesinnung aufgezeigt. Die Umwertung der Werte gehört zu jeder Revolution. Aber noch ist auch für die englische Revolution Religion der Motor. Wie wenig „humanistisch" oder „weltlich" man dachte, geht z. B. daraus hervor, daß England den kirchlichen Jahresanfang des 25. März (statt des bürgerlichen am 1. Januar) bis 1751 aufrechterhalten hat. Religion bedeutet aber als Lebensform ein Denken in der Kirche, freilich auch innerhalb dieser Kirche eine Bevorzugung des Populus, der Kongregation, gegenüber dem Rex und dem Klerus.

Vorübergehend beseitigt Cromwell die gesamte Bischofsverfassung, das Prayer-Book, und versucht eine Presbyterialverfassung. Aber auch die Restauration kann die alte Kirche nicht wiederherstellen. 1662 verlieren die englischen Bischöfe und ihre Synoden die Finanzhoheit und Waller konnte dichten:

Convocation (die Synode) continues no longer to sit
Because nobody sees any use for it.

Das Parlament stürzt sich geradezu auf die Religionssachen. Die Kirche wird dem Parlament untertan. Das ist der Inhalt der Restaurationszeit. Das Commonprayer wird 1662 durch act of parliament wieder eingeführt, und zwar wird nun die Fürbitte für das Parlament darin aufgenommen, aber die „Great Rebellion" verdammt! Obwohl diese Verdammnis darin stehengeblieben ist, siegt die Gentry doch nicht nur als herrschende Klasse.
Denn auch der Puritanismus behält den Siegespreis des Sabbats: Das book of Sports für die Sonntage wird nicht wieder freigegeben; merry old England also kann nicht einfach wiederhergestellt werden. Karls I. Bemühen um Leichtsinn und „good temper" der Nation findet hier seine Schranke. Nicht Karl I. siegt 1662, sondern der King in Parliament. Alle Geistlichen werden ausgestoßen, die sich nicht ehrlich zur neuen Liturgie bekennen. Diese 2000 Geistlichen bilden den Grundstock der nun in Nonkonformisten notgedrungen umgewandelten Puritanerkirche. Im Testeid von 1672 schließt das Parlament von allen Ämtern in Kirche und Staat den aus, der nicht die Kirche von England mit dem König als Oberhaupt glaubt (nur daß man jetzt unter König den Scheinkönig „in Parliament" verstehen muß).
Auf diesen religionspolitischen Maßnahmen beruht weitgehend die politische Vormacht der Gentry auf der Insel. Nach alledem ist die Union der Parlamente im Jahre 1707 und der Reiche England und Schottland unter dem Namen Great Britain die selbstverständliche Frucht der Revolution. Cromwell hat Schottland bereits mit England vereinigt. Damals regierten die Presbyterianer in beiden Königreichen. Heut ist derselbe Mensch Presbyterianer als König von Schottland und Anglikaner als König von England; sein parlamentarisches Gewissen aber, der Führer der Parlamentsmehrheit, ernennt die anglikanischen Bischöfe, und insofern ist auch heut ein „Ältestenrat" Herr über des „Königs" Kirche. (Dazu E. A. Knox, Tractanian Movement 1933, 366f.)

9. Whigs und Tories

Seit der Beratung der Great Remonstrance teilt sich das Unterhaus in die Partei, die an den König sich wendet und sich als des Königs Parlament fühlt, und in die, die an das Volk appelliert.
Kein Programm, sondern diese verschiedene Haltung zu den anderen Mächten des englischen Lebens hat den Unterschied zwischen Rundköpfen und Kavalieren, den späteren Tories und Whigs geschaffen. Beide verfechten gemeinsam die Rechte des Parlaments. Aber sie unterscheiden sich in ihrer Wendung an den Königsstaat einerseits oder an den populus christianus andererseits. Wirklich in ihrer Wendung! 1641 erklärt Edward Dering bei der Abstimmung über die Remonstranz: Was ist das für ein Schriftstück, in dem der König *in der dritten Person genannt wird?* Die Gemeinen hätten *zum* König zu reden, nicht *von* ihm! Und er lehne es ab, „nach unten", „downwards", zu appellieren und dem Volk Geschichten zu erzählen. Dering blieb nur mit 148

gegen 159 Stimmen in der Minderheit, so neu war das Vorgehen der Revolutionäre. Clarendon nennt die grand remonstrance wie Dering: der Sache nach ein Appell an das Volk. Die Partei dieses Appells an das Volk hat 1648 folgerichtig verboten, sich mit irgend etwas an den König zu wenden!

Diese Zwischenlage der Commons zwischen König und Volk zu sichern ist der Inhalt der englischen Revolution. Das Unterhaus ist dabei vergleichbar einem in einen mächtigen Strom hineingebauten Schwimmbecken. Denn es sucht gleicherweise in seinem Bau Anlehnung an die Technik und die Formenstrenge des Parlamentsrechts des Königsreichs, wie es andererseits den mächtigen Strom des Volksgeistes in seinem Wogengang bald mehr, bald minder stark in seine Wände einströmen läßt. Die Commons vertreten aber noch heute nicht das Volk in dem Sinne, wie das auf dem Kontinent verstanden wird. Denn sie haben ihre Gewalt nicht vom Volke, sofern man die gesellschaftlich entordnete Masse der Urwähler überhaupt Volk nennen will. Angesichts der grotesken Mißverständnisse über den Sinn des Parlaments und der Repräsentation sei Burkes Wort darüber angeführt:

„Das Haus der Gemeinen ist zweifellos kein Repräsentant des Volkes als einer Sammlung von Individuen. Niemand behauptet das, niemand kann solch eine Behauptung rechtfertigen."

Bis heute ist die „Ungerechtigkeit" des englischen Wahlrechts, das sich mit relativen Stimmehrheiten begnügt, für deutsche Begriffe ungeheuerlich. Vom Standpunkt des englischen Staatsrechts versteht sich diese Ungerechtigkeit von selbst. Denn es handelt sich nicht darum, die Ansichten im Volke genau proportional abzuspiegeln. Ein solches Parlament wäre ja ein bloßer Widerschein, also ohne eigene Persönlichkeit und Kraft. Die Gemeinen sind aber selbst etwas, auch ohne das Volk! Sie sind die örtlichen Kirchenpatrone.

Der Kampf um das neue Wahlrecht, den die Liberalen aufgenommen haben, wäre der Verzicht auf den Parlamentarismus im bisherigen Sinne. Die Liberalen selbst haben das klar erkannt und bereits erklärt, daß dann die Parteien aufhören müßten, einander bedingungslose Opposition zu machen. Einstweilen haben drei Millionen Liberale acht Mandate.

Die Einwirkung der öffentlichen Meinung auf die Parteien ist eben deshalb in England nie durch Parteiprogramme, sondern durch die religionspolitischen Bewegungen im Volke geschehen. (Wilberforce!)

Die Grand Remonstrance bringt ihre Urheber in Lebensgefahr. Um sie zu schützen, rüstet das Haus eine Armee. Die Tories verlassen London und gehen zum König. Vom ersten Tage an muß nun das Parlament seine Sache dadurch populär machen, daß es sie mit der Sache der Religion identifiziert. Der gemeine Mann hätte vielleicht gegen eine starke Königsgewalt so wenig einzuwenden gehabt wie auf dem Kontinent, wenn man ihm nicht nachweisen konnte, daß er auch um seine christliche Volkssprache kommen werde. Daher ertönt von 1641 an ununterbrochen, sooft das Parlament das Volk braucht, der Ruf: Das Papsttum kehrt zurück. Die Remonstrance (64) definiert kurz und

gut: „Die Jesuiten wollten die Puritaner vertreiben oder ausrotten: *dabei verstehen sie unter Puritanern alle die, die des Königsreiches Rechte und Freiheiten zu bewahren und die Religion in ihrer Kraft zu erhalten wünschen.*“
Diese Definition des Begriffs Puritaner ist ausgezeichnet, weil sie die Doppelpoligkeit des Kampfziels selbst klar ausspricht.
Die Grand Remonstrance forderte bereits, der König wolle geruhen, nur solchen Personen Ämter in Staatssachen anzuvertrauen, denen das Parlament begründetes Vertrauen schenkt. Dies ist der Weg der Parlamentsherrschaft geworden. Was Pym hier klar vorhergesehen hat, ist noch zweimal nach 1688 in Frage gestellt worden durch das Verbot für Diener des Königs, im Unterhaus zu sitzen. So wenig theoretisch oder systematisch ist diese indirekte Einschnürung und Entkräftung der königlichen Gewalt durch das Parlament durchgekämpft worden.
Der Bürgerkrieg 1642—1648 hat natürlich die Exekutive nur durch Fiktionen in die Gewalt des Parlaments als eines beratenden Körpers bringen können. Die neue Exekutive, die das Unterhaus aufbietet, das Puritanerheer, erzwingt schließlich von seiner Auftraggeberin trotz deren heftigen Sträubens die formelle Vernichtung der alten Exekutive, des Königs. Nicht dem Unterhaus selber, um so mehr der puritanischen Armee mußte an der Legalisierung der eigenen Existenz liegen.
So wird das Unterhaus gezwungen, seine Souveränität gegenüber dem König feierlich auszusprechen. Die Natio Anglicana der mittelalterlichen Welt, bestehend aus König, Geistlichen und weltlichen Lords und Commons, wird nun allein repräsentiert, wie der fast unübersetzbare Ausdruck lautet, durch *the people of this nation* (Beschluß vom 6. 1. 1649). Diese eigenartige Wendung ist den Angelsachsen bis heut vertraut[1]). Es ist damit der Begriff des populus christianus, der in seiner Struktur aus der Kirche stammt, und zwar aus der Kirchgemeinde, so wie Natio aus der Gesamtkirche, er ist damit zum Souverän erhoben. Es ist die letzte kirchliche und christliche Mitgift an die weltliche Politik in der Laufbahn der europäischen Revolution.
Der König Karl I. kommt vor den Hohen Gerichtshof des Parlaments. Die Gemeinen sind seine Richter. Völlige Umkehrung des Parlamentsbegriffs. Karl wird verurteilt und hingerichtet, Königtum und Oberhaus werden für abgeschafft erklärt. Die gleichzeitig aufrührerischen Wigger bezeichnen den nie fehlenden linksradikalen, kommunistischen Feuerbrand der Revolution. (Dazu oben S. 102.)
Am 19. Mai 1649 wird England „mit allen dazugehörigen Herrschaften und Gebieten“ zum Commonwealth erklärt. Wir wissen heut, daß dies nur das erste Commonwealth geworden ist. Aber schon dies Commonwealth geht aus von jener fraglosen und doch so paradoxen Vorherrschaft des Parlaments, nämlich von der Vorherrschaft über die nicht englischen Gebiete des Commonwealth!

1) Siehe oben S. 63.

Die revolutionäre Exekutive mußte sich — ähnlich wie Gottfried von Bouillon nicht König, sondern Beschützer des Heiligen Grabes wird — außerhalb des Commonwealth als „Protektor" stellen. Cromwell aber bringt eben dadurch Schottland, England, Irland und Wales alsbald auf den Fuß der Gleichberechtigung. Eine Denkmünze von 1653 zeigt bereits nach den Siegen über die Holländer die Wappen der drei Königreiche vereinigt an einem Anker. Das Regierungsinstrument vom 16. Dezember 1653 „vereint die drei Nationen innerhalb des Commonwealth unter dem Lord Protektor".
Von Schottlands ehrenvoller Schicksalsgemeinschaft ist schon die Rede gewesen. Aber was ist mit Irland?

10. Irland oder die Seeherrschaft

Irland — hier hat bekanntlich die böseste Stelle der englischen Revolutionsverfassung bis 1918 gelegen.
Irlands Schicksal ist wie die Geschichte der parlamentarischen Religionshoheit, gelesen in Spiegelschrift.
Der Absolutismus Karls I. hatte in Irland erfolgreich Ruhe und Frieden hergestellt. Die Abberufung des geschickten Vizekönigs Strafford und seine Auslieferung an den Haß des Unterhauses durch Karl I. 1640 beschwor fast gleichzeitig den furchtbaren Aufstand der Iren herauf. 200000 Protestanten, meinte man, seien 1641 von den Iren ermordet worden! Die Katholikentreue Irlands ist seitdem für das Unterhaus der Alpdruck. Denn dieser Stützpunkt des Papsttums bildet für jeden englischen König einen denkbaren Ausgangspunkt neuer Machtentfaltung. Hier gilt ja nicht das englische Common Law! 5 Millionen Acker Land hat Cromwell den irischen Katholiken abgenommen. Tausende von irischen Burschen und Mädchen hat er an die amerikanischen Pflanzer verkauft als Sklaven.
Keine Gewalttat gegen Irland, die nicht von der Angst um die Freiheiten in England gutgeheißen worden wäre. Irland gegenüber haben die Stuarts größere Einsicht bewiesen als das Parlament. Aber eben darin sahen die Gemeinen das Staatsverbrechen ihrer Könige. Die Juristen wiesen nach, daß es die englische Verfassung verletze, wenn den Iren ihr Papismus nachgesehen werde! Was wir heut als selbstverständliche Pflicht eines Königs ansehen, wurde Hochverrat Jakobs II. Alle Gewalt, Zivil und Militär, lag in irischen Händen unter ihm. „Hieß das handeln wie ein König von England? Was sollen wir davon denken! Irland in papistischen Händen! Kann der König dies Königreich weggeben?! Das Massaker von 1641 wird sich gegen uns in England wiederholen. Kein papistischer Prinz in Europa, der nicht alle Protestanten vernichten würde!" So sprach der 87jährige Maynard 1689. Welche Übertreibung! In Deutschland wurde gleichzeitig der Kurfürst von Sachsen persönlich katholisch und blieb trotzdem bis 1806 Vorsitzender des Corpus der evangelischen Reichsstände. Das Dasein von Religionsparteien ermöglichte dem einzelnen Fürsten

in Deutschland, seine einzelnen Staaten in verschiedenem Glauben zu erhalten. Das also schien in England undenkbar.
Hier rächt sich die Heiligsprechung des englischen Volksrechts. Der von der deutschen Romantik so gepriesene „Volksgeist"glaube hat die irische Tyrannei ermöglicht. Dadurch wurden die Gemeinen aus bloßen Landständen das auserwählte Land und Volk schlechthin. Die Magna Charta Englands duldet keine fremden Volkstümer neben sich. Deshalb sind die unendlichen Greuel in Irland immer wieder geschehen, denn die englischen Stände glaubten sich ihrer Macht nicht gewiß, solange der König etwa von Irland her sich der Parlamentskirche von England entziehen könnte. Die Iren haben übrigens bis 1792 nichts an die Kriegskosten zahlen müssen, eine vernünftige Konsequenz. Aber es bleibt übrig genau die Tyrannei, gegen die man aufgestanden war, mindestens so schlimm wie die Finanzskandale der Päpste in Avignon oder die Serenissimuswirtschaft der kleinen deutschen Höfe. Schon Georg II. rief in der Schlacht, in der er die Tapferkeit der irischen Freiwilligen beim Feinde bewunderte: Fluch den Gesetzen, die mich solcher Männer berauben! Wahrhaftig, keine dieser Revolutionen hat vor den anderen etwas voraus. Der englische Parlamentarismus beruht auf einer naiven Vergewaltigung der Iren. In dem Vereinigten Königreich von Großbritannien und Irland ist Irland der Schemel, auf den die Briten ihren Fuß stellen, um ihre eigene Freiheit zu erhöhen. Wilhelm III. hat, Cromwells Beispiel folgend, Nordirland durch die „Orangemänner" besiedelt und dadurch ist auch noch nach dem Weltkrieg Nordirland britisch geblieben. Aber die heutige Abtrennung Irlands entzieht dem englischen Parlament seine religiöse Basis. Und kraft dieser Basis allein hat dies Parlament trotz seiner Beschränkung auf England die Weltherrschaft erstreben und aufbauen können, die sich heut um die britischen Inseln legt.
Wie konnte ein Parlament von England erfolgreich die Exekutive beanspruchen und ausüben über Calais und Amerika, Kapstadt und Indien? Nur wenn es eine religiöse Überlegenheit keinen Augenblick bezweifelte. Als dem auserwählten Volke Europas steht ihm die zweite Welt, die Welt der Meere zu. Dies meinten wir, als wir betonten, daß die englische Revolution als eine europäische verstanden werden muß. Aus dem Geist der abendländischen Überlieferung heraus und nur aus ihm kam den Engländern die Kraft, an die eigene Sendung zu glauben. Deshalb ist die europäische Herkunft dieser englischen Welt stets lebendig. Es ist keine Redensart, wenn Burke von der virtuellen Einheit Europas spricht, wenn die Engländer für Belgien oder Polen in den Krieg ziehen zu müssen wähnen und wenn sie für die unbedingte Freiheit in ihrer zweiten Welt dem Niederländer Wilhelm III. fast ohne Zaudern ihre „Befreiung" vom Joch des „Tyrannen" mit 20jährigen Kriegen zugunsten seines Holland auf dem Festland vergelten. Es ist die Verwandlung einer Nation Europas in den populus christianus, dem Gott wie einst den Juden das Land der Verheißung, das gelobte Land gewähren will. Der British Commonwealth ist das Land, wo Milch und Honig fließt.

Diese Erhebung des englischen Selbstgefühls bewährt sich eben an der Blindheit und Härte seiner irischen Politik.
Burke hat offen von der „ungeschlachten Überheblichkeit einer großen herrschenden Nation“ gesprochen. Die Gleichgültigkeit gegen die Beherrschten in der zweiten Welt außerhalb Europas ist das Kennzeichen der englischen Kolonialpolitik bis heut. Sentimental gegen das alte Europa, mit Rom, Heidelberg, dem Escurial und Paris, ist der Engländer imstande, die Existenz von Rasse und Glauben in den Kolonien zu ignorieren, über die er seine Herrschaft erstreckt. Der Brite ist nicht tolerant. Der Tolerante bezieht sich selbst ein. Der Brite ist der Schiedsrichter der Welt, aber wohlgemerkt nur dieser anderen zweiten Welt, in die ihn das Abendland sendet.
Die Härte der irischen Politik bedeutet, daß England an seinen Auszug aus Ägypten, an das verheißene Land einer zweiten eigenen ihm allein verliehenen britischen Welt glaubt. Blitzartig enthüllt sich uns diese Vision angesichts des Großen Siegels, das nach Karl I. Hinrichtung gefertigt wurde. Bis dahin ist das Siegel hierarchisch, zeigt den König in vollem Ornat, christliche Embleme usw. Hingegen das Siegel von 1649, schon künstlerisch ein Meisterwerk, zeigt auf der einen Seite das Haus der Gemeinen als den neuen Souverän, auf der anderen Seite aber leuchtet uns das klare Bild einer englischen Welt entgegen: Die sauber gestochene Karte von England, Irland und der British Sea blickt uns an. Englands Küste ist nicht länger Englands Grenze, das ist der klare Glaube Englands, ist sein Pathos Irland gegenüber, ist seine Kraft unter Cromwells erstem wie später in dem zweiten weltweiten Commonwealth des 19. und 20. Jahrhunderts. Dieser Glaube an einen neuen natürlichen Raum ist allen Revolutionen eigen. Der Waldesgrenze des deutschen Einzelstaates, der blauen Ferne des italienischen Stadtstaats, der Vision der Kreuzzugskirche mit dem Heiligen Grab als Mittelpunkt, der ältesten Landkarte des weltlichen Staates auf dem sizilischen Siegel Friedrichs II. sind wir schon begegnet.
Hier enthüllt sich uns eine neue Weltansicht: The british Sea. Das Commonwealth seit der Revolution umfaßt mehr als Land und Küstengewässer der britischen Insel. Es umfaßt Irland und die See der Briten. Dessen Ausdruck ist das Neue Große Siegel der Revolution. Noch unter Elisabeth ist der Sieg über die Armada 1588 auf den Denkmünzen sehr anders symbolisiert worden. England erscheint damals als die Kirche, eine Art Fels Petri, oder als Arche oder auch als Lorbeerbaum, denen die spanischen Schiffe nichts anhaben können. Die *Fluten gehören 1588 noch nicht zu England!* Die neue Vision kann eben erst auf dem Höhepunkt der Parlamentsrevolution zum erstenmal durchbrechen, wo sich das Parlament eine Grundlage für seine auswärtige Politik verschaffen muß, die unabhängig vom Königtum und dessen dynastischen Ansprüchen oder Interessen ist. Es ist die Vision der Gemeinen von England, die in diesem Meereskreis auftritt. In diesem Raum liegt fortan der Gesichtskreis Englands.
Diese Eroberung eines eigenen geographisch angeschauten Meereskreises mit England nur als der Landseite ist der anschauliche Niederschlag des neuen eng-

lischen Charakters. Seitdem heißt die Welt außerhalb seiner Küsten nicht mehr die „fremde", sondern die *weite Welt*. „Abroad" heißt das Ausland. Dank dieses Gegenüber konnte aus all den Countries Englands nun so rasch der Einheitsbegriff „Country" werden. Wahrlich, es ist ein großer Schritt vom durchschnittlichen Umfang des deutschen Einzelstaates hin zu der neuen Größenordnung, in die der Flächengehalt Großbritanniens hineingehört.
Glaubt man denn, es habe nicht mehr als gewöhnliche Kraft der Seele dazugehört, diese Meere sich so zuzueignen, wie es längst vor den Dampfschiffen den Engländern eigentümlich geworden ist. Sie haben dazu die ihnen so tief eingegrabene Scheu durch einen größeren Glauben überwinden müssen. Und diese Niederkämpfung fixiert den Engländer dauernd und gibt ihm seinen Eros. Seitdem ist ihm England, die Country selbst, das unkritisierte *geordnete* Land. Genau umgekehrt wie den Deutschen, die in ihrem Lande in Gegenden dunklen Waldes vordringen, liegt dem Briten sein Silbereiland hell im Meer. Die deutsche Reformation sieht die Welt in Unordnung, verzaubert, unrein, heut sagt man: als Chaos, und der Deutsche räsoniert deshalb immer über seine Vaterländer und schafft gründlich Ordnung. Der Engländer aber findet die mütterliche Erde umgekehrt stets in schönster Ordnung. Die Erde dort scheint ihm bräutlich geschmückt. Der Engländer hängt mit erotischer Gewalt an seinen politischen Einrichtungen. Frei ist er selbst. Das Verhältnis von E(rde), M(ann) und W(eib) auf deutschem und englischem Boden ist darum gegensätzlich. Die Lagerung ihrer Revolutionen ruft diesen Gegensatz hervor. Luther setzt die Seele als Magd und Herrin in ihr Recht ein; aber die Reformation betont keine Erdherkunft, sondern eine Erdarbeit. Der Mensch soll in Ordnung, die Erde darf in Unordnung sein.
Der Engländer und die Engländerin sind Gefährten des freien Weges. Die englische Erde ist Kanaan, das Land der göttlichen, gottgegebenen Ordnung, zärtlich wortlos geliebt. Land und Mensch tauschen sich aus, für diesen Austausch gehen alle Liebeskräfte darauf. Unbräutlich bleibt daher der Weg des englischen Mannes zum englischen Weibe[1]). Sie haben sozusagen kein Material der Gestaltung. Denn das Land ist in Ordnung, der Mensch frei für die Außenwelt. Gegenüber der Außenwelt aber werden die Wege der neuen Welt abgesteckt in der großartigsten Kundgebung der Revolution:
„Beschlossen durch das Parlament und Gesetz durch seine Autorität, daß vom 1. Dezember 1651 ab keinerlei Güter oder Waren nach Ursprung, Herstellung oder Fabrikation aus Asia, Afrika oder Amerika oder einem ihrer Teile oder einem ihnen zugehörigen Eilande, die beschrieben oder angegeben sind auf den üblichen Plänen oder Karten dieser Plätze, gleichgültig ob englische Pflanzstätten oder andere, eingeführt oder verbracht werden sollen in dies „Gemeine Wesen" von England, nach Irland oder in irgendein anderes Land, Eiland, Pflanzstatt, Territorium, zu diesem Gemeinen Wesen gehörig oder in seinem

---

[1]) Vgl. Eugen Dühren (Iwan Bloch), Der Flagellantismus in England.

Besitz, in irgend anderem Schiff oder Schiffen, Fahrzeug oder Fahrzeugen als solchen, die wahrlich und ohne Trug nur gehören *dem Volke (people!) dieses Gemeinen Wesens* oder seiner Pflanzstätten, als Eigentümern und rechten Eignern und deren Schiffer und Matrosen in der Mehrzahl dem Volke dieses Commonwealth angehören."

Die Folgezeit hat diese Navigationsakte Cromwells aufrechterhalten, die Restauration hat 1674 ihre Anerkennung von Holland erzwungen, und sie ist in Kraft geblieben, bis England sowohl Holland und Frankreich als auch den früheren Rivalen Spanien genügend weit überflügelt hatte, um die Akte ohne Nachteil fallen lassen zu können.

Das ist also das neue revolutionäre Vorrecht des populus christianus des Commonwealth insgemein, das neben das Geburtsrecht jedes Engländers hier kraft der Navigationsakte Cromwells tritt.

Die Wege zwischen den neuen Erdteilen und England werden den Angehörigen dieses Volkes reserviert. Das Wegrecht „abroad", in der weiten Welt, gehört seitdem zum britischen Bürgerrecht und zu seinem Staatsrecht. Das berühmte Gedicht, wie über den englischen Matrosen, der im Ausland hingerichtet werden soll, sein Konsul die Fahne wirft und ruft: „Feuert, aber verletzt nicht die Flagge!" zeigt nur auf dem Höhepunkt, was mit der Navigationsakte anhebt: Das neue Imperium, das die Straßen der zweiten Welt, außerhalb Europas, als die dem Commonwealth verheißenen und verliehenen ansieht und festhält.

Aber ein Cromwell war nötig, um dies Reich zu schaffen. Und dennoch — gerade seine Tat verhehlte sich die öffentliche Meinung. Sie ließ bis ins 20. Jahrhundert ihn als Rebellen im Book of Commonprayer brandmarken. Welch Cant! Deshalb ist Cromwells Problem das Problem Englands geblieben: Wie kann eine Geburtsaristokratie eine starke Exekutive haben? Weil Cromwell nicht das Parlament selbst, sondern seine vollziehende Gewalt verkörpert, ist er bis heute nicht populär in einem Land, in dem alles darauf eingerichtet ist, die Gemeinen über die Behörden und über jede Exekutive zu erhöhen. Cromwell ist den Engländern unbequem. Denn er deckt das Prinzip ihrer Revolution auf und zerstört die Magna-Charta-Ideologie. Was soll man zu einem Gentleman sagen, der Gott geradezu als den „Gott der Schlachten" feiert, wie Cromwell in der Schlacht bei Dunbar?[1])

Die Restauration 1660 hat die Konfiskationen und anderen Errungenschaften der Revolution aufrechterhalten. Der konstitutionelle Fortschritt, den sie brachte, war die — Demobilisierung. Deshalb ist die Restauration ein positiver Schritt für die Festigung der Parlamentsherrschaft geworden. Die antikönigliche Armee Cromwells verfiel nun demselben Schicksal wie ihre Vorgängerin!

---

[1]) Man hat behauptet, die wildesten Revolutionäre, Cromwell und Pym, Hampden, Lenthall, Hutchinson, Undlow, seien keine rechten Gentlemen. Aber der Flecken ist nicht abzuwaschen. Die Gentry leitet die *Clubs* in allen Grafschaften während des Bürgerkriegs. Alle führenden Gentryfamilien werden von der Revolution als Friedensrichter eingesetzt oder bestätigt.

Es ist für den Festländer überraschend zu sehen, daß die große erste Rede des neuen Königtums die Rede eines Ministers über — *die Entlassung des Heeres* ist. Das, was die Revolutionäre Armee dem Parlament nicht hatte gewähren können, wird die große Gabe der Restauration: *Ein König ohne Heer*, die sich in jener einzigartigen Rede von 1660 darbietet[1]).

Dabei ist es auch später geblieben. Jakob II. gibt noch, bevor er flieht, Befehl, den Rest seiner Truppen aufzulösen. Die Flugschriften vor seiner Flucht aber beschwören die Soldaten, nicht gegen das Parlament sich gebrauchen zu lassen. Der Antimilitarismus der englischen Parlamentsherrschaft ist ihr Lebensnerv. Ein Heerkönigtum ist ihr unverständlich, weil sie ihren König seines Heeres beraubt hat.

Diese Herabdrückung des Staatsbeamten und des Offiziers in den *Dienst* unterhalb des Gentleman ist seitdem das Kennzeichen Englands. Selfgovernment bedeutet vor allem, daß der Adel und die Patrizier regieren als Friedensrichter und Lord-Mayors, und daß das, was wir als Oberbürgermeister und Landrat respektvoll zu ehren gelernt haben, in England als townclerk und countrycouncil officers eine kümmerliche Dienerrolle spielt. Eben deshalb aber stehen die äußeren Formen und Zeremonien der Staatsverwaltung seitdem fast still. Die äußeren Formen der Rechtsprechung, der Krönung, der Gesetzgebung sind, weil die Ritterschaft die Macht der königlichen Verwaltung gebrochen hat, eben deshalb die uralten, die den Fremden in Erstaunen setzen.

Ritterschaft und Landstände gab es in allen europäischen Staaten. Die Ritterschaft und Städte von Mecklenburg haben bis 1918 in ihren Grundlagen dem Hause der Gemeinen nahegestanden. Noch heut legt zwar der Gentleman, der die Antwort auf die Thronrede beantragt, die Uniform der Landwehr an und erinnert damit daran, daß die Insassen des Unterhauses ihrer Herkunft nach die Führer der Miliz, daß sie selber Militärs sind, genau wie die preußischen Junker oder die württembergische Ritterschaft. Aber die Entmilitarisierung der Ritterschaft und die Entmilitarisierung des gesamten Staatslebens geradezu bis zur Übertreibung ist der Inhalt der englischen Revolution. Die Tatsache selbst ist unbestritten. Seit der Glorious Revolution hat der Engländer für alles Militär nur Ironie und Mißtrauen übrig. Das Heer ist ein notwendiges Übel, niemals mehr. In einem kleinen Gedicht „Waterloo" wird das lustig aber tiefsinnig illustriert. Dem alten Sam schlägt ein Unteroffizier am Morgen der Schlacht die Muskete aus der Hand, so daß sie in den Dreck fällt. Sam rührt sich nicht. Der Sergeant befiehlt ihm. Sam antwortet: „Du hast sie hinuntergeworfen. Du hebst sie auch auf. Sonst bleibt sie eben liegen." Der Leutnant wiederholt den Befehl. Die gleiche Antwort. Hauptmann, Major und Oberst erreichen ebensowenig bei Sam. Da reitet der Herzog von Wellington vorbei. Was wird geschehen? Der Herzog löst die Verwicklung, indem er sagt: „Sam, nur eben mir zu Gefallen heb die Flinte auf." „Euer Gnaden", antwortet Sam,

[1]) Vgl. Revolution als polit. Begriff S. 8.

„ich will Ihnen zeigen, daß ich nichts nachtrage" und hebt die Flinte auf. Nun kann die Schlacht beginnen.

Wir werden noch bei der Frage des Budgets auf dieses Ausstoßen des militärischen Kerns aus der Königsgewalt und aus der Staatsordnung zurückkommen. Hier gilt es nur die Größe der Kraft aufzudecken, die dem Landadel zuströmen mußte, um ihn in derartigem Ausmaß zu „zivilisieren".

Will man sehen, wie stark sich die englische Gentry von dem Adel anderer Länder unterscheidet, so muß man an unsere Korpsstudenten denken und ihre Mensuren. Auch der Gentleman kennt „muscular christianity". Auch der Besucher eines College in Oxford oder Cambridge ist stolz auf das Wappen seines College. Aber er trägt kein Rapier, er handhabt nicht den Stoßdegen wie noch Hamlet. Sondern der englische Junker ficht sich ein auf die Kunst der Debatte. Das ist der wesentliche Gehalt seiner Universitätsjahre, daß er den Witz, die Leichtigkeit, die Geistesgegenwart der Debatten erlernt, die ihn im House of Commons erwarten. In Witz, Schlagfertigkeit und Blankheit der Rede ist die ritterliche Fechtkunst umgeschmolzen. Der englische Gentleman ist zwar begeisterter Jäger. Aber die militärische Uniform ist nicht sein sozialer Ausweis in demselben Sinne wie z. B. der deutsche Reserveoffizier. Rein sprachlich prägt sich die neue Geistesrichtung darin aus, daß die lutherische nicht hoch genug greifen kann im wörtlichsten Sinn, die englische aber nicht tief genug in ihren Metaphern.

Obrigkeit, Hoheit, Summus episcopus, Supremacy, Hochgeboren, Oberhaupt, Superanitas (= Souveränität), Hochachtung, — das sind die Worte der Fürstenrevolution. Unten die Untertanen, oben „hoch auf des Lebens Gipfel gestellt", die Obrigkeiten.

Demgegenüber lobt der Engländer die unteren Stufen des Lebens. Er ist nicht etwa für Gleichheit. Aber er spricht stolz vom Haus der Gemeinen als dem „unteren Hause" und *läßt auch in der Revolution dem neuen Souverän* diesen Namen des niedrigen (Lower) Hauses, sicher ein einzigartiger Vorgang, der sich aber gerade aus der Abneigung gegen die Höhenvorstellungen der Königsgewalt zwanglos erklärt. Das Recht ist eben, wie Knox gepredigt hat, an die „Unteren Gewalten" gekommen!

Daß die Menschen unten sind, ist für den Deutschen eine Schande, für den Engländer nicht. Er ist hochmütig und herrscht, indem er allenthalben die Könige weiterregieren läßt. Die wirkliche Herrschaft genügt ihm, die eiserne Herrschaft über sich selbst. In der Stadt und am Hofe demütig, ist er nur an einer Stelle ganz erbarmungslos: auf der Jagd. Von 1671 bis 1831 haben nur Großgrundbesitzer jagen dürfen[1]). Teilnahme an der Fuchsjagd kam — und kommt — dem Eintritt in die gute Gesellschaft gleich.

---

[1]) 22—23 Charles II. c. 25 von 1671.

11. *Die Überhebung und der Abfall der Kolonien*

Mit der glorious Revolution ist der Dienst im Parlament aus einer kostspieligen und beseufzten Last endgültig zu einem ersehnten Ehrenziel geworden. Die Ausartung dieser Gentry erfüllt das 18. Jahrhundert. Polizei, Exekutive, Zentralgewalt verkommen. Der Handel blüht. Die Dreigroschenoper von 1727 ist echt! Der Holländer Wilhelm III. hatte „um Europas willen" die Exekutive diesem Adel gestellt. „Ohne England fällt Europa unter das französische Joch", sagte er 1689 und bewilligte alle Rechte gegen den Eintritt Englands in den Krieg. Marlborough hat man den Nachfolger Wilhelms genannt. Seitdem sucht England immer wieder den Degen auf dem Kontinent. Ohne ihn klafft ein Abgrund zwischen seinem Reichtum und seiner Exekutive. „England habe nicht die politische Wirksamkeit, die ihm nach seinen Mitteln zukomme", fand Friedrich der Große. Februar 1749 sagt der Premier, der Bruder des durch seine jahrzehntelangen Bestechungen das Unterhaus beherrschenden Herzogs von Newcastle zynisch: Es ist meine undankbare Pflicht, dem Volke zu sagen, daß wir nicht in der Lage sind, unsere Feinde zu bekämpfen. So sehr verkam jede Zentralgewalt im Übermut der Stände. Horace Walpole der Whig hatte an seinem Bett zwei Urkunden aufgehängt: die Charta Magna und das Todesurteil über Karl I., das er die Charta Major, den größeren Freibrief, nannte!

Der Übermut dieses Parlaments glaubte gleichzeitig Frankreich — in dem Frieden von 1763 — demütigen und unumschränkt in Irland und den Pflanzungen regieren zu können.

Das Jahr 1763 vergleicht sich dem Jahre 1302. Denn dem Selbstgefühl Bonifaz VIII. in der Bulle Unam Sanctam kann man es vergleichen, wenn Walpole schreibt: „Sie würden ihr eigenes Land nicht erkennen. Sie haben es als kleines privates Eiland, aus seinen eigenen Mitteln sich fristend, verlassen, sie finden es heut die Hauptstadt der Welt." Das Land als Hauptstadt der Welt ist die charakteristische Vorstellung. Alle drei Worte sind wichtig, Country, Capital und World! — Aber dieser Übermut hat England vollständig isoliert. Burkes Worte über diesen Hochmut habe ich bereits oben S. 29 f. abgedruckt.

Die Rache Frankreichs mehr noch als der Freiheitsdrang Neuenglands hat diesen Übermut zu Fall gebracht. Denn weniger noch als die Landschlachten sind das Geld, die Hilfsmittel und vor allem der Seekrieg Frankreichs, verbündet mit Spanien und Holland und im Schutze der gegen England errichteten bewaffneten Neutralität aller anderen Staaten, die Grundlage des Sieges der Nordamerikaner geworden. Neben Lafayette muß man daher den Minister Vergennes und den unermüdlichen Agenten Beaumarchais nennen, um zu begreifen, daß im amerikanischen Unabhängigkeitskrieg *Europa* (Frankreich im Bunde mit Spanien) Englands Parlament zur Rechenschaft zieht, als es aus purem Leichtsinn mit einem fast einstimmig (gegen 38 Stimmen) gefaßten Beschluß seine Souveränität über die Kolonien durch die Zollgesetze überspannt hatte.

Die Engländer selbst bezeichnen heutzutage, z. B. in der repräsentativen Cambridge History den Verlust der Vereinigten Staaten als das Ende des ersten Empire. Genau wie es die französische Kriegserklärung 1778 verlangt hatte: „ein Ende zu machen mit dem tyrannischen Empire, das England usurpiert hat und beansprucht, über den Ozean auszuüben!" Es ist aber mehr als das; es ist das Ende des ersten Commonwealth und der naiven Selbstsicherheit der Gentry; eine gewaltige Demütigungsperiode hebt an, in der England auf die Probe gestellt worden ist[1]). Sie währte bis 1815, unterbrochen von der Ruhe von 1785 bis 1792. Im Inland herrschte damals der Belagerungszustand, in Irland Aufruhr. Die Preßfreiheit ist beseitigt. Selbst die Parlamentsberichte waren für das Publikum in diesen Jahrzehnten praktisch nicht käuflich! Die Kontinentalsperre Napoleons erfüllt die zweite Hälfte der Epoche. Die beiden Pitts leiten und retten England. Aber die Zahlen der Annual Register für 1810, 1811 und 1812 zeigen, daß England damals fast zugrunde ging.
Und in dieser Epoche wird den Engländern der neue Begriff des wealth geschenkt in dem Buche von Adam Smith. Sein Titel: The wealth of nations bedeutet mehr als der Reichtum, er bedeutet auch das Wohlergehen der Nationen. Das Buch ist nur verständlich aus der englischen Lage als ein Buch der Einkehr und Selbstbesinnung. Es bringt eine Säkularisierung des puritanischen Begriffs des Wealth und zugleich seine Erneuerung. Das Werk ist nur ein Exkurs, man beachte das, zu der zweibändigen Morallehre des Autors!
Die Lehre des Adam Smith lehrt die Engländer den Zusammenbruch ihres ersten Reiches überwinden. Denn sie erfahren aus diesem Buche, daß England nicht als bloßes Handels- und Hafenland seine Macht behaupten kann.
England muß durch industrielle Mittel ersetzen, was es kommerziell verloren hat, das ist die Lehre des englischen Jena und Auerstedt. „Die Umwälzungen der Kriege und Regierungen trocknen die Quellen des aus dem Handel allein entspringenden Reichtums leicht aus", schreibt Smith. Und so erhebt sich England nach der Demütigung als eine neue Insel. Noch ist die Country der herrschende Begriff, und der Landedelmann bleibt — wie der Papst in Italien nach Avignon — der führende Typ und die tonangebende Lebensform. Aber die Päpste Roms nach Avignon sind Humanisten und Mäzene der Kunst. Auch die Gentry Englands bleibt im Kern die alte. Sie behält ihren Feuerplatz auf dem Landsitz mit Jagden und Gastlichkeit bei. Aber England wird die Werkstatt, die „Warenfabrik" (Obst) der Welt. Und sein Reichtum wird die Baumwolle von Lancashire. Das Bauerntum wird endgültig aufgeopfert. Dieser Umschlag aus dem ersten puritanischen Commonwealth des Handels in dieses zweite der Industrie und damit aus der alttestamentlichen in die nationalökonomische Sprache ist das Ergebnis der Demütigung.
Die weise schrittweise Freigabe der Dominions bis zum Weltkrieg hat in diesem Früchte getragen. Nicht England, sondern das Britische Commonwealth hat diese Kriege geführt, aber noch unter der souveränen Führung des Hauses

[1]) Siehe dazu oben S. 29 f.

der Gemeinen Englands; zum letzten Male vermutlich haben die Gemeinen Englands diese unbedingte Autorität über das Commonwealth ausgeübt, damals als Bonar Law, Asquith und Lloyd George zusammen die „Regierung ihrer Majestät“, den Ausschuß des Unterhauses zur Leitung der politischen Exekutive bildeten, als unter Churchill und Attlee das Unterhaus den „Blitz“ 1941 in London überdauerte und in diesem Akt Hitlers Niederlage entschied.

12. Das Budget

Der Tag der Budgeteröffnung ist in England populär. In keinem anderen Lande der Welt wird die Rede, mit der der Finanzminister das Täschlein öffnet, um die Abrechnung auf den Tisch des Hauses zu legen (seit 1733 ist der Ausdruck belegt), als eine Sensation angesehen. In England ist sie es. Umdrängt von einer dichten Menge bahnt sich der Finanzminister, der Schatzkanzler, seinen Weg ins Parlament. Die Laufbahn eines Pitt oder eines Asquith zählt nach den Budgeten, die sie eingebracht und durchgebracht haben. Die Budgetrede ist der Höhepunkt der Session.

Das Budget ist der Inbegriff der Macht der Commons. Auf ihm ruht ihre Macht. Ihm entstammt sie. Budget day ist Festtag.

Schon im 15. Jahrhundert steht es fest, daß die Gemeinen es sind, nicht die Lords, die dem König die Subsidien gewähren müssen. Und ferner ist es geheiligter Grundsatz seitdem, daß alle Beschwerden vor Gewährung der Subsidien erledigt sein müssen. Daraus folgt der Unterschied im Budgetrecht zum Festlandsrecht. Die Bitte des Königs um die Bewilligung der Subsidien eröffnet das Parlament, die Gewährung der Subsidien schließt die Session. Alle Gesetze sind also eingebettet in das Budget. Und die Souveränität des Unterhauses ist verkörpert in seinem Budgetrecht, weil an ihm die gesamte Gesetzgebung hängt. Religion und Finanz gelten als die höchsten Verhandlungsgegenstände des Unterhauses. Sie müssen daher nach altem Recht besonders gründlich beraten werden: Für sie war die Verwandlung der Sitzung in einem Ausschuß des ganzen Hauses vorgeschrieben!

Die Herrschaft des Parlaments verkörpert sich, wie wir gesehen haben, in der Abtrennung der Heeresmacht vom König. Des zum Ausdruck wird alljährlich am Anfang der Budgetberatung der Sold für Offiziere und Mannschaften provisorisch bewilligt. Es gibt also offiziell keine dauernde Armee. Entsprechend wird dem König das Kriegsrecht in der Armee nur jedesmal für sechs Monate zugestanden (Mutiny Act von 1689). Der Verfasser einer berühmten Finanzgeschichte des British Empire, I. Sinclair, sagt 1803: „Der Kriegsdienst verträgt sich so wenig mit Ehe, Kinderaufzucht und einem nützlichen Leben in Gewerbefleiß (industry) und Arbeit, daß es gewiß nicht wünschenswert ist, ein einziges Individuum dieser Art, das nicht wirklich gebraucht wird, der Bevölkerung zuzumuten.“ Das schreibt er mitten in den napoleonischen Kriegen! Gegenüber diesem wichtigsten Punkte war das Parlament in Sachen der Zivilverwaltung freigebiger. Heer und Flotte kosteten aber auch 1688 noch das Vier- bis Fünffache der Zivilliste! Die zivile Verwaltung wurde anfangs vom König frei aus der Civil List bestritten. Angesichts des Selfgovernment der Ritterschaft und Städte blieb dieser Verwaltungskörper stets unverhältnismäßig klein. Die genaue Festlegung der Ausgabeposten wurde schon 1668 erstrebt, aber sie galt damals als eine schlechthin republikanische Forderung.

Die Schlüsselstellung des Budgetrechts macht auch einen Blick in die ältere Zeit vor der Revolution lohnend. Als nämlich Heinrich VIII. die Reformation einführte, da wurde er — wie die deutschen Fürsten — frei von dem Zwang, sich Subsidien bewilligen zu lassen! Denn die Konfiskation der Klöster hat ihm die damals ungeheuren baren Jahresbeträge von 400 000 Pfund eingebracht. Das Parlament war ihm eben deshalb blind willfährig, weil der König statt zu fordern, zu geben in der Lage war. „All die Familien, die heut als die angesehensten gelten, ob Lords oder nicht Lords, verdanken ihren Aufstieg den Zeiten der Tudors mit Hilfe des Klosterguts oder anderer kirchlicher Güter." Der englische Geschichtsschreiber Hallam fügt dieser Angabe einen Satz hinzu, der das Selbst-der-Staat-Sein dieser Familien gut erläutert: „Die Klasse, der die Klosterländer zufielen, hat sich immer und vor allem im ersten Jahrhundert ihres Besitzes seit 1540 durch ihre Wohltätigkeit und Freigebigkeit hervorgetan." Sie hatte eben eine *Funktion* zu übernehmen!

Als diese Einkünfte verschenkt und vertan waren, sehen sich die Könige einem Adel gegenüber, der einerseits *alle seine Parlamentsprivilegien aus dem Mittelalter ableitet*, andererseits aber wegen der Herkunft seines Vermögens *vor der Rückgängigmachung der Reformation zittert.* Eine nachreformatorische Gentry, gestützt auf ihr vorreformatorisches Budgetrecht, ist das Paradox der Puritanerrevolution. Die Könige versuchten so lange wie möglich ohne Subsidien des Parlaments auszukommen. Sie vergaben Monopole, Regalien und die zentrale Bedeutung der Schiffsgeldabgabe beruht auf der dadurch ermöglichten Ausschaltung der Parlamente. Auch das Schiffsgeld hätte nicht solche Empörung erregt, wenn nicht zugleich die Wiederbelebung alter Lehnstaxen unter Karl I. — der damit ganz parallel zu der mittelalterlichen Haltung des Parlaments vorgeht — auch viele Lords und den Adel des ganzen Landes verärgert hätte. Das Parlament selbst aber hat dann viel weniger Rücksicht genommen als der König und alle neuen Steuern der absoluten Festlandsstaaten einführen können. Ausgerechnet der Wortführer gegen Karl I., Pym, ist der Vater der verhaßten und Karl abgeschlagenen Accisesteuer geworden.

Hingegen besitzt die königliche Gewalt seit 1689 kein staatliches Vermögen, auch Monopole sind verhaßt, weil sie das Budgetrecht des Unterhauses einschränken würden. Der gesamte Staatsapparat wird also wegen des Budgetrechts der Gemeinen insoweit klein gehalten, als er die Macht des Königs stärken könnte.

Weil der Verkehr mit dem Haus der Gemeinen um Geld geht, verkehrt die Krone anfangs mit dem Haus durch den Comptroller, den Rechnungsführer des königlichen Haushalts. Seit der Revolution aber tritt an seine Stelle der erste Lord des Schatzes. Seit der Restauration besitzt dies Schatzamt eigene Räume. *Der erste Lord des Schatzamtes* — und dies ist das feingeschliffenste Glied in der so folgerichtigen englischen Revolutionsgeschichte — ist der — Premierminister Englands. Der Titel Premierminister ist erst nach 1900 amtlich geworden. Über zwei Jahrhunderte ist der erste Lord des Schatzes eben kraft dieses Amtes der wichtigste Mann der Regierung und deshalb heißt ein Staatsmann in England nach seinen Budgets. Das geht bis in alle Einzelheiten. Der Rechtsausschuß z. B., der den Premier und das Kabinett in allen technisch-juristischen Arbeiten der Gesetzgebung berät, heißt Parliamentary Counsel of the Treasury!

Diese Herrschaft des Budgets hat nun das Denken der Engländer weitgehend bestimmt.

Für ein Parlament, das diskutiert, und dessen Mitglieder nur durch die Debatte dieses ihres Hauses und für die Debatte dieses Hauses Sprache, Denken und Bildung empfangen, ist ein systematisches oder methodisches Gedankengebäude langweilig. Systeme sind nötig für Beamte, die auf entlegenem Posten nach einheitlicher Richtschnur arbeiten sollen. Die einzige Notwendigkeit für die Gemeinen, zusammenhängend zu denken, ist das Budget gewesen. An ihm und seinen Zahlen entzündet sich das Denken des Parlaments. Zahlen, Steuern, Steuersätze, Gehälter haben in England Reiz und Popularität. Sie sind das Sprachgut der Commons und eben dadurch das Gedankengut der ganzen Nation geworden.

Um das Budget herum rankt sich das Denken des Engländers. In einem Bericht über die Finanzen an das Parlament fand ich z. B. Untersuchungen über die Daten des Kriegsbeginns und des Kriegsendes seit 1688. Diese historische Untersuchung sollte ermöglichen, die Kriegskosten genau zu berechnen. Am Anfang eines großen historischen Werks über 800 Jahre englischer Geschichte schrieb G. Peel zunächst den Satz: Die europäischen Rüstungen kosten England die jährlichen Zinsen von 1 280 000 000 Pfund. Diese genaue Berechnung der Kriegskosten ist ja das großartige und frivole Schauspiel zugleich, das an England oft kritisiert worden ist. Bismarck genügten die Eindrücke des einen einzigen Schlachtfeldes von Königgrätz, um Kriegsgegner zu sein. Die Engländer brauchten den Weltkrieg, um einzusehen, was Deutschland vorher wußte, daß Kriegskosten nicht berechenbar sind: Noch nach den Napoleonischen Kriegen haben sie Wellingtons Standbild vor die Londoner Börse gesetzt. Großartig aber ist die zähe jedesmalige Abtragung der Kriegsschulden. Sie haben niemals die Fülle der selbständigen Existenzen an die Staatskrippe gewöhnen wollen. Mit der ganzen Staatsmaschine ist auch die Finanzverwaltung der Anleihen möglichst klein gehalten worden. Der französische Staat hat genau die entgegengesetzte Finanzwirtschaft getrieben, weil er nicht zur jährlichen Budgetpolitik gegenüber den Gemeinen, sondern weil er zur Rentenpolitik gegenüber der Bourgeoisie genötigt war!

Des jüngeren 23jährigen Pitt Ansehen beruht vornehmlich auf seiner Sanierung des englischen Budgets nach 1783 und der Zusammenfassung aller Einnahmen unter einem Generalnenner. Aber deshalb hat er doch für den Krieg gegen Napoleon 650 Millionen Pfund damaligen Wertes der Staatsschuld zugefügt. Die pedantische Finanzgebarung ist eben kein Materialismus. Alle Poesie des Ausdrucks umgibt die Geldbewilligung. 1665 teilt der Sprecher des Unterhauses die Bewilligung der ersten zinstragenden öffentlichen Schatzwechsel dem König in diesen Ausdrücken mit: „Damit Eurer Majestät Ausgaben in barem Geld bestritten werden können, bis die Steuerzuschläge eingehen, haben wir durch diese Bill eine zweifelsfreie Sicherheit für alle Personen geschaffen, die ihr Geld in die öffentliche Bank Ihres Schatzes bringen werden. Wie die Flüsse natürlich sich ins Meer entleeren, so hoffen wir, werden die Adern von Gold und Silber in dieser Nation reichlich in diesen Ozean strömen für die Aufrechterhaltung von Ihrer Majestät gerechter Oberherrschaft über die Meere.“

Daß 1816 die Aufhebung der Einkommensteuer gegen den Willen der Regierung den größten Jubel hervorrief, den die Mauern des Parlaments je vernommen, ist vielleicht nichts so Eindrucksvolles, als daß es zugleich beschloß, alle Bücher und Rechnungen, die an sie erinnerten, zu vernichten!

Die Poesie der Zahlen findet sich in tausend Formen in England belegt. Jedes Mannes Nachlaß wird auf Heller und Pfennig von den Zeitungen veröffentlicht, jedes Legat verzeichnet. Die Vermögen der Reichen sind eben Posten im Haushalt der Nation, die alle interessieren. Gewiß kann jeder Gentleman frei über sein Geld verfügen, aber nicht anders wie der König über das seine auch, nämlich als *Selbstregierung*. Daß Krankenhäuser, Museen, Hochschulen in England von Stiftern dotiert und erhalten werden, beruht auf der Einreihung der großen Vermögen des Landes unter die tragenden Etatsposten des Wealth des Landes. Diese Einreihung als eigene Stationes fisci war möglich, weil das Budget und seine Zahlen die Nation zum Verständnis der Zahlen überhaupt und zu ihrer neidlosen Würdigung erzogen hat. Der Neid, das große Laster des Beamtenstaates, wird dort gezügelt, wo gerade die gemeinsamen Angelegenheiten aller in Geld durchdacht werden.

Die Urform der Parlamentsherrschaft ist diese Mitteilung und die Erläuterung der Einkünfte und Ausgaben. Ein geheimnisvolles, sakrales, an die Freiheit des Unterhauses gemahnendes Etwas umschwebt diese Mitteilung daher. Kein Wunder, wenn 1641 in der großen Remonstrance aufgezählt wird, was alles das Parlament getan hat:

109. achtzigtausend Pfund monatlich für die Armee.
111. Sechs Subsidien haben wir bewilligt und noch ein Gesetz, dessen Durchführung weitere sechs Subsidien bedeutet; im ganzen 600 000 Pfund.
112. Wir haben an die Schotten 220 000 Pfund Schulden gemacht.

113. Abgeschafft ist das Schiffsgeld, jährlich 200 000 Pfund.
115. Abgeschafft sind die Monopole, die den Untertan über 1 Million Pfund jährlich kosteten, nämlich auf
116. die Seife 100 000 Pfund,
117. den Wein 300 000 Pfund,
118. auf Leder und Salz, beide mehr als Seife und Wein.

Die Zahlen bedeuten Englands politischen Willen. Und diesen Willen kann der König nur als King in Parliament ausüben. Er hat alle Königsrechte, aber keinen Pfennig Geld ohne das Parlament. 1685 beim Tode Karls II. wurde es getadelt, daß der neue König die Zölle im Londoner Hafen weiter erheben ließ, bevor Parliament sie ihm neu bewilligte[1]).

Und, um diesen Abschnitt über das Budget zu beschließen, aus diesem Zugang zu allen Ereignissen des Lebens von der Zahl her und durch sie hindurch erklärt sich die Rolle der Volkswirtschaftslehre in England. Als Disraeli im Unterhause die Fatalisten anprangern wollte, die Kriege für unvermeidlich hielten, brauchte er nur zu sagen: sie gleichen den Leuten, die 5% Zinsen für den natürlichen Zins halten. Tosender Beifall und Heiterkeit. Ist das in Deutschland überhaupt verständlich? Aber die Nationalökonomie ist in England die natürlichste Wissenschaft. Sie hat auch in auffälliger Weise ihren besonderen Namen Economy auf die gesamte Staatslehre ausgedehnt. Denn diese heißt Political Economics, mit Recht in einem Lande, dessen Staatsrecht das Budget ist. Die englische Nationalökonomie steht an einer ganz anderen Stelle im Geistesleben Englands als etwa in Deutschland. Sie ist nur zu vergleichen mit der Rolle der deutschen Philosophie und der Geschichtswissenschaft innerhalb der Sprache der Deutschen im 19. Jahrhundert. Dem Deutschen fangen erst neuerdings die Zahlen ebenso zu sprechen an wie die Begriffe. Dem Engländer sind die Zahlen alltäglich und die Begriffe unverständlich. Als Beispiel für den Zusammenhang von englischer politischer Anschauung und englischer Volkswirtschaftstheorie ragt hervor der Zusammenhang der politischen Zentrallehre Großbritanniens von dem *Gleichgewicht* der großen Mächte mit der ökonomischen Lehre vom Gleichgewicht der Handelsbilanz im Einzelstaat. Schon 1767 weist Forbonnais darauf hin, daß hier eine einheitliche Vorstellung obwaltet. „C'est là que la balance du commerce tient à la balance des pouvoirs, que l'équilibre maritime est la base réelle de l'équilibre de l'Europe."

Schon 1677 hatte einer der Mitgründer der Royal Society, William Petty, diese "Political Arithmetic" begründet: Die Masse der Gentlemen und einige Lords lassen ihre jüngeren Söhne Handel treiben. Das ist der einzige Weg, wie die jüngeren Brüder der guten englischen Familien ihrer Herkunft entsprechend leben können. Ein Seemann ist dreimal soviel wert wie ein Bauer. Denn ein Seemann ist Kaufmann, Transporteur und Soldat in einem. Englands Vorteil

[1]) Hillaire Belloc, James II. (1928), S. 181 f. Jane Lane, King James Phehast (1942), 151 f.

wäre also, "to throw up their husbandry", seinen Ackerbau aufzugeben. Damit würde es allen Landmächten wirtschaftlich überlegen: Es sei durchaus tunlich, daß die Engländer den Universalumschlag der ganzen Welt des Handels gewönnen.

13. Der Engländer

Bald nach der Demütigungsperiode von 1774 bis 1815 erstarrt der englische Typ. Schon am Anfang des 19. Jahrhunderts hat die Skizze geschrieben werden können: Der Blick eines Gentleman. Und schon begegnen in Byron und Shelley die Empörer gegen das Erstarren im Typ. Und nicht weniger ausgeprägt erscheint die Haltung wie der Blick, die Haltung des gelockerten, fast lässigen, aber dennoch leidenschaftlichen Fechters. Englisch ist der Satz "Man is essentially a Fighter". Bei Goethe würde es hingegen heißen: Er ist ein Kämpfer. Fechter und Kämpfer ist zweierlei.
Der Kämpfer fühlt seine ganze Erdenschwere und Todesnähe. Der Fechter ist leichter. Der Engländer ist kein Kämpfer im deutschen Sinne. Aber er ist ein Fechter. Als der König Georg V. todkrank war, schrieben die Zeitungen: He makes a brilliant fight to overcome death. Boutmy gebraucht den schlagenden Vergleich, daß die Bürger von Florenz nach Portoallegri jauchzend hinauszogen, um Cimabues Madonnenbild zu feiern, die Bürger von Liverpool aber 1850 genau so begeistert hinauszogen, um den Boxer Sawyer zu ehren. So ist das Derby-Rennen ein nationaler Festtag. Zeitweise hieß Newmarket die Rennhauptstadt Englands. Lord Rosebery wurde prophezeit, er werde die reichste Erbin heiraten, werde Premier werden und im Derby gewinnen. Diese Prophezeiung ist echt englisch. Daß sie aber auch in Erfüllung gehen konnte, zeigt, wie Wealth, Führerschaft der Commons und Rennleidenschaft zusammengehen. In den Rennen hat sich der Ritterschaft von England der Ausweg geboten, *ritterlich und dennoch unmilitärisch zu fechten.* Der Haß gegen das Königsheer im Lande und die Leidenschaft für edelmännisches Leben kommen beide auf ihre Rechnung in der Rennleidenschaft der englischen tonangebenden Klasse. Das Nichtmilitärische, Nichtkämpferische all dieser Gefechte liegt in ihrem Wettcharakter. Die Zielsetzung ist immer der Ironie offen. Ein Engländer hütet sich, seine Meinung ohne Selbstironie vorzutragen. Er ficht als Kavalier; der andere ficht auch. Kein Pathos also, sondern Zähigkeit.
Das Volk von England aber hat bis zum Weltkrieg an diesen Adel geglaubt wie das deutsche Volk an seine Fürsten. Ein Mann wie Disraeli war in die Lebenshaltung der herrschenden Klasse geradezu verliebt. Und diese in seinen Romanen sich spiegelnde, fast unbegreifliche Verliebtheit in die „Dukes" erklärt seine Laufbahn bis zum Premierminister der „Kaiserin" von Indien. Am Glauben an die alten Familien des Landes hängt die englische Verfassung. Der Einbruch in diese Verfassung begann daher folgerichtig mit Lloyd Georges Feldzug gegen die Dukes. Und er setzt sich fort in dem Protest der Labourleute,

vor allem der Fabier, gegen den Typ des Gentleman. Aber noch beherrscht die männliche ungezwungene, geräuschlose und unprinzipielle Fechterhaltung ganz England. Das bekannte Wort von dem Engländer, der erst ernsthaft ficht, wenn er an die Wand gedrängt standhalten muß, entspricht daher dem anderen vom unprinzipiellen „Durchwaten“ (muddle through). Im Club, dieser Vervielfältigung des Unterhauses über das ganze Land, holt er sich *bei seinesgleichen* die wortlose Stärkung für dieses tägliche Ins-Gefecht-gehen. *Der Schauplatz* aber dieses Gefechtes ist die Welt. Das Wort Welt hat für den Engländer die religiöse Bedeutung des Welttheaters, wo die Righteousness seines Fight, das gute Recht seines Gefechts am Ende sich herausstellt. Der deutsche Protestant betet „und von Ewigkeit zu Ewigkeit“. Das Commonprayerbuch betet bezeichnenderweise statt dieser Worte: „*Welt ohne Ende!*“
Balzac, der Franzose, hat die Comédie Humaine ganz in die Gegenwart geschrieben; Dantes Divina Commedia verlegt die Weltgeschichte in das Weltgericht. Im England der Revolution, dem dazwischen stehenden Land wird — gleichzeitig mit dem Welttheater des Spaniers — der Begriff der Weltkomödie aufgestellt: Henry Morse (1614—1687) schreibt über diese World Comedy: „Die Läufte dieser Welt sind wie ein seltsames, aber künstlich verflochtenes Stück. Wir können nicht urteilen über den Sinn dessen, was schon geschehen ist, noch dessen, was heut spielt, vor dem Eintritt des letzten Aktes, der *Righteousness* im Triumph darstellen soll. Und ich für mein Teil zweifle nicht daran, daß es so vor sich gehen wird am Ende der Welt. Aber ungeduldig nach Rache schreien für jede Untat vor dieser Zeit, heißt roh die Bühne zerstören vor dem Eintritt in den fünften Akt, nur weil man den Aufbau des Stücks nicht kennt, und heißt die Feierlichkeit des großen Gerichtstages hindern durch nichtsnutzige und private Vollstreckung.“
Welt ist für den Engländer daher ein doppeldeutiges Wort, das ozeanische und das religiöse Kampffeld seines Lebens gleicherweise umfassend. „*The world was all before them, where to choose their place of rest and Providence their guide*“, schließt Miltons Verlorenes Paradies. Noch einmal erkennen wir, daß aus der mittelalterlichen „Welt“ des Jüngsten Tages die Welt des Ersten Tages geworden ist. Denn nicht der Richter des Welt*endes*, sondern die göttliche *Vorsehung* waltet über den Kindern dieser Welt. Man hat den Briten vorgeworfen, daß Kattun und Christentum in unkenntlicher Mischung von ihnen exportiert würden. Aber hüte dich, den einzelnen fechtenden Mann, der dir innerhalb des Commonwealth begegnet, für das eine oder das andere zu nehmen. Du kannst dich zu leicht irren. Er weiß es selbst nicht, wer er ist, und ob er für Kattun oder für Christentum oder für beides ficht, und in dieser uns unbegreiflichen Unbedachtheit und Unkenntnis seiner selbst liegt die Kraft seines Glaubens.
„Der englische Sinn erschrickt instinktiv vor Selbstenthüllungen, denn er fühlt, daß sie seine Selbstachtung erschüttern könnten. Er gewinnt seine Urteile durch die Rückwirkungen seiner Eindrücke. Diese sind zu schattenhaft,

um die Theorie einer logischen Beweiskette aufzubauen“ (Sadler). Daher ist das höchste Lob, das einem englischen Staatsmann gespendet wird, daß er im Nahkampf des Unterhauses die Stimmung und Meinung des Hauses *instinktiv* wahrnimmt und diesen Eindruck auf sein Urteil zurückwirken läßt (Baldwins Rede über Asquith). Die harte nachdenkliche Denkarbeit wird so ersetzt durch unbewußte Geistesgegenwart.

Der größte Landedelmann Englands, der Gründer seines Commonwealth, Oliver Cromwell, hat diesem männlichen Glauben den erhabensten Ausdruck verliehen; Cromwell sagt: Nie steigt ein Mann höher, als wenn er nicht weiß, wohin er geht.

Der Glaube in die unausdenkliche Zukunft hinein gehört bei diesem englischen Adel zusammen mit der unvordenklichen Verjährung eines guten Familienstammbaums. Der Engländer glaubt mit dem Evangelisten Lukas, daß wir alle doppelt erlöst werden, einmal durch die Abstammung unseres Familiengründers Adam von Gott, und zum anderen durch den ins Unbekannte vorausglaubenden Jesus. Es wird dem Tiefsinn dieses Glaubens nicht Abbruch tun, wenn ich hier eine humoristische Annonce aus dem „Observer“ vom 1. Mai 1960 einrücke. Denn sie mag erläutern, wie sich dieser aristokratische Horizont sogar über Weltkriege und Labour Party hinüber in England behauptet hat. Zum Verständnis dieses in keine einzige andere Nationalsprache übersetzbaren Scherzes muß der Leser wissen, daß „Rt. Hon.“, Right Honorable, den Ehrentitel des erwählten Gentleman bedeutet und daß der „Debrett“ Englands adliges Taschenbuch — wie der „Gotha“ — ist. So also annoncierte die Firma Kodak 1960:

> *Rt. Hon.*
>
> CAMERA
>
> You may not have a drop of blue blood.
> Your name may never appear in Debrett.
> But you can own a camera that belongs to
> a good family — a very good family indeed.
> It’s called the Kodak “Retinette”.

DIE FRANZÖSISCHE REVOLUTION VON 1789

XVI. DER SIEG DER VERNUNFT

1. Die Natur in Frankreich

„Nie steigt ein Mann höher, als wenn er nicht weiß, wohin er geht", glaubte Cromwell. Wirklich? Der Franzose, dem wir Cromwells Wort verdanken, sagte darüber im August 1651 zu dem Kardinal de Retz: „Cromwell macht mich schaudern. Sein Ausspruch ist der eines Wahnsinnigen." Allerdings, ein Franzose weiß immer, wohin er geht. Im Jahre 1789 erschien „das kleine Gesetzbuch der menschlichen Vernunft" von Barbeu du Bourg. Darin heißt es: Drei Dinge braucht der Mensch zum Bonheur: die gute Gesundheit, den bon sens und das gute Gewissen. Drei Dinge genügen dem Menschen zum Bonheur: die gute Gesundheit, der bon sens und das gute Gewissen.

Sechsmal ist bon die Eigenschaft, die genannt wird, aber zweimal ist sie unübersetzbar, in bonheur und in bon sens!

Der Franzose glaubt an eine Harmonie zwischen dem Geschick und dem Verstand. Wir müssen auf deutsch ein „günstiges" Geschick und einen gesunden Menschenverstand gegenüberstellen, der Engländer good fortune und common sense. Der Franzose allein glaubt, daß Geschick und Verstand — diese beiden gefährlichsten Klippen der Seele — beide dem einzelnen Menschen *gut* sein können und gut sind.

Deshalb schaltet er nie den Verstand aus, wenn er dem Geschick entgegengeht. Selbst die Leidenschaften der Sinne durchschreitet er mit klarem Bewußtsein. Er sieht sich im Spiegel, auch wenn er rast und wenn er sich berauscht. Er spielt nicht Theater, aber sein Verstand ist immer so gut wie sein Geschick. Die Klarheit, die Clarté der Vernunft ist den Nebeln des Milieus stets gewachsen. Immer verwandelt sie die undurchsichtigste Intrigue in ein klares Schauspiel. Frankreich braucht diese klare Schau.

Denn Frankreich lag 1789 in der Mitte Europas — Deutschland, Spanien, Holland, England haben ihre Empörung vollbracht. Die Welt der deutschen Kleinstaaten mit ihrer weiten Ostgrenze, die Welt der Briten mit dem Weltmeer sind aus dem Ganzen des Abendlandes herausgetreten. Frankreich liegt in der Mitte Europas, so schreibt Vergennes an Ludwig XVI. Und diese Vorstellung ist ein geographischer Mythus, der heut noch Kraft hat. Für ein Land, das so in die Mitte gedrängt wird, ergibt sich ein neues Weltbild: Wer in der Mitte ist, der kennt alle Grenzen, der weiß, wo er steht und wohin er gehen kann. Denn um diese Mitte liegt lauter Kulturland, liegt die italienische Zivilisation, das englische Commonwealth, der deutsche Staat. Die Mitte kann nicht

ausgreifen in Barbarenland. Sie hat nur einen Ausweg, um die Kulturwelt zu verändern, die Rückkehr nach Innen zur wahren Natur.
Bewußt und vernünftig der Natur zum Siege zu verhelfen, und damit die alten Kulturen zu verjüngen, die unnatürlich sind, mit dieser Sendung tritt der Franzose mitten unter die europäische Völkerfamilie.
Die unnatürlichen Grenzen, die ihn überall beschränken, muß die Vernunft besiegen. Sie durchdringt das Universum. Universum wird ein Lieblingswort für dies eingegrenzte Volk. „Im Schauspiel kann der Geist das All durchfliegen und trotzdem in der Enge sich begnügen." Im Schauspiel lernen wir den Sieg der Vernunft, das Thema der französischen Revolution, zuerst kennen.

2. Vorspiel auf dem Theater. Voltaire und Beaumarchais

In den Jahren, in denen die Engländer den Träger ihrer Krone erfolgreich zum ersten Gentleman ihres Landes herabdrückten (1688), schrieb Molière seinen Bourgeois-Gentilhomme. In diesem Lustspieltitel trägt der Adel von Frankreich den gleichen Namen wie in England: Gentilhomme. Und ebenso unangefochten sind hier wie dort sein Rang und seine Privilegien. Bewundernd ahmt ihn die Bourgeoisie, das Patriziat der Städte, nach. Und der Dichter des Hofs von Versailles macht sich darüber lustig.
Hundert Jahre später fallen König und Kirche der Wut gegen den Adel zum Opfer. Der verspottete dritte Stand wird alles, wird die Nation. Der Adel muß emigrieren, soweit er nicht vernichtet wird. Die Gleichheit siegt, die Demokratie.
Und „der Sohn Molières" — ein Zeitgenosse hat von ihm gesagt: „le fils de Molière est trouvé" —, der Verfasser des Tollen Tages, des unsterblichen „Figaro", Beaumarchais, gewinnt in vier langen Jahren seinen Prozeß gegen den König von Frankreich wegen der Komödie, die voll Übermut den Grafen und dic Gräfin auf die Stufe eines Kammerdieners und einer Kammerzofe herunterzerrt. Den Einzelheiten dieses Kampfes eines einzelnen, eines Komödienschreibers gegen die Zensur aller Mächte der bestehenden Ordnung folgt das neue Prinzip der französischen Revolution, das Recht und der Sieg des unabhängigen Kämpfers um sein Recht, seinen Ruhm und seinen finanziellen Erfolg. Alles drei ist hier in der wunderlichen Mischung verschmolzen, aus der die Legierung der bürgerlichen Gesellschaft besteht.
Beaumarchais ist Bankier, finanziert den französischen Auftrag der Kriegslieferungen für die aufrührerischen Kolonien der Engländer in Nordamerika, hat bereits mit seinem Barbier von Sevilla einen großen Theatererfolg gehabt. 1778 dichtet er die Hochzeit des Figaro, die geistreiche Rache des witzigen Dieners an seinem Herrn, dem Grafen Almaviva. Die Großen dieser Erde aus der Froschperspektive gesehen, entlarvt, auf ihre Menschlichkeit festgenagelt — sie haben nichts vor den gemeinen Sterblichen voraus. — Diese Moral wird mit Übermut und Grazie drei Stunden lang vorgetragen. — Kein Lustspiel

bis dahin war so lang gewesen. Man prophezeite ihm deshalb den Durchfall; es wurde fünfzigmal vor ausverkauftem Hause gespielt. Das Publikum konnte sich nicht satt sehen. Denn das Stück ist die Umkehrung des Bourgeois-Gentilhomme.
In dem Schlußchor des Figaro steht eine Strophe, die das zusammenfassend ausspricht.

Par le sort de la naissance
L'un est roi l'autre est berger,
Le hazard fit leur distance:
L'esprit seul peut tout changer.
De vingt rois que l'on encense
Le trépas brise l'autel,
Et Voltaire est immortel!

Das ist im Todesjahr Voltaires gedichtet, welch eine Kundgebung! Und „der Zufall der Geburt" steht seitdem ebenso im Wörterbuch der Bürgerrevolution wie ohne die „Wohlgeborenen" birthrights der englische Esquire und Gentleman undenkbar gewesen war. Man kennt im Französischen nicht einmal diese Worte hochgeboren und wohlgeboren. Der Glaube an die Kraft des persönlichen Geistes hat sie ausgerottet. Esprit allein genügt, um alles zu wenden.

Die Geburt bestimmt am Ende,
Ob er Hirt ob König heißt;
Zufall unterschied die Stände,
Wechseln kann sie nur der Geist.
Zwanzig Königen, weihberäuchert,
Bricht der Tod die Rauchaltäre,
Niemals sterben wird Voltaire!

Wer ist denn dieser Voltaire? Man hat ihn den Nachfolger Ludwigs XIV. genannt. Er ist der Gesetzgeber des französischen Geistes. Er hat die heutige französische Orthographie geschaffen, seine Sprache und Aussprache, die mit der Revolution den Sieg davontragen über die Aussprache des Hofes von Versailles (z. B. roi statt roy. Die Royalisten sprechen noch heut roy [reu] aus, nicht roa!).
Voltaire war aber auch der Genius, der nicht müde geworden ist, die Große Revolution zu prophezeien.
Il se fera sans doute un jour une grande révolution dans les esprits (43, 506, 1765); oder: Il s'est fait dans l'esprit humain une étrange révolution depuis quinze ans . . . Encore quelques années et le grand jour viendra après un si beau matin (46, 274, 1769); und schließlich: Tout ce que je vois jette les semences d'une révolution qui arrivera immanquablement et dont je n'aurai pas le plaisir d'être témoin. Les Français arrivent tard à tout, mais enfin ils arrivent. La lumière s'est tellement répandu au proche qu'on éclatera à la première occasion et alors ce sera un beau tapage (43, 175, 1764).

Und bald bekommt Figaro recht. Seitdem ein Voltaire unsterblich ist, dreht sich alles um: Die Privilegien fallen, denen Molières Bourgeois-Gentilhomme nachgejagt war. Auch der Adlige muß sich Citoyen, Bürger nennen lassen, am Ende sogar der König. Auf englisch kann man auch heute als Höflichkeitsfloskel gut sagen: it is a great privilege for me to see you in my house. Diese Redensart würde man auf französisch mit einer Grimasse beantworten. Denn Privilegien sind hier aus Süßigkeiten des Adelslandes zu Bitternissen des Bürgerlandes geworden. Privilegien zu haben oder zu beanspruchen wird eine Beleidigung. In Frankreich ist man entzückt, belebt und glücklich, jemanden bei sich zu sehen.
Alles, was der Engländer die alten Freiheiten nennt, wird dem Franzosen als Privilegien verdächtig. Und alle Privilegien sind Mißbräuche. Und alle Mißbräuche sind für den Franzosen veraltet.
Der König von England wird hingerichtet, weil man nicht will, daß er die alten Privilegien des Adels durch seine neuen Gesetze in Schranken halte, und das, obwohl das untadlige Adelsblut der Stuarts und Tudors in seinen Adern rollt. Dem Haupt der königlichen Familie der Bourbonen wird gerade umgekehrt die Jakobinermütze aufgesetzt und die ganze Familie wird guillotiniert, weil die Bourbonen „durch den Zufall der Geburt“ auch die erste Adelsfamilie Frankreichs sind, während das Königtum im Gefühl jedes Franzosen die alte Einheit Frankreichs stolz verkörpert.
In England wird nur der König hingerichtet. In Frankreich müssen Marie Antoinette, Madame Elisabeth, Philipp Égalité, Dauphin und Prinzessinnen mit daran glauben.
Und nun zurück zu der Geschichte von Figaros Hochzeit, zu der Komödie, die der französischen Revolution vorangeht.
Beaumarchais reicht 1781 das Stück bei der Comédie française ein, die das Recht besaß, über die Annahme eines Theaterstückes selbst zu beschließen. Der Polizeipräsident Lenoir wird darauf um Erteilung der Zensurerlaubnis gebeten. Nun rächte es sich, daß Beaumarchais das Stück mehrmals im Freundeskreise schon vorgelesen hatte. Das Manuskript hatte zirkuliert. Parteien hatten sich gebildet. Und schon 1779 wettete man 200 Louis d'or, es werde verboten werden.
Als daher der von Lenoir bestellte Zensor die Zulassung vorschlug, war schon zuviel Lärm um das Stück erhoben worden, und der Polizeipräsident wandte sich vorsichtshalber an den König. Daraufhin ließen sich König und Königin den Figaro vorlesen. Beim Monolog Figaros im fünften Akt springt der König auf: „Das ist abscheulich. Das wird nie gespielt. *Man müßte die Bastille niederreißen, damit die Aufführung dieses Stückes keine gefährliche Inkonsequenz bedeutete.* Dieser Mensch spielt mit allem, für was eine Regierung Respekt verlangen kann.“
Diese Ächtung durch den Hof rief stürmische Nachfrage nach dem Stück hervor, dessen Wirkung der Zerstörung der Bastille gleichkommen sollte.

Beaumarchais mußte eine eigene Vorrede an die Damen für die vielen Lesungen in den Salons verfassen. Katharina II. will das Stück in Petersburg aufführen. Nun wird der Großsiegelbewahrer angerufen. Ein neuer Zensor ist der Präsident der Akademie selber, Suard. Suard verwirft das Stück. Alles scheint zu Ende. Da bietet man Beaumarchais an, das Stück auf einem privaten Fest in Paris für Ludwigs XVI. Bruder, den Grafen von Artois, aufzuführen. Am 13. Juni 1783 soll der Tag sein, zu dem alle Großen des Hofes, die Prinzen, Minister und Damen, kurz die Aristokratie geladen werden. Die Zufahrtsstraßen sind bereits verstopft vom Gedränge der anfahrenden Wagen. Da trifft ein Befehl des Königs ein und untersagt allen Schauspielern die Mitwirkung bei Strafe seiner Ungnade. Beim Aufprall dieser Ordre auf eine so in Spannung versetzte Gesellschaft hört man die Rufe: Tyrannei, Unterdrückung. Aber das Stück wird nicht gespielt.

Drei Monate später, am 27. September 1783, wird das Stück auf einem Landschloß dennoch gespielt, und dennoch zu Ehren des Grafen von Artois! Beaumarchais hatte sich dadurch gedeckt, daß er bei der Polizei beantragt hatte, die von ihm inzwischen vorgenommenen Streichungen bei dieser Aufführung prüfen zu dürfen. Als Probeaufführung wurde sie genehmigt! Der neue Zensor hatte nichts einzuwenden. Noch aber bestand das königliche Verbot. Der König forderte neue Striche. Zwei weitere Zensoren sollten sie begutachten. Das zweite dieser Gutachten und ein Obergutachten fielen günstig aus.

Schließlich — da die Beamten die letzte Verantwortung scheuten — rief Beaumarchais ein richtiges Konzil ein: den Polizeichef, den Großsiegelbewahrer, einen Minister, einen der Zensoren und zwei Kenner der Literatur.

Das Konzil spricht Anfang 1784 das angeklagte Stück unter dem Eindruck des glänzenden Plädoyers seines Vaters, das sich auf jede Einzelheit erstreckt, einstimmig frei.

Man sagt dem König, alle anstößigen Stellen seien getilgt. Man beruhigt ihn dahin, das Stück werde doch ausgepfiffen werden. Die Schauspieler des Theaters umgekehrt petitionieren, man brauche ein Kassenstück. Im März 1784 zieht der König sein Verbot zurück.

Aber erst die Hälfte der Tragikomödie dieses Lustspiels ist damit zu Ende. Zunächst: wird das Stück mit seinen Frechheiten nicht bei den Leuten von Geschmack durchfallen? Der Autor und seine Freunde sind besorgt. Aber der Bruder des Königs beruhigt sie; es wird Erfolg haben. Denn man wird glauben, eine Schlacht gegen die Regierung gewonnen zu haben.

Das Stück wird am 27. April 1784 mit solcher Begeisterung aufgenommen, daß die Gegner und Neider sich regen. Beaumarchais wird, während das Stück den Spielplan beherrscht — am 2. Oktober ist die 50. Aufführung zugunsten eines Heims für uneheliche Mütter — mit Pasquillen überschüttet. Sein alter Zensor Suard greift ihn in der Akademie an. Der Erzbischof von Paris verketzert ihn in seinem Fastenbrief. Schließlich tadelt ihn Suard in seinem eigenen Blatte, dem Journal de Paris, heftig. Am 2. März 1785 antwortet er in einem offenen

Brief und ruft aus: Was! Ich habe Löwen und Tiger besiegen müssen, damit das Stück auf die Bühne durfte, und ihr wollt mich jetzt nach seinen Erfolgen dazu verurteilen, Wanzen totzuschlagen?
Die Wanze Suard erklärte, Beaumarchais habe mit Löwe und Tiger König und Königin gemeint. Am 9. März wurde der 53jährige Beaumarchais nach St. Lazare gebracht, dem Gefängnis jugendlicher Fürsorgezöglinge. Der König soll den Befehl beim Kartenspiel auf ein Piqueaß geschrieben haben.
Die öffentliche Meinung war geteilt. Die ungeheure Dreistigkeit des Spekulanten hatte ihm viele Feinde gemacht. Aber seine Verhaftung wurde nicht aufrechterhalten. Nach acht Tagen kam er frei. Er weigerte sich zuerst, das Gefängnis zu verlassen, protestierte gegen das ihm geschehene Unrecht, verbannte sich selbst zu freiwilligem Hausarrest und verkaufte sein Fuhrwerk, um zu beweisen, daß es ihm Ernst sei. Durch seine Petitionen wird er so unbequem, daß Anfang Juni der König Befehl gibt, ihn zu beruhigen. Man bietet ihm den Michaelsorden an, mit dem der Adel verknüpft ist. Er besteht darauf, den Adel schon zu besitzen und verlangt eine Pension aus der königlichen Kasse.
Und was geschieht? Der Minister Calonne muß ihm einen schmeichelhaften Brief auf Befehl des Königs schreiben. Er erhält die Pension aus der Privatschatulle. „Die Hochzeit des Figaro" wird nach sechsmonatiger Pause am 17. August vor allen Ministern gespielt. Bei dem Satze des Figaro: Da man den Esprit nicht erniedrigen kann, nimmt man an ihm durch Mißhandlung Rache, bricht das ganze Haus in frenetischen Beifall aus. Und am 19. August 1785 wird Beaumarchais ins Trianonschlößchen nach Versailles eingeladen, und die Königin Marie Antoinette spielt dort mit hinreißendem Charme die Rolle der Rosine in seinem, Beaumarchais', anderem Stück, dem Barbier von Sevilla, vor Ludwig XVI., König von Frankreich, und vor dem Bankier und Schriftsteller Caron de Beaumarchais.
Am 14. Juli 1789 reißt der Pöbel von Paris jene Bastille nieder, die Ludwig bei der Lektüre des Figaro in den Sinn gekommen war. Als der Hofmarschall dem König in Versailles davon Meldung macht, sagt Ludwig XVI.: Das ist ein Aufruhr. — Nein, sagt der Hofmann, das ist die Revolution.
Wie hatte Voltaire gesagt? Tout ce que je vois jette les semences d'une révolution qui arrivera immanquablement, et dont je n'aurai pas le plaisir d'être témoin. Les Français arrivent tard à tout. Mais enfin ils arrivent. La brumière s'est tellement répandue de proche en proche, qu'on éclatera à la première occasion; et alors ce sera un beau tapage.
Und auch den Weg hatte Voltaire richtig prophezeit: „Jamais vingt volumes in folio ne feront de révolution, ce sont les petits livres portatifs à trente sous qui sont à craindre."
Dazu aber tritt das Theater. Es wird die moralische Anstalt der Revolution, wie der Dichter, den der Geist der Revolution in Deutschland am tiefsten gepackt hat, die Schaubühne genannt hat.
Die Schauspieler spielen nicht nur den Tollen Tag. Eine Schauspielerin spielt

auch die Göttin der Vernunft bei dem Fest auf dem Marsfeld 1794. Ein Schauspieler trägt auch die erste Sansculottentracht. Akteur und Aktrice geben der französischen Revolution etwas mit von der theatralischen Geste, dem deklamatorischen Schwung, der Verve und dem Enthusiasmus. Die französische Revolution hat das Beifallklatschen aus dem Theater in das öffentliche Leben eingeführt, in dem es früher verpönt war. Der Erbe aber der politischen Leidenschaften von 1789, Georges Clémenceau, hat sich hundertundfünfzig Jahre nach der Entstehung des Stücks eine alte Ausgabe des „Figaro" ins Grab legen lassen.

3. Die Herrschaft der Ideen von 1789

Die französische Revolution steht uns zu nah

Die französische Revolution ist noch heut in aller Munde. Zwischen ihr und der russischen Revolution steht die europäische Welt. Der einzelne Europäer muß seinen Standpunkt wählen im bürgerlichen oder im nichtbürgerlichen Lager. Das bürgerliche Lager aber ist das Lager der Ideen von 1789. Es ist das Lager der liberalen Grundsätze von Freiheit, Gleichheit und Brüderlichkeit. Der bürgerliche Bewohner unseres Erdteils lebt also unter der Bürgschaft der bürgerlichen Revolution.

Aber auch der unbürgerliche Sozialist oder Kommunist oder Bolschewist sieht die Welt im Lichte der Gesellschaftsordnung von 1789. Er bekämpft die bürgerliche Gesellschaft. Er bekämpft sie als die letzte Klassengesellschaft, als den Inbegriff aller Klassengesellschaften. Sie begreift ihm die gesamte Vergangenheit in sich, aus der er die Zukunft herauszuschlagen hofft. Auch ihm verstellt also die Kulisse der französischen Revolution die älteren Hintergründe unseres Geschicks.

Die Blendung durch das Licht der französischen Revolution hat sowohl den Sinn des Papsttums, des deutschen Einzelstaats wie des englischen Adelslandes verdunkelt. Welche Mühe hatten wir in den früheren Abschnitten, die Papstrevolution herauszuarbeiten. Denn die gesamte liberale Geschichtsauffassung sieht in Papst und Kirche den Reaktionär, und in der italienischen Geschichte legt sie den Hauptakzent auf die Frage der nationalstaatlichen Einheit Italiens. Hinter diese Ideologie mußte unsere Revolutionsgeschichte dringen, um den Quellpunkt der politischen Revolutionen gerade beim Stuhle Petri in Rom zu finden.

Die deutschen Landesuniversitäten von heut werden ebenfalls meistens im Lichtkegel des französischen Freiheitskampfes gesehen und gedeutet. Denn gerade ihre Anwälte fühlen sich als die Nachfolger der Humboldt, Fichte oder Schleiermacher, d. h. der Neugründer der Universitäten nach 1800. Diese Neugründer handelten aber im Banne des Zeitgeistes. Sie waren in ihrer Staatsauffassung und in ihrem Weltbild ideegläubig. Und sie verdanken diesen

Glauben an die kraftbewußten Bilder und an bewußte Bildung der Macht, die 1789 hervorgebrochen war. Die neue Universität des Idealismus unterstellte sich der Großmacht der Philosophie. Die erste und einzige philosophische und idealistische Weltrevolution ist aber die Revolution von 1789.

Freilich hütet eine eifersüchtige nationale Geschichtsschreibung das Bildungsideal des deutschen Idealismus und wehrt den Verdacht ab, als segle er im Schlepptau welschen Zeitgeistes. Aber auch wenn sie recht hat, so ist eben die nationale Geschichtsschreibung selbst eine Frucht der französischen Revolutionsgedanken. Die neue weltliche Nationenideologie ist gerade die Mitgift der großen Revolution von 1789 an alle Nationen, auch an die deutsche.

Die tiefsten religiösen Verbindungen von Fürst und Professor mit der Landeskirche erschließen sich daher nur dem, der weit hinter die philosophische Umbildung des deutschen Akademikerstandes um 1800 zurückgreift. Die Taten der großen deutschen Idealisten um 1800 enthüllen sich dann als Anpassungsvorgänge des deutschen Erbguts an den Zeitgeist. Die Anpassung des Idealismus an die Ideen von 1789 war notwendig, um die deutschen Staaten der Reformation vor dem Zusammenbruch zu retten; mit dem Zusammenbruch aber bedrohte sie Napoleon als der Vollstrecker der französischen Revolution.

Am schlimmsten hat vielleicht die französische Revolution den Engländern mitgespielt. An die Stelle der Whigs und Tories, der Königsgemeinen und der Landesgemeinen des Parlaments sind unter dem geistigen Druck der französischen Revolution Liberale und Konservative auch in England getreten. Das gemeine alte Herkommen des Landes, das klare und höchst bestimmte Stichwort der englischen Revolution hatte den Ständestaat gegen Königswillkür geschützt. 1789 verwandelte er sich in den Sammelbegriff des ancien régime, der statt des „Alten" und Unwillkürlichen nur das Veraltete und Abstruse am Ständestaat betont.

Aber nicht nur der Sinn der alten Ereignisse wird so seit 1789 bürgerlich national liberal abschattiert. Auch der äußere Ablauf der älteren europäischen Revolutionen verblaßt vor der Bewußtseinshelligkeit der französischen Revolution. Hier fallen nicht die mehr theologische und die mehr politische Revolution auseinander wie in dem England von 1649 und 1688. Hier läßt man nicht das Blutvergießen der Adelsfehden oder des Bauernkrieges (Vendée!) aus der strengen Logik des Gesamtprozesses heraus, wie in der deutschen Reformation.

Hier ringen nicht Menschen des Zeitalters um den Ausdruck des Revolutionsprogramms wie in dem Prozeß, den die Päpste gegen Philipp von Schwaben, gegen Friedrich II. und gegen Konradin immer wieder austragen müssen. Von 1789 an weiß man: die Revolution ist da. Und auch ein Napoleon kann nichts tun, als sie vollstrecken, indem er ihren Samen in alle Länder Europas aussät, in Italien und in Polen, in Dänemark und in Spanien, in Irland und in Preußen, aber sogar in Byzanz und Buenos Aires zündet der revolutionäre Nationalstaatsgedanke in den Gluten der napoleonischen Kriege.

Diese überklare Einheit der französischen Revolution erschwert den Vergleich mit ihren älteren Geschwistern. Aber trotzdem zerfällt auch die französische Revolution in zwei große Abschnitte. Auch die französische Revolution bricht aus in dem Lande, das am tiefsten unter den Folgen der vorhergehenden, der englischen Revolution leidet. Auch die französische Revolution antwortet mit einer Sprache auf die Klagen der Zeit, die in der Reihe der europäischen Weltsprachen nun „daran" ist. Nur als Glied unter Mitgliedern, nur als französischer Widerspruch gegen die englische Sprachweise und nur als überwältigende und überraschende Notwendigkeit für die Menschheit verdient die französische Revolution die große Revolution zu heißen. Denn nur diese drei Eigenschaften reinigen sie von dem Verdacht, dem Kopf willkürlicher Denker als Spiel der Einbildung und des Verstandes entsprungen zu sein. Gerade der Rationalismus und die philosophische Ausdrucksweise der französischen Revolution könnten den Verdacht erwecken, als sei die französische Revolution eine einmalige Empörung und Selbstüberhebung der Hure Vernunft. Alle Gegner der Ideen von 1789 haben mit diesen Argumenten die französische Revolution gebrandmarkt. Vor einiger Zeit aber schon hat ein Katholik den Versuch gemacht, die französische Revolution als ein „katholisches" Ereignis zu erweisen. Eine ewig-menschliche Frage sei durch sie neu gestellt und der Menschheit an das Herz gelegt worden. Der Versuch erklärt sich daraus, daß dieser Katholik ein Franzose ist, der in England eingebürgert lebt. Anders als seine Religionsverwandten in Frankreich selbst empfand er das Unverständnis der Briten für die Ideen von 1789 als doch noch gottloser denn die philosophisch-antikirchliche Sprache der Revolution seines Ursprungslandes. Von Hilaire Belloc — er hat diesen Versuch unternommen — unterscheidet mich nur, daß ich nicht von dem Forum der Romkirche die Franzosen gegenEngland zu rechtfertigen habe; ihr Stichwort fällt für mich innerhalb eines Dramas, in dem auch Rom nicht außerhalb der Bühne als Kritiker sitzt, sondern in dem Rom eine Rolle spielt wie wir alle.

Schon damit ist gesichert, daß es sich auch 1789 um der Menschheit große Gegenstände, um die Gestalt des Menschen in unserer Zeit handelt.

Deshalb gehören auch die Anklagen gegen das Ergebnis der französischen Revolution erst in die Geschichte der nächsten Revolution, der russischen. Wir müssen versuchen, die ewige Stimme der Menschlichkeit auch in der französischen Revolution zu vernehmen, trotzdem sie den Deutschen seiner Vergangenheit, den Christen seiner Kirche und den Erdensohn, das Proletariat, seiner Arbeit entfremdet hat.

XVII. DIE ISLE DE FRANCE UND DER NATIONALSTAAT

1. Versailles

Der Ruhm des deutschen Kaisers und des ewigen Rom hat die Nachfolger der westfränkischen Karolinger nie ruhen lassen. Ihr Land mußte mindestens die älteste Tochter der Kirche heißen, die gallikanische Kirche genoß seit Philipp dem Schönen immer besondere Vorrechte. Und als die militärische Macht der Könige erstarkte, hat sie sich gleich gegen das alte Kaiserland Italien gewendet. Karl VIII., Ludwig XI., Franz I. kämpfen um Mailand gegen den Kaiser und hängen dergestalt an den letzten Träumen des abendländischen Reichs nicht anders wie Kaiser Karl V., dieser letzte Kaiser des Mittelalters.

Auf Franz I. folgt sein Sohn Heinrich II. Und wieder lag die traurige Last des Krieges in Italien auf ihm, dieses Kampfes aus Prestige. Geopolitisch war die Schwäche des Landes Frankreich anderswo. Indem der deutsche Kaiser das Herzogtum Lothringen, das Elsaß und die Freigrafschaft Burgund beherrschte, kam er bedrohlich nahe an Paris heran. Im Oktober 1551 fand nun ein folgenreicher französischer Kronrat statt. Man war des Glaubens, Karl V. wolle Truppen nach Metz, Toul und Verdun legen. Da riet der Marschall von Vieilleville, der König von Frankreich solle Karl zuvorkommen. Das Ergebnis war, daß Heinrich II. sich aus der unseligen Verführung von Italien riß und die französische Politik Italien den Rücken kehrte.

Die Könige von Frankreich entsagen also den noch aus der kirchlichen Einheitswelt stammenden Machtträumen. Was war aber dann ihr Gebiet auf der Landkarte? Das, was wir heute Frankreich nennen, gab es nicht. Das Arelat und Burgund waren Kaiserlehen. Engländer saßen an der Küste. Ganz Flandern war spanisch. Die Herrscher der Isle de France brauchen ein neues Kader für ihren veränderten politischen Raum. Die Epoche der deutschen Religionsparteiung eröffnet diesen Raum. Moritz von Sachsen hatte ihnen gleich 1552 Metz, Toul und Verdun ausgeliefert. Der Dreißigjährige Krieg der deutschen Protestanten und Katholiken eröffnet der französischen politischen Spekulation eine vorher nie erträumte Möglichkeit. Und die Phantasie sieht eine neue Landkarte vor sich: La France, die Karolingische Dritteilserbschaft wird gleichgesetzt mit dem Gallien Cäsars! Für das Mittelalter ein ganz absurder Gedanke! Damals berief sich der Erzbischof von Trier für die Motivierung seiner Kurwürde im Deutschen Reich auf sein Primat in „Gallien" und war deshalb Kanzler auch für Arelat und Burgund in der deutschen Reichsregierung.

Aber nun war man in Europa, im weltlichpolitischen Raum, und nahm keine Rücksicht auf Kirchenprovinzen. Und so konnte Richelieu sagen: „Le but de mon ministère à été de rendre à la Gaule les frontières que lui a destinée la nature, de rendre aux Gaulois un roi gaulois, *de confondre la Gaule* avec la France et partout où fut l'ancienne Gaule d'y rétablir la nouvelle."

Damit hat das Königtum seine kirchlich-karolingische Aufgabe mit einer weltlich-europäischen vertauscht. Sie ist weltlich und ist europäisch. Cäsars Gallien mit der Rheingrenze — aber wohlgemerkt ohne die politische Zerrissenheit, in der es Cäsar antrifft —, soll jetzt das Land der Könige von Frankreich werden. Die Kriege gegen Spanien, gegen die Holländer, gegen das Deutsche Reich dienen diesem Ziele. Religionskriege, Revolutionskriege und Reunionskammern, Erbfolgekriege — alles sind bloß untergeordnete Mittel zu einem Zwecke, der aus einer Totalvision genährt wird; und diese Vision heißt nicht auf Erbrecht beruhende Nachfolge an die Krone des heiligen Ludwig, sondern *Gallien!* Das französische Volk soll also von Tag zu Tag weniger einem angestammten Monarchen gehorchen als hineingehören in eine geographische Renaissancegröße, in die wiederhergestellten natürlichen Grenzen Galliens.

Der Begriff der natürlichen Grenzen wird von Richelieu nicht für la France gebraucht. Das wäre damals lächerlich gewesen. Denn *natürliche Grenzen* hat nur das alte Gallien! Die Antike hat eben die wahre Natur schon einmal offenbart. Als Offenbarung der humanistischen Antike ist dieses Schlagwort von den natürlichen Grenzen in die Politik eingedrungen und beherrscht seitdem alle von den Ideen von 1789 faszinierten Geister!

Frankreich kann also nur dann natürliche Grenzen bekommen, wenn es mit dem antiken Gallien identisch wird. Eben dies geschieht nun im Geist und in der Tat 1789. Damals werden die Holländer zu Batavern, die spanischen Niederlande werden zu Belgiern. In der Vokabel Belgien hat sich diese klassizistische Raumideologie bisher sogar allein verewigt. Denn die Franzosen haben ihre douce France doch nicht in Gallien umgetauft. Hingegen die Bewohner gerade der fränkischen Sitze, die relativ blutreinsten Nachkommen der salischen Franken haben heut tatsächlich einen keltischen Namen der Belgier!

Die Richelieusche Humanistenvision vom antiken Gallien triumphiert in der Gründung Belgiens (1830). Dieser Triumph schien zunächst unmöglich. Denn die christlich-abendländische Tradition Frankreichs stand entgegen. Aber mit Heinrich III. hat der Konflikt der beiden Traditionen begonnen. Die Träger des Konflikts sind das Königtum und Paris. Am Anfang ist das Königtum humanistisch und Paris katholisch. Die Könige sind aufgeklärt, die Sorbonne ist orthodox. Gott behüte uns vor des Kanzlers Messe, sagte man von des Königs weisem Minister Michel de l'Hopital. Heinrich IV. ist dann der gute weltliche König, der trinken, fechten und galant sein kann, der will, daß seine Bauern Sonntags ein Huhn im Topfe haben, der seine Kinder höchst unköniglich auf sich reiten läßt — Paris aber erzwingt seine Bekehrung. Das Königtum will tolerant sein. Die Pariser machen daraus die Greuel der Bartholomäusnacht.

Ausdruck dieser klassizistischen Pionierstellung des Königtums wird der Bau

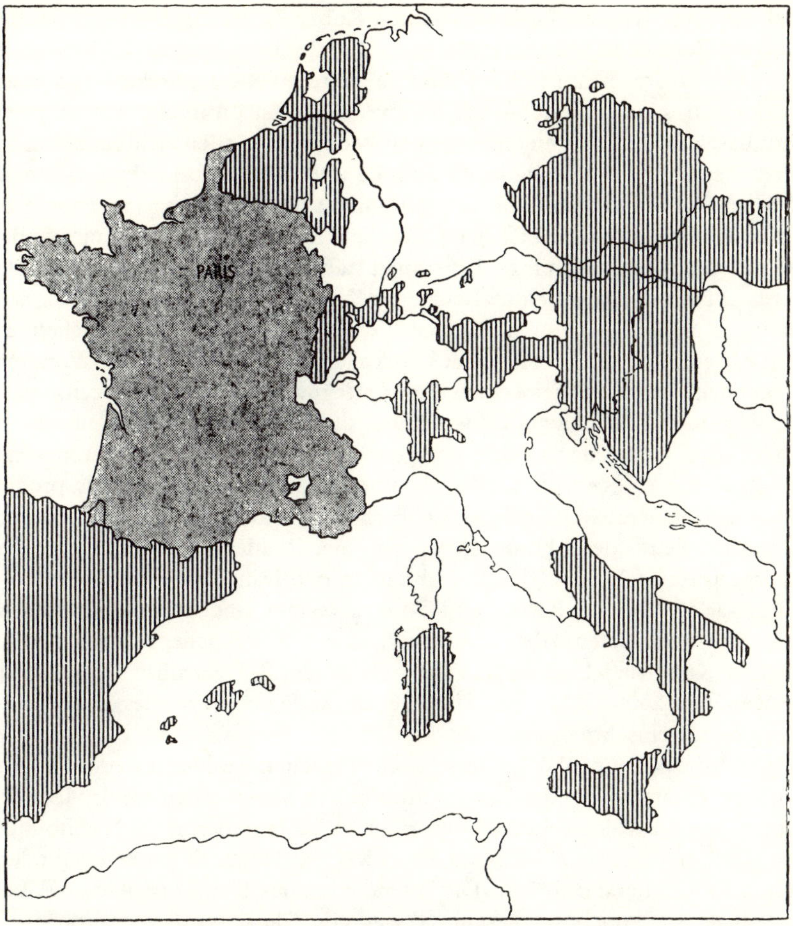

Frankreichs Einkreisung durch Habsburg um 1535.
Das gestrichelte Gebiet ist habsburgisch, das eintonige ist Frankreich, ist aber nicht alles in voller Botmäßigkeit des Königs. Avignon z. B. ist päpstliches Fürstentum. Das Reformationsrecht wird von Städten und hohem Adel in Anspruch genommen

von Versailles. Hier wird der König frei, um sein neues Weltbild auszudrücken. Versailles erwächst zum Palais du Soleil aus dem Garten. Die Gartenfeste eilen um ein Jahrzehnt dem Schloßbau voraus. Sie bereits machen Versailles berühmt. Hier werden die Wasserkünste einer wasserlosen Gegend abgezwungen. Das herrliche Vergnügen, die Natur zu bezwingen, wie es der Herzog von St. Simon nennt, hat Ludwig XIV. zu der reizlosen Gegend von Versailles verführt und an sie gekettet!

Seit dem 6. Mai 1682 ist Versailles die ständige Residenz. Es birgt 2200 Pferde, 1500 Offiziere und Beamte, 100 000 Kerzen brennen bei den Festen. Schon

1680 heißt es, Italien müsse nun seinen Ruhm in der Architektur, Skulptur, Malerei, Gartenbau, Wasserkünsten an Frankreich abtreten. „*Versailles seul suffit* pour assurer à jamais à la France la gloire qu'elle a à présent de surpasser tous les autres royaumes.“ — „C'est une ville, c'est un monde que ce palais.“ Und dieses Schloß, das eine ganze Welt bedeutet, ist allen sichtbar. Man kann selbst die Räume der königlichen Familie und diese selbst sehen. Alle Gitter fallen an den Sonntagen. Und „le grand objet où était le charme, c'est le roi“. Dieser König hat ein Leben der Öffentlichkeit gelebt wie wohl niemand vor ihm und nie wieder nach ihm. Er ist buchstäblich zu Lebzeiten ganz so in Glas ausgestellt worden wie Lenins Leiche im Kreml. Vom königlichen Nachtstuhl, Schnupftuch und Vapeur angefangen, entging nichts der öffentlichen Teilnahme. Beim Lever du roi ist ganz Frankreich im Oeil de Bœuf, im Vorzimmer versammelt. Là se tiennent chaque jour attendant le lever du roi ceux qui par leur naissance, leur charge, ou la volonté du souverain ont droit aux diverses entrées sans parler de la foule des gens de qualité, cardinaux, archevêques, ambassadeurs, ducs et pairs, maréchaux de France, gouverneurs de province, lieutenants généraux, présidents de Parlament qui viennent faire leur cour. Toutes les gloires de la France geben sich hier Rendez-vous. Das Genie dieses neuen gallischen Reiches drückt sich aus in den französischen Inschriften des Spiegelsaales, die von Racine und Boileau verfaßt sind und die an die Stelle der lateinischen treten. Aber auch das Schicksal des Reiches spiegelt sich hier. Für den Krieg ließ Ludwig XIV. zwischen dem 3. Dezember 1689 und dem 19. Mai 1690 2500 Gold- und Silbergegenstände aus Versailles in die Münze bringen und einschmelzen!

Dieser Hof des Sonnenkönigs zerstört alle örtlichen Residenzen und Schlösser. Denn der gesamte Adel des Landes muß sich in Versailles ansiedeln. Der dritte Herzog von La Rochefoucauld verbringt in 50 Jahren nur 20 Nächte außerhalb von Versailles. Die Schlösser des Adels werden zu Sommersitzen oder zu Jagdschlössern herabgedrückt. Die Intendanten des Königs regieren das Land. Das adlige Frankreich, die gesamte regierende Klasse wird zentralisiert in der neuen Residenz.

Versailles, das heute keine 30 000 Einwohner zählt, kam damals auf über 100 000!

Derselbe König, der noch einen Aufstand des Adels erlebt hatte, bricht so jeden Widerstand. Er schüchtert durch die Größe seiner Haltung ein, er heißt le grand monarque, sein erster Feldherr heißt der große Condé, die geistvolle Herzogin von Orléans heißt die große Mademoiselle, sein Zeitalter heißt le grand siècle. Außer Vergleich mit aller Tradition tritt dadurch alles, was in Versailles geschieht. Die neue politische Natur des Staates braucht einen nur dieser Natur des Staates vorarbeitenden, diese neue Natur herbeiführenden Mittelpunkt. Dieses Zentrum ist selbst nicht natürlich. Denn es will die Natur ja erst schaffen. Es ist das die Natur heraufzwingende Zentrum. Aber es ist auf die Natur angewiesen. Seine christliche Tradition allein kann ihm die neue

Autorität nicht verschaffen. Die Rückkehr zur Natur, auf der die französische Revolution beruht, beginnt eben mit den klassischen Spielen am Hofe Ludwigs XIV., an denen der König mitspielt, und Rousseaus Ideale haben nirgends liebevollere Verkörperung gefunden als in dem dörflichen Idyll, das Marie-Antoinette für sich und ihren Hofstaat im Park des Trianonschlößchens hat aufbauen lassen.

Derweil ist Paris eine häßliche, winklige Stadt; aber mit einer halben Million Einwohnern (1789 hat es 600 000) ist es die volkreichste Stadt Europas. Indes fast ohne Kunstbauten, ohne Schönheit beherbergt sie die vielen geschickten Handwerker, diese vielen Kaufleute, Priester, Mönche, Gelehrte, Bankiers, Advokaten und ihren Anhang. Von 1675 bis 1805 ist am Louvre nicht gebaut worden. Von 1645 bis 1687 stand im Stadthaus von Paris ein Standbild Ludwigs XIV., wie er einen aufrührerischen Pariser unter die Füße tritt. Paris ist in Ungnade. Eben deshalb kann Versailles triumphieren. Aber Paris behält etwas voraus vor dem neuen gallischen Mittelpunkt: Paris ist kein Produkt der französischen Könige. Es ist ursprünglich wie sie. Alle andern Gewalten der Länder der französischen Krone verblassen vor den Strahlen der aufgehenden Sonne: Adel und Bischöfe und — mit der Aufhebung des Edikts von Nantes 1685 — die Hugenotten. Die neue, große, aber gewaltsame Begründung des Königtums entwurzelt alle noch so festgegründeten Ordnungen des ancien régime. Da wird Paris ein fester Block einer Gegenrichtung. Seit der Verlegung des Hofes nach Versailles bildet sich in Paris die geistige Gegenbewegung aus, die Versailles überversaillen, die dortige Rückkehr zum Humanismus, zur Natur, zur Antike überbieten wird, um sich selbst, um Paris zu regenerieren. Die Wiedergeburt von Paris beginnt in dem Augenblick, wo Paris modern wird und moderner werden will, als Versailles ist und je werden kann.

1680 ist der Hof der Ausgangspunkt aller Neuerungen. Paris ist orthodox und konservativ. 1780 hat sich das Verhältnis umgekehrt. Paris hat sich entschlossen die Visionen Richelieus und der Könige zu eigen gemacht und ist bereit, sie zu übertreffen. Paris will an der Spitze der Zivilisation marschieren. Der König von Frankreich aber, der revolutionäre Schöpfer von Gallien, verschwindet vor den Blicken der Pariser in dem Gedränge des Adels von Versailles. Nicht den Hof, nur noch die Höflinge sieht man. Die Massierung der Aristokratie hat den Geist erstickt, der das Königtum nach Versailles geführt hatte, diesen Geist der Schöpfung einer neuen Natur aus dem Nichts. Seltsame Umwälzung gegen das 17. Jahrhundert. Heinrichs IV. Rechtgläubigkeit war immerhin zerbrechlich gewesen. Jedes Jahrzehnt des 17. Jahrhunderts betont stärker an dem Cäsar von Versailles seine Abstammung von Ludwig dem Heiligen. Der Geist des heidnischen Rom hatte den Cäsar in Versailles groß gemacht. Jetzt verblaßt Versailles vor dem neuen Athen, dem republikanischen Paris.

Der Gedanke des einheitlichen, des gallischen Frankreich war ein neuer, europäischer Gedanke gewesen. Vor ihm hatte die katholische Tradition des christlichen Frankreich kapitulieren müssen. An ihn, an den Geist von Versailles hatte die katholische Hochschule von Paris ihre geistige Rolle in der mittelalterlichen Geisteswelt abgetreten. Je mehr Versailles zum Inbegriff des Herkommens, der Mißbräuche des Adels herabsinkt, desto sinnloser wird diese Abtretung an die künstliche Schöpfung Ludwigs XIV.

Deshalb gehen alle Angriffe der französischen Aufklärung nur gegen das Herkommen und den Zufall der Geburt. „Herr Graf, weil Ihr ein großer Herr seid, haltet ihr Euch für ein Genie? *Ihr habt Euch die Mühe gegeben, geboren zu werden*, sonst nichts. Im übrigen seid Ihr ein recht ordinärer Mensch" (Figaro). Hingegen begeistert, ja identifiziert sich Voltaire mit Ludwigs XIV. Lebenswerk. Die französische Revolution hat bekanntlich den Stil ihrer Königszeiten nicht ausrotten können. Die Stile Louis XV. und Louis XVI. werden in dem bürgerlichen Frankreich des 19. Jahrhunderts eifersüchtig konserviert. Nicht das, was „grand" ist an Versailles, will man treffen mit der Kritik. Denn das *Große* ist gerade das naturalistisch-revolutionäre Element des Königtums. Man will das katholisch-feudale Element vernichten, das man so lange — gegen Valois und gegen die Bourbonen — einst gerade in Paris selbst verteidigt hatte.

Die berühmte Aufhebung des Edikts von Nantes 1685 zeigt recht deutlich die seltsame Durcheinanderwirrung der Grundhaltung beider Mächte, des Königtums und des Bürgertums.

Als Heinrich IV. 1598 dies Edikt erließ, da war er um der Stadt Paris willen wieder zur Messe gegangen. Den mächtigen hugenottischen Adel draußen im Lande schützte er mit dem Toleranzedikt.

Bis 1685 aber war ein Adliger nach dem anderen um der Hofgunst willen katholisch geworden. Nur noch Bürger, und zwar gerade die fleißigsten und geschicktesten, traf deshalb seit diesem Jahre die furchtbare Härte der Dragonaden und der Verbannung. In Paris aber hatte ein Jahrhundert den Glaubensfanatismus abgekühlt. Die unteren Stände trugen nicht mehr den alten Religionshaß. Man glaubte — dank dem Beispiel des Hofs, der seit Richelieu ja die ausländischen Protestanten unterstützte — nicht mehr an das Dogma, daß Staat und Kirche schlechthin identisch sein müßten. Und so kam zwar die Aufhebung des Edikts von Nantes, als letzte Konsequenz des Übertritts Heinrichs IV. neunzig Jahre zuvor, von der Seite des Königs her ganz folgerichtig. Aber Paris forderte nun diese Konsequenz nicht mehr, sondern begann gerade, gereizt durch Versailles, auf den neuen Geist der vernünftigen Natur, der von dort ausging, sich umzustellen! Paris nahm genau die Gegenpartei als unter Heinrich IV. Das Edikt von Versailles ist in ganz Frankreich grausam vollstreckt worden, nur in Paris nicht! Hier fürchtete man, die Klagen möchten zu laut werden! Zehntausende von Hugenotten (man hat behauptet über 100000) lebten also hier rechtlos im Staat, geschützt nur durch die Sitten von Paris! Paris blieb außerhalb der Verfassung.

Die Aufhebung des Edikts von Nantes ist deshalb die Wende der Zeiten, ist der Druckpunkt für die französische Revolution geworden, weil das Königtum

hier neben seinem neuen „gallischen" Prinzip auf sein altes, fränkisches zurückgreift. Ludwig XIV. ist ziemlich achtlos auf dieses Edikt von Versailles eingegangen, ohne zu ahnen, daß sein Versailles dadurch, daß dies Edikt auch „von Versailles" genannt wird, dauernd beschmutzt werden würde.
Aber gerade diese Achtlosigkeit ist bezeichnend. Es ist das erstemal, daß in Versailles selbst der alte christliche Geist des Königtums Herr werden konnte über den neuen Geist der „Größe"! Man hat den König weitgehend über die üblen Folgen seines Erlasses im unklaren gelassen. Er glaubte, geradezu den Wünschen vieler Hugenotten entgegenzukommen.
Versailles bot also keine Sicherheiten gegen die Hinterhalte des alten Frankreich. Es ist Ludwig XIV. umgekehrt gegangen wie dem Zauberlehrling. Dieser weiß, daß er mächtige Geister ruft, und wird sie dann nicht los. Ludwig glaubt, die Geister der Vorzeit schwach zu sehen. Er getraut sich, die bisherigen Träger dieser Geister, Adel und Klerus, an seinen Sonnenwagen zu ketten. Er ruft die Träger zu sich, weil er überzeugt ist, daß sie keine selbständigen Geister mehr sind, daß sie nur von der Sonne seines Geistes künftig sich nähren und Weisungen empfangen werden. Aber sein Geist wird selbst schwach. In den Gestalten, die er um sich sammelt, in den Tausenden von Herzögen, Grafen, Edelleuten, Bischöfen und Priestern und in all den schönen Frauen seines Hofes brechen seit 1685, also noch unter seiner Herrschaft, die alten Geister hervor, die jedem Stande, jedem Berufe, jeder Klasse der Gesellschaft ein für allemal eigentümlich sind. Sein „Nachfolger" Voltaire erst hat diese Revenants in die Gräber zurückgescheucht. Voltaire aber residiert nicht mehr in Versailles.
Die beiden ersten Stände, Klerus und Adel, sind in Versailles versammelt. Das fleißige, schaffende, handeltreibende Bürgertum, die Bauern auf ihren Äckern hatte der König nicht in Versailles konzentrieren können. Kein Zweifel, daß dieser Zentralist es sonst getan hätte, wenn es nur eben möglich gewesen wäre. Die Nichtbeteiligung des Landes an dieser Zentralisation äußert sich sehr handgreiflich. Im 18. Jahrhundert übernimmt die Zentralverwaltung aus den nichtfranzösischen Ländern der „Raubkriege", aus Ländern also, die durch die „Natürlichen-Grenzen"-Politik neu an die Isle de France anzugliedern sind, die Straßenfron. Diese Straßenfron aus dem Artois, Lothringen, der Freigrafschaft und dem Elsaß verbreitet sich binnen zwanzig Jahren durch das ganze Land. Adel und Geistlichkeit sind von dieser „Corvée" befreit. Sie ist eine neue Arbeitsdienstpflicht, durch die Frankreich ein Straßennetz erhält! 28 Straßen führten am Ende des 18. Jahrhunderts von Paris an die Grenzen: Sie messen 15000 km. 97 Straßen, trotz ihrer größeren Zahl nur 17000 km lang, führten von Grenze zu Grenze, ohne Paris zu berühren. Diesen 32000 km Straßen für zentrale Staatszwecke standen nur 20000 km Binnenstraßen gegenüber.
Der zweite große Traum war die Kanalisierung des Landes. Wie man in dem wasserarmen Versailles die Natur bezwungen hatte, so jagte ein Projekt das

andre, um „ein allen Provinzen gemeinsames Ausfallstor durch das Zentrum des Reichs“ zu finden, etwas „dem Kanal des Reichs der Mitte Ähnliches, das alle Provinzen direkt in Verbindung bringt“ (Grivel 1783). Oder: „Eine Verbindung des Mittelmeers mit dem Ozean“ wieder „durch das Zentrum des Reichs und die Hauptstadt“ (Bilistein 1764). „Vor lauter Eifer um das zentrale Kanalsystem ließ man die natürlichen Flüsse, die es verbinden wollte, versanden“, sagt Letaconnaux.

Die Natur, die man schaffen will, ist eben eine künstliche, klassizistische Natur. Die neuen Lasten dafür trägt der Bauer und Bürger. Der Adel und der Klerus genießen die Früchte.

Als der Sonnenkönig und seine Nachfolger das Konzentrationslager der herrschenden Schichten in Versailles nicht mehr in Schranken halten konnten, — und daß dem so sei, zeigte sich eben zuerst beim Edikt von Versailles — da meuterte der Teil seiner Landstände, den er in dies Lager nicht hatte einbeziehen können, an ihrer Spitze der tiers état, die Bürgerschaft. Denn daß die Generalstaaten des Königreichs seit 1614 nicht mehr zusammengerufen wurden, traf den tiers état allein mit voller Wucht. Und so verband sich dieser mit dem einzigen noch übrigen Ursprungsfaktor von Frankreich, mit Paris.

Von vorneherein war der Kampf für Adel und Klerus aussichtslos. Denn nur als Gespenst war ihr Geist in Versailles lebendig geblieben. Ihrer natürlichen Funktionen in den Provinzen beraubt, waren sie nicht mehr weder die Richter noch die Seelsorger des Landes. Als Stellen- und Pfründenjäger erschien diese Schicht dem 18. Jahrhundert.

Man wird fragen, weshalb diese gespenstische Abraumschicht des ancien régime überhaupt ein Jahrhundert überdauert, weshalb sie das Königtum in ihrem Sturze mitgerissen hat. Hat doch die Revolution von 1789 bis 1792 das Königtum immer wieder zu konservieren versucht. Wie wenig ihm ihr Ansturm galt, beweisen die Gestalten Napoleons I. und III. und des Bürgerkönigs Louis Philipp. Es gibt allerdings ein bestimmtes Ereignis, das erst den Sturz der ausgehöhlten Aristokratie und die Hineinziehung des Königtums in die Katastrophe unvermeidlich gemacht hat.

Um auf dies Ereignis zu stoßen, muß man auf die Lage des französischen Königtums innerhalb der christlichen Staatenwelt blicken. Die Könige von Frankreich waren christliche Könige geblieben, als sie Humanisten wurden. Das bedeutete etwas sehr Reales, nämlich daß sie einer Religionspartei des Abendlandes angeschlossen blieben. Den beiden Religionsparteien der katholischen und protestantischen Obrigkeiten des 16. Jahrhunderts gemeinsam war nämlich zunächst aus dem Mittelalter die unbestrittene Gliederung der Gesellschaft unterhalb der Obrigkeit des Fürsten in Geistlichkeit, Adel und Bürgertum. Die Könige von Frankreich gründeten ihre Stellung wie alle Fürsten, Katholiken und Protestanten, auf ihren Stammbaum. Aber Heinrich IV. war nur im 20. Grad mit den Valois verwandt. Deshalb hatte er die zweite Stütze der Legitimität gebraucht, die sakrale Weihe als katholischer Herrscher.

Sie waren katholisch. Die sakramentale Weihe mit dem Öle des heiligen Ludwig — die Krönung heißt französisch noch heute le sacre! — macht den König von Frankreich. Diese ihre kirchliche Wurzel war freilich längst angekränkelt. Bereits Franz I. hatte sich gegen das Oberhaupt der Christenheit, den Kaiser, mit dem Sultan verbündet! Die Könige, die im Dreißigjährigen Kriege die Protestanten schützten und die von Versailles aus mit dem Papst aufs heftigste um die gallikanischen Freiheiten ihrer Kirche fochten — unter Ludwig XV. wurde das Breviergebet auf Gregor VII. in Frankreich verboten —, waren fast so wenig katholisch wie irgendein anderer Fürst in Europa. Nur an einem Punkte zeigte diese Wurzel noch ihre Kraft: im Punkte der gemeinsamen Schulung der Geister, in der Lehre.
Die Truppe nun, durch die das abendländische Papsttum seine Lehre in dem neu sich bildenden weltlichen Raum von Europa noch verbreiten konnte, waren die Jesuiten. Es ist die große Tat der Spanier, das Abendland um volle zwei Jahrhunderte in Europa aufrechterhalten zu haben. Die Jesuiten haben das mit ihren glänzenden lateinischen Schulen, Theaterstücken und Schriften in allen Ländern vermocht. Ohne reale Träger wird jede geistige Arbeit eine leere Phrase und löst sich in Dunst auf. Ohne Jesuiten hätte die natürliche Lage die Nationen auch viel schneller seit der Reformation zersetzt, als es so schon geschehen ist.
Die Jesuiten stellen daher im Regierungssystem der französischen Könige einen wichtigen Faktor dar. Sie allein beweisen — alles andere wäre papierene Deklamation gewesen —, daß die Könige des neuen Gallien ihr Reich nicht allein im werdenden Europa suchen, sondern auch aus dem Abendland weiter herleiten wollen.
In den Anfängen Ludwigs XIV., der den Adel lahmlegt, wird auch der Jesuitismus angesichts der großen Neuerungen des Zentralstaats übersehen. Die Nation liebt den König. Seit der Aufhebung des Edikts von Nantes, seit dem Erwachen eines Widerstandes der Nation, wird mit dem Instinkt des Hasses auch der Kampf gegen die Jesuiten eröffnet. Zuerst kam die fürchterliche Satire Pascals. Dann wurde ihre genialste Tat, die Ausbildung der chinesischen Riten — heute Gemeingut aller christlichen Missionare — denn diese Riten bedeuten nicht mehr und nicht weniger als die entschlossene Entnationalisierung des Christentums —, in einem fast hundertjährigen Prozeß so lange angeklagt, bis der Papst die Riten verurteilte. Erst lächerlich gemacht, dann verurteilt, ging der Orden zugrunde. 1762 werden die Jesuiten durch Spruch des Pariser Parlaments aus Frankreich ausgewiesen. 1773 erreichen die katholischen Fürsten beim Papst die Aufhebung des Ordens. Wohlgemerkt, es waren die katholischen. Der protestantische König von Preußen und der orthodoxe Zar boten ihnen Asyle an.
In diesem Augenblick hörte also Frankreich auf, in einer geistigen Einheitswelt zu liegen. 1761 ist nur noch Europa da.
Dies Europa aber ist an sich nur erst ein geographischer Begriff. Ohne ge-

meinsame geistige Organe, ohne gemeinsame Lehre, Missionare, Soldaten, Lehrer und Sprache, ohne Schulen und Ämter, muß dies Europa unfehlbar in Kriegen, Mißverständnissen, Gegensätzen sich zerfleischen — so wie es sich dann von 1914 bis 1918 zerfleischt hat —, wenn nicht eine europäische Einheit an die Stelle der abendländischen treten kann. Die Franzosen, in ihrem Staatsgedanken Gallier, sind die geborenen Europäer. Alles Neue an ihrer Existenz drängt sie darauf, Europa zu repräsentieren und für Europa die unentbehrlichen Organe zu schaffen. Das haben sie auch geleistet. Sie erst haben den rein weltlich-geographischen Mythus Europa durchgesetzt, nachdem er durch Jahrhunderte vorbereitet worden war.

Aber das Königtum kann da nicht mit. Es war vornational-abendländisch gewesen und national-blutstolz und hatte zu beidem hinzu den Traum von den natürlichen Grenzen Galliens träumen können. Aber international konnte das Königtum von Versailles nicht werden, weil es durch die Legitimität festgelegt war auf das legitime Chaos der Dynastien. Denn worauf sollte sich sonst ein König von Frankreich stützen seit 1761? Seine Aufgabe, ein werdendes Gallien zu regieren, mochte er immerhin wie Richelieu „natürlich" erklären. Sein Dasein als König, seine Herkunft als Monarch war so nicht zu rechtfertigen.

Solange also die Jesuiten durch alle Länder hindurch lehrten, war das Königtum noch durch ihre universale Doktrin mitgetragen. Mit der Aufhebung des Jesuitenordens blieb dem König einzig und allein die Berufung auf seine Legitimität übrig. Das bedeutete aber nichts anderes, als daß seit diesem Jahre 1761 das Königtum sein Geschick auf Gedeih und Verderb an das des *Adels* überhaupt knüpfen muß. 1761 verliert das Sacre des Königtums endgültig seine sakramentale, seine überblutsmäßige, geistig-amtliche und universale Begründung. Der König ist nur noch als der erste Adlige, als einer dieser privilegierten Aristokraten, als der Mann der Habsburgerin Marie Antoinette, also aus irrationalen Gründen in seinem Dasein zu begreifen. Die universale Wurzel seiner Macht ist durchschnitten. Das Moderne seiner Zentralstaatsleistung und seiner Politik der natürlichen Grenzen wird von Paris übernommen, das den dritten Stand mit sich reißt und das in universale Gültigkeit hinausstrebt. Das Königtum geht an seiner bloßen Legitimität zugrunde. Die Royalisten des 19. Jahrhunderts, die sich Legitimisten nannten, waren kraft dieses Wortes viel weniger Anhänger des Königtums als der Adelsvorrechte. — Der Gesetzgeber ist nie legitim. Den Herrscher legitimiert sein Ursprung aus geschichtlicher Notwendigkeit, aus den Urgründen des Geistes. Und er legitimiert dann erst alles andere. In der Legitimität versteift sich also recht eigentlich der Widerstand der Adelsrevolution, die England für Europa durchgekämpft hatte, gegen die Bürgerrevolution. Das Königtum segelt dabei im Schlepptau des Adels! Ein Brief des Enzyklopädisten Diderot bemerkt, daß mit der Aufhebung des Jesuitenordens die absolute Monarchie in Frankreich zu Ende sei.

Die französische Nation im ganzen hat noch lange die Folgerungen nicht zie-

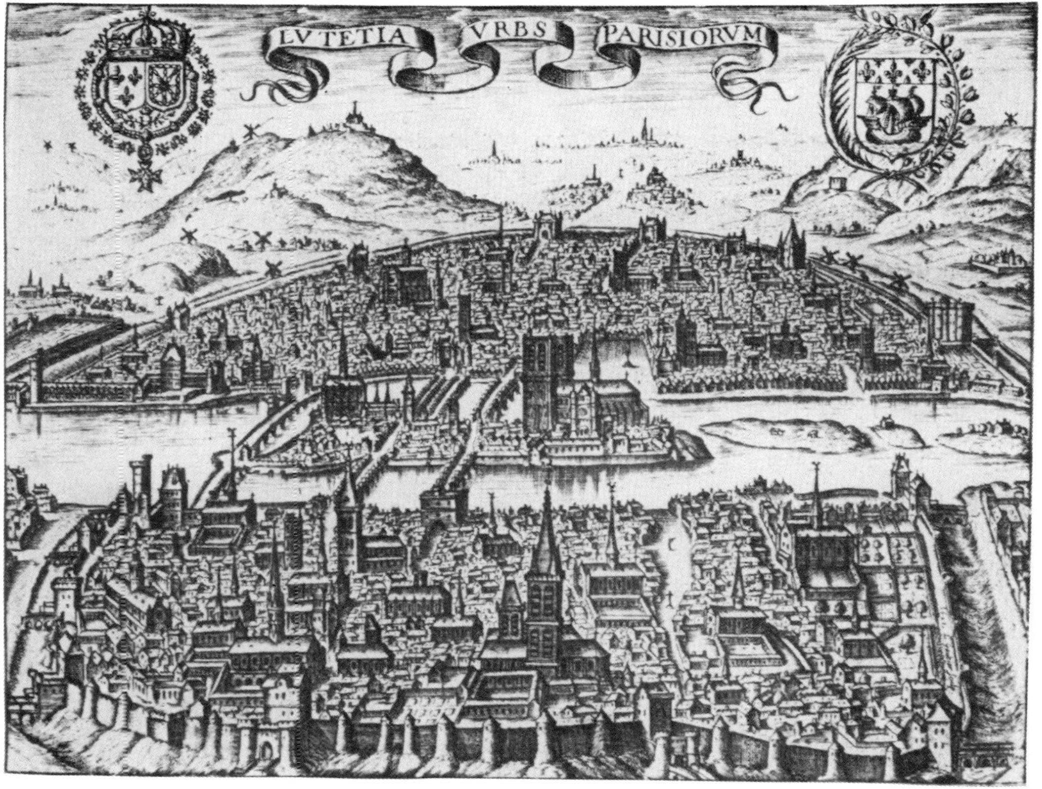

15. Paris 1610

16. Der Traum der Scholastik und ihrer „Spiegel“:
Das Herz sogar wird sichtbar. St. Thomas von Aquino lehrt (Fra Angelico).

hen wollen. Die neue Bewußtseinsbildung hat in Frankreich eine Weile gebraucht. Wie in Deutschland nach 1521 immer wieder von Konzilien die Rede ist, so in Frankreich nach 1789 von Königen und von Versailles.
Der Pöbel von Paris hat bekanntlich den König aus Versailles gewaltsam entführt. Der Instinkt der Masse hatte recht, so scheußlich die Aufführung der Marktweiber, der dames de la halle, gewesen sein mag. Er sollte heraus aus dem Adelshag; nur wenn das möglich war, konnte man beim Ausrotten des Adels und der Privilegien den König schonen.
Aber eine solche Trennung von König und Adel, die an sich möglich ist — etwa in Preußen ist sie eine Zeitlang gelungen —, erweist sich als unmöglich durch die königliche Familie.
Nach dem Bastillesturm sind Prinzen die ersten Emigranten. Daß nur der Aristokrat noch übrig war, zeigte sich im Augenblick der Flucht nach Vincennes, in dem empörten Aufwallen der Kaiser und Könige der Legitimität im ersten Koalitionskrieg. Das Manifest des Herzogs von Braunschweig bedeutet deshalb die Wende in der französischen Revolution. Die letzte unbestrittene Funktion des Königs entgleitet ihm damals, die Ruhmestat, durch die das moderne Frankreich geschaffen wird, die Kriegsführung, muß ohne König stattfinden! Der König und seine Sippe sind im Gegenteil mit ihrem Herzen im Lager der Alliierten. Damit ist sein Schicksal und das seiner Familie entschieden. Die wichtigste Tätigkeit des Gründers von Versailles geht in die Hände der Nationalversammlung über. Sie hat das Kunststück, als vielköpfige Versammlung den Krieg zu führen, so lange fertiggebracht, als der Feind auf gallischer Erde stand. Die Vision Gallien hat sich 1792 stark genug erwiesen, einmal das Unmögliche möglich zu machen. Es ist das die Feuertaufe der Revolution. Hier erst entdeckt sie ihre Aufgabe, Richelieu und Versailles zu beerben, deren Geschichtsbild zu vollstrecken.
Als es gilt, das Ausland diesem Bilde nach zu gestalten, erlahmt die revolutionäre Flamme, die das Bündnis zwischen dem Volk von Paris und dem Tiers État zum Siege befähigt hat. Napoleon tritt auf und schafft zu Gallien hinzu das moderne Europa, in dem Gallien beruhigt leben kann. Die ersten Organe dieses neuen Europa können sich unter ihm bilden, die politischen Parteien, die auf ein abstraktes Programm in einem wie im anderen Lande schwören. Gallien hat der Konvent, Europa hat Napoleon geschaffen.
Die Kombination Nationalversammlung—Napoleon wiederholt sich noch einmal, nur in der Reihenfolge Napoleon 19. Juli bis 2. September 1870, Thiers und Gambetta und Jules Favre in den darauffolgenden sechs Monaten. Immer rettet die Invasion die republikanische Verfassung, so auch 1914. Auslandskriege sind die Sache Louis Philipps oder Napoleons III. Soviel über die Beerbung des Königtums in der Führung.
Aber auch von Versailles bleibt etwas übrig. Und zwar hat wohl der kriegerische Zusammenstoß mit der Außenwelt den Franzosen die Augen für seine Rolle geöffnet. Versailles war tot, ein Museum. Da kam 1870. Als man Ranke

nach dem Sturze Napoleons fragte, mit wem Deutschland denn den Krieg führe, hat der Deutsche, dem kein Zoll breit von den „natürlichen Grenzen" abgetreten werden sollte, nicht wohl anders antworten können als: „Mit Ludwig XIV." Vielleicht daß durch solche Ideen die deutsche Kaiserproklamation in Versailles am 18. Januar 1871 zustande gekommen ist. Sie hat Frankreich im Tiefsten aufgerührt, wahrscheinlich zur großen Verwunderung der adligen und protestantischen Preußen; aber wer die Erbfolge aus dem Abendland der Kaiser und Päpste über Versailles zu dem Frankreich von 1789 geistig durchschritten hat, muß selbst als Ausländer diesen Affront nachfühlen. Im Führer durch Versailles von Beaugré (1924) steht zu lesen über den Spiegelsaal: „Ce fut ce lieu tout frémissant de toutes les gloires françaises que par un défi aujourd'hui vengé Guillaume Ier, roi de Prusse choisit pour y ceindre la couronne impériale, le 18. janvier 1871. Enfin le 28. juin 1919 l'acte . . . brisa l'hégémonie germanique au lieu même où quarante années auparavant s'exalta son orgueuil."

In Paris ist damals Kommunistengefahr. Da hat von 1871 bis 1879 in Versailles das französische Parlament residiert. Hier ist mit einer Stimme Mehrheit die republikanische Staatsform votiert worden und die Erhebung des 14. Juli, des Tages der Bastille, zum Nationalfeiertag.

Und in der heutigen französischen Verfassung steht der Satz, daß die Wahl des Präsidenten der Republik durch Senat und Kammer in Versailles stattfinden muß, statt in Paris. Wer weiß, ob in dem Gestürm von Paris 1919 nicht Clémenceau, der Vater des Sieges, so wie man ihm versprochen, die Präsidentschaft errungen hätte. In dem ruhigen Versailles wurde der ruhige Bürger und Paralytiker Deschanel gewählt. Die bloße Legitimität der Republik verschanzt sich auf diese Weise heut in Versailles, wie einst die der Könige. Denn Versailles ist eine französische Landstadt inzwischen geworden. Paris aber ist selbst heut nicht einfach eine Stadt des französischen Landes. 1940 hat die Nation Paris nicht zerstören lassen. Die Folge war Pétain. Im zweiten Weltkrieg wurde demgemäß nicht nur der französische, sondern der gesamte europäische Nationalismus aufs Haupt geschlagen.

2. Die Hohe Schule von Paris

Paris hat schon Heinrich IV. 1589 l'abrégé et le miroir Frankreichs genannt, ein Vers seiner Anhänger aber sogar l'âme et le cœur (Herz und Seele) de la France. Dennoch oder gerade deshalb ist Paris keine französische Stadt. Denn den Namen „Franzosen" tragen gerade umgekehrt die Bewohner Galliens deshalb, weil sie die von der Isle de France und ihrer Hauptstadt Paris aus beherrschten Provinzeinwohner sind. Paris, heut das „Mekka der Zivilisation" für die reisenden Amerikaner, Asiaten, Balkanbewohner und für die Romanleser, die jede Gasse in Paris aus den Romanen besser kennenlernen als ihre eigene Heimat, ist auch schon im Mittelalter die geistige Hochburg des gesamten Abendlandes. Das Imperium aus der Hand Karls des Großen war dem unverwelschten Teil des fränkischen Heervolkes, dem „deutsch", d. h. königsfränkisch sprechenden und seinem Anhang unter den Stämmen des Imperiums verblieben. In Italien lag Rom, das mit Lateran und Vatikan das Sacerdotium verkörperte. Aber in Gallien lag die Erbin der Aachenschen und Clunyschen Theologie, die Hochburg des Studiums, lag Paris.

Die Hohe Schule von Paris ist im Zeitalter der Kreuzzüge entstanden. Der westfränkische Adel hatte Jerusalem erobert, und das Heilige Grab schien der Mittelpunkt des Abendlandes werden zu können. In Italien gewann der Papst den Vorrang vor dem Kaiser in der Herrschaft über den Klerus. Die deutsche kriegerische Macht wandte sich erneut missionierend und auch kreuzzugbegeistert dem osteuropäischen Binnengebiet zu. Die Normannen richten ihr Lehnsreich in England ein. Spanien wird von Toledo aus dem christlich-päpstlichen Abendlande wiedergewonnen. Die alten Überlieferungen der karolingisch-fränkischen Zeit lösen sich damit auf. Ungern nimmt man von ihnen Abschied. Da, um 1100 wird in dem mächtigen Sagenkreis um Karl, im Rolandslied, die alte fränkische Reichseinheit noch einmal verklärt, die Zeit, da der fränkische Stamm, deutsche und welsche Hälfte ungeschieden, auf der Insel der Franken in der Seine und in Reims ebensogut herrschte wie in Aachen und Frankfurt, wo Gallien, Germanien, Spanien und Italien einem Zepter und einem Schwert gehorchten, dem des christlichen Kaisers Karl.

Die geistige Verklärung dieses „altfränkischen" Weihekaisertums ist das französische Rolandslied. Die romanisierten Bewohner der Römerprovinz Gallien bekennen sich in ihm als Untertanen des von den Franken den Namen tragenden Francien. Aber gerade weil die Nichtfranken in Gallien überwiegen, haftet der Name der Franken im Vollsinne an der Isle de France, an dem Gebiet von Paris. Hier sitzen die echten Franken, die Francs de France. Wer dem Herrscher dieser Isle de France untertan ist, wird künftig zu den Franzosen rechnen. Ganz Frankreich wird als lehnbar von dem König der Isle de France fingiert: Nulle terre sans seigneur. Die ganze Landfläche zentriert um die Isle de France. Um ein bestimmtes Hauptgebiet also gruppiert sich die Idee des französischen Volkes schon damals, wo anderwärts noch personale Stammesnamen (Sachsen, Normannen usw.) herrschen.

Übersichtlich im Raum ordnet bereits der Ahnherr der Hochschule von Paris, Abailardus, den Wissensstoff eines Jahrtausends. In seiner Methode des Sic und Non, des Ja und Nein, erschafft er das philosophische Räsonnement über den Geistesschatz der christlichen Antike. Der Stoff liegt vor ihm zeitlos — gleichzeitig ausgebreitet von Paulus bis zu Alkuin, von den Beschlüssen des Apostelkonzils bis zu denen des 8. universalen Konzils von 870. Dieses Stoffes gilt es nun inne zu werden, und in diesem Innewerden muß man ihn in Einklang bringen miteinander, in Konkordanz. In Bologna ist die große Konkordanz des Kirchenrechts entstanden. Für das Reich der Gedanken, Dogmen und Ideen hat Abailard das große Beispiel der neuen Methode gegeben. Diese

Methode ist weltlich-räumlich. Sie ist gleichgültig gegen die Zeit, zu der ein Wort fällt. Der Gedanke steht im Raum der Gedanken neben allen anderen Gedanken, Begriff neben Begriff steht unangreifbar hier im Gedankengebäude der Schule, der Scholastik. Diese Begriffe sind mehr als fein ziseliert, sie schnörkeln und winkeln und überschneiden einander, um die 10000 Väterstellen zu harmonisieren. Aber so künstlich die Architektur dieser Begriffe ist — es ist Architektur, d. h. diese Methode stellt den Geist vor als gleichmäßig und gleichmütig. Ebenmäßig in jedem Gehirn und in jedem Moment präsent, gegenwärtig. Identisch ist Begriff und Begriff in allen Gehirnen, die in diese Schule gehen. Der Gedanke verbindet jeden Denkenden mit jedem anderen. Wenn Baukunst gefrorene Musik ist, so ist Philosophie stehender Geistesstrom, dauernde Wahrheit, für alle gleich, für alle eine, verallgemeinernd, generell. Abailard ist der Vater der scholastischen Methode. Wenn er nach dem Unglück seines Lebens, der brutalen Trennung von Heloise, ein Kloster dem Paraklet stiftet, dem Tröster Geist, so ist dieser Tröster der Tröster der Denker, der Gott, der in bedenklicher Gefahr ist, mit der konzentrierten menschlichen Geisteskraft verwechselt zu werden. Der Satz Gott sei Geist wird im Reich der Schule und der Denker fast stets verkehrt in den Satz: Der Geist ist Gott. Wo der Geist der Wissenschaft herrscht, dringt der Kult des Genies, des Esprit, des Menschengeistes herauf. In der alten Kirche war aus dieser Sorge vor aller Gnosis, d. h. vor dieser Selbstvergötterung der Philosophen verboten, daß ein Gotteshaus dem Heiligen Geist allein geweiht werde. Abailard überschritt mit dem Namen seines Klosters diese Schranke. Als seine Lehre kirchlicher Zensur verfiel, blieb das Sic et Non, sein Hauptwerk, unangetastet und ebenso das Kloster Paraklet. Innerhalb des Johanneischen Geistesstrebens aller Revolutionen des zweiten Jahrtausends hat die französische Revolution den subjektiven Geist der Denker und Künstler, den empfänglichen Genius, vergottet. Die sinnliche Leidenschaft wird hier heraufgesteigert zu geistiger Empfängnis. Die Gluten des Eros entzünden die Zeugungskraft des gereizten Geistes. Und nun steht schon am Eingang der Geschichte der Hochschule von Paris der Briefwechsel zweier Liebender: eben Abailards und Heloise. Die Sippe der Geliebten läßt den Abailard überfallen und grausam entmannen. Nun erhebt sich Abailards Schaffen zu genialer Höhe. Zehn- oder zwanzigtausend Schüler soll Abailard auf dem Berg der heiligen Genoveva angelockt haben durch seine geistvollen Vorträge. Die offizielle Kirche mit ihren Kathedralschulmeistern steht vor einem Rätsel, dem Rätsel der Wirkung des Genies. Und geniale und korrekte Leistung stoßen aufeinander. Dies ist seitdem das geheimste Unterscheidungszeichen von Paris geblieben.
Aachen war die Schule des Hofklerus und einer Hoftheologie, die dem König und christlichsten Kaiser, dem neuen Salomon, die Erneuerung der Reichskirche ermöglicht hatte. Das Cluny des 11. Jahrhunderts war eine Klosterschule. In Paris herrscht vom ersten Tage an die Mehrzahl. Die Hochschule von Paris beruht auf dem Wettkampf mehrerer Schulen. Gegen Abailards un-

erhörte Lehrerfolge auf dem Mont St. Geneviève, also links der Seine, ums Jahr 1125 erhob sich eine andere Schule am anderen Ufer, im Schatten von Notre Dame. Die Mehrzahl der Schulen blieb, als der König sie dem Schutze des Bischofs von Paris unterstellte. Notre-Dame und St. Geneviève blieben voneinander selbständig. Von daher blieb der Reichtum der Meinungen, die Mehrzahl der Interessenschichten, die in Paris ihre Rechnung fanden. Das, was zum Unterschied von allem „geistlichen" ein rein geistiges Leben ist, das hat Paris entwickelt und vermittelt es bis heut. Der Geist setzt eine zweite Welt neben die wirkliche Welt: die Welt der Spiegelbilder, die den Kopf erfüllen, der sich über das Gewimmel der Welt beugt und sie auf sich wirken läßt. Das Wort „Spiegel" und „Spiegelbild" ist ein Lieblingswort für die großen Bücher der Scholastik. Diese Luftspiegelung der Erde im Kopf des Menschen hat leider diesen gut scholastischen Namen nicht behalten. Wir müssen griechisch „Idee" oder lateinisch „Reflexion" nennen, was der französische Kopf in tausendfacher Facettierung seines Prismas an Esprit über die Welt hervorbringt.

Die wetteifernden Meister der Pariser Schulen aber nannten ihre Schriften Specula. Die „Spekulationen" der Philosophen und der Mystiker, der Theologen und der Physiker sind also Spiegelungen der Wahrheit. Nur in der Entartung des Worts „Spiegelfechterei" erinnert leider unsere Sprache an diese große Tatsache. Den Franzosen ist das Prismatische der Ideen immer bewußt geblieben. Die Kunst hat einer ihrer Großen definiert als „die Natur, gesehen durch ein Temperament".

Die geistige Welt muß aber immer anders sein als die wirkliche, die sie spiegelt, weil sich das Licht in den Köpfen prismatisch bricht. Aller Geist ist dialektisch. Das geistliche Leben der Kirche kennt keine Dialektik. Es lebt im Paradox. Das sogenannte Geistige aber lebt von den Einseitigkeiten der Facettierung. Die Dialektik ist eine menschliche Eigenschaft unseres irdischen Verstandes. Sie ist die Form, in der unsere Vernunft tätig wird. Dort wo die Natur vom absoluten Kältepol bis zur Sonnenglut unmerklich tausend Grade abstuft, da setzt unser Geistesspiegel kühn sein Warm oder Kalt; ebenso setzt er sein Schwarz oder Weiß, sein Ja oder Nein. Aber an sich ist nichts weder gut noch böse, das Denken macht es erst dazu. In Paris wird diese Dialektik in großen Schulen gelehrt. Alle wichtigen Dinge, die möglichen Wertreihen des Gut und Böse, Warm und Kalt, Ja und Nein, werden in Schulen verkörpert und gegeneinandergestellt. Hier lebt nun die Wirklichkeit in diesen dialektischen Wahrheiten mehrerer Schulen. Gerade dank ihrer Gegensätzlichkeiten können also die Schulspiegel die ganze Wahrheit zu umfassen glauben. Denn jeder Satz ruft seinen Gegensatz. Nur wo alle Sätze repräsentiert werden, darf ungestraft der Geist räsonnieren. Die ungeheure Kühnheit des französischen Geistes beruht auf dem Reichtum der Reflektoren und Refraktoren, in denen sich von jeher in Paris die Wahrheit spiegelt und bricht. Paris ist die Hochschule der mittelalterlichen Welt nur solange geblieben, als es diesen prismatischen Charakter behauptet hat. Solange blieb bei Frankreichs Nation innerhalb der Kirche das „studium", als Paris mehr als eine Schule in sich verkörperte. Paris konnte das Gehirn der Welt des 12. und 13. Jahrhunderts sein, weil es Abailard und Notre-Dame, Episcopale und Mönche, Dominikaner und Franziskaner in seinen Mauern gegeneinander lehren ließ. Kraft dieser Tradition leistet die Stadt der königlichen Frankeninsel etwas Einzigartiges in der Arbeitsteilung der abendländischen Kirche. Sie ist die Vorbereiterin, Vordenkerin, Forscherin für das, was später in Rom formuliert, kanonisiert und dogmatisiert werden kann. Kaiser, Papst und Paris sind die drei Faktoren der mittelalterlichen Kirche. Paris ist unter diesen dreien machtlos. Denn die Denker lähmen einander stets durch die Dialektik, den Zwiespalt des Für und Wider, auf dem alle Philosophie beruht. Aber wenn es machtlos ist, so ist es deshalb nicht ohnmächtig. Mit der Fackel des Geistes leuchtet es in den Schatzkammern des christlichen Geistes die Gänge ab, in denen unerschlossene Goldadern zu finden sind. Weil alle Finderleidenschaft in diesem Bergwerk sich als Erinnerung an alte Lehre, als geistiger Ahnenkultus einkleiden muß, deshalb kann der Verstand und das Räsonnement der Scholastik die Rolle des rückwärts gewandten Propheten im mittelalterlichen Drama spielen. Um ein bis zwei Generationen denkt Paris den Zentralinstanzen in Rom vorauf. Das berühmte Beispiel dafür gibt das Verhalten des Römischen Stuhles zu dem Studium des Aristoteles in Paris. 1230 wird es vom Papst den Parisern verboten, 30 Jahre später ist diesselbe Studium die Grundlage des Schemas des Doctor angelicus, des göttlichen Thomas von Aquino, der seit 1248 in Paris lehrt und den die Kirche heut „divus" nennt.

Ein solcher Umschwung setzt zweierlei voraus: die Autorität des Verbietenden einerseits, die Energie des Pioniers, der während dreißig Jahren unverstanden bleibt, andererseits. In Rom bestimmt man das Zeitmaß; in Paris eilt man der Zeit vorauf und man weiß aus jahrhundertelanger Erfahrung, daß es Märtyrer des Geistes geben muß. Der Begriff des Vorläufers ist ein unentbehrlicher. Auch die antike Kirche hatte in Alexandrien, in Antiochia und anderwärts solche Stätten geistiger Vorwegnahme besessen, die dann von Rom her in ihrem Aufmarsch kontrolliert und temperiert wurden — man denke nur an das Schicksal des Origenes. Karl der Große hatte nicht nur in Rom die Kaiserwürde empfangen, er hatte auch seinem Hofklerus den Aufbau einer eigenen Kapellentheologie ermöglicht, die auf Rom antreibend wirkte. In der Gestalt des mittelalterlichen Paris sind diese Ansätze zu einer Arbeitsteilung im Leben der Kirche aufs höchste gesteigert worden.

Aber kaum einen Augenblick ist das Gleichgewicht der Kräfte zwischen Papst, Kaiser und Paris wirklich dreiteilig. Die Demütigung des Papsttums in Avignon steigert das Gewicht von Paris. Auf den Konzilien des ausgehenden Mittelalters glauben die Doktoren der Sorbonne (so hieß die Theologenfakultät nach ihrem wichtigsten Kolleg) zu triumphieren. Ihr Ideal ist die Doktorenkirche. Und die Konzilien scheinen diese Herrschaft der „Geister" zu verwirklichen in dem beschränkten, menschlich-vernünftigen Sinne, der den Schulgeist und die Denkkraft mit dem Spiritus Sanctus der Kirche fast gleichsetzt. Esprit hat im Französischen eine viel umfassendere Bedeutung als bei uns, weil es die objektive Geistesfülle und den subjektiven Geistesreichtum beides ausdrücken kann.

Die Konzilien (von 1409, 1404 bis 1418, 1431 bis 1449), diese Professorenparlamente des mittelalterlichen 1848, sind der Versuch der Selbstvergötterung von Paris. Selbstanbetung ist stets der Anfang vom Ende; sie tritt ein, wenn der ursprüngliche Trieb bereits erlahmt. Dieser ursprüngliche Trieb aber war die *Konkurrenz der Geister*, die Rivalität zwischen Esprit libre und Esprit de corps, zwischen Meisterlehre und Schulunterricht. Dieser Trieb geht mit dem Überspringen der Hochschulgründungen auf Deutschland und den ganzen Osten der Pariser Hochschule verloren. Sie verarmt an europäischen Spannungen. Sie verliert viele selbständige Geister an die neuen Fürstenuniversitäten (Prag, Heidelberg usw.). Und schließlich mit der Gründung des Jesuitenkollegs in Rom 1581 hört die Sorbonne sogar auf, faktisch die erste päpstliche theologische Fakultät darzustellen. Paris wird das Opfer der Reformation und Gegenreformation. Frankreich blüht auf, Paris aber droht ganz in Frankreich hineinzufallen.

3. Die Erbschaft aus dem Mittelalter

Aber hier in eben diesem Zeitalter, in dem die Sorbonne ihre internationale Bedeutung endgültig einbüßt, zeichnet sich doch bereits die geistige Erbschaft scharf ab, die aus der mittelalterlichen Ordnung dem französischen Paris verbleibt. Diese Erbschaft hat einen doppelten Inhalt. Die eine richtet sich auf den kleineren nationalen Raum der „France". Die Meinung von Paris entscheidet zwar nicht mehr über die Geistesentwicklung der Christenheit, aber sie entscheidet über die politische Haltung von Frankreich. Die Sorbonne zusammen mit dem Papst kämpft gegen den reformierten Heinrich von Navarra. Heinrich IV. muß Paris mit einer Messe erkaufen. Dieser Ort kennzeichnet sich dadurch als viel mehr als ein Ort in seinem Königreich. Er ist ein Kleinod eigener Leuchtkraft, ohne dessen Licht kein echter Königsglanz sich bilden kann. Paris ist keine Schöpfung der Könige von Frankreich. Das ist sein Geheimnis. Paris liegt im Abendlande; genau wie die Könige selbst ist es vorfranzösischen Ursprungs. Die Könige der Isle de France und die Hohe Schule der Isle de France sind beide Mitschöpfer Frankreichs. Aber der abendländische Charakter der Stadt welkt dahin: Am 14. Mai 1590 war noch ein feierlicher Zug von 1300 Klerikern durch die Stadt gezogen, mit dem Rektor an der Spitze, um gegen Heinrichs von Navarra Königtum zu protestieren. Die Prozession sollte die großartige Antwort der Sorbonne unterstreichen: „qu' Henri de Bourbon étant hérétique, relaps et nommément excommunié, ne pouvait être reconnu pour roi, même s'il obtenait son absolution du Saint Siège, vu que la

perfidie et la dissimulation étaient à craindre de sa part." Heinrich von Bourbon als Ketzer, rückfällig und namentlich exkommuniziert kann als König nicht anerkannt werden, selbst wenn der Papst ihn absolviert! So hatte die Sorbonne erklärt.
Und nun war Heinrich Bourbon doch König geworden. Er hatte zwar auf die Vollgewalt der Fürsten verzichtet, die Religion des Staates von sich aus zu bestimmen. Er war also katholisch geworden, wie Paris katholisch geblieben war. Aber die Sorbonne hatte nicht mehr über seine Person zu befinden gehabt, so wenig wie man ihr erlaubt hatte, die Zulassung der Jesuiten zu hindern.
Hier wurzelt der tragische Konflikt zwischen dem Könige von Frankreich und dem Geist von Paris, der das 17. und 18. Jahrhundert durchziehen wird. Rein räumlich werden wir ihn im Kampf zwischen Versailles und Paris verfolgen. Aber auch geistig hat der Konflikt einen Ausdruck gefunden in dem Kampf zwischen den Jesuiten und Port-Royal. In diesem großen Kampf ist Paris als solches ausgemerzt. Mit unnachahmlicher Treffsicherheit hat Pascal seine Kampfschrift Lettres Provinciales genannt. Auch die Jansenisten ihrerseits sind Geist der kleinen Städte, sind nicht Repräsentanten von Paris. Und hier liegt daher der Druckpunkt, das erregende Moment in der Geschichte der französischen Revolution, in der Ausschaltung von Paris.
Einen instinkthaften Versuch, diese Ausmerzung aufzuhalten, hat der erste „Philosoph" des modernen Frankreich unternommen. René Descartes, der erste freie Denker Frankreichs (1596—1650), geht an die freie Universität Franeker in dem reformierten Holland, wie schon vor ihm Salmasius, um frei zu sein. Aber er widmet seine Schrift noch der Sorbonne von Paris. Und in dieser Widmung lebt noch einmal die Beziehung zu der Hochschule von Paris auf, die bis dahin für alle Geistestaten verpflichtend gewesen war.
Richelieu hat dann in seiner Stiftung der Akademie eine neue Form dieses geistigen Universums für Paris zu finden versucht. Der große Kardinal war weitsichtig genug, auch Hugenotten in die Akademie einzulassen. Der Gedanke eines Pantheons der Geister beginnt sich damit hier Gestalt zu geben jenseits der Schranken der Kirche des Mittelalters.

4. Die Salons

Aber ehe dieser Gedanke des Pantheons geläuterte Gestalt annehmen kann auf Pariser Erde, muß noch ein Leidensweg durchschritten werden, eben der Weg der französischen Revolution. Die Ausmerzung von Paris führt zu einem ursprünglichen Aufbruch des Geistes außerhalb der Schule. Einer neuen Behausung bedarf dieser Geist. An die Stelle der Schule und ihrer zukünftigen Katheder tritt eine andere gesellschaftliche Form. Voltaire schreibt sein „Tombeau (Grabmal) de la Sorbonne". Diese hat verspielt; aber die große Stadt Paris, die 1789 schon 600 000 Einwohner zählt, gibt den starken und freien originalen Geistern andere Heimstätten: sie erinnert sich der Kraft des Eros, die schon Abailards Schaffen beflügelt hat. Die Frauen werden die Schützerinnen der Wissenschaften und Künste. Ihre Salons werden die geistigen Mittelpunkte des 18. Jahrhunderts. Hier kann sich wiederholen, wovon das mittelalterliche Paris gelebt hatte: die Vielfalt und Vielstimmigkeit der Talente. Die Salons wetteifern untereinander, Talente und Genies zu fördern, zu lancieren, zu protegieren. Das Zepter der Hausherrin vergibt in diesen kleinen geistigen Zirkeln die Würden des Parnasses. In diesen Gartenbeeten entfalten sich alle Berühmtheiten des revolutionären Frankreichs. Von Voltaire bis zu Anatole France ist fast kein Talent ohne solche Eingepflanztheit unter die Protektion eines weiblichen Salons zur Entfaltung gekommen. Die Reizsamkeit der großen Liebenden und die Würde der großen Dame vereinigen sich, um aus diesen Salons Minnehöfe eines geistigen Sängerkrieges zu machen. Die weibliche Grazie ist es, die hier die entgegengesetzten Geister auf einander abstimmt und das Unmögliche möglich macht. Alle diese Geister müssen sich liebenswert und liebenswürdig erzeigen durch die Rezeption in dem Salon einer Dame wenigstens. Dies rezipiert den Provinzialen, den Ausländer, den Barbaren in der Pariser Gesellschaft und macht ihn zu einem Bürger dieser Stadt. Und kein Einheimischer kann ohne diesen Bürgerbrief in das geistige Paris eintreten. Über den zahllosen Quartieren und Vorstädten, in die das große Paris von jeher bis heute zerfällt, erhebt sich so ein zweites Paris der von den Frauen präsidierten höheren Zivilisation, der Pariser Gesellschaft, und Eros vergibt hier den Lorbeer und die Palme nur an Talent, Esprit und Genie.

Diese Welt der Zivilisation brandmarkt nicht wie die Prüderie des englisch-christlichen Gentleman oder des deutschen Beamten die freie Liebe. Sie weiß zuviel um ihre Verdienste für das geistige Leben der Gesellschaft. Von Manon Lescaut bis zur Dame aux camélias ist die Maitresse, die Geliebte ein anerkanntes Mitglied.

In der Welt des täglichen gesetzlichen bürgerlichen Lebens verfehmt hier wie überall, hat sie doch Zutritt in die Bezirke geistigen Schaffens. Die Favoritin des Königs wird eine offizielle Würde am Hofe Ludwigs XV., nachdem sie es offiziös schon bei seinem großen Urgroßvater gewesen war. Vor der Macht der Frauen beugt sich die Nation. Ludwig XIV. zog den Hut vor dem letzten Zimmermädchen in Versailles.

Nur eine höfisch-städtische Zivilisation darf es wagen, dieses heilig-öffentliche Geheimnis des Lebens, den Eros, so offen zu kultivieren. Sie verdankt ihm mehr als andere Lebensordnungen. Die englische Welt außerhalb der Insel wird von Männern, die draußen wetteifern, in Besitz genommen. Von ihnen gilt das Lied der Auswanderer: „Daß wir uns in ihr zerstreuen, darum ist die Welt so groß." Die Engländer entdecken die Welt.

Aber das Geheimnis der französischen Welt ist die Verdichtung des räumlich engsten Kreises zu der erotischen Spannung, in dessen „Intimität" der Funke des Genius sich entzünden kann zum *Erfinden*. Die Franzosen *erfinden* die

Welt, wo die Engländer sie entdecken. Der gewagteste Ausdruck dieses Genies zur Welterfindung ist ja Voltaires Witz: Wenn Gott nicht wäre, müßte man ihn erfinden. Sobald in Frankreich das bürgerliche Haus zur Herrschaft kommt, werden die Franzosen auch technisch erfinderisch. Man weiß, daß die Franzosen der ganzen Welt den Begriff des Raffinements geliefert haben. Sie intensivieren eben das Leben. Es kann einem nicht besser gehen, als „Gott in Frankreich". Der Franzose macht aus der englischen monde, die draußen jenseits der Meere in fernen Erdteilen liegt, in Neuseeland, dem Kapland und Kanada, die intime Welt, in der er sich als das intime Zentrum eines nach ihm gravitierenden Universums fühlen kann. Der Franzose reist nicht viel, er ist nicht zu Hause, sondern chez lui, bei sich selbst. Hier entdeckt seine leicht entzündliche Einbildungskraft die ganze Welt eben aus den Falten des eigenen Herzens, den Einfällen des eigenen Hirns. Ein Witzwort sagt: Als ein Engländer und ein Franzose ein Buch über den Elefanten schreiben sollten, fuhr jener nach Afrika und schrieb ein Buch How to hunt the Elefant; der Franzose aber veröffentlicht sein geistvolles Buch über die Erotik des Elefanten, nachdem er ihn im Pariser Jardin des Plantes studiert hat. Er hat eben in Paris sein „Atelier", seine „Werkstatt".

Diesen Charakter des Intimen, Raffinierten, Veredelten hat auch das, was der Franzose Industrie nennt. Auch bedeutet dasselbe Wort für die anderen Völker etwas viel Härteres, Barbarischeres als für den Franzosen. Daraus erklärt sich die Erträglichkeit der bürgerlichen Gesellschaft in Frankreich bis zu einem gewissen Grade. Industrie ist nämlich dort durchaus nicht traditionslose Produktion für den Weltmarkt, Kattun aus Manchester, Kohle aus Ruhrort. Die Konsuln haben seit 1800 in Paris die ersten „Industrieausstellungen" veranstaltet. Auf diesen Expositions des produits de l'Industrie sah man in erster Linie Möbel, Schmucksachen, Gobelins! So klingt in dem Wort Industrie die bürgerliche Kleinkunst durchaus noch mit an; eine individualistische Arbeitshaltung zeichnet noch heut den französischen Industriearbeiter aus und macht ihn immun gegen unintime bloße Massenbewegungen. Trotz des Zentralismus von Paris hat also Frankreich diesen Reiz des Intimen überall behalten. In Frankreich gab es 1950 eine Fabrik, in der die Arbeiter einer Werkstatt ihren Vorarbeiter selber voll bezahlten, damit er zu Hause bliebe. In der Verlebendigung der Werkstatt marschiert Frankreich dank von Henri Dubreuil an der Spitze; es ist über die Gefahr der Vermassung hinaus.

Sieben Achtel der Nation sind ja Landbewohner, drei Viertel sind Bauern. Der einzelne Abgeordnete wird in relativ kleinen Wahlkreisen gewählt; 600 Abgeordnete auf 40 Millionen Einwohner, also einer auf 66 000, dabei kein Frauenwahlrecht!

Aber ein Viertel des französischen beweglichen Vermögens war 1913 laut d'Avenel in der Isle de France konzentriert. Der französische Kapitalismus ist daher recht eigentlich Capitale-ismus. Denn das Kapital ist zugleich das über die Capitale, die Hauptstadt, geleitete Geld.

Der französische Kapitalismus hat also bis zum Weltkrieg nicht die Verstädterung des ganzen Landes bedeutet, sondern die Führung eines Land bleibenden Landes durch einen zivilisatorischen Mittelpunkt. Der auf den Fremden oft ungeheuer wirkende staatliche Zentralismus war in Frankreich die Existenzbedingung dafür, daß überhaupt die Spannung zwischen Bretagne, Auvergne, Normandie einerseits, Paris andererseits tragbar blieb. Dieser Zentralismus ist deshalb ein Minimum, und kein Maximum, weil Paris ein *geistiges* Zentrum geblieben ist. Es hat also keine realen Machtmittel, das Leben in den Provinzen zu verändern. Und es verändert sich eben deshalb in diesen Provinzen auch unglaublich wenig. Paris kann nur jahraus jahrein aus Provinzialen Pariser machen. Es kann ihnen eine Richtung auf den Kampf der Geister geben. Es entzündet sie. Aber mehr als die Richtung gibt es nicht.

Die Pariser werden von der Provinz als eine Art geistige Elite anerkannt, wie das kein Liverpooler dem Londoner, kein Weimaraner dem Berliner zugestehen würde. Die Beschreibung der Feier zur Enthüllung eines Watteau-Denkmals im Jahre 1865 in Nogent an der Marne endet mit folgendem Satze: „Die Nogentesen waren stolz darauf, sich gewürdigt und anerkannt zu sehen durch die Elite dieser Bevölkerung von Paris, die Europa seit langem für die geistvollste der Welt erklärt hat."

Aber die Pariser müssen diese Provinz im wesentlichen lassen, wie sie ist oder wie sie selber sein will. Sie muß also fast alles, was man in dem Paris der Zivilisation für Vorurteil hält, in dem Paris des Volkes von Paris und in den Provinzen schonend behalten. Taines Entsetzen war groß, als er den Stumpfsinn des Bauern vor den Toren von Paris ermittelte. Aber er nimmt ihn als unabänderlich.

Die Herrschaft in Paris enthüllt sich als Herrschaft nur in dem einzigen Punkte, wo sie mit der Existenz eines geistigen Franzosentums sich mit Recht identifizieren kann: in der unbedingten Vorrangstellung von Paris vor anderen geistigen Zentren.

Nichtfranzosen begreifen oft schwer die Leidenschaft, mit der fromme französische Katholiken katholische Organisationen für ihr Land ablehnen. Die Laiengesetzgebung eines Waldeck-Rousseau hat zwar angeblich „die Sterne am Himmel ausgelöscht". Aber die Voraussetzung dieses Vivianischen Bonmots muß mitgehört werden: Der Stern von Paris bleibt über Frankreich stehen, der da war, ist und sein wird. Wie Clémenceau sich ausgedrückt hat: Paris est resté ce qu'il a toujours été, ce qu'il sera toujours: le grand point de concentration de la pensée française. Es ist nicht phrasenhaft, wenn Paris die Lichterstadt heißt. Paris gibt den Geist. Auch das Katholische kann in Frankreich seine Heimat behalten, wenn es in Paris rezipiert ist.

Die drei ersten organischen Artikel des Konkordats von 1802 verbieten Empfang, Druck und Befolgung einer päpstlichen Bulle eines Breve, Dekrets usw. ohne Genehmigung von Paris. Kein Beauftragter des Papstes kann irgend etwas ohne die gleiche Genehmigung in Frankreich unternehmen. Und selbst die

ökumenischen Konzilien dürfen ihre Stimme nach Frankreich nicht ohne Pariser Erlaubnis dringen lassen.
Via Paris mag der Papst wirken, aber niemals an Paris vorbei. Das ist das gallikanische Kirchenrecht. Dort in Paris muß der Katholizismus sich auf dem Parkett bewähren. Dann ist er willkommen. So dachte auch der französische Katholik.
Mit der größten Selbstverständlichkeit ist französischer Katholizismus daher ein Mittel geworden, die französische Nation zu regenerieren. Die Barrès, Maurras, Marcel mögen über das heutige Paris eifern, sie mögen sogar Regionalisten sein. Auch ihr Gegenbild eines wieder katholischen Frankreichs ist ein von der Isle de France aus geeintes Frankreich, ist ein geistig von Paris aus, dieser Erbin des „Studiums" erleuchtetes Vaterland.
Paris selbst ist die große anarchische Individualität, die um sich herum den vernünftigen französischen Staat gebaut hat, aber selbst mehr ist als er.
Paris ist die Königin des republikanischen Frankreichs. Denn sie steht außerhalb seiner papiernen Verfassung und hält sie ihrerseits in Bewegung.
Das Anarchische in dieser Königinnenstellung der Capitale ist oft als ein Wesenszug der Romanen angesprochen worden. Es gehört aber zur Bürgerrevolution. Denn diese Revolution läßt eine ganze Hälfte des Lebens ohne Verfassung. Dort wo die Passion herrscht, hört das Recht auf. Die Passion versetzt den Mann in die Lage des Abhängigen, Leidenden und Unselbständigen. Hier beginnt daher das Reich der Frau!
Die Frauenbewegung des 19. Jahrhunderts verdankt ihre Entstehung der einseitigen bürgerlichen Gesellschaftsordnung, die von Männern für Männer gemacht ist. Aber auf der anderen Seite gibt es in dem Lande der Bürgerrevolution selbst, in Frankreich keine ernsthafte Frauenbewegung.
Dies ist ein Widerspruch, der der Aufklärung bedarf. Das Verwirrende klärt sich auf, wenn der Ernst gewürdigt wird, den der Franzose der Passion einräumt. Sowohl Paris wie auch die Französin steht außerhalb der geschriebenen Verfassung des Landes. Aber beide sind deshalb nicht etwa Parias und rechtlos, sondern sie sind die eigentlich Unverletzlichen und unverantwortlichen Persönlichkeiten der Gesellschaftsordnung.
§ 1 dieser Souveränität lautete bis 1914: Der Goldstrom des Geldes der ganzen Nation wird in Paris zentralisiert und thesauriert und strömt von dort bewässernd und befruchtend zurück ins Land. Dies ist die stillschweigende aber selbstverständliche Funktion der Pariser Haute finanze, die ihr ohne jeden Verfassungsparagraphen die Hegemonie sichert. § 2 ebenfalls bis 1914 — besagte: Die Pariserin lanciert das Talent. Sie hält Haus, empfängt und eröffnet einen Salon. Sie also wählt aus, wer würdig ist, zur Gesellschaft zu gehören. Die Pariserin bestimmt den Rang des einzelnen in der Gesellschaft und sie kooptiert und ballotiert die Neulinge der Gesellschaft. Damit aber übt sie die wichtigste politische Entscheidung im Leben der Nation aus: sie bestimmt den Kreis der Anwärter in Politik, Literatur und Wissenschaft. Das Stimmrecht der

Wähler kann zu diesen Anwärtern, die ihnen die Pariser Salons anbieten, noch Ja oder Nein sagen. Aber die Pariserin ist an diesem sekundären Stimmrecht des bloßen Wählers naturgemäß nicht interessiert.
Frauenstimmrecht muß es daher nur in den Ländern geben, die den Kreis der Anwärter ohne Fraueneinfluß bestimmen. In dem Lande, in dem die Männerklubs allein unter sich ballotieren, in England, hat daher eine fanatische Suffragettebewegung sich ausrasen müssen. Denn hier zerstörte die Einführung der französischen Nationaldemokratie die Zugehörigkeit der Engländerinnen zum Körper der Nation.
In Frankreich leben die Frauen geborgen in dem konkreten durch keine abstrakten Paragraphen angetasteten ungeschriebenen Teile der Verfassung, in der Pariser Gesellschaft.

5. Der Konvent

Die französische Revolution hat ihr Weltantlitz in der convention nationale 1792—1794 geprägt. Das Denkmal, das den Freiheitsschwur der Advokaten im Konvent und die aus diesem Schwur herauswachsende Levée en masse des Volksheeres darstellt, steht mit Recht im Mittelpunkt des Pantheons in Paris. Das Pantheon aber ist die 1789 eben fertig gewordene Kirche von St. Geneviève. Auf Abailards Berg also war diese Kirche eben von Ludwig XVI. erbaut worden, als die Revolution die heilige Genoveva durch die Götter von Hellas und Rom verdrängte. Mars und Zeus, Athene und Apoll halten hier ihren Einzug. Und dieser Tempel des selbstbewußten Menschen verherrlicht den Konvent, die übermenschliche Leistung der Begeisterten, durch die sie die Funktion des Königtums, die Kriegführung an sich rissen.
Wer kennt nicht die Namen Marat, Danton, Robespierre, Camille Desmoulins, St. Just? Was verkörpern sie? Die Verschmelzung von Versailles und Paris. Bis zum Konvent fährt die französische Revolution drei Jahre lang auf zwei Gleisen einher. Nebeneinander handeln der französische Staat und die Stadt Paris. Z. B. die Generalstände versammeln sich in Versailles Ballhausschwur am 23. Juni; die Bastille in Paris wird gestürmt; 14. Juli. Oder: Adel und Geistlichkeit verzichten auf ihre Privilegien am 4. August. Der dritte Stand scheint in Versailles allmächtig. Da erzwingt das Volk von Paris am 5. Oktober die Übersiedlung des Königs und dieses allmächtigen dritten Standes nach Paris.
Die Abgeordneten sind noch ganz im Banne des Abbé Siéyès und seiner Verherrlichung der Allmacht des tiers état. Sie geben eine Verfassung, nach der 83 Departements wie Kantone selbständig werden. Dieser tiers état will nur dem Königtum Rechte wegnehmen. Er will das Königtum schwächen, statt es zu beerben. Das Werk von Versailles soll vernichtet werden. Das Patriziat der bourgs will daheim regieren so wie die Gentry in ihren Wahlkreisen, ihren boroughs, in England regiert.
Vergebliches Beginnen, das Werk Richelieus und Mazarins und Ludwigs XIV.

rückwärts zu revidieren. Diese neue Verfassung ist ein totgeborenes Kind. Keiner ihrer Väter darf in die neue gesetzgebende Versammlung wiedergewählt werden, bestimmt man. Eine wahnwitzige Bestimmung scheint es. Und doch ist sie die eigentlich geniale Tat Robespierres. Denn in dem tiers état von 1789 hatten die eigentlichen Revolutionäre gefehlt, die Transversaillisten. Kehrten die altmodischen Föderalisten zurück, dann war jede wirkliche Erneuerung des Staates unmöglich, dann blieb man im Dunstkreis der englischen Revolution.
Aber im Sommer 1792 bricht der Krieg gegen Österreich aus. Am 10. August stürmt das Volk von Paris die Tuilerien.
Nun — der Feind steht vor den Toren — wird dem König der Prozeß gemacht. Seine Sippe verrät ihn. Mit der einen Stimme Mehrheit des Herzogs von Orléans wird das Todesurteil gefällt. Ludwigs XVI. Guillotine steht auf dem Platz, der heut Place de la Concorde heißt. In der Tat: Die Eintracht zwischen dem Staat und der Stadt ist durch die Hinrichtung des Königs möglich geworden. Robespierre hält die Mitte zwischen dem Pariser Stadtrat und dem nationalen Konvent der Bourgeoisie. Er ist diese Mitte. Das ist seine Größe. Es ist Krieg. Wer wird König? Wie kann man ohne König Krieg führen? Er ist ohne König geführt worden. Die Reaktionäre verspotteten gern die Bourgeoisie: Sie sei eine diskutierende Klasse. Der französische Deputierte diskutiert. Trotzdem hat der Konvent Krieg geführt! Wer hat den Deputierten dazu befähigt?
Die Worte, die er spricht, sind Plädoyers, die Beredsamkeit des französischen Parlamentariers ist eine andere als die des englischen M. P. Dieser motiviert wie ein Geschworener seine persönliche Abstimmung. Der Franzose führt ein ganzes Feuerwerk auf, um die anderen umzustimmen. Debattieren, fechten, ist der englische Ausdruck, discuter der französische. Die Worte sollen erschüttern, die Luft, die Herzen, die Tribünen. Das Plädoyer will hinreißen, rühren. Der Franzose, der diskutiert, ist nicht hinten im Beratungszimmer, wo der Wahrspruch der Geschworenen gefunden wird, sondern er lehnt vorn vor dem Publikum, an der Barre, wo der Thing sich teilt in Gericht und Hörerschaft, zwischen den Berufenen und Unberufenen, zwischen den Sachverständigen und den Laien. Dort steht der Anwalt und plädiert um das Leben seines Klienten. Dort muß er hin und her stürmen mit seinem Gedankenflug zwischen den Leidenschaften des Publikums und der unerbittlichen Logik des Gerichtshofes.
Alle französische Sprechkunst ist seitdem auf dieser schmalen Scheidelinie der Leidenschaften und der Logik zu Hause. Das Wort zergeht auf der Zunge wie eine unendliche Süßigkeit und es schmeichelt den Ohren der Unwissenden; die Gestikulation und die Pose verblüffen, und gleichzeitig schneidet der abstrakte Gedanke mit unerhörter Schärfe durch das Gestrüpp aller Unklarheiten und Verworrenheiten. Die Reden Lassalles sind solche „französische" Plädoyers in deutscher Sprache.
Diese Sprache wird der Abgott der Nation. Der selbstbewußte Mensch dieser

Revolution hat eine geistige Leidenschaft: la langue. Kein Volk ist so vernarrt in seine Sprache. Und zwar nach jeder Richtung. Der Kultus, den der Hof und Paris von jeher mit ihrer Sprache treiben, äußert sich in dem Sprachrichteramt der französischen Akademie; aber er geht auf die Nation über. Er äußert sich in dem besonderen Grabe der Ecrivains, der Schreiber dieser geliebten Sprache, die im Weltkrieg gefallen sind, im Pantheon; er zeigt sich darin, daß bei der Erwähnung eines großen Mannes nie eine Zensur über seine Diktion und seinen Stil fehlen wird.

Dieser Sprachkultus ist aber zugleich die Wurzel des Nationalismus aller europäischen Völker geworden. Diese freigewordene Bürgernatur huldigt nun allenthalben der natürlichen Gabe der Sprache. Letten und Ungarn, Tschechen und Finnen entdecken diese natürliche Gabe und soweit sie den Ideen von 1789 erliegen, beginnt ihnen der Kultus zum Götzendienst zu werden. Dabei bedeutet der Sprachkult von Paris z. B. für die Ungarn eine Ketzerei. In Paris darf die Sprache mehr bedeuten als in Ungarn! Die Ungarn sind aber noch 1741 in Preßburg mit dem lateinischen Rufe vivat rex für Maria Theresia aufgebrochen! Europa ist seit 1789 krank am Nationalismus.

Jedoch in ihrem Ursprungslande sind die Langue francaise und der französische Nationalismus ungekünstelt zu Göttern geworden. Haben doch sie allein das Wunder der Revolutionskriege bewirkt. Die Hydra der Revolution, vielköpfig, parteiisch, hat doch dem Wohllaut des Plädoyers sich gefangen gegeben, und unter den Deklamationen der Advokaten an der Barre ist der angeklagte auswärtige Feind von der hingerissenen Menge unter Leitung des Gerichtshofes verjagt worden. Die Sprache allein hat hier diese Verbrüderung der freien Esprits ermöglicht, die der Sinn dieses Rufes fraternité ist. In Individuen aufgelöst, findet sich die Nation in der Begeisterung wieder zusammen. Der Konvent verwirklicht die Vision Rousseaus von der volonté générale, die nichts zu tun habe mit dem bloßen Willen jedes Einzelnen. Die Gleichzeitigkeit erzeugt hier den Gemeingeist. Die französische Revolution entdeckt das Göttliche des *Zeitgeistes.* Der Konvent adelt die Conversation spirituelle zum *Enthusiasmus* der Nation.

Jean Jacques Rousseaus Kampf gegen das Präjudiz, die alten Konventionen, das bloße Herkommen, seine „Rückkehr zur Natur" verwarf allen Volksgeist durch die Folge der Geschlechter. Die sechzig Seiten seines Contrat social wollten zeigen, daß alles Herkommen unnatürlich sei, daß nur die Familie in der Natur wurzele. Aber selbst der mündige Sohn sei nur noch freiwillig ihr Glied. Schon hier also beginne das Reich der gesellschaftlichen Entschlußfreiheit. Keine Generation darf der nächsten Generation Gesetze vorschreiben, erging damals ein Gesetz! Denn wo auf Freiwilligkeit gebaut wird, da sei selbständiger, freier Wille. Ihn also muß man wachrufen zum Aufbau des Gesamtlebens. Der freie Wille muß sich durch eine Bildung ins allgemeine veredeln. Dann wird er den rechten Gesamtwillen mit erzeugen. Rousseaus Traum trifft auf die Möglichkeit Paris.

Die Pariser Gesellschaft kann diese veredelte Bildung den Individuen unmerklich abringen. Der Pariser Konvent realisiert Rousseaus Traum einer volonté générale, weil die Musik der Sprache, die Gesellschaft von Paris und das Vorbild von Versailles in den Individuen dem allgemeinen Willen des Augenblickes zum Siege verhelfen. Der Konvent erlebt die einigende Macht auch des traditionslosen ungeschichtlichen Geistes, des *Zeitgeistes.* Er kann sie aber nur erleben, weil die Grundlage solchen Zeitgeistes, der einheitliche Geistesraum Paris, ihm die Einheit in der Dialektik der Geister in den Schoß wirft. Dieser Sieg des Zeitgeistes wird festgehalten. Der Träger der volonté générale, der Konvent, hebt die föderalistische Verfassung auf. Er stellt die starke Zentralgewalt des Königs wieder her. Er beerbt also das Königtum statt es zu schwächen. Er spricht die une et indivisible Sprache Frankreichs. Und ihm gelingt es, noch gerade die „natürlichen" Grenzen Galliens zu erreichen und gegen Preußen zu sichern. *Die Geister der Isle de France*, Paris und Versailles sind in dem Konvent dank dem Genius der Sprache wiedergeboren.
Für den Krieg jenseits der Grenzen setzen sie Napoleon ein zu ihrem Vollstrecker.
Noch in den Bulletins Napoleons zittert der Schwung und die schneidende Schärfe der Sprache des Konvents nach. Napoleon bleibt entsprossen dem Bunde von Staat und Gesellschaft auf der Isle de France, bis hin zu der Grabinschrift, die er sich selbst gewählt und die dem Volke der Isle de France huldigt, Mars der Athene. Die Sprache der Revolution hat bekanntlich alle historischen Namen der Provinzen vernichtet. Sie nennt die Departements mit Flußnamen. Dadurch liegen Versailles und Paris im Departement „Seine" zusammen.
Deshalb nennt die Inschrift im Dome des Invalides, im Tempel der Kriegsopfer zu Paris weder Frankreich noch Paris, sondern sagt: Napoleon habe gebeten, sein Leib möge ruhen an den Ufern der Seine inmitten jenes Volkes, das er so sehr geliebt.

6. Der Nationalstaat in Europa

Frankreich würde in seinen „natürlichen" Grenzen über 600 000 qkm bedecken. Großbritannien, der Schauplatz der vorangehenden Revolution, zählt 217 000 qkm. Aber mit diesen Zahlen ist nur der kleinste Teil des Zuwachses in der Größenordnung von der englischen zur französischen Revolution bezeichnet. Denn wenn selbst das schwach bevölkerte Schottland mit seinen 67 000 qkm auf englischer Seite nicht abgezogen wird, so ist doch kein Punkt der britischen Insel im Durchschnitt weiter als fünf Infanterie-Fußmärsche, d. h. ein bis zwei Posttage vom Meere entfernt. Nur an einer einzigen Stelle beträgt die Entfernung von Osten nach Westen 482 km. 550 km hingegen sind die *geringste* Entfernung vom Meer bis zur Ostgrenze in Frankreich, sie steigt an bis zu 888 km.

Den Plan der Bewältigung dieser 600 000 qkm würdigt man erst im Vergleich mit den Einheiten älterer Revolutionen. Das Kurfürstentum Sachsen-Thüringen hatte 1521 etwa 20 000 qkm Fläche, Rom und die Republik Siena um 1300 3000 qkm. Großbritannien bietet wie gesagt, als Insel solche besonderen Erleichterungen, daß man es wohl genau in die Mitte zwischen Thüringen und Frankreich rücken kann. Man wird also den Sprung, den Frankreich 1789 vollziehen muß, als ebenso groß bezeichnen dürfen, wie vom italienischen Freistaat zum deutschen Fürstenstaat und wie von dem Obrigkeitsstaat zum englischen Commonwealth.

Unerhört war daher die Verwaltungsaufgabe, vor die sich die Pariser Regierung 1792 gestellt sah. Die alten Erbrechte des Königs in den verschiedenen Ländern der Krone gaben mit seinem Sturz keine Autorität mehr. Die in England gegen die Königsmacht ausgedehnte regionale Selbstregierung paßte für eine Insel und war auf dem Festland bereits von den Fürsten zerstört.

Die französische Revolution konnte also weder an den König noch an den Adel anknüpfen, um das Land zum Widerstand zu organisieren. So hing sie alle Rechte am Gesetz auf, an der Konstitution. Konstitution ist das Blatt Papier, das statt des Herkommens und des Königs regiert. Das Wort Organisation ist das Zauberwort der französischen Revolution. Kant hat es dem deutschen Sprachschatz einverleibt. Die Anhänger der alten Ordnungen von Fürsten und Adel haben diesem Wort alsbald den des Organismus entgegengesetzt. Die deutschen Patrioten haben sich gegen Napoleons organische Artikel auf den Organismus des Volksgeistes berufen. Auf diese Weise wurde im 19. Jahrhundert in Deutschland das Widerwort Organismus häufiger gebraucht und mehr geliebt als die Worte Organisation und Organ, denen es sich entgegenwirft.

Man sprach in unserer Staatslehre lieber von dem „Mechanismus" des französischen Staatsgedankens, von seiner flachen rationalistischen Struktur, vermied aber meistens das Wort Organisation. Erst 1914 ist das „Organisieren" in Deutschland Mode und sogar populär geworden; aber 1914 haben wir als einheitlich belagerte Festung die Lage der Franzosen des Jahres 1792 nachleben müssen, seit 1914 läßt unser hundertjähriger Widerstand gegen die Ideen des französischen Nationalismus bereits nach. Seitdem sind wir im Begriff, selbst die Ideologie der französischen Republik (erst die Trikolore Schwarz-Weiß-Rot, nun die Trikolore Schwarz-Rot-Gold) für unser Reich zu adoptieren.

Auf diese Weise ist aber das Zauberwort Organisation bereits in seiner Altersform zu uns gekommen, und das heißt ohne den Blütenschmelz, der 1792 auf ihm lag. Nur dieser Frühlingszauber erklärt aber die ungeheure Leidenschaft, mit der sich das französische Volk 1792 hat „organisieren" lassen.

Der König, abhängig von der Habsburgerin, der Adel verbündet mit den Feinden des Landes, dies Land ohne Glieder, ohne Werkzeug, ohne Adern und Muskeln, gestaltlos.

Der Organismus ist zerstört. Er muß aber auf der Stelle neu ins Leben treten oder Frankreich ist verloren. Wer vermag das? Nur die menschliche Vernunft kann in Tagen, bestenfalls in Monaten, eine amorphe Masse künstlich wiederherstellen. Nur die Gedanken des Menschen können Unverbundene verbinden, die verworrene Lage klären, die Unordnung reorganisieren.

Die Organisation ist also die Ordnung zweiten Grades, die den verständigen Menschen gelingt. Soll sie aber gelingen, sofort und auf der Stelle, so muß diese Ordnung die allereinfachsten Wahrheiten verkörpern. Denn nur die einfachsten Prinzipien können von allen verstanden werden. Nur die faßlichsten Grundsätze vermögen alle Franzosen zusammenzufassen. Nur wenn jedes Individuum verstehen kann, wie die Verfassung gemeint ist, kann es den Verstand mit bilden, der den Krieg führen muß, den Verstand der Nation. Der Wille aller, die volonté générale, wird benötigt, um den Sinn aller bisherigen Erfolge über den Adel festzuhalten. Dazu muß sich dieser Wille seine Grundsätze schaffen, aus denen er sich täglich ableiten läßt. Die Ableitung der Volonté générale aus einfachen Grundsätzen der Individuen wird erforderlich. Die nationale Verfassung muß aus faßlichen Prinzipien jedem Franzosen verständlich hervorgehen. Nur auf diese Weise kann der amorphe Bürger der Nation hineingerissen werden in den unmittelbaren Daseinskampf der Revolution.

Die Prinzipien der französischen Revolution sind mithin keine hohlen Deklamationen oder leere Begriffe, sondern Greifarme und Hebewerke, um der Auflösung der bislang im ancien régime geordneten Franzosen Herr zu werden. Kein Königswort und kein besonderes Herkommen war mehr verbindlich. Myriaden Wassertropfen einer gleichförmigen Springflut sind die Millionen Franzosen geworden. Nur die Logik kann diese Massen im Nu ordnen, teilen und zusammensetzen. Denn nur sie ist zwingend und verbindlich für jedermann.

Jedermann ist die neue Einheit der französischen Revolution, eine Größe, die es bis dahin nicht gegeben hatte. Es hatte Katholiken gegeben, Christen, Engländer. Die französische Revolution erschafft den Menschen Jedermann, den einen, gleichen, auswechselbaren Bruder aller Brüder. Ferne und Nähe sind nicht mehr zu unterscheiden. „Seid umschlungen Millionen, diesen Kuß der ganzen Welt", ist der Ausruf, der die französische Revolution über die Gefahr hinausreißen will, unter den Franzosen haltzumachen.

Im Frankreich von 1792 hat man Schiller das französische Bürgerrecht verliehen. Man hat dem Genfer Rousseau vor dem Pantheon ein Denkmal gesetzt, weil er, der Lehrer der volonté générale, sich um die „Menschheit" wohl verdient gemacht habe. Aber in erster Linie stand die Brüderlichkeit, Gleichheit und Freiheit derer, die in Reih und Glied der Revolutionsarmeen kämpfen wollten. In diesen Armeen trug der Herr Jedermann den Marschallstab im Tornister. In diesem Heere fanden sich Elsässer und Korsen, Marseiller und Bretonen zusammen mit Parisern in einem Regiment.

Die Levée en Masse von 1792, die Nationalgarden und die allgemeine Dienstpflicht sind die ersten Wunder, die der Geist der französischen Revolution vollbringt. Jedermann wird Soldat. Und jedermann gehört in Kompanien, Bataillone, Brigaden, Divisionen und Korps.

Die französische Demokratie ist insofern kriegerisch, weil sie den radikalsten Ausdruck ihrer Grundsätze im Heere geben kann. Dieser Weg geht am schnellsten. Sie hat die Europäer gelehrt, die Wehrpflicht zur Eigenschaft jedes Staatsbürgers zu erheben. Wer Franzose werden will, muß im Heere nachdienen (sonst wird er nicht naturalisiert). In Amerika knüpft man heut die „Nationalisation" an ein Examen in Staatsbürgerkunde. Man sieht den Unterschied gegen die der ersten Not des Krieges entsprungene Pflicht dessen, dem das Franzosentum zur zweiten Natur werden soll. Wie weit ist man von den „Geburtsrechten" des Engländers in dieser organisierten und naturalisierten Welt entfernt: Der in Frankreich geborene Sohn ausländischer Eltern muß im Heere dienen.

Aber eben deswegen ist die allgemeine Wehrpflicht nur die erste Äußerung dieser neuen Logik der Dinge. Die Logik versucht sich sofort an der dauernden Befriedung des Landes; wie soll aber der Verstand da verfahren? Der Verstand ist ja nur diskursiv tätig. Er kann logisch teilen und zusammensetzen, was ihm vorgelegt wird. Aber die Grenze des Verstandes läuft dort, wo man nicht weiß, ob geteilt oder zusammengesetzt werden soll. Kein Verstand kann bezeichnen, ob etwas ein Ganzes ist oder ein bloßer Teil. Ob Straßburg, ob das Elsaß, ob Elsaß-Lothringen, ob Frankreich, ob Europa, ob die Welt zusammengefaßt werden muß, das entscheidet sich jenseits der Logik.

Der logische Prozeß hat Frankreich in Departements und Arrondissements ganz gleichen Rechts geteilt. Er liebt die klaren einfachen Formen der Place de l'Etoile, des Eiffelturms, der Boulevards. Der erste und größte Kriegsminister der Republik ist nicht zufällig einer der größten Mathematiker, Carnot, gewesen. Descartes, Pascal und Carnot bedeuten für die französische Entwicklung, daß eben dem Mathematiker sich in die Nation hinein ein unmittelbarer Zugang öffnet.

Aber vor aller dieser Logik und Mathematik der französischen Konstitution steht die Entscheidung über die Ganzheit, an der alles gemessen wird, die Ganzheit, die der Teiler für die Straßen und die Departements nach unten, für Europa und die Christenheit nach oben wird, die der treulosen „Hure Vernunft" sich ein für allemal versichert. Diese Ganzheit war zu Beginn nur im Königtum verkörpert. Sogar „Robespierre und Napoleon waren beide 1791 Monarchisten! Denn man kannte nur aristokratische Republiken wie Genua und Venedig oder Föderativstaaten wie die Schweiz und Nordamerika. Aristokratie und Föderalismus war den Franzosen gleich verhaßt" (Aulard). So versteht man Condorcets Ausruf am 23. Juli 1791: „Eine Nation von 25 Millionen auf einer Fläche von 27 000 Meilen — kann sie eine Republik bilden?" Zwei Tage nach dem Bastillesturm heißt es: *„un royaume méditerrané* wie Frankreich zwischen furchtbaren Großmächten braucht eine Exekutive, die völlig in den

Händen des Königs liegt!" Da wird die neue *Verkörperung* mit einem frenetischen Jubelruf in jenen Jahren entdeckt und ausgesprochen. Es ist *la France une et indivisible.*

Dieser Zusatz des une et indivisible ist das Entscheidungswort des französischen Staatsgedankens. Die wahrhaft *körperliche* Integrität der Nation wird durch diese beiden Worte gesichert. Sie tragen mathematische und logische Prägung und stehen demnach beide prälogisch vor dem Beginn der Rechnung als vorweggenommenes Ergebnis. Das ist der Radikalismus, die Wurzel der französischen Zivilisation; die Nation als rationaler Körper.

7. *Kultur und Zivilisation*

Das arme Wort Zivilisation wird in Deutschland übel zerzaust. Man hat es mit dem Wort Kultur konfrontiert, einem scharfen Kreuzverhör unterworfen, und gegenüber den inneren Werten der „Kultur" ist die Zivilisation als Europas übertünchte Höflichkeit entlarvt worden. Dies ist ein Spiel mit Worten, weil Kultur dem Deutschen ebenso in den Ohren klingt wie den Franzosen Zivilisation. Der deutsche Untertan bewundert die einzelne Landeskultur und Volkskultur, die er als Offizier und Beamter seines Fürsten verbreiten darf. Der Franzose empfindet die Ordnung des Großterritoriums zu einer nationalen Bürgerstadt als seine Großtat. Die Bürger Frankreichs sind daher genau so wurzelecht wie das angestammte deutsche Fürstentum. In Paris haben sie bereits 1790 gegen das eigene Patriziat und gegen Lafayette, den vergötterten Führer der Nationalgarde aufbegehrt und ihnen die Befehle zurückgeschickt. Denn die Zivilisation ist eben entsprungen der spontanen Bürgerleidenschaft. Mit der bloß vorschriftsmäßigen Landeskultur hat sie nichts zu schaffen. Will man sie begreifen, so muß man bedenken, was sie beseitigt hat und beseitigen wollte: Die Zivilisation stürzt das adlige *Herkommen*, die gentlemanlike Tradition der adligen und patrizischen Sippschaften! Deshalb ist das Lieblingskennwort des Republikaners von 1789 das Wort „radikal" geworden. Der zivilisierte Europäer sucht andere Wurzeln (Radix!) seiner Kraft als die der bloßen Abstammung wie der geburtsrechtbesessene Brite. Angesichts dieses Wurzelglaubens fällt das Gerede über den Gegensatz von Kultur und Zivilisation in sich zusammen. Ein Germanist schrieb mir aus Saskatoon in Kanada: „Wir haben hier viel Zivilisation, aber natürlich keine Kultur". Er meinte also mit „Zivilisation" Wasserspülung und Elektrizität. Aber dies „Plumbing" fehlt ja gerade in Frankreich schmerzhaft. Solche Konfusion macht also den Wortstreit hoffnungslos. Richtig ist, daß Deutsche sich gegen die „westliche" Zivilisation hinter ihrer Kultur verschanzen; Wilhelm von Humboldt scheint das 1790 erfunden zu haben. Der heutige Leser aber muß dies Wort „Kultur" mit den deutschen „Zivilisten" wieder zusammenschauen; denn diese Kultur wird von Zivilbeamten der Fürsten den Untertanen aufgezwungen. „Kultur" ist mitnichten ein „organisch"-volkstümlich gewachsenes Rührmichnichtan gewesen.

Es war vielmehr die Frucht der fürstlichen Reformation, also einer Gewalttat. Die Linie geht:

civitas ecclesiae	Papsttum
civiltà	Stadtrecht
Zivildienst	Polizei der Fürsten
(ius civile)	(Landeskultur)
civil list	Parlament
civilisation	Nationalliteratur

Die Komik der Kulturtrompeter besteht darin, daß sie nicht das Wort „Polizei" hinter „Kultur" sich aufrecken sehen. „Polis" ist das griechische Wort für „Civitas" und „Polizei" war daher in Deutschland die Leidenschaft der Fürsten. 1819 hat der preußische Kanzler Hardenberg sich erdreistet zu sagen: „Die öffentliche Meinung wird durch meine Polizei verkörpert"; Hitler hat entsprechend Polizisten zu Volksrichtern bestimmt. Polizeikultur und Bankierzivilisation — sie sind beide keinen Tintenkrieg wert; Landeskultur aber und die Bürgerrechte sollten uns beide wertvoll sein. Jedenfalls ist nur die Nation zivilisiert, deren Glieder Bürgerrechte haben. Und Rechte hat man leider nur dank des nationalen Schutzes.

Die maßgebende Einheit ist weder das Abendland noch Europa. Clemenceau hat das klassisch formiert, als er 1919 sagte: Die Menschheit ist schön, aber Frankreich ist schöner. Europa ist nunmehr nur noch die *nach dem Muster Frankreichs* geordnete Welt bürgerlicher Nationalstaaten. Europa ist eine Summe selbständiger Teile. Vergebens stellen Romantiker wie Novalis die Christenheit oder Europa als übergeordnete Ganzheiten diesem Weltbild gegenüber. Vergebens nennt Burke Europa virtuell einen einzigen Staat.

Und dieselbe Entscheidung fällt nach unten. Innerhalb der Nation gibt es keine Bretagne und kein Elsaß. Die Südfranzosen haben ihre berühmte Tischgesellschaft in Paris. Aber der tiefere Begriff der Autonomie ist seit 1789 unfranzösisch. Das Selfgovernment der Stände wird dermaßen ausgerottet, daß Condorcet sagen kann: Wir haben den Staat so hoch über alle einzelnen erhoben und die Individuen so geschwächt, daß wir darangehen können, diesen Individuen wieder Rechte zu geben.

Auch daß jedes Land eine und nur eine Hauptstadt haben könne, ist eine Erfindung der französischen Revolution. Kapitalismus und Nationalismus fallen nur in Frankreich so zusammen, daß der geistige Gehalt der Nation in die Hauptstadt, der Kapitalismus aber in das staatliche Zentrum von allen Staatsbürgern hineingesehen werden. Nur in Frankreich gibt es daher den Begriff des Staatsbürgers. Im Deutschen wirkt dies Wort noch heut fade und gekünstelt. Der Engländer nennt sich Briton, wenn er die Verfassung des Vereinigten Königreiches andeuten will. Der Franzose allein hat den Citoyen kurzweg zum geistigen Prägestempel seiner ganzen Nation verwenden können.

Diese Gleichung: ein Land = eine Hauptstadt, hat nun für die Politik, wie sie von Frankreich aus gesehen wird, die schwerwiegendsten Folgen. Von Frankreich aus besteht die Neigung erstens dort, wo eine Hauptstadt ist, eine souveräne Staats-Nation zu postulieren, zweitens dort, wo eine Nation sein soll, eine Hauptstadt zu schaffen.

Die preußische, die bayerische und die württembergische „Nation" sind so am Anfang des 19. Jahrhunderts unter dem Einfluß der Ideen von 1789 gezüchtet worden. Prag, Agram, Budapest und Warschau schrieen vom französischen Standpunkt aus nach ihrer sinnvollen Erfüllung in souveränen Staaten. Der moderne Gedanke der Volksabstimmung ist im Grunde auch nur verständlich aus der französischen Idee, daß man sich für den oder jenen Mittelpunkt entscheide. Denn bekanntlich ist die Unterlage jedes Plebiszites die klare Abgrenzung des Abstimmungsgebietes. Soll die Stadt Triest abstimmen oder ganz Istrien? Soll Trient abstimmen oder Südtirol, Oberschlesien oder ganz Schlesien? Und entscheidet die Abstimmung über ganz Oberschlesien oder über seine Teile getrennt? Das Ergebnis wird jedesmal entgegengesetzt ausfallen.

Für die französische Mentalität bestehen hier keine Probleme. Denn für den Franzosen haben die Bewohner von Pleß und Rybnik einerseits, Kattowitz und Beuthen andererseits kein sie untereinander verbindendes Band. Jeder Ort und jeder Einwohner wählt vielmehr direkt Berlin oder Warschau. Daß er Oberschlesien, ein Land ohne Zivilisationsmittelpunkt wählen könnte, findet in dem politischen Räsonnement von 1789 keinen Platz. Und doch hatten die Oberschlesier Oberschlesien im Sinne!

Die Franzosen haben aber kraft ihres aufklärerischen Vorurteils diesen rationalen Begriff Europa geschaffen, der heut die Köpfe beherrscht (vgl. „Den politischen Horizont"). 42 Nationen, 42 Hauptstädte; alle zusammen bilden eine Gesellschaft oder einen Verein, die Société des Nations in Genf. Im Genfer Telefonbuch standen die Gesellschaften, die selbständigen Zusammenschlüsse selbständiger Personen, und mitten unter ihnen ward aufgeführt die Société des Nations. Das, was wir gefühlvoll Völkerbund nennen, ist eben ein Verein von Nationalstaaten! Die Vereinsbrüder sind die letzten Einheiten, nicht der Verein. Atomistik des politischen Denkens, rein räumliche Ansicht der Welt. Primat der Geographie. Ein Additionsexempel mit dem Resultat: Europa. Bis ins kleinste ist diese Lehrweise das Erbteil von 1789. Dabei ist das bezeichnend: Die ersten Väter dieses Planes, der französische Abbé St. Pierre und der Amerikaner William Penn haben den europäischen Genfer Staatenverein schon am Ende des 17. Jahrhunderts gefordert. Die amerikanische und die französische Lehrweise in bezug auf den Erdteil „Europa" sieht identisch aus.

Die Erde „zerfällt" — *zerfällt* ist das richtige Wort — in lauter abstrakt feststellbare Fragmente. Nicht die Taten der Menschen schaffen ihre Reiche und Bereiche, sondern die abstrakte Berechnung der Vernunft verweist jeden in sein Naturreich. Bis 1789 war das Maß für die Erde ein Joch oder ein Morgen, also das, was der Bauer mit seinem Gespann Ochsen an einem Tag umpflügen konnte. Elle und Fuß waren gebunden an die reale Erscheinung des Menschen als des maßgebenden Wesens. Der Ersatz dieser Maße durch Meter und Hektar nimmt Bezug auf den Erdquadranten. Ein Meter ist der vierzig Millionste Teil eines Erdquadranten. Das Normalmeter wird in Paris aufbewahrt. Der menschliche Geist unterwirft sich hier mit einem Schlage die ganze Erde von Paris aus. Die französische Revolution enthüllt hier ihren *weltbürgerlichen* Charakter. Sie hat eine die ganze Welt ergreifende Seite. Alle Völker müssen so werden wie Frankreich unter der Führung von Paris. Frankreich ist das Normalland aller Länder, Frankreich ist die große Nation unter den Nationen. Wen die Pariser Gesellschaft rezipiert, der wird damit zum Weltbürger, hinzu zu seiner polnischen, russischen Nationalität wird er nun quasi Pariser, Bürger der vernünftigen Welt, *du monde civilisé,* wie der Ausdruck lautet.

Wie Paris Frankreich nur geistig und seelisch beherrschen kann, nicht eigentlich militärisch oder institutionell, so beherrscht das Pariser Normalmaß die fremden Gehirne. Es gehört in die Gesetze der Revolutionen, daß England allein dieser Weltherrschaft der Normalmaße von 1789 nicht nachgegeben hat, wohl aber Amerika. Immer das Land mit der nächstfrüheren Revolution leistet den unerbittlichen Widerstand, so hier England gegen das Dezimalsystem. Aber umgekehrt gehört dies Dezimalsystem unter die Mittel der Weltgeltung der französischen Revolution. Es hat in allen anderen Staaten Münze, Gewicht, Hohl- und Längenmaße entnationalisiert und normalisiert, hat alle Nationen damit unmerklich an die französische Denkweise gewöhnt. Dabei war der Kampf im eigenen Lande langwierig. Erst 1840 hat der französische Bauer seine Klafterrechnung aufgeben müssen. Der Kampf geht nach innen und nach außen. Denn das *Normale* ist das Internationale und das Französisch-Nationale zugleich, auf das man als Franzose besonders stolz sein darf.

Die erste Schule des Landes kann daher in Frankreich die Ecole Normale heißen. „Normalien" zu sein, ist eine Auszeichnung, wie für den Engländer die public school. Das Beste, Erste, Vornehmste verbirgt im Lande der Gleichheit seinen Herrschaftsanspruch in der unangreifbaren Hülle des Normalen, d. h. für jedermann Verbindlichen und Vernünftigen. Aber dieser Herrschaftsanspruch besteht, nach innen wie nach außen. Der deutsche Dualismus, Katholiken und Protestanten, ist für einen Franzosen anormal. Das Wunderwerk Österreich-Ungarns ist nach den französischen Schulbüchern von 1900 un contresens dans l'Europe moderne. Die englischen Bräuche sind „idiotisch". Auch der berühmte französische Kenner Amerikas, André Siegfried, kann England nicht gerecht werden. Selbst in den Gedanken dieses großen Forschers herrschen die Ideen von 1789. Sie verwandeln alles in unnormale Sinnlosigkeit, was nicht nach der abstrakten Norm des Weltmaßes von Paris gemessen werden kann.

Jede Revolution erhebt die bisherige Ausnahme zur Regel, erniedrigt die bisherige Regel zur Ausnahme. Die französische Revolution wendet sich gegen die englische. Diese hatte das Common Law, das Herkommen des Landes vergöttert, das in jeder Grafschaft besonders ist, das unvernünftig aber angeboren ist. Der Franzose zerstört die Coutumes in den Ländern der Krone. An die Stelle der königlichen Gewalt tritt die abstrakte Norm. Sie stempelt alles abstrakt Unbegreifliche zur kaum erträglichen Ausnahme. Und in hundertunddreißig Jahren von 1789 bis 1919 verwandelt diese scheinbar so gewaltlose Lehre die Landkarte von Europa in jenes normale aber unerträgliche Schachbrett von Nationalstaaten, die heut an ihrer Normalisierung verhungern. Das von Paris aus für normal Erklärte: Jeder Hauptstadt ihr Staat, hat die Balkanisierung Europas bewirkt, aber es hat Frankreich zur unbestrittenen geistigen Herrschaft über das 19. Jahrhundert verholfen.

8. *Das Privateigentum*

Das Recht, in dem sich die Furchtlosigkeit des Staates vor jeder Konkurrenz ausspricht, ist die Vereinsfreiheit. Sociétés, Gesellschaften kann der liberale Staatsbürger nun gründen, soviel er begehrt. Das Leben der Gesellschaft wird unmittelbar durch die Revolution entfesselt. Man muß diesem mathematisch Erfaßten und logisch Geordneten ein dem Ganzen ungefährliches Tätigkeitsfeld einräumen. Man muß ihm die unbedingte Gleichheit, in die es willigen soll, vergelten durch eine gleiche unbedingte Freiheit. Und diese eigene Freiheit des Individuums findet sich in dem, was die Sprache schon immer als seine eigene Sphäre bezeichnet hat: im Eigentum.
Jeder für sich, Gott für uns alle ist daher der Grundsatz der Gesellschaft; die Gesellschaft besteht aus Eigentümern. Vor dem Gesetz des Staates sind alle Franzosen gleich. Deshalb dürfen sie als Gesellschaftsmenschen desto eigentümlicher leben. Der Franzose ist nicht nur selbst eine Individualität, sondern er zieht in den Kreis dieser Individualität mit besonderem Nachdruck alles, was sein ist. Diese Ichsucht vom Ehrgeiz bis zur schmutzigen Habgier ist das eigentliche Bürgerlaster. Ins Egozentrische und Egoistische (egotistisch sagt der Franzose) gleitet der Mensch am häufigsten im 19. Jahrhundert ab.
In dieser bürgerlichen Gesellschaft wird der neue Begriff „das Ich" geprägt, den frühere Zeiten nicht verstanden hätten. Denn alle Persönlichkeit der Menschen knüpfte sich früher an die politische Verantwortung in einem Kreis von mehreren Menschen. Adel und Fürsten und Kleriker werden freie Persönlichkeiten, weil sie für andere Menschen, für Kaiser, Untertanen, Volk und Hintersassen verantwortlich sind. Der Bürger trägt Verantwortung nur für sein Eigentum und — dies aber schon nur unausgesprochen — für seine Familie. Niemals in der Geschichte der Menschheit war der Geist so herausgelöst aus den politisch-kirchlichen Gemeinschaften jedem leiblich ausgewachsenen Individuum zuerkannt worden wie jetzt. Das Individuum entschied über sein Eigentum. Und alles Nichtnationale fiel in diesen Bereich des Eigentums: also wanderte ab in das Privatleben der Individuen die Frage der christlichen Kirche. Religion wird Privatsache. Es wandert ab die Entscheidung über die Lehren der Wissenschaft. Die Wissenschaft und ihre Lehre sind frei. „Welch eine Philosophie sich

jemand wählt, das hängt davon ab, was für ein Mensch er ist." — Es wandert ab ins Private die Entscheidung über die Bewirtschaftung des Bodens. Die Bauern werden freie Eigentümer außerhalb jedes Flurzwangs.

Der Philosoph kann daher die französische Revolution für sich in Anspruch nehmen. Nicht umsonst verehrt sie auf ihrem Höhepunkt die Göttin Vernunft. Der Leib des einzelnen Menschen wird zum Träger des Geistes gestempelt. Deshalb wird die Wissenschaft und im besonderen die Philosophie die Göttin des Zeitalters. Denn sie ist die Lehre von der individuell gültigen, der bewußten und wißbaren Wahrheit. Die Russen räumen heut diesen Thron der Wahrheit folgerichtig der Medizin ein und treiben einen ausgedehnten Kultus der Medizin — wie sehr viele Europäer. Aber der Medizin in der Herrschaft vorangehen mußte die Philosophie. Denn auch sie sucht im einzelnen Ich den letzten Halt. Allerdings faßt sie den einzelnen als Kopfwesen auf, nicht als Materie. Auf diese Weise kann sie ihn teilnehmen lassen an allen Ehren und Würden, die bis dahin den Trägern des Geistes allein zustanden. Jedermann ist nun solch ein Träger. So wird er Papst und König und Lord in einer Person. „Das Ich ist die Kirche" ist ein Satz des 19. Jahrhunderts. Der französische Bourgeois vertritt Frankreich, wie das weder der deutsche noch der italienische Bürger im Auslande fertig bringen. Auf den Bürger ist in Frankreich die volle Repräsentation aller geistigen Mächte übergegangen.

Um den Griff nach dem Geist, um den Idealismus der bürgerlichen Gesellschaft zu würdigen, muß man auf die Privilegien blicken, die sie sich aneignen wollte. Was bisher in einem Geflecht von Ämtern — man denke an die Friedensrichter, Bischöfe, Geschworenen, Aldermen in England — als Geistestätigkeit geübt worden war, das gab den Mandataren dieses Geisteslebens Noblesse, Namhaftigkeit. Alle Berufe haben ihren Trägern daher den Namen aufgeheftet: wir haben sie nur vergessen: Schneider, Becker, Richter, Schultze und Müller, aber auch Graf, Herzog und Fürst sind Amtsbezeichnungen. Die Funktion teilte dem Individuum den Anteil am Geistesleben des ganzen zu und gab ihm deshalb den Namen. Die jungen Söhne des englischen Adels werden des Namens ihres Vaters nicht teilhaftig, weil sie seine Funktion nicht erben. Der Sohn von Lord Halifax heißt Mr. Wood.

In der bürgerlichen Gesellschaft dreht sich dies Verhältnis um. Die Kraft zur Namengebung bleibt nicht länger dem Ganzen. In einer Republik kann niemand mehr neue Adelsnamen austeilen! Die Geisteskraft ist abgewandert zu den Individuen. Sie können sich nun nennen, wie sie wollen. Verbindlich kann eine solche Namengebung nur werden, wenn die Individuen mit ihrer Geisteskraft die Nation bezwingen. Dann kann aus Arouet Voltaire werden, aus Duvernet George Sand. Ja, der Schriftsteller kann sich sogar mit seinem Lande identifizieren. So ist der Name Anatole „France" als Pseudonym möglich geworden. Aber diese umgekehrte Richtung des Namenstroms zerstört nun die gesamte Vorstellungswelt leihweiser Berechtigungen und Ansprüche. Der Feudalismus hatte jedermann das Seine zugeteilt und mitgeteilt. Wem Pflichten oblagen, der brauchte dann dazu auch Gerechtsame, Privilegien. Denn wie sollte er sonst seinen Pflichten nachkommen? Aber alle Gerechtsamen flossen dem einzelnen zu von Gott, vom König und aus der Überlieferung.

Davon will der Bürger nichts wissen. Er hat zuerst Rechte. Nur der Nationalname „Franzose", „Deutscher" wird ihm von der Nation verliehen. Daß man diese nunmehr einzige Namensgebung „Naturalisation" nennt, betont die Stärke dieser nationalen „Natur"; im Namen, den man im „Nationalkataster" trägt, sammelt sich, was bisher in Kirche, Stamm, Gemeinde und Staat zu vielfältiger Benennung geführt hatte. Das Gegengewicht gegen diesen Nationalismus ist der Kapitalismus. Denn wenn die Nation den Namen den Personen gibt, so geben die Personen ihren Namen den Sachen. Die ganze unpersönliche Natur wird zum *Privateigentum.* Dies Privateigentum ist unverletzlich. Hinter den Rechten kommen die Pflichten. Das Eigentum ist nicht verliehen. Es läßt nur hinterher sich vom Staat besteuern und schlimmstenfalls beaufsichtigen.

Erst Rechte, dann Pflichten — das ist die kopernikanische Drehung, die der Idealismus vollzieht, weil er den Menschen in seiner ganzen Größe und als die einzige Größe unterhalb der Nation anerkennt.

Daraus erklärt sich die oft bemerkte Tatsache, daß der Bürger viel leichter sein Leben als sein Eigentum für die Nation aufopfert. Mit dem Leben bejaht er die Nation. Und sie hat die gleiche Geburtsstunde wie seine eigene Persönlichkeit. Aber mit dem Eigentum verleugnet er seine bürgerliche Existenz, und diese ist ja nur die andere Seite des nationalen Lebens und unmittelbar mit seiner Rechtsordnung mitgegeben.

Dieser Punkt bedarf noch der weiteren Ausführung in bezug auf den Krieg.

Kriege bewähren Ordnungen. Entweder sie verteidigen alte Ordnungen wie die Koalitionskriege von 1792 oder — wie die Glaubenskriege und Revolutionskriege — sie breiten neue Ordnungen aus. Diese Aufgabe kann sich ein Volk oder die Menschheit nur solange stellen, als der Krieger sich als das Zwischenglied zwischen seinem Vater und seinem Sohn innerhalb *ein und derselben Ordnung* fühlt und weiß. Wenn ich bestimmt weiß, daß meine Nachfahren nichts von der Ordnung halten werden, in die ich selbst eingerückt bin, dann werde ich nicht für diese Ordnung mit meinem Leben mich einsetzen. Denn durch meinen Tod soll doch etwas überleben, und das ist eben die Ordnung von Geschlecht zu Geschlecht.

Je veränderlicher also eine Ordnung, desto sinnloser wird der Krieg. Denn desto unwahrscheinlicher wird der Sinn meines oder deines Opfers. Nun schaffte die Revolution alle verjährten Rechte ab. Das Alte galt als veraltet. Ja, die Väter der Revolution erließen ein Dekret: keine Generation darf einer künftigen Gesetze vorschreiben. Die Mode und die Laune des Zeitgeistes regieren die bürgerliche Gesellschaft. Von Sensation zu Sensation schreitet das Leben vor. Der ständige Wechsel der Lebensformen wird eben wegen des Hasses gegen die Dummheit der Tradition zum Kennzeichen der freien Geister.

Die Boheme wird gefeiert, le Progrès und eine Nouveauté zu sein genügt schon als Empfehlung. Denn das Neue ist sicher besser als das Alte.

Da braucht es ein ungeheures Gegengewicht, um standzuhalten im Strudel der Neuerungen. Eine Ordnung des Lebens wenigstens muß durchgehen durch alle Änderungen der Staatsformen, wenn der Franzose sich selbst wiedererkennen soll im Wechsel der Moden. Man denke an den Wechsel der Verfassungen von 1789, 1790, 1792, 1795, 1799, 1801, 1804, 1814, 1815, 1830, 1848, 1851, 1852, 1870, 1875 und man wird die Übersättigung, ja den Ekel des Franzosen an *absoluten* Staatsprogrammen verstehen. Um so unzerstörbarer hängt er an seinem Eigentum, um so heiliger ist das Erbrecht ins Vermögen. Hierauf allein kann der französische Nationalstaat in der europäischen Staatenwelt fest zählen.

Die Société, die bürgerliche Gesellschaft eigentümlicher Individuen, ist daher von Jahrzehnt zu Jahrzehnt deutlicher das Fundament der Nation geworden; und im Jahr 1914 nach der Marneschlacht lief das Wort in Paris um: Der Staat hat versagt, die Gesellschaft hat uns gerettet. Aber schon der populäre Verteidiger von Paris, Trochu, der seit 1867 die preußische Heeresverfassung den Franzosen empfohlen hatte, wählte für eines seiner Bücher den Titel „La Société, l'Etat, l'Armée". Ein solcher Titel und eine solche Reihenfolge: Gesellschaft, Staat, Heer hat nur im Frankreich der bürgerlichen Gesellschaft Sinn. In Deutschland z. B. wäre diese Dialektik unverständlich geblieben; hier ist der Staat „sozial"!

Das Eigentum schafft das dauernde Interesse des Bürgers an der Rechtsordnung des Staates, dessen übrige Lebensformen ständig schwanken. Das Eigentum erleidet durch diese Heraushebung aber eine großartige Veränderung. Es wird von allen politischen Bindungen frei, und eben dadurch wird es bewegliches, rein wirtschaftliches Vermögen.

Die Entwicklung des Kapitalismus beschreitet dank der Ideen von 1789 Wege, die sowohl in dem England, das Adam Smith neu erschaffen, wie in Frankreich eingeschlagen, aber nur in Frankreich ganz radikal durchgeführt werden. Diese Stufenbildung am Ende des 18. Jahrhunderts im Ablauf des Kapitalismus muß gesehen werden, weil von ihr die eigentümliche Gestalt der französischen Verfassung und der Typ des französischen Rentners abhängen.

Cromwells Navigationsakte hatte dem Engländer die Wege der Welt eröffnet. Die freieste und rücksichtsloseste Ausbeutung geschieht also in der Fremde. Der Engländer ist in Indien am eindeutigsten kapitalistisch. Denn hier lebt er außerhalb der eigenen Lebensgemeinschaften. Das Wesen des Kapitalismus ist aber diese Selbstentfremdung der Lebensgenossen. Das Rentabilitätsprinzip gilt nur dort, wo Käufer und Verkäufer einander fremd sind oder als Fremde behandeln. Dort, wo zwischen Käufer und Verkäufer oder Arbeitgeber und Arbeitnehmer hierarchische, nachbarliche, feudale und familiäre Rücksichten obwalten, ist der Kapitalismus nicht rein durchgeführt.

Die englische Revolution bringt nun den Europäern die dauernde und planmäßige Ausbeutung des Verkehrs für Fremde und mit Fremden. Die ersten wirklichen Aktiengesellschaften sind eben deshalb Kolonialgesellschaften (Ostindische und Westindische Kompagnien). Die Wurzeln des kapitalistischen Handelsrechts liegen daher in den Kolonien. Aber die ersten englischen Kolonien tragen in der Mehrzahl nicht den Charakter imperialistischer Ausbeutung. Der Engländer gründet draußen sein Commonwealth. Erst seit dem Ende des 18. Jahrhunderts blickt man der Ausbeutung der Kolonien ohne Verbrämung ins Gesicht.

Das Neue aber ist die Rückübertragung dieser Selbstentfremdung auf das größte Eigengebiet, das die Eigentümer sich zurechnen können. Und das ist eben die Nation! Montesquieu hat gesagt, er wolle die europäischen Staaten so schildern, als seien sie Madagaskar. Wenn also Smith die Nationen betrachtet, so betrachtet er sie bereits mit dieser kapitalistischen Selbstentfremdung des Geistes von oben abstrakt. Deshalb war eines der geistigen Hilfsmittel der Aufklärung, um diese Selbstentfremdung des Ich, des Bürgers von seiner Heimat und Scholle, seiner Abstammung und seinen religiösen Bindungen zu schaffen, die Einkleidung der Gedanken in ausländisches Gewand. Montesquieu schreibt die Lettres persanes. Christian Wolff hält jene Rede, für deren Geistesrevolution er aus Halle bei Strafe des Stranges verbannt wird, über die Lehren des Kungfutse. Chinesische Gärten entstehen überall. Während des ganzen 18. Jahrhunderts spielt die Verkleidung auch sonst eine hervorstechende Rolle. Die Gemälde Watteaus zeigen den Trieb der führenden Gesellschaft, sich selbst gegenüber Distanz zu gewinnen, einander fremd zu werden und fremd gegenüberzustehen, zunächst in bestimmten Rollen, dann in immer unkenntlicheren Verkleidungen; die geheimen Orden schießen hervor. 1728 wird die schottische Maurerei gegründet. Bis zu Cagliostro und Mozarts Zauberflöte geht dieser Spuk.

Er erlischt, als ihm in der französischen Revolution das Ventil geöffnet wird: Das Bürgertum schafft die unterscheidende Tracht ab, die jeden Stand und jeden Ort durch jedermanns Erscheinung verrät. Die Sansculotten gleichen ja nicht nur alle Ungleichheiten aus. Sie befreien mit ihrer neuen Tracht auch alle Bürger von der Erinnerung an die nahen oder fernen Bindungen. Der Bürger wird durch seine Tracht Weltbürger, Kosmopolit. Und Bürger wird auch der Bauer. Die Tracht ist aber mehr als ein Kleid. Sie drückt die wirkliche Lage dieses neuen Weltbürgers aus. Avenel betont diese meist übersehene Revolution sehr gut, wenn er sagt: „Blickt man auf die einfachste Bauernfamilie in ihrem Dorf, so bemerkt man, daß vieles, was sie verbraucht, von fernher kommt, und daß vieles, was sie selbst produziert, wie Korn oder Holz, doch um nicht zu ihrem eigenen Schaden zu teuer zu kommen, deren ferne Zufuhren vervielfacht werden müßten. Für den täglichen Verzehr braucht diese Bauernfamilie Kaffee aus Brasilien, Zucker aus dem Departement Aisne oder Pas-de-Calais, der Stockfisch kommt aus Neufundland, Petroleum vom Indischen Ozean oder dem Schwarzen Meer, seine Kerze wird aus internatio-

nalen Fellen, aus chemisch bearbeiteten Abfällen gemacht, seine Mähmaschine kommt aus Amerika, aus Lothringen die Schar seines Pflugs und der Stahl in den Achsen. Das Band auf der Stirn der Mütze ist aus Manilafaser und Rigaer Hanf, Planken und Balken am Dach aus Schweden oder Norwegen fertiggeschnitten und eben daher das Papier seiner Zeitung. Sein Hemd und seine Handtücher stammen aus Texas, sein Rocktuch vom Kap oder Australien."
Das was heut durchgedrungen ist, die einförmige Gleichartigkeit aller Großstädte der ganzen Welt, das hat zur Vorbedingung die Aufhebung der Orts- und Standestrachten durch die französische Revolution. Den Weltbürger gibt es seitdem als soziale Tatsache. Deshalb liegt aber in der Vorherrschaft der Pariser Mode ein politischer Sieg Frankreichs beschlossen. Denn kraft der Einheit der Mode wird der Typ des Citoyen nun maßgebend nicht nur für die französische Nation, sondern für alle Nationen. Grundsätzlich billigt die französische Revolution allen Nationen die gleiche Freiheit zu wie der eigenen Nation. Aber dennoch ist da ein himmelweiter Unterschied zwischen den vielen europäischen Nationen der Polen, Italiener, Deutschen, Finnen und der „Großen Nation". La grande Nation ist eben maßgebend nicht nur für ihre eigenen Bürger, sondern für die Bürger der ganzen Welt. Sie schreibt ihnen die Tracht vor! Sie schafft in Paris den Mittelpunkt des Bürgertums und der bürgerlichen Welt „das Mekka der Zivilisation". Dies Hugosche Schlagwort ist in mehrfacher Hinsicht interessant. Mekka ist außerchristlich und exotisch und tritt damit zu dem, was die Franzosen im 18. Jahrhundert besonders beschäftigt hat, zu China und Persien in Wettbewerb. Nun holt man dies geistige Fremdwort hinein in die europäische Welt, um sich ganz zu verweltlichen und dem christlichen Sprachschatz Paroli zu bieten; es ist der kosmopolitische Zug der Ideen von 1789, der dies Wort prägt. Nicht die Hauptstadt der platten Vergnügungen für den lüsternen Ausländer wird mit diesem Schlagwort bezeichnet. Denn der Rang der Stadt wirkt sich oben wie unten, in allen Schichten des Weltbürgertums aus. Der Künstler Europas lernt im 19. Jahrhundert hier malen, der Schriftsteller begreift hier, was Schreiben heißt. Vor allen Dingen aber arbeiten hier alle Nationen praktisch an der Vorbereitung ihres Nationalstaates. Das junge Polen und das junge Deutschland, Jungungarn und Junggriechenland haben in Paris ihre Vorstudien getrieben für das „junge", das nationalgegliederte Europa. Die Bombe des italienischen Revolutionärs, des Grafen Orsini, die 1858 Napoleon III. bedrohte, erinnerte den Kaiser, daß Paris nicht nur die Hauptstadt der Franzosen sei, sondern daß auch die Sache des europäischen Nationalismus in Paris ihre Hauptstadt habe. Und Napoleon hat sich dieser Mahnung an den Heiligen Krieg des 19. Jahrhunderts, an den Nationalkrieg fügen müssen, weil er Kaiser der Revolution von 1789 sein mußte. 1859 marschierten seine Soldaten für die Befreiung Italiens, denn, so erklärte er, „nur *eine* Nation in Europa führt Krieg für eine Idee, Frankreich".
So kommt es, daß die französischen Worte Citoyen, Staatsbürger und Kosmopolit, Weltbürger, ferner liberal, konservativ, national und Revolutionär, sozial

und Demokrat, Kapital und Bourgeois, nicht französisch bleiben, sondern das europäische Vokabular bereichern. Das Unglück ist nur, daß die Worte exportiert worden sind ohne die französische Gesellschaftsordnung! Denn der Kapitalismus hat in Frankreich bis zum Weltkrieg andere Formen aufgewiesen als in England oder Deutschland. In England ist der Weltmarkt draußen der Anreiz zur industriellen Revolution. Hingegen die Insel hat bis 1914 immer den Anstrich eines Adelslandes behauptet. Die „großen Familien" nahmen spontan die Pflichten der regierenden Klasse auch ohne Gesetze wahr. Daher der englische bürgerliche Unternehmer von brutaler Rücksichtslosigkeit gleichzeitig in größtem Umfang Stifter und Spender wurde zur Abhilfe für alle möglichen Übel des englischen Gesellschaftskörpers. Er verdiente als Kapitalist vier Millionen Pfund und verschenkte als Gentleman drei Millionen davon, wie Sturge von Birmingham zum Loskauf der Sklaven.

Der Franzose verdient im allgemeinen weder vier noch stiftet er drei Millionen Pfund. Er hat keine Adelsherrschaft zu konservieren oder zu markieren als vorkapitalistischen Rest. Er hat den Adel ausgerottet. Er ist Bürger und nur Bürger. Die französische Revolution war vollstreckt, als Frankreich 1830 seinen roi-citoyen bekam und als dieser Bürgerkönig der Bourgeoisie zurufen konnte: Enrichissez-vous. Bereichert euch. Aber dieser französische Kapitalismus hat trotzdem eine besondere Färbung durch die Art, in der sich der Staat mit der Masse der kleinen Besitzenden finanziell zu identifizieren verstanden hat. Der französische Staat hat seine inländischen Anleihen nicht amortisiert wie der englische. (1914 wurde der letzte Rest der englischen Kriegsschuld aus den Napoleonischen Kriegen getilgt!) Der französische Staat hat vielmehr die ganze Bourgeoisie dauernd an die französische Staatsrente gebunden. Die Ersparnisse des französischen Provinzialen sind nicht direkt ins Börsenspiel oder in die Industriekredite der Banken hinübergewandert. Sondern sie wenden sich zuerst der Rente zu. Der Staat selbst ist die große Sparkasse, auf deren Gedeihen man setzt. Der Staat war nachsichtig in den Steuern und pumpte das Geld lieber durch die Anleihen aus den Strümpfen der Bauern heraus. Dafür behielt das Großbürgertum, die eigentliche Kapitalistenklasse, entsprechend mehr für Neuinvestitionen übrig.

Dies bedeutet psychologisch einen gewaltigen Unterschied: Der Durchschnittsfranzose konnte so Kleinbürger bleiben, mehr Sparer und Rentner beim Staat als Kapitalist. Die Mentalität blieb also geizig, einfach, frugal, individualistisch einerseits, andererseits genügte es den Individuen, bis hin auf den Staat und das Fortbestehen seiner Staatskasse zu blicken. Der Kapitalismus konnte jenseits dieses Horizontes von Kleinbürger und Staat bleiben. Er blieb anonym, so wie ja die eigentliche Kapitalsgesellschaft in Frankreich Société anonyme heißt.

Der Nationalismus der Franzosen hat daher allerdings einen metallischen Beigeschmack. Hier in diesem Lande fixiert den Horizont des Individuums der Blick auf den Zinsen zahlenden Nationalstaat. Hier in Frankreich ist die *Idee* des Staates allerdings eine Hülle, die den Aufbau der französischen Gesellschaft verhüllt. Liest man Raymond Poincarés Buch von 1912: Wie Frankreich regiert wird?, so ist da in der Tat nur von der demokratischen Algebra der freien Urwähler die Rede, deren 40 Millionen die Abgeordneten wählen. Nichts von den wirtschaftlichen Fesseln, in denen die Regierung damals schmachtete. Ebensowenig aber ein Wort von der Existenz von Paris oder den Kolonien, aus denen der Staat sich bereicherte. Bei Poincaré ist der Staat so rein ideologisch das einzige Kollektivum für alle Franzosen, daß es gleichsam Zufall sein könnte, daß gerade Paris die Hauptstadt dieses Landes ist. Und doch verdankt Poincaré selbst seinen Aufstieg der Zugehörigkeit zu einer Familie von Gelehrten Pariser Formats und erklären sich die politischen Krisen seines eigenen Lebens aus den gesellschaftlichen Problemen der Pariser Finanz- und Geisteswelt.

9. Die Philosophie des Fortschritts

Räumlich geographisch ist die Idee Frankreichs und ist der Patriotismus der Franzosen. Das unterscheidet ihn von der persönlichen Vaterlandsliebe der Deutschen. Elsässer, Bretone, Flame und Baske sind Franzosen, weil sie in dem douce pays de France wohnen. Wer in Frankreich geboren wird, muß im französischen Heere dienen. Die deutsche Vaterlandsliebe würde genau umgekehrt sagen und hat stets umgekehrt gesagt: Wer im deutschen Heere gedient hat, wird Deutscher.

Nur der Franzose philosophiert über die sinnlich greifbare Welt der fünf Sinne mit der gleichen Kunst wie andere Völker über die Unsterblichkeit.

Die Philosophie des Franzosen ist Weltanschauung im wörtlichen Sinne dieses viel mißbrauchten abgenutzten Wortes. Sie ist nämlich Anschauung der sinnlichen räumlichen, greif- und fühlbaren, meß- und wägbaren Welt. Sie ist die Einrichtung des subjektiven Glückes innerhalb der objektiven Welt der Dinge. Nichts von dem schwülen Pathos deutscher Weltanschauungskämpfer, die in den Nebel letzter Wahrheiten entfliehen, wenn sie sich auf ihre Weltanschauung berufen. Der *Hintergrund* ist der Ort der Weltanschauung der Deutschen. Der Vordergrund ist der Platz, auf dem die Philosophie des Franzosen sich zu bewähren hat. Wenn ein kleines Mädchen in Paris auf der Straße abschlägigen Bescheid erhält, so kann sie dem Asketen zurufen: Quel philosophe! In keiner anderen Sprache der Welt wird ein Mädchen ihre Enttäuschung in diese Worte kleiden.

Daher bedeutet das Wort Philosophie im Französischen etwas ganz anderes als im Deutschen. Alle deutsche Philosophie ist im Grunde Theologie geblieben. Hegel, Schelling, Fichte, Schopenhauer und Nietzsche, Marx und Richard Wagner sind alle viel eher Pfarrer, Propheten, Priester und Heilige, Prediger und Märtyrer als Philosophen im Sinne der Franzosen und der französischen Revolution. Alle diese Deutschen haben nur dem Vokabular der französischen Revolution Rechnung getragen, wenn sie sich Philosophen nennen und als

Philosophen ausgeben, ja wohl auch selbst für Philosophen halten. Sie sind aber deshalb noch lange keine Philosophen im Sinne der französischen Geistessprache und der französischen Revolution.

Hingegen sind selbst die größten französischen Theologen noch Philosophen gewesen. Und diese qualitas occulta der räumlich-weltanschaulichen Denkweise offenbart sich gleicherweise in den großen Helden des mittelalterlichen Paris wie des modernen Frankreich. Der Weg der französischen Geschichte ist im Bereich der Ideen der gleiche wie im Bereich der Politik. Innerhalb der mittelalterlichen christlichen Welt betonen die Pariser Theologen die klaren Raumordnungselemente. Die freien Denker des modernen Frankreich verabsolutieren dann diesen Kultus der Raumordnung als den Genius und Esprit ihrer Rasse. Ebenso aber verfährt die französische Politik. Sie ist anfänglich bereit, die terrena civilitas, die mittelalterliche Zivilisation um das Heilige Grab zu zentrieren und will seine abstrakte, nämlich gedankliche Ordnung der gegebenen Welt herstellen. Als diese mittelalterliche Welt sich auflöst, da bricht in dem großen Kronrat von 1551 die Wendung zu einer weltlichen Raumordnung durch. Wie schon erwähnt, beschließt man, von den Mittelmeerplänen der französischen Könige des Mittelalters Abschied zu nehmen und Paris, den eigenen französischen Mittelpunkt auch zum Mittelpunkt der Außenpolitik zu machen.

Die Zivilisation ist dann die letzte Prägung der Weltanschauung, die sich in der sichtbaren Welt endgültig einzurichten beschließt. Paris ist ein Kunstwerk menschlicher Geisteskraft. Man geht nach Paris, man beschließt sein Leben in Paris. Aber man beginnt dies Leben in der Provinz, in den fruchtbaren und gesegneten Gefilden dieses schönen Landes. Paris ist die Zielgestalt eines Volkes, mit dem dies Volk ein philosophisches Mekka an die Stelle des christlichen Roms, die geistig-idealische Kunstgestalt an die Stelle der offenbarten geschichtlichen Ordnung gesetzt hat. Die französische Revolution ist die Revolution der Philosophen, die Revolution der Ideen. Die Welt versuchte in ihr, sich einmal buchstäblich auf den Kopf zu stellen. Deshalb gehört zu ihr ein abstrakt idealisches Ziel, eine klare Raumordnung der Welt, ein philosophisch-theoretisches Staatsrecht.

Vorbedingung dieser Revolution aus Ideen aber war der Sieg des Raumdenkens. Der Cartesianismus ermöglicht den Franzosen aus dem Bann des Abendlandes herauszutreten, ohne Protestanten zu werden. Die Leidenschaft, die Luther der Seele widmet, weiht Descartes und ihm nach seine Nation der Welt.

René Descartes, der erste freie Denker Frankreichs, von dem Lafontaine, das Echo der öffentlichen Meinung, dichtete, ce mortel dont on eût fait un dieu dans les siècles passés, et qui tient le milieu entre l'homme et l'esprit, stellt sich mit seinem Discours de la Méthode neben Abailards Sic et Non. Descartes will nicht nur die Wahrheit, sondern die Grade der einzelnen Wahrheit ermitteln. Er will vom Sicheren zum weniger Sicheren fortschreiten. Zwei mal zwei ist vier, ist „wahrer" als eine kompliziertere Erkenntnis. Der methodische Zweifel wird von ihm eingeführt in das Reich der Vernunft. Und mathematische Vorstellungen tragen fortan die Systeme der Philosophen. Descartes ist nicht nur der Schöpfer eigener mathematischer Lehren, wichtiger ist er als der Ahnherr der mathematischen Philosophie. Ohne Descartes ist Spinozas Denkweise more geometrico nicht denkbar. Und Leibniz ist sein Enkel mit seiner Wahrscheinlichkeitsrechnung. Das ganze Naturrecht baut auf diesen sinnlich-visuellen Raumvorstellungen zum ersten Male auch die politische Welt auf. Der Staat wird nun definiert als der feste Bezugskörper, in dem alle einzelnen Individuen ihren festen Ort und ihren dauernden Raum haben. Kurz, René Descartes ist der Ahnherr einer reinen, nämlich einer rein diesseitigen Anschauung der Welt, einer durchgeführten philosophischen Erkenntnis der Weltordnung. Mensch und Gott werden mit in diesen fixen Weltraum hineingedacht; zu diesem Zwecke erbt bei Descartes die Welt aus dem Gottesbegriff die Unermeßlichkeit und die Unendlichkeit. Die kopernikanische Wendung, die unsere Erde aus ihrer zentralen Stellung herauswirft, wird nun dazu benutzt, das Weltall für mittelpunktlos und unendlich zu erklären und eben damit alle Entwicklungsmöglichkeiten in dies Weltall selber hineinzudenken. Der Theismus und der Deismus wurzeln in diesen Erkenntnissen. Die Welt folgt ihrem eigenen Gesetz. Der große Weltbaumeister hat in seinem Hause nichts mehr zu sagen, seit es fertig steht. Dieser Deismus ist nun der Träger der französischen Revolution geworden. Voltaire sagt darüber: „Man kann die Weltmaschine nur auf zwei Arten philosophisch erklären: Entweder Gott hat sie einmal geregelt und die Natur gehorcht immer. Oder Gott gibt unablässig jedem sein Dasein und alle Veränderungen des Daseins. Ein dritter Standpunkt ist unerklärlich."

In diesen Sätzen verkörpert sich der Geist der französischen Aufklärung. Sie hielt diesen Dualismus für unwiderlegbar. Und sie gab nun den Naturgesetzen, die unwidersprechlich walten, die Bahn frei, warf Wunder, Zufall, Mythen, Aberglauben heraus aus dieser wohlgeordneten Welt. Sie forderte jedermann auf, diese allgemein gültigen Gesetze nachzutasten und abzugreifen. Wer Augen im Kopfe hat, muß sie ja sehen. Und damit ist der Bau der Welt entzaubert, gereinigt von allen bösen oder guten Geistern, beständig und fertig aus Gottes Hand abgegeben. Das Weltall ist das einzig gültige Universum geworden. Univers ist ein populäres Wort im Französischen. Der elendeste Provinzgasthof kann sich Hôtel de l'Univers nennen. Es drückt eben diese Hinwendung alles Interesses auf die geordnete Welt aus.

Die Geschichte der Revolutionen selbst widerlegt die Voltairische Dialektik. *Die Schöpfung der Welt ist durchaus nicht abgeschlossen.* Die Erde entwickelt sich keineswegs nach bloßen Naturgesetzen, seit sie vor Millionen Jahren einmal als Urschlamm da war. Unsere eigenste Erfahrung widerlegt diese Auffassung. In jedem Augenblick stehen ursprüngliches (werdendes) und entwickeltes (beharrendes) Leben nebeneinander. Alles revolutionäre Leben ist Fortsetzung des Schöpfungsvorganges, denn es ist ein ursprünglicher Ansatz zu etwas unerhört Neuem. Nach harten Prüfungen erst wird dies neue Leben der Welt ein-

verleibt und läuft nun in ihrer Gesetzmäßigkeit ab, solange es seinem Ursprung treu bleibt. Wir kennen es dann als Volkscharakter, als Nationalkultur, als geschichtliche Institution. Auch der Weltraum ist nicht unermeßlich oder unendlich. Das moderne physikalische Weltbild bricht in gewissem Sinne mit diesen aus Kopernikus gezogenen Folgerungen. Jedenfalls existiert die Welt gerade in jener dritten von Voltaire für unerklärlich gehaltenen Verfassung, Ordnung und Chaos, Maschine und Freiheit beides in sich zu bergen. Das hat Friedrich Schlegel dem Rationalismus entgegengehalten. Er unterscheidet die beharrlichen Eigenschaften des Menschen und die qualitativen „Veränderungen des Menschen", durch die etwas Neues geschichtlich gegen Voltaires Meinung hinzutritt, und neuerdings drückt ein deutscher Naturforscher das sehr gut aus: „Nur eine heidnische Religion bringt es fertig, ihrem Gott die Rolle eines Beamten im Ruhestande zuzuweisen, oder die des gefangenen Simson, der blind im Dienste der Philister die Mühle dreht" (Kleinschmidt). Aber die Leidenschaft des Descartes und Voltaire für diese reine Weltmaschine ist eine große Leidenschaft. Und diese Größe gilt es nun noch zu würdigen. In der Linie der deutschen Mystik von Tauler und Suso bis Luther ist wohl mehr Innigkeit, aber dafür weniger Opfermut, weniger Kühnheit, als in den Denkern von Descartes bis zu Voltaire und Rousseau und zu Richet und Bergson. Beide Reihen bedeuten nationalgeschichtlich das gleiche: Sie graben den Energien der Nation das Flußbett, in das hinein sie sich ergießen können, als die Anstauung der Fluten dort 1517 hier 1789 unerträglich geworden war. Die Größe der französischen Aufklärung beruht auf der Treue, mit der sie die großen *Ideen* festgehalten hat: Gott, Freiheit, Unsterblichkeit verkündete Robespierre. Gott und Freiheit war der Wahlspruch Voltaires, auf den hin er 1791 feierlich ins Pantheon aufgenommen wurde. Nature et Verité waren die Ideen Rousseaus, die ihm die gleiche Huldigung eintrugen.
Wir sind heut mehr als mißtrauisch gegen Ideen. Sie erscheinen uns als Opiate, als Betäubungsmittel. Keine Revolution ist heut so abgenutzt in ihren Requisiten für unser Gefühl als gerade die französische. Begreiflich, denn keine hat sich gerade eben so erschöpft als diese letzte vor der unserer eigenen Zeit, vor der russischen. Um so vorsichtiger müssen wir diesen Idealismus von 1789 prüfen, je mehr wir ihn als eine höchst bürgerliche Angelegenheit heut vermodern sehen. Sogar die armen Atomphysiker schwören ihm ab.
Er war ein Vokabular, eine Sprache, die eine ganze Welt begeistert und in Flammen gesetzt hat.
Und hier liegt wohl sein Geheimnis. Weshalb sind denn diese freien Geister gar nicht so haltlos, wie sie der deutsche Spießer des 19. Jahrhunderts oft vorgemalt erhielt? Weshalb hält Voltaire an der Gottesidee fest, weshalb blieben Wahrheit, Unsterblichkeit, Freiheit die unbestrittenen Werte, wenn diese Geister nur Skeptiker, Zyniker, Freigeister, Genießer sein wollten? Welcher Mensch von heut steigt denn für diese Ideen der bürgerlichen Welt auf die Barrikaden. Freiheit? In Italien verstummten 47 Millionen, in Rußland 150.

Unsterblichkeit — eine Hieroglyphe? Gott — man läßt sich heut nicht für ihn guillotinieren.

Und noch vor hundert Jahren diese Glut, diese Begeisterung? Descartes und Voltaire hätten nichts ausgerichtet ohne diese Ideen. Es war ihnen ernst damit, daß der *Bürger dieser Welt* durch die Idee desselben Aufschwungs fähig werde, den man bis dahin nur der Religion zugeschrieben hatte. Der Bürger des 18. Jahrhunderts, durch eigene Arbeit wohlhabend, seines Talentes froh, mit seinem Pfunde wuchernd — so wie ihn Groethuysen meisterhaft schildert — sieht, wie weit man es durch eigene Anstrengung bringen kann. Er glaubt, daß jeder seines Glückes Schmied sein soll, und deshalb — von dieser bürgerlichen Perspektive aus mit Recht — muß später in der Revolution des Bürgers jeder Soldat den Marschallstab im Tornister tragen. Freie Bahn dem Tüchtigen ist die eine Bourgeoisdevise, die in Freiheit, Gleichheit und Brüderlichkeit nur eine Variante hat. Der Bürger ist liberal. Er braucht Ellenbogenfreiheit. Die bürgerlichen Denker begeistern sich daher für jede Freiheit, Gewerbefreiheit, Gedankenfreiheit, Pressefreiheit, Glaubensfreiheit, Vereinsfreiheit, Wahlfreiheit. So feiert z. B. Voltaire einen unbedeutenden Juristen Collet, weil er für die Zinsfreiheit eingetreten war. Aber um nun Volk und Menschheit für die Sache der Ellenbogenfreiheit des Bürgers zu gewinnen, mußte die bürgerliche Freiheit eine Angelegenheit aller werden. Und dies war sie nur dann, wenn diese Freiheit ein allen verständliches Ziel sicherte. Dies Ziel nun drücken die Ideen Gott, Wahrheit, Natur, Unsterblichkeit aus.

Denn sie sollen besagen, daß der Bürger die Rangordnung der Werte stehenlassen will, aber er will sie *aus eigener Kraft* verwirklichen. An die Stelle der Autorität soll die Freiheit treten, und zwar die Freiheit jedes einzelnen Bürgers nach seinem Vermögen. Daß der Mensch vermögend sei, wird dabei vorausgesetzt. Aber es wird auch vorausgesetzt, daß er nichts anderes wollen könne, als dieselben Ziele frei zu verwirklichen, die bisher falsche Mittel von ihm zu erpressen versucht hätten. Der vermögende idealische Wille ist das beherrschende Paradox der französischen Revolution, das sich auch in der zeitgenössischen deutschen Philosophie, etwa bei Kant, getreulich spiegelt.

Auf dem Wege der Kinder der Welt, auf dem Wege der Freiheit sollen Gott, Wahrheit, Unsterblichkeit *auch* zu ihrem Recht kommen. Ohne diese Ideen hätte man ein Menschlich-Verbindliches preisgegeben, den Maßstab für das, was *auch* durch die Freiheit möglich sei. Kirche, Königtum, Herkommen und verjährte Rechte und Pflichten hatten das Leben geordnet. Nun sollte es *auch* geordnet werden, aber als *natürliches* Leben ohne König, Kirche, Adel und Zwang. Diese Natur sollte aber Vollnatur alles Guten, Schönen, Wahren sein und bleiben. Das Regime der Natur tritt an die Stelle des ancien régime.

Nur wegen der unverrückten idealischen Zielsetzung haben die Aufklärer bei dieser Rückkehr zum Regiment der Natur ein so gutes Gewissen haben können. Nur weil er die Willensfreiheit bejahte, wagte Descartes das Ego so frei zu setzen. Das ancien régime hat versagt. Die Natur muß helfen. Der morali-

sche Mensch soll befreit werden, der Mensch, dessen Natur gut ist durch Vermögen, Vernunft und Aufklärung. Dem Menschen wird daher das Gesicht des freiheitsbedürftigen Bürgers der französischen Städte aufgeprägt. Der gute Mensch ist die Erweiterung des Bürgers zur Menschheitsidee. Erst als moralische Revolution, als Revolution, die aus dem Geist individueller Ethik in jedem einzelnen Hirn gedacht und gewollt wird, kann die Bürgerrevolution gelingen. Die Bürgerrevolution braucht Revolutionäre. Sie kann nicht vom Himmel fallen wie die englische. Sie muß den Menschen auf der Höhe der Situation finden. Menschen müssen sich durch sie begeistern lassen zu einer Lebensführung, die bisher nur der Beichtstuhl oder die Zensur erzwangen. Aus den Sitten des ancien régime wird nun die bürgerliche Sittlichkeit, aus den Mœurs, den Gesellschaftszuständen steigt auf ein Kodex bürgerlich-philosophischer Moralbegriffe.
Die Säure des Moralin ist freilich dem Augenblick der Revolution noch fremd. Sie lebt ganz in dem Aufschwung von alter Sitte zu neuer freier Sittlichkeit. Aber „das Moralische versteht sich fortan in der bürgerlichen Gesellschaft von selbst“. Dieser fürchterlichen Folgerung vermag sich die französische Revolution nicht zu entziehen, weil sie eine andere Instanz als den Aufschwung des einzelnen zur Erreichung des Ideals nicht mehr übriggelassen hat. Die Ideale werden durch Selbstschöpfung verwirklicht. Prometheus, der Genius der Menschheit, der reine volle Mensch mit dem Palmenzweige sind die Allegorien, in denen die deutschen Dichter diesen heroischen Aufschwung von 1789 mitleben. Das Wahre, Gute, Schöne werden die philosophischen Leitsterne aller von 1789 ergriffenen Geister. Wo immer wir diese Stichworte, bei Menschen oder Einrichtungen, Systemen oder Parteien, treffen, können wir sicher sein, auch Liberalismus und Nationalismus in der Nähe zu finden. Der ewige und der vergängliche Gehalt dieser Revolution lassen sich so wenig trennen wie der englische Sonntag vom englischen Gentleman.
Alle Spielarten des Philosophen spielen uns die Heroen der französischen Revolution vor. Und die Asketengestalt des unliebenswürdigen Robespierre steht am Ende der Reihe, die der dämonische Genußmensch Mirabeau eröffnet hat. Aber beide, Mirabeau und Robespierre, so extrem sie in dieser Reihe wirken, leben von dem Aufschwung individueller Geisteskraft, von der Begeisterung im Sinne individueller, eigenwilliger Entschließung. Sie bejahen die Natur, sie bejahen die Welt, die für alle eine und die gleiche, jedem Verstand offene ist. Sie bringen die Stimme der reinen Göttin Vernunft zu Gehör. Nichts von Schicksal, nichts von Demut, von höheren Mächten, von gottgewollten Abhängigkeiten. Das einzige Schicksal ist der Krieg gegen die Dummheit, die Lüge, wider die alte Welt angeblichen Aberglaubens und Pfaffentruges, gegen den alten Plunder; Krieg den Palästen, Friede den Hütten hieß das Feldgeschrei der Sansculotten. In ihrer Tracht schon verkündigten sie die Rückkehr zur Natur.
Die neue Mode, die der Schauspieler Chenard am 14. Oktober 1792 nach einem Entwurf von Sergent kreierte, sollte nichts anderes sein, hieß es amtlich,

que l'habit journalier des hommes de la campagne et des artisans de villes. Il n'y a avait de différence entre les citoyens que pour la qualité des étoffes.
Die Privilegien müssen fallen. Die Privilegien sind alt und werden für noch älter ausgegeben. Also muß das Alte fallen. Die französische Revolution kommt auf diese Weise in ein besonderes Verhältnis zum Alten und zum Neuen. Das ancien régime ist unvernünftig. Also empfängt von da alles Neue den Schimmer der Wahrheit, der Vernunft, des Fortschritts. Alle Revolutionen bis dahin hatten einen geschichtlichen Zustand erneuern wollen, die alte Kirche, das Christentum, das alte Herkommen der freien Volksgenossen. Diese Revolution tut das nicht mehr. Kein geschichtlicher Zustand soll erneuert werden. Das Wort neu verbindet sich vielmehr mit der Natur. Die Natur soll erneuert werden, nicht die Geschichte! Nichts mehr von Revolution und Reformation, von Restauration und bloß astronomischer Revolution. Die große Revolution ist *verfassunggebend*. Die Konstituante, das Geben einer geschriebenen Verfassung allein kann reinen Tisch machen mit dem Alten. Nur sie verbürgt die wirkliche Neuheit. Nichts, was nicht in sie übergeht, gilt mehr. Es gibt wirklich ein Jahr 1 der Republik, damit nichts Altes diese Republik vergifte.
Und sich selbst getreu huldigt diese Revolution auch weiterhin dem Fortschritt. Nouveauté und Progrès sind beides seit 1789 Werturteile — was sie bis dahin durchaus nicht waren. Denn für den ungeistigen Menschen wird die Welt nicht besser, sondern eher schlechter. Für die Seele ist jeder Augenblick gleich schwer zu leben, gleich nah und fern zu Gott. Anders der Geist. Sein Reich ist immer die Zukunft. Er ist immer den Zeitgenossen vorauf. Der Geist muß modern sein. „Modern sei der Poet, modern vom Scheitel bis zur Sohle." Das moderne Frankreich stellt sich gegen das ancien régime, als das nicht nur einmal neu gewordene, sondern als das immer weiter an der Spitze der Zivilisation marschierende Land des Fortschrittes. Wer im 19. Jahrhundert ohne dies Narkotikum des Fortschrittglaubens in Europa leben will, wird als Romantiker stigmatisiert. Modern oder romantisch, so teilt sich die geistige Welt seit 1815, seit dem Ende der Revolutionskriege ein, so wie die politische Welt seitdem ins Liberale und Konservative zerfällt. Romantisch und konservativ heißt dabei alles und jedes, was nicht bürgerlich, aufklärerisch, fortschrittlich gesonnen ist. Lutheraner, Katholiken und Puritaner kommen dabei in eine unerwartete Nachbarschaft, bloß weil sie von außen alle in den einen Topf des Feudalismus und der Reaktion geworfen werden. On est toujours le réactionnaire de quelqu'un.
Wehe, wenn der „Fortschrittsglaube" fällt. Keine Nation ist dann so gefährdet wie die französische. Denn sie huldigt dem Raumdenken, gegen das seit 1050 alle Revolutionen ausgebrochen sind. Im Kampf zwischen Zeit und Raum darf nur „die *Zeit* als der Raum der Menschheitsgeschichte" (Marx) die Oberhand behalten. Am „Fortschritt" hängt also die Zugehörigkeit der Ideen von 1789 zu der einen großen Totalität der Revolutionen der Welt.
Die Epoche des Übermuts von 1830 bis 1848 bezeugt die Religion des Fort-

schritts drastisch: „Lamartine hat die tragische Wahrheit herausgesagt: Frankreich *langweilte sich* unter dem Regime des juste milieu. Darum brach diese vernünftige Politik zusammen. Alle ihre Verdienste waren nicht imstande, dem unbefriedigten Ruhmbedürfnisse das Gegengewicht zu halten" (Andrassy).
Dadurch, daß auch die Sozialisten vom französischen Bürgertum diese billige Einheitsmünze Feudalismus-Ancien régime-Romantik übernommen haben, ist die europäische Geschichte in den Lichtkegel der Revolution von 1789 gebannt worden. Die meisten Sozialisten wissen nicht, wie abhängig sie in ihren Kategorien von den Kapitalisten und Liberalen sind. Aber die Menschen nach ihren politischen Grundsätzen einzuteilen, ist überhaupt eine Wirkung der Ideen von 1789. Ideologien, Parteiprogramme entspringen aus diesen Ideen. Ihre Gegner, die vor 1789 die Wurzeln ihrer Kraft haben, sind genötigt, auch Doktrinen, auch Parteiprogramme zu erfinden, um im Dickicht der Ideologien ihre Anhänger bei der Fahne zu halten. In Frankreich ist die Scheidung in liberal und konservativ unter der Monarchie maßgebend geblieben. Seitdem in der Republik fast alles liberal geworden war, zerfielen die Liberalen wieder in Radikale und Gemäßigte. Schließlich treten die Sozialisten auf und stellen sich den Bürgerlichen gegenüber. Wir beobachten zunächst ein Gesetz aller ideologischen Parteibildung: Die alte Gruppe bekommt Namen und Ideologie erst im Kampf gegen die neue. Die Konservativen werden also später zur Partei als die Liberalen, die Gemäßigten später als die Radikalen. Denn sie brauchten zuvor keine eigene Ideologie. Das zweite Gesetz ist die unausgesetzte Absplitterung neuer Gruppen. Diese Art ideologischer Parteibildung hat sich von Frankreich auf die übrige Welt übertragen. Bis zum Weltkrieg haben die Engländer Widerstand geleistet und ihr unideologisches, unprogrammatisches Zweiparteiensystem behalten, das bekanntlich nichts mit dem französischen zu tun hat. Erst das Auftreten vom Labour als dritter Partei bedeutet den Sieg französischer Parlamentsidee auf englischem Boden.
Die Zersplitterung in viele Gruppen ist doch wohl ein Ergebnis der Tatsache, daß diese Abgeordneten zumeist in Paris leben und daß sie wie alle Großstadtideologen durch gesellschaftliche Beziehungen leicht umgruppiert werden können. Die 611 Mitglieder der Kammer bedeuten dort von jeher ebensoviel wie die offene Arena. Das militärische Mannengefühl der deutschen Abgeordneten hat der französische Deputierte durchaus nicht. Er ist selbst eine Partei für sich. Sogenannter Fraktionszwang wird selten geübt und auch dann oft nicht eingehalten. Die Fraktionen sind Camaraderien. Natürlich stehen auch wirtschaftliche Interessen hinter ihnen, aber bei der Masse der Abgeordneten aus den Landkreisen war die Ideologie bis zum Weltkrieg, ja bis heute, 1950, eine Realität. Denn diese Ideologie regelt nun das Verhältnis zwischen Paris und der Provinz. Schule, Kirche, Verkehr, die Kämpfe um die Orden spalteten die Menschen. Demgegenüber traten die direkten Wirtschaftsfragen nicht so trennend hervor. Die Sozialisten des Palais Bourbon haben stets die Agrarzölle bewilligt!

Modern und alt

Die Epoche der französischen Vorherrschaft hat ein besonderes Mittel ausgebildet, ihre Welt anschaulich auszubreiten und dadurch zu propagieren, daß die Bildhauer diese Welt greifbar und sichtbar vor sich hingestellt sehen. Alles, was diese bürgerliche Welt im Innersten zusammenhält, die Maschine und die Moralstatistik, die Hygiene und die Kolonialwaren, die Häuser und die Presse, werden zwischen 1792 und heute immer wirksamer *ausgestellt*. Ein wahres Ausstellungsfieber hat in den Jahren nach dem Kriege z. B. Deutschlands Städte heimgesucht. Die Ausstellungen sind der Weltanschauung des Bürgers genau so verwandt wie die Wirtschaft des Kapitalismus.

Die Ausstellungen beruhen auf einer Gleichgültigkeit gegen den Zeitpunkt, zu dem es notwendig ist, etwas kennenzulernen. In der Begegnung mit den Dingen sucht der Bürger sein Schicksal nicht. Er fabriziert sie ja selber. Er will sie verkaufen. Sie sind seine Geschäfte und sollen Waren werden. Der unbürgerliche Mensch begegnet auch den Dingen der Welt dann, wenn es Zeit ist. Er lernt sie kennen, weil sie sich ihm aufdrängen durch irgendein Bedürfnis. Ehrfurcht vor den Dingen haben, heißt, sie stehenlassen, wo sie stehen. Ausstellen ist das Gegenteil davon. Die Dinge werden numeriert, massiert, katalogisiert, angeboten und feilgehalten wie auf dem Markt. Das wäre an sich nichts Besonderes. Die Messen und die Märkte sind eine universale Einrichtung aller Zeiten und aller Völker. Die Ausstellung der modernen bürgerlichen Welt aber ist mehr. Sie steigert den Gedanken der Schaustellung und drängt den unmittelbaren Kaufverkehr zurück. Dafür soll eine ganze Welt ausgestellt werden, eine ganze „Kollektion". Die Ausstellung hat mit dem Sammeln gemein das Ideal einer gewissen Vollständigkeit des Gegenstandes, dem sie gewidmet ist. Dieser Trieb des Sammelns findet sich in jedem französischen Rentner wieder. Jeder dieser Biedermänner in Pantoffeln, mit der Mütze und der Pfeife, pflegt daheim seine Sammlung zu haben, echter oder unechter Münzen, Bilder, Stiche, Reliquien aus der Dorf- oder Landesgeschichte, Bücher, Steine, Briefmarken — irgend etwas wird er sammeln. Der Sammeltrieb ist überall auf der Welt zu finden. Aber überall entspricht er einer besonders bürgerlichen Haltung. Die Gemäldegalerie eines Schlosses hat noch nicht diesen Charakter. Denn dieser Charakter stellt sich erst da ein, wo die Begriffe der Vollständigkeit und der Tadellosigkeit über die Anlage der Sammlung Herrschaft gewinnen.

Dann enthüllt sich in dem Sammeltrieb seine geheimnisvolle Verwandtschaft mit der geschlechtlichen Leidenschaft. Ein Gebilde besitzen zu wollen in allen seinen Abarten und Spielarten, ja in seinen Entartungen, die Species der einen Meißner Tasse zu erweitern zu der ganzen Familie alles Meißner Tassenwesens, die Vervielfältigung des einen in seinem Stammbaum, seinen Wurzeln, seinen Abzweigungen, seiner Kurve, diese Leidenschaft verrät, wie doch der ganz ungläubige bürgerliche Mensch der Aufklärung an diesem Punkte tief in Ahnen und Stammbaumeinfluß hängt. Er, der Weltbürger, hat Adel und Königtum abgeschafft und trägt stolz die Jakobinermütze. Aber das Geheimnis des Menschengeschlechts spiegelt sich für ihn in den Entwicklungslinien der toten Dinge, der Schöpfungen des Menschengeistes. Hier ist er *Kenner*. Hier in den Dingen darf plötzlich das Schicksal Gewalt gewinnen über das einzelne Glied in der Kette. In der Sammlung verrät nämlich jedes Ding seinen chronologischen Ort. Der Kenner datiert es mit untrüglicher Sicherheit, ob Uhr, ob Bild, ob Spitze oder Glas. Denn jedes Ding hat seinen *Stil*. Stil und Stammbaum bezeichnen die innere Sicherheit einer Erscheinung, ihre Geborgenheit im Schoße einer Familie. Die Sammlungen des Einzelnen werden bekanntlich ergänzt durch die Museen. Die Museen sind — wie die Ausstellungen — recht eigentlich Erzeugnisse der bürgerlichen Welt: sie sind die Ausstellungen des Gewesenen, die traurigen Friedhöfe versunkener Stile, abgelaufener Schaffungsepochen. Wo früher eine Madonna in je einer Kirche hing, da hängen zwanzig Madonnen in einem Museum. Je mehr Museen eine Zeit hat, desto weniger Stilsicherheit kann sie selber haben. Das 19. Jahrhundert wird das Jahrhundert des Inhaltsverzeichnisses aller Stile (Wittig). Es macht die Inventur gewesener Stile. Es sammelt.

Nur in Frankreich ist die Spannung zwischen Museum und Ausstellung bodenständig geblieben und hat deshalb das Land vor der Stillosigkeit bewahrt. Die Ausstellung in Frankreich nämlich ersetzt für die Moderne die Sicherheit, die im ancien régime der Stammbaum gab. Der Franzose ist nicht so stillos geworden wie die bürgerliche Kunst Italiens oder Deutschlands (Pseudogotik, Pseudorenaissance usw.). Denn die Ausstellung hat hier eine natürliche Wurzel behalten in dem Schaffensbereich des Schönen.

Weltausstellungen, Kunstausstellungen, Gewerbeausstellungen haben Engländer, Amerikaner und alle Völker den Franzosen nachgemacht. Aber nirgends besteht die Urzelle des Ausstellungswesens, die dem Ganzen den Sinn gibt, der Pariser Salon. In diese jährlichen Ausstellungen der Maler marschiert der Geist der Zeit. An die Stelle der Kunstschulen tritt in den Salons jahraus, jahrein der Geist der lebenden Generation korporativ geschlossen hervor. Die Zeitgenossen stützen einander, regen einander an. Das Gegenseitige gehört zusammen. Der Künstler, der im Salon ausstellt, muß sich nicht einfügen in das langsame Wachstum eines Stadtbildes, in den Entwicklungsgang einer leiblich-örtlichen oder familienhaften Überlieferung. Das Milieu der Ausstellung löst ihn von dem Alpdruck der bloßen Tradition. Denn dies Milieu ist rein aktuell, rein zeitgenössisch. Kein Maler des 19. Jahrhunderts hat an Paris vorbeigehen können. Denn hier ist die bildende Kunst rein aktualisiert, werdendes, zeitgenössisches Leben. Hier war sie modern im Vollsinn des Wortes. Der Geist der Jugendgemeinschaft erklärt die Kunst des 19. Jahrhunderts. In Jahrgängen brechen diese Künstler auf, Parnassiens, Symbolistes, Impressionisten usw. usw. Als Zeitgenosse steht sie unter einer Devise, unter einer Idee. — Schon Voltaire stellt eine seltsame Regel auf, die gerade dadurch, daß sie falsch ist, Licht wirft auf die Leidenschaft des Franzosen für die Ausstellungsfähigkeit und damit für die Allgemeingültigkeit seiner Kunst: Voltaire gibt zu, „daß der Gesang national sein müsse", weil der Geist der Sprache andere nicht zuläßt. „Aber die Maler", fährt er fort, „müssen die Natur darstellen, die in *allen Ländern die gleiche ist und die mit denselben Augen gesehen wird!*"

Ein solcher Glaube an die Gleichheit der Augen bedarf der Korrektur durch den Gedanken der *Gleichzeitigkeit* des Geschmacks. Zu einer und derselben Zeit gefällt allen dasselbe, ist Voltaires Axiom, das Axiom des jährlichen Geschmacksbarometers, des Salons. Dieser Glaube an die Gleichzeitigkeit liegt aber auch den Ausstellungen zugrunde. Denn dies unterscheidet ja die Ausstellung vom Museum, daß die Ausstellung modern und aktuell sein will, sie bringt den dernier cri, die letzte Ausdrucksform und die Spitzenleistung, den Rekord und das Nonplusultra.

Die alten Dinge, die müssen da sein, bevor sie ins Museum kommen können. Das Moderne hingegen wird oft erst durch die Ausstellung angeregt werden. Denn vieles von dem Neuen wird nur durch seine Zusammenstellung mit dem Neuen möglich. In der Ausstellung gewinnt nämlich das viele einzelne Neue sein Milieu, in dem es so zwingend wirkt, wie einst die traditionale Leistung durch das traditionelle Milieu gestützt und beglaubigt wurde. Das Milieu des konzentrierten Raumes ersetzt mithin die geschichtliche Beglaubigung des Herkommens. Wir sind so abgebrüht von der Jagd nach Neuem, daß wir leicht unterschätzen, wie schwer der Kampf mit dem Herkommen und dem Vorurteil dem einzelnen wird. Die Geschmacksunsicherheit, Stillosigkeit, Willkür und Schwäche der einzelnen Neuheit wird also beschwichtigt durch *die Gemeinschaft der Neuheiten*, in der sie sich nur zu behaupten braucht. Entrückt dem Vergleich mit Älterem, kann sie noch so verrückt sein; wenn sie nur mit der Mode geht, wird sie schon hingenommen werden. An diesem Punkte kann ein jeder selber ein Räsonnement über die Macht der Pariser Mode anschließen, die vom Regenschirm des Sansculotten an bis zum Pyjama der Damen unbestritten geblieben ist.

Freundschaft und Zeitung

Auch die ahnenlosen Menschen des bürgerlichen Zeitalters, die Kanaille braucht eine solche Gemeinschaft der Neuheiten für die homines novi. Das 19. Jahrhundert ist unerschöpflich in solchen Individualisierungsversuchen der jeweils lebenden Generation. Nicht nur Goethe konnte verächtlich fragen: „Gestern? Was ist denn Gestern?" Das ganze 19. Jahrhundert versucht einem jeden ein *einaltriges* Leben zu bereiten. Einaltrig ist ein Leben, dessen Bewußtsein vom Ausleben des eigenen Zeitalters ausgefüllt ist, das nur widerwillig das Hereinragen von Ahn und Enkel in die eigene Zeit erträgt. Mehraltrig sind Lebensformen, die vom Verzicht auf das Ausleben der eigenen Zeit ausgehen, wie alle Organe der Kirche, des Adels, mancher Wissenschaften, kurz wie die Mutterschaftsformen aller Art. Sie sind gegen das Ausleben des einzelnen Zeitgeistes verhältnismäßig gleichgültig. Die Verfugung vieler Zeitgeister ist ihr Anliegen. Die bürgerliche Welt hingegen glaubt an den Fortschritt. Sie kommt nicht aus der entfernten barbarischen Natur, sondern sie schreitet immer mehr auf die Natur zu. Sie hat also keine Angst vor dem Verlust ihres Gedächtnisses. Sie wirft alle geschichtlichen Formen sowie das Recht, das dem Jahre 1 ihrer Verfassung voraufgeht, auf den Kehrichthaufen der Museen für alte Volkstrachten, der Archive für alte Urkunden, der Bibliotheken für alte Gedanken. Sie weiht sich einaltrig dem Geist der Zeit. Die Zeitung ergreift jeden Tag in Europa hundert Millionen Menschen und liefert ihnen täglich alle Begriffe, die sie zum Leben brauchen. Nur als Neuigkeiten der Zeitung werden heut die ältesten Wahrheiten noch geglaubt. Unter „Letzte Nachrichten" kann man dort vielleicht erfahren, daß wem da hat, gegeben wird, oder daß der Geist weht, wo er will. Denn nur als neueste Wahrheit kitzelt die Wahrheit die Sinnlichkeit des Individuums, seine Sensationslust. Kein Mensch erträgt ja die abstrakte Wahrheit. Zu jedem muß sie in der Hülle einer sinnfälligen Einkleidung kommen. Als Kultform, als Symbol, als Sitte kamen die Wahrheiten früher zu den Menschen. Die Liebesgemeinschaft wird in der Prozession von Fronleichnam dargestellt, die Treue im Ehering, die Höflichkeit im Abziehen des Hutes. Der Philosoph hält von allen diesen Formen nichts. Er ist zu aufgeklärt für sie. Er durchschaut sie. Er will die Wahrheit an sich. Er will nicht Gott in allen seinen Erscheinungen, sondern nur als „das höchste Wesen", als „seinen Geist", wie es Voltaire nicht müde wird, zu fordern. Aber der philosophierende Mensch bleibt genau so gefangen im Netze der Sinnlichkeit wie Kind und Bäuerlein und Priesterzögling. Die sinnliche Hülle nämlich, in der allein den denkenden Menschen die Wahrheit wirklich ergreift, ist die Neuigkeit. Viele Wahrheiten gleiten leblos vorüber im Schulbuch oder Lehrvortrag. Aber das Neue begeistert und entzündet. Es ist das einzige, was ergriffen und verdaut wird, das einzige, was einschlägt und „Furore" macht. Und ohne Furor bleibt alle Wahrheit gleichgültig und tot. So wirkt die Wahrheit im 19. Jahrhundert und in der bürgerlichen Gesellschaft dadurch, daß sie die letzte Wahrheit zu sein vorgibt. Forschung, Entdeckung, Erfindung, neueste Ergebnisse muß man haben dort, wo das Denken und die Vernunft herrschen sollen. Die Verfassung von 1792 enthielt den Satz: Keine Generation darf der nächstfolgenden Gesetze vorschreiben! Dies entspricht dem fanatischen Glauben an die Wahrheit von morgen. Der *Sinnenkitzel* des reinen Denkens ist die angebliche Neuheit eines Gedankens.

Wo alles so unsicher ist zwischen gestern und morgen, da wird das Heute nur durch das Wunder der Gesellschaft erträglich. Es gibt nur eine Gesellung im Heute für das 19. Jahrhundert. Der Verein ist die reine Gesellungsform des Bürgers. Einaltrige Interessen führen zusammen. Kegeln, Singen, Reisen,

Menschenrechte, Goethe, Völkerverständigung, Wissenschaften kann man durch Vereine und Gesellschaften pflegen. Sie schießen wie die Pilze nach 1789 aus der Erde. Sie werden immer lockerer, immer vergänglicher, diese Sociétés. Man sieht das recht deutlich, wenn man sie mit ihren Vorläufern vergleicht. Die Vorläufer sind die Brüderschaften des 18. Jahrhunderts, vor allem die Freimaurerei. Da über diese so viel gefabelt wird, so ist es notwendig, zu sagen, daß sie erstens genau zwischen englischer und französischer Revolution mitteninne steht, und daß sie zweitens am besten aus Mozarts „Zauberflöte" erkannt wird. Sie ist die Leibgarde der Ideen von 1789.

Die Freimaurerei hat nichts mit den mittelalterlichen Bauhütten zu tun. Sie ist eine englische Klubform. Beim Aufgehen des schottischen Parlaments in ein „Britisches" 1708 brauchten die Presbyterianer aus dem Norden die Tischgemeinschaft mit ihren anglikanischen Wirten. So war die Freimaurerei zunächst ein Ritual jenseits zweier Landeskirchen im zweiten Jahrzehnt des 18. Jahrhunderts. Der Überschuß der englischen Revolution hat Montesquieu und Voltaire ernährt und geformt, so wie die Puritaner von dem linken Flügel der Reformation abstammen. So hat auch die englische Freimaurerei als Linksopposition der untergehenden Revolution Bedeutung recht eigentlich in Frankreich erlangt. Hier ist sie als Loge das Mittel geworden, die privilegierten Stände mit der Bourgeoisie aus den verschiedenen Konfessionen zu verschmelzen und dieser selbst das Behagen eines philosophischen Rituals zu verschaffen.

Mit der großen Revolution gewinnt die Loge an Bedeutung in den Ländern, die der Aufklärung sich noch verschließen, wie Italien. Für Frankreich, das ja kaum Protestanten zählt, bedeutet die Loge einen Treffort zwischen emanzipierten Katholiken und emanzipierten Juden.

Aber der Hauptstrom der *einaltrigen*, gewillkürten *Vereinigung* teilt sich seit 1789, und diese Teilung beraubt die Freimaurerei allmählich des Monopols als Vertriebsstelle für die Ideen von 1789. Der eine Stromarm führt zu jenem oben geschilderten Archipelagus von nüchternen, nützlichen Vereinen; der zweite Stromarm wahrt das Pathos der Maurerei. Er führt zum Freundschaftskult. Das bürgerliche Zeitalter braucht die Wärme der Freundschaft. Der Freund ist das Wunder im Haushalt der vereinsamten Individualität. Die moralische Persönlichkeit, so sahen wir, hat als ihren täglichen Ritus die Neuheit des Gedankens, den sie selber forschend erarbeitet oder in der Zeitung geliefert erhält. Der Freund aber ist das Sakrament in diesem weltlichen Universum. Daß er da ist, ist das einzige Irrationale in dieser sonst so eindeutig rationalen Welt. Ami, amical und amitié, fraternel, fraternité sind Stichworte, ohne die keine französische Gesellschaft denkbar ist. Nicht nur Kastor und Pollux oder Orest und Pylades werden gefeiert. Das großartige „Soyons amis, Cinna" des Racine leuchtet dieser Epoche vorauf, das Lied an den alten Freund, den Mantel, oder die „Histoire des Treizes" von Balzac verklären selbst bizarre Ausläufer dieser Freundschaft. Wir finden in der gleichzeitigen deutschen Literatur genug Entsprechungen dieses Freundschaftskultes.

Selbst die Frauenliebe wird von diesem Rausch der Freundschaft oft überschattet. Die Beziehungen zwischen Mann und Frau sollen nun auch als freundschaftliche gedeutet werden. Die Frau hält dem Manne die Grabrede im bürgerlichen Weltalter! Die Freundschaft ist der Souverän. Sie teilt den anderen Lebensgebieten ihr eigenes Gesetz mit, wie dies stets das Kennzeichen des Souveräns einer Zeit ist. Aber Freund und Freund sind ein typisch einaltriger Bund wie der Verein. Selbst dort, wo die Freunde ungleichen Alters sein mögen, fingiert die Freundschaft ihre seelische Gleichstellung in ein und demselben Zeitalter. Nicht Lehrer und Schüler, nicht Vater und Sohn, nicht Innozenz III. und Franziskus, nicht Ahn und Enkel, also keine ungleichaltrigen Ordnungen welcher Art immer haben das Urbild abgegeben, das den Menschen des 19. Jahrhunderts das geistige Leben zum täglichen Sakrament gemacht hat, sondern die Freundschaft von Gefährten, von Weg- und Alters- und Zeitgenossen.
Deshalb gibt es nur modern oder altmodisch, Ausstellung oder Museum, Revolution oder Restauration für den Franzosen als Alternative.

11. Die Judenemanzipation

Der Stolz des Menschen sagt: Die moralische Kraft der einzelnen kann die Welt auch ordnen und besser ordnen als die Mächte des ancien régime. Wenn das wahr ist, so muß der moralische Mensch an sich zum Bürger dieser Welt befähigt sein. Die Revolutionen des Auslandes waren christliche Revolutionen gewesen. Das war notwendig deshalb, weil sie alle eine Antwort geben wollten auf die Mission der Kirche. Alle Revolutionen sind der Widerhall aus der Völkerwelt auf die christliche Predigt. Die Völker sind getauft worden. Nun sind sie begierig, ihren Menschen hervorzubringen, das verheißene Ebenbild. Kein Wunder, daß dieser Widerhall im Kreuzzugszeitalter, im Kampf von Ghibellinen und Guelfen, in der Reformation christliche Züge trägt. Dankbar erwidert man in der Sprache des Einladenden. Und doch war schon das Vokabular innerhalb dieser christlichen Nationalantworten mitnichten einheitlich gewesen. Kirchlich sprach Innozenz III., wie ein Kirchenvater, evangelisch will Luther sprechen. Alttestamentlich reden die Puritaner. Fühlt Luther sich als der wiedergekehrte Apostel Paulus, so wollen die Engländer so etwas wie die verlorengegangenen zehn Stämme Israels sein. Vor mir liegt der „Spectator" vom 24. Mai 1930, wo der Angloisraelitismus in einer Anzeige von zwölf Spalten erneut proklamiert wird.
Auch die französische Revolution gibt Antwort. Auch sie will vollenden, was verheißen ist. Die großen Ideen der Menschheit sollen Wirklichkeit werden. Wer kann Träger der Ideen von 1789 sein? Patristik, Altes und Neues Testament sind verbraucht. Auf die Offenbarung kann diesmal nur eine Sprache antworten, die selbständig der religiösen Sprache entgegentritt. Jede Revolution übersetzt die frohe Botschaft in ihre Sprache. Nicht nur Luther hat die

Bibel übersetzt. Giotto und Cromwell haben das auch getan. Auch die französische Revolution übersetzt — sie übersetzt in die Sprache der Menschlichkeit. Die Humanität wird die Religion von 1789. Die Menschenrechte sind ihre Dogmen. Diese Sprache der Menschlichkeit ist eine Verbindung philosophischer Gedanken aus Hellas und Rom mit mohammedanisch-deistischen Vokabeln. Goethe dichtet ganz im Sinne der Weltbürger von 1789: Allah braucht nicht mehr zu schaffen; wir erschaffen seine Welt. Paris, die alte christliche Theologenhochburg, wird das „Mekka" der Zivilisation. Der große Weltenmeister taucht in Schillers Lied an die Freude auf. Überall wird der christlich-religiösen Sprache ausgewichen.

Daneben greift man auf Griechen und Römer zurück: Napoleon wird Cäsar, André Chénier dichtet wie Horaz und Tibull, Xenien, Distichen, Elegien, Epigramme beherrschen die schöne Literatur. Winkelmanns Klassik bleibt kein Buch. Sie ist die große Mode in den Pariser Salons des Empire.

Aber die Humanität herrscht, und die Klassik dient ihr nur als Ausdrucksmittel! Wo daher Klassik und Natur in Widerstreit geraten, muß die Klassik der Natur weichen. Bald wird die Klassik sogar von den Romantikern benutzt, um die Flammen der Revolution zu dämpfen, die Humanität kann dann auch ohne Klassik auskommen. Sie entwickelt immer reiner eine „menschliche" Sprache des Wahren, Guten, Schönen; abgelöst von antiken oder außereuropäischen Attributen wirkt sie um so reifer und selbstsicherer. Fast alle nichtrussischen Sozialisten Europas sprechen heut diese humane Sprache.

Freilich diese ethische Sprache des Humanismus bleibt eine halbe Sprache, wo sie nicht Anleihen bei Apollon, den Grazien und Musen, Allah oder Zarathustra aufnehmen kann. Sie hat nämlich keine Namen. „Ich habe häufig die Bemerkung gemacht, daß die gegenwärtige Generation die Gabe, Namen zu geben, verloren hat . . . Was für ein Talent ist denn besonders erforderlich, um einen Namen zu geben? Eine gewisse geniale Einsicht, der sich irgendeine wahre Eigenschaft des Dinges offenbart. Sehr wenig genügt; aber ein wenig muß davon da sein. Wir können jetzt nicht einmal mehr Spottnamen erfinden" (Carlyle). In einer Waren produzierenden, Produkte ausstellenden und Güter konsumierenden Gesellschaft blieben alle Dinge namenlos abstrakt. Und deshalb ist die Sprache dieser Idealisten, Ethiker, Pazifisten gefüllt von Gemeinplätzen und ohne Farbe. Von Robespierre bis zu Gambetta und Clémenceau spricht man leicht diese Sprache der abstrakten Tugenden. Auch Victor Hugo ist immer wieder dieser Klippe der Deklamation erlegen. Die „menschliche" die humane Sprache ist eine Sprache, aus deren Zauberkreis alle Dinge draußen bleiben müssen. Die rein menschliche Welt kann sie umfassen. Aber während die Schöpfung draußen auch Namen trug, Tausendguldenkraut, Maßliebchen, Ochs und Esel, kann der Bürger die Dinge entweder nur griechisch-römisch oder statistisch erfassen. Jenes ist eine auf Waren aufgeklebte Etikette, dieses eine abstrakte Zahl.

Aber dieser Mensch von 1789 bleibt kein Abstraktum. Die „humane" Antwort der Franzosen auf die ökonomische Mission des Christentums wird sans phrase gegeben. Den Menschen abzüglich seiner Religion, den moralischen Menschen gilt es vorzuzeigen: Adam, der natürliche Mensch, wird als Träger der Menschenrechte im 18. Jahrhundert gern angeführt. Adam, der Mensch vor der Rassentrennung, vor Abraham und Noah. Jeder ist dieser natürliche Mensch. Man weiß, wie sehr die Franzosen ihre Schwarzen kajolieren. Keine Nation ist so weitherzig in der Negerfrage. Aber zuerst wurde sie auf eine direktere Probe gestellt. Die „natürliche“ Revolution stößt an das große Ärgernis der Christenheit. Und, treu ihrer Sendung, emanzipiert die französische Revolution die Juden. Damit und vielleicht nur damit hat sie die Rückkehr ins ancien régime endgültig vereitelt. Als Napoleon 1804 Kaiser wurde, da bestand die Gefahr, daß er selbst — vom Papste geweiht — legitim wie ein Bourbone enden könnte. Sein neuer Adel, sein Konkordat mit Rom, alles wies in diese Richtung. Aber Napoleon ist ein Kind der Revolution. Die große Leidenschaft zu Josephine trägt ihn empor. Man hat von ihm sagen können: seine Feldzüge in Italien seien nur ein einziges Geschenk der Liebesraserei, ein großes Huldigungsgedicht an Josephine. Er ist also genial wie der Geist von 1789, er ist ein Mensch des eigenen Vollbringens: „In deiner Brust sind deines Schicksals Sterne.“ Napoleon also beweist die Allgemeingültigkeit des Menschentums. Er beruft 1803 den großen Sanhedrin der Juden — die am zahlreichsten im Elsaß waren, im ganzen nicht 100000 — und gibt ihnen die staatsbürgerliche Gleichheit. Er reiht sie ins Heer ein. Börne kann Beamter werden unter der Franzosenherrschaft, während ihn die deutschgewordene Reichsstadt erneut ins Ghetto verschicken will. Der Vater von Karl Marx kann Notar werden in Trier, ohne daß diese Männer ihren Glauben abschwören müssen. Viele von ihnen lassen sich aber aus Dankbarkeit taufen. Die Judenemanzipation in Europa beginnt. Ricardo und Marx erforschen das Wirtschaftsleben. Disraeli und Kardinal Newman erneuern das alte Leben in England, Gabriel Rießer, Eduard von Simson, Ludwig Stahl, Eduard Lasker werden Vorkämpfer des modernen Nations- und Staatsgedankens in Deutschland. In Frankreichs politisches Leben ist außer Gambetta wohl kein Mann ersten Ranges aus dem jüdischen Lager gekommen. In diesem Lande war aber die Judenemanzipation das Siegel unter die Religionsfreiheit von 1789. Die Juden erlangen nicht wegen der Verdienste einiger tüchtiger Juden die Emanzipation, weder Moses Mendelssohns noch der Rothschilds noch Heinrich Heines wegen. Diese ganze Erörterung über Fehler und Vorzüge einzelner von ihnen schied ganz aus. Sie sind im ganzen emanzipiert worden als Menschen, als die ersten Nichtchristen, deren man habhaft werden konnte, um die Redlichkeit der eigenen Humanität zu erweisen. So wie d'Alembert dem Alten Fritz wegen Moses Mendelssohn das Witzwort schrieb, er sende ihm „comme philosophe mauvais catholique au philosophe mauvais protestant un philosophe mauvais juif“. d'Alembert irrte sich in Mendelssohn, aber der Zeitgeist der philosophischen Revolution hat so argumentiert. Natürlich kam der Emanzipation die wirtschaftliche Zuordnung von Juden und Großbürgern zustatten. Aber sie allein hätte ja genau so gut im entgegengesetzten Sinne wirken können, nämlich im Sinne der Niederhaltung der Konkurrenz. Wie haben die lutherischen Patrizier der Reichsstädte etwa die reformierten Kaufleute als Konkurrenten niedergehalten und schikaniert! Erst 1780 — also fast gleichzeitig mit dem Bastillesturm — durften die reformierten reichen Handelsherren sich in Frankfurt eine Kirche bauen. Die Konkurrenzgefahr hätte also auch den Juden gegenüber sicher die nun herrschende Klasse, die Bourgeoisie, bewegen müssen, die Juden nicht einzubürgern. Man erklärt heut gern das Wesen der Juden durch ihre wirtschaftliche Funktion als Händlervolk. Das stellt die Tatsachen auf den Kopf. Denn im Handel haben die Juden stets christliche Konkurrenten gehabt, auch im Geldgeschäft. Sondern der Handel war die nächste Lebensform, um sich unter den Völkern dieser Erde als erdloses Volk zu behaupten. Die Fortdauer der Synagoge, des ewigen Juden, des Volkes Israel ist aus keiner Wirtschaftsfunktion allein erklärt. Essen mußten sie natürlich. Und so haben sie die verkümmertste und allgemeinste Funktion ergriffen. Aber um als Juden zu existieren, nicht um als Wirtschaftsorgane zu funktionieren. Niemand hat übrigens grimmiger über den Juden als Wirtschaftsfaktor geurteilt als Karl Marx. Er, der Zögling der französischen Aufklärung, verdammte ihre kapitalistische Funktion und erkannte eine andere, die jüdische, so wenig an wie seine Lehrmeister. Auch er verlangt daher das Verschwinden der Juden. Die Rolle der Juden in der Wirtschaft entspringt aber der Aufgabe der Juden. Man kann kurz sagen:

Wenn die Juden eine Mission haben, müssen sie sich irgendwie auch erhalten. *Trotzdem* sie hierbei Konkurrenten der Christen sind, werden sie emanzipiert.

Denn nicht die Selbstsucht ist die Mutter der Revolutionen, sondern die Selbstvergessenheit. Die Bourgeoisie forderte das Opfer aller Privilegien am 4. August 1789 von den ersten Ständen. Und Adel und Klerus entsagten ihren Vorrechten. Der dritte Stand konnte daher nicht murren, als auch er sein Privileg opfern und in Verfolg der eigenen Grundsätze nun den jüdischen Konkurrenten einlassen mußte. Er konnte nicht murren. Einzelne haben gemurrt. Alle Kleinbürger sind Antisemiten. Der Antisemitismus wird weitgehend genährt von dem Wunsche, einen überlegenen, fleißigen, gefälligen Konkurrenten zu dämpfen und zu hindern. Aber der dritte Stand als ganzer war an seine Glaubenssprache gebunden. Sein Katechismus der Menschenrechte duldete keine Ausnahmen; dort, wo Vermögen und Moral sind, dort war auch der Bürger des neuen Gemeinwesens gegeben.

Die großartige weltgeschichtliche Folge der Judenemanzipation war — wie immer das Großartige — Folge, nicht Absicht dieser Tat. Das erste, zweite und dritte Menschenalter hat geglaubt, die Judenfrage sei nun gelöst; die Juden gingen unter den Völkern auf. Das ist nicht geschehen. Denn die Juden sind ja den Völkern dieser Welt beigesellt, solange bis diese wirkliche Christen geworden sind. Solange wird es Juden, Christen und Heiden nebeneinander geben. Das Große seit 1789 ist nun, daß die Offenbarung an die Heiden nicht mehr allein durch die Kirche herangebracht wird, sondern auch und unmittelbar durch die Juden. Die Juden sind den Christen gleichzeitig geworden. Bis 1789 waren sie durchaus nur Zuchtmeister auf Jesus Christus hin, den die Kirche den Menschen brachte. Die Kirche hat weitgehend aufgehört, als Offenbarungsträgerin an die Menschen heranzukommen, aber an die, die die Kirche verwerfen, kommen die Juden heran, zu Liebe und zu Leide, immer als harte Tatsache. Das Dasein der Juden ist so tatsächlich wie das eines römischen Kardinals oder eines Mönches. Die Philosophen und das Jahrhundert der bürgerlichen Philosophie, das neunzehnte, haben von der Kirche keine Belehrung mehr angenommen. Das Dasein einer jüdischen Frage gibt die Möglichkeit, den Geist der Philosophen von einer ihnen ganz unerwarteten Seite her zu missionieren, nämlich den Glauben der Christen an den lebendigen Gott, der da sein wird, der er sein wird, in der verachteten jüdischen Synagoge wieder zu entdecken, so wie es gerade in Frankreich dem katholischen Pallière ergangen ist; er entdeckte dort, wo die Revolution Adam gesucht hatte, „das unbekannte Heiligtum".

Die Judenemanzipation hat aber noch eine andere Wirkung gehabt. Sie hat neben die Schichtung in Landschaften und Landsmannschaften in dem jüdischen Menschenschlag jeder Nation einen „Grenzstamm", wie ihn ein Jude genannt hat, beigesellt, einen Grenzstamm, der sie tatsächlich auf ihre allgemeine menschliche, ihre ökonomische Weltbedeutung festlegt. Der Jude wird französischer, englischer, deutscher Jude. Und jede Nation hat die Juden, die sie verdient. Aber jeder Jude genau wie jeder Christ ist mehr als Franzose, Engländer und Deutscher. Auch der englische Christ, der französische Christ, der deutsche Christ waren in den Zeiten, da das Christentum lebendig war, mehr als bloße Anhänger ihrer Clans und ihrer Volkssippe. Sobald das Christentum nur ausnahmsweise das volle Leben der Seele dem einzelnen Volksgenossen spendet, ist ein anderer Aufruf und Anruf zur Vollmenschlichkeit vonnöten. Er ist im Dasein des Juden gesetzt, denn er zwingt den Eingeborenen dazu, das Menschliche jenseits des Tierischen zu suchen. Auf der Basis des bloß Natürlichen bleiben sich Jude und Heide fremd. In der Seele können sie einander begegnen.

Die französische Revolution hat den weltlichen Staat geschaffen. Im Weltkrieg beanspruchte die französische Republik keine Gebete für den Sieg ihrer Waffen — wie die französischen Protestanten uns Deutschen wegen unseres „deutschen" Gottes gern vorgehalten haben. — Dieser weltliche Staat bewährt sich also im konkreten Falle daran, ob er gleiches Recht den Christen und Nichtchristen gewährt. Deshalb ist die Affäre Dreyfus von solcher Wichtigkeit geworden. Um einen geschehenen Verrat zu decken, wurde ein unschuldiger, aber jüdischer Hauptmann als Spion verurteilt. Alle alten Mächte Frankreichs, Royalisten, Adel, Militär, Klerus, das ancien régime, standen geschlossen gegen

Dreyfus. Alles Moderne, alles Republikanische, Zola, France, die Liga für die Menschenrechte standen für Dreyfus. L'humanité hieß die Zeitung, in der Zola sein J'accuse veröffentlichte. Die Ideen von 1789 triumphierten keineswegs in vollem Umfange — Dreyfus ist zuerst nur begnadigt worden! Das katholische Frankreich, Heer und Kirche zeigten, wie mächtig sie noch waren. Aber das bürgerliche Frankreich hatte dennoch in der Affäre seine Probe bestanden, daß es ihm ernst war mit seiner Idee der Humanität, mit seiner Verwirklichung der Judenemanzipation.

12. Das Individuum

Die Rolle, die das Individuum in der bürgerlichen Gesellschaft spielt, verdankt es dem Einfluß seiner persönlichen Gaben und Eigenschaften. Diese persönlichen Eigenschaften sind die „sozialen" Träger seines Daseins; da der Bürger ja politisch allen Bürgern gleichsteht, so behält er seine Eigentümlichkeiten nur in der sozialen Sphäre übrig.

Er hat politisch niemandem etwas zu befehlen; denn alle Geburtsvorrechte sind abgeschafft. Das „Privileg" ist vernichtet. Aber er kann jedermann „imponieren" durch seine persönlichen Verdienste.

Und diese gesellschaftlichen Verdienste, Eigenschaften und persönlichen Gaben jedes Individuums machen zusammen seine „Individualität" aus. In der Individualität verschmelzen sich Geld und Gut, Verdienen, Habe und Mitgift mit dem Talent, den Geistesgaben und Verdiensten und mit der Handhabung eines Berufs ununterscheidbar. Aus beidem zusammen, aus Verdienen und Verdiensten, gewinnt der französische Bürger ein Leben (gagner la vie!). Der Wohlstand, le bien être, das Vermögen des einzelnen umfaßt alles, woraus er Frucht und Nutzen ziehen kann. Die „zivilen Früchte", die der Citoyen oder Bourgeois oder die Privatperson aus ihrem Vermögen zieht, sind der Ausdruck der gesellschaftlichen Stellung des Individuums.

Geld und Talent sind daher die beiden sichtbaren Erscheinungsformen der bürgerlichen Persönlichkeit. Niemals ist die Bourgeoisie mit einer dieser beiden Grundlagen zufrieden gewesen. Immer hat der Geldsack auch die Geistesgaben respektiert und herangezogen. Der „Schriftsteller" bildet in Frankreich einen Teil der herrschenden Schicht. Über dem Gegensatz der Konfessionen und der Parteien huldigt die Nation den Gaben des Genius. Das génie genießt die Ehren, die dem Adel in England vom Volk dargebracht werden. Schon die Akademie, die Richelieu 1642 gründete, setzte sich aus Katholiken und Reformierten zusammen. Nicht der Inhalt also, sondern der *Rang* der persönlichen Leistung sollte den Ausschlag geben. Die Einheit des französischen Nationalgeistes wird nur durch den einheitlichen Sinn für Qualität gesichert.

Alle anderen Umstände leiten auf einen Kampf aller gegen alle, auf einen Parteifanatismus der Prinzipien und des bewußten Programms. Die Selbstzerfleischung der französischen Revolutionäre selbst ist nur ein Ausschnitt aus der Gefahr der Zivilisation: Die Leidenschaften werden durch das Bewußtsein in den Kopf getrieben, der an sich die Stelle der nüchternen Kritik ist. Die Überhitzung aller Leidenschaften ist die Folge. Heißer Kopf und kalte Füße sind die Gefahren des alternden Monsieur Chauvin. Die in den Kopf hinaufgetriebene Leidenschaft verwandelt sich in Grausamkeit. Mit einem Zug Grausamkeit ist die französische Geschichte durch den Pariser Einfluß geschlagen. Seit der Bartholomäusnacht von 1572 bis zur Pariser Kommune von 1871 gilt der Vers des Dichters: „Sie morden sich, es ist Paris." Die vom Bewußtsein überhitzte Parteiwut erleichtert den Blutrausch. Gerade die bürgerliche Gesellschaft steht so vor der Gefahr des Bürgerkrieges.

Diese Gefahren des bürgerlichen Nationalismus werden in Schach gehalten durch den Kult des Genius und die Achtung der Talente. Im Pantheon haben die Schriftsteller Frankreichs, die 1914—1918 gefallen sind, ihre besondere Stelle. Diese Heraushebung der Anteilseigner des Genius der Nation wäre in Deutschland unverständlich. Denn hier suchte der Intellektuelle gerade im Militärrock sich auszulöschen und einzutauchen in das Heer und seinen Korpsgeist. In der französischen Republik aber schimmern selbst durch den Glanz der Marschalluniform die Strahlen des Geistes. Es mag wenig bedeuten, daß Foch als Mitglied der Akademie stirbt. Aber Napoleons Vergötterung beruht mit auf seinem Bündnis mit den Wissenschaften und Künsten. Der Raub der italienischen Kunstwerke und der berühmte Stab von Gelehrten auf seiner Fahrt nach Ägypten waren nicht Willkürakte. Ein Nachfolger des großen Mathematikers Carnot, ist Napoleon selbst der Vater der Verwissenschaftlichung des Offizierkorps. Generalstab und Geniekorps der europäischen Armeen gehen auf ihn zurück. Ludendorff ist wie die Kriegsakademie von 1811 „technisch, bürgerlich". Napoleon ruft auch auf der anderen Seite die neue Form des Collège de France ins Leben.

Und hier nun setzt sich der Gedanke der Elite durch. Jede Individualität, deren Gaben ihn über den Durchschnitt herausheben, wird in Frankreich ihren Ruhm, ihr Piedestal, ihren Wirkungskreis finden. Irgendein Salon wird auch den radikalsten Neuling lancieren. Und so wird er in der Gesellschaft Anteil erhalten an dem Ruhm, den sie als zweite Auszeichnung neben dem Vermögen zu vergeben hat, ohne Rücksicht auf seine „Ansichten".

Dies ist die Gerechtigkeit der bürgerlichen Gesellschaft, durch die sie die Herrschaft der großen mobilen Vermögen erträglich macht. Die großen Geldinteressen regieren anonym. Sie umkleiden sich mit dem Regiment des Talents. Das Brillantfeuerwerk des Geistes verdeckt das solide Gerüst der kapitalistischen Macht und veredelt es. Das spiegelt sich selbst (1830—1848) in dem Zeitalter der brutalsten Herrschaft des Reichtums. Die Bourgeoisie, die schon im Jakobinerklub von 1792 über zwei Drittel der Mitglieder verfügt hatte, gelangt 1830 zur Alleinherrschaft. Der Sohn des „Gleichheits"orléans, des Philipp Egalité, wird 1830 der Bürgerkönig. Als Emblem trägt er das Gerät, das dem Zeitalter des Adels und seines Stoßdegens schlechthin widerstreitet, und das

daher in England lange gerpönt blieb, das nichts als bürgerliche Instrument des Regenschirmes.
Dieser König spricht das berüchtigte Wort aus: Enrichissez-vous, bereichert euch, das die Gesinnung vor der Februarrevolution so kraß ausspricht, wie die Bulle „Unam Sanctam" unmittelbar vor dem tiefsten Fall des Papsttums erlassen ist. Ein Zensuswahlrecht stuft die Bürgerstimmen ab nach dem Vermögen und schafft damit vom Staat aus und für den Staat den Begriff der Klassen: Großgrundbesitz und Hochfinanz, Mittelklasse und Proletariat werden als gesellschaftliche Unterschiede vom Staat anerkannt und arbeiten damit der Theorie vom Klassenkampf vor. Victor Hugo und Balzac, Lammenais, Montalembert und George Sand wirken gleichzeitig und reißen gleichzeitig zur Bewunderung hin.
Das Leben wird in diesem Paris gelebt in menschlichen Einzelpersönlichkeiten. Ihre Leidenschaften sind das Pumpwerk, durch das sich der Gesamtkörper der Nation allein erhält. Der Strom aller Traditionen und der Kreislauf aller transpersonalen Körper des Nationallebens sind unterbrochen. Weder die Kirche noch die Armee noch die Landschaften haben für die Nation im Ganzen mehr ausschlaggebende Bedeutung. Sie sind zu Fragmenten geworden, deren nationale Bedeutung nur noch von der Kraft einzelner Individualitäten in ihren Reihen abhängt. Diese Abwanderung des Geistes aus den Gemeinschaften hinein in die Individualität erklärt das eigenartige Schicksal des Wortes Esprit im Französischen. Ein vergleichender Rückblick zeigt das. Der Spiritus Sanctus der Kirche hatte sich in Italien im Papst der Papstrevolution konzentrierte Gestalt gegeben, damals, als der Wille des Papstes auch ohne Synode und Konzil zur bewußten Gesetzesschaffung auszureichen begann. Die Fürsten der deutschen Nation „vergeistigen" ihr Amt durch die Reformationspflicht. Indem sie Herren der gesamten Geistlichkeit werden, müssen sie dem deutschen Geist an ihren Landesuniversitäten die Freistatt für seine Systeme bereiten. Der deutsche Geist ist systematisch, weil er den Beamtenstaat des Fürsten geistig aufbaut und leitet. Die englische Welt kennt den public spirit als den Gemeinsinn, der gegenwärtig aufbricht in der Gerichtsgemeinde des Parlaments und der Jury. In die Geistesgegenwart der Debatte wendet der Engländer die geistige Erbschaft der Kirche. Obwohl bei den Deutschen der Geist in hohem Ansehen steht, ist es doch sehr schwer, die politische Abwandlung vom deutschen „Geist der Wissenschaft" zum öffentlichen Geist Englands und schließlich zur „öffentlichen Meinung" seit 1789 zu vermitteln. Es sind drei verschiedene politische Institutionen auf den Geist gegründet worden: das Beamtentum in Deutschland, das Parlament in England, die öffentliche Meinung in den Nationaldemokratien nach Pariser Muster.
Ein brutales Zitat über Talleyrand wird zeigen, daß hier ungeheure wirtschaftliche Leidenschaften organisiert worden sind. Talleyrand, Prinz und Bischof, war doch von Anfang an im wesentlichen ein Finanzier und Spekulant. Als ihn der wankende Thron 1789 für sich gewinnen wollte, soll Talleyrand etwa so

gesprochen haben: „Je trouverai dans la caisse de l'opinion publique bien au delà de ce que vous me proposez." „Ich werde in der Kasse der öffentlichen Meinung weit mehr finden, als Ihr mir bietet. Künftig wird Geld vom Hofe nur Unglück bringen; ich aber muß reich werden, und so beabsichtige ich, mein Vermögen auf eine solidere Grundlage zu stellen[1])." Die öffentliche Meinung als die solidere Geschäftsgrundlage, solider als der Staatshaushalt, hat Talleyrand zuerst erkannt und ihr von 1789 bis 1838 glaubend gedient. Deshalb ist er, der im Dictionnaire der Wetterfahnen schon 1817 den Vogel abschoß, mit seinen mindestens zehn verschiedenen politischen Überzeugungen der Spekulant der Großmacht geworden, die sogar nach Bismarcks Zugeständnis im 19. Jahrhundert herrschen sollte: der öffentlichen Meinung. Talleyrand verkörpert den neuen Kult als sein erfolgreichster Priester.

Die öffentliche Meinung geht wie die Börsenkurse von einer Sensation zur nächsten fort. Die Ministerkrisen sind deshalb die öffentliche Meinung in Permanenz, denn diese Meinung ist treulos. „Plus ça change, plus c'est la même chose."

Des Franzosen Esprit konzentriert den Geist im einzelnen Ich. Der große Individualist der Philosophie Arthur Schopenhauer, dessen Weltbild gerade die napoleonischen Kriege, also der Siegeszug der Ideen von 1789, geprägt haben — er durchreiste damals Europa —, spricht von den vielen einzelnen Individuen als den Myriaden Lichtstümpfchen, die einsam ihren Weg durch das Weltall suchen. Schopenhauers Bild charakterisiert den Begriff des Geistes in der bürgerlichen Gesellschaft. Aber auch Treitschkes „Männer machen die Geschichte" stammt typisch aus dem französischen Geist, der ja in der Tat einen Napoleon herausstellte; und der Korse hat Geschichte gemacht. Auf Deutschland hat dieser Kult der Individualität mächtig gewirkt. Weder Bismarck noch Marx noch Richard Wagner sind ohne ihn begreiflich. Sie unterliegen dem Napoleonischen des Jahrhunderts. Diese Übermenschen sind nicht vom Himmel gefallen. Fontane hat sehr gut geschildert, wie das französische Vorbild ganze Scharen solcher „Individualitäten" um 1840 erzeugte. In dieser Gesellschaft hat nicht der Geist den einzelnen, sondern der einzelne „hat" Geist. Er ist „spirituell", kann man nunmehr sagen. Die Individualität wird Eigentümer des Geistes und erregt nun ihrerseits Begeisterung. Jene Begeisterung, die 1095 den gladius „spiritualis" erregt, die mit Bibelübersetzungen in die Volkssprachen hinein die Länder der Reformation ergreift, erzeugt im 19. Jahrhundert das große Individuum. Der Künstler enthusiasmiert die Menge. Die Primadonna oder der Redner begeistern das Publikum. Der einzelne wird der große Zauberer, dem ein Parlament oder ein Auditorium begeisterte Huldigungen darbringen, weil er die göttliche Kraft des Geistes ihnen vermittelt. Der Kultus der Persönlichkeit im 19. Jahrhundert beruht auf dieser Hineinverlegung alles Geistes in die geistreiche Persönlichkeit. Anders scheint sich

---

[1]) Zitiert aus Michaud, Biog. Universelle Bd. 83 (1855), 162.

Geist nicht bilden zu können als in selbständigen, scharf gegeneinander abgegrenzten Individualitäten. Die philosophischen Monaden des Leibniz, die zueinander keine Fenster haben, werden von den Individualitäten der Geistesmänner seit 1789 als die Lebensform des Nationalgeistes verkörpert. Der Philosoph herrscht, insofern als der Philosoph der Mensch ist, der geistig selbständig und reich ist. Stolz und trotzig schreibt Beethoven auf die Rückseite der Visitenkarte seines Bruders, der sich Gutsbesitzer genannt hatte: Ludwig van Beethoven, Hirnbesitzer. Dieser Beethoven, der dem Genius der Menschheit und dem Heroen Napoleon huldigen wollte, aber nicht dem Kaiser der Franzosen — er strich die Widmung der Eroica durch — ist der Plebejer und Genius zugleich, der Musiker der himmelstürmenden prometheischen Individualität.
So muß aber auch aller Geist im bürgerlichen Zeitalter individuell heraufgepumpt werden. Der Künstler muß seine eigene Religion, seine eigene Philosophie, eigenen Probleme in sein Oeuvre hineinlegen. Keine liebende Gemeinschaft bindet ihre Aufträge länger an geistige Traditionen. Die Überlastung der persönlichen Schaffenskraft setzt ein, in der jeder einzelne das ganze Universum beherrschen und verantworten soll. „Das Ich ist die Kirche“, wird der Satz, der den Wandel des Begriffes Esprit am kürzesten ausspricht.
Und hier ist nun der Franzose mehr in seinem Element als irgendein anderes Volk. Die Beredsamkeit des Franzosen zaubert aus dem Nichts ein Plädoyer hervor, in dem alle Leidenschaften der Hörer ergriffen werden. Die Bildkraft des Parisers setzt mit wenigen Worten die Szene vor die Zuschauer, die Gesten erschaffen eine ganze Welt; für einen Augenblick nur vielleicht, aber in diesem Augenblick fasziniert der subjektive Ausdruck der Leidenschaften alle. Die Kunst des Parisers ist durchweg die, aus nichts etwas zu machen. Die Welt, sie war nicht, ehe ich sie erschuf. Die Kochkunst ist eben deshalb nur in Frankreich eine Kunst geworden. Nur hier werden selbst Fleisch und Gemüse und Brot und Eier zu einem bloßen Material in der Hand des Künstlers. Die Materie verwandelt sich in Poesie; die französische Küche ist deshalb Dichtung, weil „Poesie“, Schaffen des Genius, der gemeinsame Vorgang aller Künste ist. Aber weil die Materie des Essens und Trinkens soviel schwerer zu vergeistigen ist als die gottnahe Sprache des Menschen, deshalb beherrscht die französische Kochkunst die ganze Welt. Das Individuum ist das Subjekt des Geistes. Auf den einzelnen läßt sich der Geist nieder. Also tritt das Individuum auch ungeniert mit seinen Leidenschaften ins Licht der Öffentlichkeit. Die Subjektivität feiert im 19. Jahrhundert ihre Triumphe. Biographien, Briefwechsel, Lebenserinnerungen, Tagebuchblätter sind die Dokumente der bürgerlichen Kultur. Amiels Journal Intime ist eins der stärksten seelischen Dokumente dieses *Einzel*menschen, weil es im Gegensatz zu Augustins Confessiones die ganze Eingezogenheit des Einzigen und seines Eigentums zeigt. Die „Intimität“ ist ihnen ohne Auslaß und Ausdruck, Isolierung und Alleinsein erzwingen völlige Resignation. Keine Brücke führt von Mensch zu Mensch. Wieder aber trägt der Franzose diese Bürde leichter als die von ihm mitgerissenen Weltbürger

anderer Nationen. Er ist ungenierter als sie. Er gesteht sich seine Leidenschaften ein. Er gesteht sich die Triebe ein, deren Walten Deutsche oder Engländer zur Verzweiflung bringt. Der Franzose hat alle anderen Europäer den persönlichen Leidenschaften unterworfen. Nur er aber hat diese seine Passionen hüllenlos und unsentimental herausgelebt. Deshalb gibt es in Frankreich die verklemmten Leidenschaften nicht, die bei uns die Psychoanalyse notwendig gemacht haben. Die Psychoanalyse ist gewissermaßen ein Heilmittel für die den Giften und Einflüssen der französischen Bourgeoisie nicht gewachsenen Volksnaturen. Der Franzose fühlt sich den Leidenschaften gewachsen. Er bekennt sich zu ihnen. Denn er bekennt sich zur Sinnlichkeit.

13. Die Dekadenz der Liebe

Leidenschaft, Krankheit, Laster

Die Welt der Sinne lebt aus der Kraft der Sinnlichkeit. Die feinste Sensation ist der Geruch. Das Parfüm ist eine französische Schöpfung. Es belebt, denn aller Geruch bezeugt die Lebensstärke des uns Begegnenden. Der Geruch ist uns geradezu dazu verliehen, damit wir Blüte, Reife, Frucht, Fäulnis und Tod wahrnehmen können. Ich kann den Kerl nicht riechen, heißt, ich kann mit ihm nicht leben, er macht mich krank, ja er tötet meinen Lebensinstinkt. Die Meister der Sinnlichkeit, die Franzosen, sind also auch die Meister des Parfüms geworden. Sie haben es zur Kunst gesteigert. Aber die französische Zivilisation hat sich dem ganzen Bereich der sinnlichen Genüsse zugewendet, vor allen Dingen der ars amandi. Es ist die französische Lebenskunst kein geringer Exportartikel des Landes. Der Pariser Roman oder seine schlechte Nachahmung wird in Spanien und Ägypten genau so die Mußestunden der wohlhabenden rein bürgerlichen Frau ausfüllen, wie in Griechenland oder Brasilien. French letter — einen Brief aus Frankreich nennt der Engländer jenes Gerät, das den Liebesgenuß folgenlos läßt. Nur eine französische Kokotte kann die Zynik und Eleganz so kombinieren, daß sie von ihrem Aufenthalt in Nordafrika sagt: „J'ai civilisé les q . . . . . marocaines." Die unverständliche Wichtigkeit, mit der die ganze große Liebesleidenschaft zugespitzt wird auf die Sekunde des Geschlechtsverkehrs und die sich in der Pariser Schleuderware einer Colette, Guyp usw. spiegelt, entspringt doch auch aus dem großen Willen, bewußten Geschmack und überlegene Kunst gerade in die kleinsten Äußerungen des Tages hineinsiegen zu lassen. Die Liebe wird Selbstzweck, sie wird nicht der geheimbleibende Kunstgriff der Gattung, sich durch die einzelnen hindurch fortzupflanzen. Sie wird ein Ding an sich, ohne Vorher und ohne Nachher. Sie wird wie alle Dinge im bürgerlichen Zeitalter ein einaltriges, augenblicksverhaftetes Geschehen.
So wagt sich die große Kunst hinein in das feinste Geäder des großen Stromsystems, das den Lebensbaum der Menschen treibt, in das der Liebe. Venus

ist die Göttin, der das höhere Paris huldigt. Aber Aphrodite ist eine Göttin. Und so ist ihr Reich so mannigfaltig wie jedes Reich eines Gottes. Das Höchste und Tiefste umfaßt sie, die Venus vulgaris und die opfernde Liebe.

Vor der Liebe beugt sich der Franzose. Madame Caillaux wird von den Geschworenen freigesprochen. Denn die Liebe zu ihrem Manne hat den Revolver gegen Calmette geladen. Die Mörderin aus echter Eifersucht bleibt durchweg straffrei vor einem französischen Gericht. Der große Chemiker Bertholet und seine Frau wollen auch im Tode vereint bleiben. Ihre Liebe bewirkt, daß sie an einem Tage sterben. Die Republik beugt sich vor ihrer Liebe und beschließt, daß ausnahmsweise nicht der große Genius allein, sondern beide, Mann und Frau vereint, im Pantheon beigesetzt werden, in dem Frankreichs große Geister ihre Unsterblichkeit genießen sollen.

Das Feuer der Liebe wird in diesem Lande überall wahrgenommen und verehrt. Der fromme Katholik Hello schreibt eine hinreißende Bibelauslegung: Paroles de Dieu. Die Tränen, das Elend, der Glaube des Menschen werden in reinen Tönen verklärt, die unter allen Himmelsstrichen ihr Echo finden können. Aber das letzte Wort des Buches ist doch französisch. Es würde an sich und theoretisch auch in einem englischen oder deutschen Erbauungsbuch stehen können. Aber es stände dort gewiß nicht als das letzte Wort. Denn wie wird Gott hier genannt?

Dieu qui est feu brûlant, Amen, Amen.

Als verzehrendes Feuer brennt die große und die kleine Leidenschaft, die Liebe zu Gott und den Menschen in dem, der sich in das Zentralgeheimnis des Lebens hineinwagt mit allen Sinnen und allem Verstand. Dies wird ein neues Weltreich. Der Kopf bemächtigt sich bewußt der Leidenschaft des Herzens und der Sinne. Die Passion wird zur Kunst, zur Vision, zur Empfängnis des Geistes gesteigert. Dies Hirn erlebt alle Sensationen der körperlichen Welt. Das Weibliche des Künstlers, des Gelehrten, des Ekstatikers schwelgt in den Wonnen geistiger Konzeption. Die französische Revolution erhebt diese weiblichen Kräfte des Genius, seine Fruchtbarkeit, seine Impressionabilität, auf den Thron. Der Genius wird der wahre Mensch, weil er in den männlichen Verstand Kräfte des weiblichen Schoßes mit hineinnimmt, weil er gebiert wie das Weib.

Und umgekehrt wird das Weib in dieser Nation ausgerüstet mit der Klarheit der Pallas Athene. Statt der Minerva verehren diese modernen Athener die Jungfrau von Orléans, wenn sie katholisch, Heloise, wenn sie revolutionär sind[1]).

Und die einzige Verirrung, die den Willen, den Plan, die Idee, die Absicht, die Richtung eines Imus beim Manne, der bewußt leben soll, durchkreuzen

---

[1]) Vgl. die Huldigung für Heloise im Calendrier de l'Ere Revolutionnaire 1893.

darf, ist die Liebe. L'amour ... ce n'est que le roman du cœur. Frankreichs Ausdrucksform seit 1789 wird der Roman.

In Victor Hugos Les Misérables besitzt die französische Literatur eine ausgleichende Schilderuug beider, der christlichen und der weltlichen Liebe in der Einheit ihrer Leidenschaftlichkeit. Victor Hugo, der Sohn eines Generals Napoleons I., durchleidet die Zeit Napoleons III., in der die bürgerlichen Ideen von 1789 gedemütigt werden und deshalb Verständigung suchen müssen mit den älteren Überlieferungen Frankreichs. Clémenceau sagt deshalb von diesem Zeitalter: Passivement subi, le second empire a marqué, d'une façon décisive chez nous, une diminution de foi dans l'idéologie combattive de la révolution française aussi bien que dans la supériorité des armées libératrices qui devaient installer les peuples dans la pratique de leur souveraineté[1]). Indessen das Thema braucht auch Victor Hugo nicht zu wechseln.

Es hat seine Vorgeschichte. Längst vor der Revolution wird die Liebesleidenschaft in Frankreich individualisiert und ihr Kampf mit der Gesellschaft besungen. Die Briefe Abailards und Heloises sind das unvergleichliche Geschenk des Lehrers von St. Geneviève an Frankreich aus dem Mittelalter. Die Frauendichtung ist schon im 17. Jahrhundert umfangreich. Manon Lescaut und die am Vorabend der Revolution gedichteten gefährlichen Liebschaften des Choderlos de la Clos, des Hofmannes Philipps Egalité ragen als Dichtungen aus dem 18. Jahrhundert hervor. Wir haben schon von Abailardus erzählt. Bei ihm trägt das persönliche Erlebnis noch überindividuelle Frucht; als ihm die Verwandten seiner Geliebten das Mannestum grausam verstümmeln, gründet er dem Heiligen Geist ein Kloster als dem verheißenen Tröster (Paraklet). Alle Leidenschaft dieses mächtigen und freiheitsdürstigen Esprit der französischen Scholastik unterwirft sich also noch dem Saint Esprit der Kirche.

In Manon Lescaut und in den Liaisons dangereuses sind die Leidenschaften bereits selbstherrlich und losgelöst von aller Überwelt. In dieser Beziehung präludieren eben beide schon der französischen Revolution. Aber noch stehen beide außerhalb des Ganzen der Gesellschaft. Manon ist eine leichte Person. Und Kirche, Hof und Justiz strafen die verwegenen Vabanquespieler für ihre Liebschaften, wenn auch schon nur noch als deus ex machina.

In der Halsbandgeschichte von 1783 erreicht der Gischt der persönlichen Leidenschaften dann die objektiven Mächte des Königreichs: König und Kirche. Die verhaßte Königin wurde der Leidenschaft und des Ehebruchs verdächtigt. Der Kardinal Rohan wurde des Glaubens an diesen Ehebruch überführt. Wenn auch eine Betrügerin in dem Kriminalprozeß verurteilt wurde, jubelte doch das Volk von Paris über die Bloßstellung des Weibes in der Königin. Denn seit Franz I. war nur noch die Königin jeweils entrückt geblieben über die Leidenschaften. Hingegen der König war mehr und mehr in das Leben der Leidenschaft mit eingetreten und der erste Galan seiner Na-

---

1) Grandeurs et Misères d'une victoire 314.

tion geworden. Nicht nur Heinrich IV. wollte der galanteste Franzose sein. Auch Ludwig XIV. bestand darauf, seinen Hut vor jedem Küchenmädchen in Versailles zu lüften. Die große Mätresse wurde ein Staatsamt am Hofe des Königs, der selbst der Staat war. Und ein besonderer Minister hatte unter Ludwig XV. den Leidenschaften des Königs zu dienen. Immer aber waren die Frauen, mit denen der Fürst lebte, halb außerhalb der Gesellschaftsordnung geblieben, solange wenigstens die Königin erhaben und rein von Leidenschaften blieb.

Mit einem wunderbaren Instinkt hat unter dem tugendhaften und ohne Mätressen lebenden Ludwig XVI. das Volk von Paris der Habsburgerin verbotene Leidenschaften nachgesagt. Das ist die welthistorische Bedeutung der Halsbandgeschichte geworden. Sie schien die Königin jedem Weibe im Volke gleichzumachen. Wenn Figaros Hochzeit den Großen der Erde, den Aristokraten, den Prozeß macht und seine gegen das Verbot des Hofes durchgesetzte Aufführung 1781 in Paris schon als Revolution wirkte, so verkündet der Halsbandprozeß bereits die Wendung, durch die sich die französische Revolution von der englischen im tiefsten unterscheiden würde: Die Engländer hatten den König als den Tyrannen hingerichtet. Die Franzosen richten nicht nur Ludwig XVI. hin, sondern auch Marie Antoinette. Sie wollen damit den Rang des Geblüts vernichten — was den Engländern ganz fern gelegen hatte — sie wollen ein Schicksal für alle, Männer und Weiber ohne Ausnahme.

Die großen Schriftsteller des 19. Jahrhunderts huldigen den Leidenschaften, aber sie bezeugen zugleich den unausweichlichen Weg, den alle einaltrige Liebesleidenschaft hinabsteigen muß. Wo der demütige Wille zur Fruchtbarkeit nicht schamhaft das Liebesfeuer einhüllt, da muß Liebe zum Tode führen. Denn da verbrennt sie an sich selbst. In drei großen Lebenswerken finde ich die drei großen Staustufen, in denen der von der großen Revolution entfesselte Strom der Leidenschaft zu Tal gestürzt ist: bei Balzac, bei Zola und Proust. Verfolgen wir diesen Verlauf:

Honoré de Balzac, von selbstgeschaffenem Adel, ein Fanatiker der Arbeit, treibt eine ganze Welt der Leidenschaft aus seinem fruchtbaren Hirn hervor. Er nennt dies Schauspiel, im Gegensatz zu Dantes Divina Commedia, zu dem englischen „Welt"-schauspiel La comédie *humaine!* Passive Leidenschaft ist die Triebfeder dieser Menschen in Paris und in der Provinz. Diese Leidenschaft zerstört meistens — wie in der femme de trente ans, dem Chagrinleder, den Neuvermählten, der Herzogin von Langeais. Aber sie ist zu jedem Opfer fähig. Sie wälzt die Welt um. Die Büros der Minister, die Klostermauern auf den Balearen, die Kassenschränke des Geizhalses geben nach vor der wahren Leidenschaft der Liebe. Auch die Religion ist dort, wo Balzac sie einführt, eine subjektive Leidenschaft. Mit unerhörtem Scharfblick baut dieser Einsiedler ein Drama von Hunderten von Personen des zeitgenössischen Frankreichs in wenigen Jahren auf und geht selbst an einer gedichteten Liebe mit einer Russin zugrunde.

Gold und Liebe sind die Motoren der Comédie humaine Balzacs. Welch ein Abgrund gegen Dantes Göttliches Gedicht, aber auch welche Entfernung von Miltons Verlorenem Paradies. Der Mensch ist hier ganz allein mit seinen eigenen Leidenschaften. Der Pole Krasinski hat daher 1833 diese Welt der französischen Revolution in seiner „Ungöttlichen Komödie" geschildert. Aber der Name verrät schon Krasinskis Gegnerschaft gegen die Revolution. Er findet die von ihr gespielte Komödie ungöttlich und verurteilt sie. Balzac aber lebt als der Einsiedler seiner Leidenschaften. Diese zerfleischen ihn und seine Helden wie eine weltliche Passion. In ihnen allein hat er seine „Motive" im Kampf mit der Welt. Die Lichter am Himmel haben wir ausgelöscht, hat Viviani 1905 gesagt. Schon bei Balzac ist dieser Mensch, der nur „an seinen eigenen Kohlen schmilzt" (Goethe) fertig. Der tiefe Ernst aber, der in diesem düsteren Kultus der Leidenschaften steckt, rückt ihn ohne Blasphemie in die Nähe der ewigen Wahrheiten. Und er stellt daher einen ewigen Beitrag des französischen Geistes zur Seelenkunde der Menschheit dar.

Das Dynamit der Liebe wird auf einer neuen Stufe des französischen Lebens, bei Emile Zola, nicht mehr als bloße Leidenschaft erlebt. Balzac schreibt unter Louis-Philippe, während des Enrichissez-vous der Zeit des Übermuts und der Selbstüberhebung. Er selbst und seine Figuren sind besessen von der Gier des Lebens in dieser schönen Welt. Zola schreibt nach der Zeit der Demütigung, nach 1870. Frankreich ist an seine Grenzen gekommen. Es hat seine größte Beispielhaftigkeit hinter sich. Die Kommune hat ihr Gorgonenhaupt erhoben. Die neue Epoche der kommunistischen Revolution ist im Anmarsch. Zola schreibt seine Rougeon-Macquard, den Stammbaum einer Familie, in 48 Bänden. Auch diesen Stammbaum befällt die Liebe, aber als Seuche, als Krankheit. Die Syphilis dringt in ihn ein und vergiftet sein Mark. Die Erschöpfung, die Paralyse, die Verzweiflung warten am Ende. Die Liebe rast dahin nicht wie Amors Pfeil, sondern wie in der Ilias die Pest, die Apollon über das Heer der Achäer aus seinem Köcher abschießt. Das neue Zeitalter des Sozialismus blickt hinein. Die sozialen Ungerechtigkeiten verschlingen sich bereits in diese Raserei der liebeskranken Menschen, so wenn der Herr vom Dienstmädchen angesteckt wird, die Spekulantin ihren Körper gegen Börsentips hingibt und so fort. Die satanischen Wirkungen der Liebe werden als Aschermittwoch der Bourgeoisie dargestellt, — Klassenfragen, gegen die Balzac noch nichts Prinzipielles einzuwenden hatte. Und Zola endigt lebensüberdrüssig durch Ersticken an Kohlengas. Wieder eine Gefällestufe weiter: mehr als ein Menschenalter später, unter den Endwehen der europäischen Fin-de-siècle-Stimmung, im Tal des Todes vor und während des Weltkriegs ist Prousts Werk entstanden. Es ist der letzte Teil in dieser Trilogie der Leidenschaften. Dabei verschlägt es nichts, daß die französische Nachkriegsjugend Proust ablehnt. Sie muß es, denn er läßt ihr nichts zu leben übrig. Proust hat eben, innerlich gesehen, vor dem Weltkrieg gedichtet, vor Bolschewismus und Inflation. Seine Menschen haben alle Geld oder lassen sich von denen, die Geld haben, aushalten. Die

Mutter verheiratet noch ihren Sohn. Er ist also schlechterdings ein Schriftsteller des seit 1789 geschaffenen Frankreichs, das von Robespierre bis Clémenceau reicht. Er besingt Sodom und Gomorrha (fünfzehn Bände). Die Mächte von Sodom und Gomorrha sind die gleichgeschlechtlichen Leidenschaften, Päderastie und Lesbismus, zwischen denen der völlig dekadente, übernormale Held sein Leben zerrinnen sieht. Dieser Held ist auf der Suche nach seiner verlorenen Zeit. Tiefe Wahrheit. Dort, wo die Liebe nur noch Laster ist, kann sie das Leben nicht mehr zur Lebensgeschichte steigern. Das Leben muß nun ohne dieses beiseitetretende, in sich kreisende Laster fortgehen. Aber da ist es nur ein Scheinleben. Proust selbst findet aus diesem Irrgarten der Liebe nicht heraus. Die wiedergefundene Zeit — der Titel des Schlüsselbandes — meint eine zeitlose Zeit, einen stereometrischen Zeitraumkörper ohne Anfang und Ende, ohne Zukunft, steril.
Die Liebe war Leidenschaft bei Balzac, sie war Krankheit bei Zola. Immer wurde sie doch bejaht. Bei Proust ist sie eine maniakalische Verirrung. Der Teufel treibt mit dem Menschen sein Spiel in dem, was sie Liebe nennen. Aber da es in dieser Welt des Diesseits für den aufgeklärten Franzosen natürlich keinen Teufel gibt, so wird dieses Spiel als blutiger Ernst, als einzig gegebene Realität dieser Gesellschaft von Paris, durchlitten.
Wie haben hier natürlich weder Balzac noch Zola noch Proust als Künstler zu kritisieren. Wir schreiben keine Kunstgeschichte. Sondern was sie für die Geschichte der französischen Revolution ergeben, beruht auf der Auswahl des Stoffes, zu dem sie geleitet werden. Alle drei schrieben den Roman ihrer Zeit mit rücksichtsloser Gleichzeitigkeit. Alle drei wollten das für ihre Zeit Neue ergreifen. Meine daher niemand, daß sie die durchschnittliche brave Pariser Bürgerwelt hätten abkonterfeien wollen und also — weil dieses Volk von Paris so brav sei — unrecht hätten. Proust sucht — wie Balzac und Zola — den Punkt, wo sich der Strom durch den Engpaß der Zeit weiter zu Tal windet, mit Clémenceau zu reden: er erfüllt die Aufgabe von Paris, als „point de concentration de la pensée française“. Und er findet, unerschrocken wie er als rechter Franzose ist, morbides, unfruchtbares, lasterhaftes Leben als das Ende. Mephisto am Anfang dieses bürgerlichen Zeitalters von Goethe aus sich herausgestellt, kann sich beim Anblick des faustischen Menschen, der genialen Persönlichkeit, des philosophierenden Bürgers am Ende dieses Zeitalters ins Fäustchen lachen: „Denn auf Vernichtung läuft's hinaus.“
Auch das Geld, die zweite bürgerliche Leidenschaft, wird von unserer Literaturdynastie bloßgestellt. Die Vorgeschichte des Geldgierigen, die Molières Geizhals spiegelt, und die in Mirabeaus Pamphlet gegen das Börsenspiel die Revolution von 1789 beeinflußt hat, muß hier auf sich beruhen. Es genügt hier, darauf hinzuweisen, daß der Drang nach Sécurité, nach Sicherung des Geldes und der wirtschaftlichen Grundlagen sich von Balzac bis Proust steigert. Balzac kennt noch den Mann, der reich und arm und wieder reich wird, sein César Birotteau ist ein Beispiel dafür. Bei Zola ist bereits die Selbstbehauptung des

ganzen Geschlechts im Spiel. Seiner medizinischen Vererbungslehre geht parallel die Angst um das Familienvermögen, und die unwürdigsten Verrätereien, die niedrigsten Gemeinheiten werden begangen um einer Spekulation willen.

Proust ist bereits so lebensuntüchtig, der steinreiche Börsenspekulant in seinem korkausgeschlagenen Krankenzimmer, daß der Besitz reichlichen Geldes oder die Armut der einzelnen Personen die Rollen auch im Liebesleben verteilen. Ohne Geld, ohne reichliches Geld würden ja die Taten von Sodom und Gomorrha sofort ihren Reiz verlieren. Man würde keine Zeit für sie haben.

So kommt es, daß Proust schon fast wie ein Nachzügler wirkt. Die französische Gesellschaft hat ihn nicht mehr vollrezipiert, weil sie bereits in die geistige Gegenwehr gegen die russische Revolution hineingerissen worden ist. Die ökonomische Grundlage der Proustschen Schilderung ist erschüttert. Die dünne aber sublime Luft, die man bei André Gide oder Jammes oder auch bei dem katholischen Claudel atmet, entrückt das französische Bürgertum heut in eine zweite Welt. Diese unwirkliche sozusagen metaphysische Welt feit das philosophierende Geschlecht der Bourgeois besser gegen die Kritik der heranrückenden neuen Revolution als die unerbittliche und selbstmörderische Konsequenzmacherei ihres letzten Leidenschaftssängers Marcel Proust. Würde Proust wirken, so wäre die Sécurité, das Sicherheitsgefühl der Individualität, die Geld und Liebe tragen, dahin.

Frankreichs Verfassung wäre bedroht. Und so ist es in der Tat.

Die Literatur bleibt nicht bloß Literatur. Denn die Enthüllung der Leidenschaften bringt das Ende herauf. Das Zwillingspaar „Capitalism et Sexualité"[1]) hat von Frankreich her die Menschheit verseucht. In der Psychoanalyse haben sich die Nichtfranzosen dieser lächerlichen Ichbezogenheit der Liebe zu erwehren angefangen. Wenn die Liebe, die uns von dem bloßen Selbst löst, als Leidenschaft, Laster, Krankheit gilt, dann muß sich wohl das Menschengeschlecht zu wehren geginnen. Eine auf das Ich bezogene Liebe — ist keine Liebe. Das specimen der Species, das ich bin, ist mehr als mein Ich. Abstraktes Gelddenken und das abstrakte Geschlechtswesen haben die Welt in ein Warenlager und die Liebe in einen „Kinseyreport" von Geschlechtsakten aufgelöst. Die Psychoanalyse ist innerliberale Gegenwehr; die russische Revolution ist gegenliberaler Angriff auf die Zurückführung von Liebe wie Geld auf das angebliche Individuum. Liebe und Geld kann man ja beide nicht „haben". Denn sie „sind" auch nicht. Sie sind beides Prozesse, die uns vom Individuellen befreien. Wir sind ja auf beides „angewiesen". Über die Tragödien der Leidenschaften hinweg ereilt auch das Heroenvolk des Diesseits, das humanitäre Frankreich, ein Jüngster-Tagesglauben.

Die „humane" Religion des „Menschen" an und für sich bekennt ihre Eschatologie.

Wie die Lutheraner auf das Reich Gottes warten und die Päpstlichen auf das Kommen des Antichristen, so muß auch die stürmisch begehrte Zukunft des

[1]) Ein Buchtitel von R. et Y. Allendy. Paris 1931.

Humanismus zu einem Rückschlag führen. Alle Eschatologie, die Lehre von den letzten Dingen, ist ja ein Rückschlag auf die zu heftig erlebte Gegenwart. Wenn Franziskus der zweite Jesus ist, der vollkommene Nachfolger, der sogar die Wundmale des geliebten Herrn trägt, wenn Madonnen und Jesuskinder durch die Jahrhunderte hindurch ununterbrochen die italienische Bildersprache ausmachen, so muß die Endzeit entgegengesetzt vorgestellt werden: antichristlich, ohne diese Geborgenheit. Die italienische Zeit erwartete also das Ende vom Kommen des Antichrist. Anders der leidende Gehorsam der Lutheraner. Er meidet jede politische Bestrebung. Die Seele duldet und harret des Herrn. Also ist die letzte Wendung, deren sie harret, das Reich, in dem der Zwiespalt von äußerer Gewalt und innerer Würdigkeit aufgehoben sein wird, das Reich Gottes. Die humane Eschatologie der Franzosen sieht wieder anders das Weltende. Das Ende kommt, wenn das menschliche Genie alles entdeckt, alles ergründet, alles erforscht hat. Dann blinzelt „der letzte Mensch“: „Was ist Liebe? Was ist Glück? Was ist Stern?“ Denn dann ist das Herz dieses Menschen nicht mehr fähig, den Großtaten des Geistes Gleichgewicht zu halten. Die Zukunftsleidenschaften der Augen, der nimmersatten, haben das Herz übernommen.

Das Herz ist müde, krank und leer. Der Mensch ist enttäuscht. Skeptiker, desillusioniert. Man kann aus dieser Haltung den Weltschmerz, den Pessimismus, die Katastrophe Europas ableiten. Aber das tut nur der Nichtfranzose: Lord Byron, Arthur Schopenhauer, Friedrich Nietzsche haben das bürgerliche Zeitalter in der Tat so gedeutet. Ein französischer Geist hält die grausame Spannung zwischen Kopf und Herz, zwischen Feuer der Raison und Müdigkeit der Passion bis zuletzt fest. Der Geistesreichtum kapituliert nicht vor der Herzensarmut. Er seufzt nicht, jammert nicht, er beklagt nichts. Er bejaht den Weg „von der Humanität über die Nationalität zur Bestialität“.

Denn er will die Klarheit bis ins letzte. Es gibt einen Grad des Bewußtseins, der den furchtbarsten Schmerz noch genießbar macht. Wir werden mit Bewußtsein sterben, jede Phase unseres Sterbens mit dem Blick des erfahrenen Arztes verfolgen, steht bei Spengler. Aber man könnte Spengler mißtrauen. Es gibt gültigere Zeugen.

Denn zunächst offenbart sich in der Eschatologie nur der antisentimentale, der grausame Zug im Charakter der Franzosen, das Mitansehenkönnen der Qualen, ohne zu helfen, das, was das Wort Sadismus nur unvollständig andeutet, weil es eine Zustimmung zur Vernichtung, zur Zerstörung in sich schließt. Man glaube nicht, daß nur die Romane der Literatur so grausam die Erde vom Dynamit der Leidenschaft in die Luft sprengen lassen. Es gibt einen viel unheimlicheren Zeugen dieser Bereitschaft des Geistes von Paris zur Selbstvernichtung. Dieser Zeuge ist der Vater des Sieges, Georges Clémenceau, Arzt aus der Vendée, Verehrer und Kenner der Schönen Künste, Deputierter von 1871; der Tiger, der nach jedem Sturz, jeder Niederlage seines Lebens dennoch stieg und stieg, hat die Zukunft des Menschengeschlechts in einem hinreißenden Dithyrambus preisgegeben. Dieser Dithyrambus auf den Weltuntergang ist lange vor dem Weltkrieg geschrieben. Um so geheimnisvoller ist die Verbindung zwischen der Haßpotenz dieses Greises von Versailles und der Erbarmungslosigkeit seiner Vision. Luzifer ist es, der die Fackel schwingt, klar, unerbittlich, grausam, klug, geistreich und lebensprühend. Luzifer ist der Genius der Menschheit, dessen Licht die Welt 1789 erblickt hat.

Also spricht Clémenceau über den Untergang der Menschheit:

A cette heure déchirante, qui ne regrettera les douleurs ennoblies d'espérance, perdues dans l'ombre du passe? Oui, nos fils ne seront là que l'horrible massacre des temps historiques, et même la barbarie primitive, leur sembleront de l'humanité heureuse au regard de l'effrayante catastrophe qui, d'un pas irrésistible, à toute heure gagnera sur eux. Ce serait, jusque dans la décadence dernière, une monstrueuse ascension de douleur si la notion, déjà présente, de la fin nécessaire, ne suscitait en nous la philosophie supérieure qui nous permet d'affronter toute destinée sans pâlir.

L'affreuse décroissance insensiblement sous nos yeux s'accomplira. La décrépitude envahissante amortira les chocs pour la conscience de sensibilité diminuée, et pas à pas, par le chemin de mort déjà parcouru vers la vie, l'homme venu de la terre, retournant à la terre, trouvera sa tombe dans son berceau, noyé d'oubli dans la source de douleur. La lente régression sans pitié fera son œuvre. Le dernier humain qui vivra s'éteindra dans le même mystère où surgit le premier qui vécut. Ainsi s'achèvera, dans la suprême misère, la lutte commencée pour la vie aux jours de la naissance heureuse dans le monde enchanté.

La vie humaine avait été de domination mortelle sur toute vie inférieure. De nouvelles conditions de vie font maintenant de nouvelles conditions de lutte. L'heure est venue de la grande revanche de la nature d'en bas contre la nature d'en haut. L'organisme inférieur, moins exigeant que ses grands concurrents, se contente de conditions médiocres pour vivre. A mesure que les conditions de vie s'atténuent, l'homme, la bête, l'arbre, rabougris, s'appauvrissent, s'anémient, s'étiolent. Incapables de réprimer plus longtemps l'obscure végétation des formes primitives, ils reculent maintenant: et la vie inférieure envahit l'immense domaine d'où la vie supérieure la refoula jadis. C'est la suprême bataille, la grande déroute de la vie vaincue cédant le terrain pas à pas, sous le regard des siècles, indifférents à quelque moisissure humiliée qui dans quelque bas-fonds ignoré, attend dès à présent son heure.

Nos cités croulantes, parmi d'informes vestiges humains, les dernières ruines effondrées sur la vie mourante, toute la pensée, tout l'art. —

Clémenceau hat in einem lichten Augenblick gewußt, daß er diese Natur und diesen Darwinismus nur an die Wand malt, weil der freie Unternehmer die Masse fürchtet. Am 6. Juni 1919 hat er den Vertretern der Gewerkschaften, der C. G. T., gesagt: „Ich bin alt. Laßt mich mein Werk beenden. Ich werde das letzte Bollwerk der alten Ordnung der Dinge gewesen sein. Nach mir werdet ihr die Herren sein und machen, was ihr wollt. Der Adel und die Bourgeoisie haben nacheinander versagt. Nur ihr seid übrig, die Arbeiter." Und er gab ihnen den Achtstundentag.

So ist seine Vision nur die psychoanalytische Projektion des Bürgers. Die niederen Organismen, die hinter den großen Individualitäten prophezeit werden, kommen nicht in der Natur, aber in der Gesellschaft herauf. Das Individuum wird bedroht vom Massentritt des marschierenden Proletariats.

In dem Zwielicht zwischen den beiden Weltkriegen schrieb Aragon resigniert seinen „Bauer von Paris". Und er sagte, die Zeit der Person auf Erden sei vorüber. Als aber die Zeit der Prüfung kam, konnte sich Frankreich nicht entschließen, Paris zerstören zu lassen. Frankreich fiel, Paris blieb. Und die Anpassung an die Zeit des Proletariats ist im Rahmen der Ideen von 1789 doch wieder durch Personen und Ideen in Paris vor sich gegangen. Der Existentialismus der Sartre und Camus hat sogar die Provinzen als „Terres d'Inspiration" (Bourdin) 1960 zu entdecken erlaubt.

Der Existentialismus hat nämlich das ewige Fortschreiten des Denkens nach links abgestoppt. Bis zu ihm mußte der Freidenker in Frankreich immer röter werden. Denn „rouge", die Farbe von 1789, stand gegen die schwarze Farbe des ancien régime. Sartre ist der erste atheistische Intellektuelle von Rang, der nicht Kommunist geworden ist. Er und Schuman bilden die Mitte. Sie leben beide nach 1917; sie sind gegen rechts und links gleichgültig. Oder genauer, die alten Schlagworte „Noir et Rouge" sind beide für sie ungültig geworden. Denn sie denken beide nicht mehr kausal aus der Vergangenheit. Beide denken von der Zukunft her.

Das Dasein muß entschuldigt werden. Excusare, Ursachen loszuwerden, ist des Menschen Freiheit. Der freie Mensch muß daher aus dem schon Gedachten entwurzelt werden. Seine Gedanken wurzeln vielmehr in seiner Zukunft. Sartre leugnet den schon bekannten, den moralischen Gott. Dem noch verschwiegenen Gott unterstellt er sein Vertrauen, daß es nie zu spät sei, zu schreiben, zu sprechen, zu schreien. Mit seinem Wort wirft er sich in die Zukunft. Deshalb gibt es heute noch Frankreich. Freilich nicht mehr das Frankreich, in dem alles provinzielle Dunkel in Paris zu Licht wird. Sartre dreht den Prozeß um: aus Licht wird Dunkel. Die dumpfe Trübe des Landes wird Wort; alles Helle, Aufklärende, Lichte wird zur optischen Täuschung. „Schmutzige Hände", „Tote ohne Begräbnis", „Die Pest", „Verschlossene Türen" sind Themen existentialistischer Bücher. Aber indem die bloße Aufklärung überwunden wird, findet sich der trotzige Denker hindurch zum Ursprung. Dieses Dunkel ist ein so bedeutender Teil der Wahrheit, daß es nicht auf ewig der Türanmelder des Lichts bleiben darf. Es hat seine eigene Zeit. Und dank dieser Zeit gewinnt das Weltall wieder jenen Augenblick, aus dem es täglich entspringen muß, den Augenblick, bevor Gott das Licht von der Finsternis schied.

Dem Augenblick des Schweigens, bevor das Wort „aus dem Schoß des Herzens Gottes" (Ambrosius) hervorging, versucht Sartre Ausdruck zu geben. Damit aber hebt er das Element des Bolschewismus und der Weltkriege heraus, das nicht im Marxismus enthalten ist und auf das schon unsere Einleitung (S. 104) hinwies. „A l'attente de Dieu" hat Simone Weil, die deutlichste Verkörperung dieser Krise, ihr Zurückgehen vor das Wort genannt, dies äußerste Zugeständnis des Geistes von 1789 an den Ungeist von 1917. Im Existentialismus hat sich der französische Geist mithin in die heutige Weltrevolution eingepaßt und gerade dadurch seine Nation aus dem Kommunismus herausgehalten.

XVIII. DIE BÜRGERLICHE GESELLSCHAFT UND DER KLASSENKAMPF

1. Der Radikalismus der Klassengesellschaft

Die radikale Durchführung der Ideen von 1789 strebt auf zwei Menschentypen zu, auf den Soldaten der nationalen Erhebung und auf den Rentner der staatlichen Rente. Soldat als Glied des Volkes in Waffen und Rentner oder Kapitalist als Glied der bürgerlichen Gesellschaft sind die zwei Lebensformen, die einander bedingen und ergänzen in dieser neuen Welt.

Nur wenn der einzelne Franzose diese beiden Zustände im Laufe seines Daseins am eigenen Leibe erfährt, kann er dieser Welt mit Recht und nach Neigung angehören.

Nur Soldat sein, wäre ebenso eine Überlastung, wie nur Rentner sein ein Schmarotzen.

Es ist das bürgerliche Problem gewesen, dies Gleichgewicht zu halten. Und die Gesellschaft hat sich der bloßen Schmarotzer durch schärfste Durchführung der Wehrpflicht zu erwehren gesucht. Nirgends sind so viel Mindertaugliche angemustert worden, wie in Frankreich.

Dem Kriegszustand des Heeres steht der Friedenszustand der Gesellschaft gegenüber. Hier war das Gleichgewicht noch viel schwieriger. Ja von hier aus ist die bürgerliche Gesellschaft bekanntlich in Frage gestellt worden, von hier aus wird sie überwunden. Der Nichtrentner ist gefährlicher als der Nichtsoldat. Denn der Nichtrentner ist der *Nursoldat*. Er trägt nur die Lasten dieser Gesellschaftsordnung ohne ihre Vorteile. Der *Nursoldat* ist der unvermögende Mensch ohne Rentengenuß, der Mensch ohne Vermögen.

In einer radikal bürgerlichen Gesellschaft ist der vermögenslose Mensch entwurzelt, déraciné. Vermögenslos wie er ist, kann er nicht in Ideen wurzeln, er kann nicht radikal sein. Wer einer festen Einkommensquelle darbt, bedroht die bürgerliche Gesellschaft, wenn er zu zahlreich auftritt. Dieser Proletarier hat nicht dasselbe Vaterland wie der Bürger. Er kann seine Soldatenpflicht nicht innerlich verstehen. Denn er findet sich hinausgewiesen aus der Parität von Soldat und Rentner.

Die bürgerliche Gesellschaft wird für ihn zur einseitigen Einrichtung der Anderen, zur Klassengesellschaft. Der Nationalstaat selbst hat diese Einseitigkeit sich zuerst bemäntelt. Die militärische égalité schien ihm genug. Die kommunistische Gleichheit des Vermögens meldete schon 1792 ihren Anspruch an in der Pariser Kommune, wurde aber niedergeworfen. Die Rentenansprüche des Proletariats hat der französische Staat dreimal rücksichtslos niederkartätscht: Hébert fällt 1794, Cavaignac vernichtet das Proletariat 1848;

1871 sind 50000 Kommunisten aus Paris nach Guyana deportiert worden. Frankreich hat die Proletarier eher ausgerottet, als sie an der Rente des Bürgertums zu beteiligen. Einen Mittelweg, eben den der Radikalen, hat es eingeschlagen. Das Wahlrecht wurde allen Soldaten zuerkannt, nicht nur der Bürgerklasse. Seit Ledru Rollin haben die bürgerlichen Radikalen um diese politische Gleichberechtigung aller Individuen gekämpft, und sie haben gesiegt. Die Klassen waren damit im politischen Staat abgeschafft; sie blieben nur noch in der Gesellschaft erhalten.

Was ist denn eine Klasse? Eine Einteilung der Menschen nach dem Vermögensstand und der Einkommensart. Classis ist eine einheitliche Gruppe von Steuerzahlern. Die Klassen in der Eisenbahn unterscheiden sich gleichfalls nach den Gebührenstufen. Klasse ist also ein wirtschaftlicher Maßstab zur Einteilung der Menschen. Gibt es ein Klassenwahlrecht, so bedeutet das, die wirtschaftliche Ungleichheit wird dem Aufbau des Staates gleichfalls zugrunde gelegt.

Damit ist die Klasse etwas ganz anderes als der Stand. Stände sind Obrigkeiten. Auch der tiers état in Frankreich ist ein Herrenstand mit politischen Kompetenzen über die Stände, eine noblesse de robe. Stände regieren, Klassen wirtschaften. Stände sind Staatsorgane, Klassen sind Gesellschaftsschichten.

Solange die französische Bourgeoisie noch um ihre Vorherrschaft kämpfte und solange sie als der ehemals zu kurz gekommene dritte Stand „alles werden" wollte, solange hat sich auch das Proletariat als vierter Stand mißverstanden. Bis 1848 ist meistens vom vierten Stande die Rede, wenn man den nichtbürgerlichen Nursoldaten der Nation bezeichnen will. Erst der Kampf gegen das Klassenwahlrecht bringt dem Proletariat zum Bewußtsein, daß es kein Stand ist und keiner werden will. Denn dem Proletariat liegt nichts an der Eingliederung in den Staat — im Staat ist er schon als Soldat und bald dank der Radikalen auch als Wähler darin. Der Proletarier will an den Renditen der bürgerlichen Gesellschaft beteiligt werden. Deshalb hört er auf, sich vierter Stand zu nennen. Deshalb wird er zur Arbeiterklasse. Deshalb stellt er sich als die Klasse der Ausgebeuteten der Klasse der Ausbeuter gegenüber. Deshalb streikt er gegen die Gesellschaftsordnung, in der er nicht beide Rollen, Soldat plus Rentner, spielen darf.

Aus dem Nationalgardisten ohne Rente wird der Klassenkämpfer und Antimilitarist. Aber Klassenkämpfer ist der Proletarier nicht aus eigener Wahl, sondern weil der Klassenkampf ohne sein Zutun besteht. Die Rentner, die Kapitalisten betreiben den Klassenkampf ständig, weil sie von ihren Einkommensquellen den bloßen Arbeiter fernzuhalten suchen. Der Klassenkampf ist also eine Tatsache und keine Forderung des Proletariats. Jeder Lohnkampf zwischen Arbeitgeber und Arbeitnehmer ist ein Ausfluß des Klassenkampfes. Der Arbeiter soll nur Lohn für Arbeit erhalten, aber keine Rente aus der Produktion beziehen. Denn das würde die Rente des Kapitalisten schmälern.

Es ist eines der großen Mißverständnisse, ja ein Trick des Bürgertums, den Marxisten den Klassenkampf vorzuwerfen, so als predigten ihn diese. Aber die Marxisten predigen nicht den Klassenkampf. Man kann nicht predigen, das Wasser fließe den Berg herunter, sondern man kann es nur feststellen. Mit dem Worte Klassenkampf wird eine gesellschaftliche Gesetzmäßigkeit beschrieben: Jeder Besitzer von Vermögen will die Rente aus diesem Vermögen möglichst für sich behalten. Besteht das Vermögen aus Kapital, aus Produktionsmitteln, aus Gelegenheiten für andere, gegen Lohn zu arbeiten, dann wird der Kapitalist diese Gelegenheiten möglichst im eigenen Interesse als seine Goldminen ausbeuten.
Daß diese Produktionsmittel durch die Zirkulation in immer abstrakterer unpersönlicher Ordnung sich über den einzelnen zu einer unheimlichen Weltmaschinerie auftürmen, das schleudert unausgesetzt neue Individuen in die proletarische Front.

2. Die Dialektik der Revolutionen

Frankreich hat dieses Klassenkampfes sich durch Niedrighaltung der Proletarierziffer erwehrt. Es hat den Soldaten und den Rentner in ein sonst nirgends in der Welt erreichtes Gleichgewicht gesetzt. Die Sowjets haben darüber eine wohl gewiß nicht voreingenommene Statistik veröffentlicht, die schlagend erklärt, weshalb Frankreich von allen Ländern der Welt für den Kapitalismus die sichersten Grundlagen bietet.

Klassengliederung in den kapitalistischen Staaten 1924 in 1000:

Land	Erwerbstätige	Proletarier	Halbproletarier	Herrschende Klasse und Anhang
Großbritannien ohne Irland	18 400	16 010	560	1 830
Deutschland	33 900	26 000	3 500	4 400
Italien	20 000	14 000	2 500	3 500
Dänemark	1 350	850	150	350
Bulgarien	2 500	1 600	260	640
Vereinigte Staaten von Nordamerika	42 000	27 500	6 500	8 000
Frankreich	20 900	10 700	3 900	6 300

Mit anderen Worten: Frankreich hat 50 Prozent seiner Erwerbstätigen als Bourgeois und Halbproletarier organisiert, während Nordamerika nur 33 Prozent, Deutschland (im Jahre 1924!) nur 23 Prozent, England sogar nur 15 Prozent auf der Kapitalseite eingebaut hat.

Jeweils das Land der letzten Revolution bewältigt deren Auftrag am vollkommensten, und deshalb ist Frankreich das relativ immunste Land gegen den Bolschewismus. Kein Thorez oder Joliot-Curie ändern daran etwas.

Mittels seines Gleichgewichtes zwischen Soldat und Rentner hat es seine Menschen geprägt: den Ideenkämpfer und das selbständige Individuum. Denn der Soldat der französischen Revolution ist ja kein Philister. Er ist der Sänger der Marseillaise, der marschiert, weil das Vaterland in Gefahr ist, weil die Tyrannen es bedrohen. Dieser Soldat ist nur der, der bar zahlt für die Losungen des Geistes. Deshalb hat selbst ein Dekadent dieses französischen Geistes, Baudelaire, sagen können: Nur drei Menschenarten haben einen heiligen Beruf: Priester, Dichter und Soldat. Und Alfred de Vigny hat diese Verbindung des Geisteswortes mit dem Soldatentod schön erläutert:

La parole qui trop souvent n'est qu'un mot pour l'homme de haute politique, devient un fait terrible pour l'homme d'armes; ce que l'un dit légèrement, l'autre l'écrit sur la poussière avec son sang, et c'est pour cela qu'il est honoré de tous, par dessus tous, et que beaucoup doivent baisser les yeux devant lui.

Auch der französische Rentner ist mehr als ein stiller Genießer im schlechten Sinne. Er ist vielmehr auch der unabhängige Mensch, der starke und schöne Geist, der Freidenker und das selbständige Individuum.

Der Rentner, der Kapitalist ist ja der befreite, der zur Herrschaft über die Dinge berufene Bürger. Der Soldat im Franzosen dient dem Herrenbürger in ihm. Der Bürger ist gerächt am Edelmann, dem Herrenmenschen des ancien régime. Damals war der Bürger nur der Steuerzahler. Da war der Bürger der Nursteuerzahler. So wie in der Nation der Proletarier als Nursoldat gefährlich ist, so hat sich der Nursteuerzahler als gefährlich erwiesen. Auch der Nursoldat wird aufstehen gegen den Bürger. Die unterdrückte Menschenart erhöht ihren Typ zur geistigen Führerstellung der nächsten Revolution. Es gibt eine Dialektik der Revolution. Man hat gesagt, die Geschichte sei eine Folge von Klassenkämpfen. So einfach ist die Geschichte nicht. Aber es gibt eine Dialektik der Unterdrückung und der Befreiung, und wir können sie tiefer durchschauen als Marx. *Achtzig Jahre nach ihm scheiden wir zwischen Klassenkämpfen und der Dialektik der Revolutionen.* Der Klassenkampf kann nur in der Klassengesellschaft bestehen, d. h. in der bürgerlichen Gesellschaft.

Der Klassenkampf im eigenen Lande hat den Kapitalismus nicht erschüttert. Aber der Kapitalismus hat noch eine andere Front. Diese gebiert die nächste Revolution. Denn ein teilweiser Irrtum steckt in der landläufigen Lehre vom Klassenkampf allerdings. Das Kapital beutet nicht die Arbeiter aus — mit den Arbeitern kann es sich arrangieren. Zwischen 1846 und 1900 hat es in England keinen Klassenkampf gegeben. Denn während dieser Zeit hat England die übrige Welt ausgebeutet. Dies ist aber kein Zufall. Rosa Luxemburg hat gezeigt, daß zum Wesen des Kapitalismus seine parasitäre Existenz auf *älteren* Wirtschaftsformen hinzugehört. *Kapitalismus in einer Welt, in der es nur Kapital und Arbeit gibt, ist undenkbar.* Da wäre nichts zu verdienen! Das Starren auf die kapitalistischen Produktionsstätten lenkt den Blick vom Hintergrund ab. In Frankreich ist alles „natürlich" geordnet. Kolonien, Fellachen, Tributvölker, Anleihestaaten braucht der Kapitalismus, um zu rentieren. Der Vulgärmarxismus hält die Arbeiter für die „Ausgebeuteten". Er hat zwar schon bei Marx gelesen, daß die vorkapitalistischen Länder durch brutale Gewalt im Kolonialsystem „erschlossen" werden. Der Opiumkrieg gegen China und Frankreichs Taten in Algier sind berüchtigte Anwendungen dieses Systems. Aber da nun einmal das Proletariat der Leidensträger des Kapitalismus sein sollte, hat die Ausbeutung der älteren Schichten meist nur als nebensächlich gegolten.

Sie ist aber die Hauptsache. Das Proletariat der Industrie kann sehr wohl selbst „ausbeuten". In der Inflation war es in allen Ländern im Bunde mit den Unternehmern an der Ausbeutung des Altbesitzes beteiligt. In Rußland zeigt der Index, daß die Proletarier die herrschende Klasse sind. Die Parasitenexistenz des Kapitalismus beruht auf etwas Einfacherem, so daß nur die Verliebtheit der bürgerlichen Ökonomie in diese Ordnung erklären kann, weshalb dies nicht im allgemeinen Bewußtsein lebt. Der Kapitalismus kann sich den Kosten für die Reproduktion der politischen Ordnungen entziehen, wenn er imperialistisch ist. Deshalb ist er imperialistisch! Da — anders als im Lehnwesen — dem Eigentümer einer Fabrik erlaubt ist, nur Arbeitskräfte nach Arbeitsstunden zu bezahlen, so muß die politische Instanz diese Arbeitskraft für den Rest ihres Wesens versorgen (Polizei, Armenhäuser, Sozialpolitik usw.). Also stürzt sich der Kapitalist auf Märkte, deren politischer Status ihn nichts angeht. Hier kann er unterbieten, konkurrieren, Wirtschaftszusammenhänge zwischen Handwerk und Landwirtschaft z. B. zerstören. Er, der fremde Fabrikant, hat das ja nicht auszubaden.

Nur solange es noch solche Märkte gibt, deren Anwohner politisch durch andere Gewalten betreut werden, kann das Kapital akkumulieren. Kapital und Arbeit sind nie allein: Ein Dritter spielt mit.

Die Ausgebeuteten sind also in erster Linie die Angehörigen der vorkapitalistischen Welt. Der Proletarier ist nicht als Arbeiter in der Fabrik ausgebeutet, so wenig wie ein junger Bauernsohn ausgebeutet wird dadurch, daß er beim Militär kapituliert. Er war ausgebeutet als Enterbter, also soweit er aus einer deklassierten Schicht stammte. Enterbt ist er nicht, weil er in der Fabrik arbeitet, sondern weil und soweit er die Male des Enterbten in die Fabrik mit hineinnimmt. Ein Blick auf die „Deklassierung" der neuen Angestelltenschicht beweist, wodurch sie sich verletzt fühlen. Auch die Arbeitslosigkeit ist keine Ausbeutung durch den Fabrikanten. Auch sie erinnert den Proletarier nur daran, daß die Fabrik ihm aus der Enterbtheit nur zeitweise einen Ausweg gewiesen hat, statt für dauernd.

Die Krise, die den Arbeiter aufs Pflaster wirft, führt ihn zurück auf seinen anfänglichen Zustand als Proletarier, damals, als er zum erstenmal ohne Produktionsmittel dastand und Arbeit suchen mußte.

Das Proletariat ist Proletariat, bevor es Industriearbeiterschaft wird. Es wird dazu durch den Kapitalismus.
Die Arbeiterschaft aller europäischen Industrieländer hat deshalb den Weltkrieg mitgeführt, und die sozialistischen Parteien haben sich gegen die Theorie dem fügen müssen. Diese Tatsache beweist, daß dies „Proletariat" nicht das ausgebeutete gewesen ist. Mit „Zufall" kann man diese weltgeschichtliche Tatsache nicht widerlegen. Ausgebeutet worden sind die Arbeiter, soweit auch ihre Reproduktion nicht bezahlt wurde. Aber sie wurden es nur als Unterfall der Ausbeutung, die den Reproduktionsordnungen der *vor*kapitalistischen Welt widerfuhr; das Handwerk, das seine Verdienste, der Bauer, der seine Söhne, die katholischen Länder Europas und die Feudalen, die Türkei und Ägypten, die ihren Gesellschaftsbau nun finanzieren sollten, obwohl sie plötzlich in das Netz dieses „unpolitischen", d. h. für die Reproduktion der Landesbewohner nichts zahlenden Kapitalismus gerissen wurden, sind die Ausgebeuteten.
Das größte Beispiel aber solcher Ausbeutung einer vorkapitalistischen Welt ist — Rußland.

DIE REVOLUTION DER DEUTSCHEN GROSSMÄCHTE

XIX. DER HABSBURGISCHE VÖLKERSTAAT UND DER MILITÄRSTAAT PREUSSEN

1. Die deutsche Nation und die deutschen Großmächte

Ich unterbreche hier die Erzählung.

Der Deutsche kann nämlich nicht einfach von Robespierre zu Lenin, von 1789 zu 1917 weitergehen. Er muß sich fragen, was die Erschütterungen seiner eigenen Geschichte, die dazwischenliegen — Jena und Auerstedt, Waterloo, 1848, 1866, 1870 usw., zu bedeuten haben.

Nicht deshalb ist das notwendig, weil alle Totalrevolutionen ansteckend wirken. Daß englische und französische Ideen auf ganz Europa wirken, das ist nichts Besonderes für die deutsche Nation; allen Völkern in Europa sind diese Revolutionsströme zugeströmt und zugute oder zuleide gekommen. Aber die Länder der deutschen Reformation mußten der englischen und französischen Revolution einen besonderen Tribut entrichten. Denn die Reformation hatte zwar auch den politischen Horizont der Europäer total umgewälzt.

Aber ihr Name ist noch nicht „Revolution". Fürstenrevolution, die sie ist, trägt sie doch noch einen vorastronomischen Namen. Sie heißt Kirchenreform. Sie entnimmt ihre Kraft noch nicht der äußeren „Welt" der Gestirne und des Landes (wie England) oder der „Natur" (wie Frankreich). Unter den zwei „westlichen" Welthorizonten mußte also die deutsche Reformation noch „säkularisiert" werden. Zu säkularisieren, zu verweltlichen galt es das religiös-kirchliche Vokabular der „Religionsparteien". Aus der Sprache des christlichen Gewissens mußten die Rechte der deutschen Landesherren übersetzt werden in die Vokabulare vom angestammten Geburtsrecht einerseits (englisches Vokabular), vom vernünftigen Naturrecht andererseits (französisches Vokabular).

Die wirkliche Reformation der Religionsparteien war mithin auf rein weltlich-säkulare Potenzen zu überführen, um die besondere Gestalt der deutschen Nation in den neuen englisch-französischen Welten zu erhalten.

Es handelt sich also hier nicht um eine Nachahmung fremder Vorbilder, sondern um eine *weltliche Wiederholung* der religiösen deutschen Revolution selber.

In dieser weltlichen Wiederholung wird sich die Nation erst der rein *politischen* Leistung ganz bewußt, die sie in der religiösen Reform mit vollbracht hatte.

Die Träger dieser zweiten, wiederholten, rein weltlichen deutschen Fürstenrevolution sind die zwei deutschen Großmächte. Sie sind jene bloß säkularen, astronomisch-naturhaften „Potenzen", Puissances, mit denen das europäische Gleichgewicht und die europäische Zivilisation im 18. und 19. Jahrhundert zu rechnen hatten.

Wenn es trotz Napoleon und trotz der Ideen von 1789 im 19. Jahrhundert noch eine deutsche Nation gegeben hat, so verdankt sie ihr Dasein den zwei großen Mächten Österreich und Preußen.
Nach 1805 wäre Deutschland weltgeschichtlich ein geographischer Begriff geworden, die Klein- und Mittelstaaten wären den Ideen von 1789 erlegen. Die Größenordnung des englischen und französischen Revolutionsstaates überragte den italienischen Stadtstaat und den deutschen Einzelstaat um ein Vielfaches. Aber Preußen und Österreich — sie erhalten die Nation im 19. Jahrhundert in der Weltgeschichte zwischen der französischen und der russischen Revolution. Preußen und Österreich sind *Mächte*. Das Wort Staat in dem herkömmlichen Sinn der deutschen Reformationsobrigkeit empfängt also einen Zusatz, den der „Macht". Der deutsche Mittelstaat ist an sich ein mittelgroßer Zivilstaat, dessen weltliche Obrigkeit aus der Kirchenreform ihre Gewalt geistlich erhöht hat. Die beiden Großmächte aber haben noch andere Quellen ihrer Macht, als die der landeskirchlichen Herrlichkeit. Neben dem, daß sie die „Vorstaaten" der katholischen und der protestantischen Partei sind, sind sie auch Vormächte. Drei seltsame Eigenheiten zeichnen sie aus:
1. Sie kämpfen um die „Vormacht" in Deutschland. 2. Beide besitzen im Jahre 1805 mehr nichtdeutsches als deutsches Gebiet — die Preußen beherrschten Warschau! — 3. Beide haben zwischen 1778 und 1918 nur vier Wochen lang (1866) gegeneinander im Feld gestanden! Sie sind seit 1763 im wesentlichen friedliche und trotzdem leidenschaftliche Rivalen.
Diese „Mittelmächte" sind offenbar eine Einheit unter den Weltmächten. Die deutsche Nation ihrerseits hat es mit beiden — und zwar immer gleich viel und gleich wenig — zu tun. Zwei Reiche haben von 1805 bis 1918 Deutschland in der Weltgeschichte mächtig erhalten. Die Mittelmächte können nur gemeinsam gedeutet und verstanden werden. An ihrer Deutung aber hängt die Entscheidung über die Zukunft.
Die wirksame Polarität der beiden Großmächte ist bereits in dem Verhältnis der beiden Religionsparteien angelegt. Schon während der Fürstenrevolution von 1525 bis 1555 fallen der Kaiser einerseits und der dämonische Moritz von Sachsen andererseits aus den beiden Fronten katholisch und protestantisch heraus. Der Kaiser des Reichs verkörpert dann auch weiterhin ein Element, das von der Glaubensspaltung nicht ganz erreicht werden kann. Und ein protestantischer Gegenkaiser, ein Träger der Schwertgewalt, ein Nachfolger des rein machtpolitisch denkenden Moritz, tritt ihm zunächst in Heinrich IV. von Frankreich gegenüber, der den Titel „Rächer deutscher Libertät" führt, und hernach in dem Schweden Gustav Adolf.
Aber erst nach dem Abschluß der Fürstenrevolution im Dreißigjährigen Kriege und während „das alte Reich" der Religionsparteien seine Klassik genießen darf, widerfährt den beiden Mittelmächten ihre „Revolution". Diese Revolution trägt andere Züge als die der großen Nationalumwälzungen. Sie wiederholt nämlich auf diesseitige, naturhafte, politische Weise, was theologisch, ideo-

logisch, religiös in der Reformation für die Nation geleistet worden ist. Als ein Akt weltlicher Wiederholung ist sie fast rein tatsächlicher Natur. Aber ihre Wirkungen sind trotzdem menschenformend und charakterumwälzend: Der Preuße und der Österreicher sind aus diesen Umwälzungen hervorgegangen: Maria Theresia und Friedrich der Einzige sind die Träger der Umwälzung. An Joseph II. 1780—1790 und an die Königin Luise 1806—1810 knüpfen sich die Bilder der Demütigungsepoche.

In der „Romantik" aber finden die gedemütigten Mittelmächte die Kraft zu ihrer Leistung im 19. Jahrhundert für die deutsche Nation und zu dem Ausklang von 1867—1914, der ihnen vor dem Weltkrieg beschieden worden ist. Engländer, Russen, Franzosen und Italien reden durchweg in ihren Geschichtsdarstellungen für diese Zeit von einer deutschen Hegemonie, einer germanischen Vorherrschaft. Wenn sie auch nicht eigentlich nachweisbar bestanden hat, so ist sie doch als solche empfunden worden. Der Eindruck auf die Welt ging aber aus von dem gleichzeitigen Dasein zweier Kaisertümer, zweier Großmächte, in Wien und Berlin, die beide zusammen der deutschen Nation politische Geltung sicherten.

2. Österreich

Die Kaiserstadt Wien beherrscht die Zugangsstraßen ins Donautal von weit her. Böhmen und die Alpenländer gliedern sich geographisch durchaus sinnvoll um dies mächtige Zentrum. Dort sitzt der Schirmherr des Reiches gegen die Türken, der Kaiser, der noch Karls des Großen Krone trägt; der in der Franziskanerkutte begraben wird und nach spanischem Zeremoniell regiert, das z. B. der Kaiserin getrennte Gemächer anweist; der Kaiser, der am Fronleichnam in der Prozession mitzieht und im Kranz seiner Länder auch die Stadt Triest mit ihrem Podestà wie eine Guelfenstadt besitzt, der die böhmische Landeskirche mit gewaltiger Hand reformiert nach 1620 und aus landesherrlicher Macht in den Kalender den 8. Dezember (Mariä Empfängnis) als Feiertag eingesetzt hat, der hinwiederum in Ungarn streng parlamentarisch mit den Ständen regiert, deren Magna Charta die Stefanskrone ist und die in ihren Komitaten als Gentry schalten und walten, der Kaiser, der dagegen seinen anderen Völkern höchst unaristokratisch die liberale Gründerära und das demokratische Wahlrecht geben wird im 19. Jahrhundert. Zu diesem Kaiser flüchten die hannoverschen Welfen und die französischen Emigranten. Er hat Spanier, Italiener, Ruthenen und Juden, Belgier und Serben, Baschkiren und Kumanen in seinen Diensten. Maria-Theresien-Taler sind die Münze des Orients, so sehr, daß sie für dort noch bis 1914 geprägt worden sind, obschon sie daheim längst außer Kurs waren.

Der Kaiser — es ist eben der Kaiser, der Inbegriff des Universalmonarchen. Er legt noch 1903 bei der Papstwahl das Veto ein im Konklave durch seinen Kurienkardinal, den Erzbischof von Gran.

Aber er ist auch der angestammte Landesvater. Maria Theresia ruft von der Loge aus ins Burgtheater herunter: „Der Poldl hat an Buam und grad am Bindtag, an mein' Hochzeitstag!“ Die Legende wollte durchaus das Bild vor sich sehen, wie Maria Theresia 1741 mit ihrem Söhnlein auf dem Arm vor dem ungarischen Adel gestanden habe und wie die Magyaren hingerissen von diesem Bilde ihr beigesprungen seien.

Und 1916 hat der letzte Kaiser sein unmündiges Kind den Kerker des Karl Kramarcz und seiner tschechischen Mitkämpfer sich auftun lassen in der Meinung, die Tschechen damit zu versöhnen. Zwischen diesen beiden, wenn auch nur in der Absicht, nicht in der Wirklichkeit ergreifenden dynastischen Bildern — die Kaiserin hatte ihren Sohn nicht mit in Preßburg, auf Kramarcz machte das Kaiserkind keinen Eindruck — spielt die Geschichte Österreichs. Denn Österreich wird 1741 zu Österreich-Ungarn — und es ist zu Ende in dem Augenblick, wo es die dritte Nationalität, die Tschechen, endgültig neben Deutsche und Ungarn stellen muß. Von 1741 bis 1918 läuft ein Prozeß, der aus Österreich ein Österreich-Ungarn, aus Österreich-Ungarn am Ende sogar ein Ungarn-Österreich gemacht hat.

Hier liegt sein Schicksal: Der Inhalt Österreichs ist, den mächtigen Schatz des Kaisergedankens aufzuheben zur Hut Europas *bis* — nur *bis* — zum Aufbruch der Slawen.

Man hat von Österreich manches Sprichwort geprägt. Das bekannteste: ‚Bella gerant alii, tu felix Austria nube', sei hier gleich politisch erhellt. „Andere mögen Krieg führen, du, glückliches Österreich, führe die Braut heim.“ Was heißt das? Ehen sind durch das gesamte Weltalter der Fürsten *politische* Angelegenheiten gewesen. Der Rat an Österreich, zu heiraten statt Kriege zu führen, ist also ein politischer Rat. Die Ehe gehorcht ja der Politik! Dies Gesetz ist für Habsburg verbindlich gewesen, aber nur bis zu Franz Joseph. Schon seine Frau, die Kaiserin Elisabeth, hat die politische Ehe durch ihre Flucht vor dem Mann widerlegt. Den einzigen Sohn Rudolf verdirbt seine Geliebte, Maria v. Vetsera; ihr Bruder erschlägt ihn in trunknem Streite. Viele Erzherzöge, wie der bekannte Johann Orth, sind der politischen Ehe — der ebenbürtigen — entronnen. Kronprinz Rudolfs Ersatzmann, der Thronfolger Franz Ferdinand, hat endlich die unebenbürtige Tschechin, die Gräfin Chotek, geheiratet und damit das Geheimnis des Hauses Habsburg zerstört. Denn dieses Haus konnte eben gerade kraft der politischen Heiraten niemals in die Parteiung der Nationalitäten heruntergezerrt werden. Es gab ja keine ebenbürtigen tschechischen, ungarischen, österreichischen Familien. Die politische Ehe war also für die Dynastie allerdings der Preis ihrer Erhabenheit über den Völkerzwist! Die durch das Opfer der Legitimität gesicherte Erbfolge im Kaiserhause war durch den Einbruch der Leidenschaft also bereits vor dem Weltkrieg zerstört. Aber längst und immer ist die Erbfolge „*das*“ österreichische Problem. Deshalb ist das Gesetz, mit dem die österreichischen Schulkinder am meisten geplagt wurden, die Pragmatische Sanktion gewesen. Bis 1918 war dies Gesetz von 1723, die Fibel ihrer Geschichtsstunde! Denn durch dies Gesetz war die Erbtochter Kaiser Karls VI., Maria Theresia, Nachfolgerin für alle Erblande, *trotzdem sie nicht römischer Kaiser werden konnte*. Maria Theresia, „die erste Habsburgerin, welche das Reich über die Provinzen, den Staat über die Stände, das Ganze über die Teile setzte", war zugleich der erste Herrscher, dem die römische Kaiserwürde als Frau — mangelte. Das führt zur Umwälzung.

Das „Reich", also eine religiös-geistig-geistliche Macht, rein durch Erbrecht zu erhalten — das ist das besondere Unterfangen Österreichs. Es ist ein reiner *Erhalterstaat* infolgedessen geworden: Die Erbtochter wurde Kaiserin der Erblande. Aber sie mußte die äußerlich gleichbleibende Herrschaft innerlich neu fundieren. Das Wesen dieser Fundamente hat Maria Theresia zwei Opfer gekostet, an denen Österreich zugrunde gegangen ist. Maria Theresia verliert Schlesien an Preußen und die absolute Fürstengewalt des Reformationsstaats an Ungarn. Denn diese Opfer haben für immer Österreich die Kraft genommen, der deutschen Nation Reichsgrenzwacht in vollem Ausmaß zu bleiben. Der Wegfall Schlesiens löste die Umklammerung der Tschechen mit deutschen Erblanden. Wie das Lindenblatt Siegfrieds Hornhaut unterbrach, so blieb eine Pforte von 85 Kilometern im Osten Mährens uneingedeutscht. An dieser einen Stelle hingen die böhmischen Tschechen mit den Slowaken ohne Bruch zusammen und von dieser Slawenbrücke ist die slawische Wiedergeburt ausgegangen. Masaryk war ein Slowak, den die Tschechen erhoben. Der Wegfall Schlesiens hat die Deutschen in Österreich minorisiert. Der gleichzeitige Verlust der teutschen Libertät als Fürstin den Ungarn gegenüber verhinderte die Verschmelzung der Erblande. Aus des deutschen Kaisertums Erblanden Ober- und Niederösterreich, Böhmen, Ungarn, Tirol, Görz, Gradiska, Steiermark, Krain, Kärnten, Niederlanden, Elsaß, Breisgau, Vorderrhein, Bregenz, Istrien und Trient, Dalmatien, Illyrien, Slovatien, Slawonien und Rama, Siebenbürgen und Galizien, Venetien, der Lombardei und der freien Stadt Triest, die der *Landesherr* frei regieren konnte, aus diesen Erblanden des *Kaisers* wurde 1741 in den Händen der Erbtochter zuerst der Länderstaat Österreich-Ungarn, der Völkerstaat und Nationalitätenstaat. Preußen und Ungarn haben 1741 die Wandlung der römischen Universalmonarchie Habsburg in eine bloße Donaumonarchie in Lauf gesetzt.

Auch hier aber finden wir ein älteres erregendes Moment. 1683 stehen die Türken vor Wien, gemeiner Christenheit Erbfeind. Die deutsche Nation zittert. Seit der Reformation hatte sie sich abgestumpft gegen die Türkenopfer. Sie hat zuletzt gemeinsam 1529 die Türken vor Wien abgewehrt. Dann kam die Glaubensspaltung. Jetzt, 1683, wird es noch einmal ganz ernst: Wenn Wien fällt, ist der Schrecken des Dreißigjährigen Krieges noch einmal und viel hoffnungsloser zu erwarten. „Dann wird alles türkisch oder französisch." Wien fällt nicht. Es wird gerettet durch den Polenkönig Johann Sobieski und den Herzog Karl von Lothringen, den Großvater Franz' I. (des Mannes der Maria Theresia), den Urgroßvater Josephs II. Habsburg siegt als katholische Vormacht.

Der Kaiser ist noch einmal der Vorkämpfer der ganzen Christenheit. Ludwig XIV. schließt sich vor Grimm über den Entsatz Wiens drei Tage vor jedermann ein. „Seitdem hatte Österreich eine ganz andere Grundlage als früher. Sonst wurden alle Kriege in Ungarn von deutschen Heeren geführt, und man sagte, alle dortigen Flüsse seien mit deutschem Blute gefärbt; jetzt erschienen die Ungarn als der Kern der österreichischen Heere in den deutschen Kriegen." Die Linie Linz—Wien—Pest—Belgrad wird durch das Erlebnis von 1683 als eine unlöslich einheitliche festgelegt.
Unter dem Eindruck des Sieges, 1687, verlangen die befreiten Ungarn mit Österreich dauernd vereint zu bleiben. Die Kroaten, Serben, Slowaken, Rumänen und Deutsche ihrerseits blicken auf Wien als Schirmherrin gegen die ungarische Adelsherrschaft.
Österreich wird zu etwas Besonderem ausgesondert durch die Befreiung der den Türken entrissenen Gebiete. Wie es ein besonderes Gebiet, die Militärgrenze gegen die Türken, organisierte, so ist auch sein Staatsrecht eine Frucht der Türkensiege. Stück für Stück verlor es seine westdeutschen Besitzungen: Elsaß, Breisgau, Fricktal, Belgien usw. Um so mehr stützte es sich auf die Vorlande gegen den Türken.
1687 hatten die Ungarn dauernd Zusammenhalt mit den Befreiern gefordert. Nicht das Erbrecht, sondern die militärische Leistung war für sie der Wert ihrer Verbindung mit den anderen Kaiserlanden. 1713 und 1720 will der Kaiser die Erbfolge durch die Pragmatische Sanktion sicherstellen. Die Ungarn sezten bereits in der ungarischen Ausfertigung des berühmten Grundgesetzes Österreichs durch, daß ihnen materielle Sicherheit, Waffenhilfe für diesen Verzicht auf ihr Königswahlrecht gelobt werde. Alle andern Erbfeinde des Kaisers werden also hier bereits von den Ungarn als die Träger der militärischen Gegenleistung angesehen. Von Ungarn aus gesehen sind bereits damals alle anderen Länder des Kaisers ein einziges Majorat, auf das eine Hypothek für sie, die Ungarn, eingetragen wird!
1741 kommt es dann zu einer Offenlegung der Tatsache, daß ein Bündnis des Herrschers mit dem ungarischen Adel der Motor in der Herausentwicklung Habsburgs aus dem Reiche für zwei Jahrhunderte geworden ist. Damit wird die englische Rechtsstellung Wilhelms III. von Oranien von der ungarischen Gentry Habsburg auferlegt.
Die dreiundzwanzigjährige Kaiserin Maria Theresia muß in das militärisch ihren westlichen Feinden nicht leicht zugängliche Ungarland flüchten. Aus dem Türkenkriegglacis ist das Zufluchtsland Habsburgs geworden! Dies ist die Wende. Fortan wird ein Element Österreichs, wird Ungarn das Haus Habsburg aus dem alten Reich der deutschen Kaiser herausziehen! Die Kaiserin muß den Ungarn ihre alten Privilegien, dem Ständestaat die Steuerfreiheit, dem Adel das eigene Recht bestätigen. Sie kann anders als in den Einzelstaaten des alten Reiches in Ungarn den Weg nicht beschreiten, der über den Ständestaat hinausführte! Ranke hat von diesem Augenblick Habsburgs gesagt: „Die Ab-

tretung von Schlesien und die Freiheiten der Ungarn sind der Preis, welchen dieses Haus einsetzte, um sich vor der Invasion . . .zu retten." Die Invasion hatte inzwischen dem Römischen Reich einen Wittelsbacher (von 1742—1745) zum Kaiser gesetzt. In dem österreichischen Erbfolgekrieg liegt die Zeit der entschiedenen Bildung des neuen österreichischen Reichsgedankens. Maria Theresia hat ihr Reich bei einer Koalition des Reiches, Preußens und Frankreichs aus eigener Kraft verteidigen können durch den moralischen Rückhalt — militärisch leisteten sie wenig — der Ungarn. Damit schlägt naturgemäß die Geburtsstunde eines neuen Staatswesens. Denn es trennen sich durch das bayrische Kaisertum zum ersten Male einen Augenblick das Reich und Österreich. Der moralische Rückhalt der Kaiserkrone muß ersetzt werden. Die Ungarn bieten ihn mit ihrem berühmten Rufe: „Vivat Maria rex! Wir weihen dir unser Leben, unser Blut!" Der Augsburger Kupferstecher G. B. Göz stach damals ein Bild, auf dem ein ungarischer Husar seiner Königin huldigt und diese bekennt: „Wenn deine Rechte sich für mich waffnet, Magyar, raubt mir kein Unglück den Reichsapfel meiner Kaiserwürde." Aber Maria Theresia mußte sich zu einer Beteiligung der Ungarn an der Reichsregierung verpflichten ohne Wechselseitigkeit. D. h. die Ungarn verlangen im Reich mitzureden, verbieten aber dem Reich, bei ihnen zu regieren. Schon hier offenbart sich der Gedankengang, den Andrássy 1897 so formuliert hat:

„Ungarn ist nicht deshalb Großmacht, weil seine Hilfsquellen reicher sind als diejenigen seiner Nachbarn, sondern darum, weil es seine Existenz nur so zu sichern vermag. Es ist nicht deshalb Großmacht, weil es stark, stärker als seine Nachbarn ist, sondern es muß sich Kraft verschaffen, um eine Großmacht sein zu können. Wenn es die Opfer allein bringen müßte, würde es dieselben nicht erschwingen können."

Also der ungarische Adel geruht mit den anderen Ländern der Habsburger Krone in Verbindung zu treten, weil er dadurch eine ihm unerläßliche, vor allen Dingen militärische und finanzielle *Zusatzkraft* für seine beschränkten Mittel gewinnt, gegen Türken, Rumänen, Slawen usw.

Ein *Mangel* an eigener Kraft führt dies so artfremde Volk von Osten mit den Deutschen unter Habsburger Zepter zusammen, die von Westen her dieses Österreich gebaut hatten.

Von 1741—1745 verläuft diese innere Revolution des Habsburger Reiches. 1786 bis 1790 offenbart sich die Tragweite in einer beispiellosen Demütigung des „Märtyrers" des österreichischen Reichsgedankens, im Untergang Josephs II.

1786 stirbt Maria Theresias Gegner Friedrich, der ihr Schlesien genommen. Joseph II. glaubt Kaiser der Deutschen Nation und Österreich-Ungarns zugleich sein zu können. In fieberhafter Eile — er ist nur 49 Jahre alt geworden — hatte er seit 1780 sein Reich zentralisiert und reformiert. Er führt in Ungarn Deutsch — statt Latein! — als Staatssprache ein, er hebt das Steuerprivileg des Adels auf. Er ärgert die ungarischen Protestanten durch sein „Toleranzpatent", das aus ihren gesetzlichen Freiheiten Toleranz macht.

Er wirkt gleichzeitig im Reich als der „deutsche“ Kaiser. Dalberg, Schillers Gönner, ruft 1787 aus (auf französisch): „Oh, daß ich tausend Stimmen hätte, den Deutschen diese Worte ihres Kaisers zu wiederholen, daß er die Deutschen liebt und stolz darauf ist, *ein Deutscher zu sein.*“
Diesem von den Deutsch-Österreichern wegen der Einheit vom „Reich der Deutschen“ und „Österreich“ bis heut vergötterten Joseph II. aber mißlingt alles. „Als er die alten Verträge über die Scheldeschiffahrt mit den Holländern lösen wollte, mußte er als römischer Kaiser die Beleidigung seiner Flagge durch das stolze kleine Nachbarvolk hinnehmen.“ Seit 1787 ist Belgien in blutigem Aufruhr. Die Niederlagen im türkischen Krieg von 1788 erregen den Widerstand der Ungarn. Die Komitate werden aufsässig. Am 28. Januar 1790 muß Joseph II. für Ungarn alle Veränderungen seit 1780 widerrufen! Nun regen sich auch die Böhmen und Tiroler. Joseph II. ist mit den Worten gestorben: „Ich will ihnen ja alles geben, was sie verlangen; nur mögen sie mich ruhig ins Grab steigen lassen.“
Damit ist der josephinische Traum von der noch möglichen Identität des alten römischen Kaiserstaats und der neuen Donaumonarchie ausgeträumt. Franz I. darf kein Gefühl mehr für Deutschland haben. Er wird der erste Kaiser von Österreich. Leopold, Josephs Bruder, gibt es den Ungarn schriftlich, daß sie ein freies Land und *keine Provinz* seien („non ad normam aliarum provinciarum“). Der Kaiser, der für seine Erblande bis dahin in der Kaiserkrone eine Verstärkung gefunden hatte, findet diese Verstärkung jetzt umgekehrt nur, wenn er mit den ungarischen Landständen zusammengeht.
Die Ungarn bleiben steuerfrei. Als Joseph II. an diesem Privileg rütteln will, verliert er fast die Krone, und sein Bruder Leopold muß neue Freiheiten zugestehen, um die Ungarn zu beruhigen. Die Steuerfreiheit mußte zwar 1848 vom Adel geopfert werden, aber durch die günstige Quote im Ausgleich von 1867 wurde dieses finanzielle Entgegenkommen anderweit wettgemacht.
Die Ungarn haben als christliches Grenzvolk mit einer Zähigkeit die Rechte der Stefanskrone gegen Kaiser und Papst, gegen den Zaren von Rußland und den Ban von Kroatien durchgesetzt, die staunenswert ist. Die ungarische Staatskirche z. B. hat ihre Privilegien aus dem Jahre 1001 behalten, in unerhörtem Umfang, den das Papsttum mit einer Scheinform im 15. Jahrhundert umgab, um die den Investiturstreit ignorierende Rechtslage mit dem allgemeinen Kirchenrecht wenigstens formell auszugleichen. An diesem vorsintflutlichen Kirchenrecht ist der Kardinal Mindszenty zugrunde gegangen.
Die Ungarn haben den Bund mit der Krone gegen Österreich bis in die Kleinigkeiten betont. Für den Staat zahlten sie nur 30 Prozent, aber an die Zivilliste des Herrschers zahlten sie 50 Prozent! Sie hatten einen Minister am königlichen Hoflager „um die Person der Majestät“ oder „Minister a latere“, durch den sie einen Vorsprung vor allen anderen Völkern betonten und das Residieren des Herrschers in Wien wettmachten (eine Abwesenheit, die ihnen übrigens für das freie Ständeregiment in den eignen Komitaten nur recht war). Sie erreich-

ten es, daß der Kaiser der Völkermonarchie im Jahre 1903 dreißig dalmatinische und istrianische Abgeordnete nicht in Audienz in Budapest empfing!

Mit alledem verwandelten sie den weiland Kaiser des Heiligen Römischen Reichs, Apostolischen König von Ungarn und Böhmen, von Dalmatien, Kroatien, Slawonien, Galizien und Lodomirien, Rama, Serbien, Rumänien und Bulgarien, von der Lombardei, von Venedig, Illyrien und Jerusalem, Erzherzog von Österreich, Großherzog von Hetrurien, Herzog von Lothringen, Salzburg, von der Steiermark, von Kärnten, Krain, Großfürst von Siebenbürgen, Markgrafen von Mähren, Herzog von Ober- und Unterschlesien, Oswezinien und Zatorien, Teschen, Friaul, Ragusa, Graf von Habsburg, Tirol, Kyburg, Görz und Gradiska, Fürst von Trient und Brixen, Markgraf der Lausitzer und von Istrien, Graf in Bregenz, Herr von Triest, Cattaro und der slavonischen Grenzmark —, Schritt für Schritt in einen englischen König in Parliament. Dieser Adel regierte durch ihn hindurch teils die ungarischen Nebenländer wie Kroatien, teils zwei Drittel Nichtmagyaren Ungarns, teils aber die gesamte Donaumonarchie.

Von außen die goldene, uralte, karolingisch-antik angestrichene Kaisermacht, von innen das Kupfer eines parlamentarischen Königs der Stefanskrone — das ist der Ausgang Habsburgs.

Am Schluß, 1918, waren die Kenner dieses Reichs einmütig der Ansicht, daß es von Ungarn aus regiert werde. Schüssler schrieb 1918 vor dem Zusammenbruch:

„Aus Österreich-Ungarn ist im Lauf der Zeiten ein Ungarn-Österreich geworden, ein Großungarn von einer Bedeutung, wie es 1867 auch der größte magyarische Chauvinist nicht in seinen kühnsten Träumen gesehen hatte. Der magyarische Stamm, nicht mehr als 19 Prozent der Bevölkerung des Habsburgerreiches, leitet, selber eine Minderheit im engeren Ungarn, *völlig souverän* die Geschicke eines Fünfzig-Millionen-Reiches."

Schon 1897 deutet ein zur Diskretion genötigter Politiker, der jüngere Andrássy, diese Vorherrschaft Ungarns an, wenn er sagt: „Das Gesetz von 1867 (der „Ausgleich") ist ursprünglich eine ungarische Konzeption gewesen, in Österreich ist es nur durch den entschiedenen Ausdruck des kaiserlichen Willens zur Geltung erhoben worden. Auch heute wird es *nur durch diesen* aufrecht erhalten."

Aber bereits der ältere Andrássy, der berühmte Freund Bismarcks, hatte einmal vertraulich zugegeben: „Der Ausgleich von 1867 sicherte Ungarn im Verhältnis von 30 Prozent zu den gemeinsamen Lasten ein Ausmaß von 70 Prozent an Rechten."

Die Verfassung Österreich-Ungarns beruhte also auf der Einigkeit zwischen dem Fürsten und Ungarn. Waren diese beiden einig, so konnte in Österreich (zuletzt mit dem berühmten Ausnahmeparagraphen 14) regiert werden, sonst nicht.

Dies eigenartige Verhältnis verhinderte noch im Weltkrieg jede Reichsreform. Obwohl alle ungarischen Nationalitäten, die Rumänen, Deutschen, Slowaken,

Ruthenen, Serben und Kroaten, Stammesbrüder in den übrigen Ländern der Monarchie hatten, mußte noch der letzte Habsburger vor dem ungarischen, diese Nationalitäten unterdrückenden Staatsrecht zurückweichen. „Die 100 000 Edelleute Ungarns" hatten die Einheit des Habsburgerreiches unmöglich gemacht. An Ungarn ist es gestorben. Aber der Staat stirbt eben an denselben Kräften, die ihn erbauten. Österreich ist von Ungarn her in seinem besonderen Wesen von Anfang gestaltet worden. Man muß also sagen: Von Ungarn hat es gelebt und an Ungarn ist es gestorben.

Das Glück der Ungarn war stets das Unglück der Böhmen und umgekehrt. Auch hier sind wir an der Bruchstelle, an der die deutsche Reformation übergreifend Österreichs Schicksal bestimmt hat.

Nur das *Kaiser*tum des Abendlandes, das eine zentrale und eine universale Aufgabe hatte, durfte die Böhmen dem Reichs- und Kirchengedanken aufopfern. 1627 hatte der Kaiser den berühmten „Majestätsbrief" der böhmischen Stände eigenhändig zerschnitten. Die hussitisch-protestantische Bewegung war erstickt. 35 000 Protestanten wanderten aus Böhmen aus. Das „Herkommen" des Landes wurde vernichtet. Wie Savonarola in Florenz als Vorläufer Luthers, wie die Pariser Kommune von 1871 als Vorläufer der Bolschewiki gewertet werden muß, so ist das böhmische Ständerecht und die Einsetzung eines Wahlkönigs in der Person des Kurfürsten von der Pfalz ein Vorläufer der Adelsrevolution in England. Der böhmische Aufruhr scheitert wie die Kommune von Paris und wie Savonarola in Florenz nach dem Gesetz, daß dem Lande einer großen Revolution die nächste Revolution erspart bleibt. Aber durch die ungarische Freiheit verschiebt sich die Lage für die Böhmen. Mit dem Jahre 1741 beginnt die Vernichtung der böhmischen Landesrechte zum Unrecht zu werden. Was dem Kaiser recht ist, das ist einem beliebigen Einzelstaat nicht billig. Indem die Ungarn sich *neben* die österreichische Ländermasse stellten, zerstörten sie deren Grundlage.

Als 1915 der Kaiser von Österreich zugestand, Österreich sei nur ein Name für die Länder seiner Krone außerhalb der Stefanskrone, als der kaiserliche Doppeladler ersetzt wurde (durch Handschreiben vom 11. Oktober 1915) durch ein Doppelwappen aus Doppeladler und ungarischem Wappen, da war das Geheimnis der österreichischen Existenz zu Ende. Österreich hat aus der Spannung zwischen dem Heiligen Römischen Reich am Rhein und der Stefanskrone in Buda-Pest seine Kräfte gezogen. Als die Ungarn das Geheimnis nicht mehr bewahrten und in keiner Hinsicht mehr Österreicher sein wollten, war es zu Ende.

Die Abdrängung des Erbherrn deutscher Einzelstaaten in die Lage des englischen Adelskönigs, das ist Österreichs Weg. Österreich hat eine Anleihe bei der englischen Revolution aufgenommen, um sich zu fristen. Wir werden sehen, daß Preußen eine ähnliche Anleihe in der Fremde aufnehmen muß, nämlich bei den Prinzipien der Franzosen! Die beiden Großmächte ruhen nicht rein auf den Grundsätzen der Revolution des fürstlichen ‚deutschen' Jahrhunderts, sondern benötigen die Prinzipien der folgenden Revolutionen. Eben dadurch kam aber Österreich ins Unrecht den Böhmen gegenüber.

3. Der Preußische Staat

1806 läßt Fontane die Berliner Offiziere prahlen:
„Die Welt ruht nicht sicherer auf den Schultern des Atlas als der preußische Staat auf seiner Armee." Und Bismarcks letztes Wort an den letzten König von Preußen lautete: „Solange Majestät dieses Offizierskorps haben, solange können Sie sich alles erlauben."
Seit dem Jahre 1719 begann König Friedrich Wilhelm I. als erster Fürst stets Uniform zu tragen. Denn der König von Preußen müsse, so hatte er schon 1713 gesagt, sein eigener Generalfeldmarschall sein. „Das wird dem König von Preußen aufhelfen."
Seitdem gibt es den Militärstaat Preußen als ein besonderes Wesen. Im Jahre 1789 schreibt ein ausländischer Beobachter über dies Phänomen: „Die modernen Europäer haben das Mittel gefunden, sich gegen den Despotismus des Heeres zur Wehr zu setzen, indem sie es in Regimenter teilen, auf eine große Zahl von Garnisonen verteilen, keine lebenslänglichen Führer den Divisionen, die aus mehreren Regimentern bestehen, vorsetzen. Seit dieser Einrichtung hat kein Heer die Ruhe des Staats gestört noch irgendeinen Despotismus ausgeübt, weder auf den Fürsten als den Führer des Heeres noch auf das Staatsvolk. Vielleicht muß man Preußen ausnehmen, sobald die Garnison der königlichen Residenz sehr stark bliebe oder *der König kein Kriegsmann wäre!*" (Condorcet IX, 157.) Weshalb nimmt Condorcet Preußen aus? In der Tat hat im ersten Weltkrieg, „als der König kein Kriegsmann war", militärischer Druck die Politik bestimmt. Ludendorff schleppte Anfang Juli 1917 Hindenburg aus dem Hauptquartier Kreuznach zum Kaiser, obschon dieser befohlen hatte, sie sollten in Kreuznach bleiben; der Kaiser mußte Bethmann-Hollweg entlassen und rief aus: „Da kann ich ja am besten gleich selbst auch gehen!" Den Einmarsch in Belgien hielt der Kanzler „für eine Sache des Militärs". Die Kabinettsregierung in Preußen war seit 1848 beseitigt; hingegen das Militärkabinett war geblieben, d. h. die Ernennungen im Heer erfolgten, ohne Gegenzeichnung des Kriegsministers, aus diesem Kabinett. Auch 1913 in der Affaire von Zabern hat der Kaiser ein dem elsässischen Statthalter gegebenes Kaiserwort auf Drängen des Militärs nicht eingelöst.
Das hat Hitler zum „Kriegsmann" gemacht, da er sonst nicht der Herr des preußischen Heeres hätte werden können. Die Armeegläubigen haben das zu spät gemerkt. — Woher diese Besonderheiten?

Im Jahre 1740 zählten Österreich	100 000	Soldaten,
Rußland	130 000	Soldaten,
Frankreich	160 000	Soldaten,
Preußen	80 000	Soldaten;

1741 waren es sogar in Preußen bereits 100 000 Mann geworden! Dabei war Preußen an Fläche der zehnte, an Bevölkerung der dreizehnte Staat! Aber im Militär stand es an vierter Stelle. Da war der kühne Satz: „Der preußische Staat ist ein Heer mit einem Volke", nicht ohne Sinn. 1756 hatte Preußen sogar 150 000 Mann bereit bei 4,1 Millionen Einwohnern. Frankreich unterhielt damals bei über 20 Millionen Einwohnern nur gleichviel Soldaten. Dieses selbe Preußen aber hatte hundert Jahre vorher das jämmerlichste Heerwesen aller deutschen Stände. Wir wissen schon, daß Rückständigkeit die Grundlage der Revolution ist. „Vielleicht in keinem deutschen Lande war damals die Wehrverfassung in einem so traurigen Zustand wie unter Georg Wilhelm (1618 bis 1640) von Brandenburg. Als der Kurfürst einmal den ritterlichen Heerbann aufbot, fügte er hinzu: „Sie sollten dies für keinen Scherz halten!" (Weber.)

Aber dies wehrlose Land hat bereits 1648 am Ende des großen Krieges ein Gebiet von 110 000 Quadratkilometern inne, das sind fast sechsmal soviel als der durchschnittliche deutsche Einzelstaat der Reformation. An Größe kommt es gleich nach dem Habsburger Besitz. Dies Gebiet darbt der Organisation. Es muß zerfallen oder über sich hinauskommen.

Brandenburg ist die ungelöste Gebietfrage, die der Friedensschluß von 1648 aufgibt.

Unmittelbar nach 1648 wird daher Kurbrandenburgs Geschichte „interessant". 1653 sichert sich der große Kurfürst eine neue Ordnung im Reich, 1660 eine solche außerhalb. Er schafft sich in Preußen außerhalb des Reichsverbandes und frei von Polen eine souveräne Macht, und er zwingt den märkischen Ständen gegen Auslieferung der Bauern ein stehendes Heer — zunächst auf sechs Jahre — ab. Es ist die Zeit, wo ein stehendes Heer als Beschimpfung der Stände gilt (man denke an die Entlassung des englischen Heeres 1660), aber er — sagt der Kurfürst — habe nun einmal die Behauptung seines Landes in die Waffen gesetzt. So bedroht wie er sei kein anderer deutscher Fürst. Die benachbarten Fürsten hätten keine fernen Provinzen zu gewinnen oder zu verlieren so wie er. Denn dieser Fürst hat nur Grenzen. Von Franken, am Fichtelgebirge, ausgegangen und in die Mark Brandenburg gekommen, haben die Hohenzollern außerdem 1740 inne: Preußen im fernsten Nordosten, dann die Ostseeküste, dann Ostfriesland, also die Ems, dann Kleve, Jülich Berg und Westfalen, auch die Grenzwacht der Schweizer Eidgenossenschaft gegen Ludwig XIV. haben sie übernommen in der Grafschaft Neufchatel. Das ganze Reich ist also der Schauplatz ihres Wirkens in all diesen Länderfetzen.

Und da ist die revolutionäre Situation, die den Preußen die Erbschaft des Herzogs Moritz von Sachsen und Gustav Adolfs von Schweden aufzwingt — das Schwert der protestantischen Einzelstaaten zu werden.

Schon im Jahre 1740 war darum wirksam, was Treitschke von 1815 sagt: „Es gab fortan kein deutsches Interesse mehr, das den preußischen Staat nicht im Innersten berührte. Er besaß kein Dorf anders als mit der Zustimmung des gesamten Europas."

Er war also kein Binneneinzelstaat mehr.
Durch die Stärke seines Heeres aber nahm er einen anderen Zustand der Dinge vorweg. Heere kosten Geld. Die übermäßigen Ausgaben für das Heer bedeuteten also eine Spekulation auf die Zukunft, eine Kapitalinvestition. Unter Friedrich Wilhelm I. trägt diese Investition ganz den Charakter, den wir bei jungen Industrien kennen: Für die neue Maschinerie gibt der König Unsummen aus und wendet das Geld auch an solche Elemente, die sich später also unwichtig erweisen. Für den Anfang aber stellen gerade diese unwesentlichen Elemente wertvolle Symbole dar. So erklären sich die Millionen Taler, die für die „langen Kerle" herausgeworfen wurden von diesem sparsamen, ja knickerigen Verwalter. Das stehende Heer von 1740, in langen Jahrzehnten aufgebaut, langsam den einzelnen Regimentsobersten entrissen, noch zu einem Drittel aus „fremden", d. h. nicht zollerischen Untertanen rekrutiert, mit einem Offizierskorps, dessen Ehrbegriffe der König nach spanischem Ritterordensvorbild zu formen sich bemühte — dies preußische Heer nahm den Tag vorweg, an dem in seine Grenzen auch das entsprechende Gebiet eintreten werde. „Während in Österreich alles *schlaff* war, war in Preußen alles *straff*. In Preußen galt der Soldat alles. Die Idee der Menschengestalt wurde schlechterdings nur durch einen Mann von sechs Fuß, in einem kurzen blauen Rocke, mit langem Degen und zugeschnürtem Halse, in militärischer Grandezza repräsentiert", schrieb ein Schlesier, der Habsburg und Hohenzollern verglich.
Der preußische Staat sah von seinen Grenzen aus hinüber in die Länder der deutschen Nation, in den geographischen Begriff Deutschland, um sich aus ihm zu „arrondieren". Österreich ist eine geographische Natur, vom Widerwillen der Nationen durchkreuzt, Preußen eine nur auf den Willen gestellte Widernatur.
Die Lage Preußens als einer Grenze mit Land dahinter war daher „toujours en vedette". Die Stimmung der „Wacht am Rhein" hat in dieser Wachthaltung der Potsdamer „Wachtparade" ihre ganz allgemeine Grundlage.
Ob Preußen die Lande deutscher Nation erfassen werde oder könne, hing nun ab von seinem Verhältnis zum römischen Reich.
Deutsche Nation und Heiliges Reich, wir wissen es schon, aber ich muß es hier wiederholen, weil ihre Gleichsetzung unsere Geschichte ihres Sinnes beraubt, sind zweierlei. Nie hatte das Reich nur die Sprache von Luthers Bibelübersetzung gesprochen, Böhmen, Flandern, italienische, kroatische Landesteile gehörten zum Reiche, und anfangs sogar zur Natio Germanica der Kirche. Nur in der Obhut des Reichs hatte die deutsche Nation von den Fürsten revolutioniert werden können. Noch immer schlang sich ein machtvoller Länderkranz als Hausmacht der Kaiser rund um Deutschlands Inneres. Um die Klein- und Mittelstaaten schloß Habsburg die Grenze zusammen. Habsburg regierte in Gent und Brüssel, Lothringen rechnete zum Reiche, die Maas hatte noch vor kurzem die Grenze gebildet, im Elsaß beanspruchte Habsburg die Landgrafschaft, im Breisgau, am Oberrhein von Basel bis Konstanz lag habsburgischer

Besitz. Vorarlberg und Tirol, heut solch exzentrische Zunge Deutschösterreichs, waren also damals nur die natürliche Landbrücke zu den Ostländern des Erzhauses. Krain, Istrien, Görz, Gradiska, Steiermark, Nieder- und Oberösterreich schlossen sich an, Kroatien, Siebenbürgen und Ungarn, Böhmen, Mähren und Schlesien vollendeten diesen mächtigen Schutzmantel um die deutschen Klein- und Mittelstaaten. Die Nordgrenze von Schlesien liegt auf demselben Breitengrade wie die flandrische Küste. Beides war 1740 österreichisch!

Hier war noch das Reich im alten Sinne, vornational, ein erbliches Friedensreich des Festlandes, Nachfolger des Reichs Karls des Großen als der Wall gegen den Osten.

Von der Reformation der Nation war dies Reich vorausgesetzt worden! Preußen hat es gesprengt. Denn das Schicksal bestimmte es, im Osten, Norden und Westen die Lücken und Unvollkommenheiten der Reichsgrenzen zu spüren, heftiger und bedrängender als irgendein anderer Einzelstaat. Und Franzosen waren an seinen Grenzen wie an denen Österreichs. Aber auch Russen, Schweden und Dänen. Und als sich der Große Kurfürst in dieser Grenznot bei dem raschen Reiten vom Rhein bis an den Rhin an Kaiser und Reich wendete, fand er sich preisgegeben. Es war im Kriege gegen Ludwig XIV., daß Preußen diese Erfahrung gemacht hat. Der Tag des Friedensschlusses von St. Germain en Laye 1679 ist der Ausgangspunkt, der Druckpunkt der hohenzollerischen Politik geworden. Aus einem deutschen Einzelstaat muß ein europäischer werden, oder er geht zugrunde. Das ist das Ergebnis dieses Tages. Auch Sachsen hatte damals solche Pläne und griff daher nach Polen.

Aber nur für Preußen war dieser Weg der gewiesene Schicksalsweg, weil ihm sonst die „destruction totale" drohte, wie Maria Theresia sich 1756 ausgedrückt hat. Preußen droht immer vernichtet zu werden, wie schon 1640, wie 1760, wie 1806, wie 1918, wenn es nicht vorwärts geht. Man liegt nicht ungestraft in der Mitte der europäischen Welt. Deshalb ist es heut verschwunden.

Die Umschaltung in der Zielsetzung mit dem Jahre 1679 versinnbildlicht die Denkmünze des Großen Kurfürsten, die er damals schlagen ließ: Exoriare aliquis meis ex ossibus ultor. Ein Bruch mit der bisherigen deutschen Staatsvorstellung vollzog sich nun. Für die Religionsparteien deutscher Nation hatte es bis dahin keine europäische Politik gegeben. Die trieb der Kaiser. Das Haus Habsburg focht mit Richelieu und den Schweden die großen Wettkämpfe aus Und gerade dies war das Wesen des Dreißigjährigen Krieges gewesen, daß die deutschen Religionsparteien ohne einheitliche europäische Zielsetzung, und das heißt im Übermut in ihn hineingestolpert waren.

Der Gedanke eines Nationalstaates oder Nationalreiches mußte angesichts des Daseins der beiden Religionsparteien innerhalb der Nation als Utopie erscheinen.

Eine innerdeutsche nationale Ideologie für einen europäischen Machtstaat aus deutscher nationaler Volkskraft ließ sich also nicht finden. Das Reich war nicht national, die Nation hatte nicht einerlei Glauben. Auf die Dauer aber hält nur ein Glaube einen Staat auf Tod und Leben zusammen. Was also tun? Der archimedische Punkt, um diese Ländermasse von dem verletzten und beleidigten Grenzstaat aus einzubeziehen, war also nur auffindbar, wenn die Staatsidee selbst, die Staatsräson nackt und unverschleiert Inhalt der Religion werden konnte. Staatsreligion hieß bis dahin der Glaube, den der Staat teilte. Jetzt stellte sich die Frage, *ob der Staat auch Inhalt der Religion werden könne*, ohne Zusatz.

Noch der Pietist Friedrich Wilhelm I. (1713—1740) hat deshalb die preußische Revolution nicht eröffnen können. Wohl hatte dieser Soldatenkönig die Souveränität nach innen wie einen rocher de bronze stabiliert. Aber im Verhältnis zum Kaiser und im Verhältnis zur Religion war er noch zu sentimental. Noch ließ er in seinen Kirchen für das Wohlergehn des Kaisers beten. Um schlechthin und einzig europäischer Staatsmann zu werden, mußte der König von Preußen die religiöse Reichsfürstentradition abstreifen.

Dazu gehörte das Schicksal des Philosophen auf dem Throne, ein Schicksal, das ihn nach rückwärts und vorwärts aus allen Bindungen herauslöste. Als Prinz, vor der Front der langen Kerle von Potsdam ein häßlicher Zwerg von 1,56 m, mit dem Vater entzweit, vor dem Kriegsgericht und im Gefängnis aus seiner sozialen Lage herausgerissen und des Verlustes der Thronfolge gewärtig, wenig später, unmittelbar nach der Hochzeit vom Umgang mit den Frauen gegen seine Natur durch einen Quacksalberstreich ausgeschlossen, kinderlos, ohne dynastisches Gefühl, nur mit Franzosen geistig eng verbunden — diese einzigartige, nur einmal mögliche Individualität, *volk-*, *ahnen-*, *frauen- und erblos*, in einer Einöde lebend, hat den preußischen Staat geschaffen.

Die Zeitgenossen haben diesen Mann Friedrich den Einzigen genannt, und ich finde dies Beiwort treffender als den Großen.

Den Alten Fritz hat es nur einmal gegeben und durfte es nur einmal geben, den, der vom Niemandsland der Staatsräson aus Europa als Objekt staatlicher Bautätigkeit ansah. „Schon 1731 räsoniert er als reiner Politiker und unterläßt es, die Fragen des Rechts, auch der Stellung zu Kaiser und Reich zu erörtern. Seine Richtlinie bildet die „natürliche“, logische Erwägung, die geographische Raumbetrachtung. Er hat die politischen Probleme nach seiner Naturanlage bereits logisch-systematisch, nach dem Satze vom zureichenden Grunde, betrachtet“ (Küntzel). Ist das nicht französisch, so wie wir Richelieus Gallien sich formen sahen? Friedrich fand „in Frankreichs fast vollkommener Machtstruktur das Ideal dessen, was er für sein zerstückeltes, mit Menschen und Mitteln dürftig ausgestattetes Preußen ersehnte, vielleicht einmal erreichen konnte, aber noch entbehrte“ (Meinecke). Aber dieses preußische Staatsbild bedeutet etwas ganz anderes als das der Franzosen, durch die entgegengesetzte Lage, in der sich der König von Preußen befand. Als Tendenz konnte man in Versailles und Paris wohl die „Natur“ aufnehmen, als etwas, was die fränkische Geschichte weiterbildete. Das Altfränkische blieb doch da als die Grundlage.

Friedrich hatte keine Isle de France, keine abendländische Hochschule, er hatte nur Potsdam und Sanssouci als Basis. Nation und Reich waren beides Ausland für ihn. Die „natürlichen" Grenzen waren nicht Grenzen „Galliens" oder „Germaniens", sondern Grenzen eines reinen Verstandesgebildes, des Machtstaats Preußen. Der König war dieser Staat, sonst niemand. Sein eigener Bruder Heinrich hat diese Einzigkeit klassisch ausgedrückt, als er 1757 schrieb: „Phaethon ist gefallen. Wir wissen nicht, was aus uns werden soll." Friedrichs Revolution hat darin bestanden, stumm, fast ohne ein deutsches Wort, möchte man sagen, von außen her in die Nation den Gedanken des Staats einzupflanzen, als Fremdkörper von außen den Staat in diese Nation hineinzustellen und zu warten, ob und wie sie sich ihn aneignen könne und werde.

Es ist nicht die Eroberung Schlesiens, die Friedrich zum Einzigen gemacht hat. Das Kaisertum des Wittelsbachers war nicht weniger aufrührerisch im Jahre 1742. Ein neues Daseinsprinzip des preußischen Staates wurde damals also noch nicht ausgesprochen.

Die vollkommene Weltrevolution Friedrichs ist der Siebenjährige Krieg. Und vom ersten Tage hat er diese Wirkung als Revolution auf die Gemüter ausgeübt. Die Engländer nennen den Umschwung, der ihm voraufging, die Verbindung der alten Erbfeinde Bourbon und Habsburg, der Pompadour und Maria Theresias die „diplomatische Revolution". So wird von ihnen auch die Vokabel an dieses Ereignis herangetragen, auf die wir besonders sorgfältig zu achten haben. Auch Friedrich selbst erklärte das Bündnis von Versailles vom 1. Mai 1756 mit einem „unerklärlichen Umschwung des Geistes"[1]). In der Tat stellt dieser Umschwung Preußen gegen eine Welt in voller Einsamkeit. Alle bisherigen Ordnungen Europas waren eben unwillig, die neue Großmacht, diese deutlich unzufriedene, unbefriedigte, vorwegnehmende, einzulassen. In Wien verlangt man *la destruction totale* Preußens.

Aber Vokabeln genügen nicht. War die Sache eine Revolution? Sie war es; und das Einzigartige des Siebenjährigen Krieges drückt Goethe aus: „Friedrich der Zweite, König von Preußen, war mit 60 000 Mann in Sachsen eingefallen, und statt einer vorgängigen Kriegserklärung folgte ein Manifest, wie man sagte, von ihm selbst verfaßt, welches die Ursachen enthielt, die *ihn zu einem solchen ungeheuren Schritte* bewogen und berechtigt . . . Und so war ich denn auch preußisch oder, um richtiger zu reden *fritzisch* gesinnt; *denn was ging uns Preußen an?*"

Hierin ist alles zusammengedrängt, was zu sagen ist. Ich muß aber wohl einige Illustrationen dieser fritzischen Revolution noch zur Entlastung der Goetheschen Sätze folgen lassen.

Nicht der unmittelbare politische Gegner wird 1756 angegriffen, sondern die Staaten sind für das Kriegsspiel nur geographische Probleme. Sachsen also wird überrannt. Die 60 000 Mann sind ein Heer, das selbst im Unglück nicht

---

[1]) Werke 27, 3, 284 f.

durch die Leiden einer Heimat beeinflußt wird, dem kein Volk die Moral ins Feld sendet, sondern das die Moral aus sich selbst gewinnen muß gegen die Heimat. Nelson kann vor Trafalgar sagen: „England" erwartet, daß jeder seine Pflicht tun werde! Frankreich stürzte seine Jugend für die „Nation" in den Kampf und für Ideen. Gustav Adolf ficht für die rechte Lehre.
Der König von Preußen hat keine außerstaatlichen Kraftquellen. Er ruft bescheidentlich in der Schlacht: „Was ein rechter Soldat ist, der folge mir." Oder er befiehlt vor Leuthen: „Das Regiment Kavallerie, welches nicht gleich, wenn es befohlen wird, sich unaufhaltsam auf den Feind stürzt, lasse ich nach der Schlacht absitzen und mache es zu einem Garnisonregimente. Das Bataillon Infanterie, das, es treffe worauf es wolle, nur zu stocken anfängt, verliert die Fahnen und die Säbel, und ich lasse ihm die Borten von der Montierung abschneiden!" Innerhalb des Heeres selber liegt die Heimat des Heeres. Er hat selbst klar diese Anspannung erkannt: „Die Fürsten dieses Staats müssen ganz Nerv sein, oder sie sind verloren!" Ihm nach bilden die Preußen nach Goethes Wort „Wert, Würde und Starrsinn" aus. Alle Preußen sind in der Tat diesem Herrscher nachgebildet worden. Man erinnere sich z. B. des Starrsinns im August 1914, wie damals der deutsche Volkssoldat an die Eisenbahnwagen anschrieb: „Hier werden Kriegserklärungen entgegengenommen." Das lose Scherzwort bekommt einen dämonischen Klang, wenn man in einem Briefe Friedrichs des Einzigen vom 5. Februar 1757 liest: „Man wird dies Frühjahr sehen, was Preußen ist, und daß wir durch unsere Kraft, vor allem durch unsere Disziplin, fertig zu werden wissen mit der Zahl der Österreicher, dem Ungestüm der Franzosen, der Wildheit der Russen, den großen Verbänden der Ungarn und mit all denen, die uns entgegentreten werden."
Und das Zauberwort für diese Zuversicht heißt auch in seinem Munde hier schon „Disziplin". So gleichartig bleibt der Charakter durch 150 Jahre. Weder die Religion noch die Freiheit, noch die Nation, noch die Kultur sind das Ziel seines Waffenganges mit ganz Europa. *Es ist nur der Staat selbst, auf den er alles zurückwerfen muß an Glanz und Wärme.* Das Heil des Staates, nicht das der Völker oder der Fürsten, wird ausschlaggebend. „Der Staat als individuelles Lebewesen" wird der Träger einer Staatsräson. Was diese Staatsräson über eine bloße Raubgesinnung erhebt, ist ihr Ursprung und ihr Ziel in der seit 1517 aus dem Reich sich sammelnden deutschen Nation. Aber sowohl Ursprung wie Ziel liegen außerhalb, sie liegen jenseits der Staatsräson selbst, die von beiden nichts wissen will und nichts wissen darf, sondern sich aus eigenem Gesetz zu vollenden trachtet. Das ist das Unheimliche, die Welt erschreckende des preußischen Militarismus, daß er nur sich selbst, seinen Staat durchsetzt und keineswegs gewillt erscheint, für nationale Ziele sich aufzugeben. Die Nation empfängt auch nicht den Staat, sondern den Staatsmann, „denn was ging uns Preußen an!" „Der erste wahre und höhere eigentliche Lebensgehalt kam durch Friedrich den Großen und die Taten des Siebenjährigen Krieges in die deutsche Poesie" (Goethe). „Preußen ist mit keinem anderen Staate vergleichbar;

es ist größer und will nicht bloß, sondern muß größer sein als sein natürliches Gewicht mit sich bringt; *und es muß also zu diesem etwas hinzukommen* ... Zu Friedrichs II. Zeiten war es dessen Genie" (W. v. Humboldt). So ist es noch von 1864 bis 1871 gewesen: Der Staatsmann überwand die Nation; „wir wurden alle bismärckisch". Preußisch wollten viele auch damals nicht werden.

Die Hoheit des Staates, die sparsame Lebensführung, die phrasenlose Pflichterfüllung sind Quellen, die in sich selbst kreisen, sich immer gegenseitig steigernd. Wenn 1914 ein staatsrechtliches Buch erscheinen konnte, das den Sinn des Staates im siegreichen Krieg sah, so ist diese Formel Preußen auf den Leib geschrieben. Nur für Preußen nämlich meint diese Formel etwas Begrenztes. Überall sonst muß sie Befremden erregen. Für die Gebiete der deutschen Nation aber ist dem Staat keine Sättigung geschenkt. Er ist eben kleiner als die Nation. Er kennt keine natürlichen Grenzen, auch nicht den ideologischen Schein solcher Volks- oder nationaler Grenzen. Seine militärische Rüstung antizipiert seine organisatorische Erfüllung. Für Spanien oder Portugal wäre jener Lehrsatz absurd. Aber für den Staat, der aus dem Reich heraus und in die Nation hineinwachsen muß, trifft er zu.

4. *Überhebung und Fall*

Dieser Heerstaat mit einem Volk des Siebenjährigen Krieges ruhte sich nach Friedrichs Tode auf seinen Lorbeeren aus. Ein unmilitärischer König führte in Holland und am Rhein Kriege unpreußischer, überheblicher Art. Er schuf Ordnung aus „Grundsätzen", die der Staatsräson Preußens schnurstracks entgegenliefen, er verriet Preußen den Revolutionär an Legitimität, Herkommen, Adelsinteressen! Er vergrößerte den Staat nicht um Provinzen, sondern um dem Staat undurchdringliche Landstriche in den zwei polnischen Teilungen. 1805 hat Preußen seine größte Ausdehnung, Warschau gehört ihm. Das Territorium ist über seine Organisation hinausgewachsen. Die preußischen Leiden an der Grenze sind auch durch die Abtretungen am linken Rheinufer wesentlich verringert.

Wir kennen diese nirgends fehlende Epoche des Übermuts. Die Nation war fritzisch, nicht preußisch geworden. Was wird Preußen also ohne Fritz? Mirabeau schmettert 1786 den ersten Satz seiner Geheimgeschichte des Berliner Hofes hinaus: Le roi de Prusse va mourir. Und gibt damit den ganzen Staatsbau zugleich preis. Er sah ihn damals schon fallen! 1806—1813 ergeht das Gericht. Preußen wird ein Mittelstaat. Es ist der einzige Augenblick in der Geschichte Preußens, wo eine Frau eine politische Bedeutung gewinnen konnte, im Unglück. Heut mag man leicht über den „deutschen" Kultus mit einer Königin spotten, die mit ihrem Manne sich nur französisch schrieb. Aber der Männer- und Kriegsstaat Preußen wird in diesem Augenblick des tiefsten Sturzes zurücknormalisiert zu einem deutschen Mittelstaat. — Das symbolisiert die Gestalt der Königin Luise, und dadurch hat sie, die Landesherrin, allerdings Preußen in die Nation zurückgeleitet.

Erwäg' ich, wie in jenen Schreckenstagen
Still deine Brust verschlossen, was sie litt,
Wie du das Unglück mit der Grazie Tritt
Auf jungen Schultern herrlich hast getragen,
— — — — — — — — — — — — — — —
Wie von des Kriegs zerrißnem Schlachtenwagen
Selbst oft die Schar der Männer zu dir schritt,
Wie groß du warst, das ahndeten wir nicht.
Dein Haupt scheint wie von Strahlen mir umschimmert,
Du bist der Stern, der voller Pracht erst flimmert,
Wenn er durch finstre Wetterwolken bricht.

Aus dem Munde des Offiziers, Heinrich von Kleists, bricht hier der Wohllaut der Poesie ungestüm und weiht Preußens Unglück zu einem deutschen Leid. In diesem Augenblick wäre Preußens Geschichte zu Ende gewesen, wenn es von Nurpreußen bewohnt gewesen wäre. Aber nun springt dem verödeten Staatswesen der Geist deutscher Nation bei.

5. Die Romantik

Dies ist, wie Nadler schön gezeigt hat, das Ereignis der Romantik; seine Ergebnisse muß man nur energisch ins Politisch-Revolutionäre wenden.
So wie Italien die Avignonenser Päpste zu sich selbst und zu ihrer vatikanischen Sendung zurückholt, so zwingt die deutsche Nation den preußischen Staat in der Romantik, sie in seine Staatsräson einzulassen. Staat und Nation werden freilich noch nicht eins. Preußen behält seine eigene Staatsräson. *Aber es macht eine Anleihe bei der Nation in der Form des Geistes der Romantik.* Die Gründung der Kriegsakademie und der Universität in Berlin, die Gründung von Bonn, die Anstellung von Niebuhr, A. W. Schlegel, Savigny, Eichendorff sind allbekannt. Es ist örtlich und zeitlich damals der Funke wie in einem Moment übergesprungen. Noch 1805—1807 sind die „Trösteinsamkeit" der Arnim und „Des Knaben Wunderhorn" in Heidelberg erschienen. Niebuhr kommt im Herbst 1806 nach Berlin, nach Jena und Auerstedt. Humboldt gibt 1808 seine unpolitische Existenz in Rom auf. 1805 war Schiller gestorben. Die Klassik, die goldene Reichszeit war zu Ende. Hölderlin verfällt der Umnachtung. Diotima stirbt.
An die Stelle der großen Sänger Klopstock, Schiller, Hölderlin, der großen Seher und Propheten Lessing, Hamann und Herder treten die Romantiker, die Hegel und die Schlegel, die Ranke, Savigny und Grimm. Sie bringen dem preußischen Machtstaat und dem österreichischen Machtstaat nicht Prophe-

zeiungen, sondern geschichtliche Bildung. Sie überimpfen auf sie das Leben der deutschen Nation und bergen es bei den Machtstaaten. Die Romantik führt zur staatlichen Restaurationszeit eben deshalb mit zwingender Notwendigkeit. Die gesamten Geisteswissenschaften des 19. Jahrhunderts in Deutschland sind diesem Einfluß der Romantik verfallen geblieben. Bei den Historikern, den Juristen, den Volkswirten, den Theologen, den Philosophen herrscht die historische Blickrichtung in dem besonderen Sinne der Romantik. Zwei Machtmittelpunkte liegen fest, über die man nicht hinausdringt, die preußisch-österreichische Welt. „Nach drüben ist die Aussicht uns verstellt." Der Historismus entwickelt demgemäß alle deutschen Geisteskräfte auf diese beiden Machtstaaten zu.

Nation → Berlin Preußen
Nation → Wien Österreich-Ungarn

Aber da er das „Nationale" vergötterte, so schob er jedes Jahr dem Preußentum eine breitere Flanke hin, entzog umgekehrt jedes Jahr den vornationalistischen Habsburgern eine weitere Stütze. Kam da 1913 der Erbe der Habsburgkrone zur Jahrhundertfeier der Schlacht bei Leipzig nach der Pleißestadt. Wer beschreibt seinen Ärger, als die von Österreich und Preußen gewonnene Schlacht als Sieg der deutschen Nation gefeiert wurde. In den preußischen und österreichischen Heeren hatten 1813 schwerlich mehr „Deutsche" gefochten als auf Napoleons Seite, dafür aber zahllose „Nichtdeutsche". Diese Lügerei der deutschen Geschichtsprofessoren wurde überboten durch die Servilität der Juristen. Die Fürsten, dieser revolutionäre Stand, wurden zu nationalen Museumsstücken durch die Juristen. Das Juristenrecht von der Ebenbürtigkeit nach 1806 hat biologisch die Fürsten ruiniert, moralisch aber die Nation. Weshalb? Nun, die Fürsten blieben außerhalb des Rechts. Als der letzte Großherzog von Sachsen einen Waldhüter totschlug, blieb er straffrei. Als ein „Standesherr" eine Amerikanerin heiratete, wurde diese Ehe trotz der Weimarer Verfassung für morganatisch erklärt. Der Historismus der Juristen verwandelte die Fürstenklasse in eine indische Geburtskaste.
Diese Mißbräuche wurden erst nach 1806 unheilbar. Erst damals fiel die Nation unter preußisch-österreichische Vormundschaft und verlor ihre eigenen Kräfte der Erneuerung. Vorher hatte sich nämlich die Zahl der Fürsten jedes Jahr verändern können; der Kaiser erhob immer neue Familien in die Reichsstandschaft. Das allein entsprach dem Geist von Staat und Kirche. Denn seit Otto III. von Papst Sylvester träumte und so das männliche Amt sich mit dem weiblichen austauschte, geriet alle staatliche Art in Fluß. Dies Gesetz ewiger Erneuerung wurde nach 1815 durch die Schließung der Fürstenkaste durchbrochen. Hitler hat diesen Bruch nachgeahmt. Für die Hitlersche Unordnung fehlt dem das Verständnis, der die Nachahmung der Fürstenkaste durch Hitler nicht begreift. Die Fürsten hatten in Deutschland von 1500 bis 1900 Revolu-

tion gemacht (Reformationsrecht); 1933 tat das die Partei. Die Fürsten hatten die Töchter des Landes defloriert, nun die SS. Die Fürsten hatten die Fachleute, Denker und Dichter scharwenzeln machen, nun der Führer. Als die Kaste verschwand, verhieß Hitler seinen Scharen die Privilegien der Kaste für ihre „Rasse". Was den Fürsten recht war, wurde ihren Untertanen billig. Die Masse wurde zum Volk echter Rasse aufgeadelt, den deutschen Hochadel nachäffend und ihn überbietend. Die Nation wurde zur Kaste erklärt, die Juden eben deshalb ermordet.

6. Goethe, Hegel, Schlegel

In drei großen Personen verkörpert sich das deutsche Verhältnis zwischen der Nation und den beiden Machtstaaten des 19. Jahrhunderts: in Goethe (1749 bis 1832), Hegel (1770—1831) und Friedrich Schlegel (1772—1829).

Goethe hatte seit der französischen Revolution, wie ihm Tieck klagend vorhielt, von der deutschen Nation Abschied genommen. Er hatte sich in Italien eine zweite, eine antikische Welt aufgebaut. Die italienische Reise und die römischen Elegien sind das Zeugnis für dieses Hinaustreten des „Olympiers" in einen erhöhten unpolitischen Geistesraum.

Schiller hat ihn dann noch einmal zurückgeholt in die Nation und ihm „Hermann und Dorothea" abgerungen. Schiller selber hat in diesen Jahren die großen europäischen Nationen in seinen Dramen eine nach der anderen verewigt. Wenn man Schillers, des angeblich deutscheren Dichters, Werke durchgeht, so werden von ihm Spanien, Italien, Sizilien, England, Frankreich, Polen dramatisch verklärt. „Wilhelm Tell" hat er im Anschluß an eine Pariser Revolutionsoper bearbeitet. Schiller lebt das Weltbürgertum der deutschen Klassik. Neben dem weissagenden und vorausschauenden Herder, der die vielen kleinen Nationen wiederkehren und neu erwachen sieht, steht Schiller, der die großen alten Nationen in den wichtigsten Momenten ihrer Vergangenheit abbildet, beide die Wortführer der ganzen europäischen Staatenwelt in der Zunge der Reichsnation.

Goethe aber blickt nicht nach außen. Goethe hat die Schicksale der deutschen Nation innerlich durchlebt und durch alle ihre Stufen durchwandelt. Die Legende Goethes wartet darauf, von der Nation nachgelebt zu werden. Deshalb ist es von höchster Bedeutung, zu sehen, wie er nach Schillers Tode sein Leben überhaupt noch fortzuführen vermag.

Der Krieg bricht 1806 bei ihm ein. Da ehelicht er Christiane Vulpius, den „Bettschatz". Damit verliert sein äußeres Leben ein für allemal seine Symbolkraft. Das äußere Leben in Einklang zu setzen mit dem Symbolgehalt seines inneren Schaffens — diese Gleichung, die ihm auf allen Lebensstationen bis 1790 so wunderbar gelungen war (denn Leipzig, Straßburg, Wetzlar, Weimar, Italien machen jedesmal Epoche) — diese Gleichung hatte ihm der Bund mit Schiller und das heißt mit der Jenaer Frühromantik noch einmal halb im

Kleid der Männerfreundschaft und in Form der Spannung Weimar—Jena fortzuführen erlaubt. Mit Schillers Tod und mit dem Eheschluß wird diese Gleichung von außen und innen unmöglich. 1805/1806 ist ein Schreckensjahr für Goethe. Eine Totalumstellung wird notwendig. Innen und außen treten auseinander.

Nach außen pflegt er von da ab energisch und dauernd durch die Zeit bis zu seinem Tode die Beziehungen mit den österreichischen Magnaten und mit dem Berliner Zelter. „Karlsbad soll mir Jena ersetzen." Nach innen aber erhöht er sein Wirken zur, wie er es immer wieder gewichtig genannt hat, *Weltliteratur*.

Goethe hätte auch „in künstlichen Sonetten" wie die Romantik dichten können. Er hat auch die dem Weg der Romantik entsprechende Erweiterung seiner menschlichen Außenbeziehungen nach Preußen und nach Österreich sehr lebhaft wahrgenommen. Aber *sein Werk* kann Goethe sich nicht in die Machtstaaten Preußen und Österreich einzwängen lassen. „Epimenides Erwachen", sein Festspiel für die Sieger der Befreiungskriege, war im Sinne der preußischen Besteller ein Versager. Er hat ja diese Selbstkritik im Stücke selber angedeutet. Der Dichter bleibt „im Stillen" „rein bewahrt". Dieser Aufbewahrtheit dankbar, erhöht Goethe sein Wirken *in ein Weltreich, das auf die Deutschen wartet.* Die „Weltliteratur" hat bei Goethe — ganz zum Unterschied von der Romantik — keine historisch-restaurierende Aufgabe. Sondern sie ist der Industrie, der inneren Kolonisation, der Auswanderung, kurz allem Neuen durchaus zugetan. Goethe hat sich auch nicht vor den Folgen der Julirevolution von 1830 geängstigt wie die Romantiker.

Goethe hat über das 19. Jahrhundert hinweg auf seine lieben Deutschen des 20. gewartet. Die große Bedeutung der Gestalt Goethes ist es daher, die Unvollendetheit aller deutschen Lebensformen seit 1805, dies Provisorium in der Aufspaltung der Nation auf die Großmächte Preußen und Habsburg, klar gefühlt zu haben und ihm ausgewichen zu sein. Goethe hätte 1848 nicht mit der Mehrheit und nicht mit der Minderheit des Erbkaiserplans stimmen können. Er hätte die Sackgasse, in die uns die Trennung von Kleindeutsch und Großdeutsch verstrickt hat, niemals mitgehen können, der Sohn des Kaiserlichen Rats Goethe, der Bürger der Reichsstadt, „in der Parität noch in der alten Ordnung steht", der Minister des preußischen Generals Karl August. „Wir wurden alle fritzisch; denn was ging uns Preußen an?" Goethes Testament an uns bedingt also diesen seinen ungeheuren Verzicht auf Teilnahme am Leben der Nation seit 1805/1806: ein Verzicht, der ihm ja unendliche Beschimpfungen wegen Herzenskälte eingetragen hat. *Dafür hat Goethe aber den Deutschen die Welt offengehalten.* Die Romantik hingegen mußte in der Sackgasse des Staatsvölkischen enden. Sobald einmal die unnationale und unwirkliche Halbierung zwischen Preußen und Österreich politisch in Kraft trat, kam es darüber notwendig zu der Haltung der Alldeutschen. Eine völlige Ahnungslosigkeit ließ diese Intellektuellen den Reichtum der deutschen Religionsparteien mißachten,

ließ sie den Gegensatz Habsburg—Hohenzollern nicht ernst nehmen und verführte sie, die Staatsräson als Selbstzweck mißzuverstehen.
Nirgends ist daher roher und geistloser der „Machtstaat" gepredigt worden, ein tauber und blinder Wolf, durch nichts verehrungswürdig, außerhalb der Geschichte der Menschheit stehend, niemandem dienend, nicht entsendet.
Nirgends hat daher auch „der Kapitalismus das Volk seelisch mehr zu Schlacke gebrannt" (Röder) als in Deutschland, weil es von uns Gebildeten Steine statt Brot gereicht bekam, größenwahnsinnige Staatsmacht oder Machtstaatspläne. Aber die Nation überschlug sich mit diesen Plänen nur deshalb, weil diese Pläne ihre Dankesbezeugungen gegen den Machtstaat darstellten, dafür, daß er ihr das Schutzdach errichtet hatte. Sie übersah den *Ursprung* Preußens in der geistlichen Sendung Deutschlands für die Christenheit, und sie übersah, daß die Heimkehr der *beiden* Religionsparteien einst gemeinsam werde erfolgen müssen, sollte das Wort „Nation" nicht eine Lüge werden.
Die Verengung des Nationalen auf einen Teil der Nation, das Nichternstnehmen der konfessionellen Spannung in ihrer Tiefe und Fruchtbarkeit ist das Laster aller geistigen „Realpolitiker" des 19. Jahrhunderts, von Haller bis Reventlow. Sie brachten damit Deutschland um seinen europäischen Rang und um seine Rolle im Drama der Revolutionen. Alle, die hingegen den beiden Polen gerecht bleiben wollten: Goethe, Humboldt, Radowitz, Stahl, Gerlach, Konstantin Frantz, Friedrich Naumann, haben realpolitisch Schiffbruch gelitten.
Durch die Weltkriege scheinen mir aber solche Männer mit den Realpolitikern quitt zu sein. Weniger „Erfolg" haben sie auch nicht zu verzeichnen. Sie hatten keine einaltrigen Erfolgsmöglichkeiten, weil sie am Mehraltrigen, an der Aufgabe der Reproduktion der Nation durch die Zeit hingen.
Daß Bismarck Einaltriges schaffen mußte, darin ist er ein Opfer des Jahrhunderts, in dem nur der „Zeitgeist" regierte. Die Übermenschen Bismarck im Staat, Wagner in der Kunst, Marx in der Volksbewegung haben alle drei die deutschen Zeiten von 1848 bis 1914 notdürftig zusammengehalten. Es ist ihnen gelungen. Aber ihr Erfolg ist eben der des Provisoriums. Die Frage von 1805/1806 tritt heute wieder an uns heran. Wir müssen sie diesmal in einem ganz anderen Ernst noch einmal prüfen und beantworten, weil *die ganze Welt*, jene Welt, die Schiller und Goethe gemeint haben, jetzt vor den Toren steht. Die romantische Haltung war nur im Schatten der Mittelmächte des 19. Jahrhunderts zulässig. In ihrer Obhut konnte die Nation sich selber träumen. Nur ein totales, weltumfassendes, das Weltgeschehen als Totalität glaubendes Denken und Handeln kann die deutsche Nation, weder von Preußen noch von Österreich beschützt — in der Welt noch erhalten.
Vor der Weltrevolution zerflattert die Selbstanbetung einer sich selbst zur Weltherrschaft berufenden Nation zum Spuk.
Aber bevor diese neue tödliche Gefahr für alles Partikulare, bevor die heutige Weltrevolution auftritt, ist noch einmal auf Preußen und Österreich zu blik-

ken. Die beiden Mittelmächte haben zwei Bürgen ihres Wertes aus der Nation beigesellt erhalten, zwei große Geister: Preußen den Schwaben Hegel, Österreich den Norddeutschen Schlegel. Das Denken dieser beiden Großen beherrscht noch heut die besten Geister der Nation.

Beide haben nämlich den Mittelmächten ihre besondere Staatsräson sozusagen von Nations wegen zugestanden. Aber beide haben das — und das scheint mir sehr wichtig — in der Sprache und mit dem Gedankengut der ganzen *Welt* getan. Hegel und Schlegel sind Totaldenker. Deshalb sind die Weltgeschichte, der Weltgeist, die Welt Hegels Begriffe, um den Racker Staat, in dessen Berliner Hochschule er seit 1818 die Offiziere und Beamten lehrt, um diesen Racker Staat sich und den Hörern zu bestätigen. Hegel hat die — der „Partei" in Moskau nicht unähnliche — Selbstsetzung des preußischen Staates deutlich gespürt. Eben um deswillen hat er der Gevatter des Marxismus werden können. Denn er hat durchaus die Fortbewegung der Welt im dialektischen Prozeß als Totalität erkannt und anerkannt. Preußisches Staatsdenken und bolschewistische Geschichtsauffassung führen beide über die Hegelsche Rechte und die Hegelsche Linke auf Hegel zurück. Immer wieder haben daher „Preußentum und Sozialismus" miteinander sympathisiert. Schmoller hat den König von Preußen als den König der Armen, der Geusen gefeiert. Lenin hat für die deutsche Kriegszwangswirtschaft geschwärmt und wollte sie 1917 in Rußland durchführen. Der Fortgang der Gedankenarbeit Europas läuft über Hegel zu Marx und Lenin. Wir müssen daher gerade Hegels Leistung in dieser Doppelwirkung auf Erich Kaufmann und Karl Marx auffassen.

Hegel hat in dem fritzischen Staat das vernünftige Prinzip entdeckt. Die Selbstsetzung des Staates als letzten Bürgen seiner selbst, dieses Schicksal des friderizianischen Staates, der ihn zur „Unnatur" verurteilte, gerade sie hat den Philosophen in Hegel veranlaßt, hier eine echte Synthesis des Weltgeistes anzuerkennen. Er hat dieser besonderen Tatsache Preußen die Totalität des Weltbildes, von der er ausgegangen war, geopfert.

Nirgends führt an sich aus Hegels Prämissen der Weg nur nach Preußen. Preußen ist aber für Hegel, was es auch in der Tat ist — eine Vorausnahme eines *Totalzustandes der Welt!* Hegel bezeichnet genau den Punkt, an dem Goethe sich dem 19. Jahrhundert versagen mußte. Hegel nahm ein Provisorium für die Endlösung, obwohl er selbst als Welthistoriker unmöglich die Geschichte auf Potsdam und auf die Wacht am Rhein bewußt einschränken wollte noch konnte. Indessen er dachte in einem Augenblick, wo er den einzelnen Machtstaat wohl, die neue aus den Staaten entlassene Weltklassengesellschaft aber noch kaum sehen konnte. Da er die *Totalität* als Grundhaltung brauchte, so begnügte er sich mit der prinzipiellen Totalität, die einem bloß vernünftigen Staat allerdings innewohnt. Der Geist rastet nicht, ehe er nicht universal denken kann. Die Philosophen denken daher entweder einen räumlichen Universalstaat, oder wenn sie einen Teilstaat anerkennen müssen, so muß er eine notwendige Station im universalen Zeitlauf bedeuten. Zeit oder

Raum? Die Frage des Vorrangs von Zeit oder Raum ist ja die Frage nach dem Recht der Revolution seit dem Kampf zwischen dem Kaiser, dem Weltraumherrscher, und dem Papst, dem Weltzeitrichter, also seit dem Beginn einer „Welt"geschichte. Hegel hat sie — wie alle Revolutionäre — zugunsten der *zeitlichen* Macht entschieden. Das räumlich eingeschränkte Preußen ist doch im Zeitablauf für ihn die notwendige, vernünftige Zeitstation.

Empfängt der Staat seinen Sinn aus seiner Selbstsetzung, so kann er an sich Weltstaat sein. Hegel hat mit anderen Worten die Frage der geschichtlichen Totalität dahin beantwortet, daß die grundsätzliche Totalität (die Vernünftigkeit) genüge. So konnte er zum Vergotter eines partikularen und provisorischen Gebildes werden. Aber gerade deshalb ist sein Versuch so wichtig. Alle neuen Versuche gleicher Art sind nämlich gerade deshalb zum Scheitern verurteilt. Die beiden Arten der Totalitäten können fortan nach Hegel niemals wieder miteinander verwechselt werden. Hegels Preußenstaatsidee aufs Reich, Großdeutschland usw. zu übertragen, ist verlorene Liebesmüh'. Es wäre das bloßer Aberglaube und gedankenlose Nachbeterei ohne geistige Durchdringung.

Denn beim Nationalstaat, beim Reich, bei Paneuropa, kurz bei irgendeiner von außerstaatlichen Kräften hergeleiteten Begrenzung des Staats fehlt gerade das Prinzip des preußischen Heerstaates, das Hegels Gedankengang einzig und allein verständlich macht. Nur der unnationale, unchristliche, unnatürliche und unwirtschaftliche Staat Preußen hatte jene philosophische Qualität, die Hegel verleitet hat, ihn zu verabsolutieren.

Preußens Mangel, seine Widernatur, ist Hegels Rechtfertigung! Sein Wirklichkeitssinn beugte sich in diesem einzigen Falle dem bloßen *Dasein,* — was er sonst verweigert hat. Denn dieser Staat, der nicht auf irgendwelche seelische Energien verweisen konnte, dieser reine Vernunftstaat, bot dem Denker Gewähr dafür, daß hier etwas Geistiges, also eine weltgeschichtliche Vernünftigkeit trotz äußerer Staatsgrenzen sich äußere. Der Staat ist der die Natur besiegende Geist. Nimmt man die Reinheit des Machtstaates weg — dann müßte Hegel der erste sein, sich jede Verunreinigung seiner Weltgeschichte durch Vergottung bloßer Fragmente, wie Nationalstaaten und dergleichen, zu verbitten.

Nur das fritzische Preußen konnte also von Hegel so vergeistigt werden, nicht aber irgendein natürlicher Staat. Hegel ist am Untergang des Alten Reichs zum Denken erwacht. Als Student hatte er unbekümmert um den Freiheitsbaum der Jakobiner mitgetanzt. Als diese Jakobiner aber das Reich zertrümmerten, wurde er nachdenklich. Seine Lösung des Dilemmas war: „Freiheit und Gleichheit soll'n existieren / Und der König von Preußen soll weiterregieren." Die Lage Hegels ist also eng beschränkt. Wenn es heut noch „Hegelianer" gibt, so liegt das daran, daß wir nach den Weltkriegen noch keinen Beerdigungsdienst für die Philosophien der abgelaufenen Weltepoche organisiert haben.

Friedrich Schlegel, der protestantische Hannoveraner, ist nicht so bekannt geworden wie Hegel. Aber da er ein ebenso gewissenhafter und schöpferischer Kopf ist wie Hegel, so müssen wir uns fragen, wie er denn hat helfen können, der nach preußischer Meinung bankerotten Habsburgermonarchie die universale Ideologie zu liefern. Er, der die kühnen Kriegsmanifeste von 1809 verfaßt hat, entdeckt an Österreich eine weltgeschichtliche Totalität wie Hegel an Preußen.

Nun, auch Österreich hat bis 1918 Bestand gehabt. Dies ist, an die Realpolitiker gerichtet, Rechtfertigung für Schlegel genug. Es muß also Kraft und Vermögen zu sinnvollem Bestande dagewesen sein. 14 Völker haben ein nur sehr kurz unterbrochenes Jahrhundert in Frieden unter einem Zepter gelebt. Auch dies die Vorwegnahme einer Weltordnung, die heut bald selbstverständlich sein wird, da ohne sie die Völker zugrunde gehen müssen. Auch Österreich ist also eine Antizipation, die dem welthistorischen Denken einleuchten mußte als Moment der Totalität, der Endgültigkeit. Die Totalität lag hier im Äußeren, Leibhaftigen, Umfassenden des Völkerstaates. War Preußen zwar ein kleines Bruchstück, aber reine Thesis der Staatsvernunft, unabgeleitet von außen, so war Österreich relativ eine Totalität. Dafür war es durchaus nicht rational. Die Donaumonarchie vereinigte vielmehr alle erdenklichen historischen Schichten zur Rechtfertigung ihres irrationalen Daseins. Sie gab noch ihrem Herrscher die alten kaiserlichen Rechte in der Kirche, sie gab ihm die Rechte des Landesherrn, als angestammter Fürst ebenfalls. Die Rechte der Stände lebten auch noch, und sie trugen — wie das englische Königtum zeigt — immer notwendig auch das Fürstentum mit. Kurz, von Karl dem Großen her gab es kein staatsrechtliches Leitmotiv, das in der habsburgischen Herrschaft nicht anklang. Hier in der Wiener Burg war der Reichtum der wirklichen Weltgeschichte eines Jahrtausends konserviert. Von Austria gab es das alte Rätsel: A E I O U, Austria erit in orbe ultima, es werde auf Erden alle überdauern. Richtiger ist wohl die Auflösung: Austria Europae Imago, Onus, Unio. Österreich ist Europas Ebenbild, Belastung und Zwang zur Einigung. Österreich barg also sämtliche Stufen einer Geschichte der Menschheit in sich. Österreich war katholisch im Sinne des Allumfassenden. Sollte das einen Denker wie Schlegel nicht befriedigen? Schlegel hatte den wichtigen Satz schon 1795 niedergeschrieben, der das Motto dieses Buches sein könnte:

„Die beharrlichen Eigenschaften des Menschen sind Gegenstand der reinen Wissenschaft, die Veränderungen des Menschen hingegen, sowohl des einzelnen als der ganzen Masse, sind der Gegenstand einer wissenschaftlichen Geschichte der Menschheit."

Damit hatte er den vulkanischen Charakter der Geschichte deutlich betont. Die Sätze sind wie eine Anwartschaft auf Wien, wo alle geologischen Schichten der abendländischen Menschheitsgeschichte sich abgelagert hatten. In diesem Sinne ist Schlegel katholisch geworden und hat er in Wien die „Concordia" redigiert. Das Blatt sollte der „Konkordierung" der großen europäischen Geisteswidersprüche, vor allem der Konfessionen, dienen! Schlegel war daher durchaus ehrlich und redlich, wenn er das Kaisertum in einer wissenschaftlichen Geschichte der Menschheit nicht missen konnte. Daß die Momente der Gegenwart, von 1789 an, dem Kaiserstaate fehlten, und erst recht die der Zukunft, das war für einen Denker, der schuf, während Napoleon am Leben war, genau wie für Hegel immerhin erträglich. Beide, Schlegel und Hegel haben Goethe Grauen eingeflößt. Hegel opferte die bunte weite Welt der Logik. Schlegel aber wurde zum Schelm; denn er opferte seinem Traum einer Menschheitsgeschichte die wirkliche Geschichte, in der nach Goethes Wort protestiert worden ist und protestiert werden muß.

Vergangenheitsromantik und Weltgeltung des deutschen Geistes *wählten* sich Berlin und Wien als die Großmachtstätten, als Stätten der nationalen Wiedergeburt.

Aber auf beider Erkenntnis waren Österreich und Preußen seit ihrem staatlichen Niederbruch angewiesen: Die nationale Erkenntnis bedeutet die Anerkennung der Machtstaaten durch die Nation und die Geister der Nation!

Aus der Nation, von weit her kamen diese Anerkenner in den Machtstaat Preußen oder Österreich hinein. Er ist seitdem nicht mehr selbstgenügsam, er war es ja nie. Aber nun darf er auch nicht mehr glauben es zu sein. Auf Vernunft und auf Geschichte waren die beiden Vormächte, in welche die deutschen Religionsparteien ausliefen, nun abgestempelt, beide sollten eben deshalb eine Totalität des Weltprozesses in sich verkörpern.

Mit diesem Bunde zwischen Machtstaat und Nation haben wir die eigentümliche Trennung von Reich, Staat und Nation in Deutschland noch einmal erhärtet. Sie war möglich und nötig, weil die Nation stets größer war als jeder einzelne Staat in ihr. Für Österreich war die Lage so, daß es den Reichsglauben festhielt. Damit war die alte Ordnung der Größenverhältnisse

$$\text{Reich} > \text{Nation} > \text{Staat}$$

für Österreich die gegebene. *Denn weil Österreich Reich war, umfaßte es auch andere Nationen.* Der Reichsgedanke blieb also kirchlich — christlich — universal auch in Österreich, wie vorher im Heiligen Römischen Reich.

Die Formel paßte aber auch auf Preußen bis 1871. Gerade sie rechtfertigte den Gedankengang Hegels. Sein Staat hatte weder rein geschichtliche noch rein nationale „Ursachen“. Dann wäre es etwas Zufälliges, ein Gebilde bloßer Erfahrung gewesen. So aber war er er selbst, Friedrichs des Großen selbstgesetzte Macht. Auch Preußen war also in der Dreiheit Reich, Nation, Staat die *kleinste* Größe im Raum! 1870 hat sich das ideologisch, d. h. äußerlich geändert. Preußen nimmt 1871 den Reichstitel an, ohne das Reich zu sein. Ohne Verantwortung für Österreich, Ungarn, Polen, Serbien nennt es sich kleindeutsch „Reich“. Die Lage wurde also nun für die preußisch-deutschen Schulkinder umgefälscht in eine Größenordnung, in der das alte Preußen als Reich und die Nation aufeinander folgen.

Nation > Reich > Staat.

Das Reich Bismarcks erscheint als die mittlere Größe, kleiner als die Nation, größer als der preußische Staat, ein Gebrauch des Wortes, der nur unter Bismarcks Willensmacht standhält. Auf dies zweite Reich, das zwischen Preußen und der Nation schwebt, wird der Machtstaatsglaube naiv übertragen.
Aber die Logik der geopolitischen Mittellage unseres Reichs duldet diesen Schwebezustand nicht. Sie treibt es schnell hinein in die Welt. Die Bagdadbahn, die Balkanpolitik, in Marokko die Spuren Karls V. — alles lenkt gegen den ausdrücklichen Willen des Reichsgründers mit weltgeschichtlicher Folgerichtigkeit in Bahnen, die sogar größer sind als die Nation. Deutschland war nicht saturiert. Das „Reich" ließ sich nicht auf der Zwischenstufe zwischen Preußen und der Nation festlegen. Es darbte aller Quellen der inneren Erneuerung. Denn es war abgeschnitten von den fritzischen und von den katholischen Wachstumswurzeln. Es war in keinem Sinne mehr *total.* Ohne solchen Weltsinn und ohne solche Weltfunktion haben aber die Dinge dieser Welt keinen Bestand. Sie sind dann Eintagserscheinungen. Reichsgründung ist eben ein böses Wort. Es erinnert an die Gründerzeit. Einaltrige, der Reproduktion unfähige, liberal-cäsaristische Lebensformen kann man gründen. Gründen heißt nur, produzieren wollen. Wo bleibt aber die Reproduktion? Sie versagt sich der „Realpolitik".
Die Weltkriege haben die Mittelmächte in die Welt zurückgeworfen. Die Weltkriege unterscheiden sich sehr deutlich von den Gründungskriegen Bismarcks. Sie sind über die Köpfe der Staatsmänner hinweg geführt worden. Die deutschen Historiker fanden diese große Katastrophe für ihr Geschichtsbild, wie öffentlich ausgesprochen wurde, unergiebig. Natürlich. Denn sie *stiften.* Stiften ist die Sorge für die Reproduktion des Lebens. Stiften heißt für die Wiederkehr des Lebens sorgen. Stiften ist die Tat nicht nur der einzelnen, sondern auch der Völker dann, wenn sie das Leben hingeben für eine unbekannte Zukunft. Jesus hat die Kirche gestiftet, weil er sie nicht gegründet hat. Die Weltkriege stiften die Totalität der Welt neu und die Deutschen als Weltvolk, als Organ einer Erdtotalität darinnen. Diese Stiftung liquidiert das Europa von 1789 mit Frankreich in der Mitte der Welt. Sie vernichtet deshalb z. B. auch den auf bürgerlich-national adaptierten Mitteleuropaplan Naumanns. Das Stichwort „Europa" ist ein Pariser Stichwort und war eben deshalb falsch gewählt. Aber die Mittelmächte werden wieder zurückgerufen in die Weltgeschichte der ganzen Welt und der ganzen Erde. Hegels und Schlegels Provisorien sind entlarvt als Provisorien, wenn auch als großartige und wahre Provisorien. Reich und Staat der Deutschen sind nicht die letzte geschichtliche noch die reine philosophische Vernunft des Weltgeistes. Aber sie sind in dieser Vernunft aufgehoben und aufbewahrt an ihrem Teile als Ganzes. Der Reichsgründungskrieg von 1870/71 und der stiftende Weltkrieg sind also Gegensätze.
Die stiftende Macht der Weltkriege stellt die unerhörte Aufgabe, ein Ganzes,

die Nation, in ein Ganzes, in die Welt funktional einzubauen. Nicht als Weltherrschaft, ein Wahn nur solcher, die die Katastrophe nicht mitgelebt haben, sondern als Mitarbeit. Daß ein Ganzes sein könne und ein Größeres, beide ganz und beide aufeinander bezogen, das ist dem Denken des Bürgers unvorstellbar. Eben dies aber ist das Ereignis der Weltkriege, kraft ihrer wird die Romantik der beiden Kaisertümer ersetzt durch die Wirksamkeit der Nation in der Weltgesellschaft. Die Ganzheit Nation kann sich also nicht als Mitte ansehen, als Zentrum, *von dem her* die Welt eingerichtet würde. Sondern die Welt beruft die Deutschen in diese Arbeitsfunktion. Nur von dieser *Arbeitsleistung* her kann die Welt zu funktionieren anfangen. Indem Deutschland seine Funktion der Mitarbeit in der proletarisierten Welt antritt, tritt bereits ein Stück Weltgesellschaft in Funktion. Ganz Deutschland, aber nicht sich selbst überlassen, nicht autonom oder souverän, ganz Deutschland, aber nicht in Parteien aufgelöst, sondern als Reichskörper wirksam — die Überwindung der Hegelschen Rechten und der Hegelschen Linken zugleich, ist nun gestiftet.

7. *Bach, Beethoven, Wagner*

Man erzählt, daß 1918 in Berlin deutsche revolutionäre Kommunisten nicht wagten, quer über die Parkanlagen zu laufen, sondern gehorsam die gewundenen Wege innehielten, deren Betreten nicht verboten war, und daß sie deshalb von der Polizei ergriffen werden konnten.

Die Herrschaft der abstrakten Regel im deutschen Staatsmenschen lähmt die Geistesgegenwart des Willens. Aber dieser durch die „Methode" zerbrochene Wille richtet sich in der unendlichen Wunschwelt der Töne wieder auf. Luthers Choral und Johann Sebastians Kantaten läutern diese im Polizeistaat gefangenen Untertanen. Gegner und Bewunderer dieses Befundes sind sich über seine Tragweite einig. Max Weber z. B. fand im Männergesangverein das notwendige Korrelat zu dem beschränkten Untertanenverstand. Denn wer sich gewöhne, mächtige Begeisterung im Liede zu verströmen, ohne irgendwelche praktische Folgen daraus zu ziehen, der sei allerdings im Weltlauf draußen leicht ein Werkzeug fremden Willens, ein Untertan. Friedrich Nietzsche hat gegen diese Verschmierung durch die gefühlige Musik protestiert. Stefan George hat sich und seinen Kreis aus den Ausläufern dieser musikalischen Unzucht und Verbuhltheit bewußt herausgehoben.

Aber obwohl wir von rückwärts her diesen Kritikern viel Raum einräumen dürfen, so haben wir erst das Reich der Töne in seiner politischen Bedeutung noch zu durcheilen. Denn die Musica sacra ist ein Lebenselement unserer Geschichte.

Bach gehört zur Reformation wie Melanchthon. Sogar aus dem immer sachsenfeindlichen Halle fuhr man bis 1914 allwöchentlich in die Thomaskirche nach Leipzig zum Bachkonzert. Für den gebildeten Leipziger war diese Stunde mittags von 1 bis 2 Uhr Dienst. Preußens Wiederauferstehung nach 1815 wird

begleitet durch die Wiederauferstehung, die Felix Mendelssohn-Bartholdy der Bachschen Musik in Berlin bereitet hat.
Und so werden in Österreich Gluck, Haydn und Mozart, Beethoven, Schubert und Strauß die Landessprache seiner 14 Nationen. Es ist ja nicht wahr, daß es in Österreich nur Tschechen, Deutsche, Ruthenen, Magyaren, Kroaten usw. gäbe. Auf Österreichs Boden sind alle diese Nationen zu Österreichern geworden. Agram, Prag, Budapest, sogar Krakau sind desselben Geistes Kinder. Er hat den Völkern ihre Sprache belassen, aber durch alle tönt die eine österreichische Musik. In keinem Lande der Welt durchdringt wohl die Kunstmusik wie ein Naturlaut jedes Bürger- und Bauernhaus. Die Bildung des Österreichers ist eine musikalische. Durch sie bildeten alle Bewohner Österreichs ein Volk. Nirgends z. B. ist für die Arbeiterschaft gute Musik solch natürliches Anliegen wie vor allem in Wien.
Die Frau gewinnt durch diese Rolle der Musik ohne weiteres eine politische Bedeutung. Wenn sie, die Tschechin den Österreicher, die Slawin den Tiroler, die Ungarin den Vorarlberger heiratet, so kann sie nicht immer ihre Muttersprache, immer aber die Musik aus dem Elternhaus ins eigene Haus mitnehmen. Die Musik wird so ein der kirchlichen Ordnung der Frauenwelt weltliches Abbild in Österreich. Was die Maler von Florenz in ihren Madonnen den Italienern, das haben die Komponisten von Wien der Österreicherin im Völkergewirr geschenkt, die in der babylonischen Sprachenverwirrung durchgehende Lebensmelodie der Erbtochter zwischen den Völkern.
Man hat die Österreicher wohl als Phäaken verlästert. Da hat Anton Wildgans treffend dieses Scheltwort in einen Ehrennamen verwandelt. Er hat die Natur der Österreicher verglichen dem, was der Sänger Homer von den Phäaken und der phäakischen Königstochter Nausikaa singt, die den auf die Insel aus fremdem Volk verschlagenen Fremdling liebreich aufnimmt. Und wieder hat die Musik dieses höchste menschliche Erbe des theresianischen Reiches verklärt:

Beethovens Fidelio ist das hohe Lied dieser aufopfernden weiblichen Liebe, die den Kerker des Menschen mit ihrem glühenden Rufe „Florestan" sprengt. An kein Werk hat Beethoven so viel Liebe und Arbeit gesetzt. Es ist denn auch durch die Opernform — Beethoven hat nur diese eine komponiert — seine größte Huldigung an sein Adoptiv-Vaterland.
Eine politische Erziehungsgewalt versinnbildet die österreichische Musik, und Eduard Hanslick, der Führer der Musikkritik des Landes, schrieb 1886: „Durch seine überragende Bedeutung in der Tonkunst ist Wien nicht bloß die musika-

lische Reichshauptstadt Österreichs, sondern ein mächtiges Reich für sich. Seine musikalische Oberhoheit reicht weit über die Grenzen der Monarchie hinaus. Leichte Anklänge slawischer, magyarischer, italienischer Weisen, belebend und verschönernd wie Rassenmischung überhaupt klingen leise herein, ohne den eminent *deutschen* Charakter der Wiener Musik zu beirren."

Dieser selbe Hanslick hat Richard Wagner in Wien unmöglich gemacht. Er ist der „Beckmesser" in den „Meistersingern von Nürnberg". Das ist kein Zufall. Sondern eine Synthese von Bach und Beethoven wird versucht. Sie geht über den Wiener Horizont hinaus. Gegen die alte josefinische Reichsrichtung vom Rhein zur Donau, wie sie des Bonner Ludwig van Beethoven Triumphe in Wien abbilden, erhebt sich in Richard Wagners Werk der Geist der beiden Flankenmächte von 1741 und 1789, von 1849 und 1866, der Geist der norddeutschen Protestanten und der Ungarn zum Gegenschlage.

In Preußen hat die Musik für die Bildung des Volkscharakters nicht den Primat. Die Musik ist nur Schmuck und Erleichterung des Militärstaates — wie überall eine gute Regimentsmusik. Immerhin ist Friedrich der Einzige nicht ohne sein Flötenkonzert zu denken. Und daß am Ende des Großen Krieges 1763 Grauns Te Deum vor dem König als einzigem Zuhörer erklang und dieser beim Hören den Tränen freien Lauf ließ — diese Entspannung des philosophischen Königsgeistes in einen offenen Gefühlsausbruch seiner deutschen Seele — das vermag nur die Musik. Aber mit jedem Schritt nach Deutschland hinein brauchte Preußen dringender „ein moralisches Bekleidungsstück" seiner Staatlichkeit. Zelter hat seinen Bund mit Goethe der Singakademie zugute kommen lassen — und die Singakademie und ihr Publikum haben von Alexander von Humboldt und Felix Mendelssohn bis zu Joseph Joachim und dem Klinglerquartett hin in Berlin etwas bedeutet an öffentlicher Meinung.

Aber Potsdam und die Musik mußten noch einen großartigeren Bund schließen, um die Nation zu gewinnen. Diesem Bunde hat Bismarck nur widerwillig nachgegeben. Bismarck hat in Richard Wagner einen Affen erblickt. Aber er hat zugeben müssen, daß 1876 in Bayreuth die deutschen Fürsten insgesamt sich versammelten zur Weihe der deutschen Kunst. Seitdem wurde Bayreuth das Stelldichein der Gebildeten in dem kleindeutschen Preußenreich.

Ohne Bayreuth — das darf man ohne Übertreibung sagen — hätte es der deutsche Geist in Bismarcks Reich schlechterdings nicht ausgehalten. Jemand wie Nietzsche, der dies Reich als barbarisch ablehnte und draußen blieb, der durfte auch das Gegengift ablehnen, das Richard Wagner den Deutschen kredenzt hat. Aber das von einem naiven Verhältnis zur Großmachtpolitik ausgeschlossene und nun doch von der Reichsgründung umschlossene Leben der Nation hat sich in Bayreuth — und in allem was damit zusammenhing — „erlösen" lassen.

Dieser Bayreuther Bau — das Festspielhaus und die Villa Wahnfried — steht aber auf drei Opfern. Richard Wagner ist nicht in Bayreuth gestorben. Er, der Flüchtling von 1848, ist zeitlebens nicht mehr schollenfest geworden. In Bayreuth gestorben sind aber die drei Generationen, die sein Werk durchgesetzt haben, Franz v. Liszt (1886), Cosima, seine Tochter von der Gräfin d'Agoult, und schließlich Cosimas und Richards Sohn Siegfried Wagner (1930). Liszt, den katholischen Ungarn, und Richard Wagner, den protestantischen Sachsen, umschließt ein imponierendes Geschick.

Denn niemalen hätte Wagner in das Leben der Deutschen einzugreifen vermocht, wie er getan, ohne die Opfer, die der Ungar und seine Tochter für ihn gebracht haben. Franz v. Liszt (1811—1886), der katholische Ungar, ist ein Landsmann der Heiligen Elisabeth. Elisabeth von Ungarn († 1231) hat in die ghibellinischen Länder des Nordens die Süßigkeit des franziskanischen Herzens getragen. Sie ist daran zerbrochen. Aber die Wartburg ist durch ihr Andenken und durch das an den Sängerwettstreit geweiht. Franz v. Liszt kommt nach dem klassischen Lande des Protestantismus, zu dem Großherzog von Sachsen-Weimar-Eisenach, dem Enkel Karl Augusts. Von 1848 an hat Liszt in Weimar — mit Unterbrechungen bis 1886 — gewirkt; durch ihn hat das nachgoethesche Weimar eine neue Kunstblüte erlebt: und immer und immer wieder hat er hier für Richard Wagner gekämpft und geworben, bis der Funke — nach zwanzig Jahren — übergesprungen war und der bayrische König Ludwig sich Wagners annahm. Liszts Patenschaft war damit geleistet. Aber noch einmal wäre Wagner an diesem Traumkönig zerbrochen, wenn nicht jetzt Hans von Bülows Frau, Liszts Tochter Cosima, ihren Mann, der Wagners Musik in München dirigierte, verlassen hätte und zu Wagner, dem 24 Jahre älteren Manne, nach Triebschen geeilt wäre, mit derselben selbstvergessenen Ritterlichkeit, mit der sich ihr Vater eingesetzt hatte. Bayreuth ist Cosimas Werk. Sie „baut" Wagner und setzt so in der zweiten Generation fort, was der Vater Liszt begonnen hat.

1883 schon stirbt Wagner. Cosima Wagner setzt die Festspielleitung bis 1908 fort. 1908 aber tritt der Sohn an ihre Stelle. Siegfrieds eigenes Schaffen wird willig unter den Schatten des Vaters gerückt. Mit anderen Worten, noch eine dritte Generation opfert sich für den Tempel der Musik. Man mag dabei zu Wagners Musik stehen wie man will: *Die Ökonomie des Nationallebens* ist keine Frage des *Geschmacks,* sondern der *Funktionen.* Wagners Bayreuth hat mit Tannhäuser, Lohengrin, Parsifal, Meistersinger und mit dem Ring der Nibelungen die Oper zur Kulturgroßmacht erhoben. Die Nibelungen, die den Untergang der Heldenwelt am bürgerlichen Kapitalismus und die europäische Götterdämmerung vorwegnehmen und die zugleich das alte Imperium, das Reichskriegertum der germanischen Stämme in der Blutrachesage verklären, — sie sind die alte vorkirchliche und vorchristliche Reichserinnerung der Deutschen. Die Verweltlichung der päpstlich-römisch-abendländischen Kaiserwelt in der österreichischen Musik empfängt also ihr Gegenstück in der Reichsmusik Wagners. Wagner vergeistlicht, verkirchlicht, verchristlicht die reine Kriegerwelt der Reichsstämme Karls des Großen. Der Parsifal hat deshalb Nietzschen angeekelt. („Ist das nicht Rom?") Aber der Weg Wagners war kein zufälliger.

Der *österreichische* Abschluß liquidiert die kirchlichen Größen:

Abendland
Weltgericht
Kloster
Papst
Kirche

mit steigender Säkularisierung in Österreich und in Wiens Musik:

Mozart (Requiem, Zauberflöte)
Beethovens Symphonieen bis zur neunten! Fidelio
Schubert Lieder. —

Der *reichsdeutsche* Abschluß aber rafft alle rein weltlichen Elemente:

die Nibelungengöttermythen
die Heldensage
die Stadtkultur
den Militärstaat
das Stammeskriegertum der Germanen

den Preußenmachtstaat zusammen zu einer steigenden Vergeistlichung in:

Bayreuth, Lohengrin, Tristan, Meistersingern, Nibelungen, Parzifal.

Dieser Abtausch hat also den Protestanten einen Zuwachs gebracht an Katholizität, an Seelengehalt, der den rein weltlichen Obrigkeiten der Stämme an sich — ohne Kirchenreformation — mangelte. Siegfrieds, des tumben Recken, des Helden, Verklärung ist und bleibt Wagners Tat, die aus der deutschen Geschichte nicht wegzudenken ist.
Aber diese Tat ist nicht eines einzelnen Übermenschen Tat. Sie ist kein „Geniestreich". Was auf den Namen Wagners, des protestantischen Norddeutschen, eingetragen steht im Buch der Geschichte, geschieht mindestens ebensosehr von Großvater Liszt über die Mutter Cosima zu dem Enkel Siegfried dank der Liebeskraft und Duldensfähigkeit aus dem feurigen, ritterlichen, ebenso katholischen wie adligen Ungarlande des Habsburgerreiches. Was in drei Generationen bewährt wird, ist unsterblich.
Dieser Verschmelzungsprozeß aufopfernder Tragkraft der Lisztschen Seele und kämpfender Leidenschaft des Wagnerschen Genius kommt durch eine geheimnisvolle Wahlverwandtschaft zustande, die auf dem Boden der Religionsparteien der Spannung zwischen Seele und Geist, zwischen evalicher töchterlicher Hingabe und Hans Sachsscher Meisterschaft entsprungen ist.
Und so ist in dieser Wahlverwandtschaft die schicksalhafte Zusammengehörigkeit der Mittelmächte noch einmal, durch die gewaltsame Großtat des Bayreuther Gesamtkunstwerks, bewährt worden.

„*Gesamtkunstwerk*“ hat mit Fug Richard Wagner diesen Religionsersatz genannt, durch den die Nation trotz ihrer Glaubensspaltung und trotz der Aufspaltung in preußische und habsburgische Einflüsse jenes unentbehrliche Gefühl eingeflößt bekam, an der Totalität des Weltlebens und der Weltgeschichte als Totalität Anteil zu behalten.

Es ist noch zu früh, die einzelnen Züge dieser Übertragung Deutschlands aus dem Schatten Preußens und Österreich-Ungarns in den Schatten der Vereinigten Staaten und Rußlands festzulegen. Aber Richard Wagner wird da sicher mehr auf die amerikanische, Nietzsche mehr auf die russische Linie gehören. Das rätselvolle Spiel, das zwischen Wagner und Nietzsche einerseits, Dostojewski und Nietzsche andererseits erkennbar wird, erhellt sich, wenn man den Blick auf die Zukunft richtet, die beide, Wagner und Nietzsche, mehr witterten als wußten. Bayreuth ist von Amerika akzeptiert worden, man ist versucht, zu sagen: es ist sogar für Amerika wie geschaffen. Denn Amerika ist ein nationaler Schmelztiegel wie Österreich-Ungarn zuvor. Daher zeigt Amerika gewisse Züge des alten Habsburg; es ist ein Tochterland.

Von Dostojewski und Nietzsche hat Urs von Balthasar in seiner „Apokalypse der Deutschen Seele“ gezeigt, daß einer sozusagen den anderen beschrieben habe, und daß sie in einem „Symblysma“ oder einer Gegenseitigkeit gesehen werden müssen. Den „Slawen“ hat Nietzsche fanatisch in sich selber finden wollen. Mag das eine Äußerlichkeit scheinen, so steckt doch dahinter seine Ahnung, ja seine klare Vorwegnahme einer Zeit, in der die einzelne Nation im Völkerkessel schutzlos mitten inne liegen werde.

Jedenfalls sind die rein deutschen Bilder Nietzsches und Wagners unbrauchbar. Pourtalés' Buch über Wagner und des Amerikaners George Morgan Buch über Nietzsche sollte jeder lesen, der diese beiden Geister bisher in der deutschen Geschichte behalten wollte. Nein, sie beweisen, daß die deutsche Geschichte des 19. Jahrhunderts fertig war, reif zum Begraben werden. Beide sind Entwurzelte, die das Ende Europas rochen und Deutschland aus Europa in die wirkliche Welt hinübergewiesen haben, Wagner, in der „Götterdämmerung“, begräbt das kapitalistische aber auch das nationalistische Europa. Nietzsche begräbt sich selbst, den deutschen Gebildeten, Akademiker, landeskirchlichen Protestanten. Beide aber tun das in einer offenen Verbindung mit der großen Welt. Denn Musik ist die universale Sprache der Menschheit und der Nihilismus die universale Krankheit der Zeit. Wagner spielt auf der Zaubergeige der Töne, Nietzsche aber impft sich freiwillig oder unfreiwillig mit allen Krankheiten des universalen Nihilismus.

Die Entwurzelung aus Europa ist nun allen Deutschen angetan. Dazu brauchen sie weder Wagner noch Nietzsche. Dennoch ist das freiwillig Getane nie umsonst getan. Denn allein die freiwilligen Leiden zählen, und ein Freiwilliger gibt Millionen erzwungenen Leiden Sinn.

Die „Götterdämmerung“ und die „Götzendämmerung“ sind dank Wagner und Nietzsche nicht nachträgliche Erfindungen, sondern die Geleitspapiere über den Abgrund, in den die Anpassungsmächte an 1688 und 1789, Preußen und Österreich versunken sind. Die neue Anpassung an die Weltkriegsrevolution wird naturgemäß nicht von Großmächten sondern von Weltmächten übernommen. Denn die Grenzen der Welt, in der die Deutschen wohnen, überschneiden sich. Statt der Naturgrenzen von 1789 hat das Fliegen alle Grenzen relativiert. Die Berliner Luftbrücke ist kein Zufall gewesen, sondern die erste Gelegenheit, bei der sich die neue Welt auf deutschem Boden abzeichnete.

DIE RUSSISCHE WELTREVOLUTION

XX. GETREIDEFABRIK UND ERDBALLSTAAT

1. Mütterchen Rußland in Zahlen

1900 zählte Rußland

Reichsteile	Quadrat-kilometer	Einwohner	auf 1 Quadrat-kilometer
Europäisches Rußland	4 889 062	93 442 000	19
davon Ostseeprovinzen	94 000	1 385 000	25
Kongreß-Polen	127 319	9 402 000	73
Finnland	373 612	2 673 200	8
Kaukasus	472 554	9 289 364	19
Sibirien	12 518 489	5 758 822	0,5
Zentralasien	3 504 899	7 746 718	2
Aralsee	67 769		
Kaspisches Meer	438 687,9		
	22 392 392	128 313 000	5,7

Die wichtigsten Nationalitäten	in Millionen und	Prozenten
Großrussen	55,7	44
Kleinrussen	22,4	18
Weißrussen	5,9	4,7
Polen	7,9	6,3
Bulgaren	0,2	
Deutsche	1,8	
Litauer	1,2	
Juden	5,1	4
Kirgisen	4,1	
Tataren	3,7	

Rußland zählte 1914 soviel Bauernwirtschaften als Frankreich 1789 Einwohner, rund 24 Millionen. Ein Sechstel der Erdoberfläche ist russisch. Das Gebiet ist vierzigmal so groß als Frankreich. Die im Frieden von Brest-Litowsk abgetretenen Randstaaten von Finnland bis Bessarabien sind etwa anderthalbmal so groß wie Deutschland gewesen.
Die Wolga hält das europäische Rußland als Verkehrsstraße zusammen. Ohne die Wolga wäre es nicht ein Land. An der Waldaihöhe umgeht ein kombiniertes System von 859 km Länge die Wasserscheide. Der Ort, an dem man vor dem Bau des Kanals die Schiffe auf den Schultern aus dem nach der Ostsee ab-

fließenden Stromnetz in das Wolganetz umsetzte, heißt darnach Wolotschok. 3578 km weit ist die Wolga schiffbar. In ihr Stromgebiet fallen anderthalb Millionen Quadratkilometer. Durch die Kanalsysteme zur Ostsee hin ist aber dies Gebiet noch erheblich vergrößert. Auf der geographischen Länge der Wolgalinie findet sich die letzte natürliche Verkehrsgliederung des europäischen Kontinents.

155, ja manchmal 174 Völkerschaften mit 125 Sprachen, 54 davon Gruppen auf eigenem Wohngebiet, zählen die bolschewistischen Statistiken auf der Fläche der Sowjetunion. Es waren also vor dem Weltkrieg noch mehr. Der Bevölkerungszuwachs wurde mit dem Eintritt europäischer Einflüsse beängstigend groß. 1894 zählte Rußland 126 Millionen Einwohner, das europäische Rußland allein ohne die Randstaaten und ohne den Kaukasus etwa 88 Millionen. Über zwei Drittel der Bevölkerung sind Russen.

Während in Frankreich vor dem Krieg auf 39 Millionen Einwohner 87 000 Juden kamen, gab es in Rußland einschließlich der Randgebiete 5,25 Millionen Juden, davon aber die Mehrzahl in den Randgebieten; im heutigen Rußland schätzt man die Zahl auf drei Millionen, die aber in einigen Landesteilen früher gewaltsam zusammengedrängt auch heut noch so hausen.

84,6 Prozent des Bauernlandes waren in Gemeinde- und nur 15,4 Prozent in persönlichem Besitz. Der Gemeindebesitz ist eine Haftungsgemeinschaft, um die auf das Land gelegten Zahlungen durch Solidarhaft zu sichern. Der Mir war eine Pflicht, kein Recht. Die Verteilung hieß daher Ab- und Aufwälzung der Seelen.

Als Maßstab bei Umteilungen galt die Arbeitskraft eines arbeitsfähigen Ehepaares (Tjaglo) oder die „männliche Seele“ oder wurde nach Essern, nach gutem Willen, nach Seelen schlechthin gemessen.

Die neue Besitzverteilung durch die Bauernbefreiung von 1861 wäre im Jahre 1932 ganz durchgeführt gewesen.

22 Millionen „Revisionsseelen“ sind 1861 befreit worden; 6,3 Hektar Land, also 25 Morgen kamen auf die Seele, 140 Millionen Hektar sollen verteilt worden sein. 1917 haben sich die Bauern weitere 100 Millionen Hektar angeeignet, und die Bolschewiki haben das sanktioniert. Doch war über ein Drittel dieses Landes bereits vorher Pachtland. So kommt es, daß nur 212 Millionen Hektar im ganzen in landwirtschaftlicher Nutzung stehen sollen.

85 Prozent der Bevölkerung lebten in der Landwirtschaft. Doch waren darunter nicht weniger als 7,5 Millionen nebenbei in hausgewerblicher Zusatzindustrie tätig, der sogenannten Kustarnaja Promyschlennostj.

21 Gouvernements litten Mangel an Getreide, 10 balancierten, und 29 hatten Überfluß.

Von 1000 Einwohnern Rußlands waren 891 Analphabeten, während z. B. in Finnland Schulzwang bestand, es also praktisch keine Analphabeten gab.

Von den Zeitungen und Zeitschriften, die 1895 erschienen, brachten Moskau und Petersburg 342 heraus, das ganze übrige Land nur 460.

Auf einen Quadratkilometer kamen in Rußland im Durchschnitt 20,8 Seelen gegen 40 in den menschenleersten Kreisen Schlesiens. Nur die Gouvernements Moskau, Kiew, Charkow, Tula, Orel, Rjasan, Podolien und Kursk waren nennenswert stärker bevölkert als diese (über 50 auf den Quadratkilometer).
Für den Kriegsfall rechnete man mit einem Heere von 3 Millionen. Im Weltkrieg haben 15 Millionen die Uniform getragen. Doch mußten viele davon unbewaffnet bleiben aus Mangel an Gewehren und Munition.
Das Klima zeigt Temperaturen, die in anderen europäischen Ländern unbekannt sind, besonders nach unten. —30° Celsius werden in ganz Rußland außer der Krim erreicht. Doch sind —40° und in Sibirien —50°, —60° und mehr auch auf längere Zeiten bei stiller trockener heiterer Witterung keine Seltenheit.
950000 qkm im mittleren und südlicheren Rußland sind Tschernosem, Löß, Schwarzerde und daher besonders fruchtbar. Südrußland ist Steppenland, ohne allen Wald, und die Versandung ergreift hier jährlich neue Landflächen.
Dies Land ist auch sonst nicht in Bebauung. Es ist in einer ungeheuren Bewegung.

2. Die russische Expansion

Rußland hatte im	14. Jahrhundert	560 000 qkm
	16. Jahrhundert	8 720 000 qkm
	17. Jahrhundert	14 392 000 qkm
	18. Jahrhundert	17 080 000 qkm
	19. Jahrh. (1885)	22 311 992 qkm

Dieses Land marschiert. Alljährlich wandern seine Bauern weiter. Die Steppe wächst, aber die Kolonisation neuer Ländereien wächst noch stärker. 1581 kam mit der Feste Sibir das asiatische Rußland dazu. Der Bauer wandert. Er ist kein Bauer im westlichen Sinne. Denn er bleibt bereit zu wandern. Der Zarismus ist oft hinter den Eroberungen des Bauern hergehinkt. Die russische Expansion ist kein Werk der Regierung allein.
Die Regierung steht nur vor der Frage, dies unabsehbare Land zu organisieren.
Die Landfrage ist die Frage Rußlands. Schon 1879 lautete das sozialistische Programm, dem auch die meisten Liberalen zustimmten, in Punkt 4: Sozialisierung des Landes.
Das muß so sein in einem Bauernlande, das vom Kapitalismus nur eben zu Akkumulationszwecken aufgezehrt werden kann.
Jede neue Fabrik bedeutet Zerstörung einer Hausindustrie des Bauern, jede kapitalistische Landnahme Enteignung, jede Exportsteigerung Umwandlung des Selbstproduzenten in den Warenproduzenten, finanzielle Eingliederung in den Kapitalsprozeß durch Hypothekenschulden usw.
Nun lebt das Wirtschaftssystem des „Fortschritts“ von dem Vorhandensein

nichtkapitalistischer Wirtschaften, die es doch einbeziehen kann. Es ist ein eroberndes System. „Der Kapitalismus ist die erste Wirtschaftsform mit propagandistischer Kraft, eine Form, die die Tendenz hat, sich auf dem Erdrund auszubreiten und alle anderen Wirtschaftsformen zu verdrängen. Es ist aber zugleich die erste, die allein, ohne andere Wirtschaftsformen als ihr Milieu und ihren Nährboden, nicht zu existieren vermag.“ (Rosa Luxemburg.)
Dieser innere Widerspruch des Kapitalismus, ständige Expansion und zugleich Zerstörung der Kaufkraft der Produzenten stößt nun in Rußland auf einen ebenso großen Widerspruch: ungeheure Expansion des Landes bei Fehlen jeder Durchorganisation.

Als Formel:

Den Kapitalismus *interessiert* die Mobilmachung der Waren, der Produkte,
er *vernachlässigt* die damit verbundene Mobilisierung der Produzenten,
die Proletarisierung.

Das alte Rußland *interessierte* die Mobilisierung der Produzenten, die
ständige Bauernflut,
es *vernachlässigte* die Mobilmachung der Güter, die Warenproduktion.

Nirgends stießen zwei so extreme Welten aufeinander als der städtisch expandierende Kapitalismus und das Mütterchen Rußland der „Bauernexpansion“.
Der Aufprall der Ideen von 1789 auf die russische Expansion hat diese zu denaturieren und in eine imperialistisch-kapitalistische Expansion zu verwandeln gesucht. Aus diesem Konflikt entspringt die Revolution.
Die französische Revolution hat die Runde durch ganz Europa gemacht. Sie hat den Nationalstaat überallhin gepflanzt, die Herrschaft der Hauptstadt über das Land, die Befreiung des Bürgertums von Adel und Geistlichkeit. Sie ist auch nach Rußland vorgedrungen. Und hier ist sie zum Stehen gekommen. Zweimal ist das geschehen. Wie jede Revolution kam auch die von 1789 in doppelter Form zu den Völkern: im Krieg und im Frieden. Ihr kriegerischer Wegbereiter war Napoleon. 1812 kehrt er in Moskau um. Hier ist kein Land, das er mit dem Bazillus der Ideen von 1789 impfen kann, wie Westfalen oder Venedig oder Polen. Und darauf am meisten beruht wohl die Schicksalswende des Zuges nach Rußland. Nicht militärische Entscheidungen, nicht der Brand von Moskau haben Napoleon wirklich vernichtet, er steht 1813 ungebrochen da. Und dennoch ist von allen Zeitgenossen der Zug gegen Rußland als die Wende empfunden worden. Die Kaiserideologie des Feldherrn stieß hier in einen Leerraum, in den ihn die Taten und Ideen der Revolution von 1789 nicht mehr hineinbegleiten konnten. Dies griechisch-orthodoxe Land leidet weder unter Kirche noch unter Adel. Es hat ganz andere Leiden als die Bürger von Frankreich. So ist der Zug gegen Rußland sinnlos. Und nichts wirkt so erschütternd, wie das Entdecken politischer Sinnlosigkeit einer heroischen Tat.
Der Friedensweg der Ideen von 1789 nach Rußland hatte schon im 18. Jahr-

hundert begonnen dank der „Aufklärung". Seit 1815 aber erfolgte auch die politische Wirkung. Schon 1825 versuchten die Dekabristen die Garde von Petersburg für einen Staatsstreich des Großfürsten Konstantin zu gewinnen. Hoch Konstantin! rufen die Gardisten, und hoch seine Frau, die Frau Konstitution! So sah der erste geistige Import der Ideen von 1789 aus.
Aber die Zeit marschiert. In Petersburg erscheint der europäische Bote und verbreitet als Licht aus Europa in dies russische Nichteuropa hinein in erster Linie Französisches. Joseph de Maistre schreibt damals in seinen Abenden von St. Petersburg: Rußland ist wie eine gefrorene Leiche, die furchtbar stinken wird, wenn sie auftaut.
Die französischen Ideen bemühen sich sie aufzutauen. Die Aufhebung der Leibeigenschaft 1861 in Rußland imitiert die Zerstörung des Feudalstaates von 1789. Der Zarbefreier hat damit nicht den Feudalstaat zerstört, sondern nur die französische Revolution verhaßt gemacht. Denn diese Idee von 1789 sah in Rußland so aus, daß die Bauern persönlich frei wurden, ohne zu wissen wohin. Auch wenn man sie viele Jahre beim Militär hielt, war das doch noch kein genügender Abfluß. In den Städten war für sie nichts zu holen. Das eigentliche Rußland hatte bis 1914 ein bißchen Industrie in Moskau und Petersburg, völlig belanglos für die Masse des Volkes, wichtig nur als Ergänzung der Intelligenz, zu der diese Industrieproletarier sogleich als die andere revolutionäre Hälfte stießen.
Den Bauern hat der Zarbefreier begehrlich, haltlos, landgierig, böse gemacht. Die Aufhebung der Leibeigenschaft von 1861 war eine Mißhandlung des Bauern, der aus der Obhut eines persönlichen Herrn kam, ohne von irgendwelchen Ordnungen, sei es der Fabrik, sei es des Staates erfaßt und ergriffen zu werden. Das Bauernlegen beraubte ihn seines Landes. Die Bauern haben seit 1861 hartnäckig darauf gewartet, daß der Zar ihnen das Land geben werde. Viele kauften durch Jahre keine Parzelle, weil sie darauf warteten. Der Zar mußte wiederholt erklären lassen, dergleichen sei nicht zu erwarten. Ein Minister, der das erklärte, beging wenig später Selbstmord. Die Bauern behaupteten, der Zorn des Zaren habe ihn getroffen. Der Bauer ist also seit der „Freiheit" in Gärung. Die Freiheit ist der Fluch dieses Bauern. Also wird er gegen diese Freiheit Revolution machen. Er wird nach Ordnung verlangen. Wirtschaftsordnung, Gesellschaftsordnung lautet der Ruf der russischen Revolution, weil „Freiheit" für ihn nur Unordnung war.
Aber die Ideen von 1789 fassen weiter. 1889 spielt die Kapelle des Zaren die Marseillaise, das Lied der Revolution. Rußland horcht auf. Diese Romanows mit den griechischen Namen Alexander und Nikolaus und Konstantin, die angeblich das Kreuz auf der Hagia Sophia in dem alten Byzanz, in Konstantinopel aufpflanzen wollen — sie verbinden sich mit der französischen Republik. Zu Ende also ist die heilige Allianz, diese Verkörperung der Legitimität und des Kampfes gegen 1789, deren Seele Alexander I. gewesen, und an der Wilhelm I. von Preußen bis 1888 von seinen Jünglingsjahren her noch hing.

Und mit dem Bündnis kamen die Anleihen an der Pariser Börse. Kokowzow, der Premier, schrieb dem Kriegsminister Sasonow am 17. Juni 1913, der Vorsitzende der Pariser Börsenmakler de Verneuil biete Kredite an, falls der Effektivbestand der russischen Armee in Friedenszeit erheblich vergrößert werde und falls die strategischen Bahnen gebaut würden. Man muß freilich beachten, daß immerhin die Eisenbahnen durch die unermeßliche Steppe vorher gebaut wurden; 38 Jahre nach der Durchquerung der Vereinigten Staaten von Nordamerika war 1903 die transsibirische Bahn bis Wladiwostok fertig geworden; 1905 entstand der Plan der Turk-Sib, den die Revolution verwirklicht hat.

Rußlands Bedeutung für die Welt war schon früh das Holz gewesen. Das Holz auf den Flüssen geflößt, konnte verschifft werden. England braucht schon im 19. Jahrhundert russisches Holz und interessiert sich deshalb politisch für Rußland.

Aber auch die regierende Klasse kommt als Exporteur zu ihrem Geld. Der Holzhandel und später die Getreideausfuhr geben den Zaren, den Großfürsten, dem Hochadel die großen Revenuen. Als Exporteure haben sie ein Interesse daran, das Land zu organisieren. Die Triebfeder für die Regierung des Landes ist daher eben die Ausbeutung für den Export nach Europa. Dies ist ein unnatürliches Prinzip. Kein anderes Land wird so von außen her an Europa heran organisiert. Alle anderen haben eine eigene Ordnung von innen her. Es ist das Schicksal des slawischen Ostens, von Europa her und um Europas willen gegliedert worden zu sein.

Die künstliche Anorganisierung dieses Gebietes kann also noch am ehesten von außen her erfolgen. „The czarist state was a state whitout a people . . . chiefly interested not in Russia but in Europe, in foreign politics, in the prestige or territory which it could find abroad.“ Nur hier können die Überschüsse entstehen, die eine Zentralisierung wirksam zu finanzieren vermögen. Man hat oft bemerkt, daß Rußland Ablenkung von seinen inneren Nöten in äußeren Kriegen gesucht habe. Aber der Grund ist die Unmöglichkeit, dies Gebiet von innen her mit den alten Mitteln so zu regieren, daß es eine Zentralregierung ernährt. Es war ein Koloß auf tönernen Füßen. „Das russische Staatsbudget erweist seine Verfasser nicht als die Steuerleute, Minister und Schiedsmänner einer Nationalwirtschaft, sondern als eine Junta von Privateigentümern, Schuldenmachern und Alkoholverkäufern, deren ausschweifende Geschäfte zwei Unheilsketten vereinigen: Jedes denkbare Unheil, das man dem steifsten Staatssozialismus nachsagen könnte, und die Gifte eines Geistes, der jeder Form von Sozialismus fremd ist, nämlich Heimlichkeit, Räuberei, Unehrlichkeit, die sogar bei den amerikanischen Trusts nicht zu finden sind[1]).“

Die Angliederung großer Ländermassen im Westen war daher das erste der russischen Zaren, sich eine Basis ihrer Herrschaft zu schaffen. Finnland, Balten-

[1]) Übersetzt aus G. H. Perris, Russia in Revolution. London 1905, S. 136.

land, Litauen und Polen, Bessarabien und der Kaukasus waren verkehrsfähige Länder, geographisch gegliederter; kulturell waren diese Länder durch all die Formationen europäischer Bewirtschaftung als Ordensland, Fürstenstaat, Adelsrepublik bereits hindurchgegangen. In Russisch-Polen waren 1892 von 43 000 Ortschaften fast 500 Städte (obwohl dies russische Drittel wiederum der städteärmste Teil ganz Polens war). Im eigentlichen Rußland aber waren von 486 000 Ortschaften 650 Städte. Also ein Tausendteil Städte in Rußland gegen ein Hundertteil im Randgebiete!

Der Besitz der Randstaaten hat daher den Großrussen für die ersten hundert Jahre die Organisation des eigentlichen russischen Gebietes erspart! Diese blieb hinausgeschoben. Mit gutem Grund. In ihrem eigenen Gebiete fanden sie vor: eine Kirche des ersten Jahrtausends, unberührt von allem, was seit Allerseelen 996 im Abendlande passiert war. Sie fanden vor Kirchen ohne Kanzeln, denn das Predigen ist nur im Abendlande obligatorisch. Und so verharrt auch ohne kirchlichen Anruf der abergläubische Dörfler. Sie fanden ein Land ohne Schulmeister und „Bildung“, ohne Städte und ohne Bürgertum und ohne politisch verantwortlichen Adel. 1914 kamen 891 Analphabeten auf 1000 Einwohner. Dieser geistig mittellose Dörfler wohnt in einem unheimlichen Lande, in dem jährlich 200 000 qkm versanden, in dem ein Viertel des Landes Sumpf, Moor, Unland ist. Kein hohes Gebirge gliedert das Land. Keine erhebliche Wasserscheide setzt Grenzen und Einteilungen.

In diesem Lande zieht also die Natur mit Macht nach unten zum Verfall hin — sie tut es überall auf der Erde, aber je kontinentaler das Land ist, desto umfassender ist diese Dekadenz. In diesem Lande ist die Natur gewiß nicht „gut“ wie eine wärmere Sonne die Väter der französischen Revolution glauben machen konnte. In Rußland ist die Natur verheerend und sie bedrückt Menschen. Dieser russische Mensch ist aber auch kein Bauer im Sinne des Westens. Kein Benediktinerkloster hat ihn angeleitet zu kultivierter Wirtschaft. Der russische Dörfler ist ein Halbnomade, der in Feldgraswirtschaft möglichst extensiv wirtschaftet, recht viel Hausierhandel treibt und bereit ist, den Staub von den Füßen zu schütteln, wenn die Steppe heranrückt. Er ist nicht schollenfest. Er ist durch kein erhebendes Erlebnis des Geistes mit seiner Erde dauernd vermählt worden. Er verkauft seinen Mist dem deutschen Kolonisten, dem dummen und so unbegreiflich fleißigen Nemez, denn weiß Gott, dieser verfluchte Kerl nimmt alles so ernst, als siedle er für die Ewigkeit. Dies flüchtige Geschlecht hat nur die Knute der Leibeigenschaft auf den großen Herrensitzen zu intensiver Kultur angehalten. Ein Fürst Galizin konnte 516 Weinsorten ganz Europas auf seinem Besitz in der Krim züchten. Den Bauer im westeuropäischen Sinne hat erst das 19. Jahrhundert, erst in den deutschen Kolonisten, zuletzt mit Hilfe der Stolypinschen Agrarreform hervorgebracht. Aber dieser behäbige, selbständige Bauer, der Kulak, ist ein Importartikel des Westens. Deshalb hat die russische Revolution auch ihm, dem Kulaken, den Prozeß gemacht.

Das Land blieb feindliche Natur bis 1905. Man exportierte aus Südrußland Getreide; aber gleichzeitig wütete in den Gebieten der schwarzen Weizenerde Hungersnot. So recht das Gegenteil zu der Getreidewirtschaft Frankreichs, dessen blühende Landwirtschaft weder ein- noch ausführt und dessen Gebiet zu Europäisch-Rußland wie 1:9, zu ganz Rußland wie 1:40 sich verhält.

Auf diesen russischen Kontinent wollte man nun die französische Wirtschaftsverfassung von außen draufstülpen. Die westliche Bourgeoisie hielt ihren Einzug am glanzvollsten in Petersburg. Kriegslieferungen und Rüstungsindustrien (Tuche und Kanonen) machten den Anfang. Die Großfürsten wurden an großen Holzlieferungen am Yalu in Korea interessiert, und der Russisch-Japanische Krieg begann.

Auf einer eingleisigen Bahn wurde das Wunder vollbracht, den Japanern eine große Armee entgegenzustellen. Mit dem Verlust dieses Krieges war aber das organisatorische Prinzip Rußlands in doppelter Richtung unmöglich geworden. Weder die bloße Exportfinanzierung des Staatsapparats war nunmehr offen — schon die Kriegsschulden ließen sich so nicht mehr decken — noch hielt die ergänzende Stütze der einverleibten alten europäischen Randgebiete mehr stand. Denn ein Krieg kann mit den Mitteln einer allgemeinen Wehrpflicht nur geführt werden, wenn die Soldaten mittun. Diese Randgebiete waren aber seit der Kapitulation vor den Ideen von 1789 unter Russifizierungspolitik gesetzt. Lächerlich wie es war — Petersburg beanspruchte, als ob es Paris sei, Liebe und Verehrung für die russische Sprache auch in Städten wie Tiflis, Riga und Warschau. Diese Russifizierung brachte den Randgebieten zum Bewußtsein, daß sie aufhören sollten, bloß der Zarenkrone einverleibt zu sein (der Zar regierte bis dahin als Großfürst in Finnland, als Herzog in Kurland usw. nach einheimischem Recht). Nun sollten sie einem von Petersburg ausgesandten, schlechter gebildeten russischen Oberlehrer sich fügen, sollten statt in Dorpat in Petersburg Theologie studieren. Dieser nachgeäffte Nationalismus entfremdete die westlichen Gebiete. Ein sinnloser Krieg, wie der von 1904/05, mußte ihnen ein unerträgliches Blutopfer dünken. Einmal kann eine solche Leistung verlangt werden, weil wir Menschen erst während des Tuns und nachher merken, was wir tun und wozu wir verführt worden sind. Aber mit dem Russisch-Japanischen Krieg wurde ein neuer Einsatz der Randstaaten für den Kriegsfall bereits problematisch. Einmal und nie wieder: war die Lehre dieses Krieges.

Ein Umschwung mußte kommen; das fühlten alle 1904 in Rußland, auch der Zar. Die Partei der Sozialrevolutionäre ist der reinste Ausdruck der innerrussischen Krise. Sie war relativ rein aus der russischen Not erwachsen. Sie ging aus von der Bauernnot und bejahte das Recht der Bauern auf Übereignung des Herren- und des Staatslandes. Sie wollte eine soziale Revolution, wie ihr Name sagt. Aber sie ging aus von den individuellen Nöten des leidenden russischen Menschen. Sie will von ihm aus das Unglück beseitigen. Sie hat nicht Rußland, sondern das russische Dorf als Ausgangspunkt ihrer Wünsche. Das ist die Schwäche der Sozialrevolutionäre. Sie sind zwar die seelisch Auf-

geschlossenen, die Ergriffenen. Aber sie wollen das einzelne russische Dorf erlösen. Aber nur die Erlösung der einzelnen Seele kann einzeln geschehen. Das Schicksal des Dorfes kann man nicht außerhalb der Weltgeschichte lösen. Denn soziale Gebilde können nur im Wandel der Gesellschaftsordnung umgebildet werden. Der Kern des sozialrevolutionären Programms verändert nicht die Urform der Gesellschaft. Die Sozialrevolutionäre sind die reinen, die echten Russen, die dem Mütterchen Rußland mit einer gewaltigen sozialen Umwälzung an allen Ecken und Enden helfen wollen. Aber sie sind keine Berufenen, sie stehen nicht in der Dialektik der Weltgeschichte.
Über sie muß ein Geist kommen, der stärker ist als sie, der ein Prinzip in die Welt bringt, das jenseits von 1789 einen Weltzeitraum begründet, indem es das russische Dorf erlöst. Der Kontinent, der zehn-, der vierzigmal Frankreich an Größe übertreffende, soll sich verfassen. Rußland muß sich organisieren können von innen her, statt wie bisher immer nur von außen. Das ist das Rätsel seit 1904, wie diese Organisation das Innere dieses Riesen soll ergreifen können, so daß er von innen heraus zur Einheit werden kann. Dieser Riesenkörper hat Menschen im Überfluß. Die Bevölkerung wächst im 19. Jahrhundert im übermäßigen Tempo. Der Mensch ist wertlos in Rußland, in einem dem Abendlande unbekannten Grade. Im Weltkrieg sind wohl 15 Millionen Russen umgekommen, 10 Prozent der Gesamtbevölkerung, gegen 2,5—3 Prozent in den anderen kriegführenden Ländern. Aber 1930 gab es 20 Millionen mehr Einwohner als 1914! Rußlands weltgeschichtlicher Vordermann Frankreich geht vom unersetzlichen Wert des einzelnen Menschen aus. An der Spitze seiner Ideen stehen die Menschenrechte. Und diese heißen französisch wohlgemerkt nicht droits des hommes, sondern droits *de l'homme!* Paléologue, Frankreichs Botschafter in Petersburg während des Weltkrieges, drückt in seinem Tagebuch seine Verzweiflung aus, daß er den Russen den Unterschied zwischen dem Heldentod eines jungen Franzosen und dem Verlust bloßer russischer Muschiks nicht klarmachen kann! Sie sind darüber beleidigt, und doch hat er recht!
Diese Wertlosigkeit des Menschen in Rußland macht die Pläne der Sozialrevolutionäre für das einzelne Dorf zunächst so unfruchtbar. Ohne ein neues Bild des Menschen keine Revolution, keine neue Ordnung. In Rußland aber fehlt dies Bild. Wie in allen zurückgebliebenen Ländern braucht die Arbeit daheim die Befruchtung mit der Windsaat der vorangehenden Weltwende.

3. Die Intelligenz

Bruchstücke einer russischen Literaturgeschichte

„Die russische Nationalliteratur hat in der Entwicklungsgeschichte Rußlands eine höhere Bedeutung als irgendeine andere Literatur für das Volk, in dem sie entsteht. So ist es wenigstens seit Peter dem Großen. In allen europäischen

Staaten tritt die Bildung sozusagen als letztes Wort der sozialen und politischen Kämpfe der Korporationen und Stände auf. Umgekehrt ist es in Rußland. Da fängt das politische Leben erst auf dem Umweg über die Bildung an. In Europa werden die Parteien durch ständische und korporative Interessen gebildet. Diese Gruppen wählen und gründen die Organe. In Rußland sind es die Presse und die Organe der Literatur, welche neue Parteien ins Leben rufen und ihre Existenz bedingen.
Während in Europa jedes wirkende Individuum Repräsentant eines Standes oder einer Korporation war und durch sie oder ihre Rechte unterstützt wurde, vermochte in Rußland immer der einzelne nur als solcher zu wirken, nicht als Repräsentant einer Gattung. Solche Leute gingen aber in der Geschichte Rußlands vor Peter dem Großen fast spurlos verloren. Erst die vom Westen hereindringende Bildung schuf dem Einzelnen Wege zur gesellschaftlichen Wirkung. Nur literarischer Gedankenaustausch ermöglichte dem Einzelnen, Einfluß zu gewinnen. Deshalb übte der Dichter und der Literat in Rußland von jeher so großen Einfluß. Nur wenige von den bedeutenden Geistern haben ungestört durch die Verbannung und administrative Maßregelung ihre Tage beschließen können. Die Herrscher umgekehrt propagierten ihre Reformen durch literarische Erzeugnisse. Peter der Große veranlaßte Theateraufführungen, in denen er die Gegner seiner Reformen persiflierte. Katharina II. gründete satirische Journale und schrieb selbst Theaterstücke und Abhandlungen. (Noch heute hat die Sowjetzeitung täglich ihre Karikaturenbeilage!)
In Rußland gruppiert daher von jeher die Bildung die Menschen und erregt sie zu politischer Wirksamkeit. Man konnte jahrelang in einem Kreis verkehren, ohne auch nur zu ahnen, ob dieses oder jenes Mitglied adligen oder anderen Standes sei. Man fragte nur, welcher Bildungsrichtung es angehörte. Daher gibt es so auffallend viele Revuen im alten Rußland. Um diese Revuen, die monatlich erscheinen, oft im Umfang von 2 bis 300 Seiten, gruppieren sich die eigentlichen sozialen Parteien. Deshalb ist die schöne Literatur der Kampfplatz der Politik. Die ästhetische Würdigung ist eine Unmöglichkeit. Die Zensur hat ferner zu einer wahren Kunst geführt, zwischen den Zeilen zu schreiben und zu lesen. Die Virtuosität darin ist so groß, daß die Regierung sich oftmals veranlaßt fand, gegen Schriftsteller, deren Schriften bereits die Zensur passiert hatten, doch noch auf administrativem Wege einzuschreiten und sie für den verborgenen Sinn ihrer Schriften zu maßregeln.“
Peters des Großen gewaltsame Reformen, das Ausbilden von neuen Kräften in der Person junger Leute, die im Ausland oder von Ausländern erzogen wurden, hatte eine merkwürdige Folge: die russische Literatur beginnt sofort mit der Satire, mit der Kritisierung gegebener Verhältnisse und nimmt also eine negative und zugleich belehrend-didaktische Richtung.
„Gleich der erste Dichter Fürst Kantemir (1708—1744) ist in Paris erzogen, und die Pariser Bildung läßt ihm die gesellschaftlichen Zustände daheim wunderlich erscheinen: er wird zum Satiriker. Epochemachend wirkt dann Ka-

ramsin (1765—1826). Er wird zu seiner Ausbildung nach dem Westen geschickt und veröffentlicht gleich nach der Rückkehr 1791—1792 seine berühmten Briefe eines russischen Reisenden, aus denen ein ganz neuer Geist weht. Bis dahin kannte man die europäischen Verhältnisse und großen Männer der Kunst und Wissenschaft nur aus mangelhaft übersetzten Büchern. Jetzt führte Karamsin Natur und Gesellschaft des Westens in treuen und lebensvollen Schilderungen vor. Das persönliche Zusammentreffen mit den Koryphäen der europäischen Wissenschaft und Literatur stellte den Leser sozusagen von Angesicht zu Angesicht mit diesen westlichen Zuständen. Karamsin gründete die Monatsschrift des europäischen Boten (Westnik Jewropy)."

Die Napoleonischen Kriege hatten eine große Wirkung auf das Nationalbewußtsein. Namentlich war der Zug des russischen Heeres durch ganz Mitteleuropa bis nach Paris von Einfluß auf die große Zahl gebildeter Russen, die bei der Armee standen. Was bedeutete es doch, daß am 15. April 1814 das Te Deum der Verbündeten auf dem Place de la Concorde in Paris von sechs griechischen Priestern zelebriert wurde, für die Ansteckung der russischen Intelligenz durch die Königin des Westens.

Was Karamsin berichtet hatte, konnte nun jeder an sich selbst erfahren. So kam die Jugend mit neuen Ideen zurück und wieder ging sie in die Literatur. Denn auf dem Gebiete praktischen Wirkens war für sie kein Platz. Die Neuerer kämpfen trotz Zensur, Verbannung und Kerker. Und 1825 beginnt im großen Stil das Martyrium des russischen Geistes. Die Dekabristen werden nach Sibirien verschickt, und ihre Frauen begleiten sie. Diese Kameradschaft der Frauen ist seitdem für den Verkehr der Geschlechter in Rußland immer bedeutsamer geworden. Leidensgefährtin ist die Frau in den Kreisen der Gebildeten und eben daher durchaus auf der Stufe schlichter Gleichberechtigung, weder über noch unter dem Manne stehend, sondern seinesgleichen. Die Tatjana in Puschkins Ewgenij Onegin ist die erste dichterische Gestaltung dieser Russin.

Der Dichter Rylejew, der Wortführer dieser Generation endet 1826 durch den Strang. Bestuschew, der Fürst Odojewski, Poleschajew endigen ihr Leben in der Verbannung, in den Bergwerken Sibiriens oder im Kaukasus zu gemeinen Soldaten degradiert. Alexander Puschkin entgeht nur durch ein Wunder der Verbannung nach Sibirien und wird auf seinem Gut unter Polizeiaufsicht gestellt. Wie jeder, der dem Bürokratismus und Militarismus nicht huldigt, für politisch gefährlich und schließlich für wahnsinnig erklärt wird, schildert nach 1825 die Komödie „Das Unglück klug zu sein" (Gore ot uma), deren Titel bezeichnend ist für das Mißverhältnis zwischen der vorausstürmenden Intelligenz und dem russischen Alltag.

Diese Intelligenz trägt einen Westlerkopf, auch wenn sie dialektisch in sich in Westlinge (Zapadniki) und Slawophile zerfiel. Sie bildet sich trotz schwersten geistigen Drucks. Damals wurde in den Lehrbüchern die Geschichte der französischen Revolution gestrichen. Unter diesem Druck beginnt die Epoche einer Verzweiflungsliteratur. Lermontows „Held unserer Zeit“ peinigt sich und andere in bitterem Groll und geht gleichsam an sich selbst zugrunde. Denn er findet keine Verwendung für sich in Rußland. Alexander Herzen zieht die Konsequenz. Er veröffentlicht 1843 sein „Wer ist schuld?“ Hier verläßt sein Held, der vergebens nach einer größeren Tätigkeit strebt, Rußland und versinkt im Auslande einem vornehmen Müßiggang. Nikolaus Gogol eröffnet den Reigen der Romanschreiber, die als „Enthüller“ der gesellschaftlichen Schäden auftreten.

Das Unglück des Krimkrieges und der Tod Nikolaus' I. eröffnen die Schleusen. Die angestauten Fluten ergießen sich. Man lebt wie im Fieber der Revolution. Herzen läutet seine Zeitschrift „Die Glocke“. Er erteilt im Londoner Exil wie ein Regent seine Audienzen. Die höchsten Würdenträger besuchen den „Verbrecher“ ehrerbietig.

Turgenjew schreibt den „Vorabend“ und 1861 „Väter und Söhne“. In diesem Buche wählt der Held Basarow für sich den Namen des *Nihilisten.*

„In voller Verzweiflung schrieb Turgenjew 1867 seinen ‚Rauch‘, worin er Väter und Söhne, alle Parteien und Schichten der gebildeten Gesellschaft bankrott erklärt.“

„La période de 1860 à 1870, on peut le dire, vit presque uniquement une seule et même question agiter les couches intelligentes de la société Russe: celle de la scission dans les familles entre jeunes et vieux[1]).“

Nun tritt eine Wendung ein. Die gebildete Gesellschaft ist bankrott. Geistig ist alles durchgekämpft und durchgedacht. Die ganze Bildung stürzt sich verdürstet und verschmachtet auf den Sozialismus, der aus Literatur Propaganda macht. Indem er das Klassenbewußtsein des Proletariats fördert, gibt er in Wahrheit den Gebildeten die Aufgabe, dies Klassenbewußtsein zu predigen und zu wecken. „Wenn wir nichts erreicht haben werden, so werden wir doch wenigstens dem Proletariat das Bewußtsein seiner Klassenlage vermittelt haben“, tröstet sich nun der Intellektuelle, aber noch ist kein Proletariat im marxistischen Sinne da, sondern nur der Marxismus in der Gesellschaft der Literaten. Turgenjew schildert diesen Marxismus schon 1876 in seinem „Neuland“, Tschernyschewski hatte schon 1863 zu ihm aufgerufen in seinem „Was tun?“, dem Roman, der ihm zwanzig Jahre Sibirien eintrug.

Man weiß nun, was man zu tun hat. Man „geht ins Volk“, man treibt Propaganda statt Literatur. Auf diesem unterirdischen Kreuzzug begleiten wir die Revolutionäre später. Aber noch wird der Literatur ein Menschenalter oberirdischen Wirkens vergönnt, ein Menschenalter, in dem Rußland Europa mit unsterblichen Meisterwerken beschenkt. Jedoch die Literatur wird um so viel mehr ein Geschenk an die übrige Welt, als jener unterirdische Kreuzzug vorwärtsgeht.

Und zuerst Dostojewski, dann Tolstoj und zuletzt Gorki liefern die Bilder

---

[1]) Sophie Kovaleiskaja, Souvenirs de L'Enfance. Pairs 1895, S. 99.

aus diesem zu erobernden Volke in ihren Romanen, die immer näher heranführen an den Alltag des russischen Bauern, Kleinbürgers, Soldaten, Sträflings.
Die Titel der Romane sprechen für sich selbst: Der Idiot, die Beleidigten und Erniedrigten, Memoiren aus dem toten Hause (d. h. aus der sibirischen Zwangsarbeit), die Dämonen. In den Brüdern Karamasow verklärt sich die erste, von Dostojewski verkörperte Stufe dieser Schilderungen: Dostojewski ist noch nicht an der ökonomisch-marxistischen Wendung seit 1870 beteiligt. Die große unsterbliche Vorstellung seines Buches mündet in die Weisheit des Starez aus: Nicht die Kirche wird Staat, sondern der Staat wird Kirche, begreifen Sie das wohl! Der Militär- und Polizeistaat wird von ihm bereits preisgegeben.
Aber es fehlt bei Dostojewski die Gesellschaft als Ordnung der ökonomischen Verhältnisse. Er nennt noch Kirche das, was heraufzieht. Und da geschieht etwas Furchterregendes. Die Linie zwischen dem Propheten christlicher Liebe und dem Propheten russischer Vorherrschaft wird unerkennbar; deshalb ist Dostojewskis nachgelassenes Werk „Tagebuch" die Vorstufe des „Cominform Journal" genannt worden: Reine Propaganda!
Die zweite Stufe repräsentiert Tolstoj; nachdem er die alte Gesellschaft hinreißend in Krieg und Frieden und Anna Karenina gezeichnet hat, wendet er sich der Bauernwelt zu. Ethisch durch eine reine Anwendung der Bergpredigt will er die Fragen der bäuerlichen Welt und der russischen Gesellschaft lösen. Staat und Kirche, die bei dem gläubigen Dostojewski noch eine große Rolle spielen, sind bei Tolstoj bereits verblichen. Aber keine neue Gesamtordnung existiert. Alles ist auf die Ethik der einzelnen allein gestellt. „Widerstehe nicht dem Übel, verkaufe alles, was du hast, wer nicht arbeitet, soll auch nicht essen." Nur aus der sittlichen Haltung des einzelnen allein soll die Erlösung kommen. Dank dieses formlosen Nihilismus erreicht Tolstoj die sich entformenden Zweige der Rasse; Chinesen und Inder treten mit ihm in Briefwechsel. Die Europäer sind von der zukünftigen Rolle Rußlands durch Dostojewski überzeugt worden, die führenden Asiaten aber durch Tolstoj. Beide gehören noch ganz in das Rußland der Zaren, erst ihr Wort übersteigt es. In einer dritten Generation ist nicht nur das Wort, sondern der Schriftsteller selber bereits aus der Welt der Zaren ausgestoßen.
Die dritte Stufe, der unmittelbare Vorabend der Revolution, ist in Maxim Gorki verkörpert. Es wird das hoffnungslose Leben des russischen Menschen ohne inneres Band zum Staat, aber auch ohne Kirche und ohne Ethik photographiert, dies Leben im Milieu des Alltags, das die Intelligenz kennen muß, um es zu meistern. Der Roman „Drei Menschen" ist dafür typisch.
Inzwischen aber sind die Gefängnisse überfüllt mit revolutionären Studenten und Literaten. Das Ausland sieht allenthalben ihre Gruppen. Bern allein zählt 600 in größter Armut lebende russische Studenten. Der russische Student ist zum Typ geworden, zu dem Typ des Revolutionärs:

Rückblickend aber erscheint heute den Russen diese ohne sozialen Unterbau in der Luft hängende Schicht der bloßen Intelligenz als das, was es zu überwinden galt durch die Hinwendung zur Revolution. Die Intelligenz heißt daher heute bei den Bolschewisten vom Ziele her, dem sie sich zugekämpft hat, Luftmenschheit. Aber der Luftmensch hat in zwei Jahrhunderten die Erde, die Materie, die Wirklichkeit für die luftigen Räume der Literatur eingetauscht.

Kladkos „Zement" ist ein Roman, dessen Titel schon die neuen Betonklötze eines Kollektivbaues andeutet. Die alte Kirche hatte sich aus lebendigen Bausteinen ihr Haus bauen wollen. Das Wort „erbaulich" ist ein armer Rest dieses Bauplans. Die Russen bauen wieder, aus Betonklötzen eine Gesellschaftsordnung.

Die Romane werden Wirklichkeit. Das Geschlecht der Romanschreiber aber geht zugrunde. Die Literaten werden ausgerottet. Maxim Gorki verteidigt diesen Weg in weisen Worten; er kritisiert Amerika und „den Westen". Tolstoj und Dostojewski, die großen Edelleute, werden schnell ferne Heroen. Die anderen Adligen in der Literatur fallen in Vergessenheit.

Nur jene Schriftsteller bleiben lebendig, die aus dem Adel hinübergewechselt haben ins Volk und um diese Zementierung gerungen haben: die Edelleute Bakunin und Kropotkin, Plechanow und Lenin. Sie liefern uns aber auch den Schlüssel zum Verständnis des russischen Revolutionärs, der gegen sein Klasseninteresse seit den Tagen Sabychews (1749—1802) den Selbstmord wählt, nur um die Leiden des Volkes nicht länger mitanzusehen. „Die leibeigne Amme, die Njanja, stand dem Kind aus adligem Hause oft näher als seine eigene Mutter. Leibeigene Diener und Bauern flößten durch die Haltung, mit der sie ihr schweres Los trugen, adligen Kindern oft höchsten Respekt ein und infolge der Behandlung, die sie erfuhren, tiefstes Mitleid und brennende Scham. Es bedarf keines psychologischen Scharfblicks, um in den Reaktionen der russischen, aus Gutsbesitzerkreisen hervorgegangenen Intellektuellen Symptome teils verdrängter, teils offen eingestandener Schuldgefühle zu erkennen . . . Nur in Rußland konnte die Läuterung des Gewissens, die „Auferstehung" des inneren Menschen an der Gestalt des reumütigen, bußfertigen Edelmanns gezeigt werden."[1])

4. *Die „Algebra der Revolution"*

a) Marx

Nur die französische Revolution selbst hat die heftige Reaktion gegen ihre eigene Übertreibung hervortreiben können. Aus dem Gebiet der französischen Bourgeoisieherrschaft, aus Frankreichs Revolutionsgebieten stammt der Sozialismus. Die Sozialrevolutionäre wollen die französischen Worte social und révolution denn auch rezipieren, aber sie wollten sie ins Russische übersetzen. Sie sind inkonsequent. Mehr muß übernommen werden als Wort und Methode,

[1]) V. Gittermann, Geschichte Rußlands, III, 1949, S. 101—103.

auch das Ziel! Der Marxismus allein ist fähig, dem russischen Glauben seinen zwingenden Inhalt zu geben. Karl Marx aus dem linksrheinischen Trier, in Paris, Brüssel, London wirkend, am Rhein, an der „natürlichen" Grenze der Gallier, zur Besinnung kommend — steht zu dem Erlebnisraum der Ideen von 1789 wie Calvin der Pikarde, der Straßburger und Genfer, zu dem thüringisch-sächsisch-hessischen Tatraum Luthers. Er steht nah und fern genug, um 1789 zu überwinden, indem er die Konsequenzen zieht. Calvin hat in seiner Religio Christiana das, was Luther durch seine Kirchenlehre nie vermocht hat, getan; er ist von der Fides, von der spirituellen Haltung, zur Religio, dem Verhalten in der Welt, vorgedrungen. Calvin hat damit aus passiv aktiv gemacht, aus dem leidenden Gehorsam des Lutheraners den streitbaren reformierten Unternehmer, der um sein Seelenheil kämpft, debattiert, den *Fechter*. Genau so greift Marx die Schwäche des Esprit auf, der die Welt reflektierend nur spiegelt, der „über" sie philosophiert. Mit den berühmten Worten, daß die Philosophie nicht dazu da sei, die Welt zu erkennen, sondern sie zu verändern, tut er den Schritt von der Fides Luthers zu der Religio Calvins. Er tut diesen, der dankbare, emanzipierte Jude innerhalb der von der Aufklärung geschaffenen weltlichen Sprache. Statt Fides steht also Philosophie, statt Religio — Politik. Aber der Zusammenhang innerhalb dieses humanistischen Denkraums bleibt gewahrt wie zwischen Calvin und Luther. Schon dem 23jährigen Karl Marx hat Moses Heß prophezeit, er werde die Voltaire, Diderot, d'Alembert radikal zu Ende denken! Genau so hätte Calvin von seinem Verhältnis zu Melanchthon und Luther reden dürfen. Auch die Reihe der Marat, Babœuf, Saint-Simon, Fourier und Proudhon findet in Marx *ihren Abschluß und ihre Aufhebung*. Er beerbt die gesamte Linksopposition von 1789. Marx erreicht dies Zu-Ende-denken, indem er an eben diesem Ende anfängt. — Was will der Geist? Die Welt rechtfertigen? Die Welt erkennen? Das ist die Haltung der Philosophie. Gut denn: Bei dieser Haltung müssen sich die Philosophen eins verhehlen, ihre eigene Stellung in der Welt. Sie müssen so tun, als könnten sie ihren Geist draußen haben außerhalb der erkannten Welt, als könnten sie während des Erkenntnisprozesses den lieben Gott spielen, den Gott, der über der Welt steht und sie durchschaut. Jeder Ideenphilosoph, jeder Idealist glaubt in der Tat an die Reinheit, an die Überweltlichkeit seiner Geistigkeit. Deshalb ist er ja Idealist, um den archimedischen Punkt außerhalb der Welt zu sichern, den Punkt, von dem sie überschaubar wird. Marx lehnt es aber ab, „über" die Welt zu denken. Er denkt die Welt, und indem er sie denkt, ist er selbst ein Teil der Welt. Durch ihn durch geht kraft des Stoffwechsels der Materie die Materie. Dies ist der Prozeß, in dem sich die Welt überwindet und einen Teil ihrer Prozeßakten ablegt. Der Deuter steht auf dem Weg vom Baum im Wald über den Förster, der den Baumschlag pflegt, über den Köhler, der im Meiler die wärmende Holzkohle bereitet, den Ofensetzer, der den Kamin im Hause für diese Kohle setzt, über die Magd, die täglich das Feuer schürt, er steht wie der letzte, der Rechnungsführer dieses Brandes, der sich einstellt, wenn die

Kohle verbrannt ist und die Reproduktion dieses Erwärmungsprozesses beginnen muß. Dann bewältigt der Geist die abgelaufene Epoche. Er hebt sie ins Bewußtsein, damit sie dadurch ganz und gar vernichtet wird und so nie wiederkehren kann! Der Geist weist alles Positive, was er ergreift, ins Reich der Schatten. Aber er ergreift immer nur einen Teil der Welt, den, der gerade reif ist zur Bewältigung durch den Gedanken.

Hat der Idealismus den geistigen, freien, vermögenden Menschen vergöttert, so hat er das in einer Welt getan, die den ungeistigen, unfreien, mittellosen Menschen übersehen hat. In der bestehenden Welt erblickt das Auge nur bürgerliche Ordnung, bürgerliches Recht, bürgerliche Ideale, bürgerliche Privilegien. Sie lassen sich überall an den Gesetzen und Sitten nachweisen. Daß man seit 1789 *in* der bürgerlichen Welt lebt, das kann man, meint Marx, mit Händen greifen. Und nun zieht er mit Hegel daraus den Schluß: Da ich die bürgerliche Welt überall begreifen kann, trete ich damit selbst auch schon aus ihr heraus. Denn der Geist weist ja — wir sahen es bereits — alles Positive, was er ergreift, eben dadurch ins Reich der Schatten. Wo also gehört der Deuter hin, der „das Kapital“, das Geheimnis der bürgerlichen Gesellschaft, ganz und gar denkt? Er ist unbürgerlich. Aber er kann noch einen Schritt weiter tun. Wirksam wird in ihm das, was an der bestehenden Welt rein negativ behandelt wird. Alles Positive begräbt das Bewußtsein. Das Negative kann vom Bewußtsein nicht begraben werden. Am Negativen findet sich nichts, was man begreifen könnte. Eben deshalb muß das Deuten sich für sein praktisches Leben an diesen unbegreiflichen, ungelebten und negativen Teil des Lebens halten. Hier winkt die Zukunft. Das ist die berühmte Dialektik des Marxismus. Der Denker muß sich auf die Neinseite seines eigenen Weltbildes begeben, um praktisch wirken zu können! Was ich erkenne, ist mir doch schon entwunden, ist mir nur noch im Geist gegeben. Nur das Unerkannte ist mir leibhaftig zu erfahren noch möglich.

Der Proletarier ist die negative Seite des Bourgeois. Denn er ist der Mensch ohne Vergangenheit, wie der Vernunftsmensch. Die Bürger haben das Proletariat mitgeschaffen aus der Atomisierung der älteren Gesellschaft. Deshalb bleibt das Individuum die erste Position. Aber nicht das Individuum, das denkt, sondern das Individuum, das arbeitet. Das auf seiner Hände Arbeit angewiesene Individuum hat nichts zum Leben und nichts vom Leben dieser bürgerlichen Welt. Der Proletarier hat kein Vaterland, denn er muß dort arbeiten, wo es Arbeit für ihn gibt. Er schwimmt als flottante Ware auf dem Arbeitsmarkt der Welt. Marx erkennt die Folgen der bürgerlichen Freizügigkeit. Der Proletarier hat kein bürgerliches Recht. Denn 95 Prozent dieses bürgerlichen Rechts, Eigentum, Erbe, eheliches Güterrecht, Handelsrecht usw., haben es mit dem Mein und Dein zu tun. Marx erkennt den Klassencharakter des Rechts. Der Proletarier hat keine Kunst und Wissenschaft wie der Gebildete. Denn er hat keine Muße und keine Vorbildung, die Voraussetzungen der Bildung. Marx erkennt, daß Wissen gesellschaftliche Macht darstellt. Und nun die Folge-

rungen: Der Proletarier hat keine Religion. Denn die Reichen haben diesen Gott für sich selbst praktisch abgeschafft, indem sie gottgleich sind. Nur dem Volk, den Armen, den Ungebildeten, die Kunst und Wissenschaft nicht haben, die nicht mit den olympischen Göttern zu Tisch sitzen können, empfiehlt man den Gottesglauben. „Wer diese beiden nicht besitzt (Kunst und Wissenschaft), der habe Religion." — „Dem Volke muß die Religion erhalten werden." Das sind Sätze des bürgerlichen Weltalters. Sie bedecken die negative Lage des Arbeiters in der bürgerlichen Welt mit einem veralteten „feudalen" Rest (das Wort „feudal" ist eine Abkürzung; man würde korrekt „vorbürgerlich" sagen müssen). Also ist Religion Opium fürs Volk. Denn sie hält es davon zurück, seine negative Lage innerhalb der herrschenden kapitalistischen Ordnung zu erkennen. Der Proletarier muß Atheist sein. Denn nur dann ist er gefeit gegen die einlullenden religiösen Friedensschalmeien, die ihn den Kapitalismus ertragen machen sollen. „Die Arbeiterschaft hat künftig keine andere Weltsendung als den Atheismus" (Trotzki). In den Religionsverfolgungen in Rußland ist bekanntlich bitterster Ernst aus dieser Lehre von Marx geworden. „Es gibt keinen Gott und göttliche Gesetze, es gibt nur ein Leninismusgesetz", sagt ein russisches Propagandaheft. „Rußland als das Land des Sozialismus muß den Kampf gegen die Religion durchfechten", sagt die „Iswestija" 1929.
Die zweite Folgerung ist: Nicht das Selbstbewußtsein macht den Proletarier zum Menschen, sondern seine Arbeit. Weil er ein Glied des Tausendfüßlers der menschlichen Gesellschaft bei ihrer Arbeit ist, deshalb ist er Mensch. Wer nicht arbeitet, ist kein Mensch. Er ist „Luxusweibchen", „Luftmensch", „Parasit", „Schmarotzer" am Körper der menschlichen Gesellschaft. Er wird keinen Platz in der künftigen proletarischen Gesellschaft haben.

Die dritte Folgerung ist: Niemandem darf in der künftigen Gesellschaft das Recht zustehen, jemanden zum Proletarier zu machen dadurch, daß er ihn gegen Lohn arbeiten läßt. Das Privateigentum an den Produktionsmitteln wird also abgeschafft. Die Produktionsmittel werden vergesellschaftet.

Viertens: Die Lohnarbeit macht den Menschen zum proletarischen Kampfgenossen, sie allein. Alle anderen Bindungen haben daher keine Bedeutung für die Arbeiterklasse. Rasse, Farbe, Geschlecht, Abkunft, Staatsangehörigkeit, Konfession, Partei sind nichts gegenüber dem gemeinsamen Arbeitsschicksal. Sie alle sind daher unter der Würde öffentlicher Angelegenheiten. Religion ist Privatsache, Nation ist Privatsache, Ideen sind Privatsache, und Liebe und Ehe sind Privatsache. Wer aber nicht Lohnarbeiter ist, kann keine politischen Rechte haben.

Denn die Gesellschaft nimmt Interesse am Menschen, soweit er arbeitet oder nicht arbeitet. Sie wird souverän sein in der Zuteilung der Arbeit an Männer und Frauen. Die Kinder werden nicht von den Eltern erzogen, sondern von der Gesellschaft. Die Familie braucht nicht einmal abgeschafft zu werden. Aber sie zerfällt von selbst, wenn doch kein Haushalt mehr da ist, der den Gliedern des Hauses Halt bietet.

Und letztens: Es gibt nur eine einzige Gesellschaft für die Proletarier. Die vielen Gesellschaften der Völker, Stände, Erdteile sind für das Proletariat etwas Unbrauchbares. Unter ihnen leidet es. Das Proletariat ist auf dem Wege zu einer arbeitsteiligen Weltgesellschaft. Die nationalen Gesellschaftsordnungen werden durch Hungersnöte, Krisen, Konjunkturschwankungen und durch entsetzliche Kriege sich so lange zerfleischen, bis die eine Gesellschaft an ihre Stelle treten kann. Die Staaten verschwinden. Denn sie sind nur das Werkzeug der herrschenden Klassen.

Dies alles kann man schon heute (1847) sagen, weil die negative Lage des Proletariats bereits da ist. *Im übrigen muß die Befreiung des Proletariats das Werk des Proletariats selber sein.* Karl Marx hat deshalb konsequent sich mit der Analyse des „Kapitals" beschieden. Er hat es immer abgelehnt, positive Rezepte für die neue Gesellschaft zu liefern. Er hat nur gegen alles angekämpft, was die negative Stellung des Proletariats innerhalb der bürgerlichen Gesellschaft hätte abschwächen können. Die Einordnung des Proletariats in die bestehende Gesellschaftsordnung muß verhindert werden. Sonst verkauft es sein Erstgeburtsrecht auf den neuen Weltzustand für das Linsengericht eines bescheidenen Plätzchens im bisherigen Weltzustand. Die Verachtung des Kleinbürgers wird sorgfältig gepflegt. Denn den Kleinbürger treibt Mimikry an die Bürgerseite. Er ist sogenannter Anhang der herrschenden Bourgeoisie. Das Proletariat aber ist eine neue Klasse, mit anderen weltgeschichtlichen Aufgaben. Es ist die Klasse, die alle bisherigen Klassen vernichten wird.

Karl Marx hat deshalb die Gewerkschaften abgelehnt. Die Gewerkschaft ist eine solche Einordnung der Arbeiterschaft in die bürgerliche Gesellschaft. Die Gesetze der freien Konkurrenz werden von ihr bejaht. Nur wird der Arbeitsmarkt durch einen freiwilligen Zusammenschluß der Arbeitskräfte monopolistisch zu beherrschen versucht. Allerdings drücken zunächst die nachströmenden und unorganisierten Arbeitskräfte auf den Arbeitsmarkt. Aber wird der Arbeitsmarkt geschlossen durch Einwanderungsverbote, Arbeitslosenversicherung usw., dann ist die Gewerkschaft sehr wohl in der Lage, die Löhne, d. h. den Preis der Ware Arbeitskraft zu regulieren. Denn die Gewerkschaft kann dann als Kartellverkaufsstelle auf den Markt treten.

Organisieren heißt also bei der Gewerkschaft das Gegenteil von dem, was Marx mit dem „Proletarier, vereinigt euch" im Sinne hatte. Er wollte die streikende, aus der bisherigen Welt ausziehende Kampftruppe als Proletariat sich „organisieren" sehen. Die Gewerkschaften organisieren die Arbeitskraft zum Einmarsch in die bisherige Welt, um in ihr zu arbeiten, weil das Proletariat nicht warten kann auf den großen Kladderadatsch.

Gewerkschaften und Marxismus heben sich auf. Sie tun dies noch aus zwei weiteren Gründen. Sie schaffen in der Gewerkschaftsführerschicht eine am Bestehen der Wirtschaftsordnung interessierte Klasse von Nichtkapitalisten. Die Wirtschaftsordnung ist damit keine rein kapitalistische mehr. Ferner aber organisieren die Gewerkschaften die Proletarier anders, als der Marxist sie organisieren muß und in Rußland organisiert hat. Die Gewerkschaften knüpfen nämlich an die vorbürgerlichen Einteilungen der Gewerke in Handwerke an, Metallarbeiter, Holzarbeiter, Fabrikarbeiter, Lederarbeiter, Angestellte, Werkmeister organisieren sich so als Gewerbezweige. Damit werden sie nach einem nichtproletarischen Grundsatz organisiert. Der Proletarier hat keine Beziehung zu seiner Arbeit. Proletarier ist er nicht als Schmied, sondern als Lohnempfänger. Tue ich alle Schmiede zusammen, so entwickle ich in ihnen ein Berufsgefühl, das die rein negative proletarische Haltung notwendig durchkreuzt. Kein Land mit einer wirklich durchindustrialisierten Gesellschaft bietet daher Chancen für den Marxismus. Denn überall dort ragen in die kapitalistische Gesellschaft die alten handwerklichen Unterschiede hinein und werden durch die Gewerkschaften geschützt und verewigt. Überall fehlt dort der radikal traditionslose Proletarier! Die Geschichte hat Marx recht gegeben: „Das Versagen aller Arbeiterparteien dem Weltkrieg gegenüber muß als weltgeschichtliche Tatsache, also als notwendige Folge der bisherigen Geschichte der Arbeiterbewegung begriffen werden“ (Lukacs). Marxismus wird daher nur in Rußland möglich, wo die Gewerkschaften verboten oder am Vorabend der Revolution unbedeutend waren. Hier hat man die Arbeiter seit 1917 in Industrieverbänden organisiert. Das soll heißen: Vom Generaldirektor bis zum Portier gehören alle in ein Kollektiv. Nicht das, was der einzelne arbeitet, führt ihn zusammen mit den anderen Betriebsangehörigen. Der Industrieverband fördert also das Klassenbewußtsein aller noch so verschiedener Arbeitenden. Er ist marxistisch. Die Gewerkschaften sind es in der Tat nicht.

Bisher ist die Marxsche Lehre eine soziale Prophetie von imponierender Selbstentäußerung. Der denkende Mensch begibt sich des Rechtes, mehr zu tun als zu begraben. Die Arbeiterklasse muß sich selbst befreien. Marx, der Prophet ihrer weltgeschichtlichen Sendung, kann es nicht.

Und hier ist die Bruchstelle. Er tut es doch. Der Geist, den er aufbietet, die alte bürgerliche Kapitalistenklassengesellschaft zu verstehen, ist ein Geist der Prophetie wie eines alten israelitischen Propheten. Aber der alte Prophet liebt die, denen er ins Gewissen redet. Er erinnert sich an das Gute, was ihnen der Herr getan hat. Er will, daß sie, sie selber sich ändern. Marx redet die alten Bürger nicht an. Sie können ihn gar nicht vernehmen. Sie sind durch ihre Klassenlage gebunden. Er kann nicht die Kapitalisten an das Gute erinnern, was ihnen widerfahren ist, damit sie es nicht mißbrauchen. Sondern er läßt umgekehrt die Proletarier innewerden, wie sie mißbraucht werden und wie ihnen Schlimmes widerfährt. Und vor allem: er liebt die Welt nicht, die er beschreibt, sondern er haßt sie mit unüberbietbarem kaltverachtendem Hasse.

Und hier springt er nicht nur von Hegel ab, sondern auch von seiner eigenen Erkenntnisgrundlage. Denn der Mensch weiß nur das, was er liebt. Und er weiß nur soviel, als er liebt. Lieben ist eine praktische Lebenshaltung, die auch gegen unseren Willen und unser Bewußtsein wirkt. Marx liebt die bürgerliche Gesellschaft durch die Tat, durch die der Geist sich über seine Liebe ausweist,

weil er sein Lebenswerk ihrer Erkenntnis weiht. Etwas in seinem Wesen erkennen heißt, es lieben. Und darin wurzeln seine, Marxens Irrtümer. Religion wirke als Opium in der bürgerlichen Gesellschaft: Was sie sonst ist, weiß man damit nicht. Denn der Bourgeois ist es ja, der dem Volk die Religion „erhält“. Nur durch den Bourgeois wird die Religion zum Opium. Was das Proletariat an und für sich aber tut — wer weiß es? Jedenfalls ist der Atheismus eine bürgerliche Angelegenheit. Und nur Bürger, Intelligenz werden sich die Mühe machen, sich mit Atheismus zu befassen. Aber Marx persönlich ist verliebt in die Philosophie. Und deshalb will er, daß die Vernunft herrschen soll.
Die Familie ist in der bürgerlichen Gesellschaft eine Lüge für das Proletariat. Wenn die Frau auf Arbeit gehen muß und die Kinder verdienen, dann ist von Erziehung, Haus usw. freilich nur die Schattenseite zu sehen. Dann muß das Kinderheim eintreten, und die Gesellschaft darf dann die Familie nicht mehr autorisieren zur Erziehung.
Aber nur durch die negative Lage des Proletariats ist das so. Wird das Proletariat frei, dann? Ja, das wissen wir nicht. Aber jedenfalls ist die freie Liebe und die Abschaffung der Ehe eine bürgerliche Angelegenheit müßiger bürgerlicher Intelligenzen. Aber auch der Kämpfer, der das Exil gewählt hat, die Gefahr und die Armut, er darf seine Lebensarbeit über die Familie stellen, und so ist die Gewißheit über die Wertlosigkeit der Familie sein Recht des freien Tatmenschen, des Kämpfers für die Freiheit des Zeitgenossen Napoleons: „Was schert mich Weib, was schert mich Kind, ich trage weit besser Verlangen.“
Niemand weiß also, welche Menschen das befreite Proletariat einst schätzen wird. Nur die bürgerliche Gesellschaft z. B. hat ein Interesse daran, daß alle arbeiten. Wofür sich das Proletariat entscheiden wird, ob es nicht alle jungen Mädchen lieber tanzen und singen läßt — das weiß niemand. Aber der Genius Marx darf den Armen allein lieben, der Geistreiche die Fröner, weil er *nicht* ist wie sie. Deshalb will er, daß alle arbeiten.
Schließlich: Wird in der künftigen Gesellschaft gegen Lohn gearbeitet, dann ist dies ein Rest der bürgerlichen Welt. Die Gesellschaft oder der Staat als Unternehmer ist für den Proletarier um nichts angenehmer als der private Kapitalist. Lohnkämpfe und Lohnstreiks gibt es daher z. B. auch heut in Rußland. Was heißt der Satz: Die Produktionsmittel werden vergesellschaftet? (Alle Sozialdemokraten haben Sozialisierung bekanntlich als Verstaatlichung aufgefaßt.) Aber der Staat ist bestimmt nicht der geeignete Träger der Vergesellschaftung nach Marx. Ein städtisches Elektrizitätswerk, eine staatliche Eisenbahn, eine Provinzialtalsperre sind nicht sozialisiert. Sozialisierung liegt nur vor bei Bedarfsregelung. Aber die Gesellschaft soll ihren Konsum anmelden, nicht der Staat etwa — wie im 17. Jahrhundert — den Verbrauch vorschreiben. Selbst die Befehle in der Sowjetunion zur Planwirtschaft und die Verstaatlichung der russischen Produktionsmittel sind nicht Sozialisierung. Das um so weniger, als die eine Weltgesellschaft nicht besteht, sondern der Staat der Sowjetunion sein Flachsmonopol, sein Petroleum usw. zu Preiskämpfen,

Dumping, Schere usw. auf dem Weltmarkt benutzt. Auch in Rußland besteht also keine Sozialisierung im Sinne Marxens. Marx ist eben nicht so enthaltsam gewesen, wie er glaubte zu sein. Marx beschenkt das Proletariat mit einer Reihe bürgerlicher Ideologien, nämlich der Abneigung gegen die Religion und dem Recht auf die freie Liebe, die ihm eignen, weil er die bürgerliche Aufklärung im Blute hat und ein Schüler Voltaires und d'Alemberts ist. Er hat seine in eine bürgerliche Gesellschaft passenden Dogmen dem Proletariat auf seinem Marsch in das Neuland mitgegeben, so als sei dies Neuland inhaltlich doch bestimmbar.

Sein Haß gegen die bürgerliche Welt ist nur einer seines Bewußtseins gewesen. Alle seine Dialektik hat ihn nicht gehindert, auch Bürger zu sein. Und so hat er positiv zunächst einmal den wahren Glauben des Bürgertums — nämlich sein Freidenkertum — missionierend verbreitet. Es gibt also doch so etwas für den Geist wie Mission der bestehenden Ordnung! Der Geist ist durchaus nicht nur Totengräber. Was ist er aber dann? Noch ein anderes übersah er: Die Gesellschaft der Geister ist leichter herzustellen als die der Materie. Das Publikum für Marx reicht weiter als die wirtschaftliche Einheit, die Kraft des Wortes ist mächtig in der Ökonomie der Welt. Marx hat den Marxismus nicht der Arbeiterklasse geschenkt, sondern er hat ihn in die Welt des Geistes hineingegeben an alle, die lesen konnten und wollten. Und er wehte anders, als Marx dachte. Nicht das Proletariat hat seine Bücher wirklich gelesen — außer dem Kommunistischen Manifest —, sondern die Intelligenz — das, was in Rußland vor dem Kriege die Intelligenz mit einem französischen und bürgerlichen Worte hieß.

b) Lenin

Marxens „Kapital" hat in Rußland Furore gemacht, als es im Westen noch wenig beachtet wurde. 1870 wurde es ins Russische übersetzt. Unermüdlich ist Plechanow gewesen, Marx zu interpretieren. Eine Marxphilologie beginnt in den Ländern ohne eine eigene kapitalistische Erfahrung. Man lernt aus Marx, wie der Kapitalismus sein wird, der noch nicht da ist. Marx, der den Frühkapitalismus in Westeuropa studiert hat, wird die Bibel für Osteuropa, *bevor der Kapitalismus dort ist oder gleichzeitig mit diesem, und während der Kapitalismus in Westeuropa sich grundlegend wandelt.* Die Lektüre tritt an die Stelle der Erfahrung. Die Theorie beherrscht die Köpfe und bringt die Köpfe zum Bewußtsein einer noch nicht vorhandenen Lage. In einem Lande von Analphabeten wirkt Marx stärker als in Frankreich oder England!

Die russische Intelligenz kann die ersten Sturmzeichen des russischen Kapitalismus mit Bewußtsein begrüßen und durchleben, und dabei kann sie in dem ersten, dem allerersten Augenblick einer bürgerlichen Gesellschaftsordnung diese bereits durch den Marxismus stürzen.

Das Bewußtsein *verfrüht*, weil Marx die Hilfe gibt, noch Unerlebtes sich ins

Bewußtsein mit einer Schärfe zu erheben, für die Frankreich die Zeit von 1789 bis 1847/48 gebraucht hatte.
Diese Verfrühung bestimmt und erklärt den ganzen Verlauf der russischen Revolution. Sie ist nämlich ausgebrochen, bevor sie ausbrechen konnte, 1904 und 1905. In ganz Europa saßen seit 1850 die „Schnorrer und Verschwörer", die Bakunin, Alexander Herzen, die im voraus Vertriebenen der Revolution! England hatte eine Revolution gesehen ohne Revolutionäre, in Frankreich schafft die Revolution die Revolutionäre (vgl. Condorcets Abhandlung über die Geschichte des Wortes), Rußland kennt 50 Jahre vor der Revolution Revolutionäre, seit 1880 revolutionäre Parteien (Land und Freiheit, 1881), bevor es seine Revolution erlebt. Mühsam, ächzend erschließt sich das Zarenreich erst den Ideen von 1789. Politische Morde, der Terror treiben es vorwärts auf seinem Weg zur Nachahmung des Westens. 1905 gelingt es den durch den Krieg gegen Japan ermutigten Revolutionären, die Arbeiter von Petersburg — nur hier gab es solche — und die Matrosen der Schwarzmeerflotte aufzuwiegeln. Der Pope Gapon marschiert an der Spitze der Demonstranten gegen das Winterpalais. Die Revolution scheint da. Welchen Charakter wird sie haben? Sie erscheint noch im Januar als soziale und ist im Oktober bereits nur noch eine bürgerliche. Lenin hat damals die Lage durchschaut. Es gibt noch kein Proletariat, auf das man sich stützen kann! Nur die bürgerlichen Schichten sind revolutioniert. Lenin erklärt daher, man müsse warten! Die Revolutionäre werden nicht von der Revolution erzeugt, sondern sie lauern auf die Möglichkeit, sie zu erzeugen. Einzigartige Situation. Alle ältere Revolution passiert, sie kommt über die Menschen, die sich bis zum letzten dagegen stemmen, revolutionär werden zu müssen. Denn niemand will die Wege des Gesetzes verlassen. Alle wissen, was Ordnung, Frieden und Recht für Güter sind. Die russischen Revolutionäre haben von diesen Gütern längst vor der Revolution Abschied genommen. Eintracht, Friede, Ordnung sind für diese Menschen längst vor Ausbruch der Revolution ein leerer Wahn.
Durch die Windsaat aus dem Westen leben die russischen Revolutionäre bereits längst außerhalb der Gesetze und außerhalb des Landfriedens.
In Rußland stemmt sich die Revolution gegen die Revolutionäre. Sie ist noch nicht reif, als diese schon reif sind. Es gibt noch gar zu wenig herrschende bürgerliche Gesellschaft, die man stürzen kann. Sie ist selbst noch unterdrückt. In den Putilowwerken von Petersburg — da zeigen sich die ersten Grasspitzen einer Industrie. Das hatte genügt, um die Revolution von 1905 zu versuchen. Als diese fehlschlug, weil die Köpfe sie erzwungen hatten, eine Luftgeburt, stürzt die Depression einer Gegenrevolution alle schwachen Charaktere in den Zusammenbruch, den ungehemmten Sinnengenuß. Eine Epoche des Taumelns trennt so die Spreu vom Weizen, die Mitläufer von den Unentwegten, ähnlich wie bei uns nach 1918. Aber der Ingrimm derer, die die Probe bestehen, wird noch größer.
Nach dieser Verfrühung von 1905 vergehen zehn Jahre industrieller Entwick-

lung. Immerhin war sie im Vergleich zu England, Deutschland oder Amerika noch minimal. Aber die bürgerliche Intelligenz fiebert, die weltgeschichtliche Sendung nicht zu verpassen. Sie will sich selbst überwinden, ihren eigenen bourgeoisen Nihilismus. Sie ist nicht umsonst seit 40 Jahren „ins Volk gegangen“. Marx hat sich in Rußland vertausendfältigt. Der russische bürgerliche Student vergißt seine Klassenlage, seine Interessen und stürzt sich in das Volk, in die neun Zehntel Analphabeten des Reichs. Er bringt ihnen nicht als Protestant, Katholik, als Puritaner, als Aufklärer Lesen und Schreiben bei, sondern als Henker seiner selbst, als Marxist, der die bürgerliche Klasse vernichten wird. Alle diese Revolutionäre haben sich selbst entsagt längst vor der Revolution. Die Bibel, die sie bringen, enthält die Sätze, an denen sie, ihre Familien, ihre Klasse, an der alle ihre Studien und geistigen Besitztümer sterben werden. Graf Rostoptschin hatte das bereits von den Dekabristen gesagt: „Ich begreife den französischen Bürger mit seiner Revolution zum Erwerbe von Rechten, aber wie soll man einen russischen Adligen begreifen, der Revolution macht, damit er seine Rechte verliert?“ Eben diese Selbstentsagung aber ist das Merkmal! 1886 schreibt Tikhomirov von diesem Kreuzzug, wie er ihn nennt: „Diese Leute verleugneten ihre ganze Vergangenheit. Sie hatten kein Eigentum mehr. Wenn einer zögerte, alles herzugeben, erweckte er mitleidige Verachtung. Wie die ersten Christen sagten sie: „Ich verleugne Satan und alles, was von ihm kommt, und all seinen Stolz. Ich speie auf ihn.“ Selbstmörder, bevor sie morden werden, und daher frei von allem Irdischen. Die Kälte des russischen Nihilisten, die ein Lenin, ein Sawinkoff ausstrahlen, ist die Kälte derer, die zehnmal schon sich selbst gestorben sind, nur um die geistige Aufgabe nicht zu verpassen. Fanatischer als die spanische Inquisition, wollen sie selbst nicht selig werden. Sie wollen nur dem Geist des Westens, dem ewig überlegenen, endlich einmal voraus sein. Endlich einmal werden sie weiter sein, vorangehen, Führer in der europäischen Gesellschaft. Denn sie wissen ja nun das Geheimnis ihrer totalen Umwälzung, während Europa noch sich in Sicherheit wiegt. Sie, die Revolutionäre, leben nicht mehr in den Gesetzen der bürgerlichen Welt. Ehre, Gewissen, Sittlichkeit, Glaube? — Nihil. In den Gefängnissen des Zarismus, die Klopfsprache durch die Wände und Stockwerke entsendend, hat ein jeder dieser Revolutionäre schon gesessen. Das ist Ehrensache. Diese Revolutionäre sind alle bereits Parias der bestehenden russischen Welt, ihr Weg geht von dem aufrührerischen Gymnasiastenbund über das Auslandsstudium zur Propaganda in Rußland, ins Gefängnis, zurück in die Partei, zurück ins Ausland, zurück zur Propaganda, wieder ins Gefängnis oder nach Sibirien.

Das ist der Kreislauf ihres Lebens, jede Station eine Verbannung, eine Trennung in sich schließend, Trennung vom häuslichen Glück, Trennung von der Freiheit, Verbannung aus der Heimat, Trennung von der eigenen Lebensarbeit. Alles dies aber nicht durch die Welt erzwungen, sondern seltsam genug freiwillig erwählt, aus revolutionärer Gesinnung.

Hier stoßen wir auf das Wort, das die tragende Schicht in Rußland für die Re-

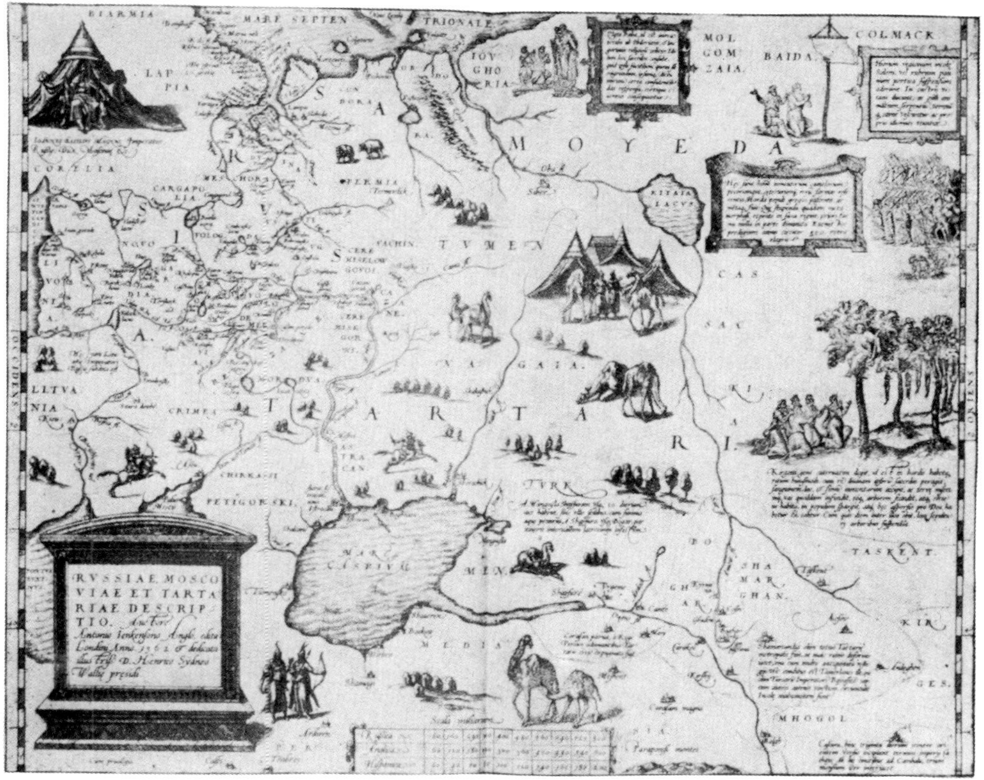

17. Vorsibirisches Rußland

18. Sowjetrußland 1931 (nach russischem Willen)
Vergleiche die Fabrikfahnen mit den Schiffen auf dem Englischen Großen Siegel (Tafel 14A) und den Fruchtbäumen und Burgen von Sizilien 1225 (Seite 197).

volution zusammengeschmiedet hat, die Gesinnung. Ein solches Leben der Trennungen ist ein Leben der Gelübde. Denn Gelübde hat der Bolschewist praktisch abgelegt, als Proben seiner Gesinnung. Er hat den Glauben seiner Eltern verlassen — gewöhnlich frommer und treuer Untertanen des Zaren —, er hat den Beruf verlassen, auf Kinder verzichtet, er hat sein Vermögen eingebüßt, seine bürgerliche Ehre verloren. Alles aus revolutionärer Gesinnung. Das schafft einen Bund von einer praktischen Bewährung, die kein Orden aufweisen kann. Was sind Ordensproben der Jesuiten oder der Trappisten, von wohlwollenden Ordensobern abverlangt, was ist die Spielerei der Freimaurerprüfungen gegen Sibirien, gegen das Exil, gegen die Todesgefahr, die man hier im tiefsten Frieden freiwillig auf sich nimmt? Nur aus materialistischer Geschichtsauffassung, weil man in der Geschichte die Weltstunde schlagen gehört hat.

Man vergleiche das Leben der Literaten in Paris und die Gefahren eines Beaumarchais oder Voltaire mit diesem Leben, das von 1880 bis 1914 Tausende von Russen geführt haben. Und man wird sofort fühlen, daß dieser Bund schwerer wiegen muß als die Talente des Geistes von damals, 1789.

Und so ist es in der Tat dann gekommen. Die Gesinnung der Intelligenz spielt die umgekehrte Rolle in Rußland als 1789. Dort in Frankreich verklärt der Geist den Sieg der Bourgeoisie. Er gibt der neuen kapitalistischen Gesellschaft das gute Gewissen. Der Esprit gibt 1789 wirklich die Ideologie zu der materiellen Umwälzung der Gesellschaft. Die Materie ist also damals unten, der Geist, die Ideen sind darüber als Hülle gebreitet.

Genau umgekehrt ist es in Rußland. Der Bund der Gesinnung, besiegelt durch die sieben Nein zu allem Bestehenden, wiegt so schwer wie Erz. Er ist selbst so gewichtig wie die härteste Materie. Die Bolschewiki zählen selbst als das härteste Gestein zum Neubau der Gesellschaft. Alles andere Material ist brüchig im Vergleich zu ihnen. Deshalb macht die erprobte Gesinnung den Bolschewisten. Deshalb kann niemand auch heute noch ohne Gesinnungsprobe in die Partei eintreten. Deshalb wird Rußland von den Bolschewiki regiert und nicht von den Arbeitern oder Bauern. Deshalb muß wenigstens durch eine Entsagung auch heute jeder Kommunist in Rußland sich bewähren. Er darf nicht mehr verdienen als seine 225 Rubel monatlich. Sonst droht ihm, mit Schimpf und Schande aus der Partei ausgestoßen zu werden. Der einstigen Parole „Bereichert euch“ des Bürgers steht hier das „Entsagt, bleibt arm“ des Revolutionärs gegenüber. Die Literaten, Künstler und Advokaten der bürgerlichen Gesellschaft taten es den Bürgern im Goldsuchen nach, so gut es eben ging. Hier geben die Literaten das Beispiel der Armut und zwingen ihren Stil den Arbeitern und Bauern — die gern reich sein würden — auf. Die Armut ist das Zölibat des Kommunisten. Sie beweist seinen Glauben an den Erfolg des Kommunismus. Er hat ja keine Reserven.

Die Revolutionäre in Rußland haben sich das Recht auf Herrschaft in der vorrevolutionären Zeit verdient. „Wer andere zu leiten strebt, muß fähig sein, viel zu entbehren." Entsagung ist die Voraussetzung aller Herrschaft. Angeblich herrscht in Rußland der Sozialismus, der Atheismus, die freie Liebe. In Wahrheit herrscht der Bund der Entsagenden. Und solange diese Gesinnung dieser Entsagung sich behauptet, darf er herrschen.

Als der Weltkrieg drei Jahre gedauert hatte, war Rußland desorganisiert. Es zeigte sich seine geringe kapitalistische Durchflechtung in seiner Unfähigkeit, genug Munition zu erzeugen, in dem Stocken des Eisenbahnverkehrs, in dem Hunger und Kohlenmangel der städtischen Bevölkerung. Und das trotz riesiger Opfer: Nur 6,4 Prozent der Betriebe arbeiteten für den Konsum, der Rest für den Krieg. Die bürgerliche Gesellschaft, Banken, Industrielle, freie Berufe zwangen den Zaren zur Abdankung, und nun durften sie sieben Monate lang regieren.

Die bürgerliche Gesellschaft war endlich da — man konnte sie stürzen. Der Bund der revolutionären Gesinnung stürzt diese eben emanzipierte bürgerliche Gesellschaft. Denn er ist unbedingt einheitlich. Er braucht keine Ehre zu retten, wie die heimattreuen Russen, keine Vermögen zu retten, wie die besitzenden Russen, keine Familien bei Ansehen und Glück zu erhalten, wie der russische Durchschnittschrist, kein Kreuz auf die Hagia Sophia in Konstantinopel zu pflanzen, wie der fromme, orthodoxe Russe. Der Bund teilt keine einzige dieser Ideologien, weil er diese sämtlichen Bedürfnisse längst zu verleugnen gelernt hat. Der Bolschewist hängt sein Herz an dies alles nicht. Denn er hat sein Herz längst begraben. Er kann also beliebig viel Land abtreten, beliebig Demütigungen in den Kauf nehmen, wenn er nur Rußland beherrscht und in Rußland die Wirtschaft ordnen darf. Genau so hat Lenin gesprochen am 1. März 1918. Und damit hat er den letzten nicht bolschewistischen Regierungsteil, die Sozialrevolutionäre, von sich abgeschüttelt.

Die Bolschewiki regieren seitdem die russische Wirtschaft. Sie führen langsam den Kapitalismus ein, schaffen ein Industrieproletariat, das es vorher kaum gab, das es aber geben muß, damit es den Kommunismus geben kann, und wandeln Rußlands Agrarproduktion langsam um, mit dem Ziel,. auch das Getreide fabrikmäßig zu produzieren. Dann können die Städte größer werden. Die Industrieproduktion kann steigen. Auf dem Land brauchen nur zur Saat und Ernte die Trupps der Maschinenarbeiter zu erscheinen.

Die wirtschaftliche Leitung von diesem allem haben die Mitglieder der Kommunistischen Partei. Die Gesinnung berechtigt sie zur Herrschaft, eine Million über 200 Millionen. Nicht nur Armut ist ihre Schranke, auch blinder Gehorsam. Eben noch im Zentralbüro tätig, müssen sie bereit sein, für eine Weile in der hintersten Provinz Frontdienste zu leisten.

Die Bolschewiki sind ein Generalstab der Gesellschaft, die gesamte Gesellschaft ist eine Armee der Arbeit.

Und die technischen Leiter der Betriebe und Verwaltungen sind von den Halbgöttern der Partei soweit entfernt wie die Linienoffiziere von den Halbgöttern des Generalstabs im preußischen Heere.

Marxens Wort: Die Befreiung der Arbeiterklasse muß das Werk der Arbeiterklasse selbst sein, ist nicht in Erfüllung gegangen. Seine grandiose Aufdeckung der negativen Seiten der bürgerlichen Gesellschaft hat er einem Bund heroischer und gesinnungstreuer Revolutionäre überantwortet.

Das letzte individuelle Genie, der vollkommen einsame Genius Marx, hat den größten Ritterorden hervorgebracht, als er entsagungsvoll das Proletariat mündig zu machen glaubte. Richtig ist, daß dieser Orden aus Intellektuellen plus Industriearbeitern besteht, den wenigen Industriearbeitern, die es bis 1914 gab. Aber wegen dieses Zusatzes aus Proletariern bleibt er dennoch ein Orden. Gegen diese Prophezeiung der Lawroff, Karejew, Woronzoff haben die Marxisten immer protestiert. Aber die Tatsachen entschleiern die Ideologie, die der Parteigenosse braucht, um das Proletariat in die Partei hineinsehen zu können. Und doch ist Marx damit nur recht geschehen. Das, was er wirklich gewesen ist, hat nämlich Frucht getragen, nicht seine Gedanken, sondern seine Haltung. Der Philosoph, der Kämpfer und der glaubende Verehrer der Unterdrückten — sie haben in der Kommunistischen Partei eine Macht geschaffen, vor der die bloß materielle, die bürgerliche kaltherzige Welt der Ausbeuter zittern muß. Nicht die Arbeiterklasse befreit sich selbst, sondern die dialektische Antithese zur bürgerlichen Philosophie und zur bürgerlichen Aufklärung, zur bürgerlichen Ökonomie und zur bürgerlichen Moral. Zum Teufel diese Ökonomie, zum Teufel diese Moral, zum Teufel diese idealistische Philosophie, zum Teufel, zum Teufel.

Die Bolschewiki sind keine Klasse, sie sind auch nicht ein ideologischer Überbau über die Bauern und Arbeiter Rußlands, sie sind die weltgeschichtlichen Gegner der Ideen von 1789. Sie sind keine Proletarier. Denn sie sind geborgen in ihrem Gesinnungskampfverbande als Generalstab der russischen Wirtschaft. Die materiellen Verhältnisse Rußlands widersprechen dem Marxismus. Sie sind rückständig, vorkapitalistisch und vorbürgerlich. Die Materie heißt Rußland, nicht das Proletariat. Der Bolschewismus ist westliches Einfuhrgut in diese Materie. Die Prophetie Karl Marxens paßt auch heut in großartiger Weise noch für Westeuropa. Gerade auf Rußland paßt sie nicht. In Rußland sind nur die Bolschewiki marxistisch, die Verhältnisse sind russisch. In Europa sind die Verhältnisse weitgehend „marxreif", aber eben deshalb ist eine besondere Ideologie „Marxismus" dort bereits obsolet. Dort ist der Klassenkampf eine Tatsache, dort gilt es nicht, ihn zu bekennen, sondern ihn zu überwinden.

Durch den Marxismus wird Rußland europäisiert, indem es die Gesetze großstaatlicher Wirtschaft erfährt. Nichts anderes sind ja die „Gesetze Lenins". Es ist die größte Vergewaltigung der russischen Materie notwendig, um Schulen, Medizin, Telephon, Fabriken endlich einzubürgern. Der Marxismus ist die konzentrierte letzte Quintessenz des bisherigen Europa, die einem Körper eingeimpft wird, der zu der übrigen Welt aufholen und sie überholen will.

Der Körper besteht aus slawischen Seelen. Die Seelen dieser Slawen nehmen Rache für die lange Knechtschaft.

Und die Rache der Seele ist es, eine neue Sprache zu sprechen. Der gepeinigten Seele entringt sich mit dem Schmerzenslaut zugleich der erste Laut, der ihr eigener sein und bleiben wird immerdar.
Dieser Sehnsucht der Russen, endlich ihre eigene Sprache zu sprechen, begegnet der Marxismus. Deshalb verfällt ihm die russische Intelligenz, weil die Slawen eine eigene Sprache werden sprechen dürfen, die Sprache, die aus ihrer Knechtschaft, ihrer Unordnung, aus den Krämpfen des russischen Imperialismus die ersten Laute der neuen Sprache macht. Eine unerhörte Sprache, die den Russen russisch macht. Aus Nationalismus sind die Bolschewiki international geworden. Alle unterdrückten Völker hoffen auf diesem Wege mit ihren Unterdrückern brechen zu können. Nur dort aber kann der Bolschewismus locken, wo die Zahl der herrschenden Klasse zu der der Beherrschten so niedrig war, so niedrig ist wie in Rußland. In Rußland zählt die Partei eine Million Mitglieder, d. h. mit ihrem Anhang etwa ebenso viele, als unter dem Zaren im europäischen Rußland ohne Randgebiete zur regierenden Schicht gehört haben. Nach dem Versagen des Zarismus war es also nichts Besonderes, daß eine neue ebenso kleine Oberschicht zur Macht kam, um den Kapitalismus mit diktatorischer Vollmacht durchzuführen.
Diese Oberschicht herrscht aus eigener Machtvollkommenheit. Fünfzig Jahre Opferdienst in der Internationale, die Karl Marx gegründet hatte, geben ihr Anspruch darauf, solange die Opferhaltung dieses Menschen, des Revolutionärs sich erneuert. Der Forscher, der Gelehrte Karl Marx, hat in ihnen die Chemiker, die im Großbetriebe Rußland die Formeln seines Laboratoriums technisch auszuwerten suchen. Die Haltung des Forschers, der sich und seine Assistenten mit allen Bakterienkulturen, die er züchten will, kaltblütig selbst impft, der keine Blutvergiftung, keinen Exzeß sich selbst erspart, um urteilen zu können, ist die Haltung dieser Teufelskerle. Forscher und Kämpfer und Experimentierer in corpore vili, aber so daß man seinen eigenen Kadaver am rücksichtslosesten mißhandelt, das ist die soziale Mission und die soziologische Struktur dieser Menschenart. Wir sind im Zeitalter der Wissenschaft des 19. Jahrhunderts. Es ist in Erfüllung gegangen, was Marx dem Proletariat gesagt hat: Wissenschaft ist Macht. Die Naturforscher herrschen als Sozialchemiker in Rußland.
Deshalb ist der Abgott des russischen Geistes die Medizin. Unter den 155 Nationen und darüber hinaus für Eskimos und Chinesen wird die Propaganda dadurch betrieben, daß man so schnell wie möglich Ärzte unter ihnen in Moskau ausbildet. Jeder solcher Mediziner geht als ein Priester des Atheismus und des Materialismus zu seinem Stamm hinaus. Und als wirklicher Medizinmann dieses Stammes der Tscheremissen oder der Tschuwaschen bindet er den Stamm innerlich an die Formeln der herrschenden Klasse.
Der Feldherr, der die Theorie des Klassenkampfes bewußt auf das desorganisierte, seiner zivilisierten Randgebiete beraubte städtearme Rußland angewandt hat, ist Lenin. Lenin ist der exilierte, der von allen Wurzeln des Lebens ab-

geschnittene Mensch, der Déraciné, dem nur die Gedankenarbeit übriggeblieben ist als Lebensinhalt. Kein Genius irgendwelcher eigener Einfälle, sondern der Feldherr des Marxismus. Als er in den Wagen stieg, den ihm Ludendorff stellte, damit er Kerenski stürze, hatte er die Alibis in der Tasche eines französischen, eines deutschen und eines Schweizer Marxisten, die ihm bescheinigten, sie hätten gegen seinen Bund mit dem preußischen Militarismus keine Bedenken. Diese Rückversicherung charakterisiert den Mann ebenso wie die Tatsache, daß er die Herrschaft seines Machtgebietes tatsächlich doch aus den Händen der Deutschen empfangen hat. Seine große Tat ist es, daß er gegen alle andern, in russischer Luft länger atmenden, der russischen Erde verbundeneren Genossen den Friedensschluß von Brest-Litowsk durchgesetzt hat. Zweimal wurde er überstimmt. Trotzki war gegen ihn. Lenin hat wie zu Kindern, die nicht verstehen, geduldig die eine Formel immer wieder wiederholt: Es ist ganz gleich, wieviel Land wir behalten, wenn wir nur den Sozialismus in dem Rest verwirklichen können. Ruhig und langsam hat er immer wieder die nüchterne Formel in die Gehirne tropfen lassen. So wurde er zur Achse der russischen Welt. Aus dem einzigen Manne, der diesen Frieden hatte schlucken wollen, wurde die Majorität. Um Lenin hat sich damals alles gedreht. Er war der einzige, der den Verlust aller Randstaaten zu ertragen vermochte. Für jeden anderen Russen bedeutete dieser Verlust die Zerstörung von zweihundert Jahren russischer Geschichte, den Verzicht auf das Werk Peters des Großen und auf alles seither Geschehene. Kein Russe konnte sich dazu verstehen, in dem irgendein Funke russischer Überlieferung noch glühte. Kein Menschewik, kein Tolstojaner, kein von Dostojewski oder Gorki Berührter konnte so alles auf einmal preisgeben: die Hoffnungen auf Konstantinopel, die Herrschaft in der Ostsee, die Verbindung mit der Partei im polnischen Industriegebiet, die große in Tolstojs Krieg und Frieden verewigte Überlieferung an den Sieg des Volkstums über Napoleon 1812, die Verbindung mit dem gelehrten protestantischen Staatsbeamtentum aus dem Baltikum, das Absterben Petersburgs usw. usw. Diese Randstaaten verkörperten ja für Rußland die großen Arterien, in denen ihm bisher der Geist Europas zuströmte, katholische, protestantische, englische, französische Einflüsse. Die Randstaaten waren wie die geographischen Projektionen dieser russischen Abhängigkeit von Europa.

Der russische Edelmann Lenin — man sagt, er habe sich als Knabe bei der Hinrichtung seines Bruders geschworen, diesem System nicht zum Opfer zu fallen — hat das Zerschneiden all dieser Arterien auf einmal hingenommen. Leise, unerbittlich, formelhaft wiederholte er seine Worte: Wenn wir nur den Sozialismus in dem Rest durchführen können. Mit ihm, Lenin, kam genug Europa in diesen Rest hinein. Der Marxismus als Ersatz für alle älteren europäischen Jahrhunderte und Kulturstufen wird von Lenin in den verstümmelten Körper des russischen Landes hineingegeben. Der Marxismus wird das Land, in dem keine Eisenbahn fährt, die Felder nicht bestellt werden, in dem bald sieben Millionen Niemandskinder umherirren werden, in dem die

Mütter ihre Kinder essen, in dem Gras die Nahrung derer bildet, zu denen kein Transport Nansens hindringt, der Marxismus wird das Land, das nicht mehr lebt, zum Funktionieren bringen. Der Marxismus wird die zerstückelten Glieder in seinem Zauberkessel künstlich zubereiten, und Rußland wird wieder aufstehen und wandeln. Wandeln? Wirklich wandeln und leben? Nein wandeln und leben sind nicht die richtigen Ausdrücke für das, was Lenin mit dem Objekt seiner Theorie vorhat. Der Körper soll wieder *funktionieren.* Das ist die Vorstellung aus dem Laboratorium, die Lenin fasziniert und die er seinen Gefährten mitteilt. Funktionieren soll dieses Gebiet als Versuchsfeld des Marxismus. Sozialismus ist Räteherrschaft plus Elektrisierung, hat Lenin gesagt. Auch hier wieder fällt die einfache Formel auf, Lenins Geheimnis. Die millionenfach wiederholte, die Ohren bis zur Ermüdung treffende Formel bezaubert die Massen, so daß sie sich ihren Chemikern willig zur Verfügung stellen. Die Räteherrschaft ist für Lenin der Beweis, daß man die menschliche Materie in der Hand hat; Räteherrschaft beweist, daß die Massen sich dem technischen Experiment zur Verfügung stellen. Das technische Experiment aber lautet: Elektrisierung.

Das Experiment einer Ordnung Rußlands in dem Geist der internationalen Forschung ist die Tat Lenins. Mit dem Friedensschluß von Brest-Litowsk kam alles andere zwangsläufig von selbst. Dieser Friedensschluß ist daher die eigentliche Tat Lenins. „Die zehn Tage, die die Welt erschütterten" (vom 29. Oktober bis 7. November 1917), haben sie viel weniger erschüttert. Der 7. November 1917 ist nicht der Geburtstag der russischen Revolution. Das Datum ist ein Spielzeug für die Räte und für die auf diese starrenden Massen. Diese Verfassung Rußlands besteht eben nicht aus der Räteherrschaft, sondern aus dem Leninismus. Und dieser hat in der Räteherrschaft nur seine passive, retardierende Hemmung, die Induktionsspule, um den Widerstand recht groß zu machen für den Strom der Elektrisierung. Die Durchorganisierung der russischen Wirtschaft ist die Aktion des Bolschewismus. Und sie wird zur einzig möglichen Aufgabe durch den Friedensschluß. Eben deshalb brauchen die Russen, die angeblich die Persönlichkeit und das Individuum vernichten wollen, den Kult Lenins. Er ist der Lichtbringer, dessen Leiche im Kreml aufgebahrt wird, damit die Massen zu jemand pilgern können. Denn in die Nacht über Rußland bringt nur der aus Europa heimkehrende Forscher das Rezept, wie man Licht anzünden kann. Und deshalb empfängt Rußlands Fenster nach Europa, Petersburg, nunmehr mit Recht den Namen Leningrad. In der Person Lenins hat die Geschichte der Welt ihre staatliche Phase durchschritten und mit der ökonomischen vertauscht. Er hat der wirtschaftlichen Gedankenwelt die Herrschaft verschafft gegen den Patriotismus, und zwar im Kriege, wo der erhöhte Blutdruck dem patriotischen Motiv zugute kommt.

Das unterkühlt zu haben, ist Lenins größte Tat. Und die Massen — das zeigt sich hier — können auch dies Pathos der Kälte würdigen.

Gorkis Tagebuch der Revolution hat diese Wallfahrt zu Lenins Leiche im

Kreml in die Sprache des einzelnen russischen Dorfes hineinübersetzt. Gorki schildert, wie ein Monteur ins Dorf kommt und die Bauern überredet, das Geld für den Popen zu sparen, die ewige Lampe, die in der Dorfkirche brennt, auszulöschen. Er, der Monteur, wird elektrisches Licht legen, aber unter der Bedingung, daß er von den Bauern als Gemeindevorsteher anerkannt wird. Und so geschieht es.

5. Die Arbeitszeit des Proletariers

Der letzte Tagelöhner der vorkapitalistischen Zeit wird in Zeiteinheiten entlohnt, die seinem Leben als Sohn der Erde angepaßt sind. Vom Morgen bis zum Abend währt der Tag, für den er entlohnt wird. Die Lohnepoche und sein Lebensabschnitt fallen zusammen.

Noch mehr gilt in vorkapitalistischer Zeit für die Klasse des Landvolkes das Gesetz, daß der Lohn aus Zeiteinheiten hervorwächst, die dem Menschen und der Erde gemeinsam sind. Das Sonnenjahr regelt die Ernten und damit die wichtigsten Einkünfte des Jahres. Und der Mensch selber als Leib und Lebewesen wird vom Sommer und Winter, Frost und Hitze angerührt und bewegt wie die übrige Lebensdecke, Humus und Homo sind beide in dem gleichen ewigen Kalender der Jahreszeiten befangen. Und so ist das Erntefest nicht ein Fest, an dem der Bauer stolz auf das blickt, was er aus der Natur gemacht hat, sondern es ist ein Erntedankfest, weil der Bauer und das Weizenfeld beide gedeihen und beide reich bedacht worden sind.

Über Bauer und Tagelöhner steht in vorkapitalistischer Zeit noch das Heer der öffentlich Beamteten in beruflicher Arbeit. Sie säen nicht und ernten nicht, sondern der Staat, oder die Kirche, oder öffentliche Stiftungen und Anstalten besolden sie auf Lebenszeit. Des Kampfes um die Notdurft sind sie überhoben, und deshalb wird ihre Besoldung nicht für Jahre oder Tage des Sonnenjahres vorgesehen, sondern meistens auf Lebenszeit. Die Zahlungsabschnitte dieser „Pensio“ als Staatsdiener sind zwar die Jahre, aber der Beamte kann im ganzen doch auf Lebenszeit mit ihnen rechnen. Das bedeutet, daß er für weitgesteckte Ziele, für die Schule des Sohnes, die Aussteuer der Tochter, die Reise zur silbernen Hochzeit zu sparen ermuntert wird. Es lohnt, in der Gegenwart jeden Pfennig dreimal umzudrehen, wenn man jahraus jahrein auf zwanzig, dreißig Jahre mit den Talern rechnen kann. Die Gehaltszahlung des Beamten ist in Wirklichkeit eine biographische, durch die sein Leben ökonomisch zu einer einzigen Wirtschaftsperiode wird. Die Jahre sind nur Unterposten dieser einheitlichen Leibzucht. Der Mensch wird auf Lebenszeit angestellt, bedeutet, daß er in seine ganze Lebenszeit hineingestellt wird. Dort, wo der Tagelöhner den Horizont des einen Tages sieht, bei dessen Sonnenuntergang er den Lohn erhält, wo der Bauernhof von der Ernte des wechselnden Sonnenjahres getragen wird, da ist der Beamte Ökonom seiner Lebenszeit. Er kann Einnahmen und Ausgaben vorübertragen oder zurückdatieren über viele Jahre hin. Die Sparsamkeit auch der schlechtbezahlten Beamten ist daher immer erstaunlich gewesen. Sie *zweigen* eben am Monats- oder Quartalsersten gleich vorweg die großen Beträge *ab*, die für die großen Zwecke ihres Lebens bestimmend sind, und keine Versuchung des einzelnen Tages kann sie verführen, Beträge zu kürzen, die nicht das tägliche Leben tragen, sondern die Lebenszeit. Von fünfzehnhundert Mark Gehalt sparte ein Volksschullehrer alljährlich unverdrossen zweihundert, trotzdem er unterbezahlt war. Denn durch seine Anstellungsweise waren diese zweihundert für ihn nicht Tagegelder, sondern sie waren dazu da, den Traum seines Lebens zu ermöglichen, etwa daß sein Sohn studieren solle.

Lohn und Horizont des Lohnempfängers bedingen einander. Wirtschaftsweise ist Lebensweise. Wirtschaftsperiode ist Lebensperiode.

An der ökonomischen Natur des Menschen hat sich der Kapitalismus versündigt. Der Kapitalismus setzt grundsätzlich in Gang neue Unternehmungen. Das Wesen dieser Unternehmungen beruht zuerst darauf, daß sie in eine traditionale Wirtschaft zusätzliche Industrie hineinsetzen von unerprobtem Charakter und Wirkungsgrad. Also muß das Risiko für jede einzelne dieser Unternehmungen begrenzt werden. Das Kapital kann sich mit keinem Unternehmen länger einlassen, als es noch zu rentieren verspricht. Alle Leistungen des Kapitalismus sind nur auf dieser Grundlage der Rentabilität möglich geworden. Nur dadurch läßt sich unterscheiden, welche von viertausend technischen Erfindungen alljährlich eingehen sollen in das Wirtschaftsleben, daß die Kosten jedes dieser viertausend Wirtschaftsexperimente gegeneinander abgewogen werden können.

Dieses leistet die Kalkulation. Der Preis des Produkts wird kalkuliert, noch bevor es auf den Markt kommt. Während der Bauer erst, wenn er auf dem Markt gewesen war, wußte, was das Schwein kostete, will der Kapitalist vorher wissen, was das Kilogramm Eisen kosten wird, kosten muß und kosten darf. Dies spekulative Element seines Kalküls bestimmen nach rückwärts das, was er für die Kosten des Produkts auszugeben bereit ist. Je niedriger er diese Kosten hält, desto geringer wird sein Risiko. Er drückt also auf den Lohnfonds, aus dem die Arbeitskräfte der kapitalistischen Produktion bestritten werden, weil er zur Kalkulation vor aller Produktion gezwungen ist, denn es käme zu keiner Produktion ohne diese Rentabilitätsvorausberechnung.

Den stärksten Druck auf den Lohnfonds übt aber der kapitalistische Unternehmer dadurch aus, daß er keine Arbeitskraft eine Stunde länger beschäftigt, als er sie benötigt. Die Freiheiten der französischen Revolution, Freizügigkeit, Gewerbefreiheit, Vertragsfreiheit, haben dem Unternehmer die Freiheit gegeben, Arbeitskräfte pro Stunde einzustellen und zu entlassen. Auf diese Weise erst wird eine Kalkulation pro Wareneinheit möglich. Man berechnet nämlich vom einzelnen Stück her die „produktiven" Löhne, also das, was für die Handarbeit auf die Bearbeitung dieses Stückes gezahlt werden muß. Und man kommt da zu Bruchteilen der früheren Tagelohneinheit, zu Stunden, zu Minu-

ten und schließlich zu Sekunden. Nicht genug damit: Die Arbeit des Aufsichtspersonals in der Werkstatt scheint auf den ersten Blick unmöglich ebenso aufgeschlitzt werden zu können. Kann man wissen, bei tausend Stück Zeug, die aus den Webstühlen am Tage hervorgehen, wieviel von dem Gehalt des Ingenieurs, des Konstrukteurs, des Kaufmanns im Büro auf das einzelne Stück zu rechnen ist? Wo doch vielleicht zweihundert dieser Tausend liebevollste Sorgfalt der Betriebsleitung erfordern, achthundert aber mechanisch durchlaufen, ohne besondere Leistung der dirigierenden Kräfte? Die Kalkulation verfährt trotzdem so, daß sie diese „General"unkosten als Zuschläge auf die produktiven Löhne legt, als 100, 200 oder 300 Prozent. Mag dieses nur eine Rechenweise sein — so ist es doch die Ideologie der Fabrikkalkulation. Man sieht: die Arbeitskräfte, die Hand anlegen, tragen das ganze Gebäude; die Leute von der Feder, die Stehkragenproletarier, werden vom Unternehmer selbst als Überbau betrachtet, dessen Kosten auf die produktiven Löhne bezogen werden. Letzte Kosteneinheit ist die Arbeitsstunde des werktätigen Mannes am Schraubstock. Dieser Unsinn ist die Weisheit der Fabrik.
Seine Lohntüte empfängt dieser Mann am Wochenende, also aus Stücklohn und Stundenlohn addiert. Der Fabrikant kalkuliert für sich pro Stück, bezahlt aber je nach dem im Gedinge oder Zeitlohn. Dies macht aber für den Grundsatz keinen Unterschied, der dies Lohnsystem beherrscht und den die vorkapitalistische Wirtschaft nicht gekannt hat. Dieser Grundsatz lautet: Lohn für eine Arbeitskraft darf nur gezahlt werden, soweit sie pro Stück und Stunde produziert. Beide Einheiten greifen also unter den Lebenstag, die kleinste Einheit beim Tagelöhner hinunter in eine menschlich völlig indifferente, nur für die Kalkulation erfundene kleinste Maßgruppe der Arbeit.
Der Horizont des Arbeiters wird damit verwinzigt. Er rächt sich dafür geistig durch das Denken in Jahrhunderten, in Utopien.
Denn wenn Jahr und Tag individuelle Maßstäbe sind, so ist die Stunde geeignet, den Menschen so zu zerteilen, daß er das wettmacht durch Weltgeschichte. Hier liegt ein Anknüpfungspunkt für den historischen Materialismus. Es gibt aber noch eine praktische Folge. Diese ist, daß dem Arbeiter die Sorge um die ferne Zukunft, Krankheit, Unfall, Alter, Schritt für Schritt abgenommen werden mußte. Er ist für Jahr und Lebenszeit unter Kuratel gestellt. Ihm verbleiben nur noch die Angelegenheiten des täglichen Lebens. Er ist halbmündig. Die unter einem Jahr liegenden Lebensaufgaben bleiben ihm aus dem Lohn zu bestreiten. Aber das Jahr ist das Mindestmaß des Lebens, jenseits dessen sich der Mensch erst seiner selbst bewußt wird. „Nur was ein Jahr überdauert in unserem Innern, ist wahr und echt." Eine Lebensepoche beläuft sich auf 3—7 Jahre. Beispiele waren die dreijährige Lehrzeit, die fünfjährigen Pachtverträge auf dem Lande, die siebenjährigen Fristen des Jubeljahres der Bibel oder der Professorenfreijahre in Amerika.
Von diesen höheren menschlichen Zeiteinheiten schließt schon das Lohnsystem den Arbeiter aus. Der Augenblick in seiner flüchtigen Gestalt wird ihm

als das Wesen seiner Arbeit aufgedrungen. Die Welt erscheint ihm dabei als eine Summe von solchen Augenblicken. Und zwar als eine unübersehbare. Die 2400 Arbeitsstunden sind ja von der ersten bis zur 2400. ungewiß. Alle Aufmerksamkeit muß sich also darauf konzentrieren, sie zusammenzubringen. Das ist aber zuviel verlangt, bis 2400 zu blicken. Der Wochenlohn in der 48-Stunden-Woche ist das Weiteste, worauf sich die Energie mit Erfolg wird spannen lassen beim jugendlichen Proletarier. Und diese Eindrücke des 14. bis 25. Jahres bestimmen ein für allemal das Weltbild der proletarischen Schicht.

Man kann keinen Augenblick übersehen, kann sich nicht wie ein Student über Monate und Jahre hinwegtrösten, weil man ja darauf gestellt wird, in Stunden zu denken. So hält man in jeder Hand fest, was man hat. Den Kader des Stundenlohnes geschaffen zu haben, ist wohl die größte Sünde der kapitalistischen Wirtschaftsordnung.

Und doch haben wir erst die eine Seite dieses Stundenlohnes erörtert. Die Arbeitszeit des Proletariats hat aber noch eine andere Schwäche gegenüber der des Tagelöhners.

Dem Kalkulationsbüro ist es zunächst gänzlich gleichgültig, *wann* diese einzelne Arbeitsstunde abgeleistet wird. Tags, Nachts, Vormittags, Nachmittags, im Winter oder im Sommer, das sind für den Kalkulator keine Maßstäbe. 23 Stunden am Tag haben Kinder am Anfang des Kapitalismus gearbeitet. Der Betrieb kostet weniger, wenn er während 24 Stunden des Tages ausgenützt wird als während 8. Also arbeiten wir weiter. Kommen die Arbeiter und erkämpfen sich den 8-Stunden-Tag auf politischem Wege, dann muß der Unternehmer vielleicht in drei Schichten die Belegschaft anlegen. Aber das Ergebnis bleibt dasselbe: Die astronomischen 365 mal 24 Stunden des astronomischen Jahres sind Kalkulationsgrundlage der Fabrik. So abstrakt ist dieser Maßstab, daß die Deutsche Reichsbank sogar für die nichtexistierenden Tage des 29. und 30. Februar ihren Kunden, den Unternehmern und Banken, Zinsen berechnet. Dieses Sternenjahr, in das hinein der Betrieb sich hineingerechnet sieht, hat mit dem Jahr, das der einzelne Mensch lebt, schlechthin nichts zu tun. Wo in Schichten gearbeitet wird, da wird diese Entkleidung der Arbeitszeit ja noch durch seine Vertretbarkeit unterstrichen. Aber es gibt keine Funktion innerhalb der von Kapitalisten abhängigen Welt, die nicht auf Schichtbetrieb und also auf Auswechselbarkeit der Funktionäre drängt. Das scheinbar so harmlose Weltbild des oben S. 358f. geschilderten französischen Dezimalsystems, des für Handelskammern zurechtgestutzten bürgerlichen Kalenders — möglichst ohne Rhythmus und Feste — und der astronomischen 24-Stunden-Uhr erweist sich in seiner wissenschaftlichen Abstraktion als eine dämonische Großmacht, die den „natürlichen" Menschen aus der Wirtschaft hinausgeworfen hat.

Wo der einzelne nicht einmal ein Rädchen des Produktionszweiges ist, sondern nur eine schichtenweise Erscheinungsform dieses Rädchens, wo er auf die

Arbeitsplätze verteilt, an die Arbeit nur an-gestellt und in den Betrieb nur hineingestellt ist, da verliert er in dieser doch fremden Welt den Halt. Er kann sie nur so schnell wie möglich zu verlassen trachten. Verkürzung der Arbeitszeit um jeden Preis wird das Ziel. Derselbe Chemiker, der als Assistent eines Professors die Nächte hindurch am Versuch arbeitet, wird zwei Jahre später im Dienst der I. G. Farben um halb 4 seinen Laboratoriumsplatz aufzuräumen anfangen, da ja um 4 Uhr Arbeitsschluß ist.

Durch die Entwertung seiner Arbeitszeit wird aber auch der Rest seiner Zeit entwertet. Der Rest dieser Zeit wird bloße freie Zeit. Sonntag, Festtag, Feierabend, die drei Mußeordnungen der vorkapitalistischen Zeit, haben keinen Sinn für den, der Stundenlohn empfängt, pro Stück und Stunde kann ich mich nicht freuen und kann ich nicht feiern. Noch weniger kann ich mich am Sonntag zusammensetzen mit Leuten, die mich während der Woche nichts angehen während ihrer und meiner Arbeit, während mein Meister und mein Ingenieur im entgegengesetzten Viertel der Stadt wohnen; wo die Arbeitsgemeinschaft nicht zusammen den Sonntag feiert, ist die Sonntagsfeier entheiligt. Denn dann heiligt sie den Werktag nicht mehr! Und nur das ist ihr Sinn.

Die Bolschewiki ziehen aus dieser Lage die Konsequenz für ihren Kalender. Es gibt keine gemeinsamen Sonntage mehr. Die Menschen kriegen jeder ein Quantum freie Zeit eingeräumt, jeder jeden fünften Tag, also 6 mal 24 Stunden im Monat. In einer Familie hat möglichst jeder an einem anderen Tage frei, damit ja nicht der Aberglauben der Gemeinschaft nisten kann.

Da steht nun der Mensch mit seiner und in seiner freien Zeit. Sie hat zu der Arbeit, die er geleistet, keinerlei Beziehung und zu der Arbeit, die er künftig leisten wird, wahrscheinlich auch keine. Alles ist infolgedessen gleich wertvoll und wertlos für ihn. Er ist endgültig umgeben vom Alltag.

Dieser Mensch des Alltags ist der Proletarier, wo immer er sich findet. Er ist aus dem Rhythmus des Erdlebens und der persönlichen Lebensarbeit hinausgeworfen. Er steht als Atom in der Masse der Atome. Die menschliche Masse kann ihn binden. Aber auch dabei empfängt er nur ein künstliches Zeitgefühl. Masse Mensch kann Weltrevolution vorbereiten, Weltfeiertag des 1. Mai begehen; aber Masse Mensch weiß nicht mehr, was gut oder böse ist, Kino, Wandern, Politik, Volkshochschule, Organisationsarbeit???

Masse Mensch ist zerbröckelt, Masse Mensch ist dem Alltag verfallen.

Zunächst kann die proletarische Revolution anreden nur den Menschen des Alltags, den Menschen, der im Krieg sang: Gleicher Lohn und gleiches Essen, wär der Krieg schon lang vergessen, der nichts glaubt, was ihm nicht im Alltag begegnet. Schimpfen, schreien, quasseln, klatschen, räsonnieren, fluchen, zoten, lachen, witzeln, ein Liedchen trällern, aufbegehren, gierig Zeitung lesen, einen Film verwundert betrachten und dösen — so sieht der Raum der freien Zeit aus, in den die Arbeitszeit den Proletarier hineinliefert[1]). Die Arbeitszeit hat

[1]) Joyce schildert ihn im Ulysses.

diesen Menschen sich selbst entfremdet. Der liberale bürgerliche Mensch, der jeden Tag die Musen und Grazien zu Gaste bei sich bittet, weil er selbstbewußt mit den Göttern des Parnaß verkehrt, hat diesen Arbeitskräften seiner Welt eben das Selbstbewußtsein amputiert, das ihn zu den Göttern erhebt, das Bewußtsein der einzigartigen, unersetzlichen Persönlichkeit. Goethe sang: Allah braucht nicht mehr zu schaffen, wir erschaffen seine Welt. Was bitte sagt dazu das Geschöpf, das in diese von dem Zeitalter Goethes aufgebaute Welt hineinkommt, das sie fix und fertig ausbetoniert und durchelektrisiert vorfindet und während ungewisser Arbeitsstunden darin einen Stücklohn verdienen darf? Das Geschöpf wird dieser vom Menschen des Humanismus erschaffenen Welt fluchen. Denn es ist verurteilt, in ihr zu atmen, obgleich sie ihm fremd bleibt.
„Wenn das Proletariat die Auflösung der bisherigen Weltordnung verkündet, so spricht es nur das Geheimnis seines eigenen Daseins aus, denn es ist die faktische Auflösung dieser Weltordnung" (Marx).

6. Die Sprache des Alltags

Alle Revolutionen sprechen die gleiche Sprache, die Sprache der Revolution. Deren Gesetz ist zu allen Zeiten ein und dasselbe: Revolution fordert heraus. Jede Revolution ist eine Provokation. Herausgefordert wird der Mensch. Abgefordert wird den dumpf hinabdrückenden Stimmen der Welt Gehorsam für die neue Wendung der Dinge. Hört, was an der Zeit ist. Wer Ohren hat zu hören, der höre. Wehe dem Staatsmann, der die Zeichen der Zeit nicht versteht, rief angesichts der ersten Wehen der russischen Revolution 1917 der deutsche Kanzler.
Herausfordern kann nur das Unerhörte. Aufreizend wirkt nur das Unerwartete. Alle Revolutionssprachen haben das Gemeinsame, bis zu ihrer Herausforderung unerhört gewesen zu sein. Diesem Gebot sind sie untertan. Deshalb wechselt das Vokabular der Revolution, jede muß gleich ursprünglich hervorbrechen, um die Menschen fortzureißen. Also muß das Vokabular schroff brechen mit der bisherigen Terminologie. Mit einem Ruck wird die überlieferte Sprache ersetzt durch eine ungewohnte. Jedes unserer Kapitel hat deshalb ein neues Vorwort, eine andere Art, die Handlungen abzuleiten, den Revolutionen selber entnommen.
Die Russen arbeiten mit den *ökonomischen Bedingungen und Voraussetzungen.* Nicht im Geist des Redners, sondern in den Zahlen der Dinge gipfelt sich ihr politischer Wille. Auch diese Zahlen sind revolutionär. Vor allem in der Form der Diagramme, der Schaubilder. Auch diese Zahlen berauschen. Sie überschwemmen aber den Verstand, die flachere Schicht unserer Gedanken. Nicht an das Herz wird appelliert. Das Herz bleibt bei den Zahlen völlig unbeteiligt. Die unteren Organe werden interessiert. „Erst kommt das Fressen, dann kommt die Moral." Die Ausschaltung des Herzens ist vollkommen. Kopf und

Bauch unterhalten sich. Deshalb spricht diese Revolution solch massive Sprache, die auch die Materie begreift. Die Russen gehen in ihren Beweisen von den steinernen Herzen und den toten Seelen aus. Die Logik ist dabei einleuchtend. Denn wenn sie sogar diese überzeugen, die Ungläubigen, die Gleichgültigen, die Selbstsüchtigen, die Habgierigen, deren Gott der Bauch ist, dann haben sie alle anderen auch gewonnen. Die Zahlen sind also an den Proleten adressiert, der nichts hat und alles haben soll. Dieser Mensch ist durch seine Lage mißtrauisch. Er hört aus allen schönen Reden nur das heraus, daß man etwas von ihm will. Gut, also keine schönen Reden. „Das Proletariat hat keine Ideale zu verwirklichen." „Wir wollen nichts. Die Dinge reden ihre eigene Sprache. Bitte sehr, rechne." Und nun beginnt das Labyrinth der Zahlen; es wächst und wächst um den Kopf, dehnt sich zum Weltall. Die Jahresproduktion, die Ausfuhr, die Einfuhr, die Steigerung der Produktion, die Kapitalisation, die Amortisation — all das empfängt seinen Sinn aus dem Ariadnefaden, der dies Zahlenlabyrinth durchzieht, dem Willen zur Herrschaft des Kommunismus, des Fünfjahresplans, des Nep (neue ökonomische Politik), der wissenschaftlichen Weltordnung. Die Zahlen sind die Sprache der Forschung. Die Sprache der russischen Revolution ist die *forschende*. Erforschen muß ich aber die schwer zu erkennende, die lichtabgewandte Seite des Lebens. Nicht das Erfreuliche, das Schöne, das Wahre und Gute steht in dieser Sprache obenan wie im französischen Plädoyer, erforscht werden vielmehr gerade die Unerfreulichkeiten der Gesellschaft, ihre Schattenseiten. Alle toten Dinge, die Pudenda der bisherigen Welt, Verbrechen, unehelichen Geburten, Morde, Armut, Arbeitslosigkeit, Seuchen marschieren auf in Gestalt von Zahlen. Die Dinge, die man sich bisher auszusprechen scheute, flüchten in die Zahl. *Zahlen erröten nicht.* Wenn aber das Herz ausgeschaltet werden soll, muß man sich das Rotwerden ersparen, und dazu eignet sich die Zahl. Es ist das ganz gemeine alltägliche Leben der leiblichen Bedürfnisse, das in der Statistik seine Herausforderung in die Welt hinausrufen kann. Lebenshaltungsindex, bitte, den vor dem Kriege und den nach dem Kriege, damit man sehen kann, ob ein Arbeiter heut mehr verdient als 1940 oder weniger. Die Zahlen für die Baumwollballen oder Traktoren rühren den Sowjetkongreß zu Tränen; die Abgeordneten springen auf. Beifallssalven ertönen.

Wir sind alle erfaßt von diesen Zahlenbeweisen; Oberbürgermeister regieren so ihre Städte. Youngplan und Marshallplan beruhen auf der Statistik. Wir glauben tatsächlich, die Zahlen bewiesen. Dabei weiß jeder, daß man mit Statistiken alles beweisen kann, genau wie mit Plädoyers, Präzedenzfällen, Thesen, diplomatischen Relationen, Kanzleiformeln. Aber das Vokabular der Zahlen ist heute dran. Die Massen, die auf nichts anderes hören, hören auf die Musik der Zahlensprache. Auf der Tastatur der Sprachen wird heute diese Oktave gespielt; man möchte sagen gegen das Falsett des Plädoyers kommt eine Oktave im Baß zur Geltung, zum Ausgleich. Der Kopf hat das Herz allmählich zu allem überredet, hat es enttäuscht und vergewaltigt, daß die Sinne dem

Herzen angesichts der Dekadenz der Liebe nicht mehr trauen können ... Der Patient, der hungert, der skrofulöse Kinder hat, dessen Hände feiern müssen, pfeift auf die Tiraden der bürgerlichen Welt von Harmonie, Völkerbund, Brüderlichkeit. Freilich die Zahlen sind so genau arme Wegweiser auf das Geheimnis der Erlösung des Menschengeschlechts von seinem Leiden wie alle Worte auch. Ein steinernes Herz wird auch hier über Leichen gehen und die Zahlen Zahlen sein lassen. In Rußland sind mehr Menschen durch die Revolution umgekommen als durch den Krieg, unter dessen Eindruck sie ausbrach. Die neue Sachlichkeit ist ebenso grausam wie der Patriotismus von 1789. So ist es noch jeder Revolution ergangen, daß ihre Abwehrmittel grausamer waren als die Übel, von denen sie erlösen wollte. „Man glaube doch nicht, daß Gott einer gewaltsamen Revolution dieselben Früchte in den Schoß werfe wie ehrlicher harter Arbeit von Geschlecht zu Geschlecht." (Lagarde)

Das Vokabular jeder Revolution will vergessen machen, daß es auch andere Wege des Geistes und andere Ausdrucksmöglichkeiten gibt. Diese Sprache soll die einzigwahre sein, losgelöst, abgelöst aus dem Reigen der anderen Sprache. Aber dieser Absolutismus entspringt aus der Verzweiflung, und das ist eine Rechtfertigung.

Was, so müssen wir mit den Russen sagen, in einer Welt ohne Gott, ohne Teufel soll der Mensch sich aneignen dürfen, was Spekulation und Idee und Vermögen ihm zuströmen lassen? Er darf groß werden und zunehmen bis zum Millionär, nur weil er seine Fallen und Schlingen so geschickt aufstellt, daß ihm die menschlichen Hasen, Rehe, ja selbst die Füchse in Eisen oder Garn gehen? Diese Jagd nach dem Glück, die der Bourgeois dem Individuum freigibt, ist ein Freibrief auf menschliches Wild. Die menschliche Gesellschaft wird damit zum Jagdrevier gemacht. Da wollen wir doch den freien Einzelnen, Kapitalisten, Unternehmer, Interessenten auch für ein jagdbares Wild erklären. Dann sind wir eben alle Bestien des Waldes. Der Kampf ums Dasein aller gegen alle ist dann erklärt. Niemand nimmt niemandem seine Tierheit übel. Aber bitte herunter mit dem Feigenblatt und mit dem Palmenzweige, soweit ihr euch etwas Besseres dünkt als Tiere im Jagdrevier der Gesellschaft zu sein. Und so setzen wir den Teufel endlich in das rechte Licht, als den Motor aller menschlichen Handlungen. Die Triebhandlung ist der neue Begriff, der hier eintritt, um die ideale Oberschicht von unseren Taten abzukratzen. Taten der Menschen? Aus freiem Willen, idealen Motiven entsprungen? Es gibt nur Triebe. Wir machen den Bauch nicht etwa zu unserem Gott. Nein, wir machen ihn zu unserem Teufel. Wir erkennen nämlich, daß wir alle des Teufels sind.

Aber was wird damit erreicht? Das Leben wird wieder vollständig. Es wird um eine Provinz bereichert, die der Idealismus der bürgerlichen Gesellschaft, „absolut" wie er sich gab, unterschlagen hatte, die Provinz des *Bösen.* Die Franzosen haben ja nur bon und wieder bon, um die menschliche Welt zu beschreiben. Bon citoyen, bonhomme, der Mensch ist gut; im Räsonnement des 19. Jahrhunderts — das größte Glück der größten Zahl ist seine schrecklichste Formulierung — wurden Ethos, Güte, Gutartigkeit (bonté, bienfaisance) in dieser moralischen Welt zu Trägern aller Rollen. Ein solcher Citoyen (Albert Mathiez, 1927) empfiehlt z. B. die Lektüre Robespierres in den Schulen mit dem vierfachen: „Une Ecole qui doit former des hommes de bien, capables de bien penser, de bien parler et de bien agir." Ist das der ganze Mensch, dieser viermal Gute? Man hat 1789 die Überlieferung abgesetzt, hat die Vernunft des Menschen auf den Weltenthron erhoben, man hatte Gott als menschliche „Idee" übriggelassen. Aber im Umkreis unserer Vernunft taucht Gott nicht auf, sondern er ist nur die Antwort, die dem Menschen die Teufel abpressen. Dazu muß uns erst einmal der Teufel bedrängen. Wird der Teufel eine komische Figur — wie in allen literarischen Schöpfungen, die mit dem Deismus von 1789 vor- oder nachher zusammengehören —, dann wird Gott bald ein dummes, abgeschmacktes Ablebsel. Schon die Einzahl des Teufels ist eine törichte Nachahmung des Monotheismus. Der gefallenen Engel sind viele. Aber die Ideen von 1789 kennen nur Luzifer, den Teufel des Geistes, verkleidet als Träger der Clarté und des Lichtes!

Und dadurch ist die *Wiedergeburt des Bösen die Voraussetzung für die Rettung des ganzen vollständigen Menschen auf Erden geworden.* Der irdische Mensch ist das Anliegen des russischen Materialismus.

Das Vokabular, das er scheinbar nur antithetisch und dialektisch gegen die Vergötterung des Menschen 1789 aufstellt, das Stammeln und Fauchen und Zischen der bloß zählbaren Masse, der Erniedrigten, teuflischen, gierbesessenen Knechte der Materie — es führt zurück über den Mittag der Revolutionen, die Humanität von 1789, zurück in die ganze Welt und in den ganzen Menschen. Die Russen haben dem Judas Ischariot in Perm ein Denkmal gesetzt. Sie entdecken die Erlebniszonen der Revolutionen Europas, an denen sie nicht teilgenommen haben, von diesem Zipfel her. Den Russen ist Europa nur entgegengetreten in Form des 18. Jahrhunderts und des 19. Jahrhunderts, also im wesentlichen als Aufklärung, als Kapitalismus, als Nationalismus und als bürgerliche Gesellschaft.

Diese vier Gaben Europas haben Rußland nicht organisieren können. Sie haben es begehrlich gemacht, an der Arbeitsteilung der Menschheit teilzunehmen, aber die vier Gaben aus dem Westen blieben unverwendbar: Die Aufklärung war hier nicht die Selbstreinigung eines Adels und einer Geistlichkeit und wurde daher Nihilismus. Der Kapitalismus war hier nicht Leistung der Bürger für das Land, sondern freche Ausbeutung mit Hungersnöten und Desorganisation; der Nationalismus bedeutete hier den gröbsten Versuch, siebzig Millionen „Fremdvölker" zu russifizieren; die bürgerliche Gesellschaft ergab den Sumpf von Petersburg.

Wie sollte Rußland nun hineinwachsen und zurückwachsen in das von diesem Westen früher zurückgelegte Stück des Lebens? Leben kann nie rückwärts gelebt werden. Die Biologen nennen das Leben irreversibel. Aber in den Rhythmus des zweiten christlichen Welttags von Cluny bis Joyce schlingen sich die

Russen hinein, als die, die mit Jesus in die Hölle gehen, in nichts als die Hölle. In die Hölle der Sachlichkeit, der eigenen Laster, der toten Seelen, der tausend Einzelheiten des sinnlosen Alltags. Der Fluch des Alltags wird von den Bolschewiki so inbrünstig gebetet, wie das Ave Maria von dem Franziskanermönch.
Es muß wohl jede Stunde unseres Erdentages ihre inbrünstigen Beter haben, ihre Zionswächter, die eben diese Strophe zu singen haben und keine andere. Die Bolschewiki sind zu den Betern des Alltags bestellt, das Gemeine, das ganz Gemeine hat in ihnen den Anwalt gefunden. Und gegen das Gericht, vor dem sie plädieren, nehmen wir für den Anwalt und seine Klientin, die Materie, Partei. Und wenn es nur Moral einerseits und andererseits Fressen gäbe, so schlügen wir uns auf die Seite des Fressens. Der Satz: „Erst kommt das Fressen, dann kommt die Moral", ist einfach richtig vor einem Gerichtshof, der moralisch ist, der bürgerlich ist, der philosophiert, der in seinem naiven Individualismus den Sieg des Essens über das Fressen nicht als Sieg der Gemeinschaft der Gläubigen in der Liebe zu Gott begreift.
Aus der Stickluft einer bloß moralischen Welt flüchten die Russen in den Urwald im Menschen, in seine Nöte. In einem „Alltags"roman von 1922, der geistig die russischen Vorgänge trefflich erläutern kann, in dem „Ulysses" des Iren Joyce wimmelt es von Geruch-, Scheiß- und Pißbeschreibungen. In Rußland legt man Wert darauf, daß gemeinsam geschissen wird. Die Öffentlichkeit und Gemeinsamkeit der Abtritte wird mit besonderem Nachdruck in der Ordnung befunden. On y tient. Das paßt in die Materie, die noch moralfrei ist, dem Teufel sei Dank. Aber diese Flucht in den Urwald führt ja unwiderstehlich weiter. Der Alltag, der den Menschen als Tier nimmt, die Ideen, die ihn zum Gott machen — ihr Widerspruch muß nur in ihrer ganzen Schärfe aufbrechen, um den ganzen Menschen wieder zu erwecken, der für falsche Ideale leiblich gekreuzigt werden muß und der an falschen Begierden seelisch zugrunde geht, der aber wiedergeboren werden soll als Herr der Erde, als Kind der Welt.

7. *Das Vokabular der Revolutionen*

Die Russen reden so unbefangen und herausfordernd in Zahlen, als sei dies der einzig mögliche Ausdruck für die wirkliche Welt. Aber so ursprünglich diese Erzählung der Alltäglichkeiten ist — so wenig ist sie doch noch entwickelt. Beim Ausbruch der Revolution ist die neue Sprache nur bruchstückweise da und hat noch keine volle Autorität. *Und so beginnt jede Revolution mit dem geistigen Handwerkszeug, das die vorige hinterlassen hat* und borgt sich damit die formale Autorität, bis ihr eigener Stil tragfähig ist.
Mit den Bulletins im Stile Napoleons beginnt die russische Revolution. Ihre Funksprüche an alle sind Feldzugsberichte. (Die Faschisten ahmen übrigens diesen Stil mit ihren Battaglia della lira, battaglia del grano usw. nach.) Genau so hatte der Abbé Sieyès noch im Stil des Traktats, des Traité die französische Revolution durch die geistige Technik der englischen speisen wollen. Der

Traktat (Traktätchenliteratur!) seinerseits ist ein englischer Begriff. Hier war der State Tract, der politische Traktat aus dem religiösen Traktatenwust der Bürgerkriege — dessen Sammlung die große Kostbarkeit des British Museum ist — herausgeschlagen worden.
Die biblischen Traktate stammen ihrerseits wieder aus der Reformation und ihren Sendschreiben. Luther hingegen ist im Bann der letzten Früchte des Weltalters der vatikanischen Revolution, wenn er seine 95 Thesen an die Schloßkirche in Wittenberg schlägt. So hatte man in Paris disputiert in den großen Zeiten der Scholastik.
Auch die Päpste der Hohenstaufenzeit müssen die verrostete Rüstung ihres Vorgängers Gregor VII. anlegen, um sich zunächst verständlich zu machen. Ohne daß die neue Sprache der leisen Diplomatie wirksam wird, bemüht man die Kreuzzugsbullen einer abgelaufenen Epoche. Friedrichs II. Kreuzzug, vom Papst erzwungen, und so ganz anders als der Papst gemeint hat endend, dämpft (S. 101) diesen Ton ab. Der Abbé Sieyès hat mitsamt seiner Tiers-état-Ideologie 1789 verspielt. Dort Kreuzzüge, hier politische Traktate verfangen nicht mehr. Dort zur Stauferzeit tritt die diplomatische Korrespondenz und das diplomatische Gespräch auf (für die wir besonders in dem Briefkodex des Albert Behaim ein wichtiges Beispiel haben), hier in den Jahren des Konvents aber die Bulletins und Aufrufe, die Proklamationen über den Fortgang der Revolution, die „Depeschen", Kriegstelegramme, Neuheiten, kurz, das was wir den Nachrichtendienst der Presse nennen können. Der Stil wechselt:

Revolutionär:	Übernommene Form:	Eigene Form:
Vatikan	Kreuzzugsbullen Bannbullen	Diplomatie Disputation
Protestanten	Thesen (95 Thesen) Religionsgespräche (Marburg, Leipzig)	Bibelübersetzung und Schriftauslegung (Katechismus), Predigt
Gemeine	Katechese („zu deinen Zelten, o Israel")	Religiöses Traktat, politischer Trakt, Treatise on government Essay Debatte
Bürger	Traktat (Sieyès, Mirabeau, Essai)	Bulletin Diskussion
Bolschewiki	Bulletin („An alle")	Die technische Formel Sprechchor

Rein für sich ergeben sich diese Stilarten:

Allerseelen liturgische Praefation	Klostersprache
Das heilige Grab	Der neue „Kursus" (seit 1070) der Päpstlichen Kurie
Der Vatikan	Diplomaten- und nationale Sprache (Fioretti des Franziskus)
Die Religionsparteien	Thesen, „die" Schrift. Systematik
Die Gemeinen	Herkommen, Präzedenzfälle, Genealogische Aufzählung
Die Franzosen	Plädoyer, Verschmelzung von Schauspiel und Gerichtsrede als Räsonnement
Die Russen	Das Diagramm Die Formel, der Plan

Man erkennt aus diesen beiden Tafeln sehr gut den Unterschied von echten und unechten Revolutionen daran, ob sie *genau* so vorgehen wie die vorhergehende, oder ob sie nur das letzte Glied der vorigen ergreifen und dann gezwungen sind, unter ihm her schleunig eigenes ursprüngliches Geistesgut einzuschließen, weil die alte Form nichts mehr besagt.

Die Revolution von 1848 hat es nur zur *Nachahmung* der französischen gebracht. Sie kommt von politischen Theorien her und bringt es wie die Konstituante an ihrem Lebens*ende* zu einer Konstitution, zu der Verfassung. Dann jagen sie die Bajonette auseinander. Genau so bleibt die Kerenskirevolution in Rußland in Verfassungsplänen stecken. Sie ist eben eine nur sozial übertünchte nationale und demokratische Bürgerrevolution, mit Patriotismus als Untergrund; als ob die Lage sei wie die der Convention Nationale, glaubt Kerenski sich zum Kriege verpflichtet.

Die Sowjets leben in der neuen Weltstunde. Sie beginnen mit Napoleon und Deklarationen und Proklamationen sowie mit den Funksprüchen an alle, die Napoleons Bulletins entsprechen. Sie versuchen es ferner mit einer Erinnerung an die Menschenrechte in der sogenannten „Deklaration der Soldatenrechte". Sie führt nur zur Zerstörung der Armee, hat aber keine organisierende Wirkung. Auf diese aber, nicht auf die Freiheit des einzelnen, sondern auf eine *Ordnung* kommt es an. Endlich finden die Bolschewiki dafür ihre eigene Sprache, weil sie Frieden schließen statt Krieg zu führen. Sie müssen allen blutdrucksteigernden Patriotismus abblasen. Also wird ihre neue Sprache die reine technische Anweisung. Schon ihre Machtergreifung hat sich technisch vollzogen. Charakteristisch für die Revolution vom 7. November 1917 ist „die

Leere des Schlachtfeldes". Man sieht niemanden. Trotzki ist in irgendeinem Zimmer, an irgendeinem Telephon. Lenins Grab im Kreml, Napoleons Grab vergleichbar, und die ganze Bemühung des Kremls in Moskau ist für die russische Revolution sekundär. Die Leere des Schlachtfeldes würde die Preisgabe dieser Anknüpfung an alte vorpetersburger Zeiten erlauben. Der Kreml ist nur wichtig, soweit damit ausgedrückt wird, daß Petersburg, das Fenster nach dem bürgerlichen Europa, vernichtet, daß es zu Leningrad geworden ist. Die Trockenlegung der bürgerlichen Fäulnis muß die Regierung noch symbolisieren, dazu ist sie in dem unbefleckten Moskau und in dem unbourgeoisen Kreml. Das ist also der negative Beweis. Aber die Leere des Schlachtfeldes der modernen Revolution ist das Positive. Der Telephonanruf ist wichtiger als jede theatralische Geste. Gewiß, man hat noch die Rätekongresse mit 1000 oder 1500 Delegierten. Aber sie sind mehr sprechchorartig als dramatisch gestaltet. Dort, wo sich sichtbare Massenschauspiele nicht ganz entbehren lassen, sind sie sofort technisch gemeistert zu chorischen, rein massiven Wirkungen. Nicht Theater, sondern Propaganda; nicht Deklamation, Begeisterung, Plädoyers will man hören, sondern die wissenschaftliche Formel will man finden, aus der sich tausend Einzelarbeitsanweisungen ableiten lassen. Die technische Formel ist der Stein der Weisen der russischen Revolution. Sie steigert nicht den Blutdruck wie die patriotisch volltönenden Phrasen, die sie haßt. Dem zum Tode Verurteilten setzt im Gefängnisgang der Scharfrichter von hinten den Revolver hinter das Ohr. In dem Augenblick, wo der Verurteilte den Henker sieht, ist es schon vorbei.

Das macht das Blut in den Adern erstarren. Diese bewußte *Unterkühlung der Temperatur* ist die neue russische Sprache. Sie phantasiert genau so, diese Kälte, wie die Hitze des Pathos. Dem Pathos des auf Eis gelegten Sprachminimums steht das Opfer vielleicht noch machtloser gegenüber als der Phrase. Die technische Formel erhärtet dem von ihr Ergriffenen, daß er einer vollkommen sachlichen Maschine gegenübersteht, daß Tränen, Lachen und Schluchzen, Beschwörungen und Beteuerungen hier von niemandem vernommen werden. Die Leere des Schlachtfeldes bedeutet, daß einfach niemand im Zimmer ist, um deine törichten Klagen anzuhören, dein Altweibergeschrei, deinen Tratsch. Hier ist die Anweisung, hier ist ein Telephon, hier sind die Telegraphendrähte, die über Rußland ziehen. Das Äußerste ist eine persönliche Entsendung per Automobil an Ort und Stelle. Sie ist eine Durchbrechung der Leere des Schlachtfeldes. Sie kann nur im Notfall zugelassen werden; wenn der Apparat sonst zu stocken droht, wird Krylenko nach Sibirien geschickt oder Dzerschinski in die Krim. Aber die Ordnung ist für gewöhnlich *Fernverbindung* zu einer maschinellen Ordnung.

Die Opfer dieser Fernverbindungen können nicht mit ihrem Henker scherzen, wie mit dem blutigen Samson die Opfer der Guillotine, allwo Danton seinen Kopf der guten Behandlung empfiehlt: „Il vaut la peine." Diese Opfer können nur hysterisch schreien oder verstummen. Auch hier entspricht die Regierungsform dem stärksten Eindruck, den das Proletariat empfangen hat, dem Chok, den Technik und Wirtschaft auf die Arbeiter hervorbringen. Dieser Chok ist ein Sprachchok. Der Proletarier kann von niemandem erhört werden. Alle Leute in seiner Nähe haben nichts zu sagen, was ihm frommt. Die eigentlichen Hebelsteller dieses technischen Produktionsprozesses sitzen in unerreichbarer Ferne. Der pöbelhafte, maßlose Sauherdenton der Marxisten, ihre unmenschliche Sprache, sobald auf den Kapitalismus die Rede kommt, ist angemessen der Situation in der Fabrik. Die Selbstanklagen in den großen Prozessen gehören zu diesem Sprachchok. Nur die Logik der Partei hat in den herzentfremdeten Hirnen Autorität. Da ist in jeder Zwietracht die monistische Logik: „ich bin schuldig" leichter als der lebendige Dual: „Ich habe auch recht".

Der Marxist läßt nicht mit sich reden. Weshalb sollte er? Diese Welt der Technik und der Wirtschaft läßt ja auch nicht mit sich reden. Sie stampft, rattert, prasselt oder liegt plötzlich unbeweglich still — ohne daß der Arbeiter in der Leere des Schlachtfeldes die Ursache zu erkennen vermag. Von fernher kommt das Schicksal des Fabrikarbeiters. Nur in der Ferne kann er seine Erlösung suchen. Von der Fernverbindung kann er eher Hilfe für seine Nöte erwarten als von dieser unbegreiflichen Nähe seines Arbeitsplatzes. Dieser Arbeitsplatz wird ihm doch von tausend Einflüssen der Weltwirtschaft, der Erfinderschrullen, der Gesetzgebung zurechtgehobelt und zugewiesen. Es ist wie wenn dieser Arbeitsplatz eine Schuppe auf dem Schuppenpanzer eines Drachen wäre. Dieses Ungeheuer streckt und hebt sich zum wütenden Kampf. Bald hier bald dort löst sich eine Schuppe oder ein ganzes Tausend. Neue Schuppen treten an ihre Stellen. Immer schneller, immer heftiger keucht der Drache, immer schwerer wird das Ringen mit der Natur, immer unsicherer der einzelne Arbeitsplatz.

Was folgert das Proletariat? Der Lindwurm im ganzen muß beherrscht, gelenkt, organisiert werden. Über sein blindes Wüten muß eine geistige Überlegenheit Herr werden. Die technisch-formelhafte Beherrschung des Drachen Kapitalismus wird aller Not ein Ende machen. Nicht an Ort und Stelle, sondern in der Ferne winkt das Glück. Nur die ganze Welt und die ganze Welt auf einmal kann von dieser Wirtschaftsordnung erlöst werden, kein Volk, kein Land aus eigener Kraft. Deshalb kann der Alltag nur als Werktag des Proletariats gebildet werden. Der 1. Mai ist der Weltfrühlingstag, an dem nach dem Hexensabbath der bürgerlichen Walpurgisnacht die Arbeiterschaft der Welt die Heraufkunft des Weltfriedens und der klassenlosen Gesellschaft begrüßt. „Proletarier aller Länder vereinigt euch; ihr habt nichts zu verlieren als eure Ketten."

Der 1. Mai liegt hinter dem großen Kladderadatsch, hinter dem Untergang des Abendlandes, hinter dem letzten bürgerlichen Individuum, das da einzeln am fin de siècle dekadent blinzelt: Was ist Liebe? Was ist Glück? Was ist Stern? Spengler, Clémenceau, Nietzsche, die uns in der „Dekadenz der Liebe" als die Eschatologen der Bürgerwelt begegnet sind, Joyce mit seiner Odyssee des Menschenpaares, das sich im Alltag nicht mehr zu behaupten vermag — sie sind wie der nächtliche Spuk vor dem 1. Mai. An ihnen vorbei in unbeirrbarem Takt dringt der Stampfschritt der Massen herauf durch die Nacht. „Volk in der Nacht, bleib auf der Wacht!“ endet ein Lieblingslied der deutschen Proletarier. Die Masse der Werktätigen ist Amboß. Indem auf sie geschlagen wird, erdröhnt das All, wie wenn auf Stein oder Erde gehackt oder gestoßen wird. Sie sind nicht Schmiede ihres Glücks, sondern sie werden geschmiedet wie das Eisen.

Und so übernimmt die Masse im Reigen der seufzenden, fluchenden, knarrenden, quietschenden, brausenden, heulenden Kreatur wieder — wie jedesmal der Mensch — die Rolle des Erstlings. Der zerschundene Esel, der zertretene Tritt, das beschlagene Metall — das ist es, worauf der Mensch an der Maschine angeredet sein will. Er will nichts Besseres sein als die Maschine: Ein schwingendes Quantum der Elemente.

Im „Westen“ eilt man mit Erfolg, den Arbeiter zum Herrn der Maschine zu machen. Damit wird er Mensch des 19. Jahrhunderts, eine Individualität, welche die Natur an ihrem Ort beherrscht — Ideologisch findet sich diese Anschauung auch bei den Russen.

Aber der Elan zur Durchführung des Fünfjahresplans kommt aus anderen Tiefen, eben aus der noch unter der Sinnlichkeit der fünf Sinne schwingenden Kraft von Gebein und Knochen, des Hungers von Fleisch und Blut. Die Sinne sind noch mir eigen. Aber die Materie ist ein *Quantum.* Die Entdeckung des Quantitativen am Menschen als seiner politischen Qualität führt zu der neuen politischen Sprache Rußlands. Sie schafft in den Diagrammen eine internationale Sprache, die heruntergreift unter die nationalistisch oder klassenmäßig eingeborenen Sprachen der Gebildeten. Sie greift herunter unter sie. Alle bisherigen Revolutionen bedurften einer übergreifenden Sprache: Die Liturgie, das Latein, die Künste, die Bibel, die Philosophie, sie begreift der Mensch nur, indem er sich erhebt über sich selbst.

Die Zahlen begreift der Mensch, wenn er sich erniedrigt, wenn er sich selbst als Nummer in Reih und Glied hinnimmt, wenn er Masse wird. Das internationale Proletariat kann nicht Latein lernen, auch nicht Esperanto. Der wirksame Stromkreis der Sprache des Weltwerktätigen ist die Zahlensprache. Sie ist die Weltsprache der neuen Zeit.

8. *Die neue Zeit*

Der fernste Horizont der bürgerlichen Gesellschaft, ihr fin de siecle, liegt also im Rücken derer, mit denen die neue Zeit geht. Wie bei der Polonaise das einzelne Tänzerpaar zuerst den Bogen durchschreiten muß, den die Arme seiner Vorgänger aufrichten, und dann selbst die Arme zum Bogen erhebend wie angewurzelt fest steht, so geht es jeder Revolution. Was ihre Vorgängerin im Zeitbogen, den sie sich als Horizont und Weltanschauung errichtet, am fernsten Gebirgssaum schaudernd erwartet, der letzte Schritt, den sie tagtäg-

lich hinausschiebt — den nimmt die folgende Revolution vorweg. Der Eintritt des jüngsten Tages der einen Revolution ist die Voraussetzung für den Ausbruch einer nächsten. Nun schieben wir Menschen denselben jüngsten Tag, den wir in unserem Weltbild anerkennen, also unsere Eschatologie, ans Ende der Welt, sonst wäre es ja nicht der jüngste Tag der Welt oder dessen, was wir für die Welt halten. Beim Eintritt der neuen Revolution 1917 schreibt also Spengler über den Untergang des Abendlandes im Jahre 2200! Währenddessen marschiert die Weltrevolution.
Der Fortschrittsglaube der bürgerlichen Welt hat uns fast vergessen gemacht, daß auch sie ihre Eschatologie hat. Der Glaube an die Dekadenz, an den Weg von der Humanität zur Bestialität ist eine richtige Eschatologie. Die Russen haben diese Eschatologie im Rücken, wenn sie ihren Bund von 155 Völkern errichten. Wohlgemerkt 155 zählen die Russen übertreibend. Es können gar nicht genug sein, weil ja von *der Welt im ganzen* und ihrer Fernverbindung her der Sinn der russischen Teilrevolution entspringt. Die Russen haben zwei wichtige Feiertage in ihrem Kalender, den 1. Mai und den 7. November. Am 7. November begann mit der Bolschewistenherrschaft in Rußland die Revolution, deren letzten Sieg der 1. Mai vorweg feiert! Nichts von Nationen, nichts von Humanität. Die bestialischen Orgien des Kapitalismus hat man im Rücken. „Mit uns zieht die neue Zeit", weil wir keine Individuen, keine Persönlichkeiten sind. „Wir sind stramm organisiert", ist eine beliebte Wendung des Proletariats.
Halten wir einen Augenblick inne. Denn es ist wichtig für unser theologisch unwissendes Geschlecht, zu erforschen, ob jede Revolution so gründlich die Eschatologie der vorhergebundenen hinter sich läßt und als geschehen bejaht. Dies ist in der Tat in verblüffender Weise der Fall. Das Kommen des Antichrist ist seit dem Propheten Joachim von Fiore das Ende der Papstherrschaft. Seit 1200 umhängt den Vatikan der Horizont dieser Verheißung. Also kann das Papsttum nur gestürzt werden, wenn der Antichrist erschienen ist. Die dreihundert Jahre der unbestrittenen Papstherrschaft malen also den Antichristen als Schrecken der Zukunft an die Wand. Sie beschwören damit alle revolutionären Neigungen.
Luther tritt auf und ruft: Da ist der Antichrist, Rom ist die große Hure, das alte Papsttum ist der Antichrist. Und damit hat er den Zeitbogen der vatikanischen Revolution siegreich durchschritten. Der Zauber der Verzauberung durch die Erwartung des Antichristen ist abgeschüttelt. Das protestantische Menschenpaar schreitet in seine Welt hinaus. Aber wieder begrenzt sich sein Blickfeld, sein zeitlicher Acker ist ebenfalls nicht grenzenlos. Am Ende hofft der Protestant auf das Reich Gottes. Aber da die Welt nie besser wird, immer vom Teufel bleibt, so kommt das Reich Gottes praktisch nie. Keine äußeren Zeichen machen es ja sichtbar. Das Reich Gottes ist die Eschatologie der Lutherischen.
Mit diesem Kingdom of God beginnt daher die Puritanerrevolution. Hier ist

das neue Israel, erklingt das Glaubenslied der Rundköpfe. Und dieses Erlebnis des Hier und Heute hat die Engländer nie wieder verlassen. Das Kingdom of God ist für den Engländer nichts, was hinter seinem Welttag läge und seinen Welttag begrenzte. Sondern er arbeitet im Kingdom of God. Er sieht, schmeckt, fühlt es. Er gibt seinen Kindern all die Namen, die in diesem Königreich die Frommen tragen möchten. Das praktische Christentum der Angelsachsen, das sich so sehr von dem deutschen Quietismus unterscheidet, hat in dieser Vorwegnahme des Reiches Gottes seine Kraftquelle.

Hat nun dieser praktische Optimismus der Gemeinde Gottes, des neuen Jerusalem auch seinen Jüngsten Tag? Die schönste Stelle in Miltons Paradise Lost, die heut noch wirksame, ist die Schilderung Luzifers, des gefallenen Engels. Hier erschrickt die Gemeinde Gottes. Denn alle Selbstbeobachtung ist ihr verhaßt. Self respect, self controll ja, aber no introspection, no problems! Candour ist ein beliebtes englisches Wort, das die Freiheit von Selbstüberhebung ausdrücken mag, die mit der schärfsten nationalen Selbstsicherheit sich paart. Der einzelne Engländer ist zart, scheu und schüchtern; die englische Rasse ist die hochmütigste der Welt. Denn das Kingdom of God ist da, aber Luzifer kann es vernichten. Der Engelsturz ist das Geheimnis der letzten Dinge in England. Noch im Jahre 1951 ist England genügend „vorluziferisch“, so daß die London Literary Times (2. Februar) druckt: „Individual, solitary rebellion, the apotheosis of self, every man his own LUCIFER — these are attitudes *almost beyond the imaginative grasp.*“ Aber jeder Franzose kann sich gerade das gut vorstellen.

Und diesen Engelsturz bejaht die französische Revolution. Selbstbewußtsein, die Sünde der gefallenen Engel, ist das große Wort, das die Aufklärung auf die Fahne schreibt. Der Geist des Herrn weicht von der Gemeinde der Kinder Gottes und wird zum Esprit der einzelnen Individualität. Aus „Godliness“ wird in Frankreich Godlikeness!

Die Engländer singen, das neue Jerusalem werde unsterblich sein, bis die Engel der Finsternis es vernichten. Der Engelsturz ist eingetreten. Die Menschen sind allein. Dann wird die Erde ein Himmelreich und *Sterbliche den Göttern gleich.* Der Mensch als Gott — dies ist der letzte Schrecken des Engländers, es ist das Axiom der Ideen von 1789, die Voraussetzung, auf der sie aufbauen. Das Dichterpaar Byron und Shelley lebt den Engländern diesen neuen französischen Welttag vor, jener der Libertin der Liebe, dieser der Libertin des Selbstmordes. Aber keinen Engländer verließ das Entsetzen vor diesem luziferischen Beginnen der beiden „Genies“. Hat doch die englische Gemeinde das Wort geniality zu Fröhlichkeit verharmlost; so wenig hatte bis zur französischen Revolution das *Genie* im Kingdom of God Platz.

Und so ist es nicht verwunderlich, wenn auch zwischen Vatikan und Weihekaiser ein ähnlicher Durchgang durch die Ekliptik besteht. Guelfen und Ghibellinen haben eine verschiedene Eschatologie. Das Weltgericht des Dies Irae ist der ghibellinische Grenzstein der Welt. So ist es noch bei dem letzten Ghibellinen

Dante. Hingegen hat der Vatikan das Weltrichteramt selbst an sich genommen. Der guelfisch-päpstliche Welttag wird nicht mehr durch das Weltgericht begrenzt, sondern — wir sahen es schon — durch das Kommen des Antichrist. Und wiederum wäre es verkehrt anzunehmen, daß mit Luther diese vorlutherische Haltung aus Italien verschwunden wäre. Sie besteht dort noch heute. Ein Freigeist, Borgese, hat betont, daß die guelfische Vision des Menschen, der dem Weltgericht gewachsen sei, bis heut geblieben ist; und wenn eine Italienerin in einem Nachkriegsfilm einen armen Teufel vor der Polizei versteckt, so tut sie es mit der unsterblichen guelfischen Rechtfertigungslehre, die kein Lutheraner versteht, „é figlio di madre"; er ist einer Mutter Sohn, und deshalb mit Jesus und Maria begnadigt. Man ist dem Dies Irae entronnen und man hat sich von der Mutter Kirche noch nicht wie Luther losgesagt. Über das Kreuzzugsalter wird uns erst die russische Haltung Aufschluß geben.

Ghibellinen und der Kaiser haben als Eschatologie	das Weltgericht
Die Kreuzzüge haben als Eschatologie	den Endsieg (S. 489)
Vatikan und Guelfen haben als Eschatologie	den Antichrist
Luther und die Protestanten haben als Eschatologie	das Reich Gottes
Cromwell und die Puritaner haben als Eschatologie	den Sturz Luzifers
Die Franzosen haben als Eschatologie	das Erlöschen des homo sapiens: Die „niederen" biologischen Arten. (S. 397 f.).

Dahinter erhebt sich die Gesellschaft, die der Erfüllung des 1. Mai entgegenharrt. Der Katalog dieser letzten Dinge verläuft in dialektischer Reihenfolge. Er beginnt mit der fernsten Zukunftsvorstellung: dem Weltgericht. Aber schon zweitens der Antichrist geht dem Weltende voraus. Und die Tafel endet mit der Vision des Tages, an dem, mit Clémenceau zu reden, die vegetative Natur den höheren Menschen herunterschluckt und überwuchert, so als sei er nie gewesen. Der sechste Schöpfungstag wird ausradiert. Luzifer verleugnet am Ende seines Herrschaftstages das Dasein der selbstbewußten, höheren Menschheit überhaupt. Es bleiben nur noch die an den ersten fünf Tagen geschaffenen Reiche der Natur übrig. Im Jahre 1930 erschien ein ernsthafter Aufsatz: „Exit homo sapiens". Der Mensch als Erdenart sterbe aus; ein anderer hieß: „Die Situation Mensch".

Die Engländer haben mit Luzifers Fall eine gleichfalls eigentümlich vordatierte, nämlich zeitlich dem sechsten Schöpfungstag naheliegende Eschatologie. Ebenso die Protestanten, deren Reich Gottes etwa gleichweit vom Weltende wie von der Schöpfung Adams entfernt vorgestellt wird und in dem „Unerreichlichen" des deutschen Idealismus fortwirkt.

Unter einer dieser Eschatologien leidet jeder Mensch im heutigen Europa, der nicht Kommunist ist. Der Glauben an den Tod gehört zum Leben und ist dessen Voraussetzung. Nur kraft des Horizonts der lezten Dinge können wir Menschen unsere Aufgabe auf Erden vollenden. Auch der Kommunist hat seine Eschatologie. Das Mittel zur Begrenzung seines Lebenstages liegt darin, daß er sich ein Jenseits seiner Revolution verbietet. Alle älteren Revolutionäre wollten ja nicht wahr haben, daß Revolutionen sein müssen und wieder vorkommen dürfen. Die Russen haben die Revolution in Permanenz erklärt. Der Weltprozeß bleibt eingespannt zwischen dem 7. November und dem 1. Mai. Solange die Endhoffnung des 1. Mai noch nicht erfüllt ist, so lange gibt es noch Leben. Die klassenlose Gesellschaft darf nie da sein. Denn das Leben auf der Erde braucht eine Aufgabe, um sich zu erleben; nur das Leiden an der Unerfüllbarkeit der Aufgabe steigert unser Leben zum Selbstbewußtsein. Geistiges Leben existiert nur da, wo Leiden sind. Nur weil der Mensch den Tod fürchtet, philosophiert er; nur weil jede von den europäischen Völkern erkämpfte Ordnung um ihren Jüngsten Tag zittert, kann sie am Leben bleiben. Denn alle Ordnung lebt von den Opfern, die wir für sie bringen. Nur wo wir fürchten, bringen wir Opfer. In der klassenlosen Gesellschaft hat niemand etwas zu fürchten. Also kann es in ihr kein geistiges Leben geben. Opfer werden daher nur gefordert, *solange bis sie da ist.* Und so hängt der Wert des Lebens für alle aus der russischen Revolution geborenen Geister daran, daß die klassenlose Gesellschaft ihr Jüngster Tag bleibt, den sie bestimmt nicht erleben. Marxisten zeigen eine geradezu auffallende Erregung, wenn irgendein Vorgang im Sinne des Heraufziehens der klassenlosen Gesellschaft gedeutet wird; sie brauchen ihr Jenseits so gut wie jeder handelnde und kämpfende Mensch.

Schon einmal hat es auch diese seltsame Haltung gegeben, des eröffneten Weltkonkurses, der Revolution in Permanenz, mit deren Ende — nichts mehr zu tun bleibe. Nämlich bei der Revolution, die wir in der Tabelle oben übergangen haben, und die zwischen Kaiserherrschaft und dem Weltenrichteramt des Vatikans die Welt organisieren wollte, bei den Kreuzzügen.

Damals glaubte man, der Osterheld im heiligen Grab brauchte nur befreit, die Ungläubigen müßten nur alle vertilgt werden. Dann herrsche der Tag Christi auf Erden. Deshalb taumelte man von Kreuzzug zu Kreuzzug. Die Zeit von 1075 bis 1200 ist trunken von Kreuzzügen. In den Kreuzzügen geschieht durch die Vertilgung der Ungläubigen eben alles, worauf es für das Reich Christi ankommt, gerade so ist im Rußland jede simple wirtschaftliche Kampagne, die der Hungersnot steuert, eine Siegestat, die den Sozialismus befestigt. Siegt er, dann ist die Welt in Ordnung. Jenseits der Revolution hört die Geschichte auf. Ganz so schien den Kreuzrittern die Geschichte nur noch aus Kreuzzügen zu bestehen. Hinter den Kreuzzügen stand nichts. Aber die Ungläubigen mußten bis auf den letzten aus dem heiligen Lande geworfen werden. Vorher war nichts zu erhoffen. Gerade so nützt der Weltrevolution kein Teilsieg etwas. Die Ungläubigen schöpfen immer wieder Mut, solange auch nur ein Sektor des Landes noch nicht christlich, noch nicht sozialisiert ist. Die erste und die letzte Revolution sind also einander in der Methodik gleich.

Kreuzzug in Permanenz, Revolution in Permanenz. Dazwischen liegen die anderen mit ihren friedlichen Vorstellungen.
Aber die Revolution in Permanenz hat immerhin schon begonnen. Die neue Zeit hat schon angefangen. Der große Kladderadatsch ist zwar einerseits Zukunft, andererseits muß er doch auch wiederum schon Wahrheit sein, damit man den Untergang des Abendlandes im Rücken haben kann. Deshalb konnte die russische Revolution sich nicht selbst beginnen. Sondern ein großes objektives Ereignis mußte ihr die Erlaubnis geben, den teilweisen Zusammenbruch der bürgerlichen Welt zu erklären.
Dies Ereignis ist der Weltkrieg. Eine echte proletarische Revolution kann nicht durch Verfassungsstreitigkeiten und Barrikadenkämpfe sich vollziehen. Sondern der Kapitalismus muß sich selbst ad absurdum führen. Das hat der Weltkrieg getan. So erklärt sich die wundersame Tatsache, daß ein Land, in dem 200 Jahre lang fast nur Kritik und Satire als literarische Nahrungsmittel gedient hatten, in dem die gesamte Intelligenz seit fünfzig Jahren revolutioniert war und in dem seit 1905 die Flammenzeichen der Revolution auch Zaren und Zarin, Minister und Geistlichkeit eingeschüchtert hielten, daß ein Land, in dem buchstäblich ein jeder, der lesen und schreiben konnte, die Revolution in irgendeiner Form erwartete, drei Jahre lang diesen gigantischen Krieg geführt hat. Der Muschik, die 85 Prozent der russischen Binnenvölker, mußte eben durch den Krieg in die Geistesverfassung der geistigen Schicht hineinverflochten werden. Diese wußte es vorweg. Nun erfuhr auch der Muschik die Unfähigkeit des Kapitalismus, Rußland zu organisieren. Diese Desorganisation mußte unwiderleglich zutage treten. Krieg, Krieg und wieder Krieg als Hebel der Revolution. Dieser Krieg der kapitalistischen Klasse ist selbst der erste Akt, nämlich die ökonomische Voraussetzung der sozialen Revolution. Deshalb also wird dieser endlose Krieg ruhig ertragen. Er kann nicht gründlich genug ausgekostet werden. Er ist eben das, was kommen muß.
„Was, ihr wollt uns nicht helfen, den Zaren zu stürzen?" Mit diesen Worten soll der bayrische Unteroffizier und russische Bolschewist Levien (1919 in München erschossen) an dem letzten Julitage 1914 die gar nicht sehr kriegsbegeisterten Leute seiner Münchener Korporalschaft aus dem Wirtshaus in die Kaserne geschafft haben.
Das Teilereignis des Weltkriegs, das den Untergang der bürgerlichen Gesellschaft signalisiert, ist der Anfang der neuen Zeit.
Von hier aus ergibt sich, daß für den Eintritt der Revolution in Permanenz Lenin und Stalin weniger bedeuten als der Weltkrieg. Die Revolution muß überall da wirksam werden, wo ihre ökonomischen Voraussetzungen, die Unfähigkeit der bürgerlichen Gesellschaft und der nationalen Regierungen der Völker offenbar wird.
Zwei Wege tun sich von hier auf, um die Weltrevolution zu erfassen, als die sich der Weltkrieg darstellt: Der eine Weg betont an dem Drama den auf die kriegerische Ouvertüre folgenden bewußten Einsatz der Bolschewisten in Ruß-

land. Er führt über den Brest-Litowsker Frieden und den dreijährigen Bürgerkrieg zu den ökonomischen Phasen der russischen Wirtschaftspolitik. Dies ist die bolschewistische Revolution. Der nächste Abschnitt behandelt ihren Weg. Auf dem zweiten Weg nimmt man den Krieg der europäischen Völker ernster und wertet sein Ereignis als ökonomische Revolution aus. Es zweigen also an dieser Stelle zwei Wege der Weltrevolution ab. Der eine führt in das Reich der marxistischen Ideologie, der andere in die ideenlose Welt, die der Weltkrieg übrigläßt. Beide sind Wege der Revolution, einer Revolution, die da ist und noch nicht zu Ende ist.

9. Piatiletka (Der Fünfjahresplan)

Das Institut für Ökonomie und Organisation der sozialistischen Landwirtschaft hat einen Bodenkulturplan aufgestellt.
Er teilt die Länder der Sowjetunion in fünf Zonen.

Die erste Zone produziert technische Nutzpflanzen und treibt intensive Viehzucht:

Hanf Zucker Rüben Mais Sojabohnen Tabak Baumwolle Sonnenblumen Schweine	Südwestliche Ukraine Schwarzerdbecken Nördliches Kubangebiet Ferner Osten (teilweise)

Die zweite Zone produziert:

Flachs Molkereiprodukte Gemüse Schweine	Öd- und Weideland vom Baltikum über Moskau zum Ural

Die dritte Zone produziert subtropische Gewächse:

48 Millionen Pud Baumwolle Seide Tee Weintrauben Orangen usw.	Südkrim Kaukasus Mittelasien

Die vierte Zone produziert:

Rindvieh Schafe	Burjätisch-Mongolische Republik Südöstliche Steppen östlich der Wolga

Die fünfte Zone ist:

Ackerbodenreserve und Waldzone	sie reicht von Archangelsk bis zum Stillen Ozean

Diese ökonomische Rayonierung Rußlands[1]) hebt den Unterschied des europäischen und asiatischen Rußlands auf. Es ist diese Karte nicht mehr von Moskau aus entworfen.

Nun ist der einzig mögliche Fortschritt über die Konzeption des europäischen Imperialismus hinaus diese Aufhebung des Kolonialproblems. Schon „der politische Horizont" der russischen Revolution (oben S. 52) zeigte diese Veränderung aus Europa in „Eurasien" und die Welt an. Der 10. Kommunistische Parteitag erklärte 1921: „Die Vernichtung der faktischen Ungleichheit unter den Völkern ist verbunden mit der Vernichtung der historisch entstandenen ökonomischen Ungleichheit. Diese drückte sich vor allem darin aus, daß die Randgebiete Rußlands sich in der Lage von Kolonien oder Halbkolonien befanden und gewaltsam in der Stellung von Lieferanten von allerlei Rohstoffen für die Verarbeitung im ‚Zentrum' festgehalten wurden."

Dies liest sich noch wie ein liberales Manifest der Nationenepoche. Aber es ist 1921 verfaßt. Man kann bei der „Rekonstruktion" des Fünfjahresplans und bei der Rayonierung der Wirtschaftsgebiete also gerade nur umgekehrt verfahren. Man muß das „Zentrum" in die Rolle eines Rohstoffgebietes, ich will nicht sagen herabdrücken, aber versetzen. Beide Gebiete müssen sich qualitativ einander nähern. Und dazu muß „Mütterchen Rußland" und das russische Dorf gerade in die Stellung eines Lieferanten von allerlei Rohstoffen für die Verarbeitung hineinmanöveriert werden.

Die Wirklichkeit, die von den Sowjets zu meistern war, duldete keine Autarkie der einzelnen Wirtschaftsgebiete, wie sie der 10. und der 12. Parteitag beschlossen. Bisher hat die Union in der Piatiletka große Mittel für Industrien im Osten und in der Ukraine eingesetzt. Aber sie hat die Bauern in Turkestan zur Arbeitsteilung gezwungen. Die Bauern sollen fortan nur Baumwolle pflanzen und dafür das sibirische Getreide verzehren. Dies ist die Bedeutung des bekannten Turk-Sib-Bahnbaus.

Und es hieße die Eigenart der Leistung der neuen Planwirtschaft verkennen, wenn man die Revolution nicht gerade auf das alte Rußland hereinbrechen sähe.

Erst hier wird die radikale Folgerung aus der Selbstentfremdung des Prole-

---

[1]) Nach M. Farbman (neutral) und Grinko (Moskau).

tariats gezogen. Das Proletariat, abgeschnitten durch seine Klassenlage von den Produktionsmitteln, ist damit, nach der marxistischen These, auch abgeschnitten von allen bisherigen Kulturwerten. Die kapitalistische Wirtschaftsform hat es seiner Heimat, dem Dorf, der Kirche, der Landschaft entfremdet. Wenn es jetzt aus dem Objekt der Wirtschaftsordnung zu ihrem bewußten Subjekt wird, so muß das Proletariat in dialektischem Umschlag das den Bauern und Bürgern eignende Land als Rohstoffgebiet ansehen und in einen Rohstoffplan einordnen.

Mütterchen Rußland wird nicht nur Industrieland — das haben alle Länder erfahren —, es wird Kolonialland. Dies ist nicht gewollt worden, aber hat sich mit überwältigender Konsequenz als Folge des Sozialisierungswillens ergeben. Darauf muß ich näher eingehen.

Die Sowjets sind durch die Macht der Tatsachen Schritt für Schritt zu dieser — ihnen selbst unvorhersehbaren — Haltung genötigt worden.

Die Getreideproduktion erbrachte keine Überschüsse, seitdem die Klein- und Mittelbauern ihr Land hatten. Denn diese produzierten nicht mehr für den Markt. Die Konzession an die Sozialrevolutionäre — die Landverteilung — rächte sich. Die Kritik Rosa Luxemburgs hatte diese Konzession an das Privateigentum angegriffen. Sie hatte in der Tat nur der Vernichtung aller politischen Gegner dienen sollen. Bis 1921 schwebte aber die Ökonomie der Sowjetunion durch diese Konzession in Gefahr. Man hatte statt 16 über 25 Millionen Kleinbauern. Dadurch sank der für den Markt produzierte Getreideteil, und es fehlten die 12 Prozent Ausfuhrgetreide, die man 1913 hatte. Die Bevölkerung hatte sich aber seit 1913 um 10 Prozent vermehrt! Die Kulaken, die Großbauern, drohten die unentbehrlichen Stützen der Sowjets zu werden. Das war politisch untragbar.

In dieser Gefahr haben die Sowjets im Eiltempo nach amerikanischem Muster einen neuen Weizengürtel im Steppengebiet errichtet. 12 Millionen Hektar wurden dem Getreidetrust überwiesen. Sis wollten sich hier vor Vernichtung der Kulaken einen Ersatz schaffen.

In Sowkosen, Sowjetgüter, teilte man das Gebiet. Von vornherein rechnete man mit Mißernten. Aber die ungeheure Fläche sicherte einen Ausgleich in sich selbst. Die größte Sowkose ist so groß wie ein deutsches Fürstentum, 22 000 Quadratkilometer. Auf dieser Fläche wohnen in Belgien oder Sachsen mehr als 1 000 000 Menschen. In den dünnsten schlesischen Grenzkreisen wohnen auf 20 000 Quadratkilometern immerhin noch 200 000 Menschen. Auf der Sowkose Gigant wohnen 17 000 Personen.

Das ist die Leere des Schlachtfeldes aus dem Weltkrieg zurückübertragen in die Volkswirtschaft. Die Schlacht, die hier gegen die Natur geschlagen wird, gegen den Steppenwind, gegen den Regenmangel, wird von einer Armee junger Krieger geschlagen. 95 Prozent der Arbeiter sind unter dreißig Jahren. Der Krieg ist ein Maschinenkrieg. 90 Prozent des Personals sind Techniker, nur 10 Prozent sind Landarbeiter. Nur eine hundertprozentige Mechanisierung des

Anbaus ermöglicht die Bestellung, die der des kanadischen Weizengürtels ähnlich ist.

Das Programm für die Staatsgüter war, 1930 dieselbe Menge Getreide zu liefern, die 1927 die Kulaken lieferten, 100 Millionen Pud. Ein Staat also, der seinen Bewohnern aus politischen Gründen selbst die erbittertste Konkurrenz schafft! Für einen alteuropäischen Staat ist der Vorgang unverständlich. Denn bisher fand sich der Staat mit der Wirtschaft, so wie sie war, ab, suchte sie zu fördern und zu entwickeln und — durch Zölle — zu schützen. Die Sowjets aber drehen das Verhältnis zwischen politischer Macht und Wirtschaft radikal um. Sie bringen die Funktion der Kulaken zum Erlöschen. Sie opfern für den Bürgerkrieg einige Milliarden. Die Kulaken werden vernichtet. Diese Umdrehung des Verhältnisses von Staat und Gesellschaft hat Engels als „den Sprung aus dem Reich der Notwendigkeit in das Reich der Freiheit" prophezeit. Denn die individuelle Freiheit in der heutigen bürgerlichen Gesellschaft — also z. B. des Kulaken, sei korrupt und korrumpierend. Denn sie schaffe die Unfreiheit anderer. Also muß man sich bewußt der Disziplin der Kommunistischen Partei unterordnen; denn „nur die Partei kann die bewußte Regelung der Produktionskräfte der Gesellschaft in Angriff nehmen" (Lukacs). Die Vernichtung der Wirtschaft alten Stils ist also kein Argument, vor dem die Bolschewiki kapitulieren. „Denn das grundlegende bolschewistische Vorurteil besteht eben darin, daß man das Reiten nur erlernen kann, wenn man fest auf einem Pferde sitzt."

Diese Auswechslung alter, politisch gefährlicher Glieder der Wirtschaft durch neue ist auch am Fünfjahresplan sonst das Auffallende. Er ist ja völlig unlogisch nach der Lage der Weltwirtschaft. Es gibt für Getreide, für Maschinen, für Textilien, für Stahl eine ungeheuerliche Überproduktion in der Welt. Wollten die Sowjets einfach zu einer vernünftigen Ordnung der Weltproduktion gelangen, so müßten sie irgendeine Arbeitsteilung mit Amerika und Europa anstreben. Die Schaffung einer eigenen Industrie z. B. ist vom Standpunkt der Weltproduktion die bösartigste imperialistische Teufelei, die sich ersinnen läßt. Alle Länder zittern bereits vor dem russischen Dumping. Vom Standpunkt der Weltrevolution ist das etwas anderes. Da ist der Fünfjahresplan das Mittel zur Niederringung des Kapitalismus, d. h. zur Stärkung der Sowjets. Der Fünfjahresplan entstand, als die englische Anleihe den Russen durch den Sturz der ersten Labourregierung verweigert wurde. Er war also eine Antwort auf die Verweigerung der Zusammenarbeit. Die Antwort ist rein kriegerisch. So wie die Kulaken sollen zweifellos alle kapitalistischen Weltmächte vernichtet werden. Deutschland weiß nicht wohin mit seinen Ingenieuren. Die Sowjets werden eine Million Ingenieure neu ausbilden. Roheisen wird in der Welt viel weniger abgesetzt, als Amerika und Nordwesteuropa zu produzieren vermögen. Die Roheisengewinnung in Rußland soll aber von 3,3 Millionen Tonnen auf 10, ja auf 17 Millionen Tonnen gesteigert werden. Ein Bolschewik, G. Grinko, sagt zu diesem Plan: „Die Berichte von dieser Aufbaufront, die die Sowjetpresse bringt, erinnern an Schlachtberichte von den wichtigsten Abschnitten der Kampffront während des Krieges." Und Stalin schrieb triumphierend am 7. November 1929:

„Wir marschieren mit Volldampf zur Industrialisierung, zum Sozialismus und lassen die jahrhundertealte ‚reußische' Rückständigkeit hinter uns. Wir werden ein Metalland, ein Land der Automobilisierung, der Traktorisierung, und wenn erst einmal die Sowjetunion das Automobil und unser Bauer den Traktor besteigt, dann mögen die hochgeehrten Kapitalisten, die sich ihrer Zivilisation rühmen, versuchen, uns einzuholen. Dann werden wir sehen, welche Länder zu den rückständigen und welche zu den fortgeschrittenen gezählt werden können."

Das sind Fanfaren, die zum Angriff schmettern. Die hinausgeschmetterten Zahlen ändern sich naturgemäß fortwährend. Zum Beispiel ist die Kolchosenbewegung, die Kollektivierung, bereits zum Teil rückgängig gemacht worden. Die bleibende Bedeutung der Zahlbilder liegt in der Phantasie, aus der sie stammen. Alle menschlichen Ordnungen sind hier in Diagrammen von Bedürfnissen und Wirtschaftsgütern ausgedrückt, die sich in ständiger Bewegung befinden.

Diese Gesellschaft ist so außer sich, daß sie auf ihre eigenen Bedürfnisse von oben herabblickt und sich ihre Wünsche im Diesseits freimütig eingesteht. Während der Citoyen im geheimen sein Privateigentum aufhäuft, öffentlich aber als Soldat der Ideen von 1789 marschiert, ist der Eigennutz sozialisiert: Alle gemeinsam sollen reich werden! Die Habgier ist publik.

Privat ist das Opfer. Aber diese Opfer werden täglich gebracht. In der Arbeit ist ja täglich Revolution. Und so muß hier jeder „wendig" bleiben. Keiner hat ein Recht auf einen bestimmten Arbeitsplatz. Niemandem darf „seine" Arbeit lieb werden.

10. Die neue Schlüsselgewalt

Haben wir nun im Fünfjahresplan eine neue Wirtschaftsordnung? Der Plan knüpft theoretisch an die Fragen an, die in dem Begriff der „Akkumulation des Kapitals" stecken. Wie sichert das Kapital seine Reproduktion? Nur durch erweiterte Reproduktion. Es muß wachsen, sonst schwindet es, hieß die Antwort, die zuletzt in überzeugender Weise Rosa Luxemburg gegeben hat.

Alle Kulturordnung ist wiederkehrende Ordnung. Sie wird überhaupt erst da zur Kulturordnung, wo sie *re*noviert, *re*formiert, *re*pariert und *re*konstruiert. Denn nur in der Errichtung von dauernden, unablässig erziehenden Ordnungen des Lebens kann das Leben gestaltet, der Mensch gezüchtet werden. Also interessierte uns ja durch dies ganze Buch die Frage: wie kommt immer wieder der Mensch zustande in einer Nation? Welche Anstalten bringen ihn immer neu hervor? Die russische Revolution aber fragt sich nach der Reproduktion des Kapitals? Auch damit fragt sie nach dem Menschen. Freilich nicht nach einem Menschen in abstracto. Sondern sie fragt damit nach dem Menschen als Material der gesellschaftlichen Prozesse. Aber auch von dieser Seite erfaßt man ein Stück des Menschen. Wo kommen Arbeitskräfte und Produktionskräfte immer wieder her? Die Sowjetunion kann nur kurze Zeit Raubbau treiben in vorkapitalistische Wirtschaftsformen hinein. Die Ausfuhren sind gedrosselt. Sie treibt noch Raubbau an den Kulaken, den kapitalistischen Marktproduzenten. Aber muß sie auch auf den Weltmarkt? Muß sie — wie es vor dem Krieg die deutschen Nationalökonomen kommen sahen — neben Amerika und Britannien ein imperialistisches Weltgebiet werden?

Die Sowjets glauben, das verhindern zu können. Sie wollen durch die Piatiletka die Akkumulation und die erweiterte Reproduktion des Kapitals ins Bewußtsein heben. Für die Wirtschaft im ganzen als Einheit bestand ja bislang keine völlige Klarheit darüber, wieviel vom Einkommen in neue Produktionsmittel und wieviel in Konsumgüter sich verwandelte.

Hier blicken die Sowjets der Wirklichkeit ins Gesicht. Sie erheben diese Frage der Nationalen Dividende zur öffentlichen, allgemein diskutierten Frage. Aus der Magenfrage des einzelnen wird auf diese Weise die Haushaltsfrage des Proletariats. Der Proletarier bekommt einen geschichtlichen Horizont in die Zukunft hinein. Die Zukunft zieht ihn hinauf über die Entbehrungen des Tages. Der Fünfjahresplan legt den Arbeitskräften so schmerzliche Entbehrungen auf, z. B. in der Wohnungsfrage, daß nur dieser Zug auf die Zukunft darüber hinweghilft.

Auch der Kapitalismus hat Zukunftschancen vorweggenommen. Er „eskomptiert". Aber er eskomptiert Chancen der Produktion. Die russische Planung ist nichts anderes, aber doch liest der Proletarier jeden Satz des Plans mit anderen Augen als der Aktionär den Prospekt seines Unternehmens. Welches ist dieser Unterschied?

Es ist die Totalität des Zukunftsbildes, die dem Aktionär abgeht. Denn all die politischen Manöver, die Pressepropaganda, die militärischen Interventionen, die Flottendemonstrationen, die Streiks, die Hungerrevolten — kurzum, die Umwelt, in die und aus der die Dividende gezogen wird, verkürzt sich dem Aktionär zu einem wirtschaftlichen Vorgang. Jedoch die Wirtschaft, die er treibt, gebiert jene Eingriffe in das Leben der Menschheit, auch ohne daß der Aktionär das weiß. Die Eingriffe in nichtkapitalistische Wirtschaftsformen durch Zerstörung sind die Voraussetzungen für die Existenz des Kapitalismus! Diese Eingriffe werden im Fünfjahresplan bewußt. Man sieht, daß die Wohnungen und Schulen, die Ingenieure und Literaten fehlen und fehlen werden wegen der Akkumulation. Die Totalität des gesellschaftlichen Daseins wird nicht mehr verkürzt auf eine Finanzoperation, sondern die Konsequenzen der Finanzoperation werden bloßgelegt.

Äußerlich erscheinen die Investitionen riesig und größer, als je Privatkapitalisten sie wagen könnten. Die Umkehr ist also zunächst nur eine seelische. Statt Verhehlung Entlarvung. Statt Isolierung der Wirtschaft Herleitung auch der

letzten Kulturfrage aus der Wirtschaft. Man gesteht die Allmacht der Wirtschaft ein, damit man lerne, sie zu überwinden.
Das Element, in dem die Menschheit schwimmen muß und das ihr die Bewegungen vorschreibt, die Materie, so ernst zu nehmen, daß jede Regung und Formung der menschlichen Gestalt von ihr her ermessen werden kann, sie wird im Fünfjahresplan auf ihre ewige Wiederkehr, auf ihre Reproduktion untersucht. Soviel muß man der Materie gewähren, damit sie immer wieder den Menschen ernähre, mehr nicht.
„Daraus wird sich auf einem großen Gebiete der Produktion eine gewaltige Umwälzung ergeben, die im allgemeinen Resultate auf eine umfangreiche Verdrängung der lebendigen Arbeit durch Maschinenarbeit hinausläuft und die Inangriffnahme technischer Aufgaben größten Stils herbeiführen wird, für die heute keine Bedingungen vorhanden sind. Es müßte sich dann handgreiflich zeigen, daß die kapitalistische Produktionsweise, die angeblich zur äußersten Entwicklung der Technik anstachelt, tatsächlich in dem ihr zugrunde liegenden Profitinteresse eine hohe soziale Schranke für den technischen Fortschritt aufrichtet, und daß mit der Niederreißung dieser Schranke der technische Fortschritt mit einer Macht vorwärts dringen wird, gegen die die technischen Wunder der kapitalistischen Produktion wie ein Kinderspiel erscheinen dürften.
Und so stellt sich das Verhältnis der beiden Abteilungen der gesellschaftlichen Produktion (Konsumgüter und erweiterte Reproduktion der Produktionsmittel) als der genaue Ausdruck der fortschreitenden Beherrschung der Natur durch die gesellschaftliche Arbeit heraus, ein Ausdruck, der am ausgeprägtesten just dann hervortreten müßte, wenn die menschlichen Bedürfnisse der allein maßgebende Gesichtspunkt der Produktion sein werden."
So schrieb Rosa Luxemburg im Jahre 1912 als scharfblickende Prophetin des erstaunlichen Schlüssels zwischen Kapitalinvestition und Volkseinkommen in der Piatiletka. (Verteilungsschlüssel s. S. 499.) Heut sind in allen Wirtschaften „zur Beherrschung der Natur" die Kapitalinvestitionen „überlebensgroß" geworden. Die Atombombe hat weit über vier Milliarden Mark — die Kriegsentschädigung von 1871 — gekostet. Überall kann nur die Gemeinschaft diesen Schlüssel handhaben.
Dies also ist die neue Schlüsselgewalt. Sättigung und Wohnen, Beschäftigung und Arbeitszeit liegen für jeden einzelnen beschlossen in dem Schlüssel der Planwirtschaft. Dieser Schlüssel, der die Zukunftspforte zum Reichtum aller aufschließt, schließt eben deshalb auch die Tore des Hungers in der Gegenwart auf. „Entbehren sollst du, sollst entbehren", dieser Ruf Mephistos erwartete den auf Erden Reichen im Rachen der Hölle. Das Verhältnis hat sich umgekehrt. Die Entbehrung geht voran. Jenseits winkt der Reichtum.
Ohne Klassenbewußtsein vermag niemand durch den Zukunftsglauben an diesem Reichtum satt zu werden. Er sieht nur dies heutige Entbehren, und er sieht die überwältigende Schlüsselgewalt des Plans.

Der Plan ist an die Stelle der bürgerlichen „Verfassung" getreten. Er ist die Wirtschaftsverfassung. Er ist viel wirksamer als die faschistische Carta di Lavoro, die eine „Arbeitsverfassung" in Paragraphen faßt. Er modelliert die Menschen selber. Er produziert nicht nur Güter. Er entscheidet auch über die Reproduktion aller Menschenarten: Lehrer, Techniker, Facharbeiter, Landwirte, Geistliche — nur im Plan können sie ihren Boden finden, auf dem sie existieren dürfen. Ohne Aufnahme in den Plan sind sie außerhalb der Verfassung. Sie müssen dann — als Typen und Berufe — aussterben. *Die Reproduktion der Menschenarten als Waren, als Fabrikware — das ist der Planungswille.*
Jede Revolution handhabt die Schlüsselgewalt. Zum Beispiel die Reformation reformierte jedermanns Religion und machte dadurch jeden zum Fürstendiener. Wer nicht darauf einging, der „mochte den Staub von den Füßen schütteln", wie ein Hans v. Bülow in der berühmten Szene in der Berliner Philharmonie ein Wort des damaligen Fürsten versinnbildlicht hat. Die Iren und die Katholiken wissen ein Lied von der Schlüsselgewalt Altenglands zu singen.
Wenn ich die Glut spüre, mit der die Kommunisten für den Plan entflammt sind, höre ich die herrlichen Verse, die in dem Abschnitt über Gregor VII. stehen, wieder:
„Nimm des ersten Apostels Schwert, Petri glühendes Schwert zur Hand!"
Aus der Schlüsselgewalt Petri wurde dort das glühende Schwert des Kreuzzuges. Aus dem Schwert des Klassenkämpfers wird in Rußland umgekehrt der stählerne Schlüssel des Plans. Aber die Gewalt dieses Schlüssels beschließt über jeden einzelnen. Der Mensch mag leben — am Töten hat kein Bolschewik ein Interesse —, aber sein Beruf, seine Arbeit, die Reproduktion seiner gesellschaftlichen Funktion ist in den Händen der neuen Schlüsselgewalt auf Gnade und Ungnade.
Die Welt des Alltags wird von diesem neuen Souverän gerichtet. Deine „Seele", deine „Gedanken", dein „Jenseits" darfst du behalten. Morgen kannst du vielleicht wieder verwendet werden. Nur heut kommst du in unserem Plan nicht vor.
Die Dialektik dieser Welt„einrichtung" zum alten Weltgericht steht außer Zweifel. Denn die Sowjets sind sich durchaus klar darüber, daß sie allmählich in ihre Einrichtung auch andere Elemente ohne Gefahr einlassen können und einbeziehen werden.
Die mittelalterliche Kirche exkommuniziert. Der Kommunismus behält sich vor, zu „inkommunizieren". Er wird elastischer werden, wenn der Plan fortschreitet. Aber heut muß er unerbittlich die Arbeit so einrichten, daß die Rekonstruktion richtig vorangeht. Seine Einrichtungen halten also Gericht über die Menschen, z. B. über die Kulaken oder die Spezialisten oder die Popen, aber auch über die Hausfrauen, die Dichter, die Greise, und zwar ein sehr drastisches. Einstweilen kann man sie dulden oder einstweilen kann man sie nicht dulden, je nachdem ob man sie schon brauchen kann oder nicht.
Das Gericht ergeht wieder über die Welt; in jeder Revolution wird der „freieste

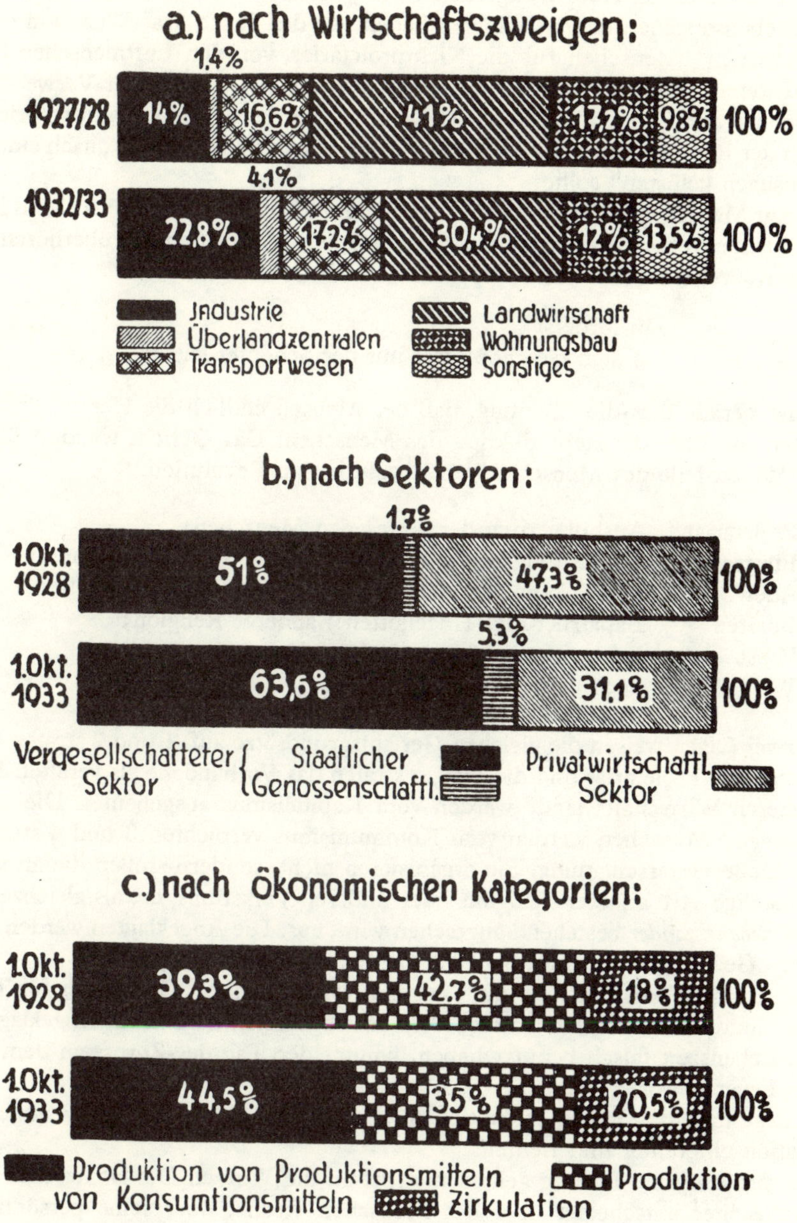

Der Verteilungsschlüssel

Geist“ zum Träger eines Weltgerichts. Das „Reich der Freiheit“ der Marxisten muß ebenso seine Schlüsselsoldaten haben wie der Papst. Das Wort von den „gewesenen“ Menschen für die Nichtproletarier, von den Luftmenschen für die Literatur ist kein Wort. Der Typ des „Gewesenen“ wird „der Verwesung lieber als der Freiheit“ gesammelt. Die Sprache des Großinquisitors spricht auch der Reproduzent der Piatiletka, wenn es einem seiner Träger „nach einem Menschen gelüsten“ sollte:
„Wozu Menschen? Menschen sind für Sie nur Zahlen, weiter nichts. Muß ich die Elemente der Monarchenkunst mit meinem grauen Schüler überhören?“
Wenn der Mensch, wenn Philipp II. einwendet:

> „Du forderst
> Von dem Geschöpf, was nur der Schöpfer leistet“,

so ist gerade dies die Meinung, daß der Mensch endlich die Herrschaft antreten soll über die Reproduktion des Menschen. Das Gericht wandert über die Wesensteile des Menschen von Revolution zu Revolution.

1. Proletariat	Aushungerung der gewesenen Menschen;
2. Bürgertum	Ausbeutung der vorkapitalistischen Wirtschaftsformen;
3. Adel	Bedrückung fremden Volkstums (England! Ungarn!);
4. Fürsten	Expatriierung (Hugenotten!) anderer Religion;
5. Papst	Exkommunikation nach der Sünde;
6. Weltgericht	nach dem Tode.

Je zwei Lagen weisen die gleichen Gerichtsgrundsätze auf. 1 und 2 strafen das ältere. Das Proletariat und die Bürger strafen das Vorhandene als veraltet. Die früheren Wirtschaftsstände werden vom Kapitalismus ausgebeutet. Die „gewesenen“ Menschen werden vom Kommunismus vernichtet. 3 und 4 strafen die bloße Unterscheidung. Sie organisieren nicht, sondern stoßen die an sich untadelige Art anderer Religion oder anderen Volkstums, die als gleichzeitig und *nebeneinander* bestehend angesehen wird, aus. Die Angeklagten werden für ihre „Gegenwart“ gestraft. 3 und 4 richten das Gleichzeitige.
Die ersten Lebenswelten (5 und 6) strafen von jenseits des Grabes her für Tod und Sünde. Nachdem die Zeit ins Diesseits abgelaufen ist und die Angeklagten die Lebenszeit falsch benutzt haben, kommt der Tag des Zorns, an dem sie ins Feuer geworfen werden.
Zerlegt man das Leben in Stationen, so will jede Gewalt auf einer anderen Station eingreifen und richten.
Die proletarische Lösung geht dem Übel an die Wurzel. Der Dantesche Fegfeuerrichter entscheidet über des Menschen Krone, über seine persönliche *Ewigkeit*, über seine Weltgeltung als Funktionär einer notwendigen *Seelenform.* Der „Plan“ entscheidet über des Menschen Wurzeln, die Ewigkeit seiner gesellschaftlichen Funktion. Hier wird, während sich die Rasse- und Eugenik-

spezialisten in Europa streiten, der Mensch reproduziert. Daher wird der Mensch nicht für etwas Individuelles, sondern für die Erbsünde seiner Vererbung bestraft, für die Form, in der ihn die Geschichte reproduziert hat.
Deshalb können die Sowjets so gleichgültig gegen die Moralbegriffe sein. Sie interessiert nicht das Handeln des Menschen im einzelnen, sondern seine Art im ganzen, ob er ein Bourgeois ist oder ein Sozialverräter usw. Die Erbsünde oder Ursünde der Theologie ist das Hauptdogma der Kommunisten; jene Sünde, für die das Individuum nichts kann, ist es, die es aus der Gesellschaft ausschließt! Denn kraft dieser Ursünde gehört es nicht zur Masse, also nicht zu den Auserwählten.
Die Zahlen des Fünfjahresplanes sind gleichgültig. Sie werden sich unablässig ändern. Aber die Gerichtsgewalt, die in der Schlüsselung zwischen Kapitalinvestition und Konsum steckt, ist ein Souverän, der über einen neuen Erdteil in uns gebieten will, über den Ursprung, den wir an uns tragen in unserer Klassenlage und in unserer Gesellschaftsfunktion. Das Weltgericht ergeht heute über die Ursünde früherer Gesellschaftsordnungen und aller vorkommunistischer Arbeitsteilungen.
Wie weit wird dies Gericht über die Welt ergehen können und ergehen dürfen? Alle Nationen, alle Menschenart wird von diesem Gerichtstag neu vorgefordert. Nicht an Allerseelen, sondern am Tag der Masse, am 1. Mai, droht dies Weltgericht.
Es ist das Gericht des Erdballs selber, am Sohn der Erde vollstreckt; denn wir sind in der Sowjetunion „in einem ‚*Erdballstaat*' ". Sie beruft sich stolz darauf, „ein Sechstel der Erde" innezuhaben. Sie rechnet vom Ganzen der Erde her. Damit tritt sie hinaus aus der Ideologie des Nationalstaats, der einen Bezug seines Geistes zur Gesamterde ablehnt. Die sogenannte nationale Weltgeschichte ist ein ganz anderes Weltgericht als das der „Piatiletka". Wenn die Nationalisten „die Weltgeschichte das Weltgericht" nennen, dann meinen sie damit den Vorrang ihrer Nation über die anderen, höchstens noch den Vorrang Europas über die anderen Erdteile. Der *Erdballstaat* der Bolschewiki geht über diese Art Weltgericht des Nationalstaats entschlossen hinaus. Wenn wir die Reihe im ganzen mustern, den *Stadtstaat* (Florenz), den *Landesstaat* (Sachsen), den *Inselstaat* und den *Nationalstaat*, so haben sie sich alle an eine Erdnatur anzuklammern versucht. Aber ihr geistiges Gericht mußte immer aus unirdischen Bereichen seine Urteile und seine Schlüsselgewalt über die Menschen ableiten, weil das Gebiet zu klein war. Der *Erdballstaat* versucht statt dessen, aus den Bedürfnissen der gesamten Erde zu urteilen.
Diese planetarische Beziehung Rußlands erklärt die meist übersehene Tatsache, daß für russische Begriffe die Weltrevolution „noch nicht" passiert ist. In einem Roman von 1930 von Sokolow kann z. B. ein Bauer zum andern sagen: „Es ist so weit gekommen, daß die Weltrevolution jeden Augenblick eintreten kann." Damit sie kommen kann, muß Rußland zunächst die ihm um fünfzig Jahre überlegenen Länder überholen. Das Erstaunliche an Stalins be-

rühmter Rede von 1931 „Wir wollen nicht geschlagen werden" ist die Liste derer, gegen die er sich empört:

> „Rußland wurde besiegt von den Mongolenkhans.
> Rußland wurde besiegt von dem türkischen Militär.
> Rußland wurde besiegt von den schwedischen Junkern.
> Rußland wurde besiegt von den polnisch-litauischen Edelleuten.
> Rußland wurde besiegt von den englischen und französischen Kapitalisten.
> Rußland wurde besiegt von den japanischen Junkern.

Rußland wurde besiegt für seine Rückständigkeit, militärische Rückständigkeit, kulturelle Rückständigkeit, Regierungsrückständigkeit, landwirtschaftliche Rückständigkeit. Es wurde besiegt, weil Rußland zu besiegen Gewinn brachte und sich nicht rächte.
Wir müssen in zehn Jahren die fortgeschrittenen kapitalistischen Länder überholen, gegen die wir fünfzig bis hundert Jahre im Rückstand sind. Sonst werden wir zermalmt."
Also Rußland als Land ist hier die arme hilflose Mutter (Stalin zitiert sogar den Dichter Nekrasow dafür). So ist auch von England und Deutschland und Italien in ihrer Erniedrigung gejammert worden. Mit Klassenkampf im Marxschen Sinne hat diese große Rede Stalins nichts zu schaffen. In ihr schwingt nicht die Solidarität mit den Proletariern der Welt. Eine Rede, wird man einwenden. Aber die Tschechen und Ungarn, Rumänen und Polen haben nur negative Wirkungen russischer Solidarität zu spüren bekommen. Ihre Länder werden von Rußland ausgebeutet; ihre Lebenshaltung sinkt. Sie müssen zu Schleuderpreisen Rußland beliefern. Die soziale Frage ist in die nationale umgeschlagen.
Mit Weltrevolution hat dieser Stalinsche Ehrgeiz nichts zu schaffen. Er verhindert sie. Dereinst wird das russische Wirtschaftssystem das stärkste Hindernis einer vollen Erdwirtschaft darstellen.
Denn mit jener seltsamen Liste der russischen Unterdrücker von dem Mongolenkhan von 1450 bis zu den Japanern von 1905 hat Stalin sich für sein Sechstel der Erde gegen die Weltgeschichte der sechs Heerschilde entschieden (oben S. 71).
Diese Spannung zwischen Proletarierklasse und Proletarierland macht alle Worte Stalins zweideutig. Denn weder als Land noch als Klasse ist das russische Land das ärmste. Seine Beschimpfungen der Ausbeuter sind längst nicht mehr wahr.
Hingegen was die Russen auszeichnet, ist Atem. „Auf 50 Jahre hinaus wissen wir genau, wohin wir gehen; die Amerikaner haben keine Zukunft", ist ein häufig abgewandelter Satz der Bolschewiki. Die Amerikaner sind in der Tat mit ihrem Latein zu Ende. Automatisch geht die Welt nämlich nicht weiter. Das hatten die Amerikaner aber tatsächlich geglaubt. Den Amerikanern ihre

geistigen Spielzeuge zerschlagen zu haben, ist ein welthistorisches Verdienst der Russen. Die wirkliche Weltgeschichte versagt sich indessen nicht nur dem technischen Spielzeug, sondern auch dem Plan für 50 Jahre. Der Glaube an den Plan ist ebenso unzulänglich wie der Glaube an den automatischen Fortschritt.

Die russische Revolution ist nicht imstande, die westliche Welt zu erobern, obwohl sie das militärisch vielleicht 1950 gekonnt hätte, deshalb, weil sie als Revolution nichts mehr zu sagen weiß. Sie hat sich nämlich der Sprache zu den Nichtkommunisten beraubt. Ihre Propaganda schlägt auf sie zurück; Untreue schlägt ihren eigenen Herrn. In Propaganda (wie in Reklame) fällt die Voraussetzung fort, auf der alles Sprechen fußt: daß der Sprechende beim Wort genommen werden will, daß er selbst hingeht und desgleichen tut. Heutzutage aber wird nur noch taktisch geredet. Wer propagandistisch vorgeht, in dem selber geht gar nichts vor. Wenn aber in dir nichts vorgeht, scheidest du aus dem Leben der Art aus. Nun tritt auch der Westen das Lebensgesetz fruchtbaren Sprechens mit Füßen. Aber seine Reklameunsitten heben sich gegenseitig auf. Das ist der Segen der Lügenkonkurrenz. Propaganda aber, Sowjetpropaganda ist monopolistisch. So wird im Westen die Sprache tatsächlich mißbraucht, im Osten aber aus dieser Tatsache ein Gesetz aufgerichtet. Warum sollen wir also Stalin ein einziges Wort glauben? Stalin weiß das. Er hat sich der triebhaften Taktik der revolutionären Propaganda dadurch zu entwinden gesucht, daß er 1950 die russische Revolution in den Sprachhaushalt des Menschengeschlechts hineingehoben hat. Er hat nämlich den bequemen Dualismus: „hier Ideologien als Spiegelbilder, hier die ökonomischen Verhältnisse", preisgegeben und hat eine dritte Macht anerkannt, die weder Materie noch Ideologie sei. Diese dritte Macht sei die Sprache. Die Sprache diene der Vereinigung des Menschengeschlechts, hat Stalin dem Sinne nach am 20. Juni 1950 geschrieben. Ungefähr so sagt's der Pfarrer auch. Wer spricht, der hebt sich aus der leiblichen Kette und aus dem Nebel des eigenen Denkens hinüber in die Brennstelle, wo eine neue Gruppe der Entwicklungsgeschichte sich bilden will mittels des Wortes zwischen Sprecher und Hörer.

Es ist wahr, daß die Speichellecker der Sowjets die drei jüngsten Äußerungen Stalins über die Sprache als eine Dritte Kraft zum Anlaß widerlicher Speichelleckerei genommen haben[1]). Dadurch wird es einem anständigen Menschen schwer gemacht, Stalins Bekehrung zu dieser „Dritten Kraft" ernst zu nehmen. Er droht der Gefangene seiner eigenen Gefolgsleute zu werden. Zwar hat er alle Genossen der Kampfzeit umgebracht. Zwar hat er alle, die den ökonomischen Zusammenbruch Amerikas seit 1945 stündlich erwarteten, nach Sibirien verbannt. Zwar verhöhnt er alle, die das Sprechen als Mittel des Denkens (Idealisten) oder als Waffe im Klassenkampf ansehen, als „Dogmatiker und Talmudisten". Aber wer kann dem glauben, der seit fünfzig Jahren die Lüge,

---

[1]) Beispielsweise Alexandrow in „Sovjet Literature" 1950, Nr. 11.

den Wortbruch, die taktische Unwahrheit, den Verrat des nächsten Blutsverwandten, die Preisgabe des besten Freundes gefordert hat?

Trotzdem ist es wahr, daß Stalin seit zwanzig Jahren sein eigener Gegenrevolutionär geworden ist. In dem Film „Iwan der Schreckliche" trägt Iwan abwechselnd die Züge Stalins und Christi. Und es ist wahr, daß, wer freiwillig den Helm absetzt, seinen Feind zum Waffenstillstand zwingt. Nur wo wir uns bewaffnen, herrscht der Naturzustand. Aber wer immer sich entwaffnet, tritt in jene selbe entscheidende Bresche, aus der, statt der überbewaffneten Saurier, der Mammuts und Elefanten, dereinst der hilflose Mensch hervorgetreten ist. Entwaffnung ist die Einbruchstelle des Menschlichen in die Geschichte. Und Stalin hat in den Sprachaufsätzen mehr getan als sich entwaffnet: er hat sich verwundbar gemacht. Denn falls die Sprache uns zur Vereinigung geschenkt ist, dann hört der Sprecher auf, Herr seiner Sprache zu sein. Sie steigt dann über uns auf als die Macht, die uns zu ungekannter Zukunft fortbewegt, weil sie die, die offen reden, über sich selber hinausreißt[1]). Hier enthüllt sich Stalins Dilemma.

Den Bolschewiki war zunächst daran gelegen, für ewige Revolutionäre zu gelten. Nun gilt es, ihren Anspruch auf Legitimität zu betonen! Dieselben Bolschewiki, die alle Eide gebrochen haben, verlangen bedingungslosen Gehorsam. Das ist das Dilemma, dem Stalins neue Lehre von der Sprache entrinnen will. Die Sprache soll über den Machthabern und den Beherrschten emporsteigen als Regenbogen der Vereinigung. Welch ein Paradox, daß der größte Rechtsbrecher aller Revolutionsgeschichte im tiefsten Frieden als Zar aller Zaren gefeiert werden will.

Und doch ist das Paradox die letzte Wahrheit über uns friedlos-friedliche, unaussprechlich-berufene, namentlich-namenlose Ungeheuer.

Papst Gregor VII. ist an dem Revolutionärwerden gestorben; den Titanen hat ihn der russische Nihilist Dimitri Pisarew (1840—1868) genannt. Joseph Stalin stirbt an dem „Väterchen Stalin" und „Uncle Joe", den ihm Russen und Amerikaner antun. Denn er muß nun Frieden machen.

Wann aber wird Frieden? Wenn wir das auch meinen und tun müssen, was wir einander sagen, wenn unser Wort stärker wird als unser Wille, wenn, wie Stalin in einem Brief vom 22. Juli 1950 es ausdrückt, das wieder eintritt, was uns in jedem Augenblick aus bloßer Natur in die Geschichte hineinhebt: „In der Geschichte der Menschheit sind die Töne der Sprache eine der Kräfte gewesen, die dem menschlichen Wesen geholfen haben, sich von der Tierwelt abzutrennen, Gemeinschaften zu stiften, Denkkraft zu entfalten, Gütererzeugung zu organisieren, erfolgreich gegen die Naturkräfte zu kämpfen und den Fortschritt zu vollbringen, den wir heute haben." Sie ist es nicht nur gewesen. Sie erwartet von uns täglich wieder, daß wir hören und gehorchen und dann mit Vollmacht sprechen.

---

[1]) Siehe „Der Atem des Geistes". Frankfurt 1951.

An diesem Verhältnis zum Wort scheiden sich die Geister und die Epochen des Glaubens und des Unglaubens (Goethe). Aber Stalin ist 1950 hinsichtlich des Worts „gläubig“ geworden. Als der französischen Revolution erster Akt zu Ende ging, da vermählte sich der Sproß der Revolution, Napoleon, mit der Nichte der Marie Antoinette, der Frau des letzten Königs. Er konnte nun Ludwig XVI. seinen Onkel nennen. Er wurde legitim. Mit seinen Aufsätzen zur Sprache ist Stalin legitim geworden. Er will nicht mehr als taktischer Lügner gelten. Man soll ihm glauben wie allen seinen Vorgängern, den Zaren.

Ein reiner, zaristischer Dichter der Russen ist Nikolai Gumilyew (1880—1921) gewesen. Die Bolschewiki haben ihn 1921 füsiliert. Es ist gewiß kein Zufall, daß in seinem letzten Gedichtband ein Gedicht steht: „Das Wort“. Ich setze „Slowo“ in meiner Verdeutschung her:

> Am Tag, da über die junge Welt
> Der Herr der Geister sein Antlitz beugte,
> Geboten sie der Sonne Halt mit Einem Wort,
> Mit Einem Wort zerstörten Städte sie.
> Vor Schreck verhielt der Adler seine Schwingen,
> Die Sterne drängten angstvoll hin zum Mond,
> Sobald das Flammenwort rot loderte.
> Zahlen taten
> Den selben Dienst am niederen Geschöpf.
> Wir haben dies vergessen, dieses einzige Licht
> In unseren Qualen auf der Erde: Sprache.
> Das, von dem des Johannes Evangelium meldet:
> Das Wort ist Gott . . .[1]).

Wagt es jemand Zufall zu nennen, daß Stalin 1950 an dies letzte freie Wort eines Vorbolschewisten anknüpfen muß? Stalin sagt doch, daß nur das Wort uns eint.

Nein, erst hier dringen wir über die Schablonen des Tages hinaus. In Gumilyews Gedicht wurde die entscheidende Wahrheit in den Vorabend der Revolution eingesät, und erst indem diese Saat aufgeht, wird dem Bolschewismus seine Menschlichkeit zurückkehren.

Aber welche großartige Entsprechung zwischen Jakobinern und Bolschewiki! Beide nämlich haben nur auf die eine Seite ihrer neugeprägten Wahrheit gestarrt; erst der langsame Ablauf der Zeiten hat vermocht, ihnen auch die Rückseite ihrer eigenen revolutionären Wahrheit zu zeigen, die selbe Rückseite, auf die ihre Feinde immer schon sehen. Wir aber können plötzlich das vollständige Doppelpaar ihrer Wahrheiten entziffern. Es lautet nicht Kapital und Arbeit, wie die Marxisten dröhnen. Es heißt auch nicht Geist und Materie, wie die Idealisten meinen.

---

[1]) Gumilyew, Ognennye. Berlin 1922, 16 f.

Der Sturm von 1789 berief sich auf die Ideen des freien Geistes. Aber die Talleyrands und Rothschilds kassierten das Geld daraus ein, und nach 1848 war aus der Revolution des freien Geistes und der Ideen die Herrschaft des Geldes geworden. Seit 1848 erdröhnt deshalb der Aufschrei der Beherrschten: Arbeit, Arbeit, Arbeit. Materie, Materie, Materie. Aber am Ende des Schreiens sehnen sich die von der Parteipropaganda Geknebelten nach Stimme, und Stalin, Stalin, Stalin sehnt sich nach der Herrschaft des Worts.

Idee — Geld — Arbeit — Wort sind also vier Abwandlungen des Glaubens an die Grundkraft des Zusammenlebens, die nur in der Zeit nacheinander erfahrbar geworden sind. Dieser Vorgang wirft ein neues Licht auf den Zusammenhang von Revolution und Krieg; und wenn wir diesen Zusammenhang nicht meistern, haben wir offenbar die Revolutionen nicht gemeistert. Aber wie klar liegt er hier vor Augen. 1789 war der Gott der Revolution der „Esprit", und seine Ideen berauschten den Konvent. Aber bald zeigte sich, wie der Krieg die Mittel verzehrte. Zum Kriegführen gehörte Geld, Geld und nocheinmal Geld. Umgekehrt begann in den Materialschlachten der Weltkriege das Gewicht der Arbeitsorganisation alle Gedanken zu beschlagnahmen. Arbeit, mehr Arbeit und nochmals mehr Arbeit besagte das Hindenburgprogramm. Als Lenin die Arbeiter den Krieg beenden ließ, legte er ihnen gleichzeitig dies Arbeitsprogramm des Kriegs dauernd auf! Aber in der Weltrevolution zeigte es sich, daß zum Friedenmachen nicht die Arbeit ausreicht; da ist das Wort nötig, das Wort und nochmals das Wort. Aber freilich nicht das bloße Wort, sondern ein neuer Name, der zwischen zwei getrennte Sprachgruppen treten kann.

Glaube niemand, es handle sich hier um einen banalen Kreislauf. Ideen sind nicht das Wort, das Wort, das Frieden stiftet, ist nicht die Idee des Freigeistes. Zwischen Idee und Wort gähnt eine Kluft. Wir sind also 1950 nicht etwa auf 1789 zurückgeworfen; die Idealisten und Kapitalisten werden von den Arbeitern nicht dadurch wiedereingesetzt, daß diese des Wortes mächtig werden müssen oder daß sie zugeben müssen, sie seien des Wortes noch nicht mächtig. Keine Rückkehr zum Nationalismus! Die „reinen" Ideen von 1789 fielen in die Netze der Muttersprachen und in diesen Hüllen erzeugten sie das Gift des Nationalismus. Das körperliche Wort aber soll zwischen bloße Muttersprachen greifen.

Denn zwischen Idee und Wort ist der Unterschied so tief wie zwischen Plato und Johannes. Ideen werden zu Geld. Aber das Wort ist nicht das Wort, wenn es sich nicht jedesmal, wenn es gesprochen wird, in einem neuen Frieden zwischen den Gliedern des einen Leibes unseres Geschlechts verkörpert. Die Idee, diese Pallas Athene, die aus dem Haupt des Zeus entspringt, erregt den Streit. Aber das Wort gehört weder dir noch mir. Es tritt zwischen uns als das erlösende Wort, wenn wir es nur als Blütensproß am Baume der Zeit hervorbrechen lassen. Es kann nicht jederzeit gedacht werden, wie die Idee. Denn es kommt nur zu seiner Zeit. Aber dann bleibt es und leitet unsere veralteten Begriffe unbewußt zu einer unbekannten Zukunft vorwärts. Denn das Wort versetzt die Kriegführenden, die es um des lieben Friedens willen gegenseitig aussprechen, in eine neue Lage. Sie werden zu Trägern des neuen Amts, dieses Wort zu halten. Damit gibt also das Wort seinen Sprechern eine Funktion, durch die ihr Wesen verändert wird. Wer gesprochen hat, ist seitdem und dadurch ein anderer. Selig sind die Friedfertigen, heißt es in der Bibel. Aber nach Revolutionen heißt es: Frieden denen, die unter ihr eigenes Wort um des lieben Friedens willen treten.

11. Das Weltkriegserlebnis

a. Der erste Weltkrieg

„Totalmobilmachung" der Nationen war der Weltkrieg. Zu einer großen Ebene des Kampfes und des Marschierens sind uns damals die Länder geworden. Durch Städte und Wälder, Feld und Dorf zogen wir im Kriege gleichmütig hindurch. Eine Landschaft verdrängte die andere als bloßer Schauplatz des immergleichen Schauspiels Krieg, das wir durch sie alle hindurch durchführten.

Eintönig feldgrau grüßten wir die Tage im Frühling wie im trüben November. Der Soldat fügt sich nicht den Gesetzen von Ort und Stunde wie in friedlichen Zeiten der Bauer.

Aber dieser Totalmobilmachung — ein von Ernst Jünger geprägtes Wort — ging ein anderes Dasein vorauf. Wir dienten nur in diesem einen Kriege als Soldaten. Vor ihm lebten die Nationen in der Zerstreuung. Wir waren auseinander und hielten uns unabhängig, bis der Krieg kam. Er hat uns stumm gemacht und die Krieger aller Nationen in eine einheitliche Lebensbahn gepreßt. Die Nationen traten zu stummer Kameradschaft durch den Krieg zusammen. Der Eigenwille der Staaten wurde schwächer in den Jahren des Krieges als das gemeinsame Fronterlebnis der Heere. Die Heere fühlten sich hineingewirkt in einen ungeheuren Wirkteppich der Kräfte, die allgegenwärtig die Erde überströmen und der Staatsmänner spotteten. Da, wo wir uns bekämpften und befehdeten, wo die Geschütze wütend herüber und hinüber donnerten und jeder einzelne ums Leben sprang, lief, sich niederwarf und wieder aufsprang, vordrang, fiel, wuchs eine Ahnung, daß wir zusammenbleiben müßten, ja daß wir selbst wider Willen bereits zusammenhängen und abhängen voneinander. *Damit wurde der Weltkrieg zum Bürgerkrieg.* Zum Bürgerkrieg aufeinander angewiesener, zusammengehöriger Nationen. Bürgerkrieg aber ist Revolution.

Beide Weltbürgerkriege 1914—1919 und 1939—1945 gliedern sich in einen europäischen und einen weltweiten Abschnitt. Erst 1917 und 1941 wird Amerika hineingerissen.

Der europäische Krieg war ein klares Remis.

Der europäische Krieg von 1914 läuft aus mit der Friedensresolution im Sommer 1917 und der Diktatur Ludendorffs, die damals einsetzt. Wilhelm II.

hat im Juli 1917 gesagt: „Da kann ich ja gleich selbst abdanken." Hätte er es getan, so wüßte heut wenigstens jedermann, daß wir den Weltkrieg nicht mehr als Kaiserreich, sondern nur noch als Nation geführt haben.

Der Weltkrieg beginnt am 1. Februar 1917 mit dem unbeschränkten U-Boot-Krieg Amerikas und mit der russischen Revolution.

Der Eintritt Amerikas und die russische Revolution haben Europa torpediert, Europa, von Cadiz bis Brest-Litowsk reichend, von Palermo bis Helsingfors, hat den Weltkrieg an Wilson und Lenin verloren. Der europäische Bürgerkrieg spielt die materielle Macht Amerika, die geistige Macht Rußland in die Hände. Die Amerikaner haben allen Ernstes unter ihrem humanistischen Sternenbanner einen Kreuzzug gegen das alte „Fatherland", d. h. gegen die Nation der vielen Vaterländer, unternommen, gegen die Kaiser der Mittelmächte, gegen alles, was von vor 1789 oder 1776 in Europa sei. Das einzige, wogegen das Abendland gefeit schien, nämlich zum Ziele eines *Kreuzzuges* zu werden, ist uns geschehen.

Der aus dem Herzen des Abendlandes ausgestrahlte Kreuzzugsglaube hat sich gegen dies Herz selber gewendet.

Die Nationen Europas sind zum Morgenland geworden durch den Kreuzzug des neuen Abendlandes, der Neuen Welt. Sie marschieren nicht mehr „an der Spitze". Der erste Kreuzzug ist rückgängig gemacht in diesem Kreuzzug über den Ozean. Das Wort „Kreuzzug" können wir fortan nur noch mit Ingrimm hören.

Die Russen aber höhnen das ohnmächtige Europa als Sklavin des Weltkapitalismus. Sie verlangen Kapitulation vor dem Proletariat von 1917.

Welches ist der Sinn unseres Widerstandes gegen Amerika und Rußland, gegen Krieg und Bolschewismus in den Jahren 1917—1918 gewesen? Hat Deutschland nur im europäischen Krieg Remis erkämpft? Oder hat auch Europa noch im Weltkrieg sich behauptet?

Der Krieg 1917—1918 hatte zunächst eine andere Geographie als der von 1914. Die Mittelmächte hatten im Osten gesiegt, und zwar bleibend und wirksam gesiegt. Der Balkan, Rumänien, Polen, das Baltikum und Finnland waren dem alten Europa zurückgewonnen. Die großdeutsche Nation wohnte schon 1917 nicht mehr am Rande des russischen Riesenreiches, sondern inmitten eines protestantisch-römisch-katholisch-freimaurerischen Europas.

Diese Leistung des europäischen Krieges hat der Weltkrieg nicht rückgängig gemacht.

Aber er ist über diese Welt der Europäer gekommen. Lenin und Wilson sind über Europa aufgestiegen. Europa im ganzen hat eine ungeheure Niveausenkung erfahren, Russen und Amerikaner sind entlastet von der alten Vorherrschaft der europäischen Kriegsparteien. Wo liegt nun die Pflicht der übriggebliebenen Mannschaft Europas?

Vorweg steht fest, daß keine Wunschträume über die Antwort entscheiden. Bloß neue Allianzen und andere politische Konjunkturen würden das Programm des Weltkriegssoldaten und der Weltmobilmachung nicht vollstrecken. Denn *der Krieger kämpft für bestehende Ordnungen.* Der selbständige Bestand mehrerer Ordnungen, das ist der Sinn der erfolgreichen Behauptung der Krieger Europas. Daß alle diese Ordnungen — gleich stark und gleich schwach — gleichviel wert seien, das ist die mit dem Tode bezeugte Wahrheit unseres Geschlechts.

Der Krieg und seine Opfer sind nicht rückgängig zu machen durch Gedanken. Keine „Umstellung" auf neue Programme, auf großartige Schlagworte, auf revolutionäre Ideen kann diesen Wall von Menschenleibern durchbrechen, der die alte Heimat der europäischen Menschheit beschützt hat. Sozialisten reden jetzt „Nie wieder Krieg". Nationalisten reden von einer neuen Frontbildung der Bündnisse und Machtgruppen. Beide vergessen das Blut, das geflossen ist. Nur dies Blut erweist den Geist, nichts anderes, wie die Geschichte der Revolutionen erhärtet hat.

England, Frankreich, Italien, Österreich und Preußen bleiben im Gedankenkreis des Krieges, weil er ihr Blutkreis auch noch 1917 und 1918 — also gegen die außereuropäische Welt — geblieben ist. Indem wir Amerika kriegerisch, dem Bolschewismus moralisch widerstanden, haben die Nationen sich verblutet. Meint man, der bloße Wille könne solch weltgeschichtliche Tatsachen rückwärts revidieren? Ob die Sozialdemokraten für oder gegen den Krieg waren, ist gleichgültig. Sie haben ihn gekämpft. Ebert hat seine Söhne in ihm verloren. Ob die Nationalisten für oder gegen den Marxismus sind, ist gleichgültig. Er war unser Bundesgenosse im Weltkrieg. All das Blut unserer Soldaten ist auch 1917—1918 für die Geister Europas geflossen. Das entscheidet. Das ist das Blut, das kittet, weil es für geistige Ordnungen vergossen worden ist.

b. Der zweite Weltkrieg

Dieses geistige Gottesurteil des ersten Weltkriegs haben 1917 und 1918 die Kriegsparteien nicht wahrhaben wollen. Die Russen waren abwesend. So herrschte die Vergangenheit ausschließlich. Das Regieren und Friedenschließen verblieb in den Händen derer mit vorgefaßter Meinung. Sie vollstreckten kraft dieser vorgefaßten Meinungen im Friedensschluß alle durch den Weltkrieg selber widerlegten Nationalismen noch einmal. Europa wurde über allen Sinn und Verstand hinaus balkanisiert. Dem Namen nach fristete ein Preußen und ein Österreich sein Dasein, obschon doch diese beiden Mächte nur bis 1918 Sinn gehabt hatten; sie hatten die Gebiete der deutschen Reformation an die späteren Weltereignisse der Adels- und der Bürgerschaft angepaßt. Nun aber waren Soldaten und Arbeiter dran. Der erste Krieg trug also nicht seine eigene Frucht. Da mußte denn ein zweites Mal dasselbe Stück durchgespielt werden, in dem zweiten Weltkrieg, den Churchill „The unnecessary war" nennt. Aus Ludendorff wurde Hitler, aus Wilson Roosevelt, aus Sun-Yat-sen Mao, aus Lenin Stalin, aus Lloyd George Churchill, aus Petain Petain, aus Clémenceau de Gaulle, aus der Generalprobe ist nun die Hauptaufführung geworden.

Und siehe da, dieser Weltkrieg ließ sich nicht mehr auf die Träume der Nationen zurückführen, auf das bißchen flandrische Küste, polnische Frage, Elsaß-Lothringen, Irland, Konstantinopel. Er wurde das, was auch der Sinn des ersten gewesen war, eine alle Teile der Welt in eine Dauersolidarität hineinwälzende Revolution. Die Weltkriege überwinden den Heros von 1789, die „Nation". Das entsprach auch den Ahnungen von Karl Marx.
Denn die Weltkriege sind Marxens Vision; der Marxismus ist das gerade nicht. Über das Ringen der kommunistischen Partei und der faschistischen Partei hinaus liegt die Dimension der Kriege. Schon als Lenin 1899 ausrief: Wir können die Bauern revolutionieren, auch ohne daß sie erst Arbeiter zu werden brauchen, fiel der Marxismus. Als er 1918 das Hindenburgprogramm von 1916 aufgriff, hat er selber dem Krieg die maßgebende Rolle zugewiesen. Denn nur durch den Krieg haben Marxisten und Nationalsozialisten gewußt, *was* sie und *wie* sie produzieren mußten. Die Ökonomie des Friedens ist ziellos. Auch eine sozialisierte Industrie hat keine Orientierung. Den Verteilungsschlüssel liefert erst der Krieg. Weder das Tempo noch die Verhältniszahl für Kapitalgüter und Verbrauchsgüter kann ein Marxist im Frieden überzeugend anordnen. Die Kriegsgefahr aber erklärt alles, rechtfertigt alles. Bismarck hat gesagt, mit dem Ausnahmezustand könne jeder Esel regieren. Aber in der Wirtschaftsplanung haben wir überhaupt erst Verstand, wenn wir eine Vorstellung haben, die jenseits der Wirtschaft liegt. Zum Beispiel müßten wir wissen, ob Menschen in Mietshäusern oder Villen leben sollen. Die Wiener Marxisten bestanden bekanntlich auf Blocks; und weshalb? Damit die Mieter leichter politisch überwacht werden könnten. Mit Wirtschaft hat das nichts zu tun. Es ist ein rein politischer Wunsch der Machthaber. Deshalb also gibt es keinen Wirtschaftsplan ohne außerwirtschaftliche Ziele. Das einfachste Ziel aber ist Krieg oder Sieg. Denn damit steht fest, daß der Stahl, das Benzin, das Uranium für das Heer zuerst kommen. Als Lenin 1918 den Vergleich mit dem Hindenburgprogramm für das russische Revolutionsziel wählte, da hat er angekündigt, was 1950 von den chinesischen Kommunisten als Wahrheit verkündigt wird. Die Pekinger Zeitungen druckten im November 1950 eine Betrachtung über Stahl: Die Vereinigten Staaten produzierten die eine Hälfte alles Stahls, Sowjetrußland ein Viertel. Europa das vierte Viertel. Man müsse also nur Westeuropa „befreien", dann werde man der Vereinigten Staaten leicht Herr werden. Denn ohne ihre Stahlüberlegenheit seien sie verloren.
Die Sowjetregierung denkt und handelt so, als sei die Kriegswirtschaft ihr Ziel. „Der Sieg der UdSSR (im zweiten Weltkrieg) bedeutet, daß die sowjetische Staatsordnung gesiegt hat. Eine Besonderheit des Sowjetstaats ist seine Fähigkeit, in kritischen Perioden ungeheure Reserven zu mobilisieren und durch heroische Arbeit des Volkes die Forderungen des Krieges durch die heimische Produktion sicherzustellen. Die materiellen Möglichkeiten unseres Sieges wurden auf Grund der Industrialisierung des Landes und der Kollektivierung der Böden geschaffen. Wir wollen einige Unterlagen über die Kriegs-

ökonomie Rußlands während des ersten Weltkrieges mit den Unterlagen über die Kriegsökonomie des UdSSR während des zweiten Weltkrieges vergleichen, woraus ersichtlich wird, wie die Sowjets und die Kommunistische Partei alle Möglichkeiten des Sozialismus ausnützten. Die Gesamtproduktion der Großindustrie betrug bei unveränderlichen Preisen

in den Jahren	1915—1917	33 Milliarden Rubel
in den Jahren	1942—1945	361 Milliarden Rubel
Panzer	1915—1917	keine
	1942—1945	90 000
Flugzeuge	1915—1917	keine
	1942—1945	fast 120 000
Geschütze	1915—1917	11 700
	1942—1945	360 000
Gewehre	1915—1917	3 000 000
	1942—1945	15 000 000
Geschosse und Minen	1915—1917	49 000 000
	1944 allein	240 000 000."

Soweit die Sowjets selber.

Der Leser erinnere sich, daß die Räder des Transportwesens 1917 in Rußland fast stillstanden. Er wird dann würdigen, daß dies selbe siegesstolze Dokument angibt, der Güterumschlag auf den Eisenbahnen zwischen 1942 und 1945 sei von der Vergleichszahl 1915—1917 auf das 3,4fache gesteigert worden.
Die Zahlen sind hier selber Siege. Nun möchte ich dahingestellt sein lassen, ob die absoluten Ziffern nicht genau so im Lauf der dreißig Jahre 1920—1950 ohne Revolution oder Kriege erreicht worden wären. Der Nachweis, daß die Bolschewiki besser wirtschaften, ist nicht erbracht. Der bloße Gedanke ist zwar Blasphemie in den Ohren der Kommunisten. Aber die Turkestaneisenbahn z. B., deren Bau ein großer Sieg der Sowjets heißt, wäre nach den Plänen des zaristischen Rußland viele Jahre vor dem Sowjetdatum in Betrieb gewesen. Wir werden also nie die Wahrheit wissen. Die Ergiebigkeit der Produktion ist mit der Industrialisierung überall gigantisch gestiegen; weshalb sollte sie also jetzt nicht in Rußland fantastisch anwachsen, das doch erst jetzt in diese neue Wirtschaft eintritt? Originell am Kommunismus ist nicht die Produktion. Originell ist einzig die trotz riesiger Produktion den Konsumenten auferlegte Abstinenz. Indem der Kommunismus niemanden von der Brotkarte und der Lohntüte des Staats unabhängig lassen kann, können die Bedürfnisse dessen, der in seinem Eigentum sicher ruht, nie erwachen.
Vor 1900 hat nämlich das Erben die Fantasie der Eigentümer beflügelt. Selber zu erben oder etwas zu hinterlassen — diese Wünsche verbanden die Ge-

schlechter durch die Zeit! Die Erbfolge verschwindet seit den Erbschaftssteuern und den Examina und der Studentenehe aus der ganzen Welt. Im Kommunismus ist sie nun auch ausdrücklich abgeschafft. Aber nach dem Maß der Erbschaftssteuer ist sie auch in dem Rest der westlichen Welt im Verschwinden. Der einzelne ist nun der Arbeit ausgeliefert. Diese Arbeit ist Staatsarbeit oder staatlich subventionierte und genehmigte Arbeit. Damit empfängt kein Glied der Gesellschaft ein erhebliches Stück seines Wesens auf einem Erbstrang und ebensowenig darf ihm die nächste Generation irgend etwas Besonderes, staatlich Unkontrolliertes verdanken. Die Industrie hat die Menschen zum ersten Male geschichtslos gemacht. Nicht geschichtslos im Sinne von Büchergeschichte, nein, viel intimer geschichtslos, weil ich in keiner Erbfolge mehr wirtschaftlich drinstehe. Das Einnehmen der Mahlzeiten in den Schulen, das Examinieren der Landwirte führen zu demselben Ergebnis wie die Erbschaftsteuern. Ein Kaufmannslehrling erfährt von seinem Meister, wie man kauft und handelt; der Besucher einer Handelsschule lernt vielleicht mehr, schuldet aber seinem Vorgänger auf seinem Posten keinen Dank. Die moderne Gesellschaft ist die undankbarste Wirtschaftsform, die es je gegeben hat. Geschichte aber ist Dankbarkeit. Wie gesagt, der Kommunismus verkündet nur dasselbe Prinzip, das in der gesamten Industrie- und Examensmenschheit vordringt. Geerbt wird nichts mehr durch einzelne. Das lebende Geschlecht wird in die Wirtschaftsschlacht kommandiert. Es hat keine Meister, Väter, Erblasser außer dem Wirtschaftsdiktator. Wie kann da „Geschichte“ erfahren werden? An die Stelle der geschichtlichen Dankesschulden oder Fluchschulden an Millionen einzelne Väter sind die Dankesschulden der zweiten lebenden Generation an die Kriegführung in zwei Kriegsepochen gebunden worden. Selbst von Hitler heißt es, „er hat die Arbeitslosigkeit abgeschafft“. Trotz des verlorenen Kriegs dankt man ihm das heute noch in Deutschland. Wieviel mehr Dank schulden die Russen dem Sieg im zweiten Weltkrieg. Dieser Sieg wird aber an die Kommunisten in Rußland geknüpft. Und diese selber haben im historischen Materialismus sich als geschichtliche Stufe verklärt. Sie beanspruchen das Dankesmonopol, dem die Enterbten sich selber als Arbeitskräfte zuschreiben sollen. Das ist von praktischem Gewicht. Denn es erklärt den Glauben an Stalin; ohne ihn ist der Kommunist entwurzelt. All die entwurzelten Nihilisten wedeln wie die Hunde in Anbetung vor dem Monopol. Denn nur in Verbindung mit diesem Monopol haben sie auf ein Datum in der menschlichen Geschichte zu hoffen. „Wohl dem, der seiner Väter gern gedenkt“ — eben gegen diesen Satz haben die Enterbten und Beleidigten sich empört. Die Formel: „Daß wir hier bauen, danken wir dem Führer“, stammt aus der Hitlerschen Gegenrevolution. Aber „daß wir hier denken, danken wir der Partei“, ist die in den großen Gerichtsprozessen der dreißiger Jahre gegen die Freunde Stalins überwältigend durchgespielte Wahrheit. Die aus der Wirtschaft vertriebene Dankbarkeit hat sich da gerächt. Diese Angeklagten erkannten den Monopolcharakter der Geschichte an, als sie Schuld nannten, was einfach revolutionäre Haltung war. Die Vererbung erworbener Eigenschaften ist der ganze Inhalt unserer Geschichte; Eigenschaften, die nicht vererbt werden, interessieren die Geschichte nicht. Menschen, die weder etwas geerbt haben noch etwas Erbwürdiges hinterlassen, verschwinden, ohne eine Spur zu hinterlassen: „Die Zerstörung kündet sie nur." Die Revolution in Permanenz ruft alle Söhne gegen alle Väter ins Feld. Daher wird Dankbarkeit, wird Erbfolge, für den Kommunismus das Rätsel, das Wunder, das Unerklärliche. Der gesamte Sozialismus hat hier seine Schranke. Martin Buber hat 1945 ein Buch veröffentlicht, in dem er Jerusalem Moskau gegenüberstellt. Er vergleicht nämlich die freiwilligen Chaluzum, die zionistischen Pioniere, die sich in der Kibuz oder Chwuza zusammenschließen, mit den bürokratischen zwanghaften Kollektiv in Rußland[1]). Er untersucht, wie Lenin hartnäckig jeder Möglichkeit volkstümlicher Freiwilligkeit sein Ohr verschlossen hat. Auch gibt er eine lichtvolle Geschichte der Sozialisten Proudhon und Gustav Landauer. Es ist die beste sozialistische Schrift, die ich kenne. Aber die Prozesse des Erbens und des Nachfolgens werden nicht erörtert. Die gesamte sozialistische Gedankenwelt des 19. Jahrhunderts mutet gespenstisch an, weil sie sich einen einzigen Moment in der Zeit utopisch ausmalte, aber die kapillarischen Röhren millionenfacher Vererbung ohne Barmherzigkeit allesamt absterben ließ. Was wäre denn groß an Moses, hätte es nicht dreitausend Jahre lang Israeliten gegeben? Das liberale „Erbe" des Sozialismus ist seine Gleichgültigkeit gegen die Tatsache, daß der Mensch in der Gesellschaft keineswegs von der Geburt bis zum Grabe lebt; *wir leben vom Erbantritt der Vergangenheit zum Vermächtnis an die Zukunft.* Wir sahen das schon beim Untergang der Sozialrevolutionäre. Buber und alle humanitären Sozialisten denken ungeschichtlich. Das rächt sich an den Zionisten. Plötzlich fällt das orthodoxe Speisegesetz über ihre einaltrigen Tagesarbeiten: Frühere Geschlechter pochen an. Denn die Zionisten heißen nach Zion! Die Geschichte geht von Scheitelhöhe eines Lebensmittags zur Scheitelhöhe des nächsten Lebensmittags. Lenin und Stalin haben das gewußt und die soziale Idylle eines einmaligen Paradieses ist ihnen als Kinderei erschienen. Buber nennt „bürokratisch" das, was im Kommunismus das von der wissenschaftlichen Technik gerissene Loch in der Vererbung zustopfen soll. Eine wahre Geschichte aus fernem Lande mag unterstreichen, weshalb in der Tat die vollkommene Gesellschaftsordnung nur ein utopischer Traum ist, während Erbantritt und Hinterlassen das Gesetz der Geschichte sind. In unserem neuenglischen Dorf in Amerika besuchte uns 1947 eine indische Prinzessin. Ich fragte sie, was denn ihr Herzenswunsch sei. „Die Unabhängigkeit Indiens." „Auch wenn das bedeutet, daß Sie übermorgen von den Sowjets annektiert werden?" „Ja, auch dann; 24 Stunden Unabhängigkeit ist alles, was wir wollen." So wiederholte sie nichtsahnend den Vers des Schwärmers: „Ein einziger Tag gelebt im Paradiese ist nicht zu teuer mit dem Tod gebüßt." Der

---

[1]) Hebräisch 1945, deutsch als „Pfade in Utopia", Heidelberg 1950.

Schwärmer geht so zugrunde. Aber die Geschichte unserer Zeitrechnung geht andere Wege. Jesus hat die gesamte Zukunft uns hinterlassen, weil er die gesamte Vergangenheit geerbt hat. Wahrlich, die Scheitelhöhe seines Lebens hat ein für allemal den Zufall der Geburt und den Zufall des Todes abgeschafft, und der zweite Adam ist der Träger aller Geschichte geworden, die von Lebensmittag zu Lebensmittag jedes Geschlechts reicht. Hätte der liberale Sozialismus recht, daß es auf die beste Wirtschaftsform ankomme, dann wäre der Sowjetstaat keine ernste Sache. Es kommt aber auf die Erwerbung erworbener Eigenschaften an. Der Kommunismus hat bisher diese Aufgabe so gelöst, daß er die Kriegsheere beerbt hat. Die zivile Ökonomie des Liberalismus ist durch die Totalmobilisierung ersetzt. An dieser Leistung aber beteiligen sich alle Teilnehmer der Weltkriege. Die Übertragung der Intendanturmethoden auf die Gesamtwirtschaft hat die Welt ergriffen. Die Russen haben diese Beerbung militärischer Methoden radikaler angepackt. Aber sie sind doch nur ein Flügel der Weltrevolution, die uns alle ohne Ausnahme ergreift. Die russische Revolution ist eben nicht selber die Weltrevolution. Wie könnte das auch sein? In der französischen Ära 1789—1917, da allerdings macht jede Nation die Revolution. In einer echten Weltumwälzung aber geht die Geschichte über alles bloß nationale Denken zur Tagesordnung über. Das Selbstbewußtsein keiner einzigen Nation ist dem, was sich abspielt, gewachsen. Die Lenker der nationalen Geschichte können uns nur ablenken von dem, was die Weltrevolution verlangt. Die von den russischen Sowjets geplante Weltrevolution ist also ein Bruchteil der durch die Weltkriege in Lauf gesetzten Weltrevolution. Im Marshallplan gab die übrige Welt Zeichen, daß sie ihre nationalen, „französischen" Ketten zu zerbrechen begann. Im Jahre 1950 gab Stalin uns zu verstehen, daß er vor der Erblosigkeit seiner Klassenkämpfer erschrocken ist. Wie könnte das anders sein? Wo der Dank nicht herrscht, da regiert der Undank. Wo ist denn Platz für das rechte Verhältnis der Generationen, wenn doch drei Generationen Russen gegen ihre Väter rebelliert haben? Dies ist die Frage aller Fragen an die heutige Welt. Es ist die Frage an Europa, an die Vereinigten Staaten, an China, an Japan, an Indien, wie es Erbformen in einer entformten Gesellschaft geben kann. Vergleicht man Rußland und Amerika, so sieht man, daß im Jahre 1900 in Rußland noch fast alles erblich war, in USA aber fast nichts. Sogar das Geld zerrann in USA von einer Generation zur anderen.

Der Geologe Alexander Pumpelly erzählt, wie er um 1860 die riesigen Kohlen- und Mineralvorkommen im Westen der Vereinigten Staaten entdeckte und sich reich fühlte. Da war es auf einer Paßhöhe in Colorado, daß ihm ein Schürfkollege sagte: „In Amerika gibt es keine Schwierigkeit, reich zu werden. Aber es ist schier unmöglich, in diesem Lande seinen Reichtum zu behalten." Ein analoges Beispiel ist das Testament Benjamin Franklins. Er hatte Geld für Lehrlinge hinterlassen. Als der Zeitpunkt kam, an dem der aufgesammelte Fonds beginnen sollte zu wirken, da gab es keine Lehrlinge mehr. Aber dies ist nicht etwa eine neue Erscheinung. Der Charakter des Einwandererlandes spiegelt sich darin. Schon 1685 erschrak die puritanische Synode von Westminster, daß Neu-England „res unius aetatis", die Sache nur einer einzigen Generation darstellen möchte. Res unius aetatis, einaltrig ist Amerika geblieben. Deshalb kann es in Amerika keine Revolution geben, weil die Vereinigten Staaten um erbliche Formen ringen.

Am dramatischsten ist dieser Gegensatz von Russen und Amerikanern beim Maxim-Gorki-Besuch in Amerika zutage getreten. Nach der ersten russischen Revolution kam Gorki nach Amerika, um für die Vorgänge um amerikanische Sympathie zu werben. Er wurde verfolgt und beschimpft, weil eine Freundin mit ihm reiste. Er hat seinerseits die kindlichen Millionäre der USA im „Gelben Teufel", der Schrift vom Gold, angeprangert. Aber trotzdem das gegenseitige Mißverständnis vollkommen war, hat dieser ernsthafte und leidgeprüfte russische Revolutionär in einem schlichten Satze die amerikanische Erblosigkeit durchschaut: „Der amerikanische Idealismus ist nichts als der übernaive Optimismus einer Menge bloßer Individuen, die noch nicht die Schauspiele und Tragödien erfahren haben, welche in ihrer Gesamtheit als die Geschichte eines Volkes bekannt sind."

Die Pioniere sind ahnenlos, self-made. Wie eine Tochter steuert der Amerikaner sein Land aus. Für das Geben der Mitgift an eine Tochter und das Dotieren einer Stiftung gebraucht er dasselbe Zeitwort. Töchterlichkeit ist Amerikas Ideal. Das ist sein Anliegen. Es ist ungelöst. Aber es zielt auf Zusammenhänge, auf die sich weder Bürger noch Arbeiter verstehn.

Wie das Kommen der Revolution den Russen aus Europa die Revolution bringt, so teilt den Amerikanern der Siegeszug der europäischen Musik mit, was Amerika braucht: Rhythmus, Grazie, Klang und Farbe.

In UdSSR aber liegt es genau umgekehrt. Ungeheure Musikalität und Instinktsicherheit ist da aufgespeichert. Deshalb wohl ist der revolutionäre Geisteszustand auf lange hinaus als Gegenkraft erträglich.

In Amerika wird das Bewußtsein aufgeboten, um die Fetzen an Tradition nicht auch noch zu verlieren. In Rußland ist das Denken mobilisiert worden, damit das Volk nicht in der Tradition versinkt. Trotzdem hat die Revolution sich mit großer Teilnahme ihrer eigenen Vorfahren angenommen. Schon 1905 wurde die große Schrift gegen Zarismus und Leibeigenschaft, die Radyschew 1790 in ein paar Exemplaren privatim gedruckt hatte, hervorgeholt und publiziert. Und entsprechend hat Lenin ihm das erste Denkmal nach der Sowjetrevolution errichten lassen. 1949 ist sein zweihundertjähriger Geburtstag feierlich begangen worden. Doch gilt das nicht nur für den politischen Bereich.

Vielmehr ist die Vererbung erworbener Eigenschaften bekanntlich das Hauptthema der russischen Wissenschaft geworden. Der Westen hat sich über des Biologen Lysenko Sieg in der Moskauer Akademie der Wissenschaften entsetzt. Denn Lysenko predigt, daß die Erbsubstanz veränderlich wird, wenn ihr Stoffwechsel geändert wird. Die offizielle russische Biologie wütet gegen Mendels und Weismanns Lehren von der Unveränderlichkeit der Erbmasse. Lassen wir diesen homerischen Streit der Biologen auf sich beruhen. Was ich und was der Leser daraus erkennen, ist dies, daß Osten wie Westen hier ihre politischen Bedürfnisse in ihr Naturbild hineinwünschen. Diese Lysenkosche Lehre ist eine Projektion im Sinne der Tiefenpsychologie. Denn die Erbsubstanz der Menschen wird in den Revolutionen qualitativ verändert. Dies ganze Buch hat sich dazu bekehren müssen, daß die Französin, der Engländer, der Deutsche eine im Laufe der Geschichte in die Haut und in das Herz, die Hände und das Hirn der Geschlechter eingebrannte Eigenschaft sind. Unser Glaube formt Menschen. Ein bourgeoiser Beobachter, der Arzt Richard Koch, der aus Frankfurt 1937 in den Kaukasus floh, schrieb mir 1947: Die Veränderung der Menschen durch die Revolution sei ungeheuer. Körperlich zeige sich das ganz erst in der zweiten und dritten Generation. Aber auch die Menschen der ersten Generation, die auf den ersten Blick noch die Zeichen der Knechtschaft am Leibe trügen, sähen verändert aus, sobald sie den Mund auftäten. Da lohe eine Flamme, von der man wisse, sie werde alle diese Male der Unfreiheit ausbrennen. Ein diesen Streitigkeiten der Naturforscher völlig entrückter italienischer Forscher, Giuseppe Furlani, berichtet aus Mesopotamien, daß dort wie anderswo ein und dasselbe Volkstum in religiöse Gruppen aufgespalten auch verschiedene Rassenmerkmale entwickle. Die Revolutionen sind religiöse Ereignisse und deshalb entwickeln sie neue Rassenmerkmale als in die Menschen hineingerufene Eigenschaften.

Auch ein anderer Strang geschichtlicher Verbindung der Massen schwebt den Russen vor. Der Biologe Timiriazew hat einmal gesagt, daß alle bisherige Wissenschaft bloß als die Prähistorie der kommenden Wissenschaftsstufe gelten dürfe und daß die eigentliche Geschichte und die wahre und mächtige Blüte der Wissenschaft erst dann beginnen werde, wenn Zehntausende von Männern und Frauen aus dem Volke an ihr tätig teilnähmen. Die Russen sind mit Timiriazews Forderung in die beste abendländische Überlieferung eingetreten. Denn alle Institutionen der Revolution verewigen eine in der Revolution ausgebrochene Selbstkritik der Völker. Die Universitäten der beiden Schwerter im Mittelalter, die deutsche Universität der Reformation, das englische Parlament und der Pariser Salon — sie alle sind solche Selbstanzweiflungsinstitute der regierenden Klasse, dank deren die Regierten nicht mehr zu rebellieren brauchen. In allen diesen Stätten lebt der Kampf der Revolutionszeit selber in der Form der Kritik, Disputation, der Dissertation, der Opposition, der Diskussion, der Forschung weiter. *Forschung ist dankbares In-Frage-Stellen.* Forschung ist ja nicht Skepsis, die an allem zweifeln würde. Sondern Forschung hält an allem Gewußten bis zum Beweis des Gegenteils fest. Es gibt einen Stand der Forschung, hinter den kein Forscher zurückfallen kann, ohne zum Quacksalber zu werden. Er muß wissen, was schon gewußt wird, ehe er weitergehen kann. Wo er diesen Stand der Forschung nicht ehrt, herrscht der Unverstand des Zufalles und bloßer Einfälle.

Weder die biologische Forschung aber, noch irgendwelche Forschung kann

Hunderte von Millionen in die Erbfolge des Wissens einwurzeln. Die Verwurzelung der wurzellosen Industriemassen hat riesigere Ausmaße. Ich habe an dieser Stelle nicht die Lösungsversuche darzustellen, an denen ich mich seit dreißig Jahren abmühe, um das Heimaterbe zu ersetzen. Der Leser weiß ohnehin, weshalb eben dieser Ersatz, also eine geistige Kriegsheerheimat, die Frage aller Fragen unter uns ist. Im Krieg wird eben Entwurzelung geheilt; denn ich trage da Uniform als eine mittlere Generation, die ihr Leben als Verbindungsglied zwischen Vorkrieg und Nachkrieg aufopfert. Der Tod im Kriege ist niemals ein individueller. Er hat nur Sinn, weil oder wenn in ihm mindestens drei Generationen vereint marschieren, auch wenn nur die mobilisierte sich schlägt. Das unterscheidet ein Kriegsheer von einer Räuberbande, daß die Soldaten durch den Tod ihres Jahrgangs die Erbfolge einer Ordnung von Ahn auf Enkel sicherstellen. Diese Ordnung aber ist der Inbegriff aller erworbenen Eigenschaften einer Geschichte. Deshalb ist sie jedes Opfer wert. Denn wird diese Ordnung nicht mit dem Leben verteidigt, dann werden Auslese, Zuchtwahl, Sinn und Richtung des menschlichen Zusammenlebens preisgegeben. Du sollst nicht töten, ist ein wahres Gebot. Aber mit dem Krieg hat dies Gebot nichts zu tun. Denn im Krieg wird der Schoß aller Menschwerdung verteidigt. Und der Satz „Du sollst nicht töten" hätte ohne Krieg keinen Hörer mehr. Nur innerhalb eines Zeiten-Schoßes können wir die zehn Gebote vernehmen und befolgen.

Hier also ragt die steilste Mauer vor den Bolschewiki und vor uns allen. Die schnellste Einwurzelung in die Geschichte liefert ein Krieg. Er läuft also nun mit der Revolution um die Wette, bis diese sich ihrem kriegslosen System der Einwurzelung anvertrauen kann. Die Sowjets gelten ja als solche Einrichtung, die der Jugend Vertrauen einflößt, weil sie schärfste Kritik einbaut, bevor sie zu diktatorischen Befehlen schreitet. Im Sowjet sollen ohne moralische Masken die Einzelnen sich schonungslos enthüllen, dann aber als Kollektiv im klassenbewußten taktischen Entschluß gemeinsam handeln. Auf den unteren Stufen der Industrie wird auch diese dramatische Vorschaltung von schärfster Kritik vor die eiserne Disziplin der Ausführung oft praktisch. Die französische, deutsche, englische Industrie haben diese Energie der vorhergehenden selbstkritischen Analyse nicht geübt. In Amerika ist sie hingegen vielerorts gut entwickelt, so daß man dort von den Sowjets nicht viel zu lernen hat.

c. Ein dritter Weltkrieg?

Die mächtigen Vereinigten Staaten von Nordamerika und die mächtige Sowjetunion sind beide zu schwach, um einen dritten Weltkrieg zu führen. Sie haben beide zuviel zu verlieren. Das ist das Ergebnis des zweiten Weltkrieges. Im zweiten Weltkrieg sind die drei Gebilde entmächtigt worden, die am wenigsten zu verlieren hatten, die am meisten unter Bevölkerungsdruck standen, die am ehesten einen Platz an der Sonne zu brauchen schienen: Deutschland, Italien, Japan. Die Erdballstaaten Amerika und Rußland und das British Commonwealth mit ihrer dünnen Bevölkerung sind Sieger geblieben. Aber sie haben nicht Frieden schließen können. Deshalb redet die aufgeregte öffentliche Meinung viel von einem dritten Weltkrieg. Sie projiziert den fehlenden Friedensschluß in die Visionen eines dritten Weltkrieges hinein. 123 Millionen Unterschriften wurden in Sowjetrußland unter die Stockholmer Friedenspropaganda gesetzt; Stalin, der 370 Divisionen unterhält, will beweisen, daß er den Frieden sucht. 1000 Atombomben wurden in USA fabriziert. Die Amerikaner, die sich dem Traum der United Nations hingeben, wollen beweisen, daß sie den Krieg nicht fürchten. Die Maßnahmen auf beiden Seiten sehen recht entgegengesetzt aus. Sie bedeuten aber dasselbe. Sie bedeuten, daß der zweite Weltkrieg zu Ende ist und trotzdem noch in uns rumort. Woran liegt das? Weil noch niemand sagen will, daß er sich fürchtet.

Der erste und der zweite Weltkrieg sind technisch schneller zu Ende gespielt worden, als die Herzen der Spieler mitschlagen konnten. Amerika war seelisch noch nicht in den ersten Weltkrieg eingetreten, da war er auch schon vorüber. Die russischen Bolschewiki schlossen den Frieden von Brest-Litowsk, bevor sie in die außenpolitische Verantwortung eingetreten waren. Der erste Weltkrieg war erst 1923 mit dem Ruhrwiderstand und der Aufwertung in Europa zu Ende. Das heißt, das Schießen hörte in der Mitte der neun Jahre Kriegszustand 1914—1923 auf. 1939—1951 ist es ebenso gegangen. Der totale Krieg reichte bis 1945. Aber deshalb wurde nicht Frieden. Wer fliegt, Tanks fährt und die Infanterie auf Motorwagen lädt, der überhebt sich über die Zeitmaße menschlicher Erfahrung. Hundert Jahre dauerte einstmalen der englisch-französische Krieg. Der Dreißigjährige Krieg heißt danach, daß er eine Generation verbraucht hat. Nun sind auch im ersten Weltkrieg dreißig Jahrgänge in Deutschland mobilisiert worden. Vielleicht hat er deshalb dreißig Jahre dauern müssen, und nur scheinbar nur deren vier. Reicht er nicht, trotz alles Scheins, von 1914 bis 1945?

Es erhebt sich die elementare Frage: Welcher Beschleunigung ist denn das menschliche Erlebnissystem fähig? Es hat seine Zeitmaße. Der amerikanische Historiker Henry Adams hat 1917 als das Jahr prophezeit, in dem die Beschleunigung der Technik unsere Erlebnisfähigkeit überrennen werde. Er starb pathetischerweise im Jahre 1917. Ich bin überzeugt, daß er an diesem Jahre starb genau wie Oswald Spengler nicht zufällig, sondern an dem Jahre, in dem seine Prophezeiung eintrat, also im Jahre 1936 an Hitler gestorben ist. Beide Männer, Adams und Spengler haben ihre Einsichten besiegelt. Adams hatte gerufen: Unser Geist wird 1917 nicht mehr zeitlich Schritt halten können. Spengler hatte geschrieben: Das Abendland wird untergehen. Es gehört zu dem Glauben dieses Buches, daß jeder die Zeit hat, in die er sich glaubt.

Henry Adams und Spengler sind ernst zu nehmen. Die Technik ist schneller als ihre Händler und Handhaber geworden. Das Abendland ist untergegangen. Gewiß hat Adams nicht geahnt, daß ihn selber der Blitz seiner Einsicht erschlagen müsse. Gewiß hat Spengler den Untergang auf 2200 nach Christi Geburt angesetzt. Aber das sind nur die Wandschirme, die wir Sterblichen vor unsere furchtbarsten Einsichten stellen müssen, um es bei ihnen auszuhalten. Vom Untergang des Abendlandes gilt das geflügelte Wort, das nach der Eroberung Korinths bei den Griechen 146 v. Chr. umlief: „Wären wir nicht so schnell untergegangen, hätten wir nicht gerettet werden können." Die Voreiligkeit der Technik kann zu unserer Rettung dienen. Es ist bewunderungswert, daß Franklin D. Roosevelt aus der Erfahrung von 1919 schloß, diesmal sollte erst 1950 Friede gemacht werden. Erst von 1945 an konnten die neuen Namen „atlantisch" und „planetarisch" in Wettbewerb treten. Selbst heut ist noch zu viel von Europa und dem Abendlande die Rede.

Die Technik ist zu schnell. Das Abendland oder Europa sind daher vergangen, ehe es die Beteiligten wahr haben wollen.

Das Abendland oder Europa ist von zwei Geschöpfen beerbt worden, die lange genug von ihren „Fenstern nach Europa" eifersüchtig oder sehnsüchtig Ausschau gehalten haben, von Neuyork und von St. Petersburg. Europa ist die Mutter beider, der Vereinigten Staaten und der Sowjetunion.

Bevor aus den beiden letzten Kriegen Weltkriege wurden, von 1914 bis 1917 und von 1939 bis 1941, hat sich Europa in sein eigenes Schwert gestürzt. Es hat Selbstmord begangen. Man kann auch sagen, es habe sich von seinem Bunde mit den Geistern des Friedens 1914 und 1939 losgerissen. „Die Lichter gehen aus in Europa", hat Edward Grey 1914 gesagt. C'est le suicide de l'Europe schrieb der deutsche Botschafter v. Schoen auf seine Visitenkarte, mit der er am 2. August 1914 in Paris Abschied nahm.

Erst recht gilt das vom zweiten Weltkrieg. Japaner und Nazis haben weder Abendländer noch Europäer sein wollen. Europa und das Abendland sind also ausgemerzt. Kann die blutbeladene und doch ruhmvolle unvergessene Epoche des Abendlandes oder Europas auf dem Planeten und im Atlantik Frieden finden? Dann hätte sich allerdings eine Weltrevolution im Marxschen Sinne vollzogen, nämlich eine Umwälzung über die Köpfe und gegen die Gehirne der Beteiligten. Das Proletariat wird von Nationen, ja von Erdteilen agiert, nicht von den Industriearbeitern. Marxens Vision war viel umfassender, als sie sich in einer nationalistischen Beschränkung auf Rußland oder Frankreich oder Spanien oder China ausnimmt. Sie war auch viel materialistischer als die kommunistischen Parteien und ihre Ideologie. Die Ereignisse, nicht Lenin oder Stalin, vollziehen das Gericht am 19. Jahrhundert: Die Nationen und ihre Staatsmänner haben es blind herbeigeführt.

„Und wer sich vermißt, es klüglich zu wenden, der muß es selber helfend vollenden", gilt von Ludendorff und Hitler, von Hirohito und Mussolini, vom Zaren und von Lloyd George.

Die ökonomische Geschichtsauffassung und nicht die kommunistische Partei ist der Sieger. Aber die Ökonomie, die in dieser Geschichte sich durchsetzt, hat alle revolutionierten Geschichtsträger des letzten Jahrtausends als Posten in ihrer Rechnung.

d. Die Zirkumvolution

Aus dieser Sicht begreift sich vielleicht, weshalb die Zeit formeller Friedensschlüsse vorbei ist.

Bis 1815 haben Nationen Krieg erklärt und Frieden geschlossen. Sie haben das getan, weil sie sich alle auf ihren Glauben die unteilbare Dreieinigkeit, die Individua Trinitas beriefen. Jeder Vertrag trug am Kopf diese Berufung auf den Namen der Individua Trinitas. Mit anderen Worten, die Völker hatten Hoffnungen und einen Glauben, der ihnen die Aufspaltung des Gottesatoms auf Feind und Freund verbot. Die göttliche Freiheit galt allen. Da jede Nation innerhalb eines Sprachstroms sprach, ließ sich Friede ausdrücklich in Worte gießen.

Diese Berufung auf die Individua Trinitas würde heute niemand verstehen. Und verstünden wir sie, wieviele unter uns würden von ihr bezwungen? Wir haben keine bestimmten Vorstellungen vom Frieden. Dennoch können du und ich nur im Namen eines Geistes uns auf die kleinste Kleinigkeit einigen. In der Wissenschaft zanken sich die Schulen und einigen sich im Namen der Wissenschaft. Im Sport bekämpfen sich die Mannschaften und einigen sich im Namen des Spiels. Diese beiden Namen lassen sich nicht auf den Ernst des Krieges übertragen. Krieg ist mehr als gelehrte Theorie oder Sport. Wie wird also Frieden, wenn er weder wissenschaftlich noch sportlich begründbar ist? Da kann man weder wie die Gelehrten experimentieren noch als bloßer Taktiker verfahren. Dies sind noch spielerische Verhaltensweisen, die den Amerikanern und den Russen sehr naheliegen. Zum Experimentieren neigen die Amerikaner, zur bloßen Taktik die Russen. Beides entspricht nicht dem blutigen Ernst des Krieges. Friede wird nur werden, falls Amerikaner zu mehr als Experimentieren, Bolschewisten zu mehr als Taktik bereit werden. Denn erst dann wird der Frieden nicht aus den Köpfen stammen, sondern aus der Erfahrung. Die Erfahrung der letzten vierzig Jahre ist für alle Beteiligten eine strenge Vorschrift, und sie nimmt auf ihre vorgefaßten Überzeugungen keine Rücksicht. Ebenso steht freilich fest, daß die großen Mächte diese Erfahrungen nicht unter Anrufung des dreieinigen Gottes bewältigen werden, denn sie können sich ja gerade in Gottes Namen nicht einigen. Ein anderes Vereinigungsmittel hält aber bisher die Sprache für den Ernstfall zwischen revolutionären Gruppen nicht bereit. Denn jede revolutionäre Gruppe ist begeistert von dem besonderen Geist, der sie ins Leben gerufen hat. Der Name, in dem Friede werden könnte, müßte uns also noch höher begeistern als der Geist unsrer eigenen Revolution. Wie soll das geschehen? Die Vereinigten Nationen oder der Völkerbund — sie begeistern den nicht höher, den eine große Revolution hochbegeistert hat.

Vielsprachig ist der Geist, polyglott. Es fragt sich also, ob in die revolutionären Gruppen, in die begeisterten Nationen eine Kraft einströmt, diese Polyglotte, diese Vielstimmigkeit des Menschengeschlechts anzuerkennen. Die Formel „Im Namen der unteilbaren Dreieinigkeit" im Wiener Frieden von 1815 hat

das ja sagen sollen. Über den Stimmen der Völker sollte die Stimme Gottes aufsteigen und hörbar werden. Vielleicht führt uns die Analyse der alten Formel auf unsere Lösung. Der Glaube an Gott übertönte jedesmal die Kriegsursachen, die Kriegsziele und die Kriegsfolgen, d. h. die vergangenen, gegenwärtigen und zukünftigen Mächte der Verzweiflung. Denn das meinten sie doch mit dem Glauben an die Dreieinigkeit, daß alle drei Zeiten den Frieden nicht verhindern sollten, weder die gestrigen Dämonen der Verursachung, noch die tragische Feindschaft heut, noch die verhängnisvollen Folgen morgen. „Der Vater" hat unsere Freiheit von der Rache schon am Anfang entschuldigt, als er frei zu schaffen begann; „der Sohn" verbürgt den gegenwärtigen Opfern der Rache in der Mitte der Zeitgeister ihre Freiheit als Söhne Gottes.
Die dritte Person der Dreifaltigkeit schließlich, der Geist, verheißt auch unsern Enkeln bis ans Ende ihre dereinstige Freiheit von unsrer Schuld. So wird Freiheit dem Anfang, der Mitte und dem Ende zugesprochen. Alle drei Zeiten sind frei, wenn Vater, Sohn und Geist walten.
Also nur wenn die Individua Trinitas unsere Wahrheit ausspricht, können wir Menschen überhaupt den Ursachen, Tragödien, Verhängnissen entrinnen und Frieden schließen. Die Formel scheint vernünftig. Trotzdem diese Formel von unsrer dreifachen Freiheit wahr ist, kann sie heute nicht über uns ausgerufen werden. Die Massen sprechen eine andere Sprache. Die heutigen Massen sind der Kirchensprache entfremdet. Zwischen die Massen und den Klerus sind nämlich seit 1750 die Intellektuellen getreten und haben die Völker statt mit dem Öl des heiligen Geistes „mit einem Tropfen demokratischen Öls gesalbt" (Uhland). Die nationalen Ersatzpriester, die Mazzinis, Disraelis, Fichtes, Voltaires, haben heut zwar ihrerseits die beiden Weltkriege vorloren: die Journalisten, Abgeordneten, Professoren sind in den Staub geworfen und sind einflußlos. Aber den krassen Laien, den Massen, droht nun ohne diese Schriftsteller, deren Clichés sie nachsprach, selber Sprachlosigkeit. Wir werden aber durch eine Analogie über unsere heutige Lage aufgeklärt. Wie 1650 das puritanische „Wir" der Gemeinschaft auf Luthers Einzel-Ich, so folgt heut auf das intellektuelle Ich des Freigeistes das Wir der solidarischen Masse. Bei ihr aber regiert die Furcht statt des Witzes. Und die Furcht spricht nicht nur eine andere Sprache als Liebe oder Verstand, einstweilen spricht sie überhaupt nicht. In diesem Zustand der Sprache hat man keine positiven Ziele. Diese Sprache begeistert nicht. Man verwahrt sich in ihr. Denn man hat sich nichts zu sagen. Daraus folgt, daß der Friede diesmal aus Furcht voreinander zustande kommen müßte. Alles, was die Sieger werden fragen können, ist, ob sie sich einen Krieg untereinander ersparen können. Das wird nicht im Namen der dreifachen Freiheit untersucht, sondern aus der namenlosen Angst der Massen steigen diese Fragen auf. Auf erste Sicht scheinen der Fragen kein Ende. Wären sie zahllos, so könnte nie Friede werden. Zum Glück ist aber die Zahl der entscheidenden Fragen nicht willkürlich. Mögen auch die Schlagworte der ökonomischen, militärischen, politischen, sozialen, religiösen, moralischen

geistigen Sorgen auf den ersten Blick beliebiger Vermehrung fähig scheinen, so ist dem doch nicht so. Das Kriegsende ist eine Gefahr für Leib und Seele in dreifacher Hinsicht. Nach einem Kriege muß keine Niederlage drohen. Im Frieden muß man nicht verhungern. Weder im Krieg noch Frieden muß sich jemand in unsere Angelegenheiten einmischen durch Intervention. Daher muß bei jedem Kriegsende eben dieses dreifache Ungeheuer gefesselt werden: Niederlage, Hunger, Einmischung.

Nun werden nach den beiden Weltkriegen diese drei Gefahren von den drei Siegern mit verschiedener Betonung empfunden. Unter den Siegerstaaten bedroht die Briten der Hunger, die Amerikaner die geistige Einmischung des Kommunismus, die Russen die militärische Niederlage. Aus dreifacher Angst könnte heute Frieden werden, sobald diese dreifache Angst endlich ihre Namen kriegte.

Dabei ist es ein Witz der Geschichte, daß die Russen nur auf militärische Motive ansprechen. Nicht etwa die Russen, sondern die Briten denken ökonomisch, die Amerikaner haben geistige Sorgen. Das ist nicht marxistisch, aber es ist die Wahrheit. Offiziell soll doch Rußland ökonomisch bestimmt sein. Karl Marx hat aber seine Theorie in England ausgearbeitet. Und auf England paßt sie daher noch heute, wo die Insel nach Gold hungert, um Brot und Fleisch zu kaufen. Denn für die Beendigung des großen Kladderadatsches müssen die Engländer wirtschaftlich denken, die Russen militärisch, die Amerikaner geistig. Die Russen haben ja keine gesicherten Grenzen, die Engländer keine eigenen Lebensmittel, die Amerikaner keinen eigenen Geist. Wir denken aber notgedrungen immer an das am meisten, was uns fehlt und von dem wir daher abhängig sind. Das Denken repräsentiert die Dinge, die fehlen, damit es uns unabhängig mache. Stalin denkt an Macht, an Kanonen und Divisionen, und so hat er gedacht, seit er herrscht, und die Massen haben den Hunger hingenommen, weil er sie die Invasionen zu fürchten gelehrt hat.

Die englische Masse braucht Sterling, die russische Masse Grenzen, die amerikanische Masse Ideenschutz. Das sind merkwürdigerweise die drei untrennbaren Elemente jedes Friedens. Wird also die dreifache Gestalt der Furcht gemeistert, dann wird der dritte Weltkrieg zu vermeiden sein, auch wenn er nur negativ beschworen werden kann.

Daß ein Krieg so endet, ist merkwürdig. Daß hingegen eine Weltkrise ohne ausdrückliche Abreden in eine Art Waffenstillstand ausläuft, ist nicht unerhört. Der Augsburger Religionsfrieden war eine rein vorläufige Ruhe, die bis zu einem allgemeinen Konzil proklamiert wurde.

Ob nun in Korea oder anderswo, wird auch heuer vielleicht so eine Vertröstung auf einen allgemeinen Friedenskongreß in die Bresche treten. Aber wenn dann diese Vertröstung solange vorhält wie der Augsburger Religionsfrieden, dann wird man zufrieden sein müssen.

Giuseppe Ferrari hat schon 1870 vorausgesehn, daß im Jahre 2000 die Welt eines einheitlichen Glaubens und einer planetenweiten Verfassung sein werde.

Er wird recht bekommen. Wie wenig ist es alsdann zu verwundern, daß nationalgetränkte Gehirne weit hinter den Ereignissen herhinken oder durch die Ereignisse wie betäubt hindurchwandeln? Gerade daran offenbart sich die neue Dimension. Der deutsche Historiker, der mitten im ersten Weltkrieg versicherte, der Weltkrieg böte nichts wirklich Neues an Ideen für ihn, den Professor der Nation, hatte recht. Der Weltkrieg gehört nicht in sein Fach. Er brach es ab. Die nationalen Geschichten begannen aufzuhören. Weil das unterirdisch jede kleine und große Nation empfand, machten sie alle noch einmal nach dem ersten Weltkrieg pathetische Innendekoration. Da hing jeder nationale Zierrat vom Bamberger Reiter bis zum Haus der Kunst noch einmal vor aller Augen, zum Sattsehen. Aber der Geist war schon am Entweichen. Der sprachlosen Gewalt bloßer Zerstörung wohnte am Ende weniger ein kriegerischer Charakter inne als der eines Abbruchs der Zeit, eines Endes der Welt, und in diesem Sinne ist die Nibelungenmythologie des Winters 1944/45 nicht falsch gewesen.

Die Weltkriege zeigen darin, daß sie ohne die üblichen Friedensschlüsse heut abschließen, daß sie eine Totalrevolution darstellen, wie der Investiturstreit oder die Reformation. Im Marshallplan und in der wirtschaftlichen Mobilmachung haben die Vereinigten Staaten genau dieselbe Wirtschaftsstufe bestiegen wie die Russen. Der Unterschied ist nur, daß die Russen gierig und jauchzend auf ihr Planungeheuer losgesteuert sind, während wir in Amerika es widerwillig und zögernd auf dem Umweg über die militärischen Bedürfnisse hinnehmen. Die amerikanische Methode ist vermutlich die weisere und erfolgreichere.

Indem aber der Krieg zur Revolution geworden ist, hat sich allerdings in tausend Jahren der Kreis der Revolutionen geschlossen. Denn was ein Geistlicher begann, ist heut unter der Macht der wirtschaftlichen Verflechtung auch rein materiell auszudrücken: nämlich die Solidarität unseres Geschlechts. Der geistige Sinn des Krieges enthüllt sich, den Pazifisten und den Bellizisten zur Widerlegung. Von den Weltkriegen und von allen Revolutionen darf gesagt werden, was von Alexanders des Großen Zügen geurteilt wurde:

„Er füllte das menschliche Denken auf viele Geschlechter. Wer es mit den Tatsachen sehr genau nimmt, wird betonen, daß sein Reich zerfiel, daß er keinen Nachfolger hatte. Wenn es aber auf die wirkliche Geschichte der Menschheit ankommt — und das ist etwas, was mit einer Liste von Königen, von Ministern oder mit dem Eingang der Steuern nicht verwechselt werden darf, dann ist es klar, daß die wirkliche Leistung Alexanders niemals rückgängig gemacht worden ist.

Diese Leistung, denk' ich, war die Zusammenschweißung der Menschheit." (T. R. Glover, Spring of Hellas 1945, S. 92.)

Nicht der Sieg oder die Opfer enthüllen den Sinn der Weltkriege. Sondern, daß den Nationalismen durch ihn der Atem ausging oder der Atem ausgeblasen wurde, daß die Muttersöhnchen einer vermeintlich ausreichenden Mutter-

sprache dem Atem des Geistes ausgesetzt wurden, der da weht, wo er will, das, was also über Sieger und Besiegte weit herausgeführt hat, das ist ihr Sinn. Die bisherige Philosophie hatte nach der Wahrheit gefragt, aber die Größe des Territoriums, in dem ihre Wahrheit wahr sei, war nie in Frage gestellt worden. So wurden mehr und mehr Wahrheiten nur in Deutschland, nur in Frankreich, nur hier oder da, in Luxemburg oder Andorra wahr. Es gibt aber *zu kleine Wahrheiten*, auch wenn kein griechischer Geist das wahr haben will. Die Wahrheit in und für Luxemburg ist eine zu kleine Wahrheit. Daß Wahrheit selber auch eine quantitative Seite hat, gilt als unerhört in den nationalen Kulturen der Esten, Franzosen, Finnen oder Mexikaner. Der Weltkrieg hat neben die ökonomische Denkweise der Bolschewiki eine zweite Denkweise, die soziologische, gestellt: Wieviel Menschen nehmen an deiner Wahrheit teil?, wird da gefragt. *Für wie viele ist sie gemeint?*
Dies ist nicht eine marxistische und es ist ebensowenig eine idealistische Fragestellung. Aber es ist dialektisch eine Überwindung der nationalen Lügenwahrheiten. Diese waren ja beides: wahr und unwahr. Wahr, weil Frucht der Liebe zur eigenen Nation, unwahr, weil unvereinbar mit der Liebe zur Bestimmung des Menschen.
Einer meiner Kritiker, der mich gern ausgemerzt hätte, wie Benedetto Croce das mit meinem Vorgänger Giuseppe Ferrari versucht hat, schrieb, ich sei die traurige Frucht einer traurigen Zeit und würde hoffentlich mit dieser vergehen. Ich nehme das als das größte Kompliment entgegen. Denn allerdings ist dies Buch selber nichts als die Beherzigung der neuen Dimension, in welche die Nationen durch den Mahlstrom der Weltkriege geworfen worden sind.
Dies ganze Buch drückt die geistige, durch die Weltkriege erzwungene Einbettung aller nationalen Wahrheiten in die Zirkumvolution der „Revolution" als solcher aus.
Alle Revolutionen zusammen unterstehen einem Gesamtprozeß der Revolution in der zweiten Potenz sozusagen. Die Revolution der Revolutionen mag man das nennen oder ihre Zirkumvolution, das heißt die Kurve, die sie alle zusammen miteinander beschreiben.
Indem das geistloseste Stück der bisherigen Geschichte sich diesmal selber als Vollstrecker der Geschichte enthüllt, indem der Weltkriege Wirkungen weit jenseits der Absichten aller Beteiligten, der Nationen wie der Kommunisten, uns das Gesetz vorschreiben, hat der Geist der Revolutionen dank der naturwissenschaftlichen Leitung der Kriegstechnik über die zivile Welt der Politik hinausgegriffen. Im zweiten Weltkrieg verstummten die Programme und die Ideologien. Dieser Krieg lehrt selber. Die Atombombe, die Flugzeuge, die Rohstoffplanung sind ja doch die Früchte des Geistes selber. Der Kolonialismus Englands im 17. Jahrhundert war auf die Entdeckungen der Welt gebaut, und Newton stand da Pate. Der Kapitalismus glaubte an die Mathematik und die Statistik der Massenproduktion und der Märkte. Der kommenden Epoche aber gibt die Kriegswirtschaft, die mobilgemachte Wirtschaft das Gesetz ihres

Handelns, weil die neuen Kräfte planetenweite Kräfte sind: Öl, Uranium usw. Diese Kraftwirtschaft hat als ihr Prinzip nicht das liberale der Marktbefriedigung oder der Markterweiterung. Sie geht nicht von der größten Glückseligkeit der größten Zahl aus, ja sie geht nicht einmal auf the greatest happiness of the greatest number zu. Denn selbst die Zahlen werden aus bloßen Quanten zu Qualitäten. Es ist nicht länger an sich besser, mehr zu haben oder mehr zu sein, und deshalb ist die alte Denkweise der Liberalen und der Sozialisten diesem neuen Aufgabenkreis nicht gewachsen. Die Zahl als Qualität, im rechten Verhältnis zu allen anderen Zahlen, ist das Rätsel der Kriegswirtschaft. Dieser Umschwung entspricht übrigens haargenau den Wandlungen in der Physik seit der Quantentheorie von 1900. Auch Max Planck hat die Quantität selber zu einer Qualität gemacht. Dies hat für das Völkerleben dies Buch bescheidentlich versucht. Aber diese Gedanken sind uns aufgetragen, weil das kapitalistische Denken eigenschaftsloser Massen nicht mehr weiter führte, wie die Überkugelung der Sowjets zeigt. Sie sind als absichtliche Revolutionäre dem wirklichen Kladderadatsch der Weltkriege nicht gewachsen. Das ist der Fluch der Logik, daß sie den Denker sein Pulver zu früh verschießen läßt. Der Zirkumvolution durch die Weltkriege sind die absichtlichen Revolutionäre nicht gewachsen. Sie wissen noch von 1848 oder 1870 her, was heut nicht mehr wahr ist.

12. Weltzeituhr

Es ist gut, sich diese Weltlage zu vergegenwärtigen, die Europa ereilt hat.
Von Rußland her treibt die Energie einer absichtlichen Weltrevolution auf die älteren Europäischen Gebiete zu.
Von den Amerikanern ist Europa besiegt worden. Wir empfangen daher weitgehend aus ihren Händen unser materielles Los. Wir müssen also beide Mächte *kennen*. Wir können dabei an dem Ursprung Amerikas nicht vorbeigehen. Der Abfall Amerikas 1776 ist für die Verfassungsgeschichte Europas ein Vorgang, der in die Revolutionsgeschichte hineingehört, wie Böhmens Abfall von Habsburg 1618 oder wie die Kommune in Paris. Die Kommune galt ja den Bolschewiki ganz bewußt als eine Art Versuchsfeld. Lenin hatte einen Kalender der Kommune stets bei sich, um sich an ihrem Verlauf täglich zu orientieren. Standzuhalten wenigstens so lange wie die Kommunards von 1871, galt es; dann war die Ehre gerettet! Weniger bewußt, aber funktionell ebenso wirkt der Abfall der Kolonien in Amerika.
Der Freiheitskampf dort hat die Franzosen vorgeschult. Die französische Revolution wird vorweggenommen, ohne doch die Bestimmtheit der französischen Revolution zu erreichen. Es sollen 2 312 000 Engländer, Schotten, Iren, Holländer, Deutsche und Franzosen gewesen sein, die 1770 in den „Staaten" wohnten. Der Abfall bedeutete also damals in der Tat den Aufruhr einer noch immer nur als Bruchteil des englischen Reichs zu bewertenden Volkszahl. Diese

Amerikaner standen in ihrer politischen Ideologie zwischen England und Frankreich, unter stärkerer geistiger Verwandtschaft zum Naturrecht der Franzosen. So ist es bis heut geblieben. Deshalb ist Amerika geistig für die Europäer zunächst ein Vorfall in ihrer eigenen Geschichte. Oben S. 30 haben wir dies schon berührt. Europa hat in Jeffersons Unabhängigkeitserklärung die eigene geistige und moralische Krise seiner Aufklärung zu einer vorläufigen Lösung „nach den Gesetzen der Natur und des Gottes der Natur" am 4. Juli 1776 gebracht. Benjamin Franklin präsidierte der angesehensten Pariser Freimaurerloge.

Inzwischen hat sich vieles geändert. Aber die bürgerliche Klassenideologie ist geblieben. Der Erdteil Amerika ist nicht weniger bürgerlich und naturrechtlich als jener Kongreß, der 1779 auf sein Papiergeld das Sonnenstrahlen entsendende Auge Gottes, die freimaurerische Herdflamme und die dreizehn Sterne der Staaten aufdrucken ließ. Die amerikanische Vorrevolution von 1776 bis 1783 — erst von europäischer Warte hat sie den Namen „Revolution" empfangen; ihren Kämpen selber war das Wort noch ungebräuchlich — hat eine großartige Nachgeschichte. Hat man doch die Natur hier so weit organisiert, daß man eine künstliche Hauptstadt, Washington, zu schaffen wagte. Man sieht, wie nahe wir den französischen Gedankengängen sind. Auch die geschriebene Verfassung wird in Nordamerika noch ernster genommen als in Frankreich. Sie steht seit 1787 in Kraft. Von damals bis 1913 ist sie nur dreimal durch Zusätze weitergebildet worden, außer in der Katastrophe des Sezessionskriegs der sechziger Jahre. In diesem Bürgerkrieg haben schließlich die Staaten ihren Abfall durch eine tiefe Demütigung ausgleichen müssen. Auch sie tragen also ihre Geschichte in so großen Zeiträumen aus wie die Europäer! Trotzdem muß diese große Geschichte hier fortbleiben. Denn uns genügt die Erkenntnis: die Amerikaner haben bereits einen scharfumrissenen chronologischen Ort in der Geisterwelt inne. Sie sind deshalb trotz der gigantischen Entwicklung ihres Landes geistig so konservativ wie die Franzosen. Sie sind deren Revolution verhaftet (vgl. oben über Penn, S. 358). Mit England verbindet sie der Glaube an das englische „Blut". Ein Nicht-Puritaner kann auch jetzt nicht Präsident werden (Schurz, Smith). Der holländische Calvinist Roosevelt aber kann es. Das ist Bein von ihrem Bein. Das „Blut" ist eben geistig gemeint als das Geburtsrecht des auserwählten Glaubensvolks Cromwells. Amerika bestätigt Europa!

Über den Ländern bilden sich in den großen Katastrophen geistige Klimate aus, die über diesen Gebieten ein für allemal stehenbleiben. Diese Klimate wissen sich aller bloß quantitativen und mechanischen Einflüsse von Land zu Land zu erwehren. Sie bleiben Herr über Entwicklungen, die auf den ersten Blick umwälzend zu sein scheinen. Den Sternenhimmel, den die Ideen der Freiheit von 1776 über den „Staaten" aufgerichtet haben, haben daher all die Riesen Eisenbahn, Automobil, Einwanderung, Ausbreitung, Kapitalismus noch nicht stürmen können.

Gewiß ist dieser Erdteil heut mächtig, weit, großartig, gewiß bemüht sich eine junge Generation in den Vereinigten Staaten, mit hohem Pflichtgefühl sich vorzubereiten, um Europas Erbschaft anzutreten.
Aber die Geschichte der Völker folgt den eigentümlichen Druck- und Spannungsgesetzen des Lebens der Art. Die Weiterschaffung des Menschen in Rußland ist zweifellos der noch ursprungshaltigere, bedrückendere Vorgang als die wirtschaftliche Vorherrschaft Amerikas.
Amerika ist materiell der große beherrschende Faktor der uns bekannten, von uns miterschaffenen Welt. Geistig sind wir auf Amerika vorbereitet. Von Rußland her werden wir umgeschaffen und revolutioniert, weil dort die Schöpfungsgeschichte des Menschen weitergeht.
Wir können uns gegen Rußland daher nicht verschließen, ohne die Weltzeit, wir können Amerika nicht entbehren, ohne den Weltraum zu verlieren. Im Kapitol in Washington sitzt die neue ökumenische Wirtschaftsleitung, in Moskau sitzen die neuen dogmatischen Päpste unseres Lebensheils.
Mit dem guten Wort von Colin Ross ist „die Welt auf der Waage" zwischen Amerika und Rußland. Aber wir sind in demselben Sinne wie einst zur Zeit des großen Gregor zugleich wieder auf der Waage zwischen Chronos und Ökumene, zwischen Zeit und Raum.
Dabei ist es ein falsches Vorurteil, Amerika für leicht verletzlich, Rußland für unüberwindbar zu halten. Mir als Bürger Amerikas scheint Amerika unverwundbar. Es könnte vom kleinsten Dorf her neu geboren werden, es lebt ganz in jeder Gemeinde. Hingegen hängt in Rußland alles vom Kreml ab.

13. Front gegen Osten

Unsere Lage gegenüber Rußland ist entgegengesetzt der des napoleonischen Zeitalters gegenüber Frankreich.
Seit 1800 siegten die französischen *Ideen* der Wehrpflicht, der Volksvertretung, des Nationalstaates, der Demokratie in Europa. Die Idealisten tanzten um den Freiheitsbaum, auch Hegel und Hölderlin. Napoleon räumte mit dem morschen Reichsbau auf. Deutschland blickte nach Paris und eroberte es dreimal. Am Ende sah unser Reich fast so aus, wie es die Franzosen jedem Staat wünschen: unitarisch, demokratisch, trikolorisch, kapitalistisch und im Schatten der grande nation.
Auch die russische Revolution ist durch keine Vogelstraußpolitik wegzuwischen. Sie ist ein Element der Wirklichkeit.
Aber sie ist ein materiales, kein ideales Ereignis. „Das Proletariat hat keine Ideale zu verwirklichen" (Marx). Es ist das wirkliche Gegenteil der idealistischen Bürger.
So liegst Du, unglücklich angestrengtes Land der Mitte, mit der Front gegen Osten und weißt: nicht Ideen, sondern Materie strukturieren und konstruieren sich dort: Fünfjahresplan, Dumping, Städtebauten usw., 1789 kam erst die

Revolution, die bis zu Klopstock, Hölderlin und Schiller die Deutschen freudetrunken machte, dann kam die Ernüchterung der Napoleonischen Kriege.
Hier kam erst der Große Krieg, alsdann begann, 1917 lebensrettend für uns, die russische Revolution. Wir atmen seit 1917 nur dank den Russen Weltluft. Der Marasmus hätte uns sonst erstickt. Wir atmen seit 1917 im Raum des Weltkommunismus. Aber wir atmen nur in ihm. Denken, Fühlen, Art und Stil sind unser eigen geblieben.
Die russische Revolution entsprang dem Bewußtsein. Sie ist „gemacht" worden. Alle früheren Revolutionen haben sich erst hinterher klarmachen müssen, daß sie stattgefunden und was sie angerichtet haben. Selbst die Franzosen haben noch eine schützende Hülle in der Julirevolution 1830 wegreißen müssen, ehe das erschrockene Europa begriff, die Große Revolution von 1789 sei noch immer da und gegenwärtig. Ganz anders die Russen. Die Russen haben 1905 im Bewußtsein die Revolution vorweggelebt. Sie war noch fast buchstäblich ein „potemkinsches Dorf". Denn auf die durch den Film Potemkin berühmt gewordene Meuterei des Kriegsschiffes „Potemkin", auf Plünderungen in Lettland, auf den roten Sonntag in Petersburg mußte man sich beschränken. Es gab 1905 schon Revolutionäre, aber zur Revolution reichte sogar der Kriegsverlust nicht aus. Die gedankliche Verfrühung ist seitdem das Los des Bolschewismus. Diese „Verfrühung aus Bewußtheit" ist ein Merkmal, dessen man eingedenk bleiben muß, um der russischen Revolution gegenüber standzuhalten. Denn die „Verfrühung" allein bleibt unwirksam. Der Revolutionsvollzug bleibt abhängig von der Reife der Welt. Die Revolutionäre wollten die Umwälzung „machen". Sie haben es nicht gekonnt. Das Bewußtsein steht neben der Wirklichkeit. Statt seiner hat der Weltkrieg die Revolution gemacht. *Er ist die Weltrevolution!* Das können auch wir bejahen. Der Weltkrieg lieferte Lenin erst in der Totalmobilmachung des russischen Reiches die Fähigkeit zur Aktion. Nun konnte er Revolution machen. Aber sofort ergab die verfrühte Bewußtseinslage eine neue Schwierigkeit, nämlich die Agrarreform richtig zu regulieren.
Die Bolschewiki wußten *vorher*, daß die Sozialisierung des Bodens nötig sein werde und nicht die Verteilung des Landes an die Bauern. Aber 1917 teilten die Bauern das Land einfach auf und warteten auf keine Dekrete aus Petrograd oder Moskau. Was tun?
Die Verfrühung ihres Bewußtseins zwang die Bolschewiki, „teuflisch", d. h. wider besseres Wissen zu handeln. Sie „stahlen" einfach den Sozialrevolutionären ihr politisches Programm, die Landverteilung, wie diese wehklagten, und bestätigten zunächst die Landaufteilung, um sich an der Macht zu behaupten.
Rosa Luxemburg hat dieses Handeln wider bessere Einsicht von Deutschland her beobachtet und mißbilligt. Sie war bis dahin mit Lenin einig. Aber wie kann man Sozialismus wollen und das Privateigentum herstellen? fragte sie sich. Das verwirrte sie. Seitdem tritt den Russen dies „Grinsen" immer wieder auf das Gesicht, das man dem Teufel nachsagt. Es muß das Gesicht dessen

verziehen, der vom Ende her denkt in einer Welt, die einem nicht den Gefallen tut, bereits zu Ende zu sein. Die Bolschewiki haben so starre, dogmatische Endvorstellungen, daß sie keine einzige heutige politische Tat ganz glauben, ganz ernst nehmen können. Alle ihre eigenen Taten sind opportunistische Maßnahmen, um die noch „unreifen“ Gegenkräfte zu dupieren, zu schwächen, zu gewinnen. So geben sie den Bürgern eine Gnadenfrist, so den bürgerlichen Spezialisten. Sie erteilen Konzessionen an Ausländer, sie berufen Ausländer. Alles dies geschieht als Raubbau, als Kriegslist, als Provisorium. Sie wollen und werden niemandem die Treue halten. Vom „Endsieg“ her gesehen ist alles Vorhergehende reiner Kriegszustand, in dem jedes Mittel erlaubt ist. Dies das Unheimliche der Bolschewiki.

Ganz umgekehrt ist unsere Lage. Wir entbehren der „Vorstellungen“ über das Endziel. Von „Endsieg“ zu reden, erschiene uns lächerlich. Unser Schicksal steht im Zeichen des „vorstellungslosen Leidens“, wie man schön gesagt hat. Alle Versuche, uns mit Rezepten zu kurieren, mit Endformeln und mit Programmen, müssen fehlschlagen. So kriegsziellos wie den Weltkrieg, so „vorstellungs“los erleiden wir die Weltrevolution. Gerade das ist unsere antibolschewistische Rolle in ihr. Wir können nur so die Verfrühung im Bewußtsein der Weltrevolutionäre aufwiegen. Ihre Ideologie geht uns eben deshalb nichts an. Wir haben gerade zu verlangsamen und zu verspäten.

Aber gerade diese Gegnerschaft weist uns die Aufgabe zu. Wir müssen gläubig — ohne Endsieggewißheit, ohne die gewaltsam verfrühende Logik der dialektischen Methode, aber auch ohne billige Ideologie oder eigensinnige Wunschträume — an die Arbeit gehen, zwischen Idealisten und Materialisten, zwischen Bürger und Proletariat hindurch, in das Leben, das uns geschenkt ist.

Man muß von der ökonomischen Geschichtsauffassung lernen, aus der Totalität der Welt heraus zu denken. Man muß von den größten Weltzusammenhängen her für Deutschland im Kreis der Völker eine Funktion finden. Die Aufgabe ist freilich eine ungeheure: Die Heimat, bis dahin etwas unmittelbar Selbstverständliches wie das eigene Fleisch und Blut, wird jetzt zum Ausschnitt und Anteil an der Erde. Das eigene ererbte Vaterland muß den Deutschen zugleich zum neu geschenkten Anteil an der Erdkugel werden. Das deutsche Land tritt erst jetzt für das geläuterte Gefühl der Deutschen zurück in den Schoß der Mutter Erde. Die Heimat hört so auf, der archimedische Punkt zu sein, von dem aus das einfältige angeborene Denken die Länder der Erde als Fremde vor sich gebreitet sah. Andernorts habe ich dies Geschick eingehend dargestellt. Hier muß die weite Perspektive genügen:

Dazu darf man nicht von uns her, sondern man muß aus der gesamten Welt auf uns zu den Plan anlegen. Wir gehen sonst einer Verödung und Selbstzerfleischung entgegen. Um 180 nach Christi, unter Kaiser Marc Aurel, als der Kirchenvater Origenes schon schrieb, ließen nationalgesinnte Spartaner in Lakedämon, dem Distrikt der römischen Provinz Achaja, das Altdorische aufleben (Mommsen, Röm. G. V^4, 258). Wie stolz mögen sie über dies lächerliche

Kinderspielzeug gewesen sein, während im römischen Reich und in der christlichen Kirche der Lebenskampf zu fechten war.

Die Weltmobilmachung hat der einzelnen Nation in der Welt eine Aufgabe zuerkannt, kraft deren die Nation eine neue, bisher unerhörte, dritte Gestalt gewinnt. Kirchennation im Mittelalter, Staatsnation in der Neuzeit, muß sich die Nation in der Endzeit des gesellschaftlichen Zustandes zur Erziehungsnation umbilden, zur Gegenspielerin gegen die hemmungslose Verwirtschaftung des Menschen.

Der Weltkrieg als Revolution wird nur dann bewährt, wenn diese dritte Form der Nation als die Aufgabe erfaßt wird, die jenseits des Weltkrieges neu bewältigt werden muß. Treten wir vor die Tätowierten der Weltkriege; wem begegnen wir? Statt eine Liste der 200 Millionen vorzulegen, rücke ich eine einzige Szene ein.

Bei Bielefeld liegt Bethel, das Liebeswerk des alten Bodelschwingh. Der sprach den kühnen Satz: „Bethel muß fester stehen als der preußische Staat".

Vor die Schule dieses Bethel traten 1957 zwei seltsame Vögel: Der eine war ein Betheler Abiturient und deutscher Kriminalrat. Er hatte zehn Jahre Zwangsarbeit im sibirischen Workuta überlebt. Der andere war ich, ein 1933 in die Vereinigten Staaten eingewanderter Berliner. Als wir da standen und erzählten, sprachen die drei Menschenarten miteinander, die den „Haftbanden" des Einzelstaates entsprungen sein müssen, um überhaupt ins Dasein zu treten: das Kirchenglied, der Sträfling, der Auswanderer. Denn Bethel wäre nicht ohne den Geist der Liebe; der politische Kampf wäre nicht ohne den Geist der Hoffnung und die Auswanderung ist unmöglich ohne Glauben. Aber vom Einzelstaat her sehen die drei Menschenarten anders aus: Die Betheler erscheinen als Betschwestern; jeder der „sitzt", scheint ein Verbrecher; den Einwanderer nennt die Verachtung „Emigrant". *Dem Staatsnationalen sind nämlich diese drei Menschenarten unzugänglich.*

Dennoch haben Verbrecher aus sibirischen Gefangenenlagern die Sowjetunion geschaffen; aus Emigranten besteht Amerika, aus Betschwestern die christliche Zeitrechnung.

Die Sowjetunion besteht nur dank der revolutionären Hoffnungen, die seit 1800 des Zars Gefängnisse, Sibirien, das Exil, überlebt haben. Emigranten haben die Vereinigten Staaten von Nordamerika geschaffen. Und Betschwestern? Täglich waren die Apostel im Gebet beieinander von der Kreuzigung bis zum Apostelkonzil 42 n. Chr. und im Schoße dieser 10 Jahre wurzelt die Kirche.

Liebe, Hoffnung und Glaube haben Kirche, Sowjets und Amerika gestiftet. Diese drei werden daher nicht aus Standespersonen gebildet wie die Staaten Europas. Sondern sie sind Stromnetze von Flüchtlingen. Amerikaner, Russen, Christen sind alle zweimal geboren. Auf der einen Seite sind sie von gestern her dies und das. Aber auf der anderen Seite sind sie dem Gestern entsprungene Aussaat für Morgen. Die Rechtsordnung muß aus ihnen gebaut werden.

Die Bundesrepublik Bonn hat einen Minister „für Flüchtlinge". Der holländische Psychiater R. Fentner von Vlissingen spottet über diese Fiktion „einiger Flüchtlinge in einer geordneten Welt". Bonn sollte sich als einen Bund aus Flüchtlingen betrachten, aus Flüchtlingen, die sich haben durchschlagen müssen. Was wird denn von dem, der sich durchschlägt, zerschlagen? Nun doch die Maschen eines Gesetzes, die Vorschriften einer Behörde, die Mauern eines Gefängnisses, die Grenzen eines Staates oder eines Erdteils. Jeder, der sich aus Greueln hindurchschlagen mußte: Juden, Gefangene, Waisen, geschändete Bräute, kinderlosgemachte Eltern, hat eine oder viele Schranken übersprungen. Er hat sich über Gesetze hinweggesetzt. Wer sich durchschlagen mußte und wer sich hinwegzusetzen wußte, nur der konnte überleben. Davor schaudert ein pflichttreuer Beamter. In Schillers „Kabale und Liebe" durften sich nur der Fürst und seine Mätresse über das Gesetz hinwegsetzen. Aber seit 1914 hat die gesamte europäische Menschheit widersetzen und durchschlagen geübt.
Dadurch sind politischer Häftling und Auswanderer die Normaltropfen im politischen Strombett geworden. Kein einziger ehrlicher Mann, keine einzige redliche Frau, die nicht unter ihren liebsten Menschen ein Opfer einer Staatsgewalt zählen. Widersetzung ist heute Bürgerpflicht: Die Staatenwelt darf es also nur in der Mehrzahl geben. Je mehr Staaten, desto besser; ein einziger Weltstaat — das wäre unser Tod.

Nur der Wettlauf der Staatsnationen im neunzehnten, d. h. dem französischen Jahrhundert hat „den" Staat in einen künstlichen Singular hineingetrotzt. „Den" Staat träumten Fichte und Hegel. Und ihre Leser belieben sich auch heut noch um den Kämpfer, den Auswanderer, die Tochter im eigenen Innern herumzudrücken. Statt aus der Liebe der Töchter, dem Glauben der Auswanderer, den Hoffnungen der Revolutionäre wollen sie aus dem eigenen Willen Staat machen. Denn die deutsche Geistesarbeit zwischen 1789 und heut ging darauf aus, die deutsche Konzilsnation dem neuen Geist einzupassen. So wurde das deutsche Staatsdenken unbrüderlich und unschwesterlich. Aber mit dem deutschen Wesen als einer Nation der Christenheit hat die „Kontrastimitation" zur französischen Revolution nichts zu tun.

Ich gebe ein Beispiel. Klerus und Adel kamen 1789 in Paris aufs Schafott. In Deutschland blieb alles beim alten. Um so mehr gärte es unter den Schriftgelehrten. Weshalb verließ denn Bismarck die Schule als Republikaner? Seine Lehrer stürzten die Autoritäten für Kirche und Staat: die Bibel und die Klassiker. Von Lessing bis Wrede, von Wolff bis Wilamowitz wurde die höhere Kritik geübt, von der bis heut niemand weiß, woher ihre Oberhoheit stammt, die aber auf drei Hauptdogmen ihre Gläubigen vereidigte: Homer sei keine Person. Die vier Evangelien seien nicht vier selbständige Evangelien. Die Bücher Moses seien aus zwei, drei oder vier Schriften geflickt. So fiel der Adel und die Auserwähltheit der Schrift dem Bürgerstolz derselben Schriftgelehrten zum Opfer, die ihren eigenen Rang und ihren Gehalt nur der Bibel und Homer verdanken.

Diese Bibel- und Homerkritik hört heut mit ihrem Vorbild, dem Krieg gegen Klerus und Adel, auf. Ihr „Anpassungszweck“ ist verjährt!

Statt dieser erschwindelten „höheren“ Kritik fallen wir heute gedemütigt in die Abgründe, die unsern Stolz verschlingen. Leiden, all die Leiden des Häftlings, Flüchtlings, Kranken, müßten aus dieser Tiefe auftönen und Wort werden. Wie werden unermeßliche Leiden Wort und Maß? Wie wurde Achills früher Tod die befreiende Totenklage des homerischen Liedes? Welch ein Libretto für den Homer von morgen, für die Apokalypse von morgen. Da ist die sich von ihrem Könige Christus 1914 lossagende Europa. Sie gleicht Klytämnestra, die aus Lust an dem sinnlichen Leib des Vetters den Gatten erschlägt. Ihr analog verfiel Europa der Rasse, der Nation, dem Volkstum, statt dem Leben hervorrufenden Worte des siebenförmigen Geistes.

Da toben die russischen Revolutionäre rasend über Klytämnestras Mord, rasend über Europas Anmaßung, die Sklaven und Slaven gleichsetzte; ein neuer Orestes, erschlagen sie ihre Mutter.

Da ist Amerika, schwesterlich, töchterlich, ahnungslos, eine Iphigenie inmitten einer höhnenden Welt; diese Iphigenie, die geduldig alle Wunden verbindet und nie Dank dafür erntet.

So mag ein neuer Homer uns aus unserer Todesknechtschaft unter die Schlagworte einer abgelaufenen Epoche frei singen. Auch das Kreuz der vier Evangelien wird seine wirkliche Herkunft aus den Leiden der Apostel erst noch enthüllen. „Das Geheimnis der Universität.“ 1958.

Was hier für die höhere Kritik an den Klassikern und an der Bibel ausgesprochen wird, das gilt für alle anderen Wissenschaften der idealistischen deutschen Universität. Sie sind datiert und veraltet, es sei denn, sie beginnen erneut, mit einem Leidensbekenntnis. Denn das Bekenntnis des Leides verschwistert, aber der Gleichmut der Stoiker hat nach Nationen und Fächern isoliert. Es ist aber der Urauftrag der geprägten Form „deutscher Nation“, daß sie eine Konzilsschwester aller Nationen bleiben muß[1]).

---

[1]) Siehe „Frankreich—Deutschland“, Mythos oder Anrede, Berlin 1957. Die Vollzahl der Zeiten = Soziologie II, Stuttgart 1958. Zurück in das Wagnis der Sprache, 1957.

XXI. WELTMOBILMACHUNG

1. Am Schmelzpunkt der Nationen

Vor dem Kriege gehörten die Namen Tolstoj und Dostojewski ganz wesentlich zu Rußland. Für das Rußland von heute werden Romanschriftsteller gleichgültig. Der russische Staatsverlag beschließt für 1931 zu neunzig Prozent ökonomische und nur zu zehn Prozent unterhaltende Literatur zu verlegen. An die Stelle des Romans tritt die ökonomische Untersuchung in Zahlen. Unendlich breit und beredt, fast wie ein Roman. Aber die neue Seelensprache der Revolution, den Willen erregend, die Phantasie entflammend, das Gefühl steigernd, wird das Schaubild, die Zahl, das Diagramm. Das wird bleiben, ob sich auch vieles ändern wird, daß die Russen hier einer Literaturgattung, die bisher beiseite stand, einen ersten Platz im Leben der Nation gesichert haben.
Statt des Romanes wird die Wirtschaftskunde die zentrale Gedankenwelt. Sie *verdrängt* den Roman. Die Literaten werden bewußt vernichtet. Diese Verdrängung ist ein Vorgang, der nichts Beliebiges betrifft. Denn die größten Romane des 19. Jahrhunderts sind nicht die französischen, sondern die russischen, obschon der Roman in Frankreich zu Haus ist. Aber in Frankreich haben doch nur die seelischen oder sozialen Leiden einen Platz im Roman. Hingegen in Tolstojs Krieg und Frieden z. B. ragt *das Volk* im ganzen hinein in das Geschehen. Dies Volk auf Erden wird 1812 das Werkzeug, mit dem der Geist seine Taten vollbringt, während die Feldherren oder Kaiser nicht wissen, wieso sie heut dies und morgen jenes befehlen müssen.
Tolstoj machte sich über die Marionetten in Militär und Zivil lustig, viel wirksamer lustig als Gerhart Hauptmann in seinem Marionettenfestspiel auf 1813. Denn bei Tolstoj lebt hinter den Marionetten eine Volksgewalt, die wie die Erde gelenkt wird nach majestätischem Gesetz. *Das Volk ist nur majestätisch, wenn es kein Amt beansprucht.* Die demokratische Schmeichelei will ihm ein Amt aufbürden, das es nicht tragen kann. Das Volk ist anarchisch. Wenn es in passiver, unjuristischer Weise den Urheber und Gewährsmann seiner Nöte sich aussprechen läßt — in dieser Haltung hat das Volk die Majestät. Wie wohl die weite russische Landschaft, so öffnet sich das Gesicht des Massenmenschen wie ein offenes Tor der höheren Gewalt, daß sie einziehe und die Seele überwältige. „Gegenüber der weiten Erde ist der Mensch in Rußland verloren, aber getröstet. Er ist nichts mehr als ein Halm. Aber er wird nicht untergehn.“ (Josef Roth)
Diese Allgewalt des Volkes also schildert Tolstoj in einem Kunstmittel, das für individuelle Vorgänge erfunden wurde, in der Form des Romans. Die Franzosen verklären im Roman die Abenteuer des Herzens innerhalb der bürger-

lichen Zivilisation. Rußland bietet dem Grafen Tolstoj noch keine eigene Kunstform dar, keinen Nationalstil als Gefäß für den Tolstoj-russischen Inhalt. Tolstoj borgt sich das Gefäß deshalb aus Frankreich.

Diese Anleihe der Kunstform geschieht, bevor die russische Nation ihren Schmelzpunkt erreicht hat. Heut nach der Einschmelzung ist Tolstoj eine ferne unwiederbringliche Gestalt, so fern wie Shakespeare, als Wilhelm von Oranien nach England kam — verschollen.

Die Revolution prägt ihren eigenen neuen Stil. Sie verdrängt selbst so Großes und Prophetisches wie Tolstoj und Dostojewski, von denen das außerrussische Europa für Rußland gewonnen worden ist.

Verdrängen muß auch der einzelne Mensch, um in neue Lagen hinüberzugelangen. Verdrängen die Nationen etwa um ihrer nationalen Ausprägung willen im gleichen Sinne? Berühren sich Psychologie und Völkerpsychologie?

Vielleicht können wir Deutsche Tolstojs und Dostojewskis Funktion am besten begreifen, sobald wir an Matthias Grünewald denken. Der Isenheimer Altar ist eines der wichtigsten Mittel, um uns Deutsche in unserer überkomplizierten nationalen Lage zurechtzurücken. Er lehrt wohl auch etwas über den Stilwandel der Nationen und über ihr „Verdrängen“.

Blicken wir näher zu. Der Isenheimer Altar, dessen Abbild ich hier den Leser zur Hand zu nehmen bitte, bezeugt zunächst einmal, daß der Maler besser wie die meisten Deutschen die italienische Kunstfertigkeit beherrscht. Die volle Meisterschaft in der Landschaft des Hintergrundes, in der Behandlung der Gewänder — steht ebenbürtig neben den Florentinern. Das ist aber nur die Voraussetzung für das zweite. Dieser den Italienern stärker als die meisten deutschen kongeniale Maler hat uns viel mehr zu sagen als Raffael oder Lionardo. Grünewald kann das, was die Italiener können. Aber er muß etwas aussprechen, was diesen fernliegt. Aber auch unter die deutschen Maler ist er nicht einzureihen, eher noch unter die Holzbildhauer der Nation.

Es gibt zwar vor und nach Grünewald viele deutsche Maler. Es gibt immer wieder gute deutsche Maler, aber alle diese Maler haben nichts von dem gemalt, was Grünewald gemalt hat. Wenn es in Deutschlands tiefstem Grunde braust und gärt, dann kann man auf Grünewald verweisen. Er paßt in die politische Erregung. Deutsche nehmen doch aber sonst die Malerei nicht politisch?

Gibt es vielleicht eine andere Ausdrucksform, die politisch etwas bedeutet? Das ist die Musik. Die deutsche Musik ist ein Politikum. „Und wem's nicht singt, dem klingt es.“ Auch der unmusikalischste Deutsche beugt sich der Musik.

Diese politische Kraft nun geht auch von Grünewald aus. Er hat alle Musik vom Lutherchoral bis zu Bach und Beethoven, ja bis zu Brahms und Bruckner in den erregenden Farbensymphonien seiner Gemälde. Aufgewühlt wie von einem Orgelkonzert oder einer Symphonie steht man davor.

Ist etwa die Musik, die der deutschen Reformation entsproß, hier in Farben vorweg komponiert?

Grünewald ist unser größter Maler, weil er für uns kein Maler ist, sondern weil er eine Natur, unsere Natur, statt in Noten oder in Thesen im Bilde ausdrücken kann.

Was aber bleibt von der deutschen Malkunst wenige Jahrzehnte nach Grünewald? Für Dürer, „für den Fürsten im Reiche der Kunst, hatten sich die Probleme seines Zeitalters, die er zunächst ästhetisch zu bewältigen versuchte, ins Philosophische, Religiöse verschoben". Und derselbe Historiker urteilt von Lucas Cranach: „Seit den Zeiten der Reformation freilich, deren Inhalt er mit ganzer Seele umfaßte . . ., ging Cranach als Künstler zurück." (Lamprecht) Man würde mit ähnlichen Worten von Maxim Gorkis Entwicklung berichten können. Im Bildersturm versinkt die deutsche Malkunst keineswegs nur bei den Protestanten. Das Zeichnen verdrängt sie. Die Graphik wird die neue Zeittechnik, und italienischer Import schließt die Lücken. Zeichner und Maler haben nicht mehr das Herz der Nation. Auch wirtschaftlich werden die Maler ruiniert wie die Dichtung im Bolschewismus. Wie der russische Staatsverlag verfährt die Obrigkeit des 16. Jahrhunderts, beide trotz Tolstoj und trotz Grünewald. Und so ist Grünewald fast der einzige nationalrevolutionäre Maler der deutschen Nation.

Er ist es in den Formen, die Italien bereitgestellt hatte; wird aber inhaltlich zum Wegbereiter der deutschen Reformation. Durch seinen revolutionären und zugleich liturgischen Farbengesang gelangen wir in Seelenschlünde, die keiner sichtbaren Welt mehr angehören.

Grünewald ist mit Dürers Wort „innerlich voller Figur", in einem Sinne, der auf den italienischen Artista nie zutraf, sondern der eher einer Formel für Tolstojs Romane entspräche: „innerlich erfüllt und durchwogt vom Allvolk".

Der Artista Italiens suchte keine unbekannte, zukünftige Welt. Er eroberte die gegenwärtige. Die feste Zunftüberlieferung bestätigte sein Tun und hob das Durchschnittsniveau so außergewöhnlich, daß auch die Spitzenleistungen seelisch dadurch entlastet wurden. Deshalb kann der Artist Italiens und des Mittelalters so ungeheuerlich viel schaffen. Die Struktur des Stadtstaats kommt ihm zu Hilfe.

Anders Grünewald. Dieser Maler schreit aus tiefster Not in eine dunkle Zukunft. Erhört Gott sein Rufen, so nur, nachdem der Abgrund des *Alleinseins* durchschritten ist, eine Nacht der Unnatur, die dem Künstler der italienischen Renaissance nicht zu begegnen brauchte. Eben die Nacht der menschlichen Brust, der die Töne der Musik befreiend entquellen werden, im deutschen Choral der lutherischen Gemeinde.

Der Grünewald von 1500 befreit uns schon ebenso! Und er hat sich erst einmal selbst befreit. Mathis Nithart, der von uns Grünewald genannt wird, hat nach dem Malen des Isenheimer Altars und nach dem Bauernkrieg seinen Pinsel hingelegt. Er ist ihm zum Ekel geworden. Dieser Sänger der Farben ist als Wasserbaumeister verstummt. „Die guelfische Gestalt," wird „entbildet"; aus dem einen Glauben, nämlich an die erlösende Macht, der Gemälde in den neuen Glauben an die gestaltlose Nacht, in der nur erst die Wasser rauschen, ist hier der größte Künstler beispielhaft hinübergewechselt. Daß wir aber Grünewald erst wiederentdecken am Ende der deutschen Musik, liefert einen Beitrag zur „Verdrängung" durch die Revolution. Denn von Luther und Palestrina bis zu Wagner und Brahms war Grünewald verschollen. Die ersten bahnbrechenden Monographien über Grünewald erschienen nach 1900 (Richard Wagner gest. 1883, Brahms gest. 1897).

Das muß so sein. Erst um 1900 ist der nationale Weg von Bach über Beethoven zu Wagner abgeschlossen. Erst da hört die deutsche Musik zu quellen auf. Der einseitige Bund zwischen Nation und Musik lockert sich. Grünewald führt uns in den Schmelzpunkt der Nation zurück. In diesem Schmelzpunkt um 1500 war das Kunstmittel noch nicht festgelegt, in dem sich die Seele deutscher Nation endgültig aussprechen werde.

Aber ihr Anliegen stand fest. Grünewald sprach es schon aus, nur mit den Mitteln der guelfischen Revolution. In Grünewald gewinnen wir also Zugang zu den freien Kräften unseres Lebens vor der Gestaltung. Mit Hilfe Grünewalds hat die Analyse der Grundkräfte, die Auflösung des Standbildes der Nation in ihre Urelemente, seit dreißig Jahren eingesetzt. Vor 1500 und nach 1900 hört die Musik auf, das politische Sinnesmonopol für uns zu besitzen.

Alle Nationen in Revolution scheinen das gleiche zu durchleben. In ihrem Schmelzpunkt nimmt die neue Legierung jenes Element nicht auf, das der alten auszustoßenden Vorwelt die Farbe gab.

Die Engländer z. B. haben die Musik verbannt. Seit ihrer Revolution sind bekanntlich viele Deutsche: Händel, Haydn, Mendelssohn — die Musiklieferanten der Insel geworden. Und doch hatte der Brite Shakespeare im Kaufmann von Venedig musiziert wie nie ein Deutscher:

Der Mann, der nicht Musik hat in sich selbst,
Den nicht der Einklang süßer Töne rührt,
Taugt zu Verrat, zu Räuberei und Tücken;
Sein Geist lebt dumpf dahin wie dunkle Nacht,
Und sein Gemüt ist schwarz wie's Sonnengrab,
Trau keinem solchen! Horch auf die Musik.

Gerade als *politischen* Zauber, als soziales Phänomen, besingt also der Schwan von Avon die Macht der Töne. Aber seit Cromwell galt die Insel als „das Land ohne Musik" (O. H. Schmitz). Noch vor dreißig Jahren studierten die Engländer in Dresden oder Frankfurt oder Pesaro Musik, bevor sie zu Haus Komponisten wurden. Heut beginnt es wieder so etwas wie englische Musik zu geben.

2. Die Anpassung an die Weltkriegsrevolution

Von 1914 bis 1945 sind die alten Nationen in die planetarischen Ausmaße der Weltkriege hineingerissen. Die Weltkriege haben die Kaiser von Indien, China, Österreich, Rußland, Deutschland, der Türkei und praktisch doch wohl auch Japans beseitigt. Was bedeutet das? Der Kaisertitel stand über dem Thronhimmel der Reiche. Und wenn der Leser an den Sohn des Himmels in Peking oder an die apostolische Majestät Ottos III. zurückdenkt (S. 117), so kann er sich die Rolle aller Reiche deutlich machen: Jedes Reich verstellte der wirklichen Welt den Weg, weil es als Reich die Gotteswelt selbst sein wollte. Kaiser setzten ihr Reich in die Mitte; es ist aber wirklich bloß Teil des Planeten Erde, der sich als ein ganzes um die Sonne wälzt. Die Weltkriege beseitigten also erst alle Spuren der vorchristlichen Welt. Denn die Himmel und die Erde hat Gott geschaffen, und kein Kaiser kann eine chinesische Mauer bauen. Die Weltgeschichte seit Allerseelen ist die einzige „Welt“geschichte, die es gibt, trotz aller „Welthistoriker“, die sie schon vorher ansetzen. Vorher bildeten Reiche Welten für sich! Die „Weltgeschichte“ der letzten 950 Jahre hatte hingegen das Ziel, die Weltreiche durch die wirkliche Welt zu ersetzen. Das Wort „Welt“ in Weltgeschichte drückt also beileibe keine Beschreibung, sondern ein Unternehmen aus, das Unternehmen der Verweltlichung. Die Weltgeschichte fängt an, weil ein angeblicher Weltkaiser nur einen winzigen Bruchteil der Christenheit wirksam beherrschte. Sie endet heut, wo das Menschengeschlecht friedlos, aber immerhin auf dem wirklichen Planeten sich vorfindet. Die politischen Grenzen überschneiden sich heut dank der Flugzeuge. Die Berliner Luftbrücke hat dramatisch den Völkern zur Kenntnis gebracht, daß die mathematischen oder Seidenpapiergrenzen unserer Atlanten eine optische Täuschung sind.

Die Geometer der französischen Revolution hatten ja „die Natur“ mit Längen- und Breitengraden vermessen. Ich bin aufgewachsen in der amüsanten Fiktion, daß sich politische Grenzen mit Reißbrett und Feder auf die geduldige Erde einritzen ließen. In Wirklichkeit waren weite Marken und Wälder, Gebirge und Meere auch bis ins 19. Jahrhundert die realen Grenzen der Reiche[1]). Aber 1950 ist sogar die Stereometrie sich durchdringender Körper politische Wahrheit geworden. Die Atombombe kann jederzeit überall abgeworfen werden. Die Grenzen überschneiden sich also.

So müssen die Nationen wohl oder übel auf die Erde fallen. Das Versteckspiel ist zu Ende. Die Jugend aller Nationen ist „katholisch“ in dem schlichten Sinne, daß sie total und ohne Verdrängungen die Lebensbahn und Seelengestalt leben will. Der junge Engländer läßt der Prüderie, der Deutsche der Beamtennatur, der Italiener der rein zivilen Haltung nicht die Alleinherrschaft. Sie alle suchen auch die fehlenden Saiten aufzuziehen.

Die Heimkehr aus der Losgelöstheit der eigenen Revolution findet auch ihre gedankliche Verklärung. Die Aussöhnung mit den Ahnen wird ein Haupt-

---

[1]) Siehe dazu „Planetary Man“. London 1947.

thema der Medizin und der Erziehung. Der „Ödipuskomplex“ erlangt deshalb eine vorübergehende Berühmtheit. Das Mutterrechtsschrifttum und die Rassenliteratur verstärken sich durch dies Heimkehrerbedürfnis. Eine genial-abstruse Verklärung stellt auch der Roman des Iren Joyce „Ulysses“ dar. Durch die beiden „Helden“ des Buches wirbeln im August des Jahres 1904, dem Jahr des Russisch-Japanischen Krieges, binnen 30 Stunden alle Werte, Gedanken und Empfindungen eines Jahrtausends. Als Fetzen, Brocken, Assoziationen, gelallte Silben tönt das Dies Irae, der Choral, die Mathematik, das Couplet usw. Dieser Hexensabbat fegt die Geisteswelt, die Vorstellungen und die Sprache beiseite, so daß dahinter die Wiedererkennung des Vaters, die Heimkehr in die Gattung angebahnt wird. Die großen Kulturen werden als bloße Vokabulare entlarvt und beiseite geschoben. Die Odyssee Europas ist beendet.

Alle gewaltsame Verdrängung also soll ein Ende nehmen. Die Glieder brauchen nicht mehr voller Angst um ihre besondere Art die Kräfte der ganzen Art in sich auszurotten.

Wie weit diese Kräfte freilich noch herbeizurufen sind, steht dahin. Wir sehen nur die Gewalt des Heimkehrtriebes, nicht seinen Erfolg.

Notwendig wäre die Rückkehr der Europäer. Nur in dieser Heimkehr könnten sie miteinander leben. Nur in der Wiederherstellung der Gesamttradition könnten sie sich nach außen behaupten. Nur in der Heilung ihrer Auswüchse könnten sie verhindern, daß die Kinder ihres Landes zu Karikaturen einer erstarrten, veralteten Menschenart heranwachsen. Nur in diesem wundersamen Austausch ihrer bisherigen Arbeitsteilung, den wir heut sich anbahnen sehen, könnten sie der übrigen Welt den vollen Reichtum der europäischen Völkerfamilie überantworten.

Kein Europäer kann als bloßes Glied seiner Nation allein die volle menschliche Gebärde und das „schön menschliche Antlitz“ bewahren. Denn die Völker sind sich gegenseitig durchschaubar geworden. Sie ahnen, daß sie nur zusammen den „Menschen“ hervorgebracht haben. Das führt zu einem Aufbruch in die Bereiche der anderen Völker. Denn nach dem schönen Wort von Clausewitz „tut jedes Volk wohl daran, sich alles zuzutrauen, was die menschliche Natur Großes vermag“. Alle Glieder des Einzelvolkes brauchen daher beides: Nationserbe und Weltluft, um nicht zu verkümmern. Die Revolutionen, alle nacheinander und gegeneinander entsprungen, leben alle heut gleichzeitig in den großen Nationen. Zu vollem Maß des Menschentums bedarf es daher einer weisen Zucht durch mehr als eine Volksart. Aber diese Zucht kann nicht in einer wahllosen Vermischung und Preisgabe bestehen. Sondern sie muß in herben Schranken verschiedener Stufen durchschritten werden. Die Erziehung des Europäers im restaurierten Europa wird mithin ein gemeinsames Anliegen aller europäischen Völker! Deshalb ist heut Erziehung die große Losung Europas. Unser Buch legt den Grund zu dieser Losung klar.

Ein menschlicher Nachwuchs, der in Auge und Gestalt, in Gebärde und Wort

der Ahnen einmal geschehene große Offenbarung der Urkräfte der europäischen Völkerfamilie nicht fruchtlos verrinnen läßt, sondern dieses Vollmaß des Menschenmenschen aufprägt den neuen Völkern der anderen Erdteile und den bloßen Naturen, den Menschenfüchsen, Menschenwölfen, Menschenhunden — er muß hervorgehen aus dem gemeinsamen Schweigen der Besiegten. Ideen, Programme, Revolutionen — das gemeinsam besiegte Europa ist ihnen entrückt. In seinen Menschen liegt seine letzte Bewährung. Mit seinen Menschen kann es seinen eigenen Geist und den Erdentag seiner Herrschaft über die Welt überleben. Durch seine Menschen allein rechtfertigt es sich vor dem Übermut der neuen Welten.
Menschen aber bilden sich nur langsam. Das Schweigen der Besiegten muß den langsamen Weg der Zucht und Erziehung gehen statt des kurzen der Technik und der Organisation.Gegenüber der kurzfristigen Schnelligkeit aller gemachten Ordnungen hilft dem Volke Europas nur der langsame, der weite, der lange Weg des Wachstums.
Europa hat diesen Weg in den nationalen Rückgriffen vor seinen Revolutionen beschritten. Jede Nation bewahrt also die Form, die ihr eignet, und ergänzt sie durch die aus der Totalität abhanden gekommenen Teile. Italien wird ghibellinisch, Deutschland guelfisch, England bürokratisch. Das hat sich in den Jahren von 1917 bis heut durchgesetzt. Aber diese Nachblüte soll ja nur ausheilen und ergänzen, was uns fehlt. Die Welt aber kann nur dann zurück hinter die großen Geburtstage unseres völkischen Erbes, wenn der Welt gerade dadurch ein Dienst geschieht.
Europa gemeinsam steht gegen Asien und Amerika, ohnmächtig. Gibt es dagegen eine zwingende Aufgabe? Und wie stellt sich der heut empörte Mensch, der Abkömmling der russischen Revolution, zu der Familie, aus der er sich herausreißt?

3. Die Geschöpfe der Revolution

Das elektrische Licht, der Marxismus, die Funkentelegraphie — alle organisatorischen Hilfen der Sowjetunion stammen aus Europa. Aber etwas ganz Besonderes verbindet die russische Revolution mit dem europäischen Krieg, der sie ermöglicht hat. Dieser Krieg hat die Revolution geschaffen, nicht nur indem er seelisch die Massen lockerte und zur Verzweiflung trieb, nein in einem ganz technischen Sinne steht die Revolution auf den Schultern des Krieges.
Nur der Krieg hat die russische Masse emanzipiert. Der russische Knecht ist auch heute noch Knecht. Er ist kommandierte Arbeitskraft. Sie ist eine mechanische Angelegenheit. Die Russen arbeiteten von Hause aus nicht gern. Also paßt ein System zu ihrer Natur, das die Arbeit nicht weiter verklärt, sondern ihr bloßes Muß betont. Der russische Arbeiter im staatskapitalistischen Sowjetbetrieb ist nach wie vor Arbeitskraft, auch wenn er heut begeistert schuftet. Aber er ist etwas zweites dazu: Er ist Klassenkämpfer des Proletariats, er ist

Soldat im Klassenkampf des Proletariats. Die europäischen Proletarier sind das in harter Schule der Industrialisierung durch soziale Agitation, durch das Klassenbewußtsein geworden. Die Bolschewiki hingegen verdanken die Einreihung der russischen Massen in die Rote Front dem Weltkrieg. Die allgemeine Wehrpflicht ist die eine Hälfte der Ideen von 1789, die der Zarismus bereits im 19. Jahrhundert bei sich eingeführt hat. Von den beiden Polen der bürgerlichen Gesellschaftsordnung: Rentner und Soldat, war das Soldatentum einseitig nach Rußland importiert worden. Aus diesem Soldatentum entwickelt sich die Möglichkeit der russischen Revolution. Denn nicht die paar Industriearbeiter, sondern die Flotte, voran der Potemkin, waren 1905 die wichtigen Träger der Revolution. Und die „Soldatenrechte" mußten 1917 deklariert, Soldatenräte mußten eingesetzt werden. Mit dem Abreißen der Offiziersepauletten begann die russische Revolution. Denn nur als Staatskörper waren diese hundertundfünfzig Millionen auf die Beine zu bringen und in Bewegung zu setzen. Nur über eine Mobilmachung der Arbeiter und der Bauern zu einem Heereskörper ist irgend etwas in Rußland durchführbar. Mobilmachung heißt Stillstand des regelmäßigen Wirtschaftsprozesses des Landes. Bei dem Volksreichtum Rußlands war diese Stillegung durch eine Mobilisierung aller waffenfähigen Männer niemals vor dem Weltkrieg erfolgt. Auch im Russisch-Japanischen Kriege waren die Zahlen der Eingezogenen noch nicht 2 Prozent der Bevölkerung. Durch die Erhöhung dieser Quote im Weltkrieg wird die Wirtschaft zum ersten Male wirklich mattgesetzt. Der Krieg gegen die Mittelmächte ist der erste Gesamtkrieg, den die Russen erlebt haben. Und an ihm wurde die Unfertigkeit, ja das Fehlen einer wirklichen Organisation dieses Gebiets erst offenbar. Der Zarismus hat diesen Krieg nur durch die Kredite, die Lieferungen und die Hilfe Westeuropas organisieren können. Denn der Krieg ging über alles hinaus, wozu die bisherige russische Rüstung und Ordnung bestimmt gewesen war. Und er widerstritt dieser Ordnung deshalb, weil diese immer mit einem beliebig zahlreichen Menschenmaterial und einem Fortgang der landwirtschaftlichen Arbeit auch in Kriegsfällen hatte rechnen können.

Die russische Revolution ist auf Kredit unternommen. Denn sie bricht aus, während alle Räder stille stehen, in einem Augenblick, wo die Millionen der Soldaten noch von der Heeresorganisation her zu essen und zu trinken haben. Die Revolution strebt aus diesem nahe dem Nullpunkt liegenden Stillstand der russischen Wirtschaft zu ihrer Wiederingangsetzung. Sie setzt die Soldaten des Weltkrieges auf Arbeit an. Sie macht demobil und schafft dazu eine — in Rußland vorher nie dagewesene — einheitliche Volkswirtschaft, in der die ehemaligen Soldaten des Heeres als Arbeitskräfte funktionieren können.

Man vergleiche die französische Revolution: Da steht das Volk in Arbeit, das Land in Blüte — die Revolution hebt erst in ihrem Verlaufe einen Jahrgang nach dem anderen aus zu den Kriegen der Revolution. Sie lebt aber von den Ersparnissen und Vorräten des Landes Frankreich, die es aufgespeichert hat, und sie lebt von der Organisation der Wirtschaft, die bereits besteht.

In Rußland lebt die Revolution von der Desorganisation der Wirtschaft, die sie vorfindet! Eben deshalb muß sie zur rein militärischen Einheit Rußlands die gesellschaftliche neu hinzuschaffen. Dadurch verliebt sich diese russische Revolution so seltsam in die Fragen: Werden die Bauern die Felder bestellen? Werden sie Getreide abliefern? Werden genügend Züge fahren? Werden genug Techniker zu haben sein? Wird das Volk in den Städten frieren?

Die Revolution soll wirtschaftlich demobil machen. Aber sie bleibt dem Kriege verpflichtet als ihrem Mobilmacher. Und das äußert sich in der gedanklichen Vertretung des Kriegertums. Der Generalstab der Revolution übt die Diktatur des Proletariats aus. Und die Arbeitskräfte bringen alle die Opfer an Arbeit, Mehrarbeit und Überarbeit, an schlechter Bezahlung, an Unfreiheit, an Unsicherheit für einen moralischen Entgelt. Sie bleiben neben ihrem Dasein als Arbeitskräfte *Soldaten der Revolution*! Für diese Ehre hungern sie auch. Jedermann ist der ständige und unaufhörliche Besuch der politischen Versammlung vorgeschrieben. Wer nicht hingeht, macht sich verdächtig. Die russische Arbeitskraft hat keine freie Zeit. Denn sie muß zum Meeting. Dies sind die militärischen Appells des Proletariats. Hier wird die desorganisierte Masse gedrillt. Hier wird im Takt gedacht, im Gleichschritt Revolution geübt, werden unter Kommando die Zielübungen für das Wirtschaftsprogramm abgehalten.

Von dem Bürgersoldaten Frankreich ist der Nursoldat Muschik übriggeblieben, auf russischer Erde, und er kann daher die Revolution nicht anders durchführen und verstehen denn als Soldat der Revolution.

Der Ausgang des Bolschewismus ist also nicht die kapitalistische Reife, sondern die *europäische Heeresverfassung Rußlands*. Das ist der Teil der russischen Verfassung, der europäisch war. Das Ziel der Russen ist die Einführung einer europäischen Wirtschaftsverfassung in Rußland. Im Zwischenreich macht der *Soldat* dem Arbeitstier das Leben erträglich. Politischer Kämpfer und wirtschaftliches Rädchen im Produktionsprozeß bedingen einander so, daß die bewußte Kämpferhaltung alle Leiden der Arbeitskraft vergessen macht.

Deshalb appelliert die Revolution an den Soldaten im Menschen, an den Entwurzelten, Familienlosen, Jugendlichen. Die Revolution hetzt die Kinder gegen die Eltern und macht sie zu Spitzeln der Eltern. Ein Kind ist stolz, wenn es seine Eltern wegen konterrevolutionärer Gesinnung ins Gefängnis bringt. Der Typ des Werdenden, dessen, der alles Gewordene achtlos in Stücke schlägt, der das Haus in Brand steckt, sticht schon in aller russischen Literatur hervor. Im Soldaten der Revolution ist dieser Kriegskommunismus der Werdenden zur herrschenden Schicht geworden. Nur der jugendliche Mensch in uns ist Gemeinschaftsmensch. Kommunismus fällt den Zwanzigjährigen leicht. Alles Alte in uns braucht die Einsamkeit. Also wird es zum Fluch, alt zu sein in diesem Heerlager von Soldaten einer neuen Gesellschaftsordnung. Nie darfst du allein sein. Immer bist du mit anderen, und unter anderen, beobachtet, angesprochen. Die Marschordnung des Ganzen muß dich durchzüchten. Sie gibt dir die Kraft, Arbeitskraft zu bleiben oder zu werden.

Die Auflösung der Familie, die Verhöhnung der Kirche, die Experimentierhaltung zu allen Leidenschaften werden von jedem Menschen durchlebt, auf der Lebensstation, wo er zwischen Ursprung und Herkunft einerseits und begeisterter Hingabe andererseits, zwischen Elternhaus und eigener Wahlheimat von allen Versuchungen *heimgesucht* wird. Dieser Mensch ist nicht mehr daheim und noch nicht daheim. Deshalb eben wird er „heimgesucht", dieser „Werdende".

In seiner inneren Unsicherheit ballt dieser Heimatlose sich in Banden und Horden zusammen, um die Angst zu betäuben über das, was man mit ihm vorhat. Denn wer ist „man"? Der Bolschewismus, Gott, der Teufel, die Entwicklung: der Werdende weiß nichts. Agnostisch ist diese Haltung. Dem ungelernten Arbeiter in der Großstadt ist diese Haltung eigen, der sich zwischen 14 und 21 Jahren „ohne Anhang" durchkämpfen muß. Der jugendliche Mensch vor der Ideenreife ist biologisch die Grundlage der proletarischen Seelenhaltung. Diesen Menschen verabsolutiert die russische Revolution für ihre Gefolgschaft. Dieser Werdende, der dem kapitalistischen Europa flucht und gleichzeitig von Europas technischen, organisatorischen, finanziellen Krediten lebt, er entspricht ja ganz dem Sohn, der der väterlichen Gewalt flucht, während er vom Vater ausgehalten wird. Er flucht ihr also, um aus ihr heraustreten und ihr entwachsen zu können, d. h. weil er ihr noch verschuldet ist. Der Unabhängige braucht nicht zu fluchen. Die furchtbare Aufregung der Bolschewiki über das morsche Bürgertum, dessen sämtliche Errungenschaften sie doch nur quantitativ allen zugute kommen lassen wollen, ist eine Seelenhaltung, die jeder Jugendpsychologe kennt.

Der werdende, der unreife aber reifende Mensch — er ist die ewige Gestalt Turgenjews, Dostojewskis und Gorkis. Brandstifter, Lästerer, Verbrecher, aber nur weil er in seines Vaters Hause die eigene Wohnung noch nicht gefunden hat. Er ist der Revolutionär um jeden Preis, ohne Not, ohne Klassenlage, ohne Interessen. Der abgesprengte, trotzige Mensch, der sich nichts sagen läßt. Der Adam ohne lebendige Seele. Denn seine alte ererbte Seele hat er ermordet, und die neue Seele ist ihm noch nicht durch die Liebe entzündet worden. Die ganze Hölle des Menschlichen lebt in den Süchten und Heimsuchungen des Revolutionärs. Nur an eins klammert er sich: an das Bewußtsein. Das Bewußtsein ist der Arbeiterklasse, die Bewußtheit den Sowjets in dem Maße eigentümlich, in dem sie sonst keinerlei Wurzeln in der Welt besitzen. Es ist, als wollten sie Tolstojs großes Wort in „Krieg und Frieden" widerlegen: „In historischen Ereignissen spricht sich klarer als irgendwo das Verbot des Genusses vom Baum der Erkenntnis aus. *Nur unbewußtes Handeln bringt Früchte.*

Und der Mensch, der in einem geschichtlichen Ereignis eine Rolle spielt, versteht nie dessen Bedeutung. Versucht er es zu begreifen, so schlägt er sich mit Unfruchtbarkeit." Hiergegen kämpft der bewußte Proletarier, und zwar der proletarisierte Mensch der ganzen Erde.

Aber es ist ein ewig Menschliches, das hier im Russen weltgeschichtliche Gestalt gewinnt. Die tiefste dem Lichte abgewendete Schicht unseres Wesens steigt hier empor zum vollen Tag der Geschichte. Die Kehrseite all unserer Kräfte, unser Zerstörungswille, unsere Dämonien, unsere Selbstverachtung. Der Haß und die Trägheit, der Neid und vor allen Dingen die völlige Gleichgültigkeit gegen fremdes Leben, das nicht zur Horde oder Bande hingehört: Die Liebe zur Vivisektion, die jedem Jungen innewohnt, der eine Katze quält.

Weshalb treiben denn die armen Teufel hier so offen ihr Spiel? Weshalb fangen sie sich in ihren eigenen Schlingen und werden durch ihre Kämpferhaltung und ihren Fluch gegen Gott und die Welt immer schlimmer gepeinigte Arbeitspferde einer staatskapitalistischen Maschinerie?

Weil nichts verborgen, nichts unausgesprochen bleiben soll in der Schöpfungsgeschichte. Die europäische Völkerfamilie hat jede Menschenart auftreten sehen in ihrer Mitte und hat sie hineingenommen, wenn sie „den" Menschen zu ihrem Teil repräsentieren half. Wir haben bisher vermieden, die seelischen Urelemente im „Menschen" für den Engländer, den Deutschen, den Italiener aufzudecken. Viel zu billig hätte diese Radizierung und Zurückführung auf ein Ewig-Menschliches mißdeutet werden können.

Hier in dem Augenblick, wo das Böse selbst seine geschichtliche Berufung erfährt, wird die Zurückführung auf seelische Grundelemente nicht mehr zoologisch mißverstanden werden können.

Der russische Revolutionär „ist" allerdings der Repräsentant des biologischen Menschentypus von 14 bis 21 Jahren, die Verkörperung des Werdenden. Aber indem er auf dieser leiblich ewigen Grundlage sich aufbaut, schafft er sie zugleich um ins Geistige und sichert dadurch ihre Mitgliedschaft im geistigen Haushalt der Menschheit.

Die Menschheit hatte sich bisher des Bösen dadurch erwehrt, daß sie nein zu ihm gesagt hatte. Dagewesen ist es immer, aber immer angekettet und von jeder Revolution anders beschworen. Carlyle hat die innere Lage der Werdenden, des heimgesuchten Menschen großartig beschrieben: „Für mich war das Weltall völlig ohne Leben, ohne Bestimmung, ohne Willen und selbst ohne Feindseligkeit, es war eine enorme, tote, unermeßliche Dampfmaschine, die in stumpfer Gleichgültigkeit weiter rollte, um mich Glied um Glied zu zermalmen. Diese Mühle des Todes! Warum wurde der Lebende ohne Gefährten und mit Bewußtsein dahin verbannt? Warum, wenn es keinen Teufel gibt? Ist der Grund nicht vielmehr der, daß der Teufel euer Gott ist ...?"

„So wenig ich irgendeine Hoffnung hatte, so wenig hatte ich auch irgendeine Furcht, weder vor den Menschen noch vor dem Teufel; ich hatte oft das Gefühl, als würde es mir ein Trost sein, wenn der Erzteufel selbst, trotz aller seiner höllischen Schrecken, vor mir aufsteigen würde; nur um ihm ein wenig meine Meinung zu sagen. Und trotzdem lebte ich wunderbarerweise in einer fortwährenden, unbestimmten quälenden Angst. Zitternd, kleinmütig und besorgt um ich weiß nicht was. Es war mir, als ob alle Dinge oben im Himmel und unten auf Erden für mich zum Schaden da wären und Erde und Himmel nichts weiter seien als der grenzenlose Rachen eines gefräßigen Ungeheuers, von dem ich zitternd erwartete, verschlungen zu werden."

Diese Angst hält die russische Revolution aus. Das Nichts, was das Proletariat vorfindet und ist, soll allein bewußt werden: „Die ihr von Gottes Zorne — Seid das Proletariat!" Dieser Vers ist daher mit Recht der Ausdruck dieser neuen Menschen geworden. Denn ihr Klassenbewußtsein stammt nicht aus Gottes schöpferischem Werden, sondern aus seinem zornig abwartenden Nein! In dem Augenblick, wo die europäische Welt glaubt fertig zu sein, wo der Mensch mit dem Palmenzweig an des Jahrhunderts Neige stand, erhebt sich der Teufel des Nein und glaubt diese europäische Welt in seine Hölle schleppen zu können. Aber siehe da, *er erhebt sich*. Er bleibt sichtbar stehen! Er gewinnt Verkörperung. Indem Luzifer Gestalt annimmt, verliert er das Unheimliche, das der Teufel bis dahin gehabt hat, und wird zu einer Teilgestalt unseres Lebens. Auch alle älteren Revolutionen haben auf diese Versuchung ihre Antwort gegeben, indem sie ihr einen neuen Menschen entgegengehalten haben. Das Verhalten zum Teufel hat allenthalben unsere Gegenwart bestimmt.

Und wenn die Welt voll Teufel wär
Und wollt' uns gar verschlingen,
So fürchten wir uns nicht so sehr ...

Der Sieg über den Teufel schafft diesem deutschen Menschen der Reformation sein neues eigenes Vaterland und Vaterhaus. Mit seinem Protest gründet er es selbst. Denn die Verantwortung übernimmt dieser Reformator selbst. Die deutschen Reformatoren haben den verantwortlichen Menschen geschaffen, der väterlich die sonst dem Bösen verfallene Welt betreut und pflegt. Vater des Volkes zu sein, ist des deutschen Fürsten der Reformation Ruhm. Väterlich ist der Beamte und der Polizist, der Hauptmann und der Professor in diesen deutschen Einzelstaaten geworden. „Patriarchalisch" ist daher die Gesellschaftsordnung der deutschen Reformation, einseitig väterlich. Die Stufe in jedes Menschen Leben wird hier ausgeweitet zu einer Welt des Vaterlandes, in der die Sachwalter und Lehrer, die Hausherrn, die Ratsherrn, die Gutsbesitzer, ihre Kinder und Schüler, die Knechte und Mägde, das Vieh im Stall, die Kultur des Landes, die Soldaten und die Studenten betreuen. Lauter Landesväter, mit dem Fürsten als dem ersten Landesvater, walten und verwalten hier und widerstehen der Gewalt des ewigen Nein. So sind sie alle zu Menschen erwacht. „Widersagst du dem Teufel?" Ja, ich widersage ihm.

Die anglikanischen „Reformierten" sind anders als die Menschen der deutschen Reformation. Und dennoch ihnen verwandt. Entschlossen in die weite Welt, vorgebildet in einer väterlichen Welt, gehen sie in die Weite des Erdenrunds, diese Anglikaner und Puritaner. Sie brauchen nicht OLD England einzurichten. Das bleibt so, wie es die Väter eingerichtet haben. Der Engländer ist daher männlich, aber nicht väterlich. Wo er väterlich wird, da wird er unenglisch. Der Engländer ist der Mann außerhalb des Vaterlandes, der diesem Vaterlande Ehre macht, der Mann ohne Alter, jung mit den Jungen noch im höchsten Alter. Weder Vorgesetzter noch Polizist, noch Beamter im deutschen Sinn, sondern fellow, Kamerad, Mann unter Männern, kurz Edelmann.

So stehen Engländer und Deutscher beide auf der männlichen Seite des Lebens. Aber dem einen rundet sich das Haus zu hausväterlichem Amt, dem anderen weitet sich die Welt ins unendliche Längenmaß, das er im männlichen Gefecht durchmißt.

In Ergänzung hierzu haben die Italiener und die Franzosen in ihrem Volksaufbau die Sicherungen für das Ewigweibliche bereitet, ohne dessen Zusatz auch kein Engländer und kein Deutscher leben könnten. Die Madonna, die Mutter ist nicht nur der Inhalt dreier Jahrhunderte italienischer Malerei. Auch die Mutterkirche schwebt über dem ganzen Italien als schützende und über alle politische Zerrissenheit hinweg stehende und hegende Hüterin des Lebens. Auch die Künstlerschaft selber ist ja Mutterschaft, Empfängnis und Geburt. Erst recht trägt der Priester die Merkmale des Weiblichen. Nicht umsonst bekleidet ihn auch die Tracht der Matrone und die Schürze der Frau. Die Diplomatie verändert sogar die Gesichtszüge des Mannes oft ins Weibliche. Und das Reich, in dem die Mütter herrschen, bleibt daher durch ganz Italien wirksam als Geheimnis, hinter aller Fassade. Es wird nicht vergewaltigt, wie im Protestantismus, von dem es heißen konnte: „La femme protestante n'a pas d'idéal.“ Die Protestantin habe keine weibliche Vorgängerin.

Eben deshalb ist nach dem Deutschen und Engländer die *Europäerin* erschienen, die „Mutter“ durch neue Art ergänzend, das bräutliche, reizende, verlangende, begierige und begehrte Weib. Die Pariserin vermittelt der ganzen, auch der unkatholischen Welt den Reiz des Weibes im Augenblick. Wie der englische Mann zum deutschen Patriarchen, so steht die Französin zur Italienerin. Einaltriges steht gegen Mehraltriges, die Jungfrau von Orleans gegen Maria. Der mutige und fröhliche Mann der Geistesgegenwart steht zum verantwortlichen Landesvater weiser Voraussicht für andere und der Sorge für Unmündige, London steht gegen Weimar, wie Paris zu Rom.

Die einzelne Französin verkörpert nicht etwa allein diesen Menschenschlag. Der Franzose selbst vergeistigt und verklärt ja genau so den begeisterten Augenblick und den glücklichen Moment. Das Menschliche, was wir meinen, durchwaltet eben die ganze Kulturstätte der Menschenart. Es durchwaltet also Männer und Frauen einer Lebenswelt. Die Volkscharaktere Mann und Vater, Weib und Mutter sind eben nicht rein körperlicher Art. Sondern sie schaffen „den“ Mann, „den“ Vater, „das“ Weib und „die“ Mutter in alle Angehörigen einer Nation hinein. Die „Seele“ wird in der Revolution erschaffen, und Kind und Mann und Greisin können daher gleicherweise an dieser einen großen Seelenform ihrer Nation Anteil nehmen.

Auch die deutsche protestantisierte[1]) Frau ist Hausfrau im *patriarchalischen Sinne dieses Wortes.* Sie waltet im Hause als Herrscherin. Und die Engländerin ist männisch, kameradschaftlich, unbräutlich, mehr noch als ihr Gefährte. Der Engländer ist weit erotischer im Umgang der Männer als die Engländerin. Es ist, als hätte der Engländer die Engländerin um ein feinstes Etwas von Eros beraubt und es dem College und Club, dem Männerbunde, zugewendet.

So ist der italienische Mann in der Verbindung von Zartheit und Überlegenheit selbst Träger dieser seelischen Substanz der Mütterlichkeit. Mussolini hat etwas Weibliches ebenso wie Raffael. Nur muß man sich von der banalen Vorstellung frei machen, als läge in diesem an sich schon für einen Mann ein Unwert. Nicht um ein weibisches oder männisches Menschentum handelt es sich, sondern es geht bei diesen Volkscharakteren um ein Zuendedenken und ein Zuendeschaffen des Wesens Mensch. Die Europäer schaffen den irdischen Menschen als nationale Abart des Menschensohns, der da leben soll in den Völkern, weil der erste Bürger des Gottesreiches für sie gekreuzigt ist. Gerade weil Jesus nicht geliebt und gefeiert, nicht gekriegt und gearbeitet, nicht gemalt und gedichtet hat, muß die Welt noch mit den Menschen bevölkert werden, die alle diese Lebensarten in seinem Namen leben. Diese Bevölkerung der Erde mit christlichem Volke ist die revolutionäre Tat der europäischen Völkerfamilie. In Zuordnung zueinander und in Arbeitsteilung haben sie die verschiedenen Rollen in dem Lebensdrama des Menschengeschlechts übernommen. Wenn die Not am höchsten gestiegen war, fiel das Stichwort für das noch unfertige, noch ungebildete Volkstum. Mit dem Stichwort begann eine Umwandlung in ein Mitglied der Truppe dieses Schauspiels. Die Revolutionen prägen die Völker zu den großen Charakteren des Dramas. Dies Drama ist menschliche, göttliche und Weltkomödie in einem. Es ist die offene und öffentliche Weltgeschichte als Passionen der Menschensöhne, als Heilsökonomie. Denn nicht Staaten oder Kirchen oder Kulturen werden hier gebaut und gezimmert, sondern der Mensch wird erzeugt, geboren und erzogen.

Zucht und Erziehung geschieht, damit der Mensch alles, was er sein muß, ganz und vollkommen werde.

Die europäische Völkerfamilie hat noch mehr Glieder. Zu dem Sohn, dem Werdenden, dem Manne, dem ungebundenen, dem Vater, dem Verpflichteten, zu der Mutter und dem bräutlichen Weibe gehört noch hinzu die Tochter. Die Tochter hat aus allen diesen Kulturen die Verheißung der Erbin; gehorsam und demütig birgt sie in sich die ganze Mitgift der Vorwelt. Sie ist dazu berufen, Braut und Mutter zu werden, und die Gesetze des Vaters setzt sie um in Sitte, die Ratschläge der Mutter wandelt sie um in Betragen, mit den Reizen des Weibes schmückt sich die Bräutliche für den Geliebten. Die Eindrücke aus der Welt werden von ihr ausgebildet zu schönen und gesunden Kindern.

---

[1]) Wir gebrauchen dies Wort, weil es auch die deutschen Katholiken mit umfassen kann.

Die Tochter erneuert das Leben des Hauses, das der Sohn in Stücke schlägt oder in Brand steckt.
Andere sollen Krieg führen, Du, glückliches Österreich, heirate, hieß es vor alters schon. Und töchterlich ist die Haltung des Menschenschlages in dem Habsburger Reiche. Die Musik ist die Einheitssprache dieser einzelnen Völker gewesen, und kraft der Musik verstanden sie sich so gut, daß sie mit 60 Kommandoworten vier Jahre lang im Weltkrieg gestanden sind. Die Kleindeutschen zucken die Achseln; heut lachen die Menschen über Österreich, verstehen es nicht mehr. Man nennt Trägheit, Schlendrian, Stumpfsinn die Ausdauer dieses Reiches. Es ist viel mehr.
Die Tochter aus all diesen Völkern ist die Österreicherin. Sie, die Frau in diesen Nationen, ist ja in der Hälfte der Fälle anderer Herkunft. Sie ist es, die Tschechin, die den Deutschen, die Ungarin, die den Slowaken heiratet, die in Wahrheit diese Nationen zu einem Kulturvolk geeint hat. Nur wo dies Konnubium sich ausgewirkt hat, ist die große Menschheitsebene und die Mitgliedschaft in Europa auch in Österreich erworben worden. Aber es ist geschehen im gleichen Umfang wie in den anderen Großmächten England oder Deutschland oder Italien.
Die Österreicherin gehört so zur Französin und Italienerin wie der Russe zum Engländer und Deutschen.
Die Revolutionen verwerten ewige menschliche Energien zum Aufbau der nationalen Menschenart. Die Punkte also, an denen künftig Anthropologie, Biologie und Geschichte sich treffen müssen, sind die Totalumwälzungen, aus denen neues Menschentum entspringt. Der Mensch wird weiter erschaffen, Ursprünge geschehen. Dann setzt Entwicklung ein und entwickelt das Geschehene in immer wiederkehrender Reproduktion. Die Reproduktion geschieht in Paris, im englischen Parlament, im deutschen Beamtenstaat, im Vatikan, in der Partei, in Rußland. Und jeder Abschnitt dieser Reproduktionsprozesse verschärft, verdeutlicht den Typus, der in ihnen erzeugt wird.
Alle diese Typen bedürfen der Begrenzung durch ihr Widerspiel. „Der" Mensch ist in keiner einzigen Art zu finden. Wohl aber haben die Europäer in ihrer Völkerfamilie das Ebenbild des Menschen hervorzubringen getrachtet in Arbeitsteilung, jede Nation für alle vorbildlich!

Sohn	Tochter
Vater	Mutter
Mann	Weib

Das sind Urelemente der ganzen Menschenseele.
Die Eigenschaften, die sich in diesen Namen ausdrücken, deuten auf ein seelisches Uralphabet, dessen Ströme uns alle durchwalten.
Inmitten des Wustes von vergänglichen Einzelheiten, die in der Welt geschehen, ist Geschichte ein strenger und unerbittlicher Aussonderungsprozeß der Lebensformen, die „den" Menschen hervorbringen. Das seelische Ur-

ABC, das wir am Ende entdecken, zeigt, wie einfach und wie notwendig der Kampf ums Dasein ist, den die europäische Menschheit geführt hat und führt: Nicht der Dutzendmensch des Tierreiches, sondern das Ebenbild Gottes will leben und soll leben in all seinen Abarten und in seinem Reichtum, von der Madonna bis — ja bis zum Judas Ischariot (oben S. 479f.)!
Immer wieder greift der neue Ursprung eifersüchtig auf ein Allmenschliches. Die großen Nationen erneuern niemals in ihren heroischen Zeiten „sich selbst". Selbstanbetung liegt ihnen fern. Denn *Selbstanbetung schlägt mit Unfruchtbarkeit.* Sondern die Nationen werden in der Mitte gehalten und vor dem Abgleiten in eine bloß zufällige Spielart bewahrt durch die Hingabe an einen totalmenschlichen Ursprung. Sie kehren in der Revolution also nicht etwa zu sich selbst, auch nicht zu ihrem partikularen, fragmentarischen, heidnischen Ursprung zurück, sondern in ihnen entspringt ein Ursprung, von dem aus der Stammbaum der *ganzen* menschlichen Art weitertreiben kann (vgl. auch S. 188 über Hypogenese). Immer ist es ein Urstand der Natur, der „fröhliche Urständ" feiern will. Die eigene Primitivität zu verherrlichen ist nutzlos. Gemeint ist auch dann, wenn ein Volk in seine eigene Urwelt durchbricht, die Sehnsucht, etwas Ursprüngliches im Totalsinn der Menschheit zu erneuern. Nur diese Hingabe adelt die Scheußlichkeiten des Völkerlebens zur Geschichte des Menschen.

4. Produktion und Reproduktion

In sechs großen Geschichtsabsätzen ist der Mensch in Europa, den wir den Europäer nennen, erschaffen worden. Sechsmal hat eine große Revolution diesen Menschen ergänzt. Sechsmal ist Gerichtstag gehalten und eine neue Menschenart heraufbeschworen worden.
Der abendländische Christ, der Italiener, der Deutsche, der Engländer, der Franzose, der Russe haben einer nach dem anderen diesen Beschwörungsruf vernommen und aufgenommen. Die Kultur unseres Erdteils ruht auf diesen erfolgreichen Aufrufen zur Revolution aus dem Geist.
Dreimal hat ein Mönch, dreimal hat ein Edelmann im Zentrum einer solchen Revolution gestanden. Es sind diese sechs: Der Mönch (d. h. der Papst Gregor VII.) Hildebrand, der Mönch Franz von Assisi, der Mönch Luther, der Gentleman Cromwell, der adlige Korse Napoleon Bonaparte, der Edelmann Wladimir Iljitsch Uljanow (Lenin) aus Simbirsk. Dem entspricht es, daß dreimal die katholisch-theologische Ordnung der Kirche und dreimal die zivile weltliche des Staates revolutioniert worden ist. Die Periode der kirchlichen Umwälzungen heißt gewöhnlich Mittelalter, die der staatlichen Neuzeit. Mittelalter und Neuzeit zusammen bilden das Jahrtausend der Revolution.
Die Mönche und die Adligen haben in den Feuern ihrer Revolutionen die Welten der Kulturmenschheit geschaffen, das ganze Volk der abendländischen Christenheit; und die Mitglieder der europäischen Völkerfamilie betragen und

gebärden sich, wie sie es in den einzelnen Revolutionen gelehrt worden sind. Nach jeder Revolution sieht der Mensch in Europa anders aus: Der Italiener, der Deutsche, der Brite, der Franzose, der Russe — jeder hat sein Gesicht, seine Schulterhaltung, seine Denkart, seine Weise zu sprechen und zu fühlen; und dieser Charakter hat eine bestimmte Prägestunde. In dieser Prägestunde wird er seiner selbst bewußt, und dieser Prägestunde entspringen die Lebensformen, aus denen dieser Volkscharakter von Geschlecht zu Geschlecht weitererzeugt und weiterkultiviert wird.

Weshalb sind wohl Mönche und Ritter die Heiligen und die Helden unserer Lebenswelten geworden?

Weder der Mönch noch der Ritter hängen an der Welt. Von Zelle und Burg blickt man weit hinaus in die Welt und ist doch dieser Welt nicht hörig. So kann man sie verwandeln. Abstand muß der haben, durch den Neues entstehen soll. Gefangene der Lebenswelt, der wir entstammen, sind wir alle. Dem Leben gestorben sein muß, der es erneuert. Der Ritter sieht die Welt von der Seite des Kriegs, der Mönch sieht sie von der Seite der inneren Fäulnis. Dabei stoße man sich nicht an den Worten Mönch und Ritter. Die *Funktion* ist wesentlich. Dem Adligen, d. h. dem, der für des Lebens Notdurft nicht zu sorgen braucht, weil er regiert, ihm erschließt sich die innere Völkerordnung an der Schlachtfront. Er lernt also urteilen dort, wo die Bürgerkriege der *Ökumene* bewußt geschlagen werden. Dort sieht der Krieger die Wirklichkeit der Schlachtfelder und wird daher immer richtiger urteilen als die Asphaltheimkrieger, die nur Sieg und Ruhm und Kriegsgewinne oder Schande und Niederlage und Landverluste sehen. Er sieht mehr; auf dem Schlachtfeld erfährt man etwas über den Kampfpreis des Lebens überhaupt.

Der Mönch blickt in dieselbe Völkerwelt hinein von der Seite des *Chronos;* ihn bedrängen die Entartung und der innere Verfall jeder Gruppe und jedes Verbandes im Laufe der Zeit. Der Krieger durchschaut die äußeren Raumgrenzen aller — auch der besten — Ordnungen. Den Mönch umwittert da, wo die Laien in den Tag hineinleben, sich freien und ihre eigenen Gebresten auf Kind und Kindeskind naiv weitervererben, der Hauch der Verwesung. Die meisten Wege in die Zukunft durchschaut er als Irrwege. *Diese beiden Strategen des Raums und der Zeit haben eine ewige Funktion.* Man setze sich also über die unmodernen Namen Mönch und Ritter hinweg. Nur auf *die Herausgelöstheit aus Zeit und Raum* kommt es an, die beiden eignet.

Beide ahnen die Welt als Ganzes. Beide stehen also jenseits des alltäglichen Scheins des Lebens. Sie stehen auf Vorposten draußen, wo das Leben nicht produziert wird, sondern wo es aufhört. Auf diesem Außenposten sieht man den Schnürboden, an dessen Drähten die Menschheit hängt, wir, die wir uns produzieren und produziert werden. Mönch und Ritter tragen eine andere Verantwortung: die für die Wiedererschaffung, für die Reproduktion der Art. Arterneuernde Anlagen, die als schützender Garten die Menschen umgeben, die kann nur errichten, wer außerhalb des Gartenhags steht. Er hat den nötigen Abstand vom Leben. Ihn treibt die andere Sorge um die *Wiederkehr des Lebens*. „Die Produktion und die Reproduktion des wirklichen Lebens sind das in letzter Instanz bestimmende Moment in der Geschichte“ (Engels).

Das bestimmende Ereignis der Wiederkehr nimmt aber jedesmal neue Züge an. Keiner der Helden und Heiligen trägt dieselben Züge. Denn die Reproduktion muß immer eine erweiterte Reproduktion sein, kann man das ökonomisch ausdrücken. Biologisch und theologisch gesprochen, verlangt die Ökonomie der Kräfte den Fortgang des Lebens zu neuen Formen, damit die alten Formen lebendig bleiben können. Die Weiterschaffung ist um des schon Geschaffenen willen notwendig! In dem neuen Ursprung des Lebens wird die alte Art entlastet und kann nun wieder weiterleben zusammen und neben dem neuen!

Die Revolutionen gebärden sich als Todfeinde gegeneinander. Aber das ältere Leben muß dem neuen Leben deshalb Platz machen, damit es *den eigenen Platz* behalten kann.

Auch der Kampf der Arten darf nicht irreführen; alle dienen einer Aufgabe:

„Und wo sich die Völker trennen
Gegenseitig im Verachten,
Keins von beiden wird bekennen,
Daß sie nach demselben trachten“,

erkennt Goethe im „Diwan“. „Auf so viel Wegen eilt das Heil / der Welt zur Welt, die widerstrebt“, singt Ennodius.

Dies ist das Gesetz von dem Ursprung der Menschenart und von ihrem Fortgang. Ökonomische, biologische und theologische Fragen empfangen eine einhellige Antwort.

Die „Revolution“, als die in den menschlichen Bereich hineinverlegte Naturkatastrophe, führt den Soziologen, den Biologen und den Theologen in die eine und gemeine Wirklichkeit zurück.

5. *Die ökonomische Geschichtsauffassung*

Die Kämpfer für die Art verharren außerhalb der von ihnen geschaffenen Welt. Ihre Art wird nicht reproduziert. Sie sind einmalig. Was reproduziert wird, das sind die zahlreichen mittleren Berufe und Stände, die Durchschnittsfunktionäre jeder nationalen Lebenswelt.

Auch sie unterscheiden sich nicht grundsätzlich, ob sie nun der Mönch oder der Ritter, der Heilige oder der Held ins Leben ruft. Nachdem die Mönche und die Ritter in ihrer gleichartigen Funktion durchschaut sind, ergibt sich leicht, daß auch die drei kirchlichen Revolutionen der Päpste und Luthers dieselben sozialen Wirkungen hervorgerufen haben wie die modernen Sozialrevolutionen der Neuzeit.

Man lasse einmal die kirchlichen Führernamen weg. Dann enthüllt sich sogleich derselbe soziale Tatbestand in Mittelalter und Neuzeit.
Hinter Päpsten und Fürsten kommen hier ihre Hilfstruppen zum Vorschein. Kreuzfahrer, Stadtbürger der Kommunen Italiens und deutsche Beamte werden geprägt als proletarische Funktionäre, als Hilfsstände einer geistlichen Gewalt. Die geistliche Gewalt steht seit dem Investiturstreit offen an der Spitze. Sie trägt — Päpste oder Fürsten — die Verantwortung für den Befreiungskampf. Aber in Wahrheit beteiligt sie Zehntausende an der Herrschaft! Weil aber der Führer der Bewegung den Namen gibt, deshalb spricht er bescheiden von renovieren, regenerieren. Oberhäupter meiden das Stichwort Revolution dort, wo alles Licht auf sie fällt. Die Revolutionen der zweiten Hälfte, der Neuzeit, sind anders beschaffen. Die Gentry, die Bourgeoisie und die Proletariermassen geben der Revolution den Namen. Die führenden Mitglieder handeln nur im Namen der Massen. Deshalb nennen sie das, was sie tun, ungeniert Revolution. Die begehrlichen Massen sind also nicht Hilfsstände, sondern sie erscheinen als die Träger einer souveränen Rolle. Weltliche, nicht theologische Schlagworte sind deshalb das Feldgeschrei der drei sozialen Schichten, weil sie selbst offen als Träger der Erneuerung gepriesen werden.
Und doch wäre es ein Irrtum, diese Kreaturen der drei Revolutionen der zweiten Hälfte für weniger dem Geiste untertan und unterworfen zu halten als die der ersten Hälfte. Die Gewalt, der die drei weltlichen Revolutionen huldigen müssen, steht allerdings im Hintergrund. Sie wirkt, statt offen die Verantwortung zu tragen, als Regisseur. Aber die weltlichen Revolutionen der Neuzeit entspringen einer geistigen Gewalt so gut wie die kirchlichen des Mittelalters.
Bei der englischen ist es sofort deutlich, daß die Gentry nur den Puritanern die Entmilitarisierung des Königtums verdankt. Der Lord-Protektor Cromwell hat mit seinen Eisenseiten das Kingdom of God an die Stelle des Kingdoms der Stuarts gesetzt. Deshalb haben die Prediger der Puritaner diesen Krieg geführt und entschieden. Die Minister of the Gospel haben die Minister des Königs besiegt. Die Minister — so hießen die Prediger der Sekten in England — sind also die Sendboten dieser geistigen Gewalt des public spirit.
Advokaten und Journalisten von Paris, Desmoulins und Robespierre, sind die Träger der Ideen von 1789. Sie allein können die Blitze schleudern, die den nationalen Körper entzünden, sie allein die Ströme der Begeisterung entfesseln, die dieses bürgerliche Frankreich organisieren. Der „Zeitgeist" beherrscht die bürgerliche Klasse.
Und die russische Revolution lebt von dem Glauben an die Wissenschaft, an Forschung und Technik. Materialist sein heißt an die Entwicklung der Materie Mensch glauben und den Forscher eben deshalb zum Drahtzieher der Materie, zum Schöpfer der Gesellschaftsordnung erheben.
Gentry von England, Bürger von Frankreich, Arbeiter und Bauern Rußlands stehen auf der Bühne im Rampenlicht der Revolution. Aber die Minister

von Gottes Wort haben das Kingdom of God beschworen, Advokaten und Zeitungsschreiber haben die Nation begeistert, die Forscher und Soziologen haben die Materie der Menschen zum Funktionieren gebracht. Und nur kraft ihrer Regie klappt das Stück. Die sogenannten sozialen Revolutionen sind also im Hintergrund geistig, deshalb sind die religiösen geistlichen Revolutionen, die im Hintergrund sozial sind, ihre älteren Geschwister.

Das Abendland und Europa, sie machen beide dieselbe Revolution, nur mit abgewandelter Technik in der Leitung.

Papst und Fürsten gehen selbst voran. Hingegen „Minister", „Advokaten" und „Forscher" blasen ein. Aber bei beiden Arten der Revolution gibt es eine Bühne und einen Schnürboden oder eine Kulisse. Die Bühne der russischen Revolution ist um nichts wirklichkeitsnäher als die, auf der Gregor VII. die Weltdrommeten ertönen ließ.

Gregor VII. spricht selbst und persönlich, und die Massen der Kreuzfahrer durcheilen die Welt auf Beute und Ehre. Hingegen die Massenappells der russischen Proletarier wiederholen unablässig wie Gebetsmühlen die Sprüche der Revolution. Aber nur einer hat diese Sprüche verfaßt. Und der liegt als Leiche im Kreml aufgebahrt.

So haben also alle Revolutionen ganz gleich viel Geist und Materie. Die vielzitierten Thesen: „Die Revolutionen entspringen aus wirtschaftlichen Verhältnissen", „Die Revolutionen entspringen aus ökonomischen Ursachen" — sind daher zwei Sätze, die nichts über den Anteil von Geist und Materie in der Revolution aussagen.

Denn in die Wirtschaft und in die Ökonomie des Völkerlebens gehört die geistige Gewalt genau so gut als ein Faktor in die Rechnung hinein wie der Hunger. Ohne die Autorität des Forschers und Ökonomen Lenin gibt es so wenig eine russische Revolution wie ohne den Hunger der Dienstmannen des Mittelalters eine päpstlich abendländische Renovation. *Ökonomie der Kräfte* ist eben etwas anderes als Ökonomie der Materie. Haushalt der Menschheit, Wirtschaftsverfassung und Gesellschaftsordnung müssen in ihrem Budget genau so rechnen mit Autoritäten, Fürsten, Befehlshabern, Predigern, Begeisterern und Organisatoren wie die mittelalterliche Kirche der Päpste mit Propagandisten, Artisten, Fachleuten, Friedensrichtern, Kapitalisten und Arbeitskräften. Das leibhaftige Volksbudget kann mit einem Haufen Arbeitskräfte, einem freien Spiel der Kräfte des Kapitals oder mit zehntausend unabhängigen Landedelleuten gar nichts anfangen und hat nie etwas anfangen können. Die Regie seitens der geistigen Gewalten war und ist dabei immer die notwendige Korrektur und Ergänzung. Nur so wurde und wird jeden Tag neu aus Kapitalisten die europäische Nation, aus Arbeitskräften die Sowjetunion und aus Edelleuten das christliche England.

Daher ist die ökonomische Geschichtsauffassung für mich eine Selbstverständlichkeit. Die Prägung der europäischen Volkscharaktere vollzieht sich ökonomisch. Denn im Rahmen eines Gesamthaushaltes aller menschlichen Energien,

Anlagen, Aufgaben und Träume springen die Vorbilder des Menschen aus den großen Leiden der Erdensöhne neugeboren hervor. In großartige Brunnenstuben der Völkerkultur gefaßt quellen nun diese ursprünglichen Arten des Menschen gereinigt hervor, in ökonomischer Gliederung und Beziehung. Dies ist die Ökonomie des Abendlands und Europas. Die Empfängniszeiten rechnen nach Jahrhunderten. Zwar „leicht verschwindet der Taten Spur von der sonnenbeleuchteten Erde, wie aus dem Antlitz die leichte Gebärde. Aber nichts ist verloren und verschwunden, was die geheimnisvoll waltenden Stunden in den dunkel schaffenden Schoß aufnahmen". „Die Zeit ist eine blühende Flur, ein großes Lebendiges ist die Natur, und alles ist Frucht und alles ist Samen." Die Völker haben den Heilsruf der Kirche des ersten Jahrtausends Zug um Zug mit ihren Heilsrufen im zweiten Jahrtausend beantwortet. Sie haben dadurch eine Ökonomie der Menschheitsgeschichte bezeugt und geschaffen. Die Dialektik der Revolutionen ist die Enthüllung der geschichtlichen Ökonomie: In dem Haushalt dieses Kraftfeldes dienen alle Sprachen des Geistes und alle Mittel der Materie nur dazu, die Seele des Menschen in immer neue Gestalten hineinzuprägen und zu verkörpern, bis der Mensch geschaffen sei, in dem sich die Schöpfung vollendet. Das Ebenbild des Schöpfers wird Jahrhundert um Jahrhundert, Figur um Figur erschaffen. Keine Figur ist entbehrlich. Alle figurieren in der einen Ökonomie der menschlichen Gestalt, an der jedes Menschenkind teilnimmt.

6. Creator Spiritus

Nach jedem Umsturz existiert ein neuer Mensch, den die Welt vorher nicht gekannt hat; ohne Zusammenhang mit der früheren Menschheit trägt dies Menschenbild neue unerhörte Züge. Es ist, als habe der Schöpfer — ohne die älteren Ebenbilder seiner Allmacht zu verleugnen — die Schöpfungsgeschichte fortgesetzt und die Menschenart weiter geschaffen. Vor dem neuen Gesicht graust es die älteren Arten; so wie sich heut der Bürger vor dem Bolschewisten bekreuzigt, so hat den Ghibellinen vor den Guelfen geschaudert, den Konservativen vor den Revolutionären, den königstreuen Protestanten vor den englischen Königsmördern — und natürlich — den römischen Katholiken vor den Protestanten. Und in der Tat: diese Menschen haben einen anderen Geist. Und jeder reizt den anderen zu unendlichem Widerspruch. Vertragen können sie sich nie. Aber ertragen müssen sie sich. Denn sie leben in derselben Ordnung einer einheitlichen Welt, aus der sie entsprungen und in die sie hineingeschaffen sind. Die Totalität der Wirklichkeit kann keine Abart verleugnen.

Die Charaktere dieser Erdenbewohner bleiben nur so lange lebendig, als sie dies Joch anerkennen und auf sich nehmen. Nur als vernünftiger Dienst ist die Charakterfestigkeit der europäischen Nationen erträglich. Die Art kann entarten. Gegen die Entartung der europäischen Volkscharaktere rufen uns auf die Geister, die bei ihrer Geburt Pate gestanden haben.

Geister binden neue Einheiten und lösen alte auf. Wir nennen nun die Geister der Revolution, kraft deren Wehen der Einzelne und die Massen, die Nationen und die Klassen ihrer Sendung innegeworden sind. Wenn Enthusiasmus „Geisterfaßtheit" heißt, so ist Enthusiasmus die schaffende Kraft unserer Geschichte. Enthusiasmus hat die Revolutionen und Kriege möglich gemacht, die ohne Selbstvergessenheit nie möglich gewesen wären. Der nüchterne Mensch kann weder Krieg noch Revolution begreifen. Wofür opfern sich Millionen? Wem dienen die Millionen? Heut heißt der Unbekannte das Klassenbewußtsein. Aber alle früheren Kämpfer hat er zum Kampfe gestählt. Nur er kann Millionen eines Sinnes machen. Wo er fehlt, bröckelt die Nation oder das Volk oder die Rasse oder die Menge in liebesleere, kraftlose, einander zerfleischende Interessenten auseinander.
Das Klassenbewußtsein ist „transpersonal". Das heißt, es verbindet widerstreitende Interessen; verschiedene Sprachen, Geschlechter und Gebräuche werden von ihm eingeschmolzen. Es schafft eine total neue Lage. Aber das Klassenbewußtsein steht in einer Reihe.
Was heute

1. Klassenbewußtsein heißt, das haben frühere Zeiten berufen als
2. Zeitgeist, Esprit contemporain (und „Aufklärung"),
3. Public spirit (Volksgeist),
4. Gewissen und Lehre (Geist der Wissenschaft),
5. Spiritualität (Mystik, Bettelmönche),
6. Geistliche Gewalt (Gladius spiritualis), und
7. 1050 haben wir den Anruf vernommen gegen die Simonie: Komm, Freiester aller, Geist, verwandle die Kirche.

Damals ist zum ersten Male *politischer Geist* öffentlich beschworen worden, weltverwandelnder Enthusiasmus. 850 hatte Hrabanus Maurus den Schöpfer Geist, den Creator Spiritus, im Pfingstlied angerufen (S. 215):

Komm, heiliger Geist, du schöpferisch,
Den Marmor dieser Form zerbrich.

Noch in diesem Lied weht der Geist innerhalb des geweihten Bezirks der Kirche. Seit 1050 werden Ketten und Formen der weltlichen Ordnungen zerbrochen, unter dem Wehen „öffentlichen Geistes".
Seitdem ist der Geist wirksam geblieben, nicht nur als „Vita vitae omnis creaturae", wie Hildegard von Bingen gesungen, als „des Lebens Leben", wie Goethe das übersetzt hat, sondern auch als politische Kraft im Haushalt der Menschheitsgeschichte.
Ist der „Geist" nun einfach immer bösartiger mißbraucht worden? Ist Klassenbewußtsein noch Geist? Ist die spätere Verwendung des gleichen Wortes nur ein Hohn?

Es ist kein Spott. Der Geist ist nicht zum leeren Wort herabgesunken. Er ist das Gegenteil eines Wortes geblieben. Er verharrte als übergreifender *Name*. Namen aber bekunden — darin sind sich Altkirchliche und Marxisten einig — immer eine wirkliche gesellschaftliche Funktion. — Mit Worten läßt sich trefflich streiten. Auf Namen aber berufen sich die Menschen, um sich zu trennen und um sich zu vereinigen. Auf jene sieben Geister haben sich Millionen berufen, um sich zu opfern.
Auf allen Gefällstufen blieb sein Name der Herr, die Individuen seine Diener. Er formt uns, nicht wir ihn.
Gerade dort, wo man die Erniedrigung des Geistes versucht wäre zu erwarten, gerade dort erhebt er sich zur vollen Herrschaft über die Einzelnen und erzwingt von ihnen jedes Opfer und jeden Heroismus: Im Klassenbewußtsein der Marxisten und im Freigeist der bürgerlichen Gesellschaft.
Es verlohnt sich, diesen Satz außer Zweifel zu stellen. Hängt doch an ihm Einheit und Wiederkehr des Völkerlebens. Vom russischen Nihilisten sagt Karl Nötzel: „Den Russen kennzeichnet ein untrüglicher Wirklichkeitsblick in Vereinigung mit jenseits aller faßbaren Wirklichkeit liegenden Zielen. Am klarsten gelangt das zum Ausdruck im Nihilismus, der streng materialistischen Welterklärung mit der Forderung eines opferwilligsten praktischen Idealismus vereinigt. Es gibt nichts, was bezeichnender wäre für das geistige Rußland in seinen religiösen Wurzeln." Aber vielleicht hört man lieber ein Selbstzeugnis.
Vom Klassenbewußtsein sagt ein radikaler Marxist, Georg v. Lukacs[1]), im Kampf gegen die Opportunisten: „Die Kraft der Partei ist eine *moralische*... Sie wird vom *Vertrauen* der spontan-revolutionären Massen gespeist, von ihrem *Gefühl*, daß die Partei die Objektivation ihres eigensten, ihnen selbst jedoch noch nicht ganz klaren Willens, die sichtbare und organisierte Gestalt ihres *Klassenbewußtseins* ist ... Die Opportunisten ... sprechen — in echt kleinbürgerlich-freidenkerischer Weise — höhnisch vom ‚*religiösen* Glauben', der dem Bolschewismus, dem revolutionären Marxismus zugrunde liegen soll. In dieser Anklage liegt das Eingeständnis der eigenen Ohnmacht. Diese von innen durchhöhlte und zerfressene Zweifelssucht umhüllt sich vergebens mit dem vornehmen Mantel einer kühlen und objektiven ‚Wissenschaftlichkeit'. Jedes Wort und jede Gebärde verrät bei den Besseren die Verzweiflung, bei den Schlechteren die innere Leere, die hinter ihr steht: die vollständige Abgelöstheit vom Proletariat, von seinen Wegen und von seiner Berufenheit. Das was sie Glauben nennen und mit der Bezeichnung der ‚Religion' herabzusetzen trachten, ist die Gewißheit des Unterganges des Kapitalismus, die Gewißheit der am Ende siegreichen proletarischen Revolution. *Für diese Gewißheit kann es keine ‚materielle' Gewähr geben.* Sie ist uns nur methodisch — durch die dialektische Methode garantiert. Und auch diese Garantie kann nur durch die Tat, durch die Revolution selbst, *durch das Leben und Sterben für die Revolution*

[1]) Ich habe die Stelle ohne Sinnänderung ein wenig gekürzt.

erprobt und erworben werden. Einen Marxisten der Gelehrtenstubenobjektivität kann es ebensowenig geben wie eine ‚naturgesetzlich' garantierte Sicherheit des Sieges der Weltrevolution . . . *In ihrer geistigen und* moralischen Minderwertigkeit *sind* die Opportunisten eben außerstande, *sich selbst und den Augenblick ihres Handelns* als Moment der Totalität des Prozesses zu erblicken: *Die ‚Niederlage' als notwendigen Weg zum Siege.*"

In die Sprache des Christen kann der letzte Satz wörtlich übergehen, ebenso in jeden einzigen früheren Geisteskampf. Märtyrer, Kreuzfahrer, Franziskaner, Gustav Adolfs Lutherische, die echten Kämpfer für 1789 wissen alle „sich selbst und den Augenblick ihres Handelns als Moment der Totalität des Prozesses, ihre persönliche Niederlage als notwendigen Weg zum Siege."

Auch der „Freigeist" weiß das, er, bei dem es vielleicht ebensowenig sich von selbst versteht wie beim Proletariat. Auch er hat ein Gesetz über sich. Denn der echte Freigeist sagt nicht etwa *dein Geist darf* die Welt einrichten — das meinen die bequemen Kleinbürger, Opportunisten, Skeptiker —, sondern nur *du als Freigeist* darfst das, behauptet 1789. Das heißt aber: Du zahlst dafür den Preis des völligen Alleinseins mit deinem Geist, die Entwurzelung aus aller Überlieferung. Alle Wurzeln des Herkommens muß der radikale Freigeist zerschneiden. Von *Georges Clémenceau* ging das Gerücht, er wolle *stehend begraben werden.* Der Tod als eine bloß herkömmliche Tatsache wird nicht anerkannt. Genau so läßt Edmond Rostand, der erfolgreichste Dramatiker der Dritten Republik den Freigeist Cyrano de Bergerac nicht nur stehend sterben, nein er macht ihn sogar zum Reporter des eigenen Todes: Cyrano selber sagt: „Wohlan denn, meine Chronik setz ich fort: Und heute Samstag in der Abendstunde fiel Herr von Bergerac durch Meuchelmord." Auch der Tod darf den Geist nicht beugen. Hat er, Clémenceau — diesen Tod gemacht? Also leugnet er ihn. In diesem Trotz ruft er wie Prometheus: „Hat mich nicht zum Manne geschmiedet die allmächtige Zeit, deine Herren und meine? Hier sitze ich, forme Menschen nach *meinem* Bilde." So ist der Freigeist als Rationalist und unhistorischer Mensch nicht etwa der vernünftige Sieger, sondern er ist der Kämpfer für den Sieg der Vernunft. Nicht er will siegen als Staubgeborener, sondern er kämpft bis zum letzten Atemzuge, damit das Licht in die Zeit scheine. Er muß also einzig dieser Vernunft seiner Zeit sich hingeben. *Den Zeitgeist muß er daher aus sich herausleben,* ihn aber, den Zeitgeist, dafür ganz rein. Denn nur aus der *Reinheit* des Zeitgeistes entspringt der Genius seiner Schaffenskraft. Mithin ist auch der Freigeist ein Kämpfer und ein opferbereiter Diener des Geistes. Dies aber stellt ihn dem Proletariat gleich. Die älteren Revolutionsgeister herrschen in der gleichen Art. Sie verlangen von ihrer Gefolgschaft erst recht Demut und Selbstbescheidung. Bei ihnen ist das auch nie bestritten worden.

Der Engländer opfert dem Volksgeist, dem unlogischen Urwald seines Herkommens und der „Vorurteile". Sein Geist weht also nur innerhalb des christlichen Volkes. Er ist mattgesetzt, wo er diese Sprache nicht sprechen kann.

Public spirit haben heißt also verwurzelt sein und nur aus angestammter Erde sich ernähren.
Aus Gewissen handelt der deutsche Wahrheitssucher. *Auch wenn es ihn die sichtbare Kirche*, die Gemeinschaft mit den Nächsten kostet, besteht er auf dem Grundsatz seiner gewissenhaften Erkenntnis. Dem Geist der Wissenschaft treu bringt der Protestant sich selbst diesem Geist zum Opfer; er verkümmert eher darüber.
Die Spiritualen opfern ihren Besitz. Das geistliche Schwert vollends bringt im Zölibat die leibliche Nachfolge zum Opfer. Die natürliche Geschlechterfolge wird geopfert, dem Glauben an den Erfolg der kämpfenden Kirche. (Siehe für das einzelne wieder die Worte von Lukacs!)
Geist heischt Gehorsam. Wer keinem überpersönlichen Geist gehorcht, *kann die Welt benutzen, aber er kann die Welt nicht verändern.* Denn er bleibt materiell an die bestehende Welt gebunden. Also verschmäht den direkten Erfolg, wer sich dem Geist anvertraut. Jeder geschichtlich wesentliche Mensch weiß, daß er nur als Funktionär eines Geisterreiches Erfolg haben kann.
Sonst kann nichts „geschehen“. Kein anderer wird ihn begreifen, wenn er selbst nicht ergriffen ist.
Nur wer sein Leben als Amt lebt, kann es wirksam leben.
Der klassenbewußte Proletarier will keinen Erfolg für sich. So steht und fällt er mit dem Erfolg dieses Klassenbewußtseins, *das ihm seine Funktion erteilt hat.* Besitz, Reserven hat er keine. Der Priester opfert seine Söhne und Töchter, denn seine Kirche wird geistliche Kinder haben. Die freie Tat aus Gewissensnot wird das Volk und Land frei machen, auch wenn die heilige Einfalt den Gewissengetriebenen verkennt. Der „Freigeist“ hat alle Schriften der Tradition hinter sich verbrannt. Er baut auf sich allein.
Jeden treibt der Geist, der die Zeit erfüllt. Dadurch kann der Geist die Zeit, in der sich die Geschichte erfüllt, mit immer neuen Gestalten bevölkern. Aber nur die treibt der Geist, die ebenso bereit sind, für ihn zu sterben wie für ihn zu leben und die *dem Ganzen* dienen.
Kein von ihm geschaffenes Volk ist geist- und gottverlassen, solange es ihm, dem Schöpfer, die Treue hält. Er will das Sterben in den Bürgerkriegen der Menschheit, damit die Menschen wieder leben, ein Geschlecht, das ihm gleich sei. Er braucht Gewalt, um diese ihn immer wieder im Stich lassende menschliche Gesellschaft stets neu zu überwältigen. Er schließt in friedliche Ordnungen ein, die sich seinen Ordnungen nicht gewaltsam entreißen. Aber die anderen schlägt er mit der Schärfe des Schwertes.
Seine Schlüsselgewalt und seine Schwertgewalt verwalten Leben und Tod auf der Erde. Dies also erklingt als Schlußakkord aus allen Schöpfungsakten: Unsere Art wird *beides, erschaffen und vernichtet*, von dem Geiste, von dem Hildebert von Le Mans (gest. 1137) schon sagt: „Band, das Gott dem Menschen knüpft, Kraft, die den Menschen der Urkraft eint, Tu crederis omnium Judex, Qui crederis omnium Opifex.“ (Migne 171, 1415.)

Am Abend des europäischen Sechstagewerkes, das die Nationen vollbracht haben und vollbringen, frage ich:
Wie denn gab der Geist einer jeden das Amt und die Vollmacht?
Er macht die Individuen und die Massen, Geschlechter und Schulen, Heere und Städte zum Schemel seiner Füße, wenn die Zeit da ist, einen neuen Tritt auf diese Erde hinab zu tun. Er erregt Unfrieden mit dem Bestehenden und schließt einen neuen Bund mit den Erregten.
Der Lehm, aus dem wir gleichgültigen Erdmenschen gemacht sind, wird überströmt von den Fluten des Geistes, und neue Menschen stehen auf und wandeln. So wird wieder ein neues Volk, entsprungen aus blutiger Kelter des Krieges, aus wildem Wehen der Revolution. Aber diese Geschöpfe wissen dann um ihre Erschaffenheit. Sie sind *gehorsam.* Und nur der Gehorsam kann die Zeit erfüllen. Als das Eisen, das geschmiedet wird, als das Korn, das gesät wird, als der Tritt, der getreten wird, werden die Gehorsamen des Geistes neu mächtig und von ihm bevollmächtigt. Wehe aber den Geschöpfen, die dann das Wort verleugnen, mit dem schon Lebuin die Sachsen an die Geschichte der Welt berief: „Er hat uns geschaffen und nicht wir uns."
Hingegen wer des Ursprungs eingedenk bleibt, findet im Alltag die Quellen wieder, die ihn lebendig erhalten können, weil sie ihn erschaffen haben.
So wie alles einmal Erschaffene, Sonne, Mond und alle Kreatur, vergeht auch die menschliche Art nicht, sondern kann, Volk um Volk jahraus jahrein, wiederkehren.
Das Wunderbare an der Geschichte ist daher nicht, daß große und außerordentliche Ereignisse uns bestürzen, erheben oder entsetzen. Das Wunderbare ist, daß wir durch diese großen Ereignisse umgewandelt und erneuert weiterleben dürfen. Das Außerordentliche geschieht als Ursprung, damit sich das Ordentliche daraus ausbreite und verallgemeinere und entwickle.
Wo nichts Ordentliches aus einem Ereignis wird, da hat sich nichts Außerordentliches ereignet. Die Geschichte ist Gegenwart. Ist sie es nicht, so mag sie vergehen und vergessen werden. Man kann also nur soweit stolz auf die Geschichte des Menschengeschlechts sein, als man sie wieder zu leben und zu beleben unternimmt. Entweder Weiterschaffen oder Wiederschaffen müssen wir in jedem Augenblick. Die lateinische Sprache nennt das Weiterschaffen ein Voraussein, „prae-sentia". Und das Wiederschaffen nennt sie repraesentatio. Unsere, der Menschen Gegenwart, setzt sich zusammen aus einem *Voraussein* und einem *Wiederdasein.* Was in unserem Dasein nicht wieder da ist, was also nicht zur Repräsentation gelangt, das greift voraus, um sich statt durch Enkelsein (= Repräsentation) als Ahn einer neuen Kette zu behaupten. Die reine Präsenz gibt dem Erblosen die Erwartung, in Zukunft wieder da sein zu dürfen.
Zwischen Enkelsein und Ahnherrwerden haben wir die Wahl. Hingegen wäre es ein unseliges Mißverständnis, weder Ahn noch Enkel sein zu wollen. Das ist die Sünde des Einmaligen, daß es zwischen beidem sich behaupten zu kön-

nen glaubt. Alle Verirrungen dieses Einaltrigen, nicht auf Wiederkehr angelegten Verhaltens führen zu den Zusammenbrüchen in der Geschichte. Die Geschichte bricht zusammen, wenn zu viele sich frech anstarrend neugierig „*vor sie*“ stellen. Gelangweilte Zuschauer, ewige Schulkinder, kritische Angsthasen, Nihilisten lassen den Zusammenhang fallen. Und die ungezählten Aufgaben, die von uns Umwandlung verlangen, müssen mit um so größerer Wut bewältigt werden, je weniger wir freiwillig leben, wie uns geheißen ist.

Das Notwendige geschieht. Aber wir lindern seinen Hergang, wenn wir rechtzeitig leben. Wir leben rechtzeitig, wenn in uns eine Zeit anhebt und eine endet, wenn wir statt Zeitgenossen, diese bloßen Nutznießer der Zeit, zu bleiben, Zeiten bestatten und Zeiten stiften.

Wo also Hingabe an die Wiederkehr des Lebens waltet, da löst die Geschichte die ungewöhnlichsten und außerordentlichsten Revolutionen in eine alltägliche erneuerte Gegenwart auf.

ZEITTAFEL

WEIHE-KAISER UND KLOSTER

951—1111: 18 Italienzüge deutscher Kaiser

983—1002 Otto III., Kaiser

994—1048 Odilo, Abt von Cluny

1002—1024 Heinrich II., der Heilige, der Stifter Bambergs, Reformator der Kirche

seit 1041 Ausbreitung der Gottesfrieden im Abendland

1014 Die Aachener Liturgie in Rom angenommen (mit dem Filioque)

1054 endgültiges Schisma mit der Ostkirche (z. T. als Folge des Filioque-Streits)

DIE PAPSTREVOLUTION

995 Ein Deutscher wird Papst als Gregor V.

1046 Drei Päpste in *Sutri* unter Vorsitz des Kaisers abgesetzt, darunter Gregor VI.

1059 Die Normannen in Süditalien lehnbar vom Papst

1075 Dictatus Papae

1075—1122 *Investiturstreit*

1096—1270 Kreuzzüge

1073—1085 Gregor VII. plant Kreuzzug

1077 Canossa

1080 Mathilde von Canossa und Tuszien vererbt ihre Lande Rom.

1095 Urban II. predigt das Kreuz

1099 Jerusalem erobert

1104 Heinrich V. setzt seinen Vater Heinrich IV. zugunsten des Papstes ab

1111 Heinrich V. nimmt den Papst gefangen

1122 Wormser Konkordat

1122—1157 *Epoche des Übermuts (159)*

1125 Die Deutschen wählen einen kinderlosen Kaiser zur Stärkung des kirchlichen Einflusses

1131 Lothar Lehnsmann des Papstes für die mathildische Erbschaft

1142 Concordantia discordantium Canonum (Gratians Kirchenrechtsbuch in Bologna)

1157—1198 Bedrängnis des Papsttums

1160—1177 Kaiserliche Gegenpäpste

1187 Jerusalem verloren

1190 Das Reich und Süditalien in einer Hand

KIRCHENSTAAT UND STADTSTAAT

1162 *Mailand zerstört*
1198 Papst Innozenz III., Vormund Friedrichs II. von Sizilien
1200—1268 *Kampf um die Freiheit Italiens vom Kaiser. Guelfen und Ghibellinen*
1201 Der politische Prophet Joachim von Fiore †
1200 Deliberatio de statu imperii (Konsistorialansprache des Papstes)
1211 Friedrich II. geht als päpstl. Kandidat nach Deutschland
1215 Laterankonzil
1228 Franz v. Assisi heilig gesprochen
1227, 1239, 1246 Bann gegen den Kaiser und Absetzung
1254 „Evangelium aeternum" der franziskanischen Linksopposition
1264 Fronleichnam allgemein eingeführt
1268 Konradin hingerichtet
1268—1302 *Das Papsttum ohne* ebenbürtige *Gegner*
1274 Thomas v. Aquino †
1292 Ordinamenti della Giustizia, Freistaatsverfassung für Florenz
1302 Bulle Unam Sanctam Bonifaz' VIII.
1309—1377 *Exil der Päpste in Avignon*
1347 *Stadtrömischer Freistaat* des Cola di Rienzi
1377—1449 Gegenpäpste und konziliare Bewegung
1449—1494 Die goldene Zeit Italiens. Der Vatikan als Residenz der Päpste
1451—1492 Lorenzo di Medici
1494 Einfall der Franzosen in Mailand

DER DEUTSCHE FÜRSTENSTAAT

1386 Heidelberger Universität
1409 Leipzig Universität
1415 *Hus verbrannt* (1515 Gedenkmünze darauf mit der Inschrift: „Hundert Jahre — dann werdet Ihr Gott und mir antworten!")
1419—1436 Hussitenkriege
1460 Der Papst verbietet die Appellation an ein Konzil
1460 Die deutschen Universitäten für Religionssachen auf den Reichstag geladen
1502 Wittenberg Universität
1511 Grünewalds Isenheimer Altar
1517 / 1525 —1555 *Die Reformation*
1517 Okt. 31. 95 Thesen Luthers
1521 Reichstag zu Worms
1524/25 Bauernkriege
1525 Tod Friedrichs des Weisen
1527 Sacco di Roma. Universität Marburg
1529 Türken vor Wien
1530 Religionsparteien in Augsburg
1546/47 Schmalkaldischer Krieg
1548 Universität Jena
1552 Moritz von Sachsen überfällt den Kaiser
1555 Jeder Reichsstand kann in Religionssachen reformieren
1555—1618 *Kampf um die geistlichen Fürstentümer. Gegenreformation*
1618—1648 *Der 30jährige Krieg*
1620 Die Böhmen besiegt
1627 Ihr Majestätsbrief (von 1609) zerschnitten
1632 Gustav Adolf von Schweden gest., bei Lützen
1634 Wallenstein ermordet
1648 Thronfolgerecht aller drei Konfessionen anerkannt
1697 Der Kurfürst von Sachsen kath. Sachsen behält den Vorsitz der ev. Religionspartei
1763—1806 *Die goldene Zeit der deutschen Klassik*

DER ENGLISCHE INSELSTAAT

1066 Wilhelm v. d. Normandie landet
1215 Magna Charta, durch Johann ohne Land den Großen bewilligt
1534 Suprematsakte gründet die anglikanische Kirche
1535 *Thomas Morus hingerichtet*
1547 Das erste Staatsgebetbuch
1558—1603 Elisabeth, Königin
1564—1616 William Shakespeare
1605 Nov. 5., Aufdeckung der Pulververschwörung gegen das Parlament
1628 Petition of Rights
1637 Schottischer Kirchen-Covenant
1640 Das (lange) Parlament berufen
1641—1660 *Great Rebellion, Restoration of Freedom*
1649 Jan.30., Karl I. hingerichtet
1651 Navigationsakte Oliver Cromwells. Das erste Commonwealth
1660 Rückkehr der Stuarts (Restoration)
seit 1680 Kampf gegen die katholische Thronfolge; Whigs und Tories
1688 Nov. 5., Wilhelm von Oranien landet in Torbay. Flucht Jakobs II.
1689 Wilhelm König, Bill of Rights
1707 Vereinigung des englischen und des schottischen Parlaments
1754 Georges Washington beginnt den Kampf gegen die Franzosen, durch den diese
1763 Nordamerika verlieren
1774—1783 Abfall der nordamerikanischen Kolonien. Verlust des ersten Empire
1776 Adam Smith „Wealth of Nations"
1812—1815 Krieg mit Amerika
1876 Viktoria Empress of India

DER NATIONALSTAAT IN FRANKREICH

1598 Edikt von Nantes
1680 Versailles Residenz
1685 *Vertreibung der Hugenotten (Edikt von Versailles)*
1762 Vertreibung der Jesuiten
1789—1815 *Die große Revolution*
1799—1815 Revolutionskriege
1793 21. I., Ludwig XVI. hingerichtet; 16. IX. Marie Antoinette hingerichtet
1804—1815 Napoleon I., Kaiser der Franzosen
1830 *Julirevolution.* Das Bürgerkönigtum
1848 *Februarrevolution.* Nach drei Jahren Napoleon III., seit 1852 Kaiser, bis 1870
1856, 1867, 1878, 1889, 1900 Pariser Weltausstellungen
1871 *Pariser Kommune*
1875 *Die Dritte Republik*
1879 Rückkehr der Kammer aus Versailles nach Paris
1894—1906 Dreyfusaffäre

DIE DEUTSCHEN GROSSMÄCHTE

1683 Türken vor Wien
1723 Pragmatische Sanktion der weiblichen Thronfolge in Österreich
1740—1745 Maria Theresia im Kampf um ihre Erblande (gest. 1780)
1741 Reichstag von Preßburg
1786—1790 innere und äußere Niederlage Josephs II. Die Ungarn durch Leopold II. beruhigt.
1859—1866 Österreich aus Deutschland und Italien verdrängt
1867 Ausgleich mit Ungarn

1679 Friede von St. Germain en Laye für den großen Kurfürsten von Brandenburg
1713—1740 Friedrich Wilhelm I., König von Preußen
1756—1763 Der Siebenjährige Krieg Friedrichs II.
1806—1813 Demütigung Preußens
1810 Tod der Königin Luise Gründung der Universität Berlin
1811 Gründung der Kriegsakademie und der Universität Breslau
1817 Gründung Bonns
1864—1871 Preußen erringt die Vorherrschaft in Deutschland
1871—1914 Die Zeit der Pax Germanica auf dem europäischen Festland

DER WIRTSCHAFTSSTAAT

1581 Die Feste Sibir russisch
1825 *Dekabristenaufstand* beim Tode Alexanders I. („Es lebe der Großfürst Konstantin und seine Frau, die Konstitution!")
1861 Bauernbefreiung Alexanders II.
1881 Alexander II. ermordet
1903 Beendig. d. transsibirisch. Bahn
1904/05 Russisch-Japanischer Krieg
1905 Erste russische Revolution
1914—1917 Europäischer Krieg
1917 15. 3., Nikolaus II. dankt ab, 30. 10.—7. 11., Lenins Revolution
Weltkrieg durch den Beitritt Amerikas
1918 9. 2., Friede von Brest-Litowsk, Moskau Residenz, Gregorianischer Kalender angenommen, Österreich-Ungarn geteilt.
1922 Nach fünf Jahren Intervention und Bürgerkrieg Sowjetunion
1923 Nep (Neue ökonomische Politik)
1928—1933 Fünfjahresplan, Sozialisierung des Dorfes
1929 25. Sept. Einführung der fünftägigen Woche
1931 „Wir brauchen zehn Jahre" (Stalin); Fünftagewoche suspendiert
1939 Stalin erkauft sich die fehlenden zwei Jahre von Hitler, nachdem er sich von den Revolutionären 1936 losgesagt hat
1941—1945 Zweiter Weltkrieg
1945 Amerikaner und Russen treffen an der Elbe zus. Europa geteilt
1949 Atlantikpakt. Mao mit Stalin verbündet
1950/51 Korea-Konflikt. - Rückkehr zum Ausgangspunkt von 1904

DEUTUNG DER BILDER UND KARTEN

mit Quellennachweisen

Seite 54: Close hat seine Lösung in „Great Britain's Ordnance Survey" veröffentlicht. „Professional Papers", New Series, Volume II, 1927.

Tafel 1: „Baker Library Bulletin", March 1938, Hanover, N.H.; U.S.A. Die Augustinus-Stelle steht in Brief 241 der neuen Wiener Ausgabe der Kirchenschriftsteller und ist die Nr. 38 der alten Zählung. Der Satz bildet den berühmten biblischen Satz von dem Gefangenführen der Gefängnisse nach (Epheser 4, 8).

Seite 107: Diese Karte der Unternehmungsgemeinschaft der Amerikaner korrigiert die falsche Vorstellung vom Individualismus. Sie ist für mich von Mr. Henry Copley Greene in Cambridge, Mass., aus amtlichem Material gezeichnet worden. Die sonst diesen Gegenstand behandelnden Karten lassen Texas fort, aus dem rein formalen Grunde, daß hier nicht die Bundesregierung in Washington, sondern der souveräne Staat Texas sein Land hergab.

In beiden Fällen, in Texas und im Lande westlich des Mississippi, handelte es sich ziemlich genau um ein Sechstel der gesamten Bodenfläche, um 33800000 acres in Texas, um 199000000 acres im Restgebiet. Ein acre mißt 4047 Quadratmeter.

Tafel 2: Die Ikonostasen riegeln den Klerus gegen die Laien in allen orthodoxen Kirchen ab. Ikonostasen, bedeckt mit Porträts der Heiligen, gab es auch im Rom des 8. Jahrhunderts.

Oben das Schema aus Michael Rajewskys deutschem Werk „Euchologion", Wien 1861, Tafel XI. — Die Altarwand unten aus dem russischen Werk: E. Golubinski, „Istoria Russkoi Tserkoi", Moskau 1906, LI, Nr. 1.

Tafel 3: Die Kaiserpfalz Ingelheim, erbaut von Karl dem Großen, in der Rekonstruktion von Adolf Zeller, „Rheinhessische Bauten", Berlin, Walter de Gruyter, Heft 2, 1936, S. 8, Abb. 26. Sie enthielt als „Reich" (siehe Rosenstock, „Königshaus und Stämme in Deutschland von 914 bis 1250", S. 334, 378ff.) die sämtlichen baulichen Bestandteile, aus denen sich später revolutionäre Kräfte eigenständiger Gewalten entwickelt haben, also Curia, Kapelle, Kanzlei, Kammer, Keller, Stallungen, Kasernen, Kabinett, Küche.

Die moderne Staatslehre hat in ihrer schulischen und abstrakten Abhängigkeit von der Antike die Entfaltung unserer Staatsformen aus den Gliedern des „Reichs" durchaus nicht wahrhaben wollen. Vor allen Dingen v. Below und Stutz haben durch Jahrzehnte verhindert, daß diese einfachen Grundlinien beachtet wurden. Dabei wird sogar in den scheinbar ganz abstrakt geordneten Vereinigten Staaten von Amerika das Regieren nur durch solche organischen Strukturen möglich. So heißt z. B. der innerste Rat eines Präsidenten neben seinem offiziellen Kabinett „kitchen-cabinet". Und die Habsburger konnten nur dadurch ihre vierzehn Völker regieren, daß es Minister beim „Kaiserlichen Hoflager" gab. Weil die Organe eines Kaiserhofes nicht sinnlich gesehen wurden, ist im deutschen Staatsrecht die unkonstitutionelle Rolle des Militär*kabinetts* nie hinreichend begriffen worden. Jetzt soll eine in Spanien neu aufgefundene Schrift Ulrich von Megenbergs über das Reich als *Haushalt* dies Verständnis auch für die Vergangenheit bezeugen. Mir ist diese Schrift noch nicht zugänglich. Sie würde mein Werk von 1914 bestätigen.

Tafel 4: Die Blasphemie der Bronze Kaiser Ottos von etwa 980 (entweder Otto I. oder Otto II. wird gemeint sein) bei Witte, „Zeitschrift für Christliche Kunst" 32, 1919, S. 58, Nr. 7. Dargestellt ist die Taube des Heiligen Geistes für das Chrisam und ein Ölbehälter für die Täuflinge. Bis 1162 haben die Kaiserlichen so gedacht. Siehe über den Versuch von 1162, den Kaiser als Weltenrichter noch mit dem Heiligen Geist schalten zu lassen, das schöne Buch von Friedrich Heer, „Aufgang Europas", Wien-Zürich, 1949, S. 618ff.

Seite 118/119: Zu der Entfremdung des Klerus: Jungmann, „Missarum Sollemnia" 1, Wien 1948, S. 52 und 321. — Vierhundert Jahre lang hat diese 776 von dem Nordspanier Beatus gezeichnete Karte den Mönchen des Abendlandes die Welt gedeutet. Osten im Mittelalter ist oben; das Paradies ist also in den Osten verlegt. (Siehe auch ebenso die Orientierung in Abb. S. 120.) Aus: Konrad Miller, „Mappae Mundi" I, 35, Stuttgart 1895; Edna Kenton, „The Book of Earths", New York, William Morrow and Cpy. 1928. — Die Verteilung auf die Zwölfe machte es möglich, die Welt als Welt zu belassen. Jerusalem, man beachte das wohl, liegt nicht in der Mitte. Diesen Sündenfall haben erst die Kreuzfahrerkarten etwa nach 1200 (Abb. S. 266 ist ein Beispiel) begangen. Die Karten S. 118/119 und S. 54, die kirchliche und die neueste, stimmen also gegen alle zwischen 1200 und 1927 gebräuchlichen Karten überein. Beide sind orthodox, weil kein Erdteil bevorzugt wird.

Seite 120: Diese Karte ist von Herrn Thomas A. Thomas in Cambridge, Mass., für mich gezeichnet worden. Die Orientierung ist die im Mittelalter gewohnte, wo Osten oben liegt. Es liegt der Rumpf der romanisierten Welt vor uns, wie er im zehnten Jahrhundert sich noch in der Hauptpilgerstraße darbot. Keine der modernen Nationen ist ganz von diesem Rumpf umschlossen, sondern die Linien schneiden durch das heutige Spanien, Frankreich, England, Italien, Deutschland mitten hindurch. Die Küsten waren in den Händen von Byzantinern, Arabern, Normannen. Hunnen konnten bis westlich Basel einfallen. Im zehnten Jahrhundert waren noch alte römische Steinbrücken benutzbar, aber bald kamen auch diese letzten Zeugen der Antike in Wegfall. Andere Wege, nach 1215 der St. Gotthard, traten alsdann in den Vordergrund. Siehe Konrad Miller, „Mappae Mundi" III, Stuttgart 1895, S. 156—158; Baur-Belart, „Studien zur Eröffnung des Gotthardpasses", Zürich 1924, S. 68—115.

Tafel 5: Christus krönt die apostolischen Majestäten, die ihm von den Aposteln Petrus und Paulus vorgestellt werden. München clm. 57 oder Nr. 4452. Diese Miniatur ist zwischen 1008 und 1014 aus Anlaß der Errichtung des Rom in Deutschland repräsentierenden Bistums Bamberg gemalt worden. Im Hymnus ad Sextam dieser Kathedrale heißt Heinrich II. selber „Apostolus". Sogar Gregor VII. hat nicht gewagt, diesem Kaiser den Namen des Heiligen vorzuenthalten. Daß dieser apostolische Kaiser das Credo in die römische Messe 1014 eingeführt hat, rundet das Bild. Denn damit haben die Päpste nach zweihundertjährigem Widerstand gegen die Franken deren Hauptübergriff gegen die Einheit mit der griechischen Kirche sich zu eigen gemacht. Erst seit 1014 betet Rom das „filioque" im Dritten Artikel, jenen Zusatz der Franken, um den die Ostkirche nie gefragt worden ist.
Der Erhebung des Kaisers zum Apostel geht parallel eine unerhörte Herunterdrückung des Weltklerus durch die sogenannten „Apologien". Die berühmte Messe des Flacius Illyricus, ein Mindener Formular von 1030, ist zu einem vollen Drittel mit den schauerlichsten Selbstanklagen des zelebrierenden Bischofs angefüllt. In 35 Apologien, also an 35 Stellen der Messe, bezichtigt sich da der Bischof in der grauenhaftesten Weise des Fressens, Saufens, Hurens, der Begierde, Traurigkeit, Dürre der Seele, Schläfrigkeit, Nachlässigkeit, Wut, Habgier, des Neids, der Bosheit,

des Hasses, der Verleumdung, des Meineids, der Falschheit, Lüge, Eitelkeit, des Leichtsinns und des Hochmuts. Jungmann, „Missarum Sollemnia", I, 1948, S. 102. Eine andere Apologie zählt *43* Laster auf. Migne Patrol. Latina, Band 138, Sp. 1312. Beides, die Hochhebung der apostolischen Majestät und die Herabdrückung des Mundus, des Weltklerus, durch die schauervollen Apologien, kommen und gehen zu genau derselben Geschichtsstunde. Die Papstrevolution, in der die Kaiser unter die Exorzisten gedrückt werden, beseitigt auch die „Apologien" bis auf geringe Reste.

Tafel 6 und Seite 140: Die Historiker haben sich bisher die Entdeckung des Grafen Lefèbvre de Noëttes nicht zunutze gemacht. Siehe sein „L'Attelage, le Cheval à selle à travers les âges. Contributions à l'Histoire de l'Esclavage", Paris 1931. Meine eigenen Nachforschungen haben den Wirkungsbereich der Erfindung nur immer umfassender erscheinen lassen. Die neue Kraftquelle hat zum Beispiel den bisher nie erklärten Culte des Carts im zwölften Jahrhundert hervorgerufen, wo sich Adlige in die Sielen legten statt der Pferde, um Steine zum Dombau zu karren. Mortet et Dechamps, Recueil des textes II, Paris 1929, S. 66f., gibt die Quellen, aber wir müssen an unsere eigenen Maschinenstürmer oder Arbeitsdienste denken, um den Elan nachzufühlen.

Die zweite Veränderung, die durch die neue Kraftquelle bewirkt worden ist, zeigt sich in der Symbolik der Kirche. Sie war in der Antike gelegentlich von Ambrosius mit einem Wagen verglichen worden, aber das war doch ein Wort geblieben. Nunmehr dient aber der neubespannte Wagen als Symbol der Kirche selber. Wie der Culte des Carts findet sich das Symbol nur vorübergehend im zwölften Jahrhundert. Ich füge zu Lefèbvres Beispielen das hier gegebene Bild aus der „Bible Moralisée Illustrée" des Grafen de Laborde, Bd. V, folio 48, S. 328, Paris 1911. Der „Hortus Deliciarum" der Herrad von Landsberg hat ein besonders schönes Bild; zwei Esel im neuen Brustgeschirr ziehen hier auf den Tafeln 47/48 vierzehn Gewaffnete. Siehe ferner Louisa Twining, „Symbols of Early and Medieval Christian Art", pl. 61 und Text S. 124, London 1852.

Bei dem Unglauben, dem die Erfindung noch zu begegnen scheint, verweise ich auf das Gegenbeispiel *vor* der Neuerung aus dem zehnten Jahrhundert in Adolf Merton, „Buchmalerei von St. Gallen", Leipzig 1928, Blatt 65, und auf die altchristlichen Wagenbilder. Was die Datierung angeht, so hat Lefèbvre das Jahr 1046 angenommen. Meine eigene älteste Abbildung ist bisher die in Magdeburg 1150 gefertigte Bronzetür für Nowgorod, die Goldschmidt publiziert hat. Hier fährt Elia in einem offenen, von zwei Rossen gezogenen Wagen dank des neuen Brustgeschirrs mit Leichtigkeit auf gen Himmel.

Die mit der Erfindung notwendig verbundene Wortreihe Kummet, Hamen, Sielen sollte neu untersucht werden. Das mir bekannt gewordene älteste Beispiel für den nun erst durchführbaren Vorspann ist unsere Abbildung auf S. 140. Es stammt aus Herrads „Hortus Deliciarum", wo es in der Straßburger Ausgabe von 1879 das Blatt V bis bildet. Daß der mittelalterliche Handelsverkehr nur durch den Vorspann sich hat entfalten können, kann nicht deutlich genug ausgesprochen werden, weil die Literatur davon schweigt.

Seite 147 und Tafeln 7, 8: Die antike Darstellung der Apostel Petrus und Paulus ist wohlbekannt, ebenso der Elfenbein-Paulus aus Echternach, dessen Gottesgnadentum sich Kaiser Otto III. zum Vorbild nahm. Das Elfenbein ist im Musée Cluny in Paris. Goldschmidt, „Elfenbeinskulpturen" II, Nr. 25, Berlin 1928.

Hier bilden die beiden Vorlagen nur den Hintergrund für die Neuerungen der Papstrevolution durch den neuen Sinn der Zweischwerterlehre. Trotz entgegenstehender Literaturangaben und trotzdem in den Evangelien (Lukas 22, 38) einmal Jesus zwei Schwerter gebracht werden und er sie für ausreichend erklärt, geht die neue gregorianische Lehre auf eine neue Idee Gregors VII. selber zurück. Jene Lukas-Stelle wurde in der alten Kirche auf das Alte und das Neue Testament gedeutet. Sie sind aber nie so in der Kunst dargestellt worden. Schon Muenter, „Kunstvorstellungen der Alten Christen“ II, 1825, S. 35, wußte, daß vor dem Ende des elften Jahrhunderts kein Paulus mit dem Schwert abgebildet wird. Es gibt freilich einige Stücke, die falsch ergänzt oder falsch datiert sind und die daher irreleiten. Ich habe drei Fehldatierungen in „Out of Revolution“, S. 766f., nachgewiesen. Sie brauchen uns also nicht aufzuhalten.

Hingegen gehört es zur Geschichte der Revolutionen, das Hervortreten der neuen Formensprache aus der ungeheuren Gewalt des Umdenkens bei Gregors VII. Regierungsantritt zu erfassen.

Im Januar 1075 sandte der Papst einen Brief an Hugo von Cluny, in dem sich die neue Vision durchsetzt. Die Ostkirche sei abtrünnig, die Westkirche schlimmer als Juden und Heiden. Er bete um den eigenen Tod. Kein weltlicher Fürst tue recht. (Man beachte, daß vom Kaiser nicht mehr abgesondert gesprochen wird; er ist bloß ein Fürst und nicht mehr die apostolische Majestät.) „Da wir keinen Fürsten haben, der die Religion schützt, so sind wir es schuldig, *beide Hände als rechte Hand* gegen das Wüten der Gottlosen zu gebrauchen.“ Hier nimmt also der Papst zum erstenmal seine Amtsgewalt in beide Hände. Der Gedanke ist aber so neu, daß nicht von dem, was die beiden Hände ergreifen sollen, geredet wird, sondern davon, daß auch die linke Hand zugreifen müsse, wie die Rechte bisher nur allein.

Entsprechend wird nun dem Paulus neben dem Petrus ein Schlüssel in die Hand gegeben. Der Papst spricht in beider Apostel Namen. Das Wormser Konkordat unterscheidet die Besitzungen des Petrus in der urbs Roma und die Rechte des Petrus und Paulus im Orbis Romanus. Die Pilgerzeichen, auf denen Paulus neben Petrus den Schlüssel trägt, sind abgebildet bei Anton de Waal, „Quartalsschrift für Christliche Altkde. und Kircheng.“ XIV, 1900, S. 64, Tafel 1—4.

Bald wird auf diesen Pilgerzeichen das doch aller Tradition ins Gesicht schlagende Schlüsselträgeramt Paulus' wieder beseitigt. Aber Paulus kann nicht wieder auf die Schriftrolle angewiesen werden, er erhält nun das Schwert des Glaubens aus Epheser 6, 17 (Hebräer 4, 12). — Die Pilgerzeichen, nach 1190 so nachweisbar, bei O. Wulff, „Altchristliche Bildwerke“ II, 1911, S. 72 und Tafel VI, Nr. 1898. Aber diese neue Symbolik findet sich auch in Umbrien an der Tür von San Pietro di Ferentillo (A. Bertini-Calosso, „Enciclopedia Italiana“ Vol. XV, 20a, Rome 1932 [früher vordatiert]) aus dem zwölften Jahrhundert, zusammen mit einem halb so großen Petrus als Schlüsselträger. Für diesen neuen Typus ist bislang die erste Fassung zu finden in St. Maguelonne in der südfranzösischen Landschaft des Herault. Und zwar ist das Datum dieser Skulptur noch innerhalb des Revolutionszeitalters zu suchen. Zwar hat der einzige Spezialist für St. Paulus in der Kunst, P. Dobschütz (Halle 1928) die herrliche Skulptur mit dem Neubau der Kirche auf 1172 angesetzt. Aber sie ist ein halbes Jahrhundert älter und war so angesehen, daß sie beim Neubau wieder eingesetzt wurde. (A. Kingsley Porter, „Romanesque Sculptures on the Pilgrimage Roads“, Bild 1288, Text Band 1, S. 268ff.)

Danach ist dieser großartigste aller mittelalterlichen Paulusse zwischen 1120 und 1125 gemeißelt worden, also im Ausklang des Streits, genau gleichzeitig mit dem Wormser Konkordat, als dessen Illustration die Figur gelesen werden muß. Denn in diesem Dokument wird die Weltkirche ausdrücklich auf Paulus und auf Petrus gestellt, im Gegensatz zur Stadtkirche von Rom, die im Konkordat von Petrus allein vertreten wird.

Es wird nicht leicht sein, die falschen Anschauungen der Schwertsymbolik auszurotten. Zum Beispiel liest man, daß dem Paulus das Schwert in die Hand gegeben sei, weil jedem Märtyrer das Marterwerkzeug seines Martyriums beigesetzt werde.

Das ist ein Irrtum; denn als diese Regel späterer Zeiten aufgestellt wurde, da empfing Paulus *zwei* Schwerter, eines seines Glaubens und das andere seines Martyriums.
Es besteht auch eine Verschwörung der Fachleute, den Bruch der Papstrevolution in eine niedliche Entwicklung umzudeuten. A. J. Carlyle, in seiner „Medieval Political Theory" II, New York 1928, S. 206, schrieb: „There was here nothing new or revolutionary." Er möge sich die Münzen des Papstes Victor II. ansehen, der von 1055 bis 1057 regierte. Seine Münzen haben Petrus mit dem Schlüssel, sonst nichts. Oder man stellt den Ausbruch Gregors als Fehlschlag hin. Starb er nicht im Exil? Und hat er nicht selber das bitter betont? So urteilt Hauck in seiner Kirchengeschichte (III, 1895, S. 832).
Mit der Logik Carlyles und Haucks war auch Alexanders des Großen Unternehmen weder etwas Neues noch ein Erfolg. Denn sein Reich zerfiel. Aber zu dem „Erfolg", auf den es für das Menschengeschlecht ankommt, gehören das Exil Gregors VII. und das Heraufkommen der Diadochen. Die Einheit des Menschengeschlechts ist beide Male neu gewonnen worden. Für Gregors Gewinnung des orbis statt der urbs haben wir sogar das Zeugnis in der Antwort, die dem Sterbenden zuteil wurde, als er geseufzt hatte: „Ich habe die Gerechtigkeit geliebt und die Ungerechtigkeit gehaßt; deshalb sterbe ich in der Verbannung." „Nein, Heiliger Vater. Wie kannst du in der Verbannung zu sterben meinen, dessen Sprengel die ganze Erde dank deiner Arbeit geworden ist?" So gehörte der Tod außerhalb Roms dazu, um die neue Weltrolle des Papstes zu verdeutlichen. Und das Paulusschwert hat geholfen, sie auszusprechen.

Tafel 9: Im Gegensatz zu dem Christusbild moderner Aktivisten (unsere Tafel 1) ist der franziskanisch-dominikanische Christus ganz Leidender, Passiver. Es sind die christlichen Tugenden selber, die ihn kreuzigen. Bernhard von Clairvaux, der Zisterzienser, hat im Kampf gegen Vorgregorianer und Gregorianer als der „Romantiker" des zwölften Jahrhunderts diese Vereinseitigung ins Passive angefangen. Seine Predigt steht in „Patrologia Latina" (Migne), S. 183, 275. Die künstlerischen Darstellungen bei Swarzenski, „Die deutschen Buchmalereien des XIII. Jahrhunderts", Berlin 1936, Nr. 343, Tafel 61, mit Text S. 19, 38, 96 A. 1. Unser Bild ist aus einem Dominikanerlegendarium im Keble College, Oxford. Die Tafeln 1 und 9 heben sich buchstäblich gegenseitig auf, und in dieser Aufhebung sind sie ein großartiger Anschauungsunterricht in der Abwandlung der seelischen Revolution. Wer beide betrachtet, wird besser verstehen, weshalb wir in den Totalrevolutionen den Singular einer seelischen Bewegung nicht verleugnen dürfen. Wer diese Dialektik leugnet, muß die marxistische anerkennen. Es handelt sich in unserer Lage nicht darum, die Dialektik auf billige idealistische Weise abzuleugnen, sondern ihr den Tiefgang zu geben, kraft dessen die ganze Fülle der „Zeiten der Seele" uns erhalten bleiben darf.
In diesem Sinne sind wir heut in derselben Lage wie Bernhard von Clairvaux, als er sich zwischen Vorrevolutionäre und Revolutionäre als die Chimäre des Jahrhunderts warf und dem weltrichterlichen Weltenkaiser, aber auch dem Vikar des Zweiten Kommens Christi, dem Papst, die Vision von Mariens leidendem Sohn entgegenhob. Sehr schön ist Bernhards Leistung uns nahegebracht in: Friedrich Heer, „Der Aufgang Europas", Wien 1949. Man kann zwar vielleicht nie *aus* der Geschichte lernen, denn wir sind nie außerhalb ihrer und stehen nie *vor* der Geschichte, wie die Dekadenten und Nihilisten sich das einbilden. Sowenig ich „aus" mir lerne, sowenig lerne ich „aus" der Geschichte. Aber ich bin Geschichte und ich lerne. Bernhard von Clairvaux und der Orozco-Fresko können uns zeigen, daß wir den Mut nicht zu verlieren brauchen. Die Tafeln 1 und 9 zusammen sagen die wirkende Wahrheit.

Tafel 10: Das Kirchweihbild zeigt die wundertätige Maria in Regensburg, von der Hand Michael Ostendorfers (1490—1559). Die Hussmedaille hat Graf Conrad Schlick in Nordböhmen 1515 als Jahrhundertmünze prägen lassen. Die Inschrift besagt: *„Centum revolutis annis deo respondebitis et mihi."* Aus: Eduard Fiala, „Beschreibung der Sammlung böhmischer Münzen und Medaillen des Max Donebauer", Tafel 63, Nr. 3738, Tafel 51, Nr. 3451, Prag 1889.

Seite 187: Der Garten des Reichs. Nachdem sich die deutschen Nationalisten die Finger wund geschrieben haben, daß dem Reich die Italienpolitik zum Verderben geworden sei, kann diese Karte die einfache Wahrheit wiederherstellen: Das Kaisertum hat in Kraft gestanden, solange die Kaiser Italien beherrschten; es verfiel, als sie es 1268 verloren. Dies ist unumstößliche Tatsache. Die Karte hat Herr Thomas A. Thomas in Cambridge, Mass., für mich gezeichnet. Sie zeigt das nachstaufische, aus Festungsland in „Garten des Reichs" umgewandelte Gebiet der franziskanischen weltlichen Stadtstaaten, mit ihrer Dauer von Jahr und Tag als Zeitmaß. Es umfaßt die Freistaaten „superiorem non recognoscentes", also die natio italica, die der Papst anführte.

Seite 197: Hier sieht man die neue, weltliche franziskanische Idee mit der antiken caesarischen ringen. Im dreizehnten Jahrhundert ist „weltlich" nicht das, was wir heut unbedenklich so nennen könnten. Friedrich II. als Romakaiser verwendet antike Symbole, aber sie würden im dreizehnten Jahrhundert nicht als weltlich bezeichnet worden sein. Mit Recht. Denn Caesar war eine religiöse Größe. Die von dem Georgekreis beliebte Verherrlichung des Napoleons der Papstrevolution hat in Friedrich II. den weltlichen Kaiser angehimmelt. Aber der Leser braucht nur auf das sizilische Siegel zu blicken, um zu erkennen, daß ein „weltlicher" Herrscher von 1225 natürlich ein gesalbter und frommer Christ sein wollte. Hingegen sind Friedrichs Kaisermünzen Verlegenheitsausweichen vor dem Kampf mit dem Papste um die Frage, ob der Papst oder der Kaiser die Rechte Konstantins in der Kirche geerbt hätten.
Das Verständnis der akademisch Gebildeten ist diesen Bildern gegenüber so abgestumpft, weil ja auch Plato und Aristoteles als Schriftsteller des „Staats" heut behandelt werden. Aber die antike Polis war Kirchenstaat und Staatskirche in einem. Plato hat kein Buch „Republik" und Aristoteles hat kein Buch „Politik" verfaßt. Beide sind genau so sehr Kirchenschriftsteller wie Staatsschriftsteller. Und nur wenn wir die platonische Schriftstellerei als Kirchensoziologie begreifen, wird das, was im Kampf der Siegel 1225 durchbricht, in seiner unbedingten Neuheit erkennbar.
Die Abbildungen sind Huillard-Bréholles „Historia Frederici Secundi Diplomatica" entnommen, nämlich das Kaisersiegel dem Band I (hinter dem Titelblatt), Paris 1852. Seine Vorlagen sind antike Stücke, als Münzen noch vorhanden. Das sizilische Siegel aus Band VI, S. VII, 800 und hinter Titelblatt, 1860. Man sieht darauf die Meerenge von Messina, und Burgen, Fruchtbäume, Städte von Sizilien, Kalabrien, Apulien und Capua.

Seite 199: „Petrus krönt die Kirche." Aus: Louisa Twining, „Symbols and Emblems", London 1852, Tafel 60, Nr. 4. Dies Bild verdient eine Untersuchung. Wie die Götterbilder der Griechen in der Renaissance zurückkehrten, aber in gründlich anderer Beseelung, so hat die Papstrevolution, die dreizehn Papstnamen des Altertums im elften Jahrhundert kopierte, auch in der Auszeichnung des Petrus scheinbar ein orthodoxes antikes Vorbild kopiert. Auf den antiken Bronzetüren von Santa Sabina in Rom wird das zweite Kommen Christi geschildert; Christus steht oben im Lichtkreis als Alpha und Omega. Unten steht Maria zwischen Paulus und Petrus, und diese lassen das vom Himmel heruntersteigende Kreuz langsam auf Marias Haupt sich niedersenken. So wird es sein, sagt das antike Bild, am Ende der Zeiten.
Es ist wohl eine einzigartige Darstellung, weil eine von oben nach unten geschehende

Fall- oder Schwebebewegung durch das Zugreifen der Apostel verlangsamt oder ausgeschaltet wird. Die Darstellung der Wiederkunft des Herrn wird von Ernst Kantorowicz, „Art Bulletin" 1944, Bd. 26, S. 221, als liturgisches Bild des Advents ins Jahr 430 datiert. Auf unserem Bilde hingegen schwebt die Krone nicht vom Himmel hernieder. Das alte Bild ist verdiesseitigt!
Den Typ der Maria-Kirche und des einen der beiden Apostel hat unsere „Krönung" benutzt. Aber während es sich im Jahre 430 um das Weltende handelt, in dem der Himmel auf die Erde *niedersteigt*, wird im Jahre 1300 der Papst auf dieser Erde der Kirchenkrone mächtig. Es ist eine vollständig diesseitige, von keinem Weltende bedrohte Sicherung der Kirche durch den Himmelspförtner. Die Kirche ist mediatisiert, weil der Papst der Vikar des *Zweiten* Christus geworden ist! Damit wird noch einmal der Beweis erbracht, daß sich der Papst als verus Imperator der vorhergehenden Eschatologie, der Kaiservision des zweiten Kommens, entwunden hat. Jede Revolution hat ein Stück „Erwartung" abgeschafft. Aber die „voraussetzungslose" Geschichtsforschung des neunzehnten Jahrhunderts hat das für die Papstrevolution entweder übersehen oder geleugnet. Die „voraussetzungslosen Nutznießer" der französischen Revolution wußten nicht, daß sie selber Nutznießer einer solchen Abschaffung waren. Dabei ist jeder einzige Lehrstuhl der deutschen, englischen, amerikanischen, russischen Geschichte nur infolge der französischen Revolution errichtet worden. Vor 1789 hätten solche nationalen Geschichtsbilder „luziferisch" geschienen. 1789 wird aber der von Milton noch abgewehrte „Luzifer" zum „Prometheus" der Nationen. Wenn also die Gelehrten bemerken wollten, welcher Geist ihnen ihr Gehalt heut auszahlt, würden sie wohl auch die Umwandlung des Jenseits ins Diesseits durch die gregorianische Revolution anerkennen. Und zwischen Katholiken und Protestanten könnte Frieden werden.

Seite 210/211: Kirchliches und weltliches Land Kursachsen, 1517. Diese unentbehrliche Karte hat Herr Thomas A. Thomas, Cambridge, Mass., für mich mit sehr großen Schwierigkeiten angefertigt. Die theologische Besessenheit der lutherischen Überlieferung hat uns eine nicht endende Reihe von Lutherbiographien beschert, und die letzte von Schwiebert bringt ungefähr 300 Illustrationen; aber die Welt des Professors Luther zeigt sich nicht in seinem Tintenfaß, sondern in dem unhaltbaren Widerspruch zwischen Bischofssprengeln und Fürstenlanden. Die Vorarbeiten für diese Karte sind nicht reichlich.

Seite 266: Diese Karte der Kreuzzugswelt hat Jerusalem in der Mitte, England am Rande. Shakespeare scheint an sie zu denken, wenn er im „König Johann" England „the utmost corner of the globe" nennt. Dieser Ausdruck mag den deutschen Leser besser instand setzen, die wirkliche Dialektik zwischen deutscher Fürstenrevolution und englischer Revolution zu ermessen. Auf der nächsten Abbildung, die zu Shakespeares Lebzeiten sich Bahn bricht, liegt England in der Mitte. Unsere Karte S. 266 findet sich in der Chronik von St. Denis, 1364—1372.

Seite 267: Best's Weltkarte von 1578. Sie wurde gedruckt, als Hof und Bürger von London auf die Nordwestdurchfahrt nach „Cathay", China, spekulierten. Siehe auch: Miller Christi, „The Silver Map of the World", London 1900; Nordenskjöld, „Periplus", Stockholm 1897. Die Namen Frobishers Straights und Cathaia in Asia zeigen dem Beschauer das Interesse des elisabethanischen Zeitalters.
Die Erbauung der Canadian Pacific Railway am Ende des neunzehnten Jahrhunderts hatte den ausgesprochenen Zweck, die Frobishers Straights zu ersetzen.

Tafel 11: Die gegenteilige Bedeutung der beiden Schaumünzen ist von mir erörtert in „Das Geheimnis der Universität“, Göttingen 1950. Auf der begeisternden Wolke über Wittenberg steht: „Jehovah“. Die Nazis haben daher ganz recht gehabt, bei der Präsidentenwahl von 1932 den Namen Hindenburg haßerfüllt in hebräischen Lettern zu setzen. Hindenburg war der letzte Regent des lutherischen Fürstenstaats. Hitler hingegen nahm die Rechte des ungeheuerlichen Heinrich VIII. Tudor, in Anspruch. Heinrichs Schaubild wurde 1535 geprägt.

Tafel 12: Dies Siegel gleicht der aus dem Haupt des Zeus entsprungenen Athene. So unerhört plötzlich und so unerhört vollständig ist der Umschwung von dem über Londons Gemarkung dahinsprengenden sakralen König auf der Jagd (Tafel 13) auf dem Großen Siegel König Karls I. zu dieser Darstellung des neuen Souveräns, „Im dritten Jahre der restaurierten Freiheit“, also im dritten Jahre, nachdem die Enthauptung des Kings in Council den King in Parliament allein übrigließ.
Dreihundert Jahre steht die Geschäftsordnung dieser Mutter der Parlamente in Kraft. Allen späteren hat sie sich mitgeteilt. Besondere Sendboten z. B. offenbarten ihre ungeschriebenen Geheimnisse den dreizehn Kolonien in Amerika für die Ordnung des Congress von 1775. Erst 1951 hat ein Engländer sich die Mühe genommen, die Regeln des französischen Parlaments zu untersuchen. D. W. S. Lidderdale, „The Parliament of France“, The Hansard Society London, stellt dar, wieviel souveräner ein nicht auf König und Lords bezogenes „Unterhaus“, sondern ein wirklich souveränes Parlament die Formen der Debatte handhabt. Das englische Parlament muß seine Beredsamkeit an eine dem Hause vorliegende „Motion“ binden, weil es ja innerhalb der Organisation des „Realm“ nur ein Organ ist, mit dem einen Speaker, dem Sprecher, durch den es sich an die anderen Organe wendet. Das House of Commons bleibt auf das „Realm“ bezogen, und dieser Beziehung bleiben die Regeln der Debatte unterworfen. In Frankreich ist der Souverän, die Kammer, unter sich. Hier wird daher reichlich diskutiert, bevor irgendein Antrag sich herauskristallisiert. Der formelle Antrag aber entsteht hier am Ende der Debatte. Diese Umkehrung der Reihenfolge ist die Dialektik zwischen englischem und französischem Denken, und als das englische System einem Franzosen vorgehalten wurde, schüttelte er den Kopf: „Wie kann man wissen, was man beantragen soll, bevor der Gegenstand diskutiert worden ist?“ Zwingende Logik der Ideengläubigen. Sinnlos für den die Beschwerden der Gemeinen von England vor den König bringenden Speaker, der *nicht das, was jemandem einfällt,* sondern *ausschließlich das, was vorliegt,* nämlich auf dem Tisch des Hauses, der „*Common Bench of Westminster*“, berücksichtigen soll.
Die Rückseite gibt die See; solch ein Seesiegel hatte bereits 1436 ein Humanist hoffnungsvoll gefordert und auch schon die Schiffe darauf abbilden wollen. Es gehört zu der Bedeutung dieses Siegels, daß es so lange verheißen war. G. Warner, „Libelle of English Polycye“, Oxford 1926, S. 30f.

Tafel 13: Das „Realm“ der Normannen in seiner letzten, durch die Kirchenhoheit des Herrschers despotisch ausgearteten Prägung. Die Stadt ist London. Aus: Wyon, A. B. and B., „The Great Seals“, London 1887.

Tafel 14: Dies Siegel hat des Königs Admiralty 1662 verwendet, also unmittelbar bei der Restauration der Stuarts. Es zeigt ein ebensolches „Britannia, Rule the Waves“-Bild wie das Siegel der Common Bench von Westminster von 1649. Hingegen hatten sogar die zur Feier der Auflösung der spanischen Armada 1588 geschlagenen Medaillen dergleichen noch nicht ahnen lassen.
Das Siegel wird hier gebracht, weil das Wort „Restauration“ die Bewohner des europäischen Festlandes seit 1815 an dem Verstehen der britischen Vorgänge verhindert.

In England bedeutet Restauration des Königs nur eine Ergänzung der „Restauration" der Commons. Karl II. hat 1660 bei seiner Restauration weder die Abschaffung der Kirchensynoden noch die Seevision der Commons rückgängig gemacht. Seine Restauration war mithin nicht Reaktion, sondern machte das Unterhaus durch die Wiederkehr von König und Lords nur wieder vollständig. Aus: G. Vertue, Medals, „Coins and Great Seals", London 1753, Tafel 23.

Seite 329: Gezeichnet von Herrn Thomas A. Thomas, erleuchtet diese Karte die von Franz I. bis zu der diplomatischen Revolution von 1756 dauernde Bedrohung Frankreichs durch Habsburg. Ich verweise für die politisch und geschichtlich gleich wichtigen Fragen Frankreich, Europa, Abendland auf das Buch von Heinz Gollwitzer, „Europabild und Europagedanke".

Tafel 15: Dies Bild aus: Antoine Fontanon, „Les Edits et Ordonnances des Rois de France", IV, Paris 1611.

Tafel 16: Fra Angelico da Fiesole (1387—1455) hat hier den Traum der Scholastik verklärt: Sogar das schlagende Herz soll den Augen des inneren Gesichts sichtbar werden. Alle Bedenken gegen dieses gewalttätige Sichtbarmachen, das vor uns Hinstellen, das ja das Wesen des Idealismus ist, richten sich ganz gleichmäßig gegen Scholastiker und Akademiker.

Tafel 17: Zuerst 1562. Hier abgebildet aus der Wiedergabe von 1570 im „Theatrum Orbis Terrarum" von Franz Hogenberg, Antwerpen. Der Zeichner war der Engländer Anton Jenkenson.

Tafel 18: Aus: „USSR. in Reconstruction" 1931, Nr. 6. Eine neue, aus sonst unbekanntem Material schöpfende Karte brachte „Christ und Welt" (Stuttgart) am 21. April 1949.

STICHWORTVERZEICHNIS

Bei den Personen sind die Lebensdaten, bei Regenten die Regierungsdaten angegeben

BIOGRAPHISCHE NOTIZ

Eugen Rosenstock-Huessy — am 6. 7. 1888 in Berlin als Sohn eines Bankiers geboren, am 24. 2. 1973 in Norwich/Vermont gestorben — war 1912 in Leipzig der jüngste deutsche Privatdozent (Rechtsgeschichte, Staatslehre). Als Offizier im 1. Weltkrieg erlebte er Stunden höchster geistiger Anspannung. Davon zeugen u. a.: sein Briefwechsel 1916 mit Franz Rosenzweig „Judentum und Christentum", erste Schritte in der Erwachsenenbildung mit Soldaten (1916/17), die Konzipierung der „Europäischen Revolutionen" — gleichzeitig mit dem Beginn der russischen Revolutionen —, die geistesgegenwärtige Anerkennung der deutschen Niederlage „Siegfrieds Tod". Das Weltkriegserlebnis erfuhr Rosenstock als ein bestimmendes Ereignis: das Ende des Nationalstaates. Die Zukunft Deutschlands, so erkannte er vor nahezu 70 Jahren, hinge von der Bereitschaft ab, sich als Teil der Weltgesellschaft zu verstehen. Im November 1918 erreichten den noch nicht entlassenen Soldaten verlockende Angebote aus Universität, Kirche (Katholische Zeitschrift) und Staat, doch ihre Annahme hielt er für unvereinbar mit den neuen Wegen, die beschritten werden mußten. So wählte er einen Ort in der „Gesellschaft" — die Daimler-Benz-Werke. Dort versuchte er 1919 das Gespräch zwischen den „Partnern" Unternehmensleitung und Belegschaft sowie zwischen den Betriebsgruppen zu fördern bzw. zu ermöglichen (Gründung einer Werkzeitschrift; „Die Werkstattaussiedlung" 1922). Daneben gründete er mit Freunden — Leo Weismantel, Werner Picht, Hans und Rudolf Ehrenberg — den *Patmos*-Verlag in Würzburg als Organ der Neuorientierung; von Rosenstock erschien 1920 „Die Hochzeit des Kriegs und der Revolution". 1921 wurde er erster Leiter der Akademie in Frankfurt am Main, doch nach einem Jahr trat er schon zurück, weil seine Lehrerkollegen nicht für neue Lehrformen zu gewinnen waren. Die Inflation zwang ihn 1923, einen Ruf an die Universität Breslau anzunehmen. Diesen Schritt gegen seine Kriegs-Einsicht versuchte er durch verstärktes Engagement in der Erwachsenenbildung (Hohenrodter Bund) auszugleichen. Das führte ihn ab 1926 zum „Freiwilligen Dienst" (s. „Das Arbeitslager. Berichte aus Schlesien von Arbeitern, Bauern und Studenten" hrsg. mit C. D. v. Trotha. Jena 1931). 1933 beantragte er als Antwort auf die „Machtergreifung" die Schließung der juristischen Fakultät, doch nur ein Kollege unterstützte ihn. Noch im gleichen Jahr wanderte er nach Amerika aus. Er lehrte zunächst in Harvard, später in Dartmouth College in Hanover/N. H. Auch in Amerika wurde Rosenstock zum Initiator des Dienstes mit Freiwilligen: 1940 Camp William James in Vermont.

Im „Dienst auf dem Planeten" — im zeitweiligen Zusammenleben der unterschiedlichsten Menschen — sah Rosenstock den beschwerlichen und verheißungsvollen Weg zu einer wahrhaft menschlichen Gesellschaft.

Rudolf Hermeier

Die Vorwegnahme des Todes

Weil Jesus der erste war, der die Richtung der Menschheit zur Einheit hin wandte, ist er der Mittelpunkt der Geschichte.[6] Heute nimmt man die Einheit der menschlichen Geschichte für zu selbstverständlich – als ob sie einfach da wäre, wie der »Raum« –, und das trotz der Toynbees, Spenglers, Helmolts auf ihrer bunten Schüssel der Historien. Daraufhin lehnt man die These, irgendein Ereignis müsse der Mittelpunkt der Geschichte sein, als Übertreibung ab. In den Augen der Christen aber ist der Satz: »Jesus ist der Mittelpunkt der Geschichte« ein Satz, hinter den kein Mensch zurückgehen kann, ohne seine Welt in die äußerste Dunkelheit zu stürzen.

Er ist das A und O, Anfang und Ende: alle Vergangenheit und Zukunft begegnen sich in ihm. Er war nicht Prophet der Dinge, die da kommen sollen, wie Johannes der Täufer. Er war auch kein Idealist wie Plato. Er war der erste »endgültige« Mensch, der erste, der vom Ende der Zeit zurücklebte in sein eigenes Zeitalter.

Chesterton drückte das paradoxe Wesen der christlichen Auffassung von der Zeit unnachahmlich aus, als er in »The Ballad of the

6 Vgl. Paul Tillich, The Interpretation of History, New York 1936; C. H. Dodd, History and the Gospel, New York, 1938; ferner: The Apostolic Preaching, with an Appendix on Eschatology and History, London, 1939.

White Horse« schrieb: »Und das Ende der Welt war längst zuvor«. Der Christ hat das Ende der Welt, seiner Welt, hinter sich; Anfang und Ende haben ihre Plätze gewechselt. Der natürliche Mensch beginnt heidnisch in der Geburt und durchlebt die Zeit vorwärts zum Tode hin; der Christ lebt in der gegensätzlichen Richtung vom Ende des Lebens zu einem neuen Anfang. Im Überleben des Todes sieht er den ersten Tag der Schöpfung wieder vor sich. Er steigt aus dem Grab seiner selbst in die Offenheit einer wirklichen Zukunft. Das »Ende ihrer Welt« sollte von nun an ein terminus technicus werden, der den besonderen Blickpunkt ausdrückt, unter dem man den wirklichen Menschen gegenübertritt: daß nämlich mit dem Ende ihrer Welt gerechnet wird.[7] Nur der ist ein wirklicher Mensch, der seine Welt überleben kann. Rufus Jones hat in einem Aufsatz über einen modernen Christen ausgedrückt, was es bedeutet, vom Ende der Zeit her zu leben: »Er beabsichtigte nicht, die Ausübung der Grundsätze des Reiches Gottes aufzuschieben, bis es am Ende zu seinem endgültigen Triumph gekommen wäre. Würde man diesen Kurs verfolgen, dann gäbe es nie ein Reich Gottes. Das einzige Mittel, es herzubringen, ist, mutig damit den Anfang zu machen, selbst das Reich Gottes zu sein, soweit es eben die Person offenbaren kann. Anstatt es in eine himmlische Sphäre oder eine tausendjährige Dämmerung zu verschieben, nahm er es kühn auf sich, mit einem Leben nach der Ordnung des Reiches Gottes den Anfang zu machen«.[8] Das Reich Gottes leben, es vom Ende der Zeiten zurückzubringen und etwas davon hier und jetzt zu verkörpern: das ist der Vorgang, durch den die Menschen, immer seit Jesus, bewußt teilhaben an seiner eigenen Schöpfung. Der Mensch ist in seine Bestimmung eingeweiht. Er hat die Partnerschaft in Gottes tiefster Weisheit erhalten: wann ein Kapitel der Entwicklung scheiden zu lassen, wann von ihm Abschied zu nehmen, wann es zu beenden sei. In der Blüte der großen heidnischen Kulturen hatte er sich als ein Meister hervorragender, schöpferischer Anfänge erwiesen; durch das Christentum aber wurde er Meister des schöpferischen Endes, der Begrenzung seiner

7 Siehe meinen Aufsatz »Die Kirche am Ende der Welt« in dem Band »Credo Ecclesiam« Herausg. H. Ehrenberg, Gütersloh 1930, 161 ff.

8 The Hibbert Journal, XXIII, 39.

selbst und aller seiner Unternehmungen. Fähig, nun beides, Ja und Nein zu sagen, teils zu sterben und teils zu überleben, ist er vollständig und tritt ein in die volle Freiheit der Kinder Gottes.

Wer sein Leben retten will, der wird es verlieren, und wer sein Leben um Christi willen verliert, wird es finden: in einem Paradox ist der Tod der Schlüssel zum ewigen Leben geworden. Der Mensch hat gelernt, das unvermeidliche Ende vorwegzunehmen, gegen das der Heide vergeblich ankämpft, und hat damit den Tod seines lähmenden Verhängnisses beraubt. Er nimmt das Schlimmste voraus und kann so seine Toten rechtzeitig begraben. Ein Heide war wohl bereit, leiblich zu sterben – für seine Familie, sein Heiligtum, seine Gilde, sein Volk oder seine Rasse –, aber er hielt diese für unsterblich und deswegen ohne Makel. Er konnte nicht zugeben, daß es notwendig war, sie sterben zu lassen, wenn die Zeit gekommen war; also ging alles zusammen unter.

Menschen werden zu Schöpfern der Zukunft, wenn ihnen die Beständigkeit der gegenwärtigen Gesellschaft mehr als zweifelhaft ist. Aber wenn sie freiwillig den Tod eines Teiles ihres Verstandes, ihrer Ideale, ihrer alten Verbindungen vorwegnehmen, besiegen sie den sonst unvermeidlichen totalen Tod, der die Heiden jagt wie die Nemesis. Zum Beispiel auf folgende Weise: »Durch die Vorwegnahme des Antichrist wachte die mittelalterliche Kirche über das leiseste Zeichen des Verfalls. In der Vorwegnahme des drohenden Endes kann eine Gesellschaft Unsterblichkeit erreichen.« »Die Vorwegnahme des letzten Gerichts, das über unserer eigenen Zivilisation lastet, ist das beste Mittel gegen ihren unvermeidlichen Ruin.«[9]

Der Glaube an ein Ende der Welt oder an die »Eschatologie« macht eben das Wesen des Christentums aus. Und doch hätte bis vor kurzem die Welt das tatsächlich vergessen. Bei meinen Vorlesungen an der Harvard Divinity School vor einigen Jahren fragte ich einmal jeden Anwesenden, ob er an ein Jüngstes Gericht glaube. Und jeder lachte. Glauben an letzte Dinge überließ man Komödianten wie

9 Eugen Rosenstock-Huessy, Out of Revolution, New York, 1938, S. 561. Vgl. Rosenstock und Wittig, Das Alter der Kirche, 3. Bd., Berlin 1927, I, 84 ff.

Chesterton.[10] Die sogenannte »liberale« Theologie trug ein »natürliches Christentum«, der Eschatologie beraubt, von der Aufklärung des 18. Jahrhunderts her als Erbe mit sich, und ihre eigenen Interessen kreisten um die »Philosophie der Religion« und die »Leben-Jesu-Forschung«. Nur in den fünfzig Jahren nach 1892 holte sich die Theologie die verlassene eschatologische Position schrittweise zurück, zumindesten soweit sie Jesus selbst betraf und die frühe Kirche.[11] Aber führende Gelehrte wie Kirsopp Lake zogen daraus in aller Ehrbarkeit den Schluß, das ursprüngliche Christentum sei für immer unvereinbar mit dem vernünftigen modernen Menschen: denn wie könnte ein vernünftiger Mensch an ein Ende der Welt glauben?

Inzwischen aber hat Europa die Eschatologie als die bestimmende Wahrheit des täglichen Lebens handgreiflich erfahren. Bei der Beschreibung vom Ende Frankreichs 1940 schrieb ein auswärtiger Korrespondent: »Wenn man eine große Nation verfallen sieht, fühlt man, das Ende der Welt ist gekommen«. Ostern darauf erhielt ich ein historisches Dokument von einem katholischen Kirchengeschichtler, Joseph Wittig. Es war nur ein kurzer Brief, der mich aufforderte, Rouet de Jouvenel, Enchiridion Patristicum, Nr. 10, 832, 1771 aufzuschlagen, mit der Bemerkung, dies seien Texte von aktueller Bedeutung für die Völker Europas. Es waren dies Didache 16, 7; Cyrills Katechesen 15, 11; und Augustin, De civitate Dei 20, 19, 4: die feierlichsten, lebhaftesten Beschreibungen des Jüngsten Gerichts und des Antichrist am Ende der Zeiten!

So lebt dieser Historiker in der gegenwärtigen Wirklichkeit auf

10 Ein so umsichtiger Kenner religiöser Verhältnisse wie von Hügel in »The Apocalyptic Element in the Teaching of Jesus« (Essays and Adresses, S. 132), 1919, war sich nicht bewußt, daß Nietzsche, Marx und andere wegen dieses Versäumnisses der Kirche an die Macht kamen. Er bemerkt trocken: »Die Lehre vom Ende der Welt scheint nur geringen Einfluß auszuüben.« In Wahrheit war diese Lehre abgebröckelt, selbständig geworden und begeisterte die Kommunisten und Faschisten, weil sie im Christentum verkommen war zum Typ der Ernsten Bibelforscher. Und so kam das Ende schnell!

11 Vgl. Frederick S. Grant, »Realized Eschatology«, Christendom, Spring, 1941 und die Schriften Cullmanns.

Grund dessen, was Grant's Aufsatz den amerikanischen Kreuzigungsprofessoren (»Professors of the crucifixion« – um Kierkegaards ironischen Ausdruck zu benutzen) als eine Vision der Zeit vor 1800 Jahren vorführte. Die Wahrheit der Eschatologie hat nichts zu tun mit einer theoretischen Voraussetzung, die man wissenschaftlich wieder ausgraben und uns in Buchform auf den Tisch legen kann. Es ist ein immer drohendes Ereignis, das man wiedergewinnen muß mit dem Glauben und durch den Glauben. Wir müssen die Welt lieben, weil sie immer mit ihrer Weisheit am Ende ist. »Die Leiche einer Nation, die Selbstmord begangen hat«, so beschreibt General Templar Deutschland. Ist das noch nicht genug an »Ende der Welt« für die Dame Vernunft?

Der Umsturz der christlichen Eschatologie durch die Aufklärung brachte ungeheuere Rückwirkungen. Kein Volk kann ohne Glauben an den endgültigen Sieg irgendeiner Sache leben. Als nun die Theologie schlief, begaben sich die Laien zu anderen Quellen für die letzten Dinge. Wohin denn soll sich der Laie vor den launischen Hirnstürmen der Gelehrten flüchten? Kein Mensch kann von den letzten wirtschaftlichen Neuheiten leben!

Jeder braucht in vollem Maße Glaube, Liebe, Hoffnung. Und nun, als die liberale Theologie das Dasein solcher radikalen Kräfte im Menschenleben leugnete, hielten Männer wie Karl Marx und Friedrich Nietzsche die Flammen der Eschatologie in Brand. Marx predigte die Eschatologie des Alten Testaments in weltlicher Sprache, rief die uneingeschränkten Forderungen der sozialen Ethik hinein in eine beschränkte bürgerliche Welt. Nietzsche, wie auch seine Lehren gelautet haben mögen, hat doch einen uneingeschränkten Glauben gelehrt, einen wahnsinnigen Glauben wie den des Neuen Testaments – wahnsinnig in den Augen der jeweils gegenwärtigen Kirchenmänner.

Das Wesen der Eschatologie ist, daß sie unbegrenzt ist. Sie fordert völlige Hingabe an etwas außerhalb der bestehenden Ordnung der Dinge. In dieser Hinsicht spaltet sie die Einheit zwischen dir und der Welt. Die Welt hat ein »Schicksal«; du nicht. Die Welt stirbt, weil man sie berechnen kann; du wirst dich erheben, wenn du nicht rubriziert werden kannst. Die Welt steht am Ende, sie ist das Gestern, aber du kannst ein Anfang sein, ein Morgen.

So empfängt das Kommen Christi seinen Sinn nur von seiner Wiederkunft. Das Christentum hat überhaupt niemals existiert, es ist eine Illusion, wenn es nicht die Bewegung zum Ende der Zeiten hin begründet. Das letzte Wort im Neuen Testament – mit Ausnahme des beschließenden Segens – drückt wunderbar die Verbindung des ersten und zweiten Kommens aus. Es ist ein Gebet: »Ja, komm Herr Jesu«. Als dies Gebet niedergeschrieben wurde, hatte die Endgeschichte der Menschheit begonnen und war bereits zwei Generationen hindurch weitergegeben worden; und doch endet die Bibel in diesem Gebet so, als ob alles erst noch kommen müßte. Es bedeutet, daß das, was geschehen ist und noch geschieht, zu einem Stück gehört, und keins ist vollständig ohne das andere.[12]

Eugen Rosenstock-Huessy

Des Christen Zukunft

oder

Wir überholen die Moderne

Pb., 288 Seiten, Best.-Nr. 55773

Der Gegenstand des Buches ist die Zukunft der Menschheit, weil der christliche Glaube als Zukunft-schaffende Kraft für die Menschheit erkannt wird. Aus seiner Darstellung spricht die Einheit von theologischem Denken und praktischer Erfahrung: Seine dynamisch vorgetragenen Thesen regen zur Neubesinnung an, besonders über die sozialpolitischen Aufgaben des Christen in einer sich neu formierenden Welt.

„Das vorliegende Buch — auf englisch einst für weitere Kreise geschrieben — zeigt auch uns in Deutschland, welche Schau ihm aufgetragen ist. Er faßt sie in dem Satz zusammen: Außerhalb des Kreuzes gibt es keine Kirche. Damit stellt er sich quer zu allem, was im Christentum sich an bloßer Überlieferung festhält, anstatt dem lebendigen Christus zu vertrauen, auf Sein Wort zu hören und Ihm zu gehorchen.“

Friso Melzer

BRENDOW VERLAG
D-4130 Moers 1